本书由国家档案局支持出版

姚光日記（上）

上海市金山區檔案局（館）編

本书编委会

主　任　秦　骞

副主任　周仁辉　俞惠锋　蔡国欢

委　员　陆国琴　徐晓霞　蔡佳嗣

文稿整理　陈　颖　余思彦　关力峰　史文会

序

姚光，光绪十七年（1891）生于金山张堰镇。中国近代著名文化团体南社的后期主任，江南地区有影响的国学家、教育家、藏书家。民国三十四年（1945），患腹膜炎卒于上海。

姚氏为金山望族，世代书香，仅在明清两朝，金山姚氏就有8人进士及第，17人高中举人。姚光7岁入私塾学习，后进入大舅父高煌于1905年创办的秦山实枚学堂上学，接受到最初的现代思想和革命启蒙，毕业考入上海震旦学院，后因身体原因辍学回家。

1904年才14岁他就开始写日记，直至1945年5月去世，从未间断，留下日记共有四十余册。经时事、历风雨而有缺损。2013年5月，姚光之子姚昆田先生代表姚光的子女亲属把珍藏的34本日记捐献给了金山区档案馆。

《姚光日记》是研究姚光先生非常重要的一手史料，日记的主要内容，一是记录了先生所参加的南社、新南社历次雅集、宴饮等各项活动；二是记载了先生和南社社友及其他文友、书友的交流往来；三是讲述了先生阅读、写作、藏书，参加金山县志、县鉴编纂的情况，以及与妻子儿女、姐妹亲友的情感和家庭生活；四是记述先生关心和参与家乡公益活动的事件；五是揭示当时社会时势、风土人情和生活习俗，包括从张堰到徐家汇的交通，齐卢战争期间军队经过金山的情况等。

就私著而言，日记无疑是文献中价值较高的一类。《姚光日记》保存了著者的所见所闻，涉及政治、经济、舆地、人文等方面，是研究南社、研究民俗、研究地情的宝贵资料。

金山区档案局（馆）历来重视历史文化建设，始终秉持"大档案""大文化"理念，深刻理解"历史文化是激发城市活力，保持城市功能独特性的基础"的意义。作为金山重要历史文化名人的姚光，其日记具有极高的价值，是金山宝贵的历史文化资产。开发、利用好《姚光日记》，是金山档案工作义不容辞的责任。整理、出版《姚光日记》，有助于研究姚光及与先生关系紧密的文化名人、南社活动历史、以及风云动荡的近代中国社会的政治、经济、舆地、人文和近代中国知识分子的交往和思想变化，表现金山和江南地区的风土人情。

2021年，《姚光日记》入选第三批上海市档案文献遗产名录，并于2022年成功申报国家重点档案专题保护开发项目。利用国家档案局的专项基金，金山区档案局（馆）将《姚光日记》整理出版，让档案"活起来"、将文化"留下来"。在此，对国家档案局表示衷心的感谢！

一代大儒已然归去，留下了34本泛黄的日记，向我们述说着昨日的峥嵘。金山区档案局（馆）希望借助《姚光日记》，让人们重温南社"旧梦"，了解金山历史。一个时代在这里被烙下印痕。后人不应忘记那段激情燃烧的岁月，不应忘记那些为推动历史车轮前进做出过贡献的人。

上海市金山区档案局局长
上海市金山区档案馆馆长　　　秦　骞
上海市金山区地方志办公室主任

整理凡例

一、姚光日记现存34册,本书即根据手稿整理。

二、日记起自1908年至1945年5月逝世前,中间略有缺损与中断。

三、日记原稿同有农历纪年及民国纪年或公历纪年,整理时仅保留公历纪年,年下所系月日保留。其中有仅记当日气候无记事者亦保留,照录天气如"晴""同上"等。

四、日记原为繁体直写,今改做简体横排;日记原无断句标点,今施以新式标点。

五、日记文字有姚光自书单行或双行小字,以"( )"标示;讹字径改,存疑者释出正字加"〔 〕"标示;原稿阙字、未完,无法补全者用"□"标示,整理者试为补出者,用"[ ]"标示。

六、日记中姚光所记书名,多有省笔,仍参照原文,不做修改。

目 录

序 ……………………………………………………………	1
整理凡例 …………………………………………………………	1
1908 年 …………………………………………………………	1
2 月 ………………………………………………………	1
3 月 ………………………………………………………	3
4 月 ………………………………………………………	7
5 月 ………………………………………………………	12
6 月 ………………………………………………………	16
7 月 ………………………………………………………	21
8 月 ………………………………………………………	26
9 月 ………………………………………………………	29
10 月 ……………………………………………………	34
11 月 ……………………………………………………	37
12 月 ……………………………………………………	41
袖珍日记补遗 …………………………………………………	47

1909 年	49
1 月	49
1910 年	53
2 月	53
3 月	56
4 月	59
5 月	63
6 月	67
7 月	71
8 月	75
9 月	78
10 月	82
11 月	88
12 月	92
1911 年	97
1 月	97
2 月	101
3 月	105
4 月	109
5 月	114
6 月	118
7 月	123

8月	128
9月	132
10月	137
11月	141
12月	146
1912年	**151**
1月	151
2月	155
3月	156
4月	160
5月	165
6月	169
7月	174
8月	178
9月	182
10月	186
11月	190
12月	194
1913年	**199**
1月	199
2月	203
3月	206
4月	211

5月	215
6月	220
7月	224
8月	229
9月	233
10月	238
11月	242
12月	246
1917年	251
1月	251
2月	255
3月	259
4月	263
5月	268
6月	271
7月	274
8月	279
9月	284
10月	288
11月	293
12月	297
1918年	303
1月	303

2 月	308
3 月	312
4 月	316
5 月	321
6 月	327
7 月	331
8 月	336
9 月	341
10 月	345
11 月	350
12 月	354
1919 年	357
1 月	357
2 月	362
3 月	366
4 月	371
5 月	376
6 月	381
7 月	385
8 月	390
9 月	394
10 月	398
11 月	403
12 月	408

1920年 ······ 415

    1月 ······ 415
    2月 ······ 418
    3月 ······ 421
    4月 ······ 425
    5月 ······ 429
    6月 ······ 434
    7月 ······ 437
    8月 ······ 442
    9月 ······ 447
    10月 ······ 452
    11月 ······ 457
    12月 ······ 462

1921年 ······ 469

    1月 ······ 469
    2月 ······ 474
    3月 ······ 479
    4月 ······ 484
    5月 ······ 489
    6月 ······ 495
    7月 ······ 499
    8月 ······ 504
    9月 ······ 509

10 月 ………………………………………………………… 513
11 月 ………………………………………………………… 517
12 月 ………………………………………………………… 521

1922 年 ………………………………………………………… 527

1 月 ………………………………………………………… 527
2 月 ………………………………………………………… 532
3 月 ………………………………………………………… 536
4 月 ………………………………………………………… 541
5 月 ………………………………………………………… 545
6 月 ………………………………………………………… 551
7 月 ………………………………………………………… 555
8 月 ………………………………………………………… 558
9 月 ………………………………………………………… 562
10 月 ………………………………………………………… 566
11 月 ………………………………………………………… 570

1923 年 ………………………………………………………… 575

1 月 ………………………………………………………… 575
2 月 ………………………………………………………… 580
3 月 ………………………………………………………… 585
4 月 ………………………………………………………… 590
5 月 ………………………………………………………… 595
6 月 ………………………………………………………… 600
7 月 ………………………………………………………… 605

8 月	610
9 月	615
10 月	620
11 月	626
12 月	631

1924 年 ········· 637

1 月	637
2 月	643
3 月	648
4 月	653
5 月	657
6 月	663
7 月	668
8 月	673
9 月	678
10 月	683
11 月	689
12 月	693

1925 年 ········· 699

1 月	699
2 月	704
3 月	710
4 月	716

5 月	720
6 月	726
7 月	730
8 月	735
9 月	740
10 月	745
11 月	750
12 月	755
1926 年	761
1 月	761
2 月	766
3 月	771
4 月	777
5 月	782
6 月	787
7 月	793
8 月	799
9 月	803
10 月	808
11 月	814
12 月	819
1927 年	825
1 月	825

2 月	829
3 月	834
4 月	839
5 月	845
6 月	850
7 月	855
8 月	860
9 月	866
10 月	871
11 月	876
12 月	881

1928 年 …… 887

1 月	887
2 月	892
3 月	897
4 月	902
5 月	908
6 月	913
7 月	918
8 月	923
9 月	927
10 月	932
11 月	937
12 月	943

1929 年 ·· 949

  1 月 ·· 949

  2 月 ·· 954

  3 月 ·· 959

  4 月 ·· 964

  5 月 ·· 969

  6 月 ·· 974

  7 月 ·· 979

  8 月 ·· 984

  9 月 ·· 988

1930 年 ·· 991

  1 月 ·· 991

  2 月 ·· 995

  3 月 ·· 999

  4 月 ··· 1004

  5 月 ··· 1009

  6 月 ··· 1014

  7 月 ··· 1019

  8 月 ··· 1025

  9 月 ··· 1029

  10 月 ·· 1034

  11 月 ·· 1039

  12 月 ·· 1044

1931年 ·· 1047

    1月 ·· 1047
    2月 ·· 1052
    3月 ·· 1057
    4月 ·· 1062
    5月 ·· 1067
    6月 ·· 1072
    7月 ·· 1077
    8月 ·· 1082
    9月 ·· 1087
    10月 ·· 1092
    11月 ·· 1097
    12月 ·· 1102

1932年 ·· 1107

    1月 ·· 1107
    2月 ·· 1112
    3月 ·· 1117
    4月 ·· 1122
    5月 ·· 1127
    6月 ·· 1133
    7月 ·· 1138
    8月 ·· 1143
    9月 ·· 1148

10 月	1153
11 月	1159
12 月	1164

1933 年 ………………………………………………… 1169

1 月	1169
2 月	1174
3 月	1179
4 月	1184
5 月	1189
6 月	1194
7 月	1200
8 月	1205
9 月	1210
10 月	1214
11 月	1219
12 月	1225

1934 年 ………………………………………………… 1229

1 月	1229
2 月	1233
3 月	1236
4 月	1240
5 月	1244
6 月	1248

7月 …… 1253

8月 …… 1258

9月 …… 1263

10月 …… 1268

11月 …… 1272

12月 …… 1276

1935年 …… 1283

1月 …… 1283

2月 …… 1288

3月 …… 1292

4月 …… 1295

5月 …… 1300

6月 …… 1305

7月 …… 1309

8月 …… 1314

9月 …… 1319

10月 …… 1325

11月 …… 1330

12月 …… 1335

1936年 …… 1339

1月 …… 1339

2月 …… 1343

3月 …… 1348

4月	1353
5月	1357
6月	1359
7月	1364
8月	1368
9月	1372
10月	1377
11月	1382
12月	1387
1937年	1391
1月	1391
2月	1396
3月	1402
4月	1407
5月	1412
6月	1418
7月	1423
8月	1429
9月	1434
10月	1439
11月	1443
12月	1448

1938年 ·············· 1455

- 1月 ·············· 1455
- 2月 ·············· 1460
- 3月 ·············· 1466
- 4月 ·············· 1471
- 5月 ·············· 1477
- 6月 ·············· 1483
- 7月 ·············· 1489
- 8月 ·············· 1494
- 9月 ·············· 1499
- 10月 ·············· 1504
- 11月 ·············· 1509
- 12月 ·············· 1514

1939年 ·············· 1519

- 1月 ·············· 1519
- 2月 ·············· 1524
- 3月 ·············· 1529
- 4月 ·············· 1534
- 5月 ·············· 1539
- 6月 ·············· 1544
- 7月 ·············· 1549
- 8月 ·············· 1554
- 9月 ·············· 1560

10 月	1565
11 月	1570
12 月	1575
1940 年	**1581**
1 月	1581
2 月	1586
3 月	1592
4 月	1597
5 月	1603
6 月	1608
7 月	1614
8 月	1619
9 月	1624
10 月	1629
11 月	1635
12 月	1640
1941 年	**1647**
1 月	1647
2 月	1653
3 月	1659
4 月	1664
5 月	1670
6 月	1675

7月 ………………………………………………… 1679

8月 ………………………………………………… 1685

9月 ………………………………………………… 1690

10月 ………………………………………………… 1696

11月 ………………………………………………… 1701

12月 ………………………………………………… 1706

1942年 ………………………………………………… 1713

1月 ………………………………………………… 1713

2月 ………………………………………………… 1719

3月 ………………………………………………… 1725

4月 ………………………………………………… 1730

5月 ………………………………………………… 1736

6月 ………………………………………………… 1741

7月 ………………………………………………… 1746

8月 ………………………………………………… 1751

9月 ………………………………………………… 1755

10月 ………………………………………………… 1760

11月 ………………………………………………… 1765

12月 ………………………………………………… 1770

1943年 ………………………………………………… 1777

1月 ………………………………………………… 1777

2月 ………………………………………………… 1782

3 月 ………………………………………………………… 1788

4 月 ………………………………………………………… 1793

5 月 ………………………………………………………… 1799

6 月 ………………………………………………………… 1804

7 月 ………………………………………………………… 1809

8 月 ………………………………………………………… 1815

9 月 ………………………………………………………… 1820

10 月 ……………………………………………………… 1825

11 月 ……………………………………………………… 1830

12 月 ……………………………………………………… 1835

1944 年 ……………………………………………………… 1841

1 月 ………………………………………………………… 1841

2 月 ………………………………………………………… 1844

3 月 ………………………………………………………… 1849

4 月 ………………………………………………………… 1855

5 月 ………………………………………………………… 1860

6 月 ………………………………………………………… 1865

7 月 ………………………………………………………… 1869

8 月 ………………………………………………………… 1874

9 月 ………………………………………………………… 1879

10 月 ……………………………………………………… 1884

11 月 ……………………………………………………… 1889

12 月 ……………………………………………………… 1894

1945年 …………………………………………………… 1899

  1月 …………………………………………………… 1899

  2月 …………………………………………………… 1904

  3月 …………………………………………………… 1909

  4月 …………………………………………………… 1915

  5月 …………………………………………………… 1920

1908 年

2 月

2月2日　星期日
阴。起已晚。行贺年礼等等。志轩、亚雄来贺年。有小疾,精神不振。

2月3日　星期一
阴,上午小雪。何叔师、静渊叔,望、时二舅、平庵等来贺年。夜,汇订上年杂作。

2月4日　星期二
阴。上午,至河西志轩、子翰、子峰家兄处贺年,子峰不晤,晤亚雄。近仁来贺年。下午,至东市贞甫、岭梅、宾谷家伯处贺年,贞甫伯不晤,晤子贞,坐谈良久。

2月5日　星期三
阴。上午,何献臣来,即去。至五区头何家贺年,宿姑丈家。

2月6日　星期四
晴。顾志光与何革新女士行结婚礼,往观焉(在育英公学)。午前,走冯家贺年。

2月7日　星期五

晴。闲谈无事。

2月8日　星期六

阴。至冯家宿焉。

2月9日　星期日

晴。上午,走何家。夜,乃回冯家。

2月10日　星期一

雨。至何家即返家,冯君懿、子冶同来。

2月11日　星期二

雨,夜霰。同君懿、子冶至高家贺年。下午,一同回,平庵亦来。

2月12日　星期三

阴。无事。请平庵作字数条。

2月13日　星期四

上午霰,下午雪。望母舅、何叔师、建威、旭东来。午后,母舅去,叔师等未去。志轩来。

2月14日　星期五

阴。高天梅来,午后,平庵等皆去。

2月15日　星期六

晴。杂事。下午,献臣来。夜,校录《桃花扇》。

2月16日　星期日

晴,下午阴,夜雨。上午,杂拉。下午,校录《桃花扇》。

2月17日　星期一

晴。校录《桃花扇》数页。志轩与亚雄来。

2月26日　星期三

晴。上午,编《金山地理》。下午,校录《桃花扇》。走女校一回。

2月27日　星期四

晴,夜雨。上午,编《金山地理》。下午,校录《桃花扇》。走女校一回。观《叶天寥自撰年谱》。夜,校录《桃花扇》。

2月28日　星期五

晴,入夜雨。上午,九下钟到女校,十一下钟回。一下钟又到女校。考试诸生录取三十人,未考者尚多焉。归已晚矣。

2月29日　星期六

阴。八下钟,至钦明女校。十一下钟,行开校礼。奏琴者为何亚希女士及女教习高文效女士,演说者为周文明及俞竹初等。午后布置一切。夜八下钟归,高天梅亦来。

3月

3月1日　星期日

阴,入夜霰。上午,九下钟同天梅至女校,十二下钟归。下午,天梅去。伯才、杨阆峰、亚雄来,即去。夜,校《桃花扇》数页。

3月2日　星期一

阴。上午,走女校一回。下午,又到女校,四下钟归。填昼到表一张。夜,同上。

3月3日　星期二

雨。到女校上甲班历史一课。下午,调查历史。夜,同上。

3月4日　星期三

阴。上午,到女校授历史一课。下午,望母舅来。

3月7日　星期六

阴。上午,走女校一回。观《史记》几页。下午,何叔师来,同叔师到女校,叔师即去。校录《桃花扇》数页。夜,观《卫生学问答》。

3月8日　星期日

阴。上午,高润弟等来。走献臣处及裱画店。又在书摊上买帖三种。下午,伯才、阆峰来,即去。亚雄来。

3月9日　星期一

阴。八下钟,同亚雄、润弟等,到实枚学校。一下钟回。伯才到高宅,即返实枚,坐片刻归家。到女校一回,调查历史。

3月10日　星期二

阴。上午,到女校授甲班历史一课。读诗辞数首。下午编《金山地理》,写女校学费收条。献臣来,即去。夜,拟历史问答题四个。

3月11日　星期三

晴。上午,到女校授甲班历史一课(问答)。下午,改问答十二卷。到女校一回。君懿来。夜,闲谈。

3月12日　星期四

晴。上午,到女校一回。编《金山地理》。下午,到女校,因志轩迟到,代授乙班国文一课。杂事。

3月13日　星期五

晴。上午,杂事。下午,到女校一回。写女校学费收条。夜,校录《桃花扇》数页。

3月14日　星期六

阴。上午写《史记》札记数则。下午到女校,发甲班学费收条,订书数本。夜,同上。

3月15日　星期日

阴,下午雨。望母舅来,下午去。阆峰、亚雄来,即去。母亲到高宅。夜,观《叶天寥自撰年谱》。上午,到裱画店一回。

3月16日　星期一

阴。上午,温《史记》数页,写《札记》二则。下午,到女校一回。在书摊上买书数种。调查历史。夜,观《叶天寥自撰年谱》。

3月17日　星期二

阴。上午,观《叶天寥自撰年谱》(完)。到钦明授历史一课。观苏杭甬铁路合同。下午,校录《桃花扇》,又走校一回。夜,调研历史。观张氏《劝学篇》二首。

3月18日　星期三

阴,下午晴。上午,朱师来,即同至钦明。授历史一课。下午,草《汉武帝罢黜百家论》。又走女校一回。夜,写女校学费收条数页。杂拉。

3月19日　星期四

雨。上午,温《史记》数页,写札记一则。下午,抄昨日所作文一首。夜,写收条数页。校录《桃花扇》。

3月20日　星期五

晴。上午,观《史记》数页。走女校一回,发收条。下午,作信一函,编《黄帝谱系表》。抄笺稿。夜,抄笺稿。

3月21日　星期六

晴。昨日望母舅来邀代课,故九下钟到实枚,君懿同去。十一下钟到高宅。一下钟返实枚,上甲班修身二小时。四下钟仍与君懿回张。夜,作信一函。

3月22日　星期日

晴。上午,抄笺稿。下午,叶守师、许安之来,即回。至钦明一回。观《寒牡丹》。夜,观《寒牡丹》。(上午,又写课程表一页)

3月23日　星期一

晴。同君懿至朱师处,贺子归之喜。午后,至伯才处贺结婚之喜。四下钟归。夜,观《寒牡丹》。调查历史。

3月24日　星期二

晴。上午,到钦明授历史一课。观《史记》数页。下午,观《寒牡丹》(完)。拟历史问答题三个。君懿回。夜,杂拉。

3月25日　星期三

雨。因天雨,无雨具,不能走女校上历史课。乃作函将问答题寄去,托张仲先生代监之。观《史记》数页。尔后作信一封。改女校问答十一卷。夜,校录《桃花扇》。

3月26日　星期四

晴。上午,观《史记》数页。走女校,发历史卷。下午,抄笺稿。观节本《明儒学案》。夜,同上。

3月27日　星期五

晴。观《史记》数页。读文辞数首。抄笺稿。下午,观节本《明儒学案》。走女校。夜,同上。

3月28日　星期六

晴。上午,到实枚,十一下钟到高宅。下午一下钟,到实枚授甲班修身二课。三下钟又到高宅。四下钟归。路过实枚,亚雄偕行。夜,改实枚修身问答四卷。

3月29日　星期日

晴。上午,观《国粹学报》三周年祝典。走仲先生处及献臣处,皆不晤而返。午后至女校,寂无人焉。又至留溪小学校,晤天梅及张聘斋,诸同人亦多在焉。开演说会,首竹先生宣讲学务,次聘斋、天梅演说。

3月30日　星期一

晴。上午,走女校一回。改实枚修身七卷。下午,清节。草《〈史记〉札记小引》。夜,调查历史。

3月31日　星期二

晴,午后阴。上午,走女校授甲班历史一课。草信至朱师(后不发)。下午,种荷花。观《庄子》数页。夜,校录《桃花扇》。大、中二妹到高宅,志轩即于明日起节假。

4月

4月1日　星期三

晴。上午走献人处一回。抄笺稿。成诗一首题《国粹学报》。下午成诗一首《春感》。临池半页。观《明季南都殉难记》。翻阅府志,得陈子龙诗一首,大喜。作信致钱选青。夜,校录《桃花扇》。钦明今日起节假。

4月2日　星期四

晴,夜雨雷。上午,走献臣处不晤。抄笺稿。下午,随家君至张和尚庙扫墓,三下钟返。观《明季南都殉难记》。夜,同上。

4月3日　星期五

雨,下午阴,夜又雨雷。上午,观《史记》六页。下午,作信一封。观《明季南都殉难记》。夜,同上。

4月4日　星期六

雨。上午,作信致献人。朱师来,即去。下午,观《史记》十页。写札记一则。夜,同上。

4月5日　星期日

阴。上午,观《史记》五页。下午,又观七页。献臣来,坐片刻去。种荷艺菊。夜,同上。

4月6日　星期一

阴。上午,八下钟随家君至野人村扫墓。又至秦山一游。成诗一首。下午,一下钟归。母亲等归。同志轩至东小桥扫墓。

4月7日　星期二

阴,夜雨。至金家桥扫墓。观《史记》六页。亚雄来。午后,走女校,献臣亦在,同至何广大,坐片刻返。调查历史。写札记二则。志轩来,定明日开课。夜,校录《桃花扇》。

4月8日　星期三

阴。钦明定今日开课。于九点钟到校,阒无人焉。门者云,学生来者已回。乃至商会晤献臣,云,女师监校未到,故不能开课也。乃返。观《史记》数页,写札记二则。午后写信一函,临池一页。观《明季南都殉难记》,至邮局寄信。回至女校,女师仍未到,学生数人在焉,即返。

4月9日　星期四

晴。到女校,已开课。而女师因病未到,乃由同人分担其课程。余授甲班历史一课,代手工也。下午,观《史记》六页。到女校,四下钟返。校录《桃花扇》。夜,调查历史。观《明季南都殉难记》。

4月10日　星期五

阴，下午雨。到女校，监甲乙温课一小时，代手工也。归看《史记》三页。午后，又看三页。到女校，代上乙班习字一课。归，看完习字卷。

4月11日　星期六

雨。上午，到女校，女师已来。下午，观《物质救国论》，自张仲先生处假得之。夜，看完《物质救国论》。

4月12日　星期日

雨。晨起即至宗祠，路经仲先生处，以物质救国论还之，立谈片刻。行祭先礼，与祭者二十五人。同志轩走女校，不晤一人。至耶教堂晤周文明等，坐片刻返祠。午饭后，至女校晤女师监校，即返家……

4月13日　星期一

晴。上午，走女校一回。下午，同志轩至东市，望申甫伯足疾。返至女校，四下钟归。夜，作信一封。

4月14日　星期二

晴。上午，到女校授甲班历史一课。君懿来。下午，整理行装。定明日赴沪。女校教务托张仲先生代理。

4月15日　星期三

晴。随家君往上海。君懿亦同去。于上午八下钟开船。下午二下钟至松江，下碇竹竿汇。走西门内。献臣亦来松晤焉。即同至清华女学校晤张聘斋君。导入游览一周。出，与君懿、工人走云间师范学堂，访黄选林同学不晤，留名焉。时献臣已别去也。走西门外一回。

4月16日　星期四

阴，微雨。上午五下钟解缆。下午四下钟至红桥停泊。一点余钟开船，六下钟至徐家汇下碇焉。同君懿走震旦学院，晤君平、叔贤即回，至土山湾一回乃别，返船。

4月17日　星期五

晴。八点钟开至石灰港，十点钟往寓宝善街新鼎升。午后，至同芳居吃茶，又走小说林社一回。写信致志轩。夜，至小广寒，乃妓女唱曲之所也。

4月18日　星期六

晴。上午，作信致仲先生。至小说林社、政艺通社、国粹学报社、文明书局买书籍等。下午，至苏路公司取息，同芳居吃茶，钜昌隆买物。又至丽珠摄影，有正书局、神州日报馆买书数种。何振新来寓，即去。夜，至奇芳吃茶。

4月19日　星期日

阴，四点后雨。寓中晤吴金鉴同学。高平庵来寓，即同至集成图书公司、小说林社一回，平庵去。午后，至信昌当晤闵瑞之师，坐点余钟返寓。至钜昌隆买物。夜，观《新茶花》。

4月20日　星期一

阴。上午，至任祥茂买写字柈一只。观《新茶花》。下午，至宝成金铺、老介福、华彰。观《新茶花》。夜，全春仙观剧。

4月21日　星期二

雨。上午，看完《新茶花》。作信致漪妹。下午，走青莲阁吃茶。

4月22日　星期三

晴。走科学仪器馆买学校用品，有正书局代平庵预约《三希法帖》，群益书社买《长生殿》一本，又走中国教育器械馆买物数种。午后走宝顺买木器，春泉楼吃茶，振丰恒买洋布，钜昌隆买物。夜，至春仙观剧。

4月23日　星期四

晴。上午，至英大马路荣昌祥买手工物件。返至中国图书公司、东亚公司买书药等。下午，闵瑞之师来寓坐，马车至愚园、张园游览一周，归已夕阳西下矣。夜，至天仙观剧。

4月24日　星期五

晴，下午阴。上午，至吉升栈访钱选青先生，云已往江阴去矣，不晤而返。作信复宪臣，又至国学保存会藏书楼内谒邓秋枚先生，坐谈片刻，出至商务书馆一回。下午，坐马车至龙华讲寺，游览一周返。夜，至春仙观剧。末演沭阳女士一折，大有观也。

4月25日　星期六

雨。上午，走小说林社。下午，至英大马路同安居吃茶。回至宝成金铺。振新来寓。夜，编《沪江游录》。

4月26日　星期日

晴。上午，作信致平庵，复志轩。走振泰源一回。又至会文学社买书。何民侠等来寓，晤李伯良同学。下午，至同芳吃茶。又走棋盘街四马路一回。振新及顾志光来寓。夜，至春仙观剧。

4月27日　星期一

晴。上午，至扫叶山房选购书籍数种。走文明书局一回。下午，走紫来街一回，至同芳吃茶。又至小说林社等处。夜，至奇芳。

4月28日　星期二

晴。上午，至扫叶山房一回，又买物数种。下午，下船开至徐家汇，走震旦学院，与平庵、叔贤坐谈数刻。又至土山湾一回。路晤德人佘宾王先生及李问渔先生。

4月29日　星期三

雨。十下钟解缆。下午五下钟至泗泾泊焉。在舟编《沪江游录》。

4月30日　星期四

雨,微雨。黎明解缆,九下钟到松江。走西门街买物。十下钟即开船。二下钟至松阴,五下钟到家。

5月

5月1日　星期五

阴。上午,收拾书籍、物件。下午,到钦明女学校,天梅、卓庵等亦来。张仲先生来坐数刻去。

5月2日　星期六

阴。上午,到钦明一回。下午,杂拉。

5月3日　星期日

晴。上午,沈伯才来。走钦明。天梅亦来,出至宪人处一次。望、时二舅等来。朱信师来。至裱画店。又至三神庙、如真照相馆。艺菊数盆。

5月4日　星期一

晴。上午,录甲辰乙巳诗若干首。下午,草《钦明写真题词》二首。君懿去。走女校监乙班默书一时。又同天梅等到耶教堂观操。

5月5日　星期二

晴。上午,观《南雷文定》数首。走女校,授甲班历史一课。

下午,录丙午丁未诗数首。观《梨州先生年谱》。艺菊。夜,调查历史。

5月6日　星期三

　　晴。上午,走女校授甲班历史一课。下午,又录旧诗数首。至女校与同人摄影。耶教堂开游艺会往观焉,极一时之盛。钦明全体亦整队往观。散会已晚矣。归来一次即至宪人处晚膳。又至一笑楼一回乃回家,天梅亦来。

5月7日　星期四

　　晴。上午,同天梅至女校,代授乙班算学一课。作信至平庵。下午,观《梨州先生年谱》。至女校,昨日所摄之影模糊,乃复摄。

5月8日　星期五

　　晴。上午,至东市岭梅伯处,回至女校一回。下午观《南雷文集》。走女校一次。作信复朱师。

5月9日　星期六

　　阴。上午到女校晤宪人,至世德堂访钱选青,尚未来也,不晤而返。下午至钱氏义庄,又至世应堂晤选青,谈片刻。出至女校及张仲先生处一回。标录《桃花扇》数页,叔西及选青来,将路股收条交清即去。夜,草《敬告各股东书》。

5月10日　星期日

　　阴。上午,拟清《敬告各股东书》。即至何广大晤宪人即返。理路股收条。下午,观《梨州先生年谱》(完)。走修表店雪香庵一回。夜,观《国粹学报》。

5月11日　星期一

　　阴,上午晴。上午,走女校一回。观《国粹学报》。作信致邓秋枚。下午,作信复平庵。至女校,何振新、顾志光、天梅来。监乙班习字一课。又同天梅等至夷则轩照相馆一回。观《凫西鼓词》。

5月12日　星期二

晴。观《贾凫西鼓词》(完)到女校授甲班历史一课。下午,作信至松属路股会。杂拉。上午又走汪同寿一回。夜,拟历史问答题六个。

5月13日　星期三

晴。上午,到何广大一回。至女校授甲班历史一课(问答)。下午,至女校监甲班习字课,即改问答十三卷。又看字课十三卷乃返。君懿来。夜,宿于舟。

5月14日　星期四

阴。上午,至河西。下午一下钟归,即至女校,四下钟归。草《哀蚁文》。夜,观《国粹撰录》。

5月15日　星期五

雨。草《张堰志》拟例。君懿自亭林回来,即去。夜,观《剑南诗钞》。

5月16日　星期六

雨。上午,观《史记》数页。下午,杂拉。宪人来即去。观《投笔集》。夜,草《书〈明夷待访录·原君篇〉后》。

5月17日　星期日

阴。上午,抄昨夜所作文一首。下午,望、时二舅、叶守师、杨阆峰等来。同至一笑楼吃茶,坐良久。又至雪香庵教育研究会,五下钟回。

5月18日　星期一

晴。上午,观《史记》数页。下午读《正气集》。至女校监乙班习字一课。调查历史。夜,观《投笔集》。

5月19日　星期二

晴。上午,到女校代看甲班作文五卷。授甲班历史一课。下午,改削旧作《书原道篇后》。至女校一回。夜,调查历史。

5月20日　星期三

晴。上午,到女校授甲班历史一课。下午,至女校监甲班习字一课,三下钟回。观《投笔集》(完)。夜,校录《桃花扇》。

5月21日　星期四

晴。上午,观《史记》数页,写札记三则。下午草《许衡论》。至女校,朱师来。出至仲先生处,望母舅亦在,同至协和当访闵瑞师,坐片刻回。母舅亦来,即去。草完《许衡论》。夜,校录《桃花扇》。

5月22日　星期五

晴。上午,抄昨日所作文一首。至女校一回。下午,观张文烈公词一卷。夜,校录《桃花扇》。

5月23日　星期六

晴。七下钟到女校,九下钟往观留溪小学运动会,钦明亦整队往观。计男女校来观者十五处,盛举也。午刻回,二下钟又到女校,又往观运动会,四下钟回。闵瑞师来即去。读《正气集》。

5月24日　星期日

晴。上午,订书几本。下午,校录《桃花扇》数页。作信数封。夜,观《小沧浪诗话》。

5月25日　星期一

晴,晚微雨。上午,观《史记》。下午,读《正气集》。校录《桃花扇》。沈伯才来即去。至女校监乙班习字一课。夜,校录《桃花扇》。

5月26日　星期二

晴。上午,到女校授甲班历史一课。下午,读《正气集》。走女校一回。校录《桃花扇》。夜,调查历史,拟历史问答题五个。

5月27日　星期三

晴。上午,到女校授甲班历史一课。下午,至女校上甲班问答一课(历史),改问答十三卷。夜,观陈卧子文。

5月28日　星期四

晴。上午,到女校一回,发去问答卷。下午,观《庄子》五页。读《正气集》。夜,校录《桃花扇》。

5月29日　星期五

晴。上午,观《史记》五页。读《正气集》。下午,观《庄子》六页。走女校一回。夜,校录《桃花扇》。

5月30日　星期六

阴,下午雨。上午,到女校一回。观《史记》数页。下午观《庄子》七页。读文辞数首。读《正气集》。亚雄来。夜,校录《桃花扇》。

5月31日　星期日

阴。上午,杂事。下午,走宪人处,坐片刻。仲先生等来。订报数本。

6月

6月1日　星期一

晴。上午,观《史记》五页。时母舅来即去。写札记三则。下午,读《正气集》。二点半,到女校,监乙班习字一课。四点半返。

校录《桃花扇》。夜,校录《桃花扇》。

6月2日　星期二

晴。上午,订报数本。下午校录《桃花扇》。观《史记》数页。时母舅来即去。夜,观《复社纪略》。钦明及家塾今日起端午放假三日,至初七日开课也。

6月3日　星期三

晴。上午,观《复社纪略》,校录《桃花扇》(完)。下午,订报数本。宪人、迪君来。夜,观《复社纪略》。

6月4日　星期四

晴,下午雨。上午,杂拉。下午,抄侯方域、李姬传。改削旧作短篇小说《秋感》。观《复社纪略》。夜,观《湖隐外史》。

6月5日　星期五

阴。上午,观《史记》八页。下午,到女校。因仲先生赴申,代上甲班问答一课。三下钟返。改问答十二卷,尚有三卷已在校改讫矣。订《桃花扇》二册。夜,观《湖隐外史》。

6月6日　星期六

晴。上午,观《史记》八页。写札记二则。下午,到女校一回。观《湖隐外史》。观《国粹学报》。夜,杂拉。

6月7日　星期日

晴。上午,观《史记》五页。望母舅等,黄少山来即去。下午,写札记二则。至教育研究会。四下钟后归。冯子冶来即去,母舅等皆去。夜,观《湖隐外史》。

6月8日　星期一

晴。上午,观《史记》十页。下午,到女校代授甲班地理一课,三下钟归。尚有乙班习字一课。托宪人监之。调查历史。夜,同上。

6月9日　星期二

雨,上午阴。上午,到女校代上甲班作文一课,出二题,听择一焉。(1)说缠足之害。(2)与友人书。又授甲班历史一课。下午,改作文十九卷。夜,杂拉。

6月10日　星期三

阴。上午,到女校代授甲班地理、国文二课。又授甲班历史一课。下午,抄徐孚远文一首。读《正气集》。女校下午尚有甲班习字一课,托宪人代监之。夜,观《汇报》。

6月11日　星期四

晴。上午,观《史记》六页。作信致君懿。下午,抄陈子龙文一首。读《正气集》数页。到女校一回。观《庄子》数页。读古文辞数首。拟致秋枚信。夜,观《湖隐外史》。

6月12日　星期五

晴。上午,作信复亚雄。观《史记》七页。读文辞数首。下午,作信致平庵,复振新、叔贤。到女校一次。作信复瑞师。夜,同上。

6月13日　星期六

晴。上午,观《史记》十页。走女校一回。下午,到女校,天梅亦来,商议一切,归已六点矣。夜,观《湖隐外史》(完)。

6月14日　星期日

晴。上午,伯才来即去。至宪人处,坐数刻返。下午,抄陈子龙诗一首。读《正气集》。

6月15日　星期一

晴。上午,观《神州女报》,天梅来。下午,至宪人处,谈数分钟即至女校。监乙班习字一课。归来一次,复至女校,提议一切。六下钟同天梅到高宅。

6月16日　星期二

晴,晚雨。上午,与天梅闲话,至实枚学校。下午,同伯才游东一区寅宾学舍,四下钟返高宅。

6月17日　星期三

阴,上午雨。上午,代改实枚乙班修身大考卷十首。午刻,在天梅处小酌。四下钟归家。

6月18日　星期四

晴,下午时有雨。上午,至女校监甲班历史,温课三时。在校即改实枚乙班修身大考卷十首(完)。下午,观《归元恭文续钞》,拟女校暑假历史大考题八个。成题《心史》一首,《伤春》二首,《励志》一首,《哀秋女士》二首。

6月19日　星期五

晴。上午,到女校监甲班历史,温课三时。下午,观《归玄恭文续钞》。宪人来,诊圆妹病。到女校代授乙班算学一课。成《挽秋女士》一首。

6月20日　星期六

晴。上午,抄诗稿。到女校一回。下午,作信致秋枚。杂拉。夜,观《国粹学报》。

6月21日　星期日

雨。杂事。成《续五噫歌》一首。钦明定明日起举行暑假大考。

6月22日　星期一

雨。上午,观《五石脂》。观《归元恭文续钞》。下午点半到女校，监乙班习字一课。四点半返。校中今日大考甲国文（作）。

6月23日　星期二

阴，下午晴。上午，观《海藏楼诗》。观《归元恭文续钞》。到女校一回。观《史记》数页。写札记一则。下午读《正气集》。又走女校一次。今日上午大考甲地理，下午大考甲家政。

6月24日　星期三

雨，下午阴。上午，八点到女校大考甲班历史，出五题。十二点归。下午一点又到女校，尚有未完卷者。三点归。评考卷七本。读《正气集》。今日下午大考甲国文（问答）乙字画。

6月25日　星期四

晴。上午，评考卷七本（完）。下午，读《正气集》。到女校，四点半返。今日上午大考甲卫身、乙默书。下午大考甲字画、乙算学。

6月26日　星期五

晴。上午，读《正气集》，观《史记》数页。到女校。下午，观《庄子》五页。夜，观《明季南都殉难记》。今日上午大考甲算学、乙唱歌。下午大考甲唱歌、乙国文（作）。

6月27日　星期六

晴。上午，观《归玄恭文续钞》，到女校一回。观《庄子》数页。君懿来。下午，亚弟等来。到女校一次。夜，观《国粹学报》。今日上午大考甲乙体操、手工。下午大考甲国文（默讲）。

6月28日　星期日

阴。上午，观《庄子》六页。仲先生、静园叔来。下午，仲先生去。观《归玄恭文续钞》。钦明于昨日考毕，明日起仍照常授课也。

6月29日　星期一

阴。上午,走钦明女校一回。亚雄来。观《史记》五页。下午,静园叔去。到女校监乙班习字一课。调查历史。读文辞。夜,杂拉。

6月30日　星期二

晴。上午,观《史记》。到女校授甲班历史一课。下午观《庄子》。观《归玄恭文续钞》。到女校一次。夜,抄《秋感》。

7月

7月1日　星期三

雨。上午,观《归玄恭文续钞》,观《史记》四页。到女校授甲班历史一课。下午,写札记二条。何振新等来即去。夜,杂拉。

7月2日　星期四

雨。上午,观《史记》七页。观《归玄恭文续钞》。下午写札记一则。二下钟到女校。四点半返。草《钦明职员写真题词》一首。夜,观《公民必读》。

7月3日　星期五

阴。上午,观《公民必读》(完)。到女校一回。下午[一]点半到女校,四点半归。观《归玄恭文续钞》。夜,草《说仁》。

7月4日　星期六

雨。上午,抄昨夜所作文,亚雄来。到女校一回。望、时二舅来。下午二点到女校,五点半归。二舅已去矣。抄完文。夜,观《归玄恭文续钞》。

7月5日　星期日

八点到女校。十一点,行暑假礼:(一)谒圣(二)揖师及监校(三)同学想别礼(四)女师给奖(五)演说而始,终则奏琴,全体唱歌焉。演诸者为周文明、陈叔平、竹初、仲传、天梅及女师高女士。三下钟,至聚兴楼饮酒,同去者七人。四下钟返女校。五点半归。

7月6日　星期一

上午观《史记》十一页,观《归玄恭文续钞》。下午观《庄子》数页,观完《鸳鸯碑》,改削《金山佚史》。夜,草《读〈桃花扇〉杂记》一则,拟《夏社简章》。

7月7日　星期二

阴。上午,临《云麾碑》。宪人来即去。观《史记》数页。下午,观《归玄恭文续钞》。观《庄子》五页。抄《金山佚史》。观《世界》。夜,观《长生殿》。

7月8日　星期三

晴,晚雷雨。上午,临《云麾碑》。到女校与叔仁、迪君、宪人、仲传收拾一切。下午,观《史记》数页。高坚、亚雄来即去。抄《佚史》。夜,观《长生殿》。

7月9日　星期四

晴。上午,写字课一卷。观《史记》七页。温吴氏古文九页。亚雄来。下午,观《庄子》八页。温格致教科书十五页。抄《佚史》。观《归玄恭文续钞》。观《蒙学卫生》(完)。

7月10日　星期五

晴。上午,临《云麾碑》。观《史记》七页。温吴氏古文七页。下午,抄笔记。观《庄子》数页。莫伯筹君来坐,数刻去。观《神州国光集》。温格致十页。夜,拉杂。

7月11日　星期六

阴,微晴。上午,临《云麾碑》。观《史记》七页。温吴氏古文九页。下午,观《庄子》二十页。宪人来,坐谈数刻去。温格致十页。夜,观《长生殿》。志轩定明日起放暑假。

7月12日　星期日

阴,微晴。上午,朱信师、沈伯才、叔贤、张志民来,坐久去。观《归元恭文续钞》。下午观《庄子》数页,同人假钦明校舍结夏社以练习各种美术,今日开社,于二点去,五点返。抄笔记。夜,观《长生殿》。

7月13日　星期一

阴,微晴,夜雷雨。上午,观《史记》六页。观《庄子》八页。温吴氏古文三页。下午,温格致四页。到夏社,四点半返。观《埋香记》一册(完)。

7月14日　星期二

阴,上午微晴,下午雨。上午,君懿归。观《史记》六页。观《庄子》数页。温吴氏古文八页。观《归玄恭文续钞》。下午温格致二十四页。抄笔记。因雨不到夏社。

7月15日　星期三

晴。上午,观《史记》六页。温吴氏古文八页。下午,温格致十六页。一点到夏社,四点半返。抄笔记。夜,观《卫生学问答》。

7月16日　星期四

晴。上午,观《庄子》七页。写《史记》札记二则。温吴氏古文八页。下午,温格致十页。点半到夏社,四点半返。家君至冯家。

7月17日　星期五

阴。八点到高宅,四点半回。平庵至实枚,观荷花之开甚盛,香风阵阵,令人入胜也。五点归。途晤干最坚同学。家君归。夜,观《卫生学问答》。

7月18日　星期六

阴,下午晴。上午,观《史记》七页。温吴氏古文四页。下午,温格致七页(完)。点半到夏社,四点半返。润身弟来即去。观《归玄恭文续钞》。夜,观《卫生学问答》。

7月19日　星期日

晴。上午,临《云麾碑》。观《史记》七页(本纪完)。观《庄子》六页。亚雄、伯才来,坐数刻去。下午临画。亚雄去。编《金山地理》。观《归玄恭文续钞》。夜,观《卫生学问答》。

7月20日　星期一

晴。上午,观《庄子》八页(完)。余自甲辰圈点《庄子》,乙巳、丙午留学实枚,束之高阁者二载,去年病愈后续为圈点,然时作时辍,至今告成云。温吴氏古文五页。临《云麾碑》。下午温博物教科书六页。点半到夏社,三点半返。抄笔记。夜,观《卫生学问答》。

7月21日　星期二

晴。上午,观《史记》,写信复君懿。温吴氏古文七页。下午,温博物七页。点半到夏社,三点半返。抄笔记。

7月22日　星期三

晴。上午,观《史记》,写信复叶师。温吴氏古文八页。下午,温博物五页。点半到夏社,四点半返。抄笔记。志轩来。

7月23日　星期四

晴。上午,观《史记》,写札记二则。观《归玄恭文续钞》,写信致钱选青。温吴氏古文六页。志轩来。抄笔记。观《长生殿》。

因炎甚不去夏社。夜,观《卫生学问答》。

7月24日　星期五

晴。上午,伯才来,坐谈多时去。观《史记》。下午,温博物十六页。点半到夏社,四点半返。夜,观《卫生学问答》。

7月25日　星期六

雨,上午阴。上午,复闵师信。观《史记》(表完)。写札记三则。温吴氏古文十页,温博物十页(完)。下午翻阅《昭代名人尺牍》。到钦明,天梅亦来,商议一切。二点半归。抄笔记。又草一则。

7月26日　星期日

晴,晚雨。上午,走何广大候宪人,不晤而返。温吴氏古文四页。志轩来。写信致宪人。下午,观《归玄恭文续钞》。编《金山地理》。观《长生殿》。宪人来谈数刻。夜,观《卫生学问答》。

7月27日　星期一

晴。上午,杂拉,亚雄来。下午抄丁未诗,亚雄去。二点到夏社,四点半返。观《国粹学报》。夜,观《卫生学问答》。

7月28日　星期二

晴。上午,翻阅《庄子》。温吴氏古文九页。观《归玄恭文续钞》。下午作致选林信。二点到夏社,四点半返。抄丁未诗。

7月29日　星期三

晴。上午,温吴氏古文十页(完)。观《归玄恭文续钞》。草《许行论》。下午,君懿来。草完《许行论》。

7月30日　星期四

晴。晨理字画。上午,抄昨日所作文。观《归玄恭文续钞》。温西洋历史教科书六页。观《长生殿传奇》。下午,抄算学及历史大意。二点到夏社,四点半返。

7月31日　星期五

晴。上午,理字画。观《归玄恭文续钞》(完)。温西史六页。下午,天梅来,即同至钦明商议一切,三点半返。抄旧作《秋声记》。

8月

8月1日　星期六

晴。上午,理字画。观《长生殿》。志轩来。下午,抄唱歌。一点至夏社,四点半返。夜,观《卫生学问答》。

8月2日　星期日

晴。有小病。晚间精神渐振。夜,观《卫生学问答》(完)。

8月3日　星期一

晴。上午,看会课卷。时、望二舅、平庵等来。亚雄来。下午,志轩来,时舅去。

8月4日　星期二

晴。上午,沈叔贤来即去。下午,看会课卷。望舅去。观《长生殿》。夜,观《长生殿》。

8月5日　星期三

晴。上午,观《长生殿》。草《金山佚史·凡例》。下午,朱师来即去。同平庵、君懿去夏社一回。

8月6日　星期四

晴,三点后雨。上午,七点到五区头何家吊丧。在舟观《长生殿》(完)。下午四点到家。

8月7日　星期五

晴。闲谈无事。

8月8日　星期六

晴。上午,平庵归晚仍来也。草《秋日步天梅原韵即寄秦崖》三首。下午祭先。君懿归。四点到夏社一回。夏社今日闭会。志轩、亚雄来。

8月9日　星期日

晴。上午,观《学算笔谈》数条。下午,观《朱九江先生年谱》。

8月10日　星期一

晴。无事。补草《七夕》一首。

8月11日　星期二

晴。下午,平庵归。

8月12日　星期三

晴。上午,走宪人处一回。草《望江南》四首。预算钦明课程。下午,观朱九江年谱。

8月13日　星期四

晴。上午,伯才来即去。下午,随母亲及三妹至高宅。

8月14日　星期五

晴。闲话无事。

8月15日　星期六

晴。同上。

8月16日　星期日

晴,午刻雨。同上。君懿亦来。

8月17日　星期一

阴,夜雨。同上。

8月18日　星期二

阴。同上。君懿去。

8月19日　星期三

阴。上午,归家。三妹同归。伯才、顾景贤于下午来即去。夜,观《饮水诗话》。

8月20日　星期四

晴。志轩来开学。走钦明一回。下午,又到钦明。草《陈卧子〈安雅堂集〉跋》。

8月21日　星期五

晴。上午,抄昨日所作文。到钦明,十二点钟返。下午,一点到钦明考试新生,四点返。夜,观《明季三朝野史》。

8月22日　星期六

晴。上午,八点到钦明。十一点行开学礼。奏琴者女教习何亚希女士。报告宪人,演说竹初、仲传、天梅、宪人。下午布置一切,五下钟返。夜,观《明季三朝野史》。

8月23日　星期日

晴,夜雨。上午,到天梅寓处,又到钦明。十一点半返。下午,杂事。夜,观《明季三朝野史》。

8月24日　星期一

晴。上午,往送仲先生杭州之行不及,即至钦明,十一点返。下午观《史记》十页。母亲归。夜,观《明季三朝野史》。

8月25日　星期二

雨。上午,到钦明监甲班温课一时。十一点返。观《朱九江年谱》。下午,观《史记》十页。杂拉。夜,观《明季三朝野史》。

8月26日　星期三

阴。上午,到钦明监丙班、甲班温课各一小时,十一点返。下午,观《史记》十页。杂事。夜观《明季三朝野史》(完)。

8月27日　星期四

晴。上午,观《史记》十一页。写札记三则。下午,到钦明,四点半返。宪人赴沪听讲医学。

8月28日　星期五

晴。上午,观《史记》十一页。观《惨女界》。下午,写札记二则。杂拉。

8月29日　星期六

晴。上午,到钦明监甲班问答。乙丙二班习字各一课。十一点返。君懿来,午后仍去也。下午,观《史记》廿二页,写札记一则。

8月30日　星期日

晴。上午,改甲班问答八卷。观《惨女界》。下午,编《古今世变大概表》。叶守师来即去,夜,观《惨女界》。

8月31日　星期一

晴。上午,到钦明监乙、丙二班习字一课,十一点返。下午,观《史记》十六页。观《惨女界》。观《学算笔谈》。调查历史。

9月

9月1日　星期二

晴。上午,到钦明授甲班历史一课。十下钟返。观《史记》十页。到河西下午返。调查历史。

9月2日　星期三

晴,夜雨。上午,至钦明授丙班国文一课,甲班历史一课,十一点半返。下午,观《史记》廿页,写札记一则。

9月3日　星期四

晴。上午,观《史记》二十页。读文辞。下午,到钦明,三点半返。草信复宪人。夜,观《惨女界》。

9月4日　星期五

晴。上午,观《史记》二十六页。下午,到钦明,三点半返。夜,观《惨女界》。

9月5日　星期六

晴。上午,到钦明监甲班问答,乙、丙二班习字各一课,十一点半返。下午,观《史记》三十页(书完)。何望东来即去。夜,观《惨女界》(完)。

9月6日　星期日

晴。上午,改甲班问答十卷。抄《顾氏遗书提要》。望母舅等来。下午,叶师来即去。至教育研究会听讲法政。又走钦明一回,母舅等去。

9月7日　星期一

晴。上午,到钦明监乙、丙班习字一课,十一下钟返。下午,观《史记》十二页。草《赠天梅移居我里》二绝。调查历史。

9月8日　星期二

晴,晚雨。上午,到钦明授甲班历史一课,代监甲班温课一课,十一下钟返。君懿来,晚仍去也。下午,草《苏州〈日日新闻〉出版祝词》二绝。调查历史。

9月9日　星期三

晴。上午,至钦明授丙班国文甲班历史各一课。十一下钟返。下午,观《史记》十二页。草《〈民呼日报〉祝词》二绝。作信二函。

9月10日　星期四

阴,晚大雨,未几云开月出。上午,草《中秋杂感》三绝。同志轩、亚雄至继述吊丧。下午,二下钟返。志轩今日节假一日。钦明今日起,节假三日。

9月11日　星期五

阴。上午,观《史记》二十二页。下午,圈点历史表,抄诗数首。

9月12日　星期六

晴。上午,伯才、亚雄来,坐谈多时去。抄旧作《自由丛谈》。下午,观《史记》十页。到钦明不晤一人,即返。天梅来即去。

9月13日　星期日

晴。上午,到天梅寓处,即同至钦明一回。至河西下午返。至教育研究会,集者殊少,即出至钦明,空无人也。又至河西。早夜饭后归。

9月14日　星期一

晴。上午,至钦明代授甲班家政一课,监乙、丙班习字一课,十一点半返。下午观《史记》十三页。调查历史。

9月15日　星期二

雨。下午,饭前草书《马氏瞿恭人行述》,后至钦明授甲班历史一课,十点半返。观《史记》十一页。下午,抄诗数首。观《黄史列传》。夜,观《新体中国历史》。

9月16日　星期三

雨,下午晴。上午,到钦明授丙班国文、甲班历史各一课,十一下钟返。下午,观《史记》十页。观《黄史列传》。杂拉。夜,抄写。

9月17日　星期四

晴。上午,九下钟于钦明代监乙、丙班习字一课,十一下钟返。下午,观《史记》十页。杂拉。夜,观《黄史列传》。

9月18日　星期五

晴,夜雨。上午,观《史记》十三页。下午一点半至钦明,三点半返。

9月19日　星期六

晴,晨雨。上午,到钦明监甲班问,乙、丙二班习字各一课,十一点半返。下午,改甲班问题十卷。观《史记》八页。二点到钦明,四点半返。

9月20日　星期日

晴。上午,观《史记》十页。作信复平庵。望母舅等来。下午二点到教育研究会,四点返。母舅等去。夜,观《天演论驳义》。

9月21日　星期一

晴。上午,到钦明代授乙班国文一课,监乙、丙习字一课,十一点半返。君懿来。下午君懿去。观《史记》十页。草对数付。夜,观《政艺通报》。

9月22日　星期二

阴。上午,杂事。草《班昭传》。下午,伯才来,同至钦明一回,别去。至一笑楼晤望母舅、叶师等,又至钦明参观,同至家。叶师等坐数刻去。今日孔子纪念日,钦明放假。

9月23日　星期三

阴。上午,至钦明授丙班国文一课,甲班历史一课,十一下钟返。午刻至梅梅处陪酌。三点到钦明一回即返,母舅去。

9月24日　星期四

雨。有小病,精神不振。夜,草《论盐政之罪恶》。

9月25日　星期五

雨。精神渐好,续草昨晚未完稿,下午抄之。

9月26日　星期六

雨。上午,到钦明监甲班问答,乙、丙二班习字各一课,十一点半返。下午观《史记》十三页。

9月27日　星期日

晴。上午,观《史记》二十页。朱师来,下午去。伯才、亚雄来即去。二点到教育研究会听法政,并选举职员,余被举为招待。四下钟返。夜,观《国粹学报》。

9月28日　星期一

晴。上午,至钦明代授甲班家政一课,乙、丙二班习字一课,即托雷兄少云代之。宪人来校。于昨日回,明日仍去也。下午一下钟返。观《史记》十页。改甲班问答十一卷。调查历史。

9月29日　星期二

晴。上午,到钦明授甲班历史一课,代授甲班国文一课,十一下钟返。观《史记》十一页。下午观《法律学纲领》一卷。调查历史。温西洋历史。

9月30日　星期三

晴,晚雷雨。上午,到钦明授丙班国文、甲班历史各一课,十一下钟返。下午,杂拉。观《史记》七页。伯才来即去。观《史学概论》。夜,观《黄史列传》。

10 月

10 月 1 日　星期四

晴。上午,杂拉。观《史记》十二页。下午,观《黄史列传》。今日患伤风。

10 月 2 日　星期五

寒热不起。

10 月 3 日　星期六

同上。天梅来即去。下午也请俞道生先生医治。钦明于今日起节假三天,十二日开课也。

10 月 4 日　星期日

同上。

10 月 5 日　星期一

同上。

10 月 6 日　星期二

同上。

10 月 7 日　星期三

同上。请俞道生先生医治。

10 月 8 日　星期四

同上。

10 月 9 日　星期五

同上。下午,君懿、振新来。夜,振新去,宿天梅处。

10月10日　星期六

始起晚,仍有寒热。下午,君懿去。

10月11日　星期日

同上。时舅于下午来。夜,草《金山农民疾苦调查记小识》。

10月12日　星期一

同上。下午,归舅去。作信致天梅。

10月13日　星期二

寒热始止,精神未振。

10月14日　星期三

雨。抄《论盐政之罪恶》。夜,作信数函。

10月15日　星期四

阴。草《金山农民疾苦调查记》,请俞道生先生医治。

10月16日　星期五

晴。杂拉。作信复闵师。

10月17日　星期六

晴。作信致农民疾苦调查会。不甚事,精神渐振。

10月18日　星期日

晴。上午,抄写,观《明季实录》。下午,润弟等来即去。母亲等至松江。

10月19日　星期一

晴。上午,观《史记》十六页。观《黄史列传》。下午,拟复仲先生信。

10月20日　星期二

晴。上午,到钦明授甲班历史一课,又至天梅处一回,十点半返。观《史记》九页。下午,观《史记》八页。调查历史。

10月21日　星期三

晴。上午，到钦明授丙班国文、甲班历史各一课，又走天梅处一回。十一点半返。下午复仲先生信。观《史记》六页。夜，观《明季实录》（完）。

10月22日　星期四

晴。上午，到钦明，十一下钟返。草《吊钱二老》一绝。下午，观《史记》十四页。读《黄史列传》。母亲等归。

10月23日　星期五

晴。上午，到钦明一回，十点半返。作信数函。下午，许墨君等来即去。观《史记》十页。写札记一则。志轩于明日起节假。

10月24日　星期六

晴。上午，到钦明监甲班问答，乙、丙二班习字各一课，十一下钟返。下午，改问答十三卷。朱师来即去，到钦明，四点返。夜，天梅来即去。

10月25日　星期日

阴。上午，观《史记》十五页。下午草《自题〈金山佚史〉》一绝，抄诗。润弟等来即去。

10月26日　星期一

阴。上午，观《史记》十一页。下午，抄信稿及教授杂录。钦明今日起节假三日。

10月27日　星期二

雨。上午，观《史记》十一页。抄信稿。下午，抄文。

10月28日　星期三

雨。下午，同志轩到五区头何宅。

10月29日　星期四

　　雨。下午,回家。

10月30日　星期五

　　雨。上午,到钦明代授甲班家政一课,十一下钟返。下午,观《史记》十一页。宪臣来即去。夜,观《国粹报》,志轩来开课。

10月31日　星期六

　　晴。上午,到钦明开会,发展规则。监乙、丙班习字一课,十一下钟返。下午,观《史记》十页。到钦明监甲问答一课,四点半返。夜,观《生理学》。

11月

11月1日　星期日

　　晴,夜雨。上午,观《史记》十一页。下午,叶师等来,同至教育研究会听法政,四下钟返。望、时二舅来即去。

11月2日　星期一

　　阴。上午,改甲班问答十一卷。到钦明监乙、丙班习字一课。十一点半返。草拟作一首。下午,观《史记》十页,观《黄史列传》,调查历史。

11月3日　星期二

　　晴。上午,到钦明授甲班历史一课,十一点返。观《史记》六页。写札记一则。下午,观史记十四页。到钦明即返。调查历史。

11月4日　星期三

　　雨。上午,到钦明时已晚,丙班国文一课已由竹先生代之矣。

授甲班历史一课,十一点半返。写《史记》札记二则。下午,观《史记》十三页,作信致选青,写札记一则。夜,观《生理学》。

11月5日　星期四

雨。上午,观《史记》十六页,写札记一则。下午,写札记七则。抄文。母亲到高宅。

11月6日　星期五

雨。上午,观《史记》十四页。下午,到钦明编订章程,代授乙、丙班图画一课。四下钟返。夜,观《生理学》(完)。

11月7日　星期六

晴。上午,到钦明监甲班问答、乙班习字各一课,代授甲班国文一课,十二点返。下午,观《史记》七页,到钦明代监甲班习字、温课各一课,在校即改问答十二卷。四点返。观《史记》七页,写札记二则。

11月8日　星期日

阴。上午,到钦明一回即返。观《史记》十页。下午,到教育研究会听法政。出至钦明观,菊花山已成立,五点返。夜,草《咏菊》一首、《菊花山》一首。

11月9日　星期一

晴。上午,到钦明监乙、丙班习字一课,十一下钟返。下午,圈点历史表,调查历史。母亲归,母舅等来,晚去。

11月10日　星期二

雨。上午,到钦明授甲班历史一课,十点半返。下午整理行装。望母舅来。三点到钦明。晚菊花雅集,八点返。

11月11日　星期三

阴。随父母亲及望母舅,大、圆二妹,小姊姊品安到上海,唤二舟往。上午九点起程,在舟观《公民必读》二编一册。下午,五点到松江下碇焉。钦明教务托天梅、少云、志轩等代理。

11月12日　星期四

晴。上午,到日丰金铺、顾少莲刻字店、同锦昌等处。十二点解缆,观《吾炙集》。五下钟到泗泾下碇焉。

11月13日　星期五

晴。黎明起锭,午刻抵上海,往寓石路吉升栈。作信致志轩。夜,至小广寒听书。

11月14日　星期六

晴。上午,到文明书局印钦明校章。下午,到钜昌隆买物,科学仪器馆买琴,广智书局买书。夜,至丹桂观剧。时舅亦来。

11月15日　星期日

晴。上午,到扫叶山房、科学仪器馆。平庵来寓。下午到永和祥买物及扫叶山房、宝成金铺等处。夜,至中国品物陈列所,珍奇万有大观也。又至沪园洗浴。

11月16日　星期一

晴。下午,到徐景明医药房、丽珠摄影、中国图书公司、江左书林、商务书馆买书,元吉号买物。夜,同时舅至南市新舞台观剧,至则忆因国丧停演,返观电光影戏。

11月17日　星期二

晴。下午,到慎泰买物,有正书局、时中书局、世界社等处买书。夜,往看西洋戏法,出至福安吃茶。

11月18日　星期三

晴。上午,至国粹学报社买书,又偕时舅至藏书楼候邓秋枚先生。下午,坐马车游愚园及公家花园。夜,至增泰源照壳店,又至中国品物陈列所吃茶买物。

11月19日　星期四

晴。上午,到老介福剪绸。又到国粹学报社晤秋枚。下午,又到增泰源、钜昌隆、江左书林等处。作信致志轩,夜,至大庆楼吃酒,闵师来寓。

11月20日　星期五

晴。上午,到森大照壳店、申报社、世界社。平庵于昨日来,今午去。下午,到徐景明医局、钜昌隆、同芳居吃茶,任祥茂买铁床,文明书局买书等。夜,至岭南楼吃番菜出至陈列所。

11月21日　星期六

阴。上午,到扫叶山房、朵云轩。下午到丽珠照相馆、文明书局、南洋官书局、振余信笺店。闵瑞师来,即同至恒泰典青年会游览一周。夜,作信复献人。

11月22日　星期日

晴。上午,到满庭芳、大通栈访迪君。下午,到中国品物陈列所、宝成金铺、东亚公司、商务印书馆、钜昌隆。夜,至九华楼吃酒。

11月23日　星期一

晴。上午,到老介福、中国图书公司。下午,到协泰木作,法界商品陈列所。夜,宪臣来寓,偕时舅于丹凤观剧。

11月24日　星期二

晴。上午,到宝成金铺、丽珠照相馆、女报社。又到普记栈候宪人不晤而返。下午,到苏路公司、图书游艺社,又到博物院。夜,黄公续先生邀饮大庆楼,出至大观观剧。

11月25日　星期三

晴。上午,到宝成金铺。午刻闵师邀饮恒泰昌内,出至申报馆,又至震旦学院寄宿舍候平庵、叔贤。夜,至天仙观剧。时舅先回松。

11月26日　星期四

晴。上午十一点钟,至日辉港下船。午后开至徐家汇,风阻下碇。至李公祠游览一周。

11月27日　星期五

晴。黎明解缆,午后三下钟至松江下碇焉。至东门复园访选青不晤,已往海上矣。夜,至郑通惠日丰金铺,十点返船。

11月28日　星期六

晴。黎明起碇,午后三点钟抵家。母舅去,理物件。

11月29日　星期日

晴。上午,理物件。下午,天梅来即去。二点至教育研究会听法政,四下钟返。望、时二舅来即去。

11月30日　星期一

晴。上午,杂拉。下午,到钦明代志轩授丙班国文一课,甲班算术一课,四下钟返。作信二函。夜,看算学卷。

12月

12月1日　星期二

晴。上午,到钦明授甲班历史一课,十一下钟返。调查历史。下午,到钦明代授甲班算术一课,四点返。宪人来即去。夜,看算学卷。

12月2日　星期三

晴。上午,到钦明授丙班国文一课,甲班历史一课,十一下钟出至宪臣处一回。下午,理路股收条,到钦明代监丙班温课,甲班算术各一课,四下钟返。夜,看算学卷,观《公言集》。

12月3日　星期四

晴。上午,草路股会通告。编五胡十六国表。下午到宪臣处,出对钦明,代授甲班算术一课,代监乙、丙班温课一课。即看算学卷。夜,观《公言集》。

12月4日　星期五

晴。上午,到钦明一回,编《五胡十六国兴亡表》。下午,望、时二舅来,晚去。观《史记》十二页。夜,观《公言集》。志轩今日来。

12月5日　星期六

晴。上午,到钦明监甲班问答,乙班习字各一课,十一下钟返。观《史记》三页。下午理路股收据,写《史记》札记二则。夜,观《公言集》。

12月6日　星期日

阴,夜雨。上午,抄文一首,抄诗数首。望母舅等来,晚去。宪臣来即去。叶师来即去。下午,亚弟等来即去。伯才来即去。夜,观《公言集》。

12月7日　星期一

阴。上午,到校监乙、丙班习字一课,十一点半返。下午,草《秋日野步》一绝,填字乙双一阕。观《史记》五页,写札记一则。改甲班问答十一卷。夜,观《公言集》。

12月8日　星期二

阴。上午,到校授甲班历史一课,十一点返。观《史记》七页。下午,作信致瑞师。调查历史。夜,观《公言集》(完)。

12月9日　星期三

　　阴。上午,到校授丙班国文一课、甲班历史一课,十一点半返。下午,观《史记》十二页,写撷录数则。夜,观《大义觉迷灵》。

12月10日　星期四

　　阴。上午,到实枚学校。十一下钟到高宅。下午三刻到实枚,四下钟返。夜,观《大义觉迷录》。

12月11日　星期五

　　雨。上午,观《史记》十一页。写撷录数则。下午,君懿来。

12月12日　星期六

　　雨。上午,到校监甲班问答,乙、丙班习字各一课,十一下钟返。下午,君懿去。母亲到高宅。夜,观《大义觉迷录》。

12月13日　星期日

　　晴。上午,观史记十页。朱师来即去。下午,写札记一则。二点到教育研究会,集者极少,乃与天梅、迪君、志轩至一笑楼。四下钟返。夜,同昨。

12月14日　星期一

　　晴。上午,到校监乙、丙班习字一课,十二点钟返。下午,改甲班问答十二卷。调查历史。夜,观《大义觉迷录》。

12月15日　星期二

　　雨。上午,到校授甲班历史一课,十点半返。观《史记》八页。写札记一则。下午,观《史记》六页(《世家》完),写札记四则。调查历史。夜,同昨。

12月16日　星期三

　　雨。上午,到校授乙、丙二班国文一课,甲班历史一课,十一下钟返。写撷录。下午,写词曲目录。观《史记》五页。写札记二则。调查历史。夜,观《大义觉迷录》。

12月17日　星期四

阴。上午,观《史记》十六页,写札记二则。下午,到校开职员会,三下钟返。登收股账。夜,观《大义觉迷录》(完)。

12月18日　星期五

晴。上午,写札记一则,观《史记》四页。下午,到校,三下钟返。写札记一则。夜,观《燕子笺》。

12月19日　星期六

晴。上午,到校授甲班历史一课,乙、丙班习字一课,十一点返。写撴录。下午,观《史记》八页。闵瑞来即去。夜,观《浦东中学校》杂志。

12月20日　星期日

晴。上午,杂事。下午,到源康庄汇股款。二下钟到教员〔育〕研究会,四下钟返。夜,作信数封,观《燕子笺》。

12月21日　星期一

阴,夜雨。上午,至天梅处一回。抄路股报告清单。下午,冬至祭先。瑞师来即去。作信致苏公司。夜观《焚琴怨》一册。钦明今日起假二日。

12月22日　星期二

晴。上午,杂事,编《金山地理》。下午,调查历史,观《史记》七页,写札记一则。夜,观《燕子笺》。

12月23日　星期三

晴。上午,到校授丙班国文一课,甲班历史一课,十一点半返。下午,作信二函。观《史记》十页。望、时二舅来即去。夜,观《燕子笺》(完)。

12月24日　星期四

晴。上午,到校代授甲班国文一课,十一点返。草《书〈燕子笺〉后》。下午,编《金山地理》,观《史记》十一页。夜,观《牡丹亭》。

12月25日　星期五

晴。上午,到校授甲班历史一课。下午一点归。观《史记》八页,编《金山地理》。夜,观《牡丹亭》。

12月26日　星期六

晴。上午,到校监乙、丙班习字一课,十一点半返。下午编《金山地理》,拟历史大考题十二个。观《史记》十页。夜,观《牡丹亭》。校中今日甲温国文。

12月27日　星期日

晴,夜雨。上午,编《金山地理》。下午,到教育研究会,四点返。先到裱画店一回。夜,观《牡丹亭》。

12月28日　星期一

阴。上午,到校。观《牡丹亭》(完)。代监乙、丙温修身一课,十二点返。下午,观《史记》十三页,写札记一则,编《金山地理》。母亲归。夜,观《挥麈拾遗》。今日甲考国文,乙、丙上午温修身,下午温国文。

12月29日　星期二

晴。上午,观《史记》六页,编《金山地理》。下午,到校,三点半返。夜,观《挥麈拾遗》。今日甲上午温理科,下午温家政,乙、丙同昨。

12月30日　星期三

晴。上午,到校,十一点半返。了理路事。下午君懿来即去。夜,观《国粹学报》。今日甲同昨,乙、丙上午考修身,下午考国文。

12月31日　星期四

阴,微雪。上午,圈点《挥麈拾遗》。观《史记》五页。下午到宪人处,出至校一回。夜,观《国粹报》。今日上午甲考理科,乙、丙考手工。下午甲考家政,乙、丙考默书。

袖珍日记补遗

正月初三日　礼拜二

归后收拾去年来笺,计一百四十九封。夜,观《叶天廖自撰年谱》。

正月廿二日　礼拜[天]

何献臣、张仲传、汪迪君为庶务。

二月廿七日　礼拜[四]

又至一笑楼与诸同人茶聚,从片刻返。

三月十二日　礼拜[天]

观《史记》数页,作信致嚉公。

三月十五日　礼拜三

献臣来船,立谈片刻。夜,与君懿至第一楼吃茶,献臣亦来也。

六月初七日　礼拜[天]

夜,观《鸳鸯碑》。

六月廿七日　礼拜六

时舅自松江回来,即去。母亲至高宅。

九月初四日　礼拜一

草《陈静华女士哀词》二绝。夜,杂拉。

1909 年

1 月

1月1日　星期五

晴。上午,到校监甲班历史温课三时,十二点返。下午圈点《挥麈拾遗》。观《史记》六页。写《汉兴以来诸侯年表叙地理今释》。今日甲下午温地理,乙、丙上午考算学,下午考手工。

1月2日　星期六

晴。上午,到校监甲班历史温课三时,第三时先出一题考之。下午一点钟返。抄路股报告单。观《藏山阁集》。编《金山地理》。夜,改考卷九首。今日上午乙、丙补课,下午甲同昨,乙、丙考书画。

1月3日　星期日

阴。上午,到天梅处,出至校一回。改考卷四首。下午望、时二舅等来。往候仲先生。望舅等去。

1月4日　星期一

晴。上午,到校大考。甲班历史出九题,作四题为完卷,十二点毕。下午回家改考卷。亚弟等来。到源康庄汇股款,出至校,三点半返,改考卷。今上午乙、丙补课,下午甲考地理,乙丙补课。

1月5日　星期二

雨。上午,改考卷(完)。下午二点到校,四下钟返。夜,圈点《挥麈拾遗》。观《社会主义神髓》。今日上午甲考算学,乙、丙考体操。下午甲考手工体操,乙、丙补课。

1月6日　星期三

雨。上午,润生、子冶弟等来即去。观《史记》十页。抄诗二首。下午到校,四下钟返。夜,抄宋词《祭文》一首,观《社会主义神髓》(完)。今日上午甲考书,下午甲考画,乙、丙补课。

1月7日　星期四

阴。上午,杂事。下午到校,四下钟返。夜,观《平等阁诗话》。观家塾文课三卷。校中于昨日考毕,今日起休息二日。

1月8日　星期五

阴。上午到校,十一点半返。下午一点半到校,四点半返。

1月9日　星期六

阴。上午到校,下午行年假礼:(1)摇铃开会;(2)谒圣;(3)揖师;(4)给凭给奖;(5)报告;(6)演说;(7)摇铃闭会。演说者为仲传、竹初、天梅,报告为天梅。四下钟返。夜,观《平等阁诗话》,志轩亦于今日年假,揖师下落写同学相别礼。

1月10日　星期日

阴。上午,杂事。下午至校无人焉,出至天梅处亦不晤返。编《金山地理》。

1月11日　星期一

阴。上午,到留溪小学观年假并初等卒业礼,未开会返。观《史记》四页。抄札记。下午到留溪,已散会,出至天梅处,宪臣亦来,闲谈多刻返。观《史记》四页。

1月12日　星期二

阴。上午,观《史记》五页,写札记一则。下午,圈《挥麈拾遗》。夜,观《平等阁诗话》。

1月13日　星期三

阴。上午,观《史记》十三页,圈《挥麈拾遗》。下午,赴留溪小学杨酉生先生追悼会。三下钟返。夜,同昨。

1月14日　星期四

晴。上午,观《平等阁诗话》,草怀人诗二什。志轩来。下午,到宪人处,出至天梅处,即同天梅到女校。又到仲先生处乃返。夜,草《怀人诗》二什。

1月15日　星期五

晴。上午,草怀人诗引。观《史记》七页。草怀人诗二什。君懿来。朱师来即去。下午到女校,宪人亦在,即返。君懿去。夜,观《平等阁诗话》(完)。

1月16日　星期六

阴,下午雨。上午,仲先生来即去。观《史记》九页。下午,理路事。

1月17日　星期日

雨。上午,杂事。亚雄来。下午,民侠等来即去。圈《挥麈拾遗》。

1月18日　星期一

雨。上午,抄笺稿。下午,亚雄来。杂事。夜,观《冬青树》。

1月19日　星期二

雨。上午又雪,下午阴,夜大雪。上午,抄五怀诗。下午,抄笺稿。圈点《挥麈拾遗》。夜,同昨。

1月20日　星期三

　　晴,夜雪。上午,到宪人处,出至叔纯处一回。下午,到河西一回。杂事。夜,算账,观《冬青树》。

1月21日　星期四

　　晴。杂事。观《冬青树》(完)。夜三下钟卧。

1910 年

一年中行事豫记

征求《姚氏遗书》

校勘《安雅堂稿》

2 月

2 月 10 日　星期四

晴。上午,行贺年礼。下午,至河西子翰、志轩、亚雄处,出至宗祠。出至宪人处,天梅、仲传、迪君咸在。同出至仲田处,卧未起。乃至西叔处坐谈,筹备本镇地方自治事宜良久,返已晚矣。

2 月 11 日　星期五

晴。上午,志轩来,即同至东市贞甫伯及岭梅伯处。宾谷伯处闭不得入。返,望、时二舅、平庵、君深、雄飞、厚健、二弟已来。下午,亚雄来即去。晚,望舅等去。

2 月 12 日　星期六

晴。上午,泳辉侄来即去。至秦山高宅。晚,返。

2月13日　星期日

晴。上午,至五区头冯宅,即至何宅。下午,仍返冯宅,宿子冶处。

2月14日　星期一

晴,夜雨。上午,至何宅。下午,返。子冶同来,舟过秦山,游览一周走,归已晚矣。

2月15日　星期二

雨。上午,同子冶至张吟远处即返。亚雄来。下午,一同至留溪学校开学友成立会,被举为正会长。四点返,亚雄别去。

2月16日　星期三

雨。上午,志轩来,同至天梅处即返,志轩别去。下午,亚雄来即去。观小说。晚,志轩招饮聚兴楼,同子冶往,夜返。

2月17日　星期四

晴。上午,走留溪学校一回。叔师、静渊叔、景世舅来。下午,同叔师、静渊叔至留溪学校,开镇区自治筹备会,四下钟返。望、时二舅来,仲先生、志轩、宪人来,均夜饭后去。

2月18日　星期五

晴。上午,叔师、静渊叔、子冶去亭林。亚雄来即去。下午,始校勘《安雅堂稿》。景世舅去。

2月19日　星期六

阴。上午,校勘《安雅堂稿》。下午,至留溪学校开学友会第二次会议,三下钟返。夜,观《国粹学报》。

2月20日　星期日

阴。上午,复震生信。下午,叔师、静渊叔、子冶自亭林回来,子冶即去张家。君懿自亭林回来即去。闵瑞芝师来即去。晚,仲先生招饮,同叔师、静渊叔往,夜返。

2月21日　星期一

阴。上午,走街上一回。午刻,瑞师招饮协和当,望舅、叶先生均在。下午,至济婴局会议地方自治,即返。叔师、静渊叔去。望舅来。

2月22日　星期二

雪。今日本款瑞师,乃适有要事,晨来辞去。午刻,宴客。志轩、迪君、古如、仲先生、杏林、仲田咸来莅止。天梅、宪人以外出不来,晚散。

2月23日　星期三

晴。上午,望舅去。下午,作信。夜,观《小说时报》。

2月24日　星期四

晴,夜雨。上午,至何广大药材晤宪人,出至天梅处即返。下午,至一笑楼,同人咸在,同至酉叔处,出至协和当。应招饮,夜返。

2月25日　星期五

晴,雨。上午,何堂东民侠来。下午,至钦明女校会议地方自治,堂东民侠同往。去出至耶苏堂观行婚礼,晚返。

2月26日　星期六

阴。上午,剃头。下午,草《〈王席门先生杂记〉跋》。夜,作信。

2月27日　星期日

雪珠。上午,校勘《安雅堂稿》。朱志贤来。下午,同志贤至留溪学校开自治会,志贤先去,四下钟返。夜,作信。

2月28日　星期一

阴。上午,杂事。下午,走街上一回。校勘《安雅堂稿》。晚,天梅招饮聚兴楼,夜返。

3月

3月1日　星期二

晴。上午,作信。下午,校勘《安雅堂稿》。夜,观《香艳丛书》。

3月2日　星期三

阴。校勘《安雅堂稿》。夜同昨。

3月3日　星期四

晴。上午,走天梅处一回。下午,作信。走留溪学校一回。校勘《安雅堂稿》。夜同昨。

3月4日　星期五

晴。上午,校勘《安雅堂稿》。下午,走尚公小学校一回。岳母来。

3月5日　星期六

晴。上午,至尚公小学校观行开校式,午刻返。下午,作信。时舅、叶师来即去。

3月6日　星期日

晴。上午,走广大晤宪人即返。下午,杂事。

3月7日　星期一

晴。校勘《安雅堂稿》。午后走尚公一回。

3月8日　星期二

晴。上午,走女校,午刻返。下午,校勘《安雅堂稿》。走女校、尚公一回。观《香艳丛书》。

3月9日　星期三

晴。上午,至女校。十一时,行第五学期开学式。下午,布置一切,四下钟返。夜,观《香艳丛书》。

3月10日　星期四

晴。上午,至女校,下午返。校勘《安雅堂稿》。望舅来即去。夜,同昨。

3月11日　星期五

晴。上午,至女校。午饭后返。下午,校勘《安雅堂稿》。作信。

3月12日　星期六

晴。上午,至女校,监师范高等二班温课一时,十一点返。下午,校勘《安雅堂稿》。观《香艳丛书》。

3月13日　星期日

阴,夜雨。上午,剃头。分订《国粹学报》。亚雄来即去。下午,校勘《安雅堂稿》。夜,观《香艳丛书》。

3月14日　星期一

阴。上午,到女校十一点返。作信。下午,校勘《安雅堂稿》。亚雄来即去。夜同上。

3月15日　星期二

阴,夜雨。上午,校勘《安雅堂稿》。下午,至女校,授师范班国史一课,四点返。

3月16日　星期三

雨，下午阴。上午，校勘《安雅堂稿》。下午，至女校，四点返。晚，留溪学堂招饮，夜返。

3月17日　星期四

阴。上午，子冶来即去。校勘《安雅堂稿》。下午，至女校，授高等班历史一课，四点返。夜，观《香艳丛书》。

3月18日　星期五

阴。上午，至女校，授师范班国史一课，文法一课，十一下钟返。下午，走范伯雨伯处一回。校勘《安雅堂稿》。作信。夜，同昨。

3月19日　星期六

阴。上午，至女校，授高等班历史一课，十一下钟返。下午，亚雄来即去。校勘《安雅堂稿》。夜，观《侯保三暑假旅行记》。

3月20日　星期日

阴。上午，去轩来即去。午刻，女生范瑞兰、何修志招饮，席设女校。三下钟返。望舅自申回来即去。作信。

3月21日　星期一

雨。上午，草书《安雅堂稿》后，增改旧作，跋一首而成。下午，抄文。作信。夜，观《香艳丛书》。

3月22日　星期二

雨。上午，杂拉。下午，至女校授师范班国史一课，四点返。草次哲夫韵一律。夜，同昨。

3月23日　星期三

雨。辰刻，粲君产一儿，母子平安。下午，走女校一回。

3月24日　星期四

晴。上午,剃头。下午,至女校授高等班历史一课,四点返。望、时二舅去,已于上午来也。夜,作信。

3月25日　星期五

雨,夜雷。上午,至女校授师范班国史、文法各一课,十一点返。下午,作信。

3月26日　星期六

阴,下午雨。上午,至女校授高等班历史一课,十点返。下午,校勘《安雅堂稿》。晚,汤饼宴女宾。夜,观《香艳丛书》第一集完。

3月27日　星期日

雨,夜雷。草《寒隐社丛书序》。

3月28日　星期一

阴,夜雷雨。抄文。

3月29日　星期二

阴,夜雷雨。上午,校勘《安雅堂稿》。下午,至女校授师范班国史一课,四下钟返。晚,子翰招陪王稚豪甥婿,夜返。

3月30日　星期三

阴,夜雷雨。下午走女校一回。

3月31日　星期四

雨。上午,岳母去。校勘《安雅堂稿》。下午,至女校授高等班历史一课,四下钟返。夜,调查文法。

4月

4月1日　星期五

阴。上午,至女校授师范班国史一课,文法一课,十一下钟返。下午,校勘《安雅堂稿》。晚,款稚豪甥婿、子翰、子贞、志轩、亚雄来陪,夜散去。

4月2日　星期六

阴。上午,至女校授高等班历史一课,十一点返。下午,校勘《安雅堂稿》。晚,汤饼宴男宾。

4月3日　星期日

阴。碌碌无所事。晚,汤饼宴男宾。

4月4日　星期一

阴。无事。下午,伯才来即去。女校今日起节假四天。

4月5日　星期二

阴。杂事。

4月6日　星期三

晴。上午,剃头。下午,偕三妹随祖母于龙沙禅院处扫墓,陈文婉同去,三点返。校勘《安雅堂稿》。

4月7日　星期四

雨。晨,母亲闻外祖母病剧,去高宅,饭后同中妹、圆妹亦去,已辞世矣。午后返。

4月8日　星期五

晴。上午,至女校,各教员有事请假,多数不到。与宪人等议再假二日即返。与三妹随父亲至高宅。

4月9日　星期六

阴。送外祖母入木,伤甚。祖母今日亦来,晚去。

4月10日　星期日

雨。下午,同大妹、中妹随父亲归。

4月11日　星期一

晴。上午,至金家桥、夏人村二处扫墓,返过秦山,走归已午后矣。舟中成绝诗六什。走女校一回。读古文几首。夜,校勘《安雅堂稿》。

4月12日　星期二

晴。上午,至女校代天梅授高等班修身一课,十下钟返。作信。下午至东小桥扫墓,回至女校,授师范班国史一课,四点返。校勘《安雅堂稿》。夜,抄诗。

4月13日　星期三

晴。上午,校勘《安雅堂稿》。下午,读古文数首。至女校出至尚公小学宪人处一回,三下钟返。写读书杂记。走商会晤叔纯即返。

4月14日　星期四

晴。上午,至宗祠春祭,职习导引,与祭者十九人,午膳后返。三点,至女校监高等班历史问答一课,四下钟返。改问答八卷。

4月15日　星期五

晴。上午,至女校监师范班国史问答一课,并代天梅授高等班修身,又授文法一课,十二点返。下午,改问答四卷。观《说文》。夜,至继述陪媒人。

4月16日　星期六

晴。至松江王宅贺喜。上午九下钟开船,下午四点半到。同石士、徐一丁等游,仓城为明代遗址,望跨塘桥,乃陈卧子先生殉难处也。

4月17日　星期日

阴,下午雨。观季鲁行婚礼。

4月18日　星期一

晴。下午,同石士等至西门买物,也是园啜茗。

4月19日　星期二

晴。晨开船,午刻抵家。至女校授师范班国史一课,四下钟返。母亲回。剃头。晚至继述道喜,晤张蕴和先生,夜返。

4月20日　星期三

晴。家中作佛事,为先祖七十冥寿。同天梅至何宅吊静渊表叔之丧,晚返。

4月21日　星期四

晴。上午作信。下午至女校授高等班历史一课,四下钟返。君懿、景母舅来。

4月22日　星期五

晴。上午,至女校授师范班国史、文法各一课,十一下钟返。下午,景母舅、君懿去。佛事毕。

4月23日　星期六

晴。偕承粲至松江,上午八点开船,下午□点半到。同季鲁走西门买物,晤女生唐锦文及许安之、张蕴芳等。

4月24日　星期日

晴。上午,同季鲁走西门。下午,同岳父、奚生叔、季鲁、杏生由末班火车至上海,寓西门外宁康里季鲁寓所。夜,至沧浪亭沐浴。

4月25日　星期一

晴。上午,至北市九华楼吃饭,后至国学保存会藏书楼晤邓秋枚、黄朴存,出至新升陛栈。下午,至奇芳啜茗,出至恒泰昌。晚,孙田生邀至一家春吃番菜,新剧场观剧。

4月26日　星期二

阴。上午,至南市候闵师于信昌当,午饭后返。下午,至奇芳啜茗等。晚,至南长兴吃酒,新舞台观剧。

4月27日　星期三

雨。下午,同岳父乘末班火车回松。

4月28日　星期四

雨。作信。

4月29日　星期五

晴。上午,同粲君、内嫂乘早班车又至上海,仍寓宁康里。下午,同至钜昌隆买物,出至中国女子体操学校一回。

4月30日　星期六

阴。上午,乘电车至徐家汇访蔡哲夫,并见其女玄芝。午饭后同出至国光印刷所,书楼晤秋枚、朴存,一同至丛古斋观金石书画,仍回书楼。四下钟返。石士来,同至中国体操学校一回。夜,同粲君、内嫂至新剧场观剧。

5月

5月1日　星期日

阴,下午雨。上午,同粲君至体操女校,午饭后返。石士来,同至愚园游览,五下钟返。

5月2日　星期一

阴,下午雨。上午,至书楼,出买物数种返。下午,同粲君乘末班车回松。

5月3日　星期二

雨。下午,走西门买物。夜,同粲君宿舟中。

5月4日　星期三

阴。破晓起碇,十一下钟到家。下午,朱师来即去。走女校尚公一回。

5月5日　星期四

阴。上午,剃头等。下午,至女校监高等班历史月考一时,四下钟返。

5月6日　星期五

阴。上午,至女校监师范班国史月考一时,授文法一课,十一下钟返。下午,作信。

5月7日　星期六

晴。上午,至女校授高等科历史一课,十一点返。下午,评考卷。母亲、圆妹去高宅。

5月8日　星期日

晴,夜雨。上午,叔师来,下午去。评考卷。夜,作信。

5月9日　星期一

阴。上午,评考卷。下午,至女校省视学员,吴紫翔来代天梅监师范班高等班习字一课,四下钟返。观《国粹学报》。

5月10日　星期二

晴。下午,同粲君、大妹、中妹至高家七吊。

5月11日　星期三

阴,夜雨。无事。

5月12日　星期四

阴。无事。

5月13日　星期五

晴。下午,同粲君、中妹、大妹返。走女校一回。

5月14日　星期六

晴,下午雨。上午,随祖母至何宅,在育英公学为静渊表叔开追悼会,到者不少。下午返。祖母明日归。时舅、平庵、伯才搭船中道上去,周文敏、宪人同返。

5月15日　星期日

晴。上午,作信。下午,子安自杭州回来即去。夜,观《小说时报》。

5月16日　星期一

晴。上午,至女校代天梅授师范班修身一课,志轩授初等甲班算术一课。午饭后返。下午,观《安雅堂稿》。走天梅处一回。夜,同上。

5月17日　星期二

晴。上午,观《说文》。下午,观《安雅堂稿》。至女校授师范班国史一课,四下钟返。观《南社》。夜,同上。

5月18日　星期三

晴。上午,摹《云麾碑》。先是亚云来即去。下午,观《南社》。走女校一回。何民侠来。夜,同民侠至一笑楼啜茗。

5月19日　星期四

晴。光阴流水,转瞬已二十初度矣。下午,至女校授高等班历史一课,并代天梅授师范班教育学。四下钟返。民侠同去,先回去。观《南社》。

5月20日　星期五

晴。上午,至女校授师范班国史、文法各一课。十一下钟返。

下午，作信。观《南社》。母亲、圆妹归。

5月21日　星期六

晴。上午，至女校授高等班历史一课，十一下钟返。下午，观《说文》。观《安雅堂稿》。

5月22日　星期日

晴。上午，剃头。黄选林来即去。下午，志轩来即去。校《席门杂志》。唐壬庵来医承粲即去。

5月23日　星期一

晴。上午，至女校，十一下钟返。摹《云麾碑》。下午，吟母舅来即去。观《说文》。作信。夜，观《南社》。

5月24日　星期二

晴。上午，观《说文》。君懿、孟龙来即去。下午，至女校授师范班国史一课，四点返。观《南社》。夜，观《安雅堂稿》。

5月25日　星期三

晴。上午，观《说文》。下午，观《南社》。走女校一回。观《安雅堂稿》。夜，观《香艳丛书》。母亲今晨携圆妹去高宅，晚返。

5月26日　星期四

阴。上午，观《说文》。临《云麾碑》。下午，观《安雅堂稿》。至女校授高等班历史一课。四下钟返。

5月27日　星期五

阴，雨。上午，至女校授师范班国史、文法各一课。十一下钟出。至留溪望竹先生疾即返。下午，观李笠翁《闲情偶寄》，自天梅处借得之。夜，同。

5月28日　星期六

雨。上午，至女校授高等班历史一课，十一下钟返。下午，摘录笠翁颐养法。观《安雅堂稿》。夜,观《闲情偶寄》。

5月29日　星期日

晴。上午,观《安雅堂稿》。下午,观《闲情偶寄》。志轩来,即去。夜,同。

5月30日　星期一

晴。上午,走女校一回。观《闲情偶寄》。天梅招小酌,又至女校,午饭后返。子冶、亚雄来,亚雄即去,子冶晚去。摘录笠翁剧谈。夜,与粲君象棋四局。

5月31日　星期二

晴,夜雷雨。上午,观《闲情偶寄》。下午,至女校监师范班国史月考一时,四下钟返。子冶、亚雄来,即去。

6月

6月1日　星期三

晴。上午,改考卷。下午,走女校一回。观《闲情偶寄》。

6月2日　星期四

晴。上午,观《闲情偶寄》(完)。下午,至女校监高等科历史月考一时,四下钟返。夜,观《香艳丛书》。

6月3日　星期五

晴。上午,至女校授师范班国史、文法各一课,出至广大晤宪人即返。下午,改考卷。作信。夜,同上。

6月4日　星期六

晴,夜雨。上午,走女校一回。观《安雅堂稿》。下午,至女校授高等班历史一课,四下钟返。夜,同上。

6月5日　星期日

雨。上午,剃头。同圆妹随母亲至高宅。

6月6日　星期一

阴,上午雨。下午,回家。观《安雅堂稿》(完)。夜,作信。

6月7日　星期二

雨。上午,观《说文》。下午,至女校授师范班国史一课,四下钟返。翻阅抄本《明季诸野史》,自钱叔西处借得之。夜,写《怀旧楼丛录》。

6月8日　星期三

雨。写《丛录》。下午,走女校及天梅处一回。夜,同。

6月9日　星期四

雨。写《丛录》。夜,同。女校今日起节假至初八日开学。

6月10日　星期五

阴。上午,观《鲒埼集》。写《丛录》。下午,母亲、圆妹回,君深、方弟同来。何叔师来即去。作信。

6月11日　星期六

晴。上午,宪人同刘梅村来即去。望舅来晚去。下午,写《丛录》。

6月12日　星期日

晴,下午雨。上午,志轩来即去。下午,作信。

6月13日　星期一

阴。上午,君深、方弟去。写《丛录》。下午,君懿来即去。观《鲒埼亭集》。

6月14日　星期二

雨。上午,观《鲒埼亭集》。下午,至女校授师范班国史一课,四下钟返。草《先本生祖秋岭公画像记》。晚,望舅自南荡回来。

6月15日　星期三

雨。上午,观《鲒埼亭集》。亚雄来即去。下午,望舅去。草《松风草堂记》。夜,抄文。

6月16日　星期四

阴,夜雨。上午,临《云麾碑》。观《鲒埼亭集》。下午,至女校授高等班历史一课,四下钟返。观文。夜,观《香艳丛书》。

6月17日　星期五

阴。上午,至女校授师范班国史、文法各一课。下午,一下钟返。观《鲒埼亭集》。抄《史记》札记。夜,作信。

6月18日　星期六

阴。上午,观《国粹学报》。抄札记。下午,至女校授高等班历史一课,四下钟返。夜,观《香艳丛书》。

6月19日　星期日

晴。上午,选林、亚云来即去。抄札记。下午,夏至祭先。草至贞夫〔甫〕伯信。

6月20日　星期一

晴。上午,续草信。剃头。下行,走女校一回。誊信。

6月21日　星期二

晴。续誊信。下午,至女校授师范班国史一课,四下钟返。

6月22日　星期三

晴,夜雨。上午,抄札记。下午,作信。观《鲒埼亭集》。女校今日节假一天。

6月23日　星期四

晴,夜雨。上午,观《鲒埼亭集》。下午,作信。至女校授高等班历史一课,四下钟返。

6月24日　星期五

晴。上午,至女校授师范班国史、文法各一课。十一下钟,同叔先生至酉叔处观古玩。午刻返。下午,观《夏内史集》。自酉叔处借得之。四点后,同粲君、中妹、圆妹侍母亲至南市游览一周。

6月25日　星期六

晴。上午,观《夏内史集》。下午,至女校授高等班历史一课,四下钟返。

6月26日　星期日

阴,上午雨。上午,摹《云麾碑》。下午,叔师来即去。观《夏内史集》(完)。草《题汉六花鉴》一什。夜,观《香艳丛书》。

6月27日　星期一

阴。上午,观徐孚远交行摘稿(完),自酉叔处假得之。下午,走女校一回。观《国粹学报》。草《忆西湖》二绝。夜,同上。女校今日起,师范班理书考试。

6月28日　星期二

阴。上午,观《说文》,亚雄来即去。下午,走女校一回。观《鲒埼亭集》。草《忆西湖》六绝。夜,同上。女校今日起,高等班理书考试。

6月29日　星期三

阴,下午雨。草《忆西湖》二绝,合前为《忆西湖词》十章,以和王六潭《十忆词》也。下午,誊词十章。二走协和当,候杏林不值。观《鲒埼亭集》。夜,杏林来即去。

6月30日　星期四

雨。上午,观《鲒埼亭集》。下午,至女校,三下钟返。亚云来即去。

7月

7月1日　星期五
阴,晚雨。上午,观《鲒埼亭集》。下午,至女校,三下钟返。作信。夜,观《香艳丛书》第二集完。

7月2日　星期六
晴。上午,作信。下午,观《鲒埼亭集》。走女校一回。夜,同上。女校今日起,初等甲班理书考试。

7月3日　星期日
晴。上午,时舅来晚去。亚雄、晋康、哲明来即去。夜,同上。

7月4日　星期一
晴。上午,剃头。至天梅处望疾,出至女校即返。下午,至女校监师范高等二班历史温课三时,四下钟返。观《姚吉仙女史诗稿》。夜,同上。女校今日起,初等乙班理书考试。

7月5日　星期二
晴。上午,至女校监师范班高等班历史考试三时,午饭后,出至天梅处即返。评高等预科考卷计八本。哲明来即去。观《吉仙女史诗稿》(完)。夜,同上。

7月6日　星期三
晴。上午,评高等本科考卷计七本。下午,走女校一回。抄诗。亚云来即去。

7月7日　星期四
晴。上午,评师范班考卷计四本。下午,走女校一回。作信。

7月8日　星期五

晴,下午雨。上午,至女校监师范班文法温课一时,考试二时,午饭后返。评考卷计四本。夜,观《香艳丛书》。女校今日均考竣。

7月9日　星期六

晴。上午,观《鲒埼亭集》。下午,走女校,出晤若望,在元来号立谈数分钟返。抄诗。夜,同上。

7月10日　星期日

晴。上午,至女校,十点钟行暑假式,下午二下钟返。观《南社》。

7月11日　星期一

晴。上午,至尚公小学观行暑假式,午刻返。下午抄诗作信。

7月12日　星期二

晴。上午,临《云麾碑》。下午,至女校约叔纯不来即返。观《南社》。观《名学浅说》。

7月13日　星期三

晴。上午,临池,观《香艳丛书》。下午,亚雄、汪若望、哲明、林晋康、干钻坚、任冶吉、顾勇公、莫宝元来开学友会职员会,二下钟去。观《鲒埼亭集》。翻阅抄本《吴日千诗文》,自若望处借得之。

7月14日　星期四

晴。上午,临池,观《说文》。下午,至尚公小学开学友会暑假常会,到者十八人,并摄影,仍被举为正会长。四下钟返。注韩退之《杂说字类》一首。夜,观《香艳丛书》第三集完。

7月15日　星期五

阴,夜雨。上午,临池。至天梅处同出至尚公即返。下午,观《鲒埼亭集》。写《说文闲语诂》。夜,同上。

7月16日　星期六

晴。上午,临池。抄录。下午,编《金山佚史·吴志葵传》。母亲、圆妹、于越昨去高宅,今日返。

7月17日　星期日

晴。上午,临池。下午,亚雄来即去。编《金山佚史》续昨。观《鲒埼亭集》。夜,观《香艳丛书》。

7月18日　星期一

晴。上午,临池。抄《杂说字类说》一首。下午,至广大晤宪人即返。编《金山佚史·王侯传》。观《鲒埼亭集》。

7月19日　星期二

雨。上午,临池。观《说文》。下午,编《金山佚史·侯氏昆玉传》。观《鲒埼亭集》。夜,观《香艳丛书》。

7月20日　星期三

晴。上午,临池。观《鲒埼亭集》。下午,若一、子冶来,同出至尚公,无人即出。予又走步先生处,坐谈片刻返。晚,若一去,子冶饭,后去张家。夜,同上。

7月21日　星期四

晴。上午,朱师来即去。剃头。临池。下午,编《金山佚史·谢汉、张昌后传》。子冶、若望来即同去留溪小学一回,学友会暑假算术研究会设在是处也。夜,同上。

7月22日　星期五

晴。上午,子冶来即去。临池。观《鲒埼亭集》。下午,编《金山佚史》续昨。往晤叔纯,至天梅处不在,至一笑楼晤焉,坐谈啜茗许久。即同天梅、宪人、仲田、古如至姚家花园观荷花,返已晚矣。

7月23日　星期六

晴。上午,临池。子冶来,午后去。作信。观《香艳丛书》。今日天气甚热。

7月24日　星期日

晴。上午,临池。翻阅《金山姚程三先生遗集》。下午,编《金山佚史·曹氏列传》。志轩来即去。夜,观《香艳丛书》。

7月25日　星期一

晴。上午,临池。作信。下午观《小说时报》。

7月26日　星期二

晴。上午,临池。下午,邀宪人来治祖母疾即去。观《小说时报》。

7月27日　星期三

晴。上午,临池。观《小说时报》。下午,编《金山佚史》续前。观《香艳丛书》。

7月28日　星期四

晴。上午,临池。观《小说时报》。叔师来。下午宪人来治母亲头痛即去。观《红林禽馆诗词录》(完),松江程丽寰寄借也。

7月29日　星期五

晴,午雨。上午,临池。观《小说时报》。下午叔师去。编《金山佚史·吴骐传》。作信。

7月30日　星期六

阴。上午,临池。观《妙香室丛谈》。下午,编《金山佚史》续昨。观《井眉居诗录》,亦丽寰寄供也。若望、哲明来即去。夜,观《香艳丛书》。

7月31日　星期日

晴。上午,临池。编《金山佚史·艾奇、朱贵传》。望舅、平庵、君深来。下午,宪人来治母疾即去。晚,望舅等去。

8月

8月1日　星期一

晴。上午,临池。观《井眉居诗录》。下午,观《香艳丛书》。编《金山佚史·朱元大传》。

8月2日　星期二

晴。上午,同圆妹侍母亲至干巷俞道生处医治。下午三下钟返。在舟观《香艳丛书》。何勇公、剑威在晚去。观王六潭《十忆唱和集》。夜,午起,霍乱甚剧。

8月3日　星期三

晴。上午,宪臣来医治。志轩、亚雄来望即去。

8月4日　星期四

晴。上午,请宪人医治。天梅来望即去。

8月5日　星期五

晴。始起。

8月6日　星期六

晴,下午雨。精神稍振。

8月7日　星期日

晴。上午,观《香艳丛书》第四集完。下午,若望来即去。

8月8日　星期一

晴,午雨。上午,观《香艳丛书》。下午,作信。

8月9日　星期二

晴,时雨。上午,剃发。下午,观《香艳丛书》。观《社事始末》,自若望处假得之。

8月10日　星期三

晴,晨雨。上午,编《金山佚史》续前。下午,观《井眉居诗录》。观《社事始末》(完)。

8月11日　星期四

雨,晚晴。上午,观《井眉居诗录》(完)。下午,编《金山佚史》,修改《侯承祖传》。观《香艳丛书》。

8月12日　星期五

晴。上午,子冶、若望来即去。下午,冶吉、钻坚、哲明来即去。观《香艳丛书》。

8月13日　星期六

晴,夜雨。上午,至五区头何宅贺喜,子冶同舟。晤柳安如、朱少屏、沈勉后、蔡蝶予、怒一、李经舆、徐亚杰、陈道一等。

8月14日　星期日

阴。上午,同安如、道一、少屏、佐新走育英公学一回。下午,观佐新行婚礼。安如等鸡鸣顷解缆,与之作长夜谈。去后始寐。

8月15日　星期一

雨。闲谈无事。

8月16日　星期二

晴。下午,归家。大妹于初六日随祖母去,同归。在舟观《香艳丛书》。时舅在即去。中元祭先。

8月17日　星期三

晴。上午,作信。下午,翻阅《国朝文汇》。观《香艳丛书》。

8月18日　星期四

晴,晚雨。上午,观《香艳丛书》。作信。下午,观《鲒埼亭集》。观《安雅堂稿·陈卧子传》。夜,观《电术奇谈》。

8月19日　星期五

晴。上午,作信。下午,走街上一回。抄诗。

8月20日　星期六

晴。伴粲君至松江,上午九点解缆,下午二点到王第。在舟观《电术奇谈》。

8月21日　星期日

晴,夜雨。下午,走西门通惠等处,又至也是园啜茗,晤伊生叔。

8月22日　星期一

晴。上午,翻阅达斋遗文。下午,偕粲君游醉白池,内嫂亦去,出走日丰路晤闵师。

8月23日　星期二

晴。返里,十一点解缆,下午五点多到家。在舟观《电术奇谈》(完)。

8月24日　星期三

晴。上午,至女校,十一时行第六学期开学式,下午二下钟返。杂事。

8月25日　星期四

晴。上午,至女校监师范高等二班温课一时,午饭后返。又晨剃发。下午,作信。观《鲒埼亭集》。

8月26日　星期五

晴。上午,临池。观陈卧子先生《兵垣奏议》。下午,观《鲒埼亭集》。作信。夜,观《香艳丛书》。女校因天热,放假二天。

8月27日　星期六

　　晴。上午,临池。走女校及广大晤宪人即返。亚云来即去。翻阅《松风余韵》,安如借与也。下午,观《兵垣奏议》。抄文。

8月28日　星期日

　　阴。上午,临池。观《兵垣奏议》。下午,观《鲒埼亭集》。天梅偕佐新来,出同至天梅处即返,佐新别去。

8月29日　星期一

　　晴。上午,至女校,监师范高等温课一时,十一下钟返。下午,观《鲒埼亭集》。作信。翻阅《牧斋全集》。

8月30日　星期二

　　晴。上午,临池。至女校,监师范高等二班温课一时。下午二点返。作信。杨雷生先生、汪季眉妹为施医局来募捐即去。

8月31日　星期三

　　晴。上午,观《唐伯虎集》。至女校,监师范高等二班温课一时,十一下钟返。下午,观《鲒埼亭集》。草《题花前说剑各七古一什为钝剑作》。观《秋女士诗词》。

9月

9月1日　星期四

　　雨,午前晴。上午,观《秋女士诗词》。观《鲒埼亭集》。下午,至女校,三下钟返。抄文。

9月2日　星期五

　　晴,晨雨。上午,至女校,授师范班国史、文法各一课,十一下钟返。下午,草《吊陈卧子先生》一绝。抄诗。观《秋女士诗词》(完)。观《鲒埼亭集》。

9月3日　星期六

　　晴。上午,至女校,授高等班历史一课,十下钟返。时舅来。下午,同时舅至女校,出又同天梅至一笑楼啜茗,四下钟返,时舅去。

9月4日　星期日

　　晴。上午,观《鲒埼亭集》。朱师来即去。观《唐伯虎集》。下午,抄诗词。选林来即去。亚云、哲明来即去。夜,时舅来。

9月5日　星期一

　　晴。上午,同时舅去松江,奈开至六里外,风阻返。同时舅至女校,午刻返。下午,作信。同时舅至一笑楼啜茗,天梅、迪君、仲先坐等咸在,返已晚矣。

9月6日　星期二

　　晴。上午,同时舅至松江,八下钟开船,下午二点半至王宅。在舟观《香艳丛书》。出同时舅至艾家桥吊闵先生之太夫人,返已晚矣。

9月7日　星期三

　　晴。上午,至顾家,同时舅至甡源庄、通惠号、日丰等处。下午,偕粲君归。一下钟解缆,六点到家,时舅同返。在舟观《香艳丛书》。

9月8日　星期四

　　晴。上午,时舅去。观《鲒埼亭集》。作信。下午,至女校,授高等班历史一课,四下钟返。夜,观《唐伯虎集》。

9月9日　星期五

晴。上午,到女校,授师范班国史、文法各一课,午刻返。下午,抄诗作信。翻阅梨州遗著。夜,同昨。

9月10日　星期六

晴。上午,至五区头望叔师疾,徐允伯同去。下午,五下钟返家。在舟观《香艳丛书》。

9月11日　星期日

晴。上午,剃头。至天梅处一回。观《鲒埼亭集》。下午,作信。观《唐伯虎集》。翻阅梨州遗著。夜,观《香艳丛书》。

9月12日　星期一

晴。昨闻叔师病故,下午同天梅去何宅。又,上午走女校一回,作信。

9月13日　星期二

晴。送叔师入木。下午,同天梅返。五下钟到。

9月14日　星期三

雨。上午,观《鲒埼亭集》。观《唐伯虎集》。下午,至女校一回。抄蒋山傭文。夜,观《香艳丛书》。

9月15日　星期四

雨。上午,抄蒋山傭文。观《鲒埼亭集》。下午,汤云翔来卖笔。至女校,授高等班历史一课,四下钟返。夜,同昨。

9月16日　星期五

雨。上午,至女校,授师范班国史、文法各一课,十一钟返。下午,观《小说时报》。观《鲒埼亭集》。抄阁公诗。

9月17日　星期六

晴。上午,至女校,授高等班历史一课,十一下钟返。下午,观《鲒埼亭集》。观《国粹学报》。夜,观《唐伯虎集》。

9月18日　星期日

晴。上午,观《香艳丛书》。下午,亚云来即去。

9月19日　星期一

阴。上午,观《鲒埼亭集》。观《香艳丛书》。望舅等来。下午,至女校,授师范班国史一课,四下钟返。望舅等去。

9月20日　星期二

阴。上午,观《鲒埼亭集》。下午,至女校,代清卿监师范高等二班国文,读课一时,三下钟返。作信。

9月21日　星期三

阴。上午,观《鲒埼亭集》。下午,至女校,同昨。谢子卿来医昭儿即去。作信。夜,宪人来医昭儿疮即去。观《香艳丛书》第五六集完。

9月22日　星期四

阴。上午,观《鲒埼亭集》。下午,作信。至女校,授高等班历史一课,四下钟返。

9月23日　星期五

晴,阴。上午,至女校,授师范班国史、文法各一课,午饭后返。作信。观《鲒埼亭集》。夜,观《香艳丛书》。

9月24日　星期六

晴。上午,至女校,授高等班历史一课,十一下钟返。下午,观《鲒埼亭集》。编《徐闇公残集》附录。宪人来治昭儿疮即去。夜,同昨。

9月25日　星期日

阴。上午,剃头。望、时二舅来。翻阅《松风余韵》。下午,莫伯筹来即去。二舅去。夜,同昨。

9月26日　星期一

晴。上午,观《鲒埼亭集》。至女校。下午,授师范班国史一课,三下钟返。谢子春来治昭儿即去。夜,同昨。

9月27日　星期二

晴。家中解星辰。午前至女校,代天梅授高等班修身一课,初等科甲班修身一课,十一下钟返。午后观《松风余韵》。亚云来即去。

9月28日　星期三

晴。上午,至女校,十一下钟返。下午,观《松风余韵》,修改《金山佚史》。观《鲒埼亭集》。夜,观《香艳丛书》。

9月29日　星期四

晴。上午,写《丛录》。观《香艳丛书》。母新、圆妹去高宅。下午,至女校,授高等班历史一课,四下钟返。宪人来治昭儿疮即去。夜,同昨。

9月30日　星期五

阴。上午,写《丛录》。下午,观《鲒埼亭集》。去轩来即去。夜,同昨。今日孔诞校中例假一天。

10月

10月1日　星期六

晴。上午,至何宅七吊,时舅、润弟亦在。下午,同时舅等至冯宅,即返何宅。在舟观《香艳丛书》。晚赴济婴局张端甫先生弄璋之宴,夜返。

10月2日　星期日

晴。上午,九下钟到高宅。下午,四下钟返。

10月3日　星期一

晴。上午,观《鲒埼亭集》。至女校。下午,授师范班国史一课,三下钟返。写《丛录》。佐新在天梅处来邀即去。望东、志纲亦在。晚返。佐新亦回,定明日南航,此来握别也。

10月4日　星期二

晴。上午,写《丛录》。下午,至女校,三下钟返。作信。

10月5日　星期三

阴。上午,剃头。写《丛录》。至女校。下午一下钟返。母亲、圆妹返。杂事。

10月6日　星期四

晴。偕粲君至松江,上午八下钟开船,下午三点到王第。

10月7日　星期五

阴。上午,作信寄大妹、安如。下午,至府中学堂候干钻坚,出至日丰银楼一回。明日将作金陵之游,曾约时舅、天梅同去,伊等今日来松,晚间饬人来约,明日同趁早车至上海。女校于明日起放节假十天。

10月8日　星期六

晴。早饭后至车站,少坐,时舅、天梅亦来。八点半开行,九点半抵上海。借宝善街来安栈,部署定后同至国粹报馆,候黄朴存、邓秋枚。秋枚适往北京,与朴存谈片刻,出至国学扶轮社、时中书局等处购书。午刻在聚顺源楼吃饭,后分途各往。余至中国体操学校候季鲁、石士不在,至女校晤焉。坐一时许,出至震旦学院晤平庵、绚云。明日同去并晤沈叔贤。傍晚仍各返栈。又偕至文明雅集啜茗，小花园吃饭即返。

10月9日　星期日

　　晴。晨由栈至沪宁车站，亚希、二母姨、小剑、女弟子何杏时昨晚来同去。至站后平庵亦来。九点开行。经三十二站始至南京之下关。落车待片刻再搭宁省火车至城内丁家桥，借华洋旅馆已七点矣。行装甫却，即至寓傍易安精舍吃饭。寓车南洋劝业会门前。饭后同天梅进会场。夜间各馆闭门，而上下前后广设电灯千万，真奇境也。匆匆观览遂回寓。

10月10日　星期一

　　晴。晨吃点心，后同往劝业会场，尽终日之力，所观为教育馆、京畿馆、云贵馆、山东馆、金陵缎业馆、福建馆、河南馆、湖北馆、东三省馆、东三省动物园、山陕馆、博山玻璃馆、广东馆、水族馆、绿筠花圃等处。午间在茶社啜茗，金陵菜馆吃饭。垂晚回寓。蔡哲夫自海上来，遂同寓。仍至易安精舍吃饭即返。

10月11日　星期二

　　晴。九点，偕同人坐人力车至北极阁，登其巅，纵目四望，全城形胜历历在目。题名而下，至两江师范学堂，余与天梅、时舅进候周实丹，邀其同出至明故宫方正学祠，荒芜满目，百感横胸。出至朝阳门，外无马路，步行三里许，至明孝陵前清凉亭吃饭啜茗后乃入谒，孝陵依山为坟，祭坛、石人、石兽尚无恙也。凭吊久之，慨然而出。同人均购得残砖断瓦归寓，已黄昏时候矣。

10月12日　星期三

　　晴。十点钟再至会场，游工艺馆、安徽馆、四川馆、湖南馆。午刻至水竹居吃饭。下午游江南馆、直隶馆、浙江馆、暨南馆（南洋华侨陈列品）、美术馆。傍晚回寓，实丹来招天梅饮于三牌楼之酒家。邀余与时舅、平庵亦去。席上又实丹之同乡学友周人菊、曹书城二人，畅饮剧谈，天梅既醉而归。

10月13日　星期四

晴。晨，天梅等先回上海。予与时舅、平庵、哲夫仍往会场。至第二工艺馆、通运馆、机械馆、第一第二参考馆（英美德日四国陈列品）、医药馆、农业馆、植物园、兰锜馆（上海制造局陈列品）、广东教育馆、武备馆等。午刻，在四时馨吃饭。又重至湖南馆、美术馆、福建馆、江西馆，又至湖北馆之竹楼啜茗。晚间出。平庵忽患霍乱，即延医诊治，幸渐愈，然已惶然矣。

10月14日　星期五

晴。平庵已愈。上午七点遂同坐火车至下关换车。下午四点抵上海。平庵即至南市葛家。哲夫即回徐汇。余与时舅仍寓来安栈。询知天梅等住在维新旅馆，遂同时舅一去。即在其寓吃夜饭。后至九华堂、国粹报馆取件，途遇莫伯筹，偕往奇芳吃茶。出至沧浪亭沐浴。十二点回寓。

10月15日　星期六

晴。上午，哲夫来，即同时舅三人，至新北门徐星州处不晤即返寓。伯筹来少坐，即至沪杭铁路上海车站，天梅等分途亦至。十二点开行，一点抵松，予至王宅。在上海站晤仲稽自处州返，同归。

10月16日　星期日

晴。上午，偕时舅、天梅、亚希、小剑同船。十点开，下午四点抵张。余与天梅等上岸，时舅回去。女弟子郁湛贞亦自松附船至松阴上岸。母亲及三妹已去高宅。南京之游仅得诗四绝。

10月17日　星期一

晴。上午,至高宅以送经也。晚,平庵亦归。

10月18日　星期二

阴。杂事。

10月19日　星期三

雨。佛事今日毕。

10月20日　星期四

阴。上午,返家搭望舅往松便船。下午,至女校授高等班历史一课,四下钟返。大、中二妹亦已返。伯才来即去。

10月21日　星期五

阴。上午,至女校授师范班国史一课,并代天梅授高等班修身,又授师范班文法一课,十一下钟返。母亲、圆妹归。下午作信。又晨剃头。夜,补写金陵游记。

10月22日　星期六

阴,午雨。上午,至女校授高等班历史一课,十一下钟返。抄诗。下午,平庵来,三下钟去。作信。夜,同昨。

10月23日　星期日

雨。上午,作信。下午,杂事。子贞、志轩来即去。

10月24日　星期一

晴。至松江,上午九点开船,亚云搭船。下午四点到王宅。少坐即偕粲君乘火车至上海。寓新鼎升栈。出至顺源楼吃夜饭后即返。此来为岳父六旬大诞,以岳父避寿海上亦寓是处,故又来也。

10月25日　星期二

晴。上午,走国粹报馆候秋枚、朴存、哲夫。秋枚仍在北京未返。朴存丁内艰在无锡。哲夫未到，均不晤。留字而出。至广智书局买书二种。返栈十一点。同粲君至均益里季鲁寓所，岳父等已先在。下午二下钟返栈。哲夫已来，坐谈片刻，同出别去。余至文明圅集，先与岳父等约在是处相会，已在，同出至宝珠。傍晚仲稽兄弟宴岳父于品商菜馆，余与粲君亦去。

10月26日　星期三

晴。上午，至民立报馆候朱少屏不在。出至有正书局等处，十一下钟返栈，即同粲君至英大马路买物，并至宝记合影。午后两点返。哲夫来，同至新北门内配花瓶、架子等，四点返，哲夫去。

10月27日　星期四

晴。上午，出外一回。下午，同粲君至英大马路买物，三下钟返栈。少坐，至同芳茶居啜茗。傍晚返栈，吃饭后坐马车至新舞台观剧，演《看香叫喜》，描写尽致妻党同恶报，情境甚苦，台下有掩袂以泣者。《天河配》虽无甚趣味，而灯彩极堪悦目，均为是夕出色之剧。返已十二下钟矣。

10月28日　星期五

晴。偕粲君于十一点至沪杭车站，十二点搭火车，下午一点到松江，即至王宅。家中放船来。

10月29日　星期六

晴。下午，至西门也是园啜茗，仲稽偕去，又走郑通惠、华盛等处买物。

10月30日　星期日

晴。同粲君归，上午九点开船，下午四点到家。

10月31日　星期一

阴。上午，杂事。至女校。下午，监师范班国史温课一时，二下钟返。十月朝祭先。夜,观《香艳丛书》第七八集完。

11 月

11月1日　星期二
阴。上午,母亲、圆妹至冯家望病。观《鲒埼亭集》。抄诗。望、时二舅来。下午,同至女校,三下钟返。二舅去。夜,同昨。

11月2日　星期三
阴。上午,观《鲒埼亭集》。艺兰。下午作信。子贞来即去。至东市望灵父病即返。女校今日起节假三日。

11月3日　星期四
晴。上午,观《鲒埼亭集》。草《金陵重九游记》。下午,作信。宪人来即去。夜,观《畏庐文集》

11月4日　星期五
晴。上午,至族中吊丧,出至协和,候杏林,即返。作信。下午抄昨日所作文。夜,作信。

11月5日　星期六
晴。上午,至女校监高等班秋季历史考试一时。下午一下钟返。写《丛录》。夜,同昨。

11月6日　星期日
晴。上午,剃头。亚云来即去。观《鲒埼亭集》。下午,又观《鲒埼亭集》。志轩来即去。作信。母亲、圆妹归。夜,观《香艳丛书》。

11月7日　星期一
晴,下午阴,夜雨。上午,选学友会杂志。观《鲒埼亭集》。至女校。下午,监师范班秋季国史考试,二时三下钟返。夜,观《畏庐文集》。

11月8日　星期二

阴。上午,观《鲒埼亭集》。下午,走女校。出至天梅处即返,天梅已移居屠姓宅矣。观《畏庐文集》。夜,观《香艳丛书》。

11月9日　星期三

阴,大风。上午,至女校代天梅授师范班修身一课,十下钟返。观《鲒埼亭集》。下午,评高等预科考卷九本。夜,同昨。

11月10日　星期四

晴。上午,观《畏庐文集》。大妹许字高氏,行文定礼,执柯仲先生来即去。下午,至女校授高等班历史一课,四下钟返。晚,邀宴仲先生,并邀天梅、子贞、子翰、子轩、祝祺、亚云作陪,夜散。

11月11日　星期五

晴。上午,至女校,授师范班国史、文法各一课,十一下钟返。下午,观《畏庐文集》。朱师来即去。走南市一回。作信。夜,观《香艳丛书》。

11月12日　星期六

晴。上午,至女校授高等班历史一课,十一下钟返。下午,评高等本科考卷七本。作信。夜,同昨。草诗一绝。

11月13日　星期日

晴。上午,至伯禹丈处即返,应其招也。观《畏庐文集》。望舅来。下午,至济婴局送汪若望赙仪,不在,即托端甫转致,返。观《鲒埼亭集》。望舅去。夜,同昨。草二绝诗。

11月14日　星期一

晴。上午,勘高等科考卷。至女校。下午,授师范班国史一科,二下钟返。观《畏庐文集》。作信。夜,草诗二绝。

11月15日　星期二

阴。上午,改师范班考卷二本。作信。下午,抄诗。至女校,同宪人、叔纯走天梅处一回,返。观《畏庐文集》。戴升于昨日结婚,今晚再三来邀吃酒去,夜返。

11月16日　星期三

阴。上午,改师范班考卷二本。下午,观《畏庐文集》。走女校一回。草绝诗一什。抄诗。

11月17日　星期四

阴。上午,写信。母亲、中妹、圆妹去高宅。观《畏庐文集》。下午,杨阆峰来即去。至女校,授高等班历史一课,四下钟返。亚云来即去。夜,观《香艳丛书》。

11月18日　星期五

阴。上午,至女校,授师范班国史、文法各一课,十一下钟返。下午,作信。夜,同昨,第九集完。

11月19日　星期六

晴。上午,至女校,钟点已过,不上课返。理书。下午,观《畏庐文集》(完),书为林琴南先生所著,此老至性人也,其文余其爱之。夜,同昨。

11月20日　星期日

晴。上午,观《鲒埼亭集》。下午,作信。何望东来即去。

11月21日　星期一

晴。上午,抄诗。至继述吊明伯夫人丧,回至女校。下午,授师范班国史一课,二下钟即返。母亲等已归,望舅亦来。观《鲒埼亭集》(完)。望舅去。夜,同昨。

11月22日　星期二

阴。上午,抄文。剃头。下午,至女校,三下钟返。夜,同昨。

11月23日　星期三

晴。上午,作信。下午,走女校一回。晚,赴卢眉寿叔汤饼之宴,夜返。

11月24日　星期四

晴。上午,翻阅《国朝文汇》。作信。下午,至女校,出走天梅处一回,回授高等班历史一课,四下钟返。夜,观《香艳丛书》。

11月25日　星期五

晴。上午,至女校,先授师范班文法一课,并代天梅授高等班修身、家政,又授师范班国史一课,十一下钟返。下午抄文。

11月26日　星期六

晴。上午,至女校,授高等班历史一课,代天梅授初等甲乙班国文一课,十一下钟返。至协和当候闵师,望舅亦在,即返。夜,闵师去。

11月27日　星期日

阴。上午,走天梅处一回,并晤卓庵。下午,望舅去。杂事。

11月28日　星期一

阴。同内子至松江,因潮不对,至十二点开船,风水皆逆,六点钟始抵松隐泊焉。在舟观《香艳丛书》。

11月29日　星期二

雨。黎明超碇,至义口候潮片时,十点至松江。余即至顾家吊香远老先生,内子开船至王宅。下午二下钟,亦乘轿至王宅。

11月30日　星期三

阴。无事。

12月

12月1日　星期四

阴,夜雪珠。下午,到西门街买物。

12月2日　星期五

阴。归家,上午十点开船,十一点至义口,候潮一小时,下午四点半到家。在船观《夏节愍集》及《香艳丛书》,又成一绝。

12月3日　星期六

阴。上午,至女校,授高等班历史一课。与天梅谈话。下午,一下钟返。夜,观《香艳丛书》。草绝诗一什。

12月4日　星期日

晴。上午,至献臣处请其写膏方,即返。方弟来。作信。下午,同方弟走街上,晤旧生王士英,又晤卓庵,同至一笑楼啜茗,即返。方弟别入。至河西,即返。因玉嫂嫂之嘱作其妹传略,往问其事述也。夜,代玉嫂嫂作《归张氏妹传略》。

12月5日　星期一

阴。上午,杂事。至女校,忘年自四月患病,今始能来,即去。下午,授师范班国史一课,二下钟返。君懿来即去。观《夏节愍集》。夜,观《香艳丛书》。

12月6日　星期二

阴。上午,观《夏节愍集》。下午,走女校,尚公一回。作信。晚至何书鸿姻叔家吃喜酒,夜返。

12月7日　星期三

阴。上午,俞忘年来,即去。母亲、大妹至冯家吊丧。至女校。下午,因本镇商、学界开会于城隍庙观,欢祝缩短国会三日,并悬灯结彩。女校全体与会,余与天梅督队归队。后又与天梅至会场,德演说。返已晚矣。夜,至尚公代督其提灯队至板桥下,出队与天梅、宪人等至各店观灯。九点返。此事余本不大赞成,所谓因人而热也。

12月8日　星期四

阴。上午,剃头。作信。下午,走女校一回。夜,仍至尚公督其提灯队,至留溪与其及姜氏会队,巡游一周归队,又至各处观队,与天梅、亚雄、小剑同行也。返亦九点矣。

12月9日　星期五

阴。上午,至女校,先授高等师范班文法一课,并代天梅监高等本科温修身,授预科家政,又授师范班国史一课,并代亚希监高等班温博物。午饭后返。时舅来即去。作信。夜,至颜新记酒家寻天梅,少云亦在,并晤周平泉、金菊生等,出观灯。又至城隍庙德天梅、仲传、迪君、叔宜演说,返近十点矣。

12月10日　星期六

阴。上午,十一点观察家何家,因望东于昨日结婚,道喜也。在舟观《香艳丛书》。走冯家一回。下午,六下钟返家。母亲、大妹同归,即同母亲、妹等出观灯。因各店又延长一日也。晤天梅,同至世德候杨了公先生,返已九点矣。

12月11日　星期日

晴。上午,同中妹至广大请宪人,治喉痛。余亦治舌根痛,即返。观《小说时报》。下午,望舅来。同至世德晤了公先生。出同来余家坐片时,又同至一笑楼啜茗,余与望舅先出。望舅去,方弟于昨晚来同去。夜,观《侠客谈》。

12月12日　星期一

阴。上午,观《夏节愍集》。至女校。下午,授师范班国史一课,二下钟返。杂事。夜,观《侠客谈》(完)。

12月13日　星期二

雨。草《金山佚史》杨、王、沈、单四先生传。晚,望舅来。

12月14日　星期三

阴。上午,作信。时舅来。下午,望舅去洙泾。同时舅至女校,出至天梅处,又偕天梅至世德晤了公先生。三点半返。时舅去。夜,观《香艳丛书》第十集完。观《碧海情波记》。

12月15日　星期四

晴。上午,编金山佚史,修改前。下午,作信。至女校,授高等班历史一课,四下钟同天梅,出至世德候了公先生,不值,即返。夜,观《碧海情波记》(完)。

12月16日　星期五

晴。上午,至女校,授师范班国史、文法各一课,十二点返。下午,观《夏节愍集》。编《金山佚史·陈、廖、濮三将军传》。夜,观《定庵全集》。

12月17日　星期六

晴。上午,至女校,授高等班历史一课。与天梅、宪人谈明年校事,十一下钟返。下午,草文二首,一《荒江樵唱自序》,一《红意文录跋》(改名《总角文录》)。夜,观《唐伯虎集》。

12月18日　星期日

晴。上午,抄诗文,编《金山佚史·张先生传》。草《再题花前说剑》各廿四字。下午,观《夏节愍集》。宪人来治中妹喉症,即去。选林来,即去。夜,同昨。

12月19日　星期一

阴。上午,编《金山佚史·张秉、唐铨传》。至女校。下午,授师范班国史一课,并代廷才监高等班地理温课一时,二下钟返。观《夏节愍集》。夜,同昨。

12月20日　星期二

雨。上午,编《金山佚史·吴嘉允传》。下午,至女校,四下钟返。夜,作信。

12月21日　星期三

雨。上午,至天梅处坐谈,点余返。下午,编《金山佚史·王光承、李磐石、王昌纪传》。冬至祭先。夜,观《唐伯虎集》。女校今日起节假四日。

12月22日　星期四

晴。上午,剃头。修改《金山佚史》。下午,杂事。

12月23日　星期五

晴。上午,至松江,同祖母及大、中、圆三妹于八下钟开船。下午五点到。余即至王宅,祖母等在船。在舟观《定庵全集》。

12月24日　星期六

晴。上午,至西门,同祖母等至日丰,出已近午,即同至车站。一下钟搭火车,二下钟到上海,寓新鼎升。解装后同至一新栈,景舅之母、吟舅母、望舅母等咸在也。余即出至丰昌,候瑞师、伯筹不值。至国粹学报馆,晤秋枚、哲夫、朴存,少坐即返。夜,同至新舞台观剧,返已夜午矣。

12月25日　星期日

晴。上午,同至钜昌隆、宝成、明华公司等处。午刻在春申楼吃饭。下午至宝记后,余即回寓,悉哲夫来过,又顷平庵来,即去。

余至体操女校,晤季鲁、石士。出至时中书局候顾子安,民立报馆候朱少屏,乃返。夜,同至奇芳啜茗,又至有正书局、秋星社买书。

12月26日　星期一

晴。上午,同三妹至大马路一带。午刻回寓。下午同祖母等,至时新、老介福等处。余又至文明书局买书,返已晚矣。夜,同去天乐窝听书。又,傍晚伯筹、景舅来寓,即去。

12月27日　星期二

晴。上午,同至车站。十点搭车,十一下钟到松。余即至王宅。祖母等至船。午刻,外舅宴客作陪。

12月28日　星期三

晴。同内子及祖母等回张。上午九下钟开船,下午四下钟到家。在舟观《定庵全集》。

12月29日　星期四

晴,夜雨。上午,理物件。观《定庵全集》。下午,至女校,授高等班历史一课,四下钟同宪人出至广大,少坐即返。夜,观《国粹学报》。

12月30日　星期五

晴。上午,到女校,授师范班国史、文法各一课(温课),午刻返。下午,作信。草《赠师范生毕业序》。观《定庵全集》。夜,抄文。

12月31日　星期六

晴。上午,至女校,授高等班历史一课,十一点返。下午,杂事。观《定庵全集》。夜,观《唐伯虎集》完。作信。

1911 年

1 月

1月1日　星期日

晴。上午,填《长相思》一阕,题《实丹秋棠图》。观《定庵全集》。下午,作信。杂事。夜,观《莫爱双丽传》。

1月2日　星期一

晴。上午,杂事。下午,到女校,监师范班文法,温一时,考二时,四下钟出至天梅处,谈明年校务,即返。夜,观《莫爱双丽传》(完)。女校今日起大考。

1月3日　星期二

晴。上午,观《定庵全集》。望、时二舅来。下午,至女校,代亚希监初等甲地理温课,并乙习字一时,三下钟出。闻开农会,乃至尚公,偕志轩至留溪,至则无一人焉,即返。后知集在姜氏也。二舅去。夜,观《医学报》。

1月4日　星期三

晴。上午,观《定庵全集》。至女校。下午,一下钟返。编《金山佚史·金琼阶传》,并修改前。夜,观《定庵集》。

1月5日　星期四

晴。上午,编《金山佚史·隐逸列传》。下午,至女校,二下钟返。观《定庵全集》。夜,同昨。

1月6日　星期五

晴。上午,至女校,十一点返。编《金山佚史》续昨。下午,改文法考卷四本。观《定庵全集》。夜,观《绿秋吟馆诗》(完)。

1月7日　星期六

阴。上午,编《金山佚史·唐湄传》。至女校。下午,二下钟返。作信。夜,观小说。

1月8日　星期日

阴。上午,剃头。望舅、方弟来。亚云来,即去。下午,志轩来,同至湿香庵开农会,谈话,三下钟返。方弟去。

1月9日　星期一

雨。上午,编《金山佚史·唐禧传》,又跋是史,作于丁未中秋,至今草稿粗具。下午,走女校一回。观《定庵全集》。

1月10日　星期二

阴。上午,莫伯筹、侯圭卿来,即去。观《定庵集》。时舅来。下午,至留溪学校开金山南部农务分所成立会,四下钟同天梅出至女校一回,返。时舅去。

1月11日　星期三

阴。上午,至女校,监师范班高等班温历史三时。下午,监考试三时,四下钟返。夜,改高等班预科国史考卷七本。望舅于今日去。

1月12日　星期四

晴。上午,改师范班国史考卷四本。下午,走女校一回。观

《定庵集》。夜,改高等班西史,改卷六本。女校于今日考毕,以后休息。

1月13日　星期五

晴。上午,复阅考卷。至女校。下午,四点返。夜,观《定庵全集》。

1月14日　星期六

晴。上午,抄词作信。下午,至女校,四点返。夜,观《定庵集》。

1月15日　星期日

晴。上午,观《定庵集》。至女校。下午,一下钟返。观《定庵集》。夜,子冶来,即去。观《西湖游记》(完)。

1月16日　星期一

晴。上午,至女校。下午,二下钟出至留溪选举巡警,董开票,正仍杨雷生,副仍汪季眉。伊犯消极,资格选民中夺权。余起质问,乃改选得张少蒿。选董既毕,已四下钟。尚有议员选举。余嘱伯华代投票,乃出。又走女校一回,返。夜,作信。

1月17日　星期二

雨。上午,至女校。结合三年出入款项等。下午,四点返。夜,观《定庵全集》。

1月18日　星期三

阴。上午,九点至女校。十二点,行年假毕业式,予亦演说。毕业者师范科全班四人,高等本科全班七人,初等科七人。二点,宴赞助诸君及教员。四下钟返。夜,观《定庵集》。

1月19日　星期四

晴。上午,朱师来,以农会会计委任,即去。观《定庵全集》。

下午，作信。宪人来，即同至天梅处，为校事也。少坐即返。夜，录存校中历史问题。

1月20日　星期五

晴。上午，观《定庵全集》。朱师来，即去。下午，观《一桂轩诗稿》（完）。自朱师处借得之。作信。夜，同昨。

1月21日　星期六

晴。上午，观《定庵全集》。下午，写《怀旧楼丛录》。增修前作《十八自述》并述十九、二十事以补之，改名为《二十自述》。夜，观《国粹学报》。

1月22日　星期日

晴。上午，观《白门悲秋集》。下午，观《定庵集》。抄《十八自述》。夜，同昨。

1月23日　星期一

晴。上午，抄《十八自述》。下午，走文海阁及宪人处，又至天梅处，晤李苣香先生，少坐返。夜，同昨。

1月24日　星期二

晴。上午，同昨。下午，天梅偕苣香先生来，即去。望舅来，即去。夜，同昨。

1月25日　星期三

晴。上午，杂事。下午，敏如舅来，即去。作信。夜，同昨。

1月26日　星期四

晴，夜雨。上午，剃头。杂事。下午，祭先。望东来，即去。

1月27日　星期五

阴。上午，杂拉。下午，批点《板桥杂记》。夜，作信。

1月28日　星期六

阴。上午，批点《板桥杂记》。下午，草一桂轩诗稿跋。夜，观《国粹学报》。

1月30日　星期一

雨，下午阴。上午，行贺年礼。下午二下钟，至尚公小学校开新年团拜会，五点返。夜，与綮君弈。

1月31日　星期二

阴，晚雨。志轩、亚雄、咏晖侄、贞先伯来即去。望舅、时舅、平庵、君介、健弟来，晚去。夜，观《定庵诗定本》(完)。

2月

2月1日　星期三

阴。上午，天梅、雄飞来即去。至河西族中即返。下午至东姚，回至团振会，五点返。夜，观《定庵词定本》(完)。

2月2日　星期四

阴。上午，至天梅处，不在，返。为俞剑华治"高阳酒徒"及"美人兮天一方"二印章。下午，作信致哲夫。至团拜会，五点会宴，八点散席。出观接五路，返将十点矣。

2月3日　星期五

晴。上午，至五区头何宅。在舟观《定庵未刻诗词》(完)。下午，至冯宅少坐，仍返何宅。

2月4日　星期六

晴。上午，至秦山高宅。下午回家。

2月5日　星期日

　　晴。上午，至武圣宫观自治乙级选举开票，午刻返。下午，志轩来即去。作信。至团拜会，五下钟出，同天梅、仲传、回澜走东市旷野一回。

2月6日　星期一

　　晴。上午，子安来即去。至天梅处，仲田亦来，午刻返。下午，至一笑楼与子贞、子安茶叙即返。至团拜会，晚间会宴，八点半返。

2月7日　星期二

　　阴。精神不振。上午，望、时二舅来。仲田来即去。走广大号晤宪人即返。下午，至一笑楼晤仲田、宪人、天梅等，出至武圣宫自治甲级投票后返。沈伯才、侯圭卿、朱志贤来即去。二舅去。

2月8日　星期三

　　阴。昨夜身体寒热，下午始起。志轩来即去。观《南社》第三集。

2月9日　星期四

　　晴。上午剃头。下午，走团拜会一回。作信。夜，观《南社》第三集。

2月10日　星期五

　　晴，夜雨。唤划船至松江，上午九点开船，下午二点到。即至王宅。絜君有身不去也。林彬甫附船。同季鲁、杏生、云樵至也是园啜茗，傍晚返。

2月11日　星期六

　　阴，夜雨。上午，同季鲁、杏生走大、小仓桥。下午，同延铁路走至车站，折而至西门。余至甡源庄、郑通惠号一回，出又同至顾蕉书、葵卿姐妹家,已近东门,返已晚矣。

2月12日　星期日

阴。上午,至唐京桂号买木器。下午,一下钟搭火车至上海,即往四马路新鹿鸣旅馆,与柳安如、俞剑华同寓。少坐出至民立报馆,晤朱少屏。晚宴同社十多人于小花园之半醉居。散后同安如等至新剧场观剧。小子和演《艳情策》甚佳。

2月13日　星期一

阴,夜雨。上午,至来安栈晤蔡蝶予、何竞南,至同福昌栈晤天梅、陈佩忍。出又至钜昌隆买物、有正书局买书乃返寓。十一点与安如、剑华同坐马车至愚园,南社第四次雅集社员毕集,后午餐于杏花村。到者共三十余人,散席后,撮影,报告会议,四下钟与安如、少屏同车返。中途少屏别去,晤张佚凡女士,遂与同车至寓。傍晚会宴于大庆楼,席散同天梅出买物,又沧浪亭沐浴乃返。

2月14日　星期二

雨,下午阴。上午八点至车站,头班车已行,乃待至十点乘车,天梅、少屏、蝶予、竞南同车,十一点多到松江,余即至王宅。

2月15日　星期三

阴。归家,上午九下钟开船,下午四下钟到,天梅同返。

2月16日　星期四

阴。上午,观《南社》第三集。下午出外,路晤子冶,立谈片刻。至天梅处,少顷,宪人亦来,共谈校事数刻。出又同天梅走仲传处一回。夜作信。

2月17日　星期五

阴。上午,作写信札,子冶、若望来即去。草《赤松逸民传》一首。下午,至协和当候闵瑞之师。不值返。时舅来。闵师来,夜去。

2月18日　星期六

阴。上午,闵师来。望舅来。宪人、天梅来。观时舅、闵师写字。午刻,宴闵师等。傍晚,闵师、时舅、宪人、天梅去。

2月19日　星期日

阴。上午,走文海阁一回。抄《赤松逸民传》。下午,至天梅处,少坐返。作信。望舅去。夜,观《南社》三集。

2月20日　星期一

阴,上午晴。上午,观《南社》三集。宪人来治女仆病即去。下午,观《文选》始也。作信。夜,抄《金山卫佚史》中《侯将军传》。

2月21日　星期二

阴,晚雨。上午,去女校一回。抄《侯将军传》。下午,至女校,三下钟返。观《小说时报》,夜,配女校课程。

2月22日　星期三

阴,晚雨。上午,观《南社》三集。下午,至女校,三下钟返。写正《荒江樵唱》。夜,观《小说时报》。

2月23日　星期四

阴。上午,作信。下午,走女校一回。观《南社》第三集。夜,同昨。

2月24日　星期五

晴。上午,至女校,十一点行第四年第七学期开学式。午刻返。君懿来。下午宪人来治漪妹小疮即去。君懿去。走女校回至河西亚雄家,少坐返。夜,同昨。

2月25日　星期六

晴。上午,至女校,近午返。即至河西吃喜酒。下午,回家及至女校一次。夜,观《辞祖待嫁上头》,返将夜午矣。
2月26日　星期日
　　晴。上午起已近十一点矣,宪人来即去。至河西。下午送端姐出阁。回家一次。夜饭后返,观《小说时报》。
2月27日　星期一
　　晴。上午,至女校,十一点返。观《文选》。下午,作信。走女校一回。傍晚闻殷寿仙女教员已到,往晤即返。夜,同昨。
2月28日　星期二
　　晴。上午,至女校,近午返。下午,写《闲情漫笔》。观《文选》。殷寿仙来,夜设筵宴之。

3月

3月1日　星期三
　　晴。上午,剃头。观《文选》。下午一时至女校,三时返。作信。夜,观《小说时报》。
3月2日　星期四
　　晴。上午,观《文选》,时舅来。下午,走女校一回,时舅去。夜,作信。
3月3日　星期五
　　晴。上午,至女校授专修科国文二课,十一时返。作信。下午,观《文选》。至广大晤宪人,出至女校一回。抄《金山佚史》中《侯氏昆玉传》。夜,编定《金山佚史目录》。
3月4日　星期六
　　阴。上午,观《文选》。下午,一时半至女校,三时返。君懿来即去。夜,观《渔洋诗话》。

3月5日　星期日

雨。上午,宪人来,同至亚希处,少坐返,为校事也。下午,作信。志轩来即去。草《次韵钝剑》一律,《次韵牧翁》一绝。夜,志轩来即去。观《渔洋诗话》。

3月6日　星期一

阴。上午,观《文选》。下午,至女校监专修班作文二时,题为《河流为文明之母论》及《学问无止境说》,三下钟返。写正《荒江樵唱》。夜,观《渔洋诗话》。

3月7日　星期二

阴。上午,至女校授专修科国文二课,十一下钟返。下午,草《姚氏遗书志序》一首。夜,抄日间所作文。

3月8日　星期三

阴,夜雨。上午,至甥源吊丧即返。下午,观《文选》。至女校一回。改方亚文、吴智新作文各一卷。傍晚,至河西陪宴胡哲君,乃端姐之夫婿也。夜返近十时。

3月9日　星期四

阴,夜雨。上午,改何修志、钱湘弦作文各一卷。下午,走女校一回。改龚崇恩作文一卷。作信。夜,观《渔洋诗话》。

3月10日　星期五

雨。上午,至女校授专修班国文二课,十一下钟返。下午,胡折若来即去。观《文选》。观《钱牧斋注杜诗》。夜,写正《荒江樵唱》。

3月11日　星期六

晴,夜雷雨。上午,观《文选》。下午,一下钟至女校,三点返。

观钱注杜诗。傍晚,志轩宴哲君招陪,夜九点返。

3月12日　星期日

阴,上午雷雨。上午,观《文选》。下午,作信。夜,观《渔洋诗话》。

3月13日　星期一

阴,夜雷雨。上午,同昨。下午,至女校监专修班作文二时,题为《国文为各科学之母论》及《说群德》。三点半返。在课堂改范瑞兰作文一卷。观《钱注杜诗》。夜,同昨。

3月14日　星期二

阴,微雨。上午,至女校授专修班国文一时,十一下钟返。下午观《淡韵楼诗集》(完),乃海昌许宝娟女史所著也。观《文选》。草《西北屯田议》。夜,抄日间所作文。

3月15日　星期三

阴,夜雷雨。上午,观《文选》。下午,至女校,二下钟返。改亚文、湘弦作文各一卷。夜,观《渔洋诗话》(完)。

3月16日　星期四

雨。上午,观《文选》。下午,查"小巫之丑"出典,小巫,山名也,在四川夔州府。又有大巫山,《陈林尺牍》中有云,小巫见大巫,神气尽矣。改智新、修志、何杏蒔作文各一卷。为胡守贞写篆字一张。夜,观《顾亭林集》。

3月17日　星期五

阴。上午,至女校授专修班国文二课,十一下钟返。下午,翻阅近人诗词。作写信札。夜,抄正《荒江樵唱》。

3月18日　星期六

阴。上午,观《文选》。下午,走女校一回。作信。夜,观《亭林集》。

3月19日　星期日

晴。上午,剃头。草《何先生述》。下午,草《病梅桃记》。观钱注杜诗。志轩来告予,有人捏予名,诬控张少蒿巡警,董乃同至尚公晤仲田,属其代拟诲呈,明日送县并悉县批,着司查复,乃出至司署,亦声明焉。夜,同昨。志轩来以呈稿见示即去。

3月20日　星期一

晴,夜雨。上午,观《文选》。下午,至女校监专修班作文二时,题为《家庭教育论》及《论蚕桑之利》。在课堂改瑞兰作文一卷,三下钟出至尚公一回返。冯景清舅来。

3月21日　星期二

雨。上午,至女校授专修班国文二课,十一下钟返。下午,观《文选》。抄《屯田议》。

3月22日　星期三

雨。上午,观《文选》,抄《屯田议》。下午,景舅去。二下钟至女校,四点返。作信。夜,观《亭林文集》。

3月23日　星期四

阴。粲君于昨夜十二点钟后起腹痛,至今日上午十一点多钟产一女儿,堕地无声息,施救无效即殇矣。至粲君产时则较上次为艰难,产后颇平安云。

3月24日　星期五

晴。上午,起草《西藏建置行省议》。下午,至女校代崇恩授初等甲班尺牍一课,三下钟返。夜,观《泾县乡土记》。

3月25日　星期六

晴。上午,草《西藏建置行省议》续昨。下午走女校一回。改杏莳、修志、青研(即智新)作文各一卷。夜,改湘弦作文一卷。

3月26日　星期日

晴。上午,续草《西藏建置行省议》。下午,改亚文、瑞兰作文各一卷。何勇公来即去。夜,作信。

3月27日　星期一

晴。上午,同昨(完)。母亲、圆妹到高宅。下午,至女校监专修班作文二时,题为《三育合论》及《惜春说》,三点半返。作信。

3月28日　星期二

晴。上午,至高宅,外祖母周年。下午,同时舅至实枚学堂,四下钟仍返高宅即归家。

3月29日　星期三

晴。上午,抄《西藏建置行省议》。下午,走女校一回。改湘弦、亚文、智新、杏莳、修志作文各一卷。草《三育合论》,为学生拟作。

3月30日　星期四

阴。上午,同昨。下午,母亲等归,望舅、君深来。至女校,三下钟返。夜,观《亭林集》。

3月31日　星期五

雨。上午,至女校授专修班国文二课,十一下钟返。下午,抄《西藏建置行省议》。望舅、君深去。观《亭林集》。夜,观《林述庵诗》。

4月

4月1日　星期六

阴。上午,君深来,盖昨去在张家也。往吊何子佩即返。下午,走女校一回。君深仍去张家。夜,同昨(完)。

4月2日　星期日

阴。上午,君深来。抄《金山佚史》中《吴都督传》。方弟来。下午,子轩、伯才来即去。闻天梅已归,往候不值,至一笑楼晤焉,少坐返。天梅同来即去。君深去。夜,抄文。

4月3日　星期一

晴。上午,至天梅处,少坐返。至河西一回。下午,观《龚定庵集》(续去年)。清节祭先。抄文。夜,抄诗。女校于今日起节假一星期。

4月4日　星期二

雨。上午,抄文。走女校一回。下午,随祖母同三妹至龙沙禅院处,扫墓,方弟同去。观《龚定庵集》(完)。夜,作信。

4月5日　星期三

雨。上午,走天梅处一回。观《文选》。下午,写《闲情漫笔》。复周仲穆信。夜,观《亭林集》。

4月6日　星期四

雨。上午,随家君同圆妹至夏人村扫墓,下午返。在舟观《亭林集》。亚云来即去。夜,与寿仙等谈话。

4月7日　星期五

阴。上午,观《文选》。下午,志轩来即去。观《钱注杜诗》。天梅偕少屏、沈勉后来即去。

4月8日　星期六

阴。上午,至天梅处,同少屏、勉后谈话。下午,同至家中。夜饭后去。

4月9日　星期日

阴。上午，何民侠来。剃头。改范瑞兰作文一卷。下午，民侠去。作信。

4月10日　星期一

雨。上午，至宗祠春祭，职司鸣赞，与祭者共十八人。午膳后至女校。监专修班作文二时，题为《女子宜注重医学说》及《春雨说》，三下钟返。夜，抄正《荒江樵唱》。

4月11日　星期二

晴。上午，至女校授专修班国文二课，十一下钟返。吟母舅来，午后去。作信。观《文选》。夜，抄写。

4月12日　星期三

晴。上午，至五区头何宅，贺勇公结婚。

4月13日　星期四

晴。上午，送虚谷公葬。下午，返家。

4月14日　星期五

晴。上午，至女校，授专修班国文二课，十一下钟返。理书。下午，杂翻。观《文选》。夜，观《青楼小名录》。

4月15日　星期六

晴。上午，观《文选》，抄写。下午，作信。至女校代崇恩监初等甲、乙班习字一课，四下钟返。观《钱注杜诗》。夜，观《青楼小名录》。

4月16日　星期日

阴。上午，君深来。至女校一回，明日黄姓借作礼堂，今日结彩。方弟来。下午，同君深至女校一回，出君深至张家。作信。雄飞来，同至女校，闻天梅归，往晤即返。观《钱注杜诗》。夜，同昨。

4月17日　星期一

晴。上午,至女校,出至张家。闻省视学郭君到,又至女校一回。今日黄姓借女校作礼堂,余时往来于张家、女校之间。下午,观张仲传先生与黄坚恩同学行结婚礼,余与粲君为伴新员。夜返已十下钟。今日校中停课。

4月18日　星期二

晴。上午,走女校一回,今日又休息一天。观《文选》。方弟、雄飞去。下午,时舅来。改青妍、湘弦、亚文作文各一卷。望舅、景舅来,景舅即去。同时舅至天梅处一回。望、时二舅去。君深来即去。夜,观《青楼小名录》。

4月19日　星期三

阴。上午,改修志、瑞兰作文各一卷。下午,到女校,三点返。作信复周仲穆。夜,观《青楼小名录》。

4月20日　星期四

晴。上午,观《文选》。下午,抄录。至女校一回。观《钱注杜诗》。夜,同昨。

4月21日　星期五

晴。上午,至女校授专修班国文二课(温课),十一下钟返。下午,观《文选》。作信。观《钱注杜诗》。夜,同昨。

4月22日　星期六

晴。上午,观《文选》。杨阆峰来即去。下午,抄正《荒江樵唱》。至女校一回。观《钱注杜诗》。夜,抄《金山佚史》中《谢汉、张昌后传》。

4月23日　星期日

晴,夜雨。上午,剃头。方弟来。观《文选》。下午,写正《荒江樵唱》。望舅、景舅来即去。夜,观《青楼小名录》。

4月24日　星期一

晴。上午,观《文选》。方弟于晨去。抄正《荒江樵唱》。下午,至女校监专修班春季国文试验三时,题为《通商利弊论》及《重农论》。高等班亦余试验,题为《游秦望山记》及《说体操之益》,四下钟返。翻阅《香艳丛书》。夜,同昨。校中于是星期举行春季大考。

4月25日　星期二

晴。上午,抄正《荒江樵唱》。观《文选》。下午,至女校,三点返。作信。夜,同昨。

4月26日　星期三

晴。上午,观《文选》。抄正《荒江樵唱》。下午,至女校,二下钟返。改亚文、湘弦考卷二本。亚雄偕哲君来即去。夜,作信。观《国粹学报》。

4月27日　星期四

晴。上午,改智新、修志考卷二本。下午,抄正《荒江樵唱》。走女校一回。观《文选》。草《姚氏摭残集序》一首。为湘弦写纨扇一把。夜,观《青楼小名录》。

4月28日　星期五

晴。上午,至女校授专修班国文二课,十一钟返。抄正《荒江樵唱》。下午,改胡守珍、姚振华、何正权、薛浣云、王菊士、徐尚贤、陈美娟考卷各一本。观《钱注杜诗》。作信。夜,同昨。

4月29日　星期六

晴。上午,写正《荒江樵唱》。下午,至女校,四下钟返。仲稽来。母亲于今日偕三妹去高宅。

4月30日　星期日

晴。上午,闲谈。下午,同仲稽至女校,出至子贞处,坐谈良久返,子贞同来。晚设筵宴仲稽,又邀哲君、志轩、子翰、亚雄来陪。夜散。

5 月

5月1日　星期一

晴。上午,仲稽去。往奠钱二泉先生葬,出至女校一回。下午,为外祖母葬事,偕粲君至高宅。

5月2日　星期二

晴。外祖母领帖,余与平庵、方弟等谢客。夜,题主,予与君深司执香奠酒,父亲于今日到。

5月3日　星期三

阴,下午雨。上午,送外祖母葬。下午,观朱乐天先生写字。

5月4日　星期四

雨。上午,父亲先归。下午,偕粲君、大妹、中妹归。夜,作信。

5月5日　星期五

雨。上午,至女校授专修班国文二课,十二点返。敏如舅来为昭儿种牛痘,下午去。作信。观《钱注杜诗》。夜,观《青楼小名录》。

5月6日　星期六

晴。上午,临《云麾碑》。观《文选》。草绝诗三什。下午,到女校,三点返。作信。观《小说时报》。夜,同昨。

5月7日　星期日

晴。上午,临《云麾碑》。观《文选》。草绝诗二什,自度曲一首。下午,观《钱注杜诗》。抄正《荒江樵唱》。夜,同昨。今日立夏秤人,得九十六斤。

5月8日　星期一

晴。上午,临《云麾碑》。剃头。观《文选》。下午,至女校监专修班作文二时,题为《与同学友书》,四点返。作信。夜,抄《金山佚史》中《吴先生传》。

5月9日　星期二

晴。上午,至女校授专修班国文二课,十一下钟返。下午杂事。观《钱注杜诗》。写正《荒江樵唱》。夜,同昨。

5月10日　星期三

晴。上午,观《文选》。抄诗。下午,至女校,三点返。路晤宪人,邀其来治粲君手麻木即去。作信。观《钱注杜诗》。夜,改青研、修志、亚文、湘弦作文各一卷。

5月11日　星期四

晴。上午,至五区头冯宅望景清舅疾,仲先生同去。在舟观《涵芬楼文谈》。下午,返已晚矣。夜,观《青楼小名录》。

5月12日　星期五

雨。上午,至女校授专修班国文二课,十一点半返。下午,抄诗作信。观《文选》。夜,观《青楼小名录》(完)。

5月13日　星期六

晴。上午，临《云麾碑》。观《文选》。改瑞兰、崇恩作文各一卷。下午，至女校，三点返。母亲同圆妹归，望舅来即去。写正《荒江樵唱》。夜，观《国粹学报》。

5月14日　星期日

晴。上午，临《云麾碑》。观《文选》。君懿来即去。写《闲情漫笔》。下午，观《钱注杜诗》。何书卿表叔舅祖来即去。抄正《荒江樵唱》。夜，草《春尽感赋次实丹韵》一律。

5月15日　星期一

晴。上午，临《云麾碑》。观《文选》。下午，至女校监专修班作文二时，题为《尚武救国论》及《读波澜印度灭亡纪略感言》，三下钟返。为女生拟作尚武救国论。夜，观《亭林集》。

5月16日　星期二

晴。上午，至女校授专修班国文二课，十一下钟返。写正《荒江樵唱》（完）。下午，改亚文作文一卷。观《文选》。抄《李笠翁颐养法》。夜，观《涵芬楼文谈》。

5月17日　星期三

晴。上午，改湘弦、杏莳、修志、智新作文各一卷。下午，至女校，三下钟返。抄诗作信。夜，观《涵芬楼文谈》（完）。

5月18日　星期四

晴。上午，临《云麾碑》。观《文选》。改瑞兰作文一卷。下午，至女校，四点返。观《钱注杜诗》。志轩来即去。夜，作信。

5月19日　星期五

阴，夜雨。上午，至女校已迟，授专修班国文一课，返午返。下午，观《文选》。改崇恩作文二卷。夜，抄文。

5月20日　星期六

雨。上午,临《云麾碑》。观《文选》。抄文。下午,至女校,闻天梅抱病归,往晤,四点返。志轩来即去。改旧作短篇小说《秋感》为《感秋赋》。夜,观《顾亭林集》。

5月21日　星期日

晴。上午,临《云麾碑》,观《文选》。下午,观《钱注杜诗》,至天梅处一回,望舅来即去,志轩来即去。剃头。夜,同昨。

5月22日　星期一

晴。上午,临《云麾碑》,观《文选》。下午,至女校监专修班作文二时,题为《说性》及《与友论束腰书》,三下钟返。观《钱注杜诗》。夜,同昨。

5月23日　星期二

晴。上午,至女校授专修班国文二课,十一下钟返。下午,观《文选》。作信。改青研、修志、湘弦、亚文、杏莳作文各一卷。晚陈伯华喜事,宴媒人招陪往,夜返。母亲、圆妹今日去冯宅。

5月24日　星期三

晴。上午,抄《金山佚史》中《王先生传》。走女校一回。下午,因镜清母舅之丧,同大、中二妹到冯宅。在舟观《香艳丛书》。

5月25日　星期四

雨。送镜清舅入木。下午四点归到家已晚矣。在舟观《香艳丛书》。夜,抄《金山佚史》中《金先生传》。

5月26日　星期五

晴,晨雨。上午,杂事。抄《金山佚史》中《唐先生传》,下午至女校,出至天梅处少坐,又至女校,三下钟返。时舅偕钱鲁望来即去。母亲偕三妹归。

5月27日　星期六

晴。偕粲君至松江,上午七点半开船,下午二点半到。在舟观《香艳丛书》。

5月28日　星期日

雨。无事。石士自海上回来,晚仍去。

5月29日　星期一

雨。上午,九下钟偕仲稽乘火车至上海,即至二等女校晤季鲁。午饭后余至有正书局定报,至民立报馆晤少屏,同至国粹学报馆晤秋枚、胡仲明。出即至车站,仲稽亦到,同返已五点多钟矣。女校于今日起节假四日。

5月30日　星期二

晴。上午,作信寄天梅及疚侬。下午,至郑通惠买物。观《虞初近志》(完)。

5月31日　星期三

晴。上午,作信寄漪妹。下午,偕粲君等至日丰银楼、乾大布号等处买物。

6月

6月1日　星期四

阴、夜雨。上午,季鲁归。下午,同仲稽、季鲁、杏生等至车站振新茶居啜茗,返已晚。

6月2日　星期五

阴。上午,同岳父等至西市啜茗。下午四点多钟偕粲君搭火车至上海,寓新鹿鸣旅馆。夜,同往新舞台观剧,演《新茶花》五六本。

6月3日　星期六

晴。上午,至国学扶轮社、文明书局买书。神州日报馆候朴存不值。返寓,同粲君至老凤祥银楼。出至春申楼午膳,又至各店买物返。余至信昌当候闵师不值,至尚侠女校晤佚凡,坐谈数刻。返同粲君至海天村晚膳,路晤剑华,出至大舞台观剧,演《新茶花》七、八本。在场晤闵师,返闻季鲁、朴存来过。

6月4日　星期日

阴,下午雨。上午,至老鹿鸣旅馆候剑华不值,晤冯心侠,少坐即返。又至奇芳买物。下午,同粲君至钜昌隆等处买物,返寓即唤马车至车站。过务本女塾时,粲君入内候友,余在车中相待。四下钟乘火车回松。夜,作信寄仲稽杭州。

6月5日　星期一

雨。归家,上午七点开船,下午三点到。在舟中观《香艳丛书》。

6月6日　星期二

阴,下午雨。上午,至女校,出至广大晤宪人,同至亚希处,少坐返,为校务也。下午,至钱氏义庄,镇区自治公所旁听议事,三点返。沈伯才来即去。作信。夜,补写日记。

6月7日　星期三

雨。上午,剃头。作信。下午,改湘弦、杏莳、修志、亚文、智新作文各一卷。草《战争为文明进步之原则论》,为女生会课拟作。夜,观《亭林集》。

6月8日　星期四

雨。上午,观《文选》。作信。下午,至女校一回。作信。望舅来即去。夜,同上。

6月9日　星期五

阴。上午,至女校授专修班国文二时,十一下钟返。下午,作信。观《钱注杜诗》。夜,同昨。

6月10日　星期六

阴。上午,观《文选》。观《湘痕吟草》。作信。下午,至女校,三下钟返。亚云来即去。选定学友会杂志诗录。夜,观《国粹学报》。

6月11日　星期日

阴。上午,观《文选》。汪叔纯、俞雨棠偕沈墨仙来即去。下午,又草《战争为文明进步的原则论》一首亦为女生会课拟作。观《钱注杜诗》。君懿来。夜,同君懿至一笑楼啜茗,九下钟返,君懿去,宿舟中。

6月13日　星期二

阴,下午雨。上午,至女校授专修班国文二课,十一下钟出,同雨棠至长安客栈候墨仙即返。吟槐舅来,下午去。观《文选》。

6月14日　星期三

雨。上午至女校,十一点返。观《湘痕吟草》。下午,观《文选》。改智新、亚文、修志作文各一卷。观《妇女时报》。夜,观《亭林集》。

6月15日　星期四

阴。上午,临《云麾碑》。观《文选》。观《湘痕吟草》(完)。下午,至女校,四点返。观《钱注杜诗》。夜,同昨。

6月16日　星期五

晴。上午,至女校,同叔先生至子龙庙场,观演水龙,即返女校,授专修班国文二课,十一下钟返。曝晒字画。下午,观《文选》。辑《徐闇公残集》。观《钱注杜诗》。夜,观《亭林集》(完)。

6月17日　星期六

晴,夜雨。上午,临《云麾碑》。观《文选》。辑《徐闇公残集》。下午,至女校,三点返。观《钱注杜诗》。夜,观《香艳丛书》,草《本事诗》二绝。

6月18日　星期日

阴。上午,临《云麾碑》。观《文选》。下午,辑《闇公残集》。观《钱注杜诗》。夏至祭先。雨棠、墨仙来,同至钱柽叔处。出观《陈曼生画册》十二张及张叔米铭端研极佳,返已晚矣。夜,观《香艳丛书》。

6月19日　星期一

晴,夜雨。上午,抄诗。观《文选》。辑《闇公残集》。下午,到女校监专修班作文二时,题为《论宗教之作用》及《说友》,三下钟同叔纯、雨棠,出至长安栈,观墨仙画即返。望舅来即去。作信。夜,同昨。

6月20日　星期二

阴。上午,至女校授专修班国文二时,十一下钟出至广大晤宪人,略坐即返。下午,改湘弦、修志作文各一卷。观《文选》。作信。夜,同昨。

6月21日　星期三

晴。上午,临《云麾碑》。剃头。观《文选》。改智新、杏莳、亚文作文各一卷。下午,至女校三下钟返。作信。草《自在室手集师友尺牍序》一首。夜,同昨。

6月22日　星期四

阴。上午,至女校监专修高等二班国文温课一时,十下钟返。观《文选》。下午,至女校监专修班国文大考三时,题为《财散则民聚论》《教养说》及《论首饰无益》。暑假拟设讲习会启,五点返。夜,同上。女校于今日起专修高等二班大考。

6月23日　星期五

雨。上午,临《云麾碑》。观《文选》。观《钱注杜诗》。下午,至女校,三下钟返。改湘弦、智新、修志考卷次篇。夜,同昨。女校于今日起初等甲班大考。

6月24日　星期六

阴,上午雨。上午,临《云麾碑》。观《文选》。作信。下午,至女校,二下钟返。改智新、修志考卷首篇。抄诗。草绝诗一什。夜,同上。

6月25日　星期日

阴。上午,草绝诗三首。临《云麾碑》。观《文选》。下午,志轩来即去。改湘弦考卷首篇。抄诗。草绝诗三什。夜,同昨。

6月26日　星期一

雨。上午,抄诗。观《文选》(完)。草七绝一首、五古一首。下午,改亚文考卷首篇。到女校,三点返。改亚文考卷次篇。草七古一首。时舅自松江回来。

6月27日　星期二

晴。上午,时舅去。复阅考卷,记分数,加批语。至女校,闻天梅已归,往晤即返。下午,朱信师来即去。至女校一回。抄诗。夜,观《香艳丛书》。女校于今日起初等乙班大考。

6月28日　星期三

晴。上午,至女校,出至天梅处,宪人亦来共谈校事。出又至女校一回返。下午,至子龙庙场观剧,廿四下钟返。观《小说时报》。夜,同昨。

6月29日　星期四

晴。上午作信,至女校,十二点返。下午抄诗。往观演剧,剧终,返已五下钟矣。夜,同上。

6月30日　星期五

阴。上午,临《云麾碑》。观《钱注杜诗》。为胡守贞写纨扇一方。下午,至女校,三点返。作信抄诗。观《小说时报》。夜,同昨,第十一十二集完。今日唤舟到松江,邀粲君归。

7月

7月1日　星期六

晴。上午,至女校,十一点返。抄诗。下午,至女校,二下钟返。作信。观《小说时报》。夜,粲君归。女校于今日考竣。

7月2日　星期日

晴。上午,至女校,十一下钟返。下午,抄文。望舅、君深、方弟来。至天梅处,宪人来议校事,四点返。莫伯筹、钱鲁瞻来即去,望舅等亦去。夜,观《香艳丛书》。

7月3日　星期一

晴。上午,剃头。至女校,十一下钟返。下午,观《钱注杜诗》。伯才来即去。走女校一回。写《怀旧楼丛录》。夜,同昨。

7月4日　星期二

晴。上午,观《钱注杜诗》。至女校,十二点返。下午,观《吴日千先生集》。至女校,五下钟返。夜,同昨。

7月5日　星期三

晴。上午,至女校,十一点钟行暑假式,午刻会宴。下午,三下钟返。观《小说时报》。又走女校一回,以寿仙于今日忽患时症也。

7月6日　星期四

晴,晚雨。上午,临《云麾碑》。观《钱氏注杜诗》。下午,写《怀旧楼丛录》。观《本事诗》。天梅来即去。作信。抄文。晚吟槐舅在天梅处宴闵师招陪,夜返。

7月7日　星期五

雨,下午晴。上午,闵师来即去。至女校望寿仙疾即去。观《钱注杜诗》。下午,观《本事诗》。写《怀旧楼丛录》。作信。夜,观《香艳丛书》。

7月8日　星期六

雨。上午,临《云麾碑》。观《钱注杜诗》。观《吴日千先生集》。下午,写《怀旧楼丛录》。观《本事诗》。改瑞兰作文一卷。拆去年《国粹学报》。闵师来即去。夜,观《医学报》。

7月9日　星期日

阴,下午晴。上午,至女校晤寿仙即返。临《云麾碑》。观《钱注杜诗》。下午,至协和当候闵师即返。吟槐舅来即去。写《怀旧楼丛录》。望舅、平庵、君深来。寿仙来,夜去宿舟中,明晨归平望。

7月10日　星期一

晴。上午,望舅等去张家。改瑞兰作文一卷。至广大请献〔宪〕人治目疾不晤,乃走萃文阁一回。回于源丰裕中晤叔纯,立谈片刻返。下午,写《怀旧楼丛录》。观《本事诗》。柳材叔自杭州回,来即去。宪人来治目疾即去。望舅等仍来。

7月11日　星期二

晴,下午雨。精神欠振。下午,望舅、平庵、君深去。

7月12日　星期三

晴。上午,观《钱注杜诗》,抄诗。下午作信。观《本事诗》。写《自在室笔记》,草《笔记小引》。夜,观《香艳丛书》。

7月13日　星期四

阴。上午,临《云麾碑》。观《钱注杜诗》。翻阅《国光集》。下午,写《自在室笔记》。观《本事诗》。抄诗。走萃文阁一回。

7月14日　星期五

晴。上午,临《云麾碑》。观《钱注杜诗》。抄诗。下午,写《自在室笔记》。宪人来治母亲、大妹疾即去。作信。子贞来即去。夜,观《国粹学报》。

7月15日　星期六

晴。上午,临《云麾碑》。观《钱注杜诗》。母亲携圆妹去高宅。下午,抄正《金山卫佚史》。观《本事诗》。沐浴。夜,观《香艳丛书》。

7月16日　星期日

晴。上午,至天梅处,出至萃文阁一回乃返。少圃姑丈来。下午,抄《清佚史》。观《本事诗》。姑丈去。

7月17日　星期一

阴。上午,临《云麾碑》。观《钱注杜诗》。下午,抄《清佚史》。观《本事诗》。作信抄诗。至柳村叔处,子贞亦在,闲谈多刻返。夜,观《香艳丛书》。

7月18日　星期二

阴,下午雨。上午,至秦山高宅。

7月19日　星期三

晴。上午,同望、时二舅、君深至实枚学校。午饭后仍返高宅。五下钟归家。

7月20日　星期四

晴。上午剃头。临《云麾碑》。下午,观《本事诗》。抄《清佚史》。作信。翻阅《国朝文汇》。夜,观《香艳丛书》。

7月21日　星期五

晴。上午,临云麾碑。观《钱注杜诗》。下午,抄《清佚史》。观《本事诗》。草《吴曰千先生诗词跋》。

7月22日　星期六

晴,下午雨。上午,临《云麾碑》。观《钱注杜诗》。抄昨日所作之跋。下午,抄《清佚史》。亚雄来即去。作信抄诗。

7月23日　星期日

晴。上午,临《云麾碑》。观《钱注杜诗》。下午,抄《清佚史》。观《本事诗》。沐浴。

7月24日　星期一

晴。上午,临《云麾碑》。汪若望来坐谈数刻去。下午,抄《清佚史》。志轩来即去。作信。

7月25日　星期二

晴。上午,观《钱注杜诗》。临《云麾碑》。下午,抄《清佚史》。观《本事诗》。至叔纯处少坐,出至萃文阁一回。作信。夜,观《香艳丛书》。

7月26日　星期三

雨。上午,临《云麾碑》。观《钱注杜诗》。下午,抄《清佚史》。观《本事诗》。抄诗。

7月27日　星期四

阴。上午,冯子冶来谢孝即去。临《云麾碑》。观《钱注杜诗》。下午,抄《清佚史》。观《本事诗》。抄《剑华怀旧诗》。

7月28日　星期五

阴。上午,伯才来,少顷天梅适亦来,伯才先去,天梅坐谈数刻去。临《云麾碑》。下午,至长安栈候墨仙坐谈数刻返。抄《清佚史》。观《本事诗》。抄《剑华怀旧诗》。

7月29日　星期六

阴。上午,临《云麾碑》(完一通)。观《钱注杜诗》。下午,抄《清佚史》。亚雄来即去。观《本事诗》。草绝诗四什。

7月30日　星期日

晴,晚雨。上午,观《南社》第四集。亚云来。至天梅处坐谈数刻返。下午,亚云去。抄《清佚史》。观《本事诗》。作信抄诗。

7月31日　星期一

晴。上午,临《麓山寺碑》。观《钱注杜诗》。下午,抄《清佚史》。观《本事诗》。

8月

8月1日　星期二

晴。上午,临《麓山寺碑》。观《钱注杜诗》。下午,抄《清佚史》。观《本事诗》(完)。抄诗。沐浴。

8月2日　星期三

晴。上午,观《钱注杜诗》。下午,观《南社》四集。今日精神大倦。

8月3日　星期四

晴。上午,观《钱注杜诗》。下午,作信。观《妇女时报》第二号。

8月4日　星期五

晴。上午,剃头。观《钱注杜诗》。下午,抄《清佚史》。母亲、圆妹归。吟槐舅来即去。观《吴日千集》。

8月5日　星期六

晴。上午,观《钱注杜诗》。观《南社》第四集。下午,抄《清佚史》。墨仙、天梅来。赵申初来即去。墨仙为予作石竹各一幅。晚饭后同天梅均去。

8月6日　星期日

晴,未后雷雨。上午,观《钱注杜诗》。观《南社》第四集。下午,抄《清佚史》。至长安栈晤墨仙,出至天梅处少坐。出又至长安,雨棠亦来同出。伊等至秭叔处邀予同去。予以天将大雨却之返。观《日千集》。

8月7日　星期一

晴,下午阴雨。上午,临《麓山寺碑》。观《钱注杜诗》。时舅来。下午,同时舅至萃文阁,路晤仲田、仲传、叔纯,出至天梅处,坐谈数刻。同至秭叔处,墨仙、雨棠亦在,并晤庄君达,少坐出,天梅别去。晚时舅去。观《妇女时报》二号。

8月8日　星期二

晴。上午,临《麓山寺碑》。观《钱注杜诗》。作信。杨雷生为施医局事来即去。下午,往晤墨仙于长安栈,坐谈数刻返。观《南社》四集。抄《清佚史》。沐浴。

8月9日　星期三

晴。上午,临《麓山寺碑》,观《钱注杜诗》。作信。下午,抄《清佚史》。若望来即去。改易《金山卫佚史序例》。观黄小松藏汉碑五种。

8月10日　星期四

晴。上午,临《麓山寺碑》。观《钱注杜诗》。下午,观《吴日千集》。抄《清佚史》。观《香艳丛书》。夜,观《画禅室随笔》。

8月11日　星期五

雨,大风。上午,临《麓山寺碑》。观《钱注杜诗》。写《怀旧楼丛录》。下午,草《秋夜》七律一首。抄《清佚史》。观《香艳丛书》。夜,同昨。

8月12日　星期六

阴。上午,临《麓山寺碑》。观《钱注杜诗》。下午,抄《清佚史》。观《香艳丛书》。观《吴日千集》。夜,同昨。

8月13日　星期日

晴。上午,临《麓山寺碑》。观《钱注杜诗》。抄文。下午,抄

《清佚史》。观《香艳丛书》。观《吴日千集》。

8月14日　星期一

　　晴。上午,临《麓山寺碑》。观《钱注杜诗》。下午,抄清佚史。观《小说时报》第十一号。观《香艳丛书》。夜,观《画禅室随笔》。

8月15日　星期二

　　晴。上午,墨仙来即去。临《麓山寺碑》。望、时二舅、平庵、君深来。下午,同至萃文阁及墨仙处,少坐出,望舅等去张家。予同时舅至天梅处坐谈数刻回。出又至墨仙处。雨棠适亦来。予与时舅先返,望舅等亦来,晚均去。

8月16日　星期三

　　晴。上午,临《麓山寺碑》。叔纯、雨棠来坐谈数刻。予以影本书画出观,近午去。下午,抄《清佚史》。观《香艳丛书》。作信。夜,观《画禅室随笔》。

8月17日　星期四

　　晴。上午,临《麓山寺碑》。观《钱注杜诗》。下午,抄《金山卫佚史》中《曹氏列传》。观《吴日千集》。观《小说时报》。沐浴。

8月18日　星期五

　　阴。上午,临《麓山寺碑》。观《钱注杜诗》。下午,理戊申己酉信札。观《吴日千集》。夜,观《画禅室随笔》(完)。

8月19日　星期六

　　晴。上午,临《麓山寺碑》。观《钱注杜诗》。下午,抄《金山卫佚史》中《陈、廖、濮三将军传》。志轩来即去。夜,观《国粹学报》。

8月20日　星期日

　　阴,下午雨。上午,临《麓山寺碑》。观《钱注杜诗》。下午,抄诗作信。墨仙来即去。抄《清佚史》。观《吴日千集》。夜,观《国粹学报》中《积精篇》。

8月21日　星期一

晴。上午,临《麓山寺碑》。剃头。观《钱注杜诗》。下午,观《国粹学报》。抄《清佚史》(完),共约一万三千余言。沐浴。

8月22日　星期二

晴,午后雨即止。上午,临《麓山寺碑》。观《钱注杜诗》。李杏林来募江皖赈捐即去。下午,至长安候墨仙不值,乃至天梅处,墨仙亦在,坐谈多时,出至萃文阁一回返。观《广艺舟双楫》。

8月23日　星期三

晴,夜雨。上午,临《麓山寺碑》。观《钱注杜诗》。下午,观《翁山文外》。今日承桼患寒热腹泻,寒热即止,腹泻近痢。

8月24日　星期四

晴,下午雨。上午,邀宪人来治承桼病即去。临《麓山寺碑》。观《钱注杜诗》。下午,作信。观《翁山文外》。

8月25日　星期五

阴,下午雨。上午,又邀宪人来治承桼病即去。观《钱注杜诗》。下午,作信。观《翁山文外》。

8月26日　星期六

雨。上午,临《麓山寺碑》。观《钱注杜诗》。下午,作信。观《翁山文外》。改削《秋夜》七律。夜,草寄建华、哲夫各一绝。今日承桼稍愈。

8月27日　星期日

雨。上午,临《麓山寺碑》。观《钱注杜诗》。下午,作信。抄诗文。观《广艺秀舟双楫》。夜,草《新秋闺人卧病风雨中夜凄然感赋》及《题钝剑词人怀秋》各一绝。

8月28日　星期一

阴。二日淫雨。今晨出视街上,已积水数寸矣。上午,临《麓山寺碑》。观《钱注杜诗》。下午,观《吴日千集》。观《广艺舟双楫》。

8月29日　星期二

雨。上午,临《何子贞临石门颂》。邀宪人来治承槊,午膳后去。作信。观《吴日千集》。观《广艺舟双楫》。夜,草《秋日怀实丹白门》一绝。

8月30日　星期三

晴。上午,临《麓山寺碑》。观《钱注杜诗》。望、时二舅来。下午,同时舅至萃文阁一回,往候墨仙不值,至墨仙、天梅处坐谈数刻返。二舅去。夜,草《七夕》三绝。

8月31日　星期四

阴。上午,临《麓山寺碑》。观《钱注杜诗》。下午,抄诗文。中元祭先。观《翁山文外》。夜,观《香艳丛书》。

9月

9月1日　星期五

阴。上午,剃头。临《麓山寺碑》。观《钱注杜诗》。下午至女校无人焉,往候墨仙同至天梅处不在,至施医局(设在钱氏义庄)晤焉,少坐返。观《翁山文外》。沐浴。夜,观《克复学报》。

9月2日　星期六

晴。上午,至女校,天梅、亚希、宪人亦到,行第八学期开学式,近午返。下午抄诗。辑《姚氏遗书目录》。观《翁山文外》。

夜,观《香艳丛书》。

9月3日　星期日

阴。上午,临《麓山寺碑》。观《钱注杜诗》。抄诗。下午,作信。观《翁山文外》。志轩来即去。观《广艺舟双楫》。夜,同昨。

9月4日　星期一

阴。上午,临《麓山寺碑》。观《钱注杜诗》。抄诗。下午,至女校,出至天梅处,同天梅至墨仙处,同天梅、墨仙至萃文阁,叔纯亦在,同至伊处少坐返。作信。夜,同昨。

9月5日　星期二

雨。上午,临《麓山寺碑》。观《钱注杜诗》。作信。下午,叔纯来。雷生先生来,收施医局捐款二十金。并商议平粜事。余请于家君,愿助三百金。少坐去,叔纯亦去。观《翁山文外》。抄诗。夜,同昨。

9月6日　星期三

阴。上午,临《麓山寺碑》。观《钱注杜诗》。观《吴日千集》。下午,写《怀旧楼丛录》。观《翁山文外》。观《广艺舟双楫》。夜,同昨。

9月7日　星期四

雨。上午,临《麓山寺碑》。观《钱注杜诗》。下午,抄诗作信。观《翁山文外》。观《广艺舟双楫》。夜,同昨。

9月8日　星期五

阴。上午,临《麓山寺碑》。观《钱注杜诗》。下午,抄文。观《广艺舟双楫》(完)。夜,同昨。

9月9日　星期六

晴,晚雨。上午,临《麓山寺碑》。观《钱注杜诗》。写《怀旧楼丛录》。下午,至女校,出至天梅处,从谈数刻返,写《姚氏遗书目录》(第十三、十四集完)。夜,同昨。

9月10日　星期日

晴,上午雨。上午,临《麓山寺碑》。观《钱注杜诗》。观《吴日千集》。下午,写《姚氏遗书目录》。观《翁山文外》。钱鲁望自松江来即去高宅。夜,同昨。

9月11日　星期一

晴,上午雨。上午,临《麓山寺碑》。观《钱注杜诗》。下午作信。观《翁山文外》。夜,同昨。

9月12日　星期二

晴。上午,临《麓山寺碑》。剃头。望舅、君深、方弟来。下午,观《翁山文外》。理物件。望舅等去。

9月13日　星期三

阴。偕粲君、昭明到松江。上午八下钟开船,下午四点到,即至王宅。在舟观《香艳丛书》。

9月14日　星期四

阴。上午,往吊王麟趾堂,下午返。又同季鲁至西门,余至牲源、通惠、日丰等处,路晤钱鲁瞻,返已晚矣。

9月15日　星期五

晴。下午四点多钟,偕外舅、季鲁到上海车站晤天梅,姜伯承同去。到后外舅等去两等女校,余同天梅、伯承寓新鹿鸣旅馆。安如、剑华等同寓,并晤南社各社友。晚周亮才招饮同社于雅叙园。

9月16日　星期六

晴。上午,同天梅至徐星州处,回余至宝成银楼,乃至奇芳啜茗。天梅已约,先在矣。出又至扶轮社、有正等处买书。午刻同同人至铁笔报馆晤少屏,即在馆午膳。出同天梅、伯承游爱俪园(即哈同花园)筹赈游览会,园颇宽大而布置殊俗。出园已晚,至小花园晚膳。乃往新舞台观剧,演七八本新茶花,以较大舞台所演佳多多矣。外舅、季鲁亦在。

9月17日　星期日

晴。上午,同同人至小花园早餐,又至神州报馆候朴人,国粹报馆候秋枚,均不值。余别至丰昌当候闵师,亦不值,即返。午刻,至愚园南社第五次雅集,社友到者近四十人。先茶点,后摄影、报告、提议,更推职员,散已晚矣。天梅招饮同社于杏花楼,出又同散步大马路等处。返悉时舅亦到沪来访过。

9月18日　星期一

晴。上午,至上海楼晤时舅即回到鹿鸣,余出至两等女校晤季鲁、外舅,已出矣,少坐返,外舅适来,同至福安啜茗,雅叙园午膳。又至文明雅集啜茗出。香舅回去,余亦返寓,同社友谈话。请傅钝根作字。晚时舅招饮同社于小花园,出又同天梅、伯承买零物。

9月19日　星期二

晴,下午雨即止。上午八点,偕天梅、伯承、钝根搭火车到松。予即至王宅,天梅、伯承返张堰,钝根同去。

9月20日　星期三

晴,下午雨即止。下午,至西门文墨斋、日丰、牲源庄、郑通惠等处。

9月21日　星期四

阴。本拟今日趁局船归家,乃家中适时夜已放船到矣。九下钟开船,在舟观《香艳丛书》,风水二顺。下午二点半即到家矣。却装后即往天梅处晤傅钝根,与钝根、天梅、亚希,并小剑、企罗,合摄一影,傍晚返。

9月22日　星期五

晴。上午,至河干与钝根握别,因局船未开,乃于金声丽水楼啜茗,少坐乃别去。理行装。作信至粲君及仲稽。下午,至广大晤宪人,坐谈片刻,出至女校,少坐至自治公所(已迁文昌阁内),略德议事返。作信复哲夫。夜,观报。

9月23日　星期六

晴。上午,临《麓山寺碑》。至天梅处,坐谈数刻返。作信致时舅。下午,观《翁山文外》。至自治公所,少坐同天梅出至萃文阁一回返。草《无题》一绝。夜,同昨。

9月24日　星期日

晴。上午,临《麓山寺碑》。观《钱注杜诗》。下午,作信致包天笑。望舅鲁瞻等来,晚去。夜,作信致粲君。

9月25日　星期一

晴。上午,临《麓山寺碑》。观《钱注杜诗》。抄诗。作信致钝根、少屏、寿仙,复实丹。观《翁山文外》。观报。夜,观《香艳丛书》。昨日得外舅信,言昭儿抱恙,故今日令戴升去望。

9月26日　星期二

晴。上午,临《麓山寺碑》。剃头。观《钱注杜诗》。下午,草《淮南社序》一首。观《翁山文外》。作信致安如、剑华,复时舅。夜,作信致粲君。今日戴升归,悉昭儿已愈,粲君嘱明日放舟到松,携昭儿归。

9月27日　星期三

晴。上午,临《麓山寺碑》。观《钱注杜诗》。抄诗。下午,作信致红冰、瑞师。补写在沪数日日记。

9月28日　星期四

晴。上午,雨棠来,少坐去。观《钱注杜诗》。下午,作信复时舅,致平庵。观《翁山文外》。草《题叶楚伧所作温生才传奇》一绝。夜,絮君携昭儿同归。

9月29日　星期五

晴,夜雨。上午,临《麓山寺碑》。抄文。作信复时舅。下午,至萃文阁,出至天梅处坐谈数刻返。作信致实丹、安如。观《翁山文外》。夜,作信致何师钟表姑母。

9月30日　星期六

阴。上午,临《麓山寺碑》。观《钱注杜诗》。下午,草《题〈留溪雅集〉》各二绝,赠钝根一绝。观《翁山文外》。夜,观《妇女时报》三号。

10月

10月1日　星期日

阴。上午,临《麓山寺碑》。观《钱注杜诗》(完)。下午,作信至庞苣庵、周亮才。观《翁山文外》。观《克复学报》。夜,作信复闵师。

10月2日　星期一

晴,晚雨。上午,临《麓山寺碑》。观《李太白集》。抄文。下午,观《翁山文外》。抄诗。作信致天梅。夜,观《香艳丛书》。

10月3日　星期二

雨。上午,临《麓山寺碑》。观《太白集》。下午,观《翁山文外》(完)。抄文。

10月4日　星期三

晴。上午,临《麓山寺碑》。观《李白集》。下午,观《翁山诗外》。作信复安如,致钝根。夜,观《香艳丛书》。又午后伯筹来即去。

10月5日　星期四

晴。上午,临《麓山寺碑》(完一通)。观《太白集》。下午,观《翁山诗外》。作信复平庵。夜,同昨。

10月6日　星期五

晴。上午,临《崔敬邕墓志》。观《太白集》。下午,至天梅处,宪人亦来,谈及组织阅报社事,四点返。作信复振新。

10月7日　星期六

晴。上午,临《崔敬邕墓志》。观《李白集》。下午,至文昌阁阅报社,天梅、志轩亦到,四点返。观《翁山诗外》。

10月8日　星期日

阴。上午,志轩来即去。观《李白集》。下午,作信复剑华。观《翁山诗外》。夜,观《香艳丛书》。

10月9日　星期一

阴。身体疲倦。上午,观《太白集》。下午,观《翁山诗外》。

10月10日　星期二

阴。病,下午卧。

10月11日　星期三

雨。病,不下楼。

10月12日　星期四

晴。病。

10月13日　星期五

晴。渐健。草《次天梅韵再题雅集》各二绝。

10月14日　星期六

晴。精神稍振下楼。上午作信复安如。下午作信复哲夫。

10月15日　星期日

晴。下午剃头。作信复钝根,致黄梦蘧、阳惕生。

10月16日　星期一

晴。上午,杂拉。下午,观《太白集》。天梅来,少坐去。

10月17日　星期二

晴。上午,临《崔敬邕墓志》。草《秋兴》四绝。下午,抄《金山卫佚史》中《唐总兵传》。观《翁山诗外》。夜,观《香艳丛书》。

10月18日　星期三

晴。上午,临《崔敬邕墓志》。观《太白集》。下午,望舅、伯才、鲁瞻、鲁望等来,傍晚去。夜,同昨。

10月19日　星期四

晴。上午,临《崔敬邕墓志》。观《太白集》。下午,至天梅处,坐谈数刻返。观《翁山诗外》。观《辽社》第一集。夜,同昨。

10月20日　星期五

晴。上午,临《崔敬邕墓志》。观《李白集》。下午,抄诗文。观《翁山诗外》。作信复安如。夜,同昨。

10月21日　星期六

晴。上午,临《崔敬邕墓志》。观《太白集》。抄诗。下午,草《次亚希韵》一绝,《咏秋海棠》一绝。观《翁山诗外》。观《辽社》第一集。夜，同昨。

10月22日　星期日

晴。上午，临《崔敬邕墓志》。观《太白集》。下午，抄诗。观《翁山诗外》。天梅、墨仙来。宪人来治中妹喉痛即去。雨棠来。晚天梅等均去。

10月23日　星期一

晴。偕粲君到松江，上午八点开船，船中观《香艳丛书》，下午三点到，即往王宅。

10月24日　星期二

晴。上午，王麟趾堂朱太叔岳母开吊往奠。下午，同季鲁等至聚宝园啜茗。傍晚返。

10月25日　星期三

晴。下午，至牲源庄、通惠号。

10月26日　星期四

晴。上午，同仲稽、季鲁乘火车往上海。车中晤杨了公、钱尚白、钮铁生。十一点到。余至铁笔报馆晤少屏，即同至其家中晤安如（安如近移家海上，与少屏同住）。午饭后，同安如出至新鹿鸣，候钝根不值。再至铁笔少坐并晤胡季仁、陈布雷、邹亚云。余出至两等女校，仲稽、季鲁已先出，乃至雅叙园晚膳，招安如、少屏、钝根、剑华一叙。散后，余又至双凤园沐浴，乃返女校宿焉。

10月27日　星期五

阴。上午，同仲稽出，于恒泰昌少坐也，午膳后到车站，乘火车返松。车中晤周亮才及张佚凡女史。二点多钟到，即至王宅。四点至顾家候时舅，傍晚返。

10月28日　星期六

晴。上午九点半同粲君返家，下午五点到。在舟中观《小说时报》。

10月29日　星期日

晴。家中解星辰。上午观报。志轩、亚雄来即去。下午，为扩充巡警事，至武圣宫晤雷生先生，少坐即返。

10月30日　星期一

晴。上午，至天梅处，近午返。望舅来。下午，作信复闵师，复仲稽、季鲁。望舅去。

10月31日　星期二

晴。上午，宪人来即去。剃头。望舅、朱师、俞桢夫、莫伯筹、朱申甫诸先生来，为议民团事。傍晚均去。夜，观《香艳丛书》。

11月

11月1日　星期三

晴。上午，抄文。观《太白集》。叔纯、雨棠来即去。下午，作信致安如、平庵。至天梅处不值即返。夜，同昨。

11月2日　星期四

晴。上午，买菊花。观《太白集》。抄诗。下午，至女校少坐，与崇恩、瑞兰谈时事，出至天梅处，三下钟返。作信复哲夫。夜，同昨。作信致少屏。

11月3日　星期五

晴。上午，天梅、亚雄、墨仙、雨棠来，近午先后去。母亲、圆妹到高宅。下午，观《翁山诗外》。抄诗。作信复红冰。夜，同昨。

11月4日　星期六

晴。上午,宪人来即去。临《崔敬邕墓志》。观《太白集》。下午,草《黄菊说》。观《翁山诗外》。作信致陈布雷、邹天一,复闵师。夜,同昨。

11月5日　星期日

雨。上午,至天梅处少坐返。君懿来。下午,志轩来即去。抄文。君懿去。观《翁山诗外》。作信致仲稽。

11月6日　星期一

晴。上午,观《太白集》。朱师来即去。下午,平庵来,四点去。伊自上海回,至天梅处不值返。作信致少屏,复季鲁。夜,观《香艳丛书》。

11月7日　星期二

晴。上午,到高宅。下午,同母亲、圆妹归。夜,作信复安如。

11月8日　星期三

晴。上午,到天梅处,十一点返。抄诗。下午,观《太白集》。至武圣宫会议,组织自强队事,四下钟返。

11月9日　星期四

晴。姜伯承、舒馨山至淞沪置办军火。余同天梅亦去。上午八下钟开船,下午二点到松江,至军政分府(即前提督衙门)请见司令长钮铁生先生不在少坐。亚雄在保卫团晤焉。出已不早,晤蝶予,同至酒家夜膳。出至华娄城自治公所,晤沈勉后先生,伊近任松江军事参谋,略坐出至协升栈宿。

11月10日　星期五

晴。上午,同天梅、伯承、馨山乘九点四十五分火车到上海。车中晤仲稽,到后即至沪军都督府(前海防厅址),出至大通栈少坐,至至美斋午膳后,余同天梅至新鹿鸣候钝根不在,已迁居北四川路,乃至七浦路寻安如寓处,又不得。余乃至两等女校晤岳母、岳父等,外出以家近,暂迁在此,少坐。至铁笔报馆晤安如及朱志湘,同出至来安栈晤陈道一等。新从南洋归,同出至顺源楼晚膳。招天梅等亦来。

11月11日　星期六

晴。上午,同天梅、伯承、馨山至棋盘街、大马路一带买物。回栈何文伯来,悉望舅之母、平庵及母亲,以君深在沪来邀归,于昨晚到,近他出。余乃同天梅至七浦路寻得安如寓处,而安如已出即回,而安如道一在小花园来条邀去,乃又同天梅往,少坐。出同天梅至北四川路寻钝根寓处,又不得。余又往两等女校晤岳父、季鲁,坐谈数刻回栈。夜膳后至华安栈晤母亲等,少坐。至来安栈晤道一、安如等。天梅亦在。又同天梅至福安居啜茗,晤岳父、季鲁。回栈又至华安栈一次。

11月12日　星期日

晴。上午,天梅等回去。余以母亲等在不归。天梅等去后,余至华安栈为母亲等移寓大通中,下午同母亲等至钜昌隆等处。夜,同至大舞台观剧,演九、十本《新茶花》。

11月13日　星期一

晴。上午,同母亲等至棋盘街一带。二下钟在至美斋吃饭,后返寓。又至钜昌隆等处。傍晚,至同芳居啜茗乃返。

11月14日　星期二

晴。上午,同望舅先归。八点乘火车,九点到松,即搭划船,四下钟到家。

11月15日　星期三

阴。上午,至舒万和晤馨山,出至天梅处即返。同人在商会中开剪辫大会,余亦剪辫。伯筹、望东、民侠来。下午,望舅去、伯筹等亦去。志轩来,同至广大晤宪人,少坐返。

11月16日　星期四

雨。上午,抄诗。下午,母亲归。补写前日日记。夜,观《巴黎茶花女遗事》。

11月17日　星期五

阴。上午,亚雄自松江回,来即去。观《太白集》。伯承来,少顷,熊铁卿巡检父子来,少坐均去。下午,至广大晤宪人。出至天梅处,在洙〔朱〕泾未归,晤亚希即出至女校,少坐返。望、时二舅、朱师、伯筹来,傍晚均去。夜,观《茶花女遗事》。

11月18日　星期六

阴。上午,整容。至河西一回。亚雄来,下午去。下元祭先。观《翁山诗外》。夜,天梅、伯承来即去。

11月19日　星期日

阴。上午,至金山南部军政分府(原张堰巡检衙门)晤民政长李梅隐先生,近午返。下午,望、时二舅、朱师、俞贞夫、孙望之诸先生、伯才、鲁望等来即去。宪人来治祖母疾即去。晚,镇上同人公宴梅隐先生,去陪,夜返。

11月20日　星期一

阴。上午,观《太白集》。下午,至军政分府,四点返。夜,观《妇女时报》第四号。

11月21日　星期二

阴。上午,观《太白集》。下午,作信致安如。二点至军政府,四点返。夜,观《茶花女遗事》。

11月22日　星期三

阴。上午,观《太白集》。作信复哲夫。下午,至军政分府,四下钟返。

11月23日　星期四

阴,下午晴。上午,观《太白集》。望舅来,下午去。三点至军政分府,四点钟出。至天梅处即返。夜,观《巴黎茶花女遗事》(完)。

11月24日　星期五

晴。上午,观《太白集》。作信致钝根。方弟来。望东来,下午去。抄诗。卓庵来即去。作信致亚雄。

11月25日　星期六

晴。上午,观《太白集》。抄《怀旧楼丛录》。下午,观《翁山诗外》。二下钟至军政分府,三下钟返。志轩来即去。夜,观《民国报》。

11月26日　星期日

晴。上午,观《太白集》。抄《怀旧楼丛录》。下午,作信复安如。望舅、平庵、君深来即去。观《翁山诗外》。夜,观《妇女时报》四号。

11月27日　星期一

阴。上午,君深来,昨去,在张家。下午,同君深、方弟至紫罗庙场观马戏,出余至军政分府即返。

11月28日　星期二

晴。上午,同圆妹到五区头何宅,贺民侠结婚。

11月29日　星期三

晴。下午,三下钟归家,到已晚。圆妹与祖母同归。在舟观《香艳丛书》(第十五、十六集完)。

11月30日　星期四

晴,夜雨。上午,至城隍庙商会中,松江军政分府特派员张聘斋等来,拟于本镇分设筹饷机关,开谈会会,近午返。下午,至天梅处坐谈数刻,同出至军政分府即返。

12月

12月1日　星期五

雨。上午,作信致亚云、子贞。下午,杂务。观《翁山诗外》。夜,观《香艳丛书》。

12月2日　星期六

阴。上午,作信复安如。时舅来。下午,至军政分府,出至女校少坐返。时舅去。

12月3日　星期日

雨。上午,作信致龚崇恩。下午,望舅来,傍晚去。夜,观《香艳丛书》。

12月4日　星期一

阴。上午,观《太白集》。作信致范瑞兰、何修志。下午,同君深、方弟至军政分府。出至天梅处,少坐返。观《翁山诗外》。平庵来。

12月5日　星期二

阴,夜雨。上午,作信复季鲁、哲夫。下午,草《忙漕改新案释疑》。至军政府一回。作信复钝根。平庵于今晨去上海。

12月6日　星期三

阴。上午,作信。下午,杂拉。观《翁山诗外》。夜,作信致钱锦心湘弦。

12月7日　星期四

阴,夜雨。上午,杂务。下午,天梅来,少坐去。君深、方弟去。夜,至东市岭梅伯处一回。

12月8日　星期五

雨。上午,观《太白集》。下午,至东市岭梅伯处,傍晚返。夜,观《香艳丛书》。

12月9日　星期六

阴。上午,至东市岭梅伯处,贺祝祺续弦之喜。下午,至坤宅张少嵩叔处即返东市。夜归,已深矣。

12月10日　星期日

阴。近午,到东姚。夜十点返。

12月11日　星期一

晴。上午,到天梅处,近午返。下午,草《以前为革命而死之诸志士悼词》四章。作信复周人菊。夜,观《香艳丛书》。

12月12日　星期二

阴。上午,观《太白集》。下午,作信复安如。至军政分府,出至天梅处一回乃返。夜,同昨。

12月13日　星期三

雨。上午,抄诗。作信复亚雄。下午,观《翁山诗外》。夜,同昨。

12月14日　星期四

阴。上午,观《太白集》。下午,杂务。夜,同昨。

12月15日　星期五

晴。偕綮君到松江,上午十点开船,下午六下钟到,即至王宅。在舟观《香艳丛书》。

12月16日　星期六

晴。下午,到西门街买物。

12月17日　星期日

晴。上午,乘九点四十五分火车到上海。即至爱而近路两等女校晤季鲁。下午,至明伦堂追悼革命烈士会场上,晤天梅、佩忍,出同至同福昌天梅寓所,少坐同至国粹学报馆晤秋梅,并识诸贞长。出至第一行台布雷寓所,安如等亦来。晚至半醉居,布雷宴客。集者十五人。得识叶楚伧、蔡冶民。出已九下钟,返女校宿焉。

12月18日　星期一

晴,夜雨。上午,至七浦路安如处。同出至天梅处商议。作一信致同社。沪军都督陈英士为周实丹报仇。下午,同往见实丹之父叔轩先生。出至岭南楼,少屏等在,得识雷铁崖。出至第一行台,晚仍至半醉居,楚伧宴客,集者十七人,得识马君武、李怀霜等。九下钟返女校。

12月19日　星期二

阴。上午,同天梅、佩忍乘十点火车往苏州,到已十二下钟。乘东洋车至胥门,换骑驴子至沧浪亭对门可园内。经苏大汉报馆晤钝根。是报伊兴,佩忍主笔也。少坐,同至观前桂芳阁啜茗,得识陈剑魂。傍晚返报馆。夜,该报总理张昭汉女士出见。

12月20日　星期三

晴,夜雨。上午,同天梅、钝根至桂芳阁,佩忍、剑魂亦来,并得识吴臞庵、胡石予、唐一麐。午刻佩忍招饮其寓庐。席间,臞庵唱曲,剑魂以笛和之,穿云裂石,令人百感丛生矣。徐寄尘、小淑姐妹亦寓佩忍处,得识焉。傍晚返报馆。夜,昭汉出谈,又与天梅、钝根联句。

12月21日　星期四

雨。上午,同天梅至桂芳阁,佩忍亦来。十一点钟,同天梅出至车站,返上海。到后余即至女校,粲君已于廿九日到矣,少坐,出至安如处、第一行台均无人在。至天铎报馆,晤邹亚云,悉同人咸集雅叙园,乃往。阳惕生、俞剑华亦到,八下钟返校。

12月22日　星期五

雨。上午,至安如处,出至丰昌当候闵师不值。至同福昌晤天梅,惕生亦在,稍坐返校。下午,同粲君出买物。傍晚返校一次,又同粲君、岳母至雅叙园,八点返。

12月23日　星期六

阴。上午,到同福昌晤天梅,佩忍亦已到,同出至来安晤道一等,少坐返校。午刻至安如处,用膳后至愚园开南社临时召集会,到者二十余人,合撮一影。提议组织一日刊,名曰"黄报",以策民国之进行。傍晚散会即返校中。夜,同粲君、岳母至新舞台观剧,演九、十本《新茶花》。

12月24日　星期日

雨。下午,一点同粲君返松江。

12月25日　星期一

阴。今日以风阻,不能归去。观《庄氏史案》及《秋思草堂遗集》(完)。

12月26日　星期二

晴。下午,一点开船,归家到已近八点矣。在舟观《香艳丛书》。

12月27日　星期三

阴。上午,至天梅处,近午返。下午,作信致粲君、瑞师。赤十字社募捐员谢启群来募捐,并属导引至各家,乃同至钱柸叔及宾谷伯处。出启群别去,余又至军政分府一回乃返。夜,补写前数日之记。

12月28日　星期四

阴。上午,观前数日《民立报》。下午,天梅来,二下钟去。作信。夜,观前数日《时报》。

12月29日　星期五

晴。上午,作信致君深、时舅、安如、哲夫。母亲同中、圆二妹去高宅。下午致宪人处请其改去年膏方,少坐,返。观《李白集》。夜,观《香艳丛书》。

12月30日　星期六

阴。上午,圈点《金山卫佚史》。下午,至天梅处不在,出至尚公学校一回。观《太白集》。志轩来即去。亚雄今日自松江回来。松江女界协赞会会员丁月心、钱艳文等五女士来募饷,即去。夜,亚雄去,作信至粲君。

12月31日　星期日

阴。上午,同昨。下午,观《李白集》。观《翁山诗外》。夜,圈点《佚史》。

1912 年

1 月

1月1日　星期一

阴。上午,至天梅处,近午返。下午,作信致仲明。草《健儿儿母为袁贼所算》一则。闵瑞师来,伊为组织《政闻报》事。又同至天梅处,少坐返,瑞师别去。夜,写时事小言。

1月2日　星期二

晴。上午,至协和当候瑞师,少坐同至高宅,下午四点返。夜,观《香艳丛书》(第十七集完)。

1月3日　星期三

晴。上午,整容。观《太白集》。至迪君处,少坐返。下午,作信致粲君。家骏回松江,筹饷局募饷员顾君来募饷即去。抄文。夜,同昨。

1月4日　星期四

晴。上午,观《李太白集》。作信复安如。下午,草《北征歌》五古一首。君懿来即去。至亚希处一回。夜,松江筹饷局募饷员陆雨生、季直来募饷即去。

1月5日　星期五

雨。上午,八下钟开船至松江,下午二下钟到。在舟观《香艳丛书》。

1月6日　星期六

晴。上午,作信致大妹、天梅。下午,至城自治公所政论会,晤李苣香、朱叔建等,少坐返。

1月7日　星期日

晴。下午,至日丰、明新书局等处。

1月8日　星期一

阴。十一点解缆,偕粲君归家,下午六下钟到。在舟观《雍正剑侠奇案》。

1月9日　星期二

晴。上午,作信致季鲁,复仲明、瑞师。到东宅子贞处,下午,回家一次。出至女校及亚希处(天梅在申),仍至东宅,夜九下钟返。

1月10日　星期三

晴。上午,冯君懿来,同至东宅贺蕴辉侄结婚之喜。下午,回家即去。夜,同君懿返,已夜午矣。作信复仲稽。

1月11日　星期四

晴。同君懿至东宅。下午,君懿去。夜,公贺暖房,返十下钟。

1月12日　星期五

晴。上午,观《民立报》。下午,作信复敏如舅及安如。夜,观《雍正剑侠录》。

1月13日　星期六

阴,下午雪。上午,抄诗。下午,观《太白集》。作信复闵师。夜,同昨。

1月14日　星期日

阴。上午,观《太白集》。下午,作信致勉后先生。志轩来,同至保卫团(前军政分府)即返。鲁詹来即去。至天梅处,少坐返。夜,同昨。

1月15日　星期一

阴。上午,到五区头何宅贺竞南表叔结婚之喜。下午,同振新(振新已于前日从南洋归)等,至廊下镇一回。晚观行婚礼。在舟观《雍正剑侠奇案》(完)。

1月16日　星期二

晴。无事。

1月17日　星期三

晴。上午,到振新处及君懿处一回。下午,随祖母(祖母已于前日去)归家,振新及蔡恕庵同来,到已晚。夜,邀天梅来谈话多时,去。

1月18日　星期四

晴,上午阴。上午,恕庵去。同振声出至天梅处,近午同出,至尚公小学,少坐返。天梅、振声同来。下午,同到一笑楼啜茗。三点出,振声回去。同天梅至钱秭叔处候沈墨仙,四点返。望舅来。

1月19日　星期五

晴。上午,子安来即去。作信复安如。下午,作信复哲夫。子贞来即去。望舅去。夜,观《香艳丛书》。

1月20日　星期六

阴。上午,观《太白集》。下午,至叔纯先生处贺其前日令郎射如兄结婚之吉,少坐返。观《翁山诗外》。夜,同昨。

1月21日　星期日

晴。上午,叔先生来即去。观《太白集》。下午,天梅来。叔先生又来,即同伊及天梅至秕叔处,观墨仙携来之名人书画。少坐返。夜,同昨。

1月22日　星期一

晴,夜雨。上午,观《太白集》。写《闲情漫笔》。下午,观《翁山诗外》。叔先生来即去。草《金山卫佚史跋》。夜,同昨。

1月23日　星期二

雨。上午,抄所日所作跋。下午,观《太白集》。作信致瑞师及政论会。夜,同昨。

1月24日　星期三

雨,雪珠。上午,观《太白集》。下午,作信致振声。观《翁山诗外》。抄写。夜,同昨。

1月25日　星期四

阴。上午,观《太白集》。下午,抄写。观《翁山诗外》。夜,同昨。

1月26日　星期五

阴。上午,观《太白集》。时舅来。下午,同时舅至文海阁裱画店,出至一笑楼晤天梅等,少坐返。时舅去。作信复闵师,致仲稽。夜,杨雷生同吴英台来募饷,即去。

1月27日　星期六

阴。上午,作信复仲明,望舅来。下午,杂事。望舅去。

1月28日　星期日

晴。上午,时舅来,即同至松江,十点钟开船,下午六点到。余即至王宅。在舟观《小说时报》。此乃因闻松江牲源庄有倒闭风声,托闵师将存款划出也。

2月

2月18日　星期日

晴。起已不早。行贺年礼。下午,至宗祠,出至河西志轩、亚雄、子翰处,少坐返。

2月19日　星期一

晴。上午,志轩来,少顷,高望、时二舅,卓庵、平庵、君深、君介、方斗文来。下午,志轩去,亚雄及子翰来即去。同时舅等走街上一回。晚,望舅等去。

2月20日　星期二

晴。上午,偕中妹、圆妹至秦山高宅。下午,四下钟同返。在舟观《香艳丛书》(续前)。

2月21日　星期三

雨。下午,观君介、健弟、斗文作文各一首。夜,与粲君、漪妹斗牌。

2月22日　星期四

晴。上午,子安来,少坐去。斗文来。下午,至贞甫伯处,晤子贞,坐谈数刻,并出观宏绪公手书立轴。出至岭梅伯处即返。夜,观《夜雨秋灯录》。

2月23日　星期五

晴。上午，君深来。抄文一首。下午，观君介、健弟、斗文作文各二首。

2月24日　星期六

晴。上午，同君深等至何广大号晤何宪人，少坐返。下午，作信致柳安如。夜，作信复香舅。君深去张宅。

2月25日　星期日

阴。上午，抄文一首。下午，亚雄偕胡哲君来即去。

2月26日　星期一

晴。上午，何孟龙来。君深来。下午，望舅、莫伯筹来，均即去。高雄飞来。平庵来。晚，同平庵、君深至张宅，应仲传先生招饮。夜，同君深返。

2月27日　星期二

雨。上午，平庵来。

2月28日　星期三

雨。上午，外舅斗槎先生来。平庵去。下午，望、时二舅来。

2月29日　星期四

阴。上午，同外舅、时舅至申甫、宾谷伯处，出至一笑楼啜茗，少坐返。申甫、岭梅伯、子贞、高天梅、张仲传、亚雄来。未刻设筵款香舅。晚，仲传、天梅、望、时二舅、君深、雄飞、孟龙、申甫伯、亚雄去。夜，岭梅伯、子贞去。

3月

3月1日　星期五

阴。上午十点，偕外舅至高宅。下午四点同返。

3月2日　星期六

阴。上午十二点时,偕外舅至申夫伯处,下午四下钟返。夜,外舅宿舟中,明早归去。

3月3日　星期日

雨。上午,校印本《金山卫佚史》。下午,至天梅处,坐谈数刻返。作信复蔡哲夫。夜,观《香艳丛书》(第十九集完)。

3月4日　星期一

雨。上午,闵瑞之先生来。午刻设筵款之,并邀志轩、宪人、李杏林作陪。下午均去。作信致朱叔剑。夜,抄文一首。

3月5日　星期二

雨。上午,校印本《佚史》。下午,观《香艳丛书》。

3月6日　星期三

阴。杂事。

3月7日　星期四

晴,夜雨。偕内子粲君携昭儿到松江,上午九下钟开船,下午四下钟到,即至王宅。在舟中观《香艳丛书》。

3月8日　星期五

阴。下午,同季鲁至也是园啜茗。

3月9日　星期六

晴。上午,同仲稽至秋松叔岳处,又至顾荃孙内表叔处。午饭后出至也是园啜茗,少坐返。作信复安如。

3月10日　星期日

晴。上午,季鲁去上海。下午,到通惠、日丰、醒醒书局等处。

3月11日　星期一

阴。下午,同黄孟渊至醉白池,晤沈勉后先生,游览一周,出至聚宝园啜茗,少坐返。

3月12日　星期二

阴,夜大雪。午刻,香舅晏客作陪。下午,乘火车至上海,到已晚,即至柳安如寓处,少坐至两等女校晤季鲁、石士及沈鲁儒,即宿校中。

3月13日　星期三

阴。上午,九下钟至国粹学报馆候胡仲明不值。出买物数种,乃至太平洋报馆晤朱少屏、叶楚伧,并识马小进。少顷,安如亦来。午饭后同至愚园南社第六次雅集。到者三十余人,摄影为纪念。四下钟返报馆,又同安如、小进至奇芳啜茗。夜,在杏花楼会宴,席散返女校。

3月14日　星期四

晴。上午,十下钟至民声日报馆晤安如,少坐,同至太平洋报馆,小进亦来。午膳后同至张园吴绶卿烈士追悼会,公奠后即至愚园观同社冯余生与吴启华行婚礼。出至岭南楼喜筵。九点钟返校。

3月15日　星期五

阴。上午,至车站。十点乘火车回松,即至王宅。下午观《吴绶卿烈士遗诗》(完),仲稽去上海。

3月16日　星期六

阴。下午,至西门,又至车站,振新茶居啜茗,路晤郁湛贞女士。季鲁回来。

3月17日　星期日

晴。上午,九下钟开船归家,下午三下钟到。在舟观《梦花》杂志(完)。夜,观日前《时报》。

3月18日　星期一

晴。上午,杂事。下午,至天梅处少坐,出至钦明女校即返。作信致粲君、安如及俞剑华等。夜,观日前《民立报》。

3月19日　星期二

晴。上行,抄旧作二则。下午,至女校少坐,出至尚公小学即返。作信致马小进、王季鲁。观《越社》第一集。夜,同昨。

3月20日　星期三

晴。上午,写便信数椷。观《越社》第一集(完)。下午,作信致闵瑞师、胡石予、朱少屏,草《黄鹤楼记》。观《词苑丛谈》。夜,观《香艳丛书》。

3月21日　星期四

晴。上午,观《国故论衡》。下午,作信复何振新、冯君一,致朱叔建。观《词苑丛谈》。抄文。夜,同上。

3月22日　星期五

阴,夜雨。上午,至龙沙禅院祖墓一回。作信复粲君。下午,母亲、圆妹去高宅。抄文。观《词苑丛谈》。夜,同昨。

3月23日　星期六

雨。上午,抄文。下午,作信致胡仲明。观《词苑丛谈》。夜,同昨。

3月24日　星期日

阴。上午,观《国故论衡》。下午,作信致张昭汉,论女子参政事。观《词苑丛谈》(第二十集完)。夜,同昨。

3月25日　星期一

阴。上午,观《国故论衡》。抄存信稿。下午,至女校,出至天梅处,宪人适亦来,少坐返。作信致小进、闵师,复粲君。观《词苑丛谈》。夜,观《陈眉公批西厢记》。

3月26日　星期二

晴,夜雨。上午,观《翁山诗外》(续前)。草《对于反对女子参政者之不解》三则。下午,观《词苑丛谈》。冯君懿来即去。作信致粲君,复哲夫、安如。夜,同昨。

3月27日　星期三

阴。上午,观《翁山诗外》。下午,写《怀旧楼丛录》。作信致安如。杂事。夜,同昨。

3月28日　星期四

雨。上午,九点开船。到松江潮信不对已晚,即至王宅。在舟观以前《民声日报》。夜,作信致闵师。

3月29日　星期五

阴,夜雨。下午,至西门内外一回。夜,偕粲君、昭儿宿舟中。

3月30日　星期六

阴。日出解缆,至浦口候潮片时,下午二点到家。在舟观《西厢记》(完)。

3月31日　星期日

晴。上午,写杂谈一则。朱信夫师来,少坐去。母亲、圆妹归。下午,作信复安如及李叔同。清明节祭先。至天梅处少坐返。夜,写杂谈二则。

4月

4月1日　星期一

阴,晚雨。上午,随母亲同粲君、三妹、昭儿至夏人村处扫墓。

下午,返已四下钟。夜,写杂谈一则。观《词苑丛谈》。

4月2日　星期二

雨,下午阴。上午,抄录。下午,写杂谈二则。观《翁山诗外》。钱立凡、汪若望来,少坐去。夜,写杂谈一则。观《石头记》。

4月3日　星期三

晴。上午,同昨。下午,随母亲同槃君、三妹至龙沙禅院处扫墓,即返。作信复仲稽。夜,观《石头记》。

4月4日　星期四

晴,晚雨。上午,抄周实丹遗诗。观《词苑丛谈》。下午,至东小桥处扫墓即返。观《翁山诗外》。作信复安如。夜,同昨。

4月5日　星期五

阴。上午,抄录。汪叔纯来,坐谈数刻去。下午,观《词苑丛谈》。写《怀旧楼丛录》。夜,同昨。

4月6日　星期六

晴。上午,沈伯才来,坐谈许久去。下午,作信复仲稽。观《翁山诗外》。至河西,少坐返。抄诗。夜,观报。

4月7日　星期日

阴。上午,至天梅处,天梅在乡,晤亚希,少坐即返。又至萃文阁一回。观《词苑丛谈》。下午,抄录。观《翁山诗外》。作信致叔同,复闵师。夜,观《石头记》。

4月8日　星期一

晴。上午,观《国故论衡》。下午,改削旧作《西北屯田议》。观《词苑丛谈》。作信复仲稽。夜,同昨。

4月9日　星期二

阴。上午,观《翁山诗外》。写杂谈二则。下午,柳村叔来,少坐去。观《词苑丛谈》。抄录。夜,观报。

4月10日　星期三

晴。晨至宗祠致祭,职司导引,到者共二十二人,毕后至女校一回。午刻在祠内午膳乃返。望、时二舅来。与粲君、三妹、昭儿侍母亲摄影。二舅去。作信复哲夫。至宾谷伯处喜事,夜返。

4月11日　星期四

晴。上午,至宾谷伯处贺煦生与赵淑贞女士结婚。下午,回来一次即去,夜返。作信致安如。

4月12日　星期五

晴。上午,杂事。下午,至宾谷伯处,夜返。

4月13日　星期六

晴。上午,时舅来。侍母亲同时舅、中妹、圆妹往平湖,下午二点开船,五点到廊下下碇。

4月14日　星期日

晴。晨起碇,十点到明珠庵,候潮片刻,下午四点到平湖。停舟东湖报本禅寺旁,即住寺中。望舅、君深、斗文已先在,因外祖母二周年忌辰,作佛事也。忆六岁时,侍母至平湖,今一别已十六年矣。

4月15日　星期一

阴。上午,同时舅、君深、斗文、二妹至东门买物。余又往理发。午刻回寺午膳,后又去瑞源庄等处及蕙芳啜茗。晚返寺。

4月16日　星期二

晴。时舅于今晨归,上午,侍母亲同二妹、望舅等至东门。午刻在孙颂和处用膳,傍晚返寺。

4月17日　星期三

晴。望舅等今晨先回去。上午,侍母亲同二妹至瀛洲书院,游览一周,乃开船至东门。下午买物。又往城隍庙自由党分部听宣讲。夜,又走街上一回,是夜即宿舟中。

4月18日　星期四

晴。晨解缆,午时至明珠庵候潮数刻。到家已夜。在舟观《石头记》。

4月19日　星期五

晴。上午,随祖母、母亲同圆妹至高宅,因吟槐舅于昨日作故也。下午,祖母归。走实枚学校一回。

4月20日　星期六

晴。送吟母舅丧。父亲与中妹、志轩于上午来。下午四下钟,偕志轩走归,父亲与中妹由舟返。夜,作信复安如。

4月21日　星期日

晴。上午,观前数日报纸。下午写杂谈一则。读《孟子杂说》一则。钱鲁瞻、孙念椿来,少坐去。作信复葛芸生。

4月22日　星期一

晴,夜雨。上午,至女校,十一点返。阅报。下午,邀宪人来治綮妹咳嗽等症即去。母亲、圆妹归,望舅来。抄写。晚望舅去。夜,观《中西医学报》。

4月23日　星期二

阴,夜雷雨。上午,观《翁山诗外》。下午,抄文。观《词苑丛谈》。俞雨棠来,少坐去。作信复闵师。夜,阅报。

4月24日　星期三

雨。上午,观《翁山诗外》。抄文。下午,读《畏庐文集》数首。

观《词苑丛谈》。辑《赠和集》。作信致仲稽。夜,观《石头记》。

4月25日　星期四

阴。上午,观《翁山诗外》。至女校,出至叔纯处即返。下午,抄录。作信致天梅、时舅,复安如。观《词苑丛谈》。亚雄同姜伯承来邀余入自由党,当即允许,少坐去。夜,同昨。

4月26日　星期五

晴。上午,草《中华民国自由党金山分部启》一首。何少圃姑丈及民侠来。下午,至女校,路晤宪人同去,出至尚公一回。姑丈等去。夜,同昨。

4月27日　星期六

晴。上午,至女校,代雨棠授初等甲班国文二课,午刻返。下午,观《翁山诗外》。至天梅处少坐返。作信复小进。

4月28日　星期日

雨。上午,为龚崇恩同学书扇。观《翁山诗外》。下午,抄文一首。至旧司署自由党开筹备会,散会后返。冯志一及斗文来,志一即去张家。作信复安如。夜,观《石头记》。

4月29日　星期一

晴。上午,作信复时舅。观《翁山诗外》。下午,至女校,出至天梅处,少坐返。抄文一首。

4月30日　星期二

晴。上午,斗文去。观《翁山诗外》。辑《赠和录》。下午,天梅邀去,五下钟返,与天梅、亚希、崇恩斗牌也。志一来即去。夜,至大街观赛灯。

5 月

5月1日　星期三

晴。上午,观《翁山诗外》。至女校一回。志一来即去。辑《赠和录》。下午,时舅等来,同走街上一回。夜,看灯后去。

5月2日　星期四

晴。上午,草《国学商兑会章程》。伯承来,少坐去。下午,抄章程。望舅、君深、志一来。晚,望舅去,君深、志一于夜看灯后去。

5月3日　星期五

晴,下午雨。上午,观《翁山诗外》。辑《大雅集》(即《赠和录》之改名)。下午,莫伯筹来即去。观报。作信复哲夫、安如,致黄朴存等。

5月4日　星期六

晴。上午,志一来即去。观《翁山诗外》。草律诗、绝诗各七言一什。下午,至女校,出至天梅处。辑《大雅集》。夜,观《石头记》。伯承、亚雄为自由党事来即去。

5月5日　星期日

晴。上午,至旧司署自由党事务所开谈话会,十点多钟返。辑《大雅集》。下午,草《春尽》一绝。至留溪学校金山自由党开成立大会,余初全场一致被推为理事长,余力辞,荐天梅以代。后被推为参议员,五点散会返。杨雷生及若望、亚云来即去。

5月6日　星期一

晴。上午,抄诗。伯承来即去。观翁山诗外。下午,辑《大雅集》。观《词苑丛谈》。观《妇女时报》六号。邀献人来治圆妹喉症即去。夜,观《石头记》。今日立夏,秤人得九十六斤,与去岁同。粲君九十一斤,昭儿二十四斤。

5月7日　星期二

晴。上午,邀宪人来治圆妹喉症即去。观《翁山诗外》。下午,至女校,三下钟返。辑《大雅集》。作信致金慰侬。夜,俞道生来治病即去。

5月8日　星期三

晴。上午,同中妹至高宅七吊。女校女教员、学生亦于今日往奠。下午,四下钟返。夜,观《石头记》。

5月9日　星期四

晴。上午,至继述堂吊丧,出至女校即返。辑《大雅集》。下午,宪人来治圆妹病即去。草《徐闇公先生残集序》一首。伯承来即去。志轩来即去。

5月10日　星期五

阴,晚雨。精神不振。下午,邀宪人来治圆妹即去。抄昨日所作文。夜,观《石头记》。

5月11日　星期六

阴,下午晴。上午,辑《大雅集》。下午,抄诗。作信复亚庐、时舅。亚雄来即去。道生来治圆妹,晚膳后去。夜,观《石头记》。

5月12日　星期日

晴。上午,同昨。下午,观《小说时报》第十五号。若望来,少坐去。观《词苑丛谈》。

5月13日　星期一

晴。上午,观《翁山诗外》。下午,整容。观《词苑丛谈》。抄

《结褵赠言集》。夜,观《石头记》。

5月14日　星期二

晴。上午,观《翁山诗外》,作信复仲稽。下午,作信复小进。至天梅处,悉于今日去申,乃至女校即返。亚雄来即去。观《词苑丛谈》。夜,同昨。

5月15日　星期三

雨。上午,观《翁山诗外》。作信复时舅。下午,抄《结褵赠言集》。观《词苑丛谈》。观《妇女时报》六号。望舅自上海回来。

5月16日　星期四

阴。上午,辑《徐闇公残集》。下午,望舅去。至商会会议保卫团并入巡警事,少坐返。作信复安如。夜,观《石头记》。

5月17日　星期五

晴。上午,母亲、圆妹到高宅。观《翁山诗外》。下午,志一来,少坐去。观《词苑丛谈》。辑《大雅集》。立凡来即去。夜,同昨。

5月18日　星期六

晴。上午,到高宅为外祖母六旬冥寿。志一来同去。下午,五下钟返,在舟观《石头记》。

5月19日　星期日

晴,时雨。上午,观《翁山诗外》。抄文。下午,观《词苑丛谈》。抄《结褵赠言集》。亚雄来即去。夜,观《石头记》。

5月20日　星期一

阴。上午,观《翁山诗外》。作信致叶守仁先生。下午,观《词苑丛谈》。至天梅处,少坐返。抄《结褵赠言集》。夜,同昨。

5月21日　星期二

阴。上午,观《翁山诗外》。抄录。下午,作信致陈佩忍、沈墨仙。观《词苑丛谈》。抄《结褵赠言集》。

5月22日　星期三

晴。上午,理书。观《翁山诗外》。下午,辑《徐闇公残集》。观《词苑丛谈》。母亲等归。夜,观《石头记》。

5月23日　星期四

晴。上午,临《爨龙颜碑》。观《翁山诗外》。下午,至女校,少坐返。写《倚剑吹箫楼诗话》。观《词苑丛谈》。夜,观《石头记》。

5月24日　星期五

阴。上午,临《爨龙颜碑》。观《翁山诗外》。作信致时舅。下午写诗话。观《词苑丛谈》。作信致周人菊及安如。夜,观《石头记》。

5月25日　星期六

雨。上午,临《爨龙颜碑》。观《翁山诗外》。下午,观《词苑丛谈》。作信致余疢侬及外舅。夜,观《石头记》。

5月26日　星期日

晴。上午,作信。观《翁山诗外》。志轩来即去。下午,辑《大雅集》。至自由党会所,开职员会,出至天梅处少坐返。夜,同昨。

5月27日　星期一

晴。上午,至叔纯暨宪人处,邀其入国学商兑会。作信致哲夫等。下午,观《词苑丛谈》。写诗话。至天梅处即返。夜,同昨。

5月28日　星期二

晴。上午,临《爨龙颜碑》。观《翁山诗外》。下午,作信复人菊。至文昌阁一回。观《词苑丛谈》。写诗话。夜,同昨。

5月29日　星期三

雨。上午,临《爨龙颜碑》。观《翁山诗外》。写诗话。下午,志一来即去。抄《浮梅槛检诗图题辞》。柳村叔来即去。观《词苑丛谈》。夜,同昨。

5月30日　星期四

雨。上午,临《爨龙颜碑》。观《翁山诗外》。下午,作信复安如,致阳惕生。观《词苑丛谈》。抄《检诗图题辞》。夜,同昨。

5月31日　星期五

晴。上午,至女校邀崇恩、雨棠入国学商兑会。出至萃文阁观古书画即返。时舅来。下午,同时舅至文昌阁观国学商兑会作会所,出至仲传处,少坐返。时舅去。作信至包天笑。夜,同昨。

6月

6月1日　星期六

晴。上午,作信复人菊。观《翁山诗外》。下午,作信复小进。观《词苑丛谈》。抄《检诗图题辞》。夜,同昨。

6月2日　星期日

晴。上午,翻阅《神州国光集》。观《翁山诗外》。下午,作信致钱红冰、蔡蝶予、范瑞兰。观《词苑丛谈》。抄《检诗签题辞》。夜,同昨。

6月3日　星期一

晴。上午,叔纯偕卢少云来,少坐去。观《翁山诗外》。下午,草《寒隐社丛书后序》一首,即抄清之。观《词苑丛谈》(完)。夜,作信致仲稽,观《石头记》。

6月4日　星期二

雨。上午,临《爨龙颜碑》。观《翁山诗外》。下午,抄《检诗签题辞》。亚雄来即去。圈点《李龙川诗》。夜,观《石头记》。

6月5日　星期三

晴。上午,至女校,适范瑞兰、方亚文亦来,与之谈话数刻,十一点返。观《翁山诗外》。下午,抄《检诗签题辞》。圈点《李龙川诗》。作信致胡守珍。夜,同昨。

6月6日　星期四

晴。上午,临《爨龙颜碑》。观《翁山诗外》。下午,写诗话。抄《检诗签题辞》。圈点《李龙川诗》。沈伯才、钱鲁詹来,少坐去。作信复仲稽。夜,同昨。

6月7日　星期五

晴。上午,同昨。下午,理发。录存诗话。作信复徐竟成等。杂事。夜,同昨。

6月8日　星期六

晴。上午,临《爨龙颜碑》。观《翁山诗外》。录存诗话。下午,作信复安如,致墨仙。至天梅处不值即返。圈点《李龙川诗》。夜,同昨。

6月9日　星期日

晴。上午,临《爨龙颜碑》。观《翁山诗外》。作《题傅山画》一绝。下午,录存诗话。至自治会,天梅亦在,同出至其处,少坐返。夜,作信致时舅、人菊。

6月10日　星期一

晴。上午,同大妹至五区头冯家,为镜清母舅周年。下午四点开船返。在舟观《石头记》。草《初夏野眺》一绝。

6月11日　星期二

晴。上午,临《爨龙颜碑》。观《翁山诗外》。录存诗话。至女校一回。下午,作信复陈佩忍、李叔同。又草《初夏野眺》一绝。志轩来,少坐去。圈点《李龙川诗》。夜,观《石头记》。

6月12日　星期三

晴。上午,临《爨龙颜碑》。观《翁山诗外》。下午,录存诗话。与木匠丈地,拟翻造房屋。圈点《李龙川诗》。作信致哲夫。夜,同昨。

6月13日　星期四

阴,夜雨。上午,临《爨龙颜碑》。观《翁山诗外》。作信复时舅。下午,录存诗话。圈点《李龙川诗》(完)。夏至祭先。夜,同昨。

6月14日　星期五

雨。上午,临《爨龙颜碑》。观《翁山诗外》。抄旧作《史记札记》。下午,观孙文《伦敦被难记》。雨棠来,少坐去。岳母来。夜,同昨。

6月15日　星期六

晴。上午,临《爨龙颜碑》。观《翁山诗外》。望、时二舅、君深来。下午,至天梅处,二舅同去。晚,舅氏等去。夜,同昨。

6月16日　星期日

晴。上午,临《爨龙颜碑》。观《翁山诗外》。辑《徐闇公残集》。写诗。下午,鲁瞻来,坐谈多时去。至自由党开全体会,将自由党取消改组同盟会金山部,选举天梅为正部长,余被举为副部长,散会后返。作信复安如。

6月17日　星期一

晴。上午,临《爨龙颜碑》。观《翁山诗外》。作信致惕生、小进。下午,天梅来少坐,同出至市公所,四点时返。作信致外舅,代絮君作信复殷玉如。夜,观《石头记》。

6月18日　星期二

晴。上午,临《爨龙颜碑》。草《周实丹烈士遗集跋》一首,即抄清之。下午,作信复时舅。观《伦敦被难记》(完)。作信复亚子暨周公侠。夜,同昨。

6月19日　星期三

晴,晨雨。上午,子冶来。高季勇来。下午,同子冶、紫卿至东市观剧完折返,子冶别去。录存诗话。夜,同昨。

6月20日　星期四

晴。上午,子冶来即去。抄文一首。作信复墨仙、时舅。下午,同三妹去观剧,三下钟返。辑《大雅集》。夜同昨。季勇于下午去。

6月21日　星期五

晴。上午,临《爨龙颜碑》。观《翁山诗外》。办国学商兑会事。下午,辑《闇公残集》。志轩来即去。观古文。作信复守珍。夜,同昨。

6月22日　星期六

晴。上午,临《爨龙颜碑》。至叔纯处少坐返。观《翁山诗外》。下午,至市公所与天梅等议同盟会事即返。辑《闇公残集》。作信复天遂、安如。夜,同昨。

6月23日　星期日

晴。上午,临《爨龙颜碑》。至市公所,近午返。下午,观《翁山诗外》。汪迪君来即去。出晤何振声、民侠等,同至市公所晤天梅,出至一笑楼,乃同至家中。伯才来,振声、民侠先去,伯才少坐亦去。至东市望岭梅伯父病,即返。

6月24日　星期一

雨。上午,临《爨龙颜碑》。下午,辑《大雅集》。辑《闇公残集》。观《翁山诗外》。季勇来。

6月25日　星期二

阴。上午,临《爨龙颜碑》。观《翁山诗外》。下午,宪人来即去。粲君于未刻产一女,母女平安。

6月26日　星期三

阴。岳母昨日得悉外舅抱恙,于今早回去。作信致时舅、天梅。

6月27日　星期四

晴。汤饼宴内外各一席,邀志轩、亚雄来。

6月28日　星期五

晴。上午,临爨龙颜碑。至女校一回。抄写。下午,至市公所少坐返。季勇去。

6月29日　星期六

晴。上午,作信致人菊。观《翁山诗外》。抄写。下午,至天梅处少坐返。写诗话。

6月30日　星期日

阴,夜雨。上午,至市公所,与天梅、叔纯布置国学商兑会之所(原定文昌阁,以装修费事,暂设是厅),近午返。望、时二舅、君深、斗文、鲁詹、君懿来。下午,同舅氏等到会所。二下钟,开成立会,会员到者十八人,提议一切,选举职员。余被举为理事长,散会归来已不早矣。望舅、鲁詹、君深去。夜,作信至人菊等。

7月

7月1日　星期一

雨。上午,办国学商兑会事。下午,作信复仲稽。雨棠来即去。同时舅等至天梅处即返。时舅等去。作信致佩忍。

7月2日　星期二

阴。上午,观《翁山诗外》,抄《史记》札记。下午,至女校少坐返。辑《徐闇公残集》。作信复哲夫。

7月3日　星期三

晴。上午,临《爨龙颜碑》。观《翁山诗外》。叔纯来坐谈数刻去。下午,抄《史记》札记。观《南社》第五集。至天梅处,傍晚返。

7月4日　星期四

晴。上午,临《爨龙颜碑》。观《翁山诗外》。下午,观《南社》第五集,抄《史记》札记及文。作信致胡寄尘。

7月5日　星期五

阴。上午,临《爨龙颜碑》。观《翁山诗外》,抄《史记》札记。下午,观《南社》第五集。辑《闇公残集》。抄文。

7月6日　星期六

晴。上午,临《爨龙颜碑》。至女校一回。仲稽来。下午,志轩来,晚饭后去。

7月7日　星期日

晴。上午,同仲稽至高明若舅处。下午,同时舅、仲稽走实枚学堂一回。

7月8日　星期一

晴。上午,同仲稽返。下午,同仲稽至留溪学堂参观,出至一笑楼啜茗,少坐返。雨棠来即去。

7月9日　星期二

晴。上午,仲稽去。下午杂事。晚至东市,以岭梅伯于今日作故,夜返。

7月10日　星期三

晴,夜雨。上午,办国学商兑会事。至女校一回。下午,至国学商兑会所,出至东姚,少坐返。

7月11日　星期四

阴。上午,至东姚送岭梅伯大殓。下午二下钟出至天梅处,崇恩亦在,少坐返。作信复佩忍。

7月12日　星期五

阴。上午,抄诗。伯承来属描同盟会部信即去。抄文。下午,宪人来少坐去。至国学会所,四点返。作信复陈勗夫及季尘、仲稽。

7月13日　星期六

晴。上午,抄文。至女校无人焉,即返。观《翁山诗外》。下午,观《南社》第五集。至国学会所,三下钟返。作信复周公侠、钱鲁詹、冯君一。

7月14日　星期日

晴。上午,抄文。邀唐达夫来治粲君腹泻即去。下午,作信复安如。至国学会所即返。观《南社》五集。夜,观《石头记》。

7月15日　星期一

晴,晚雨。上午,至女校行暑假式。十下钟返。午刻,至天梅处,女校设席于此宴男女教员,五点返。

7月16日　星期二

晴。上午,抄文。观《翁山诗外》。下午,抄诗话。观《南社》五集。

7月17日　星期三

晴,晚雷雨。上午,草旧作《国学保存论跋》一首。抄文。观《翁山诗外》。下午,作信,复人菊、叔同。观《南社》五集。辑《徐闇公残集》。

7月18日　星期四

晴,晚雷雨。上午,抄文。观《翁山诗外》。邀唐达夫来治粲君、方妹,午刻去。下午,作信复寄尘。至天梅处少坐返。观《南社》五集。夜,作信致仲稽。

7月19日　星期五

晴。上午,临《张猛龙碑》。天梅来邀至国学会所,钱红冰在,于昨日到此,少坐同至天梅处。下午,同红冰先出至会所,即同至家中,少顷天梅亦来。夜,天梅、红冰去,红冰宿在会所。

7月20日　星期六

晴。上午,作信复仲稽。观《翁山诗外》。下午,至国学会所,红冰已于晨去矣,即返。作信致沈道非先生。观《南社》五集。

7月21日　星期日

晴。上午,往吊钱叔酉先生作故,即返。望舅来即去。作信复勖夫。下午,观《南社》五集(完)。作信致小进。邀宪人来治祖母腰痛即去。抄《读书随笔》。

7月22日　星期一

晴,上午雨。上午,临《张猛龙碑》。钱伯勋为借款事来即去。

观《翁山诗外》。下午,辑《徐闇公残集》。至天梅处,傍晚返。

7月23日　星期二

乍雨乍晴。上午,临《张猛龙碑》。观《翁山诗外》。作信致高平庵。下午,辑《闇公残集》。作信复季尘、安如、叔同。抄《读书随笔》。志轩、雨棠来即去。

7月24日　星期三

阴。上午,临《张猛龙碑》。观《翁山诗外》。辑《闇公残集》。雨棠来即去。作信复时舅,致傅钝根。观《石头记》。

7月25日　星期四

阴。上午,同昨。下午,草《跋〈畏庐文集〉》一首。平庵来,晚去。夜,作信复外舅。

7月26日　星期五

晴。上午,临《张猛龙碑》。观《翁山诗外》。抄文。下午,观《随园轶事》。抄《读书随笔》。邀宪人来复诊祖母即去。夜,草《题兰闺清课一绝为寄尘作》。

7月27日　星期六

晴,晚雨,大热。上午,临《张猛龙碑》。观《翁山诗外》。抄《读书随笔》。下午,观《随园轶事》。至国学会所一回。作信至寄尘。写文艺批评一则。

7月28日　星期日

晴,大热。上午,至寿龄叔处吊去太夫人之丧即返。时舅、平庵、君深来。下午,至国学会所第一次常会。到者共七人,四下钟返。又至萃文阁一回,晚饭后时舅等去。草《夜起一首次钝根韵》。又上午邀唐达夫来治粲君。

7月29日　星期一

晴,大热。上午,至东姚为岭梅伯三七之期,十一下钟返。下午抄诗。观《随园轶事》(完)。作信致人菊。

7月30日　星期二

晴,大热。上午,莫古茹〔如〕先生来,为子葬田地事,少坐去。观《翁山诗外》。下午,作信复哲夫、张讷庵、朱少屏、仲稽。

7月31日　星期三

晴。上午,临《张猛龙碑》。观《翁山诗外》。作信致石予。至天梅处,四点钟返。作信至莫古茹〔如〕。

8月

8月1日　星期四

晴。上午,临《张猛龙碑》。观《翁山诗外》。邀宪人来治粲君腹泻,午饭后去。作信复安如及莫叔略。翻阅古文。夜,作信致石士。

8月2日　星期五

晴。上午,同亚雄至侯远江表叔处吊其夫人之丧,下午,至陈文婉家少坐,仍返侯宅即归。在舟观《石头记》。作信复鲁詹。承粲今日又起寒热。夜,母亲患霍乱,幸即愈。

8月3日　星期六

阴,上午雨。承粲今日首热肢凉,口渴泻密。上午,邀唐达夫来。下午,邀宪人来。服宪人药。作信去仲稽邀岳母来。

8月4日　星期日

晴。承粲今日症同昨,为之焦灼万分。邀宪人来,药不服。

作信致仲稽邀秋松叔岳来治病。

8月5日　星期一

晴。承槃于昨午起，泻止，四肢渐热，惟气分于清早仍不平，然病似转机。九点岳母与秋松叔来即去，由其诊治服药。下午，承志轩来问病即去。夜，作信致仲稽。

8月6日　星期二

晴。承槃今日气渐平，能睡。下午，伯才来即去。作信复人菊。夜，作信致仲稽。

8月7日　星期三

阴，下午雨。承槃今日热势渐退。时舅来，晚去。夜，复君一信。

8月8日　星期四

晴，夜雨。今日承槃热势尽退。夜，秋松叔宿舟中，乘夜潮归去。

8月9日　星期五

晴。承槃病渐痊愈耳。上午，草《书〈陈大后传〉后》。下午，作信致陈蜕庵、胡寄尘。

8月10日　星期六

晴。上午，复时舅、亚子信。下午，至天梅处，不在，即至市公所少坐返。作信复吴泽庵等。

8月11日　星期日

晴。上午，写《怀旧楼丛录》副本。下午抄诗。复人菊信。又上午沈叔贤来少坐去。

8月12日　星期一

晴，夜雨。上午，至东姚为岭梅伯父五七之期，午饭后返。至市公所即出至天梅处，少坐返。君一来即去。复公侠等信。

8月13日　星期二

晴。上午，复时舅信。雨棠来少坐去。下午，至国学会所，出至萃文阁即返。抄诗。

8月14日　星期三

晴。前日放舟到松，邀秋松叔来复诊承綮，今晨到。时舅来。下午，同时舅至天梅处，少坐返。时舅去。晚秋松叔去。

8月15日　星期四

晴。上午，写《丛录》副本。下午，作信复闵师、季鲁等。

8月16日　星期五

晴，下午雨。上午，子光来，少坐去。抄《丛录》副本。下午，至同盟会开职员会，四点回。同天梅出，即至其处，又至宪人处，皆为女校事，五下钟返。夜，作信致仲稽。

8月17日　星期六

阴，夜雨。上午，写《丛录》副本。复黄选林信。下午，复哲夫信。至天梅处，宪人亦在，少坐返。

8月18日　星期日

雨。上午，写《丛录》副本。致寄尘信。观《石头记》。下午，复范茂芝信。观《翁山诗外》。辑《徐闇公残集》。

8月19日　星期一

阴。上午，岳母回松，綮君携女珠、明同去，余以国学会常会等事不去。抄文。莫叔略来，少坐去。下午，草《初秋》一绝、《七夕闺词》一绝。观《翁山诗外》。作信致道非先生。

8月20日　星期二

晴。上午，观《翁山诗外》。辑《闇公残集》。下午，写诗话。

至市公所,少坐返。

8月21日　星期三

晴。上午,张少松为平粜局买米来,少坐去。观《翁山诗外》。辑《阇公残集》。下午,写诗话。中元祭先。至市公所,天梅亦在,同出至其处,少坐返。作信致粲君及仲稽。

8月22日　星期四

晴。上午,写诗话。随母亲同圆妹至高宅,下午返已晚矣。在舟观《石头记》。

8月23日　星期五

晴。上午,至河西,少坐返。作信复红冰。下午,至天梅处,出至市公所县议会投票选举即返。观《翁山诗外》。

8月24日　星期六

晴。上午,抄文一首。至市公所观开票,余被选为金山县议会议员,近午返。下午,至尚公学校开学友会、暑假大会,余之正会长辞退。三下钟出至宪人处,少坐返。

8月25日　星期日

雨。上午,理行装行等。下午,至国学会会所,今日为第二次常会,以雨集者无人,乃至天梅处,坐后,大雨倾盆至,傍晚仍冒雨而归。

8月26日　星期一

阴。到松江,上午九下钟开船,下午三下钟到,即至王宅。在舟观《石头记》。粲君在松,由秋松叔诊治服药已渐健。

8月27日　星期二

阴。下午,至顾家候时舅,未到,出至松江银行候闵师及李苕香,亦不在。又至中英药房、女子商店、醒醒书局等处乃返。

8月28日　星期三

阴。上午，至顾家问时舅，仍未到。下午时舅来，少坐去。五点同仲稽及董熙堂乘火车到上海，寓孟渊旅社，出用晚膳，尚洁庐沐浴。余又至太平洋报社晤叶楚伧、钱子均，事竣匆出，坐谈数刻返。仲稽去两等女校。时舅约明日亦到沪。

8月29日　星期四

阴。上午，往民国新闻社候沈勉后，古香室候沈墨仙、钱秬叔均不值。又买书数种回社，冯子冶来即去。仲稽来同至两等女校。午馔后出，仲稽、熙堂先回松，余至民立栈候陈蜕庵先生，并晤文雪吟先生，坐谈多时返社。季鲁来即去，晚至雅叙园邀同人叙，席间得识姚鹓雏，时舅亦到，散后同时舅返社，即与同寓。

8月30日　星期五

阴，晨雨、天雨粟。上午，蜕庵来，少坐去。同时舅出买书籍、物件。又至神州日报社候黄朴存不值。返寓，闵师来。午刻，邀往半斋酒家。午后，闵师别去。至新闻报馆晤吴叔蕴。四下钟，至太平洋报社晤楚伧、仲明、寄尘、天遂、人菊、鹓雏诸人。晚时舅在杏花楼宴同人。散后又偕时舅、勉后至沧浪亭沐浴乃返。

8月31日　星期六

阴，晨雨。上午，沈墨仙、蔡蝶予来即去。出至太平洋报社一回。午刻，余至两等女校晤季鲁，少坐返寓。四下钟同时舅乘火车回松，车中晤杨了公。

9月

9月1日　星期日

晴。下午，到顾家晤时舅，出至松江银行晤瑞先生，时舅亦来,少坐返。

9月2日　星期一

晴。上午,记杨古蕴先生好古受误事。夜,时舅、君介来,同宿舟中,明日早潮归家。

9月3日　星期二

晴。黎明解缆,上午九点抵家。时舅、君介去。至钦明女校,天梅亦在。今日女校开学,近午返。下午志轩来,托其请少云认女校课程,少坐去。检阅前数日来之信件。家中中坎改造,侧厅已于十九日动工矣。

9月4日　星期三

晴。上午,作信致时舅,复琴南。至女校,今日天梅至沪,亚希已先往,皆为就医也。与崇恩定课程表,少坐返。下午,观前数日报。复杨缘之、徐天啸、吴泽菴信。

9月5日　星期四

晴。上午,草书沈君纪常传后一首,为朱苏华女士作。复勖夫,致天遂信。下午,抄文。至女校,出至市公所,均少坐返。作信至粲君及天梅。

9月6日　星期五

晴。上午,抄文。观《翁山诗外》。写旧作《题〈钝剑宅前说剑图〉诗册页》。下午,草《题〈范茂芝寻诗读画图〉》一绝,《有怀剑华南洋》一绝。观《石头诗》。复安如信。夜起,患寒热。

9月7日　星期六

晴。疲甚,下楼一次。

9月8日　星期日

晴,晚雨。寒热剧甚,头痛欲裂,自上午至夜始凉,当是疟疾。

9月9日　星期一

　　晴。虽起而困顿之至。

9月10日　星期二

　　晴。寒热仍剧，比前早来。望舅来即去。

9月11日　星期三

　　晴。起卧。力疾，复粲君信。

9月12日　星期四

　　晴。寒热同前。邀宪人来诊治。

9月13日　星期五

　　晴。起卧。志轩来。力疾，复粲君及寄尘信。

9月14日　星期六

　　晴。寒热。

9月15日　星期日

　　晴。起卧。请宪人诊治。亚雄来。晚粲君以余病携珠儿归。

9月16日　星期一

　　阴。寒热。下午，时舅来，上楼少坐去。

9月17日　星期二

　　雨。起卧。

9月18日　星期三

　　雨。寒热稍轻。

9月19日　星期四

　　晴。起卧。

9月20日　星期五

　　晴。寒热已轻，为时亦短。

9月21日　星期六

雨。下午,时舅、平庵、君深来,上楼坐谈数刻,傍晚去。请宪人诊治。

9月22日　星期日

阴。服金鸡纳霜,寒热始止。下午,复天梅信。

9月23日　星期一

晴。上午,复时舅信。下午,观《石头记》。

9月24日　星期二

阴,晚雨。上午,致安如信。下午,复天梅信。今日身体渐健,下楼数时。观《兰闺清课》。夜,草《病中作》二绝。

9月25日　星期三

晴。上午,致黄朴存及复哲夫信。下午,订《国学商兑会丛选》第一集《文史二类稿》。

9月26日　星期四

晴。上午,天梅来坐谈数刻去。复人菊信。下午,望舅、鲁望来,少顷鲁詹亦来,四下钟均去。复缘之信。

9月27日　星期五

晴。上午,复红冰信。下午,邀宪人来诊治调理。抄诗。复程丽寰信。

9月28日　星期六

阴,下午雨。上午,作信致寄尘,复天遂。下午,抄诗。致朴存,复石予信。

9月29日　星期日

晴。上午,君介来。作信复林云枢。下午,同君介至市公所开国学商兑会第三次常会,同盟会改组国民党正式大会兼庆祝革命周年,四下钟散会。时舅、鲁詹亦至会同来。时舅等去。夜,作信致李芑香。

9月30日　星期一

晴。上午,复哲夫信。抄诗。下午,至天梅处,同出至市公所,适张聘斋来,坐谈数刻返。作信复朱苏华女士,致人菊。

10月

10月1日　星期二

晴。上午,写题读画寻诗图册页。复茂芝信。下午,观《石头记》。至市公所同天梅、少云出往望汪迪君病,少坐返。作信至寄尘。夜,草县议会议案二条。

10月2日　星期三

晴。上午,邀宪人来复诊调理。为小进写诗于绢上。复时舅信。下午,辑《大雅集》。裁《太平洋报》文艺集。复小进信。

10月3日　星期四

晴。上午,粲君到松就医调理,大、中二妹亦去。辑《大雅集》。复泽庵信。观《石头记》。下午,至女校,天梅亦在,同出至市公所,少坐返。复时舅,致寄尘信。夜,观《石头记》(完)。

10月4日　星期五

晴。上午,致时舅信。宪人来,坐谈数刻去。下午,录存诗话。复安如信。夜,订《学会丛选稿》。

10月5日　星期六

晴。上午,写《沈君纪常传书后册页》。下午,至市公所晤天梅,少坐返。复天遂信。

10月6日　星期日

阴。上午,抄录。下午,时舅及鲁詹来。大、中二妹归。

10月7日　星期一

晴。上午,时舅、鲁詹去。作信致沈太伫,复沈殿钧。下午,作信复粲君、人菊,致蜕庵。

10月8日　星期二

阴,下午雨。上午,志葵自含山回来。下午,杂事。

10月9日　星期三

晴。杂事。下午鲁望来即去。

10月10日　星期四

晴。县议会已于阳历是月八日开常会,余于今日去。上午九点开船,下午二下钟到,即至莫家寓安置行李。后至议会晤天梅等,出至黄家祠堂国民党洙〔朱〕泾部开国庆欢祝会。散会后往见民政长杨博夫先生。晚在署中会宴。夜,国民党举行提灯会,兴致不浅,返寓已十下钟矣。天梅等同寓。在舟观《明遗民录》。

10月11日　星期五

晴。议会以国庆于昨日起停会三日,乃偕天梅回去,即乘昨日来船。近午解缆,到家已晚矣。

10月12日　星期六

晴。上午,走市公所一回。致时舅,复安如信。下午,到市公所,国民党与市公所合开欢祝国庆会。各校学生均到,四下钟散会返。致粲君信。

10月13日　星期日

晴。偕天梅往洙泾,八点乘汽船之中晤平庵往上海,十下钟到佘来庙上岸,至税务公所晤柳村叔,即在公所午膳。二下钟又乘轮船,三下钟到即至寓。子光来同至明强学校晤子宜即返。夜,至渭月楼啜茗。

10月14日　星期一

晴。上午,复人菊信。至县议事会。下午,开议三时,通议会规则,四下钟返寓。夜,观烟火。

10月15日　星期二

阴。至议会,上午,开议一时。下午,开议二时,三下钟返寓。晚,林憩南招饮,同天梅、伯筹往,夜九点返寓。

10月16日　星期三

晴。上午,作信复粲君,致大妹。至议会,下午,会议三时,规则通竣,四下钟返。夜,观烟火。

10月17日　星期四

晴。上午,至议会。下午,开议三时,初读各议案,四下钟返。晚,吴一青在典狱署招饮,同天梅、攘白、伯筹、聘臣往,夜返。

10月18日　星期五

晴。上午,同攘白至望月楼啜茗,出至议会。下午,开议三时,仍初读。四下钟返。精神大疲即卧。今晚吴吉士招饮于国民党洙泾事务所,不能去。

10月19日　星期六

晴。上午,至议会。下午,开议。余以身体发寒热,与议二时即返寓。适有便船,与天梅等归家,乘夜潮已三鼓后矣,即上岸。

10月20日　星期日

晴。上午,致时舅信。君懿来即日去。发寒热,即卧至夜凉。

10月21日　星期一

晴。精神不振。邀宪人来医治。作信复粲君,致寄尘。

10月22日　星期二

晴。杂事。作信复安如。

10月23日　星期三

雨。上午,抄录文件。下午,复若望信。

10月24日　星期四

雨。上午,时舅来,下午去。致天梅信。

10月25日　星期五

晴。往松江,上午九点开船,下午三下钟到。在舟观《翁山诗外》。改削旧作《赤松逸民传》。

10月26日　星期六

晴。上午,至松江银行一回。下午,同粲君乘一点钟火车至上海。到后同至朱家晤少屏并其新夫人蔡景明,亚子与其夫人郑佩宜亦在,坐谈多时,出至老华商旅馆寓焉。夜,至丹桂第一台观剧,粲君偕行。

10月27日　星期日

晴。上午,至文明雅集晤天梅及蜕庵,出又至朵云轩等处。下午,同粲君至愚园南社第七次雅集。到者约三十人,修改条例,改选职员。余被推为书记,摄影为纪念。时舅亦至,四下钟散会后,出至两等女校晤季鲁,余先出至恒泰昌号晤外舅,少坐至惠中旅馆晤时舅、天梅,同至雅叙园社会宴会。又同至群仙观剧,并听王玉峰弹三弦。返寓时将夜午,粲君已早返矣。

10月28日　星期一

晴。上午,阳惕生来寓即去,时舅来同至国粹学报馆晤邓秋枚,少坐返。午刻,杨嗣轩招饮于粤华楼。下午,同粲君至天成绸号、杨庆和银楼各处。夜,胡朴庵来同出,邀天梅一同至第一行台，晤叶楚伧，少坐返寓。又至沧浪亭沐浴。

10月29日　星期二

阴。上午，出同朴庵、楚伧至少屏家晤亚子。近午返寓。下午，同粲君至大马路一带买物，又至宝记照相馆各摄一影，返已将晚。毕静谦来即去。夜，同粲君及时舅、君介、君藩至新新舞台观剧，场上晤吴瞿安。返已十二时矣。

10月30日　星期三

雨。上午，至时中书局一回，十一下钟同粲君至火车站，乘下午一点钟车回松江。

10月31日　星期四

阴，下午雨。下午，到松江银行，时舅适亦来，晤瑞先生，坐谈良久。出又至日丰银楼一回乃返。

11月

11月1日　星期五

晴。下午，二下钟同粲君返家。傍晚抵松隐泊焉。

11月2日　星期六

晴。晨起碇，近午到家。家中解星辰。下午，志轩来，同至市公所，天梅亦在，观蒋卓如写字，少坐返。

11月3日　星期日

晴。上午，理书。望、时二舅同林憩南来。下午，憩南至国民党，余同二舅至钱伯勋处，贺其令郎隽人结婚，少坐出至国民党开会，议《公言报》事，四下钟返。憩南、时舅去。晚，同望舅又至伯勋处吃酒。夜返。

11月4日　星期一

晴。上午,看以前报纸。下午,至天梅处,宪人亦来,议校中建筑事。出至市公所,少坐返。望舅去。

11月5日　星期二

阴。上午,俞忘年先生来即去。抄《南社社友通信表》。下午,伯才来,少坐去。作信致亚子、少屏、仲稽。

11月6日　星期三

阴。上午,抄《社友通信表》。下午,观《南社》六集。作信致朴庵、墨仙、闳师。

11月7日　星期四

雨。上午,观《南社》六集。复寄尘信。下午,至天梅处,同出至市公所,三下钟返。封发《南社》六、七集。夜,抄文。

11月8日　星期五

雨。上午,观《南社》六集,复雷少棠信。下午,观《定山堂古文小品》。作信至道飞先生。抄诗。夜,同昨。

11月9日　星期六

雨,雪。上午,观《南社》六集。作信致蜕庵。下午,观《妇女时报》八号。抄录。

11月10日　星期日

晴。上午,至子贞处喜事,下午回来一次,夜返。

11月11日　星期一

晴。上午,到子贞处送其大媛于归戚氏。下午,出至市公所晤叔纯乃返。夜,作信复人菊,至道飞师。

11月12日　星期二

晴。上午,封发《南社》六、七集。下午,杂事。晚至伯雨伯处,贺其令郎昨日结婚,夜返。

11月13日　星期三

晴。县议会尚未闭会,今日又往洙泾。上午十点开船,下午三下钟到,仍寓莫家。在舟观《南社》七集。草《赠攘白》一绝。

11月14日　星期四

晴。上午,至议会与叶韵兰、朱申夫审查柘湖学校去年决算、今年预算表及大观学校今年预算表。下午,开议三时,四下钟返。夜,草《学务股审查报告书》。

11月15日　星期五

晴。上午,至两宜斋一回。至议会,下午开议四时,五下钟返。夜,与天梅编辑《公言报》第三期。

11月16日　星期六

晴。上午,同天梅至望月楼啜茗。出至议会。下午开议四时,五下钟返。夜,又望月楼啜茗。作信至粲君。

11月17日　星期日

阴。上午,同天梅、攘白至议会,午饭后返。作信复寄尘。同攘白至望月楼啜茗,晤剑士等。夜,又到望月楼。

11月18日　星期一

阴。上午,至议会。下午,开议四时。五下钟返。夜,复粲君信。与攘白联句。

11月19日　星期二

晴。上午,至议会。下午,开议四时,五下钟返。夜,至望月楼啜茗。

11月20日　星期三

晴。上午,至议会。开议二时。下午同同人往观审判,以律师未到不开庭,乃至参事会,又至望月楼啜茗。夜,致干子卿信。

11月21日　星期四

晴。上午,至议会。下午,开议四时,五下钟返。夜,至望月楼啜茗。

11月22日　星期五

晴。上午,至议会。下午,开议四时,五下钟返。夜,晤族叔鹤亭,言及其兄雨亭殉难,持状属为传。今日午后在会中全体摄影。

11月23日　星期六

晴。上午,至议会。下午,开议四时,五下钟返。夜,至望月楼啜茗。

11月24日　星期日

晴。家中昨日放舟来。十二下钟解缆,五点到家。在舟草《姚雨亭义士传》。议会于后日闭会。

11月25日　星期一

晴。上午,抄昨日所作文。下午,至市公所,三下钟返。复人菊信。夜,致仲稽信。

11月26日　星期二

晴。上午,至高宅。下午,同舅氏等至实枚学校,少坐返已晚。母亲于昨日去,今日同归。子卿招饮于颜新记,为其文孙汤饼之宴,夜返。

11月27日　星期三

晴。杂事。复寄尘信。晚陆雨生来即去。夜,抄文。

11月28日　星期四

晴。上午,伯承来即去。抄诗。复亚子信。下午,至市公所,少坐返。夜,耕熙叔来即去。致朱少屏信。

11月29日　星期五

晴。上午,抄文。下午,至市公所晤天梅,少坐返。致寄尘信。夜,抄《史记》札记。

11月30日　星期六

阴。上午,致时舅、佩忍信。下午,至广大候宪人不值即返。复茂芝信。观《南社》六集。宪人来,请其开膏方,少坐去。夜,观《定山堂古文小品》。

12月

12月1日　星期日

阴。上午,致钱卓然、复子葵信。封发南社六、七集。下午,志轩来,少坐去。复子光、人菊信。晚赴殷骏声寿酒,夜返。复仲稽信。

12月2日　星期一

阴。上午,复钱攘白及柳村叔信。下午,至商会会议筹办商圈事,少坐返。

12月3日　星期二

晴。上午,粲君仍珠儿,同时舅母到松江。天梅来,少坐去。至市公所,午饭后返。复钝根信。夜,抄《史记》札记。

12月4日　星期三

晴。上午,观《南社》六集。复徐竞成信。下午,至市公所,少坐返。复寄尘信。夜,观《定山堂古文小品》。

12月5日　星期四

晴。上午,观《南社》六集。封发《南社》六、七集。下午,子光来坐谈数刻去,辑《大雅集》。致勉后先生信。夜,同昨。

12月6日　星期五

晴。上午,至市公所省议会投票选举即返。观《南社》六集。望、时二舅、平庵来。下午,沈伯才、叔贤、冯君一、何竞南、旭东、家鹤亭来,均先后即去。晚望舅等亦去。

12月7日　星期六

晴。上午,观《南社》六集。辑《大雅集》。下午,至市公所,出与天梅、宪人相度女校添建屋舍地势,四点返。复粲君信。夜,复寄尘,致少屏信。录存《秋棠馆脞谈》。

12月8日　星期日

晴。上午,观《南社》六集(完)。下午,理发。草《论各县急宜修订志乘》。夜,续草完。

12月9日　星期一

阴。上午,抄《南社第五次修改条例》。望舅来。下午,至市公所,少坐返。望舅去。复粲君信。夜,复寄尘信,抄文。

12月10日　星期二

阴。上午,抄文。伯才来,少坐去。望、时二舅、平庵来,同至市公所众议院投票选举即返。下午,朱志贤来即去。同时舅至天梅处,坐谈数刻返。晚,舅氏等去。夜,写时评二则。

12月11日　星期三

阴。上午,平庵以到上海乘汽船不及来,复石予信。下午,复苣庵信。至女校,少坐返。

12月12日　星期四

阴。上午,复佩忍,致攘白信。下午,至市公所,少坐返。理物件。夜,复亚子信。平庵于晨去。

12月13日　星期五

阴。上午,八点乘汽船往松江。午刻即至王宅,在舟观《迦茵小传》。

12月14日　星期六

阴,晚雨。下午,到顾顺兴木作,新华印刷公司。

12月15日　星期日

晴。上午,观《迦茵小传》。下午,同仲稽至王氏义庄,至日丰银楼,郑通惠等处,晤黄伯钦及丁月心女士。

12月16日　星期一

晴。上午,同昨。下午,到华盛、商益公司等处,路晤天梅、伯承至上海去。又至松江银行,晤瑞师、芑香及阮美士,少坐返。

12月17日　星期二

阴。下午,走西门街一回,晤平庵自上海返。家中放舟来,明日回去,以潮水太早,今夜与粲君、珠儿宿舟中。

12月18日　星期三

雨。清晨解缆,至松江少泊。下午一下钟到家。在舟中观《南社》七集。

12月19日　星期四

阴。上午,录存《时事小言》。下午,平庵来即去。复勉后先生信。夜,观《国学丛选》。

12月20日　星期五

阴。上午,录存《时事小言》。观《南社》七集。下午,到市公所,少坐返。冬至祭先。复小进信。夜,同昨。

12月21日　星期六

阴。上午,封发《国学丛选》,致哲夫信。下午,观《南社》七集。伯才来即去。复外舅信。夜,时舅自松江回来。

12月22日　星期日

阴。上午,时舅去,至邮政局一回。作信致叔同、蜕庵。下午,观《南社》七集。抄清本年诗。复寄尘信。夜,复子光信。观《国学丛选》(完)。

12月23日　星期一

阴。上午,录存时事小言。朱志贤来即去。下午,时舅来,同至市公所开金山南部市乡农会成立会,余被选为评议员,散会已晚即返。时舅去,望舅来。

12月24日　星期二

晴。上午,致攘白信。下午,复安如信。望舅去。至市公所晤天梅,少坐返。夜,抄《史记》札记。

12月25日　星期三

晴。上午,子光来,少坐去。复时舅信。下午,复佩忍信。志轩来即去。至天梅处,少坐返。夜,复钝根信。观《迦茵小传》。

12月26日　星期四

阴,夜雨。上午,李杏林来即去。抄清本年诗。下午,观《南社》七集。复震生、竞南信。夜观《迦茵小传》。抄文。

12月27日　星期五

阴,下午雪。上午,抄清本年诗。下午,观《南社》七集。夜,复朴庵信。抄文。

12月28日　星期六

阴,雪。上午,复时舅信。下午,观《南社》七集。复杨阆峰信。夜,致天梅信。昨夜雪大,今日深尺外,又时飘飘未止也。

12 月 29 日　星期日

晴。午后,同母亲、粲君、大、中二妹到五区头冯宅贺喜。在舟观《迦茵小传》。

12 月 30 日　星期一

阴。无事。

12 月 31 日　星期二

晴。同昨。

1913 年

1 月

1月1日　星期三

晴。随母亲同粲君、大妹、中妹已于上月廿九日到五区冯宅，今日送雅芬表妹于归周氏。

1月2日　星期四

晴。下午，余先归，到家已晚。在舟续观《迦茵小传》完。祖母病。

1月3日　星期五

晴。上午，致蜕庵、时舅信。下午，续观《南社》第七集。复震生信。志轩来，少坐去。晚，母亲、粲君、大、中二妹归。

1月4日　星期六

晴。上午，雨棠来即去。观《南社》七集完。下午，时舅、志轩、仲传先后来均即去。作信复袁剑侯，致人菊寄尘。

1月5日　星期日

晴。上午，咏晖侄同顾敬贤、仲传来，近午平庵、君深、斗文来，下午均去。今日请俞道生诊治祖母，晚到。伯衎来，以《公言报》第八期底稿交阅,以天梅不在,余代理也,即去。夜,道生去。

1月6日　星期一

晴。上午,草《自由订婚谈》。往东市吊沈兰初亲长,返至萃文阁一回。下午,续观《定山堂古文小品》。伯衎来,少坐去。

1月7日　星期二

晴。连日伤风,今日起甚晏。续观《翁山诗外》。下午,至广大晤宪人,谈数刻,出至尚公小学一回。又至市公所晤伯衎,少坐返。望舅来,晚去。夜,续观《明遗民录》。

1月8日　星期三

晴。上午,亚雄、祝祺来,均即去。祖母连日寒热不止,今日请何望达舅祖诊治。午后,同少圃姑丈到。又请道生复诊,晚到。夜膳后均去。复茂芝信。

1月9日　星期四

晴,夜雨。上午,复佩忍、人菊信。下午,观《翁山诗外》。复寄尘、哲夫信。

1月10日　星期五

阴。上午,何勇公、民侠、建威、旭东、冯君懿来。下午,志轩来。望达舅祖来,请其诊治祖母。晚均去。

1月11日　星期六

晴。上午,草复钱攘白信。下午,观《翁山诗外》。望达舅祖昨住在镇上,今又邀来诊治祖母即去。夜,复顾景贤信。观《明遗民录》。

1月12日　星期日

阴。上午,时舅来。今日祖母病转剧,延宪人来诊治。下午,子贞、子轩来即去。宪人亦去。卓庵来,晚同时舅去。夜,复朴庵信。

1月13日　星期一

阴。祖母病仍剧,昨诊起气急至今午稍平。请望达舅祖及宪人诊治,舅祖住。望舅、志轩、亚云来,即日去。夜,祖母气又不平,至黎明止。一夜惶甚。

1月14日　星期二

雨。祖母病仍不安,夜间气急又作,即止之后能睡,似有转机。望、时二舅、亚云来信,志轩来,夜去。昨日及今晨往请洙泾吴景未及秀明桥戴荫初,均未至。夜间请本镇王笔耕来一诊。

1月15日　星期三

雨。祖母病仍不减,寒热发时大危。延李平甫来诊,戴荫初亦到。诊后似颇有把握,即服其药。今日平庵、君深来,下午同时舅去。

1月16日　星期四

阴。祖母寒热仍时发,惟本稍轻,神思大疲,服荫初药。晚望舅去。

1月17日　星期五

阴。祖母病大剧。昨日又请荫初今晚到,即诊治服药。望舅来。

1月18日　星期六

晴。祖母于上午一点时弃家人等而长逝矣,然乎痛哉!

1月19日　星期日

晴。祖母今晚小殓。

1月20日　星期一

晴。祖母今日大殓。嗟乎嗟乎!我慈爱之祖母长此不得见矣。会吊者三百余人皆泣下。天气连日阴晦而祖母殁后至今三日晴和异常,说者谓祖母之福德所致云。

1月21日　星期二

雨。心绪大恶,一切丧务又须代父料理,伤哉!石子此哀痛劳顿之事,生平有之遭遇也,其何以堪哉!

1月22日　星期三

晴。宾客尽散,致时舅信。

1月23日　星期四

阴。上午,天梅来吊(以前日在苏州),少坐去。复邢诵华信。下午,时舅来,晚去。

1月24日　星期五

阴。祖母之没,忽忽已七日矣。伤如之何?日日如在梦中,以异一觉而我祖母固无恙也。上午,复安如、人菊、小进、仲穆信。祝祺来即去。下午,致信仲稽、闵师。子贞来,少坐去。夜,写讣闻谢帖寄刻。

1月25日　星期六

阴。上午,复朴庵、寄尘信。下午,致少屏信。

1月26日　星期日

阴。下午,复哲夫、佩忍信。抄文。

1月27日　星期一

阴。上午,俞雨棠来,少坐去。望舅来,下午复天梅信。抄文。晚望舅去。

1月28日　星期二

阴。上午,裁订《国学丛选》第二集。下午,观《小说时报》十七号。夜,观《明遗民录》。

1月29日　星期三

晴。上午,少圃姑丈来。下午,致邵元冲,复谭介夫信。今夜为祖母回阳之期。嗟乎嗟乎,其果回否邪?

1月30日　星期四

晴。下午,少圃姑丈去。复泽庵信。夜,观《明遗民录》。

1月31日　星期五

晴。今日为祖母二七之期,贞夫〔甫〕伯、子贞、飚生来七吊,少坐去。翻阅古文。

2月

2月1日　星期六

晴。上午,致朴庵信。下午祭先。

2月2日　星期日

阴。上午,朱信夫师来,少坐去。写致钱攘白信。下午,翻阅《古文》。夜,观《明遗民录》。

2月3日　星期一

晴,夜雨。上午,补辑《金山卫佚史》。下午,复安如信。夜,复仲稽信。

2月4日　星期二

晴。杂事。夜,观《明遗民录》。

2月5日　星期三

晴。杂事。

2月6日　星期四

晴。写《般若波罗蜜多心经》一卷。志轩、子翰来即去。

2月7日　星期五

晴。今日为祖母三七之期,延道士诵经三天。望、时二舅、平庵、君深、君介来,少顷亚雄亦来。下午,子翰来即去。汪夔龙来吊即去,亚雄亦去。望舅等均去。

2月8日　星期六

雨。上午,写存《秋棠馆杂记》。下午,天梅来,少坐去。

2月9日　星期日

阴。作信复佩忍,致朴庵。今,夜诵经毕。

2月10日　星期一

晴。上午,观《翁山诗外》。下午,杂事。夜,观《明遗民录》。

2月11日　星期二

晴。上午,代家君撰《大母事略》。下午,观《翁山诗外》。夜,阅报。

2月12日　星期三

阴。上午,祝祺来,下午去。子光来,少坐去。代陈蜕庵圈点《国学丛选》子类。夜,同昨。

2月13日　星期四

晴。上午,观《翁山诗外》。下午,志轩来即去。望舅来即去。续撰《大母事略》。

2月14日　星期五

阴。上午,观《翁山诗外》。下午,复朴庵,致石予信。今日为祖母四七之期。

2月15日　星期六

阴。上午,邀伯衍来写祖母霉旐。亚雄来。下午,志轩来。孙颂和来七吊即去。伯衍、志轩、亚雄均去。复蜕庵、哲夫信。

夜,复安如信。

2月16日　星期日

晴。上午,吴金镕来七吊。亚雄来。下午,金镕去,亚雄亦去。续撰《大母事略》。

2月17日　星期一

阴。上午,杂事。下午,亚雄来即去。观《翁山诗外》。夜,观《明遗民录》。

2月18日　星期二

雨。上午,复朴庵信。观《翁山诗外》。下午,续撰《大母事略》,草入粗具。

2月19日　星期三

雨。杂事。

2月20日　星期四

雨。预备祖母开吊。望、时二舅、斗槎外舅、少圃姑丈、君深等来。

2月21日　星期五

晴。今日为祖母五七之期开吊,约男宾八十人,女宾五十人。夜,外舅去宿舟中。

2月22日　星期六

雨。宾客尽散,惟少圃姑丈未去。

2月23日　星期日

阴,雪。杂事。

2月24日　星期一

晴。下午,张韩伯来吊,少顷天梅来,均即去。

2月25日　星期二

晴。下午,复朴庵信。请俞道生治家君病,夜去。修改《大母事略》。

2月26日　星期三

晴。下午,抄《大母事略》,夜间毕。

2月27日　星期四

晴。上午,致时舅信。下午,因伤风邀宪人来诊治即去,少圃姑丈去,致安如信,观《小说时报》。夜,观《古学汇刊》。

2月28日　星期五

晴。今日为祖母六七之期。下午,致楚伧,复蝶予信。

3月

3月1日　星期六

晴。今日起作佛事七天。上午,复时舅信。下午,复泽庵论诗文信。草《送天梅北上》二绝、《伤春》一绝。

3月2日　星期日

晴。上午,写致泽庵信。下午,志轩来,少坐去。复朴庵信。

3月3日　星期一

晴。上午,草《初春》一绝、《落花》一绝。望舅来。下午,柳村叔来,少坐去。望舅去。观《小说时报》。

3月4日　星期二

晴。上午,录存信稿。下午,封发《南社》六、七集。复仲田信。

3月5日　星期三

晴。上午,草《吊邹亚云》一绝。时舅来。下午,观《小说时报》第一次增刊。致少屏、朴庵信。时舅去。邀道生来,复治家君,夜饭后去。

3月6日　星期四

晴。上午,抄《史记》札记。下午,抄文。观《小说时报》增刊。夜,观《明遗民录》。伯衎来即去。

3月7日　星期五

雪。今日,已为祖母终七之期矣。佛事于夜间告竣。闵师于上午来即去。亚云来,下午去。子贞来,少坐去。

3月8日　星期六

雪。上午,抄《史记》札记。下午,录存祖母挽词。

3月9日　星期日

阴。上午,抄《史记》札记。下午,望、时二舅来。至国民党开春季常会,以人数不多改作谈话会,提议天梅北上后《公言报》推余编辑。四下钟散会,返,天梅同来。瑞师来,时舅在此间设筵款之,志轩、伯才亦来。夜,瑞师等均去,惟时舅宿。

3月10日　星期一

阴。上午,时舅去。抄《史记》札记。下午,子贞来,少坐去。重订《公言报》体例。夜,观《妇女时报》九号。

3月11日　星期二

阴。上午,草《时事小言》二则。望舅来,下午去。至市公所,晚同人设筵公饯天梅北上就众议员职。夜九下钟返。

3月12日　星期三

阴。杂事。下午,柳村叔来即去。

3月13日　星期四

晴。同粲君携珠儿到松江，上午九下钟开船，下午五下钟到。在舟观《小说时报》增刊。

3月14日　星期五

晴。下午，至松江银行、新华公司，出至松筠女校参观，又同仲稽至车站茶居啜茗。

3月15日　星期六

阴，夜雨。下午，至车站往上海。粲君偕行。本约时舅、君深同去，亦到。乘一下钟火车到后，往寓惠中旅馆。粲君住均益里外舅寓处。余同去即出。寓中晤安如、雄伯，并得识刘季平、林一庵。傍晚，同时舅至中华民报馆晤汪子实。夜，朴庵来寓，坐谈良久去。

3月16日　星期日

雨。上午，同时舅至少屏处晤安如，朴庵、楚伦、鹓雏亦来，少坐返寓，寄尘、鲁詹来。下午，至愚园开国学商兑会第二次大会、南社第八次雅集。以天雨，到者仅十余人，四下钟出。至楼外楼与时舅、寄尘偕，傍晚在雅叙园宴集。出至大舞台观贾璧云演剧，又至沧浪亭沐浴。草《登海上楼外楼》一绝。

3月17日　星期一

阴。上午，至文明雅集，出至均益里。饭后同粲君买物。又登楼外楼乃返寓。瑞师来，晚时舅设宴小花园，外舅亦到，同席尚有人菊、一庵、少屏夫妇、安如夫妇，出至大舞台观剧。剧散返，粲君同外舅去。

3月18日　星期二

阴。上午，同时舅至孔教会、均益里，时舅先返，余午饭后同粲君到寓,安如等来,同出合摄一影,为余、粲君、时舅、安如并其夫人佩宜、子小亚、少屏并其夫人景明、人菊、一庵十人,余同粲君又至全昌等处。晚,安如、少屏招饮于招商馆,同席二十余人,皆社友也。席散伴粲君至均益里即返寓,佩忍来谈良久去,钱卓然来即去。

3月19日　星期三

晴。上午,同时舅、佩忍至黄公克强处,晤宋钝初先生,少坐返。粲君同岳母来即去买物。下午,时舅先回去,出至大马路等处,又至广益书局晤寄尘。夜,季鲁招饮于式式轩,粲君亦在,同出至楼外楼,十下钟返,粲君亦住寓中。

3月20日　星期四

雨。上午,往晤佩忍,后至均益里。下午,同粲君、岳母乘三下钟返松江。

3月21日　星期五

阴。下午,同仲稽至也是园啜茗。

3月22日　星期六

阴。下午二点乘汽船归家,五点半到,与伯衎同舟,在舟观《繻华词》一卷。

3月23日　星期日

阴,夜雨。杂事。致朱信夫师信。下午,至市公所,少坐返。夜,复天遂、蝶予信。

3月24日　星期一

晴。上午,复时舅,致佩忍信。下午,望舅来,晚去。致粲君、安如、朴庵信。走市公所一回。夜,伯衎来即去。

3月25日　星期二

晴。上午,草《宋教仁先生哀词》。下午,至钦明女学校晤亚希,出至市公所即返。复朱师,致吴剑士信。夜,草《观贾璧云演剧》一绝。

3月26日　星期三

晴。上午,复时舅信。下午,致少屏、朴庵、汉章信。观《孔教会》杂志。

3月27日　星期四

晴。上午,抄《史记》札记。复泽庵信。观《花间集》。下午,抄诗文。观《定山堂古文小品》(完)。

3月28日　星期五

晴。上午,抄《史记》札记。致鹓雏信。下午,抄诗。至市公所,出至女校,少坐返。致寄尘信。观《小说时报》增刊。

3月29日　星期六

晴。上午,粲君携珠儿归。辑《大雅集》。观《翁山诗外》。复蝶予信。下午,编《南社姓氏录》。观《孔教会》杂志。夜,抄祭祀单。

3月30日　星期日

晴,夜雨。上午,观翁山诗外。抄诗。下午,至亚希处,不在即返。编《南社姓氏录》。夜,观《潇湘馆笔记》。

3月31日　星期一

阴。上午,编《南社姓氏录》。望舅来。清明祭先。下午,录存《祖母挽词》。观《花间集》。望舅来。夜,作信。

4 月

4月1日　星期二

阴,下午雨。上午,同粲君、三妹至龙沙禅院处扫墓,舟去走归。下午,至市公所、钦明女校即返。草《展墓记》一首。

4月2日　星期三

阴。上午,观《翁山诗外》。母亲同中、圆、二妹去高宅。复安如信。下午,编《南社姓氏录》。观《孔教会》杂志。

4月3日　星期四

晴。上午,到高氏舅家,傍晚返,到家已夜。在舟观《不忍》杂志。

4月4日　星期五

晴。上午,杂事。下午,偕粲君至夏人村处扫墓,回至秦望山一游,到家已晚。又顺道至金家桥处扫墓,在舟观《不忍》杂志。

4月5日　星期六

晴。上午,观《翁山诗外》。编《南社姓氏录》。下午,致朴庵、寄尘信。志轩来即去。对东小桥处扫墓。母亲等归。今日清明为祖母作佛事一天。夜,观《潇湘馆笔记》。

4月6日　星期日

晴,晚雷电。上午,观《翁山诗外》。编《南社姓氏录》。下午,至市公所一回。观不忍杂志。抄《史记》札记。夜,抄清《祖母挽词》。

4月7日　星期一

阴。上午,观《翁山诗外》。编《南社姓氏录》。下午,抄《史记》札记。亚雄来,少坐去。观《不忍》杂志。夜,观《明遗民录》。

4月8日　星期二

雨。上午,复钱卓然信。观《翁山诗外》。抄《史记》札记。下午,观孔教会杂志。伯衍来,少坐去。观《无尽庵遗集》。

4月9日　星期三

阴。上午,复时舅信。抄《史记》札记。观《翁山诗外》。下午,至市公所请叔纯写钝初挽联,三下钟返。编《南社姓氏录》。夜,复朴庵信。观《潇湘馆笔记》。

4月10日　星期四

晴。上午,抄《史记》札记。观《翁山诗外》。下午,编《南社姓氏录》。始观《汉书》。杏林来即去。观《无尽庵遗集》。夜,观《潇湘馆笔记》。

4月11日　星期五

晴。上午,至女校代授高等班历史一课,十一下钟返。抄《史记》札记。下午,作信复天梅,致小进。观《翁山诗外》。观《汉书》。编《南社姓氏录》。夜,观《明遗民录》。

4月12日　星期六

晴,上午阴。上午,抄《史记》札记毕。至女校代授高等班地理一课,午刻返。下午,观《翁山诗外》。观《汉书》。编《南社姓氏录》。夜,观《潇湘馆笔记》(完)。

4月13日　星期日

晴。晨至宗祠举行春祭,职司鸣赞,与祭者共二十四人,午膳后返。编《南社姓氏录》,至市公所,少坐返。观《翁山诗外》。

4月14日　星期一

雨。上午,至女校代授高等班、初等甲班修身一课,十一下钟返。下午,时舅来,晚去。作信致仲恩、复鲁詹。

4月15日　星期二

阴,上午雨。上午,至女校代授高等放历史一课,十一下钟返。下午,复安如信。杂事。

4月16日　星期三

晴。小姐姐婉甥欲至上海买物,余与粲君大妹同去。上午八点开船,下午四点到松江,即乘火车往上海,五下钟到,寓大新旅馆。

4月17日　星期四

晴。同去买物,午刻至春申楼吃饭,晚登楼外楼,夜,至新新舞台观剧,冯春航演《游龙戏凤》。

4月18日　星期五

晴。上午,同粲君、大妹、文婉至均益里王宅。午饭后返,同去买物。余又至民立报馆晤朱宗良,民国新闻社、中华民报馆、广益书局候朴庵、天遂、寄尘等,均不值。傍晚返,朴庵来,少坐去。夜,至钜昌隆。返寓后,佩忍来即去。

4月19日　星期六

阴,上午晴。上午,至同福昌,佩忍少坐返。同去买物。午刻在春申楼进膳。傍晚季鲁等来,同至雅叙园,朴庵、季仁亦到,夜,至钜昌隆等处。

4月20日　星期日

晴。上午,与小姐同大妹,至费诚夫处诊病。下午,同至民影照相,张园游览一周。晚朴庵招饮于雅叙园,同席为朴存、季尘、子实等。夜,同粲君等至大舞台观剧。又上午至西门候少屏,以病不晤即返。

4月21日　星期一

雨。下午,同小姐至大马路一带。又同粲君至均益里。傍晚返寓。夜,同至至美斋吃酒。

4月22日　星期二

雨。上午,至朵云轩等处。下午,乘三下钟火车返松江。即唤一舟,粲君即至王宅。余于夜间同小姐买物后亦去。大妹等住舟中。

4月23日　星期三

晴。归家,上午十一下钟解缆,下午七点到。

4月24日　星期四

晴。上午,理行箧。下午,至女校,出至宪人处,少坐返。致时舅信。阅报。夜,伯衍来即去。

4月25日　星期五

阴,夜雨。上午,复星焕、安如信。阅报。下午,复少屏信。至市公所,出至亚希处即返。

4月26日　星期六

雨。今日起为祖母作佛事四天。上午,复诵华、人菊、泽庵信。下午,观《翁山诗外》。观《不忍》第二册。复仲稽,至朱师等信。志葵等自含山回来。

4月27日　星期日

阴。祖母弃养至今已百日矣。上午,亚云、子翰来即去。致楚伧、鹓雏信。下午,望、时二舅来,傍晚去。志轩来即去,宪人来即去。夜,伯衍来即去。

4月28日　星期一

阴。昨夜,身有寒热。今日,精神不好。下午,伯衍来即去。

4月29日　星期二

阴,晚雨。上午,观不忍第二册。下午,至龙沙禅院处祖墓焚化冥屋即返。复小进信。夜,佛事毕。

4月30日　星期三

阴。上午,杂拉。下午,观《随园女弟子诗选》。致钱鲁詹、蒋瑞芝信。今日身体不健。

5月

5月1日　星期四

晴。上午,观《翁山诗外》。复时舅、杨秋心信。下午,至女校出至市公所返。复安如信。观《不忍》第二册。夜,观《明遗民录》。

5月2日　星期五

晴。上午,至女校授高等班历史、初等甲班问答各一课,十二点返。下午,望舅来,晚去。复鹓雏信。观《不忍》第二册。夜,同昨。

5月3日　星期六

晴。上午,复时舅信。至女校授高等班地理一课,十二点返。下午,复秦铸花、哲夫,致少屏、朴庵信。君懿来即去。观《翁山诗外》。夜,复佩忍、天梅信。

5月4日　星期日

阴。前请朱信甫先生到家教授中、圆二妹及严秀红表妹,今日来开学。至市公所晤仲田、伯衍,少坐返。下午,延宪人来为儿女种牛痘即去。望舅来,晚去。作信复鹓雏、致剑士。夜,观《明遗民录》。子光来即去。

5月5日　星期一

晴。上午,至女校授高等班、初等班修身一课,十一点返。观《翁山诗外》。下午,观《汉书》。编《南社姓氏录》。复朴庵及莫质誉信。

5月6日　星期二

晴。上午,至女校授高等班地理、历史各一课,十一点返。下午观《翁山诗外》。编《南社姓氏录》。陈季梅来,少坐去。宪人来即去。抄诗。松江新华印刷公司干事朱希明来。伯衍来即去。今日立夏秤人,得九十五斤。粲君七十七斤。昭儿二十三斤,珠儿十七斤。

5月7日　星期三

晴。上午,观《汉书》,并写札记三条。观《翁山诗外》。下午,编《南社姓氏录》。观《无尽庵遗集》。至市公所即返。致天梅、佩忍信。夜,复剑士、烦奴信。本明于今晨去。

5月8日　星期四

晴。上午,父亲到何、冯、高三家谢孝。至女校授高等班初等班甲班修身一课,宪人亦来,十一点返。观《翁山诗外》。下午,观《汉书》,并写札记一则。编《南社姓氏录》。观《无尽庵遗集》。致朴庵等信。

5月9日　星期五

阴。上午,至女校授高等班历史一课,亚希亦到。十一下钟返。观《翁山诗外》。下午观《无尽庵遗集》。复安如信。辑《金山志乘》材料。

5月10日　星期六

晴。上午,观《翁山诗外》。抄《祖母行述》。至女校授高等班地理一课,十二点返。下午,观汉书并写札记一则。父亲归。至市公所,少坐返。编《南社姓氏录》。观《无尽庵遗集》。夜,观《明遗民录》。

5月11日　星期日

晴。上午,张仲传来言,高氏择定阴历明年正月十六日迎娶大妹。家君言,惟此时尚在祖母服中,然乾宅事重故许之,近午去。下午抄《祖母行述》。伯才来,少坐去。致叔同信。观《无尽庵遗集》。子葵五十岁,晚间曹少云、干子卿、陈子云、志轩、子贞设筵河西宅中晏之。余亦与焉,夜返。

5月12日　星期一

雨。上午,编二十一期《公言报》。观《翁山诗外》。下午编《南社姓氏录》。观《无尽庵遗集》。致天梅、复朴庵、仲稽信。夜,写时事小言一则。

5月13日　星期二

阴。上午,至女校授高等班地理、历史各一课,十一下钟返。观《翁山诗外》。下午,望、时二舅、君深来,晚去。子葵于今晨去杭州。

5月14日　星期三

晴。上午,编《南社姓氏录》。观《翁山诗外》。下午,观《无尽庵遗集》。至市公所,少坐返。杂事。夜,观《明遗民录》。

5月15日　星期四

晴。上午,编《南社姓氏录》。观《新新百美图题句》。下午,观《无尽庵遗集》。至市公所即返。观《汉书》。致剑士信。夜,观《明遗民录》。

5月16日　星期五

晴。随父亲同圆妹往松江,上午九下钟开船,因风水不对,到已夜,不上岸。在舟观《原本石头记》。

5月17日　星期六

晴。上午,同父亲至王家,圆妹亦去。下午回,圆妹至醉白池游览,出至新华公司一回乃返。夜,王宅设筵晏父亲,席散后父亲同圆妹去宿舟中。

5月18日　星期日

晴。上午,父亲、圆妹又上来。下午,同乘一下钟火车到上海,寓大新旅馆。适与望舅、平庵、君深同住。同父亲到中华第一楼啜茗。夜,偕望舅等圆妹至新新舞台观剧,冯春航演《孟姜女万里寻夫》,怨伤之至。

5月19日　星期一

阴。上午,同平庵、君深至文明雅集。出至均益里王寓。午饭后返,同父亲、圆妹于张园、愚园游览。出又至宝记照相馆,圆妹摄影。乃返。余至中华民报馆侯朴庵,出至杏花楼招饮同人。坐中为朴庵、寄尘、少屏、楚伧、雄伯、剑华、朴存、平庵、君深,席散后,至大舞中观剧。父亲、圆妹先在,回寓悉季鲁、石士来过。

5月20日　星期二

晴。上午,同圆妹至大马路等处买物。下午,至民国新闻社晤剑华、道飞、惕生及陈仄尘、姜可生,出至同芳,父亲在,同至楼外楼。晚少屏来,同至共和春,应剑华、仄尘、可生招饮。返同圆妹至大舞台观剧。上午又作信致粲君。

5月21日　星期三

晴。上午,同君深至利川书室买书。下午,买物。剑华、楚伦、惕生、雄伯来寓。傍晚,少屏来邀至新舞台观剧。李禹卿演幻术。下午,又至广益书局晤寄尘。

5月22日　星期四

晴。上午,至均益里王寓,少坐返。作信致安如。下午,同父亲、圆妹至静安寺。出又至愚园、张园一游,晤毕静谦。夜,同圆妹至群舞台观剧。出余又至尚洁庐沐浴。望舅等于今日去。

5月23日　星期五

雨。上午,至广智书局,又同父亲、圆妹去啜茗。下午,至同芳居。夜,同圆妹至新新舞台观剧,春航演《奇冤狱》。

5月24日　星期六

雨。下午,同父亲、圆妹乘三点钟火车到松江,家中已放船来。

5月25日　星期日

雨。昨夜开船,今晨八点钟到家。望舅来,下午去。校《国学丛选》三集六页。复朱希明信。

5月26日　星期一

阴。上午,复朴庵,致雄伯信。下午,至市公所,复剑士信,三下钟返。复少屏信。夜,阅以前日报。

5月27日　星期二

晴。上午,时舅来,下午去。作信致俞剑华、陈仄尘、姜可生。贞夫〔甫〕伯来募赈捐即去。致仲稽信。夜,同昨。

5月28日　星期三

雨。上午,至女校一回。写《闲情漫笔》及《读〈石头记〉杂说》。下午,作信复天梅、佩忍、铸花、季鲁。观《无尽庵遗集》。夜,搜集蜕庵遗作。

5月29日　星期四

晴。上午,至君深信。观《翁山诗外》。编《南社姓氏录》。下午,复哲夫、人菊、时舅信。林竞三以警务来访即去。观《无尽庵遗集》。夜,辑《金山志乘》材料。

5月30日　星期五

晴。上午,至女校授高等班历史一课,近午返。下午,编《南社姓氏录》。复安如信。观《无尽庵遗集》。抄诗文。夜,观《明遗民录》。

5月31日　星期六

雨。上午,编《销魂集》。下午,理去年来信。观《无尽庵遗集》。复杨缘之信。夜,同昨。

6 月

6月1日　星期日

雨。上午,观《汉书》。下午,编《销魂集》。望舅来即去。至市公所,少坐返。复仲稽信。夜,观《明遗民录》。

6月2日　星期一

雨。上午,补辑《金山卫佚史》。至女校授高等班、初等班修身一课后返。下午,理文稿。观《无尽庵遗集》。作信复寄尘、惕生。写《闲情漫笔》。夜,同昨。

6月3日　星期二

阴。上午,至女校授高等班历史一课,出至尚公小学一回返。下午,观《无尽庵遗集》。杏林晏本邑代理知事蔡叔明于钱世德堂招陪往,四下钟返。夜,观《明遗民录》完。

6月4日　星期三

雨。上午,至时舅信。观《汉书》。写《时事小言》一则。下午,至平庵信。圈点《丛选》三集子类稿。观《无尽庵遗集》。校《丛选》三集六页。夜,观《石头记》。

6月5日　星期四

阴。上午,至女校授高等班、初等甲班修身一课,十一点返。观《汉书》。下午,观《无尽庵遗集》完。至市公所,少坐返。复剑华、鹓雏信。

6月6日　星期五

晴。上午,至女校授高等班历史一课,十一下钟返。下午,草赠冯春航二绝。观《翁山诗外》。写《闲情漫笔》。贞夫〔甫〕伯来,少坐去。夜,观《石头记》。

6月7日　星期六

晴。上午,至女校一回。观《翁山诗外》。时舅来。下午,写《怀旧楼丛录》。时舅去。夜,观《石头记》。

6月8日　星期日

晴,夜雨。上午,观《汉书》。下午,作信复寄尘、朴庵,致楚伧。观《翁山诗外》。至市公所一回。伯衎来即去。夜,同昨。

6月9日　星期一

晴。上午,观《汉书》,并写札记一则。下午,写《读〈石头记〉杂说》。观《翁山诗外》。复剑华信。夜,同昨。

6月10日　星期二

晴。上午,至女校一回。观《翁山诗外》。下午,观《汉书》并写札记一则。致天梅信。补辑《金山卫佚史》。林晋康招饮,夜返。

6月11日　星期三

　　晴。上午,观《汉书》。下午,观《翁山诗外》。补辑《金山卫佚史》。复仲稽等信。夜,观《石头记》。

6月12日　星期四

　　晴。上午,草《哭陈蜕庵先生文》。下午,抄文。观《翁山诗外》完。至市公所一回。复安如信。夜,同昨。

6月13日　星期五

　　阴,夜雨。上午,观《汉书》并写札记一则。下午,作信复佩忍、人菊,致鹓雏。圈《随园女弟子诗选》。夏至祭先。夜,同昨。

6月14日　星期六

　　阴。上午,母亲携圆妹、昭儿去高宅。到女校授高等班地理一课,十二点钟返。下午,观汉书。校印本《金山卫佚史》。复天梅信。抄文。夜,同昨。

6月15日　星期日

　　晴。上午,观汉书。复蝶分信。下午,圈点《随园女弟子诗》。录存读书随笔。走市公所一回。观《不忍》杂志。

6月16日　星期一

　　晴,晚雨。上午,至女校授高等班、初等甲班修身一课,十一下钟返。至河西仲箎五十岁冥庆,下午返。致朴庵信。录存读书随笔。夜间观《石头记》。

6月17日　星期二

　　雨。上午,到女校授高等班地理历史各一课,十一下钟返。圈点《随园女弟子诗》。下午,观《汉书》。复平庵信。伯衍来即去。圈点《畏庐文集》。与承粲二妹于夜间斗牌。

6月18日　星期三

阴。上午,本镇区官林近三来即去。观《汉书》。下午,圈点《畏庐文集》。抄文。观《不忍》杂志中朱九江佚文。夜,同昨。

6月19日　星期四

晴。上午,走至实枚学校,晤望舅、君深等,少坐同至高宅。下午随母亲同圆妹,携昭儿乘船返家。夜间观《石头记》。

6月20日　星期五

雨。上午,观汉书。复何振新信。下午,圈点《随园女弟子诗选》。复哲夫、泽庵信。仲田来,少坐去。整容。观《不忍》杂志中朱九江佚文。夜,同昨。

6月21日　星期六

晴,上午雨。上午,圈点《随园女弟子诗选》。写《读〈石头记〉杂说》。下午,编《公言报》第廿五期稿。至女校,出至市公所即返。志轩来,少坐去。答候林近三即返。复杨缘之信。夜,同昨。

6月22日　星期日

阴。上午,观《不忍》中朱九江佚文。作信。下午,理行理。抄文。校《丛选》三集六页。夜,同昨。

6月23日　星期一

雨。上午,至林近三处一回。九下钟同粲君携昭儿、珠儿至松江,下午四点钟到。在舟观《小说月报》。

6月24日　星期二

晴。下午,至新华公司晤朱希明,同至望江楼啜茗。又至松江银行晤瑞师,坐谈良久,返王家。

6月25日　星期三

晴。今日,先太岳九旬冥庆,稍有客。下午,斗牌。

6月26日　星期四

晴。上午,有照相来,与粲君、昭儿、珠儿合摄一影。下午,同粲君至醉白池等处,二儿亦去。

6月27日　星期五

晴。今日,以风阻不能行。下午,同粲君、昭儿等至火车站游览。余适晤冯君一、何剑威,又同至醉白池一回。粲君等至顾子木处。

6月28日　星期六

晴。县议会已于廿四日开临时会,今晨开船往洙泾。在舟观石头记。午刻到,即至青云阁与朱申甫、钱卓然、庄介三、张伯寅同寓。下午至议会开议三小时。夜,至望月楼啜茗。

6月29日　星期日

阴,下午雨。上午,致粲君信。至国民党事务所,访吴剑士不值。晤黄古农,少坐返。至议会,下午审查开办县立第二高等小学案。夜,观《石头记》。

6月30日　星期一

晴。上午,剑士来即去。至议会,下午开议三时,出至万航渡等处游览。夜,至望月楼啜茗,晤蔡恕庵。

7月

7月1日　星期二

晴。上午,至议会。下午,开议三小时,出至柘湖学校,晤莫古茹〔如〕伯筹。

7月2日　星期三
晴。上午,至议会。下午,开议三时。

7月3日　星期四
晴,下午、夜雨。上午,出外啜茗,后至议会。下午,开议三时。

7月4日　星期五
阴。上午,致粲君信。观《石头记》。至议会,下午开议三时。

7月5日　星期六
阴。上午,至议会审查本年度预算案。下午,开议三小时。临时会今日毕。

7月6日　星期日
雨,下午阴。同朱申夫乘划船归,八下钟开,午刻经干巷,时镇上演剧,河中船阻不通,停泊上去啜茗吃点心,并一观剧,及路通开船到家已晚矣。

7月7日　星期一
晴。上午,至女校行暑假式,出至尚公小学,晤仲田,少坐返。作信复时舅、人菊、哲夫。下午,观以前报纸。作信致朴庵、昆玉,复粲君、安如。子葵来即去。夜,观《小说月报》。

7月8日　星期二
阴。上午,观《汉书》。校《丛选》三集六页。下午,又校六页。观以前报纸。致瑞师信。至市公所一回。夜,同昨。

7月9日　星期三
雨。上午,观《汉书》。致天梅、攘白信。下午,理报纸。观《妇女时报》第十号。抄诗。家子光来,少坐去。夜,观《石头记》。

7月10日　星期四

阴。上午,观《汉书》。下午,辑《销魂集》。观《妇女时报》第十号。观《左孟庄骚精华录》。夜,同昨。

7月11日　星期五

晴。上午,观《汉书》。圈点《随园女弟子诗选》。下午,时舅来,同至萃文阁及市公所,并晤林近三,少坐返,时舅去。观《妇女时报》十号。

7月12日　星期六

晴。上午,同昨。下午,抄《商兑通信录》。观《左孟庄骚精华录》。作信致鹓雏、剑华,复朴庵。夜,观《石头记》。

7月13日　星期日

晴。上午,观《汉书》。写《时事小言》一则。下午,为源康庄提款事,往晤王子松,少坐返。观《左孟庄骚精华录》。致粲君信。

7月14日　星期一

晴,晚雨。上午,观《汉书》。作信。下午,抄通信录。写《倚剑吹箫楼诗话》。雨棠来,少坐去。夜,观《石头记》。

7月15日　星期二

晴。上午,观《汉书》。亚雄来,少坐去。作信复时舅,致平庵。下午,志轩来,少坐去。作信复粲君、安如,致本明。朱申夫及宪人先后来,少坐去。夜,同昨。

7月16日　星期三

晴。上午,观《汉书》。仲田来,少坐去。伯衎来即去。下午,钱伯勋来即去。观《左孟庄骚精华录》。至市公所,又同古如、仲田至城隍庙听伯筹宣传乃返。圈《随园女弟子诗选》。夜,同昨。

7月17日　星期四

雨、下午阴。上午，临《张猛龙碑》。观《汉书》。校《丛选》三集六页。下午，复攘白、少屏信。观《左孟庄骚精华录》。编《销魂集》。夜，同昨。

7月18日　星期五

晴。上午，临《张猛龙碑》。望舅、平庵、君深来。下午，观《左孟庄骚精华录》。写《倚剑吹箫楼诗话》。作信致亚希粲君，望舅等去。夜，同昨。

7月19日　星期六

雨。上午，临《张猛龙碑》。观汉书。复人菊信。下午，亚雄来，少坐去。写《诗话》。圈点《随园女弟子诗选》。夜，同昨。

7月20日　星期日

雨。上午，临《张猛龙碑》。观《汉书》。圈点《随园女弟子诗选》。下午，编《销魂集》。至亚希处，出至市公所，少坐返。夜，同昨。

7月21日　星期一

阴。作信复安如、哲夫、攘白，白天遂致剑士、锡安、朴安、寄尘。下午，至市公所一回。杂事。

7月22日　星期二

晴。上午，乘快船往松江。午刻即至王宅，而松地以外间用兵，人心惶惑。岳父等均于昨日去上海，粲君携二儿同往，宅中惟留仲稽。余午饭后乘火车亦往，住两等女校。车中晤程振奇。亚希同乘快船到松江，又同车到沪，为探访天梅消息。夜，同粲君至大通栈访亚希，同出至楼外楼啜茗，十下钟返。

7月23日　星期三

晴。民军于上海二三点钟时往攻制造局，天明停战。上午，同季鲁等至法界。下午，同綮君二儿至新新舞台观剧。又至宝记昭儿摄影。夜，至大通栈晤亚希，出至中华民报馆晤朴庵。余等本拟即归，时南市火车、浦中轮船皆以战事，断绝不通。今夜仍开战。

7月24日　星期四

晴。上午，至法界，并晤亚希。夜，同石士等至四马路啜茗，十点时炮声又作矣，达旦不绝。

7月25日　星期五

晴。昨同亚希及耕熙叔、朱仲篁诸人合唤一船，绕道而归。今日上午九点时，同綮君二儿至苏州河招商码头下船。亚希等已先在。午刻由轮船拖带。夜带至朱家角，适有人专雇轮船，拖至松江，余船亦即附上。

7月26日　星期六

晴。黎明到松江，同改乘快船，下午三下钟到家。家中已极挂念矣。亚云、志轩、伯衍先后来即去。夜，林近三来即去，致季鲁信。

7月27日　星期日

晴。上午，校《丛选》三集三页。杂事。下午，到商会，出至市公所，少坐返。致剑士信。

7月28日　星期一

晴。上午，随母亲至高宅，望时舅病。下午，到实枚学校，晤望舅、君深，傍晚返。夜，观《石头记》。

7月29日　星期二

晴。上午，校《丛选》三集三页。复振新、安如信。下午，至留溪学校开绅商学界临时联合会，筹备保卫地方治安。散会后又同少云、伯勋、仲田、志轩、杏林至卢宅索取枪械，返已傍晚矣。

7月30日　星期三

晴。上午，复诵华信。王子松来即去。翻阅《舒艺室杂著》。下午，至亚希处，出至市公所。昨日是会场公议筹募步巡队预备费商团经费，被推为商绅界募捐员，与仲田、粹宗、志轩三人。今日至行恕蕃、昌周、爱莲三处，返已傍晚。又下午伯才来即去。

7月31日　星期四

阴，晚雨。上午，观《左孟庄骚精华录》。复张伯寅信。编《销魂集》。下午，至市公所同仲田、粹宗至盛宣卿、朱伯篁、钱世德、黄伯承处募捐。近四点钟返。夜，观《石头记》。

8月

8月1日　星期五

晴。上午，观《左孟庄骚精华录》。编《销魂集》。下午，至市公所同仲田、志轩至继述三房、钱古训、盛承德、黄仓、子翰处募捐，又至钱留仙、林福生、汪季眉、李福良处，均不晤，五下钟返。仲田、志轩同来，少坐去。

8月2日　星期六

晴。上午，观《汉书》。编《销魂集》。下午，复仲稽，致朴庵信。观《左孟庄骚精华录》。写前日在沪日记。夜，观《石头记》。

8月3日　星期日

晴。上午,观《汉书》。下午,编《销魂集》。志轩来,少坐去。翻阅《舒艺室诗词》。夜,同昨。

8月4日　星期一

晴。上午,观《汉书》。编《销魂集》。下午,观《红楼梦赋》。观《左孟庄骚精华录》。至市公所,出至亚希处即返。夜,同昨。

8月5日　星期二

晴。上午,观《汉书》。编《销魂集》。下午,观《不忍》第五册。至市公所,少坐返。致朱申夫信。

8月6日　星期三

晴。上午,观《汉书》。时舅、君介来。下午,复剑华信。观《不忍》第五册。时舅等去,钱鲁望于下午自松江来同去。夜,观《石头记》。

8月7日　星期四

晴。上午,观《汉书》。写《倚剑吹箫楼诗话》及《读〈石头记〉杂说》。下午理账目。至市公所,少坐返。观《左孟庄骚精华录》。

8月8日　星期五

晴。上午,观《汉书》。编《销魂集》。下午仲田、志轩来同至卢宅,而眉寿先生不在,乃至一笑楼晤焉,少坐返。观《左孟庄骚精华录》。夜,观《石头记》。

8月9日　星期六

晴。上午,临《张猛龙碑》,观《汉书》。下午,复安如、寄尘信。朱申夫来即去。邀刘蔼堂来治珠儿恙即去。

8月10日　星期日

晴。上午,观《汉书》并写札记一则。伯才来,少坐去。作信,复哲夫。下午，作信复仲稽、季鲁。中元祭先。至市公所晤何震生、顾志光等，少坐返。晚，杏林来即去。

8月11日　星期一

晴。上午，观《汉书》。下午，抄诗。观《左孟庄骚精华录》（完）。复泽庵信。夜，观《石头记》。

8月12日　星期二

晴。上午，观《汉书》并写札记一则。邀宪人来治珠儿即去。下午昨日邀谢子春来治珠儿，今到即去。圈点《随园女弟子诗选》。复人菊信。至市公所一回。

8月13日　星期三

晴。上午，临《张猛龙碑》。观《汉书》。下午，观《曾国藩文集》。复剑士信。

8月14日　星期四

晴。天梅于昨晚归。上午往访焉，坐谈至十一点钟返。圈点《随园女弟子诗选》。下午，谢子春来，复治珠儿即去。观《曾国藩文集》。

8月15日　星期五

晴。上午，圈点《随园女弟子诗选》。观《曾国藩文集》。下午，观《石头记》。杏林来，为源康庄存款事即去。三日来，天气大热。

8月16日　星期六

晴。上午，临《张猛龙碑》。观《汉书》并写札记一条。下午，观《石头记》。天梅来，少坐去。作信复安如，致鹓雏。

8月17日　星期日

晴。上午，临《张猛龙碑》。观《汉书》。下午观《曾国藩文集》。致闵瑞师信。夜,观《石头记》。

8月18日　星期一

晴。上午,致时舅信。临《张猛龙碑》。观《汉书》。下午,观《曾国藩文集》。观《石头记》。复仲稽信。今日天气大热。

8月19日　星期二

晴。上午,往望祝祺病,少坐,出至市公所即返。下午,观《石头记》完。今日天气仍热。

8月20日　星期三

晴。上午,至东宅望祝祺病,近午返。下午,观《〈石头记〉评赞》。观《曾国藩文集》。晚闻祝祺作故。夜饭后往,九点时返。天气仍热。

8月21日　星期四

晴。上午,至东宅,午后返。观《曾国藩文集》。傍晚,又至东宅,夜返。

8月22日　星期五

晴,夜雨。上午,至东宅,送祝祺入殓。下午,四下钟返。

8月23日　星期六

晴。上午,时舅来,下午同至天梅处,少坐,同出至市公所一回。时舅以发寒热不去。

8月24日　星期日

晴。上午,观《曾国藩文集》。下午,雨棠来,少坐去。时舅去。邀宪人来治粲君牙痛即去。致仲稽、季鲁信。夜,观《不忍》中《留芳集》。

8月25日　星期一

晴。上午,至县立第二高等小学观行开校礼演说,十一下钟返。校《丛选》三集二页。下午,封发《南社姓氏录》。作信致寄尘,复振新。抄诗。

8月26日　星期二

晴。上午,临《张猛龙碑》。母亲往高宅。观《汉书》。下午,抄信稿。观《曾国藩文集》。观《不忍》中《连州集》。

8月27日　星期三

晴。上午,临《张猛龙碑》。观《汉书》。下午,作信致寄尘,复安如。观《曾国藩文集》。伯才来,少坐去。抄信。夜,复振新信。

8月28日　星期四

晴。上午,观《汉书》。下午,雨棠来,少坐去。抄信。至市公所一回。观《曾国藩文集》。校《丛选》三集六页。

8月29日　星期五

晴。上午,抄信。至钦明女校开学,十一下钟返。午后,观《曾国藩文集》。写《读〈石头记〉杂说》。观小说月报。晚母亲归。

8月30日　星期六

阴。上午,临《张猛龙碑》。观《汉书》。君深、斗文及姚补泉来。下午,补泉先去。叔纯来,少坐去。抄信。晚君深去。夜,斗牌。

8月31日　星期日

晴。上午,抄信。志轩来,少坐去。下午,至市公所一回。斗文去。观《曾国藩文集》。

9月

9月1日　星期一

阴。上午,至女学校,天梅等均在,近午返。下午,抄信。观

《曾国藩文集》完。

9月2日　星期二

晴。上午,抄信。作信至时舅。圈点《随园女弟子诗选》。下午,观《戴褐夫集》。复寄尘信。

9月3日　星期三

晴。上午,侍母亲同大妹至松江,上午九点开船,下午四下钟到,泊于张芳桥塊。在舟观《红礁画桨录》。上岸至女子商店等处。又至协升栈访震生。

9月4日　星期四

晴。上午,至协升栈晤震生,并晤朱叔建,同至松江银行晤闵师,少坐,余出至王宅,午饭后返,同母亲等至郑通惠等处买物。

9月5日　星期五

晴,下午阴。上午,修发,又至王宅,下午斗牌,三下钟出,同大妹至火车站游览。

9月6日　星期六

雨。黎明解缆,近午到家。在舟观《红礁画桨录》。下午,校《丛选》三集六页。

9月7日　星期日

阴,上午雨。上午,观《汉书》。致时舅信。下午,写闲情漫笔。观《石城落花记》。观《戴褐夫集》。五下钟往第二高等小学校宴会,夜返。

9月8日　星期一

阴。上午,至东宅七吊祝祺,少坐返。致叔纯信。下午,校《丛选》三集六页。观《石城落花记》。观《戴褐夫集》。作信致寄尘、季鲁。夜,观《红礁画桨录》。

9月9日　星期二

晴。上午,往吊黄伯承先生即返。观汉书。复杨秋心信。下午,观《石城落花记》。观《戴褐夫集》。天梅来,坐谈数刻去。复人菊、安如信。夜,观《红礁画桨录》完。观《小说时报》十九号。

9月10日　星期三

晴。上午,临《张猛龙碑》。观《汉书》。下午,至女校,出至市公所,均少坐返。观《戴褐夫集》。夜,观《清季野史》。

9月11日　星期四

阴。上午,草《金节母传略》。下午,观《石城落花记》。复哲夫信。观《戴褐夫集》。夜,耕熙叔来即去。志轩来即去。

9月12日　星期五

雨。上午,粲君往松江。观《汉书》并写札记一则。抄读书随笔。夜,观《清季野史》。

9月13日　星期六

阴。上午,临《魏王僧墓志铭》。观《汉书》。抄读书随笔。下午,观《石城落花记》完。至市公所,出至女校,少坐返。致佩忍信。观《戴褐夫集》。夜饭后,天梅来邀,言鹓雏、剑华顷来,即往。九下钟返。

9月14日　星期日

晴。上午,校《丛选》三集七页。抄读书随笔。至天梅处。下午,与天梅、鹓雏、剑华联七律一首,四下钟同至家中,夜去。今日下午,曾邀宪人来治昭儿。

9月15日　星期一

晴,月蚀。上午,算国学商兑会收支账。志轩来即去。望、时二舅来。下午,同时舅至天梅处,四下钟返。鹓雏、剑华同来。二舅去。夜,同鹓雏、剑华至天梅处,即返。

9月16日　星期二

阴,下午雨。上午,抄国学商兑会账。作信复希明、斗文。下午,至天梅处做诗。以中秋无月为题,余成七绝一首,汪叔宜亦来,四下钟返。延谢子春来中治昭儿即返去。粲君归。

9月17日　星期三

雨。上午,抄文。至陆雨生信。下午,复安如、寄尘信。至天梅处,已同鹓雏、剑华外出即返。抄读书随笔。夜,观《清季野史》。

9月18日　星期四

阴。上午,抄读书随笔。观《戴褐夫集》。下午,至天梅处,与鹓雏、剑华斗牌。四下钟同出至太和馆饮酒,并邀古如、少云、最坚、雨棠、叔纯、兴岐、涵好,九下钟返。

9月19日　星期五

晴,夜雨。上午,观《戴褐夫集》。鹓雏、剑华来。下午,四下钟同至天梅处,夜返。

9月20日　星期六

阴。上午,天梅、鹓雏、剑华来,即同至雨馨楼。鹓雏、剑华欲候金山卫划船来,乘之回去。而候至十一点钟不到,乃回去。合摄一影。又至市公所,余乃返。昨邀谢子春来治昭儿,今到,午饭后去。草题《留溪雅集第二图》二绝。至天梅处,傍晚返。夜,观《戴褐夫集》。

9月21日　星期日

晴。上午,至时舅信。天梅以大舅母在此,来即去。下午,邀宪人来治昭儿即去。蒋识儒同陆蟾仙来,少坐去。夜,观《小说月报》。鹓雏、剑华于今晨去。

9月22日　星期一

晴。上午,至东姚,因祝祺五七之期,即返。时舅来。下午,邀吕齐眉来治昭儿即去。时舅去。理书籍。夜,同昨。

9月23日　星期二

晴。上午,理书籍。下午,至市公所,出至天梅处,少坐返。作信复佩忍、寄尘。观天梅在京诗稿。夜,观《清季野史》。

9月24日　星期三

晴。上午,同圆妹至何宅,贺琴舅祖母八旬寿诞。

9月25日　星期四

雨。上午,至冯宅,近午返何宅。下午,同圆妹归家。在舟观《小说时报》。

9月26日　星期五

阴。上午,观锦囊。复剑华、仲稽信。下午,观《戴褐夫集》。观《不忍》第六册。夜,观《兰娘哀史》。

9月27日　星期六

晴。上午,致杨阆峰信。抄诗文。下午,母亲同圆妹及河西祖母至平湖嘉兴。至市公所同仲田至天梅处,少坐返。夜,同昨完。

9月28日　星期日

晴。上午,观汉书。作信复鹓雏、道公。下午,观《戴褐夫集》。望舅来,晚去。夜,观《玉梨魂》。

9月29日　星期一

晴。上午,致时舅、平庵信。观《戴褐夫集》。下午,至市公所出至女,少坐返。观《不忍》杂志。仲田、志轩先后来,均即去。夜,观《玉梨魂》,复佩忍、寄尘信。

9月30日　星期二

晴。县议会开第二届常会。上午八钟开船，十二下钟到，即至青云阁寓。至议会晤丁锡安，少坐返。观《玉梨魂》完。

10月

10月1日　星期三

晴，夜雨。上午，至知事署访叶守仁先生不晤。晤蔡叔明知事，少坐，出至议会。今日本定补选副议长，乃因人数不足，下午开会，先提议补选规则。五下钟返寓。朱申夫、陶聘人来同寓。

10月2日　星期四

阴。上午，同申夫至积谷仓游览一周。晤吴禹钦。出至议会。下午开议三时，五下钟返。钱卓钱来同寓。

10月3日　星期五

晴。清晨，同申夫等去啜茗。八下钟乘划船归家。下午一下钟到。适与莫伯筹同船。复安如、佩忍信。夜，观《春航集》。复子冶信。

10月4日　星期六

晴。上午，拟《重修县志办法》，寄会中。致朱申夫信。下午，至女校，出至天梅处，少坐返。复佩忍信。夜，观《春航集》。闻吕齐眉在镇，又邀请来一诊昭儿即去。

10月5日　星期日

晴。上午，观《戴褐夫集》。母亲等归。时舅来。下午，天梅来，坐谈良久，去时舅亦去。

10月6日　星期一

晴。小姐姐欲至上海为文婉置办奁具,邀余为伴,粲君、中妹偕去,尚有继述堂文姐姐、河西姨娘二人。上午九点钟开船,下午四点到,粲君即往王宅,余至新华公司访希明不值,至松江银行晤瑞师,少坐出,亦至王宅。

10月7日　星期二

晴。上午,同乘九下钟火车到上海,寓大新旅馆。下午,同去天成剪绸,余又至广益书局候寄尘不值,又到竞雄女校晤佩忍,并识吴小枚,少坐返。夜,同至丹桂茶园观剧。

10月8日　星期三

晴。上午,同小姐姐等至协泰置办红木器具。下午,同粲君、中妹至愚园南社举行重九雅集,会者几二十人,四下钟出至楼外楼。夜,佩忍招饮于花雪南家,天梅亦到,出又至李魁阁家。

10月9日　星期四

晴。上午,同粲君、中妹买物。午刻在海国春食蕃菜。下午又同去买物。夜,至雅叙园,出至大舞台观剧。

10月10日　星期五

晴。上午,至文明雅集啜茗并剪发。出至均益里候外舅及季鲁不值。出到顺源楼晤焉,即午膳。下午,至竞雄女校晤佩忍、小枚及徐寄尘,少坐返。同至易安啜茗。夜,同至大舞台观剧。

10月11日　星期六

晴。上午,至第一行台访少屏不值。又买物。下午同乘二点钟火车到松江,余至沈源茂木器店。出至王宅,粲君先至。

10月12日　星期日

阴,夜雨。九下钟开船归。下午四点到家。至天梅处,伊明日同亚希、小剑北上,少坐返。

10月13日　星期一

　　阴。上午,杂事。下午,到市公所,出至广大晤宪人,少坐返。道飞来。夜,致佩忍信。

10月14日　星期二

　　晴。道飞去。作信致朴庵、楚伧,复安如。观《戴南山集》。下午,朱申夫来即去。望、时二舅、平庵来。致鲁詹信。杨阆峰来即去,望舅等亦去。夜,观《自由》杂志。

10月15日　星期三

　　晴。上午,复哲夫信。观《戴褐夫集》。下午,致少屏信。圈点《随园女弟子诗选》。夜,同昨。今日精神欠好伤风。

10月16日　星期四

　　晴。上午,观《戴褐夫集》。抄诗。下午,圈点《随园女弟子诗选》。录存诗话。夜,观《夕阳红泪录》。

10月17日　星期五

　　晴。上午,编《国学丛选》四集目录。观《戴褐夫集》。下午,至女校,出至市公所,又至警务所晤近三,少坐返。致仲稽、季鲁,复伯钦信。夜,同昨。

10月18日　星期六

　　晴。上午,与账友理近年来单契。下午,观《戴褐夫集》。观《随园女弟子诗选》,圈点之。复寄尘、鲁詹,致攘白信。夜,同昨。

10月19日　星期日

　　晴。上午,观《戴褐夫集》。望、时二舅、君深、君介来。下午今日国学商兑会开秋季大会,即在余处。余仍被举连任理事长。到者不多,除望舅等外,为伯才、志轩、雨棠、竞南、蝶予、秋心、卓庵,四五点钟尽去。夜,复君懿,致仲稽信。

10月20日　星期一

晴。上午,八下钟与朱申夫划船至洙泾,因县会尚在开会。船中晤倩生、方亚文,午刻到,即住会中。下午,开议三时。

10月21日　星期二

晴。上午,同同人出至望月楼啜茗。下午,开补选副议长会,不开议。夜,又至望月楼喝茗。

10月22日　星期三

晴。上午,同朱申夫等出啜茗,余少坐即乘划船归家,下午二点钟到。在舟中观《夕阳红泪录》完。复安如信。夜,复哲夫、寄尘信。

10月23日　星期四

晴。下午,随母亲同中妹、圆妹携昭儿至高家贺季刚结婚。粲君同大妹携珠儿至陈家贺文婉于归。在舟观《锦囊》完。

10月24日　星期五

晴。上午,至陈家。

10月25日　星期六

晴。季刚就陈宅与文婉行结婚礼毕返,余亦又至高宅。

10月26日　星期日

晴。上午,与时舅、近三、憩南、识如、志一等至秦山,又至实枚学堂。午刻仍近高宅。夜,公贺暖房。

10月27日　星期一

晴。下午,三点钟走归,与李杏林同行。晚粲君等亦归。

10月28日　星期二

晴。上午,观《中国学报》。下午观《戴褐夫集》。志轩、杏林先后来即去。母亲等归。夜,观《小说月报》。

10月29日　星期三

晴。上午,作信致平庵、时舅,复安如。下午观《戴褐夫集》。填南社会计通告。夜,曾邀宪人来治粲君湿瘰。观《小说月报》。

10月30日　星期四

晴。上午,填南社会议通告。下午,子光来,少坐去。致朴庵,复哲夫信。鲁望来即去。观《戴褐夫集》。夜,观《小说月报》。

10月31日　星期五

晴。上午同昨。下午复时舅信。观《戴褐夫集》。夜,校《国学丛选》四集六页、《何太君事述》七页。

11月

11月1日　星期六

雨。上午,封发南社通告。下午,复寄尘、少屏信。观《戴褐夫集》。夜,观《觚賸》。

11月2日　星期日

阴。本生祖父今日百岁冥庆,上午合家至河西,下午返,晚又去,夜返。

11月3日　星期一

阴,夜雨。上午,粲君携二儿去松江。理国学商兑会账目,预备交伯才经管。下午封发南社通告。致钝根等信。观《戴褐夫集》。夜,复杨秋心信《论小学宜属文类》。

11月4日　星期二

阴。上午,写致秋心信。封发南社通告。下午,观《戴褐夫集》。复少屏、寄尘、安如信。至河西,傍晚返。夜观马小进寄来《女子参政权论》。

11月5日　星期三

阴。上午,封发南社通告。下午,观《戴褐夫集》。伯才来,少坐去。复哲夫信。子贞为云文孙弥月招饮,晚去,夜返。

11月6日　星期四

阴。上午,圈点《随园女弟子诗选》。致小进信。下午,至女校,出至市公所即返。理行装。夜,观邹亚云《流霞书屋遗集》。

11月7日　星期五

晴。上午,九点开船到松江,到已夜,至王宅,又至石士处。在舟观《流霞书屋集》完。观《觚賸》。

11月8日　星期六

雨。上午,至通惠,又至新华公司,回至石士处,夜返。

11月9日　星期日

晴,上午雨。贺石士行婚礼。

11月10日　星期一

晴。上午,仍至石士处,悉母亲、大妹已至松江。乃至郑通理晤焉。少坐即返。母亲与大妹下午先去上海。

11月11日　星期二

晴。上午,乘九点半火车至上海,即至大新旅馆母亲寓所,君深同寓,悉母亲等在天成,往晤焉。出至荔香园午膳。下午,同至宝成、美华利。夜,同至大舞台观剧。

11月12日　星期三

晴,夜雨。上午,出买书籍,路晤佩忍,又同母亲等至钜昌隆。午刻回寓,佩忍来,少坐去。下午同至大纶华彩,傍晚至粲君同晤儿来。夜,至第一台观剧,梅兰芳与王凤卿合演《汾河湾》。

11月13日　星期四

晴,雨,下午阴。上午,同君深至何瑞丰及华粹公司定做西装。下午,朴庵来寓即去。至第一行台晤少屏。出会母亲等于大马路,即同买物。傍晚返,望、时二舅亦来。夜,又同君深外出一回。

11月14日　星期五

阴。上午,胡寄尘、汪幼安来寓。下午,同母亲、时舅等至张元春红木嫁妆铺买物,傍晚返。佩忍来即去。夜,前往中舞台观剧,冯春航演《杜十娘怒沉百宝箱》。场中晤陈道一、吴小枚、姜可生。

11月15日　星期六

晴。上午,往访人菊于江淮寄庐,少坐返。佩忍来即去。下午,同母亲至刘宝顺及鸿泰,又至华粹公司。夜,同母亲、粲君、大妹及望舅、君深至雅叙园。

11月16日　星期日

晴。上午,买书籍。下午,同时舅至愚园举行第九次南社雅集。到者约二十人。余被强推连任书记。四下钟返。夜,至醉沤斋社友会宴。出同母亲等至肇明茶园观剧,毛韵珂演《电术奇谈》。

11月17日　星期一

晴。上午,少屏、鹓雏来即去。至紫来街、新北门等处。午刻,与社友会宴于招商菜馆。下午,至华粹公司及何瑞丰取衣服。夜,季鲁招饮于荔香园,与粲君往。佩忍、朴庵、人菊、少屏来寓即去。同至中舞台观剧,春航演《血泪碑》三四本。

11月18日　星期二

晴。上午,剪发。午刻,沐浴。下午,同乘快车去松江。三点时到,到后母亲、大妹住家中放来舟中,余与綮君至王宅。

11月19日　星期三

晴。上午,九下钟开船归,下午五点钟到家。在舟中观《浮生六记》完。

11月20日　星期四

晴。上午,理物件。下午,至市公所,出至尚公小学,晤仲田即返。志葵昨自含山回,今来即去。伯才同俞桢夫来即去。时舅、君介自松江回来即去。复剑士信。夜,观《东方杂志》中《清宫二年记》。

11月21日　星期五

晴。今日起作佛事三天,为先曾祖母沈太夫人百岁冥庆。志轩、亚云、子葵、子翰及沈静卿来,有即去,有午饭后去。望舅自松江回来即去张家。校《丛选》四集六页。

11月22日　星期六

晴。上午,作信致县议会辞职。下午飚生来即去。观《东方杂志》中《清宫二年记》。

11月23日　星期日

晴。下午,作信致汪幼安,复安如。观《平等阁笔记》。佛事今夜毕。

11月24日　星期一

晴。上午,观《平等阁笔记》。下午,致仲稽、心侠,复时舅信。观《戴褐夫集》。夜,观《妇女时报》十一号。

11月25日　星期二

晴。上午,柳村叔、子葵来,午饭后去。观《平等阁笔记》。观《戴褐夫集》完。夜,观《小说月报》。

11月26日　星期三

阴。上午,复时舅信。下午,观《方望溪全集》。志轩来即去。复寄尘信。观《平等阁笔记》。夜,观《闲中话》。

11月27日　星期四

雨。上午,辑《徐闇公残集》。下午,复攘白及朱僎良信。观《方望溪集》。圈点《随园女弟子诗选》。夜,望舅自南塘回来。

11月28日　星期五

阴。上午,流览碑帖。下午,子安来,少坐去。望舅去。观《望溪集》。致天梅信。夜,观《闲中话》。

11月29日　星期六

阴。上午,圈点《随园女弟子诗》。下午,观《望溪全集》。观《影本宋拓圣教叙》。宪人来即请其写膏方,少坐,去。夜,同昨。

11月30日　星期日

晴。上午,圈《随园女弟子诗选》。时舅来。下午,伯才、志轩、子贞先后来,均即去。晚,时舅去。夜,观《闲中话》完。

12月

12月1日　星期一

阴。上午,圈《随园女弟子诗选》。下午,致鲁詹信。至女校出至市公所即返。观《望溪全集》。夜,改中妹文一首,观《平等阁笔记》。

12月2日　星期二

阴。上午，圈《随园女弟子诗选》。作信复哲夫，致少屏。下午，贞夫〔甫〕伯、柳村叔来，少坐去。至市公所，同叔纯至王凤鸣处，观其所得钱世德堂之书画，中如徐青藤《花卉册》、陈眉公《梅花诗册》，莫是龙、金冬心等手札，费晓楼、改七香之《仕女》，何子贞写《自作诗卷》，刘石庵字卷，传青主字立轴，罗两峰画立轴等，皆剧迹也。王君得于钱氏者尚多，素藏亦富一时，不能尽观，出已傍晚矣。夜，观《古学汇刊》。

12月3日　星期三

阴。上午，圈《随园女弟子诗》。下午，观《方望溪集》。志轩来即去。邀宪人来治珠儿发痧子即去。蒋式如来，少坐去。夜，观《平等阁笔记》完。

12月4日　星期四

晴。上午，圈《随园女弟子诗选》完。下午，观《方望溪集》。作信复安如、致季鲁。平庵来，夜饭后去张家。致振新信。观《小说时报》二十期。

12月5日　星期五

晴。上午，发国学商兑会会计通告。望舅来。下午，复寄尘信。平庵来，晚与望舅均去。夜，观《古学汇刊》中郑鄤事迹。

12月6日　星期六

晴。上午，圈点《畏庐文集》。邀谢子春来治珠儿发疹，午饭后去。下午，观《方望溪集》。夜，同昨。

12月7日　星期日

晴。上午，草复杨秋心书《再论小学宜归文类》。下午，写信。至萃文阁，出至贞夫〔甫〕伯处，少坐返。伯才来即去。夜，观《小说月报》。

12月8日　星期一

晴。上午,抄信。下午,观《望溪全集》。志轩来即去。夜,同昨。

12月9日　星期二

阴。上午,圈点《畏庐文集》。作信致时舅,信成而时舅适来矣。下午,拓部印章,应鲁望索阅。时舅去。致汪幼安信。夜,观《小说时报》二十号。

12月10日　星期三

晴。上午,往吊朱申夫先生,适伯仁、仲田亦来,下午同返已晚。夜同昨。与诸妹为例句,偶得"夜静灯明好读书"一句,继又得"天寒日短宜勤学"一句,颇对而熟,不知为陈句否,可作冬日书房门联。复仲稽信。

12月11日　星期四

晴。上午,圈点《畏庐文集》。致时舅书。下午,复道公、寄尘信。观《方望溪集》。夜,抄存信稿。

12月12日　星期五

阴。上午,校《丛选》四集六页。复人菊、天梅信。下午,观《方望溪集》。理本年来信。夜,同昨。

12月13日　星期六

阴。上午,圈点《畏庐文集》。下午,复汪幼安信。邀宪人来治昭儿病即去。抄信。夜,草复杨秋心书《三论小学宜归文类》。

12月14日　星期日

阴。上午,朱先生以事忙,今又遭弟丧,来辞馆,少坐去。写致秋心信。下午,复安如信。观《方望溪集》。抄信。夜,观《古学汇刊》中《云自在堪笔记》。

12月15日　星期一

雨。上午,圈点《畏庐文集》。作信致鹓雏、叔同。下午,至尚公小学,晤仲田、志轩,少坐返。复丁迪光信。抄信。夜,同昨。

12月16日　星期二

阴。上午,圈点《畏庐文集》。观《姚姬传选唐人绝句诗钞》。下午,作信致邢诵华,复寄尘。观《望溪集》。志轩来,少坐去。夜,观《歌场新月》首期。

12月17日　星期三

晴。上午,观《汉书》。观姚选唐人绝诗。下午,抄信。致时舅信。观《望溪集》。夜,同昨。

12月18日　星期四

晴。上午,校《丛选》四集六页。下午,观《姚选唐人绝句诗钞》完。邀谢子春来治二儿即去。观《望溪集》。夜,观《云自在堪笔记》。

12月21日　星期日

阴。上午,圈点《畏庐文集》。复鲁詹信。下午,昨邀吕齐眉治二小儿,今到即去。致少屏信。夜,同昨,致仲稽信。

12月22日　星期一

晴。上午,圈点《畏庐文集》。致时舅信。下午,复寄尘信。抄《闲情漫笔》。观《方望溪集》。夜,观《觚賸》,复丁锡安信。

12月23日　星期二

晴。上午,时舅、君介等来即去亭林。下午,复丁迪光信。修发。

12月24日　星期三

晴。至亭林顾家贺喜。上午十下钟开船,下午四下钟到。在舟观《游戏杂志》。

12月25日　星期四

雨。上午,十一下钟开船,至何家贺孟龙结婚,到已夜。

12月26日　星期五

晴。夜,来宾公贺暖房。又上午至冯宅一回。

12月27日　星期六

晴。下午,返家到已晚。在舟观《觚賸》。

12月28日　星期日

晴。连夜失眠,今日起甚晏。下午,校《丛选》七面。夜,观连日报纸。

12月29日　星期一

晴。上午,复阮式一及安如信。下午,观《方望溪集》。编《徐閤公残集》。至宪人处贺其令侄伯康结婚之喜,夜返。

12月30日　星期二

晴。上午,复选林信。下午,观《望溪集》。编《閤公残集》。至伯康处贺暖房,夜深返。

12月31日　星期三

晴。上午,圈点《畏庐文集》。复寄尘信。下午,作信致何望达舅祖。志轩来即去。夜,观《觚賸》。

1917 年

1月

1月3日 星期三

晴,冷。上午,观《资治通鉴》。下午,观《十八家诗钞》。佛事于今夜告竣。

1月4日 星期四

晴,冷。上午,观《资治通鉴》。下午,君介来,傍晚去。邀宪人来治昭儿,承粲亦请其一诊即去。夜,观《南社》十九集。

1月5日 星期五

晴,冷。观《南社》十九集。草《不诚无物说》。夜,观《吴挚甫文集》。

1月6日 星期六

阴,冷。上午,观《资治通鉴》。朱信夫师来即去。下午,观《王船山读通鉴论》。伯才来,少坐去。抄清昨日所作文。夜,观《吴挚甫文集》。

1月7日 星期日

晴,冷。上午,观《资治通鉴》。下午,至警局一回。君懿来,少坐去。作信致县知事为前日窃案。请谢子春来治绍儿伤风,夜饭后去。

1月8日　星期一

晴,冷。上午,请宪人来治绍儿即去。下午,致景蓬信。鹓雏来。

1月9日　星期二

晴,冷。上午,鹓雏去南塘。请宪人来治绍儿即去。观《南社》十九集。观《十八家诗钞》。复景留信。夜,观《吴挚甫文集》。

1月10日　星期三

晴,冷。上午,誊恒社课卷。下午,请吕同人来治绍儿即去,绍儿之症似重伤风,惟气分不舒。今日又往请刁谦伯。复君深信。观《十八家诗钞》。

1月11日　星期四

晴。绍儿之病未见松动,殊为闷闷。傍晚,刁谦伯到诊后,言症系肺惊痰喘。

1月12日　星期五

晴。祝慎哉先生今日年假回去。鹓雏来。复君深信。绍儿之病无甚减轻,谦伯留。

1月13日　星期六

晴。上午,鹓雏去。下午,谦伯去,绍儿病无甚增减。大妹归高宅,望舅于上午来,同去。

1月14日　星期日

晴。上午,复安如信。下午,续观《战国策补注》。十洲来,少坐去。十洲学医于谦伯,前二日亦来也。致君彦信。夜请宪人及同人(本拟请齐眉)来治绍儿即去。致仲稽信。

1月15日　星期一

晴。绍儿之症仍不松动，气逆作咳，啼哭不声，请谢子春，傍晚到，夜饭后去。日间又请守童贞女诊治。观《吴挚甫文集》完。夜，午板桥头有火警。

1月16日　星期二

晴。绍儿服仙方至宝丹，稍有松动。观《南社》十九集。夜，翻阅《贺先生集》。

1月17日　星期三

阴。上午，洒扫房屋。到时舅信。下午，至林晋康处送杏即返。观《南社》十九集。伯埙来交代契据，少坐去。夜，理账。

1月18日　星期四

晴。上午，观《国策》。作信致叔同、钝根。下午，至宪人处不值，乃至槐荫阁一回即返。观《南社》十九集。今请新仓陈友卿诊治绍儿，夜到言系痰风惊，无大妨碍，治后往其亲戚屠家。翻阅《贺先生文集》。复时舅、景留信。又今日上午徐亚伯来，下午亚雄来，少坐去。

1月19日　星期五

晴。绍儿之病，昨夜又见沉重。今晨邀陈友卿复治，又往请吕齐眉，夜到宿。复织儒信。

1月20日　星期六

晴。绍儿今日由齐眉复治，又请何宪人、潘畏三。乃至酉刻，竟尔殇逝，痛哉！痛哉！又今晨曾请刁谦伯到，已不及矣。上午徐亚伯来即去。

1月21日　星期日

晴。殡绍儿，柩于龙沙禅院处祖墓。

1月22日　星期一

阴,夜雪。杂事。

1月23日　星期二

晴。夏正元旦。

1月24日　星期三

晴。斗牌。今日上午徐亚伯、姜伯承来,余未起,即去。

1月25日　星期四

雨。下午,咏辉来,少坐去。作信致李梅尹、沈志儒、周公侠、闵瑞师。至河西一回,方伯母作故。

1月26日　星期五

阴。上午,大妹归,望舅、时舅、君平、君深、君介、君藩、君湘、君宾来。下午,同时舅等走街上一回。傍晚舅氏等均去,惟君深留。至河西夜返。

1月27日　星期六

上午雨雪,下午阴。上午,至河西送方伯母大殓,下午返。大妹与君深去。夜,斗牌。

1月28日　星期日

晴。上午,作信复安如、悼秋及山阳图书馆。下午,至贞夫〔甫〕伯处,子贞处及巡警局。夜,斗牌。

1月29日　星期一

晴。上午,至高宅,傍晚返。在舟观《小说月报》。夜,复景留信。

1月30日　星期二

晴。上午,汪若望来,少坐去。下午,作信复心徽,致振新、哲夫。夜,观《春声》。

1月31日　星期三

晴。上午,作信致天梅、秋心,复子光。下午,亚雄、式如先后来,均少坐去。夜,斗牌。

2月

2月1日　星期四

晴。上午,致莼农信。下午,仲稽来。

2月2日　星期五

晴。上午,同仲稽走大街,并至水月楼啜茗。下午,时舅来,傍晚去。

2月3日　星期六

晴。上午,仲稽去。观《南社》十九集。下午,作信复志儒、天梅、振新。志轩邀去一回。亚雄来,夜饭后去。致公侠,复景留信,又为亚雄向银行借款。致瑞师信。今日,母亲至高宅。

2月4日　星期日

晴。上午,观《南社》第十九集。复叔同信。下午,伯才来,少坐去。观《十八家诗钞》。夜,斗牌。

2月5日　星期一

晴。上午,至宪人处晤振新,出至东宅思诚堂,少坐返。下午观《南社》十九集。作信复秋心,致道弘。母亲归。

2月6日　星期二

晴,夜雨。同承粲携昭儿花儿到松江王宅,上午九点钟开船,下午五点钟到。在舟观《春声》。

2月7日　星期三

雨。今日王宅宴客,为时舅、蔡谱哲、内表姑丈顾荃孙、内表叔孙田生、顾子木诸人。夜,斗牌。

2月8日　星期四

晴。往苏州,拟探梅邓尉。上午十一点钟乘火车,车站与时舅相会。车过上海,又与平庵相会,皆预约也。下午二下钟到苏州,寓惠中旅馆,与时舅往晤金松岑,岑之言梅花以天寒尚未开放,遂将邓尉之游作罢,少坐同出一游玄妙观,傍晚返寓。

2月9日　星期五

晴。上午,同至河沿街候陆云伯,十年前同学友也。同出游环秀山庄,在申衙前即汪氏义庄。出至松岑处,应其招饮,出游拙政园。傍晚返寓。

2月10日　星期六

晴。同游天平山、支硎山、寒山寺。夜,往茶楼啜茗。

2月11日　星期日

晴。上午,同至虎邱山,回已午后,乃至留园,松岑亦来,出又至沧浪亭。致粲君信。

2月12日　星期一

晴。上午,乘八点半多钟火车到上海。到已近午,寓惠中旅馆。同出买物,午膳后余至均益里迪新女校晤季鲁。又至时报馆候周公侠,乃返。夜同至国是报馆,晤黄朴存,出至蝉隐庐,公侠来。

2月13日　星期二

晴。上午,公侠招至老半斋小叙,回同时舅、平庵至商务印书馆、中华书局,后至豫园劝业场游览一周,返已不早。夜同至来青阁、博古斋买书。

2月14日　星期三

晴。今晨，平庵往平湖，余与时舅乘九下钟火车返松江，到后余即至王宅。下午，至顾宅晤时舅，同出至松江银行及扫叶山房。

2月15日　星期四

雨，上午阴。上午，至顾宅，同时舅至商会，应闵瑞之、李苕香、吴伯赓三先生招饮，席间有沈梦莲、沈思齐、耿伯齐、蔡季平、程子松、吴啸楣诸人。夜观《绛纱记》《焚剑记》完。

2月16日　星期五

晴。下午，往进化社观演新剧。家中放船来，定明日归去，以潮水太早，今夜与粲君携两儿宿船上。

2月17日　星期六

晴。天明解缆，下午一点钟到家。夜观前数日报纸。

2月18日　星期日

阴，下午雪。今日解星辰。上午君深、君藩来，拟往松江，以雪阻。傍晚仍回去。致时舅信。

2月19日　星期一

晴。理书籍。作信至仲稽，景留，复安如、悼秋、秋心、吴达之、志儒。夜观小说《革命军》。复时舅信。

2月20日　星期二

晴。上午，闻沈梦莲欲来，乃至巡警局晤焉，少坐返。作信复宣之。午刻徐访仙在巡警局设席宴梦莲招陪，席散返。作信致石予，复哲夫、心徽。草《吴门游记》。晚亚伯宴梦莲招陪，夜返。

2月21日　星期三

晴。今午与伯埙合宴梦莲及黄谱蘅、乔念椿、杨澄浦，席设余家。乃梦莲今晨以事回去,余均到,并招徐访仙、徐亚伯、卢粹中等。作信复逢伯。夜,斗牌。

2月22日　星期四

晴。上午,作信复寄尘、公直、公侠,致君深。母亲往冯宅。下午,观《南社》十九集完。修发。夜,同昨。

2月23日　星期五

晴。作信致粹中、亚伯。草哭绍儿文。草读《宋史·道学传》。观《十八家诗钞》。夜,斗牌。

2月24日　星期六

晴。上午,观《资治通鉴》。下午,作信复时舅、伯雄、永思、松岑。抄文。母亲归。夜,观《小说月报》。

2月25日　星期日

阴,晚雨。上午,观《资治通鉴》。下午,抄文。瑞师来,夜饭后去。

2月26日　星期一

雨。上午,亚雄来,少坐去。抄文。下午,观《十八家诗钞》。作信复莘子,致松岑。夜观《小说月报》。

2月27日　星期二

阴。上午,至河西七吊方伯母。君深亦来,午饭后同返,望、时二舅、君介在。瑞师来。傍晚,望舅等均去,瑞师亦去。又至河西夜饭后返。观《春声》。

2月28日　星期三

阴。上午,往吊朱信甫夫子之丧,午饭后返。作信致景留,复周孝思。至河西傍晚返。夜,观《小说大观》。

3月

3月1日　星期四

阴。上午,复时舅信。观《资治通鉴》。下午作信复志儒、善之、安如。亚伯来,少坐去。观《十八家诗钞》。夜,至协和当晤瑞师,少坐去。观《小说大观》。

3月2日　星期五

阴,夜雨。上午,观《资治通鉴》。下午,观《战国策》。观《十八家诗钞》。夜,观《小说大观》。

3月3日　星期六

晴。上午,伯筹、伯埙二先生,望、时二舅,平庵来。下午至市公所知事主席会议,开浚张泾事,夜饭后返。

3月4日　星期日

晴。上午,同时舅、平庵至东市梅园看花。望舅、伯埙、伯筹、亚伯同知事亦来。返时余又至贞夫〔甫〕伯处借阅《张堰志》。午刻在家与二舅、伯埙合宴知事,并招亚伯、伯筹为陪,散席二下钟,伯才来即去。时舅与平庵去。

3月5日　星期一

阴。上行是,伯埙来,少坐去。下午,望舅去。母亲亦往高宅。叔纯来,少坐去。作书致龙丁,复君藩。夜,观《小说大观》。

3月6日　星期二

晴。上午,观《资治通鉴》。下午,叔纯、子贞先后来,少坐去。作信复周锡纯,致朴存、莼农。夜,观《小说大观》。

3月7日　星期三

晴。上午,观《资治通鉴》。下午,圈昌黎文。伯才、伯筹先后来,少坐去。复道弘信。夜,观《小说大观》。

3月8日　星期四

雨。上午,观《资治通鉴》。下午,观《十八家诗钞》。观《国策》。圈《定庵集外诗》。作信致石予、君彦、了公、勉后。夜,斗牌。

3月9日　星期五

阴。上午,至高宅。

3月10日　星期六

晴。下午,随母亲返。夜,复君藩信。

3月11日　星期日

阴,夜雨。草恒社课艺《〈史记〉传儒林不传文苑论》。复安如、景留信。夜,观《小说大观》。

3月12日　星期一

阴,夜雨。上午,綮君携两儿往松江王宅。复逢伯信。下午,改削昨日所作文。大妹归,君深同来。望舅来,晚去。夜,与君深等斗牌。

3月13日　星期二

阴。上午,誊恒社课卷。下午,与君深、大妹、郑慧花斗牌。朱乐天先生来。夜,复綮君信,斗牌。

3月14日　星期三

阴。上午,乐天先生去。观《资治通鉴》。下午,复公侠、叔同信。斗牌至夜。

3月15日　星期四

晴。同望舅母、君深、大妹、中妹、慧花妹往松江,上午九下钟开船,下午五下钟到,余至王宅。在舟观《践卓翁小说》一二辑。

3月16日　星期五

晴。十一点钟,同舅母、君深、大小二妹乘火车往上海,寓新旅社。下午,同君深至江苏银行取汇款,又同至各银楼。夜,至绣云天,致圆妹信。

3月17日　星期六

阴,夜雨。上午,同舅母至徐景明处镶牙。又至乾发源皮货店,又同至春申楼午饭。下午,同君深至蝉隐庐、博古斋、商务印书馆买书。夜,同君深、大中两妹至笑舞台观剧。

3月18日　星期日

阴,夜雨。上午,至丰昌访顾子恂不值。出至徐景明处,将牙一配。又同君深至西泠印社。今日星期君湘、君宾自校来寓同去。午刻出至新世界,傍晚返。君湘、君宾回校。夜,同君深至博古斋。

3月19日　星期一

晴。上午,至有正书局。出至徐景明处将牙镶好。下午,同至大马路买物。余又至商务书馆。傍晚,与君深至大观楼用大菜,舅母等至郑家,夜同会于大舞台观剧。

3月20日　星期二

晴。上午,同君深至商务印书馆古书流通处、博古斋,下午,同至劝业场,夜至天蟾舞台观剧。

3月21日　星期三

晴。上午,至大马路买物。下午,同舅母等乘二点半钟火车回松江。到后余即至王宅。

3月22日　星期四

晴。与舅母等同船回家，上午九下钟解缆，下午五点钟到。在舟观《践卓翁小说》。

3月23日　星期五

晴。上午，伯承来，为欲向松江银行借款属作信致瑞师介绍，少坐去。望舅来。下午，作信致时舅，复景留、君彦、承粲。望舅去，君深同去。夜，理账。

3月24日　星期六

晴。上午，伯才来即去。复志儒信。下午，观《十八家诗钞》。作信致君懿等。夜，观《践卓翁小说》一二辑完。

3月25日　星期日

晴。上午，复景留，致云林信。观《资治通鉴》。下午，至河西为方伯母六十日念经，少坐返。复安如信。抄文一首。校所誊前三年文。夜，观《小说月报》。

3月26日　星期一

晴。上午，观《资治通鉴》。文安、杏林、杏春来募杨侯赛会捐即去。下午，观《十八家诗钞》。作信复洁身、承粲，致君深。夜，观《小说月报》。

3月27日　星期二

晴。上午，观《资治通鉴》。观《船山读通鉴论》。理报纸。观《战国策补注》完。望舅来。伯埙宴耿伯齐先生招饮，同望舅往，夜返。

3月28日　星期三

晴。上午，同时舅伯埙、伯才来，同至市公所开张泾河工局董事会，被举为财政管理员，下午返。伯筹、伯才来即去。望、时二舅去,复承粲致君懿信。夜,观《春觉斋论文》。致君介信。

3月29日　星期四

晴。上午,观《资治通鉴》,观《船山读通鉴论》。下午,邀宪人来治中妹喉痛即去。圈《昌黎集》,圈《定庵集外诗》。复君彦信。夜,观《小说月报》。

3月30日　星期五

晴。上午,作信复君深、君介。清节祭先。时舅来。下午,式如来即去,时舅亦去。至同泰仁候伯埙不值返。观《十八家诗钞》。宪人来拟开浚市河呈稿,又上午曾来复治中妹。今又请周西亭来治中妹,晚到,夜饭后去。夜,伯埙来即去。

3月31日　星期六

晴。唤脚划船往亭林吊顾敬贤之丧,返已晚。在舟观《小说月报》。夜,观《春觉斋论文》完。今日曾请宪人治中妹。

4月

4月1日　星期日

晴。上午,观《资治通鉴》。下午,宪人来治中妹即去。至摩鸟桥及金家桥扫墓。复粲君,致朴庵信。伯埙来,少坐去。夜,观《小说大观》,复君介信。

4月2日　星期一

晴。上午,观《资治通鉴》,誊春晖文社课卷。下午,卢粹中、倪子翔来,欲结诗社,少坐去。至广大晤宪人,出至东小桥扫墓。宪人来治中妹即去。观《十八家诗钞》。夜,观《小说大观》。

4月3日　星期二

晴。上午，至夏人村扫墓，返已下午。在舟翻阅《唐人说荟》。君深来。复安如，致粲妹信。整容。

4月4日　星期三

晴。唤划船往廊下吊朱志贤之丧，傍晚返。在舟观《铁笛亭琐记》。夜，周西亭治中妹喉症后调理即去。

4月5日　星期四

晴。上午，至龙沙禅院处扫墓，午刻返。在舟观《铁笛亭琐记》完。下午至同泰仁候伯埙不值，适亚伯、雷生在，乃少坐返。作信复粲妹及哲夫、逢伯。伯才来，少坐去。理书。

4月6日　星期五

晴。上午，伯埙来，少坐去。君介、君藩、君湘、君宾来。下午，邀宪人来治中妹即去。君介等去。至同泰仁晤伯埙，少坐返。今日葬绍儿于龙沙禅院处祖墓后。

4月7日　星期六

晴。为开浚张泾河及张堰市河事，同伯埙唤划船往朱泾。上午八点钟开船，到已下午一点钟，即至县署晤詹县长，少坐出，走街上一回，并用午馔。伯埙留朱，明日往上海，余仍乘原船返，抵家七下钟，承粲携两儿已返。在舟观《剑腥录》。

4月8日　星期日

晴。上午，作信致周西亭、朱少屏、王仲稽，复雷剑丞、周锡纯及时舅、君藩、伯埙、志儒、景留。下午，望舅来，傍晚同君深去。端甫来谈浚河事，少坐去。夜，为浚河事，作信函宪人。

4月9日　星期一

晴。侍母亲同圆妹携昭儿，唤舟往嘉兴，乘火车游杭州。上午八下钟解缆,下午六下钟到平湖泊焉。余一走瑞源庄,夜又至报本寺,平庵先在此念经也。望舅母今日与景舅母另舟同来往杭州。在舟观《剑腥录》完。又观《十八家诗钞》中东坡七律。

4月10日　星期二

阴。晨七点钟解缆,下午二下钟到嘉兴。母亲等往买物,余携昭儿同平庵、济川弟、启明往洽和源候杨阆峰,同出至寄园啜茗。又唤舟游南湖烟雨楼。作信至粲君。在舟观《镜台写影》。

4月11日　星期三

雨。上午十点半乘火车,下午一点钟到杭州,寓湖滨旅馆。至高义泰布庄买物。夜,致粲妹信。

4月12日　星期四

阴。九下钟乘轿至昭庆寺三天竺,在上天竺午馔后至灵隐、玉泉、岳坟。六点钟抵寓。景舅母病,不能同行。夜,作信致粲君、叔同。

4月13日　星期五

雨。发寒热。

4月14日　星期六

阴。今日身体即健。上午,母亲、圆妹、望舅母至城隍山,余携昭儿同平庵、济川弟、启明至西园啜茗。下午,至清和坊和母亲等相会购物。余又一至头发巷候丁宣之不值,返寓已傍晚。夜,观《镜台写影》完,致粲妹信。

4月15日　星期日

晴。上午,余至胡庆余堂买药物,后同母亲、望舅母等至孤山放鹤亭、平湖秋月,浙军昭忠祠公园图书馆,乃至楼外楼午馔。出至西泠印社、刘庄、三潭印月,返寓已晚。

4月16日　星期一

晴。上午,叔同来寓,少坐去。同母亲等至静慈寺,出至高庄午馔。出至小万柳堂,乃回至涌金门,进城买物,傍晚返寓。夜,复粲妹信。

4月17日　星期二

阴,微雨。上午,望舅母以景舅母病,先行同归。侍母亲至英华照相馆合摄一影,出至太平坊保佑坊等处买物。傍晚返寓。又出至西园夜馔,与平庵打弹子。

4月18日　星期三

晴。上午,平庵同启明又先回去。至羊坝头等处买物。路晤张心芜。下午二下钟返寓,又走湖滨游览,路晤陈虑尊越流。夜,至凤舞台观剧。

4月19日　星期四

晴。上午,至洽记万源绸庄,出至城站楼外楼啜茗。午馔出至车站,乘二点四十分钟火车到嘉兴,家中已放船来候矣。

4月20日　星期五

晴。鸡鸣解缆,下午二点钟到平湖,至报本寺,又走街上一回。观《闺声》。

4月21日　星期六

晴。清晨解(缆),维在明珠庵候潮多时,傍晚到家。在舟观《十八家诗钞》。

4月22日　星期日

晴。上午,伯筹、伯垿、伯才先后来,少坐去。至张泾河工局,局设在三神庙,近先雇工开浚本镇市河,已于阴历上月廿七日筑坝矣,少坐,望舅亦来。午饭后同返。作信复时舅、君藩,至子恂。

望舅去。夜,观前数日报纸。

4月23日　星期一

雨。上午,观《资治通鉴》。下午,圈《昌黎集》。亚伯、粹中、子翔及袁肖廉来,少坐去。作信复时舅、安如。夜,同昨。

4月24日　星期二

晴。晨作信致亚伯,报告昨夜被窃。上午,至河工局,少坐返,又走河上一回。平庵、君深来。下午,走河上一回。复道弘信。平庵去。至舒万和贺馨山令媛出阁,夜返。

4月25日　星期三

阴,夜雨。上午,望舅来。伯埙来,少坐去。下午,至徐亚伯处,其岳母开丧。出至万和。出至河工局,少坐返。作信复时舅、卓然。倪子翔来即去。望舅去。至徐访仙处贺其令媛于归,夜返。

4月26日　星期四

阴,夜雨。上午,观《资治通鉴》。至河工局,下午,又走河上一回返。辑《云间诗征》。为陈五和事作信至黄季卿、蒋云伯。夜,复时舅信。

4月27日　星期五

阴,上午雨。上午,补作《闰二月十五夜步月》七律一首,恒社诗课也。下午圈《昌黎集》。复仲稽信。夜,观《小说月报》。今日母亲往冯家为六母舅安葬。

4月28日　星期六

晴。清晨至宗祠举行春祭礼,到者三十人,余司导引,昭儿亦到。望、时二舅、君深、君介来观礼。午馔后同返。同时舅、君深、君介至卢家候袁肖廉不值即返。周平泉来,少坐去。望、时二舅、君介去。观《十八家诗钞》。

4月29日　星期日

晴。上午,伯才来。伯埙、端甫来,少坐去。伯才去。下午,至河工局,又走河上一回。观《十八家诗钞》。作信致亚伯,复粹中。

4月30日　星期一

晴。上午,宪人来,少坐去。观《资治通鉴》。下午,作信复安如。走河工局一回。望舅来。亚伯来,少坐去。今日母亲归。

5月

5月1日　星期二

晴。上午,观《资治通鉴》。下午,圈《定庵集外诗》。观《十八家诗钞》。夜,子贞来坐,谈良久去。

5月2日　星期三

晴。上午,雷生来,少坐去。平庵来。下午,邀宪人来治昭儿寒热即去。伯筹来,少坐去。平庵去,望舅、君深亦去。夜,观《小说月报》。

5月3日　星期四

晴,夜雷雨。上午,观《资治通鉴》。下午,圈《昌黎集》。作信复君藩、仲稽。观《十八家诗钞》。夜,观《南社小说集》。

5月4日　星期五

晴。上午,观《资治通鉴》。至河工局,午后返。雄伯、云林来,少坐去,雄伯往高宅。作信致吴雨三。观《十八家诗钞》。夜,观《南社小说集》。

5月5日　星期六

雨。上午,观《资治通鉴》。君介同雄伯来。望舅、君平、君深来。下午,时舅同徐眉轩、薛镜人等来。伯埻来。晚,望舅在此设席宴眉轩等,散席后眉轩等往宿旅馆,伯埻亦即去。

5月6日　星期日

晴,上午雨。上午,眉轩等来,少坐,同至河工局,观试验浚河机器,望舅、君平亦同去。午饭后返。君平同眉轩等回。时舅、君介、君深则于上午同雄伯先回矣。伯筹、叔纯先后来,均少坐去。作信致天梅复安如、公侠。夜,拟致县知事信,为河工经费事。

5月7日　星期一

晴。上午,理发。观《资治通鉴》。下午,至河工局一回。亚伯同庄印若、杨澄浦为苦儿院事来,少坐去。观《十八家诗钞》。望舅去。伯筹来即去。作信致沈梦莲缴苦儿院捐。夜,观《小说月报》。

5月8日　星期二

晴。上午,伯筹、伯埻来即去。至巡警局晤詹县长,少坐,同出参观钦明、尚公二校,并验看南段河工乃返。望舅来。雄伯来,即往云林处。黄景贤来即去。亚伯宴知事招陪,散席后同至河工局。晚,局中亦设席宴知事,闵瑞师为协和被窃事,亦来晤知事,夜同望舅返。

5月9日　星期三

晴。上午,瑞先生、景贤来即去。赓熙叔为河工捐来,少坐去。姚凤贵来卖笔即去。下午,至河工局,少坐返。圈《昌黎集》。望舅去。晚,瑞先生招饮于协和当,夜返。

5月10日　星期四

　　晴，下午雨。上午,观《资治通鉴》。下午,走河工局一回。时舅来,少坐去。圈昌黎集。观《十八家诗钞》。

5月11日　星期五

　　雨。上午,观《资治通鉴》。至河工局,下午返。三下钟又至河工局,观开坝,五下钟返。夜,观《比德临阵记》完。

5月12日　星期六

　　阴。上午,观《资治通鉴》,并写札记。观《船山读通鉴论》。下午,至河工局,少坐返。复望舅信。志轩来,少坐去。圈《昌黎集》。夜,观《小说大观》。

5月13日　星期日

　　阴,夜雨。上午,观《资治通鉴》。望舅来。下午,伯筹、端夫、式如、伯埙先后来,均少坐去,望舅去。作信复仲稽、致君深。夜,观天梅《丙辰燕游草》。

5月14日　星期一

　　晴。上午,观《资治通鉴》。作信致望时二舅、亚伯。下午,观《十八家诗钞》。伯筹来即去。致逢伯洁身信。圈《昌黎集》。夜,观《天潮阁集》。

5月15日　星期二

　　晴。上午,观《资治通鉴》。下午,至同泰仁晤伯埙,又同伯筹至高等小学校观月季花乃返。圈《昌黎集》。作信复安如、哲夫。夜,观《小说大观》。

5月16日　星期三

　　晴。上午,伯才、伯埙前后来,均少坐去。下午,草《题花魂蝶影图》一首,补草《苏杭游诗》四首。伯筹、少卿、伯埙、伯才来,少坐去。作信复志儒、人菊、君彦。观《十八家诗钞》。

5月17日　星期四

晴。上午,观《资治通鉴》。君深来。下午,雷生来即去。宪人来种两小儿牛痘即去。君深同大妹去。伯才来即去。复叔同信。圈《昌黎集》。夜,与粲君奕。

5月18日　星期五

晴。上午,为河工捐事,往晤仲莲,少坐返。观《资治通鉴》。下午,作信复杨南村。王仰霄来即去。翻阅《慎宜轩文》。观《十八家诗钞》。夜,观《小说大观》。

5月19日　星期六

晴。上午,复景留、君藩信。理行装。下午,至巡警局晤亚伯,少坐返。抄诗。复安如信。

5月20日　星期日

晴。往廊下镇赴志贤追悼会,返已傍晚。夜,亚雄来即去。

5月21日　星期一

今日起偕时舅等有北京之行,另写《丁巳北游日记》。

6月

6月10日　星期日

北京之游今日回家。

6月11日　星期一

晴。上午,理行箧。黄景贤来,少坐去。下午,作信复安如及冯简章。伯才来,少坐去。志轩来,少坐去。夜,观《小说月报》。

6月12日　星期二

雨。上午，观《石笱山房诗集》。下午，式如来，少坐去。草《游诗》二绝。复仲稽信。今夜起道场作佛事。

6月13日　星期三

晴，晨雨。今日冯氏先母六十冥庆。上午，志轩来即去。伯堎来即去。望舅来。下午，子翰来即去。致君介信。望舅去。观《石笱山房诗集》。

6月14日　星期四

雨。上午，抄纪游诗。下午，岳母来。草《游诗》二首。观《石笱山房诗集》。

6月15日　星期五

雨。上午，草《广德楼观鲜来芝演剧》二绝。下午，补写《北游日记》。佛事于今夜毕。

6月16日　星期六

雨，晚晴。上午，作信致时舅，复仲稽。下午，作信复哲夫、人菊。观《石笱山房诗集》。

6月17日　星期日

阴，夜雨。上午，至宪人处为东宅昆详说亲，出至宗祠观装修即返。夏至节祭先。下午，作信复安如、君彦。至同泰仁访伯堎不值，乃至巡警局晤焉，少坐同亚伯出至市公所剑鸣诗社晏集，夜返。

6月18日　星期一

雨，晚晴。上午，观《资治通鉴》。复鲁詹信。下午，辑《大雅集》。观《石笱山房诗集》。夜，观《小说月报》。

6月19日　星期二

晴,夜雨。上午,致君深信。观《资治通鉴》。下午,辑《大雅集》。亚伯、伯埙来,坐谈良久去。观《石笥山房诗集》。夜,观《小说月报》。

6月20日　星期三

阴。上午,观《资治通鉴》。下午,至市公所剑鸣诗社社集,少坐返。观《石笥山房诗集》。草《津浦归途作》四绝。夜,观《小说月报》。

6月21日　星期四

阴。上午,复时舅信。承綮于今晨腹痛,下午二时产一女。作信致仲稽,复君藩、南村。观《小说月报》。

6月22日　星期五

晴。上午,整容理发。复宣之信。下午,至同泰仁晤伯埙,少坐返。致雷生信。

6月23日　星期六

晴。写定北游草,傍晚雷生来即去。

6月24日　星期日

晴。上午,观《资治通鉴》。下午,草《游颐和园记》。复时舅信。观《石笥山房诗集》。夜,斗牌。

6月25日　星期一

晴。上午,观《春声》。观《资治通鉴》。下午,复安如,致君平信。观《石笥山房诗集》。夜,斗牌。

6月26日　星期二

晴。上午,岳母去。观《资治通鉴》。下午,续草《颐和园游记》。复松岑信。观《石笥山房诗集》。夜,为昭儿讲《三国演义》。

6月27日　星期三

晴。上午,伯埙来谈河工报销,少坐去。改削《游颐和园记》。下午,观《石笴山房诗集》。翻阅《随园全集》。草《记〈因寄轩集〉后》。夜,伯承同月岩来,少坐去。

6月28日　星期四

晴。上午,观《资治通鉴》。为垃圾事作信致亚伯。下午,观《石笴山房诗集》。收拾后书房。志轩来,同往协和晤杏林、景贤,算取宗祠存息,少坐返。

6月29日　星期五

晴。上午,望舅来。作信复君藩、季鲁。下午,观《秋水集》一卷。望舅去。夜,为昭儿讲《三国演义》。

6月30日　星期六

晴。上午,观《资治通鉴》。下午,至天梅处,少坐返。观《石笴山房诗集》。

7月

7月1日　星期日

晴,午后小雨。上午,观《资治通鉴》。下午,作信复安如、致时舅。观《石笴山房诗集》。至警局晤亚伯,同至天梅处,并与粹中、伯承、古如、少云、仰霄、志轩、亚雄设筵为其洗尘,返已九下钟。

7月2日　星期一

晴。上午,观《资治通鉴》。下午,观《石笴山房诗集》。连日天气大热,傍晚沐浴。

7月3日　星期二

　　晴。上午，临颜家庙碑。观《资治通鉴》。致君深信。下午，至米业公所，应伯埙招饮，天热，少坐即返。观《石笥山房诗集》。平庵自海上回来，夜同至天梅处，少坐返。

7月4日　星期三

　　晴，下午阴，微雨。上午，观《春声》。雷生来，今日剑鸣社会课，由余值课，即托其先去布置，拟题为"初夏杂兴"，不拘体，均下午到。剑鸣社社员散后返，共收七卷，余与雷生未做也。傍晚，平庵去。至天梅处，应其招饮，九点钟返。

7月5日　星期四

　　阴，晚雨。上午，天梅来，伯才来，少坐去。天梅去。下午，观《石笥山房诗集》。宪人来，少坐去。夜，讲《三国志》。

7月6日　星期五

　　雨，下午阴。上午，观《资治通鉴》。下午，复君深信。观《石笥山房诗集》。圈昌黎集。夜，讲《三国志》。

7月7日　星期六

　　晴。上午，观《资治通鉴》。下午，观《石笥山房诗集》。望、时二舅来，傍晚去。夜，讲《三国志》。

7月8日　星期日

　　晴，微雨。上午，观《资治通鉴》。大妹归，君深同来。下午，观《石笥山房诗集》完。晚，君深去。夜，讲《三国志》。

7月9日　星期一

　　晴，微雨。上午，观《资治通鉴》。观《读通鉴论》。下午，作信复安如、哲夫、志儒、景留。圈《昌黎集》。夜，讲《三国志》。

7月10日　星期二

晴。上午,观《资治通鉴》。下午,作信致佩忍。观《十八家诗钞》。观《昌黎集》。夜讲《三国志》。又下午,雷生携誊正之诗课卷来,少坐去。

7月11日　星期三

晴。上午,临颜家庙碑。观《资治通鉴》。下午,观《十八家诗钞》。校《达生保赤合编》六页。圈《昌黎集》。仲田来候祝先生,少坐去。夜,讲《三国志》。

7月12日　星期四

晴。上午,观《资治通鉴》。观《读通鉴论》。下午,作信致朴庵、复君懿。观《十八家诗钞》。圈《昌黎集》。夜,同昨。

7月13日　星期五

晴。上午,临《颜家庙碑》。观《资治通鉴》。下午,草《朱先生述》一首,即誊清之。作信复景留,致仲稽。雷生来即去。夜,讲《三国志》。

7月14日　星期六

晴。上午,临《颜家庙碑》。作信致时舅,复松岑。下午观《十八家诗钞》。圈《昌黎集》。方成年及志轩、伯才先后来,均少坐去。夜,同昨。

7月15日　星期日

阴,时雨。上午,临《颜家庙碑》。观《资治通鉴》。下午,作信致善之。观《十八家诗钞》。圈《昌黎集》。复时舅信。夜,讲《三国志》。

7月16日　星期一

晴。上午,临《颜家庙碑》。伯才来,少坐去。观《资治通鉴》。

下午，复莘子、安如信。黄迪新来，少坐去。观《十八家诗钞》。平庵、君深来，傍晚平庵去。夜，同昨。今日祝先生暑假回去。

7月17日　星期二

晴。上午，临《颜家庙碑》。观《小说月报》。下午斗牌。夜，讲《三国志》。

7月18日　星期三

晴，上午雨。上午，临《颜家庙碑》。望舅来。整容。下午，同望舅、君深至益泰典候查厚斋，少坐返。望舅去。天梅招至市公所，组织消夏俱乐部，少坐返。夜，同昨。

7月19日　星期四

晴。上午，临《颜家庙碑》。观《小说月报》。下午斗牌。咏辉同顾家五峰六弟来，少坐去。致云林信。夜，讲《三国志》。

7月20日　星期五

晴。上午，临《颜家庙碑》。观《小说月报》。下午斗牌。复志儒、朴庵信，又复时舅信。仰霄来，少坐去。沐浴。夜，同昨。

7月21日　星期六

雨。上午，临《颜家庙碑》。复龙丁信。下午斗牌。夜，讲《三国志》。

7月22日　星期日

雨。上午，临《颜家庙碑》。观《汪容甫传》。下午斗牌。作信复安如、莼农、起墀，至叔同、仲稽、洁身，夜，同昨。

7月23日　星期一

阴。上午，临《颜家庙碑》。观《三国演义》。下午至市公所，无人即返。斗牌。延宪人来诊治大妹等即去。夜，讲《三国志》。

7月24日　星期二

晴。上午,作信复松岑、时舅。至宪人处,又为东宅说亲,少坐返。观《三国演义》。下午斗牌。夜,同昨。

7月25日　星期三

阴。上午,瑞师来,少顷时舅亦来。伯埙来,少坐,同瑞师去。晋瓒、迪新来即去。下午,观《十八家诗钞》。时舅去。夜,讲《三国志》。

7月26日　星期四

晴。上午,至协和当晤瑞师,即同至时舅新宅闲闲山庄,在庄上各赋《牵牛花》一绝。傍晚返。夜,同昨。

7月27日　星期五

晴。上午,临《颜家庙碑》。望舅、君介、君湘、君宾来。下午,同至协和晤瑞师,少坐返。望舅等去。夜,讲《三国志》。

7月28日　星期六

晴,黎明雷雨。上午,临《颜家庙碑》。观《三国志》。作信复宣之、哲夫、志儒。下午,雷生来,同至警局晤詹知事,少坐同至市公所,筹议息借冬漕,坐谈良久返。伯埙宴知事于商会招陪,席散后知事先去,余又与曹少云象棋一局乃返。斗牌。君深于今晨去。

7月29日　星期日

晴。上午,临《颜家庙碑》。观《小说大观》。下午,复芷畦、致朴庵信。观《十八家诗钞》。伯才来,少坐去。夜,讲《三国志》。

7月30日　星期一

晴。上午,临《颜家庙碑》。观《汪容甫诗》完。下午,致伯埙信。圈《昌黎集》。伯才来,少坐去。圈《达生编》付印。夜,同昨。

7月31日　星期二

晴。上午,临《颜家庙碑》。望时二舅及平庵同徐眉轩来,为浚河机器由金平合办事。伯埙来。下午同走商会一回,晚饭后均去。讲《三国志》。

8 月

8月1日　星期三

晴。上午,临《颜家庙碑》。观《小说月报》。下午,复安如信。观《十八家诗钞》。沐浴。夜,同昨。

8月2日　星期四

晴,晚雨。上午,往五区头何宅吊渔卿,舅祖母之丧,母亲于昨日往,下午随归。抵家已晚。夜讲《三国志》。在舟观《小说大观》。

8月3日　星期五

晴,晨雨。上午,至子贞处贺其八令媛出阁。下午,归家少息。出至市公所剑鸣社会期,出又至子贞处,夜馔后返。

8月4日　星期六

晴,晚雨。上午,复时舅信。至子贞处贺喜,今为正日。乾宅即假市公所行结婚礼。下午,往观当日又即回门,返已夜深矣。

8月5日　星期日

晴,午后雨。上午,临《颜家庙碑》。观《小说大观》。下午,复君藩信。王仰霄来即去。圈《昌黎集》。昆详同李雪艇来,雪艇,祝祺长女婿也,少坐去。雷生来即去。咏辉同顾伯贤来,少坐去。

夜讲《三国演义》。

8月6日　星期一

晴。上午，临《颜家庙碑》。圈《达生编》，复时舅信。下午校达生编。复宣之信。亚伯邀至商会议欲组织临时警备队事，少坐返。夜，讲《三国志》。

8月7日　星期二

晴。上午，临《颜家庙碑》。观《小说大观》。复安如信。下午，观《十八家诗钞》。圈《昌黎集》。夜，讲《三国志》。

8月8日　星期三

晴。上午，临《颜家庙碑》。观《小说大观》。下午，思作胡朴庵《〈云中游草〉序》。观《十八家诗钞》。复伯埙信。圈《昌黎集》。沐浴。夜，讲《三国演义》。

8月9日　星期四

晴。上午，临《颜家庙碑》。观《天荒》。复时舅、古茹〔如〕信。下午，续草《〈云中游草〉序》成。观《十八家诗钞》。邀宪人来为承粲开调理产后方，少坐去。夜，同昨。

8月10日　星期五

晴。上午，临《颜家庙碑》。观《天荒》。复安如信。下午，抄昨日所作文。平庵来。复时舅信。子翰来即去。平庵去张宅。夜，讲《三国志》。

8月11日　星期六

晴。上午，临《颜家庙碑》。翻阅《天荒》。下午，复景留、志儒信。观《十八家诗钞》。沐浴。望舅、平庵及沈仲庸来，晚饭后去。夜，同昨。

8月12日　星期日

晴。上午,临《颜家庙碑》。君深同心徽来。下午,至市公所俱乐部,少坐返。夜,讲《三国志》。

8月13日　星期一

晴,夜微雨。天气大热。上午,观《十八家诗钞》。观《峤雅》。下午斗牌。志轩来,少坐去。复十眉信。夜,又斗牌。

8月14日　星期二

晴。上午,复时舅信。观《峤雅》。下午校《达生编》六页,又圈十数页。斗牌。夜耕熙叔来谈其为小报损坏名誉,欲与交涉事,少坐去。

8月15日　星期三

晴。上午,临《颜家庙碑》。时舅、君介、君藩、君湘、君宾来。下午,同至天梅处,少坐返。晚,时舅等去。

8月16日　星期四

晴。上午,子冶来,午饭后去。雷生携诗卷来即去。斗牌。作信复安如、十洲。夜讲《三国志》。斗牌。

8月17日　星期五

晴。上午,观《峤雅》。理发。下午,复王文甫信。志翔、雷和先后来,少坐去。校《达生编》六页。斗牌。夜,同昨。

8月18日　星期六

阴。上午,临《颜家庙碑》。观《峤雅》。下午,作信复君彦、安如、志儒。斗牌。圈《保赤编》。夜,同昨。

8月19日　星期日

雨。上午,临《颜家庙碑》。观《峤雅》。下午,复时舅、佩忍,致季鲁信。伯承来,少坐去。迪新同乐天先生为,少坐去。校《达生编》六页。斗牌。夜,斗牌。

8月20日　星期一
雨。上午,临《颜家庙碑》。观《峤雅》。下午,校《丛选》九集七页。复君藩及杨起墀信。观《吴诗集览》。

8月21日　星期二
晴。上午,观《峤雅》完。下午,作信致朴庵。至施医局,今日开幕,仍设在钱氏义庄。余亦仍在发起之列,陪宴后返。望舅来,晚饭后去。

8月22日　星期三
晴。上午,心徽去。临《颜家庙碑》。邀宪人来为承綮改方即去。下午,翻阅《列朝诗集》。致墨仙信。君深去。夜,讲《三国志》。

8月23日　星期四
晴。上午,綮君往松江。临《颜家庙碑》。观《吴诗集览》。下午,作信复安如、云林。望舅来,傍晚去。伯才来,少坐去。圈《昌黎集》。沐浴。夜,同昨。

8月24日　星期五
晴。上午,至宪人处,为昆详说亲,得其允许。出至东宅及志轩处。又至同泰仁晤伯埙,均少坐返。校《丛选》九集十一页。下午,作信致君藩,复龙丁等。王向荣来嘱代报名第二高小校,少坐去。理诗课卷。夜讲《三国志》。又晚饭后又至同泰仁晤伯勋,谈渠明日赴海上盐田会议事,少坐返。

8月25日　星期六
晴,午微雨。上午,侍母亲往五区何宅,吊万和太太之丧。下午随返。在舟观《小说月报》。夜讲《三国志》。复心徽信。

8月26日　星期日

晴,夜雨。上午,临《颜家庙碑》。十洲同徐鹤鸣来,徐君为庄家行伤科医生,十洲介绍到医局也,少坐去。观《吴诗集览》。下午,作信致时舅,复哲夫、松岑。至施医局,出至第二高小校晤古茹〔如〕,少坐返。校《丛选》九集十二页。圈《昌黎集》。粲君归。夜观《小说月报》。

8月27日　星期一

晴,上午雨。上午,临《颜家庙碑》。写《怀旧楼丛录》。下午,圈《昌黎集》。王向荣来,少坐去。作信致朴庵,复冲之、逢伯。夜,讲《三国志》。

8月28日　星期二

晴。上午,临《颜家庙碑》。写《怀旧楼丛录》。下午,观《李迈堂选元遗山文》。校《丛选》九集六页。复安如信。夜,讲《三国志》。

8月29日　星期三

晴。上午,临《颜家庙碑》。中元节祭先。作信复朴庵、十眉,致佩忍、天梅。下午,观《元遗山文》。校《丛选》九集六页。复时舅信。夜,同昨。

8月30日　星期四

晴。上午,临《颜家庙碑》。观《念萱草堂诗》一卷,并识其尤考备,辑入《云间诗征》中。下午,邀晋康治昭儿热疖即去。草《夏日杂兴》一律。观《元遗山文》。作信致仲稽,复茂芝、朴庵。夜,讲《三国志》。

8月31日　星期五

晴。上午,复君介信。望舅来。下午复时舅信。至施医局,出至同泰仁晤伯垺,望舅亦先在,少坐返。抄诗。望舅去。校《丛选》九集六页。夜,同昨。

9月

9月1日　星期六

晴。上午,临《颜家庙碑》。作信复时舅,致黄病蝶、叶守师。下午,观《元遗山文》。抄诗。校《丛选》九集六页。夜,讲《三国志》。

9月2日　星期日

晴。上午,至五区何宅七吊渔卿、舅祖母,下午返,到家已晚。在舟观《拿坡伦本纪》。

9月3日　星期一

晴。上午,临《颜家庙碑》。观《吴诗集览》。下午,校《丛选》九集六页。作信复君彦、安如,致楚伧、时舅。观《元遗山文》。沐浴。祝先生来开学。夜,讲《三国志》。

9月4日　星期二

晴。上午,临《颜家庙碑》。作信复时舅及君介。下午,至天梅处不值,出于路上晤焉,并同画家丁鉴波,乃邀至家,少坐去。观《元遗山文》。夜,观《拿坡伦本纪》。

9月5日　星期三

晴。上午,临《颜家庙碑》。观《资治通鉴》。下午,校《丛选》九集六页。抄诗。观《元遗山文》。作信复文甫,致秠叔。夜,观《拿坡伦本纪》。讲《三国志》。

9月6日　星期四

晴。上午,临《颜家庙碑》。观《资治通鉴》。校《丛选》九集六页。下午,造国学商兑会会计第五次报告。作信复时舅、十眉、十洲。观《元遗山文》。夜,讲《三国志》。

9月7日　星期五

阴。上午,临《颜家庙碑》。观《资治通鉴》。下午,作信复景留、伯埙。增改张堰市河报销清册说明。校《丛选》九集六页。伯才来,少坐去。观《元遗山文》。圈《保赤编》。夜,讲《三国志》。

9月8日　星期六

晴。上午,临《颜家庙碑》。观《资治通鉴》。下午,抄诗。观《元遗山文》。作信复秋心、朴庵、安如等。夜,同昨。

9月9日　星期日

雨。上午,临《颜家庙碑》。观《资治通鉴》。下午,作信致周锡纯及周衡伯,衡伯即公权之字。咏辉同凌哲明来,少坐去。圈所抄之《吴咏裳诗》。复仲稽信。夜,观《小说月报》。

9月10日　星期一

阴。上午,临《颜家庙碑》。观《资治通鉴》。下午,校《丛选》九集十六页。伯埙来即去。观《元遗山文》。夜,讲《三国志》。

9月11日　星期二

雨。上午,临《颜家庙碑》。观《资治通鉴》。下午,作信复时舅,致瑞师、君深。丁鉴波来,少坐去。君介自松江回来即去。观李迈堂所选《元遗山文》完。夜,讲《三国志》。

9月12日　星期三

阴,晚雨。上午,临《颜家庙碑》。观《资治通鉴》。下午,至子贞处,答候哲明,少坐。出至何广大晤宪人,关照东宅求允择吉于阴历八月初五日,即返。复时舅信。校《丛选》九集三页。圈保赤编。夜,讲《三国志》。

9月13日　星期四

阴,上午雨。上午,临《颜家庙碑》。观《资治通鉴》。下午,作信复永思、哲夫、君藩。贴《艺苑片》片录。圈《保赤编》。夜,讲《三国志》。

9月14日　星期五

阴。上午,临《颜家庙碑》。观《资治通鉴》。观王氏《读通鉴论》。下午,写《怀旧楼丛录》。圈《吴诗集览》。夜,同昨。

9月15日　星期六

晴,上午阴。上午,编《丛选》报告等。观《资治通鉴》。下午,至第二高等小学晤古如,交其冲之会款出,至施医局,少坐返。整容。丁鉴波来,少坐去。作信复安如、冲之。

9月16日　星期日

晴,上午微雨,晚又雨。上午,同志轩于松隐严姑母处。下午返,傍晚抵家。在舟观《拿坡伦本纪》。夜,讲《三国志》。

9月17日　星期一

晴。上午,临《颜家庙碑》。母亲、大妹、中妹、圆妹往高宅。观《资治通鉴》。下午,校《保赤编》六页,又圈数页。致钝根信。夜咏辉来即去。讲《三国志》。

9月18日　星期二

晴。上午,临《颜家庙碑》。宪人来即去。观《资治通鉴》,并写札记。下午,致时舅信。圈《保赤编》,并校数页。夜,讲《三国志》。

9月19日　星期三

晴。上午,临《颜家庙碑》。圈《昌黎集》。下午,拟续送开浚市河报销清册呈稿。圈《吴诗集览》。作信致憩南、蝶予,莼农。夜,讲《三国志》。

9月20日　星期四

晴。上午,临《颜家庙碑》。校楚选九集六页。下午,到望舅之实枚山庄,母亲亦在,是夜即宿焉。

9月21日　星期五

晴。今日高氏宗祠落成,行入祠礼。祠即在山庄之后。上午观礼,余家亦备筵祭奠,男宾颇多。下午,往时舅之闲闲山庄,少坐仍返实枚。昭儿、花儿亦来,晚回去。

9月22日　星期六

晴。午刻,至闲闲山庄,时舅设席宴黄伯惠为陪,散席后余等又由伯惠摄一影,用同中妹、圆妹返。

9月23日　星期日

阴,下午雨。上午,君介同君藩来即去卫城。志轩来,同至宗祠为房屋装修后安供神位,返已午后。校《丛选》九集八页。夜,讲《三国志》。

9月24日　星期一

晴。上午,临《颜家庙碑》。观《资治通鉴》。下午,作信复时舅、安如、人菊、志儒。观《南社》二十集。夜,同昨。

9月25日　星期二

阴,午后雨。上午,临《颜家庙碑》。志翔来即去。观《资治通鉴》。下午,作信致伯筹。圈《昌黎集》。夜,讲《三国志》。

9月26日　星期三

阴。上午,至五区头何宅七吊万太太,午馔后至安姑母处,少坐乃返,到家已晚。在舟观《南社》二十集。夜讲《三国志》。又晨间作信致宣之,复君介。

9月27日　星期四

阴。上午,临《颜家庙碑》。志翔来,少坐去。观《资治通鉴》。下午,至天梅处不值,即至裱画店一回乃返。志轩来,少坐去。作信复莼农、安如及病蝶等。夜,讲《三国志》。

9月28日　星期五

晴。上午,临《颜家庙碑》。草《自题二十七岁小影》两绝。观《资治通鉴》。下午,复时舅、震生信。圈《吴诗集览》。夜,讲《三国演义》完。

9月29日　星期六

晴。上午,临《颜家庙碑》。观《资治通鉴》。下午,作信复景琦、君藩。圈《昌黎集》。母亲归。圈《吴诗》。夜,观《南社》二十集。

9月30日　星期日

晴。上午,临《颜家庙碑》。观《资治通鉴》。下午,至同泰仁晤伯埙,少坐返。作信致时舅,复君深、伯平。

10月

10月1日　星期一

晴。上午,临《颜家庙碑》。志翔携诗卷来,少坐去。观《资治通鉴》。下午,至诗社,出至天梅处不值,晤亚希,少坐返。亚伯来，少坐去。复君湘、君宾信。整容。

10月2日　星期二

晴，夜雨。同粲君携三小儿，又偕中妹、圆妹、严秀红妹至松江。上午八点半开船，下午二下钟到，余等即生王宅。中妹等住船上。出至松江银行晤君藩，而望舅、平庵、君深亦来，少坐后又至船上一回乃返。

10月3日　星期三

雨。上午，至松江银行，少坐。至船上同中妹等乘十点半多钟车往上海。到后寓新旅社。下午，至新世界，夜九点钟返，在内晤奚燕于、林憩南。

10月4日　星期四

雨。上午，同诸妹至大盛绸缎庄、费文元银楼、宝记照相馆。返已过午。承粲携昭儿已来。望舅、平庵、君深亦来同寓。至绣云天，傍晚返。夜，至天蟾舞台观剧，君深亦来。上堂上信。

10月5日　星期五

晴，午后雨即止。上午，至蟫隐庐、博古斋，乃同至大马路费文元、大纶等处，午刻在春申楼吃饭后至宝记，余摄半身一影。又至时和。余又至商务书馆等处，及民国日报馆候朴庵不值，晤楚伧，少坐返。夜刘筱墅来即去。至惠中旅馆候憩南，少坐返。平庵、君深同去。

10月6日　星期六

晴。上午，同君深至朵云轩，回同望舅至丰昌当，午馔后返。至均益里候承粲，乃已先返，即又归寓。同至大世界，中妹等已先在，夜返已十点钟。

10月7日　星期日

晴。上午，至明远旅馆访心侠，又至寰球学生会及西门访少屏，均不值。回寓后，少屏来邀至青年会午馔，乃携昭儿往，散席后至大马路与承粲等相会，傍晚返。季鲁来即去。又君湘、君宾、斗文今日亦来过夜，同至鸣新社观剧。

10月8日　星期一

晴。上午，仲稽来，少坐去。同至宝记，承粲摄一影。又在大马路买物。午刻在春申楼吃饭，望舅亦来。出至新世界。傍晚返。季鲁来即去。夜，至天蟾舞台观剧，应季鲁之招，余先出至洗清池沐浴。

10月9日　星期二

晴。上午，同至大马路一回。下午，同乘四点钟火车返松江，到已晚。粲君携昭儿先至王宅，余同诸妹至船上，后乃至王宅。君深同归，望舅以镶牙与平庵尚留。

10月10日　星期三

晴。下午，至二酉山庄、扫叶山房刻对、买书。又至松江银行晤芑香，顾家晤君藩。

10月11日　星期四

晴，夜雨。上午，观《巾帼阳秋》完。下午，与外舅、仲稽、承粲斗牌。

10月12日　星期五

晴。携昭儿于上午九下钟乘快船回家，下午二点钟到。夜观前数日报纸。

10月13日　星期六

晴。填国学商兑会催费通告。上午，亚伯来。下午，伯筹来、端夫来。夜复君介信。

10月14日　星期日

晴。上午,校《保赤编》十二页。下午,作信复安如、锡纯,致朴庵、冲之及粲妹。至协和晤黄景贤。出至施医局,少坐回。又往陪宴各医生。今日停局,散席后返。邀同沈益三来治母亲暨望舅母手足风湿。

10月15日　星期一

晴。上午,观《民国日报》之《文艺》。作信致时舅、君深。下午,至卢家,因梅绶先生将营葬,是时适在平湖,故先生一奠也,少坐返。作信复安如、君藩。夜,观《小说月报》。

10月16日　星期二

晴。上午,往吊陈家小姐姐之丧,下午返。志轩同舟,在舟观《十二楼》及《小说月报》。夜,作信复时舅、君介及粲妹。

10月17日　星期三

晴。上午,杂事。雷生来即去。下午,侍母亲携昭儿乘船往平湖,傍晚至小山塘停泊,夜馔后又开至明珠庵宿焉。在舟观《十二楼》完。

10月18日　星期四

晴。上午,八点钟至平湖报本禅寺。今日起为本生祖母百岁冥庆,在寺礼忏三天。下午,至东门内买物。傍晚返寺宿。母亲携昭儿宿舟上。

10月19日　星期五

晴。上午,在寺烧香。观《南社》二十集。下午,钱红冰来,同至公园一游,园在大湖墩,原有弄珠楼。

10 月 20 日　星期六

　　阴,晚晴。上午,观《南社》二十集。下午,至东门街买物。佛事于今宵告竣。

10 月 21 日　星期日

　　晴。上午,七点钟开船,由河横圢等处转。下午六下钟到家。在舟观《南社》二十集完,又观《小说月报》。

10 月 22 日　星期一

　　晴。上午,作信致君深,复时舅、君介。下午,作信致粲妹。应粹中招饮,傍晚返。志轩来,夜去。

10 月 23 日　星期二

　　晴。上午,观《资治通鉴》。下午,作信致君介、少屏、莼农,复叶师、安如、绿琴及粲妹。夜,观《拿坡伦本纪》。

10 月 24 日　星期三

　　雨。上午,复时舅、君深信。理商兑会账。下午,草《闲闲山庄落成序》。夜,抄文。

10 月 25 日　星期四

　　晴。上午,观《资治通鉴》。伯才同古如来,少坐去。下午,作信致时舅,复君藩、君彦、宣之及粲妹。圈《昌黎集》。夜,君深自张家来,少坐去,宿舟上,明晨赴松。

10 月 26 日　星期五

　　阴。上午,观《资治通鉴》。下午,作信复心徽、茂芝,致松岑。圈《吴诗集览》。志轩来即去。望舅来即去。

10 月 27 日　星期六

　　雨。上午,往贺钱伯埙嫁侄女,下午返,傍晚又去,夜返。

10月28日　星期日

晴,夜雨。晨携昭儿至宗祠举行秋祭,并为龙深先兄题奉祀子名,与祭者二十余人,余职司导行,下午返。同志轩至严家,为希贤弟定亲招饮,到已夜矣。

10月29日　星期一

晴。下午,返家到时四点钟,秀红妹同来。平庵、君深来,傍晚去,大妹亦已归。夜,复粲妹信。

10月30日　星期二

阴。上午,作信复志儒、愚农。时舅、君介来。下午,同至天梅处,少坐返。傍晚,时舅去,余同君介又至天梅处,为荃弟定亲招饮,夜散席后,又走街上看灯。

10月31日　星期三

阴,微雨。上午,同君介至五区头贺公渡结婚,君深忆先到。大妹、中妹、秀红妹亦另舟来。傍晚行婚礼,余代表来宾致颂词。

11月

11月1日　星期四

雨。夜来宾公贺暖房,睡已四下钟。

11月2日　星期五

雨。下午,同中妹、秀红妹返家,大妹径往高宅。

11月3日　星期六

阴。上午,作信致君介,复安如等。下午,圈《吴诗集览》。校《保赤编》六页。致粲妹信。夜,改昆详之《梁溪旅行记》。

11月4日　星期日

　　晴。上午,伯才来,少坐去。观《资治通鉴》。下午,作信复君彦、景琦。圈《昌黎集》。十洲来,少坐去。伯承来,少坐去。夜,同昨。

11月5日　星期一

　　晴。上午,观《资治通鉴》。下午,抄文。复君介信。圈《昌黎集》。夜,观春晖社诗文课卷。

11月6日　星期二

　　晴。上午,观《资治通鉴》。伯才来即去。下午,母亲携圆妹、昭儿往冯家。作信复君介、景留、红冰、哲夫。圈《昌黎集》。夜,理账,致粲妹信。

11月7日　星期三

　　阴。上午,观《资治通鉴》。望、时二舅来。下午,同至同泰仁晤伯垠。又同时舅往晤亚伯,少坐返。傍晚二舅去。夜,观《拿破仑本纪》。

11月8日　星期四

　　阴。上午,往五区头冯家贺紫莲表妹于归之喜。在舟观《小说大观》。

11月9日　星期五

　　雨。下午,随母亲携昭儿归,圆妹为伴新,明日归。

11月10日　星期六

　　阴。上午,观《资治通鉴》。下午,往晤子贞,观其所艺之菊,并商收租成色,少坐返。作信复小进。志轩来,少坐去。夜,复粲妹及君介信。

11月11日　星期日

晴。上午,观《资治通鉴》。下午,写《闲闲山庄落成序》。亚伯、伯埙、雷生来募顺直赈捐,少坐去。夜,校《保赤编》十八页。

11月12日　星期一

晴。上午,观《资治通鉴》。下元节祭先。下午,贞甫伯来,少坐去。伯才来,少坐去。读《柏枧山房文》。

11月13日　星期二

晴。上午,九上钟乘快船往松江,下午三点钟到,即至王宅。在舟观《小说大观》。夜,上堂上信,请于初二日放船到松。

11月14日　星期三

晴。下午,同石士至新舞台观剧。出至新华印刷公司晤杨起墀,又至石士处,少坐乃返。夜,作信致龙丁。

11月15日　星期四

晴。下午,至松江银行晤瑞师,坐谈多刻。又同君藩至广育院观菊花。傍晚返。

11月16日　星期五

晴。下午斗牌。

11月17日　星期六

晴。下午,同承粲、花儿至西门街买物。余又至扫叶山房邱竹泉处及银行晤君藩。

11月18日　星期日

晴。偕粲君携两女返家。上午十点钟开船,下午五下钟到。在舟观《一树梅花老屋》诗及《钝吟集》完。

11月19日　星期一

晴。杂事。晚粹中招饮,夜九点钟返。

11月20日　星期二

　　晴。上午,观《资治通鉴》。伯才来即去。君深来。下午复君介信。杂事。君深去。夜,观恒社课卷。

11月21日　星期三

　　晴。上午,观《资治通鉴》。观王氏《通鉴论》。下午,至协和晤杏林,托其汇款即返。复安如信。夜,观《冯舍人诗》。

11月22日　星期四

　　晴。上午,观《资治通鉴》。伯才来即去。下午,丁鉴波来,少坐去。圈《昌黎集》。整容。宪人来,少坐去。夜,观冯舍人诗。

11月23日　星期五

　　晴。上午,走至时舅闲闲山庄新宅。下午,母亲携承絜、昭儿、花儿亦来,傍晚余返。今日上海曾邀林晋康来治中妹指上之疴。

11月24日　星期六

　　晴。上午,杂事。下午,至闲闲山庄。在舟观《冯舍人诗》。

11月25日　星期日

　　晴。上午,同金松岑、唐九如、朱乐天、金兰畦、钱卓然、蔡恕庵至秦山,回过实枚山房,入内稍坐仍返山庄。午刻,为山庄落成大晏宾客。国学商兑会亦乘此开第六次常会。会所即迁入山庄内。今日中妹、圆妹亦来。母亲夜回去。

11月26日　星期一

　　阴。晨同松岑、九如至家中,少坐即送其乘快船回去,乃又随母亲往闲闲山庄。下午,至望舅处一回。傍晚同絜君、两妹、两儿归家。

11月27日　星期二

晴。上午,观《资治通鉴》。伯才来即去。邀晋康来治中妹之指即去。下午,杏林同画家徐百梅来,少坐去。俞志坚携民业银行章程来即去。圈《昌黎集》。复莼农信,又致介眉。母亲归。夜,观《冯舍人诗》。

11月28日　星期三

晴。上午,观《资治通鉴》。下午,作信复逢伯、小进。圈《昌黎集》。夜,观《冯舍人诗》。

11月29日　星期四

晴。上午,观《资治通鉴》。雷生来即去。大妹归,君深同来。下午,作信致君介,复永思、安如。夜,复秀红妹信。

11月30日　星期五

阴。上午,至天梅处,少坐。出至市公所值剑鸣诗课,此次为本年结束,因设筵一席,共到十人。下午出,路晤伯埙,同至其店中,少坐乃返。伯才来即去。校《达生保赤合编》之勘误表。

12月

12月1日　星期六

阴。上午,观《资治通鉴》。复时舅信。下午姚凤贵来卖笔。作信复黄金垣及哲夫。圈《昌黎集》。夜,观《冯舍人诗》完。

12月2日　星期日

晴。上午,君藩来。下午,同君深、君藩至天梅处,少坐返。百梅来即去。邀志轩来谈严家事即去。夜,斗牌。

12月3日　星期一

晴。上午,观《资治通鉴》。下午,作信复松岑,致洁身。圈《昌黎集》。夜,同昨。

12月4日　星期二

阴,夜雨。上午,观《资治通鉴》。伯才来即去。下午,作信复秀红妹,致蔡恕庵。圈《昌黎集》。夜,同昨。

12月5日　星期三

阴。上午,沙田局董惕如即去。观《资治通鉴》。下午,作信复时舅、衡伯、秋心。君深去。圈《昌黎集》。伯才来即去。夜,观《烟霞万古楼诗集》。

12月6日　星期四

晴。上午,观《资治通鉴》。下午,复冲之信,又复君介信。圈昌黎集。草《说纬》一首。夜,观《烟霞万古楼诗》。

12月7日　星期五

晴。上午,观《资治通鉴》。下午,复安如、芷畦信。伯才来,少坐去。圈《昌黎集》。夜,同昨。

12月8日　星期六

晴。上午,观《资治通鉴》。伯才来即去。下午,理发。复君介信。草《王海帆先生寿序》。夜,观《烟霞万古楼诗集》完。

12月9日　星期日

晴。上午,乘快船往朱泾,过干巷,望、时二舅亦下船同去。下午二下钟到。在酒楼午馔后,即至藏书阁开会,筹议续修县志事宜。列席者几二十人。当先推定陈干臣〔幹丞〕为局务主任,时舅为编纂主任。傍晚散会,至林憩南处住宿焉。

12月10日　星期一

晴。上午，憩南、干臣〔幹丞〕同至吕仙寺看残菊，又至学宫前日县议会之所也。回又至藏书阁少坐。下午并同伯雄放舟至泖桥澄鉴寺，寺建于唐天宝六年，壁间有碑记陈眉公撰，董香光书。眉公曾读书于此，有石刻基所写之诗稿，又有破钟则刻弘光元年铸，游览一周，出至张翰伯处少坐，返已傍晚矣。

12月11日　星期二

晴。上午，同两舅乘划船归家。过干巷两舅上岸回去。下午四点钟到。

12月12日　星期三

阴，下午雨。上午，观《资治通鉴》。下午，复君平信。圈《昌黎集》。夜复君藩信。观《拿破仑本纪》。

12月13日　星期四

阴，晚雨。上午，观《资治通鉴》。吴似石来托向济婴局言钦明拨款事即去。下午，致秀红妹信，又为方达君作信致黄谱蘅，荐其子伯超于广慈苦儿院执务。圈《昌黎集》。伯埙来，少坐去。夜，草《游泖桥澄鉴寺诗》二绝。

12月14日　星期五

阴。上午，观《资治通鉴》。作信复志儒、君彦。下午，邀宪人来为余及粲君、昭儿开膏方，少坐去。续草《王海帆寿序》。夜，观《拿破仑本纪》。

12月15日　星期六

晴。上午，观《资治通鉴》。下午，至东宅贞夫〔甫〕伯处，回至广大晤宪人。城隍庙候徐百梅，少坐返。致吴时若信。夜，观《拿破仑本纪》。

12月16日　星期日

晴。上午,观《资治通鉴》。复时舅信。下午,志轩来,少坐去。复秋心、安如信。宪人来,少坐去。夜,抄文一首。

12月17日　星期一

晴。上午,观《资治通鉴》。下午,顾蔼如来为枫泾沈家,向圆妹说亲,少坐去。冲之、伯才先后来,均少坐去。抄文一首。复杨起墀信。夜,观《拿破仑本纪》完。

12月18日　星期二

晴。上午,观《资治通鉴》。下午,复君介,致时舅信。君深来。乐天先生来即去。复宣之、致君湘信。

12月19日　星期三

晴。下午,冬至祭先。夜,斗牌。

12月20日　星期四

阴。上午,望舅来。下午,伯埙来,傍晚去。

12月21日　星期五

阴,夜雨雪。上午,平庵来。伯才来少坐。伯埙、百梅来,下午去。傍晚望舅、平庵、君深去。夜观《烟霞万古楼残稿》完。致仲稽信。

12月22日　星期六

阴。上午,观《资治通鉴》。下午,复旭东、安如,致君懿信。圈昌黎集。夜,观《两当轩集》。

12月23日　星期日

晴。上午,观《资治通鉴》。下午,伯埙、志坚先后来,均即去。作信复起墀、洁身,致君藩。圈《庞檗子龙禅宝诗》。夜,同昨。

12月24日　星期一

晴。上午,观《资治通鉴》。下午,复小进、介眉、少碧、时舅信。圈昌黎集。夜,观《两当轩诗集》。

12月25日　星期二

晴。上午,观《资治通鉴》。下午,作信复佩忍、松岑、君湘、君宾。伯才来即去。夜,同昨。

12月26日　星期三

晴。上午,观王氏《读通鉴论》。下午,圈《昌黎集》。夜草登土山五古一首。观《两当轩集》。

12月27日　星期四

晴。上午,观《资治通鉴》。下午,圈《昌黎集》。夜,观《两当轩集》。

12月28日　星期五

晴,月蚀。上午,观《资治通鉴》。下午,复志儒信。圈《昌黎集》。夜,观《两当轩集》。

12月29日　星期六

晴。上午,观王氏《读通鉴论》。下午,圈《昌黎集》。夜,同昨,又草《咏闲闲山庄鹅》两绝。

12月30日　星期日

晴。上午,观《资治通鉴》。下午,志轩、伯才先后来,少坐,去。复石士、公度,致君藩信。夜,观《两当轩诗》。

12月31日　星期一

晴。天寒晏起。下午,圈《昌黎集》。夜,同昨。

1918 年

1 月

1月1日　星期二

晴。上午望舅、时舅、君介来。下午徐百梅、俞景琦、沈伯才等先后来,均即去。傍晚两舅去。詹象九知事托徐亚伯警佐设寿筵于巡警局,招往,夜八点钟返,与君介谈读书之法。

1月2日　星期三

晴。上午乘轿(以天寒河冻)至廊下,吊朱志贤,举殡同去者钱伯埙、曹少云。下午去景阳学校开校董会,傍晚返朱宅。夜,与徐眉轩订乍浦浚河局租借浚河机器契约。君介于今日去。

1月3日　星期四

晴。上午送去殡所。下午仍同伯埙、少云乘轿返。志轩来,即去。夜,续观《两当轩诗集》。

1月4日　星期五

晴。上午续观《资治通鉴》。下午作信复王文甫,致仲稽,续圈《昌黎集》。夜,观《两当轩集》,复时舅信。

1月5日　星期六

晴。上午观《资治通鉴》。下午写《王海帆七秩双寿序》。伯才来,少坐,去。夜,观《两当轩集》,草《吊朱志贤诗》一首。

1月6日　星期日

晴。上午观《资治通鉴》,复徐尹卿信。下午复望舅,致时舅信。望舅来,即去。大妹去高宅。复丁宣之,致王海帆信。夜,观《两当轩全集》完。

1月7日　星期一

晴。上午观《资治通鉴》。下午去商会、徐百梅画家寓处,少坐,返。作信复洁身,致憩南,又与望舅等合具名作信致眉轩为浚河机事。夜,观《颜习斋先生年谱》。

1月8日　星期二

晴。上午观《资治通鉴》,复叔贤信。下午作信复安如、君藩、介眉,又为方达君再致黄谱蘅信。圈《昌黎集》。夜,复君介信,观《习斋年谱》。

1月9日　星期三

晴。上午续观王船山《读通鉴论》。下午理信札,致石予信。伯才来,即去。圈《昌黎集》。夜,观《习斋年谱》。

1月10日　星期四

晴。上午观《资治通鉴》,致君深信。下午去同泰仁晤伯埙,不值,乃去槐荫山庄裱画店。又去百梅处,少坐,返。复松岑信。夜,观《习斋年谱》完。

1月11日　星期五

晴,夜雨。上午圈《昌黎集》。下午天梅来,少坐,去。伯才来,即去。复锡纯信。夜,观《颜氏学记》。

1月12日　星期六

阴。上午雷生来，少坐，去。圈《昌黎集》。亚伯来，少坐，去。为催租局事也。下午去百梅处，少坐，返。作信复君湘君宾，致震生。理信札。夜雅芬表妹有信致堂上，作信复之。观《颜氏学记》。

1月13日　星期日

晴。上午观《资治通鉴》。下午复君介信。至商会选举保卫团团总，即返。伯埙来，即去。天梅同何舒云之郎公来，介绍其租务，少坐，去。夜，观《颜氏学记》，致望舅信。

1月14日　星期一

晴。上午粲君携花儿往松江。天梅同舒云公郎来，了理其租务，退田面，并回副契，近午去。下午圈《昌黎集》，理信札。伯才来，即去。夜，观《颜氏学记》。

1月15日　星期二

晴。上午观《资治通鉴》。下午伯埙来，即去。余又去同泰仁晤之为场田事，拟一节略呈县毕后乃同去百梅处，少坐，返。理信札。夜，同昨。

1月16日　星期三

晴。上午往吊何舒云之丧，即返。观《资治通鉴》。午，钻坚来，即去。下午复时舅、君深、洁身信，圈《昌黎集》，理信札。伯才来，即去。夜，观《颜氏学记》。

1月17日　星期四

晴。上午观《资治通鉴》，作信复安如、君藩。下午去百梅处。出，去天梅处斗牌二局，夜饭后即返。

1月18日　星期五

晴。上午清理官产所所长狄子怡来，少坐，去。望舅来。去市公所应狄所长会议灶田整理费事。下午四下钟返。张忍伯、徐尹卿、周平泉同来,约对付方法,即去。天梅、少云来,为镇上近有命案,迹近诬诈,拟具公函县署,邀同列名,即去。夜复顾蔼义信,谢绝其介绍圆妹亲事,观《颜氏学记》。母亲于下午同望舅往高宅。

1月19日　星期六

晴。上午观《资治通鉴》。伯才来,即去。下午作信致望舅,复时舅、佩君,圈《昌黎集》。夜,观《颜氏学记》。

1月20日　星期日

晴。上午粲君携花儿归。观《资治通鉴》。钻坚来,借款即去。下午去商会,同百梅、叔纯文出,往王韵笙处观其所藏金石书画,坐久,返。夜,观《颜氏学记》。

1月21日　星期一

晴。上午至同泰仁晤伯埙,少坐,返。君懿、望舅先后来。下午君懿去。同望舅去米业公所,为灶田整理事开会议。傍晚返,望舅去。又去公所,与伯埙、忍伯等公宴狄子怡所长,夜返已九下钟。复时舅信。

1月22日　星期二

晴。上午至同泰仁候伯埙,不值,即返。理张泾河工财政出入大纲。下午伯埙来,少坐,去。复志儒,致望舅信。咏晖、伯才先后来,均即去。至同泰仁,同伯埙先去伯梅处。出,去馨山处,贺其令媛于归。夜返,观《小说月报》。

1月23日　星期三

晴。上午观《资治通鉴》,复君深、君介信。下午雷生来,少坐去。百梅、文渊来,少坐去。复君藩、洁身信。圈《昌黎集》。夜,观《颜氏学记》,致时舅信。

1月24日　星期四

晴。上午观《资治通鉴》。下午复君介、石予、介眉,致朴存信,圈《昌黎集》。伯才来,即去。理信札。夜,观《颜氏学记》,完。

1月25日　星期五

晴。上午观《资治通鉴》。种树。下午去百梅处一回,复望舅信。叔纯携河工报销来,志轩亦来,均少坐,去。去同泰仁候伯埙,不值,即返。复佩忍信。夜,观《李恕谷先生年谱》。

1月26日　星期六

晴。上午观《资治通鉴》。修面。下午至同泰仁晤伯埙,少坐,返。叔纯、伯才先后来,少坐去。作信致攘白,复君深。百梅来,即去。作信致詹知事,为前呈之河工财政账误写一字更正之。夜,观《恕谷年谱》。

1月27日　星期日

晴。上午往五区头何闻仁堂贺于归之喜。在舟观《小说月报》。夜,斗牌。

1月28日　星期一

晴。下午归家,天梅同舟。到已傍晚,即去钱笛仙〔迪前〕处贺其令郎结婚,即娶何姓也。饮酒过多,返已近四鼓矣。

1月29日　星期二

晴。病酒。祝慎哉先生于今晨年假归去。上午志轩来,即去。下午望、时二舅来,晚去。

1月30日　星期三

晴。上午观《资治通鉴》。下午去同泰仁晤伯埙,少坐,出。路晤天梅、亚伯,同去钱迪仙〔前〕处,又同出。去,至韵笙处,观书画。晚返。夜，理账，复时舅信。

1月31日　星期四

晴。上午观《资治通鉴》。孙望之及伯才先后来，少坐，去。下午冲之、志轩先后来，少坐去。作信致伯埙及张默君，复周镜亚，圈《昌黎集》。夜，观《李恕谷年谱》。

2月

2月1日　星期五

晴。上午偕伯埙等乘快船往朱泾。舟过洪桥港，望舅亦来同去，到后在酒楼午馔后即赴县署开张泾河工会议。到者不少而无大结果。散后县长留宴。夜出，去钟家寓，又往茶楼啜茗。

2月2日　星期六

晴。上午往茶楼啜茗。后即乘快船归。过干巷，上岸一游。道院现设县立第三高等小学。过寿椿桥，乃与伯埙同望舅去高宅。夜，伯埙去，余留。

2月3日　星期日

晴。上午往闲闲山庄。下午随母亲归家。

2月4日　星期一

阴夜微雨。上午伯才来，即去。天梅、少云为叔纯了理借款事来，少坐，去。下午复君藩信。望舅来，傍晚去。夜，观《恕谷年谱》。

2月5日　星期二

阴。上午观《资治通鉴》。下午作信致叔纯、慎哉。复红永、洁身，洒扫书室。夜，观《恕谷年谱》，拟复松岑书，又致君介信。

2月6日　星期三

雨。上午观《资治通鉴》。下午去同泰仁晤伯埙，少坐，返。写致松岑信，又致安如信。伯才来即去。圈《昌黎集》。夜，观《恕谷年谱》。

2月7日　星期四

阴。上午理信札。下午年节祭先，复时舅信。夜，观《恕谷年谱》。

2月8日　星期五

阴。上午观《资治通鉴》。下午作信复志儒，致烟桥龙丁。理发。圈《昌黎集》。夜，同昨。

2月9日　星期六

阴下午雨。上午观《资治通鉴》。下午理所征《浮梅再泛图》题辞，圈《昌黎集》。夜粹中来移款，少云同来，即去。观《李恕谷年谱》完。

2月10日　星期日

阴下午雪。上午去益泰典晤汪丽泉，为粹中调款，即返。粹中、少云来，即去。下午辑《大雅集》。夜，料理杂务，一下钟睡。

2月11日　星期一

晴。夏历元旦。上午行贺年礼，展览书画。下午观方冲之《东游记》一卷。

2月12日　星期二

晴。上午时舅、君平、君深、君介、君宾来。下午子翰来，少坐，去。同时舅等去季雄寓居，少坐，返。时舅等去。夜，观《小说月报》。

2月13日　星期三

阴。上午至志轩、子翰处。近午返。下午去贞甫伯及子贞处,少坐,返。致叔纯、冲之信。夜,斗牌。

2月14日　星期四

阴。上午复朴存信。下午贞夫〔甫〕伯、雷生、子贞、冲之先后来,各少坐,去。夜,观《小说月报》。

2月15日　星期五

晴,夜雨。上午复朴庵,致哲夫信。下午望舅来,傍晚同去同泰仁应伯埙招饮。夜返。

2月16日　星期六

晴。上午至庄君达处贺其令妹出阁。下午出,去天梅处,不晤小剑,少坐,返。夜,翻阅《华亭县志》。

2月17日　星期日

晴。上午作信致仲稽。下午君湘、君宾来。复宣之信。君藩自松江回来。小剑来。晚望舅去,君藩等均去。至天梅处,应其招饮,得识吴县黄履平,返已近十句钟。今日接县署公函,以县志协纂相委。

2月18日　星期一

晴。上午杂事。下午蒋式如来,少坐,去。晚设筵,宴履平、徐亚伯、钱伯埙、李杏林、卢汭钟、卢少云、何宪人、高天梅、汪叔纯,又钱迪先〔前〕、黄景贤招而未到。散已十句钟。

2月19日　星期二

晴。上午至闲闲山庄,天梅、履平昨约已先到,叶守师亦在。午刻时舅设筵相宴。傍晚至望舅处。

2月20日　星期三

晴。傍午至闲闲山庄。震生、伯筹亦来。晚返,望舅设筵宴守师。

2月21日　星期四

晴。下午至闲闲山庄与两舅略商修志事，傍晚归家。夜，致斗文信。

2月22日　星期五

晴。上午杂事。下午去益泰典晤查厚斋。出，至天梅处，少坐返。志轩来，即去。夜，观《瘆忘编》。

2月23日　星期六

晴。上午丁竹孙、宣之、姚伯厘来，少坐后同去水月楼啜茗，又至公和园晤曹少云。即午馔，馔后走至实枚山房。君深来，同游一周，乃至闲闲山庄。时舅等均以至松江，少坐，乘船一游秦山而返。晚设筵，宴竹孙等并招少云、杏村、伯埙、天梅、履平、粹中，志轩为陪。散席后又坐谈数刻，竹孙等往宿舟中。明早回松江。

2月24日　星期日

晴。上午作信致詹知事，复林憩南。至同泰仁晤伯埙，又至天梅处。乃往巡警局应徐亚伯招饮。下午散席后去至梅处，与黄履平、吴导江等斗牌。夜返。

2月25日　星期一

晴。家中延羽士解星辰。作信复安如、紫卿。致君懿、亚伯。

2月26日　星期二

阴。上午作信致伯埙、叔纯。下午整容。亚伯来商收河工米捐事，即去。伯才来即去。圈《昌黎集》。伯承同月岩来即去。夜，观《瘆忘编》，致君平信。

2月27日　星期三

阴。上午作信致时舅。圈《昌黎集》。下午观《瘆忘编》完。杂事。夜，观《小谟觞馆诗注》。

2月28日　星期四

阴。偕粲君携三小儿往松江王宅。上午九下钟,开船风逆,到已傍晚。在舟观《世说新语》。

3月

3月1日　星期五

阴。下午至丁义仁酱园候竹孙、宣之。已往,海上晤周之及沈梅。少坐,至松江银行晤君藩,至去扫叶山房,乃返。观《上海秘幕》。

3月2日　星期六

阴。下午至松江银行晤君藩,并晤黄涵伯,坐谈良久。出,至邱竹泉处一回,乃返,路遇叶恕庵。复龙丁信。

3月3日　星期日

阴,晚雨。上午致君藩信。下午观《小谟觞馆诗集》。夜,与粲君象棋二局。

3月4日　星期一

雨。翻阅《聊斋志异》。象棋。

3月5日　星期二

雨。斗牌。

3月6日　星期三

雨。上午九下钟,乘快船返家。下午三点钟到。夜,观前数日《时报》《民国报》。

3月7日　星期四

阴,夜雨。上午草《请拨附税以兴全邑水利禀》,观《资治通鉴》。下午作信复安如、学源,致粲妹。汪季眉为市房事来,少坐,去。夜草《为开浚张泾再请带征禀》。观《小说月报》。

3月8日　星期五

雨,下午阴。上午作信复君懿、朴存。同瑞师在闲闲山庄,时舅来邀,乃于下午乘舟往。

3月9日　星期六

阴,晚雨。上午同瑞师、望、时二舅、君平、君介去家中。下午设筵宴瑞师、祝慎哉、塾师、望舅等,并招杏林。傍晚散席,望舅等即去。夜,瑞师去,复子卿信。

3月10日　星期日

晴。上午观《资治通鉴》,作信复粲妹及子恂。下午作信致君彦,复叔纯、君藩,圈《昌黎集》。夜,观《小说月报》,圈《呻吟语》。

3月11日　星期一

晴。上午观《资治通鉴》。下午伯才来,即去。作信复哲夫、宣之、晋之,圈《昌黎集》。夜,圈《呻吟语》。

3月12日　星期二

晴。上午观《资治通鉴》。平庵、君深来,下午去。十洲来即去。伯才来即去。作信复粲妹及润章表妹。夜,写《怀旧楼丛录》。圈《呻吟语》。

3月13日　星期三

阴夜雨。上午观《资治通鉴》。下午作信复平、朴庵、学源,圈《昌黎集》。夜,同昨。

3月14日　星期四

晴。上午观《资治通鉴》,读《读通鉴论》,致伯埙信。下午复时舅信,圈《昌黎集》,写《怀旧楼丛录》。伯承来,即去。晚粹中招饮,夜返。

3月15日　星期五

　　晴。上午观《资治通鉴》。作信复粲妹及安如、干臣〔幹丞〕,致景琦。下午圈《昌黎集》,写《怀旧楼丛录》。夜,辑《销魂集》,圈《呻吟语》。

3月16日　星期六

　　晴。上午观《资治通鉴》,观《读通鉴论》。下午复润章叔信,又复时舅信。圈《昌黎集》,写《怀旧楼丛录》。蒋识儒来,即去。夜亚伯宴沈子祥招陪。九下钟返。

3月17日　星期日

　　晴。上午观《资治通鉴》。母亲往高宅。下午去天梅处。出,至亚伯处,均少坐返。粹中来即去。伯才来即去。圈《昌黎集》,作信复粲妹及古茹〔如〕。晚至卢宅,与粹中、天梅合宴沈子祥、周纬伯。夜九下钟,返。

3月18日　星期一

　　晴。上午复时舅信,观《资治通鉴》。下午至同泰仁晤伯埙,少坐还。作信复君彦、衡伯。伯才来即去。圈《昌黎集》。夜,圈《呻吟语》。

3月19日　星期二

　　晴。上午观《资治通鉴》,观《读通鉴论》。下午圈《昌黎集》,作信复天梅、志儒,校对市所报销册。夜,圈《呻吟集》。

3月20日　星期三

　　晴。乘快船往松江。下午三点钟到,即至王宅。在舟观《世说新语》。

3月21日　星期四

阴，上午雨。下午至松江银行晤君藩，又至扫叶山房。夜，致中妹信。

3月22日　星期五

晴。同承絮携昭儿乘十点半钟火车往上海。到后承絮、昭儿往均益里王寓。余即至新旅社。午馔后至蝉隐庐、访古斋、有正书局，返寓。絮与昭来，同去先施公司。出，去新世界。夜十点钟返。在场内晤毕静谦。

3月23日　星期六

晴。上午同昭儿至商务印书馆及文明局。返寓，又至蝉隐庐、马敦和。下午同昭儿至泰丰公司，又至古书流通处、交通图书馆。夜同承絮、昭儿去新舞台观剧，演《空谷兰》。返已十二点钟。

3月24日　星期日

晴。上午同承絮、昭儿至大马路大盛、方九霞等处买物。午刻在春申楼用馔。下午至大世界。夜十下钟返。

3月25日　星期一

晴。上午同承絮、昭儿至大马路买物。午刻在大新楼用馔后即返寓收拾行李，往均益里王寓一回。乃乘三点钟火车回松江，到后至王宅。

3月26日　星期二

晴。携昭儿、花儿于上午九点钟乘家中放来船归。下午三点钟到。在舟观《小说大观》。夜，复润章叔信。

3月27日　星期三

晴。上午观《资治通鉴》。作信复时舅，致君藩。下午作信致絮妹。圈《昌黎集》。伯才来，少坐，去。夜，观善之小说。

3月28日　星期四

晴。上午复亚伯信,观《资治通鉴》。下午邀宪人来治昭儿伤风,即去。方少云来,即去。黄崇新来,即去。夜,观善之小说。

3月29日　星期五

阴。上午复时舅信。观《资治通鉴》。君深与冯中弟来,即去张家。下午复钻坚及絮妹信。伯承来即去。伯才来即去。平庵来,即去。夜,圈《呻吟语》。

3月30日　星期六

晴。上午伯埙来,少坐,去。观《资治通鉴》。望舅来。伯才来,下午去。作信致詹知事及斗文。圈《昌黎集》。望舅去。夜,校《一树梅老屋诗》三卷。

3月31日　星期日

晴下午阴。上午整容。伯才来,即去。清明节祭先。下午志轩来即去。伯衍来即去。至龙沙禅院处扫墓即返。观《资治通鉴》。天梅、古如来即去。作信复君藩。夜复松岑信。李芑香来即去。方少云来即去。

4月

4月1日　星期一

晴。上午往协和访芑香先生。已归,去矣,即返。至冬小桥扫墓返。至夏人村扫墓返,已午后三点钟。复絮妹,致时舅信。至同泰仁晤伯埙,少坐,返。夜,圈《呻吟语》。

4月2日　星期二

晴。上午同天梅乘船往平湖吴家七吊养甫姨丈。到平已夜,不进城,上岸至茶楼啜茗后即返舟上宿。

4月3日　星期三

晴。晨进城去吴家。时舅亦在。早馔后同时舅、天梅往东门街晤叶守师,同游公园回。访钱江永不值。即返吴家,午馔后至孙透云晤雅谊、颂和,同出,访徐伯梅不值,乃去茶楼啜茗。红永、伯梅均来,并识奚剑龙,少坐,同去酒楼饮酒。傍晚仍返吴家住焉,望舅亦来。

4月4日　星期四

阴,晨雨。上午同望舅、时舅乘船往乍浦。到已过午,即去徐眉轩处并晤徐美士、斌甫、陈霭孙、杨文侯、薛镜人等,守师亦于昨日来此。午馔后同出,观浚河机器,游观澜书院、徐氏宗祠,又登苦竹山,观海山上有炮台遗址。傍晚返徐宅,眉轩设筵相宴。

4月5日　星期五

阴,晨雨。上午同眉轩商议合办浚河机器合同。午刻往游陈山即龙湫山,薛镜人与杨文侯设筵山麓李介节祠相宴。酒后登山巅,海水苍茫,群峰历历。大观也返,去萧山街买物,即在徐家所设之信泰木行内。夜馔,仍宿徐宅。

4月6日　星期六

雨。清晨同望、时二舅开船归家,下午五点钟到张。二舅上岸,少坐,即去。守师亦于今日归吕。大妹于昨日回家,君深同来。夜作信复綮妹。徐亚伯饬人第一次来交河工米捐。

4月7日　星期日

阴。上午君介、君湘、君宾来,即去松江。作信复君藩、安如,致何四表姑母。下午至同泰仁晤伯埙,少坐,返。作信复瑞师。夜,斗牌。

4月8日　星期一

阴。上午观《资治通鉴》。下午作信复哲夫,致时舅,又复粲妹,观《文史通义》。夜,同昨。

4月9日　星期二

阴。上午观《资治通鉴》。下午作信致詹知事及徐百梅、袁肖廉。伯才来即去。观《文史通义》。夜,观《小说月报》。

4月10日　星期三

阴。上午观《资治通鉴》。下午致伯埙信。叔纯来,少坐,去。观《文史通义》。伯才来即去。夜,观《小说月报》。

4月11日　星期四

晴。上午复时舅信,观《资治通鉴》,观《读通鉴论》。下午复朴庵信,观《文史通义》。望舅来。粲妹携文儿归。望舅去。

4月12日　星期五

阴。晨携昭儿至宗祠行春祭礼,与祭者近三十人。余司读祝。午馔后同返。观《文史通义》。复朴存信。夜观《小说月报》。今早君深、大妹与中妹往上海。

4月13日　星期六

晴。上午观《资治通鉴》。下午至警局晤亚伯,少坐,返。复恕庵信。观《文史通义》。夜,圈《呻吟语》。

4月14日　星期日

晴。上午九下钟乘快船往朱泾。下午一点钟到,即去藏书阁开修志会议。夜回,时舅、叶守师至林憩南处宿焉。在舟观《文史通义》。

4月15日　星期一

晴。上午回。至藏书阁续开会议。下午去林家少坐,即同时舅、守师出,去茶楼啜茗。四下钟乘时舅船去闲闲山庄。到已八下钟。

4月16日　星期二

晴。上午归家。下午作信致望舅、君介,复安如、君藩、君彦、筱墅。夜,圈《呻吟语》。

4月17日　星期三

晴。上午八点半钟乘船至卫东门侯家七吊慎之。下午返,抵家已晚。在舟观《文史通义》,又观《盇簪书屋诗》一卷。夜,圈《呻吟语》。

4月18日　星期四

晴。上午伯才来即去。时舅来,即去亭林。观《资治通鉴》。下午去商会晤徐百梅,少坐,去。作信致张伯平。观《文史通义》。夜,圈《呻吟语》。

4月19日　星期五

晴。上午观《资治通鉴》。下午写藏书目录。识儒、百梅先后来,少坐,去。观《文史通义》。夜,圈《呻吟语》。

4月20日　星期六

晴,晨雨。上午观《资治通鉴》。下午写书目,观《文史通义》。作信致君藩,复钟振声。夜,圈《呻吟语》。

4月21日　星期日

晴,夜雷雨。上午观《资治通鉴》。理发。下午写书目。吴忆初、景初来谢孝,少坐,去。作信复龙丁。观《文史通义》。夜圈《呻吟语》。今日午后,邀宪人来治粲君腹泻。

4月22日　星期一

雨。上午观《资治通鉴》。复时舅信。下午写书目。君深、大妹、中妹自杭州归。复君介信。

4月23日　星期二

阴。上午观《资治通鉴》，复时舅信。下午邀宪人来，为綮君、文儿种牛痘，少坐，去。写书目。观《文史通义》。同君深、慎哉去天梅处，少坐，返。夜，同君深走街上看会。

4月24日　星期三

阴。上午君深去。复时舅信。观《资治通鉴》。下午种花，写书目。观《文史通义》。夜，圈《呻吟语》。

4月25日　星期四

阴。上午作信致伯埙、亚伯、雷生。伯才来，即去。观《资治通鉴》。下午写书目，观《文史通义》，完。夜，圈《呻吟语》。

4月26日　星期五

晴。上午至市公所，值剑鸣诗社会课，少坐后，悉时舅与憩南来，乃返。午饭后回，去公所。时舅、憩南即出。余俟散后去商会晤伯梅，时舅、憩南亦先在。少坐，同去家中。傍晚均去。夜，圈《呻吟语》。

4月27日　星期六

雨。上午观《资治通鉴》。下午草《题牡丹亭》二绝、《咏柳丝》二绝。复景琦、君介信。观恽子居文。夜草《春寒》一绝，《游乍浦陈山》一律。

4月28日　星期日

雨。上午观《资治通鉴》。作信致杏林、景贤及望舅。下午翻阅《章氏遗书》，圈《昌黎集》。夜，圈《呻吟语》。

4月29日　星期一

晴。上午观《资治通鉴》，作信复永思、宪人。下午理行装明日为浙游,圈《昌黎集》。百梅来,即去。望舅在同泰仁招其与伯埙谈开浚张泾事。少坐,返。望舅同来,即去。夜,圈《呻吟语》。

4月30日　星期二

阴,午刻微雨。上午时舅来。九点半钟同乘船往松江。下午四下钟到。即至松江银行晤君藩,少坐,至王宅。时舅至顾家。在舟观《小谟觞馆诗注》。

5月

5月1日　星期三

晴。上午至车站与时舅相会,同乘九点钟火车往杭州,下午一点钟到。往寓湖山新旅社。旋丁宣之来,少坐,后同泛舟西湖。至葛岭下,上岸登山游抱朴庐,直至其巅。初阳台而下,又至西泠印社并登其后山。傍晚返寓,丁竹孙来,少顷松岑季鹤、君介自苏州到,先有成约也。徐眉轩适同寓,来候数刻去。竹孙、宣之亦去。致綮君信。

5月2日　星期四

晴。上午同至城隍山即吴山,登其巅,在四景园啜茗后乃即返寓。十下钟,松岑、季鹤、君介游湖,余同时舅往银枪巷候沈复生,少坐,返。下午同时舅先往梅花碑清和坊,在闻经堂、古欢堂买书数种,乃渡湖至孤山麓,游公园及放鹤亭,一吊小青、菊香之墓,傍晚返。王海帆及竹孙、宣之先后来,即去。夜同季鹤、君介至凤舞台观剧,张文艳演《放绵纱》。

5月3日　星期五

晴。上午同至西园啜茗。沈复生来,少坐,去。下午松岑、季鹤别去。余同时舅、君介至保佑坊、清和坊等处买东西。致粲君信。晚同时舅、君介、季鹤至丁宅应竹孙、宣之招饮。席间晤程光甫,并识姚寅生、(鲁)澄白。九点多钟返寓。夜来狂风大作,不能成寐。翻阅《白华绛跗阁诗》。

5月4日　星期六

晴。本拟今日渡钱江东游,以昨夜狂风未息,作罢。改拟明日上午。乃同同人及周公才乘火车往闸口至六和塔,造其顶,又游驾涛仙馆。午刻仍乘火车回城站。在聚丰分馆用馔后到寓。致粲君信。佩忍来,谈数刻,去。闲步湖滨。至马路书坊购书,适晤佩忍,立谈片刻。竹孙、宣之来,夜馔后去。

5月5日　星期日

晴。上午六点四十分乘轿。七点四十分到南星江边,上渡船过钱塘江。八点十分到江东岸,四十分到西兴镇,即上轮船。十点二十分开,经萧山衙前钱清柯桥。下午四点半到绍兴,进城寓大路新民旅馆。少息后往游府山,山在城内东南隅(又名文种山)。登其顶之望海亭而返。夜,致粲君片。

5月6日　星期一

晴。上午七点半钟同乘乌篷船,出都泗门十五里至东湖稷庐。庐为陶心云之别墅,毗连有放生池,通艺学堂故址,均在鸟门山下。山又名小稷,峭壁直立,为人工所开成,下临湖水,以长堤环之。游览一周乃至禹王庙前谒大禹。庙殿旁有窆石亭。庙之东南隅即禹陵在焉,并往展拜。出至会稽山下之南镇庙,近上会稽山,直登其巅之香炉峰,盘旋屈曲,计有三千四百级。沿路有寺三。在顶少憩,下山,坐船返寓。天未黑,走街上一回,

5月7日　星期二

晴。上午八点钟仍同乘乌篷,出迎恩门至娄公。骑驴游兰亭。亭旁为王右军祠,皆新近修理。在亭前沽酒相饮,其地崇山环抱,修竹苍松,固犹是当年景象也。退至快阁,阁为陆放翁祠故址,在鉴湖胜处,今归姚幼槎所有。游毕,返寓。又走街上买书物数种。

5月8日　星期三

阴夜雨。今日同人雇船别绍兴。周公才本为考察学务,仍留。上午九点钟乘船,仍出迎恩门即西偏门。先至柯岩,又名七星岩。游灵岩古刹,有大佛,高七八丈,塑于石室之内。其外有石屹立,名云骨,又有蚕花洞、蓬壶等处,皆神工鬼斧。出至柯亭为蔡中郎断竹制笛处。又在柯桥镇小泊,购夜馔。自此犹西小江径开义桥,一夜不息。

5月9日　星期四

阴上午雨。上午六点半钟到义桥。上岸在韩集和过塘行,少憩。乃往钱江轮船公司。九点半钟轮船自临浦开来,乘之由浦阳江而至东江嘴。往杭州之轮船开来,即行改乘,经里山、富阳、场口、东梓、窄溪。于下午三点半钟到桐庐,寓江边新华旅社。走街上一回,又往襟江春菜馆晚馔。夜,致中、圆两妹信。

5月10日　星期五

晴。上午七点半钟唤舴艋船溯桐江而上。峰回路转,山静波澄,行三十里而入七里泷。泊舟谒严先生祠,并登山巅。上有二台,东即子陵钓台,西则宋谢翱先生痛哭处也。坐憩良久,乘船而返。在滩上拾石子盈升。五下钟到寓。晚馔往李裕顺馆。

5月11日　星期六

晴。上午八下钟同乘轮船返杭州。下午一点钟到闸口,二下钟火车到城站。松岑、季鹤往寓清泰第一旅馆。明日回苏,余与时舅、君介仍寓湖山新旅舍。松岑、季鹤来,同走湖滨。宣之来,少坐去。晚承絜、圆妹及君藩来杭。夜,致中妹信。君湘、君宾为运动会在杭,住湖滨旅馆,来寓。

5月12日　星期日

阴,上午小雨。上午同唤舟,先至葛岭,并寻岭下明杨云友女士墓,游沈氏葛荫山庄,乃去楼外楼午馔。出,至盛祠、西泠印社、郭孝童墓、俞楼诸处。随往西湖公园,园中近开顺直赈济(游)展览会,又观新剧。傍晚返寓。竹孙、宣之来,即去。

5月13日　星期一

晴。上午八下钟偕絜君、圆妹及君藩乘轿,先由北山路谒岳王坟庙后而至灵隐,步上韬光。下由南山路至龙井。出至烟霞洞,时已过午。即嘱住持僧复三制馔,用后而上南高峰。山路甚崎岖,直登其巅,前江后湖,豁然开朗。上有雄国寺,少憩,仍返烟霞洞。坐轿至石屋洞,其旁有数洞,名石屋、别院、石楼、螺蛳。上有乾坤、青龙二洞。出,至静寺,乃即返寓,已点灯矣。夜,走马路。

5月14日　星期二

阴。晨,时舅、君介先乘火车回去。上午九下钟,偕君藩、絜君、圆妹乘火车往闸口,走至六和塔,登其巅,回仍乘火车到城站。在聚丰分馆午馔后君藩亦乘火车回松。余等至清和坊、保佑坊等处买物。返寓后又走湖滨,即在西园夜馔。

5月15日　星期三

晴。上午至胡庆余堂购药物,乃偕絜君、圆妹唤艇子至三潭映月。出,至张公苍水祠。出,至高庄。即午馔,时已下午二下钟。出,去公园筹赈会,观新剧。晤竹孙及楼辛壶。傍晚返寓。夜宣之、周之来,少坐去。

5月16日　星期四
雨。上午至英华照相馆与粲君合摄一影。乃往保佑坊、清和坊购物。午馔在聚丰园。下午四下钟返寓。应竹孙、宣之招,同去西园晚馔。

5月17日　星期五
晴。上午往西园啜茗。回,同粲君、圆妹又走湖滨,乃往城站。在大和西药馆午馔,乘二点半火车回松江。到,粲君即去王宅,余与圆妹往通惠买物后亦至王宅。夜均宿舟中,家中先百放来也。

5月18日　星期六
晴。鸡鸣解缆,十点钟抵家。下午理行箧,复公渡、子冶,致君介信。伯衍来,即去。君藩自松回来,即去。夜,观前数日《民国报》。

5月19日　星期日
晴。上午百梅来,少坐,去。观《资治通鉴》。下午至天梅处,悉在警局,乃往晤,又同去其处少坐,返。伊明日赴粤也。时舅、君藩及志轩在傍晚后先去。夜,同昨。

5月20日　星期一
晴。上午观《资治通鉴》。写诗。子冶来。下午君深来。君懿来,少坐,与子冶均去。作信致时舅、志轩。

5月21日　星期二
晴。上午观《资治通鉴》。下午作信复衡伯、仲之,致安如,研究县志商榷书,圈《昌黎集》。夜,圈《呻吟语》完。

5月22日　星期三

晴。上午观《资治通鉴》。下午蔡莲君来,少坐,去。作信复松岑。志轩来即去。君深去。圈《昌黎集》。至商会候百梅,出,至张伯衍处贺其令妹祖姿于归。夜返,观《小说月报》。

5月23日　星期四

晴。上午观《资治通鉴》。下午去同泰仁晤伯埙。出,去三神庙候蔡莲君,少坐,返。草《方冲之东游记序》。君介自苏回。来,少坐,去。抄文。夜,观《小说月报》。

5月24日　星期五

晴。上午观《资治通鉴》。伯承来,少坐,去。下午观黄莘田《香草斋诗集》。邀宪人来治大妹喉痛,即去。夜,观《小说月报》。

5月25日　星期六

雨。上午观《资治通鉴》。下午至警局晤亚伯。今日值鸣社访课,改在局中少坐返。观《香草斋诗》。伯才来,少坐,去。作信致公渡,复仲稽。夜,观《小说月报》。

5月26日　星期日

雨。上午观《资治通鉴》。望舅来。下午作信复时舅,翻阅《文史通义》。志轩来,即去。望舅去。夜,观《小说大观》。

5月27日　星期一

晴。上午观《资治通鉴》。下午草恒社课题读班氏《古今人物表》。夜,观《小说大观》。

5月28日　星期二

晴。上午观《资治通鉴》。辑《历代建都表》。下午抄课卷,复君介、十洲信,观《香草斋诗》。夜,观《小说大观》。

5月29日　星期三

晴。上午观《资治通鉴》。下午作信致时舅、君藩,复石予,观《香草斋诗》。伯衎招饮,夜还。

5月30日　星期四

阴夜雨。上午叔纯来,少坐,去。复君介信。下午致周纬、伯丁、辅之信,圈《昌黎集》,观《香草斋诗》。夜,观《小说大观》。

5月31日　星期五

晴。上午观《资治通鉴》。下午理发,圈《昌黎集》,观《香草斋诗》。夜同昨。

6月

6月1日　星期六

阴晚雨。九下钟乘快船往朱泾。过干巷,望、时二舅、平庵来舟同去。下午一下钟到,即至藏书阁修志局开会,采访各员,亦列席分任编纂。时余认书籍、人物、志馆三门,由总纂所派也。会散后为租务事至县公署晤詹知事,少坐,返局中。即住宿焉。

6月2日　星期日

阴晚雨。晨起同舅氏等至憩南处。早饭后仍返志局,与恕庵谈张泾河工。九下钟乘快船回家。舟过干巷,舅氏等上岸回去。下午一下钟到张。肖廉、粹中来,少坐,去。复君懿信。夜,观《小说大观》。

6月3日　星期一

晴。上午观《资治通鉴》。作信致时舅、冲之,复君藩。下午圈《昌黎集》,观《香草斋诗》。夜,观《小说大观》,复君介信。

6月4日　星期二

晴。上午观《资治通鉴》。下午母亲、大妹到高宅。圈《昌黎集》,作信复杨少碧及宪人,观《香草斋诗》。夜观诗。

6月5日　星期三

晴。上午以松隐严家月姑母病重,唤舟往,乃到后悉已于昨夜作故矣,下午返。母亲归。平庵、伯才来,伯才即去。致君懿信。在舟观《香草斋诗》完。

6月6日　星期四

晴。上午随母亲同圆妹往严家。在舟观《晚翠轩诗集》。平庵于上午去。

6月7日　星期五

晴晚雨。月姑母大殓。下午同志轩、亚雄公渡至松隐镇晤恕庵等,往游松隐禅寺。回,在宜厅啜茗,又参观乡立小学校。天雨,傍晚唤划船,返严宅。

6月8日　星期六

雨。下午随母亲同圆妹归。在舟观《晚翠轩诗》完。夜,观《章实斋信摭》。

6月9日　星期日

雨。上午观《资治通鉴》,复君藩信。下午理书画,圈《昌黎集》。志轩来,少坐,去。写《怀旧楼丛录》。夜,观《章实斋信摭》。

6月10日　星期一

雨。上午观《资治通鉴》,复君介信。时舅、君藩来。下午何福斋等为田地交易来,少坐,去。时舅、君藩去。作信致杰士、景留,复石予。夜,观《章实斋信摭》完。

6月11日　星期二

雨。上午观《资治通鉴》,观《读通鉴论》。下午作信致卢少云,草《秦山吊侯将军端墓》五古一章。夜,观章《实斋乙卯札记》。

6月12日　星期三

阴。上午冠臣来,坐谈良久,去。下午抄诗。粹中、伯才先后来,少坐,去。观《史通削繁》,作信复安如、仲稽。夜,观《乙卯札记》完。

6月13日　星期四

晴,夜雨。上午观《资治通鉴》,复望舅信。下午校《一树梅花老屋诗》,草《先大母事略》,上之通志局。夜,观《章实斋丙辰札记》。

6月14日　星期五

雨。上午观《资治通鉴》。下午校《一树梅花老屋诗》,作信致君藩及朱仲篁,抄事略。夜,观《丙辰札记》。

6月15日　星期六

雨,下午晴。上午观《资治通鉴》,观《读通鉴论》。下午志轩、伯才先后来,少坐,去。复时舅信。抄《先大母事略》。夜,观《丙辰札记》。

6月16日　星期日

雨下午阴。上午观《资治通鉴》。下午抄《事略》,致望舅信,观《史通削繁》。夜,观《丙辰札记》完。

6月17日　星期一

晴。上午观《资治通鉴》。致时舅信。下午草《一树梅花老屋诗跋》,作信复永思,观《史通削繁》。雷生来,少坐,去。夜,观《古学汇刊》中《章实斋文钞》。

6月18日　星期二

晴。上午君懿来。至季雄处吃会酒,望舅亦在。下午同返。子贞、志轩来,言冠臣欲回副契,少坐,去。望舅、君懿去。作信复天梅、松曾,致子恂。夜,观《实斋文钞》。

6月19日　星期三

晴,下午雷雨即止。上午观《资治通鉴》。下午作信复时舅、君藩,补草《游兰亭》《柯亭各》一绝,又写存前日临时所作《兰亭》《西台》各一绝。观《史通削繁》。夜,观《实斋文钞》。

6月20日　星期四

晴。上午观《资治通鉴》。夏至节祭先。下午复恕庵、叔文信,观《史通削繁》,写书目。夜,观《实斋文钞》,完。

6月21日　星期五

晴。上午至同泰仁晤伯埙,少坐,返。叶守师来,为省会选举及修志事,下午去。雷生来,少坐,去。观《史通削繁》,写书目。夜观单行本之《章实斋文钞》。

6月22日　星期六

晴。上午观《资治通鉴》。下午复丁辅之信。雷生来,即去。观《史通削繁》。夜,观《实斋文钞》。

6月23日　星期日

雨。上午观《资治通鉴》。收拾房舍。下午志轩来,即去。观《文史削繁》。夜,观《实斋文钞》。

6月24日　星期一

雨。上午观《资治通鉴》。大妹归。下午观《文史削繁》。先大母于后日八秩冥庆,今晚建道场作佛事三天。夜,观《实斋文钞》。

6月25日　星期二

雨。上午写书目。下午时舅来,傍晚去。仲稽、杰兴来。

6月26日　星期三

晴。今日先大母八秩冥庆,望舅、君深、君懿、剑威、旭东、公渡、民侠及耕熙叔、子贞、志轩、子翰、亚雄、冠臣来。傍晚多去,惟君深、君懿留。

6月27日　星期四

晴。下午君深去。佛事于今夜毕。上午仲稽去。

6月28日　星期五

晴。上午伯埙来,少坐,去。下午君懿去。冠臣来,即去。君深来。夜斗牌。

6月29日　星期六

晴。上午伯才、伯承、月岩、雷生先后来,谈选举事,即去。复时舅信。下午冠臣、子翰先后来,即去。至同泰仁晤伯埙,少坐,返。

6月30日　星期日

晴。上午观《资治通鉴》。下午伯才、志轩先后来,即去。望舅来,傍晚去。夜冠臣来,即去。观《小说月报》。

7月

7月1日　星期一

晴。上午观《资治通鉴》。公渡来,下午去松隐。观《小说月报》。

7月2日　星期二

晴夜雨。上午伯才来,即去。复时舅信。观《资治通鉴》。公渡来,下午去。作信复安如、储石。今日杰兴回去,粲君同往松江。

7月3日　星期三

阴。上午临《颜家庙碑》,观《资治通鉴》。下午观《史通削繁》,复君藩信。

7月4日　星期四

晴。上午临《颜家庙碑》。伯埙来,少坐,去。观《资治通鉴》,复时舅信。下午粲君归,君深、大妹去。抄诗,观《史通削繁》。夜,观《章实斋文抄》。

7月5日　星期五

晴。上午临《颜家庙碑》。伯才来,即去。观《资治通鉴》。下午理书画,观《史通削繁》,复叶师信。

7月6日　星期六

晴。上午临《颜家庙碑》。伯才来,少坐,去。时舅、君湘、君宾来。同时舅去商会。今日改组成立开会庆祝,少坐,出。去裱画店一回,乃返。复何师钟表姑母信。下午又至商会应其招饮并摄影,傍晚返。时舅等去。又君介自苏回来,亦即去。复君藩信。夜,观《实斋文钞》。

7月7日　星期日

晴。上午伯承、月岩来,少坐,去。下午随母亲至松隐严家七吊月姑母。志轩、亚雄另舟回去。

7月8日　星期一

晴。下午与志轩至松隐镇蔡恕庵处,傍晚返严家。时舅、君介今日亦来,同去先行。

7月9日　星期二

雨。下午恕庵来，与议严姓家事。母亲今日先归。

7月10日　星期三

晴。下午同志轩等返家。

7月11日　星期四

晴。上午伯才来，少坐，去。观《资治通鉴》。下午作信复景留，致叔纯。百梅、杏林及式如先后来，少坐，去。

7月12日　星期五

晴。上午临《颜家庙碑》。观《资治通鉴》。宋杏春来，即去。致时舅信。下午作信复松岑、天梅、君介，观《史通削繁》。汭钟、叔纯先后来，少坐，去。

7月13日　星期六

晴。上午临《颜家庙碑》，观《资治通鉴》。周润青来，即去。下午作信复仲稽、志儒，抄通信。肖廉来，少坐，去。观《史通削繁》。夜，观《章实斋文钞》完。

7月14日　星期日

晴。上午临《颜家庙碑》。复时舅信。观《资治通鉴》。下午致丁竹孙信。抄通信。伯才来，即去。观《史通削繁》，完。宪人来，即去。夜，观《话雨楼遗诗》。

7月15日　星期一

晴。上午临《颜家庙碑》。沈叔眉先生来，少坐，去。旋叶守师来，又往邀雷生。午饭后雷生先去。月岩又来，少坐后与守师去，均为守师组织省议会议员事也。志轩来，谈严家事，与之合致信于恕庵及秀红妹，少顷，去。圈《昌黎集》。夜，观《话雨楼遗诗》完。

7月16日　星期二

晴。上午临《颜家庙碑》，观《资治通鉴》，草县志稿《蒋树本传》《钱廉轶事》。下午抄通信，圈《昌黎集》。肖廉、伯才、雷生先后来，少坐，去。复安如信。夜，与粲君弈。

7月17日　星期三

雨。今晨本拟乘快船赴朱泾修志会议，以天雨又目疾，遂中止。寄一信与时舅。上午雷生来，即去。临《颜家庙碑》，观《资治通鉴》。下午复君深、君藩，又致景留，抄通信。志轩来，少坐，去。圈《昌黎集》。夜，观《小说月报》。

7月18日　星期四

阴，晚晴。上午临《颜家庙碑》。往吊何福斋夫人之丧，即返。观《资治通鉴》。下午抄通信。查所有场田数目。圈《昌黎集》。

7月19日　星期五

晴。晨临《颜家庙碑》。上午观《资治通鉴》，致时舅信。下午伯埙、少云、馨山来，为办施医局事，少坐，去。草《谒严子陵先生祠堂记》，复储石信，圈《昌黎集》。夜，观《小说月报》。

7月20日　星期六

晴。晨临《颜家庙碑》。上午观《资治通鉴》，复周书楼信。下午复君介、杰士信。志轩来，少坐，去。圈《昌黎集》。

7月21日　星期日

晴，下午雨即止。晨临《颜家庙碑》。上午写书目。望舅来。复守师信。下午致君藩信，圈《昌黎集》。识儒来，少坐，去。望舅去。

7月22日　星期一

晴。晨临《颜家庙碑》。上午伯才来，即去。时舅、君藩、君湘、君宾来。同往视季雄疾,少坐,返。下午同往商会百梅寓处,少坐,去小月楼啜茗,乃返。傍晚时舅等去。

7月23日　星期二

晴。晨临《颜家庙碑》。上午观《资治通鉴》。叔贤来,即去。同慎哉至市公所访社,今日忍伯值课,下午返。圈《昌黎集》文,完。夜,观《小说月报》。

7月24日　星期三

晴。晨临《颜家庙碑》。上午去同泰仁晤伯埙,少坐,返。涤新来,少坐,去。观《资治通鉴》。下午翻阅《昌黎集》,复君深信,写丛录。夜与粲君弈。

7月25日　星期四

晴。上午去五区冯宅为竹君外祖八秩冥庆。在舟观《小说月报》。

7月26日　星期五

晴。下午返家。舟过河泾湾,遇叶守师舟,聚谈数刻。

7月27日　星期六

晴。晨临《颜家庙碑》。上午邀谢子春来治文儿寒热,即去。下午校《文史通义》。雷生来,少坐,去。复叶恕庵信。晚间伯埙偕李芑香、杨守勤来,谈往争取消松下场盐板事,少坐,去。

7月28日　星期日

晴。上午祝先生暑假回去。临《颜家庙碑》,观《资治通鉴》。叶守师来,下午去。月岩、伯才、冲之、雷生、百梅先后来,均即去。校《文史通义》。文儿身热不退,气分不舒,延十洲及吕同人来诊治,即去。沐浴。

7月29日　星期一

晴，夜雨。文儿昨夜颇燥不安，五鼓时往闻十洲承其来诊治。上午邀宪人，下午又由十洲、宪人复诊。近晨致仲稽信。

7月30日　星期二

晴。文儿昨夜后安睡，今气分略平。昨日请有亭林王童贞，今午到。下午更请宪人，即服其代茶药品。晨临《颜家庙碑》。上午观《资治通鉴》，复时舅信。下午咏晖来，少坐，去。写书目。

7月31日　星期三

晴。上午临《颜家庙碑》，观《资治通鉴》。下午作信复君深、君介、少碧，致宪人，校《文史通义》。

8月

8月1日　星期四

晴。晨临《颜家庙碑》。上午观《资治通鉴》。下午去亚希处晤小剑。出，去子贞及申甫伯处，均少坐，返。复哲夫信。涤新来，少坐，去。

8月2日　星期五

晴。闻时舅患恙。上午随母亲往闲闲山庄。下午到老宅视永蕴女甥疾。四下钟又去山庄，少坐，归。

8月3日　星期六

晴。晨临《颜家庙碑》。上午写书目，观《资治通鉴》。下午至同泰仁候伯埙，不在，即返。作信复安如、竹孙、宣之，校《文史通义》。君介自苏州回来，即去。志轩来，少坐，去。

8月4日　星期日

晴。上午至闲闲山庄。下午往老宅。仍回山庄,傍晚返。

8月5日　星期一

晴。晨临《颜家庙碑》。上午观《资治通鉴》。下午作信复芷畦,致君彦,观《思复堂文集》。雷生、伯才先后来,少坐,去。沐浴。

8月6日　星期二

晴。晨临《颜家庙碑》。上午观《资治通鉴》。下午写书目。观《思复堂文集》。复筱墅信。

8月7日　星期三

晴。晨临《颜家庙碑》。上午观《资治通鉴》。作信致莼农,复朴庵、朴存。下午写书目,观《思复堂文集》。夜,草《题梅隐遗吟》一绝。

8月8日　星期四

晴。晨临《颜家庙碑》。上午观《资治通鉴》,读《读通鉴论》。下午观《思复堂文集》,写书目,写《怀旧楼丛录》。伯才来,即去。夜,观《国朝文椒题辞》。

8月9日　星期五

晴。晨临《颜家庙碑》。上午往钱宅七吊。秭叔先去,少坐,返。严希贤来谢孝。志轩来,下午去,希贤亦去。写书目,复黄伯卿、叶恕庵信。夜同昨。

8月10日　星期六

晴。晨临《颜家庙碑》。上午吴导江来,少坐,后至施医局。局所仍设钱氏义庄。今日开期,余等发起。傍午返。下午写书目,又去施医局陪宴各医生,五下钟返。夜,观《越中三不朽图赞》。

8月11日　星期日

　　晴。晨临《颜家庙碑》。上午观《资治通鉴》。理书。下午复君介信。伯才来,即去。观《思复堂文集》,沐浴。夜,观《国朝文椒题辞》。

8月12日　星期一

　　晴。晨临《颜家庙碑》。上午观《资治通鉴》。复君深信。下午仰霄、雷生、志轩先后来,即去。观《思复堂文集》。夜,观《国朝文椒题辞》。

8月13日　星期二

　　晴。晨临《颜家庙碑》。上午观《资治通鉴》。黄景贤来,索《达生保赤编》,少坐,去。下午志轩来,谈严家事。今日秀红妹来此,伊即同去。写书目,观《思复堂文集》。夜,观《小说月报》。

8月14日　星期三

　　晴。晨临《颜家庙碑》。上午观《资治通鉴》。下午复朴存信,写书目,观《思复堂文集》。母亲归。

8月15日　星期四

　　晴。晨临《颜家庙碑》。上午观《资治通鉴》。中元祭先。若望来,即去。下午写书目,观《思复堂文集》。

8月16日　星期五

　　晴。晨临《颜家庙碑》。上午观《资治通鉴》,作信致王景盘及君介。下午至同泰仁晤伯垠,少坐,返。伯才来,少坐,去。沐浴。

8月17日　星期六

　　晴,晚雨。晨临《颜家庙碑》。上午理发。观《资治通鉴》。下午写书目。志轩来,少坐,去。肖廉来,即去。观《思复堂文集》。夜,观《国朝文椒题辞》。

8月18日　星期日

　　晴,晚雨。晨临《颜家庙碑》。上午理发,观《资治通鉴》。复君介、君藩信。下午复安如、竹孙、宣之信,又致辅之信。写书目,观《思复堂文集》。夜,观《国朝文概题辞》,完。

8月19日　星期一

　　雨下午晴。晨临《颜家庙碑》。上午观《资治通鉴》。下午肖廉来,少坐,去。编《国学商兑会会友通讯录》。夜,观《小说月报》。

8月20日　星期二

　　晴上午夜雨。晨临《颜家庙碑》。上午至闲闲山庄。下午至宝枚山房晤望舅,仍返山庄,少坐,归。船遇倪幼菊先生,同去先行。今日邀谢子春来治文儿泻痢。

8月21日　星期三

　　晴。晨临《颜家庙碑》。上午观《资治通鉴》。邀林晋康来治文儿热疖,即去。下午复储石信。观《壮悔堂文集》。伯才来,即去。致伯埙、肖廉信。

8月22日　星期四

　　晴。今日廊下景阳学校开校董会。唤船往,彼过孔家阙桥,君介代表时舅同去。到后,即去景阳。出,去朱宅,叶师、叔略亦来。午馔后又同至校,少坐,乃返。君介仍于孔家阙上岸。在舟观《小说月报》。

8月23日　星期五

　　晴。晨临《颜家庙碑》。上午观《资治通鉴》,复贞夫〔甫〕伯信。下午草《秋夜纳凉》五古一首,又补草《浙游登快阁》二绝,《乌篷口占》一绝。观《壮悔堂文集》。伯才来,即去。夜,翻各种笔记。

8月24日　星期六

　　晴。晨临《颜家庙碑》。上午望舅来。端甫来晤望舅，下午去。伯才来，即去。望舅去。夜，同昨。

8月25日　星期日

　　晴，晨雨。晨临《颜家庙碑》。上午观《资治通鉴》。下午去施医局，少坐，返。作信复朴存、安如。湖州莫质誉来，少坐，往闲闲山庄。邀宪人来，治文儿痢后调理，即去。夜，同昨。

8月26日　星期一

　　晴。晨临《颜家庙碑》。上午观《资治通鉴》。晋康、若望来，少坐，去。雷生来，即去。致君介信。下午写书目，抄县志材料。伯才来，即去。沐浴。

8月27日　星期二

　　晴。晨临《颜家庙碑》。上午质誉来。下午平庵来，傍晚去。

8月28日　星期三

　　晴。上午君介、君湘、君宾、君深及吴忆初来。下午同去季勇处。出，至城隍庙。晋康等设有闲闲社，少坐，返。君深等去。

8月29日　星期四

　　晴。上午伯埙来，午饭后去。君懿来，少坐，去。肖廉来，即去。

8月30日　星期五

　　晴。上午质誉去。观《资治通鉴》。下午写书目。致少屏、君介信。观《壮悔堂文集》。夜，观《小说大观》。

8月31日　星期六

　　晴午后大雨即止。晨临《颜家庙碑》。上午观《资治通鉴》。下午理书画。邀宪人来复诊文儿，即去。观《壮悔堂文集》。夜，同昨。

9月

9月1日　星期日

晴。晨临《颜家庙碑》。祝先生于昨日到镇,上午来。观《资治通鉴》。下午百梅来,少坐,去。复志儒、辅之、莘子信。志轩来,少坐,去。夜,观徐芍坡《肋余草》一卷。

9月2日　星期一

晴。晨临《颜家庙碑》。上午致时舅信,观《资治通鉴》。下午写书目,复天梅、安如、君彦信。观《壮悔堂文集》。夜,观《小说大观》。

9月3日　星期二

晴。晨临《颜家庙碑》。上午观《资治通鉴》。作信致竹孙、宣之。复周子美、莫质誉。下午写书目。至闲闲山庄,君介、君藩来,少坐,去。观《壮悔堂文集》。夜,翻《太一遗书》。

9月4日　星期三

晴,下午雨。晨临《颜家庙碑》。上午观《资治通鉴》。下午至施医局一回。草《记蜕翁诗抄》后记《肋余集》后二则。沐浴。

9月5日　星期四

晴。晨临《颜家庙碑》。上午观《资治通鉴》,复君介信。下午复哲夫,致辅之信。至同泰仁晤伯埙,少坐,返。观《壮悔堂文集》。夜,往协和当候瑞师,少坐,返。

9月6日　星期五

晴。晨临《颜家庙碑》。上午观《资治通鉴》,整容。下午写书目,复衡伯信,观《壮悔堂文集》。夜,望舅自张家来。

9月7日　星期六

　　晴，午刻雨即止。上午九下钟同望舅乘船往松江，下午二下钟到。余先至石士处吊其夫人之丧。出，至顾家晤时舅，望舅亦在。少坐，至松江银行晤叶叔明等。出，又至顾家，乃往王宅。

9月8日　星期日

　　晴雨无定。上午至顾家。出，至银行。同望舅至叶叔明处，少顷，时舅亦来，并晤瑞师及吴伯扬，叔明留午馔。下午同至银行开股东会。夜饭后返王宅。

9月9日　星期一

　　晴雨不定。上午至顾家晤时舅、望舅，憩南亦在。出，至银行后余往图书馆晤雷君彦及家松仙先生，少坐，回银行。下午续开股东会，修改章程。散会后同望舅、憩南至谢宅应宰平及雷继兴招饮。出已十下钟，与憩南回寓荣升祥客栈。

9月10日　星期二

　　晴雨无时。上午同憩南至李芑香处，不晤，即返银行。余又至顾家晤两舅，少坐，同再至李宅应芑香及黄涵伯、自雄招饮。下午去银行，续开股东会，修改章程毕。夜馔后返王宅。

9月11日　星期三

　　晴。上午往顾家晤时舅，望舅亦在。少顷，瑞师亦来。午馔后同望舅至益智社、扫叶山房等处。乃至银行续开股东会选举董事，查账毕，会务告竣。夜，与望舅宿舟中。

9月12日　星期四

　　晴。鸡鸣解缆。九下钟到家。上岸少顷即往高宅吊季勇表弟之丧，晚返。母亲、圆妹昨日先去，同归。

9月13日　星期五

晴。上午杂务。下午至施医局。出,至第二高小校晤叔纯、冲之,少坐,返。作信复安如,致松岑、哲夫。

9月14日　星期六

晴。晨临《颜家庙碑》。上午观《资治通鉴》。下午作信复志儒、杰士、质誉、储石,观《壮悔堂文集》。志轩来、少坐,去。夜,观《文星杂志》。

9月15日　星期日

晴。晨临《颜家庙碑》。上午观《资治通鉴》。下午杏林来,即去。复君介、心侠信,又致仲稽信,集县志材料,观《壮悔堂文集》。邀晋康来治文儿热疖,即去。夜,观《妇女时报》。

9月16日　星期一

晴。晨邀晋康来治文儿热疖,即去。上午吴时若来问米捐收数,少坐,去。观《资治通鉴》。下午复君深、君彦、学深信。走协和当还款,即返。观《壮悔堂文集》。夜,观《小说时报》。

9月17日　星期二

阴。晨临《颜家庙碑》。上午观《资治通鉴》。下午复景盘信,观《壮悔堂文集》。夜,翻阅《书三味楼丛书》。

9月18日　星期三

晴晨雨。晨临《颜家庙碑》。上午观《资治通鉴》。下午草县志《书籍志》稿。伯才来,即去。观《壮悔堂文集》。夜,抄县志材料。

9月19日　星期四

晴。晨临《颜家庙碑》。上午观《资治通鉴》,作信致君介。下午伯埙来,即去。草县志《书籍志》稿,观《壮悔堂文集》。夜,同昨。

9月20日　星期五

　　晴。上午临《颜家庙碑》。观《资治通鉴》。至米业公所鸣社诗课,何野人值课,下午二下钟返。草县志《书籍志》稿。伯才来,即去。夜,同昨。

9月21日　星期六

　　晴。晨临《颜家庙碑》。上午观《资治通鉴》。复君介信。下午草县志《书籍志》稿,观《壮悔堂文集》。夜,同昨。

9月22日　星期日

　　晴。晨临《颜家庙碑》。上午观《资治通鉴》。下午翻《书三味楼丛书》,复憩南信,观《壮悔堂文集》。夜,观《小说时报》。今天曾邀晋康来治文儿热瘵。

9月23日　星期一

　　晴。晨临《颜家庙碑》。上午读《读通鉴论》。时舅、君介来。下午同至闲闲山庄。

9月24日　星期二

　　晴。晨同时舅、君介、君藩至实枚山房、高氏宗祠。今日高氏乃秋祭。下午返闲闲山庄。傍晚至老宅。

9月25日　星期三

　　晴。下午同君平、君深、君介、君藩、星焕游秦山,由君平摄取一影。傍晚还。

9月26日　星期四

　　晴。上午同望舅、君深、星焕至闲闲山庄。少坐,同至家。下午同君深、星焕往东城隍庙观剧。望舅去。

9月27日　星期五

　　晴。上午至邮局汇款,购桉树回。至同泰仁晤伯埭,少坐,返。下午复安如信,君深、星焕去小剑处,即同其来。夜馔后去。

9月28日　星期六

雨。晨临《颜家庙碑》。上午观照片。下午观《文艺杂志》,邀钱杏生来治文儿黄水疮,夜饭后去。

9月29日　星期日

阴。上午杏林来,即去。下午复质誉、志儒信。志轩来,少坐,去。

9月30日　星期一

阴。上午去秦山高宅吊季刚三七,君深同去。下午返,在舟观《吕用晦文集》。

10月

10月1日　星期二

晴。上午叔纯来,少坐,去。作信复君介,致恕庵及秀红妹。下午星焕去。复哲夫信,抄诗。夜,观《吕用晦文集》。

10月2日　星期三

晴。晨临《颜家庙碑》。上午观《资治通鉴》。致时舅信。下午十洲来,少坐,去。观《壮悔堂文集》。仲莲来,为其与黄姓房屋交易事,少坐,去。予即为其事去同泰仁晤伯埙。出,又去其处复之。夜,观《用晦文集》。

10月3日　星期四

晴。上午《颜家庙碑》。观《资治通鉴》。下午去裱画店。出,去施医局。今日停局,宴各医生。傍晚返。

10月4日　星期五

上午粲君往松江。时舅来，即乘快船去松江。观《资治通鉴》。下午致方瘦坡信，草《次午仲迟修袁海叟墓》诗韵五古一首，观《壮悔堂文集》。夜，观《用晦文集》。

10月5日　星期六

雨。晨临《颜家庙碑》。上午观《资治通鉴》。下午观《壮悔堂文集》，完。草县志《书籍志》稿。夜，观《用晦文集》。

10月6日　星期日

晴。晨临《颜家庙碑》。上午观《资治通鉴》。致望舅，复君深信。下午志轩来，少坐，去。君藩来，傍晚去。夜，同昨。

10月7日　星期一

晴。晨临《颜家庙碑》。上午观《资治通鉴》。下午草《题画诗》二绝。仰霄来，少坐，去。时舅自松江回，来，少坐，去。粲君归。仲莲来，即去。夜，观《吕用晦文集》。

10月8日　星期二

晴。晨临《颜家庙碑》。上午伯才来，即去。观《资治通鉴》。下午复安如、志儒信，圈《畏庐续集》。夜，同昨。

10月9日　星期三

晴。晨临《颜家庙碑》。上午观《资治通鉴》，理发。下午为查仁哉写扇，于仲墀写册页，钱伯埛题手卷。去伯埛处，少坐，返。圈《畏庐续集》。夜，观《用晦文集》。

10月10日　星期四

晴。晨临《颜家庙碑》。上午观《资治通鉴》。邀晋康来治文儿热疖，即去。复时舅信。下午志轩来，少坐，去。至贞甫伯处，为渠欲以济婴局董相委事，少坐，返。圈《畏庐续集》。夜，观《吕用晦文集》完。

10月11日　星期五

晴。上午观《资治通鉴》。君深来，大妹携两甥归。下午贞甫伯来，少坐，去。复松江育婴堂经董姚斐如、雷继兴、徐理才信，为以张堰济婴局经董相委事。夜，观《世说新语》。

10月12日　星期六

晴。上午杂事。下午圈《畏庐续集》。望舅来，傍晚去。

10月13日　星期日

晴。上午去闲闲山庄，时舅招饮，藉为修志会议，返已晚。今日曾邀宪人治文儿热瘵。

10月14日　星期一

晴。上午母亲、圆妹、君深到松赴沪。复丁竹孙、宣之信。下午写《怀旧楼从录》，邀陆梦熊来治文明热瘵。涤新来，即去。

10月15日　星期二

晴。上午九下钟乘快船往松江，下午二下钟到。船上晤张仲田。到后同往茶楼啜茗，少坐，乃往乘四下钟火车到沪。仲田在徐家汇下车，余方北站下车，即去惠中旅馆与母亲等相会。夜馔后同至大世界。返后以旅馆客满，余与君深往宿东亚旅馆。

10月16日　星期三

晴。晨起去汇中路晤朴庵。回，同母亲、圆妹去东亚一回，后至徐景明处为母亲镶牙。出，去大纶等处购物。午馔在春申楼。回寓后余同君深至商务印书馆。夜朴庵来，少坐，去。又同君深去蟫隐庐，是夜即住惠中。母亲发一寒热。

10月17日　星期四

晴夜雨。上午至季鲁处，不值，即返，又去景明处。下午丁宣之来,少坐,去。同君深、圆妹至先施公司屋顶乐团。回后又同母亲至景明处一次。介眉、叔贤、君湘、君宾来,叔贤即去。介眉邀同游新世界,十下钟返,君湘、君宾即宿寓中。寓中晤鹓雏及野鹤。

10月18日　星期五

晴。上午同君深至先施理发店理发。出,至振华旅馆晤宣之,同至聚珍仿宋印书局晤辅之,参观一周返寓。下午同母亲、圆妹去永安公司天韵楼。出,至徐景明处,傍晚返。季鲁来,邀余并君深去倚虹楼晚馔。出,又至一枝香应辅之、宣之之招,乃返寓。更同圆妹去歌舞台观剧,欧阳予倩演《黛玉葬花》,十一点即返。

10月19日　星期六

晴。上午同母亲、圆妹至徐景明处。出,去昆洋以购碗,春申楼午饭。下午至宝成及永安公司晤震生一回。至新世界并与君深、君湘、君宾、叔贤相会。十一点钟余同母亲、圆妹先出,去新新居小点后即返寓。

10月20日　星期日

晴。上午至有正书局及永安公司等处,路晤黄伯钦。下午随母亲同圆妹、君深乘晚车返松江,到后即去家中放来舟上。夜饭后,同君深去章一大、孙顺大购物。返舟后即乘夜潮开回。黄浦中月色甚佳,置酒相酹。

10月21日　星期一

阴下午雨。五更即已到镇,天明后上岸抵家。上午理行箧。下午去天梅处,少坐,同去水月楼啜茗。夜,同君深至同泰仁观灯。

10月22日　星期二

阴。上午君藩来。下午望舅来,天梅来,即去。邀宪人来治恒初。余体不舒,亦由其一诊。望舅、君深、君藩均去。发寒热,即卧。

10月23日　星期三

晴。寒热。今日宗祠秋祭,遣昭儿往。

10月24日　星期四

晴。寒热渐凉。下午邀宪人来诊治。君深来,即同大妹、圆妹往平湖贺方星焕结婚。余以病,不果去。

10月25日　星期五

晴。卧病。

10月26日　星期六

晴。始起坐。夜,复君湘、君宾信。

10月27日　星期日

晴。寒热虽止,而一切未能遽复原状。

10月28日　星期一

晴。下午请宪人来诊治。观黄小松《秋庵遗稿》。

10月29日　星期二

晴夜雨。上午君深等自平湖归来。

10月30日　星期三

晴。上午写书目,始下楼。下午观《唐诗三百首》。

10月31日　星期四

雨。上午复时舅信。下午君深去。观《唐诗三百首》。夜,观《中国雕版源流考》。

11 月

11 月 1 日　星期五

晴。上午下元祭先,观《中国雕版源流考》完。下午及夜间观《新华秘记》。

11 月 2 日　星期六

阴。上午望、时二舅来,下午去。观《新华秘记》完。夜,观《花影集》。

11 月 3 日　星期日

阴。观《劫外昙花》完。

11 月 4 日　星期一

雨。上午复君介信,观《小说月报》。下午复哲夫信。伯才来,少坐,去。夜,观《情铁》。

11 月 5 日　星期二

雨。上午写《怀旧楼丛录》,下午邀宪人来诊治,并诊粲君、文儿。作信复君彦,致肖廉。夜,观《情铁》。

11 月 6 日　星期三

阴夜雨。上午观《资治通鉴》。下午杂务,致朴存信。夜,观《情铁》,复君介信。

11 月 7 日　星期四

阴。上午观《资治通鉴》。下午复蓬洲、心薇〔徽〕,致小剑信。雷生来,即去。福斋等来,介绍叶姓房屋交易,少坐,去。夜,观《情铁》,复张琴轩信。

11月8日　星期五

雨。上午观《资治通鉴》。下午复君介、安如信,观《人境庐诗集》。夜,观《情铁》。

11月9日　星期六

雨。上午母亲以望舅疾,往高宅。观《资治通鉴》。下午复君彦信,观《人境庐诗草》。夜,观《情铁》。

11月10日　星期日

晴。上午去高宅视望舅疾,疾为下痢,傍晚返。夜,观《情铁》完。

11月11日　星期一

阴。上午观《资治通鉴》。下午致汤临泽信,倩其刻印。翻《书三味楼丛书》。伯埙邀至商会与省委实业视察员纪石陔谈开浚张泾事。夜馔后返。

11月12日　星期二

雨。上午伯埙来,少坐,去。观《资治通鉴》。下午翻阅《书三味楼丛书》,观《人境庐诗草》。夜,为伯埙填商会调查表。

11月13日　星期三

雨。上午观《资治通鉴》。伯埙来,少坐,去。下午作信复震生、质誉。涤新来,少坐,去。夜,草《先开张泾南段说略》,拟(致)省委实业视察员。

11月14日　星期四

阴。上午偕大妹往高宅。下午去闲闲山庄一回,同归。在舟观《小说时报》。夜,观《人境庐诗草》。

11月15日　星期五

阴。上午观《资治通鉴》。复秀红妹信。下午耕熙叔来谈东小桥坟租事，少坐，去。选抄黄公度诗。夜，观《人境庐诗草》。

11月17日　星期日

阴下午晴。上午观《资治通鉴》。伯埙来，少坐，去。下午草县志《书籍志》稿。夜，观《人境庐诗草》。

11月18日　星期一

晴。上午观《资治通鉴》，复君彦信。下午去贞甫伯处，又至子贞处看菊花，少坐，返。粹中以其宗祠落成招饮，夜返。观《人境庐诗草》完。

11月19日　星期二

晴。上午去卢家送入祠，即返。同圆妹至亭林丁寓，贺四表姑母哲嗣仰鸿结婚之喜。下午三刻钟到，君介、君藩亦在。去顾怡生处一回。夜，宿祚卿处。

11月20日　星期三

晴。上午同君介等走街上。下午至伯贤昆仲处。

11月21日　星期四

晴晨雨。上午同圆妹归。舟过后冈，一观同善堂菊花。下午三下钟到家。在舟观《小说月报》。

11月22日　星期五

晴。上午观《资治通鉴》，为周小弟与人商会交涉事作信致徐亚伯。下午亚伯来，少坐，去。作信复震生。伯才来，即去。同秀红妹往看余家大街市房及石皮弄傅姓房屋，又新北街黄宅渠于今日来拟相地迁居也。承粲三妹同去。夜，复君彦信，观《小说时报》。

11月23日　星期六

晴。上午志轩来，少坐，去。观《资治通鉴》。邀宪人来诊治母亲等,午饭后去。作信复憩南、君怀。草县志《书籍志》稿。仰霄来,即去。夜,观杨铁斋《台荡游草》完。

11月24日　星期日

晴。上午杂务。下午秀红妹前日来,今归。余与志轩同去。

11月25日　星期一

晴。与志轩理严家分派老三房方单。

11月26日　星期二

晴。下午恕庵来,谈严家事。

11月27日　星期三

晴。下午同志轩返,傍晚抵家。在舟观《小说时报》。夜,复君懿信。

11月28日　星期四

晴。上午粲君携三儿往松江。叔纯来,少坐,去。下午何伯康来,即去。亚伯来,少坐,去。涤新来,少坐,去。贞甫伯来,少坐,去。夜,观《新世说》。

11月29日　星期五

晴。上午观《资治通鉴》。伯埙来,少坐,去。下午复时舅信。翻阅《松风余韵》及《松江诗抄》。肖廉来,即去。圈《畏庐续集》。夜翻阅莫氏宗谱。观《新世说》。

11月30日　星期六

晴。上午观《资治通鉴》。君懿来。下午复天梅、质誉信。君懿去。涤新、雷生先后来,少坐,去。夜,观《大憨诗抄》完,观《新世说》。

12月

12月1日　星期日

阴。上午观《资治通鉴》,致粲君信。下午伯埙来,少坐,去。辑《云间诗征》宋莲诗。君深来。夜,斗牌。

12月2日　星期一

阴。上午观《资治通鉴》。时舅、君介、君藩来。下午伯埙来,少坐,去。时舅等去。夜观《新世说》。君深于今晨往松江。

12月3日　星期二

阴。上午观《资治通鉴》。下午复震生信,去邮局汇款于震生,即返。草县志《书籍志》稿。夜,观《新世说》。

12月4日　星期三

阴。上午观《资治通鉴》,复君彦信。下午至同泰仁候伯埙,不值,返。伯埙、少云、馨山、景贤、韵生、至川来商办夺标储蓄会,少坐,去。草《金山卫佚史补遗》,莫完一传。伯才来,即去。夜,复粲君信,观《新世说》。

12月5日　星期四

阴夜雨。上午同伯埙至高宅。下午伯埙去钱圩,余乘母亲来船去闲闲山庄一回后即返。夜,观《新世说》。

12月6日　星期五

阴。上午观《资治通鉴》。下午黄选林来,即去。草《金山卫佚史·张氏列传》。志轩来,少坐,去。夜致君懿信,观《新世说》。

12月7日　星期六

阴晚雨。上午复时舅信,观《资治通鉴》。端甫来,少坐,去。

下午复志儒、震生信,圈《畏庐续集》。至商会议储蓄会事,傍晚返。夜,观《新世说》,复病蝶信。

12月8日　星期日

雨。上午九下钟唤舟往松江,逆风破浪,傍晚到,即至王宅。在舟观《新世说》,完。

12月9日　星期一

阴。上午至荣升祥客栈候君深。午饭后同至耿伯齐先生处候张景留。余又至黄自雄处购药,再同至图书馆晤君彦。出,至望江楼啜茗,晤了公雄伯、龙丁,傍晚乃返。夜,观《福尔摩斯侦探案》。

12月10日　星期二

阴雨。下午邀夏蔼人来治文儿黄水疮。观《侦探案》。

12月11日　星期三

雨。下午君深来,少坐,去。邀何子江来治粲君头痛。

12月12日　星期四

晴。上午八下钟携昭儿乘来船归家,顺风,下午一点钟即到。在舟观《小说时报》。君深亦于今日自松归来。致粲君信。夜,斗牌。

12月13日　星期五

雨。上午复时舅信。雷生来,即去。至同泰仁晤伯埙,为詹知事将调任,往领河工带征款等事,少坐,返。写《倚剑吹箫楼诗话》。君深去。夜,观《小说月报》,草《登十亩桥》诗一绝。

12月14日　星期六

晴。上午志轩、雷生先后来,少坐,去。亚伯募冬防捐,少坐,去。观《资治通鉴》。下午抄文,草县志《艺文志》稿。志轩同吴子松来,为卢姓房屋交易事,少坐,去。古如、伯承来,即去。夜,草《艺文志》稿。

12月15日　星期日

晴,夜雨。上午时舅来,为周家关照中妹吉期,下午去。复粲君信。夜,观《小说月报》,翻阅莫氏族谱,致时舅信。

12月16日　星期一

雨。上午观《资治通鉴》。下午复张岱青及君湘、君宾、五峰信。亚雄、君懿先后来,少坐,去。抄《怀旧楼丛录》。夜,观汪国香诗,并辑入《云间诗征》。

12月17日　星期二

雨。上午志轩同姜仲达来,少坐,去。观《资治通鉴》。下午去同泰仁晤伯埙,少坐,返。抄《怀旧楼丛录》。夜,抄文。

12月18日　星期三

阴夜雨。上午观《资治通鉴》。下午抄《怀旧楼丛录》。夜,观《小说月报》。

1919 年

1月

1月1日　星期三

晴。越昨来松江王宅。下午,同外舅及石士至也是园啜茗,晤荫松族长。又同至长顺酒楼小酌,晚返。

1月2日　星期四

晴。偕粲君携花、文两儿归。上午十下钟开船,下午四点钟抵家。在舟观《福尔摩斯侦探案》。时舅、君介今日来,晚去。

1月3日　星期五

晴。上午,伯埙来,少坐,去。志轩同仲达来,即去。下午蕴辉、智川及晋康先后来,谈丈田事,少坐,去。邀宪人来治文儿,少坐,去。至同泰仁晤伯埙,同至丈田局,夜饭后返。

1月4日　星期六

晴。上午,至同泰仁,晤伯埙,少坐,返。复君深信。下午,复卢少云及何师钟表姑母信。何润章、马固良、柯际春来,为平湖陆姓与圆妹说亲,少坐,去。涤新来,少坐,去。志轩来,夜饭后去。观《福尔摩斯侦探案》。作信,复时舅,致仲稽、君介。

1月5日　星期日

晴。上午，钻坚来，少坐，去。观《资治通鉴》。下午，若望、涤新、叔纯、至川、冲之先后来，各少坐，去。夜，亚雄来，即去。观《松菊堂诗集》。致涵伯信。

1月6日　星期一

晴。上午，观《资治通鉴》。君懿来。下午，孟龙来，少坐，同君懿去。至丈田局，晤狄子怡，少坐，返。志轩、叔纯来，即去。端甫来，即去。夜，志轩、叔纯又同仲达来，即去。

1月7日　星期二

晴。待母亲至平湖，医治臂痛。河西祖母同去。上午十点钟开船，在明正庵候潮小泊，到已夜间九点钟矣。在舟观《福尔摩斯侦探案》。

1月8日　星期三

阴，晨雨。上午，侍母亲至严致和针科处医治。下午，至孙透云，晤颂和姻叔，少坐。出，至街上买物，余又至瑞源庄算存息。

1月9日　星期四

阴，夜雨。上午，侍母亲至严家复诊。出，至孙透云。下午，至街上买物，余又至报本禅寺，晤孙雅宜姻叔，在秉空方丈处少坐，今日寺中有放生会也。

1月10日　星期五

雨。上午，九下钟解缆归，下午八点钟到家。在舟观《开战时之德意志》一册。

1月11日　星期六

雨。上午，观《资治通鉴》。下午，作信，致君深，复君介、景琦。伯衍来，即去。理《云间诗征》稿。夜，观《小说月报》。补草

《登南高峰一绝》。今日曾邀晋康二次来治文儿疮疖。

1月12日　星期日

阴。上午，晋康来，治文儿疮疖，即去。观《资治通鉴》。新任本镇警佐沈叔安来，少坐，去。君深来。下午，至同泰仁，晤伯埙，少坐，去。冲之来，即去。至商会，与伯埙、少云、古茹〔如〕、汭钟、伯承合宴沈叔安等，夜返。又今日午后古茹〔如〕、叔纯来，即去。

1月13日　星期一

阴。上午，草《赠县长怀宁詹公象九去任序》。方伯超来，即去。下午，张伯平来，少坐去。至巡警局议警务进行事宜，坐谈良久，返。君深去。夜，作信，致大妹、望舅、时舅，复君介。今日上午亦邀晋康来治文儿。

1月14日　星期二

雨。上午，晋康来，治文儿，即去。伯埙来，即去。观《资治通鉴》。伯衍来，即去。下午，邀宪人来，治文儿寒热，少坐，去。志轩来，即去。写《经收河工教育两项米捐收条》。读《畏庐续集》。夜，作信，至少屏，为祝慎哉哲嗣匡明介绍职务。观何绍基《东洲草堂诗钞》。

1月15日　星期三

阴。上午，至官桥进香，下午返已晚。在舟观《东洲草堂诗钞》。望舅于下午来。夜，张伯平、仲麟奚、子峰来谈丈田事，坐久去。今日上午亦邀晋康来，治文儿。

1月16日　星期四

阴。上午，观《资治通鉴》。伯平来，即去。时舅来。下午，至永成泰候伯平等，不晤，即返。时舅去。冲之来，即去。端甫、志轩、宪人、子峰来，与望舅向徐小才石作写建造星渡桥承缆纸。子贞来,谈丈田事,夜,又邀伯埙来,亦谈此事,九下钟均去。祝先生于今日年假。

1月17日　星期五

晴,夜雨。上午,观《资治通鉴》。叔纯来,即去。下午,时舅来。至同泰仁后,同望、时两舅,伯埙,子贞,志轩,子峰,伯才,至川等至丈田局,晤狄子怡,谈换单事,傍晚返。夜,子峰、伯康、宪人、伯埙先后来,少坐,去。致仲稽信。

1月18日　星期六

阴,下午雨。上午,同时舅唤舟往朱泾,赴修志会议,乃北风极大,中途在五龙庙下碇,宿焉。在舟观《东洲草堂诗钞》及《小说月报》。望舅于今日去。

1月19日　星期日

晴。今晨风仍大,不能开北,即转回,经干巷上岸,一晤俞天石后,绕道送时舅回,抵家已晚。在舟观《东洲草堂诗钞》完,乃金松岑选本也。今日曾邀宪人治文儿。

1月20日　星期一

晴。上午,观《资治通鉴》。晋康、伯平及丈田局之董惕如来,均各少坐,去。下午,何福斋、姜伯贤及端甫、仰霄、似若、伯才、伯承先后来,即去。为戴礼文写题画诗。夜,选抄《东洲草堂诗》。

1月21日　星期二

雪,寸许。上午,观《资治通鉴》。复何师钟表姑母信。下午,写《赠詹县长序》。复望舅信。涤新、伯承先后来,各少坐,去。夜,同昨。

1月22日　星期三

晴,夜雨。上午,观《资治通鉴》。伯才、伯超来,各少坐,去。

下午,作信,复君介、哲夫、涵伯。邀晋康来,治文儿疮疖,即去。君懿、志轩来,各少坐,去。至同泰仁晤伯埙,少坐,返。夜,同昨。

1月23日　星期四

雨。上午,观《资治通鉴》。下午,伯埙来,少坐,去。杂务。夜,同昨。

1月24日　星期五

雨。上午,至同泰仁晤伯埙,划款,少坐,返。下午,涤新、叔安、伯承先后来,少坐,去。校所抄《檀斋诗稿》。夜,同昨。

1月25日　星期六

阴。上午,观《资治通鉴》。下午,涤新、晋康先后来,即去。志轩来,即去。至同泰仁同伯埙、仲庸至丈田局,领取新单,傍晚返。夜,至同泰仁与伯埙、济平、忍之等议惠农公司事,九点钟返。

1月26日　星期日

阴。上午,至同泰仁晤伯埙,即返。至丈田局,应狄子怡招饮,下午返。复仲稽信。至商会与伯埙、忍之、济平等宴狄子怡,八下钟返。

1月27日　星期一

阴。上午,观《资治通鉴》。下午,至川来,少坐,去。邀宪人来,为母亲复开膏方,少坐,去。仰霄、子翔、涤新先后来,均少坐,去。复君介、天梅信。夜,选抄《东洲草堂诗》。

1月28日　星期二

晴,夜雨。上午,校《檀斋诗稿》。蒋识儒来,即去。下午,复时舅信。至同泰仁晤伯埙,少坐,返。夜,同昨。

1月29日　星期三

雨。年节祭祀。下午，若望、伯才、涤新、剑眉、仰山先后来，各少坐，去。复学源信。夜，观《小说时报》。

1月30日　星期四

阴，夜雪。上午，涤新来，即去。下午，伯才来，即去。作信，复姚彝伯、邱潜庐及心薇〔徽〕。整容。夜，观《小说大观》。

1月31日　星期五

阴，上午雪。杂务。

2月

2月1日　星期六

阴，夜雪。夏历己未元旦。上午，行贺年礼。

2月2日　星期日

阴。上午，时舅、君介、君藩、君湘、君宾来，又志轩来，又大妹归，君深同来。下午，志轩去。同时舅至商会，与伯埙、少云、馨山、景伊、韵生、智川、文安议有奖储蓄会事，傍晚返。时舅等去。夜，斗牌。

2月3日　星期一

阴。上午，至志轩、亚雄、子翰处。下午，至贞甫伯及子贞处。夜，同昨。

2月4日　星期二

晴。上午，同君深至益泰典。出，至天梅处，晤亚希，各少坐，返。余又至协和典，晤景伊。下午，韫辉、子翰来，少坐，去。编《经手米捐报告》。夜，同昨。

2月5日　星期三

晴。上午,时舅、君介、君藩来,少顷,平庵亦来。下午,景伊来,少坐后,并同时舅至商会,与伯埙等谈储蓄会事,少坐,返。伯埙、馨山来,少坐,去。晚设小酌,宴时舅等,并邀志轩,散席后,时舅等即去。夜,同昨。今日贞甫伯来过。

2月6日　星期四

阴,夜雨。上午,何公方来。君深同大妹去。母亲携中、圆两妹,昭儿,花儿亦至高宅。下午,景伊来,即去。公方去。作信,复仲稽,致涵伯。至同泰仁晤伯埙,又至馨山处,各少坐,返。夜,编《张泾河工财政大纲》。

2月7日　星期五

雨。上午,理张泾河工款账。下午,志轩来,少坐,去。时舅来,傍晚去。夜,写记《古处斋集》卷首。观《静敬山斋诗集》。

2月8日　星期六

晴。上午,伯埙来,少坐,去。至高宅望舅处。下午,至时舅处,闵瑞师亦在,傍晚仍返望舅处。中妹同花儿先归。

2月9日　星期日

雪。上午,至时舅处。下午,仍返望舅处。

2月10日　星期一

晴。上午,同君深、君湘、君宾至何宅安姑母处,贺表妹于归。下午,至冯宅。傍晚,仍返何宅。在舟观《双枅记》完。母亲、圆妹、昭儿今日归。夜,斗牌。

2月11日　星期二

晴。何宅喜事正日。

2月12日　星期三

阴,晚雨。上午,乘志轩船归,到家已过午。君深等亦归。在舟观《福尔摩斯侦探案》。宪人来,少坐,去。望舅于前日来,今晚去。夜,致仲稽信。观《静敬山斋诗集》完。

2月13日　星期四

阴。上午,冲之来,少坐去。下午,景伊来,少坐去。复志儒、永思信。夜,观《西泠异简记》。

2月14日　星期五

晴。今日家中解星辰。上午,复震生、伯衎及费仲深信。下午,草《县志艺文志稿》。君深、君介、君藩、君湘、君宾、忆初来镇,邀至水月楼啜茗。出,至东市探梅,又至小剑处,少坐,乃返。君深等去。夜,观《西泠异简记》完。

2月15日　星期六

晴。上午,移植花木。伯承来,少坐,去。仰霄来,即去。下午,雷生来,少坐去。至同泰仁候伯埙,不值,即返。作信,复安如,致君懿、馨山、伯埙。俞适庵来,即去。夜,观《小说大观》。

2月16日　星期日

晴。偕粲君携昭儿往松江,上午十点钟开船,下午五下钟到王宅。在舟观《惜抱尺牍补编》。夜,斗牌。

2月17日　星期一

晴。上午,观《福尔摩斯侦探案》。下午,至闵瑞师处。出,至松江银行,晤涵伯,又在扫叶山房,晤时舅,傍晚返。夜,同昨。

2月18日　星期二

晴。偕承粲携昭儿往上海,乘下午一点钟火车。到后即至季鲁寓处,少坐。余先出,至西泠印社,乃往寓新旅社。少顷,承粲、昭儿亦到。作信,致朴存、少屏、震生、辅之,约其明晚来寓,同至永安公司。夜,至天蟾舞台观剧。又,上午,作信致圆妹。

2月19日　星期三

阴。上午,至丰昌候顾子恂、有正书局候汤临泽,均不值。又至蟫隐庐、商务印书馆、泰东图书馆局、国华书局等处买书。乃同粲君、昭儿至永安公司,午刻回寓。下午,粲君携昭儿同四嫂至大马路购物,余至民国日报馆候楚伧,亦不值。乃至大盛绸庄,与粲君等相会。余先返寓,震生、辅之、朴存来,少坐后,同至倚虹楼菜馆,并招楚伧、少屏、钝根。散席后,又偕震生至新世界,会粲君、昭儿,十一下钟返。震生别去。至洗清池沐浴。

2月20日　星期四

阴,晚雨。上午,同粲君、昭儿至先施公司等处,以春申楼午馔。下午,乘四点钟火车,返松江。

2月21日　星期五

阴,晨雪。下午,至松江银行,出。至商会,晤瑞师,望舅亦来,少坐,返。夜,斗牌。作信复圆妹。

2月22日　星期六

阴。上午,至泰和袜厂,开股东会,下午四下钟出。至花树行,买梅花数盆,返。

2月23日　星期日

晴。上午,观《侦探案》。下午,斗牌。夜,复惠洁身信。

2月24日　星期一

晴。上午,观《侦探案》。下午,斗牌。夜,偕粲君携昭儿宿船上,待早潮回南。

2月25日　星期二

晴。卯刻解缆,巳刻到松隐,中、圆两妹前来严家,余乃上岸,少坐,同返,未刻抵家。在舟观《侦探案》。夜,观前数日报纸。

2月26日　星期三

阴。上午,作信,致心薇〔徽〕、君深、君介、时舅。下午,至同泰仁候伯埙,不值,即返。仰霄来,即去。志轩来,少坐,去。作信,致仲稽,复导江、杰士、子冶。夜,翻阅《闺秀诗话》。

2月27日　星期四

阴,晚雨。上午,杂事。下午,君藩与吴四弟来,晚去。夜,观《侦探案》。

2月28日　星期五

阴。上午,大妹归,君深、君介、君藩来,方心薇〔徽〕偕其新夫人自高宅来。下午,作信致辅之。晚设筵宴心薇〔徽〕,并邀小剑、志轩为陪。又,下午沙田局新局长周仲阳来,少坐,去。

3月

3月1日　星期六

阴,午雷雨。上午,时舅来,下午同君介、君藩去。夜,斗牌。

3月2日　星期日

晴。上午,复质誉信。下午,宪人来,少坐,去。夜,斗牌。

3月3日　星期一

雨。上午,心薇〔徽〕去。伯承来,少坐,去。下午,作信,复哲夫、天梅,致钝根。伯才来,即去。夜,斗牌。

3月4日　星期二

雨。上午,观《资治通鉴》。下午,子翰来,与算宗祠账目,少坐,去。作信,复逢伯,致洁身、慎旃。夜,同昨。

3月5日　星期三

阴。上午,大妹、君深去。下午,景留、仰霄先后来,各少坐,去。作信,复储石、彝伯、琴南。夜,观《十叶纪闻》。

3月6日　星期四

阴。上午,塾师祝慎旃先生来。下午,作信,复林慧如、张破浪、李徇公。观《畏庐续集》。修改《金山卫佚史》。夜,同昨。复君介信。

3月7日　星期五

阴。上午,观《资治通鉴》。下午,作信,复亚子、仲稽、志儒。志轩、似石先后来,少坐,去。观《畏庐续集》。修改《佚史》。夜,观《十叶纪闻》完。

3月8日　星期六

阴,晨夜雷雨。上午,观《资治通鉴》。下午,作信,复余裴山、程景岳、王静安及冲之。观《畏庐续集》。修改《佚史》。夜,观《指严余墨》。

3月9日　星期日

阴。上午,观《资治通鉴》。下午,至沙田局,候新局长周仲阳,少坐,返。作信,复叶守师及心薇〔徽〕、十洲,致君懿。观《畏庐续集》。夜,观《指严余墨》。

3月10日　星期一

阴。上午,观《资治通鉴》。下午,志轩、肖廉先后来,各少坐,去。作信,致少屏、馨山,复周伯严。观《畏庐续集》。修改《佚史》。夜,同昨。又,上午草《古意》一首。

3月11日　星期二

晴,下午阴。上午,观《资治通鉴》。下午,作信,复屏之及高仲均、涵叔昆仲。修改《佚史》。志轩来,即去。观《畏庐续集》。夜,抄《戊午诗》。

3月12日　星期三

阴,晨雨。上午,观《资治通鉴》。下午,作信,复震生,致辅之。观《畏庐续集》完。修改《佚史》。夜,观《指严余墨》。

3月13日　星期四

晴。上午,观《资治通鉴》。下午,时舅、君介来。景伊来,即去。同时舅、君介至储蓄会事务所(即在商会),开会议事,并选举干事长、保管员,余被选为保管员,四下钟返。时舅、君介去。君懿在何宅,贺喜,来,夜去。观《指严余墨》。

3月14日　星期五

雨。上午,理发。观《资治通鉴》。下午,至储蓄会事务所,四下钟返。修改《佚史》。夜,录《徐阁公残集附录》。

3月15日　星期六

晴。上午,观《资治通鉴》。景伊来,即去。下午,至储蓄会,少坐,返。修改《佚史》。至同泰仁晤伯埙,少坐,返。夜,观《小说月报》。

3月16日　星期日

晴。上午,君懿、旭东来。君介、君藩来。下午,同至储蓄会,举行第一次掣签,并选举查账员三人,四下钟返。君介、君藩去。晚设筵宴沈叔安、周仲阳及伯埙、馨山、雷生、景伊、杏林、旭东、君懿,九点钟散席。君懿留。

3月17日　星期一

晴。下午,君懿去。吴似石来,领教育米捐,少坐,去。夜,观《小说月报》。

3月18日　星期二

晴,下午阴。上午,宪人来,少坐,去。观《资治通鉴》。下午,至同泰仁晤伯埙,少坐,返。圈《惜抱轩文集》。夜,同昨。

3月19日　星期三

晴。上午九点钟唤舟往朱泾,雷生同舟,下午二下钟到。即至县志局开会。散会后,同时舅至憩南处,住焉。

3月20日　星期四

晴,夜雨。上午,同时舅、憩南等至县志局,又至城隍庙,观古玉兰。下午二下钟,与时舅同开船归。舟过干巷上岸,晤景琦,寻朱二坨先生之墓,并观镇上新建之校舍,抵家已八下钟。在舟观《福尔摩斯侦探案》。

3月21日　星期五

晴。上午,观《资治通鉴》。下午,似石来,即去。修改《佚史》。贞甫伯来,即去。肖廉、仰霄来,即去。伯才来,少坐,去。夜,抄《戊午诗》。

3月22日　星期六

阴,下午微雨。上午,观《资治通鉴》。下午,作信,复查厚斋、朱瘦桐,致广慈苦儿院。修改《佚史》。圈《惜抱轩文集》。志轩来,少坐,去。夜,观《侦探案》。复时舅信。

3月23日　星期日

雨。上午,至五区头何宅,送万太太及望达舅祖葬,下午返。在舟观《福尔摩斯侦探案》完。夜,修改《佚史》。

3月24日　星期一

晴，夜雨。上午，观《资治通鉴》。下午，作信，致望舅、子恂，复君深、洁身。翻阅《南社》。同祝先生至宪人处，应其招饮，夜返。观《北京大学月刊》。

3月25日　星期二

阴，下午晴。上午，观《资治通鉴》。下午，叔纯来，少坐，去。时舅来。同时舅至同泰仁晤伯埙，少坐，返，时舅即去。夜，草《何张绿琴夫人哀挽录跋》。复仲稽信。

3月26日　星期三

阴，夜雷雨。上午，观《资治通鉴》。下午，作信，复少屏、志儒。圈《惜抱轩集》。冲之来，少坐，去。君深来，傍晚去。夜，修改《佚史》。

3月27日　星期四

雨。上午，观《资治通鉴》。复时舅信。下午，复彝伯、安如信。圈《惜抱轩集》。伯才来，少坐，去。夜，观《北京大学月刊》。

3月28日　星期五

阴。上午，观《资治通鉴》。下午，作信，复哲夫，致仲稽。理惠农公司账目。夜，观《小说大观》。

3月29日　星期六

晴。上午，清明祭先。志轩来，即去。下午，至龙沙禅院处，扫墓，即返。时舅、君介来，同至储蓄会，开会议事。出，又至同泰仁，少坐，返。时舅等去。夜，观《小说大观》。

3月30日　星期日

晴。上午，同圆妹、昭儿至金家桥、夏人村两处扫墓，回至高宅闲闲山庄，傍晚返。在舟观《新华春梦记》。夜，抄《戊午诗》。

3月31日　星期一

晴。上午,旭东、伯才先后来,各少坐,去。下午,至东小桥扫墓。圈《惜抱轩文集》。作信,致楚伧,又代家君复润章信。种花。夜,观《新华春梦记》。

4月

4月1日　星期二

晴。上午,观《资治通鉴》。下午,至麻雀桥扫墓,走过姜久昌行,晤伯承,少坐。修改《佚史》。陈季眉来,少坐,去。复钝根信。夜,同昨。又,上午时舅来,即去松江。

4月2日　星期三

晴。上午,观《资治通鉴》。下午至同泰仁,候伯埙,不值,即返。修改《佚史》。圈《惜抱轩文集》。夜,复逢洲信。

4月3日　星期四

晴。侍母亲同中、圆两妹及松隐严秀红妹往上海,上午九点钟开船,下午二下钟到松江,与望舅母、平庵相会,余至信余庄汇款,又同至郑通惠等处买物,五点四十分同乘火车到上海,寓惠中旅馆。夜饭后,偕平庵走大马路一回。今日在舟观《新华春梦记》。

4月4日　星期五

晴。上午,致季鲁片。至蟫隐庐、商务印书馆,又至丰昌,晤吴荫之。回,同母亲至徐景明处镶牙。出,回寓午饭。下午,同至时和后,余与平庵至南阳寄庐,候震生,少坐后,平庵先去,余又与震生往候朴庵。出,震生别去,余又至学生会,候少屏,不值。乃至老凤祥,与母亲相会,晚返寓。致粲君片。君深亦来沪,寓中晤前县长詹象九。夜,游新世界。

4月5日　星期六

晴。上午,同君深至先施公司理发。回,同母亲至白克路永丰里"白塔港闵家"医治臂痛。出,馔后,仍往大盛,晚返寓。(其间余至宝昌路访钝根,不值,路晤朴庵、震生,又候少屏于学生会,亦不值。)夜,朱鸳雏来,少坐,去。同君深游花世界。

4月6日　星期日

晴。上午,同母亲至徐景明处。出,至源昌仁珠宝行,少坐后,余至徐园,举行南社春季雅集,此为余被举主任后第一次,到者共二十六人,略议修改章程,摄影、聚餐而散。出,与震生至永安公司,与母等相会,夜返寓,震生别去。作信,致辅之及粲君。

4月7日　星期一

晴。上午,圆妹同君深、陈瑞之往杭州。同母亲至徐景明处。出,至永安公司,与舅母、中妹等相会,并在大东旅社午馔。下午,至乾发源购皮货,晚返。夜,至洗清池沐浴。

4月8日　星期二

晴,晚阴、雨。上午,偕平庵至丰昌。回,同母亲至三茅阁桥,购皮箱,午刻返寓。下午,同至大纶绸庄、裘天宝银楼,余又至国光书局、商务印书馆一行,晚在鸿宾楼夜馔后,乃返。致吴荫之信。

4月9日　星期三

晴。上午,至均益里候外舅,少坐返。同母亲至徐景明处,下午至大马路老凤祥、申大、德大等号购物,傍晚返。李鲁来,即去。夜,至蟫隐庐,晤罗子经,少坐返。

4月10日　星期四

晴。上午，至宝成银楼、宝记照相馆。下午，同母亲等至老凤祥等处，傍晚至先施公司，夜返。时舅亦来沪，同寓。望舅母于午后返松，平庵以不及乘车仍留。

4月11日　星期五

阴，夜午雨。上午，同母亲等至时和、乾发源。寓中晤社友吴抉云。下午，同时舅游半淞园，泛舟其间，园中颇有丘壑，海上尘嚣不易得也，四下钟返。寓中晤林憩南、吴一青。夜，圆妹及君深等自杭回。同至天蟾舞台观剧。平庵于今晨返松。

4月12日　星期六

阴。上午，至古书流通处、时和、大盛。君湘、君宾来。下午，同母亲，中、圆两妹，秀红妹乘二点五十分钟火车回松江，到后即住家中放来之船。君深明日早车回，时舅今日晚车回。平庵以风阻，尚在松江，与之同走街上一回。

4月13日　星期日

晴。黎明解缆浦中，又候潮小泊，午刻到松隐，秀红妹回去，余等亦上岸午饭，下午四下钟抵家。君藩来，平庵、君深亦回来，均少坐，即去。明日春祭，余家司年，吕巷哲华等今晚到，乃至宗祠，陪其夜饭。饭后哲华等往寓旅馆，余即返。今日在舟观《畏庐短篇小说》。

4月14日　星期一

阴，小雨。晨至宗祠，昭儿随去，行春祭礼。到者三十人，余司鸣赞。下午返，至储蓄会一回。夜，观连日报纸。复仲稽信。

4月15日　星期二

晴。上午，志轩来，少坐，去。杂事。下午，君介来。同至储蓄会,举行第二次掣签,事毕即返。韫辉同端甫来,乃贞甫伯命其移交济婴局文件,少坐,去。馨山来,交储蓄会存折,即去。致望舅、雷生信。时舅自松回来,即同君介去。夜,理账。

4月16日　星期三

阴,夜雨。上午,袁肖廉同朱卣香来,少坐,即去。至济婴局。出,至米业公所,值鸣社诗课,到者共十人,设筵相待。散后,仍至济婴局,今日为斋堂,亦有筵席。散后,又同宪人、志轩、智川至贞甫伯处,谈局务,余止允帮助,主任仍携贞甫伯也,夜返。

4月17日　星期四

晴。上午,观《资治通鉴》。下午,致民哀,复钝根、辅之信。夜,观《小说月报》。

4月18日　星期五

晴。上午,志翔来,少坐,去。复时舅信。下午,为景遂写《题深山练剑图册页》。复景遂、哲夫信。读《惜抱轩文》。夜,观《畏庐短篇小说》完。

4月19日　星期六

晴。上午,观《资治通鉴》。下午,作信,致病蝶、子冶,复唐文圃及亚子、志儒、慧如、静安。圈《惜抱轩文集》。夜,观《小说月报》。

4月20日　星期日

阴。上午,观《资治通鉴》。下午,何润章表叔同马固良、柯际春来,重为陆姓与圆妹说亲,少坐,去。写"南社收条"。作信,复望舅及莘子。夜,观《吉堂诗稿》。

4月21日　星期一

阴,晚雨。上午,整容。观《资治通鉴》。下午,叶默声来,少坐,去。作信,复蒋孟洁、杨仲廉、谭愚生。草《马夫人挽诗》。夜,观《新华春梦记》。

4月22日　星期二

阴。上午,观《资治通鉴》。复张心量信。下午,望舅、君平、君深来。肖廉来,即去。同君平、君深至庄君达处,送其明日出游英国考察电政,少坐,返。君平、君深去。同望舅至伯埙处,陪其饯行君达,夜返。

4月23日　星期三

晴。上午,同望舅至同泰仁,少坐后,望舅同伯埙乘快船往松江,余即返。观《资治通鉴》。下午,写出《文艺杂志》中所刊《庄漱润先生诗文词目录》。作信,复李菊生,致君彦、震生。伯才来,少坐,去。圈《惜抱轩文集》。夜,看《杨侯赛会》。

4月24日　星期四

晴。上午,至范伯尔表伯处,祝其七秩寿诞,少坐,返。观《资治通鉴》。下午,作信,复衡伯及于均生。补草《谒严称王先生祠堂记》。志轩来,即去。圈《惜抱轩文集》。夜,观《新华春梦记》。

4月25日　星期五

阴,有雨。上午,观《资治通鉴》。下午,抄文。复安如信。草书《黄烈妇事略后》。至范家,应伯尔伯招饮,夜返。观《新华春梦记》。

4月26日　星期六

晴。上午,观《资治通鉴》。下午,抄文。复氏哀信。圈《惜抱轩文集》。补草浙游诗《自浦阳江口乘汽船至桐庐》作一绝。至徐访仙处,贺其令媛于归,夜返。观《新华春梦记》。

4月27日　星期日

阴。上午，观《资治通鉴》。下午，草《高老愚挽词》。圈《惜抱轩文集》。夜，观《新华春梦记》。

4月28日　星期一

雨，夜震雷。上午，观《资治通鉴》。下午，作信，复王漱汝及屯艮、少碧。抄诗。裁剪《民国日报·艺文》，预备编辑《南社》二十一集。邀宪人来，治文儿寒热，即去。夜，观《新华春梦记》。

4月29日　星期二

阴，晚晴。上午，叔纯来，少坐，去。观《资治通鉴》。下午，裁剪《民国·艺文》。君介、君藩自松回来，少坐，去。作信，致安如，复仰笑。夜，观《吉堂诗稿》。

4月30日　星期三

阴，夜雷雨。上午，至新桥沈家，七吊静卿表叔祖，下午返。在舟观《新华春梦记》。圈《惜抱轩文集》。夜，观《吉堂诗稿》。

5月

5月1日　星期四

阴。上午，观《资治通鉴》。下午，裁剪《民国·艺文》。草《明代轶闻序》。复蓬洲信。夜，观《吉堂诗稿》。

5月2日　星期五

晴，西北风甚大。上午，观《资治通鉴》。下午，复时舅信。裁剪《民国·艺文》。望舅自松回来。

5月3日　星期六

晴。上午，观《资治通鉴》。下午，作信，复君介、心芜。写诗。

观《桦湖文集》。望舅去。夜,观《新华春梦记》。致涤新信。
5月4日　星期日
晴。上午,观《资治通鉴》。下午,写《通鉴札记》一则。复病蝶信。观《桦湖文集》。至同泰仁,晤伯埙,少坐,返。夜,观《新华春梦记》。复时舅信。
5月5日　星期一
晴。上午,观《资治通鉴》。复君介信。下午,复哲夫信。观《桦湖文集》。伯才来,即去。夜,观《新华春梦记》。
5月6日　星期二
阴。上午,时舅来,午饭后去松江。观《桦湖文集》。作信,复寄尘、仰笑。翻阅《留溪外传》。夜,观《吉堂诗稿》完。致君介信。今日立夏秤人,得九十五斤。
5月7日　星期三
晴。上午,观《读通鉴论》。下午,母亲至高宅。修改《佚史》。观《桦湖文集》。至邮局,汇款,即返。同慎旃至钱佩三处,贺其令媛于归,夜返。观《新华春梦记》。
5月8日　星期四
晴,下午雷雨,即止。上午,至高家新宅。下午,至老宅,五下钟又至新宅,少坐,乃归。在舟观《昭昧詹言》。夜,观《新华春梦记》。
5月9日　星期五
阴。上午,莫古如来邀,午后至第二高等小学校,与天梅演说时事,少坐,去。观《资治通鉴》。下午,至高小学校,演说我国与日本交涉失败曹、章等卖国事,五下钟返。同慎旃至丽水楼,与天梅、古如相会,少坐啜茗后,同至姜继斋家,贺其令妹丽华于归,夜返。

5月10日　星期六

晴。上午,观《资治通鉴》。下午,至天梅处,渠新从广东归,坐谈良久。又为钦明女校事,与之共拟信,致劝学所,李伯庸推荐龚生仲恩,四下钟返。平庵自沪回来,少坐,去。又同慎旂至培山处,应其喜筵,夜出。又偕古如、涤新、志轩至水月楼啜茗,并晤宪人,九下钟返。

5月11日　星期日

晴,夜雷雨。上午,观《资治通鉴》。观《读通鉴论》。下午,作信,复心薇〔徽〕,致龙丁。观《桦湖文集》。志轩来,即去。修改《佚史》。夜,观《新华春梦记》。

5月12日　星期一

阴。上午,观《资治通鉴》。下午,复瑞师,致钝根信。观《桦湖文集》。修改《佚史》。母亲归。夜,观《新华春梦记》。

5月13日　星期二

阴。上午,观《资治通鉴》。下午,望舅、平庵、孙颂和叔、黄景贤来。十洲来,少坐,去。同望舅等至宪人处,少坐后,同至水月楼啜茗,傍晚同返。望舅、平庵去,颂和叔夜饭后去,宿协和当。宪人、景贤亦同来,夜饭后去。改古如携来学校中会课卷。

5月14日　星期三

阴,晚雨。上午,作信,复朱凤蔚及震生、病蝶。时舅、君介、君藩来。下午,同至储蓄会,举行第三次掣签,事毕返。时舅等去。复崇恩信。夜,改会课卷。作信致仲稽。

5月15日　星期四

晴。上午,改会课卷。整容。同慎旂至米业公所,应鸣社诗课。下午,余先出,至同泰仁晤伯埙,少坐后,出,至刘粟生处,访庄叔仑。与诗社中慎旃、忍伯、卣香、肖廉相会。出,余又至天梅处,四下钟返。望舅、君深来,傍晚望舅去。

5月16日　星期五

晴,夜雨。上午,作信,致憩南,复筱墅。下午,观《桦湖文集》。君介来。望舅来,即去。天梅招饮,同慎旃往,夜返。

5月17日　星期六

晴。上午,侍母亲同君深、君介往平湖,九点钟开船,下午五下钟到。孙颂和来,同至街上看灯,十下钟返舟,君介往宿吴宅。

5月18日　星期日

晴。上午,同君深至方家心薇〔徽〕表弟处,君介已先在。下午,同至颂和处,少坐。同出,至钱菊桥家塾中,探听陆家情形。出,至新旡兴银楼,与母亲相会,颂和别去。出,又至大昌祥等处购物,傍晚至方宅,即住焉。

5月19日　星期一

晴。同君深、君介乘下午二点钟轮船至嘉兴。到后,安寓火车站甬泰旅馆后,即买棹游南湖烟雨楼,回至寄园,出访杨间峰先生于北丽桥之协和源号,蒙其招至一乐园夜馔,又送至寓中,少坐,去。

5月20日　星期二

晴,晚雨。上午,往游杉青闸、落帆亭。十一点钟乘轮船返平湖,到已二下钟,即至方宅。晚,同君深、心薇〔徽〕至日日新沐浴。

5月21日　星期三

雨。午刻,心薇〔徽〕设筵相待。下午三下钟登舟归家,是晚开至明正庵泊焉。

5月22日　星期四

晴。黎明解缆，上午十点钟抵家。端甫来，交济婴局账款，少坐，去。下午，君藩同黄景贤、张翊臣、柏瑞麟、周仲礼来，景贤等先去，君藩傍晚同君介去。夜，观前数日报纸。大妹于昨日归。

5月23日　星期五

晴。上午，君深去。复心侠信。下午，复辅之，致心薇〔徽〕信。志轩来，少坐，去。观《桦湖文集》。夜，复徐访仙，致莫伯筹信。

5月24日　星期六

晴。上午，沈叔安来，少坐，去。观《资治通鉴》。下午，作信，复剑华、晢夫。填南社收据。观《桦湖文集》。夜，理账。

5月25日　星期日

晴。上午，观《资治通鉴》。下午，至商会开抵制日货国民大会，四点钟返。观《桦湖文集》。君深来。

5月26日　星期一

晴。上午，张伯平同沈子祥来，少坐，去。观《资治通鉴》。何润章表叔来，重为陆姓与圆妹说亲，谢绝之，午饭后去。天梅来，少坐，去。作信，复君懿、安如。观《桦湖文集》。夜，观《新华春梦记》。今晨君深同大妹往上海。

5月27日　星期二

晴，夜雷雨。上午，观《资治通鉴》。下午，肖廉同刘粟生、庄叔仑来，少坐，去。作信，致时舅，复屯艮。岳母来。观《桦湖文集》。夜，观《新华春梦记》。

5月28日　星期三

晴。上午，观《资治通鉴》。下午，修改《佚史》。观《桦湖文集》。夜,草《请禁耆班呈文》。

5月29日　星期四

　　晴。上午,观《资治通鉴》。下午,作信,致望舅,复邱潜庐、周桂笙、徐寄尘及仲稽。修改《佚史》。观《桦湖文集》。夜,观《新华春梦记》。

5月30日　星期五

　　晴。上午,观《资治通鉴》。君懿来。下午,望舅来。子冶、志勋、伯才、天梅、叔安、憩南先后来,少坐,均去,君懿亦去。景贤来,即去。

5月31日　星期六

　　晴。上午,观《资治通鉴》。下午,子冶同其妹婿徐咏裘来,少坐,去。平庵来,傍晚与望舅去。大妹、君深自沪归来。

6月

6月1日　星期日

　　雨。上午,观《资治通鉴》。下午,复王文甫信。子冶来,少坐,去。夜,观《新华春梦记》。

6月2日　星期一

　　晴,下午雨。上午,观《资治通鉴》。下午,作信,复君介,致伯垠。修改《佚史》。观《桦湖文集》。夜,观《文艺丛报》。

6月3日　星期二

　　晴,上午雨。晨六时卯刻,粲君举一女。上午,复时舅、仲稽信。修改《佚史》。下午,新儿发现游风毒,延钱童贞医治之。亚雄、涤新为抵制日货事来,即去。伯才来,少坐,去。

6月4日　星期三

晴。上午,观《新华春梦记》。下午,作信,复君湘、君宾、鲁詹、君介。望舅来,即同君深去。

6月5日　星期四

晴。上午,观《新华春梦记》。下午,复仲恩信,又复君介信。夜,作信,复心薇〔徽〕,致仲稽。

6月6日　星期五

晴。上午,观《资治通鉴》。下午,作信,复慧如、伯庸。观《桦湖文集》完。夜,观《端居室诗集》。

6月7日　星期六

晴。上午,观《资治通鉴》。下午,同木匠至宗祠,为添造房屋,即返。抄去年诗。复君介信。再翻《桦湖文集》。夜,观《端居室集》。

6月8日　星期日

晴。上午,至河西吊子峰嫂之丧,下午返。作信,致涤新,复彝伯。夜,观《端居室集》。

6月9日　星期一

晴。上午,复君湘、君宾信。下午,复仲稽信。何伯康来,少坐,去。观《端居室诗集》。今日起镇上以国事罢市。

6月10日　星期二

晴。上午,至城隍庙、商学联合会演说。出,至第二高等小学校,少坐,返。下午,至储蓄会。出,至同泰仁晤伯埙少坐,返。观《春晖社选》。夜,观《端居室诗集》。

6月11日　星期三

阴。上午,岳母去。观《资治通鉴》。下午,作信,复志儒、哲夫、屯艮。圈《惜抱轩文集》。草《振雅社序》。夜,观《文艺丛报》。

6月12日　星期四

晴,晚雨。上午,修削《振雅社序》。时舅、君介、君藩来。下午,同至储蓄会,举行第四次掣签。出,至天梅处,不值,乃至水月楼,晤焉,少坐后,返。天梅、志轩、小剑亦来,又叔贤来,傍晚,与时舅等均去。

6月13日　星期五

阴。上午,观《资治通鉴》。至米业公所,应鸣社诗课,又至第二高小学校,下午返。复攘白信。抄文。今日镇上开市。

6月14日　星期六

雨。昨夜患呕泻,今日身体大疲。

6月15日　星期日

雨。精神仍未振。观《新华春梦记》。

6月16日　星期一

阴。上午,耕熙叔来,谈东小桥坟租事,少坐,去。下午,叔纯来,少坐,去。观《新华春梦记》。

6月17日　星期二

晴。上午,观《资治通鉴》。下午,理发。作信,复时舅、病蝶。草《管理张泾河工财政大纲备案呈文》。夜,观《新华春梦记》。

6月18日　星期三

晴。上午,观《资治通鉴》。下午,至天梅处,不值,晤亚希,又邀仲恩来,与谈办学事,少坐,返。裁剪《民国·艺文》。作信,复张卓身,致吴忆初。夜,观《新华春梦记》。

6月19日　星期四

晴。上午,宪人来,诊治恒初,又古茹〔如〕来,均少坐,去。望舅、时舅来。下午,同至同泰仁晤伯埙,少坐后,又同时舅至天梅处,天梅昨往老宅未返。出,至裱画店,又路晤杨阆峰,在同兴少坐,乃返。傍晚,望、时两舅去。夜,观《新华春梦记》。

6月20日　星期五

阴。上午,夏至祭先。下午,作信,复伯庸、屯艮、石予,致冲之等。夜,观《新华春梦记》。

6月21日　星期六

雨。上午,观《资治通鉴》。宪人来,治恒初,午饭后去。作信,复张雪抱及震生。草《逊敏斋诗集序》,为吕志伊作。夜,观《新华春梦记》。

6月22日　星期日

阴,下午雨。上午,复君介信。观《资治通鉴》。下午,伯埙来,少坐,去。叔纯来,为钟菖蒲,又君介、旭东来,又君湘、君宾自沪回来,傍晚均去。夜,观《新华春梦记》。

6月23日　星期一

雨。上午,观《资治通鉴》。下午,草《侯端传》。作信,复仲稽、冲之。夜,观《新华春梦记》。

6月24日　星期二

雨。上午,观《资治通鉴》。下午,钱文安、夏吉士来募捐,少坐,去。作信,复哲夫及朱嬾仙。校《张堰志》。夜,至天梅信。观《新华春梦记》。观《诗学》。

6月25日　星期三

雨,下午阴。上午,观《资治通鉴》。复君深信。下午,作信,复莘子、君彦,致安如、佩忍。校《张堰志》。夜,观《小说月报》。观《诗学》。

6月26日　星期四

晴。上午,观《资治通鉴》。作信复君介。下午,君深来。校《张堰志》。复丁洁身及蓬洲、叔纯信。王栋村来,少坐,去。夜,观《小说月报》。

6月27日　星期五

晴。上午,同君深至天梅处,余抄黄克强遗诗数首。午饭后,又斗牌一局,乃返。顾回澜来,即去。复屯艮信。

6月28日　星期六

雨。上午,观《资治通鉴》。下午,作信,复病蝶、文圃,致黄晦闻。校《张堰志》。圈《惜抱轩文集》。夜,观《文艺丛报》。

6月29日　星期日

雨。上午,观《资治通鉴》。下午,作信,复君介,致吕志伊。校《张堰志》。夜,理账。又,上午叔纯来,少坐,去。

6月30日　星期一

雨。上午,观《资治通鉴》。观《读通鉴论》。下午,作信,复蓬洲、辅之。校《张泾河工财政收支总册》,寄县署。圈《惜抱轩文集》。夜,观《端居室集》。

7月

7月1日　星期二

阴,夜雨。上午,观《资治通鉴》。观《读通鉴论》。作信复君介。下午,作信,复永思、卓身、彝伯及何师钟表姑母。校《张堰志》。伯承来,少坐,去。夜,观《端居室集》。

7月2日　星期三

雨。上午，观《资治通鉴》。下午，宪人来，治恒甥腹泻，坐谈良久，去。写米捐收条。夜，观《端居室集》。

7月3日　星期四

阴，晚雨。上午，观《资治通鉴》。下午，作信，致时舅，复宣之，又致憩南。望舅来。何复斋、姜伯贤为叶姓房屋事来，少坐，去。君湘、君宾自海上回来，夜饭后去。

7月4日　星期五

阴，晚雨。上午，观《资治通鉴》。伯堩同周仲阳来，少坐，去。下午，校《张堰志》。肖廉来，少坐，去。望舅去。作信，复时舅、亚子。夜，观《青浦三家诗百首》。

7月5日　星期六

晴。上午，观《资治通鉴》。下午，翻阅亚子交来《南社》稿件。伯才来，少坐，去。作信复赵念梦。夜，观《端居室集》。

7月6日　星期日

晴，上午雨。上午，观《资治通鉴》。下午，天梅来，少坐，去。作信致涵伯。修改《佚史》。夜，观《小说月报》。

7月7日　星期一

晴，上午雨。上午，抄信首。观《资治通鉴》。下午，复芷畦信。修改《佚史》。圈《惜抱轩文集》。

7月8日　星期二

晴，有雨。上午，观《资治通鉴》。下午，校《张堰志》。夜，观《端居室集》。复君介信。

7月9日　星期三

雨。上午，观《资治通鉴》。下午，校《张堰志》。夜，观《端居室诗》。

7月10日　星期四

雨。上午,作信,复嬾仙、雄伯。观《资治通鉴》。下午,理《南社》文件。作信,复洪堇父、莘子,致旭东,又复望舅。草《题毛至刚遗象》。读《史记·魏其武安传》。夜,斗牌二局。

7月11日　星期五

雨,下午晴。上午,观《资治通鉴》。下午,作信,复时舅、哲夫、辅之。读《汉书·霍光传》。斗牌一局,夜又一局。今日祝慎旃先生暑假回去。

7月12日　星期六

晴,晚雨。上午,观《资治通鉴》。下午,同君深至储蓄会,举行第五次掣签,即返。君藩、君湘、君宾来。致慎旃信。夜饭后,君介等去,君深亦去。观《端居室诗集》。复君懿信。

7月13日　星期日

晴,晚雨。上午,观《资治通鉴》。至米业公所,应鸣社诗课,下午返。作信,复似石、龙丁、屯艮。志轩同昆祥来,少坐,去。伯康来,即去。夜,观《端居室诗集》。

7月14日　星期一

晴。上午,观《资治通鉴》。作信,复心薇〔徽〕、卓身。下午,母亲携昭儿往高宅。至天梅处,少坐,返。肖廉、叔仑来,即去。为镇上电灯厂事,作信致商会。夜,观《端居室诗集》完。

7月15日　星期二

晴,午后雨。上午,沈季清表叔来。复君湘、君宾信。雷生来,午饭后去。季清表叔去。复心侠、心量及卢悔尘信。沐浴。夜,翻阅《容斋笔记》。

7月16日　星期三

晴。上午，作信，复商会，为电灯厂事。观《资治通鉴》。下午，写《怀旧楼丛录》。时舅自松回来。伯才来，少坐，去，时舅亦去。宪人来，少坐，去。夜，观《昭昧詹言》。

7月17日　星期四

晴。上午，整容。观《资治通鉴》。下午，作信，复君湘、君宾、鹓雏、憩南。圈《惜抱轩文集》。夜，观《今世说》。

7月18日　星期五

晴。上午，君介、君藩来，即去松江。涤新来，少坐，去。作信复商会。下午，圈《惜抱轩文集》。校《怀旧楼丛录》。夜，观《今世说》。

7月19日　星期六

晴。上午，伯埙来，少坐，去。观《资治通鉴》。下午，复君深信。至贞甫伯处，适子贞亦在，坐谈数刻。又，路过沙田局，见天梅亦在，乃入内，少坐，傍晚返。夜，观《今世说》。

7月20日　星期日

晴，夜雨。上午，杏林同画家吴逃禅来，少坐，去。观《资治通鉴》。下午，草《〈紫云楼诗集〉序》。复志儒信。至商会，五九社同人邀议演剧事，少坐，返。至张仲田处，陪其宴吴伯杨，夜返。

7月21日　星期一

晴，夜雨。上午，观《资治通鉴》。下午，誊昨日所作文。志轩、昆详来，少坐，去。沐浴。夜，翻阅《素心簃集》。

7月22日　星期二

晴。上午，至高宅。下午，至闲闲山庄。傍晚，侍母亲携昭儿归。夜，观《今世说》。

7月23日　星期三

晴,晚雨。上午,观《资治通鉴》。望舅来。下午,至米业公所,答候画家吴逃禅,出。至第二高小学校及钱氏义庄,观小剑等预备演救国新剧,即返。端甫来,少坐,去。邀宪人来,为承粲产后开调理方,即去。夜,翻阅《戴剡源文钞》。

7月24日　星期四

晴,晚雨。上午,观《资治通鉴》。君介、君藩、君湘、君宾来。下午,携昭明同君介等至钱氏义庄,观演救国新剧,傍晚返。君介等去。夜,观《今世说》。望舅于今晨往松江。

7月25日　星期五

晴。上午,写《怀旧楼丛录》。观《资治通鉴》。下午,携昭儿同粲君等往观新剧,傍晚返。君宾来。夜,又携昭儿同君宾观新剧,十点半钟返。

7月26日　星期六

晴。上午,观《资治通鉴》。下午,携昭儿同粲君等往观新剧,傍晚返。君宾去。夜,观《今世说》。

7月27日　星期日

晴。上午,观《资治通鉴》。下午,作信复宣之。读《文选》。圈《惜抱轩文集》。沐浴。望舅自松江回来,即去。夜,观《今世说》。

7月28日　星期一

晴。上午,复君宾信。君深来。观《资治通鉴》。下午,小剑同黄菊畦来,少坐,去。致望舅信。抄文一首。修改《佚史》。夜,观《今世说》。

7月29日　星期二

晴。晨,临《颜家庙碑》。上午,复君介信。志翔来,少坐,去。伯埙、少云为施医局事来,少坐,去。下午,昆详来,少坐,去。作信,复莘子。似君来,少坐,去。至天梅处,坐谈数刻,返。志轩来,即去。复鹓雏信。

7月30日　星期三

晴。上午,往五区头冯宅,吊铁珊表弟之丧,下午返。平庵于午后来。夜,致仲稽信。

7月31日　星期四

晴,午雨。上午,致慎旃信。下午,编《南社》二十一集。志轩来,少坐,去。作信,复屯艮、时舅。平庵去。夜,观《今世说》。

8月

8月1日　星期五

雨。晨,临《颜家庙碑》。上午,观《资治通鉴》。为电灯厂事,致商会信。下午,作信,复哲夫、志儒、心薇〔徽〕。编辑《南社》二十一集。夜,观《今世说》。

8月2日　星期六

雨,大风。上午,临《颜家庙碑》。观《资治通鉴》。下午,复慎旃信。编《南社》二十一集。与小舅母、君深等斗牌直至夜分。

8月3日　星期日

晴。上午,杏林来,即去。下午,涤新来,少坐,去。又,今日斗牌四局。夜,观《今世说》。

8月4日　星期一

晴。上午,理发。观《资治通鉴》。下午,编《南社》二十一集。至同泰仁,候伯埍,不值,即返。沐浴。夜,伯埍邀往谈组织洋伞公司事,少坐,返。观《今世说》。

8月5日　星期二

晴。上午,观《资治通鉴》。下午,晒字画卷册。拟《国货公司章程》。致伯埍信。编《南社》二十一集。夜,观《小说月报》。

8月6日　星期三

晴。上午,观《资治通鉴》。下午,编《南社》二十一集。志轩来,少坐,去。圈《云间诗征》中王蔚宗诗。夜,观《小说月报》。

8月7日　星期四

晴。上午,观《资治通鉴》。下午,作信,复病蝶、莘子、旭东,致辅之。编《南社》二十一集。伯才来,少坐,去。观《古文四象》。君深去。夜,观《清代演义》。

8月8日　星期五

阴。上午,观《资治通鉴》。中元祭先。作信,复漆云卿,致雄伯。下午,至储蓄会,少坐,返。编《南社》二十一集。致唐文圃信,寄印社集。夜,观《清代演义》。

8月9日　星期六

晴。上午,观《资治通鉴》。下午,至施医局局所,仍设钱氏义庄,今日开期,少坐,返。编《南社》二十一集。夜,致仲稽信。

8月10日　星期日

晴。上午,临《颜家庙碑》,观《资治通鉴》。下午,至储蓄会,举行第六次掣签,事毕返。时舅、君介、君藩、君湘、君宾、何震生、旭东、莫伯筹、陆履仁、黄景贤来,少坐后,震生等均去。傍晚,同时舅等走至实枚山房,叶守师亦在。夜,晚后往住闲闲山庄。
8月11日　星期一
晴。近午至实枚山房,傍晚归家。
8月12日　星期二
晴。腹泻,稍有寒热。口占《七夕风雨次介子韵》一绝。
8月13日　星期三
晴。上午,翻阅《虞初广志》。下午,作信,复君介、古茹〔如〕。王栋村来,少坐,去。伯才来,即去。
8月14日　星期四
晴。腹泻未愈,精神仍疲。下午,伯埙来,少坐,去。
8月15日　星期五
晴。上午,作信,致济川(昆详之字)、君介。下午,雷生来,少坐,去。复仲稽信。志轩来,即去。编《南社》二十一集。
8月16日　星期六
晴。上午,大妹携两甥去高宅。复君深信。观《资治通鉴》。下午,震生来,少坐,去。理书籍。编《南社》二十一集。
8月17日　星期日
晴,下午小雨。上午,母亲往五区冯宅。下午,以身疲邀宪人来诊治,旋发寒热,热势剧烈,心昏脑闷,又邀宪人来诊治一次。
8月18日　星期一
晴。寒热已凉,然身体困惫殊甚。上午,口授昭儿复君介信。下午,邀宪人诊治。夜,不成寐,腹稿成《与楚伧力子论新文体书》。
8月19日　星期二
晴。寒热又作,头痛甚,当系疟疾,惟腹泻已止。

8月20日　星期三

晴。观《简学斋诗》。

8月21日　星期四

晴。疟疾作,口甚渴,寒时吐泻各一次,泻不甚薄。下午,邀宪人诊治。

8月22日　星期五

晴。观《小说月报》。

8月23日　星期六

晴。疟疾作,较前稍轻,寒时仍吐泻。下午,母亲归。

8月24日　星期日

晴,夜小雨。观《邵亭诗集》。

8月25日　星期一

晴。今日疟疾以服金鸡纳霜始止。上午,复伯埙,又合复君介、君湘、君宾信。下午,邀宪人来诊治。君懿来,少坐,去。观《邵亭诗》。今日祝慎旃先生来,开学。

8月26日　星期二

阴。寒热虽止,然胃口不开,身体困惫,不能多坐。下午,君介、君湘、君宾来,傍晚去。

8月27日　星期三

晴。上午,写前数日日记。观《简学斋诗》。草《秋日病起》五古一首。夜,草《病疟》五古一首。

8月28日　星期四

晴。上午,邀宪人来诊治。草《赠君介》五古一首。复君深、君介,致周公侠信。下午,时舅来。志轩、济川来,少坐,去。时舅去。观《邵亭诗》。夜,复伯埙信。

8月29日　星期五

晴。上午,草《题吴悔晦文后》七古一首、《闰七夕》七绝一首。观《邵亭诗》。下午,草题《广州城砖集》七绝一首。观《邵亭诗》。

8月30日　星期六

晴,晚雷雨。上午,观《邵亭诗》。下午,草《题莼农十年说梦图》七绝二首。伯才来,少坐,去。草《报范瑞兰赠兰惠诗》七古一首。复君介信。

8月31日　星期日

阴。上午,草《咏蝶》五古一首。致君深信。观《邵亭诗》。下午,邀宪人来诊治,少坐,去。志轩来,少坐,去。复伯埙信,又写致楚伧、力子论新文体信。

9月

9月1日　星期一

晴,上午有雨,夜雨。上午,写米捐收条。观《邵亭诗》。下午,始至外书房一次,连日寒热,虽早止,然余邪未尽,精神困惫,多动则欲头眩,故尚卧榻少坐也。观《邵亭诗》完。复徐时觉信。

9月2日　星期二

雨,夜大风。上午,草《对月》五古一首。观《碉东诗钞》完,诗为新化欧阳辂(念祖)作。复彝伯信。下午,观《麋园诗钞》完,诗为长沙毛国翰(青垣)作。复屯艮,致李芑香信。

9月3日　星期三

晴。上午,复平庵、君介信。观《读选楼诗稿》,乃太仓女士王涧香作也。下午,邀宪人诊治。观《读选楼诗稿》。复赵松铨信。

9月4日　星期四

晴。上午,复君藩信。观《读选楼诗稿》。望舅来。下午,作信,复病蝶、哲夫、蓬洲。黄景贤来,少坐,去。望舅去。夜,与粲君围棋一局。

9月5日　星期五

晴。上午,观《读选楼诗稿》完。草《题〈读选楼诗〉后》七绝一首。复伯埙信。下午,伯埙、景贤来,少坐,去。作信,致涵伯,复志儒、文圃、君湘、君宾。观《小说月报》。夜,与粲君围棋二局。

9月6日　星期六

晴。上午,理发。复时舅信。下午,选抄《欧阳礀东诗》。观《诗比兴笺》。志轩来,少坐,去。

9月7日　星期日

晴。上午,选抄《欧阳礀东诗》。下午,观《诗比兴笺》。复寄尘信。邀宪人来诊治,并治母亲痢疾,少坐,去。夜,与粲君围棋一局。

9月8日　星期一

晴。上午,选抄《欧阳礀东诗》。复君深信,又致志轩信,托其今日为储蓄会掣签代表。下午,理《南社》稿件。复芷畦、仲忍信。夜,观《巢经巢诗集》。

9月9日　星期二

阴,上午雨。上午,作信复冲之。观《资治通鉴》。下午,作信复衡伯。观《巢经巢诗集》。夜,与粲君围棋一局。

9月10日　星期三

阴。上午,观《资治通鉴》。下午,望舅来。作信,复君深、时舅及顾兰荪。望舅去。夜,观《巢经巢诗集》。

9月11日　星期四

晴,晚雨。上午,观《资治通鉴》。下午,作信,复屯艮、莼农。端甫来,少坐,去。观《巢经巢诗集》。夜,与粲君围棋一局。

9月12日　星期五

晴。上午,复君介信,又草《闰七夕》七绝一首。观《资治通鉴》。下午,伯才来,少坐,去。致望舅信。吴似若来,领教育米捐,少坐,去。编《南社》二十一集。复心薇〔徽〕、文圃信。夜,与粲君围棋二局。

9月13日　星期六

晴。上午,观《资治通鉴》。下午,复君藩,致徐眉轩信。志轩来。伯才来,少坐,去。伯埙、景贤来,少坐,去。志轩亦去。今日曾邀林晋康来治文儿疮疖。

9月14日　星期日

晴。上午,邀晋康来,治文儿,即去。观《资治通鉴》。下午,复蓬洲信。至同泰仁晤伯埙,少坐后,同至商会,观厚生伞厂,乃返。夜,观《小说月报》。

9月15日　星期一

晴。上午,观《资治通鉴》。伯埙、景伊来,少坐,去。下午,编《南社》二十一集。复莘子、心侠信。补草《〈金山卫佚史〉传赞》。夜,观《小说月报》。今日曾邀林晋康来治文儿。

9月16日　星期二

晴。上午九下钟偕粲君携花儿往松江,下午四点钟到,即至王宅。在舟观《巢经巢诗集》。

9月17日　星期三

晴。下午,斗牌。夜,致中妹信。

9月18日　星期四

晴。发寒热,仍系疟疾。

9月19日　星期五

晴。晏起。下午,观《巢经巢诗集》。

9月20日　星期六

阴。服金鸡纳霜,寒热不作。下午,观《巢经巢诗集》。

9月21日　星期日

晴。上午八点半钟偕粲君携花儿归家,下午二下钟到。在舟观《巢经巢诗集》。邀宪人来诊治,即去。

9月22日　星期一

晴。上午,复君介信。下午,杏林、伯承、望舅、志轩、端甫先后来,杏林等各少坐,去。望舅傍晚去。作信,复文圃,又为警捐事致叔安。夜,叔安来,允将警捐于民国九年起照阳历收取,坐谈数刻,去。

9月23日　星期二

晴。上午,伯埙来,午饭后去。君深来,即去。修改《佚史》。夜,菊畦来,取抄件,即去。

9月24日　星期三

晴。上午,观《资治通鉴》。复君介信。下午,复寄尘、心侠信。志轩来,少坐,去。夜,观《巢经巢诗集》。

9月25日　星期四

晴。上午,母亲携中妹偕秀红妹往嘉兴。观《资治通鉴》。君介来。邀宪人来诊治,午饭后去。时舅、君藩自松回来。亚雄来,少坐,去。时舅等去。夜,观《巢经巢诗集》。

9月26日　星期五

雨。上午,观《资治通鉴》。下午,作信,复屯艮、莼农、哲夫,致天梅。夜,观《巢经巢诗集》。

9月27日　星期六

雨。上午,端甫来,对勘《张堰志》,坐久,去。观《资治通鉴》。下午,写书目。复朴庵信。夜,观《巢经巢诗集》。

9月28日　星期日

阴,上午雨。上午,观《资治通鉴》。下午,邀宪人来诊治,少坐,去。复民哀及王栋材信。夜,观《巢经巢诗集》。

9月29日　星期一

雨,下午阴。上午,观《资治通鉴》。下午,时舅来,四下钟去。复病蝶信。编《南社》二十一集。夜,观《巢经巢诗集》完。

9月30日　星期二

晴,有微雨。上午,草《观天》五古一首。观《资治通鉴》。下午,志轩来,少坐,去。致时舅去。翻阅《庸庵文编》。作信复刘云浦及震生。志轩又来,为济川入大同肄业,属致信郁少华介绍,即去。夜,先抄《巢经巢诗》。

10月

10月1日　星期三

阴,夜雨。上午,观《资治通鉴》。整容。下午,抄诗。同坭司匠至宗祠,相度造头门旁屋,即返。翻阅《通艺阁诗录》。复芷畦信。夜,观《曾文正公诗集》。

10月2日　星期四

晴。上午,观《资治通鉴》。下午,作信,复勉师、衡伯、屯良,致洁身。邀宪人来诊治,即去。夜,观《曾文正公诗集》。

10月3日　星期五

晴,夜雨。上午,母亲等归。抄诗。下午,至同泰仁,晤伯埙,少坐,返。作信,复君深、朴庵及吴悔晦。雷生来,即去。

10月4日　星期六

晴。上午,复震生信。严秀红妹归。归,同去,到已下午二下钟,志轩自沪回来,先到。

10月5日　星期日

晴。同志轩为严宅理嗣产及秀红妹奁田单契。

10月6日　星期一

晴。同昨。

10月7日　星期二

晴。上午,圆妹来,即同秀红、安姑母往上海。下午,同志轩归,三下钟到家。在舟观《曾文正诗集》完。高家馆师庄立夫来。君深来,大妹亦归。

10月8日　星期三

晴。上午,立夫乘快船回南桥。君深去。君介来。同君介至宪人处,均请其诊治。余又至宗祠,观造屋,返已午刻。下午,旭东来,少坐,去。凌松年为钦明校舍事来,少坐,去。同君介至同泰仁,晤伯埙,坐谈片刻返,君介去。夜,观前数日报纸。今日储蓄会掣签,以过时不及往。

10月9日　星期四

晴。上午,编《南社》二十一集。下午,至米业公所、鸣社,少坐,返。杂务。君深来。夜,复时舅信。

10月10日　星期五

晴。偕粲君,同大妹、君深及陈文会往上海,上午九下钟开船,下午二下钟到松江,余一至王宅,粲君同文会至日丰后,乃同乘特别快车赴沪,到后与圆妹等同寓惠中旅馆。火车中晤金松岑。夜,致中妹信。夜,同粲君至四马路大中旅馆,候仲稽,不值,即返。

10月11日　星期六

晴。上午,粲君至均益里王寓一回,余同文会至徐景明处镶牙。出,至商务印书馆。回,同君深至永安、先施两公司一次。下午,同至天成、大纶、大盛各绸庄,震生寻来,先同返寓,君宾亦来。傍晚,震生先去,夜馔君深邀往兴华川[菜]馆。出,至永安公司一次。

10月12日　星期日

晴。上午,至新北门配红木小件。回,至蟫隐庐、有正书局。返寓后,同秀红妹、文会至抛球场,乃至宝成与君等相会。午刻,在春申楼进馔,秀红、文会别去。下午,至大盛,少坐后,余往新闸路候朴庵、民国日报社候楚伧,并晤宗良,均坐谈数刻,乃返。夜,筱墅来,同往民兴旅馆,候芷畦,不值。出,至四马路旧书铺,购书,十下钟返,筱墅去。

10月13日　星期一

晴。上午,至湖南善后协会,候屯艮,不值。回,同文会至徐景明处镶牙。复中妹信。下午,同粲君等至大盛,傍晚余至学生会,候少屏,并晤少云,少坐,返。夜馔邀同人往兴华川菜馆。

10月14日　星期二

晴。上午,安姑母、秀红妹与文会先回去。同圆妹至大盛、亨达利等处。下午,至商务印书馆编译所,候莼农,并参观涵芬楼及印刷所。出,至均益里王寓。出,至老九章与粲君等相会,傍晚返。夜,徐四美来,少坐,去。季鲁来,少坐,去。

10月15日　星期三

晴。上午,同粲君、圆妹至先施西菜馆早餐。出,至先施公司一回。下午,屯艮来,坐谈良久,去。至九章与粲君等相会,又至老凤祥。晚,芷畦招饮于都益处,同席为心侠、楚伧、屯艮、民哀,九点钟返。钱鲁詹来,少坐,去。

10月16日　星期四

晴。上午,至国光书局。回,同粲君、圆妹往九章及老介福。午刻,往永安公司用西餐。下午,游半淞园,傍晚返。夜,莼农、季鲁先后来,均少坐,去。寓中晤顾荃荪。

10月17日　星期五

晴。上午,顾旦平来,少坐,去。同君深至马敦和等处。下午,同粲君、圆妹乘三下钟火车往无锡,到后寓新旅社。夜,游新世界,又走街上一回。

10月18日　星期六

晴。上午八下钟,同乘人力车,往游东山梅园。出,至太湖滨,登万顷堂,谒项王庙。回,至惠山麓,啜茗于泉亭,摄影于听松石畔。午馔后,登云起楼,谒至德祠,游寄畅园等处。四点钟返寓,即乘快车回上海,仍寓惠中。夜馔,往雅叙园。出,同君深至浴德池沐浴。

10月19日　星期日

晴。上午,同君深至博古斋、蟬隐庐等处。粲君往均益里。午馔同大妹、圆妹至兴华川[菜]馆。出,更同君深至车站。粲君亦来,同乘四点钟火车回松江,到后君深等住船上,余与粲君往王宅。

10月20日　星期一

晴。上午八点钟同粲君登船,归,下午一下钟到家。似若来,少坐,去。君深去。

10月21日　星期二

阴,夜雨。上午,伯才来,少坐,去。伯埙来,少坐,去。下午,复君介,致涤新信。至宗祠观新屋。出,至济婴局,候端甫,不值。夜,观前数日报纸。

10月22日　星期三

晴。上午,杂务。母亲往松隐严家。下午,至济婴局,晤端甫,并邀宪人、志轩、至川,商酌斋堂时动用钦明校舍事,傍晚返。夜,同昨。

10月23日　星期四

晴。上午,端甫来,即去。安置书架。下午,抄诗。雷生来,即去。复琴南表叔信。夜,理账。

10月24日　星期五

晴。上午,抄诗。下午,杂务。作信,复震生、愚农,又致沈仲宣,为济婴局欲向钦明校舍辟门事。夜,观《小说大观》。

10月25日　星期六

晴。上午,校《张堰志》。校《佚史》。下午,造《国学商兑会第六次报告》。伯才来,即去。作信,复天梅、宣之、亚子,致仲稽、叔安。夜,观《小说大观》。

10月26日　星期日

晴。上午,至闲闲山庄,傍晚归。母亲归。夜,选抄《巢经巢诗》。

10月27日　星期一

晴。上午,抄《国学商兑会会计报告》。致君介信。下午,编《南社姓氏录》。伯埙、景伊来,少坐,去。夜,观《新中国》杂志。

10月28日　星期二

晴。上午,观《资治通鉴》。下午,写《听松石题记》。识儒来,少坐,去。宪人来,少坐,去。夜,观《小说大观》。

10月29日　星期三

晴,夜雨。上午,写米捐收条。理发。下午,大妹去高宅。复寄尘信。至宗祠一回。选抄《巢经巢诗》。又至宗祠,为明日秋祭,哲华等来,陪其夜馔后,返。岳母来。

10月30日　星期四

雨。晨,至宗祠,昭儿随去,行秋祭礼,到者十人,余司鸣赞,下午返。母亲携昭儿至闲闲山庄。抄存笺稿。涤新来,即去。夜,观《小说月报》。

10月31日　星期五

晴。上午,至闲闲山庄,贺君介行结婚礼。粲君,中、圆二妹携花儿至松隐严宅。

11月

11月1日　星期六

晴。上午,至松隐严宅,贺绣鸿〔秀红〕表妹于归。

11月2日　星期日

阴。下午,同粲君,中、圆二妹携花儿至闲闲山庄。夜,君介与绣鸿〔秀红〕行结婚礼,余司主赞。

11月3日　星期一

雨,下午晴。夜,公贺暖房。

11月4日　星期二

晴,夜雨。夜,再贺暖房。

11月5日　星期三

阴。下午,粲君,中、圆二妹携昭、花两儿归。

11月6日　星期四

晴。上午,归家。下午,张鸿舫来,少坐,去。

11月7日　星期五

晴。上午,起已晏,不事事。下午,志轩来,少坐后,同至储蓄会,举行第九次掣签。出,至厚生阳伞厂。出,至济婴局。出,至市公所,观沈叔安所种之菊花,乃返。

11月8日　星期六

雨。上午,至济婴局,举行斋堂。下午,至米业公所,鸣社值课。出,至厚生伞厂。出,仍至济婴局,夜饭后返。今晨岳母归。

11月9日　星期日

晴。上午,志轩来,与之同复严念椿信后,即去。下午,作信,致时舅、屯艮,复哲夫。写书目。至同泰仁,应伯埙招饮,夜返。

11月10日　星期一

晴。上午,抄存笺稿。下午,作信,复彝伯,致伯承。景伊来,即去。夜,理账。

11月11日　星期二

晴。上午,伯承来,即去。抄存笺稿。下午,作信,复芝泉太叔祖,又代家君致钱禹门信。傍晚,至杨家,贺伯云结婚。夜出,至同泰仁晤伯埍,约明日往闵行,乃返。

11月12日　星期三

晴。同钱伯埍、曹少云、李杏林、周仲阳往闵行,观广慈苦儿院二周纪念菊花大会,上午八下钟乘船,下午八下钟到。即至院中,晤乔念椿、沈子祥、徐亚伯、庄印若等,并观新剧,十一下钟回船。

11月13日　星期四

晴。上午,至第一楼啜茗。出,至水警专署,候沈梦莲公。出,在沪。出,至农校,晤张蔚民。出,至蘅村,候黄谱蘅,亦在沪上。出,至徐亚伯处,应其招饮。下午,至苦儿院。傍晚,至乔念村〔椿〕处,应其招饮。夜,又至苦儿院,观新剧,十二点钟回船。

11月14日　星期五

晴。上午,至第一楼啜茗。下午一下钟起碇回张,先由轮船拖至佘来庙,八点钟抵家。母亲已于昨日归。

11月15日　星期六

晴。上午,作信复平庵。下午,作信致似若,复君懿、哲夫。夜,选抄《巢经巢诗》。

11月16日　星期日

晴。上午,观《资治通鉴》。下午,作信致君藩。伯埍来,少坐,去。志轩来,少坐,去。拟致沈梦莲公信。校抄本《纬萧斋存稿》。夜,选抄《巢经巢诗》。

11月17日　星期一

阴,晨雨。上午,景伊、识儒先后来,均少坐,去。观《资治通鉴》。下午,作信,复亚子、学源,致时舅、颂和、叔纯。景伊又携示厚生伞厂营业概算书来,即去。校《纬萧斋存稿》。夜,选抄《巢经巢诗》。

11月18日　星期二

晴。上午,观《资治通鉴》。下午,作信,复心量、心侠。校《纬萧斋存稿》。伯才来,即去。伯埙来,即去。夜,观《小说大观》。

11月19日　星期三

晴。上午,伯埙、伯承、杏林同徐亚伯来,少坐,去。下元节祭先。下午,校抄本《画竟》。致绣鸿〔秀红〕妹信。夜,选抄《郘亭诗》。

11月20日　星期四

晴。上午,志翔来,即去。景伊来,少坐,去。下午,至宪人处,少坐后,又同至市公所,看菊花,乃返。复鹓雏信。校《画竟》。夜,观《小说大观》。

11月21日　星期五

晴。上午,草《厚生阳伞公司章程》。下午,平庵来。校《画竟》。晚,平庵去。莫古茹〔如〕喜事,宴媒人,招陪,夜返。

11月22日　星期六

晴。上午,观《资治通鉴》。致大妹信。下午,校《画竟》。志轩、韫辉先后来,少坐,去。夜,选抄《郘亭诗》。

11月23日　星期日

晴。上午,观《资治通鉴》。下午,望舅来。伯埙同居宛云来,候望舅,即去。大妹归,君深同来。选抄《郘亭诗》。望舅、君深去。夜,复学源信。

11月24日　星期一

晴。上午,观《资治通鉴》。下午,选抄《邵亭诗》。作信,致屯艮,复安如。至莫古如处,贺其哲嗣叔建结婚,夜返,望舅同来。

11月25日　星期二

晴。上午,望舅去。作信,致沈叔安及绣鸿〔秀红〕妹。下午,时舅、君藩、君湘来。志轩来,即去。景伊来,少坐,去。时舅等去。君深来。

11月26日　星期三

晴。为平庵在上海结婚,偕粲君及中妹、大妹、君深、恒甥往。上午九点钟开船,下午二下钟到松江,与平庵相会。粲君一至王宅,余一至信余庄。五点四十分钟同乘火车,到后即寓振华旅馆。伯埙今日亦来。

11月27日　星期四

阴。上午,至国光印书局、新北门。回,同粲君等至大盛、大纶。出,至春申楼午馔。出,至老九章及先施、永安两公司后,余乃往南洋兄弟烟草公司,访蔡哲夫,不值。出,至商务印书馆一次,返寓,哲夫同屯艮来。夜饭后,屯艮先去,予又同哲夫至其寓所,少坐后,同候邓秋枚,九下钟返。冠臣同许醉侯来,少坐,去。今日时舅、君介、君藩、伯筹、景伊等亦来。

11月28日　星期五

阴。上午,同君深、君介至惠中旅馆,候闵瑞师。出,至钜昌隆买物。出,至宝成、德记与粲君等相会。出,至兴华川菜馆午馔,乃回寓一次。下午,同粲君等至大盛等处。夜,与君深等为平庵定结婚礼单,毕后又同君深、君宾至洗清池沐浴。

11月29日　星期六

阴,下午雨。上午,至成记,理发。下午,平庵与葛淑瑜女士行结婚礼,余与君深为男傧相,粲君与大妹为女傧相。

11月30日　星期日

阴。上午,至先施、永安两公司一回。午刻,陪宴、望客。傍晚,又同粲君至先施公司。夜,众宾公贺暖房。

12月

12月1日　星期一

晴。上午,九点钟,同粲君、大妹、中妹、恒甥乘火车回松江。到后,粲君一至王宅后,即乘前来停泊之船开回张堰,下午八点钟抵家。君深以乘车不及,迟行。

12月2日　星期二

晴。上午,同志轩、慎旃走至实枚山庄,观平庵同新夫人归来,行庙见礼,并有筵席,宾客颇多,下午至宅内。大妹同圆妹、粲君、花儿乘船至高宅,母亲携昭儿则已于初八日先往。

12月3日　星期三

雨。闲谈,无事。粲君今日先归。

12月4日　星期四

阴,下午微雨。上午,至闲闲山庄一回。下午,携花儿归。夜,观前数日报纸。

12月5日　星期五

阴。上午,杂务。下午,作信,致颂和,复心薇〔徽〕、子经。志轩来,即去。夜,观连日报纸。圆妹与昭儿今日归。

12月6日　星期六

晴。上午，选抄《邵亭诗》。下午，至储蓄会，举行第十次掣签。出，至裱画店一回。君介来，傍晚去。致仲稽信。写米捐收条。母亲归。夜，致朱仲篁信。

12月7日　星期日

晴。上午，致时舅信。至米业公所，鸣社今日为李鸣鹤值课，下午二下钟返。朱卣香来，即去。作信，复蓬洲，致学源、复斋。夜，观《新中国》杂志。

12月8日　星期一

阴。先兄龙深公后日四旬冥庆，今日起在龙沙禅院礼忏三天。上午至院中，下午二下钟返。买花。夜，观《小说月报》。

12月9日　星期二

晴。上午，携昭儿至龙沙禅院，下午粲君，中、圆二妹，花儿亦来，四下钟同返。望舅于午后来，晚去。夜，观《小说月报》。

12月10日　星期三

晴。上午，曹少云来，即去。至龙沙禅院，夜佛事毕，返已十一下钟。在院观《莽苍苍斋遗诗》。

12月11日　星期四

雨，上午阴。上午，作信，致谢企石，复佩忍。下午，作信，复屯艮、哲夫。伯才来，坐谈数刻，去。夜，观《莽苍苍斋遗诗》。

12月12日　星期五

雨。上午，作信致时舅。下午，作信，复寄尘、安如。伯才来，少坐，去。夜，杂务。

12月13日　星期六

晴。上午，理报纸。作信复俞舲艼。下午，大妹携恒甥归。

校《张堰志》印稿十二张。复松岑信。景伊来，即去。夜，杂务。

12月14日　星期日

晴。上午，观《资治通鉴》。下午，种花。复君介信。伯承来，即去。邀宪人来，为予及粲君、昭儿开膏方，即去。夜，杂务。

12月15日　星期一

晴。上午，作信，复朱獭仙、沈禹钟。下午，冬至祭先。夜，作信，致志轩、伯承。

12月16日　星期二

晴。上午，十点半钟乘舟随母亲同中、圆两妹到松往沪，下午六点钟到松江，泊舟马路桥。在舟观《说经堂诗草》及《寥天一阁文集》。夜，致粲君信。君藩来舟，即去。

12月17日　星期三

阴。上午，同乘十点半多钟火车往上海，午刻到，即寓惠中旅馆。来船嘱其放至石灰港，以便载物。下午，侍母亲至南市张元春看嫁妆。出，又至新北门买物，傍晚返。夜，至有正书局、博古斋、蟫隐庐、扫叶山房，又至时报馆，候周公侠，少坐，九下钟返。

12月18日　星期四

晴。上午，致君宾、震生片。同母亲至黄大成，买嫁妆，午刻返。下午，同至抛球场、裕昌及美华利买物。出，至兴华川菜馆夜饭。出，至永安公司及三进买物，九下钟返。

12月19日　星期五

晴。上午，至国光书局。出，至南洋烟草公司，候哲夫，少坐。出，至大盛与母亲等相会。出，至饭馆午馔。出，至紫来街、黄大成等处，又至张元春，傍晚母等先归。余至信昌当，晤洁身，少坐，返。震生来，少坐，去。夜，至振华旅馆，候竹荪、辅之，少坐。出，至工部局市政厅耶稣圣诞音乐大会,十下钟返。复綮君,致寄尘片。

12月20日　星期六

雨。上午,洁身来,偕其同母亲至小东门内蔡宏泰,买嫁妆,返已下午二点钟。丁辅之来,少坐,去。君宾来。闵瑞师来,少坐,去。同母亲等至宝成银楼,晚余先行,偕君宾至上海大戏园,观精武体育会游艺会,十一点半散会,返。君宾即同宿。

12月21日　星期日

晴。上午,君宾去。瑞师来,又沈梦莲来,少坐,均去。至均益里季鲁处少坐。出,至西泠印社,回寓已一下钟。午馔后出,至商务印书馆。出,至竞雄女校,候佩忍及徐寄尘,环球中国学生会,候少屏,烟草公司,候哲夫,均不值,乃至国光社,候秋枚,并晤哲夫,少坐。出,至倚虹楼,招哲夫、秋枚、竹荪、辅之、震生,并同寓旭东、孟龙、公方宴会,八下钟散席。返寓,又同中、圆两妹至先施乐园听范少山滩簧,十一点钟返。

12月22日　星期一

晴。上午,同母亲至紫来街黄大成。回,至新北门及宝善街买物,返已下午二点钟。午馔后,余同圆妹至商务印书馆。出,至永安公司,与母亲、中妹相会,并登天韵楼。出,至三进号及石路购物,八下钟返寓。与旭东等闲谈。至浴德池沐浴。

12月23日　星期二

雨。上午,同母亲至昼锦里买物,午后一下钟返。馔后,同母亲等至宝成,傍晚返。夜,同至丹桂第一台观剧,韩世昌演《琴挑》及《刺虎》,十二下钟返,又与同寓陶怡等闲谈数刻,乃睡。放沪之舟今日载物开回。

12月24日　星期三

阴，下午微雨。上午，往候哲夫，不值。出，至永安、先施等处买物，返已过午。整顿行李后，同母亲等乘三点五十分火车回松江。到后，余至王宅，母等住家中续放来之船。

12月25日　星期四

晴。上午，九下钟至船上，后又往城内嵇文墨等处一回，十一下钟解缆回张，下午七点钟到家。在舟观胡适译短篇小说。大妹携恒甥已于十八日回高宅。

12月26日　星期五

晴。上午，理行李。下午，作信，致君深、时舅。望舅来，少坐，去。夜，致绣鸿〔秀红〕信。

12月27日　星期六

阴，下午雨。上午，写书目。下午，雷生来，即去。写米捐收条。今邀宪人来，为母亲开膏方，夜来，少坐，去。又，前日曾邀过两次治昭儿。

12月28日　星期日

晴。填国学商兑会催费通告竟日。志轩于下午来，少坐，去。夜，观《正始社丛刻》。复君介，致君藩信。

12月29日　星期一

晴。上午，复绣鸿〔秀红〕信。下午，理"商兑"坐账。复心侠、可生信。夜，观《南湖己未东游草》。

12月30日　星期二

晴。上午，校《张堰志》四页。下午，又校三页。作信，致佩忍、洁身，复绣鸿〔秀红〕。晚，伯埙招饮，夜返。

12月31日　星期三

晴。上午,校《张堰志》五页。下午,作信,复君藩、绣鸿〔秀红〕。君深来,傍晚去。夜,观《小说月报》。

1920 年

1 月

1月5日　星期一

晴。上午,观《资治通鉴》,君藩来。下午,同至储蓄会,举行第十一次掣签。又谈明岁进行事宜。三下钟,返。张学源来,少坐,去。馨山携储蓄会存折来,即去。君藩去。夜,观《小说月报》。

1月6日　星期二

晴。上午,观《资治通鉴》。下午,作信复松岑,致君武及大妹。夜,理大妹奁目。

1月7日　星期三

晴。上午,理喜事请柬。下午,写清修改之《佚史》。端甫以济婴局过继之婴庚帖来盖章,少坐,去。作信致学源、仲稽。夜,观《罗京春梦影》。

1月8日　星期四

晴。上午,观《资治通鉴》。复君藩信。下午,写《清佚史》。作信复朴庵、病蝶、洁身。夜,观《新中国》杂志。

1月9日　星期五

晴。上午，观《资治通鉴》。下午，望舅来，少坐后，伯塽、景伊亦来，谈开浚张泾及厚生公司事。傍晚，均去。夜，观《范伯子诗》。又上午，顾回澜来，为吕姓租市房，少坐，去。

1月10日　星期六

晴。是日，庄立夫来。夜，通明患面青气逆，渐患渐剧，至十二时，竟殇。曾请十洲诊治。即无救。

1月11日　星期日

晴。昭明昨夜午后起，患寒热，不能外调，甚不舒服。下午，渐增剧。面色青白，时欲神智模糊，请在镇诸医及蔡爱裳诊治。爱裳留，望舅母、君深来，商量医药。

1月12日　星期一

晴。昭明病不减。下午，似稍平稳。夜，又不舒服。请刁谦伯诊治。文明于昨夜起寒热，至今晨，瘗去。自后常欲发瘗。

1月13日　星期二

晴。昭明病不减，文明病渐增。十二时，间又瘗去，竟不醒。

1月14日　星期三

晴。昭明病有增无减。昨请韩半池诊治，夜到。昨夜，一男佣名高生官猝然病故。

1月15日　星期四

晴。昭明病至午后竟不起。时舅、君平、君介晨间来。望舅前日来住。志轩、亚雄、十洲、宪人、伯塽等连日为余营救，亦甚忙。其余亲朋之来者尚众。

1月16日　星期五

晴。

1月17日　星期六

晴。昭明成殓。吊者甚众。

1月18日　星期日

晴。

1月19日　星期一

晴。作信复陶怡、朴庵、少屏、屯艮、安如、病蝶、石予。

1月20日　星期二

晴。作信复哲夫、天梅。

1月21日　星期三

晴。君定来。仍去。夜，偕承粲伏船。明日往松江。

1月22日　星期四

晴。黎明解缆，下午二下钟到松江。即至岳庙及关帝庙拈香、忏悔，并为昭儿等祈冥福。帝乃昭儿生前所崇拜也。回至王宅。

1月23日　星期五

晴。上午，至岳鄂王庙拈香、忏悔，并为昭儿等祈冥福。王乃昭儿生前所崇拜也。下午，随外舅至瑞芝室等处啜茗。夜，致圆妹信。

1月24日　星期六

晴。下午，斗牌三局。无聊之至。

1月25日　星期日

晴。

1月26日　星期一

晴。偕承粲归家。

1月27日　星期二

雨。今日，昭明回阳。上午，君介、君定、君藩、君湘来。下午，均去。

1月28日　星期三

阴。高家杏姊姊来吊昭明。姊乃昭所寄名也。下午，去。承粲于上午往高宅，下午携花儿，偕大妹归。花儿于前日往高宅。归后，余与承粲携之夜宿小桥西首市房中。为术者言家宅不利也。

1月29日　星期四

阴。

1月30日　星期五

雨。上午，君定携恒初来。下午，君介、心徽来。

1月31日　星期六

雨。中妹将嫁。今日行盘。

2月

2月1日　星期日

雨，夜雪。今日，来宾甚众。

2月2日　星期一

晴。今日，中妹于归亭林周氏。妹婿字迪前。余同大妹、圆妹送去，志轩亦去。夜，观结婚礼后，返船。

2月3日　星期二

晴。大妹、圆妹先归。余同志轩至周宅望亲。

2月4日　星期三

雨,夜雷电。归家。

2月5日　星期四

雨。下午,君定、心徽去。

2月6日　星期五

阴,下午微雪。下午,大妹携恒初去高宅。

2月7日　星期六

阴。

2月8日　星期日

阴。上午,作信复安如、心侠。下午,略理账目。古如来,即去。

2月9日　星期一

晴。随母亲至金山卫城隍庙拈香。官桥则以时晏,不及往,遣人去焉。返已夜。

2月10日　星期二

晴。岳母来,宿市房内。杰兴内侄亦来,吊昭明也。

2月11日　星期三

阴。

2月12日　星期四

雨。上午,岳母与杰兴去。作信复景琦、竹荪,致乐天。下午,宪人、涤新、冲之先后来,即去。

2月13日　星期五

雨。年节祀先。

2月14日　星期六

阴。理账目。复洁身、文圃信。夜,思草《哭昭明文》。

2月15日　星期日

阴,夜雨。上午,复徐寄尘信。下午,汇抄昭明哀挽之作。

2月16日　星期一

阴。今日起,为昭明等延羽士,建道场三日。上午,小剑、志轩、济川侄来。志轩午饭后,去。下午,望舅来。复绣鸿〔秀红〕、希贤信。今夜,宿老宅。

2月17日　星期二

雨。上午,伯才来,即去。君宾来,端甫来,午饭后,去。景伊来,即去。望舅与君宾去。

2月18日　星期三

阴。今日为昭明五七之期,焚寄一信。道场于今夜告竣。

2月19日　星期四

阴,下午雨,雪珠。上午,至新宅一回。下午,杂务。

2月20日　星期五

阴。上午,拜天香祖先神影。下午,至宗祠。夜,斗牌。

2月21日　星期六

雨。上午,志轩来,少坐,去。时舅、君深、君介、君藩、君湘、君宾来,下午,去。夜,斗牌。

2月22日　星期日

阴。上午,至志轩处。少坐,返。下午,济川来,即去。翻阅《松江府补志稿》。本志为知府鲁超延林子卿等所纂,以补郭志之遗缺也。夜,阅《世谱》。

2月23日　星期一

阴。下午,望舅来,傍晚,去。景伊来,即去。夜,辑《大雅集》。

2月24日　星期二

晴。上午,粲君携花儿往松江。下午,作信复子卿,致君介。韫辉来。少坐,去。夜,写《清佚史》。

2月25日　星期三

晴。

2月26日　星期四

雨。上午,时舅来。下午,去。至高宅。

2月27日　星期五

阴。

2月28日　星期六

晴。

2月29日　星期日

晴。至亭林周家。

3月

3月1日　星期一

阴,晚雨。夜,宿舟中。

3月2日　星期二

雪,下午阴。黎明解缆,下午一下钟到松江。即至王宅,同仲稽乘火车往上海。承粲携花儿已先去。寓均益里季鲁处。

3月3日　星期三

阴。

3月4日　星期四

晴。偕粲君携花儿回松江。

3月5日　星期五

阴。下午,致辅之信。外舅托印诗稿。夜,与粲君、仲稽、石士斗牌。

3月6日　星期六

晴。同粲君携花儿回家。上午十点半钟开船,下午五点半钟到。大妹已于前五日携两甥归。君深亦来。夜,致建威信,询旭东病。

3月7日　星期日

阴,午后雨。上午,理去年宗祠账目。下午,写米捐收条。景伊来,少坐,去。夜,斗牌。

3月8日　星期一

晴。上午,望舅、君介、君藩及严希贤来。作信复松岑、洁身。下午,中妹偕迪前归宁。夜,设筵内外共五席。男宾中,尚邀智川、五峰、叔安、伯垠、古如、景伊、宪人及志轩、子翰、子峰、亚雄、十洲、济川。

3月9日　星期二

阴,下午雨。上午,望舅、君介、君藩去。

3月10日　星期三

阴,夜雨。下午,君定去。

3月11日　星期四

阴。上午,翻阅《石遗室丛书》。下午,致文圃信。君深来。晚,子翰送筵席来,就松韵草堂宴迪前。

3月12日　星期五

阴。自己未十一月二十日至今之日记,以心绪恶劣,缺漏滋多,于甲子二月初六日上午据圆妹日记,始为约略补写。

3月13日　星期六

阴。明日为昭明亡故第六十日之期。今日起,作佛事三天。下午,母亲同中妹、迪前往高宅,圆妹、花儿亦去,君深并同大妹、恒甥归。写《清佚史》。

3月14日　星期日

晴。下午,志轩、伯才先后来。均少坐,去。作信复屯艮、病蝶、志儒、学源。

3月15日　星期一

晴。上午,时舅、君藩、忆初来。下午,景伊、十洲先后来,即去。至储蓄会议事,少坐,返。时舅等去。佛事于今夜告竣。

3月16日　星期二

晴。上午,至闲闲山庄,少坐,至高氏老宅。夜,为神仙对。

3月17日　星期三

晴。下午,同迪前至闲闲山庄,少顷,母亲等亦至。随即归家。夜,为游西湖之戏。明日修志局开会不去,因致时舅一信。

3月18日　星期四

晴,晚阴,夜雨。今日改易进门。下午,作信致瑞师,复子素、安如、蓬洲。祝慎旃先生来。

3月19日　星期五

阴,有雨。下午,冯锬来,少坐,去。同迪前至智川处,应其招饮。余又一至子贞处,移交宗祠账箱。夜,返。

3月20日　星期六

阴。上午,望舅来。下午,邀端甫来,托其看庙桥建造日期,少坐,去。望舅去。景伊来,即去。致唐文圃信。

3月21日　星期日

阴。校《张堰志》十二页。下午,致宪人信。景伊、雷生先后来,各少坐,去。又上午,似若来,即去。今日,接县署公函,委任为水利协会委员。

3月22日　星期一

阴。下午,复李徇公信。夜,翻阅《洪容斋笔记》。

3月23日　星期二

阴。下午,姚凤贵来卖笔。拆订《国学》杂志。景伊来,即去。复君深信。

3月24日　星期三

雨,夜雷。上午,辑《金山文献集》目录。下午,宪人来,即去。朴庵自佘山回来。

3月25日　星期四

阴。上午,辑《金山文献集》目录。下午,时舅、君深先后来。因今夜宴迪前,有函往招也。同迪前、朴庵、君深至厚生阳伞厂参观,即返。

3月26日　星期五

阴,下午雨。上午,时舅去。迪前同中妹去。下午,复心徽、瑞师信。夜,翻阅《东庄诗存》。

3月27日　星期六

阴。上午,朴庵去。下午,写《杂记》二则。复贞甫伯及蓬洲信。

3月28日　星期日

阴。上午,致乐天信。下午,复朴庵、文圃信。理昭明遗物,并写《忆语》。夜,翻阅《瓶庐诗文》。燕子今日来。

3月29日　星期一

晴。上午,至五区何宅视旭东病,又至安姑母处。下午,至冯宅君懿、子冶处。四点钟返,傍晚到家。在舟观《新中国》杂志。夜,理账目。今日君深、大妹携两甥去。

3月30日　星期二

阴,夜雨。上午,清明祭先。下午,辑《金山文献》目录。耕熙叔来,少坐,去。夜,翻阅《徐氏医书》。写《杂记》一则。

3月31日　星期三

阴。上午,望舅来。下午,作信复时舅、病蝶、哲夫。伯才来,即去。望舅去。翻阅《平湖县志》。夜,观《新中国》杂志。

4月

4月1日　星期四

阴,上午雨。上午,理河工米捐报告。下午,涤新来。少坐,去。夜,观《新中国》杂志。

4月2日　星期五

阴,上午雨。上午,理发。下午,抄南社社友通讯表。复屯艮,致伯壎信。夜,同昨。

4月3日　星期六

阴,夜雨。上午,抄《社友通讯表》。下午,时舅来,即同至储蓄会举行第十四期掣签。少坐,返。同圆妹至龙沙禅院处扫墓,即返。时舅已去。复文圃信。

4月4日　星期日

雨。上午,粲君携花儿往松江。端甫来,与之同向石作讲建造龙沙桥。午饭后,去。涤新同沈叔眉先生来。少坐,去。君懿来,即去。作信复时舅,致洁身。夜,写《昭明忆语》。

4月5日　星期一

晴。上午,致贞甫伯信。下午,至东小桥扫墓,假山桥则遣人往焉。复朴庵信。宪人来,少坐,去。夜,写《昭明忆语》。复粲妹信。

4月6日　星期二

晴。上午,稍理书籍。下午,复梅冷生及志儒信。夜,翻阅《阅微草堂笔记》。今日,母亲往何宅吊旭东之丧。

4月7日　星期三

阴。午刻,同圆妹至金家桥及夏人村扫墓,返已五点钟。公竞来。复洁身信。夜,复粲妹及君深信。

4月8日　星期四

阴。上午,抄《社友通讯表》。下午,复洁身,致文圃信。景伊来,少坐,去。夜,观《中国哲学史大纲》。

4月9日　星期五

晴。上午,至宗祠举行春祭,余司读祝。午馔后,同贞甫伯至子凤处贺喜(借大街余家市房),少坐,返。傍晚又往,夜宴后返。观《中国哲学史大纲》。

4月10日　星期六

晴。上午,端甫来,嘱福相同其至夏人村坟上相地。下午,徐访仙来募庙捐,即去。望、时二舅,君藩来,同时舅、君藩至储蓄会议事,望舅亦来。适有星相家,诸人均使其推算。傍晚,返。望舅等去。钻坚、适庵先后来,即去。夜,复粲妹及瑞师信。

4月11日　星期日

雨。下午,作信致郭伯宽及仲稽,复黄涵伯。君藩来,少坐,去。夜,写《昭明忆语》。

4月12日　星期一

阴,下午雨。上午九点钟,坐小船至虹桥港口,过乘望舅船往朱泾,下午三点钟到。即至黄伯惠处,贺其令弟仲长结婚之喜。

4月13日　星期二

阴。下午三点钟,乘时舅船往松江,傍晚到,即至王宅。夜,致圆妹信。今日,县署本欲开水利委员会成立会,闻尚有辞职者数人,乃与望舅、伯惠等函去,嘱其缓开。

4月14日　星期三

晴。午刻起,发寒热。夜,凉。

4月15日　星期四

雨。身体疲倦,起甚晏。夜,复圆妹信。

4月16日　星期五

阴。午后,又发小寒热。夜,即鲜爽,倚枕,观《纪批苏诗》。

4月17日　星期六

晴,下午阴,夜雨。下午,作信复圆妹,致文圃、伯华。

4月18日　星期日

晴。下午,复安如信。夜,与粲君象棋四局。复圆妹信。

4月19日　星期一

晴,夜雨。上午,观《纪批苏诗》。下午,闻母亲来松,即与粲君至船上。母亲本定明日与中妹等往杭州,以余病,今日先来一视。夜,与粲君象棋四局。

4月20日　星期二

晴。上午，至母亲船上。下午，更偕粲君携花儿坐船，开至马路桥。余至城内邱竹泉处。回时，中妹、圆妹、迪前及望舅等已来，即同母亲至车站送登车后，返。致伯埙信。夜，与粲君围棋二局。今日上午，曾请秋松、叔岳诊治。

4月21日　星期三

晴。上午，致文圃信。下午，观《纪批苏诗》。夜，与粲君、杰兴象棋各一局。

4月22日　星期四

晴。偕粲君携花儿往杭州。上午十点多钟乘火车，下午三点多钟到，即至湖滨旅馆，与母亲等同寓。至西园啜茗，晤竹荪。

4月23日　星期五

晴，晚雨。上午九点钟，同粲君携花儿乘轿至昭庆寺、岳坟、玉泉、灵隐、三天竺。在上天竺门口午饭。下午，至龙井。从天竺至龙井，越棋盘山而过，沿路杜鹃盛开，得句曰：杜鹃啼血映山红。龙井出，至法相寺及净慈寺，乃返。抵寓。五下钟，在玉泉拟访李叔同，不值。灵隐得遇辅之。夜，辅之来，少坐，去。致紫卿信。

4月24日　星期六

雨。晨起，至西园啜茗，进早点。上午，侍母亲同望舅等至湖墅莫尚古医生处，共请其诊治，待至下午三下钟，返。整容。同望舅、迪前至大方伯浙江书局购书。出，至头发巷丁宅。傍晚，竹荪、辅之、宣之招饮于绸业公所，返已十句钟。

4月25日　星期日

雨。上午，致辅之信。同母亲、粲君等至大经绸庄购绸。旋寓中所留仆人来告，有电报。急返寓，知为仲稽所发，岳母逝世惊耗。乃立即收拾行李，与粲君同乘下午二点半钟特别快车回松江，到后知岳母于今日子时遽尔逝世也。

4月26日　星期一

晴。傍晚，圆妹同花儿来。

4月27日　星期二

晴。岳母大殓，不胜怨伤。盖余夫妇自去冬至今春尽在惊涛骇浪之中，惟有逆来顺受、乐天知命而已。夜，与圆妹宿舟中。

4月28日　星期三

晴。黎明解缆，以逆风，至下午二点钟抵家。母亲等由嘉兴转，亦于今晨回矣。景伊来，即去。

4月29日　星期四

晴，有雨。上午，校《张堰志》六页。族中富荣、长辈自旧宅来，有事，嘱致信莫伯筹。午饭后，去。又校《张堰志》六页。作信致粲君，复时舅。夜，观连日报纸。

4月30日　星期五

晴。先祖春渔公今日八秩冥庆，作佛事四天。上午，志轩来，即去。陈慰先来，午饭后，去。下午，济川、十洲、子翰来，各少坐，去。端甫携济婴局账来，即去。

5月

5月1日　星期六

晴。上午，贞甫伯来，少坐，去。望舅来。下午，韫辉来，即去。迪前来。伯才来，即去，望舅亦去。何福斋姜伯贤来，即去。夜，复粲君信。

5月2日　星期日

晴。上午，作信致辅之，复竹荪。父亲于越，昨起行动不便。下午，请宪人诊治，少坐，去。意国飞艇于今日午后一下钟过此。

5月3日　星期一

晴。父亲今日已愈。上午，写《世系表》。时舅、君藩来。下午，景伊来，即同至储蓄会举行十五期掣签，并选举查账员，少坐，返。复志儒信。耕熙叔来，少坐，去。时舅等去。夜，复粲君信。佛事于今夜告竣。

5月4日　星期二

晴。今日为济婴局斋堂之期。上午，至局。下午，返。作信复储石。又至济婴局宴会，傍晚，返。

5月5日　星期三

阴，晚雨。贞甫伯后日八秩大庆。上午，往送礼物。下午，返。十洲来借物，即去。复丁周之信。写《昭明忆语》。

5月6日　星期四

阴。上午，往吊方肖春先生，出。至五区头何宅，七吊旭东。下午，返。抵家，五下钟。在舟观《纪批苏诗》。理浙江书局购归之书。夜，复粲君信。

5月7日　星期五

晴。上午，望舅来，同至贞甫伯处祝寿。吃面后，出，至唐达甫先生处，贺其文孙燕喜。少坐，返。下午，时舅来，公竞来，同两舅至同泰仁，晤伯埙。又至厚生伞厂，乃返。伯筹来，即去。望舅去。至贞甫伯处宴会。出，又至唐家观结婚。九下钟，同时舅返。时舅即去。

5月8日　星期六

晴。上午,理书。伯才来,即去。下午,公竞去。复朱卤香信。写《昭明忆语》。夜,拟致望、时二舅信。

5月9日　星期日

晴。上午,种花。写致望、时二舅信。下午,至贞甫伯处。以前日礼物不受,复送,少坐。至天梅处,谈良久,返。

5月10日　星期一

晴,下午阴,晚雨。上午,校《张堰志》十二页。下午,作信复君介,致宣之。夜,誊己未年诗。复絮君信。

5月11日　星期二

雨。上午,作信复石予、安如,致文圃。下午,理发。作信复屯艮,致念梦。宪人来,即去。写《昭明忆语》。夜,誊己未诗。

5月12日　星期三

晴。上午,至明伯处,贺十洲婚礼。下午,至世德西餐,开厚生伞厂股东会,并摄一影。望、时二舅亦到。夜宴后,出。又至昭明伯处,少坐,乃返。二舅来。

5月13日　星期四

晴。上午,伯埙、景伊来,少坐,去。同两舅卖花,并至协和少坐。返,同时舅至天梅处少坐。至济婴局,应奚子峰招饮,望舅亦到,四下钟返。时舅去。夜,誊己未诗。

5月14日　星期五

阴,小雨,夜雨。上午,黄菊畦来,即去。艺花。下午,誊己未诗。伯才来,即去。天梅、少云来,少坐,去。望舅去。

5月15日　星期六

阴。上午九下钟,乘快船往松江,下午一下钟到,即至王宅。

在舟观《纪批苏诗》。

5月16日　星期日

晴。无事。

5月17日　星期一

晴,晚阴。下午,至孤贫儿院,晤院长杨了公先生及步惠廉教士。以昭明所遗压岁钱百金,捐作院中建筑费。少坐,出。至通惠等处购物,乃返。

5月18日　星期二

晴。上午九点钟,乘火车至上海。于北站下车,即至均益里交去季鲁托带之信件。出,至大马路宝记取昭明放大之照,此来之目的也。出,至广生行、香亚公司、永安公司购物。出,至东亚酒楼午馔。出,至亚东各书馆、蟫隐庐等处购书。出,至南市信昌当,晤徐子素,托其觅人鈲画昭明照相。出,至南站乘三点钟火车,返松江。夜,斗牌。

5月19日　星期三

晴。上午,致圆妹信。下午,手谈。

5月20日　星期四

雨。上午,为体操女校写追悼岳母歌二章。下午,手谈。

5月21日　星期五

阴。上午,观《蠡叟丛谈》完。下午,手谈。观《尝试集》。

5月22日　星期六

阴。今日,为岳母四七之期。顾荃荪内表叔来吊。下午,观《尝试集》完。

5月23日　星期日

晴,夜雨。上午九下钟,乘快船回家,下午二点钟到。在舟观

《旅美观察谈》。作信复志儒、卤香。君深、大妹携两甥于旧历上月廿七日来。

5月24日　星期一

晴。上午,君深、大妹及中、圆二妹往上海。校《张堰志》十二页。下午,作信复乐天、石予、逢伯、储石,致伯庸。夜,观前日报纸及写账。

5月25日　星期二

晴。上午,写米捐收条。少云来,即去。下午,君藩自杭州回来,即去。复时舅信。何复斋、姜伯贤来,即去。

5月26日　星期三

雨。上午九下钟,乘船往松江王宅,下午五下钟到。祝先生同船回去一次。在观《旅美观察谈》完。夜,致雷生信,托诗社值课事。

5月27日　星期四

晴。无事。

5月28日　星期五

晴。今日,王宅为开吊,请知宾。

5月29日　星期六

晴。今日,为岳母五七之期开吊。男宾有一百二十人。

5月30日　星期日

晴。下午,拟致大妹信。复雷生信。

5月31日　星期一

晴。上午,写致大妹信。下午,手谈。复圆妹信。

6月

6月1日　星期二

晴。上午,观《小说月报》。作信致宣之、洁身。下午,至图书馆,晤君彦,坐谈良久。出,又至邱竹泉处,乃返。夜,手谈。

6月2日　星期三

晴。上午,作信复静安、小进。下午,至图书馆,观《学福斋集》《崇兰馆集》《知乐园集》,五下钟返。夜,手谈。

6月3日　星期四

晴。上午,观《小说月报》。下午,手谈。

6月4日　星期五

晴。今日起,为岳母作佛事三日。下午,至图书馆,听美国杜威博士及刘伯铭博士演说,五下钟返。夜,手谈。

6月5日　星期六

晴。上午,作信致圆妹及伯华、时舅。下午,何师钟表姑母招至张遂养堂谈话,嘱帮忙其办喜事,少坐,返。夜,手谈。

6月6日　星期日

晴。上午,作信致文圃,复宣之、安如。下午,手谈。

6月7日　星期一

晴。上午,观《小说月报》。下午,作信复伯华、伯埙。手谈。

6月8日　星期二

晴。上午,作信复圆妹及罗子经。下午,至张遂养堂,晤表姑母。出,至图书馆,五下钟返。

6月9日　星期三

晴。上午,作信致圆妹,复时舅。校《张堰志》十二页。下午,手谈。

6月10日　星期四

晴。上午,观《小说月报》。下午,至顾宅,候时舅,不值,至遂养堂晤焉,少坐,同至信余庄。出,余又至邱竹泉处一回,乃返。夜,手谈。

6月11日　星期五

晴。上午,为粲君撰岳母行述。下午,手谈。

6月12日　星期六

晴。下午五下钟后,乘特别快车往上海,到后即至大新旅馆,何师钟表姑母在此办喜事也。圆妹亦于今日来。夜,宿大行台。

6月13日　星期日

晴。上午,同君宾至成记理发,大东早餐,又同君懿等至先施、永安两公司等处。下午,在大新,贺湘华表妹于归李氏乾。宅借孟渊旅馆,并往观礼。夜,同君藩等至浴德池沐浴。是夜,宿惠中旅馆。

6月14日　星期一

阴。上午,至大新旅馆,又至先施、永安等处购物。下午三点钟,乘特别快车返松江王宅。

6月15日　星期二

雨。上午,同粲君携花儿于九下钟开船回家,下午三点钟到。圆妹亦于早车返松,同归。在舟翻阅《履园丛话》。迪前于阴历十九日来。

6月16日　星期三

晴。上午,景伊来,少坐,去。下午,伯埙、端甫先后来,少坐,去。君藩自松江回来,即去。

6月17日　星期四

雨,上午晴。上午,杂务。下午,雷生来,少坐,去。校誊正之《佚史》。

6月18日　星期五

雨。上午,写米捐收条。下午,校《佚史》。作信致屯艮。仲稽来谢孝。夜,宿舟中,明早即欲往朱泾。

6月19日　星期六

雨。上午,迪前去。写《昭明忆语》。下午,写《南社社友通讯表》。复文圃信。夜,理账目。

6月20日　星期日

雨。上午,校《张堰志》十二页。下午,作信复安如、辅之。为粲君撰岳母行述。

6月21日　星期一

晴。上午,夏至节,祭先。下午,写《昭明忆语》。志轩来,少坐,去。为粲君撰岳母行述毕。宪人来,少坐,去。

6月22日　星期二

阴。上午,粲君携花儿往松江。写《昭明忆语》。君深来。下午,时舅来。傍晚,去。作信致君彦,复心徽。

6月23日　星期三

晴。上午,复小进信。下午,端甫来。即去。

6月24日　星期四

晴。上午,伯埙来。少坐,去。下午,作信复时舅、病蝶。伯才来，少坐，去。观《新中国》杂志。

6月25日　星期五

晴。上午，复学源信。下午，写《昭明忆语》。至同泰仁，晤伯埙。少坐，返。粲君归。花儿留松江。

6月26日　星期六

雨。上午，理书。下午，叔安、伯埙先后来，少坐，去。望舅来。又伯埙、伯才、泰来来，议本粜事。傍晚，均去。

6月27日　星期日

晴。上午，往汪宅吊夔龙之丧后，即偕伯才坐小船至虹桥港口，过望舅船往朱泾。在干巷小泊，一游第四高小学校。泰来亦来，同去。下午四点钟到，即至县公署，开平粜会议。夜宴后，同望舅往憩南处。在舟观《黄石斋逸诗》一册。

6月28日　星期一

晴。上午，至藏书阁，晤干臣〔幹丞〕先生等。十点钟，开船归。下午三下钟，过寿椿桥，与伯才上岸，走至张堰。在船观《小说月报》。

6月29日　星期二

阴。上午，写寿外舅诗。校《张堰志》十二页。下午，至储蓄会，少坐，返。雷生来，即去。致菊畦、文圃信。写《昭明忆语》。

6月30日　星期三

晴。上午，君介来。下午，同至储蓄会，举行十七期掣签，事毕，返。复时舅信。景伊来，即去。君介与君深均去。

7月

7月1日　星期四

雨。偕粲君往松江。上午九下钟开船，下午三点钟到，即至王宅。在船观《小说月报》。

7月2日　星期五

晴。今日,企张叔岳母六秩阴寿。

7月3日　星期六

雨。下午,观《纪批苏诗》。复鲁詹信。

7月4日　星期日

雨。午刻,西园叔岳招饮。散后,又斗牌一局。乃返。

7月5日　星期一

晴。上午,观《纪批苏诗》。下午,至图书馆,晤君彦,并晤雷润民,少坐。出,至邱竹泉处及扫叶山房,乃返。致圆妹信。

7月6日　星期二

晴。上午,上堂上一禀复雷生信,为平槊事。下午一点钟,同外舅,偕粲君携花儿乘火车往上海。到后,至均益里王寓。旋偕粲君携花儿至惠中旅馆,寓焉。至古书流通处。又至商务印书馆,晤屠念慈。晚,同粲君、花儿至叶馨楼夜馔。出,至永安公司。外舅、季鲁来寓,少坐,去。

7月7日　星期三

阴,下午,雨。上午,至丰昌,候闵瑞师,不值,晤吴。出,至湖南善后协会,候屯艮,坐谈良久,乃返寓。又至商务印书馆。午刻,外舅、季鲁招饮于倚虹楼,同粲君、花儿往。馔毕已三点钟。粲君携花儿同季鲁至均益里,余同外舅至新世界。傍晚,出,外舅别去,余返寓。君湘、君宾来,即去。至杏花楼,应天梅招饮。同席为莼农、屯艮、子实、兰皋、楚伧、小柳及新识潘兰史、刘约真、徐养田。九点钟,散席,返寓。又至博古斋。

7月8日　星期四

晴,晚雨,即止。上午,至成记理发,出。至蟬隐庐,乃返。葛芸生、惠洁身先后来,即去。至兴华川定菜,即返。外舅、仲稽来。午馔后,仲稽别去,余等同外舅至丰淞园,五下钟返。外舅去。至兴华川招饮屯艮、兰史、兰皋、子实、约真、楚伧、力子、心侠、了公、天梅。九下钟散席,返。至天韵楼,出。至浴德池沐浴,十二点钟返。

7月9日　星期五

晴。上午,往候同寓王立佛。同粲君至抛球场及昼锦里买物,余又至商务印书馆。下午,同粲君、花儿至永安公司,又游天韵楼。傍晚,返。杨伯云来,即去。夜,同至大世界。十二点钟,返。在内,晤张心芜。钟爱琴来访,不值。

7月10日　星期六

晴。上午,粲君至先施公司一回。余以身体不适不出。下午,同粲君、花儿至均益里王寓,少坐后,即乘三点钟火车回松江。

7月11日　星期日

晴。上午,翻阅《黄叶村庄诗》。下午,翻阅《涵芬楼秘笈》。

7月12日　星期一

晴。观《说林》。下午,请何子江来诊治。

7月13日　星期二

晴。偕粲君携花儿归。上午八下钟开船,下午三点钟到家。在舟观《中国哲学史大纲》。夜,伯埙、叔安、伯承、景伊来,商平粜等事宜。以米贵应响,今日高家等存米均被抢也。

7月14日　星期三

晴。上午,似若来,领教育米捐,少坐,去。下午,君深去,昨日来也。宪人来,少坐,去。夜,邀伯埂、叔安、雷生、伯承来,馨山、宪人、仲篁亦来议平粜事。余家愿以存米二百五十石,悉数捐输,委托商会、警局助理员、保卫团分派张堰本区十名为组织平粜局之基本。

7月15日　星期四

晴,有雨。今日,伤风,稍有寒热,卧不能兴。望、时二舅,子冶,建威等均为抢米事来,晚,去。

7月16日　星期五

雨。湿热,发红痧,面鼻部发瘰,目赤。下午,请宪人来诊治,即去。志轩来,即去。

7月17日　星期六

晴,有雨。观《小说月报》。致伯埂信。

7月18日　星期日

阴。上午,观《中国哲学史大纲》。下午,君介、君藩来,少坐,去。夜,致伯埂信。今日,稍愈。

7月19日　星期一

晴。上午,复县公署函。下午,伯埂、志轩、伯才、雷生先后来,均少坐,去。今日,祝先生暑假去。

7月20日　星期二

晴。上午,望舅、君深同叶守师来,伯埂来,孙望之来。下午,雷生、沈叔贤、丁泰来、倪仰之、徐尹卿、时舅来。均为力争县署欲假托平粜名义,动用张泾河款事宜。夜分,散尽。又下午,叔安来,募临时警备队捐,即去。邀宪人来诊治,即去。复县署一函。

7月21日　星期三

晴。上午,作信致周之及平粜总局。下午,为天梅写《题花前说剑图册页》,并致伊一信。伯才、雷生先后来,均即去。辑《姚氏遗书志》。

7月22日　星期四

晴,下午雨。上午,君懿来。下午,去。复亚雄及滕若渠信。校所誊《昭明忆语》。夜,理账。

7月23日　星期五

晴,下午雨。上午,致时舅信。望舅来。下午,志轩、雷生、伯才先后来,各少坐,去。邀叔纯来誊河工呈文,傍晚,去。望舅去。夜,理账。

7月24日　星期六

晴。上午,叔纯来誊呈文。伯才来,即去。复安如信。下午,叔纯去。雷生、似若先后来,各少坐,去。邀宪人来换方,即去。至同泰仁,晤伯埙,少坐,返。致望舅信。

7月25日　星期日

雨。上午,校《张堰志》十二页。望舅来。下午,叔纯来誊呈文。泰来、雷生、端甫来。傍晚,均去。作信复时舅,致亚雄、松岑。

7月26日　星期一

晴。上午,艺花、晒书。君深来。下午,伯才、伯筹、景伊来。各少坐,去。作信复望舅及卢少云,致文圃、君懿。夜,景伊以厚生厂复上海各界联合会函来商,少坐,去。

7月27日　星期二

晴。上午,至城隍庙、平粜局,出。至同泰仁,晤伯埙,少坐,返。下午,辑《姚氏遗书志》及《金山县志》。

7月28日　星期三

晴。上午，至高家新宅，时舅在老宅，即同君介往。守师亦在，商议平粜、抢米等事公呈电稿。余又致震生一信。傍晚，又至新宅，馔后，归。在舟观《吴挚甫尺牍》。

7月29日　星期四

晴。上午，杂务。君深、大妹携两甥去。复心侠信。下午，叔纯、景伊、雷生、栋材、望之、识儒等先后来，各少坐，去。沐浴。

7月30日　星期五

晴。今日，望、时两舅，建威，君懿，攘白，济平，伯才，泰来，伯埙，雷生，伯筹，景伊，张鸿舫，蔡叔明等来，议公呈县署请以滞纳罚金手数料盈馆开办平粜事，又拟开厚生厂董事会，不果。傍晚，均散。复震生信。

7月31日　星期六

晴。上午，整容。叔安来，少坐，去。下午，至米业公所鸣社诗课，少坐，返。作信复石予，致似石。志轩来，即去。王栋材来，即去。夜，致心徽信。今日，粲君携花儿往松江。

8月

8月1日　星期日

晴。上午八下钟，乘船往朱泾，赴县署平粜会议。伯才、伯承、泰来同船，伯埙、雷生另船，亦去。下午一点钟到。至憩南处，望、时两舅等已先来，少坐后，同至县署开会。傍晚，散。又至憩南处。夜馔后登船，余乘夜潮，于十下钟开往松江。夜午后三点钟到。

8月2日　星期一

晴,有雨。清晨,往王宅。今日为岳母百日之期。下午,手谈。

8月3日　星期二

晴。上午,携花儿同季鲁等往游醉白池,荷花盛开。荃孙叔及子木亦来。下午三下钟出,余又至瑞师处问病。出,至信管庄,晤舒葆山,汇款购平粜米,傍晚,返。沐浴。

8月4日　星期三

晴。下午,手谈。

8月5日　星期四

晴,上午雨。下午一下钟开船回家,八点钟到。在舟观《吴挚甫尺牍》及《新中国》杂志。

8月6日　星期五

晴。上午,往视伯埙疾。出,至平粜局。出,至协和当,晤景伊,少坐,返。下午,志翔、雷生先后来,即去。作信复县署,致大妹、望舅、干臣〔幹丞〕及棨妹。

8月7日　星期六

晴,夜雨。上午,雷生来,即去。校《张堰志》九页及《昭明忆语》印稿。下午,景伊、伯承先后来,各少坐,去。作信复亚雄、涤新,致宪人。沐浴。夜,志轩同公方来,少坐,去。

8月8日　星期日

晴。上午,望舅来。同至伯埙处,少坐,返。公方来,同至协和,晤景伊。回,午饭后,同至厚生厂。伊将入厂任事,夜则住宿此间也。余少坐,返。志轩同莫古如、陆丽斋、许墨君来,为公家平粜及学务事,少坐,去。作信致时舅,复文渊。望舅去。夜,雷生来,即去。观《吴挚甫尺牍》。

8月9日　星期一

晴。上午,校《金山卫佚史》。下午,草《重辑张堰志跋》。宪人、景伊先后来,各少坐,去。夜,雷生来,即去。致时舅信。

8月10日　星期二

晴。上午,校《金山卫佚史》。雷生来,即去。下午,作信复哲夫、冷生、仲稽及綮妹。平庵来,少坐,去。夜,翻阅《松江府志》。

8月11日　星期三

晴。上午,至伯埛处。午饭后,返。至米业公所,开张堰市区公家平粜会议。四下钟,返。作信复仲稽。

8月12日　星期四

晴。校《金山卫佚史》。上午,伯才来,即去。下午,雷生来,即去。沐浴。夜,景伊来,即去。致洁身信。

8月13日　星期五

晴,上午、晚雷雨。上午,写《怀旧楼丛录》,写《龙沙桥题记》。下午,校《金山卫佚史》。夜,观《吴挚甫尺牍》。

8月14日　星期六

阴,有雨。上午,观《资治通鉴》。此书自阴历去年十一月二十一日,昭儿起病辍阅以来,已七月余矣。昭儿喜历史,余观此书,昭儿每问余已观至何处。今回首前尘,为之惘然。下午,贞甫伯来,邀去谈余家事。出,过济婴局,少坐,乃返。写县志稿《逸事》一则。复綮妹信。

8月15日　星期日

晴。上午,观《资治通鉴》。下午,至同泰仁,晤伯埛、雷生,算公款平粜账,少坐,返。亚雄在南京学国语,回来坐谈数刻,去。

为佃户沈木昌契据事,拟致县署信。夜,观《吴挚甫尺牍》。

8月16日　星期一

晴。上午,观《资治通鉴》。校所誊去年文。下午,作信复时舅,致文圃。涤新来,少坐,去。校《张堰志》十二页。粲君携花儿归。夜,观《新中国》杂志。

8月17日　星期二

晴。上午,观《资治通鉴》。君深来。下午,复君介信。时舅来。复仲稽、洁身,致屠念慈信。雷生、叔纯、伯才先后来,各少坐,去。时舅、君深去。夜,观《吴挚甫尺牍》。

8月18日　星期三

晴。上午,理书画卷册。观《资治通鉴》。下午,晒书籍。作信复志儒及王闿甫。沐浴。夜,观《王安石上仁宗书》。

8月19日　星期四

阴,有雨。上午,观《资治通鉴》。下午,至同泰仁晤伯埙,同至厚生厂,少坐,返。作信致吴扶云。夜,观《吴挚甫尺牍》。

8月20日　星期五

晴。上午,观《资治通鉴》。下午,理书画卷册。翻阅《吴挚甫文集》。复安如信。夜,观《小说月报》。观《吴挚甫尺牍》。

8月21日　星期六

晴,有雨。上午,观《资治通鉴》。下午,至同泰仁晤伯埙,同至厚生厂,少坐,返。作信致吴扶云。中元节祭先。下午,理书籍。观欧阳文忠公《集古录跋尾》。致辅之信。夜,观《吴挚甫尺牍》。

8月22日　星期日

晴,有雨。上午,叔纯来,即去。至钱氏义庄,为施医局开局,少坐,返。作信致时舅。下午杂抄。观《集古录跋尾》。夜,观曼殊《燕子龛诗》一卷。观《小说月报》。

8月23日　星期一

晴。上午,伯塌来,少坐,去。观《资治通鉴》。下午,作信致芝泉太叔祖。宪人来,少坐,去。观《集古录跋尾》。夜,观《吴挚甫尺牍》。

8月24日　星期二

晴,上午阴雨,夜大雨。上午,观《资治通鉴》。望舅来。下午,时舅来。同两舅至天梅处,往沪,不值,少坐。出,余又同时舅至裱画店,路过照相馆,又合摄一影,乃返。两舅去。夜,观《吴挚甫尺牍》。

8月25日　星期三

晴,有雨。上午,观《资治通鉴》。致君深、君介信。下午,复石予、静安,致君彦、慎旃信。校所抄《世谱》。夜,观《吴挚甫尺牍》。

8月26日　星期四

晴。上午,母亲往高宅。观《资治通鉴》。下午,君介来,坐谈多刻,去。作信复仲稽,致文圃。夜,观《吴挚甫尺牍》。

8月27日　星期五

晴。上午,粲君携花儿往松江。观《资治通鉴》。理发。下午,景伊来,少坐,去。至施医局晤宪人,商酌《张堰志》图经,即返。作信复海飙丈及君定。沐浴。伯才来,少坐,去。夜,观《吴挚甫尺牍》。

8月28日　星期六

晴。上午,观《资治通鉴》。作信复建威,致君懿。下午,至储蓄会举行第十九期掣签,少坐,返。作信复志儒,致哲夫及綮君。夜,观《小说月报》。

8月29日　星期日

晴。上午,观《资治通鉴》。作信复君藩。下午,至米业公所鸣社诗课。出,至储蓄会集议储款存放事宜,傍晚,返。作信复仲稽,致葆珊。夜,草《储蓄会借款规则》。

8月30日　星期一

晴,夜雨。上午,观《资治通鉴》。致时舅信。卢少云来,即去。迪前来。下午,作信复屯艮、筱墅、云卿、安如,致病蝶,又复伯华。

8月31日　星期二

晴。上午,重校《张堰志》一通。封发《昭明忆语》。下午,作信复逢伯,致景笛。时舅、君介来,旋景伊亦来,少坐后,同至储蓄会集议储款出借事宜。傍晚,返。时舅等即去。夜,复綮君信。

9月

9月1日　星期三

晴。上午,同迪前、中妹、圆妹至高氏实枚山房,君深等均住此也。下午,翻阅《丛书举要》。圆妹归。

9月2日　星期四

晴。上午至闲闲山庄,傍晚返实枚。夜饭后,少顷,闻张堰火钟乱鸣。出,望则见火光冲天,乃同君深坐小船到镇,到时火势已熄,所烧者为大街小桥西,益泰典当旁边周永成门面三个也。

9月3日　星期五

阴,有雨,大风。上午,同君深一视火烧场,君深即去。致莼农信。望舅来。下午,同望舅至同泰仁。旋时舅亦来,乃同至厚生厂开董事会,傍晚,返。夜馔后,两舅去。邀余,仍去。是日,君介、君藩亦来也。

9月4日　星期六

雨,大风。下午,传母亲同迪前、中妹归。作信致竹荪、宣之,复粲君。

9月5日　星期日

雨,大风。上午,封发《昭明忆语》。下午,作信复蓬洲、君湘、君宾,致朴存。宪人来,少坐,去。夜,景伊、馨山来,为厚生开股东会事及以储蓄会押券格式相商。少坐,去。

9月6日　星期一

雨。上午,作信复学源、君懿。君深来。下午,河西祖母宴君介,招陪。同君深、迪前往。晚,君深先去,余与迪前夜返。

9月7日　星期二

阴。上午,作信复扶云、忏慧、安如,致雄伯。下午,君介来。傍晚,仍往河西。拟致县知事信,为沈木昌田地事。致文圃信。夜,复粲妹信。

9月8日　星期三

阴,有雨。上午,至大街公和对门之市房内,移归物件。复蓬洲信。下午,智川来候迪前,少坐,去。君介来。晚去河西,余与迪前同往。应志轩之招陪,宴君介也。夜,返。

9月9日　星期四

阴。上午,校所抄《世谱》。景伊来,即去。下午,同迪前至尚公学校。出,至济婴局,本邀宪人、智川、志轩议局事。出,于市公所门口,晤沈叔安,又少坐。出,至宗祠,乃返。

9月10日　星期五

阴,晚雨。下午,迪前同中妹去。校《世谱》。观《集古录跋尾》。作信复病蝶、秋心、栋材,致君武。夜,理账。

9月11日　星期六

阴,上午雨。上午,校《世谱》。下午,作信复佩忍、志儒、君彦、忍百、粲君,致君深。观《集古录跋尾》。夜,观《吴挚甫尺牍》。

9月12日　星期日

晴。上午,观《资治通鉴》。下午,蔡叔明来,坐谈良久,去。景伊来,即去。复十眉信。夜,观《吴挚甫尺牍》。

9月13日　星期一

晴。上午,校《世谱》。下午,复时舅、君介信。时舅、君藩来,同至厚生厂,少坐,返。时舅等去。夜,叔明、景伊来,少坐,去。观《吴挚甫尺牍》。

9月14日　星期二

晴,上午雨。上午,校《世谱》。下午,至同泰仁,晤伯埙,少坐,返。作信复可生、慧如。观《集古录跋尾》。夜,观《吴挚甫尺牍》。

9月15日　星期三

晴。上午,校《世谱》。下午,至贞甫伯处取《张堰志》校样。出,至天梅处,少坐,返。作信致洁身,复君宾、粲君。夜,观《吴挚甫尺牍》。

9月16日　星期四

晴,有雨。上午,作信复时舅、君深,致君介、叔安。校《世谱》。整容。下午,叔纯、志轩先后来,少坐,去。为天梅补写《题冯柳东杨柳岸晓风残月图诗》册页。作信致周公侠。夜,重校《张堰志》,并致文圃信。

9月17日　星期五

阴,上午雨。上午,杂务。校《世谱》。下午,作信复哲夫、陶怡,致朴庵。望舅、伯才先后来,傍晚,均去。夜,与大舅母斗牌。

9月18日　星期六

晴。上午,作信致汪丽泉、舒馨山。十下钟,开船往松江,下午四下钟到,即至王宅。在船观亚子所选之《南社廿一兰集存稿》。粲君前携花儿往上海,亦今日返。

9月19日　星期日

晴。上午,同仲稽出。路晤望舅、震生、君藩,即至顾家,并晤时舅、君介。少坐后,余同望舅等至图书馆,晤君彦。出,至仲稽所办之健行袜厂内。午饭后,同望舅等至烟酒公卖所瑞先生寓处。时舅、伯埙、景伊、叔明亦来开厚生厂职员会。夜饭后,同两舅等至协升栈,晤守先生。余即返。

9月20日　星期一

晴。上午七下钟,开船往朱泾,十二下钟到,即至藏书阁。下午一下钟,开水利委员会,议事。五下钟,散会。夜饭后,返船。为沈木昌田地事,往见县知事冯公。出,至草厂啜茗,与泰来、济平相会。八点多钟,返船。在船观《吴挚甫尺牍》完。草《请禁张泾中鱼蟹诸簖案》,备明日提议。

9月21日　星期二

晴。上午,复安如信。至憩南处。九下钟,至藏书阁,续开水利委员会,议事,直至下午三点钟议毕。夜饭后,返船。

9月22日　星期三

晴,下午雨。天未明,开船返松江。至义口,候潮小泊,九点钟到。观《小说月报》。作信致圆妹。

9月23日　星期四

晴。上午,作信致圆妹。乘十点四十七分火车往上海。到后,向均益里王寓一转后,即寓惠中旅馆。下午,至博古斋、商务印书馆等处购书。震生来,少坐,同至老天福,候伯壎、景伊。傍晚,震生招饮于大东酒楼,并招其友林祝三与之谈厚生厂销货事。散后,又同至惠中略坐。

9月24日　星期五

晴,上午雨。上午,作信致圆妹后,乘九点十分火车往苏州,转梨〔黎〕里应柳安如之招(此行带一仆人补官)。十一点廿二分到苏州,即至阊门外姚家弄庆记轮船埠。下午一点钟,乘轮船,船中晤郑泳春。六点钟,到梨〔黎〕里。安如等已放船迎于轮埠。即过船,开至城隍庙前。盖梨〔黎〕里每逢中秋节二日起,后一日止,有城隍庙土地赛会。庙中演剧,镇上悬灯,备极其盛。安如于此时招友为雅集,雇画舫,饮酒赋诗于其中。其招余也久矣。集者有旧友余十眉、王大觉、凌莘子,新识柳搏霄、公望、朱璧人、琢人、郁佐皋、许盥孚。十点钟,到柳宅。

9月25日　星期六

晴。上午,顾悼秋、周善伯来候,皆新识也。坐画舫泛乎金镜湖、秋禊湖之间,并游罗汉禅寺中立阁土地堂。今日佩忍、芷畦亦来。

9月26日　星期日

晴。上午,游周善伯之开鉴草堂,坐画舫游览,并为联句。余又自草《灯词》一绝。

9月27日　星期一

晴。坐画舫游览。

9月28日　星期二

晴。上午八点钟,乘轮船。安如送至轮埠,佩忍同船至吴江,公望至苏州。船中并识丁堃生。下午一点钟,到苏州。公望同至酒楼,午馔后,又送至车站,乃别去。二点五十四分,乘火车,五点五十分到上海,即至均益里王寓。承粲携花儿于中秋前一日来此,乃同住焉。夜,至洗清池沐浴,路上晤朴存。

9月29日　星期三

晴。往海宁观潮。上午六点十分,乘专车。九点零五分,到斜桥,改乘铁路所备之船,开至海宁。约行二小时许始至。即至铁路所设之围场,场在东门外海塘上。未及下午一时,潮头已至。初,仅白光一道,渐近渐高,有如千军万马之奔腾。真天下之壮观也。潮过,乘船返斜桥。登车,五点三十五分开。八点四十五分到上海。路上观《纪批苏诗》。

9月30日　星期四

晴。上午,至蟫隐庐、有正书局、商务印书馆等处。下午,以花儿身热,邀西医朱调荪诊视。至西泠印社。

10月

10月1日　星期五

晴。上午,同季鲁往后马路买书橱。至南阳寄庐候震生,少坐,返。下午,至先施、永安,出。至怡珍,应震生之约,啜茗数刻。同出,买物数色,又同至大东夜馔、新世界游览。十一点钟,返。

10月2日　星期六

晴,下午雨,即止。上午,同粲君至大东早餐,又买物数种,乃返。下午,同粲君携花儿乘三点五十分火车,返松江。到后,粲君携花儿即至王宅。余以闻母亲同圆妹来,乃至马路桥埭船上。母亲欲往上海修牙,乃约明日再行随去。傍晚,至王宅。夜,致远妹、伯埙信。

10月3日　星期日

晴,夜雨。上午,至船上。同母亲、圆妹乘十点四十七分火车,往上海。到后,寓惠中旅馆。下午,同至徐景明牙医处。出,至时和及老介福。作信致粲君、紫卿、君宾,复怒庵。

10月4日　星期一

阴。上午,写《张堰志勘误表》。洁身来,即去。下午,同至徐景明处。出,至老介福、永安公司等处,乃返寓。路晤天梅、亚希,同至同芳居啜茗,又至国光书局。傍晚,返。路晤吴导江。夜,观《孽海花》小说。

10月5日　星期二

阴。上午,至马玉山公司早餐,又至国光书局、雷允上、朵云轩、中华书局,乃返寓。作信复病蝶。下午,同至徐景明处。出,母亲、圆妹先至先施公司,余返寓,候君宾来,来后亦至乐园。傍晚,返。夜,同至天蟾舞台观剧。复粲君信。

10月6日　星期三

阴。上午,君宾去。至国光书局及丰昌当。洁身来,即去。下午,同至徐景明处。又至宝成银楼等处,乃返寓。至环球中国学生会,候吴扶云,又至先施公司、香亚公司购物。电车上,晤朴存。夜,至浴德池沐浴。

10月7日　星期四

阴,晨雨。上午,同母亲至徐景明处一回。下午,同母亲、圆妹乘二点五十分火车回松江。到后,同至船上后,即至王宅。

10月8日　星期五

阴。上午九点钟,同粲君携花儿登母亲船,归家。下午三点钟到。在船观《孽海花》完。

10月9日　星期六

阴。上午,叔明、志轩、景伊先后来,各少坐,去。下午,理行箧。端甫来,少坐,去。复安如信。夜,观连日报纸。

10月10日　星期日

阴。上午,作信复时舅、君介。志轩来,即去。时舅、君介来。下午,作信复迪前,致中妹。时舅、君介去。晋康、馨山先后来,少坐,去。

10月11日　星期一

阴。上午,景伊来,即去。作信致君深,复公侠。下午,作信复怒庵、心徽、君宾。伯才、叔纯、少云先后来,少坐,去。夜,十洲来,即去。

10月12日　星期二

阴。上午,作信致时舅,复君藩。辑《县志书籍志》。下午,至同泰仁,晤伯垠,少坐,返。复仲稽信。校《世谱》。夜,杂拉。复时舅信。

10月13日　星期三

晴。上午,校《世谱》。馨山来。少坐,去。下午,天梅来,少坐,去。校《佚史》。作信复公渡、病蝶,致震生。夜,观《小说月报》。

10月14日　星期四

晴。上午,范景郊来,即去。雷生来,少坐,去。馨山同孙望之来,即去。下午,校《世谱》。至协和,候景伊,不值,即返。致仲稽信。夜,翻阅《士礼居藏书题跋》。

10月15日　星期五

晴。上午,誊《侯端传》。理发。作信复时舅,致君介。大妹携两甥归。君深亦来。下午,时舅来,同至施医局。今日收局会,宴后返。更同君深至天梅处,少坐后,出,又至同泰仁,晤伯埙,乃返。

10月16日　星期六

晴,下午雨,即止。上午,伯埙同沙田局长朱问沧来,少坐,去。同时舅、君深至河西桑园相地。下午,时舅去。作信复慧如、蓬洲、君懿,致竹荪。

10月17日　星期日

阴,下午小雨。上午,迁移卧室于楼下。母亲往亭林周宅。古茹〔如〕来,即去。伯埙来,少坐,去。邀宪人来诊承粲疟疾,盖于前五日起也。午馔后,去。冲之、志轩先后来,各少坐,去。作信致杭生、季鲁,复朴庵。

10月18日　星期一

晴。上午,校《世谱》。下午,同君深至市公所沙田局,候朱问沧。往沪,不值。出,至裱画店。又至纸炉庙游览一周。乃返。作信复君介、彝伯。发寒热。夜深,凉。

10月19日　星期二

晴。起已晏。下午,邀宪人来诊治承粲,即去。作信复安如、震生,致景伊。贞甫伯来,少坐,去。

10月20日　星期三

晴。寒热甚剧,当是疟疾。今日时舅、君介、君藩来,晚,去。

10月21日　星期四

晴。作信复许盟孚,致伯埙、丽泉。邀宪人来诊治,并诊花儿,亦患疟也。

10月22日　星期五

晴。疟疾作。今日,君深去。

10月23日　星期六

晴。上午,观《梅欧阁诗录》。下午,作信致伯华、景伊。志轩来,少坐,去。夜,复仲稽信。

10月24日　星期日

晴。寒热稍轻。今日,宗祠秋祭。

10月25日　星期一

晴。上午,作信复君宾、震生。下午,作信复安如及李远尤。君深来。

10月26日　星期二

晴。上午,邀宪人来治花儿,即去。时舅、君介、君藩来。下午,致绣〔秀〕红妹信,寄伊代收之路股。时舅等去。夜,校《世谱》。今日,寒热住。曾服万应疟疾丸。

10月27日　星期三

晴。上午,作信复伯埙、竹孙〔荪〕,致端甫。公渡来,下午即去。时舅、君藩来,傍晚去。理书画,捐充镇上菊花义赈会奖品。夜,致中妹信。观《元诗选》中《遗山诗》。

10月28日　星期四

晴。上午,作信致平庵。望舅来,下午,去。作信复沈颖若、王立佛。夜,作信复仲稽,致文圃。今日下午,邀宪人来治承粲及花儿。花儿疟疾已止,承粲则变为朝热,胸中不舒,纳欲作呕,卧不能安。

10月29日　星期五

晴。上午,作信致芷畦。下午,作信致君彦、季鲁。母亲归。今日曾邀谢子春。傍晚,则治承粲,余与花儿亦一诊。

10月30日　星期六

晴。上午,君深、大妹往上海,母亲亦同去修牙。校《世谱》。下午,作信复佩忍、志儒。

10月31日　星期日

雨。上午,作信致朱云逵、昂若。邀宪人来治承粲,余亦一诊,即去。下午,作信致徐伯匡,复逢伯、季鲁,又致君深。夜,致君介信。观胡适之《水浒传考证》。

11月

11月1日　星期一

晴。上午,复柳蓉村信。理账。下午,作信致莼农,复哲夫、学源。叔纯、杏林、文渊来,商菊花义赈会事,少坐,去。望舅来,少坐,去。夜,致季鲁信。以外舅后日七秩寿辰,将礼物专人送沪,因避寿在沪,而余等病,不能去也。又致君深信。

11月2日　星期二

晴。承粲昨夜仍不舒。今晨,嘱公方往松江请黄自雄来诊治。上午,作信复黄英玮。下午,作信复安如及冯康叔。观《桑伯勒包探案》。

11月3日　星期三

晴。晨，黄士雄到。承粲由其诊治后，据云仍系疟疾，并未变症，无甚妨碍也。余与花儿亦一诊。君介来，同士雄等至土山上及宗祠摄影。下午，士雄去。伯才来，即去。君介去。作信致仲稽、季鲁。

11月4日　星期四

晴。上午，理昭明哀挽之作。母亲归。下午，少云来，即去。作信复心侠，致士雄、仲稽、季鲁。

11月5日　星期五

晴。上午，往巡警局，以快船停泊事，晤沈叔安，并观其所艺之菊花。少坐，返。大妹归，君深则至平湖。下午，景伊、伯才先后来，各少坐，去。时舅来，自松江归也，即去。作信复仲稽、季鲁。夜，观《湖山到处吟》。

11月6日　星期六

晴。上午，致屠念慈信。下元节，祭先。下午，仲稽来。以承粲病中气闷，昨日放舟去邀也。夜宿舟上，因事忙，明早即欲回松。

11月7日　星期日

阴。上午，作信复十眉、昂若、志儒，致贞夫〔甫〕伯。送印成之《张堰志》，去。下午，写《云间诗征姓氏录》，直至夜分。作信复洁身。

11月8日　星期一

阴，夜雨。上午，作信致卓庵及范瑞兰。重校印成之《张堰志》。下午，望、时二舅，君介来，同至济婴局菊花义赈会，四下钟返。望舅等去。夜，写《云间诗征姓氏录》。复震生信。

11月9日　星期二

雨。上午，作信致时舅、念慈、洁身，复君宾、蓉村。下午，作信复文圃、自雄、莼农、书楼。志轩来，少坐，去。李芭香、蔡季平来，少坐，去。夜，作信复仲稽，致迪前。

11月10日　星期三

阴。上午，作信复蓬洲、病蝶。下午，母亲往亭林周宅。草《第二次张泾河工财政收支报告》。复君懿、公竞信。夜，草《张泾河工财政备案呈文》。

11月11日　星期四

晴。上午，邀叔纯来，请其誊呈文等，即带去。作信致王培孙，复石予及顾祚卿。下午，君深来。傍晚，同君深至菊花义赈会。时舅、君介亦在。夜，观演魔术，九点钟返。时舅等去。

11月12日　星期五

晴。上午，重校印成之《张堰志》。下午，至叔纯处，即出。至菊花义赈会，君深、大妹、圆妹、花儿亦去，时舅亦来观演新剧。傍晚，同返。夜，同时舅、君深又至义赈会，仍观新剧，九点返。

11月13日　星期六

晴。上午，时舅去。君深、大妹以望舅病，携恒甥去。下午，至菊花义赈会，傍晚返。似石来，即去。夜，作信复仲稽。

11月14日　星期日

晴。上午，周书楼丈来，少坐，去。下午，至叔纯处，出。至义赈会，傍晚返。夜，作信复安如、迪前、念慈、蓉村，又代粲君复季鲁、石士。

11月15日　星期一

阴。上午，新任知事朱伯平到门拜客挡驾。伯埙来，即去。

至同泰仁，同伯埧、少云至市公所，谒知事。午刻，叔安设宴，为陪。散席后，同至义赈会，少坐后，余归来一次。傍晚，至市公所，与伯埧等公宴知事。散席后，知事即去，余等又至义赈会观剧，九点钟返。

11月16日　星期二

晴，上午阴。上午，作信复培孙。下午，理南社事务。作信致安如，复佩忍。夜，翻阅《淞南诗钞》。

11月17日　星期三

阴。上午，理书。下午，至义赈会观演新剧，傍晚返。夜，复仲稽信。

11月18日　星期四

阴，有雨。上午，观《资治通鉴》。下午，作信复蓬洲、朴庵、潜庐，致君彦、伯匡。夜，作信致念慈。翻阅《梦余赘笔》。

11月19日　星期五

阴，下午雨。上午，观《资治通鉴》。下午，大妹携恒甥归。作信复时舅，致沈休穆。夜，理账。

11月20日　星期六

晴。上午，伯埧来，即去。作信致时舅、君深。下午，作信复朱知事及洁身、君藩。写米捐收条。夜，时舅来，为仲稽招，往健行袜厂开会，同赴松江。是夜，各宿船上，夜午后，即解缆。

11月21日　星期日

晴。上午九点钟，到松江。先至王宅，少坐后，至健行袜厂开创立会。下午四点钟，散。同时舅至烟酒公卖局，晤闵瑞师。傍晚，返王宅。

11月22日　星期一

晴,夜雨。上午,至顾宅,晤时舅。出,至西门街,买物数种,返。作信致商务印书馆之黄警顽。下午,又至顾宅。少顷,外舅亦来,即同外舅、荃荪叔、时舅至松风社。稍坐后,余同时舅先出。至图书馆,晤君彦,坐谈数刻。出,至张敏修处,又至瑞师处。夜饭后,返。

11月23日　星期二

阴。午刻,外舅宴客,为陪。

11月24日　星期三

晴。上午八点多钟,开船归,时舅同船。午刻,在松隐小泊。作信致怒庵,送伊《张堰志》。下午三点钟到家,时舅即去。在船观《藏书纪要》一册及《桑伯勒包探案》完。夜,作信复安如、迪前,致祚卿。

11月25日　星期四

晴。上午,馨山来,少坐,去。至米业公所值鸣社诗课,下午二下钟返。作信复陆古愚、何叔蕴及仲田、念慈。夜,作信致时舅,复君深。

11月26日　星期五

晴。上午,景伊来,少坐,去。复辅之信。下午,母亲归。作信致伯埙,复冲之、子素、病蝶。

11月27日　星期六

阴。上午,检旧作文稿。端甫以局婴过继帖未盖印,少坐,去。下午,志轩来,即去。至贞甫伯处,少坐,返。少云及寿龄叔为卢姓房屋事来,即去。复蓬洲信。夜,重校《张堰志》。

11月28日　星期日

晴。上午,至五区头何宅,送书卿舅祖等安葬。在舟观《小说月报》。

11月29日　星期一

雨。送发引后,即返,下午三点钟抵家。在舟观《海卫侦探案》。伯才来,少坐,去。夜,观《纪批苏诗》。

11月30日　星期二

雨。上午,作信致道弘,复君介。景伊来,即去。下午,学源、十洲先后来,各少坐,去。复哲夫信。朱乐天先生来,在五区面约也。

12月

12月1日　星期三

阴。上午,同乐天至夏人村墓上相昭明、文明、通明葬地。伤心之至,返已过午。望,时二舅,端甫,伯筹来,与乐天商议开浚张泾事。又,明伯、志轩、伯埙、雷生、叔安、古如各以事先后来,傍晚,均去。惟端甫夜饭后去。时舅留。作信致绿琴及伯钦、芳墅。

12月2日　星期四

雨。上午,伯筹、端甫又来,谈河工事,下午去,乐天亦去。又上午,杏林来,即去。雷生来,即去。时舅去。作信复志儒、卤芗。夜,观《纪批苏诗》。

12月3日　星期五

阴。上午,观《资治通鉴》。下午,观《惜抱轩文集》。复病蝶信。夜,观《纪批苏诗》。致君介信。

12月4日　星期六

雨。上午,观《资治通鉴》。志翔来,少坐,去。下午,作信复董蓉生、漆云卿,致周锡纯。观《惜抱轩文集》。夜,校抄本《萧山人集》一通。

12月5日　星期日

雨。上午,观《资治通鉴》。下午,景伊来,即去。志轩来,少坐,去。庄振飞来,少坐,去。振飞乃叔仑之侄,此来为徐慎侯带信也。理书。夜,景伊、伯筹来,少坐,去。今日厚生厂本欲开董事会,以外埠无人来,又天雨,不果。复阅《一树梅花老屋诗》一通。

12月6日　星期一

雨。上午,观《资治通鉴》。复时舅信。下午,作信致建威及徐慎侯。君深来。夜,观侦探小说《德国大秘密》。

12月7日　星期二

阴。上午,闲谈无事。下午,叔安来,募冬防捐,即去。作信致乐天,复冷生、盥孚。夜,同昨。

12月8日　星期三

阴。上午,作信复安如,致叔安。下午,时舅、伯才、端甫、子翔先后来,傍晚,均去。复可生信。夜,偕粲君,携花儿,并同君深、大妹、恒初宿船上,明日开松江。

12月9日　星期四

阴。上午四点钟解缆,午刻到松江。到后,余即同粲君至黄自雄处诊治,至大丰等处购物。四下钟,同乘火车到上海。到后,寓惠中旅馆。余即同君深至商务印书馆,定《四部丛刊》,余已前定矣。夜,又至蝉隐庐。船上,观《大秘密》。

12月10日　星期五

雨。上午,至成记理发。季鲁、子素先后来,即去。至古书流通处。回,同至大盛午馔。至菜馨楼。下午,至宝成及永安公司,余又同君深至商务印书馆,乃返。君湘、君宾来。夜,并同君深至大舞台观剧。

12月11日　星期六

阴。上午,粲君携花儿至均益里王寓,余至中华书局、商务印书馆、时报馆、申报馆等处购书、定报。返,同至大观楼午馔。下午,至昼锦里及先施公司购物。夜馔至兴华川［菜］馆。出,至大世界。十点钟,返,余又至浴德池沐浴。在寓观《大秘密》侦探小说完。

12月12日　星期日

阴。上午,同至岭南楼早餐。出,至大盛、老大房、太平洋表公司、香亚公司、永安公司。乃返寓。下午,同乘二点五十分火钟〔车〕返松江。到后,君深、大妹至船上,余等至王宅。

12月13日　星期一

晴。上午十一点钟,同粲君携花儿登船归,下午五下钟抵家。

12月14日　星期二

晴。上午,理行箧。君懿来。雷生以平粜账来,少坐,去。下午,平庵来。至贞甫伯处。出,至济婴局,晤端甫。出,至巡警局,晤叔安。出,至裱画店,乃返。平庵同君深去,君懿亦去。夜,景伊来,即去。作信致瑞师及迪前、祚卿、似若。

12月15日　星期三

晴。上午,理书籍。下午,作信复学源。望、时二舅来,傍晚去。伯才来,少坐,去。夜,复抗生信。

12月16日　星期四

阴。上午,辑《睫园诗存》。下午,伯才来,即去。伯埙来,少坐,去。端甫来,即去。作信致子素。夜,观《小说月报》。

12月17日　星期五

雨。上午,作信复君彦、慎侯。下午,作信致立佛,复仲稽、安如、道弘、竹孙〔荪〕。夜,翻阅浙江图书馆书目。今日冬至节,祭先。

12月18日　星期六

晴。上午,至厚生伞厂,晤伯埙、景伊、乔念椿,沈子祥亦到。少顷,时舅、君介来。下午,望舅又来开董事会。君介去。夜,同望、时二舅返,时舅即去。宿船上。明日,往松隐丈河。

12月19日　星期日

晴。上午,景伊来,少坐,去。作信复志儒、蓬洲。下午,望舅去。作信致涤新,复子素、佩忍、逢伯。朱乔如来,即去。夜,观《广陵潮》。致心徽信。

12月20日　星期一

晴。上午,埋菊花。伯埙、景伊来,少坐,去。下午,辑萧芷厓诗。作信复李菊生。夜,观《广陵潮》。

12月21日　星期二

晴。上午,观《资治通鉴》。下午,贞甫伯来,少坐,去。景伊来,即去。夜,观《广陵潮》。

12月22日　星期三

晴。上午,观《资治通鉴》。下午,至邮政局一次。作信复安如、可生,致冠臣。乐天先生丈河来。

12月23日　星期四

晴。上午,乐天先生去。观《读通鉴论》。下午,回澜、志成、伯才、志翔先后来,即去。复哲夫信。夜,观《广陵潮》。

12月24日　星期五

晴。上午,端甫来,少坐,去。观《读通鉴论》。复君深信。下午,至储蓄会,举行第廿三期掣签,并以总干事施济平病故,公举连任之人,举得徐尹卿当选。事毕,返。复廖味蓉信。夜,观《广陵潮》。复君介信。

12月25日　星期六

晴。上午,观《资治通鉴》。下午,写米捐收条。作信致礼文,复朱益明。夜,观《广陵潮》。作信复蓬洲、学源。

12月26日　星期日

晴。上午,景伊、志轩先后来,各少坐,去。观《读通鉴论》。君懿来。下午,作信致朱知事,复徐慎侯。君懿去。夜,平庵来。明日同景伊往上海。少坐后,去宿协和当。复书楼信。

12月27日　星期一

阴,下午微雨。上午,志轩、志翔先后来,各少坐,去。下午,作信复培孙、云卿。志轩又来,同至子贞处,又至贞甫伯处,为行恕堂事。傍晚,返。夜,观《广陵潮》。

12月28日　星期二

阴。上午九点半,偕粲君携花儿乘船往松江,下午四点半到,即至王宅。在船观《广陵潮》。

12月29日　星期三

雨。上午,观《广陵潮》。下午,同仲稽至信余庄,为健行袜厂借款。少坐后,家中遣仆来,言中妹喉痛,嘱请黄自雄到亭林诊治。乃即往,晤兄,即去也。余傍晚,返。夜,作信复圆妹。

12月30日　星期四

雨。观《广陵潮》。下午,作信复震生。

12月31日　星期五

阴。上午,至郑通惠号、二酉山庄。午馔至如意馆吃面。下午,往晤黄自雄。又至扫(叶)山房等处。返已三下钟。

1921 年

1月

1月1日　星期六

阴。为外姑安葬,已于前四日偕粲君携花儿来松江王宅矣。今日王宅领帖发引,余等于傍晚登船往送,以风大,开出里许即泊。

1月2日　星期日

雪。黎明解缆,巳刻至横云山王宅穴地。登科后,即回。申刻抵松江。夜,手谈。

1月3日　星期一

阴。昭明、文明、通明之殇忽已周年矣。此一年中,余居家在外,无一日而不思及诸儿也。余朝夕所默祷者,惟冀诸儿之一一再生,以复我家庭之原状。苦心孤志,冥冥之中当鉴及之。同外舅、季鲁、杭生于下午至也是园及华楼啜茗,晤荫松族长,又至松华楼吃面。夜宿船上,明日归家。

1月4日　星期二

雪。黎明解缆,午刻抵家。在舟观《广陵潮》。家中于昨日起,为昭明等作佛事三天。君深于昨日来。

1月5日　星期三

雪。上午,作信复王绶丞。下午,宪人来,即去。平庵自上海回来。佛事于今夜告竣。

1月6日　星期四

阴。上午,平庵以舅母在上海未回,又去接之。志翔来,即去。复时舅信。下午,雷生来,即去。卢少云来,即去。校抄辅之《释柯集》。邀宪人来,开膏滋药方。昨来,以余无暇也。作信复蓬洲,致粲君,复潘子英。夜,与君深等手谈。

1月7日　星期五

阴,微雪。上午,时舅、君介来。端甫来,即去。下午,雷生、学源、志翔先后来,少坐,去。明伯、仲莲来,为欲让市房事,少坐,去。平庵自上海回来,即去。时舅、君介去。十洲来,即去。夜,明伯、剑寒父子同陆幼卿、张晓帆来,谈山阳同泰当让股事,少坐,去。手谈。

1月8日　星期六

晴。上午,作信复沧萍。下午,学源来,为云堂弟立绝卖田契,少坐,去。作信复哲夫。夜,手谈。

1月9日　星期日

晴。上午,伯衍来,少坐,去。理书。下午,志轩来,少坐,去。作信致朱知事,复子素。夜,手谈。

1月10日　星期一

雨。上午,与石作算账。下午,雷生、少云先后来,各少坐,去。君深同大妹、恒甥去。粲君携花儿归。夜,理账。

1月11日　星期二

晴。上午,时舅来。下午,伯筹、端甫及乐天先生来,预算开浚张泾经费,并议施工计划。作信复安如、仲稽。少云来,少坐,去。夜,端甫去。

1月12日　星期三

晴,下午阴。上午,乐天先生去。端甫来,少坐,去。伯筹亦去。下午,馨山、志轩、古茹〔如〕先后来,少坐,去。时舅去,余同往,为亭林顾宅说亲。

1月13日　星期四

雨。下午,归。复罗子经信。夜,理账。观《广陵潮》。

1月14日　星期五

晴。上午,作信复志成、震生,致君介。下午,至同泰仁,晤伯埙,少坐,返。雷生、少云、宪人来,各少坐,去。夜,少云同干桐椿为卢姓售田立契事来,事毕去。

1月15日　星期六

晴。上午,复学源信。写书目。下午,叔纯、少云先后来,少坐,去。作信致忏慧、病蝶、叔明,复雪抱、攘白。望舅来。夜,伯埙来,少坐,去。

1月16日　星期日

晴。上午,复蓬洲信。君介来。望舅去。下午,作信复冷生、堇甫、栋材,致君宾。雷生、伯才先后来,少坐,去。君湘自上海回来,少坐后,同君介去。夜,伯埙来,少坐,去。抄信二通。观《广陵潮》。

1月17日　星期一

阴。上午,作信复君深、佩忍、子素,致天梅。下午,作信复伯琦、文圃、民哀。伯才、志轩先后来，各少坐，去。夜，观《广陵潮》。

1月18日　星期二

晴。上午，作信复慧如、安如，致松岑。下午，伯才来，即去。时舅来，同至协和当及同泰仁，少坐，返。

1月19日　星期三

晴。上午，同时舅、伯垿至金山卫，七吊施济平。下午，至东门外，观营田。回，至城隍庙。出，仍至施家。晚饭后返，八点钟抵家。杨守勤亦同船到张。时舅去。

1月20日　星期四

晴。上午，明伯来，少坐，去。下午，君深、君湘来。理发。明伯、仲莲来，少坐，去。为以市房抵借事，端甫来，即去。李鸣鹤来，即去。君宾自上海回来，少坐，同君深、君湘去。作信致舒葆珊。夜，复仲稽信。

1月21日　星期五

晴。上午，随母亲至五区头冯宅，为敏如、景清、二母舅等出殡。

1月22日　星期六

晴。上午，送敏如、景清、二母舅等出殡。下午，随母亲归。在船上观《广陵潮》。夜，作信致君深，复震生。仲莲来，即去。

1月23日　星期日

晴。上午，作信复祚卿，致子贞。叔安来，少坐，去。下午，至储蓄会，举行第二十四期掣签，并议事，四点钟返。作信致朱益明。伯垿来，即去。夜，作信复君深，致君介。观《广陵潮》。

1月24日　星期一

晴。上午，为李菊生写册页。下午，至天梅处，少坐。出，又至济婴局及裱画店一回，乃返。作信复菊生、仲稽。纫青、雷生先后来，即去。夜，观《小说月报》。

1月25日　星期二

晴。上午，景伊来，少坐，去。下午，草书《兰臭图》，后为柳率初作。天梅宴媒人，招陪，傍晚往，夜返。

1月26日　星期三

晴。上午八下钟，坐船往朱泾，下午一点钟到。即至藏书阁，开水利委员会。五点钟散会，至县署。知事不在，晤第一科员，领取平粜，还张泾河款。出，仍至藏书阁晚馔。出，同泰来啜茗。八下钟返船，在船翻阅《越缦堂日记》。

1月27日　星期四

晴，夜雨。上午三点钟开船，八点钟抵家。至天梅处，贺其哲嗣小剑行婚礼。下午，同费龙丁、君深、君介、君湘、君宾、建威、公渡等至家，少坐，仍至天梅处。小剑与凌佩兰行婚礼，予为来宾代表致颂词。夜，十一下钟，返家。

1月28日　星期五

阴。上午，至天梅处。下午，同龙丁、君深、君介、建威、公渡、民侠、少华等至家。龙丁写字。傍晚，至天梅处，公贺暖房。是夜，余即与龙丁等宿济婴局内，天梅所借设之客房。

1月29日　星期六

晴。晨起，归家。饭后至天梅处，同龙丁、钱卓然、君深等至康泰旅馆，晤子治，又至水月楼啜茗。仍返天梅处午馔。下午，同龙丁、卓然、君深至家。夜设筵宴之，并宴慎旂，招叔纯、志轩为陪。

1月30日　星期日

晴。上午,叔纯、古茹〔如〕来。叶守仁先生来。下午,叔纯、古茹〔如〕去。望舅来。龙丁、卓然去。宪人来,即去。望舅同君深、叶先生去。至同泰仁,晤伯埙,即返。祝慎旃先生于今晨年假回去。

1月31日　星期一

晴。上午,杂务。下午,伯埙、古茹〔如〕及汪季眉、叔纯一议来,同至土山,为高宅与汪姓勘明界址。雷生来,少坐,去。复罗子经信。夜,观《纪批苏诗》。

2月

2月1日　星期二

晴。上午,平庵来。王栋材来,少坐,去。应天梅之招,陪宴新客,下午返。雷生来,少坐,去。平庵去。复培孙信。夜,复时舅,致迪前信。

2月2日　星期三

雨,夜雪。上午,涤新来,少坐,去。下午,伯埙来,即去。伯才来,即去。写米捐收条,并理其账。夜,翻阅《越缦堂日记》。

2月3日　星期四

晴。上午,杂务。下午,作信复安如、哲夫、志儒、芷畦。景伊来,即去。夜,翻阅《越缦堂日记》。

2月4日　星期五

晴。上午,作信复立佛。下午,作信复朴庵、朴存。杂务。夜,翻阅《越缦堂日记》。致君深、伯埙信。

2月5日　星期六

晴。上午,年节祀神。君懿来。下午,徐尹卿、刘梅村来,即去。年节祭先。君懿去。夜,季眉来,即去。誊文一首。

2月6日　星期日

晴。上午,若望、古茹〔如〕、钻坚先后来,即去。下午,修面。杂务。夜,翻阅《越缦堂日记》。

2月7日　星期一

晴。杂务。上午,复胡雅君信。古茹〔如〕来,即去。下午,为卢懿德二借事至汭钟及少云处。又过同泰仁,晤伯埙,少坐,乃返。伯才来,即去。

2月8日　星期二

阴。辛酉元旦行年节诸礼。写《兰臬图序》册页。夜,翻阅《越缦堂日记》。

2月9日　星期三

阴。上午,志轩来,坐谈数刻,去。望、时二舅,君湘,君宾来。下午,同至同泰仁,候伯埙。出,至厚生厂。出,至天梅处,各少坐,返。舅氏等去。夜,翻阅《越缦堂日记》。今日粲君同圆妹、花儿至河西。

2月10日　星期四

阴。上午,至河西志轩、亚雄、子翰处。又同志轩至东市子贞、贞甫伯、济川处。各少坐,返已下午三点钟。大妹同君深携恒初归。夜,斗牌。

2月11日　星期五

晴。上午,平庵来。下午,叔贤来,少坐,去。作信致黄自雄。韫辉来,即去。平庵去。夜,斗牌。

2月12日　星期六

晴。上午,景伊来,少坐,去。下午,课佣人植树。宪人来,少坐,去。夜,斗牌。

2月13日　星期日

晴。上午,同君深走至高老宅望舅处,伯才、叔贤亦来。下午,同至新宅时舅处。傍晚,同走归。伯才、叔贤到镇后,别去。闻尹卿、梅村来过,乃至共和楼,晤之,又同到家。伊等为施济平借款,少坐,去。夜,斗牌。今日母亲至河西。

2月14日　星期一

阴。往亭林周迪前妹婿家。上午十点多钟开船,下午三点多钟到。在船翻阅《越缦堂日记》。

2月15日　星期二

阴。上午,同迪前、振先至顾祚卿表兄处,出。至怡生表兄处,少坐后,仍回祚卿处,应其招饮。下午三下钟,返周宅。夜,翻阅《籐斋尺牍》。

2月16日　星期三

阴。上午,同中妹、迪前归。十下钟开船,下午二点钟到家。端甫来,少坐,去。至邮政局汇款,即返。作信复仲稽及水利会黄伯钦、芳墅,为后日开会不去,条呈意见事。

2月17日　星期四

晴。上午,望舅、时舅来,又往邀天梅、志轩。午刻,设筵宴两舅、君深、迪前。下午,两舅、天梅、志轩均去。夜,斗牌。

2月18日　星期五

晴。下午,作信致乐天先生,复佩忍、安如、芷畦,又致病蝶。同君深、迪前走街上一次。叶默声来,少坐,去。夜,斗牌。今日粲君同妹等至天梅处。

2月19日　星期六

晴。上午,冲之来,少坐,去。下午,十洲来,即去。斗牌至夜分。

2月20日　星期日

晴。上午,君介及严希贤来。下午,同君介、希贤、君深、迪前至河西,少坐,返。君介、希贤去。作信致仲稽,介绍明伯至健行袜厂任事。景伊来,少坐,去。夜,斗牌。

2月21日　星期一

晴。上午,同君深、迪前至闲闲山庄,赴君介汤饼之宴。下午,同伯惠、希贤、君深、君湘、君宾、迪前坐伯惠之汽船,开至秦山,再开至张堰。到家小坐,仍回山庄。今日花儿同大妹、中妹、圆妹、恒初亦至山庄。晚,花儿回去。

2月22日　星期二

晴。上午,同迪前等至望舅处。走孔家阙桥一回,近成小市集,在新园啜茗。下午,母亲来,中妹、圆妹回去。夜,同迪前返山庄。今日粲君同花儿到松江。

2月23日　星期三

晴。上午,同迪前至望舅处,下午同走归。君介、希贤今日在河西,来少坐后,君介去,希贤留。夜,观连日报纸。

2月24日　星期四

晴。上午九点钟,坐船往松江。君宾来,同船去上海,下午三点钟到,即至王宅。在船翻阅《越缦堂日记》。夜,斗牌。

2月25日　星期五

晴。上午,明伯来,少坐,去。下午,同粲君就诊黄自雄处,花儿随去,粲君先回。余又至典业银行,晤闵瑞之、王海帆先生等。夜,斗牌。

2月26日　星期六

晴。上午,往候马逢伯,神交盖近十载矣,坐谈数刻,返。复乐天先生信。下午,至图书馆,候君彦,不值,观书数种,而出。又至扫叶山房。傍晚,又往逢伯处,应其招饮。近九点钟,返。翻阅《越缦堂日记》。

2月27日　星期日

晴。下午一点钟,偕粲君携花儿乘火车往上海。三点钟到,即至均益里季鲁处。少坐后,余先至惠中旅馆,同寓晤伯埙、詹象九、黄芳墅、毕静谦、张子华。又震生、君宾亦在。傍晚,同君宾至商务印书馆。余先行,至一江春菜馆,晤仲稽、李仲篪、选青等,开健行袜厂股东会,被选为董事。九点多钟,返。粲君、花儿已来寓。仲稽来,少坐,去。

2月28日　星期一

晴。上午,至蟫隐庐,出。至成记理发,乃返寓。至清河坊健行袜厂批发所,少坐,返。下午,至商务印书馆、扫叶山房购书。又至健行批发所开董事会,四点钟出。至中华书局印刷所,晤丁辅之,少坐,返。季鲁来,少坐,去。罗子京来,少坐,去。傍晚,同粲君携花儿至新世界。余即出,至美丽菜馆,与伯埙合宴詹象九,并邀王选青、刘朴山、张景垣、仲稽、季鲁、震生、君湘、君宾。九点钟散席,又至新世界,同粲君、花儿返。至浴德池沐浴。

3月

3月1日　星期二

阴，晚雨。上午，季鲁、仲篯、选青来谈健行厂事，少坐，去。至丰昌当少坐。返，晤葛芸生、张莲汀、叶仲篯。了公、君湘先后来，各少坐，去。同綮君携花儿至永安公司，又至大东午馔，仍返公司。季鲁嫂亦来。余先行至竞雄女校访佩忍，不值。出，于路上晤黄警顽，邀同至夏令配克戏园。韩国独立三周纪念会，晤南社友韩人申睨观。傍晚，散会，返。又至商务印书馆一回。辅之来，芸生来。夜，致圆妹信。景伊来。

3月2日　星期三

阴，下午雪。上午，至博古斋。出，至健行批发所，晤仲稽，少坐。出，至大马路买物而返。下午，本拟回松，以雨雪作罢。乃至笑舞台观剧，傍晚返。余又至古书流通处及有正书局。夜，洪荆山来，少坐，去。观《断鸿零雁记》。

3月3日　星期四

晴。上午，同綮君、花儿至先施公司。回寓后，即至均益里季鲁处。下午，乘二点五十分火车返松江。到后，即至王宅。

3月4日　星期五

晴。下午，至健行袜厂。出，至甡原庄、信余庄、典业银行。

3月5日　星期六

晴。上午九点钟，乘快船往朱泾。下午一点钟到，即至藏书阁。至伯惠处，为其祖冥寿，望、时二舅亦在。少坐后，仍返藏书阁，开水利委员会，专议开浚张泾事。傍晚散会，同二舅至县公署,晤朱伯平知事。出,又至伯惠处。夜馈后,同二舅至振新旅馆,晤伯筹、端甫。出,至二舅船上宿。

3月6日　星期日

晴。昨夜午后开船,中间又小泊,晨至干巷北、蔡家湾。潮小,搁浅。乃上岸,走至干巷。在俞景琦处少坐,再走至望舅处。下午,同望舅至时舅处,少坐,同至家。粲君携花儿亦归。傍晚,时舅来。夜,闵瑞师来,十点钟去。

3月7日　星期一

晴。上午,乔念椿来。至协和当,同瑞师、景伊、伯埙、伯筹来。午刻,设筵,宴念椿、瑞师、慎旃。下午,开厚生伞厂董事会议。傍晚,至协和当,伯埙招饮。席后,又议伞厂事。夜深,同望舅返,时舅则宿船上。明晨往松江。

3月8日　星期二

晴。杂务。上午,望舅去。下午,叔安、志轩先后来,各少坐,去。作信复子素。夜,理账。

3月9日　星期三

晴。上午,作信致平庵。艺花。下午,端甫来,少坐,去。复鹓雏信。季眉来,即去。夜,理账。

3月10日　星期四

晴。上午,作信复李仲篪,致迪前。十洲来,少坐,去。下午,艺花。作信复佩忍、朴庵、志儒。夜,观《小说月报》。

3月11日　星期五

雨。上午,理邮花。作信复书楼丈及安如。下午,作信复仲稽。辑邑志《艺文》。夜,草《重辑释柯集跋》。

3月12日　星期六

阴。上午,作信复质誉、爱裳,致屯艮。下午,请叔纯来写《昭明圹志》于石。傍晚,去。夜,观《小说月报》。

3月13日　星期日

晴。上午,望舅自松江回来,即去。艺花。辑邑志《艺文》终日。夜,观《中国大文学史》。

3月14日　星期一

晴。辑邑志《艺文》。下午,至河西石铺一观刻圹志字,即返。复祚卿信。南市梢失火,往救之,旋熄。夜,观朱栋之《湖山到处吟》,选其诗入《云间诗征》。

3月15日　星期二

阴,夜雨。上午,至夏人村墓上观开河,返已下午近三点钟。至南市梢一观毁之市房。回,至同泰仁,晤伯埙,少坐,返。复鹓雏信。夜,观《文学史》。今日在船观《纪批苏诗》。

3月16日　星期三

晴。上午,致时舅信。下午,为佃户事,往警局,晤叔安,不值。至共和楼,晤焉。邀之至家一谈,少坐,去。时舅来,同时舅至馨山处,少坐,返。时舅去。夜,观《文学史》。

3月17日　星期四

晴。上午,作信复子素,致君藩。下午,草《题冯孔嘉女士书》《秀山书宝碑记》二绝。复哲夫,致端甫信。至馨山处,为储蓄会存款事,即返。夜,观《文学史》。

3月18日　星期五

晴。上午,伯埙偕丁周之来。少坐后,同至闲闲山庄,下午五下钟返。去回过实枚山庄,皆进内稍憩。大妹携两甥于上午归。

夜，观《文学史》。

3月19日　星期六

晴，夜雨。上午，作信复祚卿，言高宅亲事已见。下午，伯垠来，少坐，去。邀叔纯来，拓《昭明圹志》。雷生来，少坐，去。望、时二舅来。夜宿船上。明早，往松江。

3月20日　星期日

阴，晨雨。上午，作信致寄尘、季鲁。下午，中妹归。乐天先生来。

3月21日　星期一

阴。上午，邀叔纯来，写昭明主位。君介来，傍晚，去。下午，志轩来，少坐，去。杭生来。

3月22日　星期二

阴，下午雨。今日举昭明之柩于夏人村我父寿域之穆位。巳刻发引，未刻登山。文明、通明二柩本殡于龙沙禅院处之坟屋，昨日移去，今亦葬于坟园外西北角，即在墓上题主。伤哉、伤哉，所冀形骸之深藏，而灵魂其归来也。乐天先生去。正向、君介于清晨来，同祝先生亦去。夜，杭生去。宿舟中。

3月23日　星期三

雨，上午阴，夜雷。上午，乐天先生往高宅。至夏人村墓上祭祀，下午返。在舟观《纪批苏诗》。夜，观《焦南浦年谱》。

3月24日　星期四

雨。连日劳烦，身体大疲。下午，至储蓄会举行第廿六期掣签，并议事。四下钟，返。时舅、志轩、端甫、杏林先后来，傍晚均去。夜，观《焦南浦年谱》，并辑邑志《艺文》。今日上午，中妹去。

3月25日　星期五

阴。上午,作信复君藩、祚卿。下午,作信复仲稽、子素、君深。雷生来,即去。志轩来,少坐,去。夜,观胡寄尘之《大江集》。

3月26日　星期六

阴。上午,作信致叔纯,复菊生。下午,观《焦南浦年谱》,并辑邑志《艺文》。夜,观《中国文学史》。今日上午,母亲往平湖,视方弟病。

3月27日　星期日

阴。上午,姚凤贵来卖笔。下午,叔纯、宪人先后来,各坐谈数刻,去。辑《艺文志》。夜,观《中国文学史》。

3月28日　星期一

阴。上午,十洲来,少坐,去。作信复迪前及洪荆山。下午,辑《艺文志》。夜,复季鲁、叔纯信。观《文学史》。

3月29日　星期二

阴。上午,景伊来,少坐,去。倪幼菊先生来,即去。下午,伯埙来,少坐,去。至裱画店,出,至居宅,候丁周之,不值,即返。辑《艺文志》。作信复君藩,致仲稽。夜,观《文学史》。

3月30日　星期三

晴。上午,至协和当,候景伊,不值。又至馨山处,少坐,返。作信致时舅、君介。下午,叔纯来,即去。作信致乐天先生,复寄尘。志轩来,少坐,去。辑《艺文志》。夜,观《胥浦草堂文稿》及《荔香诗钞》,辑入《金山文征》及《云间诗征》中。

3月31日　星期四

晴。上午,燕子来。理发。清明节祭先。下午,至东小桥处扫墓。母亲归。作信复伯庸、子经、洁身、子素。辑《艺文志》。

夜,作信复君介。

4 月

4月1日　星期五

　　雨。杂务。下午,叔纯来,即去。作信复君深、仲穉、季鲁。为昭明等延龙沙禅院僧众作佛事三天,今晚起道场。

4月2日　星期六

　　雨。上午,作信复志儒、栋材、芷畦。下午,作信复安如。观《欧阳集古录》。志轩来,少坐,去。复校《张堰志》。夜,观《竹虱集》,辑入《云间诗征》中。

4月3日　星期日

　　晴。上午,作信复荆山、益明,致祚卿。下午,至龙沙禅院扫墓,并观去年所建之龙沙桥,回,又至金家桥处扫墓。

4月4日　星期一

　　晴。上午,作信致叔安、祚卿。下午,复校《张堰志》。望舅、君深来。君藩自松江回来,即去。伯才来,即去。晚饭后,至协和当,候吴伯扬,少坐,返。佛事于今夜毕。

4月5日　星期二

　　晴,晚阴。上午,至夏人村扫墓,圆妹同去。下午,返。在舟观《纪批苏诗》。望舅已去,时舅来过,亦去。时舅母留,请其伴承粲至上海也。晚,至馨山处,应其喜事冰人之宴,八下钟返。明伯来,少坐,去。偕承粲同时舅母宿船上,预备明日到上海。承粲此次在上海分娩。

4月6日　星期三

雨,下午阴。昨夜三更后解缆,今早到佘来庙。本欲由轮船拖带,乃轮船以船小有风浪,不肯爰开至松江。下午一下钟到。至典业银行一回,五点四十分乘火车到上海。到后,先住均益里一百零八号季鲁寓处。仲稽同行。

4月7日　星期四

阴,有微雨。上午,承桼延产科医生陆女士来一诊。下午,作信致圆妹、君介。至美华利修表,路晤心侠。至蟫隐庐。至丰昌当,晤芸生。至振华旅馆,候心侠,不值。至博古斋。至震亚书局及商务印书馆购书。至永安公司购物。乃返。夜翻阅《元诗纪事》及《涛园诗集》。

4月8日　星期五

晴。上午,作信致明伯、君湘、君宾。下午,至多宝斋候龙丁,松茂阁候徐心洲,均不值。至南阳寄庐,候震生,坐谈数刻。出,至商务印书馆购书,乃返。夜,观《广陵潮》。

4月9日　星期六

晴。上午,作信致洁身。下午,观《广陵潮》。至健行袜厂批发所。出,至民兴旅馆,候芷畦,不值。至中华书局、有正书局等处购书,乃返。夜,同时舅母及季鲁至天蟾舞台观剧,演《七擒孟获》。

4月10日　星期日

雨。上午,观《纪批苏诗》。下午,洁身、君湘、君宾来,少坐,去。观《碎琴楼》小说

4月11日　星期一

阴。今日,迁居均益里一百十六号所租之屋。夜观《纪批

苏诗》。

4月12日　星期二

晴。上午七点半钟,乘火车至松江。至后,即乘快船返家,下午二点半钟到。在船观《纪批苏诗》。夜,作信致时舅。

4月13日　星期三

晴。上午,至宗祠,行春祭礼,余司读祝,与祭者二十三人。至宪人处一回。下午,返。又至馨山处一回。芝泉太叔祖来,少坐,去。望舅来,至傍晚,去。景伊来,即去。作信致叔安。

4月14日　星期四

晴。上午八点半,乘快船往松江,下午一点半钟到。先至王宅,为岳母周年。午饭后,少坐,出。至典业银行,晤瑞之先生及海帆先生,少坐后,往乘五点四十分钟火车往上海。到后,即至均益里寓。在舟观《唯是学报》。夜,以圆妹、中妹、迪前前日来沪,住在孟渊旅馆。往候之,并晤君介、绣鸣。又同君介往新宁旅馆,候君藩,不值,十下钟返。

4月15日　星期五

晴。上午,作信复安如、栋材及书贾李爱椿。下午,至孟渊旅馆君介处。圆妹等今日已去。君深来,君藩、君湘、君宾亦来。夜馔至美丽川菜馆,出。至一品香旅馆君深处,又至博古斋。出坊,十下钟返。

4月16日　星期六

雨,上午阴。上午,时舅母去。至孟渊旅馆,同君深、君介、君藩、君湘、君宾至复兴园,贺黄柏惠与何素莲结婚。午宴后,至昆山路爱伦斯教堂,观行礼。礼毕,回孟渊旅馆。傍晚,再至复兴园,赴其夜宴。宴后,至爱普罗剧场观影戏。十二点钟,返。

4月17日　星期日

晴，上午阴。上午，至孟渊旅馆，同君深、君藩、君湘、君宾、惠洁身、徐子素、郑公纯坐汽车至小木桥张莲汀处，应其招饮。下午至龙华镇，游龙华禅寺，并在寺门啜茗。晤社友彭久岳。四点半钟，回惠中旅馆君深寓处。少坐后，余出，至蟫隐庐一次，即返。夜，母亲携花儿来。承綮于今日午刻起腹痛。

4月18日　星期一

晴。上午，校所抄张迪哲文。复君彦信。下午，观《纪批苏诗》。承綮于亥刻产一女，由陆女士及陆露沙接生。此次产极艰难，幸用西医，得大小无恙也。

4月19日　星期二

晴。上午，作信复圆妹，致芷畦。观《纪批苏诗》。下午，至多宝斋，候龙丁，并晤了公，少坐，出。至博古斋、蟫隐庐等处购书，乃返。夜，季鲁来，少坐，去。

4月20日　星期三

晴。上午，作信致时舅母、君宾，复君湘。观《碎琴楼》完。下午，栋材来，少坐，去。复君藩信。仲稽来，少坐，去。至美华利太平洋公司修表、老九章购物，又至永安公司。同母亲等返。夜，观《中国习惯法论》。

4月21日　星期四

晴。上午，致李仲簾信。观《中国习惯法论》完。下午，观《中国小说史大纲》。至商务印书馆及永安、先施两公司购物，即返。傍晚，季鲁伉俪邀同母亲至菜馨楼夜饭。出，至天蟾舞台观剧，小翠花演《天女散花》。

4月22日　星期五

晴。上午，复君宾信。观《小说史大纲》。下午，至成记理发，出。至蝉隐庐、朵云轩，即返。夜，至浴德池沐浴，十下钟返。

4月23日　星期六

阴，有雨。上午九点钟，侍母亲乘火车至松江即登来船回家，下午五点钟到。在船观《纪批苏诗》。至济婴局。今日斋堂，夜馔后，返。

4月24日　星期日

晴，有雨。上午，端甫来，即去。杂务。下午，复望舅及培孙信。志轩来，少坐，去。夜，观连日报纸。

4月25日　星期一

阴，晚雷雨。上午，为菊生写册页。下午，作信复菊生、哲夫。

4月26日　星期二

雨。上午八点半钟，乘快船往松江。下午一点半钟到。即至典业银行，少坐后，同瑞师，望、时二舅，君深，君藩至松江商会厚生厂，假此开股东会。夜，至银行，旋同君深宿其船上。

4月27日　星期三

雨。上午，至伯埙船上少坐，乃至典业银行。下午，至信余庄，又同瑞师、时舅至商会。五点四十分，乘火车往上海。

4月28日　星期四

晴。上午，至古书流通处。下午，携花儿，同季鲁嫂至大盛绸庄，出。余别至神州国光社，候邓秋枚，少坐，出。至商务印书馆，出。至吴鉴光处算命。傍晚，返。

4月29日　星期五

晴。上午，作信致圆妹，复君宾。观《纪批苏诗》完。下午，至南洋中学,候王培孙,坐谈一小时许,初次识面也。出,又至千顷堂购书。傍晚,返。夜,复君彦信。

4月30日　星期六

晴。上午,仲稽来,少坐,去。至徐家汇南洋公学,候君宾及张仲田先生,即在校中午馔。下午,又观运动会。四点钟,出。至惠中旅馆,晤憩南,少坐,返。夜,作信复圆妹、屯艮、洁身。

5月

5月1日　星期日

阴,下午有雨。上午,君湘、君宾来。下午,同湘、宾,并携花儿至爱俪园观行婚礼。傍晚,返。

5月2日　星期一

雨。上午,作信复圆妹、慎旃、朱仲雅。君藩来,少坐,去。下午,校《南社社友通讯表》。至惠中旅馆,晤君藩、敏修、洁身,并晤辅之。出,至商务印书馆、大盛绸局。回至一枝香,应松江典业银行招饮,瑞师亦到,八下钟,席散。又至惠中一回,即返。

5月3日　星期二

雨。上午,作信复伯琦,致心侠。下午,发寒热,至夜深渐凉。

5月4日　星期三

晴。上午,观《历代名人书札》。外舅来季鲁处,往候,少坐。下午,致君藩信。至老介福绸庄、蝉隐庐、千顷堂、太平洋公司、永安公司。傍晚,祝匡明来,少坐,去。夜,观《周甲录》。

5月5日　星期四

晴。上午,至爱俪园,观祀仓圣,旋觉头眩,即返。又发寒热,亦至夜而凉。

5月6日　星期五

雨。上午，复汪剑眉信。下午，复圆妹、君介信。夜，观《野叟曝言》。

5月7日　星期六

晴。前两次寒热似疟疾，今日寒热不作，而身体仍疲。下午，仲稽来，即去。作信致舒葆珊。夜，观《周甲录》。

5月8日　星期日

晴。上午，仍觉头痛，至露沙医院就诊。外出，不值，而罢，头痛亦渐愈。下午，至多宝斋，思晤龙丁，不值。路晤安如。回至商务印书馆购书、天韵楼啜茗后，乃至一品香安如寓所坐谈。傍晚，而返。

5月9日　星期一

雨。上午，观《周甲录》。复君藩信。下午，观《竹虱集》及《胥浦草堂诗稿》，辑入《云间诗征》中。

5月10日　星期二

阴。上午，复君彦信。抄《钓璜堂存稿》目录。徐孚远遗著，新讫君彦处借得也。下午，至商务印书馆、广益书局购书，成记整容。又至竞雄女校，晤佩忍、忏慧。少坐后，同佩忍至一品香，晤安如。路晤申睍观，同去，坐谈多刻，出。至永安公司购物，乃返。傍晚，石士在一百零八号宴冰人，招陪。

5月11日　星期三

雨，下午阴。上午，至振华旅馆，贺石士续娶，粲君携花儿亦去。下午，至青年会，观鲍少游助赈画会。又至四马路书坊购书，仍回振华。夜十点钟，返。

5月12日　星期四

晴。上午,至一品香。即同安如、佩宜、佩忍、忏慧至老半斋酒叙,并招申睨观。又有佩忍之友寿毅成。二下钟散。至竞雄女校,观佩忍所藏吴梅村山水、赵撝叔花卉,四下钟,出。至汕头路题襟馆,晤了公,少坐。出,至永安公司购物,即返。路晤钟韵庵。伯惠来,即去。至石士处。夜,斗牌。近十二点钟,返。今日上午,君宾来,少坐,去。

5月13日　星期五

晴。上午,乘九点钟火车至松江,即改乘快船归家。下午四点半钟到,佩忍同车往杭州。在船观《颜氏家训》。母亲于阴历上月廿八日往高宅。夜,抄《钓璜堂存稿目录》。

5月14日　星期六

晴。上午,理购归之书。冲之来,坐谈数刻,去。下午,写书目。君介来,四下钟,去。复志儒信。夜,观连日时报。

5月15日　星期日

晴。上午,写米捐收条。至同泰仁,晤伯埙,少坐,返。下午,致叔安信。至协和,候杏林,不值,即返。志轩及贞夫〔甫〕伯先后来,坐谈数刻,去。叔安来,杏林来,均即去。校所誊《云间诗征》。夜,写储蓄会押款账。

5月16日　星期一

雨。上午,辑《云间诗征》《金山文征》。致君介信。下午,作信复朴存、菊生、景琦,致粲君。伯才来,少坐,去。雷生来,少坐,去。志轩来,少坐,去。夜,观《井墟集》,辑入《云间诗征》中。致大妹信。

5月17日　星期二

晴。上午，伯承来，即去。作信复君彦、培孙、葆珊，致君介。下午，录存信稿。伯才来，即去。作信复屯艮。夜，观《艺香阁遗诗》，辑入《云间诗征》中。

5月18日　星期三

晴。上午，至高宅望舅处。下午，至闲闲山庄。傍晚，返。夜，作信复冲之、庄漱文，致伯承。

5月19日　星期四

晴。上午八点钟乘快船，下午一点钟到松江，即至典业银行。在舟观《唯是学报》。作信致瑞源庄。平庵乘金山卫班快船亦来，同乘四点零八分火车往上海。佩忍招饮于小有天，同席有忏慧、沈君、陶、陈、沈及竞雄女教员吴女士二人，其女公子馨丽、贞丽。九下钟，返。

5月20日　星期五

晴。上午，作信复君宾、君湘，致君介、震生。下午，至博古斋。至一品香，晤安如，坐谈数刻。出，至古书流通处。至惠中旅馆，候平庵，不值。至有正书局。至中国银行，乃返。路晤奚生白。夜，至季鲁处斗牌。

5月21日　星期六

晴。上午，至中国银行、蟫隐庐、一品香，晤安如。近午，返。下午，作信致圆妹、冲之。同粲君、花儿及季鲁、石士、春厉往游丰淞园。泛舟曲水，摄履高阜，傍晚而返。园中晤攘白，路晤狄君武。余又至华兴旅馆，候子卿等，同至顺源楼夜馔。九点钟，返。至季鲁处斗牌。

5月22日　星期日

　　晴。上午，君宾来，少坐，去。作信致子素。下午，至怡珍茶居，应震生之约，并晤君懿。出，至惠中君懿寓处，震生别去，余同君懿、顾怡生等至西泠印社，乃返惠中。震生又来，同至大行台，候平庵，不值。至一品香，晤安如。留夜馔，畅谈至九点钟，返。

5月23日　星期一

　　晴。上午，作信复君深、君藩、君彦。平庵来，少坐，去。至里中，候沈禹钟，不值。下午，至宝山路，候韵庵，少坐，返。至新闸路，候朴庵，不值，即返。傍晚，至倚虹楼，邀宴陆露沙及仲稽、季鲁、石士，惟季鲁以事不到。九点钟，返。今晚承綮借座季鲁处，宴陆女医等。复祝匡明信。

5月24日　星期二

　　晴。上午，复葆珊信。下午，朴庵来，坐谈数刻，去。至宝山路，候莼农，坐久，并出视其所藏王蓉洲《红袖添香夜读书图》手卷，后多胜清道咸时名人题跋、魏塘读卿氏之《修梅》，签为赵之谦、铁舟和尚等所作，又《江标手札》等。至季鲁处斗牌，夜午而返。

5月25日　星期三

　　阴，晚雨。上午，至竞雄女校，候佩忍，不值，晤其女公子馨丽，出。至宝记照相馆，即返。作信复君介、子素。下午抄《钓璜堂存稿目录》。朴庵来，同至一品香，晤安如，更邀至兴华川馆夜馔，席上并有兰皋、了公、楚伧、力子、布雷。九下钟，返。

5月26日　星期四

　　阴，上午雨。上午，复圆妹信。下午，君湘来，同至约翰大学校。本拟观圣玛利亚之跳舞会，以地湿，不举行，遂游该校一周而返。夜,至夏令配克大戏院,观约翰游艺会。十一下钟,返。

5月27日　星期五

晴。上午,至交易所,候洪荆山,少坐。出,至商务印书馆,即返。下午,至沪宁车站编查科,晤朴庵。出,至一品香,晤安如,坐谈良久。伊将于明日归也。出,至先施公司,与粲君相会。傍晚,返。

5月28日　星期六

晴。上午,观《颜氏家训》完。下午,观《托尔斯泰传》。至成记理发。五芳斋吃点心,即返。复圆妹信。

5月29日　星期日

晴。上午,洪荆山、沈禹钟先后来,坐谈数刻,去。下午,复君藩信。同粲君携花儿至昼锦里及永安公司购物,又游天韵楼五下钟返。莼农来过,不值。至美丽川菜馆,招宴朴庵、佩忍、莼农、朴存、楚伧、荆山。尚有幼安、力子、布雷、了公、龙丁未到。十下钟,席散,返。

5月30日　星期一

雨。上午,景伊来,少坐,去。至大行台,晤君介,少坐,去。下午,匡明、君湘及朱敬阳来,同至虹口公园观远东运动会,今日为开会之第一日。五点钟,返。夜,至大行台,少坐后,同君介至浴德池沐浴。十一点,返。

5月31日　星期二

晴。上午,复圆妹、君深信。同粲君至陆露沙处,少坐,返。花儿于前夜起,身热,发风痧。并邀其来一诊。胡惠生来,即去。下午,至惠中旅馆,同君介、君湘、君宾往观远东运动会。五下钟,返。夜,至大马路购物。又至惠中,晤君介,少坐,返。

6月

6月1日　星期三

晴。上午，同粲君至永安公司、时和办物。至一家春午馔，又至五洲大药房、商务印书馆，乃至惠中旅馆，同君介、秀红、君湘及闵纪芳往观远东运动会。五下钟，返。夜，同粲君至大英戏院，观中西女塾学生演剧，剧名《翠鸟》。十二下钟，返。君介等亦到。

6月2日　星期四

晴。上午，复荆山信。朴存来，即去。至同芳居、商务印书馆、永安公司等处，即返。下午，同粲君及季鲁、石士、春厉往游大世界。傍晚，粲君先返，余至陶乐春，应朴存招饮。十下钟，返。

6月3日　星期五

晴。上午，收拾行装。景伊来，即去。下午，偕粲君，携花儿、新产之益儿乘二点五十分火车回松江，到后即登家中放来之舟，开至秀南桥。粲君携花儿至王宅，余至典业银行。夜饭后，亦至王宅。夜宿舟上。

6月4日　星期六

雨。上午七点钟开船，在籴来庙候潮小泊，下午四点钟到家。在船观《黄炎培考察教育日记》。母亲连日以大妹产又病，在高宅，今日归。

6月5日　星期日

晴，晚雨。上午，同粲君往高宅，视大妹疾。下午，至闲闲山庄。返，已晚。

6月6日　星期一

阴。上午,理书籍。并写书目。下午,端甫来,少坐,去。母亲往高宅。校所誊《金山文征》。志轩来,少坐,去。夜,观连日报纸。

6月7日　星期二

阴,午雨。上午,冲之、志翔、叔安先后来,少坐,去。下午,作信复匡明、菊生、君湘,致君宾。夜,理账。

6月8日　星期三

阴。上午,叔纯来,少坐,去。编哀挽昭明之作,为《思玄集》。下午,望、时二舅、瑞师来。伯才来,即去。景伊来。傍晚,去。夜,瑞师来。今日下午,母亲归。

6月9日　星期四

阴,夜雨。上午,同二舅至协和当,晤瑞师,少坐,返。雷生来,少坐,去。景伊来,即去。下午,时舅去。古茹〔如〕来,少坐,去。望舅去。安置书橱。夜,理账。

6月10日　星期五

阴。上午,冲之来,少坐,去。下午,理书。伯才、涤新、伯承先后来,各久坐,去。夜,理账。

6月11日　星期六

雨。上午,理书。下午,古茹〔如〕来,即去。作信复文圃,致子素、君藩。夜,观《畏庐短篇小说》。

6月12日　星期日

阴。上午,冲之、景伊来,各少坐,去。下午,安拢《四部丛刊》书橱于怀旧楼。致培孙信。伯才来,即去。校所誊《云间诗征》。夜,改冲之所拟《请设第二女子高小呈县文》。

6月13日　星期一

阴,夜雨。上午,理书。下午,辑《金山文征》及《云间诗征》。夜,观《托尔斯泰传》。

6月14日　星期二

雨。上午,理书。景伊来,即去。下午,宪人、伯埙先后来,坐谈良久,去。夜,同昨。

6月15日　星期三

雨。上午,至高宅望舅处,并往迎晖堂吃会酒。傍晚,返。在舟观大学月刊。夜,作信复仲稽,致季鲁。

6月16日　星期四

阴。上午,杂务。复冲之信。下午,中妹携新甥恭寿归。汪季眉、何复斋各为介绍田房事来,少坐,去。辑《金山文征》。端甫来,即去。夜,校《守山阁丛书》与《墨海金壶》目录。致君宾信。

6月17日　星期五

晴,下午雨,即止。上午,辑《金山文征》及《云间诗征》。下午,作信复学源,致蓬洲。至协和当,晤时舅、君藩,少坐后,并往邀端甫。至康泰旅馆,候盐城人陈如璋。与谈包办河工事。傍晚,返。时舅去。

6月18日　星期六

晴。上午,杂务。作信复陆简敬,致陆露沙。下午,至储蓄会。出,至尚公学校,晤志轩。出,至裱画店、济婴局,乃返。君藩来,少坐,去。复盥孚信。夜,观《中国大文学史》。

6月19日　星期日

雨,上午阴。上午,夏至祭先。下午,校两部《钓璜堂存稿》。夜,观《中国大文学史》。致黄警顽信。

6月20日　星期一

阴。上午,景伊来,即去。至第一楼,晤伯埙、蔡叔明、乔念椿、王伊璋。少坐后,至伯埙处。午馔后,至储蓄会,举行第廿九期掣签。出,至厚生伞厂,开临时股东会,直至夜深,返。望舅同来。时舅、君深、君介、君藩今日来过,去。母亲今日往高宅。

6月21日　星期二

晴。上午,叔明来,少坐,去。伯埙、景伊、念椿、伊璋来,伯埙、伊璋先去,与望舅、念椿及景伊议厚生董事会事务。下午三下钟,至厂,望舅即去。晚,与景伊就厂中合宴念椿、伊璋。夜十下钟,返。

6月22日　星期三

晴。上午,君藩来,即去松江。周书楼先生来,少坐,去。下午,同粲君、中妹、圆妹、远妹携花儿往游厚生伞厂、第二高小学校,又至同泰仁,乃返。景伊来,即去。安置《四部丛刊》。

6月23日　星期四

晴,夜微雨。上午,至高宅。下午,至闲闲山庄。傍晚,随母亲,返。夜,观《黄炎培考察教育日记》。

6月24日　星期五

晴,夜雨。上午,景伊来,少坐,去。下午,理《四部丛刊》。吕齐眉先生来,少坐,去。作信复君藩、念椿。伯才来,即去。夜,同昨。

6月25日　星期六

阴,夜雨。上午,辑邑志《艺文》。下午,理《四部丛刊》。作信致君彦,复培孙。夜,同昨。

6月26日　星期日

阴,夜雨。上午,往吊任礼钦之丧,即返。杂务。下午,雷生来,即去。理《四部丛刊》。复君藩信。夜,斟酌君深所作《方心徽事略》。

6月27日　星期一

雨。上午,理报纸。复君深信。下午,草《哭表弟方心徽文》。雷生来。即去。夜,誊日间所草文。

6月28日　星期二

晴。上午,作信致时舅。君深同恒初来,傍晚,去。少云来,即去。夜,观《中国大文学史》。

6月29日　星期三

晴。上午,改前作《题秀山碑记诗》。下午,写《题秀山碑记诗》。复哲夫信。夜,复君藩信。

6月30日　星期四

晴。上午,写《哭表弟方心徽文》于绢幅,预备往祭。下午,写讫。致君介信。杏林、季眉先后来,即去。夜,观钱熙泰之《古松楼賸稿》,辑入《云间诗征》。

7月

7月1日　星期五

晴。上午,景伊来,少坐,去。至荣昌成,晤王亮初,看房屋。出,至第二小学晤古茹〔如〕,为同善堂事,少坐,返。下午,时舅来。少顷,君湘自沪回来。同时舅、君湘至市公所,看省会初选投示,即返。伯才、叔纯先后来,各少坐,去。时舅、君湘去。夜,校所輯《金山文征》。

7月2日　星期六

晴。上午,理发。望舅来。下午,乐天先生来。景伊来,即去。贞甫伯来,少坐,去。齐眉先生来,少坐,去。望舅去。乐天先生同去。复君彦信。夜,复洁身信。

7月3日　星期日

晴。至平湖,七吊方心徽表弟。上午八点钟,开船。午刻,在明正庵候潮,小泊。会君深、君介、君湘之船。下午五点钟到,即同往方家。夜,至孙透云香店,晤颂和表叔。少坐,返船宿。在船翻阅《章氏丛书》。

7月4日　星期一

晴。上午,至方家。下午,至雉川小学,并观葛传朴堂藏书。出,至孙透云香店。出,购物,又至瑞源庄,适晤徐眉轩及其子龙初。出,仍至香店。同颂和叔至公园,眉轩、乔梓亦来,又晤陈虞笙,虞笙即招于园中晚馔。夜,返船上。

7月5日　星期二

晴。上午七点钟,解缆。过广陈镇上岸,访宗祠故址不得,返。登君深等船,十一点钟,至明正庵,候潮,停泊几二小时。下午三点钟,至廊下。往朱承训堂,访叔明,不在。晤闵纪方、张鸿舫、褚季良,又晤子冶,同至开智小学,晤建威等。五点钟,开船,至孔家阙返。登己船,八点钟,到家。

7月6日　星期三

晴。上午,迪前来。下午,作信致鹓雏。

7月7日　星期四

晴,夜雨。上午,理字画。下午,作信致安如,复志儒。至贞甫伯处,坐谈数刻。出,至济婴局,又少坐。乃返。

7月8日　星期五

晴,下午雨。上午,叔纯来,坐谈数刻,去。下午,作信复南暨、莘子。理字画。

7月9日　星期六

晴,夜雨。上午,作信致若望、蓬洲。下午,辑《艺文志》。

7月10日　星期日

晴。上午,君深、君介、君湘、君宾来。伯埙、志轩先后来,少坐,去。同君深等至挹翠楼啜茗。下午,同君深等至协和当,晤景伊,又至智川及子贞处看花。傍晚,君深等去。夜,翻阅《钱氏家刻书目》。

7月11日　星期一

晴,下午雷,小雨。上午,松江族中润生长辈来,久坐,去。十洲来,即去。下午,辑《艺文志》。景伊来,少坐,去。沐浴。夜,观《云间诗抄》。

7月12日　星期二

晴,下午雨,即止。上午,同迪前至闲闲山庄。下午,至高老宅。傍晚,返。夜,观《云间诗抄》。

7月13日　星期三

晴。上午,辑《艺文志》。复叔安信。复校《张堰志》。下午,作信复仲稽、葆珊,致松岑。润生长辈来,少坐,去。夜,观《云间诗抄》。

7月14日　星期四

晴。上午,景伊、端甫先后来,各少坐,去。复校《张堰志》。下午,辑《艺文志》。志轩来,景伊又来,冲之来。各少坐,去。夜,观《云间诗抄》。

7月15日　星期五

晴，夜雨。上午，同迪前至实枚学校，晤望舅。下午，至闲闲山庄。夜，坐时舅、君藩开松江船返。时舅上岸，少坐，去。

7月16日　星期六

晴。上午，即《金山文征》。理《四部丛刊》。下午，作信复季鲁、质誉、松铨，致叔安。宪人来，少坐，去。沐浴。夜，君深自张家来，少坐后，仍去张家。

7月17日　星期日

晴。上午七点半钟，开船往朱泾。下午一点钟到，即至藏书阁，开水利委员会，议张泾事。该河办事人亦列席。时舅讫松江来。傍晚，散会。用馔后，同时舅至憩南处。九下钟返船，十一点钟解缆。今日在舟翻《钱氏家刻书目》。

7月18日　星期一

晴。上午六点钟，到家。迪前去。理《四部丛刊》。下午，辑《艺文志》。叔安、志轩先后来，各少坐，去。夜，观《小说月报》。

7月19日　星期二

晴。上午，辑《艺文志》。君介来。下午，同君介至同泰仁，晤伯埙。出，至储蓄会，举行第三十期掣签，乃返。志轩来，少坐，去。傍晚，君介去。夜，校所誊《金山文征》。

7月20日　星期三

晴。上午，晋康来，少坐，去。理书。君懿来。至米业公所内鸣社诗课，少坐，返。下午，又至诗社。出，至叔纯处，即返。君懿去。沐浴。夜，观《小谟觞馆诗集》。

7月21日　星期四

晴。上午,理书。公竞来。下午,理书。公竞去。亚雄来,少坐,去。夜,校抄件。

7月22日　星期五

晴。上午,辑《艺文志》。下午,作信复仲篯、君藩、君湘。写书目。朱卣香来,即去。夜,校抄件。

7月23日　星期六

晴。上午,若望来,少坐,去。辑《艺文志》。下午,作信复鹓雏、莘子,致张琢成。志轩、栋材先后来,各少坐,去。沐浴。亚雄来,即去。夜,观《小谟觞馆诗集》。

7月24日　星期日

晴。上午,辑《艺文志》。下午,翻《松江诗钞》。晋康来,即去。伯才来,少坐,去。作信复安如。夜,亚雄来,坐久,去。作信致仲稽。

7月25日　星期一

晴。上午,辑《艺文志》。下午,作信复天梅、哲夫、葆珊、君深、王遯汝。观《集古录》。夜,亚雄来,少坐,去。

7月26日　星期二

晴。上午,辑《艺文志》。下午,志轩来,少坐,去。作信复屯艮、君藩,致蓬洲。观《集古录》。沐浴。夜,写账。今日,母亲以碧甥病,往高宅。夜,返。

7月27日　星期三

晴。上午,复君介信。辑《艺文志》。下午,作信复朴存、万继长,致莼农。观《集古录》。夜,观《小谟觞馆诗集》。

7月28日　星期四

晴。上午,辑《艺文志》。下午,观《集古录》。沐浴。夜,景伊来,即去。

7月29日　星期五

晴。上午,理书。辑《艺文志》。下午,校抄件。作信复君彦、君深。观《集古录》。

7月30日　星期六

晴。上午,辑《艺文志》。下午,观《集古录》。作信致季鲁、洁身。沐浴。夜,观《小谟觞馆诗集》。

7月31日　星期日

晴。辑《艺文志》终日。下午,祝匡明来,往尚公学校,为济川侄补习英文。

8月

8月1日　星期一

晴,晚雨。上午,辑《艺文志》。下午,作信复君介、安如、仲稽、葆珊。观《集古录》完。沐浴。夜,母亲以碧甥病剧,往高宅。观《小谟觞馆诗集》。

8月2日　星期二

晴。上午,冲之来,少坐,去。辑《艺文志》。致涤新信。下午,辑《艺文志》。父亲连日疲倦,顷忽眩晕,似痧气。当邀人放痧,并请宪人来诊治,得渐愈。写储蓄会账。夜,观《小谟觞馆诗集》。

8月3日　星期三

晴。上午,辑《艺文志》。宪人来治父亲寒热,午饭后,去。作信复冲之、涤新。校账房所誊《置产薄》。沐浴。

8月4日　星期四

晴,夜雨。上午,钻坚来,少坐,去。辑《艺文志》。母亲与大妹归。下午,宪人来,治父亲。君湘、君宾来,傍晚,去。大妹亦去。父亲身热,气分不舒。今晨曾遣人持信往松江,请黄自雄来诊治。夜半到,诊后,言湿热所致,无大妨碍,遂宿。

8月5日　星期五

晴。上午,自雄又为父亲诊治,乃去。济川同匡明来,少坐,去。公渡、君懿来。下午,韫辉来,即去。公渡、君懿去。今夜,延道士、巫士起道场,为东皇十解二百。

8月6日　星期六

晴。上午,伯埙来,少坐,去。下午,宪人来,即请其一诊父亲,去。子翰来,即去。两日来,父亲病似本稳,热势甚轻,惟大便迄不解。然父亲素性干结,或亦无碍。乃今夜起,气分又不舒,焦灼殊甚。

8月7日　星期日

晴。父亲病较昨有增。气慌将睡初醒时,为尤甚。请宪人来诊治,亦言可虑。五内如摧。傍晚,又邀谢子春诊治,言脉象不佳。夜午后,思及雅〔鸦〕片烟或可平气,乃往唤子峰来,喷之。然亦无效。今日上午,自选来,连日亦卧病。近午,去。迪前来,下午,去。傍晚,亚雄自上海回来,少坐,去。

8月8日　星期一

晴。父亲病危甚,邀宪人来治,已无法可想。又亚雄邀张尧年来一诊。渠初学无识,尚治无碍,延至午刻,竟弃不孝等而长逝矣。痛极狂呼亦何及乎!大妹连日以碧甥病危,未归,今偕君深携恒初归,父亲已易箦矣。君深傍晚,仍去。今日上午,时舅、君介等来,伯惠亦来。又下午,严希贤来。晚,均去。夜半,迪前来。

8月9日　星期二

晴。五内如焚。耳中时闻父亲病笃时,呼吸之声,常欲揭帐而视,冀我父亲之已复苏也。今日,大妹以碧甥于今晨殇,回去。晚,即偕君深来。今日望舅、平庵、君介、君湘、君宾、希贤、君懿、志勋、公度来。

8月10日　星期三

晴。今日,父亲大殓。捶胸怨痛,无可言也。会吊者,男宾几百人,女宾二十余人。傍晚,尽散。君深亦去,惟迪前留。

8月11日　星期四

晴。上午,志轩来,即去。下午,草《讣闻》。

8月12日　星期五

晴。上午,冯志侠来吊,即去。下午,作信致洁身、子素,托画父亲画像。今晨,迪前去。

8月13日　星期六

晴,夜风雨。上午,志轩来,即去。下午,作信致时舅,邀其来商《讣闻》等。

8月14日　星期日

雨,风甚烈。父亲大故,忽已首七之期。生前不能留意事奉,今日奠祭,虽欲尽礼,已无及矣。而我父亲于冥冥之中,又不知享之否也。下午,时舅来,少坐,去。又伯惠亦来,不出见。傍晚,君深来。

8月15日　星期一

晴。作信致顾少莲,嘱其刻印《讣闻》。

8月16日　星期二

晴。草《哀启》。今晨,君深往上海。

8月17日　星期三

晴。上午,《哀启》草成,约二千余言。下午,作信致望、时二舅,以《哀启》寄阅。沐浴。

8月18日　星期四

晴。今日为父亲回阳之期。呜呼!我父之声容笑貌,目不可得而见,耳不可得而闻矣,惟有永永藏诸于心矣。所冀天上英灵宛然长在,以拥护我子孙也。上午,望舅来,下午去。君宾来,即去。复君深信。今日,延羽士,为父亲诵经、礼忏一永日。

8月19日　星期五

晴,有小雨,夜雨。上午,写应分《讣闻》诸友姓名、住址,交账房。下午,时舅自松江回来,即去。夜,致时舅信。又复少莲信。

8月20日　星期六

雨,风甚烈。校账房所誊《置产薄》。以前,《置产薄》父亲皆随置随亲手登记。自得神经衰弱之症后,于宣统元年以后,遂搁笔。宣统二、三年,余记之。民国元年以后,余多嘱账友陈伯华誊录,而加以校勘。甚矣,余之不能如父意也。呜呼!此后我子孙之得以丰衣足食,皆我父辛勤所遗,其永永念之哉!

8月21日　星期日

阴,有雨。今日,为父亲二七之期奠祭。上午,作信复时舅。下午,补写自父亲故后日记。致馨山信。夜,校所誊《哀启》,并作信致少莲,托其批印前十余日日记。皆嘱补写父亲病情,以及胸中哀思，多在《哀启》中记之。然《哀启》亦不能尽所欲言也。

8月22日　星期一

晴。上午，韫辉来，即去。理七年份来笺，直至下午。沐浴。夜，复少莲信。

8月23日　星期二

晴。上午，理字画卷轴。下午，作信，复时舅，致涵伯、景伊。夜，观《礼记》。

8月24日　星期三

晴。上午，理八年份来笺。下午，理字画卷轴。夜，观《礼记》。

8月25日　星期四

晴。上午，理八年份来笺。观《礼记》。下午，理字画卷轴。志轩来，少坐，去。夜，复少莲信。今日伯才、景伊、叔安来，皆不见。

8月26日　星期五

晴。上午，贞甫伯来，少坐，去。下午，作信复君深及子峰。夜，校所印《哀启》样张。又复少莲信。今夜，延羽士起道场，为父亲诵经、礼忏三天。

8月27日　星期六

晴，夜午雨。上午，张忍百来吊，即去。下午，为父亲诵《心经》。君介来，傍晚，去。

8月28日　星期日

晴。今日，为父亲三七之期奠祭。上午，致自雄信。为父亲诵《心经》。贞甫伯、志轩、亚雄、平庵、君湘、君宾、君懿、朱履仁、王剑水来，下午去。复伯埙，致宣子宜信。夜，督账房封发《讣闻》。

8月29日　星期一

晴,有雨。道场于今夜告竣。傍晚,封发《讣闻》。夜,复少莲信。

8月30日　星期二

晴,夜雨。上午,复王亮、初信。下午,复君深信。

8月31日　星期三

晴,有雨。上午,复时舅信。下午,作信复君藩、洁身、子素。

9月

9月1日　星期四

阴。上午,于《华亭县志》中,搜辑先代事迹。下午,辑《艺文志》。复少莲信。君宾来。夜,往宿协和当。明日乘快船到松,赴京肄业。

9月2日　星期五

阴,有雨。收拾一切。辑《艺文志》。夜,观《礼记》。

9月3日　星期六

晴,有雨。收拾一切。辑《艺文志》。下午,志轩来,少坐,去。

9月4日　星期日

晴,有雨。今日为父亲四七之期奠祭。上午,悬挽联祭幛。下午,蔡叔明来吊,邀志轩来陪,午馔后,去。承粲痧发渐愈。君深自上海归。

9月5日　星期一

晴。下午,君深去。于《南吴旧话录》中,搜辑先代事迹。致景伊信。

9月6日　星期二

晴,下午雨。辑《艺文志》。傍晚,复季鲁信。

9月7日　星期三

晴,下午雨,即止。辑《艺文志》。上午,周书楼先生来吊,午饭后,去。大妹携恒初去高宅。

9月8日　星期四

晴。悬挽联祭幛。预备父亲开吊一切事宜。

9月9日　星期五

晴,有雨,夜深大雨。料理开吊事务。作信致伯埙等,邀其匡襄。上午,大妹携恒初归,君深亦来。复汪韵霞信。

9月10日　星期六

雨。下午,望、时二舅、迪前来。夜,季鲁、石士来。今夜,延僧为父亲点树灯通宵。今晚,设筵三席,宴所请开吊匡襄诸君。除祝慎旃塾师本在,二舅、君深、迪前已到外,又有钱伯埙、杨雷生及族中贞甫伯、耕熙叔、志轩、子峰、亚雄、子翰、十洲、志坚均到。账房中,本有三人外,又请张端甫、张仲康、徐元伯。又闵瑞师、柳村叔、子安适亦来。子贞、济川及黄景伊则以病、以事未到。

9月11日　星期日

雨,不甚大,有时止,夜深大风雨。今日为父亲五七之期开吊。男宾六十余人,女宾十余人,送来挽联、祭幛廿多。自二圹至中圹,各室悬挂无隙地,皆备道我父之盛应。惟人子不能为生前之重,为此生后之荣,殊抱疚无穷耳。傍晚,宾客多去,留者为朱乐天先生、钱卓然及君深、迪前、希贤。

9月12日　星期一

阴,有雨。今晨,君深往沪肄业大同学院。彼上有双亲,中有兄弟,下有子女,年齿又未及而立,得从客向学,为之艳羡不置,握别不竟泪然。杂事。乐天先生及卓然上午去,迪前、希贤下午去。

9月13日　星期二

阴。上午,柳村叔、子安来,前日来吊未见,今见之。又徐尹卿来吊。均午饭后,去。

9月14日　星期三

阴,晚雨。无事。下午小睡。

9月15日　星期四

雨,终日不止。辑《艺文志》。整理所悬挽联、祭幛。下午,蒋识儒来吊,即去。

9月16日　星期五

晴。上午,辑《云间诗征》小传。亚雄来,少坐,去。下午,子贞来,少坐,去。谈次及父亲之病,设似肺胃之热,宜服白虎汤。乃是时,医者皆不思及。甚矣,人子之不可不知医也,痛悔无极。柳村叔来,即去。

9月17日　星期六

晴,夜雨。上午,修辑《金山卫佚史》。下午,校《指海》与《借月山房汇抄目录》。张蓬洲来吊,即去。沐浴。夜,理账。

9月18日　星期日

晴,有雨。今日为父亲六七之期奠祭。侯子远之子来吊,午饭后,去。下午,抄顾香远先生《同人惠翰录序》一篇,于书贾送来旧书中得之,为《素心簃集》中所遗。夜,理账。今夜,延僧众起道场,为父亲作佛事七天。

9月19日　星期一

晴。上午,辑《云间诗征》小传。下午,补写日记。

9月20日　星期二

晴。辑《艺文志》。夜，观《礼记》。

9月21日　星期三

晴。上午，辑《艺文志》。下午，君介自松隐回来，少坐，去。志轩来，少坐，去。

9月22日　星期四

晴。上午，悬挂今日送到之挽联、祭幛。校所誊《金山文征》。下午，辑《艺文志》。志轩来，少坐，去。复冲之信。夜，复君介信。

9月23日　星期五

晴。辑《艺文志》。辑《云间诗征》。

9月24日　星期六

晴。上午，为父亲诵《心经》。下午，为昭明诵《心经》。观时舅之《黄山游记》。夜，观《礼记》。

9月25日　星期日

晴。父亲大故忽忽已终七之期。父亲在日，不知复载之可乐，侍奉之当谨。今弥用怨思，而已无及矣。伤哉！痛哉！上午，平庵来，即乘快船去松江。贞甫伯来，少坐，去。公方来，下午去。佛事于今夜圆满。夜，观《礼记》。

9月26日　星期一

晴。辑《艺文志》。夜，观《礼记》。

9月27日　星期二

晴。辑《艺文志》。上午，端甫来，为济婴局事，未见，由伯华接洽。夜，致赵松铨信。

9月28日　星期三

晴。上午，为花儿祀孔子。辑《艺文志》。今晨，君介来，即去松江。

9月29日　星期四

晴。辑《艺文志》。下午,伯筹来,出见,少坐,去。夜,观《礼记》。

9月30日　星期五

晴。上午,理旧书。辑《艺文志》。下午,作信复冲之、简敬、君介及少莲、爱椿。夜,观《礼记》。

10月

10月1日　星期六

晴。上午,辑《艺文志》。下午,写《礼记札记》。夜,观《礼记》。

10月2日　星期日

晴。上午,天梅来吊,少坐,去。彼新讫广州归也。下午,作信复君宾、安如、君深。迪前来。

10月3日　星期一

晴。上午,杂事。下午,观《钱氏家刻书目》。夜,温《礼记·曲礼》一通。

10月4日　星期二

晴。上午,时舅来。下午,拟储蓄会放款、收款传单。时舅去。作信致古茹〔如〕、馨山,以传单寄之。迪前延羽士来为父亲诵经、礼忏三天,今夜起道场。

10月5日　星期三

晴。因诵经,碌碌。

10月6日　星期四

晴。今日,为父亲六十日之期奠祭。下午,随羽士迎天表至湿香庵、西城隍庙、纸炉庙、岳庙、杨侯庙、东城隍庙拈香。志轩、亚雄来,志轩即去,亚雄夜饭后去。

10月7日　星期五

晴。下午,理发。道场于今夜告竣。

10月8日　星期六

晴。下午,君深、君湘自上海回来,君湘即去。

10月9日　星期日

晴。伤风,起甚晏。君深去。下午,辑《艺文志》。

10月10日　星期一

晴。下午,迪前同中妹,携恭寿去。辑《艺文志》。望舅来,傍晚去。君深来。

10月11日　星期二

晴。上午,出门至镇上各家踵谢,计到六十三处。见其主人者,二十二家。下午,作信复佩忍、仲簠、洁身。今晨,君深去上海。

10月12日　星期三

晴。上午,至宗祠行秋祭礼,职司鸣赞,与祭者二十余人,礼毕即返。下午,复亮初信。

10月13日　星期四

晴。上午,至高家老宅望舅处及各房踵谢。下午,至新宅时舅处及朱家(迁在新宅)。傍晚,返。

10月14日　星期五

晴。上午,至五区头冯家三房踵谢。下午,至何家各房。在公渡、孟龙处,各少坐,仍返冯家。宿君懿处。

10月15日　星期六

雨,小雨。上午,至廊下开智小学王剑秉处、朱承训堂蔡叔明处踵谢,即在朱宅午馔。下午,至善楼朱少斋表舅祖处踵谢,不值,遂归家。在舟翻阅《四库全书提要》。时舅、君介于上午来,傍晚去。

10月16日　星期日

阴。上午,作信复佩忍、培孙。下午,辑《艺文志》。夜,复安如信。观《礼记》。

10月17日　星期一

阴,上午雨。上午,至亭林周家踵谢,到已过午。午饭后,至顾怡生、铁君、五峰、蔼如、丁仰鸿处踵谢。仍返周宅。在舟翻阅《四库全书提要》。中妹今日下午三点半钟,产一女。

10月18日　星期二

阴。上午,至后岗吴虞廷处踵谢,不值,乃至十图、严希贤处踵谢。下午,返。三点多钟,抵家。在舟观《礼记》。夜,叔安来,少坐,去。作信致望舅。

10月19日　星期三

晴。上午,至官桥侯家踵谢。午饭后,至靖江王庙及炳灵公庙拈香,又至徐尹卿处踵谢,又至新桥沈家踵谢。返已六下钟。在舟翻阅《四库全书提要》。

10月20日　星期四

阴,有雨。上午,至陈慰先处踵谢。午饭后,至憩伯处。出,至侯叔明表叔处,不值。出,至李雪汀处。四下钟,返家。在舟翻阅《四库全书提要》。夜,韫辉来,即去。今日母亲至冯宅吊君懿嫂嫂之丧。

10月21日　星期五

晴。上午,至南塘张蓬洲处踵谢。午饭后,至北仓周书楼丈处,返已五下钟。在舟翻阅《四库全书提要》。母亲归。

10月22日　星期六

阴,有雨。上午,乘轿至朱乔如处踵谢,不值。出,至沈伯才处,少坐。出,至俞志坚处,不值,乃返。下午,至朱仲篁处踵谢,不值。出,至张忍伯处,少坐。出,至伯平处,不值,乃返。夜,翻阅《四库全书提要》。

10月23日　星期日

雨。上午,志轩来,午饭后,去。下午,写米捐收条。伯承、志翔先后来,各少坐,去。复培孙信。夜,翻阅《四库全书提要》。为储蓄会事,作信致古茹〔如〕,又复君深。

10月24日　星期一

晴。上午,下元节祭先。作信致中妹。下午,辑《艺文志》。大妹携恒初去高宅。志轩来,即去。夜,观《礼记》。

10月25日　星期二

晴。上午,坐船至楼屋陈季眉处踵谢,不值。至干巷莫书略及宣子宜处踵谢,皆不值。下午,至吕巷冯哲斋母舅处踵谢。出,至识儒处,不值。遂开至朱泾,到已夜,不上岸。

10月26日　星期三

晴。上午,至林憩南处踵谢。午饭后,至黄伯惠处踵谢,不值。遂登船解缆,至石湖泾钱卓然处踵谢。少坐,即行。七点钟,抵松江,即至王宅。今日承粲携花儿、益儿亦至松江。在船翻阅《四库全书提要》。

10月27日　星期四

晴。上午，至石士处踵谢。少坐后，至黄景伊处，吊其尊翁之丧。伯埙适亦来，并晤于仲篪，即午馔。下午，至闵瑞师处踵谢，不值，遂返。

10月28日　星期五

晴。无事。承粲于下午，至黄自雄处诊治。

10月29日　星期六

晴。上午，观《半月》杂志。下午，草《周夫人传》，应书楼丈之嘱。

10月30日　星期日

晴。上午九点钟，开船归。在乂口候潮，小泊。午刻，到松隐。饭后，至朱乐天先生处踵谢，不值，遂行。五点钟，抵家。在船观《礼记》。

10月31日　星期一

晴。上午，杂务。作信致时舅，复李爱椿。下午，校萧芷崖〔厓〕诗。校所抄存之先君挽联、祭幛，拟汇印成帙。

11月

11月1日　星期二

晴。上午，辑《艺文志》。下午，伯才、端甫、时舅先后来，各少坐，去。致粲妹信。夜，志轩来，即去。写所藏书画真迹目录。

11月2日　星期三

晴。上午，冲之来，少坐，去。编《思玄集》。下午，辑《艺文志》。作信复安如、君深。子贞、志轩来议收租成色，少坐，去。

夜,写《书画目录》。

11月3日　星期四

晴。上午,周书楼丈来,少坐,去。辑《艺文志》。下午,校抄存之挽联、祭幛。夜,写《书画目录》。

11月4日　星期五

晴。上午,至官桥侯家,送慎之堂姊丈安葬。下午,返。祝先生同去。在舟翻阅《四库全书提要》。夜,观《书台诗钞》,辑入《云间诗征》中。

11月5日　星期六

晴,晚有雨,即止。上午,理字画。下午,辑《艺文志》。作信复粲妹,致冠臣。夜,写账。

11月6日　星期日

晴。上午,理字画。下午,理先君遗书。作信致季鲁。夜,观《礼记》。

11月7日　星期一

晴。上午,理字画。下午,时舅、君介、君藩来,傍晚去。夜,翻《县志》。

11月8日　星期二

晴。上午,至五区头冯家,七吊君懿表嫂及镇山表弟之丧。

11月9日　星期三

晴。上午,归家。在舟翻阅《四库全书提要》。迪前来,亦讫冯家归,少坐,去。望舅来,少坐,去。致粲妹信。

11月10日　星期四

晴。上午,作信复平庵、佩忍,致洁身。下午,写书目。作信复梅尹南,暨衡伯。夜,翻阅《四库全书提要》。

11月11日　星期五

晴。上午，理字画。复柳村叔信。下午，复杨阆峰信。伯才来，少坐，去。翻阅《松风余韵》。夜，写储蓄会押款账。

11月12日　星期六

晴。上午，翻阅《松风余韵》。下午，辑《艺文志》。承綮携二儿归。夜，观《礼记》。

11月13日　星期日

晴。上午，辑《艺文志》。下午，大妹携恒甥归。作信致心侠。今夜，延僧众起道场，为父亲作佛事三天。观《礼记》。

11月14日　星期一

晴。碌碌。略理旧书。

11月15日　星期二

晴。今日为父亲百日之期奠祭。呜呼！自父亲弃养以来，由七七而六十日，而百日矣。为日日远我，父之声容笑貌将永不得见，痛恨何极！是以人子之不可不爱日也。我父之英灵必常在，我父之声容笑貌固似常在目前耳。上午，迪前同顾铁军、惠泉自高宅来，即去。下午，志轩来，夜馔后，去。

11月16日　星期三

晴。辑《艺文志》。佛事于今夜圆满。

11月17日　星期四

晴。上午，至夏人村墓上焚纸屋一座，供父亲冥用。又一观新建之源远桥。下午，返。在舟观《礼记》，夜同。

11月18日　星期五

晴。上午，冲之来，少坐，去。下午，姜梦花为田地事来，少坐，去。作信复君深、君湘、君宾，致仲稽、伯才。夜，观《礼记》。

今日承粲至闲闲山庄，晚，返。圆妹与花儿昨日去，同返。大妹、恒甥亦同去，同返。

11月19日　星期六

晴，夜雨。上午，理发。伯埙来，少坐，去。复君介信。下午，至东宅，拜半闲伯祖母百十岁冥庆。出，又一观叔安所艺之菊花，乃返。望舅同伯才、守能来议争亩捐事，为拟上省长一电。傍晚，均去。夜，致张子华信，为张堰市南北学区争执教款事。

11月20日　星期日

雨。上午，辑《艺文志》。下午，至储蓄会议事。四下钟，返。叔安来，少坐，去。

11月21日　星期一

雨。辑《艺文志》。下午，涤新来，少坐，去。作信致杏林。夜，作信复君深、君湘，致子素、少莲。

11月22日　星期二

晴。辑《艺文志》。下午，伯才来，少坐，去。夜，志轩来，即去。

11月23日　星期三

阴，夜雨。上午，作信复平庵、培孙。下午，至五区头何宅，送渔卿舅祖母安葬。

11月24日　星期四

阴。何宅今日上午领贴，午刻发引，下午三下钟返，傍晚抵家。远妹同去，同来。

11月25日　星期五

晴。上午，作信致汪亦汀。辑《艺文志》。下午，修改《佚史》。作信致君宾，复季鲁。夜，校所誊《金山文征》。

11月26日　星期六

晴。上午,作信致时舅,复培孙、安如。端甫来,少坐,去。下午,辑《艺文志》。夜,观《硕园编年诗选》。

11月27日　星期日

晴。上午,辑《艺文志》。下午,贞甫伯、志轩来,谈志轩与友于二房田房交换事。贞甫伯傍晚去,志轩夜饭后去。观《硕园编年诗选》完。

11月28日　星期一

阴,小雨。辑《艺文志》。下午,雷生来,少坐,去。作信复济川、栋材。夜,誊正所撰《周夫人传》,寄书楼丈。

11月29日　星期二

晴。上午,辑《艺文志》。下午,端甫来,少坐,去。作信复君懿,致伯埙、杏林。夜,观《礼记》。

11月30日　星期三

晴。同承粲、花儿、圆妹、大妹、恒初、远妹往上海。上午八点钟开船,下午一下钟到松江,四下钟乘火车,傍晚到上海。寓惠中旅馆。夜饭后,至商务印书馆及文明书局,又同承粲等至昼锦里。致君湘信。

12月

12月1日　星期四

晴。上午,承粲等往买物,余至大同学院,候君定及济川侄。午刻,同君定到寓,路晤蔡叔明。到寓后,又同君定一至永安、先施等处,即返。上母亲一书。粲君携花儿至均益里王寓。子素、莲汀来,少坐,去。君定亦去。夜,至来青阁、博古斋、蟫隐庐等处购书。大妹等至新世界,与承粲、花儿相会。归。

12月2日　星期五

晴,午刻有小雨。上午,君湘、君藩、季鲁先后来。君湘、季鲁即去,余同君藩至震旦学院,候平庵。午刻,返。下午,洁身来,即去。君藩亦去,住在信昌。济川侄来,少坐后,同至先施、永安两公司及胡庆余堂购物。四下钟,返。济川侄去。平庵、君定来。夜饭后,去。同圆妹至凡尔登园,观汽车展览会,会中有中西士女跳舞。十一点半钟,返。君藩同陆志清亦到。

12月3日　星期六

晴。上午,季鲁来,即同余与承粲至北京路买着衣镜。近午,返。下午,至王大吉、博古斋、古书流通处,又同承粲至永安、先施两公司。平庵、君定、君藩、君湘、洁身及王栋材来。君湘、洁身、栋材即去,平庵、君定同余等至都益处夜馔。少顷,济川弟到沪治目疾,君藩同来。馔后,余同承粲、花儿、圆妹、远妹、君藩至青年会,观神洲女校赈灾游艺会。十二点钟,返。君湘亦到。

12月4日　星期日

晴。上午,君彦来,少坐,去。同承粲及君定、恒初至岭南楼用早餐。出,又同承粲至棋盘街购物。午刻,同同人至大观楼午餐。出,余同承粲至永安公司等处,余人往观影戏。傍晚,返。君湘来,即去。君定昨住惠中,平庵亦同济川弟住外,今晚均去。同承粲、花儿至新半斋,应仲稽、季鲁之招,伊等眷属亦在。馔后,又同至新世界。余先返,更至洗清池沐浴。

12月5日　星期一

晴。上午,圆妹、远妹先乘早班车到松江,趁快船归家,济川弟同去。至商务印书馆等处。季鲁来,同去。粲君携花儿至均益里王寓。下午,同大妹、恒初至车站,粲君携花儿亦至,即乘二点五十分火车回松江。到后,登家中放来之船,粲君携花儿往王家,余走街上买物。在船上夜馔后,移泊秀南桥西,亦上岸少坐,即同宿船上。

12月6日　星期二

晴。天未明解缆,上午十点钟到家。中妹携两甥于初二日归。君介、君藩来。下午,志轩来,即去。傍晚,君介、君藩去。夜,补写前数日日记。

12月7日　星期三

阴。上午,理书。作信复古茹〔如〕,并致冲之。下午,作信复培孙,致君彦、君懿。伯才、端甫先后来,即去。夜,理账。

12月8日　星期四

晴。上午,作信致朱县长。君懿来,少坐,去。作信致安如、自雄。夜,观《迷楼集》。

12月9日　星期五

晴。辑《艺文志》。夜,观《迷楼集》。

12月10日　星期六

晴。上午,辑《艺文志》。下午,复冲之信。理河工款账。夜,观《迷楼集》完。

12月11日　星期日

阴。辑《艺文志》。下午,伯才来,少坐,去。夜,观曼殊之《悲惨世界》。

12月12日　星期一

晴。上午,草《寿萱图序》。下午,沈叔安来,募冬防捐,即去。范瑞兰来,谈同善堂事,少坐,去。辑《云间诗征》。致迪前信。

夜,《悲惨世界》完。

12月13日　星期二

雨。上午,辑《云间诗征》。下午,景伊来谢孝。少坐后,同至储蓄会,举行第三十五期掣签。出,又至荣昌号内,观新建之二坎,乃返。君介来,傍晚,去。夜,观《吴虞文录》。

12月14日　星期三

雨。上午,辑《艺文志》。下午,理发。致洁身信。闵行苦儿院中张伯英等来募捐,即去。夜,观《吴虞文录》完。

12月15日　星期四

晴。上午,辑《艺文志》。张忍百、朱酉香及端甫来。午饭后,忍百、酉香去,同端甫至秦山后十五图内相地,傍晚返。端甫去。作信致君懿。夜,观《半月》杂志。

12月16日　星期五

晴。上午,辑《艺文志》。致石士信。公方来,下午,去。冬至节祭先。君介、君藩来,即去天梅处。夜,观《半月》杂志。观古茹〔如〕信。

12月17日　星期六

晴,夜雨。上午,作信复济川、培孙,致震生。伯才来,少坐,去。下午,至同泰仁,晤伯埙,少坐,返。范景郊来,即去。夜,观《半月》杂志。

12月18日　星期日

晴。辑《徐闇公先生年谱》,拟与王培孙共成之。上午,叔纯、古茹〔如〕来,即去。下午,明伯、景伊先后来,各少坐,去。夜,作信复安如、君彦。

12月19日　星期一

晴。上午,至闲闲山庄,景伊亦在。下午,至望舅处,并晤叶守师。晚饭后,又至山庄,即同景伊返张。夜,观《兰雪堂诗稿》。

12月20日　星期二

雨。上午,辑《艺文志》。下午,作信复君懿、君宾,致蓬洲。夜,观《乐郊私语》完。致洁身信。

12月21日　星期三

阴。写《寿萱图序》。下午,伯埙来,少坐,去。致望舅信。傍晚,景伊来,少坐,去。夜,复盥孚信。草《思玄集序》。

12月22日　星期四

阴。上午,复迪前信。晋康来,少坐,去。下午,至协和,晤景伊,同泰仁,晤伯埙,各少坐,返。望舅来。伯才来。伯埙来。傍晚,均去。夜,观《礼记》。

12月23日　星期五

晴。上午,时舅来。至龙沙禅院拈香,今日为昭明亡故二周年,在院中诵经一永日。下午,至祖坟补种柏树,随返。伯才来,即去。时舅去。

12月24日　星期六

晴。上午,伯才来,即去。辑《艺文志》。下午,至济婴局,晤端甫。出,至宪人处,请其开膏方,少坐,返。又至同泰仁及叔纯处一回。作信致望舅。夜,观《礼记》。

12月25日　星期日

晴。上午,志轩来,少坐,去。书楼先生来,午饭后,去。君懿来,为此间介绍与何书种让十五图内田地。下午,剑威亦来。傍晚,均去。夜,观《礼记》。

12月26日　星期一

晴，夜雨。上午，辑《艺文志》。下午，作信复佩忍、仲稽、济川，致君定。伯珩来，即去。夜，观《礼记》。晨间，伯才来，即去。

12月27日　星期二

晴。上午，辑《云间诗征》。下午，伯承来，少坐，去。辑《艺文志》。至巡警局，晤沈叔安，为秦姓房客事，少坐，返。夜，观《礼记》。

12月28日　星期三

晴。辑《艺文志》。下午，十洲来，即去。伯筹来，少坐，去。君定自上海回来。夜，观《礼记》。

12月29日　星期四

晴。上午，至同泰仁，晤伯埙，少坐，返。下午，宪人来，少坐，去。周纫青来，即去。辑《艺文志》。夜，翻阅《医学大辞典》。

12月30日　星期五

晴，夜雨。上午，伯埙来，少坐，去。复时舅信。下午，济川来，少坐，去。志轩同舒馨山来，写租房据，少坐，去。君定去。母亲同去高宅。乐天先生来。夜，复学源信。与乐天先生谈。

12月31日　星期六

阴。上午，作信复亮初、震生、安如、君藩，致时舅。下午，辑《艺文志》。夜，庄立夫来，少坐，去。

1922 年

1 月

1月1日　星期日

晴。辑《艺文志》。上午,王亮初来,少坐,去。朱乐天先生于前日来,今去。下午,至第二高小学校,晤方冲之,一观其会议义务教育进行事宜。少坐,返。识儒、叔纯、雷生先后来,各少坐,去。夜,校所誊之《金山文征》。

1月2日　星期一

阴,下午有小雨。上午,冲之来,坐谈数刻,去。至叔纯处,少坐。出,又一观市房,乃返。下午,辑《艺文志》。济川来,少坐,去。母亲于前三日往高宅,今晚归。夜,观《礼记》。

1月3日　星期二

阴。上午,至高宅,叶守师、蔡叔明亦在,议反对亩捐事。盖此捐虽为办义务教育,实则为少数人所擅决把持,而本邑之教育又极腐败,须先加整顿也。余发起与高氏等合办一金山中学,二舅亦深以为然。傍晚,返。至同泰仁,晤伯塌,约其明日同往朱泾。十洲来,即去。作信致君彦、敏修。

1月4日 星期三

阴,夜雨。上午,粲君携益儿往松江,为亩捐事,往朱泾,伯埙同去。十点钟开船,下午三点钟到。即至憩南处,望舅、守师已先到。惟憩南今日适往秦山,与之相左。少坐后,即与望舅、守师、陈干臣〔幹丞〕先生进见。朱伯平知事一味圆滑,毫无要领。少坐。出,仍至憩南处。夜,宿船上。

1月5日 星期四

阴。上午,至憩南处,又至陈干臣〔幹丞〕先生处。傍晚,憩南归来,仍至其处。夜,返船上。

1月6日 星期五

阴。上午,至李伯雄处。出,至憩南处。有数人欲为此事出任调停,然其意相差甚远,空谈终日而已。夜,返船上。

1月7日 星期六

晴。上午,至憩南处,即返。登望舅船上。下午三点钟,开。黄昏,过干巷上岸,一晤倪仰之、俞景琦。十一点钟,至高宅。大妹携两甥已于今日至高宅。

1月8日 星期日

晴。上午,至闲闲山庄,晤时舅,即返家。下午,伯才来,少坐,去。作信致粲君。夜,观连日报纸。

1月9日 星期一

阴。上午,叔纯来。伯埙于昨夜归,亦来。各少坐,去。下午,端甫来,少坐,去。作信复培孙、安如,致君藩。厘订《钓璜堂存稿》卷数,寄托培孙在上海木刻。此为余编刻《怀旧楼丛书》之嚆矢。夜,观《半月》杂志。

1月10日 星期二

晴。上午，中妹携两甥去周宅。作信复洁身、简敬，致叔安。下午，作信致黄伯钦。填《金山河渠表》，寄水利会。望舅来。伯才来，即去。同望舅至同泰仁，晤伯埙，即返。同至高宅，守师、叔明亦在。夜，拟为亩捐事，呈省长文。

1月11日 星期三

晴。上午，步行归家。下午，至贞甫伯处，谈亩捐事。出，候智川、端甫、叔纯，均不值，乃返。雷生、伯才先后来，各少坐，去。周纫青以所摹先君遗影来，少坐，去。祝慎旃师定明日寒假。今晚设小宴，邀济川来，又叔纯、端甫适亦来，均馔后去。

1月12日 星期四

阴，夜雨。为亩捐事，往松江。守师、君定来，同去。祝先生放寒假亦同到松。上午九点钟开船，以潮水不对，至下午七点钟到。即往典业银行，拟晤瑞师、时舅，乃已往上海。夜馔后，遂更约叔明乘九点三十六分火车前去。到后，即至惠中旅馆，晤之。

1月13日 星期五

阴，夜雨。上午，叔明即回去。致綮君信。午刻，同时舅、瑞师、守师、君定至老半斋用馔，更来沈思斋。散后，时舅、瑞师回松。约定余等明日往南京，伊等后日亦来。乃至朵云轩、中华书局、商务印书馆而返。君湘来。朱泾彭也愚来，亦约定同往南京。伯惠来，少坐后，同至顺源楼夜馔。馔后，伯惠去，君湘住。

1月14日 星期六

阴，夜雨。同守师、君定、也愚乘上午九点半钟火车往南京。下午三点四十三分，到下关。坐马车进城，先至省议会，晤张伟如，调查案卷。出，寓大观楼。夜，至金陵俱乐部，晤张震西，少坐,返。

1月15日　星期日

雪。上午,整理呈文。下午,同守师至省议会,晤震西,调查案卷。傍晚,返。夜,时舅、瑞师来。

1月16日　星期一

雪。上午,同时舅、守师至省公署,拟见省长。以客多,由咨议长代见,坐谈数刻,而返。下午,同守师、君宾、也愚至江南官书局等处购书。傍晚,又至问柳园夜馔。园临秦淮,际此月黑天寒,缅想明季东林诸子游宴之盛,不胜感慨万端。

1月17日　星期二

雪。上午,瑞师同守师、时舅往见财政厅长。下午,同守师、君宾、也愚至下关。乘三点五十分钟火车返上海,到已十一点钟。安寓惠中旅馆后,又出外吃宵夜。

1月18日　星期三

阴,有雪。上午,同君定至信昌当,晤洁身、子素。午饭后,返寓。又至永安、先施、老大房、马玉山、泰丰等处购物,商务印书馆、文明书局购书。夜,同守师、也愚、君定至陶乐春晚馔。出,同君定至成记理发,双凤园沐浴。返寓已十二点钟。时舅、瑞师回来。

1月19日　星期四

阴,有雪。下午,偕时舅、守师、君定乘二点五十分钟火车,回松江。到后,即至典业银行。仲稽来谈。夜,与君定宿时舅船上。

1月20日　星期五

晴。上午十点钟,偕君定乘快船归。下午三点钟,抵家。望舅于上午来。傍晚,偕君定去。伯才来,少坐,去。粲君携益儿已于前三日归。

1月21日　星期六

晴。上午,伯珩、冲之、叔纯先后来,各少坐,去。下午,叔安、馨山、伯才、雷生来,各少坐,去。作信复洁身,致季鲁、石士,又复中赵松铨。夜,理账。

1月22日　星期日

雨,上午阴。上午,写米捐收条。子翔来,即去。下午,亚雄偕叔纯来,即去。十洲来,即去。公竞来,少坐,去。君湘自上海回来。又栋材来。均于傍晚,去。夜,理账。

1月23日　星期一

雨。上午,年节祀神。致书楼丈信。下午,雷生来,少坐,去。年节祭先。夜,观《半月》杂志。

1月24日　星期二

阴。杂务。下午志轩、十洲先后来,即去。夜,观《胡适文存》。

1月25日　星期三

阴。上午,复学源信。涤新来,少坐,去。下午,伯才、雷生、十洲、端甫先后来,各少坐,去。复君彦信。夜,观《胡适文存》。

1月26日　星期四

阴,夜雨。上午,杂务。下午,伯才来,少坐,去。至同泰仁,晤伯埙,少坐,返。致叔安信。夜,致望舅信。翻阅《娟镜楼丛刻》。

1月27日　星期五

阴,有小雨。杂务。

1月28日　星期六

阴,下午雨。元旦恭祀天神、祖先。观《胡适文存》。

1月29日　星期日

阴,有日光。上午,时舅、君平、君定、君介、君藩、君湘、君宾来。下午,志轩来,少坐,去。同时舅等至天梅处。傍晚,返。时舅等去。夜,观《中国哲学史大纲上卷》。

1月30日　星期一

阴。上午,韫辉来,少坐,去。下午,复君平信。夜,观《中国哲学史大纲上卷》完。

1月31日　星期二

阴,夜雨雪。上午,至河西拜影。下午,大妹携恒甥归,君定同来。辑《艺文志》。夜,观《读子卮言》。

2月

2月1日　星期三

阴。上午,端甫来,少坐,去。下午,斗牌,直至夜分。

2月2日　星期四

阴,有雨,夜雪。上午,誊文一首。下午,济川、志轩先后来,各少坐,去。中妹携二甥归,迪前同来。夜,斗牌。

2月3日　星期五

阴。上午,作信复学源、震生、敏修、季鲁。下午,宪人来,少坐,去。周振先来,少坐,去。夜,斗牌。

2月4日　星期六

晴。上午,望舅、君平、济川、启明来,雷生来。午饭后,去。同望舅至同泰仁,晤伯埙,少坐,返。景伊来,少坐,去。夜饭后,君平等去。

2月5日　星期日

晴。下午,贞甫伯来。叔安来,少坐,去。亚雄来,少坐,去。贞甫伯去。望舅去。夜,斗牌。

2月6日　星期一

雨,上午阴。上午,十洲来,少坐,去。下午,君定同大妹、恒甥去。端甫来,少坐,去。作信复佩忍。夜,斗牌。

2月7日　星期二

阴。今日,为亩捐事。下午,在市公所开公民大会,有朱泾、吕巷、干巷、钱圩、五区、秦山等处多人来。余家傍晚又与望舅、时舅、伯埙备筵三席,就济婴局宴朱泾诸人。夜,作信致黄伯钦,为明日开水利会不去,请假。

2月8日　星期三

晴。上午,至高家新宅。下午,至老宅。傍晚,仍至新宅。有陈干臣〔幹丞〕先生、林憩南、王嘉庭、叶守师、候诚乎等在。今日,母亲、承粲、中妹、圆妹、花儿亦至高宅。晚,即归。

2月9日　星期四

晴。上午,至老宅。下午,又至新宅,即走归。雷生来,即去。

2月10日　星期五

晴,夜雷雨。上午,时舅、守师来,即去松江。作信复志儒、敏修,致学源、君懿。下午,伯才来,少坐,去。写米捐收条。伯承来,少坐,去。夜,斗牌。

2月11日　星期六

晴。上午,天梅、雷生来,少坐,去。叔纯来,即去。下午,至储蓄会,举行第三十七期掣签,并改选职员。余仍连任为保管员。出,又至济婴局一回。端甫来,少坐,去。景伊来,少坐,去。夜,斗牌。

2月12日　星期日

晴。杂务。下午,致时舅信。夜,斗牌。

2月13日　星期一

阴。今日本定到松江,以无船,作罢。上午,作信复蓬洲。下午理发。伯才来,少坐,去。公竞来,少坐,去。复培孙信。夜,斗牌。

2月14日　星期二

雨。上午,作信致君懿。修正前作先君之哀启,备印入《哀挽录》中。下午,观《陈忠裕公集》中诗。抄集《徐闇公事迹》,将与培孙合辑一年谱。夜,作信致时舅。斗牌。

2月15日　星期三

阴。上午,周振先来。午饭后,同迪前去。作信复望、时二舅。雷生来,即去。作信复芷畦、安如。今日本拟往高宅,以无船不果。傍晚,时舅放船来,乃去。望舅亦来,谈亩捐事。

2月16日　星期四

晴。上午,返家。即偕粲君携花儿、益儿往松江,下午四点钟到,至王宅。夜,作信致圆妹及学源。

2月17日　星期五

阴。下午,至典业银行、二酉山庄、云间古书处。傍晚,返。夜,斗牌。

2月18日　星期六

阴。下午,至图书馆,晤君彦。出,至典业银行,晤海帆丈。各坐谈数刻。返已傍晚。夜,斗牌。

2月19日　星期日

阴。连日观李涵秋之《魅镜》小说,今观毕。下午,君彦来访,坐谈数刻,去。夜,斗牌。

2月20日　星期一

晴。上午,作信复圆妹。下午,至二酉山庄及云间古书处。又至典业银行,晤瑞先生。傍晚,返。夜,斗牌。

2月21日　星期二

阴,夜雨。偕承粲携花儿,乘下午二点四十二分火车,往上海。车上,晤怒庵。到后,至均益里季鲁处。余先出,至惠中旅馆,以客满,改寓振华旅馆。至博古斋一回。作信致君平、君定、君湘、震生,约其来会。夜,承粲到寓。季鲁同来。坐谈数刻,去。观《孙文学说》完。

2月22日　星期三

阴。上午,至信昌当,晤子素。午饭后,至南洋中学,晤培孙,同至其家。又识陈乃乾。坐谈数刻。出,至大同学院,晤君定、济川。出,至国光书局。乃返寓。旋又至永安公司,与承粲相会。同至时和。余又一至朵云轩及蟫隐庐。又同至五洲药房及商务印书馆,乃返寓。夜,君湘来,少坐,去。同承粲至昼锦里一回。

2月23日　星期四

阴,夜雷雨。上午,季鲁来,即去。石士来,即去。至宝善街、棋盘街、四马路购物。下午,同承粲、花儿至宝成、永安、先施等处。至多宝斋,候龙丁,不值。君平、君定、君湘先后来,君平即去,君定、君湘留寓中,又晤瑞先生。夜,同承粲、花儿至新世界,晤及张心芜,十一点钟返寓。与君定、君湘谈办学事,至四点钟始睡。

2月24日　星期五

阴。上午,同承粲、花儿至一江春早餐。出,至昼锦里、四马路购物。又至美丽午馔后,乃返寓。与瑞先生谈话,景伊适亦来。旋乘三点四十五分火车返松江。至王宅。

2月25日　星期六

阴,夜雷雨。上午,作信致圆妹。下午,至二酉山庄、云间古书处。又至图书馆,晤君彦。又至典业银行,乃返。夜,斗牌。翻阅夏之夑之《复堂诗稿》。

2月26日　星期日

雪。斗牌。

2月27日　星期一

阴。上午,至典业银行,时舅亦来。下午开股东常会。傍晚,复学源一信。夜饭后,返,斗牌。

2月28日　星期二

阴。下午,至典业银行。知时舅在选青处,乃亦往晤,少坐,同返。又在典业少坐,并至西门街上购物。夜,斗牌。

3月

3月1日　星期三

阴。午刻,携花儿登船归,时舅同船。在汉口,晤憩南,少泊。傍晚,抵家,时舅即去。在船观《清代学术概论》完。祝先生于阴历上月廿八日开学。中妹携两甥于昨日去周宅。夜,写连日日记。

3月2日　星期四

晴。理书。杂务。下午,伯才来,少坐,去。夜,阅连日报纸。

3月3日　星期五

阴,上午雨。上午,厘定《钓璜堂存稿》卷数。下午,作信复培孙、子素、君介。夜,观《中国历史研究法》。

3月4日　星期六

阴,晚雨。上午,写书目。十洲来,少坐,去。望、时两舅来。下午,冲之来,少坐,去。两舅去。作信复震生、栋材,致海帆文。夜,观《中国历史研究法》。

3月5日　星期日

雨。上午,至五区何宅,七吊公猛表兄之丧。下午,返。在舟观观《中国历史研究法》完。夜,作信致怒庵,复洁身。校所誊《先君哀挽录》。

3月6日　星期一

雨。上午,观《资治通鉴》。下午,雷生来,少坐,去。写米捐收条。复佩忍信。夜,选《兰雪堂诗》入金山文征中。观《墨子学案》。观《睫闇诗钞》。

3月7日　星期二

阴。上午,观《资治通鉴》。下午,校所誊《先君哀挽录》。宪人来,少坐,去。作信复培孙、安如、君宾。夜,观《墨子学案》完。

3月8日　星期三

晴。上午,观《资治通鉴》。下午,作信致粲妹及望舅、辅之,复龙丁。志轩来,少坐,去。夜,观《胡适文存》。观《睫闇诗钞》。

3月9日　星期四

阴。上午,伯才来。望舅、君介来。伯才去。同望舅等至天梅处，少坐后，又至济婴局晤端甫，即返。下午，伯埙、雷生、伯筹先后来，各少坐，去。望舅等去。复君彦信。夜，观《睫闇诗钞》。宿船上，预备明日到朱泾，端甫同船。

3月10日　星期五

晴。昨夜即开船，中间小泊，今晨到朱泾。即至憩南处，望、时二舅、守师等亦来。下午，至县公署，为财政厅派员来开会，解决亩捐事。傍晚，散会。王嘉庭招饮。夜，宿憩南处。

3月11日　星期六

晴。下午，同两舅、守师等至商会，与省委廖麓樵及省视学章伯寅再谈亩捐事。

3月12日　星期日

晴，晚雨。下午三点钟，开船归。过干巷，若望来趁船。八点钟，抵家。

3月13日　星期一

晴。上午，杂务。下午，至储蓄会，举行第三十八期掣签，即返。伯才来，少坐，去。作信复志儒。夜，观《睫闇诗钞》。花儿唇肿，邀林晋康来一治。

3月14日　星期二

晴。上午，种花。下午，辑《云间诗征》。作信致君彦。观郑樵《通志序》。夜，观《读子卮言》。

3月15日　星期三

晴。上午，观《资治通鉴》。下午，伯才来，即去。作信复莫质誉、刁也白、徐少青。观《通志序》。时舅自松江回来，少坐，去。叔纯来，少坐，去。夜，观《读子卮言》完。

3月16日　星期四

雨。上午,观《资治通鉴》。下午,写《寿萱图序》册页。作信复盥孚。夜,辑《云间诗征》。

3月17日　星期五

晴。上午,至闲闲山庄,晤望舅、时舅。下午,归。在舟观《睫闇诗钞》。夜,复粲君信。观《托尔斯泰传》。

3月18日　星期六

晴。上午,艺兰。复子素信。下午,理发。至南市梢一看驳岸铺路。景伊来,少坐,去。复徐少青信。夜,复陈干臣〔幹丞〕先生信。花儿于今晚起,患寒热。

3月19日　星期日

晴。粲君本定阴历十八日归,以益儿患寒热来信延缓。乃昨天又得信,言益儿所患颇剧,当即饬人请谢子春往诊治。今晨七下钟亦乘快船往松,十二点钟到,至王宅,则益儿于昨日起已渐愈矣。为之大慰。谢子春于下午亦到,诊后,言已无妨碍。粲君亦请其开一调养方。夜,作信致圆妹。

3月20日　星期一

晴。上午,作信季鲁。下午,至典业银行、云间古书处、二酉山庄。得圆妹信,悉花儿寒热已愈。

3月21日　星期二

晴。观《睫闇诗钞》完。

3月22日　星期三

晴。上午九点多钟,乘快船归。下午近三点钟,到家。在船观《托尔斯泰传》完。母亲于前夜起,患寒热,即往邀宪人来一诊。端甫来,少坐,去。君介来,傍晚,去。至花船购碧桃二株。植之后园。夜,致粲君,复子经信。

3月23日　星期四

晴。母亲今日渐愈。上午,校所印《先君哀挽录》。下午,作信致十眉、培孙、辅之,复君定、君彦。夜,作信致粲君,复涤新。

3月24日　星期五

晴。上午,观《资治通鉴》。下午,叔纯来,少坐,去。写《赠张心芜四秩诗》,诗请祝先生代作。夜,观《礼记》。

3月25日　星期六

晴。上午,观《资治通鉴》。下午,叔纯来,少坐,去。二日皆为介绍钱姓售田事。辑《艺文志》。夜,粲君携益儿归。观《礼记》。

3月26日　星期日

晴。上午,清明节祭先。志轩、乐天先生、端甫来,下午,去。观《资治通鉴》。夜,辑《艺文志》。观《礼记》。

3月27日　星期一

晴。上午,观《资治通鉴》。下午,志翔、雷生、伯才先后来,各少坐,去。写存《〈檀弓〉志疑四则杂记》一则。夜,叔纯来,少坐,去。观《礼记》。

3月28日　星期二

晴。上午,观《资治通鉴》。望、时两舅、君介来。下午,至龙沙禅院处扫墓。子冶来,少坐,去。望舅等去。夜,复子经信。辑《艺文志》。

3月29日　星期三

晴。上午,观《资治通鉴》。雷生来,即去。下午,至东小桥扫墓。作信复君定、龙丁。徐时觉、倪志翔来,少坐,去。夜,观《章实斋先生年谱》完。今日大妹携恒甥、珍甥,中妹携菊甥归。

3月30日　星期四

阴,上午微雨。上午,志轩来,即去。至夏人村扫墓,祝先生同去。下午,返。在舟观《四存月刊》。夜,辑《艺文志》。

3月31日　星期五

晴。上午,观《资治通鉴》。徐尹卿来,少坐,去。下午,宪人来诊治大妹,又十洲来,均少坐,去。至金家桥及假山桥扫墓。复望舅信。夜,辑《艺文志》。今夜,延僧众起道场,为先君作佛事三天。

4月

4月1日　星期六

晴。上午,买花。下午,亚雄来,少坐,去。作信复君彦。伯埙来,即去。

4月2日　星期日

晴。上午,观林纾《评选船山史论》完。严希贤来。下午,复时舅信。端甫来,少坐,去。张仲田先生来,少坐,去。叔安、伯承来,少坐,去。君定来。

4月3日　星期一

阴,夜小雨。上午,姚凤贵来卖笔。下午,志轩来,少坐,去。佛事于今夜告竣。君定延僧众来,亦为先君作佛事三天,即于今夜起道场。

4月4日　星期二

阴,有微雨。上午,承粲以岳母大祥之期念经,往松江。复竞南表叔信。望舅、君涉、启明来。下午,时舅、君介来。傍晚,均去，惟君介留。

4月5日　星期三

阴，有微雨。上午，望舅来。下午，君藩来，十洲来，即去。志轩、济川来，夜馔后，去。望舅亦去。

4月6日　星期四

晴。上午，承粲归。君介、君藩去。道场于今夜告竣。

4月7日　星期五

晴，夜雨。下午，伯埙来，少坐，去。同君定走至闲闲山庄。傍晚，至老宅。叶守师、闵瑞师亦在。希贤亦于今日上午至山庄。

4月8日　星期六

阴，晚雨。下午，至闲闲山庄。四下钟，归家。

4月9日　星期日

晴，夜雨。上午，至宗祠举行春祭礼。与祭者二十余人，余司读祝。下午，出，至同泰仁晤伯埙。少坐，又往观上达公司，乃返。君定来。夜，时觉来，即去。

4月10日　星期一

雨。杂务。

4月11日　星期二

晴，晚雨。上午，君定去上海。观《资治通鉴》。下午，至储蓄会。时舅、君介、君藩、希贤亦来，举行掣签后，同出。至邮政局。又至颜新记午馔，并邀天梅来。出，至新开之上达公司购物，乃返。时舅等旋去。夜，观《孟子政治哲学》。

4月12日　星期三

阴，晚雨。上午，至济婴局。今日为斋堂之期。少坐后，至米业公所中诗社。午馔后，返。作信致唐文圃等。又至济婴局宴集。晚,返。夜,观《孟子政治哲学》完。

4月13日　星期四

阴。上午,冲之来,少坐,去。望舅、启明来。下午,时舅、叔明来。志轩来。望舅等均去。志轩去。夜,观《广阳杂记》。

4月14日　星期五

晴。上午,至宪人处,为济川侄关说婚期。少坐,返。辑《艺文志》。下午,宪人来,为花儿、益儿暨诸甥种牛痘。复培孙信。厘定《钓璜堂存稿》卷数。夜观《广阳杂记》。

4月15日　星期六

晴。上午,观《资治通鉴》。复君介信。下午,辑《艺文志》。启明来。夜,看赛会。

4月16日　星期日

晴。上午,君介自松江回来。望舅同孙颂和叔来。下午,同望舅、颂和叔、启明至厚生厂、益泰当宪人处、济婴局、协和当。各少坐,返。君介去。望舅等去。夜,观《丁子居剩草》,乃新印之亡友丁善之诗词也。

4月17日　星期一

晴。上午,分订《古学汇刊》。理发。下午,辑《艺文志》。致季鲁信。夜,观《钱辛楣年谱》。

4月18日　星期二

晴。上午,乘轿至亭林顾家,送拜卿表兄之葬。下午,返。今日为先君生辰。傍晚,致祭。夜,观《钱辛楣年谱》完。

4月19日　星期三

晴。上午,观《资治通鉴》。伯才来,少坐,去。下午,至同泰仁,晤伯埙,坐谈数刻,返。志轩来,少坐,去。辑《艺文志》。夜,观《广阳杂记》。

4月20日　星期四

雨。上午,观《资治通鉴》。复徐时觉信。下午,作信复仲稽,致敏修、葆珊。辑《艺文志》直至夜分。

4月21日　星期五

阴,有日。上午,端甫来,少坐,去。观《资治通鉴》。下午,辑《艺文志》。作信复君彦、冲之,致伯埍。夜,为怀德与思诚写交换田房据各一纸。

4月22日　星期六

晴。上午,乘轿至后岗七吊吴愚亭先生之丧。下午,返。望舅、启明来,少坐,去。辑《艺文志》。宪人来看诸儿牛痘,夜馔后,去。校所印《先君哀挽录》。

4月23日　星期日

雨。上午,观《资治通鉴》。下午,作信复安如、震生、栋材、也白、君藩。辑《艺文志》。夜,观《广阳杂记》。

4月24日　星期一

阴,微雨。上午,观《资治通鉴》。端甫来,少坐,去。公方来,下午,去。志轩来,即去。作信复哲夫、辅之、若望。辑《艺文志》。夜,观《广阳杂记》。

4月25日　星期二

晴。上午,观《资治通鉴》。下午,观杜佑《通典序》。作信复英玮,致君彦。拟为南社事发一通告。叔明来,少坐,去。夜,观《广阳杂记》。

4月26日　星期三

晴。上午,观《资治通鉴》。下午,观《通志序》。作信复十眉,致季鲁。伯才来，即去。君介来，少坐，去。夜，观《广阳杂记》。

4月27日　星期四

晴。上午，母亲携花儿往高宅。大妹携恒甥亦去。观《资治通鉴》。下午，至同泰仁，候伯坝。在沪未归。又至叔纯处，亦不值，即返。誊《艺文志》稿。冲之来，少坐，去。十洲来，即去。观《通志·校雠略》。夜，观《广阳杂记》完。

4月28日　星期五

雨。上午，同圆妹至高宅。今日为外祖母俞太夫人七十冥庆。傍晚，归。在舟观《欧洲文艺复兴史》。夜，致君定信。渠今日自沪归，曾至余家，适与相左也。

4月29日　星期六

阴。上午，叔纯来。同至钱家看月季花，少坐，返。下午，冲之来，少坐，去。观《马端临文献通考序》。作信复君彦等。十洲来，即去。夜，观《欧洲文艺复兴史》。

4月30日　星期日

晴。上午，观《资治通鉴》。下午，时舅来。同至留溪学校。今日为张南北学款事，在此开会。拟晤冲之。到时已散会，不值。乃至共和楼，晤焉。少坐后，同至家。冲之旋去。余又同时舅至协和当，候景伊，不值。出，至天梅处，少坐，返。时舅即去。复敏修信。夜，复十眉、季鲁信。观《欧洲文艺复兴史》完。

5月

5月1日　星期一

阴，下午雨。上午，观《资治通鉴》。冲之来，即去。下午，伯才、雷生先后来，即去。校观《易卜生集》。

5月2日　星期二

阴。上午，观《资治通鉴》。下午，至同泰仁，晤伯埙，少坐，返。母亲携花儿归。大妹携恒甥亦归。作信致培孙。校《章氏遗书》。夜，翻阅《西堂诗稿》，辑入《金山文征》中。

5月3日　星期三

晴。上午，作信致时舅、君介。观《资治通鉴》。下午，校所誊《〈释柯集〉补》。邀宪人来，为诸儿牛痘后开化毒方，少坐，去。伯才来，即去。校《章氏遗书》。作信复佩忍，致子素。夜，复徐信符信。观《礼记》。今日三妹去上海。

5月4日　星期四

雨。上午，观《资治通鉴》。复君介信。下午，校《南社社友通讯录》。十洲、志轩来，各少坐，去。夜，复十眉，致季鲁信。高吟舅母前曾来数次，为君宾与圆妹说亲。今又来，母亲允之。介绍人又有祝慎旂、叶漱润二先生。

5月5日　星期五

阴。上午，翻阅《古文斫》。观《资治通鉴》。下午，校《章氏遗书》。伯才来，少坐，去。辑《艺文志》。致十眉信。夜，复季鲁信。观《礼记》。

5月6日　星期六

阴。上午，观《资治通鉴》。下午，抄《史记评抄》。时舅、君介同费龙丁、金兰畦来。少坐后，同至上达公司。又至天梅处。傍晚，返。天梅亦来。夜馔后，均去。今日立夏，秤人得九十二斤。

5月7日　星期日

晴。上午，观《资治通鉴》。周书楼丈来，午饭后，去。作信复敏修、君懿,致锡纯,又复蓬洲。校《章氏遗书》。夜,翻阅《五茸志逸》《芸窗杂录》《说梦》。

5月8日　星期一

晴。上午,观《资治通鉴》。校《章氏遗书》。下午,草《刘献廷传》。伯才来,即去。作信复济川、震生、十眉、君彦。夜,观《史地学报》。

5月9日　星期二

阴,有雨。上午,观《资治通鉴》。下午,校所印《先君哀挽录》。伯才来,少坐,去。三妹自上海回。作信复君懿、栋材。夜,观《史地学报》。

5月10日　星期三

阴,夜雨。上午,观王船山《读通鉴论》。下午,草《刘献廷传》。伯才来,即去。作信复时舅,致天梅及干臣〔幹丞〕先生。至南市梢一看驳滩。夜,观《史地学报》。

5月11日　星期四

晴。上午,观《读通鉴论》。下午,至储蓄会,举行第四十期掣签。时舅亦来,出,同至天梅处,不值,返。君介同兰畦来。导江来。傍晚,均去。夜,观《史地学报》。

5月12日　星期五

晴。上午,为亩捐事,至天梅处。即致时舅一信。出,至米业公所中剑鸣诗社。今日为余值课。下午,出,路晤时舅。又至天梅处,坐谈良久,同出。至叔安处,旋返,时舅亦去。夜,观《史地学报》。

5月13日　星期六

晴。上午,观《读通鉴论》。下午,作信复迪前、英玮。思草

《昭明墓碣》。伯才、端甫先后来，各少坐，去。夜，观《史地学报》。

5月14日　星期日

晴。上午，理发。叔纯来。重写《钱古训契》。午饭后，去。中妹携菊甥去周宅。校《莫廷韩诗》抄本与刻本。志轩来，少坐，去。作信复十眉、季鲁。宪人来治恒初寒热，即去。夜，校所誊《金山文征》。

5月15日　星期一

雨。上午，校《莫廷韩诗》。致君介信。下午，伯承来，少坐，去。草《昭明墓碣》。君藩自松江回来，少坐，去。夜，观《史地学报》。

5月16日　星期二

晴。草《昭明墓碣》成。理行箧。下午，志轩来，即去。夜，观《史地学报》。

5月17日　星期三

晴。粲君怀孕，仍拟〔在〕沪分娩。今日偕往，并携益儿。上午九点钟开船，下午三点钟到松江。即至王宅。至云间古书处、二酉山庄、典业银行一回。夜，致君彦信。在舟观《陈忠裕集》中诗。

5月18日　星期四

晴。上午，同乘九点钟火车往上海。到后，先至均益里季鲁处。午馔后，至寓所。在均益里对门，福寿里以前六百四十二号。安排妥帖后，发圆妹、君定各一信。

5月19日　星期五

晴。上午，至永安公司、宝成银楼、商务印书馆等处。下午，君定、济川来，坐谈良久，去。作信复圆妹，致仲稽。往沪宁站候朴庵，庆祥里候龙丁，均不值，即返。君定、济川又来，言途遇陈梅心，欲约会。乃与夜馔后，同往沪台旅馆，候之，不值。出，至朝记书庄等处一回后，君定、济川去。余又往沪台晤焉，并晤同来之张超然，谈亩捐事。少坐，返。

5月20日　星期六

阴。上午，至大马路剪衣料，又至古书流通处。下午，至竞雄女校，候十眉，坐谈数刻。出，至国光书局一回，乃返。十眉偕朱剑芒来，少坐后，同出。余至悦宾楼，应陈梅心招饮。九下钟，返。

5月21日　星期日

晴。上午，至信昌当。君定、济川原约在此相晤，已先到，并晤闵季方。午饭后，同出，走棋盘街一带。又至仝羽春啜茗，五芳斋吃点心。又至小有天定座，招宴陈梅心等。余乃回来一次。傍晚，至小有天。席上君定、济川、季方、梅心外，为张莲汀及洁身、子素、君湘。九点多钟席散，即返。致圆妹信。

5月22日　星期一

阴，上午雨。上午，翻阅王瑈湖诗稿，辑入《金山文征》中。下午，致震生信。至沪宁铁路编查课，候朴庵，并晤惠生。庆祥里候龙丁，并晤松龄。各少坐，返。誊《昭明墓碣》。仲稽来，夜饭后，去。翻阅《簠斋尺牍》。

5月23日　星期二

晴。上午，至季鲁处。并同仲稽至露沙医院，候陆露沙及陆清芝女医。少坐，返。下午，至博古斋、中华书局、永安公司。露沙、清芝来诊治粲君，即去。傍晚，同季鲁至华商旅馆，候仲稽。出，至悦宾楼夜馔，旋返。

5月24日　星期三

雨。上午,至振华旅馆,候望舅、时舅。少坐后,同至古书流通处,寻别去。余又至中华书局一回,乃返。下午,作信复圆妹、慎旃、培孙,致伯华。翻阅《萧敬孚类稿》。夜,至季鲁处斗牌二局。

5月25日　星期四

雨。上午,翻阅唐子《潜书》。下午,作信复圆妹及爱椿。观《学衡》杂志。夜,季鲁来,谈数刻,去。

5月26日　星期五

雨。上午,观《学衡》。下午,走近段马路。同粲君至季鲁处斗牌。夜,返。

5月27日　星期六

阴。上午,至邮政总局回信。出,至中华书局、蟫隐庐,而返。午刻,至宝利饭店,应培孙之招,并晤乃乾。出,至古书流通处及功德林、佛经流通处,寻别去。余又至先施公司一回,即返。至龙丁处,少坐,返。至季鲁处斗牌。闻君定、君湘、济川来寓,即返。君湘少坐,去。君定、济川夜饭后,去。

5月28日　星期日

阴。上午,同季鲁至北京路购书橱,即返。至丰昌当。午饭后,同君定、君湘、莲汀至震旦学院,候平庵,不值。出,至徐家汇相一地皮,思购之。又至暨南学校商科,候震生,少坐,返上海。君湘、莲汀别去。余同君定至群益书社及商务印书馆,余先行,又至来青阁,乃返寓。

5月29日　星期一

阴。上午,观《学衡》。作信复圆妹及爱椿,致敏修、君介。下午,至永安公司。出,至中华书局印刷所,候辅之,竞雄女校候十眉,均不值,乃返。誊《昭明墓碣》。夜,至季鲁处斗牌一局。

5月30日　星期二

阴,有雨。上午,重行收拾房间。下午,作信复君彦、文圃,致中妹。十眉来,坐谈数刻,去。夜,至季鲁处斗牌二局。

5月31日　星期三

晴。上午,观《学衡》。下午,至来青阁,晤培孙、乃乾。少坐后,至同芳居啜茗,并晤钟韵庵,坐谈数刻。出,各别去。余又至商务印书馆、蟫隐庐、朵云轩而返。夜,济川来,少坐,去。致伯华信。

6月

6月1日　星期四

晴。上午,作信复圆妹及敏修、信符,致天梅。下午,至成记理发。出,至商务印书馆、国光书局、博古斋。又至哈同路,候辅之,少坐。出,至竞雄女校,候十眉,不值。出,至先施、永安两公司,乃返。平庵来,即去。抄焦袁熹文一首。夜,君湘来,少坐,去。季鲁来,坐谈数刻,去。

6月2日　星期五

晴。上午,复君宾信。下午,至沪宁铁路编查〔科〕,晤朴庵。少坐后,出,至朵云轩、来青阁、博古斋而返。夜,观《学衡》。

6月3日　星期六

晴。前得圆妹信悉母亲于初三日起,稍有寒热。今上午十时又得信悉寒热仍未凉,乃乘下午一点二十分钟火车返松江。到后,即至典业银行,嘱其唤一划船。又至王宅恳仲稽夫妇往沪相伴粲君。四点钟开船,九点钟抵家。

6月4日　星期日

晴。上午,延宪人来诊治。母亲前已诊三次,又昨延谢子春,今亦到。均午饭后,去。服子春药。公方于上午来,下午去。志轩来,少坐,去。望舅来。

6月5日　星期一

晴。前夜往延松江郑子松,今晨到。诊治母亲后,言症系湿温发疹,尚无大碍,惟风头未过耳。即服其药,渐见效。子松先生下午去。中妹归。迪前同来。志轩来,即去。伯埙来,下午去。子翰来,即去。时舅来,傍晚去。得仲稽自上海来信悉粲君于初八日晚已产一男,大小均吉,当复一信。

6月6日　星期二

晴。上午,延宪人来诊治母亲,药则仍服郑医。君懿来。端甫来。下午,伯埙来,少坐,去。端甫去。子贞、志轩、亚雄先后来,各少坐,去。作信致十眉,以南社将于是月既望举行雅集于半淞园,余以母病,不能赶到,托其料理一切。迪前于今晨去。

6月7日　星期三

晴。上午,延宪人来诊治母亲,即服其药。下午,伯埙、景伊来,少坐,去。伯承来,少坐,去。作信致粲君。君定自上海归来。

6月8日　星期四

晴。母亲之病疹,发已多,而热势日间尚盛。今日仍请宪人于上午来诊治,并遣人再邀郑子松先生。时舅同憩南来。下午,叔纯来,少坐,去。景伊来,少坐,去。望舅、时舅、憩南去。得季鲁信,报告粲君生产情形,经过颇险,得转危为安,当复一信。又致十眉信。

6月9日　星期五
晴。

6月10日　星期六
晴。

6月11日　星期日
晴。

6月12日　星期一
晴。

6月13日　星期二
晴。下午,迪前去。

6月14日　星期三
晴,夜雨。上午,君介来,即去上海。

6月15日　星期四
晴,夜雨。下午,君定去。

6月16日　星期五
晴。今日为母亲首七之期。上午,天梅来吊,即去。下午,志轩来,即去。君定来。

6月17日　星期六
晴。上午,君定去上海。

6月18日　星期日
晴。今日夏至节,祭先。

6月19日　星期一
阴,有雨。

6月20日　星期二

雨。上午,作信致时舅,以哀启奉阅。

6月21日　星期三

阴,有雨。上午,作信致望舅,以哀启奉阅。下午,作信复简敬、英玮。

6月22日　星期四

阴。上午,作信复粲妹及十眉。下午,搜集先代事迹,思有所述作。

6月23日　星期五

晴。今日为母亲二七之期。上午,望舅、君介来。下午去。作信复粲妹。

6月24日　星期六

晴,下午雨。今日为母亲回阳之期,延羽士诵经款十殿。上午,时舅来。下午,去。

6月25日　星期日

晴,晚雨。

6月26日　星期一

雨,下午阴。

6月27日　星期二

阴,晚雨。上午,搜集先代事迹。下午,复粲妹信。

6月28日　星期三

雨。下午,复粲妹信。今夜,延羽士起道场,为母亲礼忏三天。

6月29日　星期四

雨。上午,为母亲诵《金刚经》。下午,诵《心经》。观《印光法师文钞》。

6月30日　星期五

晴。今日为母亲三七之期。上午，钱伯埙、庄君达来吊，即去。卓庵来。志轩来。时舅、君介、君湘来。下午迪前携菊畦来。卓庵、时舅等均去，志轩亦去。

7月

7月1日　星期六

晴，夜雨。上午，为母亲诵《金刚经》《心经》。道场于今夜圆满。

7月2日　星期日

雨。下午，复粲妹信。大妹携恒初去高宅。

7月3日　星期一

阴，有雨。观《印光法师文钞》。下午，复子素信。

7月4日　星期二

阴，有雨。上午，花儿以觉喉痛，有白点，往松江诊治。由玉嫂嫂与远妹伴去。下午，致粲妹信。

7月5日　星期三

雨。观《印光法师文钞》。今夜，延僧众为母亲作佛事三天。

7月6日　星期四

阴，有雨。观杨仁山居士《等不等观录》。上午，大妹归。下午，花儿归，喉症已愈，到松由焦相宗诊治也。复粲妹信。

7月7日　星期五

阴，有雨。今日为母亲四七之期。上午，迪前去。君湘来。

下午,君定自上海回来。君湘去。复粲妹信。

7月8日　星期六

晴。下午,济川来,少坐,去。端甫为济婴局事,来进内一谈,即去。君定去。佛事于今夜告竣。

7月9日　星期日

晴。理账。

7月10日　星期一

晴。承粲携益儿及新生儿归。怨乎痛哉! 我母自昭儿之殇,含怨无已。三年以来,日夜所希冀者,惟在不孝之续生男子。卒得此,奈何我母竟知之而不及见之耶! 我母曾言,我虽舍生而达,我目的亦所愿也。今儿生,而母卒,岂我母平日之暗中有所祈祷耶! 使母而在,儿生之后,母必往沪。今日儿归,母必欢甚。虽我父已弃养十月,然可还我家庭之一半原状。自后,母必开怀。奈何儿生在母病,儿归竟母已长逝耶! 见此儿之啼哭,益痛我母不置。名儿曰念祖,使其永念祖父母之大德于无穷。至冥冥有知,虽死之日,犹生之年。我父母之灵必赫赫在上,定亦含饴欢乐而慰平生也。

7月11日　星期二

晴。

7月12日　星期三

晴。君定来。

7月13日　星期四

晴。

7月14日　星期五

晴。

7月15日　星期六
　　晴。

7月16日　星期日
　　晴。

7月17日　星期一
　　晴。

7月18日　星期二
　　晴。

7月19日　星期三
　　晴。

7月20日　星期四
　　晴。延平湖报本寺僧众来诵经、礼忏八永日。分作二堂，为母亲六七、终七之期超升。今夜起道场。

7月21日　星期五
　　晴。今日为母亲六七之期。君介、君藩、君宾下午均去。

7月22日　星期六
　　晴。

7月23日　星期日
　　晴。今夜放焰口散。道场明日起，再念五日。

7月24日　星期一
　　晴。

7月25日　星期二
　　晴。

7月26日　星期三
　　晴。祝慎旃暑假回去。

7月27日　星期四

晴。

7月28日　星期五

晴。今日为母亲终七之期。望舅、君介、君湘、君宾来。晚饭后,均去。夜,道场圆满。

7月29日　星期六

晴。上午,同圆妹、君定、远妹,携花儿至夏人村坟上焚一纸屋于我父母生域之左面后方。此屋为望舅所增于我母者,我母生前乐乡居。冥冥有灵,实式凭之。前,我父故后,焚一纸屋在左面之前。

7月30日　星期日

晴,晚小雨。

7月31日　星期一

晴,有小雨。上午,君定去。念祖双满月剪发。下午,复病蝶信。

8月

8月1日　星期二

晴。下午,作信复君懿、君定、志儒、子素,致十眉。

8月2日　星期三

晴。理书。

8月3日　星期四

晴。上午,古如、冲之来,垂商建筑第二高小校舍事,少坐,去。下午,济川来,少坐,去。复卓然信。

8月4日　星期五

　　晴。

8月5日　星期六

　　晴。

8月6日　星期日

　　忽晴忽雨,夜大风。延僧众于今夜起道场,作佛事三天,为母亲超度。

8月7日　星期一

　　晴。

8月8日　星期二

　　晴。今日为母亲弃养六十日之期。君平、君定、君介、君湘、君宾来,晚去,君定留。

8月9日　星期三

　　晴。迪前去。道场今夜圆满。

8月10日　星期四

　　晴。

8月11日　星期五

　　晴。

8月12日　星期六

　　晴,夜大风。上午,理前日旅沪时所购之书。下午,复子素信。

8月13日　星期日

　　阴,有小雨,大风。

8月14日　星期一

　　阴。君定同大妹、二甥去。

8月15日　星期二

晴。上午,校《艺海珠庆尘》。下午,君介、君宾来,晚去。时舅自松隐回来,夜饭后去。

8月16日　星期三

晴。上午,致辅之信。下午,致弘一和尚信。弘一为老友李叔同法号。自其出家后,消息久杳,近忽讫温州庆福寺寄来经卷数种。余遭大故,方思搜集经典,洪扬佛化,以资我先人冥福,以自忏悔。而适以经卷寄下此中,盖有因缘在矣。

8月17日　星期四

晴。上午,写米捐收条。下午,作信复冷生、了公。君湘自上海回来,少坐,去。今日邀宪人来治益官小疖。

8月18日　星期五

晴,夜雨即止。上午,复卓然信。下午,复屯艮、病蝶,致天梅、十眉信。

8月19日　星期六

乍阴乍雨。遇录封衡甫所校《张堰志》。下午,莫古如同朱玉田来,为金姓写恤愿愿即去。复绣鸿妹信。夜,观《学衡》。

8月20日　星期日

晴,夜有雨。上午,校《朱泾志》误字。下午,复君定信。夜,观《学衡》。

8月21日　星期一

晴。上午,复君介信。下午,辑《大雅集》。复子素信。济川来,少坐,去。夜,翻阅书贾李爱椿送来旧书。

8月22日　星期二

晴,有微雨。上午,辑《大雅集》。下午,作信复杨友于及孙颂和叔,又致迪前。

8月23日　星期三

晴,有雨点。上午,翻阅《古文辞类纂》。下午,观《印光法师文钞》。伯才来,少坐,去。夜,观《学衡》。

8月24日　星期四

晴。上午,观《印光法师文钞》完。下午,黄景伊、顾回澜先后来,各少坐,去。

8月25日　星期五

晴。上午,校对录存之母亲挽辞。下午,复君介信。钱卓然来,少坐,去。今夜,延龙沙禅院僧众来起道场,为先君作佛事三天。

8月26日　星期六

晴。大妹归。时舅来,晚去。

8月27日　星期日

晴,夜大雨。今日为母亲小祥之期。此一年中,怨思无已,而我母又弃养。块然人世,每一回思,毛发悚然。迪前、君定、君介、君宾来,下午,均去。

8月28日　星期一

雨,不甚大,夜止。上午,观《丁氏一家言》中日记一斑。下午,观《皕宋楼藏书源流考》。佛事于今夜告竣。

8月29日　星期二

晴。上午,方冲之母夫人来,商借其幼子学费。公竞来。下午,观《王先谦自定年谱》。景伊来,即去。公竞去。

8月30日　星期三

晴。上午,亚雄来,少坐,去。下午,理发。十洲来,即去。

8月31日　星期四

阴,有小雨,夜大风。上午,复叶守师信。为圆妹文定之期。原定八月初二,今又猝遭大故,须缓至母亲小祥之后。致君介信。下午,观《王先谦自定年谱》。夜,同。

9月

9月1日　星期五

雨,夜。上午,中元节祭先。下午,誊弘一和尚来信。作信复君彦。观《王先谦自定年谱》至夜毕。

9月2日　星期六

雨。誊弘一和尚来信。

9月3日　星期日

阴。上午,誊《金山艺文志》。下午,涤新、钻坚先后来,各少坐,去。理南社账。

9月4日　星期一

晴。上午,大妹往高宅。至镇上踵谢,计有六十一家,见其主人者二十五家。下午,复冲之信。誊《艺文志》。理张泾河工财政大纲。

9月5日　星期二

晴。写书目。夜,君湘来信,告闵瑞师在高宅,明日欲来吊唁。余以明日往金山卫拈香,复信托为辞谢。

9月6日　星期三

晴。上午三点钟,同圆妹登舟,开往金山卫,黎明到。至城隍庙,为母亲拈香。出,至徐尹卿处踵谢,又谒大成殿。乃即登舟。

下午返,三点钟抵家。

9月7日　星期四

晴,夜有雨。上午,君定来。下午,去。

9月8日　星期五

晴。上午,作信复徐信符、子素。下午,望舅来,少坐,去。志轩来,少坐,去。夜,观《学衡》。今日祝先生来开学。

9月9日　星期六

晴。上午,中妹携两甥往周宅。至北河沿新桥沈家吊曾祖舅母,即返。下午,陆焕然来领教育米捐,即去。伊新任学务委员也。誊《艺文志》。夜,观《史地学报》。

9月10日　星期日

晴。誊《艺文志》。下午,志轩来,即去。

9月11日　星期一

晴,夜雨。誊《艺文志》。下午,复仲稽信。

9月12日　星期二

雨。誊《艺文志》。下午,作信复君彦,致敏修、季鲁。夜,观《史地学报》。

9月13日　星期三

阴,有雨。誊《艺文志》。夜,观《学衡》。

9月14日　星期四

阴,有雨。上午,誊《艺文志》。下午,涤新来,少坐,去。君介自松隐归来,夜饭后,去。

9月15日　星期五

晴。下午,望舅、君宾来,即去。今夜,延羽士起道场,为母亲作法事三天。

9月16日　星期六

晴。大妹归。中妹携菊甥归。望舅、君介、君宾来，晚去。

9月17日　星期日

晴。今日为母亲弃养百日之期。望舅、君介、君宾来，下午，均去。

9月18日　星期一

晴，下午雨。道场今夜圆满。大妹去高宅。

9月19日　星期二

阴。上午，中妹携菊甥往亭林。写米捐收条。复伯埙信。下午，雷生、涤新先后来，各少坐，去。作信复佩忍，致十眉、君彦。

9月20日　星期三

晴。往外家踵谢。上午到老宅，下午到新宅。又朱乐天先生在老宅教读，廊下朱家迁在新宅。金兰畦在，亦朱家教读，并谢焉。傍晚，返。君定以病，自上海回来。志轩来。夜饭后，均去。

9月21日　星期四

晴。编校《思玄集》。

9月22日　星期五

晴。上午，往五区头冯家三房踵谢。下午，至何家各房踵谢。途，又至亭子桥顾家踵谢。抵家已傍晚。

9月23日　星期六

晴。上午，乘轿往亭林周家踵谢。下午，至顾家共四房及丁家踵谢。出，又至周家少坐，乃返。夜，作信复十眉。

9月24日　星期日

晴。上午，至实枚山庄。今日为外家宗祠秋祭之期，转往一拜，亦以寄我念母之忱云尔。下午，返。

9月25日　星期一

雨。上午，钻坚来，少坐，去。下午，作信复黄琼堂、伯琦、弘一和尚。十洲来，即去。

9月26日　星期二

阴。上午，往陈家浜陈家、侯家踵谢，即在侯家午馔。馔后，至李家踵谢，乃返。复陆善初信。唐吟庵丈及志轩先后来，各少坐，去。夜，复栋材信。

9月27日　星期三

雨。上午，校《商榷集》。下午，作信复徐少青、屯艮，致培孙。夜，观《学衡》。

9月28日　星期四

雨。上午，叔纯携张氏待鬻书画来看。午饭后，去。余选购王顼龄书扇面三页，冯宝田书立轴一张，费二千金。校《商榷集》。抄存沈藁《琴清堂集》中诗数首。夜，录存信稿。

9月29日　星期五

雨。上午，至楼屋陈季梅处踵谢。少坐后，至干巷俞道生、莫叔略、宣子宜处踵谢。在道生处少坐，书略、子宜均不在。随于船中午馔后，开归。在船观《史地学报》。

9月30日　星期六

雨。上午，校所誊王凤娴之《焚余草》。校《思玄集》。下午，十洲、志轩先后来，各少坐，去。复君彦信。写《怀旧楼丛录》。夜，观《史地学报》。

10 月

10月1日　星期日

　　雨。上午,理书。翻阅笔记类。下午,作信复信符,致十眉。草《张堰镇重建大街氅石记》。

10月2日　星期一

　　阴。上午,唤船往朱泾。九下钟开,下午三下钟到。即至林憩南处踵谢。少坐后,出,至吴一青处,不在,仍返林家。夜馔后,返船上宿。

10月3日　星期二

　　晴。上午,开船往吕巷。至冯家踵谢,即返船。午馔后,开至廊下,至朱家、蔡叔明处踵谢,少坐。出,至何震生处,不在,即登船开归。到家已夜。在船观《史地学报》。

10月4日　星期三

　　阴,下午雨。上午,至官桥侯家踵谢。到已午刻。午馔后,出,至靖江王庙拈香,乃返。在舟观《东西文化及其哲学》。夜,复君定信。

10月5日　星期四

　　阴。上午,志轩、十洲先后来,各少坐,去。下午,校《焚余草》。志轩又同焕然来,少坐,去。

10月6日　星期五

　　晴。上午,同圆妹、远妹携花儿至高宅。午饭后,余至南莫厍莫伯筹处踵谢,伯筹不在,少坐。至秦山,候圆妹等来后,开船至河泾湾。圆妹等上岸,先去归。余则走至子母地沈伯才处踵谢,少坐,返河泾湾,仍坐船归。在船观《陈忠裕集》中诗。

10月7日　星期六

晴。上午,至张仲麟处踵谢,不晤。至马棚镇张养贤处踵谢,少坐。在船午饭后,又开至北仓周书楼丈处、大石头沈秋如叔处各踵谢,乃返。在船观《东西文化及其哲学》。十洲来,少坐,去。夜,作信致望舅,为推荐十洲之弟剑寒至益泰中。

10月8日　星期日

晴。上午,乘轿至新街张忍百处及典当桥张剑士处踵谢,各少坐。返家,适午馔也。下午,杂务。亚雄来,少坐,去。

10月9日　星期一

阴。上午,坐船至严希贤处踵谢。午饭后,开至松隐。往杨瑞清处踵谢,不值。又开至石湖泾,往钱卓然处踵谢,亦不值。乃开至松江,以风水不顺,到已七下钟。即往王家踵谢,遂宿焉。在船汇订《四存月刊》。

10月10日　星期二

晴。上午,至典业银行张敏修处踵谢,并晤君藩。遂留午馔,馔后,至云间古书处。出,至图书馆,晤君彦。坐谈良久,返王宅。余新购频迦精舍所印《大藏经》全部捐置松江图书馆中,以供众览借。此区区宏扬佛化之心,以超度我先父母及亡故诸儿女也。

10月11日　星期三

晴。至上海,寓均益里一百十一号楼上。前日托季鲁所借也。缘术者,讫今年家宅不吉,将使粲君携念祖等随时住之。

10月12日　星期四

阴,下午雨。上午,至闵南轮船公司乔念椿处踵谢,少坐。出,至国光书局、博古斋,乃返均益里午饭。饭后,至竞雄女校,候十眉,不晤,晤寄尘,少坐。出,至振华旅馆,与瑞先生、君藩谈话良久。君定亦来。傍晚,出,至长乐茶园,与外舅、季鲁相会,同往功德林夜馔。馔后,余又往四马路购物,乃返。

10月13日　星期五

阴,上下午均有雨,即止。上午,至大马路一乐天啜茗。原约季鲁即来此,同去买物,乃候之良久不到,乃至振华旅馆,晤君藩、君定。少坐后,君藩同莲汀先至功德林。余同君定至先施公司购物后,亦至功德林,又约平庵来到,乃用午馔。馔后,余即返均益里,乘三点多钟火车回松江。君藩同车。到后,至王宅。

10月14日　星期六

晴。上午近十点钟,乘快船归。下午近三点钟,抵家。志轩来,少坐,去。夜,致君彦信。

10月15日　星期日

晴。迪前与中妹自上海回来。

10月16日　星期一

阴,下午雨。至东宅,为济川将结婚。

10月17日　星期二

阴。上午,大妹携二甥归。今日为济川侄与何宪人之女公子振玉结婚之期。本为余所介绍。至东宅及宪人处。其结婚时,介绍人用印,余以在制,托祝慎旃代之。

10月18日　星期三

阴,有雨。仍至东宅。

10月19日　星期四

晴。上午,君宾来。下午,子峰来,少坐,去。商会为曹少云开追悼会,前去一奠,即返。作信复乐天先生。君宾去。

10月20日　星期五

晴。上午,作信复君定、培孙、乃乾。下午,作信复君宾、栋材,致怒庵、寿祺。济川偕其新夫人来,少坐,去。夜,翻阅《然脂余韵》。

10月21日　星期六

晴。上午,志轩来,即去。至五区头冯宅七吊八舅母之丧,下午返。抵家已晚。在舟观《学衡》。

10月22日　星期日

晴。上午,志轩来,即去。下午,迪前去。贞甫伯来,少坐后,同往河西。先至子翰处,望其疾。出,至志轩、子峰处,调解其家事,直至夜分而返。

10月23日　星期一

雨。上午,写书目。下午,宪人来,少坐,去。作信复君彦、伯琦、心侠、菊生。夜,观《乐志簃》论文随笔一卷。

10月24日　星期二

雨。上午,复信符信。下午,理寄广州购归之《广雅丛书》。夜,观《学衡》。

10月25日　星期三

晴。上午,校所誊《母亲挽幛》。下午,望舅同乐天现在来,傍晚,去。夜,观《半月》杂志。

10月26日　星期四

晴。上午,作信复君定。下午,伯承、杏林同开教和尚(即姜修士)来,为兴修漕泾位育禅院募捐,即去。顾回澜来,即去。志轩来,少坐,去。夜,校《释柯集》。

10月27日　星期五

晴。上午,至五区头冯宅,应雅芬表妹等招。为八舅母故后已立嗣外,须邀亲族商酌。尚有善后各事。望舅亦在。今日本拟归家,以谈话未了,遂留。

10月28日　星期六

晴。上午,归。望舅同舟,至孔家阙上岸。抵家已过午。伯才来,少坐,去。收拾行箧。

10月29日　星期日

晴。偕粲君,携花儿、益儿、念祖往上海。上午九下钟开船,下午二下钟到松江。即至王宅。在船观《天放楼集》,乃金松岑新印之诗也。

10月30日　星期一

晴。上午,观《天放楼诗集》完。作信复培孙,致君介。下午,至云间古书处及二酉山庄。又至图书馆,候君彦,不值,即返。夜,致圆妹信。

10月31日　星期二

晴。上午,观杨古酝先生未刊文稿。下午,同粲君等乘二点四十分钟火车往上海。到后,寓爱而近路均益里一百十一号楼上。夜饭至季鲁处。

11月

11月1日　星期三

晴。上午,至大同学院,晤君定。近午,出。至国光书局、朝记书庄,乃至四如新用点心。未刻,至同芳居,约培孙在此。少顷,来,乃乾亦来,茗谈至申刻,散。余又一至商务印书馆而返。君定来,傍晚,去。夜,至来青阁,即返。

11月2日　星期四

晴。上午,至西泠印社购书,即返。下午,偕粲君携花儿至永安、先施两公司、宝成银楼购物。在先施晤平庵伉俪,同至马玉山公司。别去后,余等又至五芳斋吃点心。返已傍晚。夜,至季鲁处。适君湘来候,少坐,去。季鲁夫人及陆青子、杨雪瑶邀作手谈,夜午而散。

11月3日　星期五

晴。上午九点钟,乘火车回松江。到后,即乘快船回张堰。下午三点半钟,抵家。君介、君宾来,少坐,去。夜,君介又同时舅、憩南来,少坐,去。盖近日镇上方悬灯演剧,彼等来观也。

11月4日　星期六

晴。上午,至济婴局。今日斋堂。近午,返。下午,君介、君藩、君宾、卓庵、兰畦、履仁来,少坐,去。伯凝、十洲先后来,即去。夜,观柳亚子之《蓬心草》。今日,大妹携恒初同圆妹往上海。

11月5日　星期日

晴。上午,杂务。下午,作信复乃乾,致粲君、君定。时舅来。少顷,倪仰之来,谈亩捐事,傍晚后,先去。夜,观《蓬心草》完。今日周甥女、菊畦几岁。

11月6日　星期一

晴。上午,校《思玄集》。公方来。下午,十洲来,即去。子峰来,少坐,去。复安如信。

11月7日　星期二

晴,夜雨。校《思玄集》。上午,君介自松隐归。来午饭后,即去。公方去。夜,观《蜕私轩集》,乃姚仲实之诗文新寄,北京购归。

11月8日　星期三

晴。上午,写米捐收条。下午,封发《先君哀挽录》。志轩来,少坐,去。子峰来,为关说此间与子翰调换田地事,少坐,去。夜,观《东方杂志》。

11月9日　星期四

晴。誊《金山艺文志》。下午,复粲君信。夜,观《学衡》。

11月10日　星期五

晴。誊《金山艺文志》。上午,复君介信。下午,复君彦信。夜,观《荛圃藏书题识》。

11月11日　星期六

晴。上午,誊《金山艺文志》。作信致君介。大妹、圆妹、恒初归。下午,誊《艺文志》。作信致敏修。朴庵自上海归来,少坐,去。景伊来,少坐,去。夜,致粲君信。观《复礼堂文集》,乃吴县曹元弼撰,经师之文也。

11月12日　星期日

晴。上午,誊《金山艺文志》。下午,望舅自松江回来,少坐,去。涣然来,少坐,去。至商会为会议筹办救火会事,少坐,返。至市公所应沈叔安招饮赏菊。同席为贞甫伯及伯埙、馨山、古如、云生、端甫、宪人、粹中、迪先。夜八点钟,返。

11月13日　星期一

晴。上午,中妹携菊甥去周宅。誊《金山艺文志》。下午,伯才来,少坐,去。作信复君介,致君定、公渡。夜,观《藏书题识》。

11月14日　星期二

雨。上午,誊《金山艺文志》。下午,作信复君介,致洁身。伯才来,少坐,去。粲君携花儿归。夜,观《藏书题识》。

1923 年

1月

1月1日　星期一

晴。昨夜,到朱泾。上午九下钟,上岸。至钟家寓,晤黄伯钦、叶韵兰,同至草棚啜茗。少坐后,同伯钦至藏书阁,晤黄芳墅等。午刻,蔡绿琴邀至逸楼午馔。同席尚有伯钦及丁迪光。馔后至明伦堂。二下钟,开恢复县议会成立大会。出席者,议员及参事员,共计十五人。四下钟散会。出,至憩南处,不值。回至船上,少顷,憩南来,少坐,去。又上岸,至聚兴楼啜茗。晚至顺源馆聚餐。散后,又至聚兴楼啜茗。九下钟,返船。作信复望舅,致圆妹及沈叔安。

1月2日　星期二

晴。上午,至草棚啜茗。出,至憩南处即午馔。馔后至议会,开谈话会。傍晚,散会。至钟家寓,遂夜馔。馔后至草棚啜茗。九下钟,返船。观杨古酝先生《崇雅堂文稿》。此皆未行刊入《苏庵集》内之作,雷君彦嘱余为之选定,将以付梓也。

1月3日　星期三

晴。上午,至钟家寓,晤伯钦、韵兰,遂用午点。点后,至两宜斋,即出。至议会,开大会。先签定席次,余在十一席。四下钟散会,至逸楼下啜茗。傍晚,即邀同座卓然、志林、阶山、桂莲、伯寅至楼上夜馔。馔后,又至楼下啜茗。九下钟,返船。写连日日记。作信致君彦。

1月4日　星期四

晴。上午八点钟,开船。在船作信致圆妹、时舅。下午二点钟,到松江。即乘火车往上海,至均益里寓庐。车上晤沈道非先生。

1月5日　星期五

晴。上午,君湘来。作信致中妹及李仲篯。下午,君湘去。又小舅母前日来此,今亦回去。至信昌当,晤子素。出,至朵云轩、蟫隐庐、商务印书馆、来青阁、博古斋,又至振华旅馆,晤瑞师。傍晚,返。君定来,夜饭后,坐谈。近九点钟,去。复仲稽信。

1月6日　星期六

晴。上午,至沪宁铁路编查课,晤朴庵、惠生,少坐,返。徐亚伯来,少坐,去。下午,惠生来,即去。至博古斋。出,至振华旅馆,晤瑞师。少坐后,至竞雄女校,候十眉,不值。晤佩忍令媛馨丽,即同馨丽至新闸路十眉寓处,坐谈至傍晚,返。致石士信。夜,至成记理发。出,至来青阁等处看书,又至洗清池沐浴。返近十一点钟矣。

1月7日　星期日

晴。上午,观《梁任公学术讲演集》。下午,复圆妹信。同粲君至抛球场、昼锦里、大马路购物。路上晤震生、公渡,傍晚,至功德林夜饭。出,至新世界,观浙灾游艺会。十一点钟,返。

1月8日　星期一

晴。上午,同粲君携益儿至永安公司,即返。下午,至竞雄女校,候十眉,信昌当候子素,均不值。又至商务印书馆、来青阁等处而返。仲稽来,夜饭后去。济川自张堰出来,少坐,去。

1月9日　星期二

晴。上午,仲稽来。少坐后,同至季鲁处,并晤李仲篪。午饭后,返。君定来,少坐,去。石士来,少坐,去。同粲君至大马路购物,一品香夜馔,馔后至新世界观浙灾游艺会。十一点钟,返。

1月10日　星期三

晴。上午九点钟,乘火车回松江。到后以无班头船,乃专唤一划船返张堰。下午四点半,抵家。望舅来,少坐,去。夜,作信致粲妹。

1月11日　星期四

晴。今日为昭明亡后三周年之期。在龙沙禅院诵经一天,写一信焚之。理行箧。致憩南信。夜,观连日时报。

1月12日　星期五

晴。上午,志轩来,即去。至高氏老宅,晤望舅,时舅亦在。下午,同至新宅。傍晚,返。在舟观《海藏楼诗》。夜,理账。校所誊《复堂诗稿》,为邑人夏之夔作。

1月13日　星期六

阴。上午,作信致君藩,复子素、乃乾。下午,朱少斋表舅祖、志轩、端甫、子峰、杏林先后来,各少坐,去。夜,作信致丁涤光及怒庵。校《复堂诗稿》。

1月14日　星期日

晴。上午,与祝慎旂笔谈一纸。下午,叔安、伯衍、子峰先后来,各少坐,去。作信复莼农、志儒、竞南。夜,观《复堂日记》,仁和谭献作也。校《复堂诗稿》。作信致粲妹。

1月15日　星期一

晴。上午,校《复堂诗稿》完。复君彦信。下午,伯埙、焕然先后来,少坐,去。校《钓璜堂存稿》刻样。致仲稽信。夜,观《复堂日记》。

1月16日　星期二

晴。上午,至范家,吊伯鸿太太之丧,即返。校《思玄集》。下午,作信复寄尘。写米捐收条。焕然、景伊先后来,各少坐,去。子峰来,为经手田面事,夜饭后,去。观《复堂日记》。

1月17日　星期三

晴。上午,观杨古酝先生文稿。下午,理《广雅丛书》。端甫来,即去。复蔡韵声信。夜,复粲君信。观《古酝先生文稿》。

1月18日　星期四

晴。上午,作信致望、时两舅。伯承同县署周汇亭来,少坐,去。下午,观《古酝先生文稿》。景伊、伯才先后来,各少坐,去。君定自上海回来。夜,观《复堂日记》。

1月19日　星期五

阴,有雨。上午,作信复乃乾、信符。端甫来,少坐,去。下午,时舅来,傍晚,去。夜,观《复堂日记》。

1月20日　星期六

晴。上午,徐亚伯同伯承来,为分销江苏公债事,并嘱致信于望、时二舅。午饭后,去。君定去。校《思玄集》。伯埙来,少坐,去。贞甫伯将为晚宜授室,今夕宴媒人,邀陪去,夜返。

1月21日　星期日

阴。上午,作信致君介。校《思玄集》。下午,为何舒云之妇来二借事,往晤复斋及菊祥,即返。望舅来,傍晚,去。宪人、叔纯先后来。又伯承、涤新来。又子峰来。各少坐,去。往晤叔安,即返。夜,龙丁同姚墨溪来。作信复粲君及君藩。

1月22日　星期一

雨。下午,时舅、君定、君介、君宾、兰畦来。祝慎旃先生将解馆,又其今年五秩,今晚设筵宴之。同席诸人外,又有宪人、贞香。夜,时舅等去,惟君定留。

1月23日　星期二

阴,有雨。下午,君定去。至贞甫伯处,夜馔后,返。

1月24日　星期三

阴,下午雪。上午,至贞甫伯处。今日晚宜与戈德瑾结婚。夜近十点钟,返。

1月25日　星期四

晴。下午,至贞甫伯处,即返。先祖母何太淑人自弃养后,已十周年。延平湖福臻寺僧众来家,今夜起道场,作佛事五天,以妥在天之灵。承粲携益官归。

1月26日　星期五

晴。上午,往吊殷堃和之丧,即返。下午,叔纯来。龙丁、墨溪去。祝先生解馆,同去。叔纯去。张伯英来,即去。端甫来,即去。伯才来,少坐,去。作信致水利会伯钦、芳墅。又上午曾作信致望舅。夜,作信致季鲁。

1月27日　星期六

晴。上午,端甫来,少坐,去。下午,徐访仙来,即去。宪人来,治河西祖母疾,即去。望舅来,傍晚,去。中妹携菊甥归。君定来。夜,志轩来视河西祖母疾,少坐,去。

1月28日　星期日

阴,夜雪。上午,写书目。今日为先祖母何太淑人十周忌辰。时舅、君介、君宾来。下午志轩来,少坐,去。君懿自亭林回来,少坐,去。公竞自上海回来,少坐,去。时舅等去。夜,翻阅《甘泉乡人稿》。

1月29日　星期一

晴。上午,写捐在松江图书馆中《大藏经》箱面上题记。下午,为冯慎余堂二房写立嗣后处置善后事宜据。端甫来,少坐,去。

1月30日　星期二

晴。上午,志轩来,少坐,去。中妹携菊甥去周宅。下午,伯承、杏林先后来,少坐,去。作信致君藩,复子素。佛事于今夜告竣。

1月31日　星期三

晴。上午,承粲往上海。作信致子峰,为何舒鸿之田放赎事。下午,同君定至储蓄会,举行掣签后,返。望舅来。伯才、景伊先后来,各少坐,去。同望舅至厚生阳伞厂开股东会,夜馔后,返。望舅去,君定同去。

2月

2月1日　星期四

晴。上午,作信复君介。君懿来,下午,去。作信复乃乾,致粲妹。夜,理账。复君彦信。

2月2日　星期五

晴。上午,作信复十眉。下午,涤新来,即去。望舅来。叔纯同金季明、吴远泉来索阅金石书画,少坐,去。望舅去。致粲妹信。夜,观《复堂日记》。

2月3日　星期六

晴。上午,理《守山阁丛书》。复君介信。下午,复亮夫、韶声信。端甫来。为济婴局事,致伯平一信,即由其持去。志轩来,少坐,去。夜,观《复堂日记》完。

2月4日　星期日

晴。上午,翻阅《复堂诗文》。冲之来,少坐,去。下午,君定来。观《古酝先生文稿》。焕然、叔安来,各少坐,去。夜,观《梁任公学术讲演集》。景伊来,少坐,去。

2月5日　星期一

阴,下午雪。上午,志轩来,少坐,去。县署前因父亲倡办平粜径请大总统褒奖,今日遣科员持到匾一纸及内务部证书一张,褒章一座,当复一函。端甫来,少顷,乐天、怒庵来。午饭后,伯筹、导江望舅来,集议张泾河工开办事宜。后伯承亦来,议至傍晚,粗具端绪。望舅先去,端甫等均夜饭后去。

2月6日　星期二

阴,上午雪。上午,端甫来,即去。至闲闲山庄,拟晤时舅,请其撰河工文牍,岂知在松江未回。午饭后,望舅、平庵来,少坐,返。望舅同来。邀景伊来,谈厚生厂事。傍晚,均去。夜,观小说。

2月7日　星期三

晴。上午，王书铭来，少坐，去。伯承同亚伯，又端甫来，少坐，去。复侯叔明叔信。至协和当，暂借一款，即返。下午，君定同大妹、两甥去。伯才来，少坐，去。栋材来，少坐，去。至同泰仁，晤伯埙，少坐，返。夜，观《梁任公学术讲演集》。

2月8日　星期四

晴。上午，伯承同亚伯来，即去。为天津桥工，拟致怒庵、乐天公信。端甫同仲田先生来，午饭后去。子峰来，即去。时舅、望舅先后来。伯才、景伊、叔纯先后来。各少坐，去。两舅去。夜，观《梁任公学术讲演集》。

2月9日　星期五

阴，晨雪雨。上午，叔纯来，即去。作信致乐天、怒庵。下午，端甫、景伊先后来，各少坐，去。作信复仲稽、竞南。夜，观《梁任公近著第一辑》。

2月10日　星期六

晴。上午，校《思玄集》。望舅来。下午，涤新来，少坐，去。又伯才先来，即去。望舅去。作信致蔡绿琴。夜，作信致水利会伯钦、芳墅。

2月11日　星期日

阴，有雨。上午，杂务。下午，抄《张泾施工计划》。志轩来，少坐，去。望舅来，傍晚，去。夜，观《梁任公近著第一辑》。

2月12日　星期一

雨。年节，上午祀神，下午祭先。观《古酓先生文稿》。傍晚，承粲携念祖归。夜，观《梁任公近著第一辑》。

2月13日　星期二

雨。上午,叔纯来,少坐,去。杂务。下午,理发。志轩来,即去。写《怀旧楼丛录》。夜,观《梁任公近著第一辑》。

2月14日　星期三

雨,夜雷。杂务。夜观《古酝先生文稿》。

2月15日　星期四

阴。杂务。观《古酝先生文稿》。

2月16日　星期五

阴。拈天香祀祖先。观《四十二章经笺注》《八大人觉经笺注》《因是子静〔坐〕法续编》。

2月17日　星期六

晴,夜雨。上午,望舅、时舅、君平、君定、君介、君藩、君湘、君宾、济川、启明来。下午,同时舅、君定、君介、君藩、君湘、君宾至河西相地。余又同君介至志轩处,少坐,而返。傍晚,望舅等均去。夜,誊《金山艺文志》例言。

2月18日　星期日

雨。上午,同圆妹至高宅望舅处。在舟观《心经笺注》。下午为启明写屏一条。晚返。圆妹留。

2月19日　星期一

阴。上午,志轩来,少坐,去。至闲闲山庄。下午,返。夜,作信复乐天、怒庵,致望、时两舅、君介。

2月20日　星期二

阴。上午,邀宪人来治仆人云官病,少坐,去。伯承来,少坐,去。下午,端甫来。望、时两舅来。韫辉、叔纯、伯才、景伊先后来。各少坐,去。端甫去。两舅亦去。至济婴局,应端甫招饮。

夜返。

2月21日　星期三

晴。上午,校《思玄集》。复辅之信。下午,仲田先生来,少坐,去。致朴庵信。圆妹归。夜,观《古酝先生文稿》。

2月22日　星期四

阴。上午八点钟开船,往朱泾,伯承同去。下午一下钟到。即至水利委员会开会,提议张泾河工缺费借款手续。五点钟散会,即晚饭。饭后,至憩南处,憩南不在。晤杏表姊,少坐。出,至草棚,与伯承、伯钦、子宜、南暨啜茗。九点钟,返舟。憩南来,即去。开船至佘来庙。宿。在舟致怒庵信。观《古酝先生文稿》。

2月23日　星期五

晴。昨夜午后开船,乘早潮,由张泾。八点钟抵家。承粲携花儿、益官、念祖往闲闲山庄。至济婴局,晤端甫,同泰仁晤伯埙,即返。下午,栋材、景伊先后来,各少坐,去。至闲闲山庄。今日余家趁彼解星辰也。

2月24日　星期六

晴。下午,归家。邀涤新来,嘱其印河工局传单,即去。夜,观《小说世界》。

2月25日　星期日

阴,晨雪。上午,作信复慎旃、学源。下午,至济婴局,晤端甫,同泰仁晤伯埙。各少坐,返。在济婴局致乐天、怒庵一信。济川、端甫、涤新、伯才、志轩先后来,各少坐,去。夜,辑《金山县志》材料。

2月26日　星期一

晴。上午,同圆妹至闲闲山庄。今日念祖寄名于君介。下午,同君定、君藩及沈叔贤走秦山。傍晚,仍返山庄。

2月27日　星期二

晴。上午,圆妹先归。至望舅处,与蔡叔明、孙颂和叔、张卓人谈厚生厂事。傍晚,望舅又宴客,遂留。

2月28日　星期三

晴。上午,归家,君定同来。少顷,望舅同颂和叔、卓人来,曹守梅、杏林、叔纯、端甫来。下午叔明、君宾、伯才、叔贤、景伊来。诸人或少坐,或久谈。至夜均去,惟望舅留。复洁身信。

3月

3月1日　星期四

晴,夜雨。上午,至钱氏义庄中。张泾河工局下午开南北两局职员及水利委员名誉董连席会议,五下钟散会。又致蔡绿琴一信。返。时舅自局中来,即去。望舅亦去。慎旌来。承綮携三小儿归。夜,致季鲁信。景伊同馨山来,谈厚生厂事,少坐,去。张泾于初五开局,十一破土。今日设定局所于义庄。

3月2日　星期五

晴。上午,慎旃去。端甫来,即去。志轩来,少坐,去。伯埙来,少坐,去。下午,至储蓄会。(一)举行五十期挈签;(二)改选职员,余仍连任为保管员;(三)议事。傍晚,散会。同伯承、杏林相度安民桥改造情形。又至河工局夜馔后,同泰仁晤伯埙乃返。望舅与馨山、景伊在家谈厚生厂事,夜馔后,均去。时舅及君介、君宾下午曾来过,同至储蓄会、河工局,先去矣。邀晋康来谈安民桥,少坐去。

3月3日　星期六

阴。上午,至河工局。近午,返。下午,理张泾河工财政收支总纲。复君藩信。至河工局,少坐,返。今日局中包坝。君懿来,少坐,去。夜,端甫来,即去。拟信稿。

3月4日　星期日

晴。上午,至河工局。近午,返。下午,时舅来。大妹携两甥归,君定同来。同时舅、君定至上达公司,视伯筹疾。出,至河工局,少坐,返。时舅去。中妹携恭甥、菊甥归,迪前同来。夜,手谈。张泾于今日起筑坝。

3月5日　星期一

晴。上午,作信致水利委员会中伯钦、芳墅及绿琴。伯才来,即去。下午,至河工局。傍晚出,又往视伯筹疾,乃返。夜,作信复洁身、慎旃,致时舅。

3月6日　星期二

阴,晚雨。上午,至河工局。下午时舅、君介来,四下钟同返。时舅、君介少坐,即去。夜,手谈。

3月7日　星期三

雨,下午阴。手谈终日,直至夜分。下午,志轩、端甫先后来,各少坐,去。夜馔后,君定去。十洲来,即去。

3月8日　星期四

阴,夜雨。上午,至河工局。乐天先生来,下午同其至上达公司,视伯筹疾。出,至家中。又相勘翻造安民桥及河西地基开河,仍至局中。时舅、君介、憩南来,傍晚均去。余亦返。夜,手谈。

3月9日　星期五

晴。上午,誊《金山艺文志》。下午,至河工局。同曹中孚往河西地基丈量开河,仍至局中,四下钟,返。作信致栋材。夜,手谈。

3月10日　星期六
雨。上午,誊《艺文志》。下午,至河工局。傍晚,返。作信复君湘,致栋材。夜,手谈。

3月11日　星期日
雨。上午,至河工局。下午召集镇上市民议市河拆滩、堆泥、抢工各事。傍晚,返。时舅及望舅亦到局。夜,手谈。

3月12日　星期一
阴。上午,至河工局,少坐,返。作信复君湘。下午,作信复君藩。邀宪人、晋康先后来治益官咳下痰块,各少坐,去。誊《艺文志》。夜,手谈。

3月13日　星期二
阴。上午,至河工局。出,至南坝,随返。君懿来,下午去。迪前去。至河工局,在局复绿琴信,又复颂和叔信。傍晚,返。夜,复洁身信。子峰来,少坐,去。

3月14日　星期三
阴。上午,邀晋康来治益官痰块,即去。至河工局,下午,返。又往视伯筹疾。誊《艺文志》。致朴庵信。夜,与小舅母等手谈。

3月15日　星期四
晴,夜雨。上午,至河工局。即偕中孚、馨山、伯承、奇峰至河上,丈量开浚深阔。午饭于颜家籁曹景贤家。傍晚,回局。夜,返。作信复君彦、君定。

3月16日　星期五
晨雷雨,上午晴,下午阴,雨。上午,至河工局。即出外丈量,午刻回局。傍晚,返家。夜,观《古酝先生文稿》。

3月17日　星期六

晴。上午,至河工局,即出至南市丈量,随返。下午,至河工局,傍晚,返。李啸渔来,少坐,去。夜,景伊来,即去。理账。

3月18日　星期日

晴。上午,志轩来,少坐,去。至河工局,午饭后,返。理发。至河工局,夜饭后,返。作信复卓然。

3月19日　星期一

晴,晨雨。上午,至河工局。今日局中包河。下午,同时舅返。少坐后,又同时舅至李啸渔处。时舅旋去,余即返。夜,作信复仲稽、君湘,致乃乾、嵇竟益、吴敏抱。

3月20日　星期二

晴。上午,由南坝而走至河工局。望、时两舅、平庵来局。下午,怒庵来局。同两舅、怒庵、端甫至南坝,旋返局,余即返家。两舅、平庵来,少坐,去。余又到局,夜返。录存信稿。

3月21日　星期三

晴。上午,邀晋康来治益官。至河工局,下午,返。宪人同乍浦聚源木行伙友朱凤威(承办坝木者)来,少坐,去。至河工局,同中孚至河西地基复丈开河,仍返局中。夜,返。张泾南段今日起批浚。

3月22日　星期四

晴。上午,张鸿舫来,即去。至河工局,十一点钟,返。复君藩信。下午,时舅来。同至河工局。又阅河,至银子汇。傍晚,返。邀晋康来治益官。夜,子峰来,保河西地基开河,即去。

3月23日　星期五

晴。上午,至河工局。近午,返。下午,大妹携两甥去高宅。至河工局。望、时两舅来,望舅即去。傍晚,颂和、叔同、朱君为厚生厂明日开会来,即同至家。时舅亦来。

3月24日　星期六

晴。上午,至河工局。近午,返。下午,承粲携三儿、中妹携两甥往时舅处。至河工局。望舅来。出,至厚生厂开股东会,议决营业亏损,结束召盘。夜饭后,返。时舅去。望舅来。余又至河工局一回。

3月25日　星期日

晴。上午,颂和叔同朱君去。望舅去。至河西地基观开河,即巡河至河工局。近午,返。下午,作信复顾怡生。至河工局。在局复乃乾一片。夜,返。时舅同来。

3月26日　星期一

晴。上午,焕然来,即去。至河工局。望舅、君介等来。下午,至市公所谒新知事邓元翙,即同出。至河工局,又往北市梢看河。回家一次。承粲上午亦归,仍去高宅。傍晚,在河工局,与伯埧、望舅、时舅设筵宴知事,并招叔安、端甫、伯承为陪。席散后,望舅即去。余同时舅返。叔安同邓知事来谈亩捐事,少坐,去。

3月27日　星期二

晴。上午,至河工局。邓知事来,即同往南市梢看河。回至商会,陪宴。下午,同至第二高小学校。出,至河工局。傍晚,返。至市公所,叔安、端甫、伯承宴知事,为陪。席散后,知事去。余与时舅又至河工局,即返。时舅去。

3月28日　星期三

雨,上午阴。上午,至河西地基。回,至河工局。下午,时舅来。在局致怒庵、憩南信。闻蔡绿琴、李伯庸来,同时舅归。少坐后,又同至河工局。时舅去,余同绿琴、伯庸及杏林返。夜馔后,均去。绿琴、伯庸之来,为调停亩捐事。承粲于下午归。

3月29日　星期四

晴。上午,伯才来,即去。大、中两妹归,花儿亦归。清明节祭先。下午,至河工局,少坐,返。大妹至高宅,承粲携花儿亦去。至河西地基,又看南坝库水。夜,厘定《钓璜堂存稿》卷数。

3月30日　星期五

晴。上午,至河工局。下午,至宪人处。仍回河工局,乃返。承粲归。中妹去高宅。至河西地基。夜,作信复学源、君藩,致绿琴。

3月31日　星期六

晴。今日起,延僧侣为先父母诵经礼忏三天。君懿来,下午去。时舅来,少坐,去。景伊同老大庄曹佐才来,少坐,去。

4月

4月1日　星期日

晴。上午,至卢汭钟处,奠其庶祖母莺葬,即返。至东小桥扫墓。至河工局一回。下午,时舅同怒庵来,少坐,去。夜,叔安来,即去。

4月2日　星期一

阴。上午,时舅同涤新来,少坐,去。下午,作信致君彦。时舅又来,即去。佛事于今夜圆满。

4月3日　星期二

阴。上午,至河工局。近午,返。下午,承絮、中妹携花儿去高宅。至摩乌桥扫墓。回至河工局。又同叔纯至钱建中处,看月季花。出,至河西地基,乃返家。傍晚,又至河工局。夜,返。

4月4日　星期三

晴,夜雨。上午,至河工局。出,至金家桥扫墓,返家。中妹携恭寿归。下午,去周宅。至龙沙院处扫墓。回至河工局,少坐,返。济川来,即去。至河工局。夜返。复憩南信。今日时舅来,适相左,不值。

4月5日　星期四

晴。上午,至河工局。即出,至夏人村扫墓。在舟观《阿弥陀经笺注》及《汉书艺文志举例》。下午,返。至闲闲山庄。本拟同承絮归,乃已先归,遂即抵家。至河工局,少坐,返。

4月6日　星期五

晴。上午,同承絮、圆妹至金山卫城隍庙拈香。下午,返。又至河西地基。在舟观《荛圃藏书题识》。至河工局。夜饭后,同时舅返。作信复乐天先生及张敏修。

4月7日　星期六

晴。上午,至河工局,同时舅、中孚等看河。至中坝,午饭于景贤家中,返已晚。时舅夜饭后,去。余又少坐,返家。志轩同仲田先生来,谈第二高小建筑校舍事。端甫亦来,少坐,去。今日承絮去高宅。

4月8日　星期日

晴。上午,至河工局。出,至高宅,为季刚表弟安葬。今日领帖。傍晚，至闲闲山庄，随即返张。至河工局夜饭后，返家。

4月9日　星期一

晴。上午，至河工局。出，同圆妹至高宅，送季刚表弟葬。下午，至闲闲山庄，傍晚，返张。余又至河工局。夜饭后，返家。在舟观《荛圃藏书题识》。

4月10日　星期二

晴，晚雨。上午，至河工局。出，至河西地基，遂返家。下午，至河工局。望、时两舅、憩南、平庵、君定来局。傍晚，望舅等去。夜饭后，同时舅返。

4月11日　星期三

阴。上午，至河工局。午饭后，返。作信复慎旃。至河西地基，遂至河工局。夜饭后，返家。今日承粲携益儿、菊甥归。

4月12日　星期四

晴。上午，至河工局，即同时舅乘轿至松隐河工局。下午，返张。夜饭后，返家。

4月13日　星期五

晴。上午，至河西地基，看所开之河。回至河工局，午饭后，返。又至河工局，又返。又至河工局。时舅去，余夜饭后，去。作信复震生。

4月14日　星期六

阴，夜雨。上午，至河工局。午饭后，返。时舅来。又君懿来。少坐，均去。至河工局。夜饭后，返。叔安来，即去。今日在局复乐天、怒庵一信。

4月15日　星期日

雨。上午，端甫来，即去。至河工局。近午，返。下午，写书目。誊《艺文志》。端甫来,少坐,去。夜,观《小说世界》。

4月16日　星期一

雨。上午,至河工局,致乐天、怒庵信。近午,返。下午,誊《艺文志》。至河工局。时舅来,傍晚,返。夜,作信复公渡、伯琦。

4月17日　星期二

乍晴乍雨,夜雷雨。上午,至河工局,少坐,返。复怒庵信。誊《艺文志》。下午,时舅来。朱仲篁来,为佃户事,少坐,去。同时舅至河工局,时舅旋去,余傍晚返。夜,复君湘信。校《思玄集》。今日承粲往高宅。

4月18日　星期三

雨。上午,端甫来,少坐,去。校《思玄集》。下午,誊《艺文志》。夜,观《荛圃藏书题识》。复君彦信。

4月19日　星期四

阴,夜雨。上午,至河工局,时舅亦来。午饭后,返。翻阅《松江诗钞》。至河工局。傍晚,返。夜,观《荛圃藏书题识》。

4月20日　星期五

雨,下午阴。誊《艺文志》。下午,至河工局一回。夜,观《小说世界》。

4月21日　星期六

乍阴乍雨。上午,至河工局。少坐,返。杏表姑母来,嘱为地山弟向高宅关照吉期,下午去。伯才来,少坐,去。誊《艺文志》。夜,致信符信。观《荛圃藏书题识》。今日圆妹至高宅。

4月22日　星期日

乍阴乍雨。上午,誊《艺文志》。圆妹归。志轩来,少坐,去。下午,至河工局。时舅来。傍晚,返。夜,观《荛圃藏书题识》。

4月23日　星期一

乍阴乍雨。上午,至河工局。即出,至闲闲山庄,为顾地山弟关照吉期。下午,同承粲返。余又至河工局。夜饭后,返。在舟观《菉圃藏书题识》。作信复绿琴,致南暨。

4月24日　星期二

乍阴乍雨。上午,至河工局。焕然来,即同至同泰仁,晤伯埙、杏林,谈米捐经收事,少坐,返。下午,承粲去高宅。至河工局。时舅来。回家一次,又至局中。夜,返。

4月25日　星期三

晴。

4月26日　星期四

阴,有雨。

4月27日　星期五

阴,下午雨。

4月28日　星期六

晴。

4月29日　星期日

晴。晨,至宗祠举行春祭礼。今年为余家司年,与祭者共二十八人,余司读祝。午后,返。至河工局。傍晚,返。

4月30日　星期一

晴。上午,至河工局。即出,至闲闲山庄。以念祖有伤风寒热,下午邀十洲来治之。夜,同返。在舟观《菉圃藏书题识》。

5月

5月1日　星期二

阴。上午,至河工局。出,至济婴局,今日斋堂。午饭后,返。望舅、时舅及张伯平、沈叔安先后来,各少坐,去。至河工局。傍晚,至济婴局。夜宴后,返。作信复迪前、乃乾、洁身,致伯琦。

5月2日　星期三

阴,有微雨。上午,至河工局。即出,至闲闲山庄。以念祖寒热未愈。下午,邀宪人来治之。夜,返。在舟观《荛圃藏书题识》。

5月3日　星期四

晴。上午,至河工局,少坐,返。十洲来,即去。花儿归。君宾来,下午去。至河工局。夜饭后,去。伯平来,少坐,去。

5月4日　星期五

晴。上午,至宪人处,少坐,返。作信复十眉、培孙。下午,时舅来。中妹携恭寿归。伯塪来,少坐,去。同时舅至河工局。傍晚,返。时舅即去。夜,作信致季鲁,复子华。

5月5日　星期六

雨,上午阴。上午,杂务。下午,至闲闲山庄。傍晚,返。在舟观《荛圃藏书题识》。夜,草《张氏二先生诗文稿序》。

5月6日　星期日

晴。上午,至河工局。出,至协和当,晤景伊。出,至河西地基,乃返。端甫来,少坐,去。抄昨日所草文。承粲携念祖,大妹携恒初归。下午,至河工局。又往钱建中处看花,遂同时舅、君介返。望舅来。宪人来治恭寿。叔安来。贞甫伯来。傍晚,均去。夜,复伯琦信。观《莞圃藏书题识》。立夏,秤人约九十五斤。承粲少余十斤。

5月7日　星期一

晴。

5月8日　星期二

晴。上午,至河工局。回家一次。午刻,局中设筵宴职员等,今日撤局也。望、时两舅亦来,下午,同返。君介、君宾并在傍晚均去,余又至河工局一回。夜,伯才来,少坐,去。复君懿信。

5月9日　星期三

晴。偕承粲携益儿、念祖上午八下钟开船,下午三下钟到松江,五点五十分钟乘火车到上海,仍寓均益里一百十六号(惟已移居楼下)。张泾浚后第一次行船,甚觉爽朗。船上观《莞圃藏书题识》及《刻书题识》完。

5月10日　星期四

晴。上午,至申报馆、中华书局、商务印书馆、公民书局、亚东书馆、王大吉。下午,作信致培孙、慎旃。至竞雄女校,候十眉,不值。出,至博古斋、来青阁、蟫隐庐等处。

5月11日　星期五

晴。上午,至沪宁铁路编查课〔科〕,晤朴庵,少坐,返。观申报馆出版《最近之五十年》。下午,同承粲至先施、永安公司。出,余至竞雄女校,晤十眉,并晤楚伧,坐谈数刻。出,至博古斋、古书流通处而返。

5月12日　星期六

阴。上午,至信昌当,晤洁身。出,至瑞昌当,晤瑞师。午饭后,至中华书局总厂,晤竹荪,乃返。十眉来,坐谈良久,去。大妹、圆妹、远妹、花儿、恒初来。花儿留,大妹等既往寓惠中旅馆。石士来,同往永安旅馆,候外舅,不值。出,余至惠中。夜馔后,至来青阁、集成书局购书。途遇震生,并立谈片刻。十点钟,返。今日念祖请陆青芝,种牛痘。

5月13日　星期日

晴,晨雷雨。上午,致时舅信。同花儿至惠中,余即出。至一枝香,应培孙招宴,并晤乃乾。出,仍至惠中。途晤慎旃、仲田、济川自均益里来,即同至惠中,少坐,去。君定、君湘亦自均益里来。承粲来,与之同返后,又至惠中。同君定至一品香,应赵厚生招饮,并晤震生,又识许建屏、涂九衢、王、薛毓津。散后,至惠中携花儿返。

5月14日　星期一

晴。上午,至惠中。出,至美丽定菜。出,至博古斋、古书流通处。再至惠中。又出,至商务印书馆、中华书局、蟫隐庐、朵云轩。三至惠中。午饭后,返。君定、大妹来过。偕承粲至惠中。傍晚,与君定在美丽宴客,到者为厚生毓津、九衢、震生、瑞师、朴庵、警顽、君湘。十下钟,席散,返。

5月15日　星期二

晴。上午,观《北京大学国学季刊》。朴庵来,即去。下午,至惠中。与君定、大妹、圆妹、远妹、恒初游城隍庙。四下钟,返。心侠来,少坐,去。偕承粲,携花儿至功德林,大妹等亦来。夜馔后,返。

5月16日　星期三

晴。上午,至惠中。出,至成记理发。出,至竞雄女校,晤十眉,少坐,返。大妹等来,午饭后,去。至北车站,同震生乘火车至真如,观新村地址。并识沈志万、张志毅。出,至真如镇上,又识其乡董洪兰祥,同坐小车至曹家渡,渡河而至上海。余同震生至惠中,再偕君定至大观楼。夜馔,乃返。

5月17日　星期四

晴。上午,观《国学季刊》。下午十二点半,乘火车往苏州。到后,安寓于阊门外铁路饭店。即出,至醋库巷,晤金松岑,询问太湖水利局之挖泥机器,拟借来起挖张泾坝泥,彼劝用铁夹子为简便。坐谈良久,同出至青年会晚餐而返。夜,走马路一回。观《国学季刊》。

5月18日　星期五

晴,晚雨即止。上午八点二十分,乘火车回上海。圆妹与远妹昨日回去。大妹以欲治病,携恒初来住,君定同来。下午,回松江。至沪宁铁路编查课,晤朴庵,竞雄女校晤十眉。又至先施、永安两公司,返。同大妹至二马路露沙分诊所治病。出,余又至商务印书馆等处而返。

5月19日　星期六

晴。上午,乘九点钟火车回松江。闻时舅今日将来,遂至典业银行。致承粲、震生信。下午,至王宅。又往晤君彦,坐谈良久。再至王宅,少坐后,返银行。时舅已来,与之谈河工善后各事。夜,致季鲁信。宿时舅回船,乘夜潮开回张堰。

5月20日　星期日

晴,下午雷雨。晨六时,抵家。杂务。上午,十洲来,即去。下午,君宾来,傍晚,去。作信复承粲,致仲稽。夜,观连日时报。

5月21日　星期一

阴。上午，理南社稿件，预备编廿二集。下午，馨山、杏林、晋康来写安民桥捐，少坐，去。望舅来，傍晚，去。作信致十眉，复乐天先生。夜，理账目。

5月22日　星期二

雨。上午，君宾来。同圆妹、远妹赴松江，往杭州。理书。下午，观《新古文辞类纂》。叔贤来，即去。复徐仲可信。夜，杂务。

5月23日　星期三

雨。今日，为释迦佛出世后二千九百五十年诞辰，谨合家茹素一天。上午，誊《金山艺文志》。下午，端甫、伯才、俞近贤、志轩先后来，各少坐，去。致朴庵信。夜，观《学衡》。

5月24日　星期四

阴。上午，誊《艺文志》。下午，理《四部丛刊》。十洲、志轩先后来，各少坐，去。誊《艺文志》。夜，观《学衡》。

5月25日　星期五

晴，有雨。上午，誊《艺文志》。至颜新记，应朱卤香会筵。下午，返。宪人来，少坐，去。望舅来，傍晚，去。作信致伯平、涤新，复圆妹。夜，理账。

5月26日　星期六

晴，有雨，夜雨。上午八点钟，乘快船。与叔贤适同船。午刻，到松江。同至典业银行。二下钟，同至车站。又会君定乘火车往上海。叔贤于徐家汇下车，余与君定至均益里。在船观《学衡》。至来青阁、商务印书馆等处。

5月27日　星期日

阴，有雨。上午，致志儒信。下午一点二十分钟，偕承粲，携花儿乘火车往杭州。到已傍晚,即寓西湖边环湖旅馆。安顿行李后,至湖滨旅馆,晤圆妹、圆妹、时舅、君平、君宾等。又走马路上一回。

5月28日　星期一

雨。上午,同承粲、圆妹、远妹、君宾,携花儿至西园啜茗。出,泛舟至西湖公园、西泠印社。午餐于仙乐处。谒岳王坟庙。又至孤山、杨庄、小莲庄、昭庆寺。傍晚,返。又同承粲至清和坊购物,返。又同同人至西悦来夜馔。

5月29日　星期二

晴,有小雨,夜雨。上午,同承粲、圆妹、远妹、时舅等,携花儿乘轿至六和塔,登其顶。出,由江干至云栖,即午馔。馔后,由九溪十八涧而至理安寺、烟霞洞、石屋洞。归途,又一至静寺,乃抵寓。夜馔同同人至会宾楼。

5月30日　星期三

雨。晨,圆妹、远妹同君宾归去。上午,同时舅、舅母、憩南、杏林等,及承粲携花儿至留芳,合摄一影。午馔同承粲、花儿至西园。下午,同承粲至灵隐寺、三天竺拈香。夜馔至西悦来,又至商场购物。

5月31日　星期四

晴。上午,偕承粲携花儿泛舟至三潭印月。在九曲桥上,合摄一影。再谒岳王庙。午刻,返寓。即至火车站,乘一点五十分钟车返上海。到已晚矣。君定来。

6月

6月1日　星期五

晴。上午,作信致圆妹,复志儒。下午,同承粲、大妹、君定、恒初、花儿、益儿、念祖至半淞园,君定即返松江。游览一周,并在湖心亭啜茗。出,至先施公司。出,承桨等先回。余同大妹至露沙分诊所治病后,返。

6月2日　星期六

晴。上午,致慎旃信。下午,至竞雄女校,晤寄尘夫人。出,至武林里,候十眉,不值。乃至朵云轩、商务印书馆、来青阁、永安公司等处而返。

6月3日　星期日

晴。上午,十眉、悼秋来,少坐,去。慎旃、济川来。下午同往俭德储蓄会一游后,去。至西泠印社。出,至北京路购木器。出,至商务印书馆等处。出,至永安公司,与承桨、大妹相晤,并携花儿、恒初出。至露沙分诊所。出,至大东酒楼夜馔,乃返。

6月4日　星期一

晴。上午九点钟,携花儿,同大妹、恒初乘火车返松江。到后,登家中放来之船。下午一下钟,以风水不顺,抵家已十点钟矣。平庵忼俪自沪同返。迪前于阴历十三日来。

6月5日　星期二

晴。上午,杂务。下午,平庵去。复望舅信。焕然来。同至商会,晤杏林,谈米捐事,少坐,返。奇峰、涤新、志轩先后来,少坐,去。致承桨信。夜,观连日时报。

6月6日　星期三

晴。上午,杂务。时舅来。下午,同至济婴局,晤端甫,少坐,返。君介、君宾来。涤新来,少坐,去。时舅等去。作信致颂和叔、洁身。夜,理账。致君藩信。

6月7日　星期四

雨。上午，至高宅望舅处。下午，同望舅至时舅处，并晤叶守师。傍晚，返。大妹同去，同归。夜，致洁身信。

6月8日　星期五

雨。上午，致哲夫，复培孙信。写书目。下午，编《先母哀挽录》。致文圃、绿琴信。子峰来，即去。中孚来，即去。夜，与迪前等手谈。

6月9日　星期六

晴。上午，作信致望舅、时舅，复君藩。下午，迪前去。作信复伯琦、弘一和尚，致承棨。伯才来，少坐，去。夜，杂务。

6月10日　星期日

晴。上午，作信致卓然。望舅来。下午，伯平来晤望舅，坐谈良久，去。

6月11日　星期一

晴。上午，誊《金山艺文志》。下午，作信复君宾、十眉。志轩来，少坐，去。夜，叔安来，即去。观《学衡》。

6月12日　星期二

晴。上午，誊《艺文志》。下午，理书。理发。叔纯来，少坐，去。君宾来，少坐，去。奇峰及伯承、涤新先后来，各少坐，去。夜，作信复荆山，致承棨。观《学衡》。

6月13日　星期三

晴。上午，誊《艺文志》。下午，至河西地基。又至济婴局，晤端甫，商会晤馨山，各少坐，乃返。复望舅信。君宾来治目疾。晚去。晋康来，少坐，去。夜，作信复颂和叔。观《学衡》。

6月14日　星期四

晴。上午,作信复菊生、仲恩,致朴庵。下午,作信复仲可、十眉。宪人来,少坐,去。君宾来,少坐,去,誊《艺文志》。夜,致承粲信。观《文哲学报》。

6月15日　星期五

阴。上午,誊《艺文志》。午刻,至米业公所,应俞近贤会筵。下午四点钟,返。涣然、伯才先后来,各少坐,去。作信复震生。夜,作信复君藩,致君定。

6月16日　星期六

雨。上午,时舅、君介、君宾来,君介、君宾即去松隐、松江。奇峰来,少坐,去。下午,时舅去。作信复怡生、安如。观《宛邻文集》。夜,观《文哲学报》。

6月17日　星期日

晴。上午,景伊来,少坐,去。誊《艺文志》。下午,志轩来,少坐,去。作信致君彦、怒庵,复南暨。承粲携益儿归。夜,观《国学丛刊》。

6月18日　星期一

晴,下午有雷雨。上午,誊《艺文志》。下午,理书。夜,观《书林清话》。

6月19日　星期二

晴。上午,夏至节祭先。下午,写书目。作信复时舅、君藩。汪南溟及伯才先后来,各少坐,去。夜,观《书林清话》。

6月20日　星期三

晴。上午,承粲往上海。誊《艺文志》。下午,作信致屯艮、莼农,复钱双朵。翻阅《涵芬楼古今文钞》。夜,观《书林清话》。

6月21日　星期四

晴，下午雷雨。上午，誊《艺文志》。下午，翻阅《涵芬楼古今文钞》《国朝文录》《国朝文汇》。复寄尘信。君介、君宾回来，少坐，去。夜，端甫来，少坐，去。

6月22日　星期五

晴，上午雨。上午，编《先母哀挽录》。奇峰来，少坐，去。伯埙来，少坐，去。下午，迪前来。作信复教育会劝学所，为清理教育款产委员会开会，余以事不能出席，请假。致君藩信。夜，观《学衡》。

6月23日　星期六

晴。上午，涣然来，即去。作信复安如、君彦、绿琴、志儒。下午，至同泰仁，候伯埙，不值，即返。作信复楚伧，致仲田、朴庵。伯才来，少坐，去。迪前延羽士来，为先母诵经、礼忏三天，今夜起道场。

6月24日　星期日

晴。上午，涤新来，少坐，去。下午，端甫来，即去。致竹荪信。承粲携念祖归。乐天先生来，夜饭后，即去高宅。

6月25日　星期一

晴。下午，随羽士迎表、拈香，至镇上各庙宇。

6月26日　星期二

晴，夜雨。道场于今夜圆满。

6月27日　星期三

晴，晨雨。延平湖报本寺僧众昨夜到，今日起，为先母作佛事三天。上午，君懿、志埙来。下午，去。

6月28日　星期四

晴。先母弃养倏已一周,块然人世,忍忍若梦。耳目中无我父母之声容笑貌,然我父母之精灵,其必赫赫在上。瞻望不及,痛哉,痛哉！上午,志轩来,即去。望舅、平庵、时舅、君介、君宾来。君定、君藩自松江归来。下午,望舅等及君藩均去。又今日上午,宪人同王店木行友来,算张泾椿木账,即去。

6月29日　星期五

晴。上午,复伯埙、时舅信。伯埙来,少坐,去。傍晚,君藩来,即去。宿协和。佛事于今夜告竣。

6月30日　星期六

阴。今日起,君定仍延平湖报本寺僧众,为先母作佛事三天。上午,望舅、平庵来。傍晚,去。致文圃信。夜,僧众启建祈课忏悔道场。

7月

7月1日　星期日

雨。黎明,僧众启建斋天道场。上午,作信复伯琦、震生。下午,作信复冲之。邀十洲来治念祖腹泻,即去。夜,僧众启建传授幽冥大戒道场。

7月2日　星期一

阴,夜雷雨。上午,望舅、平庵来。下午,君宾来。君湘自上海归来。平庵去。报本寺方丈松大和尚亲到,夜间设放三方焰口,佛事圆满。

7月3日　星期二

晴。上午,望舅、君湘、君宾去。下午,君定同大妹去。端甫、仲田来,少坐,去。夜,观《半月》杂志。

7月4日　星期三

晴。上午,杂务。下午,作信致小剑,复卣香、慎旆、蓬洲、佩忍、屯艮。大妹归。君定同来。

7月5日　星期四

晴,下午雷雨。上午,谢子春来,昨日所邀,为治念祖腹泻。午饭后,去。下午,走河西地基一回。致君藩信。沐浴。子峰、俞适庵先后来,各少坐,去。夜,与君定等手谈。

7月6日　星期五

阴,有雨。上午,君定去松江,迪前同去。校《先母哀挽录》,涕泣随之。投暨南学校新村选举示。写《挽李拜言之妹锡英女士诗》,诗请卣香代作。下午,精神疲倦,假寐移时。

7月7日　星期六

阴,下午雷雨。腹泻而不畅,头痛,手足酸软。

7月8日　星期日

雨。精神仍不振。观《书林清话》。致方建华信。夜,复绿琴信。

7月9日　星期一

雨。观《书林清话》完。夜,观《藏书纪事诗》。

7月10日　星期二

雨。下午,理《四部丛刊》。夜,致君介信。

7月11日　星期三

阴,夜雨。上午,理发。下午,收拾花卉。十洲来,十洲去。

宪人来治恒初。十洲来,济川来。十洲,去。复君藩信。

7月12日　星期四

雨。上午,涤新同何菊祥来。为佃户陈柏生贩菜子事,与之设法了讫。午饭后,去。理《四部丛刊》。

7月13日　星期五

阴,有雨。编《先母哀挽录》。上午,端甫来,少坐,去。下午,复君介信。

7月14日　星期六

晴。上午,志轩来,少坐,去。理字画。致时舅信。下午,至同泰仁,候伯埙,不值。出,至第二高小,晤古如,少坐,返。理《四部丛刊》。作信致洁身及徐少樵。夜,观《小说世界》。

7月15日　星期日

晴。上午,理《四部丛刊》。下午,复君介信。伯埙来,少坐,去。伯才、端甫先后来,少坐,去。夜,观《壬戌诗选》。

7月16日　星期一

晴。上午,辑《金山艺文志》。下午,至龙沙禅院。本与陈陶怡、蔡怒庵约会,看藏经。乃迟久不至,余独自请阅,抄目一纸以归。其中种类不多,且皆习见者。理《四部丛刊》。陶怡、怒庵来。盖余行后少顷,彼等即到,兹自院中来也。少坐后,去。夜,作信复文圃、君藩、卣香。

7月17日　星期二

晴。上午,辑《艺文志》。理《四部丛刊》。方建华来,少坐,去。时舅来。下午,君介来。伯承来,少坐,去。同时舅、君介往晤馨山、景伊,各少坐,返。望舅来,少坐,去。时舅、君介亦去。夜,观《藏书纪事诗》。

7月18日　星期三

晴。上午,伯承来,少坐,去。理《四部丛刊》。方伯超、凌其祥来,即去。下午,作信致天梅,促其南归。又致邓知事,为明日渠到镇设筵商借漕事。余适欲到朱泾开会也。志轩来,少坐,去。君定自松江归。沐浴。景伊来,即去。夜,宪人同乍浦木行友来,算张泾椿木账。少坐,去。菊祥来,少坐,去。致叔安信。

7月19日　星期四

晴,下午雨即止。上午,至继述堂,吊仲廉嫂之丧。回,即登船,往朱泾,午刻到。至藏书阁。下午开水利委员会,继开清理教育款产委员会。两会毕后,蔡绿琴又以公款存着移交于余及黄芳墅。盖款产经理处近改选芳墅为总董,余为副董也。余本不欲担任。惟恐辜负选举诸人之意,故姑且承认耳。夜馔后,至憩南处。坐谈良久,返船上。在船观《礼记》。

7月20日　星期五

阴,上午雨,下午有晴光。黎明解缆,十点钟抵家。校《先母哀挽录》。下午,冲之来,少坐,去。作信复培孙、震生。校《钓璜堂存稿》。夜,观《半月》杂志。

7月21日　星期六

晴。上午,誊《艺文志》。复时舅信。下午,济川、端甫、伯才先后来,各少坐,去。

7月22日　星期日

晴。上午,誊《艺文志》。下午,涣然、叔安先后来,各少坐,去。君定去。奇峰来,少坐,去。夜,观《学衡》。

7月23日　星期一

晴。上午,誊《艺文志》。栋材来,坐谈良久,去。下午,理小说书。冲之来,少坐,去。复卓然信。端甫来,即去。夜,致君藩信。

7月24日　星期二

晴。上午,誊《艺文志》。复蓬洲信。时舅、乐天先生来。端甫来。下午,陈如璋来,托其办理起挖张泾坝泥事,约明日临河一勘。坐谈数刻,去。住逆旅。端甫去。时舅、乐天先生亦去。

7月25日　星期三

晴。上午,誊《艺文志》。下午,作信复剑华、志儒、君定。选《南社》廿二集文录。时舅、奇峰、端甫、如璋来,夜间,均去。

7月26日　星期四

晴。上午,誊《艺文志》。如璋、端甫来,午饭后,同至闲闲山庄晤时舅。傍晚,返。两君去。夜,复君藩信。

7月27日　星期五

晴。上午,誊《艺文志》。下午,校《张堰志》。子峰来,少坐,去。沐浴。夜,观《藏书纪事诗》。

7月28日　星期六

晴。上午,写《佛三身赞》《佛一百八名赞》《广大发愿颂总跋》。下午,至储蓄会,举行五十五期掣签,即返。邀十洲来治益官吐泻,即去。校《张堰志》。致君介信。誊《艺文志》。叔安来,少坐,去。夜,观《藏书纪事诗》。

7月29日　星期日

晴。上午,复写跋语。至米业公所、剑鸣诗社。下午,返。复十眉信。夜,君定来。

7月30日　星期一

晴。上午八下钟,同君定登舟往松江,时舅另舟亦去。沿途稍泊,同看新造之张泾塘桥。下午二下钟到。余先至王宅,少坐后,至典业银行。傍晚,仍返王宅。大妹携两甥,今日至高宅。

7月31日　星期二

晴。上午,至典业银行。即同时舅、君定、君藩至李家,吊邑香先生之丧。先生二十年前,设帐秦山高宅。余侍母亲至外家,亦常受业也。少坐,返典业。下午,平庵自平湖来。同时舅、叔明、平庵、君定至醉白池纳凉,即晚馔。馔后,返典业。夜至荣升栈。仲田,并同敏修、洁身、叔明、叔通至望江楼啜茗。近九点,返典业。少坐后,同平庵、君定登舟。开至议口小泊,候夜午后潮来,再开。

8月

8月1日　星期三

晴,热甚。上午八下钟,抵家。下午,沐浴。平庵、君定去。

8月2日　星期四

晴。精神疲倦,不事事。下午,伯承来,少坐,去。

8月3日　星期五

晴。上午,子峰来,少坐,去。邀晋康来治益官小疖,即去。下午,选《南社》廿二集文录。致君藩信。志轩来,少坐,去。

8月4日　星期六

晴。上午,读《曾国藩文》。下午,选《南社》廿二集文录。作信致十眉,复子经。如璋来,少坐,去。校《先母哀挽录》。至河西地基,相度挑泥,即返。夜,观《小说世界》。致叔安信。

8月5日　星期日

晴。上午,理发。叔安来,少坐,去。复乐天先生信。下午,作信致时舅、君彦。观裘蔗村《史论》。伯才来,少坐,去。至康泰旅馆,候如璋,端甫亦来。少坐,返。夜,理账。复徐少樵,致洁身信。

8月6日　星期一

晴。上午,续观《惜抱轩文集》。下午,晒书。涣然来,少坐,去。作信复屯艮,致十眉。沐浴。夜,观《藏书纪事诗》。

8月7日　星期二

晴,有雨,风。上午,写《赞颂总跋》。观《惜抱轩文集》。伯承来,少坐,去。下午,理书。复志儒信。时舅、君介来,傍晚去。夜,观《藏书纪事诗》。

8月8日　星期三

晴,风。上午,写《赞颂总跋》,以前所写皆不得当也。观《惜抱轩文集》。下午,古如来,少坐,去。作信致吴悔晦,复安如、如璋,又致乐天、怒庵。伯才来,少坐,去。夜,仲田先生来,少坐,去。观《藏书纪事诗》。

8月9日　星期四

晴,夜午雨。上午,誊《艺文志》。下午,观《惜抱轩文集》。作信致辅之、君彦。夜,观《藏书纪事诗》。

8月10日　星期五

晴。上午,观《惜抱轩文集》。下午,理书。誊《艺文志》。复震生信,又致君定信。慎旃来,端甫来,君藩来,少坐,去。同慎旃、端甫至仲田处,应其招饮。夜,同慎旃返。

8月11日　星期六

上午雨，下午阴有晴光，终日风甚大。上午，观《蟫隐庐书目》。下午，复子经信。伯才来，少坐，去。誊《艺文志》。夜，理账。

8月12日　星期日

雨。上午，伯勋、少嵩来，少坐，去。宪人来治恭寿，少坐，去。下午，作信致瑞师。誊《艺文志》。夜，观《藏书纪事诗》。

8月13日　星期一

阴，晨甚雨，日间亦有雨。上午，同慎旃、圆妹，携花儿至望舅处，并晤巩宇、震生。傍晚，返。一至时舅处。

8月14日　星期二

晴，夜雨。上午，宪人来，一治恭寿、念祖。志轩来，少坐，去。栋材来，少坐，去。大妹携恒初归。望舅来。下午，作信复怒庵，致洁身。校《先母哀挽录》。仲田同蒋惕卿来，少坐，去。望舅去。沐浴。延僧众今夜起道场，为先父作佛事三永日。

8月15日　星期三

晴。上午，作信致君藩，复君彦。震生来。时舅来。下午，震生去。栋材来，即去。伯才来，少坐，去。时舅去。夜，君定来。

8月16日　星期四

晴。今日为先父二周忌辰。上午，慎旃去。志轩来，少坐，去。公竞来。济川来，下午，去。复君懿信。景伊、栋材先后来，各少坐，去。公竞去。作信致子经。夜，君定去。

8月17日　星期五

晴。下午，希贤来。佛事于今夜告竣。

8月18日　星期六

晴。上午，理《四部丛刊》。下午，至河西地基。作信复时舅、十眉、安如、屯艮，致君定。

8月19日　星期日

晴。上午，誊《艺文志》。下午，宪人来治大妹，即去。君介、君宾来。同君介至天梅处，不值。出，至济婴局，候端甫，亦不值。出，至叔纯处，少坐，返。君介、君宾去。

8月20日　星期一

晴。上午，作信复子经、培孙。如璋来。下午，天梅来。时舅来。如璋去。天梅去。伯才、端甫、伯筹来，傍晚，均去，时舅亦去。夜，作信致芳墅、洁身。希贤于上午去。大妹携恒初于上午去高宅。

8月21日　星期二

晴。上午，叔纯来。旋，君定、君介来。乃同至南塘张仲麟、巩宇处，观其所藏书法名画。下午，至蓬洲、景留处。少坐后，坚留夜馔。馔后，至仲麟处，本拟归，乃又坚留住宿。

8月22日　星期三

晴。午刻，承仲麟、乔梓盛筵款待。下午，同叔纯等归。君定、君介到舍，少坐后，即回去。夜，作信复少樵、洁身。中妹携恭寿、菊畦于上午去周宅。

8月23日　星期四

忽雨忽晴。上午，志轩来，少坐，去。中元节祭先。下午，如璋来，少坐，去。作信复质誉。端甫来，即去。夜，作信复少樵、洁身。

8月24日　星期五

　　午晴午雨。上午，写所藏明季清代诗文集作者姓氏。校《先母哀挽录》。端甫来，少坐，去。涤新来，午饭后，去。如璋来，午饭后，去。端甫来，为致望舅信。至油车桥港，观开坝泥。回至协和当，晤杏林。少坐，返。夜，致辅之，复时舅信。端甫来，为致徐尹卿信。

8月25日　星期六

　　晴。上午，如璋来。谈次知渠颇解地理，乃同往河西地基一观。时舅来。下午，如璋去。同时舅至天梅处，少坐，返。如璋来。时舅去。致君藩信。如璋去，即回苏州。盖张泾各大坝基于昨晚完全挖竣矣。夜，作信致仲麟、叔纯、杏林。

8月26日　星期日

　　晴。上午，作信复怒庵。俞志坚来，少坐，去。下午，至储蓄会，举行五十六期掣签，即返。沐浴。君湘、君宾来，傍晚，去。至天梅处，应徐梅生招饮，即返。作信复子经、君懿。

8月27日　星期一

　　晴。上午八下钟，唤舟往朱泾。以太平寺选桥筑坝，由余来庙转，下午三点钟到。即至明伦堂，开县议会。本省令恢复后成立大会，惟议员已缺额三分之一，须补选后，可开正式大会。傍晚，偕同人至逸楼聚餐。散后，又至西厅啜茗，乃返舟。

8月28日　星期二

　　晴。上午，至草棚茶馆，晤伯钦、卓然等。出，至李伯庸处。出，至县署，见邓知事。出，至县议会。下午，开谈话会。晚，夜馔后返船。

8月29日　星期三

晴，下午有小雨。上午，至草棚同卓然往候丁涤光，不值。至藏书阁晤焉，少坐。至县会，偕同人至县署，应邓知事招饮。席散，仍返县会。与韵兰等开审查会。晚馔后，同卓然至振新旅馆，晤伯承。少坐，返舟。

8月30日　星期四

阴，有雨。上午，至理发店理发。出，至振新，晤伯承。出，至憩南处午馔后，至县会。下午，开谈话会数小时。晚馔后，同卓然、志轩至振新候伯承，不在。少坐，泛舟。

8月31日　星期五

阴，下午有雨。上午，至草棚啜茗。即同卓然登舟，至方二三图谒远祖，明刑部尚书岱芝公墓，并观王项龄墓。尚有一墓未详，乡人亦言姚姓，回。在新镇啜茗后，开舟。下午三点钟，仍抵朱泾。在舟观《藏书纪事诗》。

9月

9月1日　星期六

阴，有雨。上午，往候吴剑士，不值，即至县会。下午开谈话会，余当推补参事会员。二下钟，散会。余同韵兰至藏书阁，开教育局董事会。五下钟，散会。晚馔后，返舟。叔安来，少坐，去。至草棚，与张子华、沈世骐啜茗。八下钟，返。

9月2日　星期日

晴，夜雷雨即止。上午，至张应记纸店，买簿册。回至叔安处，少坐。出，至藏书阁，续开教育局董事会。下午，开清理教育款产委员会。二下钟,散会。即登舟,解缆归。以潮水已来。进温河泾,以入张泾。又遇雷雨,小泊。抵家已九点半矣。在舟观《藏书纪事诗》。

9月3日　星期一

阴,下午有雨。上午,至馨山处。出,至槐荫阁。出,至济婴局,晤端甫。出,至宗祠,一观装修。出,至第二高小学校,晤古如、中孚。出,至河西地基,乃返。下午,涣然来,即去。涤新来。伯埙又同涣然交米捐来,伯才来,各少坐,去。作信复安如。晋康来治念祖疮疖,即去。夜,观连日时报。

9月4日　星期二

晴。上午,至钱氏义庄内施医局,少留,返。校《先母哀挽录》。望舅来。下午,端甫来,少坐,去。复张梦麟信。伯才来,少坐,去。子峰来,即去。望舅去。夜,补写连日日记。

9月5日　星期三

晴。上午,至第二高小学校,晤古如。出,至河西地基,而返。写书目。下午,作信复震生。沐浴。复参事会函,为六日将开会请假。夜,理账。

9月6日　星期四

晴。塾师祝慎旃今年初,请假继辞馆。下学期乃即延第二高小学校教员曹中孚上午来授花儿等国文、算学,胡如威下午来一小时授圆妹、花儿等英文。今日,均开学。誊《艺文志》。下午,伯埙来,少坐,去。公方来。

9月7日　星期五

晴,下午有小雨。上午,公方去。至河西地基,并一观志轩新屋装修。誊《艺文志》。下午,观《悔晦堂诗集》。致君藩信。夜,观《藏书纪事诗》。

9月8日　星期六

晴。上午，誊《艺文志》。方始昌来，即去。时舅、平庵、君介来，傍晚，去。夜，观《藏书纪事诗》。

9月9日　星期日

晴。上午，志轩来，少坐，去。誊《艺文志》。下午，复君定，致大妹信。至天梅处，少坐。至储蓄会，开总干事会议。以莫古如为建筑第二高小学校校舍，欲向会中借款也。五点钟，返。夜，翻阅舒伯鲁《绿绮轩文钞》。

9月10日　星期一

晴。上午，誊《艺文志》。写《徐彤芬女士画册题识》。作信，致君介、伯埙、叔安。下午，焕然来，少坐，去。写米捐收条，并理报告。复冠臣信。夜，观《藏书纪事诗》。

9月11日　星期二

阴，有雨。上午，誊《艺文志》。伯承、端甫先后来，少坐，去。叔安来，少坐，去。下午，邀宪人来治承粲面部掀肿，即去。尹卿来，少坐，去。复君介、慎旃、安如信。观《悔晦堂诗集》。夜，致仲稽信。观《学衡》。

9月12日　星期三

阴，晨雨。上午，誊《艺文志》。承粲面部掀肿及于右目，邀宪人来复诊，又邀眼科汪南溟治之。下午，复君藩信。草《辞退教育局董事呈县文》。伯才来，即去。夜，观《藏书纪事诗》。

9月13日　星期四

乍晴乍雨。上午，誊《艺文志》。邀晋康来治承粲目肿。叔纯来，少坐，去。下午，作信复君定。志轩来，少坐，去。观《悔晦堂诗集》。夜,观《藏书纪事诗》。

9月14日　星期五

晴。上午,誊《艺文志》。大妹携恒甥归,为邀谢子春诊治。下午,邀晋康来治承粲目肿。作信复子经,致冠臣。草《呈县为张泾河工告竣财政管理员一职应予卸任文》。夜,观《藏书纪事诗》。

9月15日　星期六

晴。上午,誊《艺文志》。复君介信。下午,至同泰仁,候伯埙,济婴局候端甫,均不值。至叔纯处,少坐。伯才来,即去。大妹携恒甥去高宅。作信复仲稽、栋材。端甫来,少坐,去。夜,沈耘青为调查本镇警佐沈叔安控案来,少坐,去。

9月16日　星期日

晴。上午,至河西地基。誊《艺文志》。下午,草《记饮》一首。作信复安如、十眉、公方。伯承来,少坐,去。

9月17日　星期一

晴。上午,誊《艺文志》。承粲昨患身热。今发红疹,邀宪人来诊治。午饭后,去。观《悔晦堂诗集》。作信复念梦,致仲稽。子峰来,少坐,去。夜,观《藏书纪事诗》完。

9月18日　星期二

晴。上午,誊《艺文志》。理发。下午,时舅、君介来。涤新、志轩先后来,各少坐,去。时舅、君介去。夜,誊来信,拟付印丛选中。

9月19日　星期三

晴。承粲热仍未退,上午,邀宪人来诊治。誊《艺文志》。下午,作信致君介,复哲夫。观《悔晦堂诗集》。夜,誊来信。

9月20日　星期四

阴，下午有雨。上午，十洲来，即去。誊《艺文志》。邀宪人来诊治承粲，午饭后，去。下午，种花。观《悔晦堂诗集》。夜，誊来信。复仲稽信。

9月21日　星期五

晴。上午，誊《艺文志》。下午，叔安来，少坐，去。至宗祠，看水木装修。望舅来，傍晚，去。夜，辑《云间诗征》。

9月22日　星期六

晴。上午，誊《艺文志》。邀宪人来诊治承粲，即去。下午，作信复安如、友于。夜，观《语石》。

9月23日　星期日

晴。上午八下钟，乘快船至朱泾。端甫、伯承同船。下午一点钟到。往寓振新旅馆后，出，候迪光，坐谈片刻。至县公署，开参事会。傍晚，散会，返寓。

9月24日　星期一

阴，有雨。上午，往候芳墅，不值，乃至藏书阁。近午，返寓。下午，至县公署，开参事会。傍晚，出，剑士邀至顺源馆夜馔，又至逸楼啜茗。九点钟，返寓。

9月25日　星期二

阴。上午九点钟，至县公署开参事会。十一点半钟，散会，即午馔。馔后，返寓。遂乘快船归，四点钟，抵家。在船观《语石》。望、时二舅、乐天先生、君介等在，即去。

9月26日　星期三

晴。承粲红痧虽已发出，而热势未退。近数日，又精神疲倦。今日，常与相伴。上午邀宪人来，下午邀谢子春来治之。誊来信。

下午,君懿来,少坐,去。至宗祠观装修。夜,辑《云间诗征》。

9月27日　星期四

晴。上午,誊《艺文志》。下午,至叔安处,探询县警察所实需经费,因参事会内欲审查其预算也。少坐,返。作信复叶守师、冲之、君宾。夜,致仲稽信。

9月28日　星期五

晴。上午,誊《艺文志》。下午,作信复宣子宜先生及君定,致君藩。伯才来,少坐,去。吕齐眉先生来,少坐,去。夜,观《学衡》杂志。

9月29日　星期六

晴。上午,誊《艺文志》。君介来。雅芬、春妹来。下午,邀谢子春来治承粲,即去。雅芬去。君介去。夜,誊《艺文志》。

9月30日　星期日

晴。上午,作信致兰畦。至河西地基一回。王瑞生来。渠及前日吕齐眉之来,皆劝余进同善社,笑谢之。审查本县之警察所十二年度预算书,下午,毕。望舅来,傍晚,去。夜,誊《艺文志》。

10月

10月1日　星期一

阴,有微雨。上午,写书目。誊《艺文志》。奇峰来,少坐,去。下午,端甫来,即去。作信复时舅,致君介。观《悔晦堂诗集》。邀晋康来治念祖痰块,即去。夜,誊《艺文志》。

10月2日　星期二

阴。上午,誊《艺文志》。邀宪人来治念祖痰块及承粲,即去。

下午，作信致中妹，复悔晦。夜，誊《艺文志》。

10月3日　星期三

晴。上午，誊《艺文志》。下午，观《悔晦堂诗集》。子冶来，少坐，去。作信复君藩、焕然。夜，誊《艺文志》。

10月4日　星期四

晴。上午，至施医局，又至河西地基。誊《艺文志》。观《悔晦堂诗集》。大妹携两甥归。下午，时舅、君介来，傍晚，去。作信复伯筹、十眉。夜，誊《艺文志》。

10月5日　星期五

晴。上午，誊《艺文志》。观《悔晦堂诗集》完。端甫、涣然先后来，各少坐，去。下午，作信致叔安，复佩忍、徐少樵。写舍入松江图书馆之《大藏经》箱面上题字。夜，抄存题跋。

10月6日　星期六

晴。上午，誊《艺文志》。至河西地基。致时舅、杏林信。君懿来，上午，去。志轩、伯才先后来，各少坐，去。侯志健来，即去。致叔安信。夜，复中妹信。

10月7日　星期日

晴。上午八点钟，开船往朱泾，下午一点钟到。即至藏书阁，开教育局董事会。三点钟，散。至县公署，开参事会。傍晚，散。至逸楼，应焕然招饮，又啜茗。九点钟，返船。在船，路途中翻阅春木先生诗文及观《悔晦堂杂诗》。

10月8日　星期一

晴。上午八下钟，至县公署开参事会。至下午三点钟，散。即返船，开往松江，毕静谦同船。八点钟到，同至典业银行。夜馔后，静谦去上海，余与君藩闲谈至十点钟，返船。

10月9日　星期二

晴。上午，至古书处、恒兴茂、典业银行。在行作信致绿琴、仲稽及綮君。出，至张敏修处，吊其母丧。至维四学校，晤君定、巩宇，图书馆晤君彦，即午馔。馔后，又至典业少坐。返船收拾行李，乘二点四十二分火车，往上海。到后，住均益里寓庐。外舅适于车站相晤，同住。

10月10日　星期三

晴。上午，十眉来。少坐后，同至振华旅馆，晤安如、大觉、公直。同至远东饭店，贺楚伧与吴梦芙女士结婚，晤及熟人甚多。夜宴后，又至其新居，在法租界霞飞路许。九点钟，返。外舅迁寓季鲁处。

10月11日　星期四

晴。上午，作信致君宾、慎旃、仲田、倜卿、培孙、乃乾。至信昌当，晤子素。午馔后，出，至商务印书馆、蟫隐庐、大东书局、昼锦里、永安公司、裘天宝等处购买物件、书籍。傍晚，返。又至大观楼夜馔。出。至集成书局选购旧籍。九下钟，返。

10月12日　星期五

晴。上午九点钟，乘火车回松江。即至典业银行，晤瑞师。作信致望舅。下午，綮君携念祖来松，同乘五点四十九钟火车，至上海寓所。路途观《悔晦堂杂诗》完。

10月13日　星期六

阴，夜雨。上午，至文明书局购书，成记理发。午刻，至一品香。前约培孙、乃乾、倜卿、君宾叙晤，又仲田、慎旃以事不到。下午二点钟，出，同培孙、乃乾至同雨春啜茗，少坐。又同乃乾至锡金公所居士林听印光老法师讲净土切要，讲毕摄影。五点钟，返。

同承粲邀外舅,并杭生至美丽川菜馆夜馔。临行适慎旃来候,邀之同去。八下钟,返。

10月14日　星期日

晴。上午,至都益处,开新南社成立会。到者四十余人,摄影,宴会。下午二点钟,散。出,至古书流通处看书,振华旅馆候时舅、君介,少坐。至博古斋购书,国光书局晤唐文圃,乃返寓。旋出,至悦宾楼,应蒋倜卿招饮。八下钟,散。出,至来青阁购书。十点钟,返。

10月15日　星期一

晴。上午,同承粲携念祖至陆露沙处。承粲治病后,调理念祖,治小疖。返后,余与承粲由季鲁伉俪及外舅邀至岭南楼午馔。馔后,余同承粲及季鲁夫人至永安、先施两公司购物。中间,余又至中华书局、商务印书馆,晤及心侠,朵云轩晤及攘白。各立谈片刻。傍晚,返。

10月16日　星期二

晴。上午,至沪宁铁路编查课,候朴庵,不值。乃至其家,坐谈良久。午饭而出,至振华旅馆,晤大妹、中妹、圆妹,伊等于昨晚到也。少坐。出,至来青阁、蝉隐庐、永安公司,又至八仙桥街安如寓处。少顷,十眉亦来,谈至傍晚而返。夜,致乃乾信。

10月17日　星期三

晴。上午,至俭德储蓄会阅报。回,同承粲至振华旅馆,即偕大妹等至大马路一带购物。午馔于小醉天饭馆。傍晚,返。

10月18日　星期四

晴。上午九点钟,乘火车,近十一点钟到松江。即乘快船,十二点钟开,下午五点钟到家。路上观周瘦鹃之《忆语》选本。

10月19日　星期五

晴,晚有小雨。家中人少,益官又患身热,故终日颇碌碌。理书。下午,致时舅信。夜,观连日时报。复栋材信。

10月20日　星期六

晴。上午,誊《艺文志》。下午,端甫、亚雄先后来,各少坐,去。望舅、济川、启明来,傍晚,去。夜,理账。复怒庵信。

10月21日　星期日

晴。晨,至宗祠举行秋祭礼。与祭者共二十八人,余司读祝。午后,返。作信致卣香,复叔纯。涤新来,少坐,去。晚,大妹、中妹、圆妹自上海归。中妹于初三日同迪前,携恭、菊两甥及新甥星垣归家,迪前与恭、菊两甥同去、同回,恒甥亦随大妹也。

10月22日　星期一

晴。上午九点钟,开船往松江,下午三点钟到。至典业银行。五点四十九分,乘火车往上海。到后,即至均益里寓所。在船观《史地学报》。

10月23日　星期二

阴,晚雨。上午,至裘天宝银楼,取定制之件,及商务印书馆等处。下午,偕粲君至先施、永安两公司购物。

10月24日　星期三

晴。上午九点钟,偕粲君乘火车回松江。到后,即登船解缆。下午四点钟,抵家。在船观《史地学报》。

10月25日　星期四

晴,夜雨。上午,至济婴局。今日斋堂,堂婴有六十四人,领去二十人。出,至米业公所鸣社诗课。午饭后,返。傍晚,又至济婴局。夜宴后,返。

10月26日　星期五

晴。今日，圆妹与君宾表弟行文定礼。先母所命也。上午，作信致君介。下午，作信致君定、颂和叔。又上午焕然来，下午，端甫来，均即去。夜，与迪前诸妹手谈。

10月27日　星期六

阴。上午，至河西地基。回，至协和当，候杏林，不值。至同泰仁，晤伯埙，并晤杏林，少坐，返。下午，迪前去。作信致偶卿，复简敬、志儒、十眉。夜，草教育局董事会议案四件。与吟槐舅母斗牌。

10月28日　星期日

阴，有微雨晴光。上午，粲君携益儿往上海。作信致君介，又代粲君复绣红妹信。下午，理书。志轩来，即去。誊《艺文志》。夜，观《半月》杂志。

10月29日　星期一

阴。上午，誊《艺文志》。致君介信。下午，伯埙来，少坐，去。写书目。致颂和叔信。观《学衡》。

10月30日　星期二

阴，有微雨。上午，杂事。下午，誊《艺文志》。子峰来，即去。写《挽徐寄尘母夫人诗》，诗请朱卣香代作。李一谔来，少坐，去。夜，致粲君信。观《学衡》。

10月31日　星期三

阴，有雨。上午，奇峰来，少坐，去。誊《艺文志》。复学源信。下午，理书。伯承来，少坐，去。校所誊《汉书札记》。复钱立凡信。夜，观《朴学斋丛刊》。

11月

11月1日　星期四

雨,下午阴。上午,至继述堂耕熙叔处,贺堂妹于归。少坐,返。下午,翻阅《续古逸丛书》。又至继述夜宴后,返。

11月2日　星期五

晴。上午,下元节祭先。作信致子华、倜卿,复哲夫。下午,至东宅济川处,其次妹将于廿七于归,余明日欲往沪,故特一去。少坐,返。古如、伯才先后来,少坐,去。夜,望舅、平庵、济川、启明来。少坐,去宿船上,明日开松江。

11月3日　星期六

晴。偕大妹、恒甥往上海。上午七点半钟开船,下午一点钟到松江。余至典业银行一回,乃至车站。君定亦来,同乘二点四十二分火车。到后,余寓均益里。大妹等少坐后,往寓振华旅馆。在船观《朴学斋丛刊》。在车站,晤及沈道非先生。夜,至成记理发。出,至来青阁书坊,又至沐浴。

11月4日　星期日

晴。上午,作信致中、圆两妹。至振华旅馆,晤望舅、时舅等,以君湘将于明日在此结婚。下午,至丰昌当、永安、先施两公司,又回均益里一次,仍至振华。夜有筵席,款介绍、证婚诸人,为陪。十点钟,返。

11月5日　星期一

晴,夜雨。上午,致中、圆两妹信。同承粲,携益儿、念祖至振华旅馆。下午,观君湘与金静芳行婚礼,又同承粲等至昆山路林堂观其行耶稣教中婚礼,即返振华。是夜遂留。

11月6日　星期二

　　雨。下午,同君定至惠中旅馆,候巩宇。出,至商务印书馆购书,又同君平至博古斋。傍晚,返均益里。承粲及两儿已先回矣。

11月7日　星期三

　　阴。上午至车站,送大妹等回松。至沪宁铁路编查课,晤朴庵,少坐。出,至俭德储蓄会阅报,乃返。下午,至西泠印社购书。出,至竞雄女校,候十眉,不值。乃至八仙桥街安如寓处,并晤十眉。傍晚,出,至来青阁、朝记书庄、千顷堂乃返。夜,石士来,少坐,去。观《最新读书法》。

11月8日　星期四

　　晴。上午,至俭德储蓄会阅报,又至中国银行取公债息金。下午,同粲君至八仙桥孙纬才父子医院,佩宜、安如寓处,坐谈数刻。出,至普益习艺所菊花会观古书画。傍晚,至功德林夜馔后,返。

11月9日　星期五

　　晴。上午,季鲁来谈,少坐,去。至信昌当。出,至中华书局印刷所。出,至王大吉等处购物。乃至先施公司,与粲君相会,又至永安公司、和丰、老九纶。傍晚,返。

11月10日　星期六

　　晴。偕粲君,携益儿乘上午九点钟火车,回松江。到后,即登家中放来之船。下午五点钟,抵家。在船观《国学丛刊》。夜观连日时报。

11月11日　星期日

　　阴,有小雨。杂务。上午,君定、君宾来,即去松江。下午,端甫、子光、伯埙先后来,各少坐,去。作信致邓知事,为参事会明日开会请假。延平湖西林寺僧来,为先父母,暨先曾祖、先祖、本生先祖作佛事三永日。今夜起道场。

11月12日　星期一

晴。先君之丧,照例今日释服。然父母之丧终身藏之,何日忘之耶。本生先祖考秋岭公今日为一百十岁冥庆之期,去世已三十四年,在小子生前一岁,小子盖不及见也。然今瞻仰遗容,可想象焉。下午,贞甫伯来,少坐,去。叔安、仲田先后来,各少坐,去。

11月13日　星期二

晴。上午,望舅来。下午,去。

11月14日　星期三

晴。黎明斋天。上午,志轩来,即去。下午,时舅、君介来,傍晚,去。佛事于今夜告竣。

11月15日　星期四

晴。上午,杂务。下午,作信复子华,致弘一禅师。端甫、智川来,少坐,去。夜,瑞兰来,少坐,去。作信致君藩。

11月16日　星期五

雨。上午,粲君携益儿往上海。誊《艺文志》。下午,观杨了公手写诗词一卷。作信复黄谱衡,致洁身、粲君。端甫来,少坐,去。夜,理账。

11月17日　星期六

阴,有微雨。上午,誊《艺文志》。下午,写书目。作信复志儒。夜,观《学衡》。

11月18日　星期日

阴,夜雨。上午,伯埙来,少坐,去。誊《艺文志》。下午,俞志坚来，即去。至济婴局，为昔年局婴范定康家事，邀在局同人及范姓亲族集议。傍晚，返。夜，观《最新读书法》完。

11月19日　星期一

晴。上午，至闲闲山庄。下午，返。夜，观《学衡》。

11月20日　星期二

晴。上午，同圆妹至高宅，吊三舅母之丧。傍晚，返。在舟观《近代诗钞》中金和诗。夜，伯承来，少坐去。观《楚词新论》。

11月21日　星期三

晴。上午，写书目。誊《艺文志》。下午，涤新、宪人先后来，坐谈良久，去。至同泰仁，候伯埙，不值，即返。作信复粲君及荆山，又致叔安。

11月22日　星期四

晴。上午，安拢书橱。子光来，少坐，去。誊《艺文志》。下午，至储蓄会，举行五十九期掣签。出，至姜宅，答候刘叔生，少坐，返。伯才、宪人先后来，各少坐，去。夜，君定自松江回来。张巩宇来，与君定同回也，即去。

11月23日　星期五

晴。上午，张仲麟来。少坐后，并同君定至米业公所鸣社。今日为余值课。下午，返。李康弼、朱卣香、方缄三同来。卣香、缄三少坐，即去。康弼又坐谈良久。同余至世德，并同卣香至米业公所，应其补请喜筵。夜，返。

11月24日　星期六

晴。上午，校《国学丛选》一二集再板。王培孙、徐幼楚来。下午，同培孙、幼楚走街上一周，乃放棹至秦王山游览。回后，又至第一楼啜茗。傍晚，设薄筵宴之。夜，谈话良久，去宿舟中。幼楚,张泽人,为培孙之门人。此次培孙讫张泽来,明晨将往朱泾,由朱而松江,而返上海。今日午饭后,伯平来,即去。

11月25日　星期日

晴。上午,校《国学丛选》。至河西地基。君平来。下午,范伯明来,为县署借款,即去。伯才来,少坐,去。君平去。夜,与君定斗牌。

11月26日　星期一

晴。上午,君定去松江。蒋偁卿来,即去。至明伯处,贺其次子剑寒结婚。陈端志来候,同至家中,少坐,仍至明伯处。午饭后,至张仲田处,贺其子宪文结婚。同伯埙至子贞处,少坐,仍至仲田处。夜宴后,再至明伯处,认新房后,返。

11月27日　星期二

雨。上午,作信致朴庵、君宾,复粲君。焕然来,少坐,去。下午,伯承、子光先后来,各少坐,去。誊《艺文志》。夜,翻阅《梦溪笔谈》。

11月28日　星期三

雨。上午,至亭林顾家七吊饴生夫人之丧。下午,返。在舟观《小说世界》《半月》杂志。夜,观《宋元戏曲史》。

11月29日　星期四

晴。上午,誊《艺文志》。作信致时舅。下午,作信复君藩。端志、叔安、涤新先后来,各少坐,去。夜,观《宋元戏曲史》。

11月30日　星期五

晴。上午,誊《艺文志》。下午,叶守师、君介来,望舅来,志轩来,伯才来,宪人来。傍晚,均去。至邮政局,为保存查山事,发省厅一电。夜,观《宋元戏曲史》完。

12 月

12月1日　星期六

晴。上午，杂务。致君平信。下午，至河西，在作写《维桑桥题记》。伯才来，少坐，去。作信致雄伯、君藩，复君彦。夜，草教育局董事会提议案一件。

12月2日　星期日

阴。上午，草教育局董事会提议案、参事会提议案各一件。复荆山信。志坚来，即去。下午，至米业公所，应志坚会筵。傍晚，返。徐尹卿来，即去。

12月3日　星期一

晴。上午八点钟，开船往朱泾，下午一点钟到。即至县公署，开参事会。傍晚，散会，返。夜，往候南暨，不值。少顷，南暨来船，坐谈数刻，去。

12月4日　星期二

晴。上午，至草棚，与端甫、叔略等啜茗。下午，至藏书阁，教育局开董事会。夜饭后，出，至振新旅馆候端甫，不值，即返舟。

12月5日　星期三

晴。上午十点钟解缆，下午三点钟抵家。昨日起，患头痛，两颊掀肿，邀宪人来治之。泰来、伯承来谈查山事，少坐，去。圆妹于昨日同品相往上海。今日，端甫同舟归。

12月6日　星期四

阴。上午，剑寒来，少坐去。作信复培孙、朴安。下午，子光、伯承、泰来、伯才先后来，谈查山及选举事，久坐，去。叔纯来，少坐,去。端甫来,夜饭后,去。至邮政局,途晤涤新,立谈片刻,返。又为保存查山事,发省厅一电。作信复粲君及鹓雏。

12月7日　星期五

阴。上午,奇峰来,少坐,去。涤新来,即去。作信复攘白。下午,时舅、君介来。伯才、仲田、志坚先后来,各少坐,去。时舅、君介去。至汪益修堂沈叔安寓处,因其将调任朱泾警佐,与智川、伯才、志坚等设筵钱之。席散后,又坐谈数刻,返。作信复君藩。

12月8日　星期六

阴。上午,至高宅,七吊三舅母。下午,至闲闲山庄。傍晚,返。夜,理账。

12月9日　星期日

阴,晚雨。上午,作信复端志,致卓然。下午,邀宪人来诊治,少坐,去。志轩来,少坐,去。伯才来,即去。至市公所,拟晤泰来,不值,即返。至同泰仁,晤伯埙。出,至第二高小学校,应其会筵。夜,返。作信致怒庵,复君藩。

12月10日　星期一

晴。昨夜,发寒热,头痛甚。上午,邀宪人来诊治。下午,伯才、志轩先后来,谈今日补选县议员事,即去。圆妹归。

12月11日　星期二

晴。热仍不退。邀宪人来诊治。

12月12日　星期三

阴,夜雨。今日请俞道生、钱迪光,宪人又邀谢子春诊治,服道生方。傍晚,承粲闻余病,携益儿归。

12月13日　星期四

晴。邀宪人来诊治,仍服道生方。

12月14日　星期五

阴。热势始退,邀宪人来诊治,服其药。

12月15日　星期六

阴,晨微雪。口授圆妹,复乃乾、亚伯信。

12月16日　星期日

晴。邀宪人来诊治。志轩来,少坐,去。

12月17日　星期一

晴。始起床仍口腻纳呆,四肢无力,时欲头昏脑闷。此次之病初为痄腮胀,又泾性重浊,潜伏于脾胃之间已,久感受风湿而发,是以不易速痊。

12月18日　星期二

晴。上午,邀宪人来诊治。下午,作信复安如。

12月19日　星期三

晴。上午,中妹携三甥去亭林。下午,作信致君藩,复志儒、亚伯、培孙。

12月20日　星期四

晴。下午,邀宪人来诊治。夜,复仲稽信。

12月21日　星期五

晴。上午,十洲来,十洲去。下午,时舅、君介及君平又君懿先后来,傍晚,均去。冬至节祭先,始出房门。

12月22日　星期六

晴。下午,君藩来,坐谈良久,去。夜,志轩来,少坐,去。

12月23日　星期日

晴。上午,致伯埙信。请俞道生诊治。夜,观《潜研堂文集》。

12月24日　星期一

晴。上午,观《潜研堂文集》。致伯承信。下午,始至外书房。子峰来,即去。

12月25日　星期二

晴。上午,承綮往上海。大妹携恒初同去。宪人来,请其一诊,仍服道生方。作信复安如、荆山、培孙。望舅来。下午,作信复端志、哲夫,致管葆生、本邑通俗教育观。望舅去。志轩来,少坐,去。

12月26日　星期三

阴,晨微雨。作信致君定,杂拉书,书遂尽数纸。盖病中枯坐无聊,多自叙身世之言。傍晚,致綮君信。夜,草复菊生信稿。

12月27日　星期四

阴,有微雨。上午,邀宪人来诊治,并与坐谈数刻。下午,续草复菊生信。子峰来,少坐,去。

12月28日　星期五

阴,有雨。写致菊生信甚长,论学书也。下午,晋康、子峰先后来,即去,均为吴姓房屋交易事。写米捐收条。致叶韵兰信,以病体未愈,托其代为审查县教育费十一年度决算册。夜,草《向县议会请议保存查山案》。致君介信。

12月29日　星期六

晴,晨有微雪。上午,写致君定信。下午,时舅、君介来。奇峰、端甫先后来,各少坐,去。时舅、君介去。复綮君信。夜,理账。

12月30日　星期日

晴。上午,作信复端志。下午,作信复冲之,致震生、攘白。

济川、伯才先后来,坐谈良久,去。

12月31日　星期一

　　晴。上午,邀人来诊治,少坐,去。复仲稽信。理发。下午,作信复洁身、安如,致谱衡及粲君。夜,复君介信。观《绿窗艳课》。

姚光日記（中）

上海市金山区档案局（馆）编

复旦大学出版社

1924 年

1月

1月1日　星期二

晴。上午,志轩来,少坐,去。致南暨信,以《请县会议保存查山理由书》寄之。下午,复乃乾信,致芳墅信。为款产经理处以结束,将开会。余以病后未健全,不列席,又致参事会长,亦以将开会请假。夜,复望舅、君懿信。昭明之亡以阴历计之,今日盖四周年矣。请沙龙院僧诵《金刚经》百六十卷,焚去超度之,并度文明、通明。

1月2日　星期三

晴。唤舟往松江。上午九点钟开,下午五点多钟到。即乘火车往上海,到后至均益里寓所,已夜矣。在舟观《绿窗艳课》及《悔晦堂文集》。又复君藩信。君定、君宾候于车站,同至寓所,坐谈良久,去。君定住在俭德储蓄会也。大妹携恒甥前日到沪,住在寓所。又陈氏女甥文会前以就医来沪,亦住在余寓,今日去。玉嫂嫂前来视陈甥,亦在沪。

1月3日　星期四

晴。上午，君定、君湘、君宾先后来，君湘、君宾即去，君定午饭后去。大妹携恒甥，同玉嫂嫂下午乘火车回松江，登余来舟，明日归家。至俭德储蓄会晤君定、巩宇。渠等寓此，从师治西文。久坐，并在书报室内阅览。傍晚，返。夜，季鲁来闲谈。录存信稿。

1月4日　星期五

晴。上午，同粲君至陆露沙处，倩其为余诊治。作信复安如、君藩、志儒，致弘一大师。下午，安如、佩宜来，坐谈数刻，去。君定、巩宇来，少坐，去。至信昌当晤洁身、子素。出，至商务印书馆购书。出，至露沙分诊所，上午与约定为余注补血针也。旋返。夜，君宾来，即去。翻阅商务中所购书籍，多系新出讲国学者。

1月5日　星期六

晴。上午，君定来，同至车站，乘九点五十分钟火车往真如。暨南学校晤震生、怒庵、赵厚生、高践四。下午一点一刻回上海，震生、怒庵同行。到后，即至俭德储蓄会，坐谈良久，又至余寓所一次。出，再同至恽铁樵医寓晤公渡。出，震生、怒庵别去，余同君定至商务印书馆、中华书局。傍晚，君定在余寓所夜饭后去。作信复圆妹。致紫卿。

1月6日　星期日

阴。上午，至俭德储蓄会阅报。复君藩信。下午，至来青阁晤乃乾，坐谈良久。出，至商务印书馆、有正书局、蟫隐庐等处。傍晚至露沙分诊所注补血针而返。夜，君定、济川来。济川即去，君定少坐，去。誊信稿。

1月7日　星期一

阴。上午，至沪宁铁路编查课晤朴庵。坐谈数刻。出，至俭德储蓄会阅报。午刻，返。下午，复慎旃信。至孙纬才医院晤安如，坐谈良久。出，至国光书局晤唐文圃，又至群益书社、商务印书馆等处而返。夜，誊信稿。

1月8日　星期二

晴。上午，至俭德储蓄会阅报，并与君定、巩宇、朴庵闲谈。近午，返。下午，作信复君介、端志，致子光。君藩来，少坐，即回松江。晨间亦曾来谈数刻，昨来则不晤也。至中南银行、商务印书馆、泰东书局、来青阁、集成书局。傍晚，至露沙分诊所，注补血针而返。夜，君定、君宾来，君宾先去。

1月9日　星期三

晴。上午，至俭德储蓄会阅报。作信复圆妹，致紫卿。下午，观《国学丛刊》。至聚珍仿宋印书局。出，至安如寓处。十眉、心芜亦来，坐谈良久，又同至酒楼夜馔，乃返。

1月10日　星期四

晴。上午，至俭德储蓄会阅报，并与君定晤谈。下午，作信致时舅。同綮君至和丰、永安、先施购物。綮君先回，余又至露沙分诊所，注补血针而返。夜，君定来，坐谈良久，去。

1月11日　星期五

阴，晚微雨。上午，至俭德储蓄会阅报，并晤朴庵，坐谈片刻。又先与季鲁至成都路觉庐，观施载春所办之弘济奖券陈列之书画、古玩、珠饰、器具诸奖品。文会来。下午，作信复圆妹、君藩。至朵云轩、扫叶山房、广益书局、集成书局等处，傍晚，返。夜，君定来，少坐，去。今悉老女佣徐婶婶于前夜作故余家。

1月12日　星期六

阴。上午，至俭德储蓄会阅报。下午，复圆妹信。震生来，少坐，去。至艺苑真赏社、来青阁，又至露沙分诊所。适晤张冥飞，谈良久，而待露沙不至，遂返。夜，君定、君宾来，君宾先去。

1月13日　星期日

阴。上午，君定来。至俭德储蓄会阅报。出，至都益处——岁寒社聚餐，已第五次矣。集者安如、十眉、朴庵、惠生、溥泉、天民、心侠、心芜、兰皋、凤蔚、布雷、亨丽、文之，共十六人。摄影，而散。余回寓一次，又至惠中旅馆候芳墅。项曾来访，并晤偶卿，坐谈数刻。出，至商务印书馆购书，露沙分诊所针治。夜，观《梁任公学术讲演集第三辑》。

1月14日　星期一

阴，晚雨。上午，至俭德储蓄会阅报。复时舅信。下午，震生来，少坐，去。至惠中旅馆晤芳墅、震生，即同震生至牛惠霖医生处，为文会欲就其诊治。粲君、君定已同彼先至矣。出，余又同粲君至永安、先施购物而返。夜，复慎旃信。

1月15日　星期二

阴。上午，怒庵来，即去。至俭德储蓄会阅报。复君藩，致君宾信。下午，致芳墅信。至大马路、永安、先施等处购物，回寓一次，又至露沙分诊所针治。夜，君定来。致安如信。

1月16日　星期三

阴，下午雨。上午，至俭德储蓄会阅报。下午，君定来。乘三点四十五分火车回松江。到后，即至典业银行，晤君藩。夜九点钟，登家中放来之舟。

1月17日　星期四

阴,下午雨。黎明,解缆。午刻,抵家。在舟观《古书读校法》。下午,理行箧。志轩来,少坐,去。宪人来,治远妹寒热。花儿前患伤风,曾请诊治,今未愈全,亦一复诊。夜,致粲君信。

1月18日　星期五

阴。上午,杂务。端志来,少坐,去。下午,叔纯来,少坐,去。至警察所答候新警佐陈墨林。出,至第二高小学校晤胡如威,送其修金,乃返。子峰来,即去。夜,理账。

1月19日　星期六

晴。上午,杂务。下午,子光、伯才先后来,各少坐,去。奇峰来,即去。馨山来,即去。傍晚,以胡如威、曹中孚二馆师年假,设筵宴之,并邀古如、宪人、涤新、子光、志轩为陪。叔纯邀而未到。复震生信。

1月20日　星期日

晴。上午,作信复望舅、平庵。下午,至储蓄会举行第六十一期掣签,即返。伯承、涤新来,少坐,去。望舅来,即去。夜,作信复粲君及守师。下午,又复弘一大师一信。

1月21日　星期一

晴。今日,志轩及陈叔葵往廊下,接洽张堰市区事,邀余同去。又冯家为处理家事,本欲邀余与望舅一到,余径至冯家,市区事即与子治谈之。傍晚,仍与志轩、叔葵返,抵张已夜矣。在舟观《学衡》。

1月22日　星期二

晴。上午,伯才来,坐谈数刻,去。下午,志轩来,即去。作信致子治、十眉,复安如、惠生、君藩。近贤、素斋、子光来,少坐,去。

夜,作信致金山县教育月刊社及翁仰山。中孚来,即去。

1月23日　星期三

阴,夜雨。上午九点钟,乘快船往朱泾,下午二下钟到。即至藏书阁开水利委员会,审核张泾河工决算及高泾河工预算。傍晚,散会。夜馔后,至振新旅馆,寓焉。涤光同至寓所,坐谈数刻,去。作信致佩忍,复顾伯超。船上曾观《夜谭随录》。

1月24日　星期四

雨,夜阴。上午九下钟,乘快船回,下午三点钟抵家。在船观《东大南高国学研究会演讲集》。至舒馨山处,算付水利会借款息金,即返。冲之来,少坐,去。夜,复粲君信。

1月25日　星期五

晴。理书。写书目。下午。端甫、冲之先后来,各少坐,去。夜,作信复君藩,致粲君。校《先母哀挽录》。

1月26日　星期六

晴。上午,写书目。下午,至宪人处。出,至市公所及警察所晤墨林,即返。又至河西地基一回。分发《先母哀挽录》。夜,作信致迪光——为近开参事会,以事不去。观《文哲学报》。

1月27日　星期日

阴。上午,杂务。下午,分发《先母哀挽录》。夜,作信复培孙、文圃、叔纯,致君介。

1月28日　星期一

晴。上午,至河西地基一回。下午,涤新来,少坐,去。作信致陈墨林,复李洞庭。方始昌来,即去。伯才、叔纯先后来,少坐,去。夜,复敏修信。又致叔贤信。

1月29日　星期二

阴,晚雨。上午,杂务。志轩同奚斗储来,少坐,去。时舅、君介来。下午,奇峰、伯承、伯才、子峰先后来,各少坐,去。时舅、君介去。夜,理账。

1月30日　星期三

雨。上午,往何宅吊馥斋表叔。回至同泰仁,晤伯埙,少坐,返。涣然来,即去。下午,翻《滇云历年传》。分发《先母哀挽录》。伯才来,即去。济川自上海回来,少坐,去。夜,观《国学丛刊》。

1月31日　星期四

阴,夜雨。上午,理宗祠账。栋材来,午饭后,去。伯才来,即去。陈墨林来,少坐,去。叔纯来,坐谈数刻,去。志轩来,即去。复仰山信。夜,观《古书读校法》完。

2月

2月1日　星期五

阴,上午雨雪。上午,年节祀神。下午,粲君携念祖归。君懿、公渡来,少坐,去。祭先。季眉叔来,少坐,去。

2月2日　星期六

晴。上午,伯埙、叔纯、涤新、古如先后来,各少坐,去。下午,至子贞处,问其病,少坐,返。端甫来,少坐,去。夜,翻阅《且顽老人七十自序》。奇峰来。即去。

2月3日　星期日

晴。杂务。上午,伯承来,少坐,去。下午,伯才、志轩先后来,各少坐,去。夜,录存信稿。

2月4日　星期一

晴,夜雨。杂务。理发。

2月5日　星期二

阴,有雨。祀天地、祖先,并谒宗祠。观《史地学报》。

2月6日　星期三

雨。上午,时舅、君介、君藩、君湘、君宾来。方始昌来,即去。傍晚,时舅等去。

2月7日　星期四

晴。上午,志轩来。冲之来。大妹携恒甥归,君定同来。下午,张巩宇来,坐谈数刻,去。济川来。夜,与君定等手谈。

2月8日　星期五

阴,夜雨。君定、巩宇之英文教习葛丕六牧师昨与美国教士德姓、富姓、奶姓,自松江来张堰。到镇已夜深,葛牧师携其子来宿余家,三教士宿船上,今晨亦来余家。少坐后,余与君定偕之在镇上游览一周,并至恒泰祥号晤巩宇,遂由君定同去秦山。余返,至河西志轩处拜本生祖等神影,少坐,返。严千里来。下午,作信复震生、子冶。夜,与千里等手谈。

2月9日　星期六

阴。上午,大妹携恒甥去高家,圆妹、花儿同去。千里亦去新宅。下午,理文件。寿龄叔、季眉叔来,坐谈数刻,去。夜,录存信稿。

2月10日　星期日

阴,上午雨雪。上午,至高家望舅处。在舟观《陶渊明》。

2月11日　星期一

阴,晨雪。上午,至时舅处。下午,震生亦来。傍晚,携花儿归。在舟翻阅《爱日吟庐书画录》,新向平湖葛氏索得者。夜,翻阅《观堂集林》,系王国维著。

2月12日　星期二

晴,晨雪。上午,公竞自河西来,即去松隐。下午,端甫来,少坐,去。宪人来,丁迪光来,济川同侯寿仁来,各少坐,去。圆妹归。理文件。戚智川宴迪光,招陪。夜,九点钟返。

2月13日　星期三

晴。上午,震生来,午饭后,去。仲田来,少坐,去。至东宅济川处,答候侯寿仁,不值。至耶稣堂答候姚秉勋牧师,亦不值。乃返。望舅、济川弟来,傍晚,去。至河西,应志轩招饮。夜九点钟,返。

2月14日　星期四

晴。上午,作信复柳村叔、弘一大师,致迪前。景伊来,少坐,去。时舅、君介来。下午,理发。时舅、君介去。贞甫伯、季眉叔来,为裕兴欲让脱房屋事,少坐,去。夜,致君懿信。

2月15日　星期五

晴。上午,写请客函片。志轩来,少坐,去。下午,写《杂记》。复贞甫伯信。中妹携三甥归,迪前同来。君宾自亭林回来,即去。夜,子光来,即去。观《陶渊明》。

2月16日　星期六

晴。上午,冲之来,近贤来,各少坐,去。大妹归。君定同来。君宾亦来。下午,复屯艮信。时舅来。夜,设筵宴警佐陈墨林。又邀伯埙、馨山、杏林、景伊、仲田、智川,尚有端甫伯承邀而未到。席散后,时舅亦去。今日望舅、君介、君藩亦邀而未到。

2月17日　星期日

晴。上午,同迪前、君定、君宾至协和当,更偕景伊至闲闲山庄。今午望、时二舅以宴墨林,招饮。傍晚,与迪前、景伊走归。夜,手谈。大妹今日亦去高宅。

2月18日　星期一

阴,晚雨。上午,理账。作信致卓然,又乐天先生。下午,志轩来,少坐,去。作信致君彦、君藩、十眉。夜,手谈。

2月19日　星期二

阴。上午,乐天先生来,求其择吉先人葬期。本欲往请,闻其在钱圩,咋去邀之。下午,志轩来,即去。至储蓄会举行六十二期掣签,并选举职员提议事件,余被选为干事长,保管员一职改举黄景伊。散会后,返。时舅、君介自会中回来,少坐,去。

2月20日　星期三

晴。上午,志轩来,即去。同乐天先生至河西地基。下午,大妹携珍甥归,君定同来。伯承、伯才先后来,各少坐,去。景伊来,即去。少顷,又同闵瑞师来。夜,端甫来,即去。景伊去,瑞师亦去,住协和当。

2月21日　星期四

晴。上午,乐天先生去。冲之来,即去。至协和当候瑞师,并将保管之储蓄会抵押品移交于景伊,少坐,返。君定去。至舒万和,候馨山,不值,即返。作信致洁身、仲簾。下午,作信致剑士。夜,手谈。

2月22日　星期五

雨,有雪。上午,同迪前至高宅。望舅宴瑞师,招陪。下午返。君定携恒初同来。傍晚,设筵宴瑞师,时舅、伯埙、景伊亦来。

夜深,时舅同瑞师宿舟中。明晨,开往朱泾。

2月23日　星期六

晴。上午,杂务。下午,作信复迪光。辑《大雅集》。君定去。夜,与迪前、时舅母手谈。

2月24日　星期日

晴。手谈。下午,复徐少樵信。

2月25日　星期一

晴。手谈。下午,志轩来,少坐,去。致子华信。大妹携恒初去高宅。

2月26日　星期二

阴。上午,作信致怒庵,复震生、洁身、仲籙。下午,至河西地基植树。端甫、志轩先后来,即去。夜,手谈。

2月27日　星期三

阴,夜雨。今日,家塾开学——仍曹、胡二师。下午,迪前去。公方、钻坚先后来,各少坐,去。作信致莘子、朴安。叔安、端甫来,少坐,去。夜,君定来,为晤叔安,仍去。观《陶渊明》完。

2月28日　星期四

雨。望舅、君定来。为其与高、毛家涉讼事。邀晤叔安叙谈。端甫亦来,余与之周旋终日。傍晚,均去。夜,观《亚洲学术杂志》。

2月29日　星期五

阴,上午雨。上午,志轩来,少坐,去。复校印本《思玄集》。下午,杨阆峰先生来,少坐,去。至贞甫伯处,移交宗祠值年账册。出,至警察所,晤墨林,即返。作信致慎旃,复少樵、君湘。夜,观《学衡》。

3月

3月1日　星期六

晴。上午,同圆妹至松隐十图,贺千里表弟今日结婚。船中观《诗经研究》。

3月2日　星期日

阴,晨雨雪。夜,公贺暖房。

3月3日　星期一

晴。同圆妹、何绿筠妹、严绣红妹、君介往松江。上午十点钟开船,下午二点钟到。余同君介即至典业银行。乃同君藩、圆妹、绿筠进城,至洽顺兴皮箱店定购皮箱,参观电话公司,晤朱久望,图书馆晤君彦。时,君介、绣红治病归来。乃同出,君藩邀饮于雅意居。出城后,余与君介宿典业,圆妹等住船上。

3月4日　星期二

雨。上午,至船上,旋至王宅。午饭后,至德昌当晤韩叔岑,少坐,返典业。又至船上,同圆妹等及君介、君藩参观乐恩新堂,晤戴牧师,慕卫女校晤林循修表外甥。傍晚返。夜,作信致教育局董事会。

3月5日　星期三

晴。上午,至船上,即返。圆妹归家,君介等亦回松隐。行中开股东会。下午,君彦来谈。

3月6日　星期四

晴。大妹于前数日去沪治足疾。昨晚返松,今晨登其船归。乃以搁浅,直至下午一点半钟开出。本风顺,六点钟抵家。大妹夜饭后,仍往高宅。船中观《诗经研究》完。

3月7日　星期五

晴,夜雨。上午,买花。下午,致贞甫伯信。翻阅《慈利县志》。夜,观《平民文学之两大文豪》。

3月8日　星期六

阴。上午,理书。下午,作信致石愚、君藩、君彦。夜,作信致干巷区官周竹漪。观《平民文学之两大文豪》。

3月9日　星期日

雨。整理所辑之《徐闇公遗文》。夜,复君定信。观《平民文学之两大文豪》完。

3月10日　星期一

阴,晚雨。己未仲冬下旬至庚申春间之日记,前以心绪恶劣,阙漏滋多。今日上午,依据圆妹日记,均略补写之。下午,端甫、伯才先后来,各少坐,去。复端志信。夜,观《古代政治思想研究》完。

3月11日　星期二

阴,晚雨,雪珠。上午,补写壬戌年仲夏以后日记。盖母亲弃养时也,泪下不能涉笔,约略记之而已。下午,卖花人来,为买碧桃数株,植之后园。作信复冲之、吕巷河工局,致培孙、陶怡。夜,观《礼记》。

3月12日　星期三

阴。上午,补写壬戌年日记。下午,复时舅信。时舅、君介来,晚去。作信复佩忍、陶遗。夜,观《礼记》。

3月13日　星期四

晴,下午阴。上午,种树。补写壬戌年日记。下午,翻阅《礼记》。子峰来,即去。作信复君藩。夜,观《礼记》完。

3月14日　星期五

晴。上午,至河西地基。又至子翰处,望其病,少坐,返。张学源来,少坐,去。下午,作信复时舅、君定、文圃,致君介。伯才来,少坐,去。辑《云间诗征》。夜,观《东西文化及其哲学》。

3月15日　星期六

阴。上午,作信复时舅、君介、汪梦松,致望舅、安如。下午,往候叔纯、馨山、端甫,均不值,回至河西。以子翰病故,少坐,返。复端志信。夜,端甫来,少坐,去。观《东西文化及其哲学》。

3月16日　星期日

阴。上午,理发。凌松年来,少坐,去。下午,至河西,少坐,返。伯才来,少坐,去。复莘子信。至河西,夜,返。观《东西文化及其哲学》。

3月17日　星期一

阴。上午,至河西,送子翰兄大殓,下午返。焕然来,少坐,去。张学源借东宅睫园内续娶,往贺。夜,返。

3月18日　星期二

晴。上午,种花。杏林、晋康来,示安氏桥账,少坐,去。下午,时舅、叶守师来。同时舅至学源处,少坐,返。伯才来,少坐,去。时舅、守师亦去。夜,复君定信。观《东西文化及其哲学》。

3月19日　星期三

晴。上午,种花。写米捐收条。致君介信。下午,至储蓄会,举行第六十三期掣签,即返。涤新来。作信致本镇通俗教育团,以余所得款产经理处副董半年公费捐充为办理平民学校之用,即托其带去。复君藩信。夜,致君定信。观《东西文化及其哲学》。

3月20日　星期四

晴。上午，辑《金山艺文志》。下午，作信复时舅、佩忍、培孙、十眉。伯才同李季方来，少坐，去。奇峰、素斋来，少坐，去。夜，观《东西文化及其哲学》。

3月21日　星期五

晴。上午八点半钟，开船，往朱泾。下午一点钟，到。即至县公署，晤新知事李筠庵，即开参事会。四下钟，散会。同迪光、孟芳至藏书阁，教育局夜馔后，返船上。

3月22日　星期六

晴。上午，至通俗教育馆，借设在黄氏宗祠内。出，至警察所，候叔安，不值，乃返船。旋叔安来，少坐，去。下午，至县公署，开参事会。四下钟，散会。同迪光、静谦至潇洒社，晤憩南、干先生、一青、芳墅等，邀为手谈。毕二局，返船已夜十一点钟。

3月23日　星期日

晴。上午，剑士来。同至迪光处少坐，又同至县公署第四科晤丁子慎，领取树苗。午刻，返船。饭后，至藏书阁，开水利委员会。傍晚，散会。即登船解缆开归，抵家已夜十点钟。连日，船上观《东西文化及其哲学》。

3月24日　星期一

阴，下午雨。在河西地基种树。下午，作信致丁子慎。夜，作信复君藩。写连日日记。

3月25日　星期二

晴。上午，至闲闲山庄，晤望舅、时舅、守师。下午，返。夜，观《东西文化及其哲学》。

3月26日　星期三

晴。上午，观《东西文化及其哲学》。下午，往晤馨山，少坐，返。作信复端志、君彦、志儒，致菊生。古如来，少坐，去。夜，观《悔晦堂文集》。作信致卓然。

3月27日　星期四

晴。上午，补写壬戌年日记。下午，至河西地基一回。作信致震生，复英玮、朴安、净尘。夜，观《悔晦堂文集》。

3月28日　星期五

阴，有雨。上午，伯才来，即去。清明节祭先。下午，焕然来，少坐，去。大妹携恒、珍两甥去高宅。作信复子经、琼堂。栋材来，少坐，去。夜，复冲之信。观《悔晦堂文集》。

3月29日　星期六

雨。上午，中妹携恭甥去周宅。理九年份来笺。下午，伯才来，即去。复莘子信。观《悔晦堂文集》。夜，观《学衡》。

3月30日　星期日

阴，下午晴。上午，词臣侄来，少坐，去。渠于昨晚自含山回，承嗣子翰兄也。理九年份来笺。下午，志轩来，少坐，去。同圆妹携花儿至龙沙禅院处扫墓，返已傍晚，远妹亦去。夜，复逢卓如信。观《语石》。

3月31日　星期一

阴，有微雨。上午，同圆妹、远妹，携花儿至高氏实枚山房。今日红表妹冥嫁于钱氏，在宗祠举行表妹善事。我外祖母俞太夫人殁仅十岁，于今已十五年，我外祖母之卒亦已十四年。回忆往日在外家情状，今我母又弃养矣！伤感其有既极耶！傍晚，返。夜，观《语石》。

4月

4月1日　星期二

阴,有微雨。上午,理九年份来笺。观《悔晦堂文集》。下午,至花船买花,种花。作信复哲夫,致文圃、旭如。夜,观《语石》。

4月2日　星期三

阴。上午,古如来,即去。同圆妹至金家桥处及夏人村处扫墓。下午返。在舟观《语石》。冲之来。少坐,去。夜,作信复迪光,致端志。观《语石》。

4月3日　星期四

晴。上午,往吊陈志贤之丧,即返。观《悔晦堂文集》。下午,至东小桥处扫墓。仲田先生来,少坐,去。至假山桥(即摩乌桥)处扫墓。君定自张家来,夜饭后,仍去张家。作信致仲稽、季鲁。

4月4日　星期五

晴。上午,君定来,即去。至河西,七吊子翰兄。近午,返。下午,济川来,少坐,去。观《悔晦堂文集》。作信复屯艮。夜,观《语石》。

4月5日　星期六

阴,下午小雨。上午,至金山卫城隍庙拈香。下午,返。到家傍晚。在舟观《语石》。夜,毕。

4月6日　星期日

晴。上午,涤新来,少坐,去。望舅处馆师顾子琴先生来。济川弟、启明、何旭如亦来,皆其弟子也。时舅、君介同来。午刻设筵宴之,并邀朱卣香、宪人。今日上巳,可为修禊。即席成联句一章。散席后，同至宪人处少坐。傍晚，均去。君定来——初以有客，故与望舅皆不到。下午，季眉叔曾来，即去。

4月7日　星期一

晴。上午，君定去上海。理十年份来笺。下午，作信致君介，复君懿。子峰来，少坐，去。观《悔晦堂文集》。夜，观《世说新语》。

4月8日　星期二

晴。上午，钻坚来、尧年来，少坐，去。公渡来，下午去。子光来，少坐，去。观《悔晦堂文集》。姚凤贵来卖笔。夜，观《世说新语》。

4月9日　星期三

晴。上午，至河西地基观结篱。观《悔晦堂文集》完。复君藩信。下午，理十年份来笺，汇订近七年来文稿。望舅来，傍晚，去。夜，复县教育局信。

4月10日　星期四

晴。上午，至河西地基。大妹归。翻阅《占星堂集》。下午，中妹携恭甥归，迪前同来。作信致钻坚、尧年。至河西地基。望舅来，少坐，去。大妹亦去。

4月11日　星期五

阴，下午有雨。上午，复君彦信，又复怒庵信。下午，理发。至河西地基。作信致商会，复君藩、震生。夜，词臣来，即去。中妹、迪前携恭、菊两甥明日往松，赴沪，今夜伏船。

4月12日　星期六

阴，有雨。上午，涣然来，少坐，去。观《惜抱轩文集》。下午，作信复君定。至河西地基。校《章氏遗书》。夜，观《世说新语》。

4月13日　星期日

晴。上午,观《惜抱轩文集》。下午,洗足。同圆妹、远妹、花儿至河西地基。校《章氏遗书》。作信复洁身、荆山。夜,观《世说新语》。

4月14日　星期一

晴。上午,观《惜抱轩文集》。复涤新信。下午,至济婴局,少坐,返。伯才来,少坐,去。校《章氏遗书》。夜,观《世说新语》。

4月15日　星期二

晴。上午,观《惜抱轩文集》。校《章氏遗书》。下午,至河西地基。作信致望舅。松江族人润生来,即去。至共和楼晤张子华,并由凌松年邀饮于潘润兴。以将过节,子华亦先行,乃返。傍晚,舒馨山以其万和银楼开张四十周年纪念,邀饮。夜近九点钟,返。

4月16日　星期三

阴,有微雨。上午,校《章氏遗书》。作信致芳墅、宪人、智川、志轩。下午,陈慰先来,少坐,去。至商会。出。至济婴局,晤端甫,少坐,返。夜,涤新来,托其慰先事。慰先、亚雄亦来,少坐,去。为济婴局租务,致百平信。

4月17日　星期四

阴。今日本拟往上海,以唤船未得,作罢。校《章氏遗书》。

4月18日　星期五

晴。偕粲君携益儿、念祖往上海,以粲君将分娩也。上午七点半钟开船,十二点钟到松江。先至王宅。午饭后,余至岳庙茶楼晤中妹。迪前自沪回。又至典业银行晤时舅、君介、君藩。出,至船上。同粲君等乘五点四十九分火车到上海,仍寓均益里一百十六号,中妹等即乘来船回张。大妹亦在沪分娩。与君定携恒甥于前日来此。寓楼上。

4月19日　星期六

晴,夜雨即止。下午,震生来,少坐,去。至信昌当候洁身,不值。至商务印书馆购书,乃返。

4月20日　星期日

晴。上午,巩宇来,即去。复迪光信。下午,济川、震生来,少坐,去。至古书流通处,适晤乃乾。又至来青阁、有正书局、永安公司等处,路晤竹孙、眉轩。济川、震生又来。夜,去真如,步送至车站,晤及厚生。

4月21日　星期一

晴。上午,同君定至商务书馆、中华书局等处。下午,同君定至北京路购物。

4月22日　星期二

晴。上午九点钟,乘火车回松江。到后,乘快船,下午五点钟抵家。上海车站上晤十眉、馨丽,立谈片刻。家中时舅、君懿在,即去。夜,涤新来,即去。

4月23日　星期三

晴。杂务。上午,至河西地基。下午,慰先来,即去。伯才来,即去。致棨君信。夜,观《国学丛选》十五、六集。今夜,延僧众起道场,为先君作佛事五天。

4月24日　星期四

阴,有雨。上午,至宗祠,行春祭礼。余司读祝,礼毕,即返。下午,公渡来,少坐,去。倪净尘来,少坐,去。

4月25日　星期五

晴。今日为先君七秩诞辰。呜呼！先君而在者，其真可庆也。志轩、子峰、子光、寿龄叔、伯埙先后来拜奠，各少坐，去。望舅于上午来，下午，去。

4月26日　星期六

晴。上午，复柳村叔信。下午，宪人来，少坐，去。复仲田先生信。

4月27日　星期日

晴。上午，复龙丁信。下午，复杰士、端志、粲君，致子华信。志轩来，少坐，去。

4月28日　星期一

晴。作信复宪人、时舅、南暨，致洁身、净尘。道场于今夜圆满。

4月29日　星期二

晴，下午雨雷。至冯家贺君懿续娶。渠于前日在沪结婚，今日在家晏客也。下午返，顺便一至何家，问琴舅祖母病。在舟观《半月》杂志等。

4月30日　星期三

晴。上午，迪前携星甥去。作信复志儒、逄卓如、秋心。下午，作信复屯艮、君藩。理发。叔安来，少坐，去。伯才来，即去。夜，观《漱溟卅前文录》。

5月

5月1日　星期四

晴，夜雷雨。上午，作信复学源、端志、冲之，致墨林。至警察所候墨林，不值。至济婴局、钦明女校，晤端甫、松年，同泰仁晤伯埧。各少坐,返。下午,至安民桥河西何公渡寓处,渠迁居于此行医也。少坐,返。宪人来,少坐,去。至河西地基。校《章氏遗书》。公渡来,少坐,去。复剑士信。明日同圆妹、远妹,携花儿往上海,今夜宿船中,以潮水早也。

5月2日　星期五

雨。黎明开船,下午一点钟到松江。余一至典业银行,晤君藩。乃乘二点四十二分火车往上海。到后,即至均益里。路上观《飞鸟集》《新月集》,皆太戈尔试译本。

5月3日　星期六

雨。上午,作信复君彦、洁身、爱椿,致中妹。下午,志侠、震生先后来,各少坐,去。同圆妹、远妹至先施、永安两公司、宝成银楼。余又至朵云轩及振华旅馆候安如,并晤十眉、少屏、一民、砥平。傍晚,返。

5月4日　星期日

雨。上午,致培孙信。震生来,即去。至俭德储蓄会一回。下午,君宾来。济川来。同君定至古书流通处及商务印书馆。

5月5日　星期一

阴,有雨。上午,洁身来,少坐,去。至小花园都益处,新南社举行第二次聚餐会。到者共三十二人,摄影,而散。又同佩忍、安如、十眉、道非、寄尘、馨丽至竞雄女校闲谈,至夜馔后而返。

5月6日　星期二

雨。上午,致君藩信。至俭德储蓄会。下午,陈家三姊姊等来。渠寓南洋旅社,欲余同去置办妆奁。至中国银行,适封关,又至乾发源皮货号及蟫隐庐购书,乃至永安公司,与圆妹等相会,再同至宝成银楼而返。至振华旅馆,即邀安如、佩宜、十眉、馨丽、道非、梁任、少屏、一民等至美丽夜馔,席散返已十点。今日立夏。秤人得九十五斤。

5月7日　星期三

雨,晨雷,大雨。近午,至一枝香,应培孙之约,并晤李振唐。二下钟,出,至南洋旅社,晤三姊姊等。圆妹、远妹亦来,同至永安公司,余又一至博古斋。傍晚,返。

5月8日　星期四

阴,晨雨。上午,同圆妹至南洋旅社,晤三姊姊等。午饭后,同至信昌当,邀惠洁身,伴往小东门蔡宏太嫁妆铺。三姊姊为其女景甥购妆奁全副,圆妹亦看定数件。出,又至新北门,买杂务而返。夜,至振华旅馆候安如,知在会宾楼,乃往焉,并晤十眉诸人。席散近十点钟,返。

5月9日　星期五

晴,晚小雨。上午,至俭德储蓄会,又至中国银行取息。下午,洁身来。君宾来。济川来。同圆妹、远妹,携花儿至南洋旅社及宝成银楼,即返。复杰士信。同君宾、圆妹、远妹,携花儿、恒甥至夏令配克观电影戏,八点钟,返。

5月10日　星期六

阴,有小雨。上午,至俭德储蓄会阅报。下午,三姊姊等来,即回去。至来青阁等处购书。夜,致辅之信。

5月11日　星期日

晴,夜雨。上午九点钟,乘火车到松江。典业银行一转后,即至松、奉、金、上、南、青、川七县共立女子师范学校,开七县学校联合会。下午三点钟,出,至典业少坐。乘五点四十九分火车,仍回上海。在车观《长离阁诗集》一卷及《史地学报》。

5月12日　星期一

雨，下午阴。上午，作信致君介，复中妹。同圆妹至时和、宝成、先施、永安。回来午饭后，又至张元春看木器及永安公司。至俭德储蓄会。

5月13日　星期二

阴，晚雨。上午，十眉来，少坐，去。至俭德储蓄会。偕圆妹乘十二点半火车往苏州。到后，寄寓惠中旅馆，遂至东泰看木器，万裕及大同购绣货，傍晚返寓。远妹今日先到松，归张。

5月14日　星期三

雨。上午九点半钟，偕圆妹乘火车返上海。午刻，到。在车翻阅《奇晋斋丛书》。同圆妹，携花儿至时和、永安、先施，余又至中国银行及西泠印社。夜，复君藩信。

5月15日　星期四

晴。上午，至俭德储蓄会。下午，同圆妹至永安公司及蔡宏太、张元春购木器。

5月16日　星期五

晴。上午，至惠中旅馆。近以寓中逼侧，品相适来，圆妹因与同住于此。约张元春店友来，同往永安看样，仍返惠中论定。午馔后，出至来青阁、博古斋、古书流通处而返。作信致伯坝、中孚、志轩、伯华，复迪前、三姊。观《世说新语》。夜十点钟，大妹举一男。

5月17日　星期六

阴，有雨。上午，君宾来。圆妹携花儿回去。十眉来，少坐，去。复伯琦信。平庵来。下午，至俭德储蓄会。

5月18日　星期日

　　阴，下午有雨。上午，至成记理发。出，至蟫隐庐、千顷堂购书。下午，济川来，震生、怒庵来，少坐，去。至纱业公所内终日绘画展览会。出，至来青阁购书，振华旅馆内候叶守师，少坐，返。君宾来。

5月19日　星期一

　　雨。上午，作信致辅之，复君介、圆妹。下午，同君定至商务印书馆、来青阁、千顷堂、永安、先施两公司。在来青阁，晤乃乾，翻阅《籀膏述林》。

5月20日　星期二

　　晴。上午，翻阅《清朝先正事略》。下午，至俭德储蓄会晤朴庵。至国光书局、永安公司、西泠印社。

5月21日　星期三

　　晴。上午，十眉来，少坐，去。至沪宁铁路编查课候朴庵，并晤寄尘、惠生，少坐，返。又至俭德储蓄会阅报。复哲夫信。下午，君藩来，少坐，去。至先施公司。出，至徐家汇南洋大学晤慎旃、君宾，坐谈数刻，回。又至文瑞楼、著易堂、江左书林等处浏览而返。

5月22日　星期四

　　晴，夜雨。上午，复君介信。下午，至朵云轩、文明书局、先施、永安两公司。君宾来，即同至振华旅馆候君藩，君定亦去。君藩招饮于悦宾楼，并有景伊、子素、叔通诸人，九点钟返。作信复圆妹，致陈墨林。

5月23日　星期五

　　雨。上午，观《史地学报》。下午，观《顾亭林年谱》。

5月24日　星期六

晴。綮君于昨夜半时腹痛,今晨六点三刻钟产一男,大小平安。当即函致圆妹,嘱其祭告父母之灵。呜呼！母而在者,岂不于心更慰乎！观《顾亭林年谱》。下午,震生、怒庵来,即去。傍晚,又致圆妹及仲稽信。

5月25日　星期日

晴。上午,观《顾亭林年谱》完。作信致颂和叔,托向报本寺定念经。下午,君宾、震生、君湘先后来,少坐,去。翻阅《何义门集》。致圆妹信。

5月26日　星期一

晴。上午,观《崇祯五十宰相传》完。下午,至俭德储蓄会。作信致圆妹,复君介。

5月27日　星期二

晴。上午,作信复君彦,致松岑。下午,复圆妹信,夜又复一信。

5月28日　星期三

晴。念祖于越昨起,身热发疹。今日,请陆露沙一诊。益官今日起,亦身热,盖前日恒初本在发疹,大约系传染也。作信致圆妹,又致账房,复伯才。

5月29日　星期四

晴。两小儿患恙,寓次人手又少,殊碌碌。夜,复圆妹信。

5月30日　星期五

晴。望舅母前为大妹分娩来,今携恒初先归。下午,至张元春、蔡宏太、惠罗公司、永安、先施两公司。夜,致圆妹信。

5月31日　星期六

晴。上午,复培孙信。下午,震生来,即去。至朵云轩、著易堂、有正书局、蟫隐庐、宝成银楼、永安、先施两公司等处。夜饭后,觉胸闷头痛,手足酸软,即卧,稍有寒热。

6月

6月1日　星期日

雨。卧病一日,胸闷甚。傍晚,作呕,稍松。下午,济川来。念祖疹发已透,惟热势尚盛,气分不舒,又邀露沙来一诊。益官疹亦透出。

6月2日　星期一

晴,上午阴。仍头痛,手足酸。下午,石士来。夜,君湘来。

6月3日　星期二

晴。上午,复颂和叔信。余前日甚不舒,念祖亦觉痰多气促。昨晨,适仆人阿虎回去,君定因为函邀宪人,下午四点多钟来,伯华同来。余与益官、念祖皆由其一诊,均渐平妥矣。夜饭后,去寓惠中。复圆妹信。

6月4日　星期三

晴。上午,伯华、宪人来,益官、念祖又一复诊。下午,同出,至先施、永安两公司,余又同宪人至市政厅观春季花会。出,余又至成记理发,宝成内取定货而返。夜,致十眉信。

6月5日　星期四

晴。晨,伯华、宪人来,为益官、念祖改方后,余同之乘九点钟火车回松江。到后,以张堰二班转回船未到,乃专唤一划船。登之即开,下午四点多钟抵家。夜,致粲君信,又在松江船埠亦发去一信。盖今日临行时,新儿亦觉发疹,殊悬悬耳。

6月6日　星期五

晴。今日,嘱漆工谨敬复漆先父母灵柩。下午,复君介信。志轩、伯衧来,少坐,去。夜,观前日时报。

6月7日　星期六

晴。上午,为新生儿祭告祖先(名曰昆绳,小名曰慰祖)。下午,理账。伯才来。即去。夜,复颂和叔信。

6月8日　星期日

晴。上午,至河西地基。宪人来,为紫卿换田事,少坐,去。下午,时舅来,傍晚,去。志轩来,即去。夜,观《半月》杂志。

6月9日　星期一

晴,晨雨。上午八点半乘快船,下午一点半钟到松江。二点四十二分,乘火车往上海。到后,即至均益里寓所。益官、念祖已渐愈,新儿发疹亦甚轻,即愈。

6月10日　星期二

晴。上午,作信致圆妹,复慎旃。下午,至朵云轩、蟫隐庐、千顷堂、雷允上、永安公司等处。又至派克路候龙丁,不值,乃返。傍晚,又至俭德储蓄会阅报,晤及朴存。

6月11日　星期三

晴。上午,同君定至商务印书馆编译所,候朴存,少坐,返。下午,至俭德储蓄会阅报。叔贤及陆云伯来,坐谈数刻,去。同君定至华兴旅馆,候顾子琴先生,并晤其哲嗣暗夫,慎旃亦来。傍晚,同出,至悦宾楼小酌。散后,余又至来青阁等处,而返。

6月12日　星期四

晴。下午,至先施、永安、泰丰、中华、商务等处。君介来,傍晚,去寓振华。夜,复君藩信。

6月13日　星期五

晴。上午九点钟,乘火车到松江,改乘快船。下午四点钟抵家。延平湖西林寺僧来,今夜起道场,为先父母作佛事四天。

6月14日　星期六

晴。上午,焕然来,少坐,去。夜,复亚伯信。

6月15日　星期日

晴。上午,松年来,少坐,去。写书目。下午,沈轶才同秦云卿来,即去。复心侠信。伯才来,即去。君介自上海回来,又公渡来,傍晚,均去。夜,致十眉,复鲁詹信。

6月16日　星期一

晴。悲乎,我母弃养今日盖已二周年矣!我母深冀后裔之众多,今不孝续举一男,大妹亦又举一男。于是不孝与大、中两妹皆各有二男,我父母之孙男女外孙男女共有十人。因我父母之福荫当正方兴未艾,奈何不享含饴之乐也。瞻望英灵,痛思至极。

6月17日　星期二

雨,晚止。下午,时舅、君介来,傍晚,去。公渡来,即去。佛事于今夜告竣。

6月18日　星期三

晴。上午,杂务。下午,迪前去。至贞甫伯处,坐谈良久。出,至济婴局,晤端甫。又至馨山处,少坐,返。仲庸来,即去。词臣来,即去。作信复南暨、芳墅。夜,复粲君信。

6月19日　星期四

阴,晚雨。上午,夏至节祭先。下午,子翰兄百日诵经,因去一拜。又至河西地基一回。作信复君彦、君介、琼堂、静尘,致古茹〔如〕。夜,观徐仲可之《可言》。

6月20日　星期五

阴,上午雨。上午,奇峰来,即去。作信致仲可,复诚乎。下午,君定来。盖同大妹等已于越昨迁回矣。傍晚,携恒初去。夜,观《可言》。

6月21日　星期六

雨。唤舟往松江。上午九下钟开,下午四下钟到。至典业银行,晤君藩。夜,返舟,宿。在舟观《可言》。

6月22日　星期日

雨,晚晴。晨起,至云间古书处。八点半,乘火车往上海。到后,即至均益里寓所。自前日大妹等迁回后,余等即移居楼上。下午,携益儿往游永安公司及新世界。回后,余又至大马路购杂物,及蝉隐庐、朵云轩。

6月23日　星期一

晴。上午,令仆人先行,送益官归家。至商务印书馆编译所,候朴存。以所带张叔未等墨迹,请其鉴定。回,又至俭德储蓄会阅报。复震生信。下午,致君宾,复慎旃信。至信昌当、张元春、蔡宏太、古香斋(在方浜路,主人阮姓)装池。又游城隍庙。出,至来青阁、中华书局、有正书局、集成书局而返。君湘来,夜饭后,去。致时舅、君藩信。

6月24日　星期二

晴,晨有微雨。上午,致培孙、乃乾信。观《可言》。下午,同粲君至大马路一带买物。致君定信。

6月25日　星期三

晴,上午雨,夜大雨。上午,致石士信。观《可言》。下午,慎旃来,少坐后,同至来青阁及派克路龙丁寓处。坐谈良久,返,慎旃别去。至俭德储蓄会阅报。夜,复圆妹信。

6月26日　星期四

雨,午刻放晴,下午有大雨二次。上午,至俭德储蓄会阅报。傍午,至一品香。本约培孙、乃乾来此叙餐晤谈,乃培孙以事不到。二下钟,出,乃乾别去。余至恽医室,候志侠,不值。又至古书流通处、博古斋、国光书局而返。至沪宁铁路编查课,候朴庵并寄尘、惠生,少坐,返。至俭德储蓄会沐浴。夜,观《可言》。

6月27日　星期五

阴。上午,至俭德储蓄会阅报。至成记理发。出,至商务印书馆、蟫隐庐等处而返。下午,写请客条。同粲君携念祖至先施、永安两公司。傍晚,至一江春夜馔后返。

6月28日　星期六

晴。上午,济川来。至竞雄女校,晤寄尘、馨丽,坐谈片刻。出,至亿鑫里,视志勋病。出,至胡庆余而返。下午,至俭德储蓄会阅报。济川去。复君介信。同粲君至大马路一带买物。傍晚,至功德林夜馔后返。

6月29日　星期日

阴,有雨。上午,济川来。慎旃、仲田来,少坐,去。同济川至美丽川菜馆,设筵宴客。集者为慎旃、仲田、龙丁、震生、怒庵、季鲁、志侠、君湘、君宾,尚有石士等未到。下午二下钟,席散返。至俭德储蓄会阅报。至四马路、大马路一回。

6月30日　星期一

阴,有雨。上午,同粲君至大马路昼锦里购物。下午,至竞雄女校,晤十眉、馨丽。出,至派克路,晤龙丁。各少坐,而返。至俭德储蓄会阅报。今晚在寓所设筵宴陆清芝女医,并数女客。

7月

7月1日　星期二

阴,有雨。上午,至朵云轩、商务印书馆等处。下午,至俭德储蓄会阅报,并与朴庵晤谈。致震生信。同粲君携念祖,又偕杰兴至永安公司,并游天韵楼。傍晚,至功德林。夜饭后,返。

7月2日　星期三

晴。收拾行装。上午,至商务印书馆、来青阁、科发药房、中德商店、香亚公司等处。又至俭德储蓄会阅报,及志勋处一次。下午,震生来,即去。至泰丰、永安、先施三公司,又至巴利饮水。回,又至俭德储蓄会沐浴。傍晚,季鲁邀余与粲君至太平洋西菜馆夜馔。出,又偕粲君至四马路购物。

7月3日　星期四

晴。偕粲君,携念祖、慰祖,乘上午八点钟火车返松江。到后,向王宅一转,即登家中放来之船开归。下午六下钟,抵家。

7月4日　星期五

晴。上午,理行箧。下午,词臣来,少坐,去。伯才来,即去。

7月5日　星期六

晴。上午,大妹归。时舅、君介、君宾来。下午,同时舅至济婴局,候端甫,不值。至警察所,晤陈墨林。至济生堂,晤奇峰。

各少坐,而返。均为张泾河开竣善后各事,须重行整顿之处。时舅等去。端甫来,即去。夜,涤新来,少坐,去。

7月6日　星期日

晴。上午,至第二高小候如威、中孚,以将暑假,致送修金。如威,不值,晤中孚,少坐,返。君定来。下午,如威来,少坐,去。济川来,少坐,去。傍晚,君定同大妹去。墨林来,少坐,去。夜,翻阅《塔射园诗钞》(华亭张兴载之父著)、《雪庄诗》(华亭缪谟著)两稿,本系今日松江书贾李爱椿所送来也。

7月7日　星期一

晴。上午,作信复仲可。下午,作信复志儒、迪光,致乐天、颂和。夜,理账。

7月8日　星期二

晴。今日贞甫伯、志轩、子峰、词臣、子翰嫂等来,谈词臣家事,栗六几终日。贞甫伯在此午饭。余在族中学行不为尊,乃遇事必商及,可愧也。夜,观《半月》杂志。

7月9日　星期三

晴。上午,往晤云生及馨山,各少坐。为储蓄会事作信致古茹〔如〕、静尘。下午,嘉懋自高宅来,为欲接任第二校长事,坐谈良久,仍往高宅。作一信致时舅,交其带去。君懿来,少坐,去。复菊生信。夜,致君藩信。

7月10日　星期四

晴。上午,同圆妹至高新宅,随至老宅。午饭后,仍至新宅。傍晚,送圆妹。留老宅。

7月11日　星期五

晴。上午,作信复诒生、哲夫。下午,栋材来,少坐,去。志轩来，少坐，去。沐浴。以明日往朱泾，潮水不对，夜宿舟中。

7月12日　星期六

阴，有雨，大风。昨夜午后，开船。以西北风甚大，中间小泊。上午十点钟，到朱泾。即至迪光处，少坐，同至藏书阁、教育局。下午，开董事会。五下钟散会后，叔安招饮于顺源馆，座上有杏林等。席散，又同至其警所，少坐后，返舟。在舟观《可言》。

7月13日　星期日

晴。晨，端志来船，即去。至迪光处，少坐。出。至草棚茶室，晤伯卿、杰士诸人。十点钟登舟解缆归，仰之附舟至干巷。下午四点钟抵家。圆妹归，君湘夫妇及松隐妹同来。君湘夫人，新客也。叔纯来，少坐，去。夜，君湘等去。

7月14日　星期一

晴。上午，理书，写书目。冲之来，少坐，去。下午，志轩来，少坐，去。叔纯来，少坐，去。复君藩信。夜，观《可言》。

7月15日　星期二

晴。上午，理书，写书目。下午，君定、公竞来。公竞暑期内，在高宅授法文。志轩同叔葵及伯才、伯埭，先后来。各少坐，去。作信复外舅、季鲁，致颂和。夜饭后，君定、公竞去。

7月16日　星期三

晴。上午，翻阅博古斋新出旧书目。松年来，即去。至储蓄会调解一借款两误事，近午返。下午，又至储蓄会，举行第六十七期掣签，并议借款延宕事，乃返。对发《南社》廿二集。至警察所，应墨林招饮。集议钦明女校将添办高级，欲将文昌阁仍行收用，警所须迁移事。夜近九时，返。

7月17日　星期四

晴。上午,理字画。至米业公所内鸣社诗课,今日系蓬洲值课。并至第二高小校,晤古茹〔如〕。午馔后,返。作信致巩宇,复君懿。时舅、君介来,傍晚,去。夜,翻阅蝉隐庐新出旧书目。

7月18日　星期五

晴。上午,始昌来,少坐,去。翻阅《韩昌黎集》。下午,理字画,写书目。致子经信。沐浴。晚饭后,同妹等至河西地基一回。夜,观《可言》。

7月19日　星期六

晴。上午,君藩来。下午,望舅来。伯才来,少坐,去。君藩、望舅去。圆妹亦往高宅。夜,观《可言》。

7月20日　星期日

晴。删圆妹《盟梅馆诗稿》。拟为印之,以作嫁时压妆,又作信寄君定,嘱再审定。上午,仲田来。下午,词臣来。各少坐。今日,粲君携花儿、益官、念祖往高宅。夜返,花儿留。夜观《半月》杂志。

7月21日　星期一

晴。上午,翻阅博古斋寄来书籍。志轩、子光先后来,各少坐,去。下午,作信复元墨君及怒庵、卓然,致君彦。夜,观《紫兰芽笔记》。

7月22日　星期二

晴。上午,焕然来,即去。张梦麟来,少坐,去。读畏庐文。圆妹、花儿归。下午,作信复鹓雏、培孙。伯才同姜梦花来,少坐,去。公渡来,即去。沐浴。杏林来,即去。时舅、君藩、君宾来,夜饭后,去。复子经信。

7月23日　星期三

晴。上午，观《畏庐三集》。致周作彝信。下午，理发。录存信稿及投赠之作。

7月24日　星期四

晴。上午，观《畏庐三集》。周书楼丈来，少坐，去。下午，复时舅信。写书目，写近四年文稿目录。杏林来，少坐，去。伯才、叔贤来，少坐，去。夜，观《可言》。

7月25日　星期五

晴，热。上午，观《畏庐三集》。下午，写书目。复志儒信。沐浴。夜，涤新、伯埙先后来，少坐，去。致外舅信。

7月26日　星期六

晴，热。上午，理博古斋中，寄购之书。复子经、蓉村信。端甫来，少坐，去。下午，作信复乐天，致望舅。夜，观《东方杂志》。

7月27日　星期日

晴。上午，望舅来。端甫来。下午，伯才来，即去。同望舅、端甫至市公所，见李筠庵知事。今彼为借漕，来此宴客。五下钟席散，返。望舅及时舅同来，君介亦在，少坐，去。夜，作信致君湘等，约其明日来此。

7月28日　星期一

晴。上午，君定、卓庵、公竞来。下午，叔贤来，少坐，去。杏林、梦麟来，少坐，去。松年来，少坐，去。君湘、君宾及公渡、济川先后来。君湘将留学美国，傍晚设筵宴之，陪者为卓庵、公渡、公竞、君定、君宾、济川。夜，均去。

7月29日　星期二

晴。上午，观《畏庐三集》。下午，志轩来，少坐，去。作信复震生、墨君,致君藩、洁身、君懿、佩忍。夜,观《可言》。

7月30日　星期三

晴。上午,观《畏庐三集》。下午,观姚仲实、叔节文。作信复陆丹林及朴存。宪人、仲田先后来,各少坐,去。至同泰仁,候叔安,不值,即返。沐浴。夜,观《可言》。

7月31日　星期四

晴。上午,始昌、钻坚先后来,各少坐,去。观《畏庐三集》。下午,作信致君介。写米捐收条。作信致李知事,为参事会明日开会不去请假。夜,观《可言》。

8月

8月1日　星期五

晴。晨,作信复君湘,致君藩。上午,观《畏庐三集》。下午,作信复君彦、怒庵、卓然。夜,观《可言》。

8月2日　星期六

晴。上午,观《畏庐三集》完。下午,作信复潘卓吾、徐少青、少樵、从先,致洁身。夜,观《可言》。

8月3日　星期日

晴,夜微雨。上午,焕然来,少坐,去。下午,作信复时舅、文圃、兰畦,致朴庵、子经。延平湖报本寺僧来,今夜起道场为先父母作佛事三天。

8月4日　星期一

晴,上午微雨。上午,希贤来。大妹归。下午,栋材来,少坐,去。复季鲁信。沐浴。夜,观《可言》。

8月5日　星期二

晴,夜微雨。今日为我父三周忌辰。上午,时舅、君定、君介、君宾、公竞来,迪前来。下午,公渡、志轩、子峰先后来,各少坐,去。傍晚,时舅等均去,大妹以恒初患恙未愈亦去。

8月6日　星期三

晴。下午,作信复君藩。佛事于今夜告竣。

8月7日　星期四

晴,夜微雨。今日嘱漆工,谨敬复漆先父母灵柩。下午,沐浴。志坚来,少坐,去。希贤于上午去高宅。

8月8日　星期五

晴。下午,作信复子华、道弘,致志坚。梦麟来,少坐,去。叔纯来,少坐,去。夜,与大舅母等斗牌。

8月9日　星期六

晴。上午,君定来,希贤同来。下午,补写近数日日记。斗牌。

8月10日　星期日

晴。与君定、迪前、希贤闲谈、斗牌。

8月11日　星期一

晴,夜大雨,雷。上午,迪前、中妹携恭甥去,希贤去。下午,乐天先生来,前所函约也。君宾自上海回来。伯才、叔贤先后来,即去。复君藩信。沐浴。君定、君宾去。

8月12日　星期二

晴,有雨。上午,同乐天先生至夏人村墓地相度。开进河道,驳滩,渡造坟屋及建漕泾桥。下午,返。

8月13日　星期三

晴。上午,乐天先生又往墓地丈量开河造屋,余以祭祀不去。

8月14日　星期四

晴。上午,乐天先生去。理金石书画。少云来,少坐,去。下午,焕然来,少坐,去。作信致瑞师,为担保张已文肄业德昌当中事。至储蓄会。出,至槐荫阁装池。出,至仲田处,不值。回至济婴局,晤焉,并晤端甫、墨林。又至钦明女校,晤松年,乃返。复志坚信。夜,景伊来,少坐,去。

8月15日　星期五

晴。上午,杂务。复怒庵信。下午,梦麟来,即去。至储蓄会,举行第六十八期掣签,即返。作信致厚生,复震生。夜,观《可言》。

8月16日　星期六

晴。上午,校《塔射园诗钞》稿本与刻本。至米业公所内鸣社诗课,今日系仲麟值课。午馔后返。时舅、君介同来。公渡、公竞来,少坐,去。时舅、君介去。夜,观《可言》。

8月17日　星期日

晴。上午,拟草《跋语》三则未成。墨林来,少坐,去。下午,伯埙、杏林来,少坐,去。校《塔射园诗钞》稿本与刻本。作信致乐天。沐浴。蔼然、少云来,少坐,去。夜,观《可言》。

8月18日　星期一

阴。上午,翻阅佩忍《浩歌堂诗钞》。伯才来,坐谈良久,去。下午,作信复大妹,致望舅。冲之、道弘、志坚来,少坐,去。翻阅《张氏四女集》。少云来,即去。夜,蔼然来,即去。观《东方杂志》。

8月19日　星期二

晴,下午有盛雨,即止。上午,仲麟、巩宇来。君定来。伯承来,少坐,去。林富生来,少坐,去。下午,仲麟、巩宇去。谢子春代募蒋庄学校建筑捐,少坐,去。邀宪人来治花儿朝热,即去。君定去。夜,观《东方杂志》。

8月20日　星期三

晴。上午,翻阅《张氏四女集》。下午,邀宪人来治益官寒热呕泄,即去。理发。作信复君宾、震生。夜,致仲稽信。观《可言》。

8月21日　星期四

晴。上午,至钱家圩,七吊冯哲夫母舅,午饭后返。在圩晤及单廉斋、张慰民、范叔寒。理订《闲存堂文集》。至河西地基。又至舒万和,候馨山,不值。夜,观《可言》。今日曾邀宪人治花儿、益官。

8月22日　星期五

晴。上午,冲之来,少坐,去。复大妹信。下午,中孚来,少坐,去。馨山来,即去。复望舅、君定信。至同泰仁,晤伯埙,少坐,返。沐浴。夜,观《可言》。

8月23日　星期六

阴晴雨无定。上午,粲君携花儿、念祖往松江王宅。翻阅《张氏四女集》。下午,焕然、仲田先后来,各少坐,去。作信复哲夫、兰畦,致辅之。夜,观《可言》完。

8月24日　星期日

雨,下午晴。上午,安拢书橱。始昌、端甫、尹卿先后来,各少坐,去。下午,理书。作信复君宾、琼堂,又致李知事,为参事会开会请假。至市公所国民党区分部成立省党部,同刘汉川及松江侯绍裘来演说,余亦略谈此次改组之意。返已夜。

8月25日　星期一

雨,下午晴,晚又雷雨。上午,写《怀旧楼丛录》。写米捐收条。下午,时舅来。傍晚,去。

8月26日　星期二

晴。中妹前患疟疾,今晨,得迪前信,悉以寒热冲动,遂致小产。当复一信,饬纪往询。八下钟,乘快船往松江。十二点多钟到,即至王宅。午饭后,至云间古书处及典业银行。在典业,又致迪前一信。晤君彦,闲谈至夜馈后,同走返,路晤沈道非先生,立谈片刻。

8月27日　星期三

晴。江浙形势紧张,今日松江提船拉夫装兵,至昆山、青浦四乡交通因之阻梗。今日,岳母唐太夫人七十冥庆。上午,作信致中妹,本拟饬女仆持往,以无船可趁后,遂付邮。又致圆妹二信,一付邮递,一寄使人。又致墨林信。下午,至典业银行。出,至顾少莲刻字店及郑通惠号购物而返。傍晚,作信复迪前,又致圆妹。

8月28日　星期四

晴,下午雨。上午,至德昌当,晤景伊。思觅归家船只。又往晤道非先生,少坐,返。下午,观《学衡》。

8月29日　星期五

晴,夜雨。今晨,觅得一船,泊在铁路桥外,遂偕絮君携花儿、念祖登船开归。乃开出里许,家中亦放船来接。得圆妹信,悉中妹寒热未止。余遂改乘来船,往亭林,絮君等仍坐原船归家。余往亭,在张泽停泊午饭。提船来,几被弋获。下午二点钟,到周宅。中妹寒热虽未止,然甚平稳。

8月30日　星期六

阴,夜雨。亭林昨日亦提船,因将来船避在乡间。今上午八下钟,走出二里许,下船专穿小港,以免弋获。下午一点钟,到张堰镇外里许。闻昨日镇上亦提船,遂即停泊走归。粲君等昨到张,亦用小船渡进也。在船观《学衡》。冲之来,少坐,去。建威、子冶、公渡来,商议国防事。坐谈良久,去。夜,致迪前、仲稽信。

8月31日　星期日

雨。上午,理书。望舅、时舅、君定来。下午,伯承、伯才、杏林先后来,各少坐,去。望舅等去。夜,补写连日日记。

9月

9月1日　星期一

雨。理书。上午,端甫来,少坐,去。夜,观《东方杂志》。

9月2日　星期二

雨。上午,作信致中孚,复涤新、绿筠。下午,理书。涤新来,坐谈良久,去。夜,观连日时报。因交通阻梗,不能按日递到也。

9月3日　星期三

阴,有雨,日光。上午,伯承来,少坐,去。至同泰仁,晤伯埙,少坐,返。下午,宪人来,少坐,去。时舅、君介、君宾来。伯才来,即去。同时舅至商会,以江浙战事紧张,地方不靖,筹议组织保卫团事。返已晚,时舅等即去。今日,家塾开学。

9月4日　星期四

晴,有雨。晨起,复君定、迪前信。早饭后,往吊迪村叔之丧,粲君亦去,即返。作信致时舅、君介。下午,至商会。保卫团之总局即设于此。坐谈良久,返。大妹携恒甥、珍甥及新甥铉归,君定同来。君藩自松江归来。伯才、伯承先后来,各少坐,去。君定、君藩亦去。夜,观《学衡》。

9月5日　星期五

阴,下午雨。上午,至保卫团总局。午刻,返。下午,校《盟梅馆诗》,即函致辅之,托其付印。又作信致蓉村、少莲。

9月6日　星期六

晴。身热,头痛,脚酸。卧榻竟日。下午,君定来。傍晚,去。

9月7日　星期日

晴,夜雨。今日身热已退,下午渐健。上午,时舅、君定来。下午,伯埙、馨山、杏林、伯承来。又往邀公渡议保卫团事,坐谈良久,均去。伯才来,少坐,去。李鸣鹤来,少坐,去。时舅、君定去。

9月8日　星期一

晴,晨雨。上午,理《四部丛刊》。下午,望舅来。伯承来,少坐,去。作信复徐少樵,又代粲君致石士。望舅去。

9月9日　星期二

晴,夜雨。上午,至保卫团。出,至耶稣堂,晤姚秉勋牧师。渠越昨曾来,未晤。拟于战事逼近本镇时,设基督教妇孺救济会。坐谈片刻,又至保卫团一回而返。下午,望舅、时舅、君宾来,至保卫团,即返。沐浴。公渡来,少坐,去。望舅等去。今夜延本镇广福寺僧众起道场,为先父母作佛事三天。

9月10日　星期三

晴,有微雨。上午,君定来。至保卫团,晤徐亚伯,近午返。下午,复安如,致洁身信。至耶稣堂开会,发起基督教妇孺救济会,以备万一之需。推举职员,余被举为副会长,望舅、君定亦到。傍晚散会,同返。望舅夜馔后去。

9月11日　星期四

阴,有雨。上午,至保卫团,即返。下午,至保卫团一回。四下钟,同君定至耶稣堂妇孺救济会开职员会。傍晚,返。

9月12日　星期五

阴,有雨。上午,校《章氏遗书》。下午,君介、君藩来。十洲来,少坐,去。志轩来,少坐,去。公渡来,坐谈良久,去。君介、君藩去。佛事于今夜告竣。

9月13日　星期六

雨。上午,校《章氏遗书》。望舅、时舅来。下午,至储蓄会,举行第六十九期掣签。出,至妇孺救济会。出,至市公所国民党开会。各少坐,乃返。望舅、时舅去。致涤新信。今日照例为我母释服之期。夫父母之丧,终身以之所得服者,不过形式而已。今乃三年,而尚止二十七个月,殊不可解。兹之释服,照例而已。况古者未葬,不除服。故先撤去门麻丧牌,若不孝之在制,死至大葬不除也。

9月14日　星期日

阴,有雨,日光。上午,校《章氏遗书》。写先人安葬时用《墓志稿》。下午,至保卫团。出,至妇孺救济会而返。夜,观《学衡》。

9月15日　星期一

晴。上午,杂翻书籍。作信致君平。下午,君藩、君宾来,少坐,去。至保卫团。出,至妇孺救济会而返。今日念祖断乳。

9月16日　星期二

晴。上午,至保卫团。下午,至妇孺救济会。理发。今日,圆妹往亭林周宅。

9月17日　星期三

晴。上午,至妇孺救济会一回。君定去。下午,复少青信。伯才来,少坐,去。至保卫团。出,至纸炉庙场观团丁操演,又至妇孺救济会,而返。复安如信。夜,复圆妹信。今日,请晋康治念祖唇肿。

9月18日　星期四

晴。上午,至保卫团,午饭后去。君定来,至妇孺救济会,少坐,返。作信复石士、友于。圆妹归。今日请宪人治念祖唇肿,即愈。

9月19日　星期五

晴。上午,至同泰仁,晤伯埙。杏林来,即去。望舅、时舅、君宾来。下午,至保卫团及妇孺救济会。望舅等去。夜,涤新来,少坐,去。今晚得报,浙局内变,战事竟集中松沪区域,内地益觉危迫。

9月20日　星期六

晴,晚雨。今日,拂晓,圆妹携花儿、慰祖,同君定、恒珍二甥、君实、启明乘挂邮旗之快船,至佘来庙,转船往沪上。以防内地万一有惊,家里稍轻。上午,震生、公渡来,公渡先去。午饭后,同震生至保卫团少坐。震生亦去。余至妇孺救济会,开全体职员会。姚牧师以堂务他出,由余主席。傍晚,返。夜,复中妹信。

9月21日　星期日

晴。上午,观《棣华馆诗课》。焕然来,少坐,去。下午,至保卫团,又往看操。乃至妇孺救济会,续开职员会,近五点钟返。时舅、君介、君宾及望舅先后来。君定归,知昨日安抵沪寓,为之一慰。夜饭后,望舅等去。致中妹信。

9月22日　星期一

晴。上午,观《棣华馆诗课》。下午,至保卫团及妇孺救济会,又至济婴局,晤端甫。

9月23日　星期二

晴。今日拂晓,粲君携念祖,同君定、大妹、铉甥、望舅母亦乘挂邮旗之快船至尒来庙,转乘轮船往沪寓。上午,步行至实枚山庄。今日本为高氏举行秋祭,望舅并欲商酌在乡间组织妇孺救济会事,函嘱前去。下午一至闲闲山庄。乃与敏修、伯才坐船返镇,即至保卫团,列席第一次团董会议。傍晚,返。夜,作信合致陶怡、芳墅、南暨,为本县组织保卫团水巡队。余由县署聘任为团董之一,明日开第一次团董会议,余不能去,乃略表意见。渠三人系主任、团总、团副,又伯埙亦系团董,共同列名。并托仲田、涤新为代表,持信出席。

9月24日　星期三

晴。上午,致中妹信。理书画。下午,至河西地基。回至保卫团及妇孺救济会。夜,复迪前,致粲君信。

9月25日　星期四

晴。上午,冲之、锦城、涤新、仲田、伯埙先后来,各少坐,去。作信复望舅。下午,志坚、焕然、墨林、伯承先后来,各少坐,去。致时舅信。至保卫团,开团董会议。傍晚,返。夜,致粲君信。朱泾昨日有号称联军水上游击队者,船只约五、六十号,人数约六、七百名。商家稍遭劫夺,由警局供给火食二顿,送以银洋四百元而去。今泊在尒来庙。

9月26日　星期五

阴，傍晚雨。上午，碌碌。下午至保卫团及妇孺救济会。君宾来会，同返。夜饭后去。夜，致粲君信。

10月

10月1日　星期三

晴。

10月2日　星期四

晴。上午六点钟乘快船，八点钟至闵行，转乘轮船，近午到上海。同至信昌当暂歇后，余即往均益里寓庐。饭后，疲甚，假寐移时。中妹、迪前携三甥已于昨日到沪，赁屋于庆祥里，亦一慰也。

10月3日　星期五

阴，有雨。上午，同迪前至四马路江苏旅馆，晤时舅等。渠等已于越昨到沪。浦南人士之避难来者已触处皆是。出，至大马路大庆里大妹、君定寓处，即午饭。饭后，至振华旅馆，候瑞师不值。又至江苏旅馆，少坐，返。君定、君宾来，夜饭后，同出至石路大陆旅馆，候仲田，不值。出，至振华旅馆。十下钟，返。今夜，得悉张堰于昨日由驻扎朱泾之闽军来袭击，与联军接触于西市，联军即退。闽军追击至金山卫，该处之联军亦退。

10月4日　星期六

雨。上午，作信致辅之及紫卿、伯华。下午，洪荆山来，少坐，去。至江苏旅馆及大庆里，即夜饭。饭后，同君定至振华旅馆。十下钟，返。

10月5日　星期日

晴。上午,至庆祥里,迪前、中妹寓处。下午,至季鲁处,晤外舅。同粲君携花、益、念三儿至大庆里江苏旅馆、永安公司。傍晚,返。

10月6日　星期一

晴。上午,至俭德储蓄会阅报。至江苏旅馆。出,至二马路永济医院,晤安如。同出,至竞雄女校,晤佩忍、寄尘、十眉,谈江苏自卫团及民治建设会事,即午饭。饭后,至西摩路德裕里敏修、仲田寓处,晤及敏修。出,至大庆里。出,至永安公司及源源衣庄购衣服。盖出门时,不及多带也。又至江苏旅馆而返。复培孙信。

10月7日　星期二

晴。上午,至俭德储蓄会阅报。补写连日日记。下午,同家人等至永安公司屋顶天韵楼倚云阁,为登高之举。烽烟满目,徒使人愁。我尚有家,欲归不得。算来差堪自慰者,遍插茱萸,未少一人耳。然徒念及先人灵柩因乱,权厝于外,又不竟黯然神伤,置身无地矣。夜,至江苏旅馆。君介等于越昨用红十字会名义,由闵行回去,领小儿取物件,并救难民。今晚返沪,与之略谈数刻而返。

10月8日　星期三

晴。上午,至俭德储蓄会阅报。复辅之信。君定来,渠等亦回去取物件,并为余带契据。知张堰已无军队,安然无事,殊深庆幸。午饭后去。时舅来,少坐,去。至派克路十八号,候龙丁,不值。至大庆里,少坐。同君定至江苏旅馆。傍晚,更同时舅至振华旅馆,赴蔡叔明嫁侄女喜筵。九点钟,返。

10月9日　星期四

晴。上午，至俭德储蓄会阅报。出，至沪宁铁路编查课，晤朴安，少坐，返。作信复紫卿、仲田。君宾来，午饭后去。邀陆露沙来治慰祖食积。至国光书局。出，至来青阁，途遇仲田，邀座。与谈片刻。出，至江苏旅馆。出，至商务印书馆。出，候安如及君定，均不值，乃返。

10月10日　星期五

晴，上午有微雨。慰祖于上月起，患吐乳。近则目瞪不正，气屏作服。今日忽剧啼哭不出。上午，往大庆里。出，请毛玉书儿科，乃返。十下钟，至新世界北部大菜间，赴新南社第三次聚餐会。到者几五十人，摄影而散。归已三点钟。毛玉书来诊治慰祖，言系风寒袭肺，痰乳内阻。乃先服其所予惊药及汤。头夜间陆露沙来诊治，并服其药水与粉。日间亦曾诊治，夜午后，仍不舒，为起煎服玉书方药。

10月11日　星期六

晴。慰祖病甚剧。口渴而热度不增，迷睡少醒，面有青光，气分屏胀作痉。惟与之乳饮，则能承受。上午由露沙诊治，下午邀刁谦伯来诊治，多说痰食所致，均服其药。夜，又请恽铁樵诊治，说症将入脑。又余云岫西医于吐乳时亦诊过，今邀其来，说近乎脑膜炎，危险万状，嘱送医院。乃由圆妹、小舅母、季鲁夫妇送入广仁妇孺医院，圆妹等即返。由乳佣伴视，听诸天命而已。

10月12日　星期日

晴。上午，圆妹、小舅母、季鲁、君宾等往广仁探视，回言绝不见松。午刻，顾铁君侍杏姑母来，少坐，去。作信复伯埙、紫卿。圆妹、四嫂、君定又往广仁。君定先回，言其医生已无把握，焦灼之至。乃与商定改送同德医院，仍由季鲁夫妇、君定、圆妹送去。余至江苏旅馆，邀君宾亦至同德。夜深，圆妹等归，言彼处医生亦称危险之极。由黄钟及德人柏南诊治，尚不回绝。深冀其渐渐出险也。

10月13日　星期一

晴。上午，季鲁、君定往同德探视。回言症势依然，惟亦不增，今日起，专请柏南诊治，早晚各一次。圆妹昨夜发寒热。下午三下钟，余自往医院。君定同君宾又来。又远妹与庄正衡本肄业同德医校产科，即在隔壁，暇时常来照望。看护妇中，有二钱女士系同乡，亦极认真。故住院殊觉放心，而弥感诸亲友之奔走设法调护照顾也。夜九下钟，返。

10月14日　星期二

阴，上午雨。上午，至同德。慰祖症象依然，惟医生尚有把握。治法除服药水、药粉外，并卧水枕头，胸腹捆热水布，每日沐浴三四次，又灌肠、打针。盖虽不曾脑膜炎，而颇用其药也。近午返。下午，圆妹寒热已愈，亦去。余则先至江苏旅馆，又至商务印书馆。傍晚再去，八下钟，返。

10月15日　星期三

晴，夜雨。上午，至同德。慰祖今日啼哭虽仍不出，而叫声较洪，面色亦较好。惟气仍欲屏胀痉略退，热度稍增，盖症似属发阳矣。君定来，近午，同返。午饭后，同至江苏旅馆，晤时舅、君介。并晤何氏四杏二姑母，坐谈良久。余出至成记理发。又至蟫隐庐，晤子经，略谈片刻，仍至同德。夜八点半钟，返。

10月16日　星期四

阴。上午，至同德。少顷，粲君同季鲁夫妇亦来。近午返。

下午,同圆妹至大庆里,更同君定至江苏旅馆,又同君定至利川东号楼上君藩寓处。傍晚,再至同德,圆妹已先在。夜七点半,同返。

10月17日　星期五

阴。上午,至同德。十一点钟,返。蒋惕卿来,少坐,去。君定来。作信复紫卿、志轩。下午,作信复宪人,致旭如。君定去。至朵云轩、商务印书馆、集成书局、锦文堂、来青阁。傍晚,又至同德。慰祖今日已啼哭出声,惟仍欲气屏作胀。八下钟,返。

10月18日　星期六

阴。上午,至同德,少顷,粲君亦来。午刻,同返。君定同祝先生、丁铁军来,午饭后去。至锦文堂、集成书局、来青阁及江苏旅馆。傍晚,至同德。夜八下钟,返。

10月19日　星期日

晴。上午,至同德。慰祖今日气分亦平。十下钟出,又至大庆里及江苏旅馆而返。下午,同粲君、三妹,携花儿、念祖等,至永安公司等处购物,五点钟返。少坐后,即至同德,夜八点钟,返。作信复紫卿。家中账房昨遣阿虎趁船到此,明晨令其持函回去。

10月20日　星期一

晴。上午,至同德,十一点钟返。至神州国光社一回。下午,复培孙信。至江苏旅馆,晤君介,少坐,返。同粲君又至先施公司购物。傍晚,余至同德。慰祖今日午后起,气分又觉作胀。八下钟,返。

10月21日　星期二

阴,夜雨。上午,至同德。少顷,粲君亦来。余先出,至利川东候敏修,不值而返。下午,又往,仍不值。傍晚,至同德,近八点钟,返。

10月23日　星期四

晴。昨夜,虽寐而心绪不宁之至。今晨,朦胧中,女佣来报,慰祖竟于五点半钟殇去。付之长叹,怨无可言。余以何咒戾,时遭子女之戚。昔子夏哭子,至于丧明。今余欲哭亦无泪矣。季鲁、君定、君宾至医院,料理后事。即日殡柩于四明公所。容当运回,葬于祖墓。渺渺小魂,冀精灵不爽,而仍投余怀也。无聊中,草《盟梅馆诗序》。

10月24日　星期五

上午,续草《盟梅馆诗序》成。下午,至大庆里。即同圆妹至南市蔡宏太及张元春,看定做之嫁妆。回,又至永安公司定沙发等,乃返。

10月25日　星期六

上午,至大庆里。

10月26日　星期日

阴。上午,拟与圆妹乘火车抵松,返张。乃至车站,竟拥挤不堪,无法上车,遂尔退回。下午,同粲君及三妹,携念祖至大马路抛球场一带购物。傍晚,返。

10月27日　星期一

阴。上午七点钟,余一人至车站,仍极拥挤,乃改往十六铺。乘轮船,八点半钟开,下午二下钟至佘来庙。即乘快船,五下钟到家。家中安然无恙。此次镇上虽被兵,然毫不毁损,相见皆泳庆幸道慰。惟余避居沪上,致殇其婴儿。今将全家迁回,而少此一人。回首前尘,不胜怅惘含怨耳。夜,致粲君信。

10月28日　星期二

晴。上午，端甫、志轩、涤新，先后来，各少坐，去。下午，济川来，即去。至宗祠，为制先人神位，看尺寸样。出，至警局，候墨林，不在。乃至贞甫伯及宪人处，各少坐，返。望舅来。前日避在平湖、海盐，已归来数日矣。君介前日自沪至松隐，今归来。伯埙来，少坐，去。望舅与君介亦去。

10月29日　星期三

晴。上午，秉埙、志轩先后来，各少坐，去。下元节祭先，因避乱在沪，已过时矣。下午，至保卫团，无人。至舒万和，候馨山，亦不值。至济婴局晤端甫，耶稣堂晤秉埙，各少坐，返。伯承来，坐谈数刻，去。君介来，即去。叔纯、吉士来，少坐，去。馨山来，坐谈数刻后，同往季眉处，贺其令媛于归。夜八点钟，返。

10月30日　星期四

阴。上午，理所带沪物件。中孚来，即去。至季眉处，贺喜，少坐，返。伯才来，午饭后去。始昌来，即去。至协和当候杏林，同泰仁候伯埙，均不值。又至保卫团，晤伯承，少坐而返。

10月31日　星期五

晴。今晨，本拟赴沪。以接君介来信，言时舅昨晚归，今日须到张一晤，遂留。作信致乐天。下午，望舅、时舅来。君藩昨日回，在松隐，今亦归来。傍晚，均去。

11月

11月1日　星期六

晴。上午七点半钟，乘快船至佘来庙，转乘轮船。下午四点钟,至上海。即到寓所。夜,作信致少莲、紫卿。济川于昨日到沪,住在此间。中妹等于昨日迁回亭林。

11月2日 星期日

晴。上午,至大庆里。出,至博古斋,知其主人柳蓉村于前日故矣。盖老书贾也,颇熟极。本出,至来青阁、蝉隐庐、朵云轩而返。下午,同粲君、大妹、君定、济川至大马路一带购物,返已傍晚。夜,作信复慎旃,致中妹、伯华。

11月3日 星期一

晴。上午,至大庆里。同时舅母至安如处,晤其夫妇。出,至聚珍仿宋印书局。午刻返。君藩来,午饭后去。下午,又至大庆里。出,至有美堂、商务印书馆等处购物。傍晚,返。君定来,夜饭后去。作信致伯华。

11月4日 星期二

晴。上午,复少莲信。至南市蔡宏太、张元春及新北门小红木店,返已过午。午饭后,又至大庆里,候君定,不值。出,至永安、先施等处。粲君与大妹另去购物,圆妹以发寒热未去。夜,君定来,少坐,同大妹去。作信致吴悔晦及王秋魂。

11月5日 星期三

阴,夜雨。上午,至大庆里。出,至利川东。出,至新北门,取定做之神位。回至商务印书馆,乃返寓。下午,至泰丰、永安、先施等处购物。粲君与大妹后来相会,同返。时舅来寓,不值,在永安晤焉。慎旃来。夜饭后,去。复冲之、少莲信。

11月6日 星期四

雨,下午阴。上午,作信复培孙,致十眉。下午,同粲君至余伯陶处,开调理方。出,至永安、先施等处。夜,复少莲信。

11月7日　星期五

晴。同济川携花儿于上午八下钟,乘轮船,下午二点钟至佘来庙。即登家中放来相候之船,六下钟,抵家。大妹携恒初、珍官及时舅母、君宾同船返。舅母、君宾夜馔后即去。致粲君,复少莲信。

11月8日　星期六

晴。杂务。下午,奇峰、伯承先后来,各少坐,去。

11月9日　星期日

晴。杂务。下午,作信致君藩、乐天。傍晚,粲君携益官、念祖归。亦乘轮至佘来庙,家中预放船相接也。圆妹以寒热未住,尚稽沪上。夜,作信致圆妹、中妹、仲稽。

11月10日　星期一

晴。杂务。近为预备先人安葬,又以乱离之后,诸多局促心乱事忙,不堪言状、不能安睡者,二月余矣。无怙无恃之痛,方知以有所经历,而益深也。上午,秉埙来,即去。下午,宪文、济川、子峰先后来,各少坐,去。至宗祠,看神位漆色。出,至警局,晤墨林。出,至耶稣堂,为妇孺救济会开会。结束,傍晚,返。夜,作信致慎旃。今日大妹携两甥去高宅。

11月11日　星期二

晴。杂务。上午,作信致中孚,复叔纯。端甫来,即去。下午,作信复哲夫。至保卫团,开会筹议前日供给军队经费,少坐,返。夜,作信复秋魂、少莲。圆妹今晨专唤汽车,至闵行,登家中昨日放去等候之船,七下钟,抵家。

11月12日　星期三

晴。圆妹寒热已住,而未健全。上午,邀宪人来治。下午,涤新、伯超先后来，各少坐，去。中妹携恭寿、菊畦、星垣归，迪前同来。今日诗社系余值课，托中孚代理。又济婴局秋季斋堂，照例上月十六日，以时局应响，缓迟一月，至今日举行。亦以碌碌，未到局中。

11月13日　星期四

晴。杂务。上午，伯才来，即去。下午，大妹携恒初、珍官、铉官归。宪人来，治铉官身热，即去。伯超来，托致子华信，荐其为小学校长，即去。夜，复慎旃、秋魂信。

11月19日　星期三

阴雨。上午，君懿来，少坐，去。下午，迪前携恭寿去。理发。

11月20日　星期四

阴雨。上午，至继述堂，贺仲莲嫁女。下午，返。花儿亦去。志轩来，即去。君定今晨往上海。

11月21日　星期五

晴。杂务。

11月22日　星期六

阴。上午七下钟，同圆妹乘快船至佘来庙，转乘轮船，下午四下钟到上海。即至均益里。君宾来，夜饭后去。至大庆里，晤君定。出，至泰东图书局、朵云轩而返。

11月23日　星期日

晴。上午，作信致慎旃。同圆妹至大马路及昼锦里购物。近午，返。济川来，午饭后去。至先施、永安两公司、聚珍仿宋印书局、商务印书馆、有正书局、来青阁、马敦和帽庄、有美堂笺纸店。傍晚，返。远妹来。

11月24日　星期一

晴。上午,复君藩信。同圆妹、远妹至先施、永安、南洋兄弟烟草公司。午馔于东亚酒楼,并邀君定。馔后,至亨达利。余乃回寓一次,又至亚东图书馆、商务印书馆、胡开文笔墨庄等处。傍晚,返。夜,至庆余堂、朵云轩及洗清池沐浴。十点钟,返。

11月25日　星期二

晴。上午,复少莲信。至天禄、永安、先施,旋返。下午,至聚珍仿宋印书局、太丰、太平洋手表公司、美华利钟表公司。傍晚,返。君定、远妹来,夜馔后去。致秋魂信。君宾来,少坐,去。

11月26日　星期三

晴。上午七点钟,同圆妹至关桥,登轮船。九点钟开,下午二点钟至佘来庙,改乘家中等候之船,五点钟抵家。庄正衡同船返。时舅来,亲致妆犒等,即去。

11月27日　星期四

晴。为圆妹安排妆奁及悬挂字画。下午,伯承、志轩先后来,各少坐,去。傍晚,君定自上海归来。夜,致何文伯信,促其来帮忙喜事。

11月28日　星期五

晴。同昨。上午,君定去。柳村叔来,少坐,去。下午,杏林、志坚、十洲先后来,各少坐,去。夜,致秋魂信。

12月

12月2日　星期二

晴。今日,圆妹于归。高君宾,我舅氏吹万先生之季子也。

余携花儿及大、中两妹,与诸甥均送往。余并出席证婚,夜宴后,返。今日家中来客,镇上诸人外,有吴忆初,新讫德国归,已五年不见。黄伯惠、沈伯才、叶雷默、张仲麟、葛丕六等。傍晚,均去。

12月4日　星期四

阴,晚雨。收拾一切。上午,复君宾信。

12月5日　星期五

阴。今日为圆妹安排卧室,并略理先人遗物。中妹携诸甥及花儿,于上午归。傍晚,亚雄来,即去。

12月6日　星期六

阴,上午晴。上午,杂务。下午,至保卫团,开董事会,提议冬防事宜。傍晚,返。夜,复仲稽、石士信。

12月9日　星期二

晴。晨,君宾乘快船至佘来庙,转乘轮船往上海,到校,收拾一切。下午,至市公所国民党开会,少坐,返。夜。理账。

12月10日　星期三

晴。杂务。下午,君定来。伯才来,对河工账,少坐,去。夜,理账。

12月11日　星期四

晴。杂务。下午,时舅来。少坐后,同至保卫团,开董事会,续议冬防事。傍晚,返,时舅即去。夜,理账。

12月12日　星期五

晴。上午,词臣、十洲先后来,各少坐,去。下午,作信复何叔云及十眉。伯才来,少坐,去。君定去。夜,理账。

12月13日　星期六

晴。晨,圆妹以君宾患恙,乘快船至佘来庙,转乘轮船往上海。上午,至夏人村先人墓地,为造坟屋三楹。于越昨破土,昨日定磉,今日立柱、上梁。下午,返。抵家已晚。在舟观《学衡》。夜,理账。

12月14日　星期日

晴。上午,督仆人收拾园地。至河西拜同生伯冥寿,少坐,返。下午,志轩来,少坐,去。作信致君介,复亚伯、荆山。夜,理账。

12月15日　星期一

晴。上午,复少樵信。下午,复时舅、哲夫、志儒信。伯才来,少坐,去。公渡来,少坐,去。夜,理账及补写日记。

12月16日　星期二

晴。上午,致墨林信。理字画。下午,复君介及时舅信。公渡来,少坐,去。夜,理账。

12月17日　星期三

晴。上午,复君介信。下午,复君藩、沈星庚、金国贤,致君彦信。伯才来,少坐,去。夜,杂务。复圆妹信。

12月18日　星期四

晴。上午,邀宪人来开膏方,并坐谈良久,近午,去。下午,作信致子峰、尹卿、叔寒,复慎旂、仲稽。侯志健来,少坐,去。夜,理账。复杨寿祺信。伯埙来,少坐,去。

12月19日　星期五

晴。上午,致迪前信。中妹携三甥去亭林。写书目。君定、君介偕子琴先生来。端甫来,少坐,去。宪人来,邀子琴先生,并余等至颜新记宴集。座上尚有公渡、旭如,饮酒颇多,余先返。冬至节祭先。君介、子琴先生来,即去。君定留。

12月20日　星期六

阴。上午,复君平信。下午,志轩来,少坐,去。复柳村叔信。望舅来,少坐,去。

12月21日　星期日

晴。上午,圆妹归。杂务。下午,伯才来,少坐,去。复屯艮信。鸣鹤来,少坐,去。夜午后,镇上东市有火,惊起视,即熄。今日,昭明亡故五周年。

12月22日　星期一

阴,有日光。上午,乘桥往柴场,七吊张百平表兄。午饭后,返。即至市公所,国民党开县党部成立会。少坐后,适君懿来,乃与之同归。傍晚,君懿去。君介自党中来,亦即去。夜午,对河土山湾头又有火,惊起视,已熄。

12月23日　星期二

晴。上午,复仲稽信。下午,复琼望、伯琦、卓吾信。写米捐收条。

12月24日　星期三

晴。上午近八点钟,同君定乘快船至籴来庙。陈甥文会由玉嫂嫂等伴之,欲就医上海。昨夜,坐船,开在泖港。余等即登其船。十一点钟由轮船拖带,下午五点钟到。在董家渡停泊,余等为之设法上岸,同住于均益里寓庐。余至季鲁处,候外舅,被邀至宝华楼夜馔。馔后,即返。

12月25日　星期四

晴,下午阴。上午,至中华书局总厂内、聚珍仿宋书局。出,至竞雄女校。出,至商务印书馆,与君定相会。同出,至大东书局,又一枝香午馔。馔后至邵万生购物。君定先返,余又至胡庆余购药后,亦返。忆初同沈树宝来,诊治陈甥疾。傍晚,同君定、忆初至悦宾楼夜馔。馔后忆初别去,余等至芝兰坊,候瑞师,并晤君宾,坐谈良久。出,至天禄购物而返。致粲君信。

12月26日　星期五

晴。上午,同君定至方天时命课馆。以昨夜瑞师言其命理甚中,拟与之谈,乃竟无暇。出,至宝隆医院,晤忆初,少坐。出,余至武林里,晤十眉,少坐。出,至同德产科,晤远妹。即同出,至大东酒楼午馔。馔后至五洲鞋庄定做鞋子,永安公司购物。远妹别去,余至永济医院楼上,晤安如,少坐。出,至方天时处,与君定相会。彼仍无暇,乃出,余至国光书局还账,成记理发。至来青阁,又与君定相会,同至正兴馆夜馔。馔后至当湖旅馆,候天梅,新讫北京归,不值,即返。

12月27日　星期六

晴。上午,同君定至俭德储蓄会阅报,少坐,返。天梅夫妇来视陈甥疾,旋去。致君宾信。陈甥进宝隆医院诊治,玉嫂嫂同去。下午,济川来。即同济川、君定至宝隆,少坐。同济川至商务印书馆购书,泰丰、永安两公司购物。济川别去,余再至宝隆。傍晚,同君定至先施公司购物,东亚酒楼夜馔。馔后,至恽铁樵处,候志侠,少坐。出,至洗清池沐浴而返。至季鲁处一回。

12月28日　星期日

晴。上午七点钟,至关桥登轮船。九点钟开,下午近三点钟,至籴米庙,改乘快船。近六点钟,抵张,返家。今夜,延本镇广福寺僧众来起道场,为先父母安葬后,作佛事三天。松江第四师独立,今日松江又封船拉夫,且有在嘉善、枫泾间与浙江孙传芳军接触讯。

12月29日　星期一

晴。晨,大妹去上海。上午,墨林、识儒、馨山先后来,各少坐,去。时舅、君介来。伯埙来,少坐,去。下午,望舅来。傍晚,望、时两舅、君介去。夜,阅连日《时报》。补写连日日记。

12月30日　星期二

阴。上午,杂务。下午,端甫、伯承先后来,各少坐,去。至保卫团,开董事会,少坐即返。夜,观《清华学报》。

12月31日　星期三

阴,下午雨。杂务。下午,伯才来,少坐,去。佛事于今夜告竣。

1925 年

1 月

1月1日　星期四
　　阴。晨,君宾、济川、忆初自上海回来。近日,松江之陈乐山兵与浙江之孙传芳兵开战,黄浦江中交通断绝。彼等昨至闵行,用水警巡船去东路,始得归也。忆初早饭后,即觅快船回平湖。济川少坐亦去。伯才来,少坐,去。下午,宪人来,少坐,去。复庐卓人姻丈信。君宾回乡,圆妹同去。词臣来,少坐,去。夜,理账。

1月2日　星期五
　　阴。上午,杂务。下午,至商会开会,为县署来函,朱泾驻兵属各警区协办兵差事。少坐,出,至槐荫阁装池。又至第二高小校晤古茹〔如〕,托其约中孚明岁在余家镇日授课,乃返。至河西,晤词臣,还其前寄之单契,即返。夜,观《半月》杂志。今日煎膏滋药。

1月3日　星期六
　　雪。近日战事不远,朱泾又驻兵(系孙传芳军)甚多,时局变幻莫测,内地殊觉可虑。上午,君宾偕圆妹,并同其两妹坐自备之船,再由巡船护送出来。将仍至闵行,往上海。花儿及恒初乃托彼等先行领去。午饭后,即开船。伯才来,即去。收拾物件。夜,作信致中妹。观《清华学报》。

1月4日　星期日

阴。杂务。上午,作信致望舅。下午,济川来,坐久,去。作信致君定、大妹。夜,观《学衡》。

1月5日　星期一

阴。杂务。兹来孙、陈弄兵,风鹤频惊,致碌碌不能事事。古人当乱离之世能不废所业,深愧其未逮也。下午,作信复悔晦,又拟致冯梦华先生信稿。志轩来,少坐,去。君定在沪,从闵行、南桥、亭林一路归来,傍晚,回乡。夜,作信致君介。观《学衡》。

1月6日　星期二

雪。上午收拾物件。下午,复病蝶信。季眉叔来募桥捐,即去。夜,杂拉。

1月7日　星期三

阴。上午,杂务。下午,作信复时舅,致朴庵。济川来,少坐,去。焕然来,少坐,去。望舅、时舅、君定来。傍晚,去。夜,作信复公度及圆妹。

1月8日　星期四

阴,下午雪。上午,写致冯梦华先生信。下午,作信复时舅、伯庸。王菊亭来,即去。夜,作信复如威,致圆妹。

1月9日　星期五

晴,昨夜雪甚大。上午,校《徐闇公遗文》,系写样将附刊于《钓璜堂存稿》后者。君介来。下午,至储蓄会。今日为第七十三期掣签,以迟到,已举行。少坐,即出。至馨山处一回,而返。济川来，少坐，去。君定来。君介去。

1月10日　星期六

晴。上午，古茹〔如〕来，少坐，去。下午，校《徐闇公遗文》。复中妹信。韫辉、志轩先后来，即去。夜，致洁身，复花儿信。

1月11日　星期日

阴，下午晴。晨，君定携珍、铉两甥乘快船往佘来庙，转搭轮船至上海。上午，作信致望舅，复时舅。下午，作信复培训，致乃乾、芳墅。伯才来，即去。夜，观《半月》杂志。

1月12日　星期一

阴。上午，作信致君介。写米捐收条。下午，至河西地基种树。望舅来，少坐，去。景伊来，少坐，去。夜，复圆妹信。

1月13日　星期二

雨。上午，作信致怡生及中妹。下午，望舅及舅母、济川弟、启明来。景伊来，坐谈良久，去。望舅等夜饭后，去。两日来，沪张交通断绝。知龙华间又起战事，内地惊惶殊甚。今日预备拟避往平湖，望舅等之来亦为探听消息。及至夜间，有人自沪回，并得见当日报纸，知孙传芳等已占据上海。战事又可告一段落矣。沪平轮船亦知于今日通行。

1月14日　星期三

雨。上午，至闲闲山庄晤时舅，望舅亦来。晚间，返。

1月15日　星期四

雨。理字画。傍晚，平庵自沪乘轮回来，夜饭后，即回乡。作信致圆妹、君介。

1月16日　星期五

阴。上午，杂务。下午，作信致平庵，复圆妹。仲田先生来，坐谈良久,去。夜,拟致孙益庵先生信稿。

1月17日　星期六

晴。上午,复君介信。公渡、公竞来,少坐,去。下午,重写致冯梦华先生信。叔纯、纫青先后来,各少坐,去。十洲来,即去。晚,时舅母、君宾自沪乘轮回来,夜饭后,即回乡。

1月18日　星期日

阴。上午,写致孙益庵先生信。冲之来,少坐,去。下午,复时舅信。志轩、词臣、涤新先后来,各少坐,去。夜,观《归玄恭年谱》。

1月19日　星期一

晴。上午,年节祀神。下午,复时舅、君藩,致怡生信。杏林来,即去。祭先。君藩、君宾来,夜饭后,去。复圆妹信。

1月20日　星期二

晴。上午,作信复中妹。下午,理发。作信复大妹。君宾来探轮船开否。夜饭后,去。观《归玄恭年谱》。

1月21日　星期三

晴。上午,杏表姑母来,嘱为向高宅关说明年春地山弟喜事,拟假在家举行。盖初、时舅因防时局不靖,有往沪意也。君懿来,下午,去。杏姑母亦去。伯才来,少坐,去。墨林来,少坐,去。作信复蔡竹铭。夜,理账。

1月22日　星期四

阴。上午,至闲闲山庄晤时舅,为顾家关说喜事。下午,返。作信致怡生,言时舅仍主在沪。夜,致中妹信。在舟观《归玄恭年谱》完。

1月23日　星期五

雨。上午,往吊莫古茹〔如〕夫人之丧,少坐,返。下午,杂务。

1月24日　星期六

阴。上午,拈天香,拜祖先神影。下午,公渡来,少坐,去。夜,观《学衡》。

1月25日　星期日

晴。上午,至河西本生庶祖母处,拜本生祖父母神影。并在志轩处少坐,返。内子携益、念两儿亦去。时舅、君介、君宾来。下午,伯承来,少坐,去。同时舅等至协和当,晤景伊,又至公渡处,各少坐,返。济川来,少坐,去。时舅等去。

1月26日　星期一

晴,夜雨。上午,至协和当。同景伊至宪人处,旋公渡亦来,乃一同步行至闲闲山庄。顾子琴先生因兵事交通阻隔在秦山度岁,今岁寿正七十,时舅设筵宴之,邀余等为陪也。傍晚,仍同去。归又多天梅偕行。夜,观《学衡》。今日,志轩曾来。

1月27日　星期二

阴。上午,时舅、君宾因将赴沪,来镇探听船只。至同泰仁,候伯埙,少坐,返。午刻,赶备数肴宴时舅、君宾,并邀景伊、公渡。又宪人适亦来。虽草草杯盘,而酒兴尚不恶也。下午,均去。十洲来,少坐,去。夜,复圆妹信。

1月28日　星期三

阴。上午,始昌来,少坐,去。午刻,设荤肴斋供祖先神影。下午,至宗祠拜谒。出,至贞甫伯处,子贞处,济婴局晤端甫。各少坐,返。夜,复花儿信,又致君介信。拟复益庵先生信稿。

1月29日　星期四

雨，有微雪。写复益庵先生信。收拾行装，预备赴沪。

1月30日　星期五

晴。上午，作信复中妹，致君介。下午，端甫、词臣、伯埙、韫辉先后来，各少坐，去。至耶稣堂候姚秉埙牧师。出，至济婴局晤端甫。出，至宪人处，应其招饮。夜，返。

1月31日　星期六

晴。上午，作信复学源。下午，收拾行装。夜，偕粲君，携益官、念祖宿船上。因近来兵事扰攘，拟往沪暂避风鹤也。

2月

2月1日　星期日

晴。昨夜午后开船，今晨七时抵籴来庙。十时，轮船自平湖来，即搭之。下午三时，到上海。往寓均益里，向所借定之处。夜，至季鲁处晤外舅，少坐，返。

2月2日　星期一

晴。上午，至大庆里望舅等寓处。近午大妹、恒初同来。花儿本住在大妹处，并携归。圆妹、君宾来。下午，至芝兰坊时舅及瑞师寓处。出，至永清里君宾、君藩寓处。出，至江苏旅馆候杏表姑母、铁君、迪前。傍晚，返。夜，作信致紫卿、志轩。

2月3日　星期二

晴。上午，至永清里。午饭后，同时舅至中国书店晤乃乾。出，至望舅处，一同至来青阁及商务印书馆。傍晚，余至江苏旅社，应杏表姑母招饮。因铁君将行婚礼，余为介绍也。夜九下钟，返。今日下午,粲君携三儿亦至大庆里。

2月4日　星期三

阴,晚雨。上午,至美丽菜馆发请束。出,至红庙弄及永安公司购物。出,至大庆里少坐,乃返。下午,慎游来,少坐,去。圆妹、君宾来,君宾先去。同粲君、圆妹携花儿、益儿、念祖至美丽,设筵宴请四外叔祖母、望舅父母、时舅父母及君宾、君定、大妹、迪前、君平、君藩夫妇等。九下钟,席散后,返。

2月5日　星期四

雨。上午,翻阅姚梅伯之《骈文类苑》。下午,杂拉。致紫卿信。夜,观《〈诗经〉之女性的研究》。今晚,粲君携花儿应时舅母招饮。

2月6日　星期五

雨。上午,致君彦信。至俭德储蓄会阅报。仲稽来,少坐,去。下午,偕粲君至红十字会医院,视陈甥女品相疾。傍晚,出,回先施公司一转而返。夜,观《〈诗经〉之女性的研究》完。复云林信。

2月7日　星期六

晴。上午,至永安、先施两公司存款。下午,同粲君,携花儿、念祖至芝兰坊及永清里,各坐许久。出,又至先施公司。傍晚,返。夜,圆妹、君宾来。

2月8日　星期日

晴。上午,作信复紫卿,致中妹、君介、怡生。至俭德储蓄会阅报。君藩来,午饭后,同出。余至大庆里少坐后,至博古斋、锦文堂、集成书局、蟬隐庐各书坊浏览。又至商务印书馆、中华书局购书,朵云轩购笺纸,乃返。傍晚,至美丽应君平招饮。首席为其襟兄沈仲笙,并晤叔贤及陆云伯、黄毅之,皆震旦旧同学也。席散后,同君定、君宾至龙升旅馆候卓庵,少坐,返。

2月9日　星期一

阴。上午,至大庆里,同君定、大妹、卓庵至红十字会医院视品相疾。即午饭。饭后,余至徐家汇南洋大学候君宾,为品相嘱其邀医生,乃不值。至下院,晤仲田,少坐。回,至永清里,君宾亦不在。又至大庆里。少顷,君宾来。少坐后,出,至中国书店晤乃乾,浏览书籍。又至商务印书馆购书。傍晚,再至大庆里与君定至新旅社。品相已出院,寓此,欲请中医治之。夜饭后,同君定、卓庵阅四马路旧书坊。回,仍至新旅社,近十点钟而返。

2月10日　星期二

晴。上午,希贤来,即去。至沪宁铁路编查课晤朴庵,坐谈数刻。又至俭德储蓄会阅报。下午,至新旅社。出,至大庆里。出,至瑞师处,不值。出,至长浜路候芳墅,少坐。出,至永济医院楼上候安如,闵行丝织厂发行所候伯埙,均不值。又至新旅社而返。夜,观《李涵秋》。

2月11日　星期三

晴。上午,至俭德储蓄会阅报。复志轩信。下午,至中国银行取公债利息。出,至新旅社。出,访伯埙于启新旅馆,不值。出,至永济医院,晤安如,少坐。出,至大庆里。出,又至新旅社与粲君相会。坐良久,同出,至永安、先施二公司。傍晚,返。始昌来,即去。夜,至外舅处。

2月12日　星期四

雨,下午阴。上午,至俭德储蓄会阅报,并晤惠生。作信致叔贤,复哲夫。下午,君宾来。少坐后,同至新旅社。出,余至启新旅社馆。候伯埙，又不值，留条焉。至朵云轩邂逅余天遂，数年不见矣。至有美堂。至大庆里，为售脱挖泥船事，与望舅合致眉轩信。出，又至先施公司，而返。夜，写《题陆丹林红树室图贺佛证僧装画象诗》。久不作诗，诗皆倩慎旃代笔也。复布雷信。

2月13日　星期五

晴。上午，至俭德储蓄会阅报。作信复紫卿、中妹、君介，致培孙。下午，至新旅社。出，至派克路候龙丁，竞雄女校候十眉，不值，晤寄尘，各少坐。回，至大庆里，皆出外。即出，至中国书店，携有《陈眉公全集》中诗与其所有之诗抄一校。出，即返寓。大妹携恒初来过，已去。少顷，圆妹来。傍晚，回。出，至新旅社，并晤大妹。余即出至成记理发，大观楼夜馔，洗清池沐浴。适与望舅、君定相会。十点钟，返。

2月14日　星期六

晴。上午，作信致朴安，复丹林。至俭德储蓄会阅报。希贤来，午饭后，去。至爱文义路八十四号南浔刘第，候孙益庵，不值。回，至新旅社。出，至大庆里，坐谈良久。同君定至中国书店浏览。又圆妹来，同至方天时处起课。盖其命理甚准也。傍晚，返。夜，拟复梦华先生信稿。

2月15日　星期日

雨。上午，至俭德储蓄会阅报。至新旅社。出，至一品香。本约培孙、朴庵、乃乾午馔，乃培孙因事不到，坐谈良久。散后，余至方天时处晤圆妹、君宾，欲其讲昨日所起之课，而竟无暇。出，至大庆里一转而返。夜，作信致天遂及爱椿。

2月16日　星期一

雨。上午，至俭德储蓄会阅报。君定来，午饭后，同出至方天时处,听其讲课。回首前尘,颇多不爽,自后云可渐入佳境。然而,终天之恨则已无及矣。傍晚,出,至大庆里一转而返。

2月17日　星期二

阴。上午,济川来。作信致紫卿。圆妹来,午饭后,去。济川到校。至俭德储蓄会阅报。出,至朵云轩。出,至大庆里,同君定、大妹至新旅社。又同君定至来青阁、蟫隐庐,四下钟,返。

2月18日　星期三

雨雪。上午,写复梦华先生信。致紫卿信。下午,观《国学丛刊》及《史地学报》。夜,录存信稿。致王秋魂信。

2月19日　星期四

阴。上午,作信复志轩、紫卿,致干巷巡官黄卓然。下午,至大庆里同望舅至芝兰坊瑞师处,坐谈良久。出,仍同望舅回大庆里后,余至博古斋、锦文堂、来青阁各书肆浏览。返,已晚。

2月20日　星期五

阴。上午,作信复林朝志。至俭德储蓄会阅报。下午,至方九霞银楼、永安公司一转后,乃至启新旅馆晤伯埙、墨林。同至开封路,前往金山县知事冯寄栽处,吊其太夫人之丧。出,又同伯埙至大庆里候望舅,不值。出,余至集成书局浏览而返。少坐后,又出至蟫隐庐、启新旅馆。乃至悦宾楼邀墨林、伯埙、金瑞堂、静谦、偶卿。宴集尚有芳墅、迪光等,邀而未到。九下钟,席散。返。

2月21日　星期六

阴。上午,至俭德储蓄会阅报。作信致伯华。圆妹来,午饭后,同綮君去购物。余则至大庆里同望舅、君定至新旅社。出,至锦文堂、集成书局、来青阁看书,又至同芳居啜茗。傍晚,返。夜,复卓吾信。

2月22日　星期日

晴。上午，至俭德储蓄会阅报。至西泠印社、王大吉药号、大东书局、来青阁。近午，返后，晤仲恩。下午，敏秀来，少坐，去。同粲君携花儿至恩沠亚观影，演《情海风波》。五下钟，出，至新旅社一转而返。中妹、迪前携恭甥来。夜，复芝泉太叔祖信。

2月23日　星期一

阴。上午，至中国书店。出，至大庆里同望舅、君平至芝兰坊瑞师、时舅处。下午，即在该处开典业银行股东常会。四下钟，仍同望舅至大庆里后，又同君定至源源衣庄晤岑叔、平定，做马褂。出，余至商务印书馆购一影印宋拓《淳化阁帖》而返。

2月24日　星期二

晴。上午，作信复紫卿、偠卿。铁君来，少坐，去。至俭德储蓄会阅报。下午，至南浔刘第，候孙益庵先生。坐谈数刻，出，至中国书店及望舅处，又至江苏旅馆晤及君懿，少坐，返。同粲君携花儿至小有天酒楼应君定招饮，迪前、中妹亦到。席散，同返，顺路至永安一转。

2月25日　星期三

阴。上午，至俭德储蓄会阅报。至朵云轩、千顷堂、大庆里。又至方天时处，晤君介而返。作信复紫卿、伯华。观《中国八大诗人》。下午，复徐诸怀信。至江苏旅馆晤铁君、震生、孟龙。出，至新旅社。出，至永安公司，与粲君携三儿相会。傍晚，返。卓庵来，即去。

2月26日　星期四

晴。上午，同迪前至蟫隐庐、千顷堂、来青阁等处。余又至大庆里一转，先返。望舅、君定来，同至俭德储蓄会一回。午饭后，去。复紫卿信。至望舅处及中国书店。出,至江苏旅馆,顾家与高家明日在此合办喜事,今晚有宴会。夜十点钟,同迪前返。

2月27日　星期五

晴。上午,至江苏旅馆。今日,顾氏铁君表弟与高氏韵严表妹在此行结婚礼,余为介绍。夜十一点钟,返。粲君携三儿亦去。中妹、迪前携恭甥今夜即住旅馆。明晨,回亭。

2月28日　星期六

晴。上午,观《中国八大诗人》完。下午,至永清里拟候君介,不值。至芝兰坊晤圆妹,至大陆旅馆候怒庵、兰畦,不值。至新旅社,至大庆里,乃返。傍晚,朴庵招饮于消闲别墅。席间尚有乃乾,并得仪、尹硕公。席散后,又同至中国书店,少事浏览。而返。

3月

3月1日　星期日

晴。上午,作信复益庵先生及秋魂。济川自校来,午饭后,去。仲田来,少坐,去。同粲君至三友实业社。出,至新旅社,并晤君定。粲君先去,余同君定至千顷堂。回,至大庆里。傍晚,返。夜,复紫卿信。

3月2日　星期一

晴。上午,至大庆里望舅处及中国书店,即返。下午,复伯埙信。至大庆里同望舅、君定至杨树浦兰路穆家候子琴先生,坐谈良久。傍晚,返。夜,复培孙、诸怀信。

3月3日　星期二

阴,下午雨。上午,怒庵来。少坐,去。至王寓,今日为太岳母顾太夫人百岁冥庆。午饭后,返。芳墅、迪光来,少坐去。圆妹、君宾来,少坐,去。至上海银行界路分行。出,至大庆里,少坐,返。复紫卿信。夜饭,仍至王寓。

3月4日　星期三

阴,上午有小雨,晚晴。下午,至大庆里。出,至派克路晤龙丁。出,至竞雄女校候十眉,不值。出,至来青阁。又至新旅社。出,至朵云轩,乃返。同粲君至倚虹楼宴君介、绣红,并邀君定、大妹、君宾、圆妹。尚邀忆初伉俪,则未到。九点钟,返。

3月5日　星期四

晴。上午八点钟,至关桥搭轮船。九点钟开,下午一点半钟,至佘来庙,改搭快船。四点半钟,抵家。夜,作信致粲君及干巷巡官徐锡凡。

3月6日　星期五

晴。上午,至东宅,望贞甫伯病。出,至济婴局候端甫,巡警局候墨林,均不值。至舒万和晤馨山,少坐。又至同泰仁候伯埙,亦不值,乃返。下午,伯承来,少坐,去。收拾居室。夜,作信致绿筠及震生。

3月7日　星期六

晴。杂务。午刻,伯埙招饮,返已四点钟。夜,作信致芳墅,复乃乾。

3月8日　星期日

阴。上午,至夏人村先父母墓上,观新建之坟屋,并兴工之漕泾桥。下午,返。夜,作信致端志。

3月9日　星期一

晴。上午,整理花草。志轩、伯才先后来,少坐,去。下午,君介、卓庵来。同至储蓄会举行第七十五期掣签。并因上月开会人少，今补选职员提议事件。出，至东宅应贞甫伯之招，谈宗祠事。出，又至馨山处。返已傍晚。夜，作信复卓然、析烦。伯承来，言结束保卫团事，即去。

3月10日　星期二

晴。上午，收拾带沪物件。伯承、杏林来，少坐，去。下午，秉埙来，少坐，去。子峰、志轩先后来，各少坐去。今日先母诞辰，傍晚，斋祭。夜，理账。复震生信。

3月11日　星期三

晴。上午七点半钟，乘快船。十点半钟，至佘来庙乘轮船。下午三点钟，至上海。即至均益里寓庐。在船观《〈尚书〉论略》完。夜，复中妹信。圆妹等今日由松江转回去。

3月12日　星期四

晴。上午，至永清里三号，望舅等迁居于此。望舅则于今日由平湖转回去矣。出，至九号晤君藩、景伊。出，至来青阁、永安公司而返。大妹、君定来，午饭后，同粲君、花儿出去购物。至中国书店浏览良久。出，至太平洋修表，朵云轩购笺纸，商务印书馆购书籍。傍晚，返。

3月13日　星期五

雨，上午阴。上午，至城内古香室装池。又至城隍庙。出，至文瑞楼购书，晤及君定，午刻，返。下午，君宾来，即去。至俭德储蓄会阅报。作信致紫卿，复迪光。夜，作信复诸怀、君彦、爱椿。

3月14日　星期六

雨。上午，至成记理发。出，至蟫隐庐、来青阁、集成书局晤及乃乾，午刻，返。下午，君宾、希贤先后来，即去。作信复栋材、致叔贤。至俭德储蓄会阅报。大妹等今日回去。

3月15日　星期日

阴。上午,复天遂信。至闵行丝织厂分销处,候伯埙,同至立兴轮船公司晤乔念椿,午饭后返。复圆妹信。同粲君携花儿至恩派亚观电影,演《赖婚》。出,至兴圣街买绒绳,粲君、花儿乃返。余至惠中旅舍应芳墅招饮。十点多钟,返。

3月16日　星期一

晴。上午,先施公司修钟,中国书店晤乃乾,又至集成书局等处而返。同粲君携三儿请外舅至倚虹楼午馔。馔后,外舅别去,余等至兆芳摄影。出,至双清别墅观时人书画展览会,游散至夕阳西下而出。又至宝成、永安,粲君与三儿乃返。余则至倚虹楼与迪光、子华、剑士合宴前任邑令李筠庵。席散后,又至消闲别墅,应念椿招饮。十点钟,返。

3月17日　星期二

阴,夜雨。上午,同粲君至兴圣街抛球场购物。午刻,返。复冲之信。下午,至闵行丝织厂分销处晤伯埙。出,至锦文堂、商务印书馆、文瑞楼等处而返。傍晚,至芳墅处,因其今年五十岁,与勉后先生合设筵宴之。并邀迪光、剑士、铭新、静谦、子华、祖治为陪。九下钟,席散,返。

3月18日　星期三

雨,下午阴。上午,至勉后先生处,同先生及芳墅至莫利爱路孙宅,吊本党总理孙先生之丧。出,至芳墅处,少坐,而返。下午,至俭德储蓄会阅报。同粲君至昼锦里及先施公司购物,即返。五下钟,同粲君携花儿至上海大戏园观电影,演《月宫宝盒》。八下钟,返。

3月19日　星期四

阴。上午,偕粲君至惠丰、永安购物。午刻,至五芳斋吃点心。出,又至宝记摄影、先施购物而返。傍晚,往晤伯埙,同至小有天与其合宴李英石、沈梦莲、沈思齐、乔念椿、张敬垣、陈陶遗,尚有闵瑞师、陈梅心、顾岫云、黄谱衡、黄芳墅而未到。席散,已十一下钟矣。

3月20日　星期五

晴。偕粲君,携三儿于上午八点钟,乘火车至松江。到后,即登家中放来之船。十下钟开,下午五点半钟,抵家。

3月21日　星期六

雨,上午阴。上午,古如来,少坐,去。杂务。君定来。下午,复君介信。君定去。

3月22日　星期日

雨。今日,家塾开课,端甫送其子志高来附读。圆妹归。下午,志轩、公渡先后来,各少坐,去。理书。夜,复念椿、绿筠信。

3月23日　星期一

晴。上午,理书。下午,至南市看市房装修。又至河西地基,又至志轩处,少坐返。子峰来,少坐,去。夜,观《半月》杂志。今日起,家中点电灯。

3月24日　星期二

阴。方伯母明日安葬,今日设奠。上午,因与粲君、圆妹往河西。大妹归来,同去。下午,余回来一次。馨山来,少坐,去。傍晚,仍至河西。夜,返。

3月25日　星期三

阴,有晴光。晨,至河西。饭后,登舟往白漾坟地,送方伯母灵柩进圹。盖即葬于本生祖父母主穴之次明位。巳时，登山后，仍返河西午馔。后，送神主入祠，乃返。千里来，少坐，去河西。

3月26日　星期四

上午阴，下午雨、雪珠。上午八点钟，开船，往吕巷七吊叶漱润师。师盖往肄业实枚学校时所受教也。十一点半，到。望舅、时舅、君定亦到，午馔后，同至沈叔梅先生处。三点半登船返，七下钟抵家。在船翻阅《思益堂集》。

3月27日　星期五

晴。上午，伯埙来，少坐，去。理书。下午，至储蓄会，为催款、放款事开总干事会议。散会后，即返。时舅、君介亦讫会中来。伯才来，傍晚，均去。夜，作信复中妹，致念椿。

3月28日　星期六

晴，夜雨。上午，至河西地基种树。下午，识儒、宪人先后来，各少坐，去。大妹携三甥归，君定同来。作信致季鲁。至舒万和应馨山招饮，九点钟，返。

3月29日　星期日

晴。上午，至五区头何家。午刻，到。因少圃姑丈明日将安葬，今日设奠也。下午，至冯家，少坐，返何家。

3月30日　星期一

晴。上午，少圃姑丈安葬，送至坟地，又送入祠。下午归，四点半钟抵家。至河西一次。因同生伯姨娘于昨日作故，望舅于上午来。夜饭后，至市公所晤张子华，少坐，返。宪人来，与望舅谈建造桥工账目。夜深，去。

3月31日　星期二

阴。上午，至河西吊同生伯姨娘之丧，下午返。粲君亦去。

望舅去。志坚来，少坐，去。云林来，即去。至同泰仁晤乔念椿。夜饭后，八下钟，返。

4月

4月1日　星期三

阴。上午，清节祭先。下午，至东小桥扫墓。君宾自上海回来，同圆妹去。

4月2日　星期四

晴。上午，至宗祠行春祭礼，与祭者共二十八人，余司鸣赞。午刻饮福后，返。至龙沙禅院处扫墓，花儿随去。君定今日去。

4月3日　星期五

雨。上午，端甫来，少坐，去。致子华信。下午，买花。致君藩、涤彝信。夜，理账。

4月4日　星期六

阴，晚晴。上午，偕粲君，携花儿先至金家桥扫墓后，乃至夏人村先父母墓上祭扫。在墓屋午饭后，往看新建之利济桥（即漕泾桥），乃返。在舟观《华国》杂志。归后，又至假山桥扫墓。夜，致乃乾信。

4月5日　星期日

晴。上午八点钟，开船往金山卫，十点多钟到。即至城隍庙拈香。晤及伯才，同出，谒圣庙，并游大观书院。乃返舟午饭。下午一点半钟，解缆归，四点半钟抵家。是行紫卿同去。在舟观《华国》杂志。夜，理账。

4月6日　星期一

阴。上午,书楼先生来,少坐,去。理书。圆妹归,君宾同来。中妹携三甥归,迪前同来。下午,复时舅信。君定来。伯才来,少坐,去。夜,作信致秋魂,复潘祖谦及丁泰来等。

4月7日　星期二

晴。上午,焕然来,少坐去。下午,时舅、望舅先后来。识儒来,少坐,去。冲之、叔贤先后来,各少坐,去。时舅去。夜,晋康来,与望舅谈造桥事,坐久去。

4月8日　星期三

晴。上午,君宾去。至济婴局,今日斋堂。出,至警局晤墨林而返。伯埙来,即去。同望舅、君定又至济婴局。近午,返。下午,时舅同忆初来。叔明来,少坐,去。时舅去,望舅亦去。又至济婴局一回。夜,忆初去宿舟上。

4月9日　星期四

晴。上午,买花。下午,理发。夜,宪人来,为徐小才写造桥承揽纸,九下钟去。复季鲁信。

4月10日　星期五

阴。解星辰。

4月11日　星期六

晴。上午,杏林来,即去。至河西地基。君定去。下午,宪人来诊治中妹,少坐,去。至第二高小校晤古如,即返。修剪树木。

4月12日　星期日

晴。上午,杂务。下午,子峰来,少坐,去。复仲恩信。夜,为济婴局致《社会钟报》信。

4月13日　星期一

晴。上午，古如来，少坐，去。至河西地基。复屯艮，致十眉信。下午，复君彦信。望舅、君定来。傍晚，望舅去。夜，与君定、迪前等手谈。

4月14日　星期二

晴。上午，督仆人整理园地。下午，至第二高小校晤古如，托其转送中孚关约，即返。复子华信。夜，手谈。

4月15日　星期三

晴。上午，邀十洲来为儿辈及诸甥种牛痘。午饭后，去。下午，乐天先生自戚家来，少坐，去。傍晚，设席宴请中孚、如威、墨林、伯埙、古如、松年、馨山、道弘、伯承、涤新、叔纯、宪人、端甫、公渡、君定、迪前、志轩。九下钟，散，酒兴颇浓。尚有秉埙、杏林、天梅、晋康邀而未到。

4月16日　星期四

晴。上午，乐天先生来。午饭后，邀往河西地基，相度起造宅舍形势，定向为乾巽兼己亥三度。回来，又少坐而去。夜，翻阅《悔晦堂尺牍》。

4月17日　星期五

晴。上午，至商会同诸人送匾额至警察所，以酬警佐墨林去年兵事时维持地方之功。出，至智川处。渠有祖父母之葬事，今日设奠一拜，即返。下午，焕然、素斋、伯才先后来，各少坐，去。作信复季鲁，致古茹〔如〕。

4月18日　星期六

晴。手谈。

4月19日　星期日

晴。上午,子光来。少坐,去。下午,作信致墨林。一谔来,少坐,去。迪前携恭、寿去。

4月20日　星期一

晴。下午,复志儒、质誉信。子峰来,即去。夜,手谈。

4月21日　星期二

晴,上午阴。上午,作信致君介,复子为。下午,望舅来。志轩、词臣先后来,少坐,去。望舅去。作信复冲之。夜,手谈。

4月22日　星期三

阴,夜雨。上午,云林来。午饭后,去。至东宅,望贞甫伯病。出,至子贞处。少顷,志轩、词臣亦来。盖词臣所为谈昔年行恕堂承继未了事。少坐,返。夜,手谈。

4月23日　星期四

晴,上午阴。上午,理书。下午,辑《云间诗征》。致冲之信。夜,手谈。

4月24日　星期五

晴。上午,写书目。下午,至河西地基。秉埙来,少坐,去。公渡来,坐谈良久,去。作信致诒生。夜,词臣来,少坐,去。

4月25日　星期六

阴,夜雨。上午,杂务。下午,耕熙叔来,坐谈良久,去。天梅宴徐亚伯,招陪,与君定同往。因今晚君定将宴馆师,故皆不终席,先返。今岁恒初来附读,故中孚、如威二馆师为与君定合聘。傍晚,君定在松韵草堂设席宴之。如威因回松,未来。不到,陪者有宪人、端甫、志轩、公渡、天梅。

4月26日　星期日

晴。上午,与中孚、君定谈组织图书馆事。下午,邀宪人来治花儿风块寒热,少坐,去。手谈。夜,观《厉樊榭年谱》。

4月27日　星期一

晴。上午,理书。端甫来。为济婴局婴事作信致姚崧生。下午,公渡、焕然先后来,少坐,去。冲之来,少坐,去。宪人来,为买牡丹十三种。夜,手谈。

4月28日　星期二

晴。上午,君定去上海。课佣种牡丹于园地。下午,写书目。复乃乾信。夜,观《厉樊榭年谱》完。

4月29日　星期三

晴。慰祖之柩今晨自沪运回,即饬人送殡于夏人村之墓屋。校所抄张婉纫《绿槐书屋诗稿》。下午,潘启康来,少坐,去。傍晚,雷汭钟因冥嫁其庶妹,招饮。夜,返。观张金吾之《言旧录》。

4月30日　星期四

晴。上午,校《绿槐书屋诗稿》。至河西石作写利济桥(即漕泾桥)上题记,适晤宪人,同往地基一回。下午,作信致斐然,复屠纪麟。斐然来,少坐,去。邀宪人来复诊花儿。志轩来,少坐,去。夜,理账。

5月

5月1日　星期五

阴,有雨。上午,校《绿槐书屋诗稿》。迪前来。下午,写书目。作信致仲稽、君藩。夜,复君介信。手谈。

5月2日　星期六

晴雨无定。校《绿槐书屋诗稿》。夜,手谈。

5月3日　星期日

阴,上午雨。上午,校《绿槐书屋诗稿》完。下午,至留溪学校,拟组织图书馆特开一筹备会,被推为主任。四下钟散会,返。至何菊祥处,贺其令侄完姻。夜宴后,返。今日上午,迪前、中妹携菊甥及圆妹到松江,往杭州。

5月4日　星期一

阴。上午,晋康来,少坐,去。至继述堂,贺仲莲续娶,少坐,返。下午,作信复仲稽、云林,致景伊。校所抄张若绮《邻云友月之居诗稿》。又至继述堂观行婚礼。夜宴后,十点钟,返。今日,承棨携益官亦去。

5月5日　星期二

阴晴无定,亦有雨。上午,词臣、冠臣来,少坐,去。作信致时舅。下午,作信致君定。志轩来,少坐,去。理行装。夜,偕棨君携念祖宿舟中。

5月6日　星期三

晴。黎明解缆,十一点钟到松江。余至王宅,午饭后,返舟。同棨君至君藩新居,少坐。乃更携念祖至火车站,乘二点二十分钟火车往杭州。外舅亦去。六点五十分钟,到。即至湖滨旅馆,与圆妹等相会。夜,偕迪前在新市场阅旧书肆。

5月7日　星期四

阴,下午雨。上午,致大妹信。偕棨君,中、圆两妹,迪前乘轿至三天竺拈香。午刻,饭于灵隐之功德林。饭后,至云林寺拈香。

乃上韬光，余与圆妹、迪前又拟步至北高峰。几欲达矣，遇雨，折回下山。在瘞雷亭，憩坐观雨，良久，复乘轿至昭庆寺拈香而返。君定、君宾先后自沪来。

5月8日　星期五

阴，夜雨。上午，致中孚信。同粲君、中妹、圆妹、君定、迪前、君宾，携念祖、菊甥泛舟西湖，先至三潭印月摄三影。午馔于楼外楼。馔后，至浙江图书馆、西泠印社，又摄二影。出，至公园、葛荫山庄、放鹤亭，而返。夜馔，同同人至西悦来，邀外舅亦去。馔后，至商场购物。

5月9日　星期六

阴，上午雨。上午，柳村叔、子光来，坐谈良久。与外舅往西园，余同同人亦去。少坐后，往清河坊等处购物。午馔，于王慎兴。馔后，君定、君宾、圆妹去游山，余偕粲君、中妹、迪前仍购物。余又至浙江书局及城站阅览旧书肆。傍晚，返。夜馔，至西园。馔后，同君宾打弹片刻。月色皎甚，十下钟，偕圆妹、君定、君宾、迪前泛舟皮艇子荡漾湖中。至三潭印月而返，已夜午后矣。

5月10日　星期日

晴。上午，君定去，外舅去。至清河坊购物，回至西园，与同人午饭。饭后，致迪前。中妹携菊畦及君宾亦去。余偕粲君、圆妹携念祖泛舟西湖，吊雷峰颓塔，游花港观鱼、蒋庄、高庄、宋庄、坚匏别墅。傍晚，返。夜饭，仍至西园。饭后，同粲君至商场购物。

5月11日　星期一

阴，有雨。偕粲君及圆妹，携念祖乘上午十点零五分火车往上海，下午五点十五分到。即寓均益里。圆妹过松江，下车一行，晚车仍来。夜,君宾来,即去。
5月12日　星期二
雨。上午,补写日记。理账。下午,至商务印书馆、中华书局、来青阁、集成书局、锦文堂、汉文渊书局、永安公司、先施公司。
5月13日　星期三
阴,夜雨。上午,至中南银行、蟫隐庐、朵云轩等处。君宾来,午饭后,去。同粲君、圆妹至永安公司后,余即至中国书店晤乃乾,阅览良久。出,至博古斋、来青阁等处而返。
5月14日　星期四
晴。上午,至俭德储蓄会阅报。至成记理发。出,至千顷堂、来青阁、宝记、文明书局。乃至倚虹楼与圆妹、粲君携念祖相会。用馔后,同至三友实业社、宝成、先施公司。余又至中国书店、博古斋等处,先返。慎旃来,少坐,去。
5月15日　星期五
晴。上午,君宾来,龙丁来。近午,均去。下午,同粲君、圆妹携念祖至车站,拟乘三点二十分钟火车返松江。乃因修桥,此班及夜班,均停驶。今日已无车可乘,遂又回寓。至俭德储蓄会阅报,又至来青阁、集成书局等处。
5月16日　星期六
晴,上午雨。偕粲君、圆妹携念祖乘上午九点十五分钟火车返松江。本约家中放船等候,乃因昨不见回,竟已开去。遂至君藩处。下午粲君一至王宅,五点钟,专唤一张堰头班快船,乘之而归。夜十点钟,抵家。
5月17日　星期日
晴。上午,理行箧。下午,至志轩处。方伯母前日八秩冥庆,作佛事未毕,故去一拜,少坐,返。夜,观连日《时报》。

5月18日　星期一

晴。上午,晋康来,商其家事,少坐,去。杂务。下午,时舅及望舅、君定先后来。公渡来,少坐,去。两舅、君定去。叔纯来,少坐,去。

5月19日　星期二

晴。上午,晋康来,即去。杂务。下午,大妹携珍甥及圆妹去高宅,益官、圆妹亦携去。作信致道弘。晋康来,少坐,去。

5月20日　星期三

晴。上午七下钟,乘船往朱泾,由佘来庙转,午刻,到。饭后,至藏书阁开教育局董事会。傍晚,散,即夜饭。饭后,又与子华、迪光、子宜、道弘诸人闲谈数刻,乃返船。在船观《东方》杂志及《史地学报》等。

5月21日　星期四

晴。上午,至警察所候叔安,不值,即返船。九下钟解缆,仍由佘来庙转,下午二下钟抵家。大妹携珍甥昨日即归。

5月22日　星期五

晴。上午,端甫来,盖堂婴庚帖及捐条事,少坐,去。下午,至舒寓和候馨山,不值。邮局汇款。贞甫伯处、智川处,不值,晤及叔纯。济婴局晤端甫。钦明女校,晤松年。宪人处,乃返。圆妹携益儿归。作信复柳村叔、济川。

5月23日　星期六

晴。上午,馨山来,少坐,去。坐船至闲闲山庄。望舅、君定亦来。下午,步行归家。

5月24日　星期日

阴,下午有微雨。上午,校《邻云友月之居诗稿》。君定来。下午,至商会开夏令卫生会、筹备会。出,至留溪学校,续开图书馆筹备会,拟从组织协会入手。君定亦到。傍晚,散会,返。君定去。

5月25日　星期一

晴。上午,校《邻云友月之居诗稿》。下午,写书目。作信致慎旃,复志儒。夜,理账。

5月26日　星期二

雨。上午,杏林来,即去。校《邻云友月之居诗稿》。奇峰来,即去。下午,作信致时舅、蓬洲、巩宇,复震生、纪麟。

5月27日　星期三

阴。上午,校《邻云友月之居诗稿》。松年来,少坐,去。端甫来,午饭后,去。下午,作信复冲之。至商会开夏令卫生会、干事会,傍晚,返。夜,观《学衡》。

5月28日　星期四

晴。上午,晋康来,即去。校《邻云友月之居诗稿》完。下午,时舅来。奇峰、伯埙、伯承先后来,各少坐,去。时舅去。

5月29日　星期五

晴。上午,校所抄《张纬青遗稿》完。孟缇、婉纫、纬青、若绮之作为阳湖《张氏四女集》,孟缇《澹鞠轩诗稿》由君定校之。作信复剑眉,致陈子云。下午,勾勒《张氏四女集》封面字。作信复栋材、震生,致信符、乃乾、寿祺等。至河西地基。

5月30日　星期六

阴。上午,翻阅书目。曹景贤来,少坐,去。作信致墨林。勾勒《张氏四女集》封面字。下午,斐然、伯才先后来,各少坐,去。作信致君宾、端志,复慎旃、卓如。夜,观《华国》。

5月31日　星期日

雨。上午,安排书橱。勾勒《张氏四女集》封面字。复云林信。下午,至市公所,国民党开会,四下钟返。杏林来,少坐,去。今日,家人均往高宅,望品相病。晚,返。

6月

6月1日　星期一

阴,有雨。上午,勾勒《张氏四女集》封面字。下午,理河工米捐账。作信致君藩、文圃。

6月2日　星期二

晴。上午,公渡来,坐谈数刻,去。下午,作信致孙颂和姻丈、朴安、辅之,复秋魂。

6月3日　星期三

晴,夜雨。上午,统校所抄阳湖《张氏四女集》。下午,理书。志轩来,少坐,去。作信致慎旃,复少屏。太平寺杨家荫乔祖姨丈之孙媳履芳夫人为其家事来商,留一宵而去。

6月4日　星期四

晴。上午,校所抄王涧香《读选楼诗稿》。下午,理书。望舅、君定自松江回来,傍晚,均去。

6月5日　星期五

晴。上午,理书。校《读选楼诗稿》。下午,至储蓄会举行第七十八期掣签,少坐,返。君定来。作信致君介。至第二高小学校,由国民党发起组织沪案后援会,傍晚,返。君定去。夜,致秋魂信。

6月6日　星期六

雨。上午,理书。君介来。下午,君定来。景伊来,少坐,去。君宾自沪归来。子光来,少坐,去。公渡来,少坐,去。

6月7日　星期日

晴,上午雨。上午,校《读选楼诗稿》。下午,作信复秋魂、哲夫。望舅、君实、启明来。云林来,傍晚,去。夜,望舅等去张家。昨夜本宿在彼处也。

6月8日　星期一

忽雨忽晴。上午,校《读选楼诗稿》。望舅来。下午,望舅、君定去,君宾亦去。夜,观《半月》杂志。

6月9日　星期二

晴。上午,校《读选楼诗稿》。理发。下午,理书。古如、鸣鹤来,即去。连日各校学生来为沪案募捐,今日尤众。夜,观《言旧录》。

6月10日　星期三

晴。上午,校《读选楼诗稿》完。下午,作信复君宾、乃乾、怒庵。李维明来,少坐,去。陈企怀来,少坐,去。

6月11日　星期四

晴。上午七点半钟,坐小舟,开至虹桥港口。待望舅船来,乘之同往太平寺杨家,十一点钟到,调停其家事。沈叔眉、陈叔文亦在。下午六点半钟,始开船回。九点多钟,到高宅。路上观《言旧录》完。

6月12日　星期五

晴。上午,望品相病。下午,至闲闲山庄。圆妹于昨日回,在山庄。傍晚,归,陈瑞芝同舟。

6月13日　星期六

阴。精神欠振,不事事。上午,端甫来,少坐,去。邀宪人来治益官寒热、牙胀,少坐,去。伯承来,少坐,去。夜,观倪玢《小清閟阁诗钞》一卷。

6月14日　星期日

阴,上午雨。上午,抄出所编《金山艺文志》中著录诸家之姓名。下午,邀宪人来复诊益官,少坐,去。圆妹归,君宾同来。秉塌来,少坐,去。作信致古如,复卣香。

6月15日　星期一

晴。上午,抄《金山艺文志》中诸家姓名。下午,作信致瑞师、君彦,复君藩。君介来,傍晚,去。夜,复颂和姻丈信。

6月16日　星期二

晴。上午抄《金山艺文志》中诸家姓名。下午,邀宪人诊治益官,少坐,去。词臣、舜臣来,少坐,去。至东宅视济川疾,少坐。出,至济婴局及馨山处,乃返。夜,亚雄来,少坐,去。

6月17日　星期三

晴。上午,君宾去上海。抄《金山艺文志》中诸家姓名。杏林来,即去。下午,作信复仲恩、亚文、乃乾、云林。夜,观《东方杂志》。

6月18日　星期四

雨。上午,翻阅朱竹君之《笥河文集》。抄《金山艺文志》中诸家姓名。下午,誊信稿。新任松金青沙田局局长龚稚仙来拜客,少坐,去。夜,观《东方杂志》。

6月19日　星期五

晴。上午,抄《金山艺文志》中诸家姓名。下午,邀宪人来复治益官,少坐,去。至沙田局答候局长龚稚仙,少坐,返。君定来。至河西地基。

6月20日　星期六

晴。杂务。写书目。

6月21日　星期日

晴。上午,作信致君介。下午,作信致连雅棠。同君定至东宅视济川疾,少坐,返。

6月22日　星期一

晴。上午,夏至节祭先。望舅来,少顷,君实、广雅、道贯亦走来。傍晚,君实等仍走归,望舅于夜返后去。

6月23日　星期二

晴。天气骤热。辑《云间诗征》。上午,复君介信。下午,复君藩信。

6月24日　星期三

晴。观《澹菊轩稿》。下午,识儒来,少坐,去。沐浴。晚饭后,君定去。夜,观《学衡》。

6月25日　星期四

晴。上午,观《澹菊轩稿》完。下午,理书,写书目。夜,观《学衡》。

6月26日　星期五

晴。上午,圆妹因时舅病,去山庄。理新近向广雅书局购到之书。下午,王蟾桂来,少坐,去。作信复荆山及颂和姻丈。公渡、公竞来,即去。夜,观《学衡》。

6月27日　星期六

晴。清晨,走至闲闲山庄,视时舅疾。傍晚,仍走归。千里来。

6月28日　星期日

晴。上午,与中孚、公渡商订图书馆各项规程。公渡午饭后,去。尹卿来,少坐,去。至市公所,由国民党发起为沪案,开各界联合会。四点钟,返。沐浴。

6月29日　星期一

晴,傍晚盛雨,有雷声。上午,千里来。邀宪人来治益官牙肿未退,少坐,去。下午,云林来,坐谈良久,去。杂务。

6月30日　星期二

晴,夜雨。上午,杂务。下午,作信致信符、十眉。子峰来,少坐,去。夜,观李申耆《小德录》。

7月

7月1日　星期三

阴,有雨。上午,观《惜抱轩文集》。作信复教育局,为新近被举为局中管理款产董事,辞不受任。下午,邀宪人来治益官下颌掀肿及珍甥面部热瘰,少坐,去。写书目。辑《云间诗征》。夜,观《味水轩日记》。

7月2日　星期四

阴。晨,君宾来,即乘快船赴松,到沪。上午,观《惜抱轩文集》。邀晋康来治益官,少坐,去。下午,作信复秋魂,致陆尧夫,又复伯凝。至河西地基一回。伯凝来,即去。宪人来,少坐,去。

益官亦请其一诊。夜,观《味水轩日记》。

7月3日　星期五

雨。上午,观《惜抱轩文集》。辑《云间诗征》。下午,作信致乃乾,复君藩、君彦、志儒。夜,观《味水轩日记》。

7月4日　星期六

忽雨忽晴。延平湖报本寺僧众,今日起诵经礼忏三永日,以上荐先父母。上午,迪前及顾铁君来。下午,圆妹归,君定来。铁君去高宅。公渡来,夜饭后,去。

7月5日　星期日

晴。今日,为先母三周忌辰。下午,望舅来。

7月6日　星期一

晴,夜有阵云雷声,未下雨。晨起,得知济川于黎明时病故。乃即匆匆用早馔后,往东宅。伤感殊甚,以家中正作佛事,少坐,返。傍晚,望舅去。佛事于今夜告竣。

7月7日　星期二

阴。上午,至东宅,午饭后,返。作信复朴安。杏林来,即去。云林来,即去。至东宅,夜返。

7月8日　星期三

阴,下午有雨。上午,往东宅,承綮、圆妹、花儿亦去。送济川大殓,不胜怨悼。下午,返。理发。沐浴。

7月9日　星期四

晴。上午,与君定、迪前等手谈。下午,同君定至留溪学校续开图书馆筹备会。傍晚,返。夜,又手谈。

7月10日　星期五

晴,有雨,东南风甚大。上午,迪前同中妹携菊畦、星垣两甥去。辑《云间诗征》。下午,作信复颂和姻丈、亚伯、乃乾。君定去。夜,理账。家塾于今日暑假。

7月11日　星期六

雨。上午,圆妹同高宅五妹等乘轮船往沪。杂务。下午,宪人来,坐谈良久。去。

7月12日　星期日

晴。上午,仲田先生来,少坐,去。柳村叔来,少坐,去。下午,作信复菊生、涤新,致中孚。夜,观《半月》杂志。

7月13日　星期一

晴。上午,端甫来,少坐,去。理书。下午,亚雄来,即去。作信复莘子。夜,复圆妹信。

7月14日　星期二

晴。上午,大妹携三甥去高宅。公渡、中孚来谈图书馆事,近午,去。下午,涤新来,少坐,去。作信复仲恩。沐浴。夜,观《味水轩日记》。

7月15日　星期三

晴。上午,理出移捐图书馆之书籍。志轩来,少坐,去。下午,作信致君定,复杰士及杨自诚。夜,观《味水轩日记》。

7月16日　星期四

雨。上午,圈《惜抱轩文集》。下午,作信致君介,复君定、君藩、端志、绿筠。校所抄文件。夜,观《味水轩日记》。

7月17日　星期五

忽雨忽晴。上午,墨林来,少坐,去。焕然来,少坐,去。圈《惜抱轩文集》。下午,伯才来,少坐,去。作信复君介、哲夫、纪麟,致怒庵。夜,观《味水轩日记》。

7月18日　星期六

阴,有雨。上午,中孚来,即去。晋康来治益官小疖,少坐,去。作信致仲田、智川、兰畦、千里。下午,至储蓄会开会,议县立四高欲借款事,三下钟,返。作信致若望、导江、尹卿、攘白。夜,观《味水轩日记》。

7月19日　星期日

晴,夜雨。清晨,君定到镇,同乘轮船往上海。七点半钟开,下午三点钟到。船上晤志坚、凤鸣、正衡、栋材。到后,寓振华旅馆,与圆妹、君宾同住。同君定至中国书店,晤乃乾,闲谈浏览,傍晚而返。忆初来,夜饭后,去。

7月20日　星期一

晴,晨雨。上午,圆妹、君宾回去。同君定至霞飞路尚贤坊朱履仁处。午饭后,余至第二师范学校,开七县学校联合会。散会后,至古香室取裱件。乃返。千里来,即同千里、君定至大西洋大菜馆晚馔,并招志侠。馔后,同君定阅旧书肆,在来青阁久坐。

7月21日　星期二

雨,有时晴。上午,至均益里寓庐,又至季鲁处。回,至朵云轩、蟫隐庐。午馔于大观楼,乃返。同君定至中央大戏园观电影,演《花好月圆》。五下钟,出,余又至中国书店一回。夜,同君定至洗清池沐浴。

7月22日　星期三

晴。上午,同君定至成记理发。出,至白克路忆初医寓。出,至一枝香,应乃乾招午宴。籍议发起中国图书刊传会,到者有董绥、金康、徐积余、乃昌及朴庵、培孙等。散席后,余至戈登路振业印刷公司,候秋魂,不值,返。至中华、商务购书。至倚虹楼晚馔,招墨林、子冶、纪麟、君定,只到子冶。返寓后,纪麟来,秋魂来,少坐,均去。慎旃来,同寓。

7月23日　星期四

晴,有微雨。上午,至先施、永安等处购物。午刻,同君定至忆初处午馔。馔后,忆初为摄一影。又同君定、贷庑乃至中国书店。又至大马路及商务印书馆购物件、书籍而返。夜,墨林、冲之来,少坐,去。同君定至来青阁一回。

7月24日　星期五

晴,有阵雨。清晨,往苏州河盆汤弄桥北堍,乘轮船归。八点钟开,下午四点钟抵家。船上,晤正衡。沐浴。夜,君宾来。

7月25日　星期六

晴。上午,君宾乘快船往松江。杂务。下午,道弘来,少坐,去。君介自松江回来,并同秀红妹。叔贤来,少坐,去。君介伉俪去。献人来,晚饭后,去。

7月26日　星期日

晴。上午,端甫来,少坐,去。赵松铨来,少坐,去。晚,宜始昌来,邀为留溪青年学友会赞助员,少坐,去。公渡、中孚来,谈图书馆事,午饭后,去。君宾、君定自淞沪回来,傍晚,去。涤新来,邀入倡用国货会,少坐,去。作信致古如。

7月27日　星期一

晴。上午,杂务。下午,作信致乃乾,复迪前。

7月28日　星期二

晴。上午,理书,写书目。下午,杰士来,少坐,去。志轩来,少坐后,同至第二高小,应青年学友会之茶话会。四下钟,返。沐浴。松年来,即去。夜,理账。

7月29日　星期三

晴。上午,君宾、铁君来。下午,复君定信。叔贤来,坐谈数刻,去。君宾、铁君去,圆妹亦去高宅。韫辉来,少坐,去。李爱椿来,曾函邀其修理书籍。晚饭后,宪人来,坐谈数刻,去。

7月30日　星期四

晴。上午,观《惜抱轩文集》。下午,作信致李振唐及乃乾,复颂和姻丈。中孚、公渡来,坐谈数刻,去。

7月31日　星期五

晴。上午,钻坚来,坐谈数刻,去。校所抄文件。下午,至第二高小,开倡用国货会成立会,被举为正会长,坚辞不任。傍晚,散会,返。

8月

8月1日　星期六

晴。上午,至济婴局。同公渡、中孚布置图书馆协赞会会场,图书馆即定借设局内也。君定、君介、卓庵亦来,午刻,同返。馔后,又往,君宾复来。二点钟,开会。推余为主席,先通简章,次选职员,余被举为董事。五点钟,散会。返。君定等晚馔后,去。

8月2日　星期日

晴。上午,公渡、中孚来,少坐,去。下午,至闲闲山庄。时舅病尚未起床。夜宿舟行。观《留芳记》。

8月3日　星期一

晴。上午,同圆妹至老宅望舅处。下午四点钟,仍至闲闲山庄。傍晚,归家。

8月4日　星期二

晴。上午,公渡来,少坐,去。致绿筠信。下午,至储蓄会,举行第八十期掣签。出,至同泰仁,晤伯埙,少坐,返。作信复信符。君藩来,傍晚,去。

8月5日　星期三

晴。上午,冲之来,少坐,去。大妹携恒甥归,君定同来,圆妹亦归。下午,作信致乃乾。同君定至公渡处,坐谈数刻,返。公渡来,夜饭后,去。

8月6日　星期四

晴,下午雷。大妹将在沪分娩。今早,由君定携恒甥,偕之乘轮船往,余等均送至船上。理书。下午,中孚来,少坐,去。作信致振唐,复寿祺。沐浴。夜,观《留芳记》。

8月7日　星期五

上午晴,下午雷雨。上午,至济婴局,开图书馆董事会第一次常会。董事出席者共六人,又职员五人。议定图书馆简章、董事会细则、纪念捐募条例、基金管理法。并举出君定为董事长,君介为基金保管员,余为馆长。直至下午五时,散会。返。君介同来,夜,去。

8月8日　星期六

晴。上午,公渡同端志来。少顷,中孚亦来。午饭后,均去。理书。作信致君定。至河西地基。作信致墨林。夜,观《留芳记》。

8月9日　星期日

晴。上午,至东宅七吊济川,少坐,返。君介、君藩来。纪麟来,坐谈数刻,去。下午,至储蓄会,开总干事会议,为清理押款事。五点钟,返。君宾自沪归来。少顷,同圆妹去,花儿亦随往高宅。君介、君藩去。

8月10日　星期一

晴,天气甚热。上午,至河西,望本生庶祖母疾,少坐,返。下午,朱汝嘉自朱泾来,少坐,去。作信复伯钦、芳墅、绿琴。中孚来,少坐,去。子峰来,少坐,去。至耶稣堂,候汝嘉,少坐,返。夜,复君定信。

8月11日　星期二

晴,下午有阵雨。上午,写书目。作信致中妹,复迪前。下午,作信复怒庵、兰畦、安如,致耀甫。沐浴。

8月12日　星期三

晴,下午雨。上午,观《惜抱轩文集》。下午,作信复莘子、君彦,致秋魂。夜,复少樵信。观《留芳记》。

8月13日　星期四

晴。上午,涤新来,少坐,去。下午,作信致君介,复君定、振唐。公渡、杰士来,坐谈数刻,去。

8月14日　星期五

晴。上午,圈《惜抱轩文集》。下午,作信复道弘、栋材,致乃乾。爱椿持书籍来看。

8月15日　星期六

晴。上午,至济婴局。出,又至古茹〔如〕处。少坐后,仍至济婴局。十下钟,开图书馆董事会第一次临时会议,定阅览规则、借览规则、寄存规约。下午三下钟,散会。返。五下钟,沪张轮船公司招饮于船上,并试船,开往金山卫。岂知到后,以机器损坏,停泊修理。及至开回,抵张已夜午后三下钟矣。

8月16日　星期日

晴。上午,粲君携益官、念祖往闲闲山庄。理书。作信复慎旃。奚斗储等来,募学校捐,即去。下午,往视天梅病,少坐。出,至市公所社会钟报社开会。出,至商会,晤伯垿,商发致省长等请速修理海塘快邮代电,乃返。沐浴。粲君等并同花儿归。夜,复君定信。

8月17日　星期一

雨,下午阴。上午,写米捐收条。道弘来,少坐,去。作信复雅堂。下午,理书。望舅、君宾、广雅来。伯才来,少坐,去。望舅等去。

8月18日　星期二

晴。上午,至河西地基看桃花。观《惜抱轩文集》。下午,又至河西地基。复君宾信。云林来,少坐,去。理书。夜,理账。

8月19日　星期三

阴。上午,理书。许晚成来募捐,即去。至同泰仁,晤伯垿,少坐,返。下午,至河西地基。钻坚来,少坐,去。复静谦信。夜,观《东方杂志》。

8月20日　星期四

晴,有雨。上午,写书目。观《惜抱轩文集》。下午,中妹携恭、寿、菊、畦归。复吴子翔信。云林来,少坐,去。至河西地基。

8月21日　星期五

晴。上午,理书。始昌来,即去。作信致中孚、君介。圆妹归,君宾同来。下午,同君宾往视天梅病,少坐。出,至商会,晤馨山而返。复君定信。涤新来,少坐,去。延平湖报本寺僧众今夜到家起道场,作佛事三永日,以荐先父母。

8月22日　星期六

晴,有雨。上午,复杨伯雄信。下午,望舅来。复迪前信。夜,望舅去。日间在天梅处也。

8月23日　星期日

晴。今日为先父四周忌辰。上午,君藩来。下午,伯才、泰来来,少坐,去。君藩去。

8月24日　星期一

晴。下午,复君定信。佛事于今夜告竣。

8月25日　星期二

晴。上午,往视天梅病,危极。出,至钱氏义庄,追悼五卅烈士会,并随同人游行镇上一周。返已过午。千里来,少坐,去。钻坚来,坐谈良久,去。理发。君宾同圆妹去。沐浴。

8月26日　星期三

晴。上午,闻天梅于昨夜作故。往其家中,近午,返。下午,君介、君藩来。震生来,少坐,均去。至第二高小青年学友会开会。四下钟,返。夜,作信致震生、乃乾、振唐。

8月27日　星期四

晴,晚有雨。上午,往吊天梅之丧。十下钟,返。中元节祭先。圆妹归。午饭后,又至天梅家中,送其入殓。四下钟,返。君藩、君宾来,君藩即去。

8月28日　星期五

阴,有雨。上午,始昌来,即去。钻坚同其子源岷来,少坐,去。作信复君定。下午,端甫来,少坐,去。至同泰仁,候伯埙,不值,即返。作信复秋魂、乃乾,致端志。

8月29日　星期六

晴。今日,馆师开学。上午,杂务。君宾去。下午,理书。至第二高小倡用国货会开会,补选正会长。四下钟,返。沐浴。

8月30日　星期日

阴。上午,同承粲、中妹、圆妹至高老宅,吊品相之丧。下午三下钟,出,至闲闲山庄,少坐,乃返。君宾同来。

8月31日　星期一

雨。上午,圆妹、君宾乘轮往上海。观《惜抱轩文集》。下午,公渡同望东来,少坐,去。望东新讫南洋归。作信复菊生。

9月

9月1日　星期二

晴。上午,观《惜抱轩文集》完。焕然来,少坐,去。下午,望舅来。冲之来,少坐,去。望舅去。复安如信。

9月2日　星期三

晴。上午,拟致君定信稿。下午,至储蓄会,举行第八十一期掣签,少坐,返。写致君定信。夜,观连雅堂之《大陆诗草》完。

9月3日　星期四

晴,下午有雨。上午,拟复屯艮信稿。馨山送其女来家塾读书,少坐,去。下午,写复屯艮信。夜,观《甲寅》周刊。

9月4日　星期五

晴。上午,吟槐舅母来,谈其家事。始昌来,即去。下午,写书目。伯才来,少坐,去。志轩来,少坐,去。复志儒信。夜,誊信稿。

9月5日　星期六

阴，下午雨。上午，收拾行装。杂务。下午，观《剡源文钞》。君宾自上海回来，即去。君彦来，夜馔后，去，住第二高小。此来，为松江初中招考也。

9月6日　星期日

雨。偕粲君携念祖、菊甥于上午八点钟，乘轮船往上海，下午三点钟到。即至均益里寓庐。路上颇有风雨之患，然平安无恙。傍晚，至白克路怀德里君定、大妹寓处。大妹已于阴历上月廿九日产一男。夜馔后，返。圆妹来沪，亦住在大妹处。

9月7日　星期一

晴。上午，致中妹信。同粲君携念祖、菊甥至怀德里。下午，同君定至中国书店、来青阁、蟫隐庐，仍回怀德里。夜馔后，同粲君等返。

9月8日　星期二

晴。上午，同粲君至先施公司，晤及圆妹。午刻，同至怀德里。馔后，余同望舅、伯埙、君定至南市上海税务所，候闵瑞师。瑞师新任所长，少坐。出，至信昌当。余又至知无涯斋，其主人李振唐已作故，晤其子毋固。出，至振业印刷公司，晤王秋魂。傍晚，返怀德里。同望舅、君定至消闲别墅，应乔念椿招饮。夜九下钟，返寓庐。

9月9日　星期三

晴。上午，致安如信。同粲君，携念祖、菊甥至宝成、裘天宝两银楼，三友实业社。午刻，至怀德里。馔后，又同粲君及君定至乾发源、时和、大纶等处一回。傍晚，返家携念祖、菊甥先返。余夜馔后，出，至博古斋、集成书局、锦文堂、来青阁等处旧书肆浏览。九下钟,返。圆妹今日归。

9月10日　星期四

晴。上午,至铁路编查课,晤朴庵,少坐,返。君定来。下午,同粲君及君定出,至大马路。君定先返,余等至宝成银楼,先施、永安两公司后,亦至怀德里。少顷,粲君返。余同君定至中国书店一次,夜馔而返。致中、园二妹信。

9月11日　星期五

晴。上午,余先至怀德里,少顷,粲君携念祖、菊甥亦来。同望舅、君定至北成都路广仁里,谒冯梦华先生,少坐,返。下午,同粲君等及君定、恒甥至中央大戏院,观演电影。剧名《后母泪》,情节甚佳。剧终,余等即返寓庐。

9月12日　星期六

雨。上午,粲君乘火车往松江王宅。至海宁路祥麟里,晤朴存,少坐,返。下午,至中国书店,晤乃乾。出,至怀德里。同君定至博古斋及商务印书馆,五下钟,返。夜,粲君回。

9月13日　星期日

雨。上午,同粲君携念祖、菊甥至怀德里(后,余至朵云轩及乾发源一次)。下午,同粲君等至先施公司后,别同君定至商务印书馆。仍返先施,与粲君等相会,并同至东亚酒楼用西菜。粲君等乃回去,余至来青阁。傍晚,至一家春菜馆,惠农公司开股东会。到者有敬垣、伯埙、君定等,余司记录。十点钟,散会。君定为言,均益里寓所同居夏姓有丧事。粲君等已迁于怀德里,余乃一往,仍带仆人住均益里。

9月14日　星期一

雨。上午,至来青阁,取寄存书件后,至怀德里。同粲君返均益里,收拾一切。午饭后,同至泰丰、永安、先施诸公司购物。四下钟,至怀德里。同君定至中国书店一回。夜八下钟,返均益里,宿。

9月15日　星期二

雨。上午七点钟,至轮船。少顷,粲君携念祖、菊甥亦到。八点钟开,下午二点半钟抵张堰。

9月16日　星期三

雨。上午,杂务。宪人来治女佣凌家婶病,即去。前亦治过二次。下午,理书。作信致安如、君定,复君藩。夜,观连日《时报》。

9月17日　星期四

晴。上午,理书。下午,龚稚仙来。少坐,去。望舅自上海回来。即去。伯才、亚雄先后来。各少坐,去。

9月18日　星期五

晴。上午,圆妹去高宅。理书。伯才来。少坐,去。下午,至济婴局,望端甫疾,并看图书馆器具。出。至第二高小,晤古茹〔如〕。约英文教员胡如威来家开课。乃返。志轩来。少坐,去。

9月19日　星期六

晴。上午,作信复时舅、君宾,致端志、君介。下午,至河西地基一回。理文件。夜,观《甲寅》周刊。

9月20日　星期日

晴。上午,伯才来,少坐,去。姜梦花持小剑信来,即复之。下午,作信致乃乾,复安如。观《剡源文钞》。古茹〔如〕来,少坐,去。夜,观《史地学报》。

9月21日　星期一

晴。上午，观《剡源文钞》。下午，写致购书信。志轩来，少坐，去。至轮船埠，候君定、大妹携恒甥及新甥归。到后，新甥即过其家中放来之船。君定等来，少坐，去。俞景琦来，少坐，去。夜，观《史地学报》。

9月22日　星期二

雨。上午，公渡来，少坐，去。观《剡源文钞》。下午，稚仙来，少坐，去。子峰来，少坐，去。夜，观《史地学报》。

9月23日　星期三

阴，下午雨。上午，至实枚山庄，中妹携恭、寿、菊、畦同去。今日，外家永慕堂秋祭。下午，至新宅，又至老宅。傍晚，返，中妹等留。在中观《学衡》。夜，观《甲寅》周刊。

9月24日　星期四

阴。上午，至济婴局，开图书馆董事会第二次临时会议，定管理总则。君定亦到。下午四点钟，散会，返。君定去张家。今日，望舅亦至舍间，及余归，已去。夜，观《学衡》。

9月25日　星期五

晴。上午，公渡来，即去。复李爱椿信。君定来，傍晚，去。夜，致秋魂信。理账。

9月26日　星期六

晴。上午，理发。复徐寄尘信。下午，致大妹信。至同泰仁，候伯埙，不值。出，至邮局汇款。出，至济婴局，候端甫，不值。又至钦明女校，候松年。知其以病未到，乃径至其家晤及。托送图书馆管理员干钻坚聘书，少坐，返。作信复端志，致乃乾。志轩来，少坐，去。夜，观《学衡》。

9月27日　星期日

晴。上午,观《剡源文钞》。钻坚来,少坐,去。下午,君定来。作信复君介。志轩宴客,招陪,与君定往。君定少坐,先行,至小剑处。余于席散后亦去,以明日为天梅五七开吊也。夜八下钟,偕返。

9月28日　星期一

晴。上午,至小剑处,为天梅五七之期开吊,余等任招待,承粲亦去。下午三下钟,返。圆妹归,君宾同来。又中妹携恭、寿、菊、畦上午已归。时舅来,傍晚去。君定亦去。

9月29日　星期二

晴。上午,作信复外舅及震生、君藩。下午,至同泰仁,晤伯埙。出,至济婴局,一看图书馆所用房屋粉刷,乃返。作信复仲恩、安如。素斋、公渡先后来,各少坐,去。

9月30日　星期三

晴。杂务。下午,君宾去。夜,观《甲寅》周刊。

10月

10月1日　星期四

晴。上午,观《剡源文钞》。下午,作信致培孙。与中孚议订图书馆中各种约据式样付印。复秋魂信。君宾来。夜,公渡来,少坐,去。今日,遣花儿往高宅七吊品相。圆妹亦一至乡。

10月2日　星期五

阴,夜月色皎甚。上午,君宾往上海。理书。至河西,为子翰先兄之女明日将出嫁。近午,返。下午,至储蓄会,举行第八十二期掣签,少坐,返。涤新来,坐谈数刻,去。傍晚,又至河西。夜宴后,返。

10月3日　星期六

晴。上午,至河西。今日为子翰先从兄之义女于归吴氏。下午,返。

10月4日　星期日

阴,时有雨。上午,写捐助张堰图书馆内书籍之目录。复君定,致时舅信。下午,志轩、焕然来,少坐,去。复安如、子素信。端甫来,少坐,去。夜,致怒庵信。

10月5日　星期一

阴。上午,理书。作信致迪前。下午,邀宪人来治花儿头眩,即去。作信复君介、学源、纪麟。涤新来,少坐,去。夜,公渡来,少坐,去。作信复乃乾。

10月6日　星期二

晴。上午,君定来,即同至图书馆,与钻坚、公渡、亚雄、涤新布置一切。午饭,回。饭后又往,傍晚,返。君定去。夜,发图书馆开幕请柬。

10月7日　星期三

晴。上午,杂务。作信致墨林。君定来,午饭后,同至图书馆,与钻坚、中孚、亚雄布置一切。君懿来,同其回家,少坐,去。后仍往,傍晚返。君定去。夜,作信致仲稽。

10月8日　星期四

晴。上午,至图书馆,布置一切。并嘱钻坚写图书馆草目。近午,返。大妹携恒,升两甥归,君定同来。下午,仍往图书馆。傍晚,返。至何菊祥处,贺其嫁妹。夜,返。

10月9日　星期五

晴。终日在图书馆布置,惟午饭回家。

10月10日　星期六

晴。上午,至图书馆。午刻,同端志等往颜新记菜馆后返家。以时舅来也。饭后,偕时舅至图书馆。粲君、三妹、绿筠及诸小儿均去。二点钟,行开幕式。来宾几二百人,外地来者,又有怒庵、兰畦、仲麟、学源、望东等。其典礼:(一)报告,协赞会主任干事中孚任之;(二)揭幕,余与君定任之;(三)向国旗行礼;(四)奏国歌;(五)演说,怒庵、端志、道宏、守恒、望东、如威诸人,殿以余之答辞;(六)摄影;(七)茶宴。乃散会,傍晚,返。圆妹去高宅。

10月11日　星期日

晴。上下午,均至图书馆。

10月12日　星期一

晴。上午,时舅来,即去角里李家。下午,写前日图书馆开幕余之演说稿,以付《金山周报》记者发表。

10月13日　星期二

晴。上午,杂务。下午,至图书馆。傍晚,返。复乃乾信。夜,观《味水轩日记》。

10月14日　星期三

晴。上午,理书。观《剡源文钞》。下午,古如、道弘来,少坐,去。至图书馆,傍晚,返。夜,复秋魂信。

10月15日　星期四

晴。上午,至图书馆,少坐,返。下午,君介来,傍晚,去。夜,观《味水轩日记》。

10月16日　星期五

晴。连日,时有凛寒腹痛,昨夜尤甚,今日加之头痛肢节酸楚。下午,邀宪人来诊治。

10月17日　星期六

晴。今日,诸恙均渐愈,惟精神仍软弱。上午,端甫来,即去。观《味水轩日记》。

10月18日　星期日

晴。上午,迪前来。下午,至图书馆。又往候墨林,不值,返。君定去。夜,邀宪人来治恭寿喉痛,即去。

10月19日　星期一

晴,有微雨。上午,至五区头何宅,吊琴舅祖母之丧。下午,返,公渡同到镇。又以恭寿喉症,邀莫伯筹先生来诊治。夜,钱汝南来,为伯筹先生助手,随同去。

10月20日　星期二

晴。上午,伯承先生来。又宪人来,亦治中妹疟疾,又公渡适亦来。均午饭后,去。至图书馆,少坐,返。写书目。复君宾信。夜,校图书馆捐入及寄存图书册。

10月21日　星期三

晴。上午,写书目。高平康来谢孝,午饭后,去。同迪前至图书馆,少坐。出,余又至舒万和,晤馨山而返。夜,校所抄《月季繁殖法》。

10月22日　星期四

晴。上午,伯才来,少坐,去。下午,至图书馆。出,至同泰仁,候伯垻,不值。又至河西地基,乃返。作信致墨林。端甫来,即去。其间空暇,皆写书目。夜,观《半月》杂志。

10 月 23 日　星期五

晴。上午,写书目。下午,迪前去。邀宪人来治中妹,少坐,去。复志儒信。夜,观《味水轩日记》。

10 月 24 日　星期六

晴。上午,写书目。君定来。下午,至图书馆,少坐,返。夜,观《味水轩日记》。

10 月 25 日　星期日

晴。上午,杂务。下午,至警察所,晤墨林。出,至图书馆。四下钟,返。作信致望东。夜,观《味水轩日记》。

10 月 26 日　星期一

晴。杂务。上午,复志坚信。下午,志轩来,少坐,去。君定去。中妹怀孕,患疟,今日疟疾又坐,有欲产之象。延汝南、宪人来诊察,又专人持函往告迪前。又顾亚贞前曾治过,今出诊在扶黄圫,亦往邀之。夜午后,迪前到,亚贞亦到,中妹亦渐平稳无恙。

10 月 27 日　星期二

晴。杂务。理书。下午,韫辉来,少坐,去。夜,致君定信。

10 月 28 日　星期三

晴。上午,作信致憩南及贞甫伯。下午,作信复哲夫、秋魂。伯才来,少坐,去。写书目。夜,观《甲寅》周刊。

10 月 29 日　星期四

晴。上午,君定来。下午,至图书馆,三下钟返。望舅自张家来,夜馔后,仍往张家。

10 月 30 日　星期五

晴。上午,作信致君彦。下午,至图书馆,望舅、君定亦到,三下钟返。圆妹自杭州归,君宾、时舅、舅母、君介同来。傍晚,均去乡。亚雄来,即去。

10月31日　星期六

晴。上午,至图书馆一回。下午,望舅来。傍晚,仍去张家。

11月

11月1日　星期日

晴。上午,端甫来,少坐,去。墨君来,少坐,去。作信复仲麟。下午,储蓄会举行第八十三期掣签。出,至图书馆,少坐,返。伯珩来,少坐,去。钻坚来,少坐,去。望舅来,即去。夜,理账。

11月2日　星期一

晴。上午,至同泰仁,晤伯埙。出,至济婴局。今日,斋堂,近午,返。作信复君宾,致君介。下午,君定去。作信复纪麟、学源,致君藩。圆妹归,君宾同来,至济婴局宴集。夜,返。

11月3日　星期二

晴。上午,君宾乘轮往上海,转至青岛,送至船上。公渡来,即去。下午,君介来。傍晚,去。作信致君藩,复子经。

11月4日　星期三

晴。上午,焕然来,少坐,去。作信复乃乾。下午,作信复震生。同迪前至警察所,看菊花。出,至图书馆,少坐而返。作信复端志、少樵。

11月5日　星期四

晴。上午,时舅来,即乘轮去沪。同承絜至五区头何宅,七吊琴舅祖母之丧,望舅、君定亦到。午馔后,同君定走至廊下朱履仁处。少坐,仍返何宅,即登舟归,抵家已夜矣。作信复君藩。

11月6日　星期五

晴。上午,迪前同中妹携恭、菊二甥去。理长沙购归之书。下午,至图书馆,少坐,返。涤新来,即去。君定来。夜,理杭州购归之书。

11月7日　星期六

晴。上午,君定乘轮去沪。杂务。志轩、公渡来,省视河西太太跌伤,少坐,去。下午,作信复书贾朱遂翔、柳企云。墨林、杏林、晋康来,少坐,去。至图书馆,与道弘谈话,少坐,返。夜,校《通艺录目次》。

11月8日　星期日

晴。上午,理发。下午,复君介信。至图书馆,少坐,返。复菊生信。夜,观《甲寅》周刊。

11月9日　星期一

晴,夜雨。上午,大妹携恒、升两甥同圆妹乘轮去沪。墨林来,少坐,去。至舒万和,晤馨山,少坐,返。下元节,祭先。下午,作信复君彦。稚仙来,少坐,去。宪人来,少坐,去。夜,观《味水轩日记》。

11月10日　星期二

阴,上午雨。上午,杂务。下午,至图书馆。三下钟,返。复子华信。夜,吟槐舅母来,谈其家事。

11月11日　星期三

阴,有微雨。上午,观《剡源文钞》。作信复李效文。下午,至同泰仁,晤伯塽,并晤馨山,坐谈良久。出,至图书馆,少坐,返。作信复中妹、君介、丕文。夜,作信致志坚。

11月12日　星期四

雨。上午，至宗祠行秋祭礼。今日以天雨，到者甚少，余司鸣赞。午刻，饮福后，返。又曾一至宪人处及图书馆。理行装。端甫来，即去。夜，致公渡信。

11月13日　星期五

晴。偕粲君，携益官、念祖往上海。上午八点钟，乘轮船开，下午四点钟到。即至白克路怀德里二百零九号。此原君定所租，今余等移寓于此，与之共同借住也。在舟观《味水轩日记》。夜，至忆初处，晤时舅、君怀。少顷，瑞师亦来，坐谈良久而返。

11月14日　星期六

晴。上午，同粲君至均益里王寓，余又至上海银行界路分行一转。在王寓午饭后，乃至一百十六号寓所退组，收拾、搬取物件。三下钟，返怀德里，将搬来物件整理安置妥帖。五点钟，同君定至卡尔登观电影，演《倾国美人》。七下钟，返，夜馔。馔后，又同至博古斋旧书肆浏览。九下钟，返。

11月15日　星期日

晴。上午，至信昌当，候子素，不值。当留出一条，即午馔。馔后，至丰昌当，晤仲篪，少坐。出，至文瑞楼、亚东图书馆、王大吉而返。同君定至来青阁、泰东图书局、世界书局、锦文堂、集成书局、汉文渊书局、博古斋。傍晚，返。夜，又同君定至中国书店，晤乃乾，流览良久，返。

11月16日　星期一

晴，晨雨。上午，同君定至霞飞路葆仁里十九号瑞师、时舅寓处。近日圆妹亦移住其间，坐谈颇久，直至下午三点钟，返。又同君定至蟫隐庐，晤子经。出，至世界书局。傍晚，返。同粲君及君定、大妹携益官、念祖、恒、升两甥至功德林夜馔。馔后,又在林内略听讲经,乃返。

11月17日　星期二

阴。上午,至先施公司、朵云轩、商务印书馆等处。午刻,同君定、大妹及粲君携恒初、念祖至悦宾楼进馔。馔后,余携恒初、念祖先返。伯埙来,少坐,去。至来青阁、大东书局、集成书局、汉文渊书局、博古斋浏览。夜,复君宾青岛信。

11月18日　星期三

阴,晚雨。上午,至丝业会馆闵行丝织厂发行所,晤伯埙,少坐。出,至上海银行分行、西泠印社而返。下午,君藩来,少坐,去。至竞雄女校,候佩忍,不值。晤寄尘,少坐。出,至新闸路新康里,晤十眉。少坐,同十眉至福鑫里,候朴庵,不值。余乃至振业印刷公司交其印件以返。夜,致花儿信。

11月19日　星期四

雨,下午阴。上午,至蟬隐庐、来青阁。下午,佩忍来,坐谈数刻,去。巩宇来,少坐,去。至先施公司,与粲君相会购物。出,余又一至中国书店。晚,同君定至一品香,应巩宇招饮。出,至时报馆,候伯惠并晤纪麟。出,又浏览四马路旧书肆。九下钟,返。今日,圆妹归。

11月20日　星期五

晴。上午,至太平洋手表公司、有美堂、永安公司。下午记麟来,坐谈数刻,去。至徐家汇南洋大学,晤仲田、慎旂,坐谈数刻,返。又至胡开文墨店。抵寓已晚。夜,朴庵、惠生招至远东饭店,俭德储蓄会在此开第六届募劝联合会,有聚餐及各种游艺。近十点钟,返。

11月21日　星期六

晴。上午,至商务印书馆、中华书局,乃至永安公司与粲君携两儿相会。午刻,至晋隆用馔,并招君定、大妹携恒初来。馔后,诸人回去,余又同粲君至三友实业社、先施公司而返。五点钟,至裕丰泰酒店,应朴庵之约,并晤佩忍,文圃持杯擘蟹。散后,余至来青阁一晤杨寿祺,少事浏览乃返。至浴德池沐浴。出,又乘便一游先施乐园。

11月22日　星期日

晴。上午,黄祖诒来招入上海基督教普益社,少坐,去。至中国书店一回。下午,至先施、永安两公司及胡庆余堂。夜,王秋魂来,即去。同粲君、大妹至新世界游览,少顷,君定亦来。十点钟,返。

11月23日　星期一

阴,有微雨。上午七点钟,往乘轮船归,下午近五点钟抵家。在舟观小说《玉君》。抵家惊悉贞甫伯于初五作古,昨日已大殓。呜呼!我父笃于友于之谊,晚年常深念而诏于小子曰:"余有同祖兄弟十人,今存者惟二人而已。"盖只我父与贞甫伯也。为此言者,盖抱无穷之感也!自我父弃养,小子每见伯父如见我父。伯父亦不因小子为不肖,而常有以垂委之。今伯父又长逝,小子将何以寄其思耶!

11月24日　星期二

阴。上午,至子贞处一拜贞甫伯之灵,近午,返,又至图书馆一转。下午,理行箧。伯珩来,少坐,去。作信致粲君。为房客秦云卿吵闹事,邀墨林来谈,即去。夜,观连日《时报》。

11月25日　星期三

阴。上午,杂务。墨林来,少坐,去。时舅宴陈泊庵先生,来函招陪,乃往。圆妹亦去,下午,同返。在舟观《甲寅》杂志。夜,邀涤新来谈,少坐,去。作信复君藩,致憩南。

11月26日　星期四

晴。上午,涤新来,即去。复中妹信。下午,至东宅,应子贞之招,商贞甫伯开吊讣闻,少坐。出,至图书馆。近五点钟,返。夜,修改起诉秦云卿呈文原稿,嘱涤新所草。

11月27日　星期五

晴。上午,杂务。复子华信。下午,至图书馆,发捐书收条。五下钟,返。夜,望舅来,以明晨将乘轮往沪也。

11月28日　星期六

晴。上午,望舅去沪。作信复时舅及莫叔略。下午,至同泰仁,晤伯埙。出,至储蓄会。出,至图书馆。又往警察所,晤墨林。四下钟,返。夜,观《玉君》完。

11月29日　星期日

晴。上午,至河西基地一回。端甫来,即去。复培孙信。下午,至图书馆,四点钟返。夜,复时舅信。

11月30日　星期一

晴。上午八点钟,乘轮船往上海,下午三点钟到。即至怀德里寓所晤君平。渠前日自青岛返沪,住在旅馆也。

12月

12月1日　星期二

晴。上午,至先施、永安两公司后,至成记理发。出,至来青阁、汉文渊书局而返。下午,致旭如信。至中国书店。乃乾及丁辅之、金兴祥邀,同至笑舞台观昆剧。五点钟,剧散,又至书店。出,至先施公司一转,乃返。

12月2日　星期三

晴。上午,同望舅、君平、君定至葆仁里,晤瑞师及履仁。下午三下钟,返。至先施、永安、泰丰三公司购物,商务印书馆购书。傍晚,返。

12月3日　星期四

晴。上午,至中国书店,晤及乃乾,并约培孙亦到。少坐后,邀同至晋隆午餐,并邀君定、忆初。又巩宇、佩忍未到,二点钟,散。又至中国书店,少坐,而返。同粲君至先施、永安及昼锦里购物。傍晚,返。

12月4日　星期五

晴。午刻,同粲君及望舅、君定、大妹携益、念两儿、恒甥至先施公司,旋至悦宾楼用馔。出,余携益、念两儿返寓后,乃至中央大戏院观电影,演去年奉直战争。望舅、君定携恒初已先到。五点钟,散。余又至四马路昼锦里而返。

12月5日　星期六

晴。上午,同粲君在大马路一带购物。午刻,用点心于五芳斋。下午三点钟,粲君别去,至均益里王寓。余返寓一次后,又至中国书店,晤乃乾,时报馆定报。傍晚,返。夜,同君定至来青阁浏览。

12月6日　星期日

晴。上午,收拾物件。下午,同粲君至先施、永安购物。夜,同粲君携恒甥、益官至中央大戏院观电影,演《情天劫》。九点钟,返。

12 月 7 日　星期一

晴。上午七下钟,偕粲君,携益官、念祖往乘轮船归家。八点钟,开。船中晤怒庵、兰畦。以在松隐北搁浅,直至下午五下钟抵张。望舅同归,到后即去。

12 月 8 日　星期二

晴。杂务。下午,圆妹去高宅。至图书馆一次。夜,观连日时报。

12 月 9 日　星期三

晴。上午,杂务。下午,至东宅,七吊贞甫伯之丧,少坐。出,至图书馆一回,而返。

12 月 10 日　星期四

晴。上午,至东宅。今日,贞甫伯三七开丧,粲君亦去。下午三下钟返,至图书馆一转。夜,君平来。

12 月 11 日　星期五

晴。上午,君平乘轮往沪。顾伯贤、张学源、卢少云、张梦麟先后来,各少坐,去。下午,至图书馆,即返。伯才来,少坐,去。作信致君宾,复县党部。夜,为学源推荐,作信致新省长陈陶遗。

12 月 12 日　星期六

晴。上午,杂务。下午,至图书馆,少坐,返。作信致乃乾、君介、君藩。端甫来,少坐,去。夜,墨林来,少坐,去,复迪前信。

12 月 13 日　星期日

晴。上午,公渡来,少坐,去。下午,涤新同华政贤来,政贤即去,涤新坐谈良久,去。翻阅《天马山房丛著》。夜,观《东方杂志》,致君定信。

12月14日　星期一

阴，有雨点。上午，公渡来，少坐，去。下午，草《金山艺文志例言》。夜，代粲君致外舅书。奇峰来，即去。

12月15日　星期二

晴。草《金山艺文志例言》。下午，至图书馆一回。致时舅信。涤新来，少坐，去。夜，致端志信。

12月16日　星期三

晴。上午，至角里庵西吊陈憩伯嗣母之丧，下午返。时舅在傍晚去。

12月17日　星期四

晴。草《金山艺文志例言》。下午，金其寿来，少坐，去。伯才来，少坐，去。夜，观《味水轩日记》。

12月18日　星期五

阴。上午，写书目。致时舅信。下午，至图书馆。出，至警察所，晤墨林。出，至宪人处，坐谈良久，返。夜，作信复乃乾、仲稽、石士，致君藩。

12月19日　星期六

雨。上午，圆妹归。写书目。下午，伯埙来，少坐，去。冬至节，祭先。大妹同君定携恒、升二甥自沪归。

12月20日　星期日

阴，晨起见积雪。上午，致国民党金山县党部信，辞去执行委员。下午，至钱燦若处，贺其结婚之喜，少坐，返。至图书馆一回。宪人来，请其开膏方，少坐，去。震生来，少坐，去。又至燦若处，公贺暖房。夜八下钟，返。

12月21日　星期一

晴。上午,作信致仰之、端志、冲之。涤新来,坐谈良久,去。下午,君定去。叔纯来,少坐,去。复道弘信。夜,理账。

12月22日　星期二

晴。上午,写书目。作信复始昌。下午,至图书馆。出,至同泰仁,晤伯埙而返。复纪麟信。夜,观《甲寅》周刊。

12月23日　星期三

晴。上午十下钟,开舟往朱泾,下午四下钟到。上岸,至教育局,少坐即返。在舟观《味水轩日记》完。又观《天马山房丛著》。

12月24日　星期四

晴。上午,往吊李伯庸先生之丧。出,至县公署,候科长戴艺圃及吴吉士,均不值。乃至憩南处。午饭后,至教育局,开董事会。会散,又闲谈,直至夜分,返舟。

12月25日　星期五

晴。黎明,解维,开至佘来庙,候潮少泊,午刻抵家。在舟观《说元宝述闻》。伯才来,少坐,去。仰霄偕戚宪章来,少坐,去。子峰来,即去。夜,理账。

12月26日　星期六

晴,暖甚,有小雨。上午,志轩来,少坐,去。下午,复君定信。洗足。理书。夜,理账。

12月27日　星期日

阴。上午,观张天如《七录斋集》。下午,至图书馆。出,至同泰仁,晤伯埙,少坐,返。千里来。复颂和信。

12月28日　星期一

阴,下午雨,夜雪。上午,作信复佩忍,致亚伯。下午,泰来、尧年来,少坐,去。志轩来,即去。至钱氏义庄,国民党开讲演会。四下钟,返。公渡来,即去。复子华信。

12月29日　星期二

晴。往亭林周家。上午十点钟开船,下午三下钟到。在舟观《学衡》。千里于今晨去。

12月30日　星期三

晴。中妹,前产一女。今日弥月。

12月31日　星期四

晴。上午十点钟,登舟归。开至后岗之东,以水浅,为临舟所轧,须俟潮来,得乃上岸步行。下午二点半钟抵家。

1926 年

1 月

1月1日　星期五

晴。上午,理书。下午,至图书馆坐谈数刻,返。发贺年贴。夜,理账。

1月2日　星期六

晴。上午,观《七录斋集》。君定来。下午,作信致时舅,复君介、培孙。君定携珍、升两甥去。徐少青来,少坐,去。夜,复仲稽信。

1月3日　星期日

晴。上午,理来笺。下午,至图书馆,少坐,返。志轩来,少坐,去。夜,复君藩,致子经信。大妹、圆妹本定今日到亭林,乃晨间因悉升甥于昨夜患恙,大妹须往视,圆妹爱携花儿仍去。

1月4日　星期一

晴。上午,端甫来,嘱其择前面翻驳岸后园造凉亭及改砌饭灶日期,午饭而去。作信复学源,致瑞师、怒庵、文圃。叔纯携钱氏古玩来看,少坐,去。夜,观《甲寅》周刊。三更顷,尚未睡,闻救火锣声,急出外,知在板桥西乡间,即熄。

1月5日　星期二

晴。上午,古茹〔如〕来,少坐,去。校徐闇公先生遗文刻本样张。下午,公渡来,少坐,去。致时舅信。至图书馆,即返。复迪光、乃乾信。夜,复菊生信。观《华国》杂志。

1月6日　星期三

晴。黎明,闻救火锣声,急起视。在大街牌楼弄口,焚去楼房门面一个,幸不延烧。上午,粲君携念祖往五区冯宅贺喜。恒甥趁船便道回去。下午,馨山来,少坐,去。君介来。整容。叔纯来,少坐,去。少青来,即去。同君介往视火烧场,并至邮政局一回。圆妹携花儿归,并携菊甥来。君介夜饭后去。

1月7日　星期四

阴。上午十下钟,登舟,往五区冯宅贺喜。因水浅行滞,到已下午二下钟矣。公渡同舟亦去。

1月8日　星期五

晴。今日,子冶之次妹于归平湖金氏。午刻,发轿。下午,至何宅安姑母处,粲君携念祖亦去。傍晚,返冯宅,粲君则夜馔而返。夜,与来宾手谈。

1月9日　星期六

晴。午刻,君懿招饮。三下钟,同粲君携念祖登舟归,抵家已七下钟矣。

1月10日　星期日

晴。上午,杂务。焕然来,少坐,去。下午,至储蓄会为收放款项事开总干事会议,四下钟返。时舅亦到会。同来,傍晚去。

1月11日　星期一

晴,夜,雨。上午,校暗公遗文刻样。下午,涤新、公渡、钻坚、伯才、杏林先后来,各少坐,去。夜,复君藩信。

1月12日　星期二

阴晴无定,上午,有雨。上午,至闲闲山庄。下午,君定亦来,四下钟返。至协和当,托杏林带松信件,即返。夜,观《甲寅》周刊及《东方杂志》。致君藩信。

1月13日　星期三

阴,有雨。上午,杂务。下午,杏林来,即去。至图书馆,少坐,返。叔纯、少青来,为少青售房事,立契后,去。夜,致志轩、似石,复子经信。

1月14日　星期四

雨。上午,志轩来,少坐,去。写书目。下午,复时舅信。杂务。夜,致子素、乃乾、少莲信。

1月15日　星期五

阴,有雨。上午,校暗公遗文刻样。下午,至图书馆。出,至耶稣堂候前任牧师姚秉埙、现任牧师朱恒华,少坐,返。作信复朴存、君宾。

1月16日　星期六

晴。上午,写书目。写《钓璜堂存稿》总目。下午,作信复时舅、君藩、慎旃、叔明。端甫来,少坐,去。夜,观《甲寅》周刊。理图书馆开办费账。

1月17日　星期日

晴。上午,大妹携恒、升两甥归,君定同来。至警察所晤墨林,即出,至图书馆。下午,开阳历本年第一次董事常会。四下钟,散会。傍晚,返。君定亦到会,先去。夜,致君介信。

1月18日　星期一

晴。上午,写《钓璜堂存稿》总目。下午,作信复屯艮、俊彦。伯承来,少坐,去。夜,致子华信。

1月19日　星期二

阴。上午,写《钓璜堂存稿》总目。下午,伯埙来,少坐,去。至馨山处。出,至图书馆,少坐,返。夜,复君介信。

1月20日　星期三

阴。上午,写书目。公渡来,少坐,去。下午,至图书馆,即往济婴局。陈慰先为建德明桥设筵招饮,借座局中,君定亦到。四下钟,返。君定仍去。夜,复仲稽信。

1月21日　星期四

晴。上午,督佣修树。伯才、公渡先后来,各少坐,去。至商会集议开浚小桥河事,即午饭。饭后,至河边视察开阔小桥本塊两旁情形。又至伯埙处少坐。出,至图书馆,一转而返。绿筠去。志轩来,即去。夜,复仲田信。

1月22日　星期五

晴。上午,至商会集议开浚小桥河收买市房事。近午,返。下午,至河西地基。伯才来,少坐,去。夜,君定自张家来。

1月23日　星期六

晴。上午,杂务。圆妹去高宅。下午,至图书馆整理书籍收条等。傍晚,返。

1月24日　星期日

晴。上午,焕然来,少坐,去。君介来。下午,与君定、君介杂谈良久。大洲来,即去。伯才来,少坐,去。夜饭后,君介去。

1月25日　星期一

晴。上午,君定去。复蓬洲信。大洲来,即去。下午,公渡来,即去。理发。作信复哲夫。夜,致子经信。

1月26日　星期二

晴。上午,复君介、怒庵信,又拟复陶遗信。下午,至图书馆,少坐,返。写书目。李新民来募文治大学捐款,少坐去。夜,复君藩信。理账。

1月27日　星期三

晴。上午,圆妹归。菊甥趁便船回去。录存信稿。下午,伯埙、伯承先后来,少坐,去。志轩来,少坐,去。作信复佩忍、志儒。望舅、君定来。夜,伯埙、伯承来晤望舅、君定。

1月28日　星期四

阴,有晴光。上午,望舅、君定乘轮往沪。写复陶遗信。叔纯、古茹〔如〕来,少坐,去。下午,至储蓄会举行八十六期掣签。出,至图书馆,少坐,返。作信复君宾。君懿、公渡来,少坐,去。夜,观《甲寅》周刊。

1月29日　星期五

晴。上午,写米捐收条。志轩来,即去。下午,至图书馆与道弘、公渡杂谈良久,返。致文圃信。夜,理账。

1月30日　星期六

阴。上午,校阅《徐闇公年谱》,系陈珠泉初稿。下午,至警察所晤墨林。又至图书馆,少坐,返。作信致亚伯,复君懿、慎旃。墨林来,即去。夜,钴坚来,即去。理账。

1月31日　星期日

晴。上午,杂务。下午,大妹携恒、升两甥去高宅。词臣、华官来,少坐,去。至图书馆,少坐,返。夜,作信复纪麟、子经。家塾于今日年假。

2月

2月1日　星期一

晴。上午,致叔明信。校阅《徐闇公年谱》。馨山来,少坐,去。复墨林信。下午,复仰之信。志轩来,即去。时舅、君介自沪回来,伯才来,傍晚均去。夜,明伯来,少坐,去。理账。

2月2日　星期二

晴。上午,子光来,少坐,去。复培孙信。下午,至图书馆,即返。课佣移树。致惠生、乃乾。夜,复中妹及外舅信。观《图书馆学》。

2月3日　星期三

阴。上午,至先父母墓上。下午,返。在舟观《图书馆学》。夜,观《甲寅》周刊。慰祖之柩初夏自沪运回,殡于先父母之墓舍。今将安葬于先父母墓园之后,文明、通明二女塚旁。因去一视,又往观新建之利济桥。

2月4日　星期四

晴,上午,阴。上午,叔纯来,少坐,去。时舅来。公渡同端志、倪仰之来。君懿来。下午,伯才来。时舅、端志、仰之、伯才在此筹议沈泾开浚事宜。渠等本为河工办事人,欲余参预其间。栋材、钻坚先后来,各少坐去。仰之、端志去。伯才去。时舅去。夜饭后,公渡去。

2月5日　星期五

晴。上午,作信致时舅、君介。韫辉来,晤君懿,少坐,去。君懿去。写书目。志轩来,少坐,去。吴似石来,少坐,去。下午,至图书馆分发捐书收据,又晤仲田、墨林。四下钟,返。伯才来,少坐,去。志轩又来,少坐,去。季眉来,少坐,去。

2月6日　星期六

晴。上午,焕然来,少坐,去。拟为诉房客秦姓事,致县长张松乔信。下午,至协和当晤杏林。出,至图书馆,晤杰士,少坐,返。至第二高小学校,学委陆焕然为学校储金结会有宴会。又至轮埠候候望舅、君定归。夜,返。望舅等已去。

2月7日　星期日

晴,夜,雨。上午,涤新来,少坐,去。写寿伯钦、芳墅二先生诗笺,系倩慎斿代作也。下午,圆妹去高宅。至图书馆,少坐,返。伯才来,即去。至河西地基种树。夜,杂务。

2月8日　星期一

阴。上午,时舅、君介来。年节祀神。涤新来,午饭后,去。公竞来,少坐,去。伯才来,少坐,去。钻坚来,少坐,去。冲之来,即去。时舅、君介去。年节祭先。夜,理账。

2月9日　星期二

雨。上午,杂务。下午,公渡来,少坐,去。作信复子经、叔明,致王韵笙。夜,观叶德辉之《经学通诰》。

2月10日　星期三

阴。上午,写书目。志轩来,即去。下午,至河西地基种柳。整容。复伯雄信。伯才来,少坐,去。夜,观《图书馆学》。

2月11日　星期四

晴。上午,往先父母墓上安葬慰祖之枢。于巳时进圹,午后返。在舟观《图书馆学》完。志轩来,即去。夜,理账。

2月12日　星期五

晴。杂务。下午,端甫来,少坐,去。傍晚,谨悬祖先神影。

2月13日　星期六

晨晴,上午,阴,下午,雨。上午,拈天香祀祖先。下午,辑《复庐印谱》。

2月14日　星期日

阴。上午,志轩来,少坐,去。至河西志轩处,少坐,返。下午,至东宅子贞处,少坐,返。

2月15日　星期一

上午,阴,下午,雪。上午,钻坚同其子源岷来,少坐,去。望舅、时舅、君定、君介、君实、启明、恒初来,大妹、圆妹亦归。下午,韫辉、公渡、涤新先后来,各少坐,去。望舅等均去。

2月16日　星期二

阴。上午,携花儿、益儿至闲闲山庄时舅处。下午,至老宅望舅处四句钟,返。中妹携茶寿菊畦、星垣归,迪前同来。至涤新处贺其弟婚,夜八句钟,返。

2月17日　星期三

雨。上午,同端甫、道弘、中孚至干巷商会内沈泾河。工北局开浚沈泾,余被推为名誉董事。今日在此开南北局全体职员联席会议,时舅亦到。下午四下钟,返。抵张已晚。公渡与迪前奕夜饭后去。与迪前、中妹、粲君手谈。

2月18日　星期四

雨,上午,有雪珠。上午,伯才、宪人、钻坚先后来,各少坐去。至三神庙内、米业公所、沈泾河、工南局。沈泾开浚本定越昨,设局今日始布置聚集也。午刻,返。下午,至图书馆。又至警察所,候墨林,不值。又至河工局,时舅亦到,少坐,返。圆妹归,君定携升官来,大妹约明日归。作信致墨林、伯埙。伯埙来,夜饭后去。手谈。

2月19日　星期五

晴,夜,雪。因王宅在沪有喜事,上午八点钟,偕粲君,携花儿、益儿、念祖乘轮船往上海。下午三点钟,到。至轮局一晤乔念椿后,即至怀德里寓所。在舟观《甲寅》周刊。晤及沈子祥。复君藩信。夜,至来青阁等旧书肆浏览。复君宾信。

2月20日　星期六

阴。上午,至先施公司。出,至信昌当,时已过午。出,至古香室装池。出,游城隍庙。出,至商务印书馆。出,至福禄寿用点心,乃返寓。已近四时矣。至中国书店晤乃乾,坐谈数刻,返。夜,至浴德池沐浴。出,至新世界,观西洋女子舞蹈。十一点半钟,返。今日,粲君携花儿至均益里王寓。益儿患寒热。

2月21日　星期日

晴,晚雨。上午,致圆妹信。同粲君携花儿至永安旅馆晤外舅及仲稽等,少坐。余出,至晋隆应乃乾招饮,并晤培孙。出,返寓一次后,又至蟫隐庐、永安公司等处。四点钟,返。慎旂来,少坐,去。五下钟,同粲君携花儿至中央大戏院,观演电影《空谷兰》。八点钟,出,至远东饭店用夜馔后返。致道弘信。

2月22日　星期一

阴。上午,偕粲君,携三儿至鸿运楼。今日,杭生内阮与吴女士在此结婚。下午,行礼,余为证婚。夜九下钟,返。花儿至王寓。

2月23日　星期二

晴。上午,至中国书店候朴安,不至。又至永安公司。午刻,偕粲君携益儿、念祖至均益里季鲁寓处。杭生亦住于此。今日,双朝来宾,公贺暖房。下午,出,至上海银行分行。又与石士等手谈。夜十点钟,同返。

2月24日　星期三

晴。上午,至朵云轩、蟫隐庐、商务印书馆、中华书局等处。下午,仲稽来,少坐,去。杭生新夫人来拜客,少坐去。偕粲君携花儿至先施公司及新新公司。余乃别至中国书店,乃乾招至晋隆夜馔。坐上有雷君彦、徐积余、赵学南父子等,学南系新识也。馔后,又至书店少坐,返已近十句钟。作信致时舅。

2月25日　星期四

阴。上午,补写连日日记。下午,拆钉书籍。傍晚,偕粲君,携花儿至卡尔登,观演电影《五分钟》及女明星跳舞。连日因伤风,精神欠佳。

2月26日　星期五

阴,夜,雨。上午,偕粲君携花儿至季鲁处。午馔后,余先出,至俭德储蓄会晤惠生。出,至沪宁铁路编查课候朴庵,不值。出,至商务印书馆、大东书局等处。又至竞雄女校候佩忍,亦不值,乃返。夜馔,偕粲君,携三儿至晋隆。馔后,至新新屋顶花园略事游览而返。

2月27日　星期六

阴。上午,偕粲君至新新、先施、永安等处购物。下午,至中国书店,与乃乾校阅《通艺录》良久。出,至医学书局购书。丁仲祜先生出见,招入内座,略谈片刻,返。季鲁来,少坐,去。石士亦来过。夜馔,偕粲君,携三儿至功德林。饭后,即返。

2月28日　星期日

阴,下午,雨。上午七下钟,送粲君携三儿至轮船,先行回去。补写连日日记。下午,至来青阁。出,至成记理发。出,至永安、先施两公司,乃返。四下钟,至中国书店,少坐后,与乃乾至新闸路朴安寓处应其招饮。并晤寄尘、楚伧、朴存、望道、管义华、陈柱尊、天笑诸人。九下钟,席散。出,至恩派亚观演西洋影片《风流姊妹》,并西女跳舞。十一下钟,返寓。

3月

3月1日　星期一

晴,上午,阴。上午七下钟,至南市关桥乘平湖班轮船。九点钟开,下午一下钟,至籴来庙,改登张堰接班快船。四下钟,抵家。望舅、时舅、君定、君藩、公渡及张敏修均在,晤谈后,即去。作信致芳墅(为沈泾河工向积谷项下借款)。夜,涤新来,少坐,去。陆幼卿、汪季眉来,少坐,去(为房客秦姓出房后,欲商款项事)。迪前已于阴历十三去,君定十五去,今来,又去。大妹携恒初、珍官及新甥安官于初七归。

3月2日　星期二

阴。上午,始昌、冲之先后来,各少坐去。志轩来,少坐,去。

至沈泾河工局午馔后,出,至同泰仁晤伯垿。出,至馨山处。出,至图书馆,乃返。幼卿、季眉来,少坐,去。夜,观连日时报。

3月3日　星期三

阴,上午,有雨。今日家中延羽士解星辰。下午,时舅、君介、君藩来。二下钟,同至储蓄会开总、分干事全体大会,改选职员,并提议事件。因十五日未及举行也。余仍被举为干事长。傍晚,返,时舅等去。

3月4日　星期四

雨。上午,中妹携三甥去亭林。杂务。下午,至馨山处,又至图书馆,各少坐。君宾自青岛回来。夜,补写连日日记。

3月5日　星期五

阴,下午,雨。晨,君藩来。早餐后,乘快船去松江。至河工局,少坐,返。下午,君宾去。大妹携恒初、珍官去。恒初今岁在家延师读书。作信致乃乾。夜,理账。

3月6日　星期六

晴。上午,志轩来,移交宗祠账册。今岁由余司年也,少坐,去。下午,时舅来,坐谈良久后,同至河工局。又阅河至焦家桥,傍晚,返。夜,复君藩信。理账。

3月7日　星期日

晴。望舅宴金浚川,招陪。上午走往,夜坐船返。以坝断,在金家桥上岸。时舅同来,君宾日间已先到。

3月8日　星期一

晴。上午,时舅、君宾去亭林。馆师曹中孚来,开学。馨山来,少坐,去。复纪麟信。下午,至河工局。同伯才、宪人阅河至寿椿桥,返已傍晚。张希曾宴其馆师,招陪,夜返。

3月9日　星期二

雨,晨晴。上午,杂务。下午,至河工局及图书馆,各少坐。时舅、君宾自亭林回,时舅即去。

3月10日　星期三

晴。上午,杂务。下午,至河工局,并阅河至焦家桥。时舅、君介来,望舅、君定来。傍晚,设筵宴客。席上为望舅、时舅、中孚、古茹〔如〕、素斋、涤凡、献人、道弘、子冶、志侠、松年、涤新、伯才、钻坚、君定、君介、君宾、子光、志轩。九下钟,散席。

3月11日　星期四

晴。上午,时舅去。至河工局,少坐,返。伯承来,少坐,去。大妹归。下午,子冶来,少坐,去。李纪芳来,少坐,去。望舅去。志轩设筵宴君宾,并招君定、君介,余同往为陪。夜八句钟,返。

3月12日　星期五

雨。上午,杂务。下午,至图书馆,少坐,返。君介同往。古茹〔如〕、季眉来,少坐,去。时舅来,君介去。时舅假座松韵草堂宴中孚、道弘、素斋、伯才、涤新、钻坚诸人。

3月13日　星期六

上午,阴,下午,雨。偕时舅往松江。上午七点钟开船,下午一点钟到。即至阔街君藩处。船中观《甲寅》周刊。

3月14日　星期日

阴,午晴。上午,至王宅。午饭后,至电业银行开股东会,会后与沈思齐先生杂谈。夜,返君藩处。

3月15日　星期一

阴,下午,稍下雪珠。上午,偕时舅至典业银行。少坐后,时舅与君藩乘火车往沪,余登舟归。下午四点半钟,抵家。在舟观

《畴隐居士自订年谱》。居士即丁福保,仲祐氏也。夜,杂务。君宾于越昨偕圆妹去乡,君定亦去。

3月16日　星期二

阴。上午,至河工局,并至焦家桥看加桥桩。即在局中午馈。馈后,至同泰仁晤伯埙。出,至馨山处,又至图书馆,乃返。作信致韫辉,复季鲁。夜,理账。

3月17日　星期三

阴,上午,晴,夜,雨。上午,作信致望舅、君介,复君定。圆妹归,君宾同来。下午,作信复菊生。韫辉来,少坐,去。君宾同圆妹去。伯埙招饮,在彼又致念椿信。夜,返。

3月18日　星期四

雨,下午,阴。上午,亚雄来,少坐,去。为亚雄佃户事作信致张县长。观《剡源文钞》。下午,致君定信。写书目。理书。公渡来,少坐,去。夜,理账。

3月19日　星期五

微雨。上午,杂务。下午,至河工局。出,至图书馆,少坐,返。伯才来,少坐,去。草《金山艺文志》稿。夜,誊正清明节焚于祖先墓上及亲族中□签存根。

3月20日　星期六

晴。上午,至河工局。午饭后,返。焕然来,少坐,去。时舅来,至河工局。张松乔知事来看河,傍晚,局中设筵宴之,为陪。夜,同时舅返。子冶来谈向县议会请议开浚山塘事,少坐,去。

3月21日　星期日

晴。上午,至河工局,即返。词臣来,即去。在后园种紫薇、玉兰、碧桃之属,又往图书馆,种碧桃二株于庭。时舅去。下午,至河西地基种树。绿筠来,即去。君介、君定先后来,君介即去。傍晚,设筵宴墨林,并招伯埙、淡生、叔纯、端甫、康纪麟。九点钟,散。

3月22日　星期一

晴。上午九点钟,偕君定坐船往亭林周家,下午一点钟到。为迪前葬其曾祖母、祖母、先父、先叔,今日领贴也。开船之前至河工局一次。船中观《甲寅》周刊。在亭林往游东庙及同善堂,观二古松,又登顾野王读书堆,至宝云寺访赵孟頫所书碑记。

3月23日　星期二

晴。今日周家上午发引,送至镇外。下午一点钟,偕君定返。六点钟,抵家。

3月24日　星期三

晴。上午,至河工局。近午,返。下午,圆妹归,君宾同来。涤新来,少坐,去。君定去。作信复君藩。

3月25日　星期四

晴。上午,至图书馆,少坐,返。绿筠来。下午,时舅、君介来。至河工局,阅河至焦家桥。时舅、君介去。傍晚,因君宾、圆妹明晨将到沪,至青岛。君平嫂携渊明亦来此同行,设筵宴之。

3月26日　星期五

晴。晨,时舅来。八下钟君宾偕圆妹乘轮船往上海,转赴青岛。余同粲君、大妹、花儿、绿筠、时舅均送至船埠。回,同时舅至河工局。余先返,邀宪人来治益官脘肋疼痛,即去。周书楼丈来,少坐,去。下午,至河工局。阅河至迎晖桥港口。朱恒华牧师来,少坐,去。韫辉来,少坐,去。

3月27日　星期六

晴。上午，作信复叔明。清明节祭先。焕然来，少坐，去。下午，至河工局，又至图书馆，各少坐。韫辉来，少坐，去。作信复彝伯。望舅、君定来。夜，伯才来，少坐，去。

3月28日　星期日

晴。上午八下钟，同望舅、君定乘轮船往上海，下午四点钟到。即至致远旅馆，晤圆妹、君宾。傍晚，出，至晋隆夜馔。馔后，至白克路怀德里寓庐。

3月29日　星期一

晴。上午，同望舅、君定至商务印书馆、蟫隐庐、朵云轩、群益书社后，乃至致远旅馆，即午馔。馔后余至来青阁、集成书局、永安公司等处，乃返寓一次。又至均益里候季鲁，不值。出，至俭德储蓄会阅报而返。夜，至致远旅社，与圆妹等坐谈良久，返。

3月30日　星期二

晴。上午七下钟，至致远旅馆。八下钟，送圆妹、君宾及君平嫂、渊明至黄浦码头，上西京丸轮船往青岛。船须十一下钟起锭，余于十下钟同望舅等返。下午，震生来，坐谈数刻去。至蟫隐庐。出，至俭德储蓄会，与望舅、君定、陈瑞芝及高践四相会。同乘三下钟火车往真如。至暨南学校，晤校长姜伯韩、教员唐桐侯、学生方始昌，并至暨南村浏览一周。旋践四别去，余等乘七点钟火车返沪，至晋隆夜馔后，到寓。致粲君信。

3月31日　星期三

晴。上午，同君定至医学书局，晤仲祜先生。出，至中国书店。近午，返。下午，同君定至博古斋、来青阁、商务印书馆等处。旋君定别去，余至成记理发而返。夜，同望舅、君定至浴德池沐浴。今日得家信,知老仆高云福于越昨作故。翌晨送去,身后一切皆为料理。年来旧仆渐凋,殊觉悼惜。而诸仆之忠于其主,我家用人之善始善终,盖自我大母以来之恰人深也。

4月

4月1日　星期四

晴,上午,有雨。上午,至中国书店。出,至中国银行。出,至永安、先施二公司,乃返寓。下午,同望舅、君定至来青阁。出,至嵩山路忆初处,霞飞路瑞师处,卢家湾震旦学院晤君实、启明等,各少坐。余又别去,至永安、先施二公司,中国书店。返寓后,仍同望舅、君定至晋隆夜馔。馔后,即返。

4月2日　星期五

雨,晨阴。上午七下钟,往乘沪张轮船归。八下钟开。乃开至杜家行相近,闵南公司之闵馨轮自后开来,夺路而前,致将本轮所带之载货驳船掀翻,船上把舵一人同时入水。该轮竟仍直驶前去,本轮立即施救,而无法救起。全船旅客失色。余眼见其灭顶而无法设救,中心惨恻万状。耽搁多时,及至抵张,已六点钟矣。中妹今日归。

4月3日　星期六

晴。上午,至河工局。沈泾全河乃于昨日下午开坝。出,候馨山不值。出,至伯埧处,少坐。出,至图书馆,少坐乃返。下午,公渡来,少坐,去。花儿于十六日起患寒热,曾邀宪人诊治,今渐愈,而未凉爽。又邀宪人复诊。中妹去亭林,至龙沙禅院处扫墓。回,至河西地基。子峰来,少坐,去。夜,作信致圆妹,述故乡事甚详。

4月4日　星期日

晴。上午，馨山来，即去。同大妹至夏人村扫墓。下午，返，河西太太亦往，去时并至金家桥扫墓。邀谢子春来诊治花儿，晚饭后，去。

4月5日　星期一

晴。上午，至金山卫城隍庙拈香。下午，返。在舟观《畴隐居士自订年谱》完。紫卿、伯华等同行。夜，补写日记。

4月6日　星期二

晴，上午，阴。上午，至东小桥扫墓。志轩来，少坐，去。至麻鸟桥扫墓。回，至河工局。今日撤局，摄影，宴会，下午四点钟返。端甫来，同至河西地基相度形式。返后，端甫即去。夜，理账。

4月7日　星期三

晴。上午，杂务。下午，大妹携升、安两官去高宅。恒初前日来，今同去。邀宪人来治花儿身热未退，即去。作信致抱经堂书局，复圆妹。伯才来，少坐，去。至河西典当场观演新办之水龙，又往观修理之龙房。张仲康来，谈管理水龙事宜。夜，复迪前信。

4月8日　星期四

晴，夜，有雨。上午，作信复乃乾。时舅、君介来。下午，邀宪人来治花儿，即去。花儿今日见白痦。时舅、君介去。钻坚来，少坐，去。夜，复君定信。观《甲寅》周刊。

4月9日　星期五

晴。上午，杂务。下午，作信致君彦、屯艮。至河工局晤伯才。出，至源丰市房看装修。出，至图书馆，少坐，返。作信致朴存、纪麟，复仲稽。

4月10日　星期六

晴。上午，翻阅徐积余所刊诸书。作信复培孙。下午，至图书馆。出，至河西地基。致君定信。买花。夜，翻阅《铁琴铜剑楼宋金元书影》。花儿所患未松，饬人往问宪人，承来诊治，改方后，去。

4月11日　星期日

阴，下午，雨。上午，作信复季鲁信，又为季鲁致陶遗信。志轩来，少坐，去。下午，复大妹信。理账。子冶来，少坐，去。鲁詹来，少坐，去。

4月12日　星期一

阴。上午，仲麟来，少坐，去。昨邀俞道生治花儿，今来，午饭后，去。子冶同钻坚来。子冶嘱草《请县会提议开浚山塘书》，当即拟就，交彼带去。复抱经堂信。

4月13日　星期二

晴。上午，至东宅。贞甫伯灵柩将于明日安葬，今日开吊。下午三下钟，返。复圆妹信。绿筠来，即去。

4月14日　星期三

晴。上午，至东宅。送贞甫伯灵柩，安葬于华亭三十二图。九点钟发引，午时登山，下午又送主位入祠。出，至图书馆及返家一次。又往，夜馔后，返。

4月15日　星期四

晴。上午，伯才来，即去。午刻，词臣宴伯贤、五峰，招陪。下午三点钟返。望舅、君定自上海归来，少坐，去。伯贤来，少坐，去。夜，十洲来，即去。

4月16日　星期五

雨。上午,杂务。下午,邀宪人来诊治花儿,即去。至图书馆。出,至宗祠,因明日将祭祀也。作信复绿筠。夜,拟信稿数通。

4月17日　星期六

阴。清晨至宗祠举行春祭礼。今年由我家司年,巳刻行礼。与祭者三十余人,余司鸣赞。午刻,饮福。下午,出,至图书馆一回,乃返。写信复道弘、芳墅,致款产处开会。在会诸人皆系昨夜所拟也。夜,录存信稿。

4月18日　星期日

晴。时舅因开浚迎晖桥港告竣,今午,设筵宴帮办诸人,招往。上午,同中孚去。下午,又至老宅。四下钟,仍返山庄,少坐,乃归。

4月19日　星期一

晴。上午,杂务。写《钓璜堂存稿》。下午,泰来来,少坐,去。作信复培孙、迪前,致中妹,又致坊肆信数通。夜,观《图书馆学》季刊。

4月20日　星期二

晴。上午,观《剡源文钞》。君定来。下午,邀宪人来诊治花儿,即去。伯才来,少坐,去。君定去。夜,翻阅金亚匏之《来云阁诗》。

4月21日　星期三

晴。上午,观《剡源文钞》。蔡绿琴来,因款产处总董黄芳墅将宦于浙,以文件款项移交。余以副董名义接管,下午去。当复芳墅一信,交彼带回。至图书馆,少坐,返。时舅、君介来。伯才来,少坐,去。伯埛、伯承来,少坐,去。时舅、君介去。夜,理账。

4月22日　星期四

雨。上午,观《剡源文钞》。下午,理书,写书目。志轩来,少坐,去。复圆妹信(第四号)。夜,翻阅张纬余之《仰萧楼文》。

4月23日　星期五

阴。上午,艺花。焕然来,少坐,去。下午,子光来,少坐,去。作信复乃乾,致绿琴。夜,翻阅《孙氏祠堂书目》。

4月24日　星期六

阴。上午,理米捐报告。下午,至图书馆一回,又至济婴局。伯才来,少坐,去。写书目。夜,翻阅黄彭年之《陶楼文钞》。

4月25日　星期日

晴。上午,观《剡源文钞》完。下午,复迪前信。邀宪人来为花儿改方,即去。至图书馆,少坐,返。千里来。望舅来,夜饭后,去。

4月26日　星期一

晴。上午,千里去高宅。杂务。下午,时舅来。同至储蓄会举行八十九期掣签,又议事后,返。时舅去。复绿琴信。

4月27日　星期二

阴,下午,雨。上午,至济婴局。今日斋堂,又为前任局董贞甫伯及张寄斋先生栗主入祀局中怀德堂。午刻,返。下午,朱恒华来,少坐,去。子峰来,少坐,去。伯才来,少坐,去。君介、千里来。大妹归。复迪前信。君介去。夜,与千里等手谈。

4月28日　星期三

晴。上午,千里去。理账橱。下午,中妹携恭、寿、菊、畦、星、垣归。杂务。

4月29日　星期四

晴。上午,复子冶信。迪前来。君定来。下午,吴景贤来,少坐,去。迪前、君定均去。

4月30日　星期五

晴。上午,理书。写书目。下午,至图书馆,少坐,返。复子冶信。观《杨侯赛会》。夜,子峰来,即去。

5月

5月1日　星期六

晴。上午,中妹携三甥去亭林。作信复时舅。下午,词臣同伯贤来,少坐,去。时舅、君介来。大妹去高宅。钻坚来,少坐,去。时舅、君介去。

5月2日　星期日

晴。上午,作信致君定、徐信符、宋星五。下午,邀宪人来为花儿病后开调理方,即去。涤新来,坐谈良久,去。至图书馆,少坐,返。邀晋康来治面上热疖,即去。夜,观《华国月刊》。

5月3日　星期一

晴,湿热有雨。上午,校阅《徐闇公先生年谱附录》。下午,作信复培孙,致庄仲祺。伯才来,少坐,去。夜,为念祖写方字。

5月4日　星期二

晴。上午,拟草徐闇公先生《钓璜堂存稿跋》。下午,作信复绿琴、杰士、圆妹。夜,观《章实斋遗书》。

5月5日　星期三

湿热,忽晴忽雨。下午,有雷。上午,杂务。下午,至图书馆,少坐,返。作信复如威,致佩忍。伯埙来,少坐,去。夜,与吟怀舅母斗牌。

5月6日 星期四

晴。上午,理宗祠账。下午,至图书馆,少坐,返。伯才来,即去。吴景贤来,少坐,去。复君彦信。夜,复君定信。今日立夏,秤人得九十五斤。

5月7日 星期五

晴。上午,拟草《钓璜堂存稿跋》。下午,作信致遂翔、星五两书友。子冶来,少坐,去。夜,复迪前信。

5月8日 星期六

晴。上午,草拟致县议事会辞地方款产经理处副董书。君定来。下午,至图书馆,少坐,返。时舅自上海归来,少坐后同君定去。往贺族叔裕源喜事,夜宴后返。重编《正续皇清经解》目录。

5月9日 星期日

晴,上午,雨。上午,修剪花卉。写公布米捐通告。下午,至图书馆。今日协替会开春季常会。因无甚要事,到会人数亦极少,谈话而已。四下钟,返。夜,致君彦信。重编《经解》目录。

5月10日 星期一

上午,雨,下午,晴。上午,观《章氏遗书》。下午,理发。伯才来,少坐,去。写书目。宪人来,少坐,去。夜,重编《经解》目录。

5月11日 星期二

晴。上午,作信致中妹、迪前,复君定。下午,至图书馆,少坐,返。焕然来,即去。作信复迪前、培孙。夜,重编《经解》目录。

5月12日 星期三

雨。上午七点半钟,坐舟往朱泾,十二点半钟到。即至县议事会。二下钟,议、参两会,合选省宪会议代表。揭票,王杰士当选,余亦投杰士也。续为余向议会辞款产处副董,又开一谈话会,要余暂为维持。晚饭后,同杰士、端志至尚同女校坐谈数刻,乃返舟。

5月13日　星期四

晴。上午,至惠中旅社晤卓然。出,至蔡绿琴处。出,至县公署见新任陈简文县长。出,至县议事会。午刻偕议、参两会同人又至公署应陈公招饮。下午二下钟,席散。出,即登舟解缆归,七句钟抵家。在舟观《常熟二冯先生集》。

5月14日　星期五

晴。上午,观《章氏遗书》。下午,至图书馆。出,至益泰当,晤居宛云,存积谷公款,少坐,返。焕然来,送余顾尚之先生《古书逸文》稿本,少坐,去。复石予信。夜,致君定信。

5月15日　星期六

晴。上午,宪人及李啸远来,托调停二高学校教员起诉青年学友会毁坏名誉事,少坐,去。观《章氏遗书》。下午,至二高校与诸教员谈数刻而返。复菊生信。君定来,傍晚,去。夜,宪人来,少坐,去。

5月16日　星期日

晴。上午,志轩来,少坐,去。复迪前信。下午,复圆妹信(第六号)。至图书馆,少坐,返。时舅来。涤新来,少坐,去。时舅去。夜,重编《经解》目录。

5月17日　星期一

晴。上午,观《章氏遗书》。下午,宪人来,少坐,去。作信复培孙,致乃乾。夜,重编《经解》目录。

5月18日　星期二

晴。上午，拟草《钓璜堂存稿跋》。复迪前信。下午，至图书馆。出，至同泰仁晤伯埙，各少坐。宪人来，少坐，去。翻阅《邃雅堂集》。夜，重编《经解》目录。

5月19日　星期三

雨。上午，宪人来，即去。草《钓璜堂存稿跋》。下午，至二高校调停起诉事。出，至图书馆。又往晤宪人，少坐，返。叔明来，少坐，去。续草《钓璜堂存稿跋》。宪人来，即去。夜，编《正续皇清经解》著者姓氏。

5月20日　星期四

晴。上午九点钟乘快船往朱泾，下午一下钟到。即至教育局，偕道弘至县署三科晤沈从先。仍回局中，开董事会。散会后又偕道弘至尚同女校，与端志、杰士晤谈。傍晚，子华招饮于逸楼。散席后，与蒋偈卿同寓于惠中旅社。从先来谈数刻，去。在舟时观《二冯先生集》。

5月21日　星期五

晴。上午七点钟，至教育局早馔，晤道弘、端志、杰士，并邀绿琴谈款产事。随偕杰士至草棚茶馆啜茗，偈卿已先在，从先亦来。九下钟，偕偈卿乘快船回张，下午一点钟到。偈卿别去，余即抵家。宪人来，少坐，去。复仲田信。往贺张少嵩叔令嗣结婚，夜宴后，返。致迪前信。

5月22日　星期六

晴。上午，致君定信。辑《清儒史学》书目。下午，至图书馆，少坐，返。复怒庵信。时舅、君介、君定来。焕然来，即去。道弘来，即去。时舅等去。夜，观《二冯先生集》。

5月23日　星期日

晴。上午,杂务。宪人来,少坐,去。下午,伯才来,少坐,去。至图书馆,少坐,返。宪人来,即去。致绿筠信。草《钓璜堂存稿跋》成,灯下誊清之。

5月24日　星期一

晴。上午,致时舅信。下午,复卓然及韦荣甫信。松年来,少坐,去。望舅来,傍晚去。夜,编《经解》著者姓氏。

5月25日　星期二

晴。上午,杂务。焕然来,即去。下午,至图书馆。出,至耶稣堂晤朱牧师,乃返。作信复信符。夜,为益、念两儿写方字。

5月26日　星期三

晴。上午,冲之来,少坐,去。复迪前信。大妹携鼎、安两甥归,君定同来。至储蓄会举行九十期掣签。又为查账,少坐,乃返。宪人来,坐谈数刻,去。致君藩信。

5月27日　星期四

晴,下午,有雨。上午,复君湘美国长笺。宪人来,少坐,去。馨山来,即去。冲之来,少坐,去。下午,张善述等来募学校捐,即去。涤新来,少坐,去。伯筹、廉参、伯承、文渊、晋康来,少坐,去(为储蓄会查账)。复时舅信。吴景贤来,谈造桥事,即去。宪人及冲之先后又来,即去。孟恢来,少坐,去。夜,又来,即去。今日,宪人等来,均为青年学友会事。

5月28日　星期五

阴,有微雨。上午,冲之来,即去。君定乘轮往上海。至宪人处,不值。出,至济婴局晤端甫。少顷,宪人亦来,坐谈数刻。出,至图书馆。出,至钦明女校,晤松年。出,至蒋天佑堂,晤伯筹等。在此查储蓄会账,少坐,返。辑《清儒史学》书目。下午,仲麟同廖凤阁来,少坐,去。作信复圆妹,致迪光。中妹携菊、星、新三甥归。

5月29日　星期六

晴。上午,伯埙来,少坐,去。作信致君介,复迪前。下午,宪人来治升甥身热,即去。至蒋天佑候伯筹等,不值。至复兴馆晤焉,少坐。出,余至浦海分银行(借在钱古训堂)答候廖凤阁。出,又至同泰仁晤伯埙,少坐,返。作信致朱汝嘉。望东来,少坐,去。至轮船上,定客舱,为后日到沪之用,即返。

5月30日　星期日

晴。上午,复干臣〔幹丞〕先生信。公度来,即去。至市公所晤陈知事,即午饭。饭后镇上东区救火会在此开成立会,南市水龙亦与会。出,至图书馆一回后,即至东市梢白场上观演龙。四下钟,返。望舅、时舅、君介、铁君及伯才来,少坐,去。傍晚,至颜新记应浦海分银行仲麟、凤阁招饮。席散,即返。

5月31日　星期一

晴。上午,廉参、伯筹及宪人来,少坐,去。作信致卓然、绿琴。下午,为储蓄会查账后报告,在此开总干事(审计除外)及历届查账员联席会议。当公拟一函致审计员,并推人暂代审计职务而散。同伯埙、时舅至浦海分银行贺其开幕。出,至舒万和,拟晤馨山,送达顷间公拟之信,不值。晤其子寿松,即以交之而返。复绿琴信。时舅今日午后来,夜宿舟上备开,早潮至松。

6月

6月1日　星期二

晴。上午八下钟,偕粲君,携益官、念祖乘轮船往上海,中妹携星甥同去。船上包定客舱一间,下午三下钟到。仍寓白克路怀德里二百零九号。因粲君将分娩也。路上观《常熟二冯先生集》。

6月2日　星期三

晴。上午,偕君定至永安公司及来青阁。下午,偕中妹、君定至新新公司。中妹先回,余等又至中国书店,浏览良久而返。作信致松年,又致圆妹(第八号)。

6月3日　星期四

晴。上午,同君定至沈树宝处,因腮上所起之疖已及二月,迄未见消,请其视察。彼言系疣,须割。出,余至申报馆,登前所嘱紫卿往平湖被窃,庄折声明作废广告,又至蟫隐庐而返。公竞来。午饭后,去。君实、启明来,至中南银行收暨南校债,又至来青阁等处。回后,同君定、君实等至忆初处。傍晚,返。即又赴同兴楼应乃乾招饮。散后,至博古斋一回而返。君藩同朱培元及忆初、履仁来,少坐,去。作信致大妹、花儿、紫卿、伯华。

6月4日　星期五

雨。观《啬翁自订年谱》完。忆初来治中妹疟疾。夜,致培孙、迪前信。

6月5日　星期六

晴。上午,同君定至悦宾楼定明日宴客房间,并发请束。出,至来青阁等处。下午,忆初来。作信致绿琴及端志、正甫,又复爱椿。至先施公司、三友实业社、泰丰公司、朵云轩、中华书局等处。夜,子冶来,坐谈良久。

6月6日　星期日

晴。上午,同君定至新闸路福鑫里乃乾处,并晤朴庵,少坐。出,至悦宾楼与君定合宴朴庵、乃乾、佩忍、野鹤、忆初、履仁、子治,尚有培孙未到。下午二下钟,席散,返。巩宇来。君实、启明、汝舟、平康、公兢来。至成记理发,又至蟫隐庐等处。夜,忆初来。作信复紫卿,致瑞源庄、中孚及花儿。

6月7日　星期一

晴。上午,与君定同中妹至四马路黄德胜处镶牙。出,又在昼锦里购物而返。下午,至沈树宝医生处,请其割治腮上所患之疣,不甚觉痛,约费手术仅十许分钟。夜,忆初伉俪来。

6月8日　星期二

晴。上午,致遂翔及古香室片。下午,至沈医生处一看。出,与君定同中妹至镶牙处。出,中妹别去。余同君定至来青阁、有正书局、蟫隐庐、西泠印社。傍晚,返。夜,作信复大妹。昨、今观《信芳集》完。

6月9日　星期三

晴。上午,至中国书店及博古斋。下午,同中妹至镶牙处一回。致仲稽信。夜,闻野鹤来。

6月10日　星期四

雨。上午,同君定至知无涯斋浏览书籍,返已下午二下钟。君实、启明来。作信复花儿,致时舅。夜,至沈树宝处复治。

6月11日　星期五

阴。上午,至沈树宝处复治。至蟫隐庐、博古斋。午刻,君定招宴于一枝香。同棨君、中妹携益、念两儿,星甥往。馔后,棨君携益官等先返,余与君定同中妹至小花园购物,及镶牙处寻中妹。别去,余等至来青阁、金文堂各书肆。返已傍晚。

6月12日　星期六

雨。上午,至沈树宝处复治。将割治之处穿线拆去,盖渐愈矣。作信复杰士，致慎旃。下午，至蟫隐庐、商务印书馆等处，又至来青阁、博古斋还书账。夜，忆初伉俪来。复紫卿信。

6月13日　星期日

晴。上午，君定回去。至竞雄女校晤佩忍、忏慧，少坐，返。至沈树宝处复治。迪前来。下午，与迪前同中妹至镶牙处，又买物。旋中妹先返，余等至来青阁、集成书局、锦文堂、汉文渊、博古斋、中国书店浏览。在书店晤乃乾、朴庵，并识童心安。复君彦信。

6月14日　星期一

晴。上午，仲稽来，少坐，去。同迪前至知无涯斋售书处。慎旃来，午饭后去。至沈树宝处复治。至中国书店一回。五下钟，同中妹、迪前至卡尔登观电影，演《上海三女子》。七下钟，返。作信致志轩，复伯埙及花儿，又致遂翔。

6月15日　星期二

晴。上午，中妹、迪前携星、垣回张。致江南官书局片。观《华国》杂志。下午，翻阅《雷塘庵主弟子记》。往观日人神风俱乐部演马戏。致星五书。夜，忆初来，即去。

6月16日　星期三

晴。上午，至女子商业储蓄银行、朵云轩、蟫隐庐、中华书局、商务印书馆。下午，至上海银行界路分行。出，至东方图书馆浏览二小时，四下钟返。作信致大妹，复伯埙、端甫。夜，复圆妹信。

6月17日　星期四

阴，夜，雨。上午，张仲康来，少坐，去。至外日晖桥南洋中学晤陪荪〔培孙〕。午饭后，返。至沈树宝处复治，已全愈矣。至启新旅社，拟候杏林、墨林，乃已回去。晤及古如，坐谈片刻。出，至世界书局、商务印书馆等处而返。夜,致公渡信。

6月18日　星期五

雨。下午,誊《钓璜堂存稿跋》发刻。夜,观《宋史记凡例》。

6月19日　星期六

晴。上午,至博古斋、中国书店。下午,复遂翔信。公竞来,少坐,去。至徐家汇南洋大学附属小学晤仲田、慎旃,并参观体育馆。出,至葆仁里晤瑞师,少坐,返。夜,致绿琴信。

6月20日　星期日

晴。上午,三点钟粲君胞浆水破,腹初不甚痛。五点半钟往延产科陆医生,七点钟到。至十二点廿五分钟产下一男,母子平安。作信致大、中两妹。仲田、偁卿来,少坐,去。时舅、瑞师来,少坐,去。作信致圆妹,复君定。七下钟,至中央大菜馆应时舅、瑞师招饮。九下钟,返。今日家中夏至节祭先。

6月21日　星期一

阴。上午,至博古斋一回。作信复信符,致绿筠。下午,翻阅《籀膏遗文》。季鲁来,少坐,去。晚至金陵春应金颂清、郭寿臣招饮。九句钟,返。作信复迪前。陆履仁、舒旭东来,为储蓄会事,坐谈良久。

6月22日　星期二

雨。午刻,至功德林应时舅、瑞师招陪,宴客,并识程云程。二下钟,返。观《常熟二冯先生集》。作信复大妹及紫卿、伯埙。

6月23日　星期三

阴,有微雨。上午,至西泠印社、蟫隐庐、来青阁、永安、先施两公司。下午,观张玉娘《兰雪集》。石士来,少坐,去。至中国书店、商务印书馆、永安公司。夜,作信复慎旃,致仲稽、偁卿、遂翔。

6月24日　星期四

晴。今日为先母四周忌辰,曾请龙沙禅院僧众在院诵经一天。余因承棨初产不克归家,函嘱家中敬谨祭祀,余等在外亦茹素永日。呜呼!我母望孙心切,今余有二子,母而在者,不更可喜耶!然我父母之灵必照临在上,荫余各新儿。曰怀祖,凡我子孙其永怀念祖先功德恩泽于无穷也。复花儿信。

6月25日　星期五

晴,晚雷雨。上午,至新北门配砚壳。又至丰昌当候敏修,不在,晤仲篯。出,至来青阁、博古斋,乃返。至晋隆大菜馆,邀慎旃、仲田、倜卿、思期。又书局,余交该局股款本。由倜卿经招,少坐出。又至来青阁而返。复圆妹信(十一号)。夜,致履仁、君藩信。

6月26日　星期六

晴,上午,阴,有雨。上午,绿琴来,坐谈数刻,去。至大马路等处购物。午刻,至晋隆,拟招绿琴及干臣〔幹丞〕先生一叙,乃皆不到。余独自用馔后,至振华旅馆候之,又不值,随返。三下钟,至宁波旅沪同乡会四楼,金山旅沪同乡会在此开委员会。昨,思期坚邀,余亦一到,晤及静谦及吴慎之等。五下钟,返。

6月27日　星期日

雨。上午七下钟,往趁沪张轮船归。八点钟开。下午三点半钟,抵家。

6月28日　星期一

阴。上午,端甫来,伯承来。下午,大妹携恒初(于昨日来)、升官去高宅。至同泰仁,晤伯埙。浦海银行候伯才,不值。蒋天祐晤云生。涤新来。伯才来。

6月29日　星期二

雨。上午，杂务。履仁、旭东来，少坐，去。下午，至商会，先为西区救火会开成立会。继开储蓄会总干事会议，分干事代表亦列席，议审计弊窦事。五点钟，散会，返。时舅亦到会，同来，即去。夜，观连日时报。

6月30日　星期三

晴。上午，杂务。理发。下午，至图书馆，往晤孟恢、志轩、伯埙、云生、杏林。又伯承、晋康、景伊来，均为储蓄会事。夜，观连日时报。

7月

7月1日　星期四

阴，有雨。上午，宪人来，少坐，去。因生男，祭告祖先。下午，志轩来，少坐，去。朱恒华来，少坐，去。作信致亚伯、侗卿，复粲君。夜，理账。

7月2日　星期五

雨，夜，大雷雨。上午，写米捐收条。下午，作信复信符、迪前、君介。

7月3日　星期六

晴。上午，复卓然信。绿琴来，提积谷存款备发粜之用。杏林来，即去。午饭后同绿琴至图书馆，少坐，返，绿琴去。十洲来，即去。作信致培孙。

7月4日　星期日

阴，有雨，夜，雨。上午八点钟，趁轮船往上海，下午二点半钟到。即至怀德寓庐,伯埛、杏林、墨林同行。船中又晤及怒庵。在船观《常熟二冯先生集》。益官前发一寒热,即愈。念祖亦发寒热,今渐凉。夜,忆初来治念祖,前亦治过。至浴德池沐浴。

7月5日　星期一

晴。上午,至来青阁。出,至江苏旅馆,贺潘子衡哲嗣完渊及沈从先令媛于归。出,至中华书局、商务印书馆、朵云轩而返。下午,爱椿来。季鲁来。纪麟来。至中国书店。出,又至江苏旅馆赴喜筵。夜九点钟,出,又至来青阁一转,乃返。

7月6日　星期二

晴。上午,至大马路一带购物。午刻,至一枝香,应乃乾招饮,并晤周瘦鹃及刘纯甫等。出,至闵行丝织厂发行所候伯埛,不值。出,至沪张轮船局候念椿,亦不值。出,适张堰轮船到。君定、君实、启明、大妹、恒初、花儿来,同返。君定、君实、启明寓致远旅馆。作信复时舅、君宾。

7月7日　星期三

雨,晨阴,夜,盛雨。上午七下钟,至关桥乘闵南公司轮船往朱泾。九点钟开,下午一点半钟到。先访迪光,不值。遂至县署少坐后,出,至藏书阁晤迪光,再同至县署开参事会。傍晚,散会。出,至顺源馆与迪光、孟芳及丕文仲、杨绿琴晚馔。馔后,余往寓惠中旅社。端志、志坚先后来谈,各少坐,去。今日在船观《经今古文学》。

7月8日　星期四

阴,有雨。晨起,即乘渡船至窑头。八点钟,平沪快轮来,乘之返上海。十一点半钟,到。即至怀德里,绿琴同行。昨夜起,患腹痛。今晨出泄二次。下午,腹又大痛,泄后稍愈,略觉身热头闷。当邀忆初来诊治。不进食物。

7月9日　星期五

阴。腹泻未止,身热亦未尽退,手足酸楚。多卧少坐,少进饮食。下午,伯埙来,少坐,去。忆初来复诊,少坐去。

7月10日　星期六

晴,傍晚雷雨。今日身体渐愈。上午,君藩同葛丕六来,少坐,去。下午,作信复遂翔、仲稽,致绿琴。傍晚,忆初来,少坐,去。

7月11日　星期日

晴。手足尚软,故未出门。连日啜粥。上午,观《常熟二冯先生集》。下午,翻阅书目。致古香室装池主阮俊卿片。

7月12日　星期一

晴。上午,补写连日日记。致培孙信。下午,至致远旅馆送君定、君实、启明、恒初往青岛。大妹与花儿送至黄浦码头。余因身体未健不去,转至来青阁、锦文堂、中国书店,浏览良久而返。复迪前信。

7月13日　星期二

晴,下午,有雷雨。上午,至朵云轩、中华书局、商务印书馆等处。下午,作信复中妹、圆妹、时舅、遂翔。夜,忆初来。今日花儿往松江王家拜阴寿。傍晚,返。

7月14日　星期三

晴。上午,翻阅《梵天庐丛录》。下午,作信复星五,致子素。携花儿至新新、先施、永安三公司购物。夜,忆初、履仁来。

7月15日　星期四

晴,有雨。上午,大妹、花儿乘轮回去。至新闸路,候十眉,少坐,返。又至医学书局。下午,阮俊卿来,少坐,去。复绿琴信。至振华旅馆候公竞,不值。出,至博古斋、来青阁、汉文渊等处。夜,公竞来,即去。作信致大妹。

7月16日　星期五

晴。上午,观《常熟二先生集》。下午,至上海分银行提款。出,至商务印书馆晤黄警顽。出,至来青阁晤寿祺,乃返。至振华旅馆候公竞,不值。又至中国书店少事浏览,返。作信致仲稽。夜,至振华旅馆,晤公竞,少坐,出。至浴德池沐浴。十点钟,返。

7月17日　星期六

晴。上午,公竞来。因留学法国,今日放洋,辞行即去。至新北门取所配砚壳,回。又至三友实业社等处而返。毕静谦来,少坐,去。复信符信。下午,至黄浦码头,送公竞出洋。在船上徘徊良久,三下钟,返。至致远旅馆晤张敬垣,少坐,返。作信复徐时觉。忆初来,为粲君注补血针。

7月18日　星期日

晴,夜,有雨。上午,至竞雄女校,晤忏慧,并值仲可,少坐,返。下午,观《国学专刊》。至沪张轮船局,晤念椿,少坐。出,至商务印书馆等处而返。作信致圆妹,复杏林、智川。忆初来。夜,复花儿信。

7月19日　星期一

晴。上午,至威海卫路,候朴存,少坐,返。下午,忆初来,为余注防疫针。作信致莼农。纪麟来,少坐,去。

7月20日　星期二

晴。上午,至中华书局、商务印书馆、永安公司。下午,观《黄荛圃年谱》。忆初来。子素、尧夫来,少坐,去。作信复时舅。念椿来,少坐,去。夜,致花儿信。

7月21日　星期三

晴。上午,至中国书店。出,至新新公司与粲君相会,更同至先施、永安两公司而返。下午,作信复圆妹(第十四号)及爱椿。观《黄荛圃年谱》。同粲君至忆初处,少坐,返。

7月22日　星期四

晴。上午,作信复念椿。同粲君至惠罗、丽华两公司、时和三友实业社等处购物。午刻,返。下午,作信复大妹,致紫卿。仲康来,少坐,去。至卓别灵饮冰。出,至博古斋、世界书局、中西药房、蟫隐庐、朵云轩等处。复迪前信。同粲君携益官、念祖至晋隆晚馔,忆初亦来。

7月23日　星期五

晴。上午,作信复乃乾,致俊卿。同粲君携益官、念祖至新新、先施二公司。两儿先返,余等又至永安公司。下午,复遂翔片。至先施公司提款,又至福禄寿饮冰。夜,忆初来。

7月24日　星期六

晴。上午,复培孙信。同粲君至昼锦里石路一带购物,又至先施饮冰而返。下午,观《黄荛圃年谱》。致钻坚信。同粲君至海宁路天鑫里石士处,少坐,返。夜,忆初来。至上海浴室沐浴。

7月25日　星期日

晴。上午,观《黄荛圃年谱》完。君介来,午饭后,去。复花儿信。至信昌当晤子素、耀甫,丰昌当晤敏修、仲篪,又至来青阁等处而返。忆初来。伯才来,少坐,去。今日粲君乘早车往松江,傍晚返。

7月26日　星期一

晴。上午,至启新旅馆,候伯承、杏林、智川,不值。出,至中西药房。又至振华旅馆晤君介、君藩。出,至先施公司等处而返。忆初来又为余注防疫针。下午,作信复绿琴。杏林来,少坐,去。至卓别麟饮冰。出,至中国书店,少坐,返。同粲君至均益里季鲁处。出,至时和一转,乃返。夜,君藩同君湘来。君湘今日芳从美国归也,少坐,去。

7月27日　星期二

晴。上午,时舅母来,同粲君至振华旅馆候君湘等。出,至先施公司一回。下午,至来青阁、时和等处。又至大中饮冰,蓬莱女士处谈相,无甚道理。忆初来。傍晚,同粲君至卡德影戏院观演《玉洁冰清》。九下钟,返。

7月28日　星期三

晴。上午,至成记理发。出,至中西药房、先施公司。下午,收拾物件。携益官至先施公司购物,又饮冰。夜,忆初来,连日均为粲君注补血针也。

7月29日　星期四

晴。偕粲君,携益官、念祖、新儿怀祖归。上午七点钟,至轮船。八点钟开,下午五点多钟抵家。

7月30日　星期五

晴。理自沪带归之书籍、物件。计旅沪二月购书极多,装置有四橱也。上午,端甫来,少坐,去。下午,廉参、杏林来,少坐,去。沐浴。夜,子峰来,少坐,去。

7月31日　星期六

晴。上午,韬辉、似石、墨林先后来,各少坐,去。下午,理账。

伯才来,少坐,去。至图书馆。

8月

8月1日　星期日

晴。上午,书楼先生来,少坐,去。下午,作信复君懿、时舅。至图书馆。出,至济婴局及平粜局(即在济婴局前坎),各少坐而返。伯才来,少坐,去。夜,子峰来,少坐,去。

8月2日　星期一

晴。上午,时舅、君湘来。君湘即去松江。杏林来,即去。下午,志轩、景伊、伯才先后来,各少坐,去。时舅去。

8月3日　星期二

晴。上午,往吊松年夫人之丧。出,至南市一观新建之市房而返。中孚来,少坐,去。理书籍。下午,焕然来,少坐,去。至图书馆,又至伯勋处视其疾,少坐,返。理信件。沐浴。夜,观前数日时报。

8月4日　星期三

晴。上午,望舅来。墨林来,即去。复仰之、端志信。望舅去张家。下午,复圆妹信(十五号)。理书。伯才来,即去。

8月5日　星期四

晴。上午,仲田来,少坐,去。抄录顾尚之先生《古书逸文》印入《国学月刊》。下午,作信致乃乾、志坚。至图书馆,少坐,返。作信致陈县长辞除螟事务员。

8月6日　星期五

晴。清晨,走至闲闲山庄时舅处。上午,至老宅。望舅在实枚山房。大妹亦适于晨间回家,乃一视鼎甥等,仍返山庄。下午,至实枚晤望舅。傍晚,仍走归。抵家大妹又去矣。

8月7日　星期六

晴。上午,冲之、中孚先后来,少坐,去。理账。下午,子峰来,少坐,去。宪人来,少坐,去。端甫来,即去。

8月8日　星期日

晴。上午,君介、君藩来。君藩即去松江。下午,同君介至图书馆四下钟返。宪人来,为承粲开产后调理方,少坐,去。君介去。

8月9日　星期一

晴。上午,至图书馆与钻坚、中孚安排书橱。下午一下钟,返。志坚来,少坐,去。叔安来,少坐,去。沐浴。夜,誊《杂记》,应《金山周报》索稿。

8月10日　星期二

晴。上午,理书。下午,至图书馆。出,至伯埙处,少坐,返。作信复仲稽。

8月11日　星期三

晴。上午,至施医局(仍设在钱氏义庄内),今日开幕。少坐,返。理书。下午,致时觉信。中孚、道弘来,少坐,去。理账。伯才来,即去。沐浴。夜,复君藩信。

8月12日　星期四

晴。今日为先君五周忌辰,请崇圣禅寺(即纸炉庙)僧众在寺诵经一天。上午,至寺拈香。下午,至寺请经疏归。傍晚,祭祀。时舅来,晚饭后,去。夜,作信致迪光,复君湘。

8月13日　星期五

晴。上午,理书。端志、素斋来,少坐后,同至图书馆。旋彼等即去。余出,至钱氏义庄,镇人在此建求雨禳疫醮,特一拈香而返。下午,古如、涤新、杏林来,少坐,去。理旅沪时账面。夜,作信复圆妹。赵厚生自上海乘汽油船到镇,方始昌同来。坐谈良久,去宿船上。船泊钱氏义庄前,余送至船埠。

8月14日　星期六

晴,上午,有雨点。上午,至厚生船上,尚有其夫人及其友四人,始昌亦来。即开至大石头,登查山游览一周。其友本有领山采石之意,余切告其往年保存有案,余亦极力主张保存之一分子。返后,余与始昌同其至图书馆及第二高小学校,各参观一下,遂即开船回沪。时正午刻也。下午,杏林来募建醮捐,即去。志轩来,少坐,去。栋材来,少坐,去。

8月15日　星期日

雨,上午,有晴光,微雨,下午,雨亦时作时止,夜,盛雨而风。上午,写《〈四库全书总目〉索引题句》。复乃乾信。下午,复杰士信。理书。伯才、梦华来,属为担保姜伯承向浦海银行借款。少坐,去。

8月16日　星期一

阴,有雨,间见日光。上午,理书。至图书馆开本年度第二届董事常会。下午,四下钟返。夜,观《紫罗兰》小说。

8月17日　星期二

阴晴无定,有雨。上午,写书目。复绿琴信。下午,至图书馆,三下钟,返。复少樵信。

8月18日　星期三

晴。上午,写书目。复君定信。下午,至图书馆与道弘审查书籍随编目录。四下钟,返。沐浴。夜,子峰来,少坐,去。

8月19日　星期四

晴。上午,理书。复厚生信。下午,至图书馆与道弘编书目。四下钟,返。写书目。

8月20日　星期五

晴。上午,写书目。作信致朴存、忆初。下午,至图书馆与道弘、中孚编书目。四下钟,返。作信致君定。

8月21日　星期六

晴。上午,写书目。中元节祭先。下午,词臣来,少坐,去。至图书馆与道弘、中孚编书目。四下钟,返。子峰来,少坐,去。

8月22日　星期日

晴。昨夜,便溏。今日晨起不适,遂卧,似发痧,渐身体大热。邀宪人、迪光来诊治。

8月23日　星期一

晴,夜,有雷雨。昨夜,身热渐退,而腹痛下痢,色紫红,为数极频,疲甚。上午,邀宪人诊治。下午,君介来,傍晚,去。

8月24日　星期二

晴。下痢,日、夜各数十次。上午,邀宪人来诊治。下午,口授伯华,写致绿琴信。

8月25日　星期三

上午,晴,下午,雨,夜,风雨甚大。今日起,痢下渐稀,色转白。上午,邀宪人诊治。

8月26日　星期四

上午,阴,有雨,下午,晴。昨夜,安卧,今日仍下痢七八次。上午,作信致绿琴。下午,时舅来。伯埙、伯才来,进内少坐,去。时舅去。

8月27日　星期五

晴。痢疾未止,惟卧后不下起时共四五次。上午,宪人来,即请诊治,少坐,去。补写连日日记。复安如信。下午,至书室,略事收拾,志轩来,少坐,去。复绿琴信。

8月28日　星期六

晴,晚雨。今日解一次,粪痢兼下。上午,塾师暑假后开学,仍请曹中孚也。仲田来,少坐,去。下午,复翰伯信。

8月29日　星期日

上午,晴,下午,盛雨,夜,雨。上午,复核款产处收支报告。作信致剑士。邀宪人来诊治。午饭后,去。复绿琴信。翻阅《求自得之室文钞》。夜,致千里信。

8月30日　星期一

忽晴忽雨。上午,钻坚来,少坐,去。致大妹信。观《贲园书库目录辑略》。端甫来,少坐,去。致君藩信。夜,观《常熟二冯先生集》。

8月31日　星期二

阴雨无定。上午,草拟致县事会书。作信致君定、秋魂。下午,君介来,傍晚去。夜,观《常熟二冯先生集》。

9月

9月1日　星期三

上午,阴雨,下午,晴。上午,理书。伯承来,少坐,去。复钻坚信。下午,致君介信。检书目。夜,观《常熟二冯先生集》。

9月2日　星期四

阴晴无定你,有微雨。上午,作信复绿琴、杰士、君藩、培孙。下午,作信复刘纯甫,致中华图书馆协会。圆妹自青岛归,君定、君实、启明、恒初同归来,忆初亦来。傍晚,君定等均去。

9月3日　星期五

晴。上午,始昌来,即去。邀宪人来诊治,开痢后调理方,少坐,去。下午,词臣来,即去。致中国书店信。夜,翻书目。

9月4日　星期六

晴。上午,写书目。下午,作信复信符、君懿、公渡。时舅同忆初来。伯才来,少坐,去。时舅、忆初去。

9月5日　星期日

晴。上午,写书目。下午,作信致金颂清。拟辑《张叔未先生年谱》。志轩来,少坐,去。词臣来,即去。夜,观《初月楼古文绪论》及《论书随笔》。

9月6日　星期一

晴。上午,杂翻书籍。复景邃信。下午,复绿琴信。圆妹去高宅。校抄件。辑《金山艺文志》。

9月7日　星期二

晴。上午,致直隶书局、萃文书局信。观《初月楼文钞》。作信致君定。下午,伯才来,少坐,去。作信致震生、君宾。君介来,少坐,去。志轩来,视河西太太。初自五区头回,即去。校所誊朱栋《读书求甚解》。夜,理账。

9月8日　星期三

阴,有雨,夜,雨。上午,词臣来,即去。校《读书求甚解》至下午,毕。君定同叶雪安来,傍晚,去。夜,子峰来,少坐,去。

9月9日　星期四

晴。上午,往吊松年父丧。出,至图书馆,少坐后,又至宗祠一观装修而返。下午,至河西地基。作信致悔晦、仲可、朴存、少屏、警顽。

9月10日　星期五

雨。上午,辑《金山艺文志》。致《金山周报》主笔信,为其记施医局事。下午,作信致朴安,复杰士、绿琴。观《初月楼文钞》。夜,观《常熟二冯先生集》。

9月11日　星期六

上午,雨,下午,晴。上午,复时舅信。粲君、中妹携益、念两儿,菊、畦、星、垣往高宅。辑《张叔未先生年谱》。下午,作信复乃乾、子素、吕齐眉。傍晚,粲君等同圆妹归。

9月12日　星期日

雨,夜,雷。上午,辑《金山艺文志》。复时舅信。大妹归。下午,理书。作信致君定。志轩来,少坐,去。大妹去高宅。夜观一般。

9月13日　星期一

雨。上午,杏林来,少坐,去。辑《金山艺文志》。下午,翻书。伯凝来,少坐,去。致君藩信。夜,涤新来,少坐,去。复绿琴信。

9月14日　星期二

晴,有雨。上午,辑《金山艺文志》。大妹携升甥归。君定同来。下午,至图书馆,少坐,返。志轩来,少坐,去。君定同大妹携升甥去。夜,观《国闻周报》。

9月15日　星期三

晴。上午,复迪前信。中妹携菊、星、梅三甥去亭林。辑《金山艺文志》。焕然来,即去。书楼先生来,即去。下午,草吹万舅氏《〈乡土百咏〉跋》。涤新来,少坐,去。君藩自松江回来,即去。夜,观《国闻周报》。

9月16日　星期四

晴。上午,誊文。复时舅信。辑《金山艺文志》。大妹归。复公渡信。下午,至图书馆。出,至同泰仁晤伯埙,少坐,返。伯承、智川来,少坐,去。志轩来,少坐,去。大妹去高宅。夜,观《国闻周报》。

9月17日　星期五

晴。上午,伯承来,即去。为县署撤换镇上警佐陈墨林事,作信致省长陈陶遗。至警察所,晤墨林。出,至图书馆一转,返。下午,作信复乃乾。至河西地基一回。辑《金山艺文志》。志轩来,少坐,去。至伯埙处与其及杏林、文渊等合宴墨林。夜,返。

9月18日　星期六

晴。上午,焕然、道弘来,即去。辑《金山艺文志》。下午,作信复信甫、绿琴。涤新来,少坐,去。夜,观《国闻周报》。

9月19日　星期日

晴。上午,草记女甥陈文会苦节事。震生来,少坐后,同至图书馆,旋返。午馔。下午一下钟,去。伯承、涤新来,少坐,去。至商会,为警佐调动事开各界联合会。傍晚,散会,返。圆妹去高宅。夜,观《国闻周报》,连夜均观其中所载李根源之《吴郡西山访古记》也。

9月20日　星期一

晴。上午,往吊冲之父丧,即返。涤新来,即去。誊昨日所草文。下午,致时舅信。沐浴。辑《金山艺文志》。夜,观《国闻周报》。

9月21日　星期二

晴。上午,辑《金山艺文志》。下午,至储蓄会举行第九十四期掣签。时舅、君介亦到。会事毕,同返。伯才来,少坐,去。时舅等去。夜,智川、伯承、涤新来,坐谈数刻,去。

9月22日　星期三

晴。上午,辑《金山艺文志》。下午,徐尹卿、雷启明来募桥捐,少坐,去。至图书馆,少坐,返。至市公所,地方人士集议警务事。傍晚,返。夜,伯塓、伯承、道弘、孟恢等多人又来谈警务,坐久,散。

9月23日　星期四

晴。上午,赓熙叔来,少坐,去。辑《金山艺文志》。下午,作信复哲夫。至图书馆,少坐,返。作信复乃乾。至商会集议警务,少坐,返。夜,作信致吴伯扬。

9月24日　星期五

阴。上午,走至实枚山庄。今日高氏举行秋祭。下午,四下钟,仍走返。夜,吴剑士及镇上诸人来谈警务,良久,去。

9月25日　星期六

晴。上午,至宪人处,贺其侄女于归。出,至图书馆,少坐,返。圆妹归。君懿来。大妹携升、安两甥归。下午,君懿去。端甫来,即去。

9月26日 星期日

晴。上午,辑《金山艺文志》。下午,写《怀旧楼丛录》。孙仲甘来,少坐,去。道弘、素斋、智川、伯承、宗良来,少坐,去。复迪前信。伯才来,少坐,去。君定来。

9月27日 星期一

晴。上午,复静谦信。君定、大妹、圆妹乘轮往上海。杏林、智川、一之、涤新来,少坐,去。辑《金山艺文志》。下午,写《怀旧楼丛录》。夜,观《常熟二冯先生集》完。

9月28日 星期二

晴。上午,辑《金山艺文志》。安排藏弆报纸之架于二埭中间楼。下午,至图书馆翻阅杂志,良久,而返。复安如信。夜,涤新来,少坐,去。致君彦信。

9月29日 星期三

晴。上午,杂翻书籍。下午,君介来,少坐,去。至图书馆,少坐,返。君介去。夜,观《贲园书库目录辑略》。

9月30日 星期四

阴。上午,复绿琴信。书楼先生来,午饭后,去。写《怀旧楼丛录》。圆妹归。时舅亦自沪归来,少坐后,去。夜,复迪前信。

10月

10月1日 星期五

阴,晨雨。上午,辑《金山艺文志》。伯承来,少坐,去。下午,理发。君定、大妹自沪归。

10月2日　星期六

晴。上午，杂务。复星五信。下午，至图书馆一回。伯承、智川、涤新来，少坐，去。

10月3日　星期日

晴。上午，辑《金山艺文志》。志轩来，少坐，去。下午，君定去。至图书馆，少坐，返。县署一科彭圣瞻来谈镇上警务事，良久，去。夜，伯埙诸人来谈。余又往晤圣瞻于船上，散已十下钟矣。

10月4日　星期一

晴。上午，十洲来，少坐，去。涤新来，少坐，去。下午，至同泰仁，晤伯埙，少坐，返。作信致彭圣瞻。夜，观《赉园书库目录辑略》完。

10月5日　星期二

雨。上午，作信复慎斿、子素、乃乾。十洲来，少坐，去。志轩来，少坐，去。下午，作信复杰士。冲之来，少坐，去。观《初月楼文钞》。夜，宪人来诊治珍甥，少坐，去。珍甥于昨日来，今患身热也。

10月6日　星期三

阴。上午，往吊袁景峰父丧。出，至图书馆，少坐，返。十洲来，即去。姚凤贵来卖笔。下午，智川、素斋、伯承、涤新先后来，各少坐，去。作信复屯艮。至商会，冲之等邀谈镇上警务事。傍晚，返。

10月7日　星期四

晴。上午，至图书馆，少坐，返。致绿琴信。下午，至河西地基一回。宪人来治珍甥，少坐，去。志轩来，少坐，去。夜，涤新、智川、中孚、杏林来,少坐,去。

10月8日　星期五

晴。偕圆妹,携花儿往松江。上午八点半钟开船,下午二点半钟到。余携花儿至王宅,少坐。出,花儿与圆妹至阔街君藩处,余至典业银行。又往吊张敏修之丧。在银行少坐后,亦至君藩处,时舅、君介并在。君彦来谈。是夜,余等即宿于此。

10月9日　星期六

阴,夜,雨。上午,至船上检点行李,并致粲君信。九点二十分钟,偕圆妹携花儿并同时舅、君介、君藩等乘火车往杭州。十二点四十分钟到。即唤坐汽车直至灵隐云林禅寺,住直指堂。为外祖近斋公百秩冥庆,望舅于昨日起,建水陆道场七永日,已偕君平、君定、恒初等来此。晋见方丈慧明和尚,以景印之赞颂三种呈之。夜,致粲君信。

10月10日　星期日

阴,下午,雨。上午,至大殿及罗汉堂拈香。在飞来峰下瀑布旁摄一影。下午,同君定至葛岭抱朴庐,晤屯艮,坐谈数刻。出,至城站、抱经堂书局略事浏览。出,至火车站,候七点钟火车。大妹来(前因珍甥患恙,故未同行),到后,即同至湖滨旅馆暂寓。因天晏不便入山也。

10月11日　星期一

晴。上午,同大妹、君定到寺。中妹、迪前携恭、菊两甥昨日下午,亦已来此矣。屯艮来。下午,同屯艮、时舅、君定、君介在春淙亭旁合摄一影。出,至新市场浏览各旧书肆。傍晚,屯艮别去,余等返寺。

10月12日　星期二

晴。上午，致粲君信。同时舅、迪前、铁君、君平、君定、君实、广雅、花儿至韬光，直上北高峰。由东山路而下，已过午矣。饭后，同时舅、迪前、铁君至城站、抱经堂各旧书肆浏览。傍晚，返寺。

10月13日　星期三

晴。上午，同望舅、君平、伯勋等至新市场清泰旅馆，并约颂和丈渡湖至静寺前。唤汽车往江边炮台山、葛氏五云农场游览一周。因其地欲出让，君平有购以营观象台之意。返道经之江大学，又入内参观。乃直驶至清泰少坐，同望舅、君平即回寺。已下午三下钟矣。

10月14日　星期四

晴。上午，同时舅至抱朴庐晤屯艮，少坐后，并至西泠印社。君介已先在。出，时舅等先回寺，余至浙江图书馆。迪前亦在，索取《陕甘味经书院志》，略一翻阅，同返。下午，致粲君信。高氏道场于今晚圆满。

10月15日　星期五

阴，下午，有雨，夜，雨。上午，偕同人移寓新市场聚英旅社。下午，至清河坊一带购物。晚，望舅邀宴于聚丰园。

10月16日　星期六

雨。同时舅、君定、迪前、铁君浏览新市场及城站各旧书肆。计新市场有西湖中书房、道古堂、古欢堂、杭州书店、道生堂、石渠阁、文宝斋，城站有抱经堂、复初斋、文艺书局、小琳琅、通学书庄。夜，同时舅等至宴宾楼用馔。出，至商品陈列所略购物件。

10月17日　星期日

阴,有微雨。昨晚闻浙江省长夏超宣布独立,火车阻断之说。晨起,偕君平至车站探询悉,今日客车只开上午九点四十分之慢车,至嘉善为止一次。乃亟返寓收拾行李,偕圆妹,携花儿又望舅、君平、君定、迪前、大妹、中妹、铁君等乘之往嘉兴。下午一点钟到。改搭平湖轮船,四点钟到。寓于东门内同安旅馆,望舅、君平另住亲戚家。夜饭,至悦来馆。今日,时舅因君介寒热,留杭未回。

10月18日　星期一

晴。偕大、中、圆三妹,君定、迪前、铁君、五妹,携花儿,恒、恭、菊三甥于上午七点半钟,乘张堰快船归。下午三点钟,抵家。

10月19日　星期二

晴。上午,端甫来,少坐,去。铁君、五妹去。复端志信。钻坚来,即去。下午,至图书馆一回。伯才来,少坐,去。夜,致仲稽信。

10月20日　星期三

晴。晨,至宗祠举行秋祭礼。与祭者二十余人。余司读祝。已刻行礼。午刻,饮福后,返。君定已偕大妹、恒初去乡。迪前亦往高宅。伯才、端志来。少坐,去。焕然来。少坐,去。志坚来。少坐,去。夜,杂务。

10月21日　星期四

晴。上午,杂务。下午,至储蓄会举行第九十五期掣签。出,至图书馆一次。迪前回。大妹归。同迪前理合购广雅书局之书。

10月22日　星期五

晴。上午,迪前同中妹携恭、菊二甥去。程季英来,少坐,去。

至济婴局,今日斋堂。午刻,返。下午,作信复仲可、绿琴、端志,又至济婴局宴会。适吴剑士来,晤谈警务事,即邀与宴。散席后,同至商会少坐,余先返。宪文来,即去。

10月23日　星期六

晴。上午,剑士来,少坐,去。涤新来,少坐,去。致时舅信。至河西地基一回。下午,时舅来。伯才来,少坐,去。涤新又来,即去。时舅去。夜,理账。

10月24日　星期日

晴。上午,一至康泰旅馆答候程季英,不在,即返。理杭垣购归之书。君定携恒初来,至图书馆。出,至济婴局,应端甫、龙华宴集。四点钟,散,返。望舅、君平同来,少坐后,同君定等去。夜,子峰来,即去。

10月25日　星期一

晴。上午,志轩来,少坐,去。智川、道弘、素斋、伯承来,少坐,去。下午,校所誊《古书逸文》。至同泰仁与伯埙等谈警务,少坐,返。夜,复迪前信。

10月26日　星期二

晴。上午,校所誊《古书逸文》。复乃乾信。下午,复绿琴、杰士信。伯才来,少坐,去。君定来。夜,中孚、伯承、伯埙、杏林、智川、道弘、涤新来谈警务,散已十下钟。作信致陶遗。

10月27日　星期三

阴,有微雨。桼君昨夜起患腹痛,今晨作呕身热,旋下痢。下午,延宪人来诊治。又,上午伯承、尧年来。下午,仲甘同程季英来。又君定今日乘轮往上海。

10月28日　星期四

晴。粲君仍下痢,身热而不甚著,腹痛时并欲作呕,两手觉凉。上午,延宪人复诊,午饭而去。夜,延迪先夫妇来注射血清及强心针。又,上午涤新、伯埁先后来,各少坐,去。复莘子信。下午,至图书馆一回。至商会,为镇上警务开会议。傍晚,返。夜,复仲稽信。

10月29日　星期五

晴。粲君今日诸恙稍愈,延俞道生诊治。傍晚到,夜饭后去。夜,迪先夫人又来注血清针。又上午,端甫来,少坐,去。

10月30日　星期六

晴。上午,晋康来,少坐,去。程季英来,少坐,去。宪人来治粲君,开方而去。下午,菊祥来,少坐,去。复绿琴信。夜,迪先夫人来,为粲君注血清针。致伯筹信,索痢疾药品。

10月31日　星期日

晴。翻阅《汪穰卿笔记》。上午,涤新来,坐谈良久,去。夜,迪先夫人来,为粲君注血清针。

11月

11月1日　星期一

晴。上午,涤新、钻坚先后来,各少坐,去。下午,时舅来。望舅自上海归来。作信致浦海银行董事林憩南、蔡叔明,辞被推为该行张堰汇兑处主任。望舅、时舅去。智川、道弘、涤新、钻坚来,少坐,去。夜,罗才德来,即去。

11月2日　星期二

晴。上午,理发。晋康来,即去。理书。下午,莫叔略来,少坐,去。校阅《胡绳集》。为晋康草呈县追取经手储蓄会放款文。伯才来,少坐,去。夜,观《四溟诗集》。

11月3日　星期三

阴,晨雨。上午,晋康、杏林先后来,少坐,去。下元节祭先。下午,智川来,即去。至图书馆一回。君定自上海回来。涤新来,即去。夜,中孚、晋康来,即去。

11月4日　星期四

晴。上午,杂务。下午,理书。君定同大妹携升甥去。伯才来,少坐,去。伯埙来,少坐,去。夜,理账。观《四溟诗集》。

11月5日　星期五

晴。上午,至河西地基一回。杏林来,即去。理书。下午,复仲可信。抄《怀旧楼丛录》。夜,观《四溟诗集》。

11月6日　星期六

晴。抄《怀旧楼丛录》。下午,志轩来,少坐,去。夜,观《四溟诗集》。

11月7日　星期日

晴。上午,抄《怀旧楼丛录》。写书目。下午,至图书馆。出,至同泰仁晤伯埙,少坐,返。大妹携升甥归。望舅来。作信复乃乾。智川、素斋、涤新、晋康来,少坐,去。望舅去。夜,观《四溟诗集》。

11月8日　星期一

晴。抄校《金山艺文志》稿。下午,观《章氏遗书》。复迪前信。夜,观《四溟诗集》。

11月9日　星期二

晴。上午，抄校《金山艺文志》稿。伯承、墨林来，少坐，去。下午，焕然来，即去。时舅来。傍晚，去。至宪人处，贺其长女于归。夜宴后，返。夜，观《四溟诗集》。

11月10日　星期三

阴。上午，至宪人处贺喜。出，至图书馆，少坐，返。抄校《金山艺文志》稿直至下午。作信致慎旃。至轮船局一回。夜，观《四溟诗集》。

11月11日　星期四

阴。上午，抄校《金山艺文志》稿。下午，至图书馆一回。君定来。纪麟来，少坐，去。伯才来，少坐，去。君定去。忆初来。夜饭后，去高宅治君介症。观《四溟诗集》。

11月12日　星期五

晴。上午，至南塘七吊张仲麟之丧。下午，返。君定亦到——同舟来，即去。夜，观《国闻周报》。

11月13日　星期六

阴。上午，至闲闲山庄视君介病。下午，返。夜，观《清华学报》。

11月14日　星期日

阴。上午，凤阁来，少坐，去。伯才来，少坐，去。下午，至图书馆一回。作信致君彦、君宾。至浦海分行，晤凤阁，少坐，返。夜，作信致秋魂、少莲。观《国学季刊》。

11月15日　星期一

阴。上午，抄校《金山艺文志》稿。端甫、伯埙先后来，各少坐，去。下午，写书目。作信致培孙。伯才来，少坐，去。夜，观

《国学季刊》。

11月16日　星期二

雨。上午,复亚文信。抄《金山艺文志》稿。伯承来,少坐,去。下午,复星五信。观《初月楼文钞》。伯才来,少坐,去。夜,观《国学季刊》。

11月17日　星期三

阴,有雨。上午,理书。抄《金山艺文志》稿。下午,君定来。君藩来。夜,景伊来,少坐,去。君藩去,宿舟中。明晨,乘早潮开松江。致乐天先生信。

11月18日　星期四

晴。上午,翻书目。下午,与君定理书。作信复慎旃。至市公所与中孚、道弘、素斋、钻坚多人合钱墨林,夜八句钟返。

11月19日　星期五

晴。上午,程季英来,少坐,去。写书目。致时舅信。下午,至储蓄会举行第九十六期掣签,即返。时舅来。涤新、智川、伯才、伯承先后来,少坐,去。时舅、君定去。夜,观《国闻周报》。

11月20日　星期六

晴。上午,观归震川文。抄《金山艺文志》稿。下午,至图书馆一回。复亚文信。伯才来,少坐,去。夜,理账。

11月21日　星期日

阴,下午,雨。上午,涤新来,少坐,去。抄《金山艺文志》稿。下午,理书。志坚来,少坐,去。丁泰来、汪南溟来,少坐,去。夜,观《国闻周报》。

11月22日　星期一

阴。上午,观《初月楼文钞》。抄《金山艺文志》稿。下午,理书。复君藩信。乐天先生来。

11月23日　星期二

晴。上午,涤新来,即去。同乐天先生至夏人村先父母墓上,相度墓地相近之和尚浜桥,拟易建以石。下午,返。在舟观《书林扬觯》。

11月24日　星期三

晴。上午,同乐天先生走至龙沙禅院先曾祖、先祖墓上相度墓地相近之干家桥,拟易建以石。回,至图书馆。午刻,返。下午,同乐天先生至河西地基相度形势。夜,致时舅信。

11月25日　星期四

晴。上午,乐天先生去。时舅来。午刻,时舅邀海盐画家沈鸿卿在潘顺兴便酌,招陪。冲之来,少坐,去。时舅去。夜,观《国学季刊》。

11月26日　星期五

晴。上午,涤新来,少坐,去。志轩来,少坐,去。范伯明来,少坐,去。至图书馆一回。方亚文来赎田,少坐,去。望舅来。下午,君定来。同望舅、君定至闲闲山庄,因时舅宴程云岑,招陪。夜七句钟,返。

11月27日　星期六

阴。偕粲君,携花儿、念祖往上海。于上午八点钟乘轮船,下午三点钟到。即寓振华旅馆。在船观《书林扬觯》。同粲君、花儿至新新公司。夜,至来青阁等书肆浏览。作信致大、圆两妹及复培孙。

11月28日　星期日

雨。上午,至信昌、丰昌两当、光华书局、时报馆、世界书局等处。下午,君实、广雅来,即去。至中国书店。出,至先施公司,又至永安公司与粲君等相会。傍晚返,后又同至一枝香夜馔。馔后,余至蝉隐庐及来青阁。

11月29日　星期一

雨。上午,至成记理发。出,至商务印书馆。午刻,在一枝香招宴佩忍、朴存、朴安、芷畦、心侠,尚有培孙、乃乾、十眉未到。散后,至大盛与粲君、花儿相会,又至先施、新新、老介福、乾发源等处而返。至悦宾楼夜馔。返后,余至来青阁。出,至浴德池沐浴。

11月30日　星期二

雨。上午,至朵云轩、中华书局、大东书局。陆耀甫来,即去。同粲君至宝成银楼、永安公司。伯才来,即去。下午,至中国书店。出,至新新公司与粲君、花儿相会,又同至先施公司而返。偕粲君携花儿至大新舞台观剧,梅兰芳演《西施》。

12月

12月1日　星期三

晴。上午,至朵云轩、快乐糖公司、永安公司等处。午刻,携花儿、念祖至一枝香用馔,粲君则至王宅。下午,至沪宁编查课晤朴庵、惠生,即同惠生至俭德储蓄会新会所参观一周。出,至来青阁晤乃乾,偕往古玩商场啜茗。傍晚,返。夜,致博古斋、集成书局。忆初来,少坐,去。季鲁来,坐谈良久,去。

12月2日　星期四

阴。上午,至博古斋一回。子素来,少坐,去。收拾行李。偕粲君,携花儿、念祖至均益里季鲁处。午饭后,乘一点半钟火车至松江。到后,寻家中船未来,遂至阔街君藩处少坐,乃至王宅。

12月3日　星期五
阴。上午九点半钟,偕粲君携花儿、念祖乘家中放来之船归,下午三点钟抵家。在船观《书林扬觯》完。夜,观连日时报。

12月4日　星期六
阴,有雨。杂务。夜,理账。

12月5日　星期日
雨。上午,伯承来,少坐,去。下午,作信致绿琴。夜,理账。

12月6日　星期一
阴,有雨。上午,新任卷烟税局长曹师曾来,即去。焕然来,即去。下午,道弘来,少坐,去。至卷烟税局(借在米业公所),答候曹师曾。出,至同泰仁晤伯勋,少坐,返。夜,理购书账。

12月7日　星期二
阴,有雨,大风。上午,作信致信符。下午,新任镇上警佐朱大文来,少坐,去。伯才来,少坐,去。作信复慎旃。夜,理购书账。

12月8日　星期三
晴,冷甚。上午,拟草《论清代编辑〈四库全书〉》。下午,至警察所答候朱大文。出,至图书馆,少坐,返。大妹携升甥去高宅。至轮船局,为何宅迎娶接洽拖带船只。夜,观《图书馆学季刊》。

12月9日　星期四
阴。上午,携花儿、益官至五区头何宅贺剑川、表阮结婚,珍甥亦去。夜,宿安姑母处。

12月10日　星期五
晴。上午,偕时舅、君藩、憩南、一青、铁君至廊下朱履仁处。

午刻,仍返何宅。夜,来宾公贺暖房。

12 月 11 日　星期六

阴,晚有雨。上午,至君懿、子冶处。午刻,仍返何宅。下午,与一青、卓庵、铁君手谈。

12 月 12 日　星期日

阴,有雨。上午,携花儿、益官归家,珍甥亦同返。君定、卓庵同舟至孔家阙上岸。

12 月 13 日　星期一

阴,夜,雨。上午,钻坚来,少坐,去。至河西视本生庶祖母疾,近午,返。下午,杂务。夜,观《学衡》。

12 月 14 日　星期二

雨。上午,端甫来,即去。写书目。下午,杂务。观《初月楼文钞》。夜,观《学衡》。

12 月 15 日　星期三

阴。上午,写书目。宪人来,少坐,去。下午,至图书馆。出,至源丰后,一观翻造市房而返。作信复仲稽。书贾李爱椿来。夜,观《学衡》。

12 月 16 日　星期四

雨。上午,观《初月楼文钞》。下午,至河西视庶祖母疾,少坐,返。作信复培孙、迪前。夜,观《学衡》等杂志。

12 月 17 日　星期五

阴。上午,观《初月楼文钞》。下午,写书目。伯才来,少坐,去。拟草《论清代编辑〈四库全书〉》。夜,观《史地学报》。

12 月 18 日　星期六

阴。上午,至图书馆一回。写书目。下午,焕然来,即去。大妹归。作信致念椿。冬至节祭先。夜,观《学衡》。

12月19日　星期日

雨。上午,理书。观《初月楼文钞》。下午,至储蓄会举行第九十七期掣签。事毕,返。志轩来,少坐,去。夜,观《华国》。

12月20日　星期一

阴。上午,观《初月楼文钞》。下午,作信复仲稽、培孙。夜,观《华国》。

12月21日　星期二

晴。上午,观《初月楼文钞》。君定来。下午,邀宪人来为余及承綮开膏方,良久,去。抄《金山艺文志》稿。君定同大妹携珍甥去。夜,观《华国》。

12月22日　星期三

晴。上午,观《初月楼文钞》。下午,至图书馆一回。抄《金山艺文志》稿。夜,观《学衡》。

12月23日　星期四

晴。上午,观《初月楼文钞》。伯承来,少坐,去。下午,至河西视庶祖母疾,少坐,返。端甫来,少坐,去。督佣人收拾园地。钻坚来,即去。至何菊祥处,应其招饮,夜,返。

12月24日　星期五

晴。上午,观《初月楼文钞》。下午,写书目。伯埙、景伊来,即去。夜,致君定信。观《华国》。

12月25日　星期六

晴。上午,观《初月楼文钞》。续草《论清代编辑〈四库全书〉》成。下午,至图书馆,并至钦明视钻坚病,少坐,返。杂务。夜,观《学衡》。

12月26日　星期日

晴。上午,涤新、中孚来谈警务公开事,少坐,去。圆妹去高宅。下午,至杏林处,贺其子完姻,少坐,出。至图书馆,即返。写米捐收条。又至杏林处宴会。夜,返。今日煎膏滋药。

12月27日　星期一

晴。上午,观《初月楼文钞》。下午,抄《金山艺文志》稿。志轩来,少坐,去。写书目。又杏林处公贺暖房。夜,返。

12月28日　星期二

晴。上午,观《初月楼文钞》完,继观《诗钞》。下午,至商会集议保卫团事宜。四下钟,返。时舅自上海回来,即去。夜,观《学衡》。

12月29日　星期三

晴。上午,观《初月楼文钞》。下午,至图书馆一回。答发贺年柬。夜,观《图书馆学季刊》。今日昭明亡故七周年。

12月30日　星期四

晴。上午,观《初月楼文钞》。端甫来,即去。下午,修改前作《论清代编辑〈四库全书〉》。伯才来,即去。涤新同鲍九龄来,即去。夜,观《图书馆学季刊》。今日,圆妹归。晚,仍去高宅。

12月31日　星期五

晴。上午,观《初月楼文钞》完。下午,誊文。君定自上海回来,即去。夜,观《实学》。

1927 年

1 月

1月1日　星期六
　　晴。上午,伯衎来。朱恒华牧师来贺年。圆妹归。时舅来。午饭后,去泰日桥。至图书馆一次。伯才来。志轩来。夜,观《国学丛刊》。

1月2日　星期日
　　晴。上午,圆妹往上海,为就医分娩。观《章氏遗书》。晋康来。下午,写购书信。复绿琴信。端甫来。智川来。夜,观《国学丛刊》。

1月3日　星期一
　　晴。上午,杂务。十洲来。下午,誊文。伯才来。夜,理账。

1月4日　星期二
　　晴。上午,校《徐闇公先生遗文》刻本红样等。下午,至图书馆一次。复迪前信。夜,观《甲寅》周刊。

1月5日　星期三
　　晴。上午,君定携恒甥自南桥回来。下午,作信复乃乾、培孙。伯才来。君定携恒甥及安甥去。时舅自泰日桥回来,夜饭后,去。观《国学丛刊》。

1月6日　星期四

阴,有日光,又有微雨,潮湿。上午,志轩来。理发。下午,至图书馆一次。作信致刘衡如。又发杂信数函。夜,观《国学月刊》。

1月7日　星期五

阴。上午,写《企先桥记》。志轩来。观《章氏遗书》。下午,绿琴来住。至河西,视庶祖母疾,又至协和当晤杏林。作信复君藩、杰士。词臣来。杏林来,因绿琴在,即留其共夜饭后,去。

1月8日　星期六

雨。上午,绿琴去。观《章氏遗书》。下午,写《史记》札记一则。复圆妹信。夜,观《国学季刊》。

1月9日　星期日

阴。上午,观《章氏遗书》。下午,至图书馆及济婴局。理书。志轩来。夜,观《国学季刊》。

1月10日　星期一

晴。上午,理书。下午,复莘子信。抄文。夜,观《甲寅》周刊。

1月11日　星期二

晴。上午,抄文。午刻,北河沿有火警,即熄。下午,写杂信数函。夜,观《甲寅》周刊。

1月12日　星期三

晴。上午,理书。下午,至图书馆一次。作信致迪前。夜,杂务。

1月13日　星期四

晴。上午,复时舅信。时舅、君介来。下午,望舅来。叔纯来。伯才来。时舅、君介及望舅先后去。复乃乾信。夜,杂务。

1月14日　星期五

晴。上午,理信件。作信复迪前,为中妹于昨晨产一女。下午,致大妹信。至图书馆一次。作信致圆妹,复信符。志轩来。致侯志健信。夜,观《甲寅》周刊。

1月15日　星期六

晴。上午,写书目。下午,杂务。夜,翻《蟫隐庐旧本》书目

1月16日　星期日

雨。上午九点钟,唤舟往朱泾,下午二点钟到。即至县公署开参事会。傍晚,出,至尚同女中校,晤杰士。出,至逸楼应静谦招饮。夜八下钟,返舟。

1月17日　星期一

阴,有雨。上午,至藏书阁,晤绿琴。出,至县公署开会。今日适全体出席,因合摄一影,直至傍晚散会。出,至逸楼应叔寒、子华、绿琴招饮。出,又至第一楼啜茗。八下钟,返舟。

1月18日　星期二

阴。上午九点钟,至县公署开会。午馔后,会毕。登舟解缆归,伯筹同舟。风水皆顺,舟行甚速。过干巷小泊,伯筹亦上岸。四点半钟,抵家。君懿于上午来晤后,即去。志轩来。大妹携升甥于昨日归。

1月19日　星期三

晴。上午,伯承来。作信复时舅,致君介。下午,志轩来。至图书馆一次。李纪芳来。理书。夜,复君定信。

1月20日　星期四

晴。上午,作信复时舅、迪前、佩忍、培孙。下午,作信复乃乾、衡如。仰霄来。顾伯贤来。夜,复子经信。

1月21日　星期五

晴。上午,理书。至河西庶祖母处,又至园地视开工筑墙。下午,收拾房室。大妹携升甥去高宅。作信致信符。伯才来。夜,理账。致时舅信。

1月22日　星期六

晴。上午,作信致丕文、端志,复憩南。下午,至图书馆一次。作信复绿琴及盛见康。夜,观《国学月刊》。

1月23日　星期日

晴。上午,至河西地基一次。作信致赵学南。下午,冲之来。复圆妹信。智川来。君定、君实、广雅自上海回来,即去。夜,观《国学月刊》。家塾于今日年假。

1月24日　星期一

阴,夜雨。上午,写书目。下午,子峰来。誊《怀旧楼丛录》。夜,汪季眉来。理宗祠账目。

1月25日　星期二

阴。上午,杂务。端甫来,午饭而去。至图书馆闻端志、志刚在共和楼,往晤,坐谈数刻,返。夜,理账。

1月26日　星期三

阴。上午,至河西地基一次。志轩来。理宗祠账。尹卿来。下午,写米捐收条。伯才来。斐然来。夜,誊《怀旧楼丛录》。

1月27日　星期四

晴。上午,复乃乾信。下午,至图书馆一次。丁同钦来。季眉来。夜,板桥西有火警。观《甲寅》周刊。

1月28日　星期五

晴。上午,修剪月季花。致朱遂翔信。下午,至图书馆一次。督佣浇灌树木肥料。复圆妹,致蝉隐庐、中国书店信。迪先、近贤来。夜,理账。

1月29日　星期六

晴。上午,写书目。理发。下午,纪芳来。望舅、君定、君实、广雅、恒初来。伯才来。子峰来。莫孟恢同吴伯安来。时舅自上海回来。傍晚,同望舅等均去。夜,致迪光信。

1月30日　星期日

晴。上午,年节祀神。下午,俞君直来。年节祭先。夜,杂务。

1月31日　星期一

晴。上午,涤新来。叔纯来。下午,志轩来。伯才来。夜,十洲来。理账。

2月

2月1日　星期二

晴。杂务。午前,中孚来。伯才来。

2月2日　星期三

阴,有雨。上午,拈天香拜祖先。下午,展览书画及金石拓本。

2月3日　星期四

雨,午刻地震二次。下午,至河西本生庶祖母处。夜,写账。

2月4日　星期五

　　阴,有日光。上午,志轩来。时舅、君介同朱履仁来。下午,中孚、孟恢来。偕时舅至伯埙处,少坐,返。时舅等去。夜,观《甲寅》周刊。今日下午,粲君携花儿往河西。

2月5日　星期六

　　阴,上午有雪花,下午有日光。上午,至宗祠拜祖先神位。出,至子贞处,坐谈良久。出,至仲田处,不值。乃至宪人处,少坐返。下午,端甫来。古如、栋材来。抄文一首。夜,致道弘信。今日上午,韫辉来过。

2月6日　星期日

　　晴。上午,宪人来。钻坚来。下午,复子经信。纪麟来。君藩自松江回来。傍晚去。夜,翻阅《困学纪闻》及《峨术堂杂著》。

2月7日　星期一

　　晴。上午,携花儿至高老宅望舅处。下午,至新宅时舅处。夜馈后,仍返老宅。

2月8日　星期二

　　晴。下午,至时舅处。傍晚,归家,花儿尚留老宅。

2月9日　星期三

　　阴。端甫因新宅落成招饮。上午走往,下午,同仲田、宪人、道弘、景峰,仍步行而返。夜,致迪前信。

2月10日　星期四

　　晴。午刻,设筵邀宴望舅、时舅及君介、君宾、君实、广雅。又伯埙,并招志轩为陪。君定因胃病未到,恒初则来。上午,端甫来。下午,叔贤来。傍晚望舅等均去。夜,观《甲寅》周刊。

2月11日　星期五

晴。今日,家中延羽士解星辰。上午,至图书馆。出,至济婴局,为局事。又同宪人往警察所,晤朱警佐,乃返。望舅昨在张家,下午又来,即去。

2月12日　星期六

晴。上午,道弘来。震生来,又邀道弘来谈。午饭。少坐后,均去。复迪光信。钻坚来。夜,观缪荃孙之《日本考察学务游记》及《日本访书记》。

2月13日　星期日

阴,有雨,夜雨。上午,志轩来。下午,至图书馆一次。致君定信。理去年蔡绿琴来信,皆为款产事。夜,翻检甲子、乙丑两年日记。

2月14日　星期一

阴,夜雨。上午九点钟,乘快船往朱泾,十二下钟到。至惠中旅社安顿行李后,即至藏书阁开修志局会议。时舅亦到,四下钟散会后,同往蔡宅,吊绿琴之丧。出,至潇洒社,憩南就社中设宴。夜八下钟,返寓。

2月15日　星期二

雨。上午,至金山书店。出,至藏书阁晤迪光、剑士。同至蔡宅,晤绿琴哲嗣亮工,检取款产处文件、账册。余于款产处一职本托绿琴代理,今因托迪光,并委剑士任处中文牍也。在蔡宅午饭后,即乘快船归。五点钟,抵家。

2月16日　星期三

阴。上午,复子华信。下午,至储蓄会举行第九十九期掣签,并改选职员,余连任为干事长。又审计,自上年起,改为各字号轮当。今岁轮值余与志轩。四下钟,返。夜,复杰士信。

2月17日　星期四

阴,夜雨。上午,至五区冯宅,贺志侠表弟与孙女士结婚。

2月18日　星期五

雨。今夜,来宾公贺暖房。与君定、铁君、肃斋手谈。

2月19日　星期六

雨。上午,归家。肃斋同舟。卷烟税局长曹师曾来,少坐,去。下午,中妹偕迪前,携恭、菊、星、梅四甥归。夜,作信复君宾,致圆妹。圆妹于越昨产一女。

2月20日　星期日

阴,有雨。上午,端甫来。始昌来。下午,志轩来。近孙传芳之联军自杭州退守松江,本邑、朱泾、余来庙前昨已遭溃兵抢劫。此间与上海交通昨日起亦断绝。乃今日傍晚,镇上先到兵士三驳船。继又到三船,续又到一船,均停泊于南湖湾。兵士上岸,乌集于南湖头一带。全镇立刻罢市。至夜,形势更觉险恶。余乃同粲君、中妹、迪前,携四儿、四甥仓皇出后门,越土山而避至济婴局内。

2月21日　星期一

雨。镇上军队昨夜又有轮船拖到。今驻于钱氏义庄等处,盖彼等在此扎营矣。现形势尚缓和,余等于上午回家,迪前同中妹携四甥即雇快船回亭林,粲君携四儿坐小船至横港教堂旁朱祖生家居住。高氏诸人同避于此。余暂不走。钻坚、中孚先后来。下午,周荫人到镇即去,所来军队皆其部下也。

2月22日　星期二

晴。上午,钻坚来。下午,伯才来。镇上军队连续开到甚多,盖联军于浦南一路以张堰为大本营矣。

2月23日　星期三

晴。上午,走至横港,时大妹携四甥亦住于此(大妹今岁岁首因患恙,故未归家)。夜,余与君定往宿朱景贤处。

2月24日　星期四

雨。上午,至横港。因雨甚,是夜即宿于此。复伯埙信。日间,又同君定、大妹至高老宅一回,时望舅尚住宅内。至天主堂晤张匡之司铎。

2月25日　星期五

雨。下午,至景贤处。

2月26日　星期六

晴。晨起,至横港。上午,伯承自镇来晤谈,饭后而去。至闲闲山庄,晤君介,仍回横港(时君介尚住在庄内,舅氏等本因事在沪)。夜,至景贤处。

2月27日　星期日

阴。上午,至横港。即走至镇,先往商会,晤伯埙等。出,往邮局晤包竞时。出,往济婴局、图书馆、耶稣堂(诸处现设妇孺收容所及红十字会)。乃返家,略事收拾物件。下午,坐钻坚到镇小船。先至其处,少坐后,走回横港。今日,因横港距张堰毕竟太近,诸人拟再迁于五区头。余回时,粲君携四儿已先去,大妹尚留。余少坐后,仍至景贤处。镇上军队共到一旅,旅长姓陈。到后分驻于金山卫、河泾湾、秦山等处,并扎于四乡各要隘。商会竭力维持每日供给,柴米等费极繁。镇上及四乡并沿张泾之人家,不论大小已迁避一空。

2月28日 星期一

阴,下午有微雪。晨起,走至镇。先往商会晤伯承、中孚等。出,往邮局,晤竟时,乃返家。略事收拾,午刻,仍走回横港。君定、大妹等已先往五区,余亦登舟前去。与粲君等同住安姑母处,慰问者骈至(秀红妹携诸儿本已先避于此)。

3月

3月1日 星期二

晴。上午,至二侯母处,并七吊伯时表嫂之丧。又至四表姑母处(本迁居在五区)。下午,洗足。与君定、秀红妹、远妹手谈,客中聊以消遣而已。

3月2日 星期三

阴,晚雨。上午,至冯家。夜饭后,回何家,粲君等亦去。先返。

3月3日 星期四

阴。上午,作信致圆妹,报告本乡情形甚详。下午,与君定、君懿、志刚等手谈至夜。河西庶祖母前日本与志轩等避居于东城隍庙杨姓家。今日,安姑母遣人用轿抬至闲闲山庄,再坐小船来此。

3月4日 星期五

晴。上午,作信复铁君,致仲稽、钻坚。下午,与君定、君懿、寿屏手谈,直至黄昏。

3月5日 星期六

晴。上午,坐小船至高老宅,在此复迪光信。即午馔。馔后,以望舅在实枚种树,遂前往。本拟再走张堰,以闻镇上适调动军队,形势紧张,乃作罢。在实枚,为王仰笑事,致陈县长一信。又复学南信。出,至新宅,晤君介。傍晚,返老宅。时老、新宅只有望舅、君介各一人居守。时舅早以事去沪,路梗不能归也。夜,致圆妹信。

3月6日　星期日

晴。上午,走至镇。先往商会,又往邮局,晤竞时,乃返家。午饭后,理发。二下钟,走回至钻坚处,少坐。出,因望舅在实枚种树,又入内,少坐。出,至新宅。傍晚,到老宅。夜,致紫卿信。镇上驻军昨日续到一旅,旅长姓田。今日,将陈旅调去驻所。已扰及民房,余族宗祠亦波及矣。

3月7日　星期一

雨。上午,至五区何宅。下午,补写日记。与君定、君懿、志洽手谈。

3月8日　星期二

雨。上午,偕粲君,携益、念、怀三儿,并同君定、大妹等至冯家。今日,怀儿寄于君懿。夜,回何家。

3月9日　星期三

晴。上午,复通学斋书庄信。下午,与君定、君懿、寿屏手谈,至夜。

3月10日　星期四

晴。下午,与君定、君懿、寿屏手谈。

3月11日　星期五

雨。上午,补写日记。下午,翻阅汪师韩之《上湖分类文编》及《纪岁诗编》。与粲君、大妹、君定手谈至夜。

3月12日　星期六

雨。上午,观《章句论》。下午,致伯埙信。与大妹、君定、君懿手谈。夜,至剑慧处,少坐。

3月13日　星期日

雨。上午,作信复圆妹。翻阅《文学大纲》。下午,与大妹、君定、君懿手谈至夜。

3月14日　星期一

雨。上午,翻阅《游戏杂志》。下午,与大妹、君定、君懿手谈至夜。

3月15日　星期二

晴。下午,至高宅。

3月16日　星期三

晴。上午,走至镇。先往同泰仁晤,伯埙,坐谈至午刻,乃返家。

3月17日　星期四

晴。上午,闻党军已甚进展。午刻,即走至高宅,同望舅及君定、大妹(渠等昨自五区返)坐小船至五区何宅。至,则革命军第一军薛岳一师已开到廊下镇。而五区何、冯各宅亦尽分驻军队,纪律甚佳,实秋毫无犯。余等与各长官,从客接谈,诸小儿亦争与兵士欢笑。是夜连闼而居,安然高卧。又,傍晚从廊下镇步行而东,过何宅。前者为数亦极众,马队、炮队、机关枪队,式式俱备。夜间,闻扎于推船桥口。

3月18日　星期五

阴,晨雾,未刻后雨。拂晓,驻扎之军皆整队而东。余等即起观送。未几,闻枪声,知昨夜扎在推船口桥之军队已进攻张堰。

时山塘内水师亦前进,枪炮声继大作,约历三、四小时始止。则张堰攻进矣。致圆妹信。

3月19日　星期六

阴。上午,坐船由山塘直抵张堰。

3月20日　星期日

晴。上午,钻坚来,同出,至宗祠。宗祠内前被联军驻扎两宵,损坏尚微。又至市公所内红十字会医院,见伤兵颇多,间有土人之受伤者。又至济婴局、图书馆、商会、县党部。钻坚仍同返,午饭后,去。志轩来。公渡、子冶、志侠来,少坐,去。至县党部开执行委员会议。傍晚休息。归家夜饭后,又往续行开会。至九下钟,会毕,返。作信致圆妹。

3月21日　星期一

晴。上午,又至五区何宅。怀儿前患伤风寒热,乃请志洽并邀道生诊过。昨又请谢子春,今亦到。已渐愈矣。下午,与君定、君懿、寿屏手谈至夜。

3月22日　星期二

晴。上午,至冯宅,即回何宅。复一谔信。午饭后,又至冯宅同望舅、君定、君懿往游黄泥庙一回。傍晚,返何宅。

3月23日　星期三

雨。上午,同粲君携四儿归家。此次兵事恐慌奔波,适历一月,今皆安然无恙,真天幸也。下午,迪前、铁君来。

3月24日　星期四

雨。上午,伯埙来。中孚来。晋康来。端甫来。铁君去五区头。震生、志刚来。午饭后,同至县党部,迪前亦去。在彼,又至米业公所开第一区党部大会,选举执行委员及监察员。夜,同迪前返。

3月25日　星期五

　　晴。上午,焕然来。韫辉来。端甫来。志轩来。下午,铁君、丽水来,即同迪前去。至县党部。君定来,傍晚,去。伯才来。夜,复圆妹信。今晚,沪张班轮船到镇,知上海亦已由党军克复矣。

3月26日　星期六

　　晴。上午,钻坚来。下午,至县党部。出,至济婴局,晤端甫。出,至耶稣堂候朱恒华,不值。转至伯埙处,坐谈数刻,乃返。子冶、望东、飞雄来,少坐,去。宪人来。夜,理账。

3月27日　星期日

　　晴。上午,修剪花木。下午,至县党部。至继述堂,为赓熙叔于昨日故,略坐,返。冲之来。作信复迪光。夜,君平、启明自上海乘轮归来。

3月28日　星期一

　　上午阴,下午雨。上午,至继述堂送赓熙叔大殓。下午,返,粲君亦去。中间,曾至县党部一回。返时,君平、启明已去。望舅亦来过。夜,翻阅《清白士集》。

3月29日　星期二

　　晴。上午,中孚来。至县党部。下午,又至县党部。复迪前信。至伯埙处。出,至商会开会,集议结束办理兵事事宜。时舅、君实自上海回来,君介自乡间来,又伯才适亦来,少坐,均去。圆妹亦自沪归。至图书馆。夜,复仲稽信。

3月30日　星期三

　　晴。上午,至县党部。至图书馆。前因兵事停止阅览,今日始照常开放。至县党部。大妹携恒、升两甥归,君定同来。下午,望舅、君平、君实、启明、时舅、君介、卓庵、志刚、震生、剑慧、公渡、伯才先后来,傍晚,均去。君定亦去。至县党部。仰霄来。夜,观《甲寅》周刊。

3月31日　星期四

晴。上午,至县党部。伯筹、端志、士荃、震生、君藩、履仁来,一谔亦来。均午饭。下午,剑慧、公渡、志刚又来,渐散去。至县党部。

4月

4月1日　星期五

阴,下午有雨,夜雨。晨,君藩来,饭后,乘轮去沪。子光来,至县党部。下午,至图书馆。大妹携恒、升两甥去高宅。修剪花木。

4月2日　星期六

阴,有雨。上午,至县党部。下午,涤新来,坐谈数刻。君平、君定、君实、启明、恒初游秦山,傍晚去。夜,至县党部,为伯承等前因往朱泾接受县公署被难,今欢迎其出险。

4月3日　星期日

晴。上午,至县党部。清明节祭先。下午,中妹携星、梅两甥归。至图书馆。出,至东小桥扫墓。回至县党部。至河西地基。

4月4日　星期一

晴。上午,圆妹乘轮往沪。至假山桥扫墓,回至县党部,午饭后,返。焕然来,即去。至龙沙禅元处扫墓。君介来,少坐,去。

至县党部。

4月5日　星期二

晴。上午,冲之来。同中妹携花儿至金家桥扫墓后,至夏人村先父母墓上。又观去冬所建之企先桥。下午,返。即至县党部。千里来,即去高宅。墨谦来,少坐,去。夜,至县党部开执行委员、政治委员联席会议,十下钟返。

4月6日　星期三

阴,夜雨。上午,至县党部。出,至图书馆,近午,返。下午,作信复时舅、学南、仲可,致迪光。

4月7日　星期四

阴。上午,作信复慎旂。下午,至县党部。出,至图书馆。作信复杨佩玉。夜,作信致圆妹、君定、仲稽。

4月8日　星期五

阴。上午,作信致乃乾。理发。下午,震生来,少坐,去。至县党部。晋康明日为子完婚,今晚招饮,夜返。

4月9日　星期六

阴,有微雨。上午,时舅来,下午,君介亦来。同至县党部一回。望舅来。傍晚,均去。圆妹携新甥锦官自沪归。晋康家喜事,今晚筵席,男宾借座于此。

4月10日　星期日

阴,夜雨。上午,至县党部,今日起,党部迁在厚生阳伞厂旧址办公。一谔来。下午,至图书馆。出,又至县党部。傍晚至晋康处贺暖房。出,再至县党部,九下钟返。

4月11日　星期一

阴。上午。杂务。复时舅信。下午。至县党部。杰士来,少坐,去。徐时觉来,少坐,去。启明自上海回来,即去。公渡来。夜饭后,同至县党部,十下钟返。家中馆师今年仍延曹中孚。初因兵事,继因曹君忙于党务,延至今日开学。

4月12日　星期二

阴,晚雨。上午,公渡往朱泾。至米业公所内金山民报社。下午,端甫来。至图书馆。出,至县党部。迪前携恭、菊、涧三甥来。

4月13日　星期三

雨。上午,韫辉来。下午,作信复时舅、迪光。公渡自朱泾回来。包竟时来。

4月14日　星期四

晴。上午,公渡昨宿在外,今来,同至县党部。午饭后,至宪人处,贺其哲嗣旭如结婚。出,至东市梢操场上,国民党开欢迎汪精卫主席复职大会。四下钟,散会,返。傍晚,又至宪人处,宴会。出,再至县党部,十句钟返。

4月15日　星期五

晴。上午,端甫来。志轩同陆丽斋来。下午,望舅、时舅、君介、君藩、君实、启明、忆初、履仁来。同时舅、君介等至东市梢操场上,国民党补开孙总理二周纪念及追悼北伐死难诸烈士会。返。至图书馆。士超来。少坐,去。望舅等去。公渡亦去。至宪人处贺暖房,八下钟返。

4月16日　星期六

晴。上午,杂务。下午,至储蓄会举行第一百零一期,并补行第一百期(上月因兵事暂罢)掣签。出,至图书馆,四下钟,返。大妹携珍、升二甥归。作信复叔眉、端志,致时舅。今日,粲君、中、圆两妹携诸儿往游秦山。

4月17日　星期日

晴。上午,古如来。士荃来。至济婴局,今日斋堂。出,至警察所,答候新所长赵丽生。少坐,返。下午,杂务。傍晚,又至济婴局宴集,七下钟返。翁明哲等来。复君定信。

4月18日　星期一

晴,夜雨。上午,宗祠行春祭礼。与祭者二十余人,余司鸣赞。今年系子贞经理。午刻饮福后,返。至协和当,晤杏林,少坐,返。写杂信二通。夜,与迪前等手谈。

4月19日　星期二

雨。杂务。傍晚,涤新来。夜,与迪前等手谈。复伯承信。

4月20日　星期三

雨。上午,新民来。作信复乃乾、始昌、少屏,致君藩。下午,一谔来。与迪前等手谈。

4月21日　星期四

晴。上午,迪前携恭、菊、涧三甥去。作信致楚伧。伯埙来。复震生、公渡信。下午,至县党部。出,至第一区党部(设在米业公所),晤士荃。出,至图书馆,少坐,返。时舅、君介来,傍晚,去。涤新、中孚、伯承先后来。夜,致迪光信。

4月22日　星期五

晴。上午八点钟,偕絜君携念祖及同大妹与珍、升两甥往上海,下午三点钟到。大妹因将分娩,君定先已来贷屋于霞飞路,余等寓四马路振华旅馆四十四号。同絜君、念祖至均益里季鲁处。傍晚,返。夜,至博古斋、来青阁等书肆,又至时报馆,晤纪麟。君定来,少坐,去。作信致中妹、栋材。

4月23日　星期六

晴。晨,至盆汤弄桥沪张轮船上,寄回家信。上午,同粲君、念祖至霞飞路仁和里君定、大妹寓处,并晤君藩。在此复培孙一信。午饭后,至陶尔斐斯路锦归坊君湘寓处,并适晤及李程之、范叔寒。时,粲君携念祖同大妹已先买物。余少坐后,亦至先施、永安两公司及中国书店,五下钟返。粲君等亦已回寓。傍晚,同至一枝香夜馔。馔后,大妹去。至博古斋略事浏览。

4月24日　星期日

晴。上午王秋魂来,少坐,去。同粲君、念祖至五芳斋用点心。出,至冠生园及泰丰公司购物。君定、大妹来。午刻,同君定在一枝香宴朴庵、乃乾、季平、野鹤、雄伯,尚有培孙、佩忍来到。散席后,即返寓。沈思期、张达光、丁辅之、方始昌、王栋材先后来,各少坐,去。夜,君定、大妹去。季鲁来,少坐,去。与花儿信。

4月25日　星期一

晴。晨,至沪张轮船上,寄回家信,并至轮局晤念椿,少坐,返。上午,同粲君、念祖至先施、新新、永安三公司购物。下午,同粲君至金恂侯处诊治胎气。出,至大妹寓处。五下钟出,至丽华、先施二公司购物。傍晚,返寓。栋材来,即去。又携念祖至悦宾楼夜馔。馔后,粲君与念祖先返,余又至中西药房配药。出,遇纪麟。言伯惠在杏花楼,欲晤谈,因一往,乃返。

4月26日　星期二

晴。上午,同粲君、念祖至季鲁处一转后,即至车站。粲君携念祖乘火车往松江。车原定九点一刻开,乃近因车少,人、物拥挤,迟至十点半始开。余于车开后,又至上海银行分行一转后,返寓。午刻,乃乾招饮于一枝香,并晤培孙。君定亦到。下午,至来青阁、商务印书馆等处。志坚自张堰来。傍晚,同至悦宾楼夜馔。馔后,余至上海浴室理发、沐浴,十下钟返。志坚亦来,同寓。

4月27日　星期三

晴。上午,志坚别去。至博古斋及蟫隐庐。午刻,至永安公司,与君定、大妹相会。同出,至青年会西餐部用馔。馔后,余至上海典业银行。适晤君藩。出,返寓,携行李至仁和里——今移住于此。同君定至蒲石路闵瑞师处。夜,至忆初处。

4月28日　星期四

晴。上午,杂览书报。下午,至西门路,候芳墅,坐谈数刻,返。又出,至信昌当,晤子素、耀甫。至丰昌当,拟晤仲篪、彦方,则均不值。又至扫叶山房、群益书社、亚东图书馆、中华书局、兆新书局等处。

4月29日　星期五

晴。上午,作信复君彦及数书友托销《钓璜堂存稿》。同君定至静安寺路盛宅,候慎旃,并晤其介弟良若,午刻,返。下午,至中国书店、汉文渊书店。又至世界书局,晤思期,蟫隐庐,晤子经。又至商务印书馆、朵云轩等处,傍晚,返。

4月30日　星期六

晴。上午,至丰昌当,晤仲篪。又至古香室装池,晤阮俊卿。出,至雷允上购痧药。

5 月

5月1日　星期日
上午雨,昨夜雨甚大,下午阴。上午,杂览书报。下午,慎旉、仲田来,少坐,去。至贝勒路礼和里三号张宅,候震生,不值。出,至博古斋、来青阁、商务印书馆等处。回,知震生曾来,乃又往礼和里晤焉,坐谈良久,返。

5月2日　星期一
晴。上午,往乘轮船归家。八点钟开,下午三点半钟抵张。中孚来谈。承粲携念祖前至松江后,廿六即归家。圆妹于并携锦甥去乡。

5月3日　星期二
晴。上午,作信致望舅。至河西地基。端甫来。近贤来。杂务。下午,至图书馆。作信复十眉。夜,观连日时报。

5月4日　星期三
晴。上午,杂务。一谔来,午饭后去。道弘来。毕静谦、李任之先后来,各少坐,去。时舅、君介、卓庵、千里来。傍晚,时舅、君介去,千里同卓庵留。伯埙招饮,往见。客已满座,即返。夜,同千里、卓庵至县党部一回。

5月5日　星期四
晴,昨夜有雨。上午,千里、卓庵先后去。督佣修理花木。冲之来。下午,至县党部。出,至图书馆。焕然、志轩先后来,各少坐,去。复杰士信。

5月6日　星期五

晴。上午，杂务。下午，子峰来。作信复时觉、迪光。君定自上海回来，即去乡。志坚、墨君来。今日立夏，秤人得九十八斤。

5月7日　星期六

晴。上午，志坚、墨君来。写书目。观《章氏遗书》。下午，作信复君湘、君藩。伯才来。夜，观《国学月刊》。

5月8日　星期日

晴。上午，君定来。拟乘快船至泖港，转搭轮船往沪。乃船已开去，遂仍回乡。观《章氏遗书》。圆妹携锦甥归。下午，近贤来。理信件。作信致培孙及陈洙泉。傍晚，伯承招饮于颜新记酒家。出，适市上赛灯，又一观看。

5月9日　星期一

上午阴雨，下午晴。上午，理书。观《章氏遗书》。下午，致申、时两报馆主笔信，嘱其更正记事。志轩来。夜，同家人在门前观赛灯。

5月10日　星期二

晴。上午，观《章氏遗书》。智川同蔡叔明、廖凤阁来，少坐，去。千里来。一谔来，即去。下午，同千里至图书馆。出，至浦海兑汇处，候凤阁等，不在，即返。君实、启明来，即去。晚，设筵宴凤阁、叔明，并招巩宇、杏林、智川、志轩。八下钟，散。与千里及家人手谈。

5月11日　星期三

晴。上午，千里去。范伯明及墨谦来，少坐，去。观《章氏遗书》。迪光在智川处，往晤焉。坐谈良久，并即午饭。下午三点钟，返。至浦海兑汇处，候巩宇不值，即返。夜，理账。

5月12日　星期四

雨。上午，为念祖写方子。观《章氏遗书》。下午，作信致信符，复君实。宪人来。子峰来。夜，晋康同蒋谈生来。理账。

5月13日　星期五

雨。上午，君实、启明因送友到沪。来镇见过，即去。理书画。观《章氏遗书》。下午，君介来。傍晚，去。子峰、子元来。夜，中孚、一谔来。理账。

5月14日　星期六

晴。上午，观《章氏遗书》。时舅来。近贤来，即去。下午，至储蓄会及图书馆。时舅去。作信致君定、楚伦。夜，作信致迪前。

5月15日　星期日

晴。上午，为欲辞退款产处副董，拟一通告。下午，志刚来，少坐，去。中妹携星甥去亭林。至储蓄会举行一百零二期掣签。出，至图书馆一回。墨谦来，少坐，去。君实、广雅、恒初来。夜，观赛灯。作信致迪光。

5月16日　星期一

晴。上午，圆妹携锦甥，同广雅由松赴沪，往青岛。君实亦赴沪，恒初回去。观《章氏遗书》。下午，作信复琴堂、迪前。夜，观赛灯。

5月17日　星期二

晴。上午，观《章氏遗书》。下午，至图书馆。出，至商会集议开办夏令卫生会，少坐，返。伯才来。志轩来。理书。夜，观赛灯。

5月18日　星期三

晴。上午，教念祖方字。近来，每日午前余在家者，皆课念祖方字一小时许。午后,读《三字经》则由承綮课之。涤新来。下午观《章氏遗书》。作信复迪光,致杰士。夜,观赛灯。

5月19日　星期四

晴。上午,至钱圩七吊钱禹门姻世丈。座间识新任本县县长焦德一(忠祖)。下午出,同时舅、志坚、肃斋、涤新至俱乐部。又访顾尚之先生遗宅,晤先生曾孙字绍曾者(习染业)。出示破书数堆,于其中搜得瘦泉先生日记及两先生丛杂,手稿总计三十余册。由时舅索之以归,当为清理之。四下钟,返。

5月20日　星期五

晴。上午,安置书橱于怀旧楼之北次间。观《章氏遗书》。下午,作信致君定。杏林、廉参同伯明、墨谦来为县署借款少坐去。冲之同包介子来,为农场向款产处领费,少坐,去。夜,作信复杰士及培孙。

5月21日　星期六

晴。上午,走至闲闲山庄,下午三下钟返。南溟来。夜,观顾瘦泉先生日记,名《伯子随笔》。讫同治二年癸亥起。

5月22日　星期日

晴。上午,杂务。下午,至图书馆。延本镇广福寺僧众来家,于傍晚达道场。明日起,为先父介三府君、先母冯太淑人、高太淑人作佛事三天。夜,致时觉信。观《伯子随笔》。

5月23日　星期一

阴,下午有雨。上午,伯承来。下午,伯才来。智川来。

5月24日　星期二

晴。今日,先母冯太淑人七十冥庆,亲友中迪前、恒初、宪人,族中志轩、词臣、韫辉均来拜影。迪前、恒初傍晚,均去。又子光、纪芳上、下午为别事来。

5月25日　星期三

晴。上午,子凯、子望先后来拜影。时舅来。下午,君介、铁君来。傍晚,同时舅去。佛事于今夜告竣。

5月26日　星期四

晴。上午,为款产处事作信致焦县长。焕然来。下午,复迪光信。志轩来。夜,写张。

5月27日　星期五

晴。上午,课念祖。洒扫书室。焕然来。下午,至图书馆。修剪花木。作信复圆妹、君宾、君彦。夜,观《紫罗兰》杂志。

5月28日　星期六

晴。上午,至河西地基。课念祖。观《章氏遗书》。下午,作信复屯艮。夜,观《伯子随笔》。

5月29日　星期日

晴。上午,课念祖。观《章氏遗书》。下午,至图书馆。复君定信。夜,观漱〔瘦〕泉先生日记《伯子随笔》完。写至故世之岁,为光绪十年甲申,计写二十二年。

5月30日　星期一

晴。上午,课念祖。观《章氏遗书》至下午。作信致君藩,复佩玉。写书目。夜,观《图书馆学》季刊。

5月31日　星期二

晴。上午,端甫来。课念祖。观《章氏遗书》。下午,作信复时舅,致君介、道弘。至图书馆。伯才来。写米捐收条。夜,观《图书馆学》季刊。

6月

6月1日　星期三

阴,有微雨。上午致迪前信。伯承来。课念祖。理书至下午。恒初来。观《章氏遗书》。邀宪人来治梅甥喉恙。夜,观《古史辨》。

6月2日　星期四

阴,有微雨。上午,恒初乘快船至松往沪。课念祖。观《章氏遗书》。端甫来。下午,理书。复迪光信。艺花。夜,观《古史辨》。

6月3日　星期五

阴。上午,课念祖。复一谔信。下午,至图书馆。出,至同泰仁,晤伯坝。返后,以杏林、泰来在馆相候,为二五税、公债事欲晤谈,又往一行。伯才来。静尘来。理书。夜,观《古史辨》。

6月4日　星期六

晴。上午,观《章氏遗书》。赵丽生及伯坝、杏林、古茹〔如〕来,为二五税、国库券事。杰士来,午饭后,去。理书。志轩来。夜,观《古史辨》。致君藩信。

6月5日　星期日

晴。上午,涤新来。课念祖。至图书馆。出,至颜新记酒楼,赴汪南溟会酌。散席后,至米业公所开除螟会议,乃返。理书。匊熹来。夜,杂务。

6月6日　星期一

晴。上午,理发。课念祖。复时舅,致君介信。书楼先生来,即留其午饭而去。下午,至图书馆,即同古如往看东市梢地基。

作信复大妹及君彦、十眉。志轩来。涤新同古如来,为古如立让地基据。

6月7日　星期二

晴。上午八点钟,乘轿至亭林,吊周自牧太姻丈之丧。下午返,四点半钟抵家。望舅、君实、恒初自沪回来。傍晚,去。伯埙来,晤望舅。夜,罗才应来调款。观《东洲草堂诗钞》。

6月8日　星期三

晴。上午,课念祖。观《章氏遗书》。下午,理书。夜,观《东洲草堂诗钞》。

6月9日　星期四

晴。上午,课念祖。观《章氏遗书》。下午,冲之来。作信复乃乾,致朴安、士超。夜,观《东洲草堂诗钞》。复君定信。

6月10日　星期五

晴。今日,怀祖期岁。上午,课念祖。下午,至图书馆。作信复培孙,致迪前。中孚同一谔来。

6月11日　星期六

晴。上午,观《章氏遗书》。课念祖。下午,作信致望舅,复时舅。赵丽生来。理书。志轩来。复迪光信。夜,观《东洲草堂诗钞》。复君定信。

6月12日　星期日

晴。上午,观《章氏遗书》。课念祖。复道弘信。下午,约同志轩至子贞处,邀十洲来谈继述堂事,坐良久,返。志刚、静尘来。夜,观《东洲草堂诗钞》。

6月13日　星期一

雨。上午,至县党部,行总理纪念周礼。课念祖。下午,理书。作信复圆妹及十眉、佩玉。夜,观《东洲草堂诗钞》。

6月14日　星期二

阴,有雨。今日为先母五周忌辰,在龙沙禅院内诵经一天。上午至院中,下午望舅亦来。余又一至祖墓上。傍晚,请经疏返祭祀。夜,智川同丽生来。

6月15日　星期三

晴雨无定,湿热。上午,至商会经发兵灾赈款。泰来来。课念祖。观《章氏遗书》。下午,理书。作信致大妹、圆妹,复君定。

6月16日　星期四

雨。上午,时舅来,下午去。智川来。朱恒华来。丽生来。作信致杰士,复迪光。夜,观《东洲草堂诗钞》。

6月17日　星期五

阴,有雨。上午,种月季花。课念祖。丽生来。下午,至图书馆。纪麟来。夜,丽生同墨溪又来谈二五税、国库券事,少坐,去。乐天先生因到紫卿处相宅来住。

6月18日　星期六

上午雨,下午晴。上午,作信致望、时两舅。午刻,同乐天先生至颜新记酒楼应古如招饮散席,即返。望、时两舅来。端甫来。伯才来。子峰来。傍晚,两舅去,乐天先生同去。张仲廉、汪镜波、舒旭东、丁子元来,言今日救火联合会开会,举余为正会长,劝余担任。少坐,去。墨溪、丽生来,古如同来。又志坚来晤墨溪。少坐,均去。

6月19日　星期日

晴。上午,夏至节祭先。下午,至市公所内,本镇各区救火会开联合成立会。改会长制为委员制,余仍被举为常务委员,辞之不得,勉为担任。出,又至东市草地上摄影、演龙乃返。乐天先生自高宅来。明伯、仲莲来。

6月20日　星期一

雨。上午,乐天先生去。作信复始昌、铁君。课念祖。观《章氏遗书》。下午,至救火联合会开执行委员会,五点钟返。夜,为益、念两儿写方字。

6月21日　星期二

雨。上午,焕然来。课念祖。观《章氏遗书》。下午,作信致亚伯、道弘,复王世忠。理书。道弘来。丽生来。君定自上海回来,以天雨,住。

6月22日　星期三

雨。上午,课念祖。洗砚。下午,君定去。理书。杂务。

6月23日　星期四

晴。上午,芻甚来。端甫来。课念祖。下午,理书。作信复启明,致君定。观《章氏遗书》。夜,观《东洲草堂诗钞》。

6月24日　星期五

晴。上午,理书。课念祖。下午,至亭林周家,七吊自牧太姻丈。

6月25日　星期六

雨。今日,自牧太姻丈三七成服开吊。下午,归家。在舟观《东洲草堂诗钞》。

6月26日　星期日

晴,上午阴。上午,杂务。课念祖。下午,至图书馆,即出。至救火联合会开执行委员会。出,又至警察所,晤赵丽生乃返。夜,作信致君藩,复迪光。

6月27日　星期一

晴。上午，杂务。课念祖。下午，至河西地基。作信复时舅、公渡。伯才来。中孚同一谔来。君定来，即去张家。夜，士超来。中孚又来。

6月28日　星期二

晴。携花儿往上海，君定与张湘心同去。上午七点半钟，乘轮船开行。下午二点钟到。即至仁和里君定寓处焉。大妹已于阴历上月初六产一女。同君定至宝康里晤屯艮，坐谈数刻。又至恒庆里候厚生，不值，乃返。晚，君定邀余及君宾至晋隆夜馔。馔后，至中国书店浏览，君宾先别去。渠因在青岛不妥，于越昨先行回沪。圆妹定下一班轮船南旋。

6月29日　星期三

阴，有雨。上午，致粲君信。厚生来。士超、偈君来。下午，至新闸路，候十眉。少坐后，又同往候朴安，不值。回，至受古书店、来青阁等处。并至来安旅社候静尘、士超，不值而返。屯艮来，士超、偈君又来。即并偕君定至环龙别业，晤厚生，为营救张慰民为党事被县拘囚事也。

6月30日　星期四

晴，夜有雨。上午，士超来，即同往晤厚生。下午，携花儿至均益里王寓。余先行至西泠印社、先施公司而返。张庚西来（慰民之叔）。夜，至惠中旅馆候庚西，并晤思期、亮工、见为、公达、一青、子慎诸人。

7月

7月1日　星期五

晴,晚雨。上午,十眉来。士超来,即午饭。下午,季鲁来。静尘同达光来。傍晚,偕君定至中国书店。

7月2日　星期六

阴,下午雨。上午,士超来,即去。至大中旅社候静尘,来安旅社候肃斋,均不值。又至受古书店等处。下午,肃斋、静尘来。傍晚,同君定、升甥至恩派亚观电影,演《盘丝洞》。夜,致粲君信。

7月3日　星期日

晴。上午,往候厚生不值,留条而返。下午,偕君定至朵云轩、蟫隐庐、来青阁、受古书店、汉文渊、博古斋。傍晚,至一枝香进馔。馔后,至湘记号观叶德辉遗书,晤其侄励甫、定侯、康侯。

7月4日　星期一

雨。上午,偕君定至爱文义路诚意里候罗子经,并观王国维遗书。出,至新新公司、博古斋而返。下午,同君定、湘心、花儿至恩派亚观电影——演《梅花落》全部。

7月5日　星期二

阴,有雨。上午,至商务印书馆、中西药房、先施公司等处。下午,同君宾、君定、花儿、湘心至黄浦码头接圆妹携锦甥归。三点半钟,自大连丸船到。圆妹等径至仁和里,余与君定又至湘记号,观叶氏书。傍晚,返。

7月6日　星期三

雨。上午,士超来,同至厚生处,不值,即返。下午,至晋隆定客座。出，至汉文渊等处及先施公司，又至中国书店，乃返。傍晚，至晋隆，邀君定、君宾、君湘、忆初、士超、朴安、乃乾、十眉叙宴。尚有屯艮因往杭未返，厚生因有客，均邀而不到。十下钟，散席。

7月7日　星期四

阴。上午，静尘、士超来。作信致培孙、少屏、屯艮。下午，同君定至瑞师处、忆初处、新月书店、君湘处，又至同芳居啜茗。约晤乃乾，偕至湘记号观叶氏书。尚约朴安，不至。出，余一至受古书店后，乃至美丽菜馆，应君定、君宾招饮。男女各一席，大妹等亦到。九下钟，返。

7月8日　星期五

晴。携花儿，偕圆妹、君宾、锦甥、湘心归张。上午八点钟，乘轮船开行，下午四点半钟抵家。在船观清华研究院之《国学论丛》。时舅在，即去。夜，中孚来。

7月9日　星期六

晴。杂务。上午，端甫来。下午，伯承、士荃、南溟先后来。君宾偕圆妹携锦甥去乡。夜，观连日时报。

7月10日　星期日

晴。上午，赞坚、志轩先后来。赵松铨来。理发。下午，作信复焦县长及杰士。夜，理账。

7月11日　星期一

晴，连日甚热。上午，作信致望、时两舅，复学南。下午，作信致志轩，复慎旃。

7月12日　星期二

晴。上午，中孚、士铨同省党部金山特派员沈德仁来，坐谈良久,去。杰士来,午饭后去。至图书馆。词臣来。沐浴。夜,致大妹信。

7月13日　星期三

晴。上午,时舅来,即去上海。写《追远桥题记》泐石。下午,至济婴局、图书馆。出,至储蓄会,举行一百零四期挈签,又至河西地基,乃返。伯才来。复叔略信。夜,写账。

7月14日　星期四

晴。上午,作信致本邑兵灾救济会及墨谦。又为济婴局、救火联合会事,各签发丁泰来一信。至协和当,候杏林不值,即返。下午,杏林来,君介、君宾来。傍晚,去。夜,作信致中妹及迪光。

7月15日　星期五

晴。上午,至高老宅望舅处,并至卓庵处吊其二子。应群、迪民旬日前荡舟遭灭顶之祸。在望舅处晚饭。又至新宅一转后返。

7月16日　星期六

晴,夜雨。上午,少青、士荃、志轩、匌焘先后来。复一谔信。下午,致望舅信。公渡来,少坐,去。时舅、君定、大妹自上海回来,傍晚,去。至轮船局包客舱。夜,作信致沈德仁。

7月17日　星期日

晴。上午,为辞本邑地方款产经理事,拟致省政府建设厅及民政厅函。作信复学源、培孙、君藩,致信符。下午,至图书馆。杂务。伯衍来。夜,理账。

7月18日　星期一

晴。上午,收拾行装。圆妹携锦甥归,君宾同来。下午,陈芍亭来。志刚、道弘、若望、铁军来。季眉来。复望舅信。夜,蔼然来。

7月19日　星期二

晴。偕粲君携念祖、怀祖往上海。因粲君将分娩,寓所前日来,仍租定。去岁住过之白克路怀德里二百零九号楼下二间。上午八点钟,乘轮船开行,下午三点钟到。余在轮局一与念椿、伯埙晤谈后,即同至寓所。

7月20日　星期三

晴。上午,督佣人揩拭门窗。课念祖读。下午,书贾李爱椿来。至蝉隐庐、美的书店、来青阁、受古书店、先施公司。夜,至乐泉浴室沐浴。

7月21日　星期四

晴。上午,课念祖读。下午,印识《书目答问》上余所有之书。至先施公司、文明书局、商务印书馆、博古斋等处,又至湘记号晤叶氏兄弟。夜,作信复时舅,致圆妹。

7月22日　星期五

晴,下午有雷雨。上午,课念祖读。下午,同粲君携念祖至先施公司、新新公司一次。夜,至中国书店,适晤乃乾,坐谈良久,返。

7月23日　星期六

晴。上午,至新康里晤十眉,少坐,返。课念祖读。叔明来,少坐,去。下午三时,至中央影戏院观演《红楼梦》。六时后,演毕。出,至永安公司一回而返。夜,念椿来,少坐,去。

7月24日　星期日

晴。上午,十眉来,同至青岛路王瀛洲寓处,观诸可宝遗书。季鲁来,少坐,去。至博古斋。午刻,至一枝香,应乃乾招饮。席间尚有朴安、十眉。出,同至中国书店,并晤野鹤,杂谈浏览。返,已四下钟矣。复学南信。

7月25日　星期一

晴。上午，至振华旅馆，晤叔明。出，至南阳桥振业印刷公司，晤秋魂，乃返。课念祖读。下午，观宋大樽之《学古集》及《诗论》。作信复圆妹、钰坚、中孚，致连亚堂及望舅、君定、杰士。秋魂来，即去。至新新公司。出，至中国书店，晤及徐积余先生。出，至大西洋菜馆，应叔明招饮。席间尚有文甫、嘉庭、忆初。九下钟，返。

7月26日　星期二

晴。上午，至晋隆定客座。出，至有正书局、来青阁。复直隶书局、通学斋、保文堂信。下午，杂翻书籍。傍晚，至晋隆邀叔明、文甫、兰畦、忆初、君湘宴集。尚邀嘉庭、念椿，因离沪，不到。九下钟，散席，返。

7月27日　星期三

晴。上午，十眉来，坐谈良久，去。课念祖读。下午，作信复始昌，致乃乾。至商务印书馆、锦文堂、受古书店。夜，至温泉浴室沐浴。

7月28日　星期四

晴。上午，作信致君彦。至医学书局候丁仲祜，坐谈数刻，返。同綮君携念祖至三友实业社买物，即返。作信复菊生。下午，作信致仲可。观《东洲草堂诗钞》。至学园饮冰。出，至汉文渊、受古书店、锦文堂、来青阁。傍晚，返。夜，念椿来，少坐，去。

7月29日　星期五

晴。上午，叔明来，少坐，去。课念祖读。作信致君定，复时舅、爱椿。下午，乃乾来，少坐，去。作信复圆妹，致伯华。夜，至受古书店及博古斋。

7月30日　星期六

晴。上午,课念祖读。观乃乾主编之《国学》杂志。下午,杂翻书籍。至先施公司、新新公司。始昌来,少坐,去。

7月31日　星期日

晴。上午,至十眉处,即同其至乃乾处,并晤朴安。乃乾出示其手校书籍多种,甚精善,坐谈良久。返已近午矣。下午,杂翻书籍。夜饭后,至受古书店、博古斋一回。忆初夫妇来,少坐,去。

8月

8月1日　星期一

晴。上午八点钟,乘轮船回张,下午四下钟抵家。在船观《东洲草堂诗钞》。君定来。傍晚,去。夜,中孚来,少坐,去。

8月2日　星期二

晴,下午有雨。今日,先君六周忌辰。傍晚,谨敬设祭。上午,道弘来。伯衍来。君宾前曾回乡,顷又来。至图书馆,少坐,返。作信复时舅,致中妹。又至图书馆。因子宜先生在馆,中孚邀共午饭。饭后,即返。夜,观连日时报。

8月3日　星期三

晴,傍晚雷雨。上午,赵丽生来。端甫、志轩、宪人、杏林先后来。君定来。下午,作信复芻煃。至伯埙处,应其招,谈整顿镇上警察事宜。出,至图书馆。君定亦来,阅商编辑之馆中年报。又与君定、中孚、钻坚、道弘等在馆前合摄一影。返已五下钟。夜,与君定、君宾、圆妹手谈。

8月4日　星期四

晴,下午有雷雨,夜又有雨。上午八点钟,乘轮船往上海,下午二点半钟到。即至怀德寓所。在船观《天放楼诗》续存一卷。忆初来治念祖腹泻,昨亦来过。又君湘今曾一来。夜,至温泉浴室理发、沐浴。

8月5日　星期五

上午晴,下午雨。上午,补写连日日记。理账。下午,作信复学南及书贾宋星五。观《刻眉别集》。忆初来。夜,至来青阁,晤积余及乃乾,坐谈良久。出,又至博古斋。十下钟,返。

8月6日　星期六

阴,时有雨,夜有盛雨。上午,至霞飞路候屯艮——已回汉口矣。乃至大沽路国光书局晤文圃,交其印图书馆年报。出,至威海卫路,晤朴存。渠于前日偕皖人陈少峰曾往闲闲山庄,并一至余家。余适在沪也,坐谈数刻。返。下午,作信致念椿、乃乾,复保文堂书店。至中国书店。出,至湘记号,晤叶氏兄弟,观其续到之书多种。出,至来青阁、博古斋,一转而返。夜,至中央大戏院,观妇女慰劳北伐会,演《少奶奶的扇子》。主演者唐瑛女士。演毕已十二下钟。

8月7日　星期日

晴雨无定。上午,课念祖读。连日多由粲君课之。作信致徐积余先生。下午,仲稺来,坐谈数刻,去。至湘记号,观叶氏书。出。至来青阁、受古书店。又至福禄寿进茶点。乃返。夜,至启新旅社,候士超。渠日间曾来过,坐谈数刻。出,至博古斋而返。

8月8日　星期一

晴雨无定。上午,至竞雄女校,候佩忍,不值。晤寄尘、馨丽,少坐。出。至盛公馆,候慎旂,不值,乃返。作信致君彦。下午,作信复芝泉太叔祖、时舅,致圆妹、志轩、杰士、慎旂。忆初来。夜饭后,粲君觉胞浆水不破而见红甚多。当即请陆青芝来,谓系胎盘在下,殊属危险。又与陆露沙、金恂侯商酌,均劝进医院为万安。乃于夜午,住入露沙介绍之虹口日人所设之福民医院。余送去后,回来已二下钟。又致圆妹一信而卧。

8月9日　星期二

晴雨无定。早饭后,至福民医院,粲君甚平稳,腹亦不痛。傍晚,返。至大庆里忆初诊所一晤之。福民医院在北四川路横浜桥北首,阿瑞里口。其中分科诊治,产科主任系日人高山。昨夜粲君进院诊治后,说尚无妨。又昨夜,季鲁嫂及石士伉俪均去。往邀院中,即由季鲁嫂相伴。

8月10日　星期三

晴雨无定。早饭后,至福民医院。粲君无恙。下午,露沙、青芝来候,傍晚返。圆妹于下午乘轮到沪——昨信去邀也。夜,顾品璋及始昌先后来,即去。至湘记号,候叶氏兄弟,不值,乃至受古书店一次而返。

8月11日　星期四

上午阴有微雨,下午有盛雨。黎明,女佣住院者来报,谓粲君一时许胞浆水破,腹痛。当即至医院,圆妹随后亦来。粲君于十二时二刻产下一男(医生略用手术),大小平安。圆妹因欲照顾念、怀两儿先回,余于傍晚返。此次粲君之产,医生皆谓极有危险之象,小儿更难保无虞。乃得出险入夷,母子俱安然无恙,且仍获男,盖非祖先之积德与夫我母望孙之诚不至此。奈何我父母之不及见也。伤哉!伤哉!然英灵必含笑在上也。

8月12日　星期五

晴。上午,作信致仲稽。偕圆妹携念、怀两儿至福民医院。午刻,同圆妹返。下午,至广仁里冯宅,为时舅前托梦老题识之件。又至湘记号,取所购叶氏书。又至福禄寿饮水后,仍至医院。傍晚,携念祖返。怀祖因其乳佣欲兼哺新儿,留院。夜,作信复君定。

8月13日　星期六

晴。上午,圆妹乘轮船回去。携念祖至福民医院。傍晚,返。

8月14日　星期日

晴。上午,校图书馆年报印本样张。携念祖至福民医院。傍晚,并携怀祖返。新儿乳佣今自家中来也。夜,杏林、始昌、仰笑先后来。复圆妹信。

8月15日　星期一

晴。上午,课念祖读。至国光书局一回。下午,携念祖至福民医院。五下钟,返。至先施公司一转。始昌来,即去。夜,至博古斋。出,至温泉浴室沐浴。

8月16日　星期二

晴。上午,至安庆里晤佩忍,盛公馆晤慎旃,各少坐。课念祖读。复迪光信。下午,黄礼坎来。至中国银行,为伯华取所赎路储金。出,至福民医院。五下钟出,又沿路略购杂务而返。忆初来。夜,至来青阁、受古书店、汉文渊等处。复时舅信。

8月17日　星期三

晴,夜深雷雨。上午,至商务印书馆等处。作信致乃乾,复学南。下午,至福民医院。在院观《袁枚评传》。傍晚,返。

8月18日　星期四

晴。上午，复中妹信。君湘来，少坐，去。下午，至福民医院。三下钟，偕粲君，携新儿返寓。作信致端志，复叔略。夜，作信复杰士、钻坚、君定、圆妹，致花儿。

8月19日　星期五

晴。上午，校图书馆年报样张。课念祖读。复履仁信。季鲁来，午饭后，去。慎旃来，少坐，去。至中国书店。出，至安乐宫，观书画展览会。出，至丰昌当。出，至光华书局。出，至快活林饮水。出，至四川路桥堍，取所配照架，乃返。致乃乾、君藩信。夜，忆初来。

8月20日　星期六

晴。上午，课念祖读。至国光书局。出，至寰球中国学生会，晤少屏，少坐，返。下午，至康脑脱路康家桥候徐仲可，不值，留条而返。又至西泠印社。观《袁枚评传》直至夜分。致花儿信。

8月21日　星期日

晴。上午，慎旃来，少坐，去。课念祖读。观《袁枚评传》。下午，至中国书店、来青阁、湘记号等处。夜，观《清华学报》。

8月22日　星期一

晴。上午，课念祖读。作信致士超，复仲可、乃乾。下午，观《袁枚评传》。作信复圆妹、时舅、君定。忆初来。

8月23日　星期二

阴。上午，课念祖读。复书贾宋星五信。下午，至新新公司购物后，至同芳居约乃乾茶叙，坐谈良久。出，至来青阁而返。夜，至温泉浴室沐浴。

8月24日　星期三

阴,有微雨。上午,至曹素功、新新公司等处购物。下午,君定、君实自乡来,至冠生园、先施公司等处购物。同君定、君实携念祖至晋隆夜馔。馔后,君定、君实去住仁和里。

8月25日　星期四

晴。上午,往乘轮船归。八点钟开,下午三点钟抵家。晋康来。

8月26日　星期五

晴。上午,端甫来。杂务。下午,至图书馆。伯才来。中孚来。君宾昨回乡,今来。致焦县长信,辞被委为张堰乡政局长。夜,杏林来。观连日《时报》。

8月27日　星期六

晴。上午,理发。收拾书室。杰士来,午饭后,去。志轩来。禁烟局长姚全三来。涤新来。焕然来。季眉来。致粲君信。夜,观连日《时报》。补写日记。理账。

8月28日　星期日

晴,夜雨。上午,以新生儿,祭告祖先。致焦县长信,为兵灾账款事。下午,至图书馆。出,至公安局,答候禁烟局长姚全三。出,至伯埧处,少坐,乃返。至河西地基。致宋石愚信。夜,翻阅《艺风堂文续集》。

8月29日　星期一

晴。杂务。下午,志轩来。君宾今晨,往上海。

8月30日　星期二

晴。上午,偕圆妹,携花儿至五区何宅安姑母处,望河西太太。下午,返。韫辉来。

8月31日　星期三

晴,下午有雨。上午八点钟,乘轮船往上海,下午三点钟到。即至怀德里寓所。夜,君定、君宾来。致圆妹信。亚雄嘱其戒烟,今日邀与同来,即住此间。

9月

9月1日　星期四

晴,连日甚热。上午,至仁和里君定寓处,君宾亦住于此。午饭后,至鸿仪里,候程云岑,不值,乃返。同亚雄至南京路忆初分诊所,亚雄即请其戒烟也。出,余至中国书店、来青阁等处。夜,同亚雄至温泉浴室沐浴。

9月2日　星期五

阴雨。上午,课念祖读。理书。下午,理信件。望舅母、君实来。致乃乾信。夜,君定来。君宾来。

9月3日　星期六

晴,有雨。上午,课念祖读。校图书馆年报。叔明来。下午,至博古斋、汉文渊,又至来青阁与君定相会。同至湘记号晤叶励甫,少坐,返。六下钟,同亚雄至中央大戏院观电影界游艺大会。返已夜午后二下钟矣。

9月4日　星期日

雨。上午,课念祖读。慎旃来,坐谈良久。午刻,至悦宾楼,应闻野鹤招饮。席间为君定、朴庵、荆山、匪石、步陶等。席散后,同君定至来青阁,四下钟返。观《东洲草堂诗钞》。

9月5日　星期一

上午雨,下午晴。上午课,念祖读。作信致中妹,复迪光。下午,复铁君信。君定、君实同望舅母、陈瑞芝等来。乃乾来。至国光书局、来青阁、永安公司。

9月6日　星期二

晴。昨起腹泻,今成痢疾,发有身热,头闷脚酸。请忆初诊治。

9月7日　星期三

晴。今日,痢疾渐稀,身体稍愈。上午,十眉来。望舅来。下午,复花儿信。忆初来。夜,君定来。

9月8日　星期四

晴。理县款产经理处账目。上午,君定来。下午,忆初来。夜,致紫卿、花儿信。

9月9日　星期五

晴,下午有雨。上午,课念祖读。观《落帆楼文集》。下午,复杰士信。至来青阁。出,至世界书局,晤思期。又至锦文堂、受古书店、永安公司。而返。乃乾来。

9月10日　星期六

晴。上午,君定、乃乾来,即同至外日晖桥南学中学,晤培孙。在校中午饭,并游校园,观图书馆,二点半钟返。偕君定至仁和里少坐,返。少屏来。望舅来。夜,偕亚雄至中央大戏园观电影,演《风流少奶奶》。十二点钟,散。又至大罗天食点心而返。复花儿信。

9月11日　星期日

晴。上午,课念祖读。作信复迪光。下午,作信复县党部特别委员会，致焦知事。至来青阁、开明书店、泰丰公司等处。夜，君定来。

9月12日　星期一

晴。上午，课念祖读。下午，同粲君携念祖至永安、先施、新新三公司购物。花儿来沪。夜，作信致圆妹及钻坚。

9月13日　星期二

晴。上午，致乃乾信。至仁和里望舅处。时舅昨日亦来此，少坐后，同君定至金恂侯处，不值，同返。望舅、时舅来。下午，同两舅、君定往候仲可，坐谈良久。又由仲可导游夏剑丞宅园。傍晚，返。又同时舅至中国书店一次。夜，至江苏旅馆，候吟槐舅母——日间曾来也。又至温泉浴室，晤君藩。

9月14日　星期三

晴。上午，作信复志轩及包竟时。下午，至博古斋、来青阁、商务印书馆等处。中妹、迪前昨日到张，今携益儿来沪。傍晚，同粲君、中妹、迪前、亚雄，携花、益、念四儿，又吟槐舅母日间来此，皆邀至晋隆夜馔。馔后，迪前、中妹因此间逼窄，去住旅馆。吟槐舅母亦去。

9月15日　星期四

晴。上午，至仁和里，少坐。同望舅、君定返。下午，奚铁棠来，少坐，去。望舅、君定去。同迪前至湘记号观叶氏书，又至来青阁，乃返。君实、启明来，少坐，去。至中央菜馆，应时舅招饮。席间为积余、云岑、迪前、君定。九时，返。中妹今日起，住在此间。

9月16日　星期五

雨，下午阴。上午，仲康来。作信致张堰救火联合会执行委员会,辞常务委员。又致道弘、一之,复钻坚。下午,同粲君、益、念两儿至仁和里。余又同时舅至瑞师处少坐。仍回仁和里,同粲君等返。至中国书店,与时舅、君定相会。同至振华旅馆,晤君介。又至汉文渊。傍晚,返。同粲君、中妹、亚雄携花、益、念三儿至功德林夜馔。八时,返。致朴庵、朴存,复野鹤、十眉信。

9月17日　星期六

雨,下午阴。上午,至庆祥里,晤张见为。又至中国银行等处。震生来,少坐,去。伯华来,午饭后去。复端志信。偕粲君携念祖至中央大戏园观电影,演《美人计》。五点半钟,返。

9月18日　星期日

阴。上午,十眉来,少坐,去。至美丽川菜馆,问昨日发请柬事,即返。午刻,在美丽设宴招少峰、匪石、野鹤、朴安、乃乾、十眉、迪前、君定、君介。尚有朴存、荆山未到。席散,返已三句钟矣。同迪前至蟫隐庐、汉文渊等处。夜,忆初来。

9月19日　星期一

晴。上午,中妹同迪前回张。课念祖读。观《东洲草堂诗钞》。作信复朴存、杰士。下午,至同芳居啜茗。与云岑、君定相约,乃云岑不到。等候一小时许,与君定出,至商务印书馆等处而返。理书。夜,观《郁达夫日记》。

9月20日　星期二

晴。上午,观《郁达夫日记》。课念祖读。校图书馆年报。君定来。午刻,同至美丽菜馆,应陈少峰招饮。下午二点钟,返。携花、益、念三儿至法国公园游览。傍晚,返。夜,忆初、君定来。慎旃来,夜饭后去。忆初来。君定又来。

9月21日　星期三

阴。上午，花儿、益儿、亚雄回张。余送至船上，君定亦回。至中国书店。下午，至典业银行，晤朱培元。出，至同芳居晤云岑。同至湘记号，拟看叶氏古泉，乃适无人，遂出。余至商务印书馆、受古书店等处后，至先施公司与粲君相会。傍晚，返。

9月22日　星期四

晴。上午，校图书馆年报。下午，至国光印刷所一次。同粲君至昼锦里及永安、先施购物。夜，至受古书店、来青阁后，遂往温泉浴室沐浴。作信致中妹、望舅。

9月23日　星期五

晴。上午，至博古斋。黄礼坎来。下午，偕粲君至新新、永安两公司、三友实业社、南阳袜厂购物。傍晚，归来。携念祖至晋隆夜馔。馔后，余至大新旅馆，候汭钟。日间曾来，不值也。少坐后，又至来青阁，晤及乃乾，亦少坐，乃返。

9月24日　星期六

阴，近午有雨。上午，至永安公司、中华书局、商务印书馆、大新旅馆，晤汭钟，付其借款、先施公司、新新公司。下午，偕粲君，携念祖至忆初处、君湘处。乃其伉俪均不在，遂至法国公园，游览时许。至霞飞路新民公司饮水后，至大马路忆初诊所。出，至永安公司。余携念祖先返。至萃昌当，答候奚铁棠。偕粲君携念祖至悦宾楼夜馔。

9月25日　星期日

阴雨无定。上午，粲君往松江，余送至车上。至来青阁、校经山房。又至泰丰、天禄购食物。下午，至中央大戏园观电影《女儿国》及演《唐夫人》。近六时，返。粲君返。夜，慎旃来。

9月26日　星期一

阴雨无定。上午,季鲁来。下午,收拾物件。偕粲君至永安公司等处。忆初来。

9月27日　星期二

晴,下午有雨。偕粲君携念祖、怀祖、新儿纪祖归。上午七点钟,往乘轮船。八点钟开,下午三点钟抵家。

9月28日　星期三

晴。上午,收拾物件等。理发。亚雄来,午饭后,去。道弘来。君宾同徐龙初、辛八、葛耀飞、朱维垣等来。君藩同宋石居、宛云、黄景伊来。志轩来。

9月29日　星期四

晴。上午,杂务。致君宾信。宪人来治中妹皮肤恙及怀儿痰泾,午饭后,去。志轩来。至图书馆,镜波、旭东、晋康、仲康来,留余救火联合会常务委员。君宾来。端甫来。伯才来。伯埙来。晚,设筵宴石愚,并邀介生、宛蓉、伯埙、志轩。

9月30日　星期五

阴,有雨。上午,伯衍来。少嵩等来募捐。复铁君信。下午,至救火联合会开执行委员会。会中坚欲余弗辞常务委员之职,乃允暂再维持。五句钟时返。

10月

10月1日　星期六

阴,上午有雨。上午,致绿筠信。杂务。下午,时舅来。傍晚,同君宾去。夜,观连日时报。

10月2日　星期日

晴。上午九点钟,唤船开往松江。下午三点钟,到,即至王宅。

10月3日　星期一

晴。上午,至云间古书处、典业银行君藩处,路晤君彦。午刻,外舅因新得曾孙,开汤饼之宴。下午,斗牌直至夜分,完四局。

10月4日　星期二

阴,晚雨。上午九点钟,开船归。下午一点钟,过松隐。登岸往候怒庵及陶遗,各坐谈一小时许。六点钟,抵家。君宾于日间来。夜,致君藩信。

10月5日　星期三

雨。上午,杂务。下午,作信复乃乾、杰士,致迪光。邀谢子春来治怀儿痰泾。

10月6日　星期四

阴,有雨。上午,课念祖读。略理书籍。下午,作信致周瘦鹃、叶励甫及书肆。君宾去。志轩来。夜,理账。

10月7日　星期五

晴,晚雨。上午,涤新来。至高宅,望恒、安两甥病。下午,至闲闲山庄,傍晚返。夜,理账。

10月8日　星期六

阴。上午,至图书馆。出,至公安局,答候新任局长李幸三。迪前携恭、寿、星垣来。下午,邀宪人来为絜君开产后调理方,并治中妹皮肤恙。伯才来。夜,观《少奶奶的扇子》剧本。

10月9日　星期日

晴,夜有雨。上午,至河西地基相地,起造小屋三间。杰士来，午饭后，去。赓熙叔母来谈其家事。傍晚，至伯埙处。出，至李幸三寓所，应其招饮。夜返。

10月10日　星期一

晴，夜雷雨，湿热。上午，至河西地基。下午，君宾来。携花、益、念三儿及诸甥至第二高小校观学生演剧。夜，与迪前、君宾等手谈。

10月11日　星期二

阴，夜雨。上午，陈一之来。至济婴局，今日斋堂。午刻，返。季眉来。傍晚，又至济婴局宴集。夜返。

10月12日　星期三

阴。上午，至宗祠行秋祭礼。余司鸣赞，与祭者三十余人。午刻，饮福后返。又至图书馆一回。望舅、时舅、君介来。君宾同圆妹携锦甥去。傍晚，舅氏等亦去。

10月13日　星期四

晴。上午，迪前携恭、星、苹三甥去。中妹亦到亭检衣服，约明日即归。伯承来。下午，理信件。作信复迪光。夜，理账。

10月14日　星期五

晴。上午，李幸三来。至河西地基。复时舅信。下午，至继述堂，仲莲季女明日出阁。少坐后出，至图书馆及乡政局而返。复杰士、子经信。中妹归。又至继述夜宴后返。理账。

10月15日　星期六

晴。上午，慰民、静尘来。至继述堂，午饭后，返。至侯家河西菊姊姊处（寓居姜宅），贺义方甥完姻，即娶于继述也。夜返。

10月16日　星期日

晴。上午，县长焦德一到门来候，挡驾，乃答候于公安局。悉在伯埫处,遂往晤焉。少坐后,同至乡政局。午刻,李幸三与志轩设宴,为陪——志轩新任乡政局长也。散席后,县长往卫城,余至图书馆而返。君定来,傍晚,去。夜,理账。复时舅信。

10月17日　星期一

晴。午刻,焦县长来,与伯埫设筵宴之——昨日所约也。并邀李幸三及伯承、智川、中孚、孟恢、志轩。三下钟,散。至河西地基,又至西森泰衣庄,拟晤陈一之、丁志元,均不值。同泰仁晤伯埫,均为救火联合会西区事。夜,作信复道弘、君藩,致亚雄。

10月18日　星期二

晴。上午,陈一之等来。观《章氏遗书》。下午,复杰士信。至图书馆。伯承来。校图书馆年报样张。夜,致中国书店信。理账。今日,粲君、中妹携益、念两儿,菊、梅两甥往高宅。傍晚,返。

10月19日　星期三

晴。上午,致李幸三信,为房捐事。课念祖读。下午,至龙沙禅院处祖墓上,督佣人收拾园地,并一观新建之追远桥。亚雄来。辑《金山艺文志》。复时舅、念椿信。夜,理账。

10月20日　星期四

晴。上午,课念祖读。复慎旃信。公度来。亚雄来,为余订报。下午,至救火联合会开执行委员会。会毕后,又至河西地基一回。

10月21日　星期五

晴。上午,下元节祭先。志轩来。下午,作信复时舅、迪前,致十眉。傍晚,中孚在潘顺兴宴,公度同往。夜八时,返。

10月22日　星期六

晴。上午,同公度去河西地基一回。理发。午刻,与杏林合宴公度于潘顺兴,并邀中孚、古茹〔如〕、涤新、志轩等。散席后,至图书馆,少坐,返。族人富荣长辈来。傍晚,古茹〔如〕、涤新合宴公度于潘顺兴,又往。夜八下钟,返。

10月23日　星期日

晴。上午,作信复志儒、秋心、石愚、君宾。下午,公度去。至乡政局应伯埙、智川招,谈创办镇上戒烟医院事。季眉来。夜,理账。

10月24日　星期一

晴。上午,理县款产经理处账目。端甫来。下午,至龙沙禅院处祖墓上。回,至河西地基。致书贾宋星五信。夜,理账。

10月25日　星期二

晴。上午,至河西地基。理款产处账。作信复杰士、君定,致吴日永。下午,至图书馆。在馆致伯埙、智川一信。季眉来。志轩来。夜,理账。黄文光来。致君定信。

10月26日　星期三

晴。上午,作信致巩宇,复学南。观《章氏遗书》。下午,至河西地基。涤新、智川、古茹〔如〕先后来。

10月27日　星期四

晴。上午八下钟,偕志轩、伯埙、智川,唤船往朱泾。下午一句钟到。在顺源馆进馔后,即至县政府,为县长组织整理地方财政委员会。列席者为各市、乡局长,款产处、教育、建设、公安各局长,县政府、财政科、县长主席。今日,只行开会式,余与志轩出席。夜馔后出,寓拓湖旅社。同寓者尚有端志、公度、卓然、杏卿诸人。

10月28日　星期五

晴。上午,至迪光处及教育局,旋至县政府开会。傍晚,散会。出,同志轩至顺源馆夜馔。

10月29日　星期六

晴。上午,至县政府开会。傍晚,散。至教育局,应局长项为贤开茶话会。出,至顺源馆。迪光、子慎、卓然宴卸任公安局长,招陪。

10月30日　星期日

晴。上午,至县政府开会。傍晚,散。县长设筵相宴。

10月31日　星期一

晴。上午,发家中信。至朱泾商会参与总理纪念周。午刻,迪光邀至酒家午馔。馔后,至县政府开会。傍晚,散。同志轩、端志、公度、卓然至顺源馆夜馔,适晤子慎、简庵,即由其邀饮。

11月

11月1日　星期二

晴,傍晚有雨。上午,志轩等至朱泾市政局组织市乡行政局联合会,余在寓。午刻,至顺源馆应卓然招饮。散席后,至县政府开会,傍晚,散。

11月2日　星期三

晴。上午,至县政府开会。余于款产处副董一职迭次告辞,今日议及此事,改组为委员会。选出委员五人,余仍被举在列。一辞则将牵动全局,乃暂不言。会事于今日全部告竣。傍晚,散。与端志、公度、志轩在顺源馆合宴朱地、干臣〔幹丞〕、文甫、南暨、迪光、子慎、为贤、晨钟、思诚、憩南、析烦等二十余人。散席已近九点钟。兴致甚佳,后又同端志、两峰、涤新至酒家小食。

11月3日　星期四

晴。涤新昨同余佃户丁序三来,为向县呈报其失单事——前所托也。今日上午,余特再至县政府,拟证明此事。乃县长往闵行,遂不晤。而出。下午,同志轩、涤新等乘快船,归。傍晚,抵家。端志同船,至干巷上岸。大妹携恒、升两甥于越昨归。

11月4日　星期五

晴,有雷雨。上午,杂务。下午,君宾自亭林回来,即去。至图书馆、乡政局、第二小学,晤道弘、河西地基。端甫来。夜,观连日时报。

11月5日　星期六

晴。上午,杂务。下午,伯衎来,即去。望舅、伯筹来。志轩来。伯才来。至伯埙处,因伯埙等发起戒烟医院,明日开幕。曾请吴忆初为院长,按周到院诊治。今来,在伯埙处夜馔后,同忆初返。望舅与伯筹亦住。君定来。

11月6日　星期日

晴。君定乘轮往沪。上午,伯筹去。同望舅至河西园地。时舅来。至戒烟医院。院设厚生伞厂旧址,由伯埙、智川等发起。今日行开幕式,焦县长亦到。午宴后,返。君介、君宾来,圆妹携锦甥亦归。望、时两舅、君介去。夜,墨溪、幸三来,少坐,去。忆初去宿舟中,备明晨开至泖港,转搭轮船回沪。

11月7日　星期一

阴。上午,宪人来,为恒初开调理方。志轩、伯埙先后来。恒初去。至河西园地。下午,杂务。夜,致文圃信。

11月8日　星期二

晴。上午,大妹、圆妹、君宾乘轮往沪。理书。至河西园地。下午,至储蓄会举行一百零八期掣签。出,至图书馆。出,至继述堂,晤仲莲、明伯及赓熙叔母,谈其家事。傍晚,返。夜,致书贾宋星五信。又致时舅信。

11月9日　星期三

晴。上午,端甫来。志轩、伯承先后来。写致送明岁延请杨道弘教授儿辈关约。下午,至图书馆。作信复简敬、盥孚,致书贾遂翔。夜,作信复子经,致君定及中国书店。理账。

11月10日　星期四

晴。上午,花儿乘轮往沪剪衣料。杂务。作信致迪光。下午,君介来,少坐,去。作信复十眉。至河西园地。志轩、智川来,即去。夜,理账。

11月11日　星期五

晴。上午,学源来。下午,理书。伯衍来。复杰士信。夜,复时舅信。

11月12日　星期六

晴。上午,理书。写书目。下午,至图书馆及河西园地。作信复学南、亚伯。

11月13日　星期日

晴。上午,至伯埙处,观其向钱圩带来之书画。复日永信。下午,伯承来。至图书馆。出,至乡政局开冬防会议,返已傍晚。夜,观近来上海画报。

11月14日　星期一

晴,晨雨。上午,时舅来。下午,伯才来,少坐,去。沪张轮船昨以闻军队封船停驶。圆妹、君宾昨晚乘火车到松，今唤快船归。时舅去。

11月15日　星期二

晴。上午，理书。复培孙信。下午，至图书馆。出，同志轩至继述堂，晤仲莲、明伯及赓熙叔母，谈其家事。傍晚，返。君宾去。花儿自沪乘轮归。

11月16日　星期三

晴。上午，理书。下午，训戒花儿。伯贤来，少坐，去。至汭钟处，贺其嫁女。夜宴，后返。

11月17日　星期四

晴。上午，至庐宅贺喜，即返。作信复焦县长，致君介。下午，词臣、伯贤来，即去。至图书馆。出，至公安局，晤李幸三。出，至邮局汇款。伯承来，即去。作信复黄文光、书贾孙耀卿等。大妹携升甥自沪归。夜，致时舅信。

11月18日　星期五

阴。上午，时舅来，即乘轮去沪。志轩来。下午，杂务。子峰来。君宾来。傍晚同圆妹携锦甥去。至戒烟医院开会议。夜，复潘圣一信。

11月19日　星期六

阴。上午，写米捐收条。下午，君介来，傍晚去。伯才来。子峰来。书贾李爱椿来住。夜，校所抄《此木轩诗钞》。

11月20日　星期日

雨。上午，中妹携菊、梅两甥去亭林。理书。下午，至图书馆。出，至乡政局。局中欲召乡政商榷会，因到者极少，不成会，少坐而返。君定自沪回，忆初同来，即至戒烟医院，夜来宿此间。

夜,李幸三同焦县长之侄某来,即去。

11月21日　星期一

阴。忆初于拂晓开船去泖港,转搭轮船回沪。上午,志轩来。与君定谈。下午,建设局内李企商来,即去。写书目。君定去。奇峰、泰来来。夜,校《此木轩诗钞》。

11月22日　星期二

晴。上午,校图书馆年报。下午,至图书馆。作信复琼堂、朴存。夜,复十眉等信。校所抄《此木轩诗钞》。今日,粲君同玉嫂嫂至五区安姑母处,视河西太太痢疾,返已晚。

11月23日　星期三

晴。上午,写书目。下午,大妹携升甥去高宅检衣服,约明日即归。作信复乃乾。校《此木轩诗钞》。丁子元来。端甫来。夜,观原刻本《王顼龄行述》。

11月24日　星期四

晴。上午,巩宇来。写书目。下午,理发。至河西园地。作信致谈麟祥、培孙,复杰士。夜,观《王鸿绪行述》。

11月25日　星期五

阴。上午,观《章氏遗书》。下午,至图书馆。课念祖读。作信复慎旃、圣一。至吴雄飞处,明日为其弟完姻招饮。夜,返。

11月26日　星期六

阴。上午,少云、似石先后来。杂务。致君介、君宾信。下午,至图书馆。出,至智川处。伯才来。君介来,傍晚,去。至吴雄飞处,贺其弟鹏飞结婚。夜宴后,返。

11月27日　星期日

晴。上午,作信复中国书店。大妹携恒、珍、升三甥归,恒甥傍晚仍去。时舅、君宾来。圆妹携锦甥归。午饭后,君宾、圆妹携锦甥往亭林顾家贺喜。花儿同去,时舅傍晚去。夜,忆初自戒烟医院来。智川来候忆初,少坐去。忆初亦去宿舟中。

11月28日　星期一

阴。上午,复书贾宋星五信。下午,子峰来。理书。至陆幼卿处,明日为其女于归招饮。夜,返。

11月29日　星期二

阴。上午,至陆幼卿处贺其嫁女,少坐,即返。作信复丁芝孙。下午,理书。作信复哲夫及项为贤。夜,翻阅《松陵陆氏丛著》。

11月30日　星期三

阴。上午,作信复志儒。课念祖读。下午,至图书馆。写书目。季眉、伯承、志轩先后来。夜,观《陆氏丛著》中《溉釜家书》。

12月

12月1日　星期四

阴。上午,涤新来。下午,理书。志轩来。作信致陈绳夫。夜,观《溉釜家书》。

12月2日　星期五

阴,有微雨。上午,作信复仲稽、简敬,致古茹〔如〕。下午,至图书馆。君宾、圆妹携锦甥自亭林回来,花儿随归,中妹携恭甥亦归。君宾等旋即去乡。伯承来。夜,观《东洲草堂诗钞》。

12月3日　星期六

阴。上午,至久昌石灰窑游览,并同伯承观拟造拱北桥基址。子峰来。下午,邀宪人来治恭甥恙。作信复菊生。汭钟为女归宁招饮,夜返。

12月4日　星期日

晴。上午,至高老宅。今年望舅寿臻六秩诞辰,在阴历本月某日,谨持张叔未书楹联墨迹等为献。下午,至新宅,傍晚返,君定同来。至庐宅,公贺暖房,夜返。忆初自戒烟医院来。

12月5日　星期一

阴,有微雨。杂务。下午,子峰来。君定去。至乡政局应一谔招饮,夜返。忆初于今日拂晓开船去泖港,转搭轮船回沪。

12月6日　星期二

阴。上午,志轩来。下午,端甫来。中妹携恭甥去亭林。子峰来。作信复迪光、纪麟。古如、杏林、中孚来。至庐宅与镇人设筵公祝莫古如六秩、李杏林五秩寿,借座于此,夜返。

12月7日　星期三

晴。上午,作信复时舅、学源,致十眉。理书。下午,至图书馆。出,至子贞处,少坐,返。作信复杰士。夜,校《初月楼文钞》。

12月8日　星期四

晴。上午,杂务。下午,至储蓄会举行第一百零九期掣签。出,至图书馆而返。君介来,傍晚去。夜,杂翻书籍。

12月9日　星期五

晴。上午,至五区安姑母处视本生庶祖母痢疾。下午,返。在舟观《东洲草堂诗钞》。夜,杂翻书籍。

12月10日　星期六

晴。上午,圆妹归。端甫来。望舅来。下午,作信复麟祥、时舅。伯承来。圆妹去乡。望舅去。夜,为一谔结会事作信致望、时两舅。

12月11日　星期日

晴。上午,至五区何宅吊也芹表伯母之丧。下午,返。在舟观《东洲草堂诗钞》。夜,忆初自戒烟医院来。

12月12日　星期一

晴。上午,忆初乘轮回沪。写书目。志轩来,午饭后,去。伯才来。子峰来。邀宪人来开膏方。作信复仲稽。夜,吟槐舅母谈其家事。

12月13日　星期二

晴。上午,杂务。下午,复远妹信。志轩、端甫、钻坚、宪人先后来。

12月14日　星期三

阴,有雨。往朱泾,上午十点半钟开船,下午三点半钟到。即至县政府,晤焦县长。留夜饭后,返舟。在舟观《东洲草堂诗钞》。

12月15日　星期四

阴。上午,迪光来舟,同至建设局及新建之公共讲演厅参观,又至朱泾市政局,遂返舟。下午,至县政府。今日本定地方款产管理委员会成立,因委员出席未齐,遂未举行。少坐,返舟。李程之在岸上相见,邀至其家,坐谈数刻。傍晚,至县政府应焦县长招饮。散席后,回舟。继述堂内菊弟来言赓熙叔母在朱,欲商其家事。遂即至其所住张家晤之,坐谈数刻,返。

12月16日　星期五

阴。上午,至迪光处,即同其至县政府领款。出,至安昶庄存款。出,至顺源馆,应程之招饮。同席为干先生、憩南、子慎等。出,至朱泾市政局。局中正开市乡政局联合会,志轩亦到,少坐,即返舟。傍晚,又往。会议已毕。在局中晚饭后,偕同人至县政府开行政会议。十下钟,散会。出,至柘湖旅社,与同人略谈,并至酒家吃点心。回舟已夜过午矣。

12月17日　星期六

阴。黎明起椗,上午十下钟抵家。下午,大妹携珍、升两甥去高宅。至图书馆。至河西园地,督佣人修树。夜,杂务。

12月18日　星期日

阴,有雨。上午,杂务。下午,理书。端甫来。君介来,少坐,去。夜,复杰士信。忆初自戒烟医院来。今日,昭明亡故八周年。

12月19日　星期一

晴。上午,嘱亚雄偕忆初至五区何宅,诊治本生庶祖母痢疾。忆初回至高宅。韫辉来。行怒堂姨娘来,谈其家事。下午,志轩来。理书。夜,复仲稽信。理账。

12月20日　星期二

晴。上午,校图书馆年报。下午,至图书馆。出,至子贞处。作信致邹景叔及朴存。伯承、伯才先后来。夜,作信致君藩、伯衎。

12月21日　星期三

晴。晨起,得悉本生庶祖母张太孺人于昨夜戌时病故于五区头安姑母处。即至河西,与子峰、志轩、亚雄料理后事。庶祖母遗体于下午归,余今日至河西凡往返五次。夜间,承絮与花儿亦去一次。下午,冬至节祭先。复哲夫信。大妹携珍、升两甥归。君定同来。杨寿祺来。夜,去宿旅馆。

12月22日　星期四

晴。上午,至河西。近午返。下午,君定去。至河西,夜返。中妹携梅甥及圆妹均以本生庶祖母之丧,至河西而归。

12月23日　星期五

晴。晨起,至河西。今日本生庶祖母张太孺人大殓,享寿七十九岁。傍晚,返。君定今来。圆妹于傍晚去乡。

12月24日　星期六

晴。上午,至河西,承粲亦去。下午,返。钻坚来。夜,作信致焦县长、迪光,复书贾朱遂翔、菊人。君定于今晨乘轮往沪。

12月25日　星期日

晴。上午,作信复信符,致仲田。下午,端甫来。君介来,少坐,去。作信致端志。夜,忆初自戒烟医院来。中妹携梅甥于午饭后,乘快船去亭林。

12月26日　星期一

晴。上午八下钟,乘轮船往上海,下午四下钟到。忆初同行,到后,仍往寓怀德里贷庑。在船观《学衡》杂志。夜,至来青阁、同文书店、锦文堂、受古书店。

12月27日　星期二

晴。上午,至仁和里君定寓处,少坐后,即同君定至信昌当。出,至一枝香午馔。馔后,至大陆旅馆候震生,不值。乃至汉文渊书肆、时报馆、蟫隐庐、典业银行、永安公司、中国书店。傍晚,因震生将宦于福州,与君定、君湘在一枝香设筵饯之。震生偕其夫人郎君同来,并邀岑有常、陈瑞白、闵纪方、张飞槎、忆初。八下钟,散席。又同君定一至博古斋而返。

12月28日　星期三

晴。上午,至开明书店、美的书店、文明书局、先施公司、新新公司。君定来,午饭后同至中华书局、商务印书馆,湘记号观叶氏书,来青阁。傍晚,返。粲君携念祖来。夜,至博古斋、中国书店。

在店致宋星五一书。

12 月 29 日　星期四

晴。上午,粲君至均益里王寓,余至真美善书店、朵云轩、蟫隐庐、曹素功墨庄、商务印书馆乃返。午刻,偕粲君携念祖至晋隆应君定邀午馔。同座并有君实、启明。馔后,至高长顺牙医处为念祖拔一废牙。出,粲君携念祖至新新公司。余同君定一至中国书店,旋亦至新新与粲君相会,并至先施、永安。傍晚至广雅楼食边炉,九点钟返。君定亦回仁和里。

12 月 30 日　星期五

晴。偕粲君至三公司及昼锦里购物。午饭,回寓。夜馔并约君定携念祖至晋隆。夜,顾子木来。又忆初来,相左,不晤。偕君定至温泉沐浴、理发。

12 月 31 日　星期六

晴。偕粲君携念祖归。上午七点半钟,至轮船。八点半钟开。以张泾内潮落水浅,直至下午六点钟抵家。在船观《东洲草堂诗钞》。圆妹携锦甥于越昨归。君宾今日来。

1928 年

1 月

1月1日　星期日

阴。晨,时舅即同君宾乘轮往沪。上午,杂务。下午,至河西。回,至图书馆。夜,作信复仲穊,致迪光、叶韵兰。

1月2日　星期一

晴。杂务。今日为本生庶祖母二七,并回阳之期。上午,偕承絷去河西一次。傍晚,携花儿又去。夜饭后,返。下午,钻坚来。伯才来。夜,复书贾宋星五等信。

1月3日　星期二

晴。上午,至第二小学校晤道弘,又至蒋天佑号晤永根。宪人来。下午,伯承来。作信复雷导哀。河西作佛事,今晚送库,因去夜饭后,返。复盛春朗信。理账。

1月4日　星期三

晴。上午,答寄各友贺年卡。复书贾李爱椿信。下午,至图书馆、济婴局。理款产处账。子峰、伯才、志轩先后来。夜,作信复君藩、石士、仲穊。致子经。

1月5日　星期四

晴。往朱泾，上午八下钟乘快船，午刻到。钻坚因事同去。到后，先至柘湖旅馆安置行李。出，至酒家午馔。馔后，余至迪光处，同其至县政府，晤焦县长，坐谈良久。余此来本欲将款产处事移交于款产委员会主席，乃选出之主席叶韵兰，不肯就职，遂未果行。出，候芳墅，不值，顺便至张应记购书册。返寓。迪光来寓。同至顺源馆夜馔，馔后，即返。在船寓观《东洲草堂诗钞》。

1月6日　星期五

晴。晨起，至草棚啜茗。又往晤迪光。八下钟乘快船归，午刻抵家。在船观小说《飞絮》。下午，至储蓄会、乡政局、图书馆。复培孙信。夜，复君定信。

1月7日　星期六

阴。上午，杂务。下午，至储蓄会，举行第一百十期掣签。又至邮政局汇书款，又至河西一回。夜，菊祥、子峰来。理账。

1月8日　星期日

雨。上午，理书。下午，偕承絜携花儿、益儿、念祖至河西。本生庶祖母明日三七，严千里、高君介于昨晚来起道场，各送经三日。今日，余等去上祭。夜饭后，返。中妹偕迪前，携菊、星两甥于下午归，为明日至河西七吊。君定、君宾于傍晚自沪归，又恒初亦今午来。夜，中孚同忆初自戒烟医院来。中孚即去。

1月9日　星期一

阴。上午，至河西。今日为本生庶祖母三七之期，家人皆去。下午，返。望、时二舅来，即去。望舅先亦在河西。杰士来，即去。晚间，又至河西。夜馔后，返。忆初今晨乘轮回沪。

1月10日　星期二

阴,上午有微雨。上午,冲之来。下午,迪前、中妹携星甥去,君定、大妹携珍、升两甥去,恒甥昨日已去。至河西今晚送库。夜馔后,返。复书贾朱菊人、杨寿祺信。

1月11日　星期三

阴。上午,君介来,少坐去。下午,严千里夫妇自河西来。千里夫人系新客,设筵宴之。秀红妹、绿筠妹亦来。夜,仍均去。

1月12日　星期四

阴,夜雪。上午,杂务。下午,君宾同圆妹携锦甥去。至图书馆,又至乡政局。今日,馆师放假。又乡政局内,开市乡联合会议。迪光等到镇,傍晚爰设筵宴中孚、迪光、章熙(代韵兰)、杏卿、省之(代攘白)、端志、公渡、三宜(代焕然)、林言、卓然,并招道弘、松年、伯承、智川、钻坚、涤新、一谔、志轩。散席后,诸人有寓康泰旅馆者,因同一去。卓然、端志、公渡仍来宿余家。

1月13日　星期五

阴。上午,同卓然、端志、公渡至潘顺兴菜馆应中孚、志轩招饮,端志旋回去。下午,至图书馆。诚孚来(昨日未到),夜饭后,去。宿旅馆。

1月14日　星期六

阴。上午,卓然、公渡去。至闲闲山庄。今年时舅五十岁诞辰,在阴历本月某日。谨持马时庵眉寿图、横幅等为献。下午,至老宅望舅处,观钱氏抵来之书画。傍晚,回山庄,即返。

1月15日　星期日

晴。杂务。上午,古茹〔如〕来。下午,志轩、道弘、伯才、涤新先后来。夜,计子清来。傍晚,至龚崇恩处,应其会筵。散席后,返。忆初自戒烟医院来。理账。

1月16日　星期一

上午晴,下午阴。上午,仲田来。至河西。今日为本生庶祖母四七之期,一拜,即返,花儿亦随去。下午,至同泰仁,候伯埙,不晤,即返。作信致石愚、君藩,复培孙、菊人。夜,亚雄来。理账。忆初于今晨乘快船至浏港,转搭轮船回沪。

1月17日　星期二

阴。上午,杂务。伯才、道弘先后来。下午,至河西园地种树。钻坚、宪人先后来。写米捐收条。夜,作信致望舅、叔纯,复耀卿、子经。理账。

1月18日　星期三

晴。上午,理书。端甫来。杰士来,少坐,去。下午,志轩来。似石来。杂务。夜,理账。

1月19日　星期四

晴。年节,上午祀神。下午,祭先。明岁,馆师初拟延杨道弘,乃道弘以辞校务,不得不就。乃由王杰士介绍,延徐尹卿。今日写就聘书,作信寄杰士,托其转达。复时舅、子经信。

1月20日　星期五

晴,夜雨。上午,李尹三来。下午,方始昌来。理发。杏林来。夜,理账。

1月21日　星期六

雨。上午,悬挂屏联。端甫来。下午,理款产处账。中孚、伯才先后来。夜,理账。项为贤来,少坐,去。

1月22日　星期日

雨。杂务。

1月23日　星期一

阴,有日光。上午,拈天香,祀祖先。下午,观《学衡》杂志。夜,翻阅《湘绮楼日记》。

1月24日　星期二

阴。上午,志轩来。韫辉率其子来。伯承来。望舅、时舅、君平、君藩、君湘、君实、启明、恒初来,圆妹亦归。傍晚,均去。

1月25日　星期三

阴,有雨。上午,至闲闲山庄时舅处。午刻,时舅宴客。下午,同望舅、君平至鸟船埭教堂内,候张匡之司铎。仍返山庄。

1月26日　星期四

晴,暖甚。上午,至老宅望舅处。午刻,望舅宴客。是夜,即宿老宅。

1月27日　星期五

阴,下午雨。上午,至闲闲山庄,即归家。午刻,斋祖先神影。下午,至志轩、子峰处。夜,答发贺岁柬。

1月28日　星期六

阴,上午有晴光,夜雪。上午,道弘来,少坐,去。君介、君宾来。下午,去。复蕴古书斋信。

1月29日　星期日

微晴,晨起积雪二寸许。上午,理书。下午,至子贞处。出,至仲田处。夜,致君藩信。

1月30日　星期一

晴。上午,写书目。钻坚来。下午,至伯垠处。夜,闵瑞师来,坐谈良久,去。住协和当。

1月31日　星期二

晴。上午,仲田来。作信致中妹、君定、杰士。下午,至图书馆及济婴局。理书。夜,写账。翻阅《严东有诗集》。

2月

2月1日　星期三

晴。上午,李幸三来。宪人来。午刻,设筵宴瑞师、望舅、时舅、君介、君宾、君实,并邀杏林。尚有君平、启明以出门,君定以大妹患恙未愈,均不到。傍晚,舅氏等去,瑞师于夜饭后去。

2月2日　星期四

晴。晨,至轮船送瑞师行,即返。上午,志轩来。至宪人处。出,至图书馆。出,至姜久昌行,晤伯承。午刻,返。下午,匊熹来。写书目。

2月3日　星期五

晴。上午,偕志轩乘快船往朱泾。午刻,到。先至酒家用馔后,乃往柘湖旅社一转。又候迪光,不值。遂至县政府,开政务会议及地方款产管理委员会。余仍被推为主席委员,坚辞不获,且辞则委员会不能成立。仍属款产经理处,由余一人主持。职务较重,故姑勉应之。傍晚,县长设筵宴客。席散后,续开会议。夜十下钟,返旅社。

2月4日　星期六

阴。晨起,偕志轩至县公安局,候陈墨林,不值。即至县政府开会议,并领款。午饭后,出。乘杰士、斐然船回张堰,端志亦同船至干巷。傍晚,抵家。中妹携恭、星、梅三甥于昨日归,迪前亦来。

2月5日　星期日

雨。今日，家中延羽士禳星。下午，君定来。陈一之来，少坐，去。君定去。复菊人，致君藩信。

2月6日　星期一

阴，有雨。上午，至河西。今日为本生庶祖母终七之期。午饭后，返。至储蓄会，举行第一百十一期掣签，并改选职员。余被举为保管员。傍晚，返。

2月7日　星期二

阴，有雪花。上午，公愈、飞槎来，少坐，去。至协和当，晤杏林，存积谷款，少坐，返。下午，至河西。承粲携花儿亦去。

2月8日　星期三

晴。上午，至张仲田处，吊其母丧。回，至图书馆，少坐，返。至河西。今日为本生庶祖母八秩冥庆，承粲、中妹、花儿亦去。午饭后，返。复端志信。君定自张家来，即去。

2月9日　星期四

阴，夜雨。上午九点钟，偕粲君携花儿、益明、念祖往松江，开船。下午三点钟到。即至王宅。至典业银行，晤君藩，即返。在船观《东洲草堂诗钞》。

2月10日　星期五

雨。上午，携花儿乘十一点钟火车往上海。到后，花儿至均益里王宅，余至怀德里寓所安置行李后，即至徐家汇启明女校，晤碧姆姆。花儿曾托张匡之神父报名是校，明日，将入校肄业也。回寓后，花儿已返。高君实同张湘心来——湘心亦拟肄业启明。同至晋隆夜馔。馔后，花儿等先返，余至中国书店一回。

2月11日　星期六

阴,有微雨雪花。上午,送花儿、湘心至启明女校入学。近午,返,君实亦去,同返。午馔后,彼进震旦学院,余至先施公司、文明书局、蟫隐庐、商务印书馆、湘记号,晤叶励甫。又至四马路各旧书肆浏览。夜馔于一枝香而返。

2月12日　星期日

阴。上午,至信昌当、丰昌当闵瑞师处。在瑞师处午馔。馔后,至启明女校晤花儿,坐良久。出,至忆初及君湘处,均不值。又至医学书局而返。忆初来,即去。夜,至温泉沐浴。

2月13日　星期一

雨,晨有雪。上午八下钟,乘轮船归,下午四下钟抵家。在船观《苏曼殊年谱》及其他。粲君携益、念两儿于昨日归。迪前携恭寿于昨日去。

2月14日　星期二

晴。为念祖不值书房。下午,志轩来。夜,致花儿信。

2月15日　星期三

晴。杂务。上午,致君定,复端志信。杏林来。下午,致培孙信。至河西园地。蒋云根来,代其父荣生移交储蓄会保管员件,少坐,去。夜,补写连日日记。今日,承粲携益、念两儿,中妹携梅甥往高宅。夜,返。

2月16日　星期四

晴。今日,馆师徐尹卿先生开学,念祖、益明两儿就学,并有附读三生。先生于下午到馆。傍晚,设筵款之,招君定、杰士、伯埙、端甫、宪人、志轩为陪。夜,均去。下午,至河西园地。时舅来,即去。夜,复花儿信。

2月17日　星期五

晴。理款产处账,预备分交管理委员会各委员管理。上午,同承粢至河西。今日为本生庶祖母六十日之期,又同至园地一回。近午,返。下午,圆妹携青甥归。君宾同来。朱恒华来。

2月18日　星期六

晴。上午,至夏人村先人墓上。近午,至干巷。今日市乡联合会在干巷乡行政局开会,余来乘此开一款产管理委员会。又端志亦招饮。夜,返,抵家已夜近午矣。志轩同归,公渡亦来。今日忆初曾来,即去高宅,君宾亦同去。

2月19日　星期日

晴。上午,致时舅、君介信。下午,为清理储蓄会押款事,偕会中审计晋康遍晤荣生、馨山、韵生(由范启端代表)、乐周、古如、伯埙,诸总干事。又至乡政局,开筹备开浚东市河会议。返,已傍晚。夜,复花儿信。

2月20日　星期一

晴。上午,至河西园地。大妹携升、安两甥归,君定同来。下午,绿筠自河西来,即去。公渡来。子峰来,即去。君宾来。杏林、墨林来,即去。君定去。

2月21日　星期二

晴。上午,至河西园地。志轩来。复培孙信。午刻,李幸三因宴陈墨林,招陪。散席后,为继述事,同志轩往晤子贞。傍晚,返。夜,斗牌。

2月22日　星期三

晴。上午杂务。下午,至图书馆。出。至子贞处,为继述堂事招明伯、仲莲来谈。志轩亦到。傍晚,返。夜,至蒋天佑号候张匡之司铎。已去,不晤。日间,渠曾偕云根来,余适亦外出也。斗牌。

2月23日　星期四

晴。上午,杂务。复乃乾信。君定来。下午,至子贞处,为继述堂事,招菊弟来谈,少坐,返。伯才来,少坐,去。大妹携升、安两甥去高宅。至河西园地。夜,复花儿信。又复书贾宋星五、孙耀卿、朱菊人信。

2月24日　星期五

晴。上午,在后园移植树木。下午,斗牌。君定去。至河西园地,移植树木。夜,理账。

2月25日　星期六

晴。上午,云根、匊熟、端甫先后来。下午,核发所誊呈县款产经理处卸职公文及收支清册,并款产管理委员会呈报成立公文。复迪光信。夜,与中、圆两妹、君宾斗牌。

2月26日　星期日

晴。上午,卖花客来,为买丁香、四季桂、碧桃等。宪人来。下午,子峰、志轩先后来。至河西园地。君宾去。杰士、景峰先后来。夜,理账。致花儿信。

2月27日　星期一

晴。上午,杂务。志轩同幸三来,少坐去。下午,子峰来。作信复衡乃、迪光、绿筠。君宾来。

2月28日　星期二

晴。上午,君宾、圆妹乘轮船往上海。絜君亦去视花儿。焕然来,少坐,去。下午,子峰来。理发。作信复绳夫、十眉。

2月29日　星期三

晴,有雨,湿热。上午,大妹归。写书目。下午,宪人来诊治大妹,即去。作信复信符、哲夫。大妹去高宅。偶读《国学丛选》中文。夜,复花儿信。理账。

3月

3月1日　星期四

晴。上午,匊焘来。志轩同幸三来。下午,至图书馆。出,至乡政局,开筹备开浚东市河会议。至河西园地。夜,复君藩信。观小说《飞絮》完。

3月2日　星期五

晴,上午阴,有微雨。上午,端甫来。巩宇来。下午,至河西园地。粲君、圆妹、君宾自沪归。作信致时舅、君介。

3月3日　星期六

晴。上午,复绿筠信。端甫来。抄望舅文一首。下午,一谔来。作信复伯埙。致张渭滨。夜,志轩同幸三来,即去。与君宾等斗牌。

3月4日　星期日

雨。上午,至古训堂内,答候巩宇——渠新移居于此。不值,即返。理书。观《章氏遗书》。时舅、君介来。夜饭后,去。下午,至储蓄会开会,议新河借款。夜,斗牌。作信致启明女校校长,复花儿。

3月5日　星期一

晴。上午,至钱圩,为攘白太夫人之丧开吊,往奠。下午,返。

尹卿先生同去。在舟观《陶庵梦忆》。夜,观《东洲草堂诗钞》。今日,中妹携菊、星、梅三甥去亭林。君宾去。

3月6日　星期二

阴,夜雨。上午,作信复菊生。下午,至图书馆。出,至储蓄会举行第一百十二期掣签而返。作信复朴存。韫辉来,即去。君定自沪回来,即去。夜,作信复花儿及迪光、少青、云林,致朴安、铁君。

3月7日　星期三

雨。上午,伯承来,少坐,去。杰士来,午饭后,去。至米业公所内,应一谔会筵。三下钟,返。大妹携珍、升、安三甥归。夜,观《陶庵梦忆》完。

3月8日　星期四

阴。上午,时舅、君藩、君宾来,即同往张家,祝仲传先生之太夫人八秩寿。午筵后,返。又至图书馆一回。时舅去。巩宇来,少坐,去。今日,曾以怀祖、纪祖患伤风寒热,请谢子春来诊治。

3月9日　星期五

阴。上午,君藩去松江。志轩来,即去。时舅来,即同时舅并君宾至钱古训堂内张巩宇寓所,应其招饮。座上尚有望舅、君平、君定等。席散后,均来。傍晚,时舅、君宾、君平回去,望舅、君定仍往张家。又恒甥连日亦在张家,今来住此。夜,观《人间词话》完。理账。

3月10日　星期六

晴。上午,志侠来,少坐,去。下午,韫辉来。同至继述堂,晤明伯、仲莲及赓熙叔母,谈其家事。返已傍晚。君定自张家来。

3月11日　星期日

阴。上午,往亭林周家送自牧太姻伯安葬,到已下午二句钟。周家今日领贴。在船观《东洲草堂诗钞》。同君宾、智川、向宾至亭林市行政局及俱乐部参观游览。又至伊生老表兄处,少坐而返。

3月12日　星期一

晴。周家葬事,今日上午发引送出市外。下午一点钟,开船归,五下钟抵家。在船观《郁达夫集》。

3月13日　星期二

晴。上午,至河西园地,种树。下午,君宾自亭林回来。至图书馆及济婴局。端甫来。君宾去。君定携恒、珍两甥去。夜,复花儿信(第九号)。

3月14日　星期三

晴。上午,复端志信。下午,至河西园地。复迪光,致杰士信。又致焦县长信,辞新被聘任款产管理处主任。君宾来。夜,志轩来。斗牌。

3月15日　星期四

晴。上午,君宾乘船往沪。种花。至河西园地。下午,作信复震生、君藩。伯承来。伯才来。读《茹经堂文集》。夜,观《东洲草堂诗钞》。

3月16日　星期五

晴。上午,复杨静远信。下午,望、时两舅来。伯筹来,即去。复绳夫信。同望、时两舅至伯埙处,应其招饮。席上有念椿。散席后,少坐返。两舅即去。

3月17日　星期六

晴。上午,宪人来。至河西园地。下午,因伯埙得次孙弥月开贺,往道喜。出,至图书馆一回。伯才来,少坐,去。焦县长来,李幸三同来,少坐,去。伯埙宴焦县长,招陪往。散席后,即返。书贾李爱椿来。夜,复花儿信。

3月18日　星期日

晴。往朱泾。上午八点钟,开船,午刻到。在船上饭后,至朱泾市行政局,开地方款产委员会议。列席者迪光、端志、杰士与余共四人。傍晚,至县政府。焦县长宴钱选青,招陪。八下钟,出。与端志、杰士同寓惠中旅社。在船观《郁达夫集》。

3月19日　星期一

晴。晨,杰士先去。徐析烦来,邀余与端志至庚申俱乐部啜茗,旋同端志至教育局,候冲之、景峰、志刚等即早馔。馔后迪光同往观开浚周塘。午刻,至顺源馆应析烦招饮。散席后,一下钟,登舟归。端志、析烦同舟至干巷,五下钟抵家。

3月20日　星期二

晴。上午,至南市,勘收拾市房。志轩来。下午,至河西园地种树。至图书馆。君宾自上海回来。涤新、伯才先后来。

3月21日　星期三

阴。上午,杂务。下午,至同泰仁候伯埙,不值。至图书馆少坐而返。致迪光信。夜,作信复启明校长及花儿。

3月22日　星期四

阴。上午,至河西园地及南市市房。下午,大妹携升甥去高宅。志轩、景峰先后来。君宾去。写书目。子峰来。夜,复端志信。观《东洲草堂诗钞》。

3月23日　星期五

阴,晚雨。上午,写书目。复时舅,致君介信。下午,至公安局、济婴局、图书馆。至河西园地,又至子峰、志轩处。明日起,拟为本生庶祖母诵经三天。复钱景遽、李拜言信。夜,巩宇、履仁来,少坐,去。观《东洲草堂诗钞》。

3月24日　星期六

阴,有雨,夜雷雨。上午,至河西。今日起,延平湖报本寺僧为本生庶祖母张太孺人暨本生祖父秋岭公本生祖母侯太淑人作佛事三天。下午,返。抄先大母墓志铭跋,拟并墓志及家传发刻。复学南信。夜观《东洲草堂诗钞》并《诗余》完。

3月25日　星期日

阴,有雨。上午,种花。至河西午饭后,返。涤新来。大妹携升甥归。作信致培孙。至河西。夜,返。

3月26日　星期一

晴。上午,至河西。佛事于今日告竣。下午,回来一次。夜十一点钟,道场圆满。返。承粲三日,均往河西,大、圆二妹及益儿、念祖今日亦去。

3月27日　星期二

阴。上午,杂务。下午,至图书馆。出,至乡政局,集议东市河米捐等征收事宜。五下钟,返。紫卿因新厦落成招饮。八下钟,返。复花儿信。

3月28日　星期三

晴。上午,杏林来,少坐,去。志轩来,即去。至河西。今日为本生庶祖母百日之期。午饭后,返。君宾来。作信复徐伯贤及培孙。夜。观《孽海花》。

3月29日　星期四

晴。上午,写书目。下午,君宾同圆妹携锦甥去。至图书馆、公安局。至河西,安叔母在送经——今日道场圆满。出,至园地。君介自河西来,少坐,去。同兴仁号开张,招饮。夜,返。

3月30日　星期五

晴。上午,至河西。今日河西清明节祭祀。出,至园地。近午,返。下午,修订《金山艺文志》稿。李幸三来,少坐,去。至城隍庙,开救火联合会执监委员会联席会议。五下钟,返。夜,翻阅《樊榭山房全集》。

3月31日　星期六

阴。上午,中孚来,少坐,去。叔明来,冲之适亦来,均午饭后去。理书。蒋永根同张匡之司铎来,少坐去。理发。夜,翻阅《崇百药斋集》。

4月

4月1日　星期日

阴,晚雨。上午,理书。清明节祭先。涤新来,即去。下午,至东小桥扫墓。回,至图书馆,少坐,返。君平、君定自上海回来,少坐,去。夜,观《孽海花》。

4月2日　星期一

雨。上午,写书目。复君湘信。下午,复培孙、君藩信。观《章氏遗书》。夜,复花儿信。

4月3日　星期二

晴。上午,同承粲、大妹至金家桥扫墓后,至夏人村先父母墓上。下午返，又至龙沙禅院处扫墓。幸三、志轩先后来，各少坐，去。

4月4日　星期三

晴。上午八点钟，乘轮船往上海，下午三点钟到。先至开明书店、商务印书馆、大东书局、来青阁、受古书店等处。傍晚，至怀德里寓所。夜，又至中国书店。

4月5日　星期四

晴。上午，至启明女校，接花儿及湘心节假出校。午刻，回寓。饭后，花儿同湘心至均益里王宅。余至先施、永安两公司、蟫隐庐、湘记号，晤叶励甫，汉文渊、博古斋。傍晚，返。又同花儿、湘心至晋隆夜馔。馔后，即返。

4月6日　星期五

晴。上午八点钟，同花儿、湘心至南市关桥，乘平湖班轮。九点半钟开，下午一点半钟抵佥来庙。登家中放来之船，五点钟到家。中妹携梅甥于越昨归。

4月7日　星期六

晴。上午，圆妹归。至假山桥扫墓。回，过石灰窑时，正兴工建拱北桥。遇伯承，并谈片刻，返。下午，至图书馆，少坐，返。时舅、君藩来，傍晚，去，圆妹亦去。至河西园地。夜，复十眉、震生信。

4月8日　星期日

晴。上午，钻坚同干增耀来。今日请增耀为花儿补讲代数学。钻坚即去，增耀至午后去。志轩来，少坐，去。尹卿先生于上星期节假。今午，来。下午，中妹携梅甥去亭林。复唐文圃等信。写书目。夜，补写日记。

4月9日　星期一

雨。上午，与花儿谈话。下午，复迪光信。词臣来，久坐，去。沈伯康来，即去。

4月10日　星期二

晴。上午八点钟，同花儿及湘心乘轮船往上海。君宾、君实、启明来，同去。下午三点钟，到。君实、启明径至震旦学院。余等至怀德里，少坐后，返。花儿、湘心至启明女校。傍晚，返。君宾同住。夜，至蟬隐庐、来青阁、博古斋。

4月11日　星期三

晴。上午，同君宾至典业银行。出，至永安公司。出，至临时法院，晤君湘。即同出，至雪园午馔。馔后，同返怀德里。君湘少坐，即去。至启明女校望花儿，并晤郁姆姆，坐良久。出，至交通大学附属小学，候仲田。傍晚，返。夜，至中国书店。作信复震生，致棨君。

4月12日　星期四

晴。上午，至福鑫里乃乾处，坐谈良久。同出，至一枝香午馔。馔后，返寓。至新闸公学，候十眉，不值。至环球中国学生会候少屏，又候忆初于其白克路诊所，各少坐，返。至女子银行、朵云轩、商务印书馆、开明书店等处。傍晚，返。

4月13日　星期五

晴。上午，至新闸公学，晤十眉，坐谈数刻。出，至医学书局，晤丁仲祜，略坐，返。君湘来，午饭后，去。至上海银行。出，至俭德储蓄会，晤俭德银行筹备主任柴传贵，并在百星大戏院观演德国大革命电影。五下钟，出，至西泠印社一转而返。夜，至中国书店、来青阁、锦文堂、受古书店、汉文渊书肆。

4月14日　星期六

阴。上午，至先施、永安两公司存款、购物，并至晋隆定客座。君湘来，午饭后，去。忆初来，即去。同君宾至兵工厂，晤震生及陈端白、陆志清。又候朱杏南不值，返。余至古香室装池，适晤陆云伯，少坐。出，至北新书局、商务印书馆而抵寓。至晋隆招宴朴存、辅之、朴庵、乃乾、十眉、震生、忆初、君湘、君宾。九下钟，散席。返。

4月15日　星期日

晴。上午，古香室装池主阮俊卿来，少坐，去。十眉来，少坐，去。君定等连日在杭州，昨夜回沪，住致远旅馆。今来，午饭后，去。至启明女校望花儿，近四点钟返。至致远旅馆，候君平等，不值。晤君平嫂，少坐。出，至大东书局、中国书店而返。

4月16日　星期一

晴。上午七点钟，偕君宾乘轮船回张。沪张轮船近每日自沪开至松隐，当日转回，自松隐至张再用无锡快船接班。今日十二点钟，到松隐，改搭接班船，四点钟抵张。望舅来，傍晚，去。君宾亦去。大妹于越昨携恒、升两甥去高宅。

4月17日　星期二

晴。上午，杂务。下午，至图书馆。出，至宪人处观山茶。出，至伯埛处，少坐，返。至河西园地。致花儿信。夜，观连日《时报》。

4月18日　星期三

晴。上午，晋康来，少坐，去。下午，志轩来，少坐去。伯才及李继芳来，各少坐，去。夜，理账。

4月19日　星期四

阴，日间有微雨，夜雨。上午，上海范姓、姜姓两人来，募济寒学校捐，即去。端甫来，为堂婴事嘱致信姚松生，即持以去。下午，至第二小学校，晤道弘、中孚、涤新，少坐，返。伯承、涤新先后来，各少坐，去。校先大母家传、墓志发刻写样。夜，观《紫罗兰》。

4月20日　星期五

阴，有微雨。上午，偕粲君携益明、念祖往游秦山。余与益儿步行，粲君与念儿行船。今日山上例有市集，晤熟人颇多。午刻，粲君携两儿回去，余与君定等至高老宅。下午，至新宅。傍晚，返。夜，作信复文奎堂书庄。

4月21日　星期六

雨。上午，作信复君彦、学南。下午，作信复迪光、端志、慎旃、简敬，致伯承。时舅来，同时舅至伯埍处，念椿在彼开沪张轮船股东会。夜，返。

4月22日　星期日

晴。上午，时舅去。至宗祠举行春祭礼。与祭者二十余人，余司鸣赞。午刻，饮福后，返。君定、君宾来。傍晚，与望、时两舅名义合宴乔念椿，并邀伯埍、杏林、子清、韵生、志诚为陪。尚邀介生、荣生，未到。并谈沪张轮船事，散已近十句钟。

4月23日　星期一

晴。上午，端甫来，少坐，去。君定、君宾去。理书。下午，计子清来，少坐，去。复菊生信。夜，复花儿信。

4月24日　星期二

阴。上午，至闲闲山庄，晤时舅及君定，谈沪张轮船事。下午，返。为昨夜小屋内失窃，往公安局晤局长李幸三，即返。夜，吴似石来，少坐，去。王韵生、舒志诚为轮船事来，少坐，去。

4月25日　星期三

阴。复校《钓璜堂存稿》终日。下午，并复绳夫、衡如信。旭如来，即去。夜，巩宇为组织钱庄事来，少坐，去。汪镜波、舒志诚为轮船事来，少坐，去。复书贾朱菊人等信。

4月26日　星期四

晴。上午，理书，写书目。下午，至图书馆及巩宇处。复君定，致慎旃、君彦信。夜，复君懿信。

4月27日　星期五

阴。上午，杂务。下午，复柴传贵信。又致文圃信。端甫来，少坐，去。夜，观《紫罗兰》。

4月28日　星期六

晴。上午，至图书馆一回。下午，复校《钓璜堂存稿》。致憩南信。至河西园地。杏林、文渊、迪光、砚辉宴君达，席设图书馆，招陪。夜八句钟，返。伯才来，即去。复花儿信。

4月29日　星期日

晴，夜雨。上午，复时舅信。八下钟，开船往朱泾，下午一点钟到。先至朱泾市行政局，少坐后，同迪光至县政府开政务会议。即在府中夜馔。会务于九下钟毕。出，同志轩、杰士、斐然寓惠中旅社。在舟时观《芝兰与茉丽》小说。

4月30日　星期一

阴。上午，至朱泾市行政局，借此开地方款产管理委员会。列席者迪光、杰士、端志与余共四人。此次委员会结束，移交于省方通令组织之款产管理处。余初仍被任为该处处长，坚辞之后，乃改任杰士，而余任主计。会事于十句钟毕，在市局少坐。午馔后，出，至县政府一晤县长，乃登舟归。志轩、杰士同舟。杰士在沈泾桥上岸,往高家。五下钟,抵家。至巩宇寓所应其招饮,并合组恒大钱庄成立草议据。近十点钟,返。

5月

5月1日　星期二

晴。上午,同君达至闲闲山庄,晤吴江陆简敬、柳率初、余允谐、青浦金联巽。四君皆于越昨到山庄。余与率初曾在南社雅集席上一面,简敬等皆闻声未识也。下午,同四君及时舅、君介、君宾游秦山,并至孔家阙。傍晚,返山庄。

5月2日　星期三

晴。早馔后,余先走归。旋时舅、君介、君宾同简敬、率初、允谐、联巽来。午刻,设筵宴之,并招君达、巩宇、君定、卓庵。散席后在庭前合摄一影。宪人适来,邀与列座。益、念二儿亦摄入是影。署为《赤松修禊图》,分咏题之。同简敬等至图书馆,并走大街。傍晚,时舅等均去,简敬等四君留。今日下午,伯承及朱恒华因事先后来。

5月3日　星期四

晴。早馔后,简敬、率初、允谐、联巽乘快船去。杂务。下午,至图书馆。出,至济婴局拟晤端甫,不值,出,至公安局,为前夜又失窃拟晤局长幸三,亦不值。晤其书记,即返。奇峰、泰来来,少坐,去。复校《钓璜堂存稿》。端甫、幸三、子峰先后来,各少坐,去。慎旃自上海来。

5月4日　星期五

晴。早馔后,慎旃乘快船去。至高老宅。今午,望舅宴君达,招陪。下午,又至新宅,晤金兰畦、李康弼、严千里,皆于昨日来也。傍晚,同巩宇回张。夜,复花儿信。

5月5日　星期六

阴。上午,至济婴局斋堂,少坐,返。十一点钟,同君达至闲闲山庄。因即午时舅宴君达、兰畦诸人,为陪。傍晚,仍同君达返。夜,补写此一周间日记。致君藩信。

5月6日　星期日

阴。上午,圆妹携青甥归,君宾同来。兰畦、康弼、千里来,午刻,设筵宴之。同席为君定、君介、君宾、卓庵、杰士、巩宇。散席后,杰士、巩宇即去。夜,巩宇宴兰畦,余等均被邀去。散席后,君介回去。巩宇、君达又来余处,与兰畦等手谈终一局,去。兰畦等及卓庵均住。今日立夏,秤人,余九十八斤,絜君八十八斤。

5月7日　星期一

阴。上午,兰畦、康弼去。晋康来,即去。大妹携升甥归。下午,巩宇、君达及杏林先后来,少坐,去。卓庵去。夜,至巩宇处。因君定、君宾在彼手谈,余先返。

5月8日　星期二

晴。上午,伯承来。下午理发。君定同大妹携升甥去。君宾去。千里亦去高宅。智川来。

5月9日　星期三

阴。上午,理书。下午,至乡政局、图书馆。在馆与宪人、端甫晤谈。回,至河西地基。圆妹携青甥去高宅。作信复迪前,致端志。夜,补写近四日日记。

5月10日　星期四

阴,有雨。上午,计子清来,即去。钱幼香来,即去。涤新来,少坐,去。下午,一观第一楼、市房铺阶沿。复迪光信。端甫来,夜饭后,去。复花儿信。

5月11日　星期五

阴。上午,端甫来,为济婴局事。即偕尹卿先生往金山卫。复校《钓璜堂存稿》。为翻造市房事致乡政局及商会信。下午,郭福臣来,少坐,去。叔明、巩宇先后来,即去。复简敬信。夜,观小说。

5月12日　星期六

晴。上午,端甫来,幸三来。下午,至恒大庄。该庄由巩宇发起,余亦入股。尚有股东为朱履仁、浦海银行沈韵生、张菱舫、李杏林。经理推蔡叔明,协理推沈伯康。致率初信。君平自上海回来,少坐,去。傍晚,设筵宴诸尘奇、叔明、韵生、菱舫、伯康、杏林、智川、巩宇。散席后,均即去。

5月13日　星期日

晴,夜雨。上午,翻书。下午,至恒大庄。该庄今日开张。少坐后,又至图书馆,而返。时舅、君定同履仁及葛耀飞来,巩宇亦来。又君藩、景伊自松江来。少坐后,均去。至恒大庄盖议单印。夜,伯康送议单来。即去。

5月14日　星期一

阴。上午,复迪前信。午刻,至图书馆应钻坚会筵,返已近三下钟。作信复焦县长及钟景华。傍晚,应智川招饮。近九下钟,返。

5月15日　星期二

晴。上午,复迪光信。下午,伯才来,少坐,去。复君懿、绳夫信。至河西园地。夜观《真美善》杂志。

5月16日　星期三

晴。上午,为约赴沪日期,作信分致三妹,又复时舅信。杏林来,即去。下午,理书。作信致乃乾、培孙,又复育姆姆。端甫来,即去。夜,复花儿信。

5月17日　星期四

晴。上午,致迪前信。复校《钓璜堂存稿》。下午,戚崧生为济婴局事来,少坐,去。至图书馆。写《怀旧楼丛录》。夜,张琴轩在尹卿先生处,至书房与之谈话数刻。观《真美善》杂志。

5月18日　星期五

晴。上午,写《怀旧楼丛录》。志轩来。伯承来。下午,作信复君彦、亚伯、步惠廉,致君藩,又复北京书肆数信。端甫来。君介来,少坐,去。夜,理账。

5月19日　星期六

晴。上午,致李幸三信。杏林、晋康来。复迪光、杰士信。下午,至图书馆。复慎旃、学南、项为贤、育姆母信。道弘来。夜,翻阅张鉴之《冬青馆甲乙集》。与花儿信。

5月20日　星期日

晴,晨雨。上午,杂务。仲田来。致李幸三信。下午,伯才来。邀十洲来看纪祖牛痘。至伯垠处,少坐,返。至河西园地。夜,翻阅《冬青馆集》。

5月21日　星期一

晴。杂务。上午,端甫来。下午,圆妹携青甥归。志轩来。

5月22日　星期二

晴。上午八点半钟,乘轮船往上海,下午三点半钟到。即至怀德里寓所。君平同船到沪,寓仁和里。夜,至来青阁等书肆浏览。

5月23日　星期三

晴。上午,至蟫隐庐、朵云轩、有正书局、世界书局。下午,至启明女校晤育姆姆。花儿在校诸多不惯,渠于科学更格不相入。近校中受外界国事运动影响又稍有风潮,今本月假此来领其出校,拟即辍学矣。三下钟,出。先至仁和里,君定、大妹携升甥于前日来此。傍晚,返怀德里。迪前携恭甥来。

5月24日　星期四

晴。上午,同迪前伴恭寿至沈树宝医生处治目疾。阮俊卿携书画来。君定、大妹来。下午,同迪前、君定至中国书店。旋余至盆汤弄桥轮船埠,接粲君携益、念两儿来到。后,同至寓庐。傍晚,同粲君、大妹、迪前,携三儿及恭、升两甥至晋隆夜馔。

5月25日　星期五

阴,有雨。上午,作信致圆妹。至亨得利及永安、先施、新新三公司。下午,乃乾来。同迪前至西泠印社。回后,又至永和祥候书贾宋星五。出,至受古书店及博古斋。夜,君定来。

5月26日　星期六

晴。上午,同迪前至仁和里晤望舅等。近午,返。下午,君定来,同至忆初诊所一回。同粲君携念祖至高长盛处,为其拔乳齿。出,余又至中国书店及宁波同乡会观张德怡、郑曼青书画展览会。夜,同粲君及迪前携三儿、恭甥游大世界。

5月27日　星期日

晴。上午,阮俊卿来。同迪前、君定往候朴安。少坐后,出,又拟候乃乾,余并候十眉,皆不值,遂返。午刻,同迪前携益、念二儿、恭甥至悦宾楼,应君定招饮。二下钟,返。游半淞园。去者为粲君、大妹、迪前及携三儿、恭、升两甥、王家二内侄。傍晚,返,大妹等均别去。夜馔,至四五六食品公司。

5月28日　星期一

晴。上午,同迪前至朵云轩、蟫隐庐、商务印书馆、中国书店等。下午,同粲君至亨达利等处。仲稽来,少坐,去。君定、大妹携升甥来。君湘来,少坐,去。偕同人至新中央戏院观电影,演《海外奇缘》。傍晚,返。君定等别去。

5月29日　星期二

晴。近午,同迪前至俭德储蓄会,应君湘招饮。座上尚有君定及朱培先。下午二下钟,出,并偕君定至东方图书馆。回,又一至永安公司而返。忆初来。同迪前至来青阁等处。

5月30日　星期三

阴。上午,迪前携恭、寿去。至蟫隐庐及三友实业社。下午,偕粲君,携三儿至城隍庙游览。回,至福禄寿吃点心而返。君定、大妹携升甥来,少坐,去。夜馔,至晋隆。

5月31日　星期四

阴,有雨。上午,粲君携花、益、念三儿先行乘轮回去,余送至船上。复端甫信。至神仙理发室理发。下午,至中国书店、亚东图书馆、商务印书馆、有正书局、开明书店、来青阁等处。至卡尔登戏院观电影,演《肉体与情魔》。夜,至来青阁。出,至浴德池沐浴。出,至大东楼上观跳舞。十一下钟,返。

6月

6月1日　星期五

晴。上午,至城隍庙购鸟。出,至仁和里晤大妹,君定则于昨日有杭州之行。午饭后，出，至兆新书局、商务印书馆等处而返。至亨得利、永安、先施、新新三公司。又至易安楼上饮水。十眉来，少坐，去。

6月2日　星期六

晴，夜雨。上午七下钟，往乘沪张轮船归家。八点钟开，下午二点半钟抵张。在船观杨鸿烈之《中国文学杂论》。中妹携菊、梅二甥归。沪寓怀德里房屋因二房东需用，今即退租。随贷仁和里楼下一间，以备来沪时栖止之所。

6月3日　星期日

晴。上午，至商会内卫生运动大会。出，至第二小学。午饭之后，至纸炉庙及河西子峰处。因先伯父晋峰公昨日九秩冥庆，在庙内作佛事三天也。于河西少坐后又至园地而返。时舅来。君宾自松江回来。幸三来。时舅去。夜，观连日时报。

6月4日　星期一

晴。上午，杂务。端甫来。下午，中妹携菊、梅二甥去亭林。君宾同圆妹携青甥去。闻焦县长在第二小学欲晤谈，遂往。至则知已来余处，乃即返晤焉。中孚、冲之、杏林、志轩亦来，少坐后，同至伯埙处。又至图书馆。傍晚，伯埙、幸三、志轩、冲之、道弘、景峰在商会合宴焦县长及教育局参观卫生运动诸人，招陪。八点多钟，散席，返。理账。

6月5日　星期二

晴。上午，复端志信。杂务。下午，至图书馆及恒大庄，又至裕源衣庄看将翻造之市房。端甫来。作信复迪光、学南。夜，补写日记。

6月6日　星期三

晴。上午,杂务。下午,叔纯来。作信复莼农、培孙。夜,写账。

6月7日　星期四

晴。上午,作信复时舅,致圆妹。午刻,至商会,赴恒大庄开市之宴。二下钟,返。致迪前信。偕粲君,携花、益、念三儿至河西园地。

6月8日　星期五

晴。上午,杂务。复端志信。下午,至图书馆。出,至乡政局开小桥河捞浅会议。傍晚,返。夜,致子经、遂翔信。

6月9日　星期六

晴。上午,致迪前信。志轩来,少坐,去。下午,作信致黄晦闻,复菊生。夜,观《国学论丛》王静安先生纪念号。

6月10日　星期日

晴,上午有微雨。上午,种月季花。至河西园地。下午,又至园地。复君彦信。写《怀旧楼丛录》。君定、大妹携升甥自沪回来,傍晚,均去乡。夜,致来青阁、通学斋信。

6月11日　星期一

晴,傍晚雨。上午,理书。作信致中妹,复慎旃。下午,作信复柳村叔、信符,致仲田。两浦场知事庄通百来,通百系南社社友。坐谈数刻,去。君介自沪回来,少坐,去。

6月12日　星期二

雨。上午,理书。扦月季花。下午,写《怀旧楼丛录》。作信复十眉,致文圃及蕴古斋等书肆。夜,校所抄《受祺堂诗集》。

6月13日　星期三

晴。上午,理契据。下午,至图书馆一次。理文件。

6月14日　星期四

晴。上午,理字画。下午,作信复莼农、君藩。季眉来。夜,理账。

6月15日　星期五

晴。上午,至闲闲山庄,并晤望舅、君定、大妹。傍晚,返。书贾李爱椿来,一宿即去。

6月16日　星期六

晴。上午,夏至节祭先。志轩来,即去。下午,至图书馆。补写去年寿李杏林五秩诗。诗系君定代作。复圣一信。夜,理账。

6月17日　星期日

晴。上午,杂务。下午,致叔纯、培孙、信符信。抄辑《大雅集》。夜,理账。今日,粲君携益、念两儿往高宅,返已晚。

6月18日　星期一

晴。上午,理书。复书贾孙耀卿信。下午,复子经信。韫辉来。抄辑《大雅集》。翻阅《峭帆》《又满》两丛书。夜,理账。

6月19日　星期二

晴,夜雨。上午,作信致庄通百。君定来。下午,同君定至巩宇处,坐谈数刻,返。君定去。

6月20日　星期三

雨。上午八下钟,与志轩、道弘同舟往朱泾,午刻到。在饭馆午馔后,即至县政府开修志会议。晚饭后,出,同迪光、杰士至藏书阁开款产管理处会议。是夜,与志轩、道宏及时舅、杰士宿柘湖旅馆。

6月21日　星期四

晴。上午,同时舅、杰士至憩南及干臣〔幹丞〕先生处。旋同杰士至县政府。下午,开第四次行政会议。五下钟散后,返寓。晤叔明。又游公共演讲厅及体育场。晚,再至县政府,应县长招饮。散席后,又在府内由款产处主席开筹备农民银行会议。九句钟,返寓。公渡、子冶、卓然等来谈。卧已逾夜午矣。

6月22日　星期五

晴。清晨,叔明等邀往面馆吃面。旋同时舅、志轩登舟归,午刻抵家。时舅先于沈泾桥堍至岸回去。至河西园地。冲之来。抄辑《大雅集》。

6月23日　星期六

雨,下午有时晴。上午,杂务。至图书馆晤道宏、中孚。适杰士亦来,即邀共在馆中午饭。饭后,同至适庐俱乐部啜茗。二下钟,杰士回去,余亦返。志轩同许墨君来。抄辑《大雅集》。夜,理账。

6月24日　星期日

雨。上午,理文件。下午,复绳夫及书店信。校图书馆年报样张。翻阅《顾亭林诗》。夜,观《李义山恋爱事迹考》。

6月25日　星期一

雨。上午,笔墨杂务。下午,作信复学南,致秋心、君介、君定。志轩来,少坐,去。望舅来,即去。伯逵来,即去。夜,观《李义山恋爱事迹考》。

6月26日　星期二

雨。上午,作信致志轩、志刚,复君彦。端甫来,少坐,去。道宏来,旋时舅亦来,共谈修志设局事。道宏午饭后去,时舅傍晚去。夜,观《李义山恋爱事迹考》完。

6月27日　星期三

雨。上午,君定来,即乘轮去沪。杂务。理发。下午,抄辑《大雅集》。夜,观《蟪吟馆诗钞》。

6月28日　星期四

阴,有雨,晚盛雨,湿热。上午,杂务。下午,理保管之米捐账。

6月29日　星期五

阴。上午,校录望舅文稿。景峰来,少坐,去。下午,江苏农民银行副经理王志华来,少坐,去。至图书馆。出,至城隍庙开救火联合会全体职员会议。五下钟,散会,返。至河西园地。夜,观《蟪吟馆诗钞》。致莼农信。

6月30日　星期六

阴。上午,理书。志轩来。陈一之来。下午,抄辑《大雅集》。至图书馆及乡政局。夜,观《蟪吟馆诗钞》。

7月

7月1日　星期日

阴。上午,杂务。近午,至乡行政局为本邑修志局前议。随总纂移设于闲闲山庄,而设办事处于张堰,即借行政局内今日设局集议。下午开会,到者二十余人。傍晚,返。在家与时舅合宴今日到会者。焦县长、朱天梵、丁子慎、沈叔眉、张南暨、丁迪光、钱卓然、蔡恕庵、侯诚宇、刘梅村、王杰士、何公度及道弘、中孚、冲之、涤新、志轩,又李幸三及尹卿先生。尚有陈端志、望舅先已回去。九下钟,散。惟时舅、杰士留。今日,中妹携恭、菊、星、梅四甥归。迪前同来。圆妹携青甥亦归。

7月2日　星期一

晴。早饭后,与时舅、杰士一候焦县长。天梵、迪光、子慎、于智川处即返,时舅、杰士亦旋去。今日,为先母六周忌辰。

7月3日　星期二

雨。杂务。上午,端甫、韫辉先后来。大妹携珍、升、斐三甥归。今晚延广福寺僧众来起道场,为先祖父母、先父母作佛事三天。

7月4日　星期三

晴。上午,时舅、君介、君宾来。下午,君定自沪回来。时舅、君介去。

7月5日　星期四

晴。今日,为先祖母何太淑人九秩冥庆。望舅、君平、君宾、启明、恒甥来,君懿来,志轩、子峰、亚雄、子望来,伯埙、希曾来。傍晚,均去,惟恒甥留。又朱恒华因他事于下午来,即去。

7月6日　星期五

晴,下午有雷雨。佛事于今夜告竣。

7月7日　星期六

晴。上午,君定去。下午,至乡政局开救火联合会常年大会。余之常务委员一年任满,昨日由新举之执行委员改选,又被联任,辞之未获。会后,至东市操场上观演龙而返。公渡自松隐回来。景伊来,少坐,去。

7月8日　星期日

晴。上午,至子望处,拜其祖母百岁冥庆,少坐,返。与吟、槐舅母及迪前、君宾等斗牌。公渡去。

7月9日　星期一

　　晴。上午，仲田来，少坐，去。斗牌。

7月10日　星期二

　　晴，上午有雨。上午，迪前携恭甥去。伯承来，即去。下午，君介来，傍晚同君宾去。致子经、寿祺信。

7月11日　星期三

　　晴。上午，杂务。下午，至图书馆。出，至伯埙处，少坐，返。复抱经堂、保文堂两书肆信。同花儿、恒甥至河西园地。涤新来，少坐，去。夜，理连日账。

7月12日　星期四

　　晴。上午，至城隍庙、电话处。与佘来庙钱卓然谈话。恒甥去。下午，计志清来，少坐，去。伯才来，坐谈良久，去。复君彦信。夜，补写前数日日记。

7月13日　星期五

　　晴。上午，伯承同造桥工程师胡姓来，坐谈数刻，去。理买书账。下午，辑《金山艺文志》。致卓然信。至城隍庙开救火联合会，谈话会约小时许而返。沐浴。夜，致信符信。

7月14日　星期六

　　晴。上午，至五区头何宅，吊剑威表弟之丧。下午，返。在舟观《郘园读书志》。夜，致君藩、景伊信。

7月15日　星期日

　　晴。上午，理书。李逢杰来，少坐，去。下午，作信致杰士、乃乾，复学南。夜，记买书账。

7月16日　星期一

晴。上午,至图书馆,晤道宏、中孚、冲之。旋君定亦来共商。修志用采访表格系道宏起草。下午返。忆初自沪来,晚饭后,同君定去高宅。

7月17日　星期二

晴,傍晚雷雨。上午,偕圆妹至闲闲山庄。晚饭后,同返。在舟观《郎园读书志》。今日,馆师徐先生回去,请奚斗储先生来权代。

7月18日　星期三

阴,有雨。上午,至图书馆。近午,返。下午,作信致李幸三,复朱菊人、孙耀卿。至乡政局党务指导员王□来开谈话会,少坐,返。

7月19日　星期四

阴,上午雨。上午,复培孙信。理发。下午,苪焘来,少坐,去。作信复圣一及芝泉太叔祖。君湘自沪回来,即去乡。夜,理账。

7月20日　星期五

晴。上午,理契据投验。下午,写书目。杂务。

7月21日　星期六

晴,下午有雨。上午,作信致时舅、君定,复乃乾。下午,至图书馆。作信复君彦、芝孙、麟祥。

7月22日　星期日

晴。上午,君宾来。理书。下午,作信复石予、学南。伯才来,少坐,去。

7月23日　星期一

晴,晚有雨。上午,端甫来。至图书馆,今日修志局开采访会议,会事于下午在乡政局举行。余下午曾回家取文件一次,晚饭后,始返。时舅自会中同来,少坐,去。此界到会者近四十人。迪光、端志均来,并与之一议款产处事。

7月24日　星期二

晴。上午,写书目。致君定信。下午,端甫来,少坐,去。拟填报调查积谷经费表呈县文。沐浴。

7月25日　星期三

晴。上午,君宾同圆妹携青甥去。志轩来,少坐,去。致迪光信。下午,至图书馆。出,至河西园地。

7月26日　星期四

晴,下午有雨。上午,至河西园地。复绳夫信。下午,至图书馆及乡政局。

7月27日　星期五

晴,下午雷雨。上午,作信复杰士、迪光。下午,作信致梅冷生。夜,观《郋园读书志》。

7月28日　星期六

晴。上午,杂务。望舅、君定、君实、启明来。下午,伯才来,少坐,去。致君彦信。傍晚,望舅等去。

7月29日　星期日

晴。上午,致迪前信。至第二小学为党部指委会,组织对日经济绝交会,代表救火联合会出席。近午,散会,返。道弘同来,少坐,去。下午,至伯埙处,少坐,返。伯承来,少坐,去。夜,复中国书店信。

7月30日　星期一

晴。上午,时舅来。至第二小学党部指委会行纪念周。礼成后,少坐,返。道弘来晤时舅,少坐,去。下午,复端志信。至城隍庙开救火联合会执监联席会议。五下钟,返。时舅去。

7月31日　星期二

上午晴,下午雨。上午,作信致刘翰怡。下午,至图书馆晤杰士。出,至乡政局晤中孚,返已四句多钟矣。君介来,晚饭后,去。

8月

8月1日　星期三

晴。上午,杂务。下午,至乡政局及图书馆。复圣一信。至复兴馆,应党务指导委员吕学文及封定、蔡昭荣招饮。八下钟,返。

8月2日　星期四

晴。上午,理契据,备投验,直至下午。致君定,复芝孙信。恒甥来。沐浴。伯承、杏林来。

8月3日　星期五

上午晴,下午雨。上午,作信复端志、学南、君彦。下午,至乡政局及图书馆。复乃乾信。夜,致宋石愚信。

8月4日　星期六

雨。上午,杂务。下午,作信复赵叕父及君藩。夜,杂翻新购集部书。

8月5日　星期日

晴。上午,作信致柳翼谋。下午,携念祖、恒、星、升三甥至图书馆。至南市,看市房装修。夜,观《郋园读书志》。

8月6日　星期一

晴。上午,作信致菊生、哲夫、浙江图书馆、苏州图书馆。下午,杂务。作信致佩忍。夜,观《郋园读书志》。

8月7日　星期二

晴。上午,校图书馆年报。下午,君宾来,同至图书馆。四下钟,返,君宾去。夜,观《郋园读书志》。

8月8日　星期三

晴。上午,理契据。备投验。下午,至图书馆、乡政局、伯埙处。伯才来。夜,观《郋园读书志》。

8月9日　星期四

晴。上午,复端志信。李幸三来,少坐,去。李逢杰来,少坐,去。下午,理契据。复迪前,致通白信。夜,理账。

8月10日　星期五

阴,有雨。上午,复菊人及项为贤信。翻阅吴兔床校明嘉靖本《汲冢周书》,系向陈乃乾处借来。下午,复圣一信。校图书馆年报。

8月11日　星期六

雨。上午,校《亭林诗集》。下午,安排书橱。

8月12日　星期日

阴。上午,理书。复乃乾信。下午,大妹携恒、珍、升、斐四甥去高宅。时舅来,同至图书馆晤道弘、杰士。余又至乡政局,四下钟,返。时舅去。伯才来,少坐,去。夜,观中华图书馆协会会报。

8月13日　星期一

晴。上午,理契据。下午,至乡政局。中孚来,少坐,去。复刘翰怡信。

8月14日　星期二

晴。上午,校《金山县志》。下午,朱企新来,少坐,去。君介来。至图书馆及乡政局。君介去。夜,观《郎园读书志》。今日,权馆斗储先生去。

8月15日　星期三

晴。上午,至五区头何宅,七吊剑威,下午,返。在舟观《郎园读书志》及《秋蟪吟馆诗钞》。今日,中妹携梅甥至高宅圆妹处。

8月16日　星期四

晴,有微雨。上午,作信致君定,复君宾。校《金山县志》。金维亚来,少坐,去。下午,至图书馆及乡政局。复培孙及项为贤信。

8月17日　星期五

晴。上午,君宾来,即乘轮去沪。宪人来,少坐,去。巩宇、飞槎来,少坐,去。复芝孙信。下午,至乡政局及图书馆。书贾李爱椿来。沐浴。

8月18日　星期六

晴,晚雨。上午携菊、星两甥至高宅圆妹处。下午,返。在舟观《郎园读书志》。夜,观《秋蟪吟馆诗钞》。

8月19日　星期日

晴,下午有雨。今日,为先君七周忌辰。上午,写书目。下午,复翰怡信。夜,观《秋蟪吟馆诗钞》。

8月20日　星期一

晴,下午有雨。上午,理书。下午,作信致葛词蔚,复时舅。君宾自沪回来,即去。夜,观《秋蟪吟馆诗钞》。

8月21日　星期二

晴。上午,理书。时舅、君定来。午饭后,同至图书馆,开修志局采访编纂会议。晚饭后,返。时舅等去。夜,翻阅《容台集》。

8月22日　星期三

晴。上午,理书。志轩来,少坐,去。下午,冲之来,即去。志轩同幸三来,少坐,去。鲍九龄来,少坐,去。作信致张菊生。今日,綮君携花、益、念、怀四儿至高宅圆妹处。傍晚,同中妹、菊、星、梅三甥返。

8月23日　星期四

晴。上午,课益、念两儿温书。写书目。端复来,少坐,去。下午,涤新来,少坐,去。作信复徐积余。夜,观《郋园读书志》。

8月24日　星期五

晴。今日,腹痛,精神欠佳。上午,理书。下午,复迪光信。慎旃先生来。

8月25日　星期六

晴。上午,复杰士,致端志信。下午,志轩来,少坐,去。伯凝来,少坐,去。君定来,少坐,去。复麟祥,致翰怡信。

8月26日　星期日

晴,下午有雨。上午,仲田来,少坐,去。作信复冷生。下午,至图书馆。忆初自沪乘轮来。晚饭,后去高宅。

8月27日　星期一

阴。上午,复公渡信。中元节祭先。下午,作信致君定、杰士,复圆妹及迪光、学南。伯凝来,少坐,去。同慎旃至乡政局及图书馆一回。

8月28日　星期二

晴。今日,纪祖期岁。上午,慎旃去。至大街西段观建造市房。下午,杂务。

8月29日　星期三

晴。上午,君定、君藩、忆初来,即乘轮去沪。复迪前信。下午,至储蓄会举行一百十八期掣签,即返。端甫来,即去。作信复葛词蔚及圣一,致公渡。夜,观《秋蟪吟馆诗钞》。

8月30日　星期四

晴。上午,钴坚来,即去。大妹携恒、升两甥归,君实、启明亦来。下午,时舅来,傍晚去。大妹晚饭后携两甥去,君实、启明先去张家。夜,复君懿信。

8月31日　星期五

晴。上午,粲君携花儿、怀祖、纪祖往松江王宅。校《亭林诗集》。下午,伯凝来。少坐,去。至图书馆及宪人处。又至第二小学晤道弘,少坐,返。

9月

9月1日　星期六

晴。上午,志轩来,即去。杂务。下午,宪人来治菊甥腹泻身热,即去。伯凝来,即去。作信复张菊生及培孙。夜,观《秋蟪吟馆诗钞》完。复花儿信。

9月2日　星期日

晴。上午,理发。复庄通白信。杰士来,午饭后去。至图书馆,又往观建造市房。校《亭林诗集》。季眉来,少坐,去。夜,观

《秋蟪吟馆诗钞》。

9月3日　星期一

阴,有雨。上午,校《亭林诗集》。公渡来。下午,伯才来,少坐,去。理书。致子经信。中孚来,候公渡,少坐,去,公渡亦去。夜,翻阅《三垣笔记》。今日,徐先生到馆。

9月4日　星期二

上午雨,下午晴。上午,校《亭林诗集》。下午,作信复佩忍、乃乾。夜,观《文微》一卷,及《郋园读书志》。

9月5日　星期三

晴。上午,校《亭林诗集》。复李程之信。下午,至图书馆及河西园地。作信复柳翼谋。粲君携三儿归。

9月6日　星期四

晴。上午,时舅来,即同往廊下。到后,即至乡政局晤公渡等。下午,开山塘河工设计委员会议。又至履仁及子冶处。傍晚,公渡在局设筵相宴。夜,宿履仁处,并晤慎旃。

9月7日　星期五

晴。上午,同时舅返。时舅在孔家阙上岸。近午,抵家。下午,校《亭林诗集》。君定自上海回来,少坐,去。

9月8日　星期六

阴,有雨。上午,校《亭林诗集》。下午,作信致积余、乃乾,复学南。伯才来,少坐,去。夜,观《秋蟪吟馆诗钞》完。今日,圆妹归。晚,仍去。

9月9日　星期日

晴。上午,道弘来,即去。至图书馆。出,至乡政局,同中孚、道弘、宪人、孟恢丈量小桥河。东自牛桥头起,西至买花桥,并各支港。预备开浚。午饭,于乡政局。下午四点钟,丈竣返。夜,观《郘园读书志》。

9月10日　星期一

晴。上午七点半钟,开船往朱泾。志轩、熊飞、杰士同去。十二点钟,到。在酒肆午馔后,即至县政府开政务会议。直至夜十下钟,散会。出,寓惠中旅社。

9月11日　星期二

晴。上午,同杰士至县政府领公款,并晤县长。出,至市政局,晤迪光,并观管理处案件。十一点钟,登舟返。志轩仍同舟,熊飞已先回。舟过干巷,上岸一观新装修之乡政局。杰士于寿椿桥堍上岸往高宅。余等三点半钟,抵张。

9月12日　星期三

晴。上午,校《亭林诗集》。下午,至图书馆并往观修理市房。作信复君定、亚子、君彦。

9月13日　星期四

阴,有雨。上午,校《亭林诗集》。过录唐仁寿校本完。下午,校所誊《怀旧楼丛录》。作信复季鲁,致仲稽。今日,请曹中孚间日下午来授花儿国文二小时。

9月14日　星期五

雨,风潮。上午,过录严修能(元照)所校《鲒埼亭集》——借自徐积余,亦系陈乃乾渡校。原本闻在于右任处也。直至下午。作信复迪前、子经等。夜,观黄莘[田]《秋江集》。今日起,请干钴坚间日下午来授花儿英文二小时。

9月15日　星期六

雨。上午,中妹携菊、星、梅三甥去亭林。校《鲒埼亭集》。下午,复栋材信。又拟复张菊生信。伯承来,少坐,去。夜,观《秋江集》。

9月16日　星期日
雨。上午,理书。校《鲒埼亭集》。公渡来,少坐,去。下午,安排书橱。校所誊《怀旧楼丛录》。夜,观《秋江集》。

9月17日　星期一
阴。上午,理书。下午复杰士信,又写致张菊生信。夜,道弘来,少坐,去。

9月18日　星期二
晴。上午,校《鲒埼亭集》。下午,至图书馆。出,至城隍庙电话处时,与时舅等通话。出,至协和晤杏林,窑上晤伯承,恒大晤伯康,乃返。复学南信。夜,观《秋江集》。

9月19日　星期三
晴。上午,校《鲒埼亭集》。下午,至乡政局晤焦县长——局中邀集镇人接谈收丁壬宫事。又至米业公所,少坐,返。端甫来,少坐,去。夜。观《秋江集》。

9月20日　星期四
晴。上午,理书。校《鲒埼亭集》。下午,至图书馆及乡政局。复君彦信。

9月21日　星期五
晴。上午,理书。校《鲒埼亭集》。作信致学南、迪前。下午,作信复公渡,致慎斿。至第二小学晤道弘,森泰庄晤一之。作信复始昌。夜,观《秋江集》。

9月22日　星期六
上午阴,下午雨。上午,校《鲒埼亭集》。下午,写书目。致文圃信。夜,观《秋江集》。

9月23日　星期日

雨。上午,至实枚山庄,今日外家秋祭。下午,至新宅、老宅。傍晚,返。在舟观《秋江集》。圆妹携青甥归。

9月24日　星期一

阴,有雨。上午,校《鲒埼亭集》。下午,理书。君藩来,少坐,去。幸三、杏林同国货银行招股员沈达时来,少坐,去。叔明来,坐谈良久,去。夜,观《秋江集》。

9月25日　星期二

晴。上午,校《鲒埼亭集》。下午,君宾来。公愈来,即去。为开浚山塘事与时舅合作信致陈虞生、徐眉轩。复子经信。理书。

9月26日　星期三

晴。上午,校《鲒埼亭集》。下午,理书。志轩来,少坐,去。作信复仲稽、乃乾。

9月27日　星期四

晴。上午,至图书馆。出,至尚公小学,为开新校舍落成会。近午,返。君宾去。夜,观《秋江集》。

9月28日　星期五

晴。今日,身体疲倦,略理书籍。上午,公渡来,旋中孚亦来,少坐后,同去。丈量山塘。下午,君宾来。

9月29日　星期六

晴,有微雨。腹泻似痢,身体软弱。下午,复迪前及中国书店、蟫隐庐信。

9月30日　星期日

晴。上午,君宾乘轮去沪。理字画。下午,校《鲒埼亭集》。

夜,观《秋江集》。

10 月

10 月 1 日　星期一

晴。上午,校《鲒埼亭集》。下午,杂务。夜,与粲君围棋二局。

10 月 2 日　星期二

晴。上午,复时舅,致迪前信。伯埙、志清、晋康来,少坐,去。下午,伯承来,少坐,去。复哲夫信。夜,观《秋江集》完。

10 月 3 日　星期三

阴,有微雨。上午,伯承、冲之先后来,各少坐,去。校《鲒埼亭集》。下午,作信复学南、慎旃及本镇商会。理书。君宾自沪归。

10 月 4 日　星期四

晴。上午,君宾、圆妹携青甥去沪。益儿随去拔牙。致房客信。至志轩处,少坐,返。校《鲒埼亭集》。下午,至图书馆。书贾李爱椿来。景伊来,少坐,去。夜,观《郋园读书志》。

10 月 5 日　星期五

晴。上午,理书,写书目。校《鲒埼亭集》。下午,作信致时舅、君定。伯才来,少坐,去。忆初自沪来,即去高宅。夜,观《郋园读书志》。

10 月 6 日　星期六

阴。上午,理书,写书目。校,《鲒埼亭集》。下午,杂务。复绳夫信。夜,观《郋园读书志》。

10月7日　星期日

晴。上午,至图书馆一回。望舅、时舅、君定、鼎甥来。下午,至图书馆开协赞会常年大会,修改章程及改选董事。傍晚,散会,返。望舅等去。益儿由仆人自沪伴之归。夜,作信致楚伧。

10月8日　星期一

晴。上午,理书。至闲闲山庄,晤钱选青、攘白及蔡叔明。傍晚,返。在舟翻阅《柯家山馆诗钞》。

10月9日　星期二

晴。上午,理书。校《鲒埼亭集》。君定来。下午,至图书馆开第二届第一次董事会。改选董事长、馆长、基金保管员及修改纪念捐募条例,余连任为馆长。四下钟,散会。返。君定去。夜观《郎园读书志》。

10月10日　星期三

晴。上午,粲君往松江七吊犀苑叔岳。理书。下午,至图书馆。今日系本馆成立三周纪念。四下钟,返。复迪光信。夜,复杰士信。

10月11日　星期四

晴。上午,理书。理发。志轩来,即去。下午,杰士来,少坐,去。至图书馆,又至乡政局晤志轩。致信符信。夜,观《郎园读书志》。复君宾信。

10月12日　星期五

晴。上午,理书。大妹携升甥归。校《鲒埼亭集》。下午,陆幼卿来,又宪人来诊治大妹,各少坐去。编款产管理处积谷项下,九月份收支报告。粲君归。大妹携升甥去高宅。夜,观《郎园读书志》。

10月13日　星期六

晴。上午，至夏人村先人墓上。下午，返。在舟观《白香亭诗》。君平、君定来，傍晚，去。夜，观《郋园读书志》。

10月14日　星期日

晴。上午，至廊下镇第七小学校，开何建威追悼会。下午，返。抵家，已晚。夜，观《郋园读书志》。

10月15日　星期一

晴。上午，邀晋康来治怀祖湿瘰，少坐，去。志轩来，少坐，去。理书。下午，至城隍庙电话处与杰士通话。至河西园地。校《鲒埼亭集》。夜，作信致学南，复圆妹。观《郋园读书志》。

10月16日　星期二

晴，夜有微雨。上午九点钟，偕志轩开船往朱泾，杰士自干巷登船同去。下午二点钟到。先往饭馆用馔后，乃至藏书阁晤迪光，开款产管理处会议。傍晚，至县立初中学校。该校校长冯思莼及何昭明宴新任县长俞守范，招陪。八下钟，散出，寓惠中旅社。迪光同来，少坐，去。在船时，观《掌故丛编》。

10月17日　星期三

晴。上午，至县政府晤焦县长，坐谈良久。出，至藏书阁续开款产管理处会议。毕后，即午馔。馔后登舟归。过干巷小泊上岸，往徐绍兰处，晤端志。抵家，已晚。杰士先在沈泾桥走往高宅。在舟观《郋园读书志》。

10月18日　星期四

晴。上午，葛仓账房冯君带词蔚信来，少坐，去。焕然来，少坐，去。至图书馆，近午，返。下午，冲之来，少坐，去。作信复葛词蔚，致公渡、杰士。

10月19日　星期五

晴,夜有雨。上午八点半钟,乘轮船往上海,下午三点钟到。即至霞飞路仁和里底弄十号前取所租定之寓庐。房主为刘未林,江西老翰林也。君定、大妹、君实、圆妹亦寓于此。在船观《郋园读书志》。夜,震生及君藩来。君藩即住此。

10月20日　星期六

晴。上午,同君藩至典业银行及富华公司寻君藩,别去。余至来青阁,与君定相会。同至书画流通处、博古斋,乃至晋隆午馔。馔后,至中国书店。君定先行,余出,至先施公司、朵云轩及四马路各旧书肆而返。

10月21日　星期日

阴。上午,君实、启明、君湘来。午刻同君定至晋隆招宴朴安、乃乾及野鹤、云伯、了公。又君宾亦到,谈组织中国学会事。三下钟,散。至蟫隐庐、商务印书馆等处而返。夜,至闵瑞师处,少坐。忆初来。

10月22日　星期一

阴。上午,致粲君信。乃乾来,少坐,去。下午,至环球中国学生会候少屏、亚子,不值。出,至西泠印社。出,至世界书局晤思期。出,至开明书店、中华书局、来青阁等处。在来青阁坐良久,并得识董伯逵。傍晚,返。

10月23日　星期二

晴。上午,亚子、简敬及徐子为来,少坐后,同往候诸贞壮。午刻,至大加利菜馆,应简敬招饮。得识钱指严,并晤佩忍、馨丽、盥孚。二下钟,散席后,余至东方图书馆晤潘圣一,参观书库。又晤及黄警顽,邀往参观商务印书馆印刷所。回至来青阁,与君定相会。至惠中旅馆候本邑焦德一县长。盖初自邑中卸任来沪。不值,晤及张堰公安局长李幸三。出,至天稚楼。是晚,本与君定、君湘、君宾、震生、端白、程之、思期合饯焦县长于此,旋焦公同幸三莅止,后伯惠亦来。席散后,伯惠邀同至时报馆参观,并合摄一影。出,同震生、君定送焦公至惠中少坐而返。焦公在邑颇著政绩,今则调任阜宁。

10月24日　星期三

晴。上午,至城内城隍庙。出,至古香室晤阮俊卿,交裱件。出,至林荫路艺苑观、平泉书屋、宋元明清书画展览会。午刻,返。饭后,至商务印书馆、朵云轩、来青阁、泰丰、先施两公司、博古斋,又至神仙室理发。出,至中国书店、时事新报馆、受古书店。傍晚,返。夜,同君定、君宾往候祝匡明,并见其新夫人。回,又同君定至温泉沐浴。

10月25日　星期四

晴。上午,至欣欣、先施、永安三公司购物。下午,至受古书店,来青阁晤及积余,坐谈片刻。出,至南京路、外滩观新建筑,又至先施及永安公司。今日,君定因事先回去。

10月26日　星期五

晴。上午八点钟,同大妹、鼎甥乘轮船归,下午二点半钟抵家。大妹携鼎甥傍晚去高宅。

10月27日　星期六

晴。上午,因外叔祖母季太夫人于前夜作古,至闲闲山庄。午饭后,返。至济婴局,与端甫、志轩、智川谈局务。傍晚,返。夜,理上海用账。

10月28日　星期日

晴,晨雾。上午,同承粲至闲闲山庄,送外叔祖母之丧。傍晚,返。即至济婴局,今日斋堂。有宴会。出。至适庐茶社,少坐,乃抵家。

10月29日　星期一

阴。上午,杂务。下午,君懿来,少坐,去。往候巩宇,不值。至济婴局,晤及望舅。同至伯埙处,少坐,返。望舅别去。傍晚,至乡政局与志轩、古茹〔如〕、端甫、中孚、智川合宴公安局长李幸三,为其释服,讫其盐城俗例也。八句钟时,返。

10月30日　星期二

晴。上午,作信致迪前、亚子。宪人来,少坐,去。下午,至图书馆,少坐,返。作信致圣一。傍晚,至乡政局。伯承、冲之、道弘、涤新宴李幸三,招陪。将终席,闻闵瑞师来,乃先返。瑞师今日在闲闲山庄。少坐后,去宿协和当。

10月31日　星期三

晴。上午,君宾来,即去上海。作信复杰士,致大妹、中妹。下午,作信致亚子、圣一、慎旃、君彦、仲稽、爱椿。志轩来,募水巡船贴费,即去。夜,观《白香亭诗》。

11月

11月1日　星期四

晴。上午,同伯埙、志轩往朱泾。八点半钟开船,下午一点钟到。先至惠中旅社,少坐后,至市政局。并同迪光至县政府,晤新任俞县长,开政务会议。傍晚,毕,即邀宴会。八下钟,散席。返至旅社。杰士、公度同寓。墨林来,即去。在舟观《郋园读书志》。

11月2日　星期五

晴。昨来之舟即已放回,今日上午先至草棚啜茗。八下钟乘快船归,午刻抵家。下午,致书贾宋星五信。校《鲒埼亭集》。夜,校《勮堂读书记》。

11月3日　星期六

阴。上午,至高老宅望舅处。下午,至闲闲山庄。傍晚,返。在舟观《勮堂读书记》,灯下续观毕。

11月4日　星期日

晴。上午,校《鲒埼亭集》。下午,至图书馆。夜,观《白香亭诗》。

11月5日　星期一

阴。上午,作信复中妹、迪前,致君介。下午,大妹携鼎、安二甥归,君定同来。公渡来。伯才、端甫先后来,各少坐,去。作信复震生,致星五。傍晚,君定约公渡、中孚、道弘等及余至潘顺兴酒叙。散席后,同至适庐啜茗,又往参观冲之新创之南湖旅社。九下钟,返。公渡别去。

11月6日　星期二

阴,有雨。上午,宪人、景峰先后来,各少坐,去。下元节祭先。下午,君定去。复圆妹及君彦信。夜,观《白香亭诗》完。

11月7日　星期三

阴,夜半后雷雨。上午,写挽邓尔雅夫人联。杂务。下午,志轩来。中孚来。君介来。傍晚,去。柳村叔来,少坐,去。复学南信。书贾李爱椿来。

11月8日　星期四

雨。偕粲君携花、念、怀三儿往上海。于上午九点钟,乘轮船开行,下午四点钟到。即至仁和里寓所。在船观《郋园读书志》及《咏怀堂诗》。

11月9日　星期五

晴。上午,仲稽、季鲁来,少坐,去。君实、启明来。同粲君携花、念二儿至先施公司,余一至中国书店。午刻,在东亚酒楼用馔。午后,至新新、永安两公司。中间余携念祖又至商务印书馆、蟫隐庐。傍晚至大雅楼应仲稽、季鲁招饮,外舅及石士亦到。八下钟,散席,返。震生来,同往候亚子,不值,即返。

11月10日　星期六

晴。上午,作信致朱太忙。君实、启明来,即去。庄通百来,少坐,去。下午,同粲君携花、念二儿至震旦学院晤君实、启明。院中举行廿五周年纪念,参观各教室,并观学生表演法文《多病身》戏剧。傍晚,返。夜,同君宾至鸿仁里,晤陶怡,少坐。出,至惠中旅舍,候简敬,不值。出,至来青阁而返。致大妹信。今日,圆妹于下午二点一刻产一男。

11月11日　星期日

阴。上午,至福鑫里候乃乾,不值。晤朴安,少坐,返。通百来,即去。下午,至车站,乘二点二十分火车往苏州。车中晤通百及赵赤羽。到后,同寓于阊门外大东旅馆。夜饭,至太白楼。饭后,余进城至中央饭店,拟候乃乾,不值。出,至来青阁,晤寿祺。又至百双楼书肆,适晤及乃乾。略事浏览后,同出城至其寓所铁路饭店,少坐。出,至各旅馆,拟略访社友,均不值,即返寓。简敬来,少坐,去。

11月12日　星期一

雨。上午，狄君武来。盖已十余年不见矣。同出，购雨具后，至铁路饭店，晤乃乾及道非先生等。旋至惠中旅馆与各社友坐舟至虎丘，举行南社二十周纪念大会。到者四十许人，在冷香阁茶叙，千人石摄影，靖园（即李公祠）宴集。宴后，提议社务，余被推为纪念特刊编辑委员之一。四点多钟散会，仍返惠中。旋乘六点五十分火车回上海。同车为赤羽、乃乾、君介、天遂、天民、力子、朴安等。到后，余即返仁和里寓庐。

11月13日　星期二

阴，夜雨。上午，朱太忙来，少坐，去。至庆祥里，候张见为，为公渡托其汇款。至公竞处，不值，晤其夫人何氏表妹。出，至西泠印社及典业银行，晤培元。近午，返。下午，同粲君，携花、念二儿至环球中国学生会，拟候亚子及少屏，乃皆因病不晤，各晤其夫人佩宜、景明，少坐。出，至先施、新新两公司。傍晚，粲君携二儿先回寓，余至福鑫里朴安处，应其招夜馔，并约乃乾谈组织中国学会事。近十句钟，返。

11月14日　星期三

阴，夜雨。上午，太忙来，即去。至城内古香室装池一回。通百来，即去。同粲君携花、念二儿至晋隆午馔。出，至新新、先施、永安三公司。中间余又至中国书店、受古书店、来青阁。傍晚，同返。夜，理账，及补写近数日日记。

11月15日　星期四

晴。上午，太忙来，即去。至国光印书局。出，至先施公司与粲君相会。午刻，在福禄寿进点。下午，至永安公司、丽华公司、乾发、源祥茂、宝成等处购物，余又至来青阁及古物书画流通处。

傍晚,返。

11月16日　星期五

阴。上午,太忙来,即去。至商务印书馆、古物书画流通处、永安、先施两公司。午刻,返。下午,复亚子信。理物件。

11月17日　星期六

晴。偕粲君携花、念、怀三儿归。上午八下钟,乘轮船开行,下午四下钟抵家。夜,瑞师同幸三、志轩、君藩来,谈协和当前三夜失火事,少坐,去。君藩留。中妹于阴历上月三十携菊、梅两甥归,昨因发疟疾,即回亭林。苹甥前本在此,兹并携去。

11月18日　星期日

晴。上午,至图书馆,晤涤新、亚雄,谈协和失火事。君定来。下午,至协和当见其中埭均毁,损失极巨。与瑞师坐谈数刻而返。瑞师来,夜饭后,去。宿在伯埰处。今夜,君藩同去。今日,接迪前信,悉中妹于昨晚产一男,大小平安。

11月19日　星期一

晴。上午,至金山卫官桥侯家,七吊侯堂菊姊姊之丧。下午,返。抵家,已夜。在舟杂翻书报。夜,理账。今日,君定同大妹去。

11月20日　星期二

晴。上午,杂务。庄通百来。午刻,略备数肴宴之,招伯埰及尹卿先生为陪。下午,去,伯埰亦即去。大妹归。至图书馆及电话处,与君藩通话。复君宾信。夜,补写日记。复仲稽信。

11月21日　星期三

晴。上午,复迪前信。端甫来,即去。至闲闲山庄。下午,又至老宅少坐。傍晚,返。

11月22日　星期四

晴。上午,至松隐干图严家,送姑丈、姑母葬,到巳过午。今日严家开吊。

11月23日　星期五

晴。上午,至金兰畦处,少坐,返。姑丈、姑母今日安葬。下午,未时发引后,即与志轩登舟归。傍晚,抵家。夜,补写旅沪日记。

11月24日　星期六

晴。上午,巩宇来,少坐,去。伯承来,少坐,去。作信复迪光、杰士。下午,至图书馆。出,候智川,不值。出,至子贞处,少坐。出,至乡政局而返。作信复君彦。亚雄来,即去。夜,作信复君宾、慎旂。

11月25日　星期日

晴。上午,志轩来,少坐,去。作信复圣一。下午,至第二小学,公祭修仁。出,至电话处与君定通话。出,至图书馆。出,因柳村叔自杭归来,寓在宗祠,往候,少坐,返。作信复学南。夜,理账。大妹昨就医松江,今归。

11月26日　星期一

晴。上午,幸三来,少坐,去。写书目。下午,至储蓄会举行第一百二十一期掣签后,返。君定携恒初来,傍晚,去。韫辉来,即去。夜,理账。

11月27日　星期二

晴。望舅宴洪孝斯于实枚山房,招陪,同伯埙往。午后,返。仲稽来。夜,同仲稽至伯埙处,少坐,返。

11月28日　星期三

晴。上午,仲稽往高新宅七吊。作信复乃乾、君彦、星五。下午,幼卿、一之等写西区水龙捐,即去。韫辉来,少坐,去。仲稽返。傍晚,略备数肴宴之,并邀伯埙、景伊、志轩为陪。散席后,伯埙等略坐,去。今日,大妹携鼎甥乘轮往沪。

11月29日　星期四

晴。上午,仲稽去。理书画。下午,至图书馆。望舅同颂和姻丈来,少坐,去。仲莲来,少坐,去。夜,复耀卿信。

11月30日　星期五

晴。上午,致中妹信,又复君定信。杂务。君藩同其夫人及五妹来。下午,端甫、伯才、宪人、志轩先后来,各少坐,去。傍晚,君藩等去。夜,观《钱竹汀行述》。

12月

12月1日　星期六

阴。上午,幸三来,坐谈数刻,去。杂务。下午,作信复哲夫、迪光、始昌。千里来。夜,复君宾,致爱椿信。

12月2日　星期日

晴。上午花、益两儿随君定乘轮至沪,嘱其往贺卓庵娶媳,送至船上。千里亦去。作信致沈道非、狄君武,复信符。下午,校图书馆年报。小剑将办葬事,傍晚,招饮。八点钟,返。

12月3日　星期一

阴,有雨,雪珠。上午,作信复时舅、亚子,致纯农、十眉。下午,理发。子峰来,少坐,去。校图书馆年报。夜,致花儿信。

12月4日　星期二

晴。上午,至小剑处,为天梅明日安葬。今日,开吊。下午,为写题主礼单及祝文又回家一次。夜,由陈陶遗题主,余与郁少华为左右相士。十下钟。返。

12月5日　星期三

晴。上午,往送天梅灵柩,发引至金家桥。下船后,返。陈陶遗、金兰畦同来,望舅亦来。午刻,设筵宴之。陶遗尚携其幼子,又其昨夜宿在李家,故邀。肖渔亦来。下午,均去。至伯承处,贺其嫁女,少坐,返。夜,复君宾信。观《郋园读书志》。

12月6日　星期四

阴。上午,理书。下午,作信复诚孚、识慧,致佩忍。韫辉来,少坐,去。种水仙花。

12月7日　星期五

阴。卓庵哲嗣临川于越昨在沪与林循修结婚,昨日回,今日开贺。上午,偕粲君携念、怀两儿往高宅。夜,与来宾公贺暖房。

12月8日　星期六

阴。上午,至新宅。午饭后,仍返老宅。作信致志洽,因圆妹在沪产后寒热,请其往诊。傍晚,归家。花、益两儿已于昨日回。夜,致君宾信。

12月9日　星期日

阴。上午,仲田来,少坐,去。粲君携念、祖两儿归。夜,复中妹信。今因圆妹在沪患病,心甚悬悬,故无所事事。

12月10日　星期一

晴。往视圆妹病。上午九点钟乘轮船开,下午四点钟到上海。即至仁和里。圆妹之病于阴历本月初六日起,患寒热,接续而发,总不凉彻,奶亦胀痛。近请志洽来沪诊治。

12月11日　星期二

晴,夜雨。圆妹今日仍发寒热,热度颇高,至夜深渐退。傍晚时,至中国书店及先施公司一回。

12月12日　星期三

雨。圆妹昨夜平稳。余因将至高宅,乃即归。上午八下钟,在关桥乘平湖班轮船,九下钟开,下午一点钟,至佘来庙改乘快船,四点钟抵家。在船观《咏怀堂诗》。

12月13日　星期四

阴,夜雨。上午,至闲闲山庄吊奠外叔祖母,晤识葛词蔚、金笺生、封衡甫诸人。

12月14日　星期五

阴,夜雨。今日,外叔祖母开吊。来宾甚多,时舅嘱余招待。承絜携花、念两儿亦到,晚,即去。

12月15日　星期六

阴。上午,归家。迪前携恭甥及钟毓兰同来。午刻,略备肴馔宴毓兰,并招词臣、朗臣两侄为陪。下午,迪前等先去,词臣、朗臣少坐后,去。夜,复君宾信。

12月16日　星期日

晴。上午,杂务。致书肆信。下午,至图书馆。出,至子贞处谈宗祠事,少坐,返。夜,复学南信。理账。

12月17日　星期一

晴。上午,君藩、伯惠来,同至河西园地。午饭后,又同至拱北桥边及石灰窑上游观乃去。叔纯来,少坐,去。夜,致信甫,复圣一信。观《郎园读书志》。今日,得君宾信悉圆妹系患奶疥,今一自破,一亦已针治,寒热当渐愈矣。

12月18日　星期二

晴。上午,望舅来。下午,近贤来,即去。望舅去。冬至节祭先。韫辉来,即去。端甫来,夜饭后去。观《郋园读书志》。今日家中始装置电话。

12月19日　星期三

阴。上午,校《鲒埼亭集》。下午,伯才、志轩先后来,各少坐,去。至宗祠,晤柳村叔。适子贞亦来,坐谈良久。出,又至图书馆而返。夜,作信复君宾、迪光、星五。

12月20日　星期四

晴。上午,校《鲒埼亭集》。午刻,以端志、杰士电,约至干巷乡政局,并晤迪光,谈款产管理处事。傍晚,返。道弘同舟归。夜,致松仙太叔祖信。观《郋园读书志》完。

12月21日　星期五

晴。上午,校《鲒埼亭集》。下午,复通百信。君定、君藩同徐子素来,又望舅及景伊、宛云亦来,少坐,均去。夜,录存信稿。补写日记。复君宾信。

12月22日　星期六

晴。上午,校《鲒埼亭集》。作信复杨以明,复君定、君藩。下午,伯才来,少坐,去。作信致乃乾、君武、天民,复亚子。夜,录存信稿。

12月23日　星期日

晴。上午,杂务。大妹携鼎甥、君定同来。下午,宪人来,即请其开膏方,少坐,去。君定去。夜,复君彦信。录存信稿。

12月24日　星期一

微雨。上午,大妹携鼎甥乘轮往沪。校图书馆年报。下午,整理年报中图书目录。复培孙信,又复志洽信。夜,校所誊《幼学堂稿》。

12月25日　星期二

晴。上午,至图书馆。出,至宪人处,请其改清理方,即返。校所誊《幼学堂稿》。下午,作信复柳叔、时舅、衡伯、衡如,致杰士。韫辉来,即去。夜,录存信稿。复公渡信。

12月26日　星期三

阴。上午,志轩来,少坐,去。校所誊《幼学堂稿》。致中妹信。下午,古如来,即去。至储蓄会举行一百二十二期掣签,即返。钩《幼学堂稿》封面。韫辉来,即去。

12月27日　星期四

阴,夜雨。杂务。上午,时舅来谢孝。下午,去。夜,复迪前、仲稽,致伯埙信。

12月28日　星期五

阴,有日光。上午九点钟,乘轮船往上海,下午四点半钟到。即至仁和里寓庐。杰士、伯惠来,少坐后,伯惠邀往味雅楼夜馔。同君宾去。馔后,又至伯惠处,近十句钟返。

12月29日　星期六

晴。上午,至中国书店,并观其附设之书画展览会。出,至大陆旅馆候迪光,不值。出,至博古斋。出,至一枝香午馔。出,至汉文渊、受古书店、锦文堂、同文书店、来青阁诸旧书肆浏览。又至世界书局,晤思期。又至商务印书馆、开明书店、宝成银楼、西泠印社、先施公司等处。傍晚,返。夜,同君宾至闵瑞师处,并应震生及池月乔、阮介蕃。十下钟,返。

12月30日　星期日

阴,夜有雨。上午,往候乃乾,不值。出,晤朴安,被留午饭,坐谈良久。一下钟,出,往候通百,亦不值。乃至受古书店、古物书画流通处、中华书局、扫叶山房而返。粲君携念、怀两儿来,君定亦来。六句钟,至大西洋西菜馆,应池月乔招饮。八下钟,返。致花儿信。

12月31日　星期一

阴。上午,至古香室及城隍庙。下午,迪前来。同粲君、大妹携念、怀两儿、鼎甥至顾祖仁医生处,为怀儿治皮肤湿疹。出,至新新公司。余乃别至中西药房配药,开明书店、朵云轩后,回至先施公司。又与粲君等相会。傍晚,返。

1929 年

1月

1月1日　星期二

上午晴,下午阴。近偕粲君携念祖、怀祖在上海。今日上午,同迪前至中国书店。出,至俭德储蓄会,君定亦到,假此开中国学会成立会。是会为余等与朴安、乃乾所发起。到者共三十余人,余被推为主任干事之一。会毕,朴安、乃乾招聚餐。餐后,又开学会附设之出板部股东会,四下钟散。同乃乾、君定、迪前往图南里,候徐积余先生,得观宋、元板书多种,六下钟出。乃乾别去,余等至胡庆余购药。出,至四马路徽馆夜馔。馔后,至来青阁,八点多钟返。

1月2日　星期三

晴。上午,至国光印书局。出,至环球中国学生会,晤少屏。出,至山海关路,晤通百。午刻,至晋隆,粲君携念、怀两儿,大妹携鼎甥,迪前亦到,即午馔。馔后,余同迪前至中国书店,并观其附设之书画展览会。又至宁波同乡会,观书画展览会。乃至先施公司,复与粲君等相会,傍晚同返。夜。至温泉沐浴。

1月3日　星期四

晴。上午，至中国书店及先施公司。通百来，少坐，去。下午，同君定至来青阁、受古书店。转至三友实业社，与承、粲相会。又同至永安公司及福禄寿食品公司而返。傍晚，君湘、君宾在南洋菜馆合设汤饼之宴，与承粲携念、怀两儿往，大妹等亦皆去。八下钟散席，余又同迪前一至博古斋而返。

1月4日　星期五

晴。今日，偕粲君携念祖、怀祖，并同大妹、君定、鼎甥、迪前乘轮船归。上午八点半钟开，迪前在得胜港口上岸，转搭快船回亭林。余等于下午三点一刻抵张，君定少坐后，即偕大妹携鼎甥去乡。伯才来，略谈去。

1月5日　星期六

晴。上午，杂务。下午，若望来观书目，志轩来交米捐，各稍坐去。复李寄舫信。夜，致君宾信。理账。今日为昭明亡故九周年。

1月6日　星期日

晴。上午，赵松铨来，即去。至宪人处，请其改膏方。出，至图书馆。午刻返。下午，至志轩处，并至河西园地。伯才来，少坐，去。致子经信。夜，致仲稽及中国书店信。补写日记。

1月7日　星期一

晴。上午，至河西。今日为本生庶祖母一周忌辰，昨日起作佛事，少坐，返。公渡来，少坐，去。下午，至图书馆，杰士、迪光、端志来，在此开款产管理处会议。伯才亦来，新请其任处中出纳、会计。傍晚散会。余归家一次，后即至冲之处，应其会酌，杰士、迪光、端志皆有份。席散后，又同至适庐啜茗，返已十句钟矣。今日,大妹以至河西,曾归家一次。承粲携花儿亦至河西。

1月8日　星期二

晴。上午,写款产管理处积股项下收支报告。端甫来,即去。至乡政局,晤迪光,即午饭。饭后,送迪光乘船回朱,乃返。答寄各友贺年柬。至河西,以本生庶祖母佛事今日圆满,送库,夜饭后返。夜,理账。

1月9日　星期三

晴。上午,景峰来,少坐,去。下午,伯衎来,即去。杂务。夜,观《初月楼闻见录》。

1月10日　星期四

晴。上午,理未捐账。下午,望舅来。伯才来,少坐,去。望舅去。夜,蒋淡生来,即去。观《初月楼闻见录》。

1月11日　星期五

晴。上午,校《鲒埼亭集》。下午,景峰来,即去。作信,复亚子、始昌及暨南村委员会。夜,观《初月楼闻见录》。致志刚、钻坚信。

1月12日　星期六

晴。上午,校《鲒埼亭集》。下午,巩宇来,少坐,去。理发。伯才来,即去。致星五信。夜,理账。

1月13日　星期日

晴,湿热。上午,作信,致迪前、君定,复君介、杰士。下午,往东宅,七吊理文之丧。回,至图书馆,少坐,返。民侠来,少坐,去。伯才来,少坐,去。夜,复君宾及阮俊卿信。观《初月楼闻见录》完。

1月14日　星期一

阴。上午,校《鲒埼亭集》。写书目。下午,作信,复道非先生及杨以明。夜,观《紫罗兰》杂志。

1月15日　星期二

晴。上午,校《鲒埼亭集》。邀宪人来治怀祖泾瘰掀肿,午饭后去。涤新来,少坐,去。校《鲒埼亭集》。作信致许盥孚。夜,怀祖又腹痛,往问宪人,承其来复开一汤药而去。

1月16日　星期三

阴。上午,志轩来,少坐,去。下午,往贺钱文渊子修荣婚礼,少坐,返。昨夜,以电话邀志洽来治怀祖,今到,傍晚去。伯才来,即去。夜,校《通艺录》。

1月17日　星期四

雨。上午,校《鲒埼亭集》。下午,写书目。傍晚,至文渊处,公贺暖房,八下钟返。复寿祺信。

1月18日　星期五

上午阴,下午雨,夜雪。上午,端甫来,少坐,去。校《鲒埼亭集》。下午,至乡政局,开开浚东市河工会议,傍晚返。时舅自沪回来,即去。

1月19日　星期六

阴。上午,伯承来,少坐,去。志洽来,复诊怀祖。下午,君懿来,少坐,去。志洽亦去。伯才来,少坐,去。至乡政局,续开河工会议,出。至济婴局而返。夜,复君宾信。

1月20日　星期日

雨。上午,写书目。下午,至图书馆,开修志会议,时舅亦到。会毕,又至乡政局开河工会议,夜饭后返。

1月21日　星期一

雨。上午,至商会,出席纪念周。写书目。下午,杰士来,少坐,去。校《鲒埼亭集》。夜,观《紫罗兰》杂志。

1月22日　星期二

雨。上午,校《鲒埼亭集》。下午,志洽来,复诊怀祖,傍晚去。夜,翻阅《中山大学语言历史学研究所周刊》。

1月23日　星期三

雨,夜雪。上午,校《鲒埼亭集》。下午,伯才来,少坐,去。韫辉来,少坐,去。拟复屯艮信。夜,校《十三经诂答问》稿本,并草一跋。致君宾、爱椿信。

1月24日　星期四

雨,兼有雪。上午,校《鲒埼亭集》。下午,写复屯艮信。伯才来,即去。夜,复迪前,致乃乾、子经信。

1月25日　星期五

阴。上午,杂务。端甫来,少坐,去。下午,至储蓄会,举行第一百廿三期掣签,并议东市河工借款,返已晚。时舅自会中来,少坐,去。夜,复圣一、至君藩信。

1月26日　星期六

阴。上午,杂务。复君彦信。下午,邀宪人来,治怀祖掀肿未退,少坐,去。韫辉来,少坐,去。复学南信。夜,复君宾信。

1月27日　星期日

雨。上午,作信,致时舅,复慎旃。下午,韫辉来,即去。作信,复通百、以明。夜,作信,致仲稽、君宾。

1月28日　星期一

雨。上午,子峰来,少坐,去。昨邀谢子春来治怀祖,今到,午饭后去。韫辉来,少坐,去。亚雄来,少坐,去。傍晚,道弘招饮于第二小学,夜八点钟返。今日馆师寒假。

1月29日　星期二
雨,雪。上午,作信致时舅,邀舅母来视怀祖。钴坚来,少坐,去。震生来,少坐,去。下午,幸之来,少坐,去。时舅母来。宪人来,少坐,去。伯才来,即去。夜,时舅母去。理北平买书账,并复星五信。

1月30日　星期三
阴,晨有日光,傍晚雨雪。上午,大妹归,君定同来。怀祖之肿,人谓系鹅白水胀染,典桥有专治是症之医生尹才生,今日请其来诊治,午饭后去。亚雄来,即去。栋材来,少坐,去。夜饭后,君定、大妹去。复君懿信。

1月31日　星期四
阴。上午,贩卖碑帖贾来,与之选购《广武将军碑》等数种。端甫来,午饭而去。至乡政局、图书馆及子贞处。亚雄来,即去。夜,韫辉来,即去。复君宾、子经信。

2月

2月1日　星期五
阴。上午,复亚子信。昨邀俞天石来治怀祖湿肿,今到,午饭后去。伯才来,即去。志轩来,即去。亚雄来,夜饭后去。十洲来,即去。理账。复菊人信。

2月2日　星期六
晴。杂务。下午,邀谢子春诊治怀祖。傍晚,君宾自沪乘轮回来,即去乡。

2月3日　星期日

晴。怀祖自夏秋间,面部及四肢发有湿瘰,历久不愈。上月到沪请西医诊治,用药敷之,湿瘰愈而四肢发肿,由下及上并及面部。近日渐增剧,小便稀少。今日又请陈士贤等诊治,又晨间曾专人往松江,请李望平西医,夜深到,诊后仍去。日间,君定曾来视怀祖。傍晚,君宾来。

2月4日　星期一

晴。晨,君宾乘轮往沪。近自庄家行□□□焚烧,四乡亦劫杀时闻,因之镇上谣言繁兴,人心甚为惶惶。

2月5日　星期二

阴。怀祖之病此间医生迭治未效,又地方风鹤频惊。今日粲君携往松江王宅,以便安寓就医,纪祖亦携去。

2月6日　星期三

晴。上午,年节祀神。下午,中孚、智川来,少坐,去。年节祀先。夜,致承粲及君藩信。今得仲稽来信,言怀祖到松后由焦相忠诊治,据云系急性鹅白,幸未气急。

2月7日　星期四

晴。上午,杂务。下午,君定来。巩宇、钻坚先后来,均即去。至乡政局一回。中孚来,少坐,去。君定去。智川来、杏林亦来,少坐均去。夜,为仆人分力钱。

2月8日　星期五

晴。杂务。今日镇上讹言大作,人心惊惶万状。傍晚乃携花、益、念三儿及苹甥往干钻坚家。

2月9日　星期六

晴。上午，至镇，知倖无事，乃属花儿等亦归家，仍旧安居度岁，地方之福也。杂务。

2月10日　星期日

晴。拈天香，祀祖先。夜，理账。

2月11日　星期一

阴。上午，伯才来，少坐，去。下午，巩宇来，少坐，去。至志轩处，少坐。又至宪人及智川处，均不值。至伯埙处，少坐，返。亚雄来，少坐，去。夜，写账。

2月12日　星期二

晴。上午，幸三来，宪人来，志轩率昆亮来，伯承来，各少坐，去。下午，携益明、念祖走街上，买画张、花炮。智川来，伯才亦来，少坐，均去。永根来，少坐，去。往候巩宇，不值，即返。夜，复子经、耀卿及中国书店信。写账。

2月13日　星期三

阴。上午，钻坚来，少坐，去。下午，至闲闲山庄，时舅昨自松江归，籍知怀祖病已渐愈，四下钟返。在舟观《香草笺》。闻迪光在智川处，往候，少坐，返。夜，作信，合致君定、迪前、君宾，又致承粲，复君藩、乃乾。

2月14日　星期四

晴。上午，理发。伯才来，少坐，去。子凯来，少坐，去。下午，至公安局，候幸三，济婴局，候端甫，各少坐而返。叔明来，少坐，去。夜，理账。

2月15日　星期五

阴。上午，叔明来，即去。志轩来，移交宗祠年账目，少坐，去。至恒大庄答候叔明,少坐,返。下午,端甫来,少坐,去。至乡政局一回。夜,致伯才信。智川、中孚来,少坐,去。

2月16日　星期六

晴。携花、益、念三儿往松江。上午九点半钟开船,下午三点半钟到。即至王宅。在舟观传抄本《翁方纲家事纪略》及赵学南新辑《顾千里先生年谱》稿本。怀儿之病到松后,迭请西医焦湘宗、李望平,中医钱青士、刁也白诊治,又请呼鹅白惊者呼之,近肿势渐退,小便已多,惟精神仍软,胃纳尚呆。

2月17日　星期日

晴。上午,至君藩处,应其与宋石愚招饮,傍晚返。晤龙丁诸人。今日怀祖请钱青士复诊。

2月18日　星期一

晴。上午携益、念两儿至君藩处,并携益儿至韩半池处,请其治耳滞。在君藩处午饭,后遣两儿先返。余同时舅至图书馆,晤君彦,及龙丁处,又至云间古书处,傍晚返。

2月19日　星期二

阴,夜雨。上午,李爱椿来,交其修订书籍。下午,至典业银行,拟候松先叔太,不值,晤郁荫亚,少坐,返。君定自沪来,八下钟仍往乘火车回去。

2月20日　星期三

阴有雨。余本定今晨回家,乃怀祖又身热,通宵不舒,遂暂作罢。上午即请李望平来诊治,热势已退,渐平复矣。复学南信。下午观归陶庵《遗稿》完。

2月21日　星期四

阴。上午,九点钟乘快船归,下午,三点钟抵家。冲之来,少坐,去。夜致粲君及君定信。今日在船观《咏怀堂诗》。

2月22日　星期五

晴。上午,杂务。端甫来,少坐,去。下午,至图书馆。出,至智川处,又至同泰仁,乃返。伯才来,即去。邀子峰来谈宗祠事,少坐,去。至乡政局商议东市河工,傍晚返。亚雄来,亦谈宗祠事,夜饭后去。

2月23日　星期六

阴。上午,杂务。至河西园地修树。下午,在家中庭园整理花木。至图书馆。君定自沪回来,即去乡。夜,至乡政局谈河工事。理经手之公款账。复花儿信。

2月24日　星期日

阴。上午,理带松物件。下午,尹卿先生来,少坐后,同至储蓄会,举行第一百廿四期掣签。今日本尚须改选职员,以到会人数过少,缓至下月举行。出,至图书馆而返。夜,至乡政局谈河工事。与子峰、亚雄合复柳村叔信。

2月25日　星期一

阴,夜雨。上午,杂务。作信致秦平甫。下午,复杰士信。伯才来,钻坚亦同来,少坐,均去。

2月26日　星期二

阴,夜雨。往松江,上午九点钟开船,下午三点钟到,即往王宅。在船观《简学斋诗》。

2月27日　星期三

阴有雨。上午,至君藩处,今午时舅宴外舅,招陪,傍晚返。夜,理账。拟复翼谋信。

2月28日　星期四

阴,有日光。上午,观《简学斋诗》。写复翼谋信。下午,复乃乾信。邀韩凤九来治怀祖。观《咏怀堂诗》。

3月

3月1日　星期五

雨。上午,至阔街高宅,午饭。后往晤松先叔太,谈宗祠事,三下钟返。复太忙、学南信。夜,校所抄《李舒章尺牍》一册。

3月2日　星期六

阴。上午,观《咏怀堂诗》。下午,至韩凤九处,商怀祖药方。出,至北门,拟候之泉叔太,不值。出,至图书馆,翻李舒章《蓼斋集》,四下钟返。夜,校所抄《幼学堂诗稿》。

3月3日　星期日

阴,夜有雪。上午,校所抄《幼学堂诗稿》。下午,邀韩凤九来,复诊怀祖。叔贤来,渠即寓在王宅隔壁也。作信,复君宾,致志轩、钻坚。夜,草《〈李舒章尺牍〉跋语》。致账友信。

3月4日　星期一

阴,有日光。下午,至北门,晤芝泉叔太,谈宗祠事,又至阔街,晤瑞师,各坐良久,傍晚返。夜,复圣一信。

3月5日　星期二

晴。上午,校所抄《幼学堂诗稿》。下午,至凤九处,商怀祖药方。出,至君藩处。同君藩及景伊往佛字桥塅看花树船,又至怡丰当,少坐,五下钟返。邀焦湘宗来,治怀祖。

3月6日　星期三

晴。上午,致志轩信。下午,携益儿至韩半池处,请其复治耳滞。出,至君藩处,少坐而返。校所抄《幼学堂诗稿》。邀焦湘宗来,复治怀儿。夜,收账友信。

3月7日　星期四

晴。下午,往火车站。本拟乘二点多钟车至上海,乃以兵车络绎,至四点多钟始有客车开行。傍晚到,即至仁和里寓所。君定、大妹已于去冬避乱来此,君宾、圆妹本在沪未归。又迪前、中妹亦为避乱于去冬来沪租寓,于本里十四号内,夜间即来晤焉。

3月8日　星期五

晴。上午,至福鑫里,晤乃乾。少坐后同出,至平乐里中国学会新设之出板部内,观乃乾所购莫楚生家售出之书。旋君定来,即同其至中国书店。旋君定别去,余至福禄寿午点,后至永安、先施两公司、典业银行、蟫隐庐、商务印书馆、来青阁等处而返。同君定于爱多亚路仁胜里,晤子贞及顾怡生。渠等于去冬避乱寓居于此也。与子贞略谈宗祠事而返。

3月9日　星期六

晴。上午,至信昌当晤子素,丰昌当晤仲筦。至迪前处,并晤振先。渠等同寓也。下午,同迪前至中国学会出板部、博古斋、来青阁。旋余先行,至西泠印社、先施公司、永安公司而返。夜,时舅来,同至温泉沐浴。回,又至延庆里时舅寓所,少坐,并晤君介。

3月10日　星期日

阴,夜有雨。上午,至国光印书局。下午,乘十二点四十分钟火车回松江。并邀忆初同来,诊察怀祖之病——近日肿势虽退,而胃纳、精神两皆不佳,且时有身热,连日由焦医生诊治,谓病在肺,注射海而平针。今日焦医亦到,忆初于夜饭后仍去沪。致账友信。

3月11日　星期一

晴。上午,至典业银行,开股东常会,晤时舅、瑞师、沈思齐、吴伯扬、郑子松、朱祝庭、王支林诸人,傍晚返。焦湘宗来,治怀祖。

3月12日　星期二

晴。上午,补写前五日日记。下午,理账。校所抄《幼学堂诗稿》。焦湘宗来治怀祖。怀祖之病,腿上起有一块,今日针刺,其中有脓,乃即开刀,出脓甚厚。盖亦湿肿余毒之所致,连日之身热不清,大约亦此之故。夜,作信,致朴安及家中账友。

3月13日　星期三

晴。上午,校所抄《幼学堂诗稿》。下午,至君藩处。出,至图书馆,晤君彦,翻阅馆中书目及宋徵舆《林屋文稿》,四下钟返。焦湘宗来治怀祖。怀祖今日身热几清,肺部亦稍松动。焦医昨、今注射清血之针。

3月14日　星期四

晴。上午,作信,致圆妹及寿祺,复士超。下午,携益儿至韩半池处复诊。出,益儿先返,余至瑞师处。旋仲稽来,同至酱业公所,候柳村叔(新自杭州来)。少坐后,仲稽邀往顺兴馆便酌,席间尚有舒葆珊、施载春。散席后,又至信余庄,少坐而返。今日,焦湘宗仍来治怀祖。

3月15日　星期五

晴。上午十点半钟开船归家,下午六点半钟到。在船观连日《时报》《时事新报》。

3月16日　星期六

晴。上午，杂务。端甫、志清先后来，各少坐，去。下午，伯才来，少坐，去。至图书馆，又同宪人至济婴局，又至乡政局。近开东市河㳇，水将干。四下钟返。君定自沪乘轮回，即去乡。夜，理账。

3月17日　星期日

晴。上午，杂务。午刻，伯才宴李幸三于潘顺兴馆，招陪，三下钟返。至河西园地，种树。

3月18日　星期一

晴。上午，志清来，即去。校《济婴局征信录》，排印样张。下午，至乡政局。至河西园地。作信，致柳村叔、迪光、遂翔、星五。中妹携恭、梅二甥自沪归。夜，作信，致尹卿先生及乃乾。

3月19日　星期二

晴。上午，中孚来，少坐，去。理物件。下午，中妹携恭、梅二甥去亭林。至图书馆及乡政局。志清来，即去。夜，至乡政局，会议河工事，九下钟返。

3月20日　星期三

阴。往松江，上午九点钟开船，下午四点钟到。即至王宅。在船观《国学图书馆年刊》等。夜，作信，致绳夫，复圣一。怀儿病已稍愈，连日均请焦医诊治。

3月21日　星期四

晴。上午，至阔街君藩处。君宾、圆妹昨日自沪来此，并晤瑞师及君彦。下午又至云间古书处而返。圆妹亦来王宅视怀祖，傍晚去。夜，作信复衡如。

3月22日　星期五

晴。外舅今年重游沣水,先曾赋诗征和,今午设宴于松风诗社(在张祥河宅),因往贺,三下钟出。至君藩处,与君藩君、宾凤斗牌二局,夜饭后返。

3月23日　星期六

晴。今日午刻,王宅宴蔡谱哲及君宾等。下午,与君宾、步九、仲稽斗牌二局。

3月24日　星期日

阴有雨、雷。携花、益、念三儿归,上午八点半钟开船,下午三点半钟抵家。圆妹等于今日回秦山,在汉候潮,小泊相会。在船观《国学图书馆年刊》及《咏怀堂诗》。

3月25日　星期一

阴有雨、雷。上午,杂务。端甫来,即去。尹卿先生到馆,开学。时舅来。下午,巩宇来,即去。至储蓄会,举行第一百廿五期掣签。其改选职员,以到会人少,仍未能举行,三下钟返。子峰来,少坐,去。时舅去。夜,补写日记及理账。

3月26日　星期二

阴。上午,洒扫书室。志轩来,即去。下午,至图书馆及乡政局,并出阅河,傍晚返。伯才来,即去。写清节囤签。

3月27日　星期三

阴。上午,理信件。志轩、宪人来谈河工募特别捐事,少坐,去。下午,至图书馆及乡政局。夜,至乡政局谈河工事,十句钟返。致粲君信。钻坚今日起仍间日来授花儿英文。

3月28日　星期四

阴有雨。上午,杂务。理发。杰士来,午饭后去。伯承来,少坐,去。韫辉来,少坐,去。作信,复君定、乃乾,致中华图书馆协会。夜,补写去岁岁底数日日记。

3月29日　星期五

阴,下午有雨。上午,作信复平甫。下午,志轩、道弘、涤新来谈河工特别捐事,少坐,去。作信,复翼谋、质誉。夜,复粲君信。

3月30日　星期六

晴。上午,至继述堂,吊志坚堂侄之丧,即返。校所抄《幼学堂诗稿》。下午,至乡政局,同道弘、智川、志轩至伯埧处,募河工特捐。出,又至乡政局及图书馆而返。至河西园地。时舅、君藩自沪乘轮回来,少坐,去乡。夜,观《咏怀堂诗》。

3月31日　星期日

晴。上午,至乡政局及图书馆。校所抄《幼学堂诗稿》。下午,中妹携恭寿、梅垞及新甥瑞辰归。恭寿将就读此间。作信,复衡伯及柳村叔,又致松仙太叔祖。至乡政局一回。夜,作信,致麟祥及粲君,又芝泉太叔祖。

4月

4月1日　星期一

阴,微晴。上午,至乡政局。校所抄《幼学堂诗稿》。下午,作信,复公安、乡政两局,退还、整理公安经费、委员聘书,又复亚子。至乡政局并阅河,傍晚返。夜,校所抄《幼学堂诗稿》。

4月2日　星期二

阴。上午,至乡政局及图书馆。清节祭先。下午,至龙沙禅院处扫墓。至乡政局,时舅亦在,同返,少坐,去。夜,复耀卿信。

校济婴局《征信录》排印样张。

4月3日　星期三

晴。上午，至金家桥扫墓，又至夏人村展先父母墓。下午四点钟返抵家。在舟观《咏怀堂诗》。至乡政局一回。伯才来，即去。大妹携鼎、安二甥自沪归，即去乡。夜，至乡政局议河工事，十句钟返。

4月4日　星期四

晴。上午，至东小桥扫墓。回，至图书馆及乡政局。下午，至假山桥扫墓。往候公安局长新任张保粹。出，至乡政局及图书馆。望舅来，君宾自沪回来，均即去。复君定信。夜，侯秉祯来，即去。至乡政局议河工事，近十点钟返。复衡如信。

4月5日　星期五

晴。上午，杂务。至乡政局。下午，作信，复幸三、绳夫、学南。校所抄《幼学堂文稿》。至乡政局。至河西园地。夜，记宗祠账。

4月6日　星期六

上午雨，下午阴晴。上午，至乡政局。出，至宗祠。公安局长张保粹来，少坐，去。公渡来，下午伯才来，旋均去。至河西园地，种杉木及碧桃。松仙叔太及寅生叔太来，柳树叔亦来，即留夜饭，并邀志轩、子峰。饭后，同至南湖旅社住宿。乡政局开河工会议，十句钟返。

4月7日　星期日

晴。清晨，至宗祠举行春祭。今年由余家司理，与祭者三十余人，余为读祝。下午松仙叔太、寅生叔太去。余出至乡政局、图书馆而返。校所抄《幼学堂文稿》。夜，观《史学杂志》。

4月8日　星期一

晴。上午，种花。校所抄《幼学堂文稿》。下午，柳村叔来，少坐，去。至乡政局。絜君携怀祖、纪祖归，怀祖近寒热已止，腿上疮块亦愈，惟尚瘦弱殊甚。复沈章熙信。夜，观《小说月报》。

4月9日　星期二

晴。上午，伯承、端甫先后来。校所抄《幼学堂文稿》。圆妹归。下午，至乡政局及图书馆、济婴局。圆妹去乡。作信，复慎旃、翼谋。夜，观《史学杂志》。

4月10日　星期三

晴。上午，校所抄《幼学堂文稿》。下午，至乡政局及图书馆。至河西园地。夜，至乡政局开河工会议，十句钟返。

4月11日　星期四

晴。上午，至乡政局，今日东市河开坝，十一时在局中午饭，会同钟表后，回来一次。即至木行桥坝，与周恩慕、陶书明监督开坝。下午二时，放水。旋到局，后又与道弘、伯才、奇峰、桂秋乘舟酌视各坝基，旋返局摄影。傍晚宴会，八下钟归。

4月12日　星期五

晴。上午，至乡政局，与志轩、恩慕、伯衎、端甫、奇峰泛舟遍游新浚河道，直至羊胥浦镇，在酒家午饭后返。至河西园地。陈一之来，即去。夜，写三日来日记。

4月13日　星期六

晴。上午，校所抄《幼学堂文稿》。下午，伯才、志轩先后来。旋同志轩至乡政局，并邀宪人至图书馆谈河工善后事，四下钟返。夜，杂务。致君藩信。

4月14日　星期日

晴。上午,种花。校所抄《幼学堂文稿》。下午,至图书馆。出,至乡政局,开河工善后会议,晚饭后返。夜,观《图书馆学季刊》。

4月15日　星期一

晴。上午,至高宅望舅处。下午,至新宅。傍晚返。夜,理账。中孚前在办理河工,今日起仍间日来,授花儿国文。

4月16日　星期二

晴。上午,校所抄《幼学堂文稿》。下午,至图书馆、乡政局及伯埙处。至河西园地。志清来,即去。夜,理账。

4月17日　星期三

晴,夜雨。上午,杂务。端甫来,即去。圆妹携青官及新甥铦官归,君宾同来。下午,君介来,望舅来,又时舅自沪乘轮回来,傍晚均去。

4月18日　星期四

晴。上午,校所抄《幼学堂文稿》。下午,至乡政局、图书馆,又同君宾至子贞处,少坐,返。致伯惠信。夜,复时舅信。

4月19日　星期五

晴。上午,写书目。宪人来谈河工善后事,少坐,去。大妹携鼎、安二甥归。下午,涤新来,少坐,去。韫辉来,少坐,去。君定自沪乘轮回,即去乡。复朴安信。夜,观《学衡》。

4月20日　星期六

晴。上午,至源来、悦来号,及复侯秉祯信。钩《幼学堂文集》封面。下午,至图书馆及乡政局,并视桥工。复哲夫信。夜,致仲稽信。

4月21日　星期日

晴。上午,复徐积余信。端甫来,即去。下午,至城隍庙开救火联合会执监委员联席会议,三下钟返。夜,翻阅《石庐金石书志》。

4月22日　星期一

晴。今日家中延羽士解星辰。上午,复时舅信。下午,往视桥工。

4月23日　星期二

晴。上午,杂务。校《史通》。下午,至图书馆及乡政局,并答候公安局长新任林三光。作信,复君定、乃乾。张仲康、计子清为租房事来,少坐,去。

4月24日　星期三

晴。上午,君宾乘轮往沪。校《鲒埼亭集》。下午,至储蓄会,举行第一百廿六期掣签,并补行改选职员及提议事件。余仍被举为保管员。四下钟返。书贾李爱椿来。复耀卿信。

4月25日　星期四

晴,夜雨。上午,望舅嘱端甫、伯才来,为启明向花儿说亲,少坐,去。至济婴局,今日斋堂,午刻返。下午,写书目。至河西,志轩将为其次子守梅完婚,今晚宴冰人,招陪,夜返。

4月26日　星期五

晴。至河西,中间曾回,夜返。

4月27日　星期六

晴。上午,至河西。旋以杰士来,回家一次,即去。今日守梅从侄与黄修梅女士行婚礼。夜,与君定、君宾同返。君宾日间自沪归,与君定皆在河西贺喜也。今日粲君及三妹暨诸小儿多去。

4月28日　星期日

晴。上午，君介自河西来，即去。下午，君定去。至河西，今夜公贺暖房，十一点钟返。今日粲君等亦去。

4月29日　星期一

晴。上午，往视桥工。九下钟开船往朱泾，下午二下钟到。即至藏书阁，与迪老、杰士、思莼开款产管理处会议。夜，八下钟返，舟宿。昨夜饮酒过多，今日精神欠佳。

4月30日　星期二

上午雨，下午阴晴。上午，三点钟解缆归，八点钟抵家。杂务。下午，理书。伯承来，少坐，去。夜，千里自河西来，即去。

5月

5月1日　星期三

晴。上午，校《鲒埼亭集》。下午，姚凤贵来，买笔。至图书馆与孟恢谈桥工。时勇自沪回来，即去。伯才来，即去。夜，补写日记。

5月2日　星期四

晴，晨有雨。上午，理款产处及米捐账目。下午，大妹携鼎甥去高宅。夜，校所印《济婴局征信录》。

5月3日　星期五

晴。上午，理行箧。校《鲒埼亭集》。下午，写书目。复杨静远信。伯才来，少坐，去。

5月4日　星期六

晴。乘轮船往上海。上午九点钟开，下午四点钟到。即至仁和里寓所。在船翻阅北平直隶书局新收长沙叶氏观古堂书籍目录。望舅、君定亦在沪。又,迪前亦来沪,仍寓在里内十四号,即来晤焉。夜,同君定、迪前至棋盘街永和祥号内,晤直隶书局经理宋星五及李之栋,观其新收叶氏之书。出,又至来青阁,晤寿祺,十下钟返。

5月5日　星期日

晴。上午,至迪前寓处。出,至福鑫里乃乾处。出,至国光印书局。出,至中国学会出板〔版〕部,与乃乾、君定、迪前相会,同往晋隆菜馆,举行中国学会聚餐。集者尚有胡朴安、闻野鹤、郭步陶、庞青臣、伍仲文、李续川、顾鼎梅、洪□□共十二人,餐后又同往出板部。余又同迪前至中国书店,晤马君达。迪前先行,余又至博古斋而返。夜,同君定、迪前至永和祥号,观理出之书,十下钟返。

5月6日　星期一

雨。上午,补写日记。同君定至闵瑞师处。出,至大雅楼定宴客座。出,至博古斋而返。下午,至百星大戏院观电影演《风月宝鉴》。五下钟出,又至先施公司一回而返。夜,同望舅、君定至瑞师处,观其新得南海康氏所藏宋元明清书画。

5月7日　星期二

阴。上午,同君定至大雅楼,发请客催条。出,余至神仙理发室理发。出,至汉文渊、受古书店。出,至大雅楼,与望舅合宴池月乔及沈梦莲、杨澄甫、陈廉斋、闵瑞师、陈陶遗。下午三句钟散席,同望舅、君定至中国书店附设之金石书画会,晤及徐积余。余又同积余至中国书店及中国学会出板部,识顾惕生。出,至锦文堂、来青阁、中西药房等处。夜,馔于杏花楼。后至永和祥号观书,君定亦来,九下钟返。

5月8日　星期三

晴。上午,致粲君信。午刻,同望舅、君定至古益轩,应梦莲、月乔、澄甫招饮。二下钟出,至商务印书馆、中华书局而返。陆云伯及阮俊卿先后来。夜,巩宇来,即去。至温泉沐浴。

5月9日　星期四

晴。上午,至恒庆里,晤亚子。出,至民治新闻学院,晤士超及旭如。下午,至威海卫路,晤通伯。出,至界路上海银行。出,至东方图书馆,访圣一,不值。出,至西泠印社及来青阁,又至杏花楼用午点。出,至中国学会出板部,晤乃乾,傍晚返。夜,同君定至永和祥号观书。

5月10日　星期五

晴。上午,至神州国光社,晤朴存。回,又偕君定至里内一号,候陈蒙庵。下午,同君定至典业银行。出,至通商旅馆,贺朱培元嫁女。出,至东莱银行及浙江兴业银行。出,至青年会用午点。出,至永和祥号,观选定之书,乃返。夜,蒙庵及震生先后来,各少坐,去。

5月11日　星期六

阴,傍晚雨。上午,至棋盘街及南京路购物。下午,偕望舅、君平、君定、启明、恒初乘汽车至真如暨南新村,游览一周而返。同君定至永和祥号,算购书账目,又至来青阁,乃返。夜,致粲君信。

5月12日　星期日

雨。上午,至新天祥里,候端志,不值。出,至福鑫里乃乾处,并晤朴安。出,至悦宾楼,望舅宴云伯,招陪。下午二下钟散席。

同君定、云伯至中国书店及金石书画会。余又至开明书店、来青阁而返。

5月13日　星期一

晴。上午,至先施公司及俭德银行。下午,至先施、永安、新新等公司购物,又至中国书店及中国学会出板部。夜,同君定至瑞师处。

5月14日　星期二

晴。乘轮船归。上午八点钟开,下午四点钟抵家。在船观《东方》《民铎》等杂志。迪前于今日来。

5月15日　星期三

晴。上午,杂务。下午,理沪上购归之书。伯承来,少坐,去。

5月16日　星期四

雨。上午,翻阅迪前所编之清代辑佚书目及书目总录。伯才来,即去。下午,君宾自亭林回来,即去乡。新任公安局长邹浩来候,即去。

5月17日　星期五

雨。杂务。

5月18日　星期六

晴。上午,杂务。下午,时舅来,望舅自沪回来,傍晚均去。往观翻造汪家弄口市房。夜,复君定信。

5月19日　星期日

晴。上午,杂务。下午,至图书馆、济婴局。又至公安局,答候新任局长邹季平。大妹携鼎甥归。君宾来。韫辉来,少坐,去。

5月20日　星期一

晴。上午,理书。公渡来,午饭后去。同迪前至河西园地。

复盥孚信。

5月21日　星期二

阴。上午,杂翻书籍。端甫来,少坐,去。下午,迪前携星垣去。宪人来,少坐,去。至图书馆,邀智川、宪人、志轩,谈济婴局事,为计志清造屋碍及局中墙基。回后,又邀仲康来,托其向计姓言之。夜,理账。

5月22日　星期三

阴。上午,写书目。下午,伯承来,即去。邹季平来,即去。复慎旆信。仲康、季眉、端甫来,即去。夜,理账。

5月23日　星期四

晴。上午,写书目。下午,至储蓄会,举行第一百廿七期掣签,并议事。出,至图书馆,邀宪人、智川、志轩来,谈济婴局事,四下钟返。子峰、季庵来,即去。夜,邹季平及杏林、志轩来,谈警捐事,即去。

5月24日　星期五

晴。偕君宾往松江,贺张巩宇续娶。上午八点钟开船,下午一点钟抵松。余至王宅,随至阔街君藩处,与君宾同住于此。往晤焦湘宗,问其怀祖服药。出,至典业银行,晤松仙叔太,少坐,返。至城内胡宅巩宇寓处,夜返。君定自沪亦来。

5月25日　星期六

阴,夜雨。今日巩宇在商余集益社与顾苹贤女士结婚,上午往贺,下午观礼。夜十下钟返。

5月26日　星期日

晨雨,上午阴,下午晴。上午,在高宅与君藩、君宾、君定、憩南、铨庭手谈。下午,三下钟散局后,同至巩宇处,来宾公贺暖房。

夜,十一点钟返。

5月27日　星期一

晴。上午,至车站观孙总理奉安宣传车。巩宇来候。十一时同君宾登船归,至籴来庙时,又改乘轮船,先至松隐,上岸,至德昌当及陶遗处,各少坐后,仍登原船开回,下午六时抵家。

5月28日　星期二

晴。上午,杂务。观建筑市房。下午,至图书馆。出,致子贞处,又至乡政局,晤志轩,乃返。子冶来,少坐,去。作信,至松仙叔太,复杰士。邀晋康来,治怀祖股上小疖。夜,补写连日日记。

5月29日　星期三

晴。上午,复通学斋、萃文书局信。志轩、伯承先后来,各少坐,去。下午,复芝孙信。校所印《济婴局征信录》。夜,理帐。

5月30日　星期四

晴。上午,校《鲒埼亭集》。下午,观建筑市房。拟复林石庐信。君定自沪回来,即去乡。夜,理账。

5月31日　星期五

晴。上午,校《鲒埼亭集》。下午,写复林石庐,又复圣一信。伯才来,少坐,去。至河西园地。夜,理书账。

6月

6月1日　星期六

晴。上午,校《鲒埼亭集》。至图书馆一回。端甫、韫辉先后来,即去。下午,君宾去。写《怀旧楼丛录》,夜同。

6月2日　星期日

晴。上午,校《鲒埼亭集》。下午,至图书馆。出,至乡政局,开东市河工善后会议,四下钟返。作信,复端志,致乃乾。夜,抄《怀旧楼丛录》。今日中妹携梅甥去亭。

6月3日　星期一

晴。上午,校《鲒埼亭集》。下午,君宾来。伯才来,即去。至河西园地。抄《怀旧楼丛录》

6月4日　星期二

晴。上午,校《鲒埼亭集》。下午,至河西园地。杂务。夜,理账。今晨君宾乘轮去沪。

6月5日　星期三

晴,有雨。上午,校《鲒埼亭集》。志轩来,少坐,去。下午,观建筑市房,又至河西园地。抄《怀旧楼丛录》。今日中妹归。

6月6日　星期四

晴。上午,校《鲒埼亭集》。下午,杰士、君介先后来,少坐,均去。复公渡信。邀宪人来治承粲,即去。

6月7日　星期五

晴。上午,校《鲒埼亭集》。新任公安局长刘常仙来候,少坐,去。下午,杂务。复迪前信。夜,翻阅中国书店新出之书目。

6月8日　星期六

雨。上午,中妹携菊、瑞二甥去亭林。校《鲒埼亭集》。公渡来,午饭后去。至储蓄会,议变通储户押款利率事,四下钟返。复君彦信。夜,杂务。

6月9日　星期日

雨。上午,校《鲒埼亭集》。下午,理书。君定自张家来,仍去。

6月10日　星期一

晴。上午,杂务。大妹携鼎、安二甥去高宅。至图书馆,今日在此开修志会议。下午,四下钟散会,返。时舅同来,即去。傍晚,至乡政局陪宴。今日客地与会诸人吴来鸿、张南暨、沈章熙、叶抱冲、沈作人等。又同出,至适庐啜茗,九下钟返。

6月11日　星期二

雨。承縈怀孕,前月忽见红即止,近又见红,昨夜更多,今日延顾亚贞及宪人先后来诊治。

6月12日　星期三

晴。上午,至图书馆。出,至公安局候新任局长刘常仙,不值,即返。端甫来,即去。涤新、宪人先后来,均午饭后去。理行李。伯才来,少坐,去。

6月13日　星期四

晴。承縈本定至沪分娩,兹以身体不适,爰伴之提早前往。今日唤一无锡快船,由轮船拖带,上午八点半钟开,下午二点半钟在日晖港口放带进港。至金神父路南首桥堍上岸,唤汽车至仁和里寓庐。此行并携念祖。夜,致圆妹信。

6月14日　星期五

上午阴,下午忽雨忽晴。上午,往邀金恂侯医生。出,至神仙理发室理发。出,至博古斋一转而返。下午,恂侯来治承縈。君宾自杭回来。至圣一信。

6月15日　星期六

上午晴,下午雨。上午,校《鲒埼亭集》。下午,至中国书店。出,至中国学会出板部,晤乃乾。出,至商务印书馆而返。忆初来。夜,致学南、俊卿及花儿信。

6月16日　星期日

雨。承粲今晨忽见红又多。下午,陆青芝来诊治承粲。忆初夫妇来。作信,致仲稽、君藩,复圆妹。俊卿来。夜,致中妹信。

6月17日　星期一

雨。校《鲒埼亭集》。下午,陆露沙来诊察承粲。忆初来。

6月18日　星期二

阴。上午,季鲁来。复张卓身、孙耀卿信。乃乾来。下午,至恂侯处,改承粲方。出,至汉文渊、受古书店、锦文堂、来青阁、大东书局及中西药房配药。又至商务印书馆。夜,复花儿信。

6月19日　星期三

阴,有雨。上午,往邀中医余伯陶。出,至永安公司、锦文堂、中西药房等处。下午,季鲁嫂来。余伯陶来治承粲。观《石遗室诗话》。承粲于夜十点钟时,破胞浆水,即邀陆医青芝、露沙二人来。

6月20日　星期四

阴,有雨。承粲胞浆水虽破,而腹不觉痛等欲产之状。下午,露沙又介绍福民医院内日本医生来诊察,言稍缓当产,惟恐出血多耳。上午,复学南信。下午,季鲁、忆初先后来。今日,家中夏至祭先。

6月21日　星期五

晴。承粲于昨夜十一点零五分钟产一男,实交今日子时。此儿尚未足月,怀妊时屡出血,临产情形又甚险,乃得大小平安,盖先人在天之灵默相之者矣!今日为我母七周忌辰,母而在世见此孙辈之踵起,必欢欣无量。余每得子,余之悲感为无穷,诸儿其念之哉！新儿产后即致家中圆妹一信，日间又致圆妹，复大、中、二妹信，又致账房及仲稽，复寿祺信。季鲁夫妇先后来。忆初来。傍晚，露沙又来，为承棨打针。

6月22日　星期六

晴。下午至锦文堂、集成书局、宝记照相馆、先施公司。露沙来，为承棨打针。忆初来。

6月23日　星期日

晴。晨起复圆妹信。上午，写账。下午，至中国学会出板部，晤乃乾，坐谈良久，返。夜，致涤新、端甫信。

6月24日　星期一

晴，上午雨。上午，校《鲒埼亭集》。下午，至永安公司、蝉隐庐、来青阁、博古斋、守棠书店等处。君湘来。夜，复花儿信。

6月25日　星期二

晴，上午有雨。上午，校所印《济婴局征信录》。至国光印书局。下午，至中国书店及来青阁。校《鲒埼亭集》。

6月26日　星期三

晴。上午，校《鲒埼亭集》。下午，同君定至中国学会出板部，晤乃乾。出，至来青阁。同望舅、君定至蒲石路君湘处。

6月27日　星期四

晴。上午，观《古微堂诗集》。至神州国光社晤朴存。下午，携念祖游黄浦滩公园。又至商务印书馆、朵云轩、先施公司、福禄寿等处。

6月28日　星期五

雨。上午，观《古微堂诗集》。下午，同君定至瑞师处。出，至朵云轩、蝉隐庐、来青阁、中国书店、中国学会出板部。夜，致伯华信。

6月29日　星期六

晴。上午,往候程云岑,不值。观《古微堂诗集》。瑞师来。下午,携念祖游兆丰花园。出,至晋隆用点心。夜,复花儿信。

6月30日　星期日

晴。上午,至恒庆里,晤端志及亚子,各坐谈良久,在亚子处并识陆丹林。下午,同君定至蟫隐庐,即返。同君平、君定至西门,晤董伯骙。

7月

7月1日　星期一

晴,有微雨。上午,至鸿仪里,晤云岑。校所印《济婴局征信录》。下午,花儿同怀祖来。伯熏来。同君定至一枝香,应乃乾招饮。同席尚有庞青臣、胡朴庵、黄朴存、田梓琴、俞凤宾,十句钟返。

7月2日　星期二

雨。上午,至国光印书局。下午,抄《巢经巢集外诗》。至蟫隐庐及朵云轩。后至大雅楼,应端志招饮。君定亦来,九下钟返。

7月3日　星期三

阴,晨有雨。上午,至瑞师处。抄《巢经巢集外诗》。下午,校所印《济婴局征信录》。时舅、君宾来。

7月4日　星期四

雨。上午,至国光印书局及中国书店。下午,至白克路忆初诊所。出,至卡德影戏园,观演《白璧之爱》。五下钟出,又至先施公司、蟫隐庐而返。君介来。

7月5日　星期五

雨。添租后下房，收拾安置。此来原已租用楼上一小间，今调楼下，俾相连属也。

7月6日　星期六

雨。偕君定乘轮归张。上午八点钟开行，下午三点钟抵家。君定即去乡。君宾来。杏林来，少坐，去。

7月7日　星期日

雨，下午阴晴。晨，致粲君信。君宾乘轮去沪。上午，一之、志轩、道弘先后来。下午，端甫来。君介自沪回来，即去乡。夜，翻阅前数日《时报》。

7月8日　星期一

晴。上午，邀宪人来治恭寿疟疾。下午，伯才来，即去。理账。子峰来，即去。夜，致花儿信。

7月9日　星期二

雨，上午阴晴。上午，以新生儿祭告祖先。端甫、伯才来，又为高氏说亲。下午，韫辉来。作信，复迪光、松岑。时舅自沪回来，即去。夜，致君藩、蓬洲信。

7月10日　星期三

阴，晴。上午，乘轿至亭林周宅，七吊振先太夫人之丧。下午，返。蒋淡生来，即去。

7月11日　星期四

阴，晴。上午，以君定同大妹乘轮往沪，至船一晤。至图书馆。出，至公安局，答候局长、刘常仙。下午，理书。作信，复君彦，致君懿、遂翔。夜，邹季平来，即去。今日恒甥来，下午即去。

7月12日　星期五

晴。上午，理物件。涤新来，少坐，去。下午，至乡政局及图书馆，即假馆中开山塘河工设计委员会，夜馔后返。时舅自会中来，即去。

7月13日　星期六

晴。上午，至河西园地。八下钟乘轮船往上海。恒初来，同去。下午二点钟到，即至寓所。在船观《古微堂诗集》。明日为法国共和纪念节，今夜往里口，观马路上迎灯，并在楼头观公园中放烟火。

7月14日　星期日

晴。上午，理账。观《古微堂诗集》完。下午，至中国学会出板部，晤乃乾。出，至中国书店。

7月15日　星期一

晴。上午，至神仙理发室理发。出，至汉文渊、受古书店、锦文堂。下午，致阮俊卿，复抱经堂片。至大纶剪衣料。出，至晋隆。旋花儿、念祖同王家大宝宝及君定、君实、启明、恒初、鼎官亦来，即夜馔，九点钟返。

7月16日　星期二

晴。上午，花儿乘轮回家，恒初、君宾、启明同去。阮俊卿来。校所印《济婴局征信录》。下午，校《鲒埼亭集》。至中国书店。出，至中国学会出板部，晤乃乾，并识伦哲如。

7月17日　星期三

晴。上午，校《鲒埼亭集》。至国光印书局。出，至恒庆里，晤亚子伉俪，坐谈良久而返。下午，至亨达利、先施、永安二公司、冠生园。校《鲒埼亭集》。夜，震生来。

7月18日　星期四

晴。上午,校《鲒埼亭集》。至庆祥里张见为处,代公渡托其汇款与公竞。出,至汉文渊与君定相会,又同至集成书店、来青阁、蟫隐庐及惠罗公司而返。下午,以顷柳村叔来过,至大新旅馆答候,不值。出,略购物而返。乃乾来。夜,震生来,同至惠中旅馆,晤芳墅。出,余又至大新旅馆,晤柳村叔,十下钟返。

7月19日　星期五

晴。校《鲒埼亭集》正编完。傍晚,至跑马厅一带及博古斋书坊。夜,君宾自青岛回来。

7月20日　星期六

晴。上午,君定、君宾回去。复杰士,致震生信,又与震生合致楚伧信。

7月21日　星期日

晴。上午,至宁波同乡会,观陕灾书画助赈会。出,至大马路购物而返。下午,同粲君携念祖至卡尔登戏院,观电影《海上奇儿》及嫦娥飞舞团演艺,五下钟返。晚,又携念祖至里口大东小大菜馆夜馔。

7月22日　星期一

晴。携念祖乘轮船归。上午七点三刻钟开行,下午三点半钟抵家。

7月23日　星期二

晴。杂务。下午,志轩来。伯才来。杰士来。

7月24日　星期三

晴。上午,理账。下午,至图书馆及乡政局。夜,复君藩信。

7月25日　星期四

晴。上午，复时舅信。圆妹携青、铦两甥去高宅。端甫来，少坐，去。下午，写账。致君藩信。至河西园地。夜，复哲夫信。

7月26日　星期五

晴。上午，理书。下午，复张石君信。季眉来。伯才来。

7月27日　星期六

晴。上午，巩宇来，即去。携益儿乘轮船往上海。八点钟开，下午三点钟到。即至仁和里寓庐。君定同行。怀祖肿病复发，小解又少，往露沙医院，问诊治方法。夜，少屏来谈通志采访事宜，良久去。

7月28日　星期日

晴。上午，仲稽、季鲁来，少坐，去。偕粲君携怀祖就治于福民医院，午刻返。下午，震生来，即去。至北火车站，拟候仲稽，不值。至均益里季鲁处，少坐而返。

7月29日　星期一

晴。上午，至环龙路铭德里，晤楚伧，少坐，返。偕君定，往晤蒙庵，少坐，返。同粲君携怀祖至证道居士袁达三处按摩。下午，同粲君至先施公司，购物。

7月30日　星期二

晴。上午，作信致仲稽、君藩、震生。同粲君携怀祖至证道居士处按摩。下午，往邀沈树宝来治怀祖。作信，复江苏省通志总纂庄思缄，辞采访之职，以松江旧府属只委一人，实不胜任也。沈树宝来治怀祖。夜，至中西药房购药，又至来青阁看书。

7月31日　星期三

晴。上午，复菊人信。下午，至沈树宝处，问怀祖病。出，至中国书店、汉文渊、受古书店等处。今日,从松邀呼鹅白惊者来,诊治怀祖。

8月

8月1日　星期四

晴。上午,至神仙理发室理发。出,至商务印书馆而返。下午,俊卿来,马君达来。怀祖今日起有身热,至沈树宝处一问。

8月2日　星期五

晴。怀祖小解稍多,而肿势甚剧,薄有身热。傍晚,沈树宝来诊治。下午,君湘来。夜,复花儿信。

8月3日　星期六

雨。上午,观赵学南处抄来严九能手札一卷。下午,石士来。观《惜抱先生尺牍》。复学南信。

8月4日　星期日

晴。上午,观《惜抱先生尺牍》。下午,震生、望东、飞雄来。至沈树宝处,问怀祖病。出,至中国学会出板部。今日,午刻大妹产一男。

8月5日　星期一

晴。观《惜抱先生尺牍》。下午,复中妹信。沈树宝来,治怀祖。夜,复花儿信。

8月6日　星期二

晴,有雨。观《惜抱先生尺牍》完。上午,君藩来。下午,沈树宝来,治怀祖。夜,复花儿信。

8月7日　星期三

晴。上午,以阅报见川裕公寓内有客出售旧书,因同君定往观。出,至朵云轩而返。下午,复培孙信。怀祖今日肿已渐退,唯身热未凉,至沈树宝处一问。出,至新新公司购物而返。夜,士超来,少坐,去。至温泉沐浴,十一点钟返。复花儿信。

8月8日　星期四

晴。上午,至来青阁。下午,至中国书店、新新公司、美周发行所、蟫隐庐、锦文堂、受古书店等处。沈树宝来,诊治怀祖。

8月9日　星期五

晴,夜雨。上午,复哲夫信。校所印《济婴局征信录》样张。下午,与震生合致钮铁生信。今日先君八周忌辰。

8月10日　星期六

晴,夜雨。上午,至国光印书局。出,至锦文堂、享达利。怀祖今身热已清,肿势亦退。下午,至沈树宝处,一问服药。又先至寰球中国学生会,晤少屏。后至新新公司,与粲君携益儿相会,同往晋隆夜馔后返。

8月11日　星期日

晴。上午,至福鑫里,晤朴安,并问乃乾疾。下午,同粲君携益儿、鼎甥至恩派亚,观电影及跳舞。夜,致花儿信。

8月12日　星期一

晴,夜雨。上午,仲稺、季鲁来,少坐,去。至恒庆里,晤亚子,少坐,返。下午,杂翻书籍。

8月13日　星期二

阴,有雨。上午,至先施公司、中国书店。下午,同粲君携怀祖至沈树宝处诊治,即返。君湘来。

8月14日　星期三

雨,风。乘轮船归。上午七点三刻开,下午三点钟抵家。君定同行。旋往张家,以风雨未回去。夜,致粲君信。

8月15日　星期四

阴,晴,有雨。上午,复圆妹信。君定自张家来,即去乡。杂务。下午,陆幼卿来,即去。至伯堨处。出,至乡政局,晤志轩、中孚,少坐,返。复培孙信。

8月16日　星期五

晴。上午,中元节祭先。涤新来,午饭后去。一之、道弘、志轩、伯才先后来,各少坐,去。复圣一及遂翔、菊人信。夜,复君懿信。

8月17日　星期六

晴,有微雨。乘轮船往上海。上午八点半钟开,下午三点钟到。即至寓所。夜,致花儿信。

8月18日　星期日

晴,有微雨。上午,作信至积余。至中国书店、来青阁。下午,同粲君携益、怀二儿至沈树宝处,为怀儿复诊。出,至新新公司购物、黄浦滩公园游览、福禄寿吃点心,傍晚返。

8月19日　星期一

晴。上午,至商务印书馆、朵云轩、建华公司、先施公司及中国学会出板部。下午,同粲君至永安公司、三友实业社、宝成银楼。

8月20日　星期二

晴。上午,至陆永茂花园,购花草。下午,家中遣仆人来,言花儿于昨夜起患霍乱颇剧。当即作信致君藩,饬人乘大车持往松江,托其打长途电话至张堰问询,如尚不妥,在松请西医前去诊治。同粲君至时和及丽华公司。夜,作信复中妹。松江人回,知圆妹今午本已打电话来请李望平前去,花儿刻已平稳矣! 致圆妹信。

8月21日　星期三

晴。上午,作信致乃乾。至中国学会出版部、中国书店、沈树宝处、新新公司、冠生园、中西药房、来青阁。下午,收拾行装。同粲君至先施、新新两公司。

8月22日　星期四

晴。同粲君携益明、怀祖、新儿志祖乘轮船归。上午七点三刻开行,下午四点钟抵家。花明痧气已愈,惟尚软弱。念祖、纪祖以恐染及,前日由圆妹携往高宅。

8月23日　星期五

晴。上午,晋康来,即去。圆妹携青甥同念、纪两儿归,君宾亦来。下午,君宾、圆妹携青甥去。

8月24日　星期六

晴,热甚。上午,作信致中妹。端甫来,少坐,去。下午,杂务。季眉来,少坐,去。

8月25日　星期日

晴,热甚。上午,中孚、伯才、纪方先后来,各少坐,去。下午,补写前数日日记。伯才又同杰士来,少坐,去。傍晚,亚雄来,少坐,去。

8月26日　星期一

晴,下午雷雨。上午,杂务。下午,作信,复迪前及松仙太叔祖。沐浴。邀宪人来,诊治花儿、怀祖,夜饭后去。作信复君藩。

8月27日　星期二

阴,有晴光。上午,作信致君懿。晋康来,即去。杂务。下午,理账。夜,复君定信。

8月28日　星期三

晴,下午雷雨。志祖连日多哭,今晨起有身热,而时呈抽搐之象。上午邀十洲及顾亚贞诊治,下午邀童贞女士及镇上西医苏月波〔坡〕诊治,十洲又来。

8月29日　星期四

晴,有微雨。志祖仍时欲抽搐,惟不发时则颇平稳。上午延苏月波〔坡〕来复诊,为之灌肠。钻坚来,少坐,去。下午,理账。致君懿信。夜,邀十洲来治志祖,即服其药。致君定信。

8月30日　星期五

晴。志祖昨夜抽搐殊甚,上午邀十洲来诊治,午饭后去。投以镇惊、达痰、利气之剂。花儿、怀祖亦请其诊。夜,十洲又来,志祖药又加羚羊尖、猴枣。其抽搐上午稍稀,入晚又频作也!上午,志轩来。下午,中孚来。伯承来。

8月31日　星期六

晴。志祖昨夜仍不舒,今晨起抽搐渐定,身热亦清。下午,邀苏月波〔坡〕来诊察心脏等部,皆无恙。上午,理书。下午,志轩来。君介来。夜,复尹卿信。

9月

9月1日　星期日

晴。上午,理账。邀十洲来,复诊志祖等,午饭后去。至图书馆、区公所、宪人处。夜,复君定信。

9月2日　星期一

晴。上午,理书。时舅来,下午去。复柳村叔信。

9月3日　星期二

晴。上午,杂务。下午,邀十洲来诊治怀祖、志祖。邀苏月波〔坡〕来治怀祖,并为益明、念祖注射防疫针。余与粲君、花明则服防疫药也。

9月4日　星期三

阴。上午,端甫、伯才来,又为高氏启明向花儿说亲,当允之。复中妹信。下午,督工修树。

9月5日　星期四

晴。上午,君宾、启明来,即乘轮去沪。督工修树。下午,中孚来,少坐,去。理信件。夜,以志祖多哭,又邀十洲来一诊。

9月6日　星期五

晴。上午,作信复迪光。下午,作信,复守恒、学南。君宾来,又君定自沪回来,傍晚均去。夜,致大妹及文圃信。

9月7日　星期六

晴。理书。怀祖连日又有肿势,昨日起尤甚,惟小解尚多。上午邀宪人来诊治,午饭后去。下午又邀苏月波〔坡〕来,治其头上热疖。夜,复石君、君藩信。子峰来。

9月8日　星期日

阴。上午,种花。理书。新任公安局长孙助良来候。下午,至图书馆,又同志轩至子贞处。回,至区公所,晤中孚。至河西园地。端甫来。夜,致迪前信。

9月9日　星期一

晴。上午,至高宅望舅处。午饭后,至时舅处,傍晚返。

9月10日　星期二

晴。上午,县公安局长谢贻翔来候。至公安局答候新任局长孙助良,出至伯埍处,少坐,返。下午,至河西园地。邀宪人来复诊怀祖。子光来,少坐,去。时舅来,傍晚去。邀苏月波〔坡〕来,为益、念两儿复注防疫针。夜,作信,致君定、迪前。

9月11日　星期三

晴。今日以翻造源来、悦来两市房门面工竣,延羽士安龙,至晚毕事。上午,君定来,即乘轮去沪。写账。下午,复杰士、平甫信。圆妹携青、铦两甥归,君宾同来。同君宾至区公所,应县公安局长谢贻翔、本镇公安局长孙助良招饮,八下钟返。

9月12日　星期四

晴。上午,理书画。至图书馆。出,至区公所与伯埍、望舅、时舅、志轩合宴县公安局长谢贻翔、督察长朱雨苍、本镇公安局长孙助良。两舅未到,由君宾代表,午后二下钟返。志祖又稍有身热、发痉,仍邀十洲诊治。伯才来,明日县政府为积谷开会,托其代表出席。至河西园地。

9月13日　星期五

晴。志祖昨夜甚不舒,且不啼哭。今上午邀十洲及苏月波〔坡〕诊治,又往邀谢子春,午刻到。傍晚十洲又来,月波〔坡〕为之灌肠,并酌服十洲子春药。下午,君宾去。至河西园地。夜,打电话至松江君藩处,托其即差人乘火车往上海,邀吴忆初来治志祖。

1930 年

1 月

1月1日 星期三
雨。上午,理经管之积谷存款账折。伯才来,少坐,去。俞天石来,为治君定胃病,午饭后去。巩宇来,少坐,去。写书目。启明自上海回来。

1月2日 星期四
雨。上午,中孚来谈,少坐,去。下午,写书目。

1月3日 星期五
雨。上午,理信札。致徐子为信。下午,写书目。复中稽信。夜,复杰士、时舅信。

1月4日 星期六
上午晴,下午阴。上午,君宾、启明乘轮去沪。伯埙、杏林来,少坐,去。下午,理书。伯才来,即去。望舅以乡间不靖,在此已半月,昨日回去,今晚仍来。

1月5日 星期日
阴。昨邀谢子春来治怀祖,今到,午饭后去。杰士来,昨去电约也。傍晚与望舅合宴公安局长孙助良,并邀伯埙、杏林、伯才、志轩同席,尚有杰士、尹卿、君定亦入座,共十人。夜,巩宇、寄舫来晤杰士,即去。

1月6日　星期一

阴。上午,巩宇、寄舫来谈沙田局又欲丈场田事,杏林亦来,午饭后去。傍晚,巩宇、寄舫招杰士饮于巩宇寓所钱古训堂,并邀余与君定,因同往,夜八下钟返。

1月7日　星期二

阴,冷甚。上午,杰士去。下午,复君介信。伯才来,即去。邀苏月波〔坡〕来治志祖伤风。

1月8日　星期三

晴。上午,理账。下午,杂务。端甫、志轩先后来。夜,复耀卿信。

1月9日　星期四

阴。上午,中孚来,少坐,去。下午,理书。陈士韦来,少坐,去。志轩来,少坐,去。巩宇来,即去。夜,致爱椿信。观雪林女士之《蠹鱼生活》。

1月10日　星期五

上午晴,下午阴,夜雪。上午,理书。下午,复君懿信。志轩来,少坐,去。校所印《顾千里先生年谱》样张。

1月11日　星期六

阴,微晴。上午,杂务。下午,宪人来,少坐,去。伯才来,少坐,去。作信,复积余、学南、鞠舫。夜,理账。

1月12日　星期日

晴。上午,君定乘轮去沪。作信,复绳夫、哲夫。下午,伯才、志轩、涤新先后来。作信,复李菊生,致乃乾。
1月13日　星期一
阴,夜雪。怀祖近日仍有肿势,昨邀谢子春复诊。今到,午饭后去。伯埙于上午来,与望舅晤谈,午饭后去。又涤新来,亦午饭。午后志轩来,即去。
1月14日　星期二
晴。上午,钻坚来,少坐,去。下午,至储蓄会。出,至图书馆。作信,致逢伯、君藩。夜,复步惠廉信。
1月15日　星期三
雨,夜有雪。上午,杂务。下午,至储蓄会,举行第一百三十五期掣签,会中掣签于本期起改为国历每月十五日举行也。作信致钝安。夜,复杰士信。观《蠹鱼生活》。
1月16日　星期四
阴。杂务。傍晚,设筵宴馆师徐尹卿先生,并邀宪人、端甫。端甫不到,属其哲嗣志高来。望舅、紫卿、伯华亦邀列席,附读生干祖望及鼎甥、念祖并陪。
1月17日　星期五
阴。上午,杂务。下午,伯才来,即去。时舅自沪回来,即去。傍晚,设筵宴中孚、钻坚,并邀道弘、孟恢、智川、涤新、志轩,尚有松年、景峰不到。
1月18日　星期六
阴。上午,杂务。下午,至区公所,晤中孚。君宾自沪回来。
1月19日　星期日
阴,上午雪。杂务。伤风,精神欠佳。馆师今日寒假回去。傍晚,君定携恒、珍两甥自沪归来。夜,理账。复君藩、君彦信。

1月20日　星期一

阴。杂务。下午,子峰来,端甫来。君定去。夜,作信,复哲夫、学南、迪前。

1月21日　星期二

阴,有雨。杂务。上午,吕巷冯涤凡来谢吊,少坐,去。下午,子峰来。中孚来。君宾去。夜,理账。

1月22日　星期三

阴。上午,杏林来。涤新来。下午,理书。中孚来。志轩来。君懿来,少坐,去。望舅去。夜,理账。

1月23日　星期四

阴,晚雨,夜雪。上午,抄钱竹汀与王述庵论志事书墨迹一通,借自钱砚辉处。时舅来,午饭后同至图书馆开修志会议,傍晚返,时舅即去。夜,观《蠹鱼生活》。

1月24日　星期五

阴。杂务。下午,中孚来,少坐,去。恒、珍、安三甥去。夜,致书店信。

1月25日　星期六

阴,有雨。上午,大妹携鼎、崧二甥去高宅。年节祀神。下午,子光携其子来候,少坐,去。钻坚来。伯承来。十洲来。启明自沪回来,即去乡。年节祭先。

1月26日　星期日

阴。上午,徐折凡来,少坐,去。理书。下午,杂务。

1月27日　星期一

晴。杂务。上午,钻坚来。下午,理发。

1月28日　星期二

　　晴。上午,钰坚来。伯才来。下午,叔纯来。冲之来。夜,中孚来。

1月29日　星期三

　　晴。杂务。上午,伯埙、端甫先后来。下午,至河西园地,种树。

1月30日　星期四

　　晴。今日庚午岁首,拈天香祀祖先。

1月31日　星期五

　　晴。上午,至河西志轩、亚雄处。大妹归,君定携恒、珍、鼎、安四甥同来。君宾、启明亦来。下午,韫辉来。携念祖、益明及珍、安两甥走街上。志轩与昆豪、昆亮二侄来。君定等均去。今日,圆妹携青、铦二甥至高宅,晚仍返。

2月

2月1日　星期六

　　晴。上午,承絜往松江,以外舅抱恙,特去省亲。端甫来。时舅、君介、小妹、庚一来,傍晚去。夜,作信,复子经及中国书店。

2月2日　星期日

　　晴。上午,飞槎来。下午,至宗祠。出,至子贞处。出,至济婴局,晤端甫。晚,应道弘招饮于复兴馆。承絜归。

2月3日　星期一

　　阴,晚雨。上午,伯康来。词臣来。下午,至飞槎处,不值。出,至伯埙处。晚,至戚宅,应智川、雄飞、忠良招饮。

2月4日　星期二

雨。上午，陈士韦来。作信，复太忙、栋村、耀卿。下午，宪人来。

2月5日　星期三

阴。上午，携花、益、念、纪四儿往高宅望舅处，傍晚返。

2月6日　星期四

阴。偕承粲携怀儿至松江王宅。上午十点钟开船，下午五点半钟到。外舅于阴历上月廿九日起中风，半身不遂，言语不明，饮食不便，惟神智尚清。余到时，尚约略为告病原也。

2月7日　星期五

阴，有微雨。外舅斗槎先生于下午二点半钟作古，享寿八秩。钱觉民来候。

2月8日　星期六

阴，有雨。昨日，电话至家。今晚花儿来松，念祖等以伤风未愈不到。

2月9日　星期日

晴。外舅今日大殓。

2月10日　星期一

晴。上午，至云间古书处。出，至阔街君藩处，并晤闵瑞师、家松仙叔太，及沈叔贤、黄景伊、韩季超。午饭后，同君藩、叔贤、景伊、季超至秀野桥北君藩、叔贤所创之大有农场，少坐，返王宅。怀儿近日肿病又大发，延钱青士诊治。

2月11日　星期二

晴。下午，君藩来，同至其新购之许氏颐园。出，候君彦，不值。乃至褚宅，候觉民。出，候奚元晖，并观其所藏书画。出，至云间古书处而返。

2月12日　星期三

晴。携花儿归。上午九下钟开船,乃在铁路桥外里许搁浅,待潮来开至汉口,已近下午一点钟。适沪张轮船经过,遂改乘之,三点半钟抵家。端甫来。中妹携恭、菊、星、梅、瑞五甥于七日归,迪前同来。又君宾亦于是日自杭州归来,今已去。

2月13日　星期四

晴。上午,钻坚来。下午,子光来。宪人来,治中妹等伤风。夜,理账。作信,致孙颂和,复中国书店。

2月14日　星期五

晴。上午,偕迪前往高宅时舅处,并晤君定,傍晚返。夜,复子经信。

2月15日　星期六

晴。上午,与迪前翻书。下午,至储蓄会举行第一百三十六期掣签,即返。新任第二小学校长王若初来,少坐,去。至河西园地。夜,复遂翔,致企云及承絜信。

2月16日　星期日

晴。上午,迪前携恭、菊、星三甥去。钻坚来。下午,理书。至图书馆。夜,复中孚信。

2月17日　星期一

晴。为仲稽等拟外舅哀启。上午,钻坚来。下午,伯承来。伯才来。夜,复杰士信。

2月18日　星期二

晴,下午阴有微雨。上午,校所印《顾千里先生年谱》样张。端甫来。下午,顾铁君业渔来,少坐,去。涤新来。志轩来。作信,复石君,致君懿。夜,复遂翔,致中国书店信。

2月19日　星期三

晴。往松江王宅。上午九点半钟开船,下午三点半钟到。在船代仲稽等草外舅哀启。今日家中开学。

2月20日　星期四

晴。今日为外舅回汤,并二七之期。下午,至云间古书处、承大庄、典业银行等处。

2月21日　星期五

晴。上午,至阔街君藩处,午饭后返。怀儿肿病不退,前已请青士复诊二次,今又请诊治。

2月22日　星期六

晴。上午九点钟开船归,下午三点半钟抵家。在船,校所抄曹伟谟之《南陔诗稿》。

2月23日　星期日

晴。上午,杂务。下午,邀宪人来,治纪祖腹泻。至图书馆。抄清为仲稽等所拟之哀启,直至夜间。复中国书店信。

2月24日　星期一

阴,有雷雨。上午,作信,致时舅,复君定。下午,至区公所集议冬防事,当以地方未靖,展办二个月,四下钟返。复遂翔信。夜,复子经,致承粲信。

2月25日　星期二

阴,有日光,夜雷雨。上午,重抄为仲稽等所拟之哀启。复杰士信。下午,复培孙、芝孙信。至河西园地,种树。夜,杂阅书籍。

2月26日　星期三

阴,有日光。携益、念二儿往松江。以逆风甚大,潮亦不顺,乃由轮船拖带。上午九点半钟开,下午一点钟在议口放带,二点半钟到。即至王宅。怀儿腹背及两足甚肿胀,今延李望平诊治。

2月27日　星期四

阴,有雨。上午,往吊雷谱桐先生之丧。今日为外舅三七之期,余家上祭。时舅、君藩亦来王宅,午饭后同出至大有农场,又至韩子谷处,观其所藏书画。有董思翁《秋山萧寺图》手卷,及王石谷山水尺页甚精。又至云间古书处、李望平处而返。

2月28日　星期五

晴,夜雷。偕承粲携益、念、怀三儿归。上午九点钟开船,下午四点钟抵家。夜,补写日记。理账。

3月

3月1日　星期六

晴。上午,在后园,收拾树木。下午,王若初来,少坐,去。至河西园地,种树。夜,写账。

3月2日　星期日

晴,下午阴,夜雷雨。杂务。昨邀谢子春来诊治怀儿,今到,午饭后去。

3月3日　星期一

阴,晚雨。偕承粲携怀儿就医沪上。唤船由轮拖带,上午九点半钟开,下午四点半钟到。在董家渡上岸,即至仁和里寓庐。在船校所抄韩氏《读有用书斋藏书目》。陈兆昌来。夜,致花儿信。今日圆妹携青、铦二甥去乡。

3月4日　星期二

阴,晚雨。上午,至华新理发。至中国书店。怀祖今日请沈树宝诊治,余返时已来过。下午,忆初来,少坐,去。抄《阎古古文》一首及《史阁部与阎古古书》一首,以入《怀旧楼丛录》中。夜,致君藩,复学南信。

3月5日　星期三

雨。上午,至福鑫里,晤乃乾,午刻返。下午,校所抄朱履升之《古匏诗稿》及家古然先生《红林禽馆诗》。君定、大妹携鼎、安、嵩三甥来沪。忆初来。夜,校所抄家古然先生《红林禽馆诗余》。

3月6日　星期四

雨。上午,至汾阳坊候朴存,不值。出,至沈树宝处、永安公司、中华书局、商务印书馆、神州国光社。下午,至中国书店、中国学会出板部、博古斋、汉文渊、受古书店、锦文堂、同文书店、来青阁、世界书局、新月书店。夜,致花儿信。

3月7日　星期五

雨。上午,至上海国医学院,候许盥孚,不值。出,至西成里,晤朴存,并识张善孖,坐谈数刻,返。下午,作信,复君宾、慎斾。盥孚来,请其诊治怀祖。观《张季直先生传记》。沈树宝来,复诊怀祖。夜,忆初来。

3月8日　星期六

阴。上午,至信昌、丰昌两当。下午,同粲君、大妹至永安公司、先施公司,又至福禄寿吃点心。余乃别至来青阁、蟫隐庐后,径返。

3月9日　星期日

晴。上午,八点钟乘申张班轮船归,下午四点钟抵家。在船观《张季直先生传记》。望舅今日来,晚去。夜,致粲君信。

3月10日　星期一
晴。今日延羽士禳星。上午,第二小学校教员来,为教育局调查学龄儿童。下午,伯才来。

3月11日　星期二
雨。杂务。下午,致菊舫信。夜,理账。

3月12日　星期三
雨,风甚大。上午,理书。下午,复子经、菊人等信。校所印《顾千里先生年谱》样张。夜,观《张季直先生传记》。

3月13日　星期四
晴。杂务。下午,大妹自沪归,即去乡。延平湖报本寺僧众来,今夜起道场,为先父母作佛事三天。

3月14日　星期五
晴。上午,圆妹携青、铦二甥归。大妹携珍甥亦归。迪前来。下午,承粲携怀祖归。怀祖在沪曾延嘉善中医连爨钦诊治,后肿势渐退、小解亦多。

3月15日　星期六
晴。今日先母六十冥庆。上午,志轩、十洲、子凯来,宪人来,望舅来,君介来。子凯、宪人即去,志轩、十洲午饭后去。下午,君宾自杭归来。望舅、君介去。端甫来,少坐,去。

3月16日　星期日
晴。上午,杰士来,即去。下午,云岩来,即去。致君定信。佛事于今夜告竣。

3月17日　星期一
阴。杂务。上午,君宾乘轮转沪赴杭,大妹亦去沪,珍甥去乡。方始昌来，少坐，去。下午，迪前去。民侠来，即去。伯才来，即去。夜，邀苏月波〔坡〕来治纪、志两儿伤风。补写近数日日记。理账。

3月18日　星期二

阴。上午，艺花草。下午，至巩宇及伯埌处，均不值。乃至图书馆，少坐，返。致中华图书馆协会等信。亚雄来，即去。夜，观《图书馆学季刊》。

3月19日　星期三

阴。上午，中妹携梅甥往沪，花儿亦随去。理书。下午，词臣、舜臣来。韫辉来。斐然来。夜，理账。致君定信。

3月20日　星期四

晴。上午，理书。复哲夫信。下午，致信符，复静远、栋材信。伯才来，即去。至河西园地，种树。夜，理账。

3月21日　星期五

晴。上午，校所印《顾千里先生年谱》样张。端甫来，即去。时舅来。下午，子峰来，少坐，去。伯才来，少坐，去。时舅去。理字画。夜，复季鲁，致寿祺信。

3月22日　星期六

晴。上午，理字画。钻坚来。下午，至河西园地，种树。至图书馆。韫辉来。夜，致君懿及复花儿信。

3月23日　星期日

晴。上午，杂务。下午，景峰来。涤新来。志轩来。复绳夫信。夜，杂务。

3月24日　星期一

晴。上午，复瑞师信。下午，族叔亚辉来，少坐，去。中妹携梅甥、花儿自沪归。公渡来,少坐,去。作信,致季鲁、朴安。至河西园地。夜,观《张季直先生传记》。

3月25日　星期二

晴。上午,渡临严元照所校《鲒埼亭集外编》。下午,写《〈济婴局征信录〉勘误表》付印。韫辉来,少坐,去。夜,复君定,致文圃信。

3月26日　星期三

晴。上午,校《鲒埼亭集外编》。下午,作信,致松岑、君藩,复石君。望舅自沪回来,即去。迪先来,即去。夜,迪先又来,以其族中世德作求堂所藏书画介绍作抵,坐谈数刻去。

3月27日　星期四

上午阴晴,下午雨。上午,至槐荫阁装池。出,至济婴局,候端甫,不值。出,至宪人处,少坐,返。致迪前信。下午,邀宪人来,为怀祖改方。复鞠舫,致迪先信。端甫来。夜,致大妹及寿祺,复乃乾、子经信。

3月28日　星期五

阴,微晴。上午,清明节祭先。下午,至东小桥扫墓。回,至槐荫阁及图书馆。端甫来。夜,理账。

3月29日　星期六

阴,有日光,晚雨。上午,同中妹携花儿及梅甥至金家桥扫墓,更至夏人村先父母墓上祭扫,下午返。在舟观《张季直先生传记》。伯才来。夜,理账。

3月30日　星期日

阴,夜雨。上午,志轩来,少坐,去。复公度信。下午,至龙沙禅院处及假山桥扫墓。新任县长钱家骧来候,志轩及公安分局长孙助良同来,少坐,去。至区公所答候钱县长,并陪宴,夜八句钟返。复迪先信。

3月31日　星期一

晴。上午,致伯埛,复君定信。志轩、子峰、韫辉来。时舅来。下午,至图书馆。在此开修志编纂会议,五句钟返。时舅去,子峰来。商会宴钱县长,招陪,夜返。

4月

4月1日　星期二

上午阴,下午雨。上午,作信,复栋材,又为栋材致朴安。至河西园地。下午,至济婴局、槐荫阁。复君懿信。伯才、南暨、端甫、志轩先后来。傍晚闻枪声如连珠,急率家人避入邻家,知有大帮匪徒来镇抢劫。枪声连续不断,及近午夜始去。乃返家,则知盗亦闯入,由前坎门而入,至二坎转,打边门进书房,过侧厅,遇男仆海松,逼其领房间,先至后坎新楼上,继至楼下余房内,遂倾筐倒箧,饱掠而去。计损失银钱、饰物等约二千元之谱。衣服则皆不取,所经之处亦不翻动。闻盗匪共有二百余人,到余家者只有三人,余与家人皆不遇见,尚谓不幸中之大幸也！子峰、中孚、伯承即来慰问。

4月2日　星期三

上午阴,下午雨。昨夜之盗系太湖帮匪,由张泾连樯而来。抢劫后,逼迫沪张班轮船拖带,仍出张泾向横罗泾而去。当入镇时,镇上保卫团抵御甚力,卒以众寡悬殊,阵亡二人,枪械尽被劫。凡各大商家皆遭抢略〔掠〕,居户则殃及不多。临行掳去男女及学校学生约七十余人。诚吾镇未有之浩劫也。今日承粲携念祖、怀祖、志祖往松江。收拾盗劫遗物,并理行装。公安分局长孙助良及县委来察勘。志轩、亚雄、韫辉、宪人、钻坚、端甫、伯才、涤新、仲田、晋康、熊飞等来慰问。

4月3日　星期四

阴,有雨。

4月4日　星期五

阴,有雨。外舅安葬今日开吊。下午发引,余送灵柩至外官驿登船。后至君藩处,晤望舅及君定、启明。傍晚,返王宅。君定等今日亦来王宅作吊也。

4月5日　星期六

晴。上午,偕承粲,同王宅诸人,至横云山后王氏墓上送外舅安葬。余又独游天马山,下午返王宅。在舟观《张季直先生传记》。

4月6日　星期日

晴。上午,张石君来。至典业银行。午饭后至君藩处,并晤迪前及顾渭滨。在高宅致志轩信。

4月7日　星期一

阴,上午有雨。上午,迪前、渭滨来。下午,至君藩处。

4月8日　星期二

雨,下午阴。上午,至君藩处,望舅亦方自沪回。致志轩信。

4月9日　星期三

阴,有雨,日光。今日望舅去杭州,君宾昨夜自杭回,今亦去。封衡甫、朱乐天及迪前、渭滨来。迪前来松,亦觅租房屋。

4月10日　星期四

阴晴,晚雨。上午,致伯华信。下午一下钟,携花、益、念三儿乘火车往上海,到后即至仁和里寓所。君定、大妹等本已先在也。夜,忆初来。

4月11日　星期五

阴,有雨。上午,致志轩信。至里内八号子贞住处,渠亦于张堰盗劫后,阖家迁沪也。仲稽、季鲁来。子贞、韫辉来。下午,同大妹至昼锦里及冠生园,为定花明行聘礼时应用花糕。余又至来青阁、先施公司、中国学会出板部而返。中孚来。夜,忆初来。

4月12日　星期六

阴,有微雨。上午,至华新理发。同君定、大妹至辣斐德路觅住房。下午,至子贞处。君介来——渠迁住于同孚路。君平自杭州来。观《张季直先生传记》至夜毕。

4月13日　星期日

阴,下午雨。上午,伯垠、志清、熊飞来。同启明至寰球中国学生会,候少屏,不值,即返。下午,理账。致中孚信。夜,乃乾来。

4月14日　星期一

雨。上午,致綮君信。至中国书店、先施公司、朵云轩、商务印书馆。致伯华信。下午,致钻坚信。志祖在松,前日身热未愈,今承綮遣人来谓医言肺炎,当请忆初到松诊治。致尹卿先生信。翻阅《观古堂诗录》。夜,翻阅《白屋吴生诗稿》。

4月15日　星期二

阴。上午,翻阅《白屋吴生诗稿》。下午,中孚来。君介来。至中国学会出板部,候乃乾,不值。出,至中国书店附设之书画陈列所,浏览一周而返。夜,忆初来。观《郋园山居文录》。

4月16日　星期三

晴。余以志祖病,今日本定返松,乃晨间得君藩电话,谓病甚剧,爰乘九点钟火车,行至则以中西医治无效,已送入若瑟医院,旋即殇亡。

4月17日　星期四

晴。志祖灵柩今晨遣仆送归,殡于夏人村坟屋。上午,作信,复志轩,致君定。迪前来。下午,作信致君彦。至怡丰当候景伊,不值。出,至云间古书处。柳村叔来。致星五信。夜,景伊来。与瑞师谈。

4月18日　星期五

晴。上午,至听松阁装池。出,至典业银行,倩人写礼帖,十一点钟返。收拾行李。下午一点钟,偕粲君携怀、纪二儿乘火车往上海。到后,即至仁和里寓庐。傍晚,同君定至状元楼,应孙助良招饮,晤及伯埙、中孚、孟恢、熊飞,及张堰前被绑、新近救出之杏林、镜波、介生诸人,九点钟返。

4月19日　星期六

上午晴,下午阴有雨。上午,致迪前及保文堂信。下午,邀志侠来,请其一治纪祖眉角红痦。偕粲君至三友实业社、先施公司等处。

4月20日　星期日

晴。上午,至丰昌当。出,至蝉隐庐、来青阁、受古书店、汉文渊等处,略事浏览而返。下午,观《郋园山居文录》。巩宇来。至中国学会出板部,晤乃乾。出,至中国书店。至子贞处。

4月21日　星期一

晴。上午,写账及补写日记。致星五信。下午,安姑母、公度、保筠来——渠等亦迁住于霞飞路。至昼锦里办喜物。夜,致伯华及抱经堂信。

4月22日　星期二

雨。今日,长女花明与高氏启明行文定礼。启明系望之母舅之长孙,君平表兄之哲嗣。由张端甫、沈伯才二君为执柯,余家礼堂借设子贞兄寓所中间。上午,复昆亮侄信。下午,观《郋园山居文录》。夜,君介来。纪祖前有咳嗽,昨有身热,今日已退,乃夜间又热。夜午时,以热盛而陡厥,幸数分钟即平复。当请忆初诊治,谓为流行感冒及挟食积所致。

4月23日　星期三

晴。纪祖今日热势仍盛,咳嗽亦作,余无他恙。上午,忆初来,为注"百病注射药",并予服通畅大便之剂。下午,又邀志侠开方,亦为清泄消导之品。傍晚,热势稍退。夜间,忆初又来,以咽喉红疼,试以药水。君介于下午来。夜,君平来。

4月24日　星期四

晴,傍晚雨。上午,作信复柳村叔。乃乾来。下午,写《怀旧楼丛录》。纪祖今日热度仍高,傍晚,忆初来,注"百病注射药针"。怀祖昨夜起亦有咳嗽、身热,神思并佳,大约均系伤风也。夜,致伯华信。

4月25日　星期五

雨,上午阴。上午,补写日记。作信,复积余、芝孙、松岑。忆初来,为纪祖注"百病注射药"针。下午,致伯华信。至上海松江典业银行,晤朱培元。出,至东莱银行续租保管箱。出,至商务印书馆等处而返。韫辉来,嘱以种一菖蒲。

4月26日　星期六

晴。上午,校所印《顾千里先生年谱》样张。作信,复圣一,致文圃、遂翔。下午,公度来。同公度、韫辉至爱多亚路太原坊君懿、小剑寓处,坐谈良久,返。夜,忆初来。

4月27日　星期日

阴。上午,铁君来。伯埙来。作信,复志儒、学南。下午,邀志侠来复诊纪祖。纪祖身热夜盛而日轻,怀祖亦然,神思、饮食则佳。至鼎吉里安姑母处,傍晚返。

4月28日　星期一

阴,有雨。上午,古如、涤新来。乃乾、十眉来。邀忆初来治纪祖。纪祖身热已凉,胃纳亦尚佳,惟精神尚未复原。怀祖发热亦渐退势。下午,至俭德银行、上海银行、西泠印社。夜,偕君定至怀本坊瑞师处,十一点钟返。

4月29日　星期二

阴。上午,复圆妹信。下午,至中国书店及博古斋,晤及朴存。回后,知积余及仲田来过。致伯华,复钻坚信。

4月30日　星期三

阴。上午,作信,复志轩,致星五。公度来。同公度、君定至吕班路等处看房屋。公度午饭后去。至浙江兴业银行,开保管箱。出,至来青阁、商务印书馆而返。

5月

5月1日　星期四

上午阴,下午雨。上午,复迪前,致仲田信。下午,应瑞师招,与君定往怀本坊,谈江苏水上公安队第一区区长池月乔调换拟挽留事,傍晚返。志侠曾来,为纪祖改方。夜,陶遗来。同君定至怀本坊,少坐后,并同阮介蕃乘十一点钟火车往镇江。

5月2日　星期五

晴。晨,五点多钟到镇江。下车后,先至五洲旅社。出,至华阳楼早点。点后,至省政府、民政厅,晤厅长胡朴安,谈池区长事并本乡匪患。又晤及科员周星北。出,至女子职业学校,晤冷御秋,即在校中午饭。饭后,再至省政府,晤主席叶楚伧,又晤管理员李师矿。出,向旅社一转后,即乘三点钟火车回上海,近十点钟到。先至怀本坊与瑞师、梦莲、月乔、陶遗等晤谈后,乃返寓。

5月3日　星期六

阴,有雨。上午,伯才来。写日记及账。复蕴古斋信。下午,志侠来,请其一诊承粲患头眩。作信,复慎旃、学南。至子贞处。

5月4日　星期日

上午雨,下午晴。上午,至中国学会,开第二次执行委员会。后同乃乾至晋隆午餐而返。作信复哲夫。偕粲君至五凤里公度新租寓所。出,至吕班路万宜坊看房屋。出,至顾家宅公园游览。夜,公度来。复钻坚信。

5月5日　星期一

晴。上午,至西门路,晤朴存,坐谈良久,返。下午,至环球中国学生会,晤少屏。出,至中国书店附设之金石书画会浏览。出,至冠生园吃点心。出,至新月书店、中华书局。出,至小观园门市部,看花而返。君懿、小剑来。

5月6日　星期二

晴。上午,本县县长钱吟珂来,坐谈良久,去。至小观园门市部,购月季花二盆,韫辉同去。下午,同韫辉及王卓如至城隍庙古香室装池、陆永茂花圃等处。作信,复伯华,致孙公安局长。立夏,称人得九十五斤,粲君八十二斤。

5月7日　星期三

晴。上午,唐文圃来。公度来。写账。下午,同君定至图南里,候积余先生,坐谈数刻。出,至西泠印社、受古书店、商务印书馆等处。夜,校所印《顾千里年谱》样张。

5月8日　星期四

上午阴,下午雨。上午,至小观园门市看花。子贞来。君藩来。下午,复涤新及伯华信。观《燕京学报》中《史讳举例》。

5月9日　星期五

晴。今日以阴历计之,为四十初度之辰。上午,至小观园门市部购月季花一盆,君定亦去。下午,作信,致望、时两舅。至五凤里,君懿、小剑新迁寓所,与公度同往,坐谈数刻后返。君懿、公度及震生同来。夜,公度来。

5月10日　星期六

晴。上午,至中国书店及先施公司等处。下午,至贝勒路恒庆里亚子处,晤谈数刻,返。观《史讳举例》。

5月11日　星期日

阴。上午,至华新理发。同粲君携益、念、怀三儿至晋隆午馔。馔后,至新新公司购物而返。同君定至辣斐德路忆初处,并看房屋。出,余至博古斋、蟫隐庐、朵云轩、扫叶山房。

5月12日　星期一

阴,下午雨。上午,往乘九点钟火车回松江。到后,即至君藩处,旋至城内西司弄殷宅迪前、中妹寓处。午饭后,同迪前至廖宅智川寓处,少坐后,仍至迪前处,并晤铁君,旋返君藩处。理前日留存之物件。

5月13日　星期二

晴。唤划船归。上午八点半钟开,先至闲闲山庄,时为下午四点钟。时舅亦方于昨日自杭州回。少坐后,另换小船至家。盖世乱如此,欲以避耳目也。在船观《吕碧城集》。

5月14日　星期三

晴。收拾房屋、园地。夜,志轩来,少坐,去。

5月15日　星期四

晴。上午,发分茶圆。涤新、钻坚先后来,午饭后去。尹卿先生来。下午,略理衣服及书籍。志轩来,少坐,去。夜,复花儿,致君定信。补写近数日日记。

5月16日　星期五

晴。上午,发、誊昨拟复钱县长之信。端甫来。伯筹来。下午,写致区公所筹集保卫团经费方法。涤新来。钻坚来。翻阅前日《时报》。夜,叔明来。

5月17日　星期六

阴,有雨。杂务。下午,致时舅信。志轩来。宪人来。

5月18日　星期日

晴。杂务。上午,公度来,少坐,乘轮去沪。下午,尹卿先生去。今日以阳历计之,为四十初度之辰。

5月19日　星期一

晴。杂务。下午,伯才来。夜,查对《通艺录》。

5月20日　星期二

雨。上午,作信,致君藩,复时舅。查对《通艺录》。下午,理书。

5月21日　星期三

雨。上午,理书。粲君携怀祖于昨日到松,今归。下午,理物件。夜,作信,复君定,致花儿。

5月22日　星期四

阴,有雨。上午,定书目。志轩来。下午,钻坚来。杂务。

5月23日　星期五

阴,有晴光。上午,作信,致君定,复圆妹。志轩来。端甫来。涤新来。下午,作信,致北平图书馆、燕京学报社。伯才来。收拾物件。

5月24日　星期六

晴。理物件。

5月25日　星期日

晴,下午阴有雨。上午,复杰士信。志轩来。下午,伯才来。理物件。夜,偕粲君携怀祖宿船上。

5月26日　星期一

阴。黎明解缆,上午十一点钟到松江。在船午饭后,余上岸至阔街高宅。出,至典业银行,晤君藩。出,至云间古书处。出,返船上,时粲君携怀祖往张步九家看房屋,旋亦返。夜,余去宿君藩处。

5月27日　星期二

阴,下午晴。上午,至城内迪前处,中妹则于前日暂返亭林,少坐后,仍返君藩处。粲君携怀祖亦来。连夔卿近设期松江,怀祖肿病总未脱根,今请其复诊。下午一点钟,偕粲君携怀祖乘火车往上海,到后即至仁和里。

5月28日　星期三

晴。上午,理账。时舅来,住在里内六十六号。下午,作信,致伯埧、君藩、迪先。同粲君及君定、大妹至福煦路升平街鸿远里,看租定之房屋。夜,致紫卿信。

5月29日　星期四

晴。上午,伯华来。观诸贞壮所赠之《病起楼诗》。到时舅处。同时舅、君定至广西路聚丰园,应池月乔招饭。席后,至中国书店、中国学会出板部、博古斋、汉文渊、来青阁而返。夜,忆初来。

5月30日　星期五

晴。上午,草《〈顾千里年谱〉跋》。下午,写清之。同君、韫辉至五凤里公度、君懿处。

5月31日　星期六

晴。上午,作信,复履仁、绳夫、平甫。公度来,午饭后去。君懿来。词臣、昆亮来。震生来。作信,复哲夫,致积余。

6月

6月1日　星期日

晴,有雨。上午,同时舅至中国学会,开第三次执行委员会。出,应乃乾招,至晋隆午馔。馔后,至博古斋、同文书店、锦文堂、商务印书馆而返。

6月2日　星期一

晴。上午,抄《〈顾千里年谱〉跋》,寄学南。作信复学南。下午,作信致钻坚。同时舅至怀本坊瑞师处。公度来,夜饭后去。

作信,致涤新、伯华。

6月3日　星期二

晴,夜雨。上午,抄《〈顾千里年谱〉跋》付印。致文圃信。叔明来。下午,君藩来,同君定至闸北,候孙助良,不值,留条而出。至中国书店一回,乃返。

6月4日　星期三

雨。上午,复王欣夫信。同君定至鸿远里,看房屋装修。下午,至中国学会出板部、先施公司、同文书店、朵云轩。傍晚,至晋隆西菜馆,与望、时二舅、君定合宴孙助良,谈组织本乡保卫团事,返已十句钟矣。

6月5日　星期四

晴,晚雨。上午,复石君,致君藩信。下午,复始昌信。同君定至闸北孙助良处,谈保卫园购枪护照事,并晤张松涛,夜馔后返。十点钟,偕时舅、君定至火车站,助良亦来,同乘十一点钟车往镇江。

6月6日　星期五

晴。晨,五点多钟到镇江。先至城内镇江饭店,后乃往省政府、民政厅,晤厅长胡朴安、主席叶楚伧,谈购枪请向军政部即发护照,旋返寓。邱海山来,邀往新新酒楼午馔,席间尚有胡惠生,馔后又返寓。四下钟,至公园啜茗,并登银山之巅一览江天。晤及李幸三,又谢贻翔亦来。六下钟,余与时舅、君定乘火车回上海,午夜抵寓。助良则往南京。

6月7日　星期六

晴,下午阴有雨。上午,君宾来,昨自杭州至沪。下午,怀祖有伤风、寒热,适志侠来,请其一诊。君懿来。涤新来,坐谈良久,去。君湘来。夜,忆初来。

6月8日　星期日

晴。上午,公度来。复迪光信。下午,涤新来。至时舅及子贞处。

6月9日　星期一

晴。今日迁寓于福煦路、同孚路口西升平街内鸿远里二百零三号,与君定合租三上三下房屋,各半居住。君介来。

6月10日　星期二

晴。上午,理书。时舅、叔明来,午饭后去。忆初来。至先施、永安、新新三公司及来青阁、博古斋。伯才来,少坐,去。

6月11日　星期三

阴,有雨。今日以阴历计之为先母弃养八周年。上午,至国恩寺拈香,并延僧斋、供焚化经锭,志祖附疏一荐。君定、大妹、花儿同去。下午,理账。纪祖连日伤风,昨夜咳嗽甚剧,今有身热,傍晚忽厥。即请忆初诊治,幸渐平复。

6月12日　星期四

阴,傍晚雨,夜甚大。上午,复圆妹信。下午,忆初来,请其复诊纪祖。纪祖今热势未退,余无他恙。同君定至仁和里时舅处。出,至商务印书馆、来青阁、朵云轩。又至冠生园吃点心乃返。夜,志侠来,与之谈怀祖病。致伯华、钻坚及尹卿先生信。

6月13日　星期五

上午雨,下午阴,有日光。上午,致中妹信。校所抄《小眠斋读书日札》。时舅来,午饭后去。忆初来。出外理发后,至先施公司,并往北京路看木器,转至四马路各书坊而返。夜,观《人权论集》。

6月14日　星期六

阴,雨。上午,校所抄《小眠斋读书日札》。下午,以纪祖连夜身热甚盛,请志侠来诊治,怀祖亦请其开一方。观《〈左传〉真伪考》。致伯华信。夜,忆初来,请其为纪祖注百病注射药针。

6月15日　星期日

阴,雨。上午,校所抄《小眠斋读书日札》。韫辉来,午饭后去。同君定至闸北候孙助良,往南京未回。出,至中国学会晤乃乾,仁和里晤时舅而返。

6月16日　星期一

晴。上午,校所抄《小眠斋读书日札》。复君藩信。下午,至中国书店,旋君定亦来,同至毛全泰看木器,青年会吃点心而返。孙助良来,坐谈数刻去。

6月17日　星期二

晴。上午,校所抄汪氏《藏书题识》。同君定至仁和里时舅处,旋应时舅招饮于华安八楼。同席间为董伯逵、徐蔚伯、庄通百、程云岑、陈蒙庵。诸人散后,又至医学书局、博古斋而返。观《〈左传〉真伪考》。

6月18日　星期三

阴。上午,校所抄汪氏《藏书题识》。下午,同綮君至兴业银行保管库,青年会吃点心,毛全泰、水明昌看木器,丽华公司购物。复伯华信。夜,孙助良、张松涛来。

6月19日　星期四

雨。上午,写账。写《怀旧楼丛录》。下午,同君定至仁和里时舅处,拟为保卫团购枪请免税事,合致楚伧、朴安信。余又至子贞处,少坐而返。叔明来,夜饭后,助良、杏林亦来,少坐,均去。

6月20日　星期五

雨。上午,观《右任诗存》。下午,至红庙弄购窗格。又至锦文堂、世界书局等处而返。叔明、杏林来。同君定至典业银行,划保卫团购枪款。

6月21日　星期六

雨。上午,杂务。下午,至锦文堂、来青阁、先施公司、中国书店、中国学会出板部。

6月22日　星期日

晴。上午,往乘沪张轮船归,八点钟开驶,下午四点钟抵家。在船观《书舶庸谈》等。伯才来,即去。夜,翻阅前日《时报》。

6月23日　星期一

晴。晨,致沪寓信。上午,夏至节祭先。钻坚、志轩、涤新来,即留午饭。饭后,又景伊、伯才来,旋均去。洒扫庭院。

6月24日　星期二

晴。上午,伯埙来,少坐,去。尹卿先生来。下午,钻坚来,即去。理寄沪物件。夜,致粲君信。

6月25日　星期三

晴。上午,尹卿先生往沪寓,今因内地不靖,家人暂居沪上,请先生亦移馆也。杏林来。顾介生来。下午,志轩来。致北平图书馆信。

6月26日　星期四

晴。上午,涤新来。复蕴古斋信。下午,至图书馆及济婴局。杰士来,住。

6月27日　星期五

晴。上午,观《燕京学报》。下午,杰士去。杂务。沐浴。夜,致粲君及耀卿信。

6月28日　星期六

晴,夜微雨。上午,端甫来。往候宪人,不值。至图书馆及槐荫阁。下午,宪人来。杂务。端甫来。

6月29日　星期日

晴,夜雷,微雨。唤船往松江,上午八点半钟开,下午四点钟到。先至阔街君藩处,旋至城内迪前、中妹处,住焉。在船观《书舶庸谈》。

6月30日　星期一

晴。上午,同迪前至智川及巩宇寓处,各少坐。旋迪前别去,余至阔街高宅,又至云间古书处,乃返船。上〔下〕午,饭后往乘一点钟火车至上海,到后即至鸿远里寓庐。闻有日本仓石武四郎欲见,乃至中国学会出板部晤焉,并晤乃乾及吴孝侯、王富晋。旋孝侯邀往宁波同乡会楼上觉林叙餐。同席仓石等外,尚有袁希濂、钱化佛。近九点钟散席,返。孙助良、张松涛来谈购枪械事,去已近夜午矣。

7月

7月1日　星期二

晴,夜雨。上午,至中国学会出板部,同仓石武四郎、乃乾至仁和里时舅处,约同往南洋中学,晤培孙及顾天放、谢玉岑、徐幼楚等。即在校中午馔,并参观图书馆,三点钟返。傍晚,与时舅合宴仓石于晋隆,并邀乃乾及顾鼎梅,尚邀孝侯,则已回扬州。散席后,又到中国学会出板部,少坐,九下钟返。

7月2日　星期三

雨。上午,补写日记。下午,以怀祖近日肿病又大发,邀志侠来诊治。至沪张轮船局,候伯埙,不值,留条而出。至中国书店。傍晚返。

7月3日　星期四

上午雨,下午晴。上午,理账。下午,作信,致迮夔钦,邀其来沪诊治怀祖,又复圆妹,致伯埙信。至商务印书馆及四马路各旧书肆。又至时报馆候季鲁,不值。

7月4日　星期五

晴。上午,作信致迪前。至北火车站,候迮夔钦,不到,过午返。韫辉来。作信致君藩。迮夔钦来。今请幼科黄子陵来,为纪祖推拿,夜来。

7月5日　星期六

晴。上午,送迮夔钦至北站乘火车后回。至来青阁、北新书局、中华书局、商务印书馆而返。下午,观《书舶庸谈》完。观《枕上》《窗下》二随笔及《游仙窟》。

7月6日　星期日

晴。上午,复耀卿信。时舅来,午饭后去。公度、君懿来。夜,助良来。

7月7日　星期一

晴,下午有微雨。上午,校《鲒埼亭集外编》。下午,观《校勘新义》。至五凤里,同公渡、君懿、丽水至中国书店。余又至中国学会出板部,晤乃乾。

7月8日　星期二

晴。上午,偕君定往巨赖达路大丰里候张松涛,不值。校《鲒埼亭集外编》。下午,松涛来。作信致连夔钦,请其改怀祖方。时舅来。夜,复伯华信。助良来。

7月9日　星期三
晴。上午,至神仙理发。出,至四马路各旧书肆。校《鲒埼亭集外编》。下午,翻阅《艺风堂文漫存》。至来青阁。出,至中国学会出板部,晤乃乾。

7月10日　星期四
晴。上午,校《李义山诗集》。下午,观《东方杂志》。松涛来。时舅、君藩来。

7月11日　星期五
晴。上午,至来青阁。与时舅、君定合致胡惠生信。下午,校《李义山诗集》。乃乾来。同君定至北成都路安庆里,候葛丕六。

7月12日　星期六
晴。上午,校《李义山诗集》。下午,与时舅、君定合复惠生信。作信,复柳村叔,致伯华、君藩、松岑。夜,至大丰里,晤松涛。

7月13日　星期日
晴。上午,校《李义山诗集》。丕六来。下午,同尹卿先生往山海关路,候庄通百,不值,晤其尊人,少坐后出,至中国书店一回而返。恽铁樵来治鼎甥,怀祖乃亦请其一诊。夜,同尹卿先生携益、念二儿及珍甥,至五凤里公度寓所,在其门前观法国共和纪元节。

7月14日　星期一
雨。晨起,子贞兄饬人来告嫂氏病剧,邀即前去。当急早馔后,往仁和里八号。至则嫂氏病已弥留,旋竟作故,乃为办理后事。又至信昌当晤陆耀甫,康梯路晤程祝荪,请其为子贞帮办一切。午饭返鸿远里。饭后,作信,复圆妹、夔钦、石君。乃又往仁和里。又至六十六号内,一晤时舅。傍晚,同耀甫至沪张轮船局,为子贞唤运柩船只,并接洽轮船拖带。夜返。

7月15日　星期二

上午风雨,下午晴。上午,至仁和里八号,承綮及花儿亦去。今日子贞嫂大殓。下午,送灵柩至盆汤弄桥登船,明日由沪张轮船拖带回张。仍至仁和里,为料理种种,夜返。子贞及其家人明晨下船,一同回去。

7月16日　星期三

晴,下午雷,夜雨。上午,复爱椿信。至江苏旅馆,贺俞心坚与何飞雄令妹结婚,礼堂借在一处也。午馔后出,至商务印书馆而返。校《李义山诗集》。夜,松涛来。

7月17日　星期四

晴。上午,至永安公司,为子贞签礼券。又至八仙桥,候前为子贞相帮之顾春元。下午,至安庆里,晤丕六。致念椿信。补写日记及账目。徐小圃来,治鼎甥,怀祖亦请其一诊。松涛来。复伯华信。

7月18日　星期五

晴。上午,复钻坚信。校《李义山诗集》。下午,至汪裕泰及先施公司,为子贞办礼物,送前日帮忙之人。乃至信昌当,晤耀甫。回,至商务印书馆而返。乃乾来。

7月19日　星期六

晴。上午,校《李义山诗集》。下午,携花儿至安庆里丕六处,候其令媛,不值,晤其夫人,少坐出。花儿先返,余至中国书店、沪张轮船局(晤念椿)、商务印书馆而返。君懿来,夜饭后去。同尹卿先生至温泉沐浴。

7月20日　星期日

晴。上午,校《李义山诗集》。作信,致伯华、石君。下午,复校《顾千里先生年谱》样本。致文圃信。校《李义山诗集》。徐小圃来,复诊鼎甥,怀祖亦请其改方。

7月21日　星期一

晴,热甚。上午,携花儿至安庆里丕六处,再同其令媛秦生至圣玛利亚女校参观,秋间花儿拟肄业其中也！下午,校《李义山诗集》。观《清儒学术讨论集》。

7月22日　星期二

晴。上午,复君藩信。同㮣君携花儿至先施、永安二公司。下午,校《李义山诗集》。观《清儒学术讨论集》。

7月23日　星期三

晴。上午,校《李义山诗集》。至五凤里公度处。下午,校《李义山诗集》。夜,复伯华信。

7月24日　星期四

晴。上午校《李义山诗集》。复耀卿、爱椿信。下午,至商务印书馆、来青阁、集成书局、锦文堂、博古斋、中国书店及先施公司。

7月25日　星期五

晴。上午,写账。复迪光信。通百来。下午,校《李义山诗集》。怀祖连日肿势不退,曾由徐小圃诊治二次,用附桂热剂。今日又专往请,夜来,仍谓必须温化。

7月26日　星期六

晴。上午,校《李义山诗集》。下午,复圣一信。君懿来。夜,以今日唇上发肿，邀志洽来一看。

7月27日　星期日

晴，夜雨。上午，至武昌路春晖里徐小圃处，请其改怀祖方。出，至冯存仁撮药，又至受古书店一回而返。下午，复爱椿信。校《李义山诗集》。君湘来。韫辉今日到沪，来。

7月28日　星期一

晴。上午，复北平图书馆及耀卿信。校《李义山诗集》。下午，翻阅《甘泉乡人稿》。韫辉来。今请徐小圃来，复诊怀祖，夜到。同君定往大丰里，候松涛，不值。回至梵王宫饮冰而返。助良来。

7月29日　星期二

晴，夜雨。上午，至仁和里八号，今日子贞嫂回阳之期。韫辉兄妹前日来此，明日将房屋退租，回去。余少坐后，出，至中国书店、国货商场、先施、永安二公司、文明书局、冠生园（午点）、蟫隐庐、有正书局、商务印书馆而返。作信，复慎旃，致钻坚、伯华。夜，作信，复志轩，致念椿。

7月30日　星期三

忽雨忽晴。上午，理账。下午，校《李义山诗集》。观《衮碧斋集》。夜，偕君定至大丰里，候松涛，不值。助良、松涛同雅利洋行职员陶君，又徐宗良来。

7月31日　星期四

忽晴忽雨。上午，至霞飞路振华里，邀祝味菊医生来治怀祖。回至五凤里公度处，少坐而返。钻坚来，午饭后去。作信，致迪光，复耀卿。公度来，夜饭后去。夜，祝味菊来诊治怀祖。复伯华信。

8月

8月1日　星期五

晴。上午,校《李义山诗集》毕,系以高丽明刻本校于吾家平山先生笺注本上。下午,伯才来,傍晚公度来,均夜饭后去。助良、松涛来。

8月2日　星期六

晴。上午,作信复学南。下午,至嵩山路许盥孚处,坐谈数刻,并邀其来诊治怀祖。出,至中国书店、中国学会出板部(晤乃乾)、商务印书馆、神州国光社而返。盥孚来诊治怀祖。夜,伯才来。通百来。

8月3日　星期日

晴。上午,补写日记、理账。复端志信。伯埙来,午饭后去。复杰士信。今请徐小圃复诊怀祖,夜到。复伯华信。

8月4日　星期一

晴。上午,至圣玛利亚女校,为花儿报名,益儿、念祖随去,启明亦去。出,至兆丰公园游览,并观动物园。出,在园门西菜馆午馔而返。复恕一信。

8月5日　星期二

晴。上午,杏林来。下午,作信致胡惠生。公度来。夜,至温泉沐浴。

8月6日　星期三

晴。上午,作信,复杨聘之,致时舅、君藩、杏林。下午,复圆妹,致迪前信。君懿来。

8月7日　星期四

晴。上午,校《鲒埼亭集外编》。下午,观《校勘新义》。致菊人信。今邀徐小圃复诊怀祖,夜到。怀祖之肿病,徐医处方皆附子等热剂,谓由此而愈,可不复发。近服之固有效也。今得迪前自松来信,悉中妹于昨日产一男。

8月8日　星期五

晴。上午,至神仙室理发。出,至四马路旧书肆浏览,及王大吉撮药。季鲁来,午饭后去。复学南信。校《鲒埼亭集外编》。夜,助良、松涛来。

8月9日　星期六

晴。启明留学法国,习建筑术,今日乘法商大达南号邮船放洋。上午八点钟,余携花儿、益儿、念祖同高氏诸人送至招商局中栈码头船上,候十点钟解缆后返。下午,至中国书店、中国学会出板部、国货商场、先施、永安二公司。校《鲒埼亭集外编》。

8月10日　星期日

晴。上午,作信复李菊生。叔贤来。下午,致耀甫,复迪前、学南信。乃乾来。傍晚,至三马路皇宫饭店,应陈乃乾、董绶经招饮。同席为日人神田喜一郎、长泽规矩也及张菊生、吴经熊、康修其。散席已近十句钟矣。

8月11日　星期一

晴。上午,校《鲒埼亭集外编》。复紫卿信。下午,至九星戏院观电影,未见精彩。出,饮冰其林而返。

8月12日　星期二

晴。上午,校《鲒埼亭集外编》。下午,复菊人信。至中国书店、中国学会出板部、国货商场、新新公司、泰丰公司。

8月13日　星期三

阴,晨雷雨。上午,校《鲒埼亭集外编》。下午,翻阅张佩伦之《涧于集》,即其尺牍也。怀祖近肿势已渐退尽,而患伤风,昨夜有身热,今腹泻成痢。请徐小圃诊治,夜到。又请忆初注痢疾针。

8月14日　星期四

晴。校所抄《衹平居士集》。傍晚,致伯华信。

8月15日　星期五

晴。上午,校所抄《衹平居士集》。至徐小圃处,为怀祖改方。出,至冯存仁堂撮药。又至来青阁等处浏览。杰士来,午饭后去。复慎旃信。校《衹平居士集》。公度来,夜饭而去。

8月16日　星期六

晴。上午,校所抄《衹平居士集》。复时舅,致君藩信。下午,致恕一信。校《衹平居士集》。

8月17日　星期日

晴,下午有雨,夜雨。校所抄《衹平居士集》。怀祖痢疾渐愈,今请徐小圃复诊,夜到。

8月18日　星期一

晴,下午有雨。上午,校所抄《衹平居士集》。时舅、君藩来,午饭后去。至中国书店及中国学会出板部,晡乃乾。杨聘之令其甥谢文涛持信来候。

8月19日　星期二

晴。昨夜起身热、腹泻,今日热势甚盛,腹泻次数不多,而常作鸣痛,手足酸楚,有时发麻,口渴而不能饮,头非甚眩,而巅〔颠〕顶作痛,胸闷泛恶,不舒殊甚。下午,请公度来诊治。傍晚,望舅母患痢疾,请徐小圃,乃亦邀其一诊,即服其药。

8月20日　星期三

晴。今日身热渐退，诸恙亦稍愈，惟仍气闷不舒，不思饮食。时舅来。

8月21日　星期四

晴，下午有雨。今日腹泻已止，而腹中仍觉不舒，卧床困惫，盖为湿热沮郁所致。下午请志洽来诊治。

8月22日　星期五

晴。今日始略起座，发出风块甚多，病前近亦常发也。下午，复伯华信。亚雄来，夜饭后去，住旅馆。

8月23日　星期六

晴。上午，复乃乾，致中国书店信。亚雄来，午饭后又闲谈良久，去。夜，志洽来，请其复诊、改方。

8月24日　星期日

晴。上午，复菊人、耀卿信。下午，致中妹信。迪前携恭寿来，迪前傍晚去，恭寿留。亚雄来，夜饭后去。复伯华信。

8月25日　星期一

晴。上午，校所抄《祇平居士集》。下午，迪前来，即同恭寿去。作信，复北平图书馆，致君藩。校《祇平居士集》。

8月26日　星期二

晴。上午，志洽来，请其改方。近尚手足软弱、舌腻口苦。校所抄《祇平居士集》。下午，复圆妹，至聘之信。李爱椿来。

8月27日　星期三

晴。上午，君藩、履仁来。校所抄《祇平居士集》。下午，至商务印书馆，预约《百衲本二十四史》，又至亨达利、沙利文、朵云轩、来青阁、中国学会出板部、中国书店。夜，复伯华信。

8月28日　星期四

阴,下午大雷雨。今日以阴历计为先君弃养九周年,至国恩寺拈香,并延僧众斋供、焚化经锭,志祖附疏一荐。校所抄《祇平居士集》。下午,复圣一信。至贝勒路敦仁坊,候叶定侯、东明,并观其自长沙带出之书籍。

8月29日　星期五

晴。望舅母患痢疾甚剧,更兼壮热症,似湿温,医治罔效,于今日午前十点钟故世。上午,至典业银行,为高宅打长途电话至松江君藩处,并邀徐子素、张莲汀等。下午,乃乾来。

8月30日　星期六

晴。上午,为高宅至有正书局及功德林请经卷。望舅母今夜小殓。

8月31日　星期日

晴。望舅母今日大殓,午后出殡于苏州会馆,送往。

9月

9月1日　星期一

阴,上午有雨。上午,至徐小圃处,为怀祖改方,又至冯存仁堂撮药,并至蝉隐庐。下午,校所抄《祇平居士集》完。钱选青、攘白来。

9月2日　星期二

上午阴,下午有雨。上午,至霞飞路、吕班路口四明里看房。又至贝勒路恒庆里,晤亚子,坐谈数刻,返。下午,韫辉为向高宅作吊来。

9月3日　星期三

雨。上午，补写日记。下午，致菊人、星五信。观《西行艳异记》。夜，复伯华信。

9月4日　星期四

晴雨无定。上午，八下钟送花明至圣玛利亚女校考试，余即返。花儿须于下午三点钟考毕返也。下午，偕粲君携益明、怀祖至徐小圃处，为怀祖诊治。出，至丽华公司及先施公司购物，福禄寿食点心而返。同望舅至功德林。

9月5日　星期五

晴雨无定。上午，至贝勒路瑞华坊，看房屋。出，至中华照相馆，为高宅放大照片。又至中国书店、中国学会出板部。又为高宅至典业银行。下午，理物件。

9月6日　星期六

晴雨无定。上午，尹卿先生回去。作信致慎旃。至时报馆晤季鲁、神仙理发。又至四马路各书肆浏览，及商务印书馆、亚东图书馆。下午，偕粲君携花明及恒初、渊明至先施、永安二公司购物，又至冠生园食点心。

9月7日　星期日

晴。上午，作信复迪光。至中国书店。出，至中国学会出板部内，开学会第四次执行委员会。又至比邻北平书贾王富晋寓所，观其新购扬州吴氏测海楼之书，午刻返。下午，偕粲君携花、益、念、怀、纪五儿至圣玛利亚女校参观。出，至兆丰公园游览，在园晤及中孚、志坚等。出，至园门小大菜馆，吃点心而返。

9月8日　星期一

晴。上午，粲君携益、念、怀、纪四儿乘轮船回张。作信复君宾。下午,送花儿至圣玛利亚女校肄业。四下钟出,至中华照相馆,冠生园吃点心,商务印书馆,温泉沐浴,傍晚而返。

9月9日　星期二

晴,夜有雨。上午,乘九点钟火车至松江。到,后先至家中放来之船上,乃至阔街君藩处。君藩不在,遂至典业银行晤焉。出,至顾少莲刻字铺,进城至迪前寓处,又至图书馆晤君彦。傍晚返典业银行,并晤杰士。夜饭后,同君藩返阔街宿焉。

9月10日　星期三

阴有雨。上午,八点半钟开船,过松隐十图时,一吊严千里之丧。下午,四点钟抵家。在船补写日记、理账及观《西行艳异记》。

9月11日　星期四

阴有雨。上午,中元节祭先。时舅来,午饭后去。端甫、伯才先后来。夜,观连日《时报》。

9月12日　星期五

阴。收拾一切。下午,复花儿信。夜,致大妹信。

9月13日　星期六

晴。上午,端甫来。理书。下午,至图书馆。出,候宪人,以病不晤。钱智千来,募库券。涤新、亚雄先后来,均夜饭后去。复君宾信。

9月14日　星期日

晴。上午,杏林来。至河西志轩处,视其疾,并至园地。下午,作信,致区公所及李寄舫。伯才来。夜,理账。

9月15日　星期一

阴,下午有雨。上午,杂务。尹卿先生来。钻坚及端甫先后来,均午饭后去。作信,复陆倅逊县长及云间旅京同乡会。夜,复绳夫信。

9月16日　星期二

雨。上午，杂务。涤新来。下午，往候宪人，不值。乃至图书馆。出，候孙助良于其寓所，亦不值而返。

9月17日　星期三

雨，傍晚霁。上午，往吊族叔嘉和之丧。乘轮船往上海，上午八点三刻钟开，下午三点钟到。在关桥即登岸，至鸿远里寓所。在船观《西行艳异记》。夜，致粲君及伯华信。

9月18日　星期四

晴。上午，复花儿信，又复书贾耀卿、星五信。高宅将开吊，为之劻勷一切。下午，至中国书店。出，候乃乾于中国学会出板部，不值。出，至四马路各旧书肆浏览，并至开明书店、商务印书馆、朵云轩、冠生园而返。

9月19日　星期五

晴。上午，至西门路，候朴存，坐谈数刻，并观其所得吾邑金瘦仙旧藏、明人王仲山画册，近午返。下午，至徐小圃处，为怀祖改方。出，至中国学会出板部，晤乃乾，四下钟返。致中孚、道弘信。夜，致粲君信。

9月20日　星期六

晴。上午，至商务印书馆、开明书店等处。下午，至圣玛利亚女校望花儿，坐数刻。出，至中国书店、博古斋而返。夜，致粲君信。孙助良来。

9月21日　星期日

晴。上午，至霞飞路四明里，看房屋。出，至国恩寺，请经卷。出，至怀本坊，晤瑞师。出，至南京路大纶绸缎庄。出，至晋隆西菜馆,前日函约中孚、道弘在此餐叙,二君即到,午后二点钟出。余又至中国学会出板部,晤乃乾,并向王富晋选购测海楼之书。出,向来青阁、开明书店一转而返。

9月22日　星期一

雨。上午,作信,复学南及花儿。至典业银行、博古斋,午刻至大西洋菜馆应沈梦莲招饮。出,至中国学会出板部,晤乃乾,三下钟返。致杭州抱经堂书局信。傍晚,至晋隆菜馆与瑞师合宴孙助良及张松涛、阮介藩、葛丕六、沈梦遂、池月乔、杨澄甫、吴瞿士,九下钟返。

9月23日　星期二

晴。上午,七下钟至大马路外滩乘申张班轮船归,下午三下钟抵张。在船观《北平图书馆月刊》。圆妹同君宾携青、铦二甥于前日自杭州归,君宾已往乡间,圆妹等今晚亦去。

9月24日　星期三

晴。高宅今日祭祠,望舅前日已归,今有信来邀,并约尹卿先生,因同往,下午三下钟返。夜,致花儿信。

9月25日　星期四

晨雨,上午阴,下午晴。上午,理书。宪人来,少坐,去。下午,收拾书室。

9月26日　星期五

晴。上午,理账。叔明来,午饭后去。伯才来。圆妹携二甥归,君宾同来。涤新来,夜饭后去。

9月27日　星期六

晴。上午,君宾乘轮去沪。益官昨日起腹泻、身热,今日成痢,邀宪人来诊治。下午,杂务,伯才来。邀苏月波〔坡〕来为益官注痢疾针。

9月28日　星期日

阴。乘轮船往上海。上午八点三刻钟开,下午二点三刻钟抵南市关桥,即登岸至寓所。在船观《胡适文存》三集。夜,致粲君信。

9月29日　星期一

阴,上午有雨。上午,复花儿信。至仁和里六十六号,晤君宾,即同其至怀本坊瑞师处。出,余至朵云轩,又至典业银行及浙江兴业银行,为高宅支款及购佛印。午点于青年会。出,至四马路各旧书肆浏览,又至中国书店及会乐里富晋书社乃返。陈廉斋同徐眉轩来高宅作吊,与之招待数刻。同莲汀、君宾至功德林,为高宅将借此设奠,与之接洽一切。

9月30日　星期二

阴,晨雨。上午,作信,致花儿,又致圣玛利亚校长,为花儿请假,复学南信。下午,至功德林定送高宅之祭菜。出,至富晋书社、南阳袜厂、冠生园、冠正呢帽公司、锦文堂、朵云轩而返。今日圆妹携二甥来沪。

10月

10月1日　星期三

阴,晨有雨。上午,至神仙室理发。出,至典业银行及先施公司。备筵致祭望舅母。高宅明日开吊,下午颇有来客。粲君携念祖、怀祖乘轮来,花儿亦自校请假出来。傍晚,至杏花楼,高宅以开吊在此请知宾。八下钟,至功德林,为高宅布置一切,返已十二点钟矣!

10月2日　星期四

晴。今日为望舅母五七之期,在功德林设奠。余清晨即往,傍晚而返。来吊者约百数十人,为之招待。花儿今晚进校。

10月3日　星期五

晴。下午,偕粲君携念、怀二儿,至徐小圃处,为怀儿诊治。出,至丽华公司、绮华公司、三友实业社等处购物,傍晚返。至陶乐春应朴存招饮,同席为时舅、秋枚、岑积、余及陈子言、黄伯雨、江彤侯、程演生,九下钟返。复伯华信。

10月4日　星期六

晴。上午,复遂翔信。至六合居,应通百招饮。同席为时舅、朴存、贞壮、赤羽、玉岑及赵谓舫等。二下钟散席,即返。同粲君携念祖至圣玛利亚女校,晤花儿。坐数刻后,出,至先施公司,傍晚返。

10月5日　星期日

晴。下午,同粲君携念祖至新新、先施、永安三公司购物,及冠生园吃点心。

10月6日　星期一

晴。上午,粲君携念祖、怀祖乘轮回张。下午,至国光印书局晤文圃,付以印刷费,出。至中华照相馆、先施公司、乾发源皮货号、蟫隐庐、来青阁、锦文堂、博古斋、富晋书社、中国书店,傍晚返。

10月7日　星期二

晴。上午,致花儿信。理账。慎庼来。下午,至辣斐德路良勤坊志洽处。出,至贝勒路永庆坊子贞处。出,至霞飞路五凤里公度处,并同走环龙路源昌里看房屋,乃至西藏路平乐里富晋书社,晤及乃乾,坐谈数刻而返。

10月8日　星期三

晴。上午,圆妹携二甥回张。至新闸路福鑫里乃乾处,又以朴安以病请假在家,同乃乾往候,各坐谈数刻。出,至冠生园午点。点后,至宝山路商务印书馆编译所,晤邵启珪,还其代向涵芬楼借取之《衹平居士集》。出,至俭德银行。出,至靶子路按摩、沐浴。出,至实业社而后返。花儿以校中放假出来。

10月9日　星期四

晴。携花儿偕君宾归张。上午七点半钟至大马路外滩,乘申张班轮船。下午三点半钟抵家。在船观《图书馆学季刊》等。伯才来。

10月10日　星期五

晴。收拾房屋、园庭。傍晚,端甫来,即去。夜,写书目。

10月11日　星期六

晴。杂务。下午,君宾去乡。夜,校所抄《石经阁文集》。复石钧信。

10月12日　星期日

晴。上午,花儿乘轮往沪到校。写书目。下午,君宾来。复时舅信。写出前日在沪口占《题徐积余礼塔图》二截。夜,复遂翔信。

10月13日　星期一

晴。上午,君宾往松赴杭。渡录钱仪吉所校《晏子春秋》。下午,理账。致尹卿先生信。夜,复乃乾,致爱椿及萃文书局信。

10月14日　星期二

阴,有雨。上午,种花。渡录钱校《晏子春秋》。下午,写书目。复北平图书馆信,又致衡如信。夜,致寿祺信。尹卿先生于二日放中秋假回去,今来。

10月15日　星期三

晴。上午,至恒大庄,出吊张少嵩叔之丧。出,至槐荫阁,装池。出,至图书馆,近午返。下午,理碑帖。君懿来,少坐,去。作信至翼谋。夜,君懿又来,即去。

10月16日　星期四

阴,下午有雨。上午,钻坚来。作信致以明。下午,杏林来。作信,致佩忍、聘之。邀宪人来,为怀祖改方。渡录钱校《晏子春秋》。君懿来,夜饭后去,住在小剑处。

10月17日　星期五

晴。上午,理字画。渡录钱校《晏子春秋》。下午,伯才来。作信,致君彦、翼谋、文圃及保文堂。夜,复花儿及君藩、石君信。

10月18日　星期六

晴,夜午雷雨。上午,圆妹携二甥往松赴杭。渡录钱校《晏子春秋》。下午,至河西,望志轩疾,又至园地。伯才、涤新先后来。夜,致鞠舫,复遂翔信。

10月19日　星期日

晴。上午,渡录钱校《晏子春秋》。复时舅信。下午,杂务。伯才来。理书。夜,理账。

10月20日　星期一

晴。上午,理各当年月总。渡录钱校《晏子春秋》。下午,督仆人修树。夜,校所抄《石经阁文集》。致圆妹信。

10月21日　星期二

晴。上午，往吊钱伯埙子隽人之丧。出，至槐荫阁，装池。出，至图书馆，近午返。君介来，午后去。作信，致康修其、萃文书局，复绳夫。夜，观《史学杂志》。复迪前信。

10月22日　星期三

阴雨。上午，复菊生信。下午，复翼谋及星五信。伯才来。夜理账。

10月23日　星期四

雨。上午，往继述堂吊明伯嫂之丧，少坐，返。致时舅信。下午，作信，合复君藩、杰士，又致诸贞壮及忠厚书庄。夜，观《浙江图书馆报》。

10月24日　星期五

阴。上午，杂务。下午，渡录钱校《晏子春秋》。复衡如、以明信。夜，复大妹、花儿信。

10月25日　星期六

晴。上午，钻坚来。致乃乾信。下午，伯才来。复圆妹及耀卿信。

10月26日　星期日

雨，上午阴晴。偕綮君携念祖、怀祖作杭州之行，玉嫂嫂同去。上午九点钟开船，下午三点钟到松江。先至王宅，旋至阔街高宅君藩处，晤及杰士、叔明、杏林。是夜，余等均宿高宅，玉嫂嫂住船上。在船观章衣萍之《友情》。

10月27日　星期一

雨。上午十点廿九分乘火车往杭州，下午一点五十五分到。君宾在站相候，即至其寓处（平海路十九号）住焉。

10月28日　星期二

阴。上午,作信,致大妹及紫卿,又致圣玛利亚女校校长,为花明于下月月假时欲出至鸿远里。渡录钱校《晏子春秋》。下午,偕粲君及圆妹、君宾携念祖至开元路朱履仁处,并晤祝慎旃。履仁新建住宅名小曝书亭。出,至新市场及湖滨游览而返。

10月29日　星期三

雨。上午,渡录钱校《晏子春秋》,至下午毕,写一题记。校所抄《石经阁文集》。怀祖近肿病又稍发,闻此间有儿科专家詹志翔,因延来一诊,用药与徐小圃相仿。今日下午粲君携念、怀二儿同圆妹、玉嫂嫂至新市场国货陈列所。

10月30日　星期四

阴晴,晨雨。上午,校所抄《石经阁文集》。偕粲君同玉嫂嫂、圆妹、君宾携青甥至灵隐云林寺拈香,即在寺中午馔。馔后,君宾携青甥先回去,余等又至上、中、下三天竺及中天竺处关圣殿拈香。回,在新市场购物而返。

10月31日　星期五

上午阴,下午雨。上午,复花儿信。校所抄《石经阁文集》。下午,偕粲君携念、怀二儿,同玉嫂嫂、君宾、圆妹、青锆二甥,荡船至三潭印月,游览一周。又放至中山公园前,以雨盛不上岸,遂返。校所抄《石经阁文集》。

11月

11月1日　星期六

阴,晴。今日为怀祖在灵隐、云林禅寺诵礼消灾延寿经忏,并念普佛一堂。余于上午先至寺中,慎旃来,同去,旋粲君携念祖、怀祖同玉嫂嫂亦来。下午四下钟,粲君携怀祖同玉嫂嫂回去,慎旃亦去,余与念祖住守寺内。夜,设放焰口,超荐祖先。时舅与舅母、小妹妹以明日起在此作佛事今夜亦来。

11月2日　星期日

阴,晴。晨起,携念祖登飞来峰、下翠微亭,早膳后至玉泉观鱼,仍回灵隐寺中。与念祖在观音洞口摄影。君介、君藩、君湘昨亦到杭,今同君宾来。余于午膳后,携念祖出至岳王坟庙、中山公园、西泠印社、俞楼博物馆而返寓。至湖滨,浏览旧书肆及古玩铺。今日,粲君同玉嫂嫂于下午至城隍山拈香。

11月3日　星期一

晴。上午,同玉嫂嫂至云栖拈香,即在寺中午膳。回,至六和塔及净慈寺拈香,傍晚抵寓。夜,写连日日记。

11月4日　星期二

晴。上午,以玉嫂嫂欲摄影,与念祖同至湖滨英华照相馆。出,余至横大方伯浙江图书馆印行所及城站文艺书店、抱经堂等处,返已过午。怀祖近日连夜有身热,又延詹志翔诊治。至教育厅,候陈布雷,在京不值。出,至清和坊、匀碧斋、邵芝岩购纸笔。夜,致大妹,复紫卿信。

11月5日　星期三

晴。晨,携念祖至湖滨西园啜茗、早点。上午,时舅等自灵隐出来,亦住此间。观《黄太史精华录》。下午,携念祖同玉嫂嫂泛舟至中山公园、西泠印社。余又至浙江图书馆,候杨以明,不值。出,更至杨庄走博览会长桥,至放鹤亭啜茗,复至岳王坟庙,傍晚返。望舅今日来杭,住枝头巷三十号沈寓。夜,与时舅等往晤。

11月6日　星期四

阴,有雨。上午,复花儿信。走近段马路回,悉杨以明来过。下午,至高义泰、翁隆盛购物。晚至聚丰园,应时舅招饮。同席为陈文伯、葛耀飞、朱履仁、邦屏及望舅、君介、君宾。

11月7日　星期五

雨。上午,校所抄《石经阁文集》完。余始于天梅处观冯柳东之"杨柳岸,晓风残月"图卷,以为不过诗人而已,及见其他著作乃知是学者,今读其集,则又真正之古文家也!集虽刻出流传甚稀,余甚好之,因向乃乾处借抄焉。怀祖近日肿病又大发,小解稀少,而腹泻似痢。下午,邀詹志翔及西医黄自雄先后诊治。夜,写账。

11月8日　星期六

阴,有雨。上午,至翁隆盛、胡恒昌等处购物。下午,至文艺书店、抱经堂等处,并又至胡恒昌、方裕和购物。晚,同时舅、舅母、君宾、望舅至聚丰园,应陈文伯招饮。

11月9日　星期日

阴,有雨。上午,致乃乾、仲稽信。下午,至清和坊购物,女子理发厅理发。

11月10日　星期一

阴,有微雨。怀祖昨日泻止,而小解仍少,夜间甚吵,似颇不舒。上午,即邀黄自雄来诊治。下午,时舅、舅母乘车回松。望舅来同至花市路,阅其所购之地,又走湖滨,浏览古玩肆。夜,补写日记。

11月11日　星期二

晴。

11月12日　星期三

晴。

11月13日　星期四

晴。

11月14日　星期五

晴。偕粲君携念祖,同玉嫂嫂归。于上午九点五十分钟乘火车开,下午一点零四分钟到松江,即至家中放来之船上。中妹闻信与迪前来,船上少坐,去。余等至王宅宿。

11月15日　星期六

晴。偕粲君携念祖,上午八点半钟登船解缆归。在松隐遇沪张轮船,由其拖带,下午四点钟抵家。

11月16日　星期日

晴。上午,端甫来。下午,词臣、韫辉先后来。

11月17日　星期一

晴。今日设怀祖灵位,延龙沙禅院僧四人诵经一天。上午,至宗祠举行秋祭礼。今岁系子贞司年,余司鸣赞,送神后即返。下午,伯才来。大妹携鼎甥自沪归。子峰来。

11月18日　星期二

晴。上午,下元节祭先。下午,大妹携鼎甥去乡。复志轩信。夜,复花儿信。

11月19日　星期三

晴。上午,粲君往松江。复萃文书局信。下午,宪人来。伯才来。

11月20日　星期四

晴。上午,理账。下午,复君宾、圆妹信。夜,复星五、耀卿信。

11月21日　星期五

晴。上午,理书。下午,复乃乾、学南信。粲君归。

11月22日　星期六

晴。上午,杂务。下午,钻坚来。复国学图书馆传抄部,致佩忍信。大妹携鼎甥归。夜,理账。

11月23日　星期日

晴。杂务。下午,伯才来。夜,复花儿信。以心绪恶劣,连日不能事事也。

11月24日　星期一

晴。今日唤船往松江。余先于上午九点钟乘轮船至松隐,吊蔡恕庵之丧,乃登家中放来之船,下午三下钟到。大妹今日亦携鼎甥乘轮往沪。到松后,至典业银行一回,即返船上。在船观《日本访书志》,补《士礼居藏书题跋补录》及翻阅《华东倡酬集》中张曜孙尺牍。

11月25日　星期二

晴。上午八点三十四分乘火车往杭州,下午十二点三十分到,即至平海路十九号君宾处。车中观《校勘新义》。望舅、君平来。

11月26日　星期三

晴。今日为怀祖回阳之期,上午延阴阳生来诵经。前日家中放船来杭,运回怀祖灵柩,亦于今晨到此。慎旃、履仁来。下午,至枝头巷望舅处。出,至城站、文艺书店、抱经堂。又至湖滨碑帖店、古玩铺。

11月27日　星期四

晴,上午阴有微雨。上午,致粲君信。下午,至宝石山庄起运怀祖灵柩,至松木场登船,君宾、君平送至船埠。旋船开至拱辰桥,明日开回。余等返至弥陀寺观刻经。出,至棋盘山下,观新近合购之地,会及望舅,又同至菖岭,傍晚抵寓。

11月28日　星期五

晴。上午九点五十分乘火车往上海,下午二点零五分到,即至鸿远里寓所。车中观《校勘新义》。君定于前日去乡。夜,忆初来。时舅来。

11月29日　星期六

晴,夜雨。上午,至中华照相馆,为怀祖放大照相。出,至先施、永安二公司、博古斋、来青阁、商务印书馆等处,近午返。花儿来。午饭后,偕大妹同花儿至大通路张筱谦医生处修牙。出,花儿到校,余至中国书店,晤及时舅,又同至富晋书社,返已晚。

11月30日　星期日

阴,夜雨。上午,收花儿信。君藩来,坐谈数刻,去。至福鑫里,候乃乾,不值。出,至博古斋、受古书店、锦文堂、来青阁、蟫隐庐等处。午点于冠生园,点后至中国书店及富晋书社各事浏览而返。理书。

12月

12月1日　星期一

阴。上午七下钟往乘轮船回家,八点钟开,下午二点半钟到。怀祖柩船亦于项间抵张。在船翻阅《骨董琐记》《十经斋文集》,及观《校勘新义》。夜,补写连日日记。

12月2日　星期二

晴。怀祖灵柩今日上午殡于夏人村坟屋。下午,君定来谢吊,少坐,去。夜,复花儿信。

12月3日　星期三

晴。上午,理书。下午,伯才来。理账。夜,作信,致君宾、君藩。

12月4日　星期四

雨。上午,安置书橱。下午,理账。李爱椿来。夜,复通学斋、萃文书局信。

12月5日　星期五

晴。上午,理书,安置书橱。下午,理账。复以明信。夜,复花儿信。

12月6日　星期六

阴。上午,端甫来。理书。下午,理账。夜,观《校勘新义》完。

12月7日　星期日

阴。上午,理书。下午,理账。致中国书店信。夜,展览《清代学者象传》。复乃乾信。今日饬工人往夏人村坟屋,髹漆怀祖之柩。

12月8日　星期一

雨。上午,理书。下午,端甫来。理账。夜,复宪人信。

12月9日　星期二

阴。上午,理书。下午,写书目。复圣一、太忙、绳夫信。宪人来。

12月10日　星期三

阴。上午,钻坚来。理书。下午,致时舅信。伯才来。夜,复花儿及君宾信。

12月11日　星期四

晴。上午,理书。下午,志轩来。作信,致伯埙,复道弘,又致蟫隐庐。夜,理账。

12月12日　星期五

晴。上午,理书。下午,涤新来。为君宾致陈布雷信。

12月13日　星期六

晴。上午,理书。下午,杂务。复君宾,致钻坚信。伯才来。

12月14日　星期日

晴。上午,往吊族中成林嫂之丧。理书。下午,致君藩,复太忙信。夜,补写明高丽本《李义山诗集》校记。

12月15日　星期一

晴。今日为怀祖五七之期,延僧诵经一天。上午,钻坚来。下午,伯才、焕然先后来。

12月16日　星期二

阴,夜雨。上午,复时舅信。下午,为道弘致鹓雏信。夜,复君宾信。抄《李义山诗集》校记。今日又饬工人往夏人村坟屋,髹漆怀祖之柩。

12月17日　星期三

阴,有雨。上午,杏林来。复慎旂信。下午,冬至节祭先。

12月18日　星期四

阴,夜有雨。乘轮船往上海,上午九点钟开,下午四点钟到,即在南码头登岸,至鸿远里。在船观《续校勘〔雠〕通义》。夜,忆初来。

1931 年

1 月

1月1日　星期四

阴。上午至济婴局,应端甫之招。与伯埙、仲田至宪人处,商其哲嗣婚期,即在何宅午饭。饭后又至济婴局,少坐,返。夜,理账。

1月2日　星期五

晴。上午,理书。杏林来。下午,钻坚来。伯才来。作信,致君藩,复仲稽。夜,杏林、志清来。理账。

1月3日　星期六

阴。上午,仲田来。下午,复时舅信。伯才来。奚斗储来。

1月4日　星期日

阴。往上海。上午九点钟乘轮船开,下午四点多钟到。在南市关桥即登岸,至慕尔鸣路升平街鸿远里寓所。船中观《西行艳异记》及沈尹默之《秋明集》。

1月5日　星期一

阴,晚雨。上午,复仲稽信。至亚尔培路明复图书馆,观中国书板展览会,近午返。下午,至四行储蓄会。出,至中华照相馆,取怀祖放大之照。出,至中国书店、富晋书局,晤沈世期而返。夜,理契据箱。

1月6日　星期二

阴,晚雨。上午,同君定至瑞师处,坐谈良久,即午饭。饭后至仁和里六十六号君介寓处,少坐,返。至福鑫里,候乃乾,不值。出,至新新、先施、永安三公司,朵云轩、蟫隐庐、北新书局、来青阁,晤及乃乾。旋君定来,即同至大西洋西菜馆,应沈梦莲、池月乔、杨澄甫招饮,九句钟返。

1月7日　星期三

阴。上午,至先施公司、朵云轩、来青阁等处。应君藩、杰士函招,下午三点五十分乘火车往松江。到后即至阔街高宅。夜,杰士及陈秋实、沈受金来,共商本邑地方治安事宜。

1月8日　星期四

雨。上午,九点钟乘快船归,下午二点钟抵家。大妹携恒鼎二甥于五日自乡归。

1月9日　星期五

雪。上午,大妹携恒、鼎二甥往沪,花儿亦随往。花儿于十四日开学,以欲修牙,故先去也。理书。下午,伯才来。作信,复君宾,致仲稽。夜,写书目。

1月10日　星期六

晴。上午,为君宾致布雷信。下午,杂务。

1月11日　星期日

阴。往上海,上午九点钟乘轮船开,下午四点钟到。在关桥上岸,即至寓所。在船观《人境庐诗草》及《黄公度先生年谱》。君藩与县政府秘书瞿云锄已来寓相候。夜饭后，蔡叔明亦来，即同三人往闸北，候孙助良，坐谈数刻。出，至北站乘十一点钟火车往镇江。

1月12日　星期一

晴。上午，六点钟至镇江。往寓省政府路东南旅社，陈秋实前出席扬州全省"绥靖会议"，后亦约寓于此。在寓稍事休息，早餐后，即同君藩、叔明、秋实、云锄至民政厅，厅长胡朴安适往扬州，乃晤秘书惠生。出，至省政府，晤主席楚伧，均谈本邑地方治安事宜。午餐于酒楼。餐后，同君藩、叔明、秋实至教育厅候鹓雏，坐谈数刻返。周人菊来。晚，同君藩、云锄至江边品芳西菜社，应人菊招饮。同席尚有惠生及林一厂。

1月13日　星期二

晴。上午，鹓雏来。叔明、秋实先行回沪。同君藩、云锄至民政厅，晤惠生及陆古含、管际安两科长。午餐于酒楼，晤及金静初、黄云僧。餐后君藩、云锄往财政厅，余又至省政府，晤楚伧，旋返寓。后即同往银山伯先公园游览。傍晚至大华饭店，与君藩合宴惠生、人菊、一厂、古含及阳铁生、冷御秋，尚有鹓雏、际安未到，九点钟散席。至一品香人菊寓处，少坐。出，至镇江浴室，沐浴。乃往车站，乘夜午后四十九分钟火车回上海。

1月14日　星期三

晴。上午七点半钟到上海。下车后，云锄往乘轮船回朱泾，余与君藩至鸿远里。同君藩、君定至平安里君湘及介藩处，又至怀本坊瑞师处，近午返。君藩别去。下午，花儿进校。致粲君信。连夜失眠，今早睡。

1月15日　星期四

晴。上午,至福鑫里,晤乃乾,坐谈数刻返。下午,至宁波同乡会,观雨华盦书画展览会。出,至中国书店。出,至先施公司。出,至汉文渊、来青阁、商务印书馆等处而返。

1月16日　星期五

晴。上午,至西门方斜路文古书店内,晤李爱椿。出,至陆永茂花圃,购水仙而返。下午,作信,致圣玛利亚女校校长。为花儿修牙未竣,须随时出校往治事。又致君彦。至圣玛利亚女校,晤花儿,少坐,返。夜,补写日记。

1月17日　星期六

阴。上午七下钟至盆汤弄桥,乘轮船归。下午三点钟抵张。在船观《桐城文派评述》及翻阅《中国文献学概要》。夜,理账。

1月18日　星期日

晴。上午,往吊莫古茹〔如〕先生之丧,又至图书馆,在莫宅午饭后返。理书。夜,致花儿信。

1月19日　星期一

晴。上午,志轩来,坐谈良久去。下午,中孚来。韫辉来。理书。夜,理账。

1月20日　星期二

晴。上午,写书目。下午,理信札。复信符信。夜,复君宾、慎旃信。

1月21日　星期三

雨。上午,伯才来。下午,作信,复乃乾、耀卿、《图书馆学季刊》编辑部。夜,作信,致瑞源、庄志、大庄,复遂翔、菊人。

1月22日　星期四

阴。上午,理图书馆账。下午,志轩来。中孚来。理书。夜,补写日记。

1月23日　星期五

晴。上午,理书。下午,涤新、寄舫、韫辉先后来。智千同县委郭炳森来,募建设公债。夜,季眉来谈,料理张春辉堂借款事。

1月24日　星期六

阴。往上海。上午九点钟乘轮船开,下午四点钟到。在南市登岸至寓。在船观《学衡》中《纳兰成德传》。夜,致花儿信。

1月25日　星期日

雨。外叔母将安葬,时舅以乡间不靖,今日在清凉寺唪经开吊。上午到寺拜奠,并为招待宾客。傍晚,出至中国书店一回,仍回寺中,夜馔后返寓。

1月26日　星期一

上午阴,下午雪。上午,至先施公司,即返。复花儿信。同君定至新利查西菜馆,为瑞师、月乔宴沈思老招陪。散席后,同君藩至华东银行,晤徐眉轩,履仁亦在,谈金、平两县交界治安事宜。出,至典业银行,晤培元、石愚,适叔明亦来,傍晚返。夜,致粲君信。君藩、履仁、巩宇、眉轩、高晓籁来谈金、平治安事宜,去已近夜午矣!

1月27日　星期二

上午雪,下午晴。上午,杂务。下午,至西门文古书店。出,至瑞师处。出,至中国书店及富晋书社。出,至张筱谦牙医处,约晤花儿。旋花儿返校,余又至来青阁、同文书店等处而返。君懿来,夜饭后去。

1月28日　星期三

阴。上午,至四行储蓄会、先施、永安、新新三公司。下午,至新闸福鑫里,候乃乾,不值。出,至贝勒路恒庆里,晤亚子,坐谈良久,出。至汉文渊、受古书店、蟫隐庐、商务印书馆而返。夜,致花儿信。

1月29日　星期四

阴,有晴光。上午七下钟同望舅至盆汤弄桥,乘轮船归张。乃苏州河内船只阻滞,至十点多钟始得开行。至佘来庙后,又拖带往驻金山卫之兵船,故抵张已五下钟矣。君介、君湘同船归来,少坐即去乡,望舅住。夜,忆初自沪乘平湖班轮船亦来。

1月30日　星期五

雨。上午,涤新来。同忆初至闲闲山庄。今日外叔祖母安葬,未刻登山,并送至坟地,傍晚返。忆初在高宅,明晨返沪。近开驻金山卫剿匪之省保安处步兵营营长白继之今日亦至高宅,因晤及焉。今日望舅亦回乡。

1月31日　星期六

阴。上午,伯才来。下午,杂务。傍晚,时舅、君介、君宾来。夜,时舅宿船上,明晨将乘轮至沪。致君藩信。

2月

2月1日　星期日

阴。上午,君介亦乘轮往沪。下午,致萃文书局信。夜,季眉来。

2月2日　星期一

阴,上午有盛雨。晨,君宾乘船往松至杭。上午,理书。叔明来。钻坚来。下午,至储蓄会开总干事会议,三下钟返。夜,理账。十点钟许临卧时,闻枪声,旋知为近乡盗劫,保卫团出防。

2月3日　星期二

阴,有晴光。上午,理书。涤新来。下午,理账。夜,作信,致大妹、君藩,复白蕉。

2月4日　星期三

阴。上午,理书。复圣一信。下午,瑞甫来。复瑞志信。花儿前日校中放假后留沪治牙,今归。夜,补写日记。

2月5日　星期四

雨,夜雪殊。上午,理书。下午,复谈麟祥信。君定自沪归来。

2月6日　星期五

雨,阴。上午,君定去乡。理碑帖。下午,钻坚来。理经管未捐账。

2月7日　星期六

阴雨,夜雪。

2月8日　星期日

阴雨。

2月9日　星期一

雨。上午,花儿乘轮往沪,进校开学。

2月10日　星期二

阴雨。

2月11日　星期三

阴雨。

2月12日　星期四

阴雨。上午,往莫宅,七吊古茹〔如〕先生。下午,作信,复瑞师、乃乾。夜,作信,复迪前、中妹及君懿。

2月13日　星期五

雨,夜有冰片。上午,望舅乘轮去沪。年节祀神。下午,年节祭先。夜,君藩自松来。复花儿,致圣玛利亚女校校长信。

2月14日　星期六

上午雪,下午阴。上午,同君定至商会。出,至张宅,候孙助良公安局长,渠借于此寓。少坐出,仍到商会后返。子冶来,午饭后去。君藩同张营长来。

2月15日　星期日

上午有晴光,下午阴,夜雨。上午,涤新、中孚先后来。至商会。孙局长宴张营长于其寓所,招陪,下午四句钟返。夜,君藩同张营长、任连长、瞿秘书、缪瑞清、戚国华来。

2月16日　星期一

阴,有雨,夜雪珠。上午,钻坚、叔纯先后来。理发。至商会。下午,至商会。志轩来。蒋淡生来。夜,志轩来。

2月17日　星期二

雪。今日辛未岁首,上午拈天香祀祖先。至南湖旅社,晤瞿秘书,并晤水警营长范至诚,少坐,返。二君随来,良久去。下午,同君定至商会,傍晚返。夜,理账。

2月18日　星期三

上午晴,下午阴。上午,至南湖旅社晤瞿秘书及水警队长谭梅生。出,至河西志轩处,少坐,返。至商会。出,至子贞处。出,至宪人处,返已过午。朱景贤来。至商会,张营长、君藩自松来。傍晚,张营长、瞿秘书、任连长、范至诚、刘志高、谭梅生等来,借此议剿匪事宜,十一下钟去。其队伍今夜之午后向廊下、新庙等处进发。君藩仍住此。

2月19日　星期四

阴。上午,至商会。张营长往廊下剿匪,君藩、君定同去。孙克忠来。下午,理书。旭如来。志轩来。景伊来。夜,复以明,致子经信。

2月20日　星期五

阴雨。上午,君定、君藩自廊下回,旋张营长、瞿秘书亦来。知昨日剿匪,在新庙后救出新篁被掳十二人,获匪六、七名,惟匪首仍为飏去。端甫来。下午,钻坚来。戚国华、丁铁君、孙克忠等来,皆留夜饭。夜,又瞿秘书、谭队长及涤新来,散已近十二句钟矣!

2月21日　星期六

阴雨。上午,至商会。张营长回松,君藩、君定亦去,瞿秘书亦去。至商会。下午,戚国华同任连长来。顾允恭来。伯才、涤新等先后来。韫辉来。

2月22日　星期日

阴,有晴光。上午,涤新来。杏林来。陈士韦来。至商会。下午,伯才来。至商会。校所抄《鲁习之文钞》。

2月23日　星期一

晴。上午,理信件,致包介子信。下午,任连长来。涤新来。小剑来。至区公所,晤昨晚到镇之省保安队团长曹血侠(滂)及黄县长。出,至三神庙前停泊之复炎舰上,候水警区长徐朴诚,不值,即返。孙助良宴曹团长于其寓所,招陪,往,近十句钟返。

2月24日　星期二

晴。上午,粲君携益、念、纪三儿往松江王宅。任连长来。蒋惕卿来。志坚、肃斋及镜波先后来。下午,至区公所。出,至图书馆。至商会,晤任连长。夜,作信,致君定,复花儿及君懿、瑞师。

2月25日　星期三

晴。上午,志坚来。至区公所,晤周瞻岐,即午饭。饭后,至图书馆。出,又至区公所,晤徐朴诚,傍晚返。夜,复君武,致悔晦信。

2月26日　星期四

晴。上午,草《测海楼旧本书目》序。下午,至伯埙处、图书馆、区公所。丁铁君、胡大钧来,又同至区公所。夜,复乃乾、哲夫信。

2月27日　星期五

晴。上午,涤新来。晋康来。下午,韫辉来。孙克忠来。至区公所,晤曹团长、瞿秘书等。又至图书馆。

2月28日　星期六

阴。上午,乘申张班轮船往松江。因待兵差,开行已近十句钟。瞿秘书、国华、瑞清、伯才等均在船上,渠等于佘来庙登岸,转船赴朱泾。十二点钟至东议口,转乘驳船,下午二点钟到。即至典业银行,晤君藩,并晤陈占魁,旋选青、履仁亦来。同君藩、选青至旧积谷仓省保安处步兵第二团团本部,晤曹团长,渠亦今日自张回松,少坐,返典业。即至阔街高宅,时舅新自沪回,并晤杰士,夜饭后至王宅。

3月

3月1日　星期日

阴。上午,至阔街高宅,君懿偕其子丽水来,即同至典业银行。丽水进行习业,余为保荐。同履仁至承大庄,晤叔明,少坐,仍返典业。下午,君定自沪来。开股东常会。傍晚,返王宅。夜,与季鲁、石士、杭生手谈。

3月2日　星期一

阴,下午雨。上午,至阔街高宅。即出,至典业银行,同君定至文庙内国军第五师十四旅三十团第三营营部,晤张述韬营长及任民生连长,少坐后,仍返典业。下午,瞿秘书来,张营长来,又瑞清、伯才、镜波等来。并与君藩、君定、履仁皆谈本邑剿匪治安情事。同瞿秘书、君藩、君定至松江县政府,晤秘书周瞻岐。出,又至营部,晤张营长。出,往晤曹团长,于其寓所并晤白营长,少坐,返典业。夜饭后,同至阔街,晤时舅、瑞师,近十句钟返王宅。

3月3日　星期二

雨。偕粲君携益、念、纪三儿归。上午八点半钟开船,中妹携瑞辰、东壁二甥昨宿船上,同回,下午三点钟抵家。在船观《浙江图书馆报》。克忠来。夜,理账。

3月4日　星期三

阴。上午,莫孟恢、俞盘新来。韫辉来。下午,沈伯康来。营副官仇子中来。涤新、志轩先后来。伯才来。子冶来。夜,复花儿及圆妹信。

3月5日　星期四

阴,有雨。上午,为盘新致楚伧、朴安信。下午,往候孟恢,不值,至图书馆、区公所而返。复圣一、以明、星五信。伯才来。夜,理账。

3月6日　星期五

雨。上午,至钱氏义庄,晤省保安队白继之营长。近其自金山卫移来,常驻于此。下午,写书目。夜,复大妹、君定及子经信。尹卿先生今日来馆开学。

3月7日　星期六

阴,有晴光。上午,校所抄《鲁宾之文钞》。下午,复绳夫、石钧信。守能、克忠先后来。种树。夜,致君藩、耀卿信。

3月8日　星期日

晴。上午,志清来。往吊唐达夫丈之丧。出,至图书馆及区公所。下午,涤新、志坚先后来。至河西园地。夜,观《织余琐述》。致花儿信。

3月9日　星期一

雨,下午阴。上午,至营部候白营长,不值。转至其寓处(在盛家),晤焉,少坐,返。理字画。下午,至区公所开会,组织保卫团委员会,被推为委员之一,傍晚返。夜,抄文一首。致北平图书馆及李爱椿信。

3月10日　星期二

晴。上午,旭如来。理书。致时舅信。下午,至区公所,开保卫团委员会,傍晚返。夜,补写日记。

3月11日　星期三

晴。上午,九点钟乘轮船往松江,在议口转乘驳船,下午一点钟到。即至典业银行，晤君藩。迪前来，又晤及沈道非先生。夜馔后，至阔街君藩处，住焉。斗牌。

3月12日　星期四

晴。上午，至大有农场，晤叔贤，少坐，返阔街。君定自沪来。午刻，君藩宴道非先生，为陪，并晤张琢成、沈联璧、金静初等。同君藩、君定至商余集益社，晤张营长、任连长等，张营长明日将在此行婚礼。出，至实验小学，晤沈受金，并视周甥、恭寿等。出，至典业银行。夜馔后，返阔街。斗牌。

3月13日　星期五

晴。上午，同君定等至商余集益社，贺张述韬营长与费述芸女士结婚，并晤及何玉书等。旋与君定、允恭回阔。出，至电灯厂允恭寓处少坐。又出，路晤单廉斋，一同邀至长顺馆午馔。馔后，再至商余集益社，观行婚礼，直至夜宴后出。与君定向阔街一转后，即乘火车往上海，到后即至鸿远里。

3月14日　星期六

阴，夜有雨。上午，致花儿信。至丰昌当。出，至文古书馆、中华书局及四马路各旧书肆。又至富晋书社、中国书店，傍晚返。夜，同君定至平安里，候阮介藩，不值，即返。

3月15日　星期日

晴。乘火车回松江，仍至阔街君藩处。傍晚，张营长招饮于其公馆。

3月16日　星期一

阴。上午，同君藩、选青唤汽油船至朱泾，到后即至县政府。午饭后，至辅仁堂县警察队队部，观第二分队成立典礼，又宴集。傍晚，再至县政府，开保卫委员会，直至夜深始散。出，寓大华旅馆。

3月17日　星期二

阴。上午，君藩、选青回松江。余同丁铁军先至草棚啜茗，八点钟乘快船回张，铁军在干巷上岸，余午刻抵家。下午，志坚、克忠、伯才、涤新等先后来。迪前于十四日来。

3月18日　星期三

晴。上午，至营部晤仇副官，又往晤白营长于其寓所。下午，至区公所、图书馆、槐荫阁装池。整理花木。

3月19日　星期四

晴。上午，迪前回松。伯承来。伯筹来。下午，至区公所。端甫来。伯才来。整理花木。夜，理账。

3月20日　星期五

晴。上午，杂务。下午，至图书馆。出，至区公所，开保卫团委员会，傍晚返。夜，涤新及沈云堂来，同至白营长处。

3月21日　星期六

晴。上午，沈云堂来，同至营部，晤白营长。下午，致北平珍本书籍刊行会信。至区公所，观保卫团新购之枪。夜，理账。

3月22日　星期日

晴。上午，校《鲒埼亭集外编》。至营部，晤曹团长。下午，焕然来。旭如来。理字画。伯才来。致中华图书馆协会信。夜，致君藩，复子经信。

3月23日　星期一

晴。上午，理字画。晋康来。下午，伯才来。复绳夫、乃乾信。夜，复花儿，致君定信。

3月24日　星期二

晴。上午,校《鲒埼亭集外编》。下午,理碑帖。至营部,晤白营长。出,至图书馆。夜,致李爱椿、中国书店信。

3月25日　星期三

晴。上午,整理花木。钻坚来,观画。下午,理发。校《鲒埼亭集外编》。圆妹携青、铦二甥自杭归。夜,补写日记。致君宾信。

3月26日　星期四

阴,有雨。上午,杂务。下午,志轩来。校《鲒埼亭集外编》。收瞿秘书信。夜,致君藩信。

3月27日　星期五

晴。上午,至河西园地。校《鲒埼亭集外编》。下午,至图书馆、区公所、宪人处。夜,作信,复中国书店,致君彦。

3月28日　星期六

晴。上午,理书画。校《鲒埼亭集外编》。下午,写存《史记札记补》及《金山艺文志》材料。望舅自沪回来,即去乡。夜,复人菊信。

3月29日　星期日

阴,夜雨。上午,志诚来。至河西,为本生庶祖母明日将安葬。出,至河西园地而返。下午,至营部,晤白营长。出,至槐荫阁、图书馆、区公所。又至河西一次。杂务。涤新来。至河西,夜饭后返。君介自沪乘轮来,即去河西。

3月30日　星期一

阴,傍晚微雨。今日,本生庶祖母张太孺人安葬。晨起即至河西,七点钟发引,送至白漾墓地。十点钟登山后,返镇。下午一点钟至午馔后,送神主入祠。乃至区公所,傍晚回家。夜,复花儿信。

3月31日　星期二

晴。上午,君介来,即乘轮去沪。校《鲒埼亭集外编》。下午,同张叔良等至营部,晤白营长。复石钧信。伯才、晋康来。陆幼卿来。志坚来。至河西志轩处。志坚、肃斋来,同至营部,晤白营长。夜,理账。

4月

4月1日　星期三

晴。上午,至区公所,开保卫团团丁胡、于二烈士阵亡一周年纪念会,十下钟返。清节祭先。下午,伯才、肃斋来。至河西,晤子峰、志轩,移交本生庶祖母名下向托保管经收之单契、租册。时舅自松回来,即去乡。

4月2日　星期四

晴。上午,杂务。复乃乾信。下午,至东小桥扫墓。回,至区公所,开保卫团委员会,傍晚返。夜,复君定,致圣玛利亚女校校长信。

4月3日　星期五

晴。上午,校《鲒埼亭集外编》。下午,至龙沙禅院处扫墓。复康修其信。仇副官同章汉昭军需来。

4月4日　星期六

晴。上午,杰士来,即去。至夏人村先人墓上扫墓,下午返。在舟观《顾庵(曹尔堪)诗选》。君宾自松回来。杰士来。

4月5日　星期日

晴。晨,杰士去。上午,种花。下午,伯才来。至金家桥扫墓。回,至图书馆、区公所。镜波、涤新来。致季鲁信。夜,复仲稽信。

4月6日　星期一

晴。上午,涤新来,伯才来。种花。校书。志诚、晋康来。下午,至假山桥扫墓。回,至济婴局、区公所。焕然来。花儿以校中春假,归。夜,理账。

4月7日　星期二

晴。上午,杂务。望舅来。下午,至中心小学(即第二小学),开莫古茹〔如〕先生追悼会。时舅来。周慎之、朱玉田来。望、时二舅去。夜,复君定信。

4月8日　星期三

晴。上午,志轩来。钻坚来。复北平图书馆信。下午,至图书馆、区公所、宪人处。复君藩信。夜,录存旧信。

4月9日　星期四

晴。上午,中妹携瑞、壁二甥回松江。种花。校《鲒埼亭集外编》。下午,杂务。至河西园地。

4月10日　星期五

雨。上午,致孙助良,复涤新信。熊飞来。下午,伯才来。中孚来。承絮及益、念、纪三儿连日患伤风寒热,邀苏月波〔坡〕西医来诊治。

4月11日　星期六

阴。上午,邀涤新来诊治承絮等。晋康来。伯才来。至伯埙信。下午,杂务。校《鲒埼亭集外编》。致中国书店信。涤新又来，治青甥寒热，夜饭后去。致君定信。

4月12日　星期日

晴。今日家中解星辰。上午，花儿乘轮往沪，进校。涤新来，复诊诸人。下午，校《鲒埼亭集外编》。

4月13日　星期一

晴。上午，君宾去沪。理书。下午，校《鲒埼亭集外编》。公安局方局员来。复慎旃、憩南信。夜，复悔晦信。

4月14日　星期二

阴。上午，杂务。至戚国华信。下午，至白营长寓处。出，至图书馆。至区公所，开保卫团委员会，傍晚返。夜，致君定信。

4月15日　星期三

晴。上午，致傅钝安哲嗣业葵信。杂务。午刻，至潘顺兴，应仇副官招饮。出，至储蓄会开会。时舅亦到会，同返，傍晚去。夜，复花儿信。

4月16日　星期四

晴。上午，至河西园地。钴坚来，涤新来。君藩同瞿云锄、黄荫生（黄县长之兄）、张益之（松江县政府科长）自松江来，即留午饭。下午，同君藩至营部，候曹团长，并晤徐朴诚区长，少坐，返。志轩、涤新、潭梅生、子冶先后来，均即去。吴子中（平湖县长）来。徐区长来。曹团长、金团附长来。晚，设筵宴曹团长、徐区长、金团附、吴县长、张科长、黄荫生、瞿秘书及君藩。席散后，梅生、子冶、涤新、志轩又来，客去已十一点钟矣！惟君藩住。

4月17日　星期五

晴。上午，云锄、子中、金团附、曹团长先后来，均即去。白营长来，即去。君藩去乡。下午，子冶来，即去。至图书馆、区公所。

方局员来。夜,君藩来。

4月18日　星期六

阴,夜雨。上午,君藩去松。九点钟乘轮船往上海,时舅同船。在船观《中国史部目录学》。下午四点钟到,于关桥上岸,至鸿远里。徐积余来。

4月19日　星期日

阴,夜雨。陈端志为父丧,在复善堂街小灵山寺设奠。上午,同君定往吊,晤及同乡多人。午馔后,出,至文古书店、陆永茂花圃、中国书店、富晋社。旋君定先回,余又至博古斋、汉文渊、受古书店、锦文堂、同文书店、来青阁、商务印书馆而返。夜,致君藩信。

4月20日　星期一

阴。上午,至界路上海银行、浙江兴业银行、东莱银行、中华书局、商务印书馆。午点于冠生园。又至中国书店、新新、先施、永安三公司、国货商场等处。

4月21日　星期二

雨。上午,往盆汤弄桥。乘沪张班轮船归,七点三刻钟开行,下午四点半钟抵家。在舟观《学衡》杂志。

4月22日　星期三

晴。上午,杂务。下午,至图书馆。出,至区公所,本定开保卫团委员会,以人数不足,改为谈话会。夜,理账。复君藩信。

4月23日　星期四

阴,下午雨。上午,写书目。理发。下午,涤新来。至区公所,集议整理警察捐事。伯才来。君介来。理书。夜,复花儿信。

4月24日　星期五

晴。上午,至宗祠行春祭礼,午馔后返。至区公所。旋同涤新等至中心小学,贺焦子宣连长结婚,夜宴后返。

4月25日　星期六

雨。上午,杂务。下午,复绳夫、太忙信。

4月26日　星期日

晴。偕粲君携念祖往上海,上午八点三刻钟乘轮船开行,下午三点钟到。在关桥登岸,即至鸿远里寓所。君介同行。在船观《想当然传奇》。君藩已先来寓,坐谈良久去。

4月27日　星期一

上午晴,下午阴有雨。上午,写账。偕粲君携念祖至先施、新新二公司。旋,粲君、念祖回寓,余至一品香,贺闵瑞师哲嗣纪方续娶。下午,同君定、君藩至龙华飞机场,候张述韬营长,渠营部近自松江移驻于此,少坐后仍返一品香观行结婚礼,夜宴后回寓。

4月28日　星期二

阴,晨雨,夜雷雨。上午,至大丰里,候张松涛,不值。转至闸北,候孙助良,亦不值。乃至图南里,晤徐积余先生,坐谈数刻。出,至商务印书馆而返。下午,至老北门内丰昌当。出,至民国路购磁器。又至来青阁、博古斋、中国书店等处浏览。

4月29日　星期三

阴。上午,至平安里,晤阮介藩,并适晤及甘鸿逵。偕粲君携念祖至华安大厦楼上午馔。馔后,至张筱谦处,为念祖治牙。出,返寓一次,旋又同至圣玛利亚女校,晤花儿。出,游兆丰公园,傍晚返。同君定至梅兰坊纪方寓处,应其招饮,并观公局、滩簧等,十一点钟返。

4月30日　星期四

雨。上午,君定回张。携念祖至商务印书馆。至平安里,晤介藩,同其至德商雅利洋行,晤大班,谈去年张堰购枪交涉事。下午,偕粲君携念祖至九星大戏院观电影。出,至永安公司购物,即在大东酒楼夜馔而返。

5月

5月1日　星期五

晴。往朱泾。上午九点钟在关桥乘平湖班轮船开,下午一点钟到。于船埠晤及杰士,即同至大华旅馆。少息后,至藏书阁,开全县公款、公产处理处改组后第一次会议。同事,余与杰士外,尚有丁迪光、姚景棋、俞肃斋,今日肃斋因病未到。五下钟散会。同杰士至县政府,晤瞿秘书及承审员、刘堪永,坐谈数刻。至顺源馆,应林近三招饮,八下钟散席。回大华,有乡人来谈盗匪事,卧已夜午矣!在船观《想当然传奇》完。

5月2日　星期六

晴。上午,叔明、析烦来。八点三刻钟乘轮船回上海,在闵行登岸,乘长途汽车,十二点半钟抵寓。望舅连日在杭,昨日回沪。花儿以校中月假出来。至仁和里,候陈蒙庵,不值。在时舅处少坐。出,至商务印书馆、来青阁、受古书店、中国书店等处。

5月3日　星期日

晴。上午,粲君携念祖同大妹等回张。同望舅、君宾、恒初及花儿乘汽车往真如,先至暨南学校、暨南新村游览一周。乃至真如镇上,候甘鸿逵,不值,转至电灯厂,晤焉,少坐。出,至汕头饭店午馔。馔后仍乘汽车回上海。又至图南里,候徐积老,不值。望舅等乃先返,余同花儿又至新新公司一回。花儿进校。至庆福里,晤诸贞壮。出,至博古斋、来青阁、朵云轩。

5月4日　星期一

晴。上午,复时舅信。至外日晖桥乃乾寓处,旋同乃乾至南洋中学,晤培孙,坐谈良久。仍返乃乾处午馔。馔后培孙亦来,同游龙华。在镇上啜茗,并登塔顶,傍晚返。

5月5日　星期二

雨。同望舅回张。上午七点三刻钟在盆汤弄桥乘沪张班轮船开,下午五点钟抵家。时舅、君介同回。船中观《休庵影语》及《邵念鲁年谱》。

5月6日　星期三

雨。杂务。下午,顾允恭来。夜,理账。立夏称人,约九十五斤,粲君八十斤。

5月7日　星期四

阴。上午,整理花木。复通学斋信。下午,涤新来。词臣来。仇副官来。复保文堂,致中妹信。夜,补写日记。

5月8日　星期五

晴。上午,整理花木。旭如来。涤新来。下午,往候白营长于其寓所。又候仇副官,不值,乃至槐荫阁、济婴局、图书馆。而至区公所,开保卫团委员会,四下钟返。君定、君宾来,君定即去。设筵宴白营长、仇副官,并招方局员、云伯、杏林、志清、镜波、涤新、志轩为陪,九下钟散。

5月9日　星期六

晴。上午,区公所与白营长、仇副官等合摄一影。近其营部仍移至金山卫。杂务。下午,君宾同圆妹、青铦二甥去乡。至图书馆。同旭如至镇北,访明吴翰之墓。又至东市梢,观义井及庙碑。志轩来。词臣来。

5月10日　星期日

阴,有雨。上午,至轮船上,晤君定。回,至涤新处。写书目。下午,伯才来。至图书馆、区公所。又同涤新、孟恢至吴翰墓上,观今日嘱石工翻起之石碑。一系谕祭文,一系张世美撰、莫如忠书、高士篆盖之墓表。望舅自南塘回来,即去。夜,致君藩、少莲信。

5月11日　星期一

雨。上午,涤新来。复徐信符、尧堂父子各信。下午,理文件。作信致佩忍。涤新来。夜,观《史学杂志》。

5月12日　星期二

晴。上午,涤新来。校《鲒埼亭集》。下午,至宪人处、区公所、图书馆、济婴局、槐荫阁。伯才来。瞿秘书、丁迪光来,少坐后,同至区公所,谈征收扩充全县警察队捐款及调停教育局与区公所争执茶米捐事,夜九下钟返。

5月13日　星期三

晴。上午,谭梅生来。顾允恭来,即同至区公所,晤瞿秘书。又同瞿秘书至商会。出,至戚智川处,晤迪光,又同迪光至钦明女校及图书馆。午刻,智川宴瞿秘书,迪光招陪。出,至区公所,中间回家一次,至傍晚始返。设筵宴瞿秘书、迪光、梅生,并招智川、涤新、志轩,九下钟散。

5月14日　星期四

晴,晚雨。上午,至区公所。至高老宅,下午返。在船观《史学杂志》。夜,子望来。

5月15日　星期五

　　晴。上午,允恭来。至区公所、图书馆。下午,至储蓄会、区公所。子冶来。至轮船埠头,今日望舅母灵柩自沪运回,到后恭送回乡而返。至南湖旅社,晤瞿秘书,渠方自金山卫回。夜,志轩同瞿秘书来,少坐,去。

5月16日　星期六

　　晴。上午,至高老宅。望舅母将安葬,今晚宴客。下午,瞿秘书、志轩、涤新等亦来高宅。

5月17日　星期日

　　阴,有微雨。今日高宅设奠。上午,同瞿秘书等至新宅一回。粲君携益、念、纪三儿亦来高宅。夜,题主,余为司仪。

5月18日　星期一

　　雨。今日望舅母安葬,巳时登山,恭送至墓地。

5月19日　星期二

　　雨。下午,粲君携益、念、纪三儿至新宅。

5月20日　星期三

　　雨,下午阴。上午,至新宅。午刻,君宾设筵宴余与粲君。下午,偕粲君携益、念、纪三儿归。望舅、君宾来,即去。

5月21日　星期四

　　晴。上午,整理花草,扦栽月季。下午,君宾以晨间趁轮不及,留在张。家兹来,少坐,即去。至图书馆、济婴局、区公所。允恭来。夜,翻阅书目。致瞿秘书信。

5月22日　星期五

　　晴。上午,杂务。下午,复圣一及致书友信。允恭来。夜,致花儿及君藩信。

5月23日　星期六

阴,有雨。上午,涤新来。整理树木。下午,分寄访购书单。端甫来。涤新同云伯来。致乃乾信。夜,理账。

5月24日　星期日

阴,上午雨。上午,理字画,写书目。下午,至图书馆、济婴局、槐荫阁。复诸贞壮信。回澜来。君介来。夜,理账。

5月25日　星期一

上午雨,下午晴。上午,作信,复菊舫、学南。下午,为朱慎甫拟呈文。允恭、慎甫先后来。观毕任庸《残梦集》。封发、保存《查山公呈》。志轩来。李肖渔来。夜,致君藩信。

5月26日　星期二

晴。上午,县警察队队长林兼之来。涤新来。杂务。下午,至区公所、图书馆。种花。望舅、君定来,即去。君宾来。

5月27日　星期三

晴。君宾乘轮往松。上午,杂务。允恭来。涤新来,午饭而去。至图书馆。至河西园地。夜,复花儿及文圃信。

5月28日　星期四

晴。同志轩、涤新往朱泾。上午八点三刻乘轮船,至籴来庙上岸。午饭、啜茗后,转乘平沪班轮船,下午一点钟到朱。先至大华旅馆,乃至县政府,出席行政会议。今日系第一日,上午已行开会式,下午组织各股审查会,并审查提案。余被推在财政及提案股。君藩亦来,余与君藩先退席,至芳墅处,坐谈良久,傍晚返场。夜,析烦来。

5月29日　星期五

晴,夜雨。上午,同君藩、涤新、国华、端清至芳墅处。出,至县政府开会。午刻,县长设宴,傍晚返寓。夜,范志诚、刘志高来。

5月30日　星期六

阴。上午,至县政府,开审查会。下午,开大会。傍晚返。与同人至藏书阁,应教育局、建设局、款产处、朱泾商会第一区区公所招饮。瞿秘书来寓。

5月31日　星期日

晴。上午,至县政府,今日会期延长一日,接开大会。午刻,与同人至水警营部,应范志诚招饮。散席后,即返县政府,继续开会,直至夜午后二点钟,会毕回寓。

6月

6月1日　星期一

晴,下午有雷雨。午刻,与君藩至顺源馆,应王铨庭招饮。散席后,即至县政府,开保卫团委员会。傍晚返。与同人至顺源馆,应财政局长程荫谷招饮。瞿秘书来寓。

6月2日　星期二

晴。上午,至县政府,续开保卫团委员会,近午会毕,即午饭,饭后出。同迪光、杰士、景棋至财政局长程荫谷寓所,瞿秘书亦去,谈款产处与财政局分任筹垫党部经费事。出,同志轩、涤新、子冶、文杰、君藩、杰士、伯才会借汽油船,开至籴来庙。余等上岸,待沪张班轮船来,转乘回张,五点钟抵家。君藩、杰士、伯才则直往松江。

6月3日　星期三

晴。上午,八点三刻乘轮船,午刻至闵行登岸,往吊乔念椿母丧。下午,三点乘长途汽车往上海,即至鸿远里寓所。伯埙、杏林同船至闵行乔宅。夜,致粲君、花儿信。

6月4日　星期四

晴。上午,至中国书店、富晋书社、博古斋,乃至神仙室理发。出,至汉文渊、受古书店、锦文堂、同文书店。午餐于大观楼。餐后,又至来青阁、商务印书馆、蝉隐庐、朵云轩、先施公司等处,四下钟返寓。

6月5日　星期五

晴。上午,补写日记。至爱多亚路小观园门市部,看花。至外日晖桥南洋中学,晤培孙、乃乾,并至图书馆翻书。在校中午饭后,出,至西门陆永茂花园买花而返。至仁和里时舅寓所,又至陈蒙庵处,各坐谈数刻而返。夜,至温泉沐浴。

6月6日　星期六

阴,夜雨。上午,补写日记。至中国书店、新新、先施二公司、来青阁等处。花儿以校中月假出来。下午,至平安里候君湘、介、藩,均不值。乃至梅兰坊晤瑞师,五凤里晤公度,各坐谈数刻而返。君宾、恒初自校中来,夜饭后去。公度来,即去。

6月7日　星期日

雨,晚晴。上午,观《山东图书馆季刊》。作信致君藩。下午,花儿进校。至复兴园,贺顾芷庵与陆铭之结婚,夜返。

6月8日　星期一

晴。上午七点钟往盆汤弄桥,乘沪张班轮船回张,七点三刻钟开,下午四点钟抵家。在船观《北京大学国学季刊》。

6月9日　星期二

晴。杂务。上午,大妹携珍、鼎、安、斐、嵩五甥归。圆妹携青、铦二甥归。下午,涤新来。圆妹携青、铦二甥仍去乡,斐甥亦去。

6月10日　星期三

晴。上午,整理花木。下午,至图书馆、济婴局、区公所。大妹携珍、鼎、安、嵩四甥去乡。夜,理账。

6月11日　星期四

晴。上午,整理花木。校《鲒埼亭集》。下午,至图书馆。出,至区公所,开保卫团委员会,傍晚返。夜,理账。

6月12日　星期五

晴。上午,至河西园地。旭如来。下午,理书。允恭、伯才先后来。夜,理账。

6月13日　星期六

晴。上午,涤新来。校所剩《汪孟慈行述》。下午,作信致朴安。季眉、子佩来。夜,复花儿信。

6月14日　星期日

晴,夜雷雨。上午,种花。校所剩《汪孟慈行述》。下午,至图书馆、济婴局。君宾自沪回来,即去乡。舒志诚等新开慎余庄,设筵招饮,即在万和银楼内,夜八下钟返。

6月15日　星期一

晴,晨雨。上午八点三刻乘轮船至东议口,转乘驳船往松江。因驳船须再接上海轮船来客,泊待多时,到松已下午二点钟矣!即至典业银行,望舅、时舅均在,开临时股东会,为预备立案也。傍晚,同时舅往候马逢伯新自吉林归,少坐,仍返典业住焉。在船观《邵念鲁年谱》。

6月16日　星期二

上午阴,下午晴。上午,同君藩至省保安队第二团团部,晤曹团长,坐谈数刻。出,余又至西司弄,候迪前,已回亭林,乃至俞文林笔店、顾少莲刻字铺而返。下午一点钟同望舅乘汽油船归,五点钟抵张。君定自朱泾回来,旋同望舅去乡。今日同一拓碑人顾少莲之友刘凤清来张。钻坚来。夜,至俞志成信。

6月17日　星期三

晴。上午,杂务。至河西园。下午,伯才来。至区公所、图书馆。姚凤贵来,卖笔。陈乐三持乃乾介绍信来,托为谋事,少坐,去。夜,理账。复书友菊人信。

6月18日　星期四

雨。上午,夏至节祭先。下午,作信,致徐积余先生,又复书友星五、遂翔。夜,理账。

6月19日　星期五

雨。上午,写书目。复乃乾、佩忍信。下午,复松岑信。校《鲒埼亭集》。夜,翻阅《直介堂丛刻》。

6月20日　星期六

晴,有雨。上午,校《鲒埼亭集》。涤新来,午饭后去。种花。作信致瞿秘书。夜,翻阅《苌楚斋随笔》。

6月21日　星期日

阴晴,有雨。上午,挂屏幅。志轩来。校《鲒埼亭集》。下午,伯才、幼卿先后来。至区公所、济婴局。夜,复君宾信。

6月22日　星期一

晴。上午,子凯来。伯才来。下午,致星五信。子望来。君定来,少坐,去。至河西园地。夜,子凯来。

6月23日　星期二

晴,晨雨。上午,杂务。下午,至图书馆。望舅来,旋邀涤新来谈乡政,良久去,望舅亦去。

6月24日　星期三

晴,夜雷雨。偕粲君往上海。上午八点三刻乘轮船开,大妹、君定同行,君定则在议口转乘驳船往松江。下午三点钟到关桥登岸,即至鸿远里寓所。夜,君宾来。

6月25日　星期四

晴。上午,至北站乘七点十分火车往松江,君宾同行。到后,先至典业银行。旋并同君藩、杰士至救火会所,以张巩宇为父丧,借此设奠,因向作吊。午馔后,仍返典业,三点三十四分仍同君宾乘火车回上海。余在梵王渡站下车,至圣玛利亚女校。校中今日暑假,举行五十周年纪念会与毕业典礼。粲君与大妹已约先到,余到时亦开会未几,傍晚并同花儿回寓。夜,君定亦自松来。君湘来。

6月26日　星期五

晴。上午,雅利洋行买办莫君来,谈去年金山购枪事。同粲君至白克路怀德里黄钟处诊治。奉贤廖味蓉来,谈新田升漕事。下午,至宁波同乡会,观书画展览会。出,至中国书店、富晋书社、博古斋、汉文渊、受古书店、锦文堂、同文书店、来青阁、中华书局、商务印书馆、冠生园。夜,君湘来。

6月27日　星期六

晴。上午,至亚东图书馆、神州国光社、商务印书馆、蝉隐庐、朵云轩、达仁堂。乃至新新公司与粲君、花儿相会,同至先施公司,即在先施酒楼午点。出,又至永安公司及精美饮冰,粲君等乃先返。余又至宁波同乡会观书画展览会及上海种植园小观园门市部。君定、大妹邀余等至先施酒楼夜馔,君宾、恒初亦去。

6月28日　星期日

晴。上午,偕粲君携花儿至太平桥怀本坊六号时舅新借寓所,时舅在乡,晤舅母及君宾,少坐,返。下午,同君定至宁波同乡会,观书画展览会。同粲君、花儿、大妹、君定、恒初、君宾至光华大戏院,观电影演《恒娘》,晤及季鲁。出,又同粲君、大妹、花儿至新新、先施二公司购物,并至大雅楼,夜馔而返。

6月29日　星期一

晴,晚雨。偕粲君携花儿归,上午七下钟至盆汤弄桥,乘申张班轮船,下午三下钟抵家。在船观石遗老人《谈艺录》。

6月30日　星期二

晴,有微雨。杂务。上午,宪人来。下午,大妹自沪回来,即去乡。君介来,即去。夜,复乃乾信。今日以阴历计为先母九周忌辰。

7月

7月1日　星期三

上午雨,下午晴。上午,乘沪张班轮船至佘来庙,转乘平沪班轮船往朱泾,午刻到。即至大华旅馆,晤志轩、杰士等。午饭后,至县政府,开保卫委员会,君藩亦来,七下钟散会。出,至顺源馆夜馔,馔后返寓。瞿秘书来谈。在船观《邵念鲁年谱》。

7月2日　星期四

晴,有微雨。上午,徐析烦邀至顺源馆早点。出,至藏书阁款产管理处开会,近午散会。出,至大鸿楼午馔后,同志轩先至草棚啜茗,旋乘快船回张,五点半钟抵家。在船观《说文稽古篇》。涤新来。

7月3日　星期五

晴,有雨。杂务。上午,冲之来。下午,沐浴。夜,复星五、遂翔信。

7月4日　星期六

上午阴,下午有雷雨。上午,杂务。下午,伯才来。至邮政局、济婴局、图书馆、区公所。作信,致君藩,复君懿及书友屠叙臣,又致伯埙。夜,理账。

7月5日　星期日

阴晴,晚雷雨。上午,杂务。致时舅信。下午,伯衍来。复菊舫、石钧信。理书。夜,理账。

7月6日　星期一

雨。上午,杂务。理书。下午,复星五信。亚雄来,嘱其修理风琴。子望来。钻坚来。夜,理账。

7月7日　星期二

晴。上午,拓碑人刘凤清回松,此来属其拓先大母墓志铭及吴翰墓表、查山仁寿庵碑记,又藏砚十个。涤新来。杂务。下午,至图书馆、济婴局、区公所。又往候孙局长于其寓所,不值。复积余先生信。夜,理账。

7月8日　星期三

晴,晚雷微雨。上午,至南市看市房。杂务。下午,至图书馆。出,至区公所,开保卫团委员会,孙局长亦到。君宾自沪回来,即去。夜,亚雄、晋康先后来。致柳企云信。

7月9日　星期四

晴,晚雷雨。上午,理书。写书目。伯衍来。下午,杂务。夜,晋康来。致文圃信。

7月10日　星期五

晴。上午,理发。作信,致沈思期,复陈乐三。下午,作信,复学南,致少莲。君定自沪回来,即去。

7月11日　星期六

晴,夜雨。上午,作信,复哲夫及张宋顾,致太仓图书馆。下午,杂务。

7月12日　星期日

阴,有雨。上午,子凯来,坐谈良久,去。校《鲒埼亭集外编》。下午,孟恢来,少坐,去。理书,写书目。夜,作信,复君宾,致君湘。

7月13日　星期一

晴。上午,志轩来。理书。下午,至区公所、槐荫阁。伯才来。校《鲒埼亭集外编》。夜,复爱椿,致星五、中国书店信。

7月14日　星期二

晴。上午,校《鲒埼亭集外编》。致时舅信。下午,至图书馆。拟复白继之营长信。夜,复君藩、遂翔信。亚雄来。

7月15日　星期三

晴。上午,校《鲒埼亭集外编》。下午,至储蓄会,举行第一百五十三期掣签,即返。致时舅信。写复白营长信。拟复李菊生信。夜,亚雄来。复少莲信。

7月16日　星期四

晴。上午,理书。校《鲒埼亭集外编》。下午,理字画。写复菊生信。夜,仲莲来。观《文道希先生遗诗》。

7月17日　星期五

晴。上午,至协和当,候景伊,不值,即返。缪瑞清来,少坐后,同至图书馆。邀中孚来,共谈筹备开浚山塘事,尚邀道弘,适出门,而伯才适来。即在馆中午饭,并邀叔纯为陪。饭后,瑞清去,余旋返。校《鲒埼亭集外编》。君宾自沪回来,即去乡。夜,复柳村叔信。观《文道希先生遗诗》。

7月18日　星期六

晴,夜雷雨。上午,理书。圆妹携青、铦二甥归。校《鲒埼亭集外编》。下午,至图书馆、区公所、济婴局、槐荫阁。君宾来。

7月19日　星期日

晴,晚雷雨。上午,君宾同圆妹、二甥乘轮往沪。作信,致惠生,复君宾,又致君定。斐然来。下午,志轩来。景伊来。写书目。夜,写账。

7月20日　星期一

晴,夜有雨。上午,校《鲒埼亭集外编》。下午,杂翻书籍。仲莲来。

7月21日　星期二

阴有雨。晨,六点钟至孙助良寓所,即同其至东市梢,观保卫团丁试放新购枪械。上午,望舅来,少坐后,去张家。中孚来,少坐,去。写书目。下午,时舅来。屠纪麟来,沈云堂来,均即去。时舅去。邀苏月波〔坡〕来,治纪祖腹泻,似痢,即去。

7月22日　星期三

阴雨,上午晴。上午,杂务。校《鲒埼亭集外编》。下午,邀苏月波〔坡〕来,为纪祖灌肠。理书。复通学斋信。夜,观《文道希先生遗诗》。

7月23日　星期四

雨。上午,往吊瑶采族叔祖母之丧,即返。理书。校《鲒埼亭集外编》。下午,伯才来,少坐,去。至区公所,投票选举镇长,即返。致君藩信。夜,观《文道希先生遗诗》。

7月24日　星期五

阴。上午,理书。致寿祺信。校《鲒埼亭集外编》。下午,杂务。致孙颂和信,托其向平湖报本寺代约和尚来念经。夜,观《文道希先生遗诗》完。

7月25日　星期六

雨。上午,理书及来笺。下午,致时舅信。整理《云间诗征》材料。夜,翻阅《罨画楼诗话》。致君彦信。

7月26日　星期日

雨。上午,杂务。下午,整理《云间诗征》及《金山艺文志》材料。夜,复迪前信。

7月27日　星期一

晴,夜雷雨。上午,整理《云间诗征》材料。下午,涤新、伯才来,坐谈良久,去。作信,致孟恢及培孙。夜,致星五、文圃信。

7月28日　星期二

晴,夜雷雨。上午,写书目。整理《云间诗征》材料。致伯埛信。下午,至图书馆、济婴局、区公所。中妹携恭、菊、星、梅、瑞、壁六甥归。子峰同陈效梅来。君宾自沪回来,傍晚去乡。

7月29日　星期三

晴。上午,至实枚山庄,旋至高新宅时舅处。午饭后,至老宅望舅处,晚饭后返。在舟观《刻眉别集》。

7月30日　星期四

晴。上午,理书。作信,复圣一,致石钧、通百、景樨。下午,纪麟来。中孚来。回澜来。作信,复惠生,致杨家骆。

7月31日　星期五

晴。上午,理书。下午,整理《云间诗征》材料。志轩来。季眉来。复颂和信。夜,景伊来。

8月

8月1日　星期六

晴。上午,理君定寄存之书。君介、铁君来。下午,旭如同画家孙味蘆来。纪麟来,即去。伯才来,即去。君介、铁君去。至汪季眉处,族中子望、子凯借座于此,邀亲族谈其家事,傍晚返。夜,复圆妹信。

8月2日　星期日

晴。上午,杂务。下午,作信,复君定、培孙、星五。回澜来。夜,复乃乾信。

8月3日　星期一

晴。上午,时舅来,即去。辑《金山艺文志》。下午,子峰来。子凯来。回澜来。邀苏月波〔坡〕来,为纪祖开调理方。傍晚,杰士自松江来。

8月4日　星期二

晴。上午,同杰士至图书馆。旋道弘邀同至颜新记菜馆午馔,一下钟返,杰士去。整理《云间诗征》材料。复文圕信。夜,观《张廉卿论学手札》。

8月5日　星期三

晴。上午,拟致邵力子信。下午,作信致秦翰才。伯才来。沐浴。

8月6日　星期四

晴。上午,种花。写致邵力子信。下午,致陈布雷信。端甫来。至图书馆、济婴局及槐荫阁,内晤孙味蘷。夜,校所抄家《水北先生文》。

8月7日　星期五

晴。上午,理书画。柳村叔、子光来,并邀子凯来,谈其家事。子凯先去,柳村叔等午饭后去。致君实信。伯才来。纪麟来。致遂翔信。夜,复星五信。

8月8日　星期六

晴。上午,理书画。辑《金山艺文志》。迪前来。下午,至图书馆及槐荫阁,晤孙味蘷。涤新来。夜,观《张廉卿论学手札》。

8月9日　星期日

晴,有小雨。上午,种花。致旭如信。辑《金山艺文志》。下午,陈一之、孙味蘷来。伯才来。仲莲来。

8月10日　星期一

晴,风颇大。上午,伯衍来。复君藩,致履仁信。下午,辑《金山艺文志》。王蟾贵、沈云堂来。纪麟来。复君定信。夜,复君宾信,圆妹于今日子时产一男。

8月11日　星期二

晴。上午，杂务。大妹携恒、珍、鼎、安、嵩五甥归。下午，至图书馆、济婴局、槐荫阁、区公所。夜，亚雄来。

8月12日　星期三

晴。上午，至河西园地。复望舅、君宾信。下午，辑《金山艺文志》。与迪前及大、中、二妹斗牌直至夜间，完二局。

8月13日　星期四

晴。上午，杂务。下午，斗牌。孙望之来。伯才来。致君定信。

8月14日　星期五

晴。上午，作信，复翰才、乃乾、迪光、中国书店。下午，至图书馆、济婴局、槐荫阁。季眉来。斗牌至夜。

8月15日　星期六

晴。上午，杂务。下午，斗牌。志轩来。复廖味蓉信。今夜，延平湖报本寺僧众来，起道场，为先人作佛事三天。

8月16日　星期日

晴。上午，至河西园地。时舅来。下午，时舅去。子峰、子佩来。君平自沪回来，夜饭后去。

8月17日　星期一

晴。上午，君介来。望舅、君宾来。下午，君介去。君定自沪回来。望舅、君宾于晚膳后去。

8月18日　星期二

晴。今日以阴历计为先君十周忌辰。下午，大妹与君定携恒、珍、鼎、安、嵩五甥去。佛事于今夜告竣。

8月19日　星期三

晴,下午有盛雨。上午,杂务。往吊族叔小祥之丧,即返。下午,迪前携恭、星二甥去。奚斗储来。校所抄《武陵山人制艺》。

8月20日　星期四

晴。上午,仲田先生来,少坐,去。校所抄《武陵山人制艺》。下午,至图书馆、济婴局、槐荫阁、区公所。纪麟来。沐浴。夜,写账。

8月21日　星期五

晴。上午,携花儿至高老宅,望舅母于越昨周忌(以阴历计),近正礼忏。

8月22日　星期六

晴。下午,至闲闲山庄,又至实枚山庄,傍晚仍返老宅。

8月23日　星期日

晴。下午,归家。

8月24日　星期一

晴,下午有雨。上午,杂务。涤新来。王石初及志轩、伯才先后来。下午,至济婴局,晤端甫。出,至仲田处。出,至槐荫阁而返。花儿归。夜,复君懿、民侠、耀卿,致文圃信。

8月25日　星期二

雨,下午起风潮。上午,林兼之来。钻坚来。中元节祭先。下午,至区公所,本定开保卫团委员会,以人数不足延会,而雨阻,至傍晚始返。夜,复星五信。

8月26日　星期三

上午雨,下午阴晴,上午仍风潮,下午渐止。上午,作信,复慎旃,致履仁、迪前。下午,作信,复圆妹及君藩、星五、遂翔,致北平图书馆、明伯、十洲。季寒父子为其家事来,十洲兄弟即属其回去。明伯坐谈良久,去。夜,十洲夫妇又来。

8月27日　星期四
晴。上午,以风潮后,督仆人收拾园庭树木。理发。下午,十洲来。至河西园地。叔纯来。纪麟来。夜,致萃文书局信。

8月28日　星期五
晴。上午,整理《金山文征》材料。下午,至图书馆、济婴局。作信,至黄县长,辞监所协进委员会委员。夜,致《大公报》馆信。

8月29日　星期六
晴。上午,乘快船往朱泾,午刻到,即至大华旅馆。杰士、伯才、肃斋亦来。午饭后,至县政府,开粮食管理委员会,君藩亦来。会毕后,本拟再开保卫委员会,以人数不多作罢。乃往看积谷仓房屋,预备修理。仍回县政府,县长留晚饭后,返寓。

8月30日　星期日
晴,晨有雨。上午,同杰士、肃斋、迪光、景椹至藏书阁,开款产处会议。十下钟会毕,同出,先至公共体育场,一观业余运动,乃至县政府,晤黄县长、瞿秘书、程财政局长、刘承审员。君藩亦到,午刻出。君藩别去,迪光邀余等至酒家午饭。饭后,余乘快船归,傍晚抵家。在船观《张廉卿论学手札》。

8月31日　星期一
上午阴雨,下午晴。上午,杂务。下午,至宪人处,并晤旭如。出,至济婴局、槐荫阁、区公所。纪麟来。作信,复圣一、遂翔,致耀卿、中华图书馆协会。夜,致君藩信。

9月

9月1日　星期二

晴。上午,干友棣来。端甫来。杂务。钻坚来。下午,校所誊朱二坨文。沈云堂来。至河西园地。季眉来。志轩来。夜,补写日记。

9月2日　星期三

晴,夜雷雨。上午,督仆人树园中石笋。校所誊朱二坨文。十洲来。下午,致王亮初信。时舅来,傍晚去。夜,致杰士信。写账。

9月3日　星期四

雨。上午,校所誊朱二坨文。下午,作信,致朱乐天,复迪前。伯衍来。夜,写账。

9月4日　星期五

雨。上午,校所誊《钱竹汀行述》,以备付印。下午,计志清来。致君藩信。

9月5日　星期六

雨。同花儿乘轮船往上海。上午八点三刻开,下午二点半钟到关桥。即登岸至鸿远里,君定、君藩、恒初同来。在船观《桐城文学渊源考》。同花儿至静安寺路上海银行分行,交圣玛利亚女校学费。出,至白克路,晤忆初于其诊所,请其介绍眼科医生。出,至同福里周景文眼科医生处,花儿配近光眼镜而返。同花儿出外,至福煦路福兴园夜馔。

9月6日　星期日

雨,晚止。上午,同花儿至怀本坊君宾、圆妹处,午饭后。出,至新新、先施二公司。又至时报馆,晤季鲁,并晤及张南暨。出,花儿先返,余至来青阁、富晋书社、中国书店,傍晚返。

9月7日　星期一

晴。上午,同君定至典业银行、浙江兴业银行,余先返。季鲁来,午饭后去。圣玛利亚女校秋季开学,送花儿进校,四下钟返。夜,君湘来。致粲君信。恒初亦于今日进震旦。

9月8日　星期二

晴。上午,至南洋中学图书馆,晤乃乾,坐谈至十一下钟。出,至博古斋,旋至一枝香午馔。馔后,至汉文渊、受古书店、锦文堂、同文书店、中华书局、商务印书馆、有正书局、蝉隐庐、来青阁、富晋书社、中国书店等处,在书店晤及积余先生。又至周景文处,为花儿取所配之眼镜而返。

9月9日　星期三

晴。上午,君定往杭州。作信,致花儿及君彦。乃乾来,午饭后以闻朴安回沪,至福鑫里访之,则已行矣。乃唤汽车往江湾游乐园,四下钟出。回,至来青阁少坐后,乃乾回去,余又至博古斋、商务印书馆而返。

9月10日　星期四

晴,夜有雨。上午,至商务印书馆。同君宾至晋隆,应君宾、圆妹招饮。馔后,余至山海关路,候庄通伯,不值。出,至环球中国学生会,晤少屏,少坐。出,至西泠印社、先施公司等处,及冠生园吃点心而返。又至斜桥路天津大公报分馆定报。夜,同君宾至温泉沐浴。

9月11日　星期五

阴,有微雨。上午,作信,致闵纪方,复君藩。至白克路黄钟处,问粲君前开之调理方。出,至富晋书社及邵万生购物。下午,至恒庆里,晤亚子,坐谈良久。出,至霞飞路皇宫按摩而返。夜,致纪麟信。

9月12日　星期六

晴。上午,作信致粲君。至华洋义赈会,捐水灾款。出,至朵云轩、泰丰公司、先施公司等处而返。下午,复花儿信。至西成里,晤朴存,坐谈数刻。出,至怀本坊。时舅昨日来此,与君宾均适出外,只晤圆妹,少坐。出,至中国书店。又至先施公司及福禄寿吃点心而返。夜,纪麟来。通伯来。时舅来。

9月13日　星期日

晴。上午,至小观园门市部、汉文渊、受古书店、锦文堂、同文书店。乃至图南里,晤积余先生,少坐。出,至冠生园、来青阁而返。下午,至怀本坊君宾处,君湘、忆初亦在,坐谈数刻。出,至霞飞路新民饮冰而返。干源岷来。纪麟来,同出至一枝香夜馔,馔后即返。

9月14日　星期一

雨。乘轮船归家,上午七点三刻钟在盆汤弄桥开行,下午三点半钟抵张。在船观《西行艳异记》。

9月15日　星期二

雨,有日光。上午,伯才来。柳村叔来。下午,杂务。夜,复花儿信。

9月16日　星期三

阴,有雨。上午,杂务。下午,沈叔眉先生来,又邀钻坚来,少坐,均去。至图书馆、济婴局、区公所、宪人处、槐荫阁。夜,写账。复北平图书馆信。

9月17日　星期四

阴。上午,伯才来。钻坚来。端甫来。下午,校所印《汪孟慈先生行述》。夜,作信,复子为、星五、文圃。

9月18日　星期五

晴。上午,杂务。下午,至济婴局、槐荫阁、图书馆、区公所。夜,校所誊顾瘦泉先生之《虎穴生还记》。

9月19日　星期六

晴。上午,晋康来。复亚子、绳夫信。下午,至济婴局、图书馆。夜,复静远信。观《西行艳异记》完。

9月20日　星期日

晴。上午,钻坚来。写《通艺录》目录。伯才来。时舅来。下午,同时舅至宪人、旭如处,观新向钱世德堂取出之钱熙泰《金山县志稿》。出,至图书馆、槐荫阁而返。时舅去。夜,校所誊《钱竹汀行述》。

9月21日　星期一

晴。上午,理书。写《通艺录》目录。志清来。下午,至区公所。至河西园地。复积余先生信。端甫来。夜,致区公所信。

9月22日　星期二

晴。上午,理书。致公度信。下午,至图书馆。出,至区公所,举行乡镇长民选后第一次区务会议。余近被选为安民镇镇长也,傍晚返。君定、君宾自沪归来,即去乡。夜,复花儿及杰士信。

9月23日　星期三

雨。上午,理书。涤新、熊飞来,少坐,去。下午,作信致孙助良。伯才、廻来先后来,各少坐,去。君藩来。

9月24日　星期四

阴雨,有晴光。上午,君藩去乡。旋余亦至实枚山庄,今日高氏祭祠,又外叔祖母入祠。下午,至时舅处,傍晚返。

9月25日　星期五

晴雨。上午,理书。校所誊朱二坨文。下午,孙味蘉来。复君宾信。夜,写账。

9月26日　星期六

晴。上午,理书。致君彦信。下午,至区公所、图书馆、济婴局、槐荫阁。赓熙叔母来,谈其家事。夜,复石钧,致君藩信。

9月27日　星期日

晴。上午,校《鲒埼亭集外编》。冯子贞来。徐兆兰来。下午,作信,复花儿及子为。周福申来。夜,作信致孙助良。

9月28日　星期一

上午阴晴,下午盛雨。上午,杂务。下午,志清来。理书。夜,致君湘信。

9月29日　星期二

晴。上午八点钟乘快船往朱泾,午刻到。先往大华旅馆一转后,即至县政府开保卫委员会。志轩、君藩、杰士已先到。傍晚散会。出,至瞿秘书寓所丁宅,应建设局新局长黄伯灵招饮,九句钟时返寓。

9月30日　星期三

晴。上午,志轩、君藩先行回去,余同杰士至藏书阁,开款产处会议,十下钟散会。出,至县政府。午刻出,至酒店,馔后即乘快船归,傍晚抵家。在船观《唐代的女诗人》。

10月

10月1日 星期四

晴。上午,端甫来。钻坚来。下午,至图书馆、济婴局、区公所。杂务。夜,复花儿,致君定信。

10月2日 星期五

晴。上午,理书。下午,复校所印《汪孟慈先生行述》。夜,理账。

10月3日 星期六

阴雨。上午,杂务。下午,至旭如处、图书馆、槐荫阁。复圣一信。季眉来。夜,理图书馆账。致旭如、叔纯信。今日大妹携嵩甥归,晚仍去乡。

10月4日 星期日

阴晴。上午,至区公所,晤黄县长。县长此来系巡视各区,少坐,返。杂务。又至区公所,同县长至图书馆,旋返区公所。所中设宴,为陪。下午,县长召集乡镇各长训话。四下钟县长去干巷,余至槐荫阁而返。夜,复慎旃、哲夫信。

10月5日 星期一

阴。上午,至图书馆。旋同涤新、熊飞往候孙助良于其寓所,并晤宋仁斋,少坐。仍返图书馆,即在馆中午饭。饭后,开协赞会,修改章程,改选职员,并接开第三届委员会。余被推举连任馆长。四下种散会。今日望、时二舅、君介亦到,曾一来余家后,即去。叔纯来,即去。至计志清处,以喜事招饮,八下钟返。

10月6日　星期二

晴，夜雨。杰士昨亦到图书馆，夜宿蒋宅，今晨来，少坐后，乘轮去松。上午，至图书馆。旋至区公所，开保卫团委员会，近午散会。出，至济婴局。出，至计志清处，贺其嫁女之喜。出，至张宅孙助良寓所，与镇上同人合宴助良及宋仁斋。仁斋今请其担任保卫团队长之职。傍晚散席而返。夜，致旭如、君藩信。

10月7日　星期三

晴。偕粲君乘轮船往上海。上午八点三刻钟开行，下午四点钟到。在关桥登岸，即至鸿远里。君定、君宾亦在沪。傍晚，同粲君至晋隆，夜馔。在船观《木崖文集》。

10月8日　星期四

阴晴，上午有雨。上午，同粲君至怀本坊君宾、圆妹处。午饭后，粲君与圆妹去购物，余至来青阁、富晋书社、中国书店、蟫隐庐、同文书店、锦文堂、受古书店、汉文渊、博古斋诸旧书肆浏览而返。花儿校中月假出来。夜，君湘来，即去。君藩来，坐谈良久，去。

10月9日　星期五

晴。上午，至宁波旅沪同乡会，观筹赈书画会。出，至一乐也理发。出，至中华书局、商务印书馆而返。下午，至典业银行，晤培元及君藩。出，至浙江兴业银行。出，至受古书店、博古斋等处而返。君定、君宾以冯氏景舅母六十寿，宴于悦宾楼，招陪，同粲君、花儿往，君宾、圆妹亦来。散席后，又同粲君及君宾等至时报馆，晤季鲁及伯惠与其新夫人，九下钟返。

10月10日　星期六

阴晴，下午有微雨。上午，理寓中所存之书。下午，至华洋义赈会,乃以国庆停止办公,即出。至中国书店、富晋书社,晤及乃乾,又至来青阁、博古斋而返。

10月11日　星期日

晴。偕粲君、花儿乘上午七点十分钟火车往松江。到后粲君、花儿至王宅,余向典业银行一转。即至公共体育场,参与省保安队第二团成团一周典礼,晤曹团长、白营长、仇副官等,瞿秘书、君藩、杰士、履仁、景椹亦来。散会后,回银行午馔。馔后,行中借省立实验小学招考练习生,余与履仁以监察人名义前往监考,五下钟考毕。回行,少坐,与瞿秘书略谈后,即回上海。到后先至南京路富华公司取定件,冠生园夜馔,乃返寓。

10月12日　星期一

晴。上午,花儿进校。粲君乘轮回家,余送至盆汤弄桥船上。七点三刻钟开行,余至关桥后上岸至信昌当,候子素,不值。晤耀甫、仰周,少坐。出,至民国路,购窑器而返。伯埙来,即去。至朵云轩、华洋义赈会、俭德银行、俭德储蓄会,乃回至冠生园午馔。馔后,至中华书局、商务印书馆、博古斋、来青阁、中国书店以返。致瞿云锄信。

10月13日　星期二

晴。上午,同君定至民国路购磁器。下午,昆亮来。至艺苑、真赏社、蟬隐庐及永安、先施、新新三公司购物。傍晚,君定、君宾招饮于新利查西菜馆。同席为士超、震生、端志、君宾。近九句钟返。

10月14日　星期三

晴。至盆汤弄桥乘轮船归。上午七点三刻钟开行,下午四点钟抵家。在船观《粲花轩吟草》及《东郭箫鼓儿词》。夜,子凯来。

10月15日　星期四

晴。上午，杂务。志清来。下午，伯才来。旭如来。钻坚来。夜，补写日记。

10月16日　星期五

晴。上午，杂务。焕然来。下午，理书写书目。夜，理账。

10月17日　星期六

晴。上午，杂务。下午，至图书馆、宪人处（晤旭如）、区公所、济婴局，傍晚返。继述堂三房伯适喜事，招饮，八下钟返。

10月18日　星期日

晴。上午，为君宾至惠生信，又复君宾信。下午，至继述堂，贺伯适与李女士结婚。粲君携益、念二儿、菊、梅二甥亦去。余中间曾回家，至槐荫阁、济婴局、图书馆一次。夜行婚礼，余与粲君为傧相。返已逾夜午矣。

10月19日　星期一

晴。上午，写书目。圆妹携青、铦二甥归，君宾同来。下午，至区公所、济婴局、槐荫阁。圆妹等去乡。夜，复花儿，致耀卿、少莲、迪前、白蕉信。

10月20日　星期二

晴。上午，中妹携瑞、璧二甥去亭林，菊、梅二甥则在此读书。保卫团新任队长宋仁斋同方局员、张巡官来，坐谈良久，去。下午，伯才来。杂务。涤新来。夜，写账。

10月21日　星期三

晴。上午，孙味蘜来。复校所印《汪孟慈行述》。下午，至商会内，举行反日救国第二次执行委员会。是会于双十节成立，余被举为委员之一也。四下钟散会。出，至槐荫阁一转而返。夜，致君藩、遂翔信。观《学衡》杂志。

10月22日　星期四

晴。上午，君宾来，即乘轮去沪。往吊杨伯凝之丧，即返。涤新来，即去。写书目。下午，至图书馆、区公所。作信，复晦庐、君彦。伯才来，即去。时舅来，傍晚去。亚雄来，少坐，去。夜，写账。

10月23日　星期五

晴。上午，理书，写书目。下午，至图书馆、济婴局。夜，复乃乾，致寿祺、企云信。

10月24日　星期六

晴。上午，翻种盆内兰花、松树、山茶。俞盘新来。林队长来。前任水巡队巡官葛某来。下午，至区公所、图书馆。至河西园地。夜，作信，致花儿、君定、君藩及循环周刊社。

10月25日　星期日

晴。上午，理书。孙味蘦来。下午，至图书馆、济婴局、槐荫阁。作信，致田星六、汪翌唐。夜，观《木崖文集》。

10月26日　星期一

晴。上午，孙味蘦来。味蘦系峡〔硖〕石画家，近寓槐荫阁内鬻画。今日起，日间设砚于此，借余藏本也。至济婴局，今日斋堂，近午返。下午，至商会，开抗日救国谈话会。出，至济婴局一转而返。傍晚，又至济婴局宴集，夜近九句钟返。

10月27日　星期二

晴。上午，理书。叔明来，即留午饭，并邀钻坚来观画，均下午去。至图书馆。夜，补写日记。

10月28日　星期三

晴。上午,校《鲒埼亭集外编》。下午,时舅来,傍晚去。夜,观《史学年报》。

10月29日　星期四

晴。上午,端甫来。校《鲒埼亭集外编》。下午,至宪人处,晤旭如。出,至区公所、济婴局、智川处、图书馆、槐荫阁,返已傍晚。夜,以壁间所悬祭祀单已陈旧,重行谨写一通。

10月30日　星期五

晴。上午,理书。同账友伯华往勘大街市房。钻坚来,午饭后去。作信,复君彦、子为,致朱凤蔚。叔纯来,展览书画,傍晚去。夜,致君定、中国书店,复寿祺及花儿信。

10月31日　星期六

晴。今日以阴历计,为怀祖亡故周年,延龙沙禅院僧来诵经一天。上午,抄《题徐仲书烈士衣冠墓诗》,诗系慎旃代作。下午,致时舅信。君介来。叔纯来。刘雨苍、张谷士来。夜,致文圃信。观《木崖文集》。

11月

11月1日　星期日

阴。上午,观《藏园居士六十自述》。校《鲒埼亭集外编》。下午,至图书馆、济婴局。杂务。夜,复花儿,致纪麟信。

11月2日　星期一

晴。上午,校《鲒埼亭集外编》。钻坚来,午饭后去。至商会、槐荫阁、济婴局。伯才来。写《题徐仲书烈士衣冠墓诗》。夜,作信,致景棋、星五及丙寅医学社。

11月3日　星期二

阴,夜雨。上午,财政局局长程稻芗、建设局局长黄伯雩来,少坐,去。伊等将往查勘查山。至宗祠举行秋祭礼,余司鸣赞,午馔后返。至商会,开抗日救国会委员会。至南湖旅社,候程、黄两局长。傍晚设筵宴程、黄两局长,及其科员瞿季玱、施俭生,并招志清、孟恢、镜波、涤新、志轩为陪,八下钟散席。

11月4日　星期三

晴。上午,晋康来。校《鲒埼亭集外编》。杨运青来。下午,伯承来。至伯埙处。出,至济婴局、图书馆。杂务。夜,理账。

11月5日　星期四

晴。上午,作信至瞿云锄。下元节祭先。下午,旭如来。伯才来。大妹携嵩甥自沪归,即去乡。写书目。夜,复花儿及君定、迪前,致圣玛利亚女校信。

11月6日　星期五

晴。上午,杂务。理发。下午,作信致何玉书。至图书馆、济婴局。夜,观《木崖文集》。

11月7日　星期六

晴。上午,作信致林兼之。杂务。杰士来,午饭后去。伯才来。叔纯来。作信致伯埙。晋康来。夜,涤新来。复耀卿信。

11月8日　星期日

晴。上午,杂务。校《鲒埼亭集外编》。下午,徐兆兰来。携益、念二儿至中心小学,拟观抗日救国会演剧,乃须于夜间举行,遂即返。何菊祥来。复君宾信。夜,观《木崖文集》。复花儿信。

11月9日　星期一

阴雨。上午,杂务。校《鲒埼亭集外编》。下午,涤新来。钻坚来。至济婴局。夜,观《木崖文集》。

11月10日　星期二

阴雨。上午,钻坚来。校《鲒埼亭集外编》。下午,至济婴局、图书馆。夜,复纪麟,致萃文书局信。

11月11日　星期三

雨。上午,理书画。校《鲒埼亭集外编》。下午,杂务。伯才来。君定自沪回来,即去乡。夜,复遂翔信。理账。观《木崖文集》完。

11月12日　星期四

雨。上午,理碑帖。校《鲒埼亭集外编》。下午,作信致黄芳墅,为保存查山事。花儿以校中放假回家。夜,校《三垣笔记》。

11月13日　星期五

阴,有微雨。上午,杂务。校《鲒埼亭集外编》。时舅来。下午,同时舅至图书馆,开修志会议。到者尚有道弘、叔眉、君定。傍晚,并同钻坚、中孚、志轩至潘顺兴菜馆夜馔。馔后,叔眉往住旅馆,时舅、君定、钻坚去乡,余即返。复景椹,致同文书店信。

11月14日　星期六

阴。上午,理书画。钻坚、道弘来。范景郊来。子峰来。下午,至槐荫阁、济婴局、图书馆,在馆晤道弘等,并致瞿云锄一信,四下钟返。志轩来。夜,复迪前信。

11月15日　星期日

阴。上午,花儿乘轮到沪,进校。今午设筵宴刘雨苍、钱砚辉、汪叔纯、张谷士、曹中孚、干钻坚、何旭如、钱修筠及孙味蘜、朱其石（新近到镇之嘉兴书画金石家），尚招钱采石、钱向荣，则以出门未到，并展览余所藏书画。兴致甚佳，直至夜间散席，余亦微有醉意矣。

11月16日　星期一

阴晴。上午，理书画。志轩来。下午，至济婴局、槐荫阁。味蘜、其石来，少坐，去。夜，复龙丁信。

11月17日　星期二

阴晴。上午，理书画。下午，至图书馆。今日起，孙味蘜、朱其石在馆开书画展览会三天。余以君定派人来儯书籍及托买之枣树，中间曾回来，并至河西园地一次。仍至馆中，又至济婴局。时舅来馆，四下钟同返。味蘜、其石来，即去。时舅亦去。夜，补写日记。

11月18日　星期三

晴。上午，杂务。下午，至图书馆，又至区公所。缪瑞清来，谈筹备开浚山塘事。子峰来。君介来，初亦在馆中，夜饭后去。理账。

11月19日　星期四

晴。上午，至图书馆，并候宋仁斋，不值。时舅来，午饭后同至图书馆，今日孙、朱二君书画展览会举行掣签，四下钟返。君定来，初在张宅。时舅招宴味蘜、其石于潘顺兴菜馆，为陪。同席尚有君定、旭如、中孚、钻坚。八下钟散后，时舅、君定去乡。

11月20日　星期五

晴。上午，宋仁斋来。伯才来。下午，至槐荫阁、图书馆、济婴局。写书目。夜，复君藩、迪前信。

11月21日　星期六

阴,有微雨。上午,杂务。校《鲒埼亭集外编》。下午,伯才来。校所印《钱竹汀先生行述》。夜,致子经信。

11月22日　星期日

晴。上午,校《鲒埼亭集外编》。伯衎来。下午,伯才来。至图书馆、济婴局。杂务。夜,复花儿信。

11月23日　星期一

晴。上午,大妹携嵩甥归。校《鲒埼亭集外编》。伯才来。志轩来。下午,同大妹至宪人处诊治。出,余又至济婴局、槐荫阁一转而返。至河西,与安姑母、子峰、志轩处理其老房遗产,夜返。大妹携嵩甥已去。

11月24日　星期二

晴。上午,校《鲒埼亭集外编》。下午,至图书馆。出,至区公所,开区务会议,四下钟返。杰士来。至冲之处,应其为小儿弥月招饮,尹卿先生及杰士亦去,八下钟返。杰士仍来。

11月25日　星期三

晴。上午,杰士去。端甫来。至图书馆。出,至区公所,开保卫委员会,散会返,已午后一点钟矣。写书目。至河西子峰、志轩处,又至园地。粲君亦去。夜,复雷导哀信。

11月26日　星期四

阴微雨。上午,校《鲒埼亭集外编》。伯才来。下午,至图书馆、济婴局、槐荫阁。抄《鲒埼亭集》佚文一首。夜,复子经、纪麟,致迪前信。复花儿信。

11月27日　星期五

阴。上午,校《鲒埼亭集外编》。杰士来。下午,时舅来。同杰士、时舅至图书馆开委员会,中间余又至济婴局一回。四下钟出,至槐荫阁而返。时舅去。夜,作信致君定。

11月28日　星期六

阴。上午同杰士及志轩乘快船往朱泾,午刻到。先至大华旅馆。午饭后,至县政府,晤黄县长、瞿秘书及新任承审员曹引荪。少坐后,志轩等开区长会议,余同杰士出至水警营部,候范志诚,不值。乃至藏书阁,晤迪光,施君藩亦来。傍晚,迪光邀至顺源馆夜馔,席中尚有伯才、憩南。馔后,至藏书阁,与杰士、迪光、肃斋、景楷开款产处会议。九点钟会毕,返寓。

11月29日　星期日

晴。上午,同志轩往吊迪光尊翁之丧。出,至县政府,开保卫委员会,直至下午四点钟会毕。出,至积谷仓,观新修之房屋,乃返寓。晚,与志轩、杰士、子冶、瑞清、肃斋、国华至顺源馆夜馔,并来析烦。

11月30日　星期一

晴。上午,八下钟同志轩及斐然乘快船回张,午刻抵家。迪前于昨日来,午饭后去。至区公所、济婴局。端甫来。夜,理账。

12月

12月1日　星期二

晴。上午,钻坚来。校《鲒埼亭集外编》。圆妹携青、钴二甥及新甥锌官归。下午,至图书馆、济婴局。作信,复纪麟、石钧。伯才来。子峰来。夜,吴槐卿来,经售书画。补写日记。

12月2日　星期三

阴,有微雨。上午,杂务。下午,草第五次县行政会议提案。子峰来。同子峰至河西,观灵隆欲让之田地。夜,复花儿,致星五信。

12月3日　星期四

阴,有微雨。上午,杂务。下午,草行政会议提案。伯才来。涤新来。夜,理账。

12月4日　星期五

晴。往上海。上午八点三刻钟乘轮船开行,下午三下钟到关桥上岸。即至鸿远里寓所。时舅船到沪,君平、君定在沪寓。

12月5日　星期六

晴。上午,至白尔部路五十五号乃乾新迁寓所,晤谈数刻。出,至西门路一百六十九号,晤朴存及张善仔,午刻返。花儿校中月假出来。下午,至中国书店、富晋书社、来青阁、博古斋、汉文渊、受古书店、同文书店、锦文堂、开明书店,傍晚返。夜,时舅、君藩来。君湘来。

12月6日　星期日

阴,夜雨。上午,至博古斋及来青阁。乃至宁波同乡会,观程十发书画著述展览会,晤及积余先生。出,至富晋书社而返。下午,同花儿至先施、新新、丽华公司等处,花儿先返,余又至商务印书馆而返。花儿进校。夜,纪麟来。

12月7日　星期一

雨。上午,至怀本坊时舅处,并晤瑞师,少坐。出,至方浜路古香室,晤阮俊卿,交其裱件而返。观汪精卫之《双照楼诗词稿》。下午,至中国书店,晤金诵清,时舅亦来。出,至来青阁、蟫隐庐(晤子经)、有正书局、同文书店、锦文堂、受古书店、博古斋,夜馔于一枝香而返。源岷来。

12月8日　星期二

阴,雾,潮湿。上午,至白尔部路,候乃乾,不值,即返。作信,复紫卿,致星五。下午,至商务印书馆、蝉隐庐、朵云轩、大纶、邵万生、先施、新新、永安三公司、汉文渊等处。夜馔于冠生园,馔后至来青阁。出,至温泉沐浴,九下钟返。致粲君信。

12月9日　星期三

阴。上午,至白尔部路,晤乃乾,出。至怀本坊时舅处,旋同时舅至贝勒路梅兰坊瑞师处,少坐,返。下午,致花儿信。至北京路购木器,并至沪张轮局,晤念椿。出,至七浦路无锡旅沪同乡会内,观集古金石书画展览会。傍晚,至晋隆菜馆,招宴乃乾,谈承购吴兴蒋氏蜜韵楼所藏明人集部书籍事,君定亦来。散席后,又同君定至时舅处,少坐,返。

12月10日　星期四

阴。上午,至先施、永安二公司、冠生园购物,又至商务印书馆、神州国光社等处。下午,作信,致黄县长及君藩。至仁和里,候蒙盦,不值。出,至西门蓬莱市场及陆永茂花辅。傍晚,至青年会,应通伯招饮。同席为时舅、朴存、贞壮、鼎梅、仲祜,并约识蒋竹庄、王欣夫等。散席后,同时舅又至乃乾处,十句钟返。

12月11日　星期五

阴。回张。上午七点三刻钟在盆汤弄桥乘轮船开行,下午四点多钟抵家。在船观《双照楼诗词稿》及翻阅《文哲季刊》《陈石遗年谱》。中妹于今日携瑞甥归。

12月12日　星期六

阴,大风甚冷。上午,杂务。下午,至区公所、济婴局、图书馆、宪人处（请其改膏方）。夜，理账。

12月13日　星期日

晴。上午，杂务。伯才来。赵璧城来。下午，至图书馆。涤新来，请其为承綮改膏方。夜，复花儿信。今日中妹携瑞甥去亭。

12月14日　星期一

晴。上午八点三刻钟乘轮船，开行十二点多钟，至闵行上岸，乘一点钟汽车往上海。到后先至怀本坊，候时舅，不值。乃至鸿远里寓所，少坐后出，至梅兰坊，候瑞师，不值。适陶遗新自哈尔滨回，晤谈数刻。出，又至怀本坊候时舅，白尔部路候乃乾，均不值。乃至中西药房、商务印书馆、蟫隐庐、来青阁等处而返。时舅来，夜饭后，同至白尔部路晤乃乾，梅兰坊晤瑞师。十一点钟返，君定亦去。

12月15日　星期二

晴。上午，至富晋书社、先施公司。乃至同吉里典业银行，晤培元、石愚，即在行中午饭。旋陶遗、时舅、瑞师、君藩亦来。三下钟，同时舅至白尔部路，晤乃乾，交付承购蒋氏书籍之价。乃同回鸿远里，又同出至安东旅社，晤沈思老。瑞师、陶遗、君藩亦已先在，即开典业银行董事监察人连席会议。夜八下钟出，余又一至锦文堂而返。

12月16日　星期三

晴。蒋氏密韵楼明人集部书籍皆系原板，又明板志书数十种，共以二万七千金与时舅、瑞师、君定合购。昨晚送至鸿远里，今日上午，时舅来，同为查点。午刻，同时舅至安东旅社，晤思老及君藩。旋邀至一枝香午餐。餐后返安东，陶遗亦来，续开典业董监连席会议。傍晚散会，即返寓。

12月17日　星期四

晴。晨起，至怀本坊，偕君藩同至关桥，乘七点钟平湖班轮船往朱泾，午刻到。即至县政府，赴第五次县行政会议。会议已于昨日开幕，今日开各组审查会。傍晚出，寓大华旅馆，与志轩、子冶、杰士、子冶招饮于顺源馆。

12月18日　星期五

阴。上午，至县政府开会，下午五下钟散会，返寓。瞿秘书招饮于顺源馆。

12月19日　星期六

雨。今日君藩先行回松。上午，至县政府开会。午刻，县长设宴。下午，五下钟散会，返寓。迪光设宴于顺源馆。

12月20日　星期日

晴。行政会议今日尚须一日，又有山塘河工会议。余曾被举为河工委员，余以明日冬至祭先，又患伤风，乃以河工会议托俞肃斋代表。上午八下钟乘快船归，午刻抵家。吟槐舅母来谈其家事。孙味薲前曾回去，今又来。子峰同庄家行族人昌荣来。夜，作信至寿祺。大妹携鼎、嵩二甥于前三日归。

1932 年

1 月

1月1日 星期五

晴。上午，粲君携花儿，与大妹、恒甥乘轮往上海。花儿以将开学进校也。往候保卫团队长宋仁斋于其张宅寓所，少坐返。时舅来。钻坚来，午饭后去。子冶、履仁、瑞清来，少坐后，并同时舅至区公所，开开浚山塘惠高泾河工会议。出席者尚有吕巷之戚国华、包昌瑞、钱杏生、顾厚田及志轩。傍晚散会，邀至潘顺兴夜馔，馔后诸人均去。

1月2日 星期六

晴。上午，杂务。下午，至济婴局、槐荫阁。督仆人修理树木。伯才来。子峰来。夜，作信，复君藩、亚子，致遂翔。

1月3日 星期日

晴。上午，杂务。端甫来。钻坚来。下午，致望舅信。味蘧来。至区公所、济婴局、槐荫阁。夜，观杨云史之《江山万里楼诗词钞》。

1月4日　星期一

晴。上午,杂务。下午,端甫来。作信复哲夫。君宾自扬州回来。子峰来。

1月5日　星期二

晴。上午,作信,复李新民、葛词蔚。下午,君藩自松江来。志轩、伯才、端甫先后来,均即去。君藩长谈典业银行等事,夜饭后去乡。致士超,复菊人信。

1月6日　星期三

晴。上午,杂务。致伯埙,复仲稽信。杰士自松江来,午饭后回南。君宾去乡。至济婴局、图书馆。縏君归,恒甥亦回来。子峰来。夜,校所印《钱竹汀行述》。

1月7日　星期四

阴,晨微雪,大风。上午,至五区头何宅,吊静渊表叔母之丧,下午返。在船观《江山万里楼诗词钞》。夜,致迪前信。

1月8日　星期五

晴。上午,杂务。下午,志清来。恒甥去乡。至济婴局、图书馆。君宾来。夜,致君彦、复子经信。

1月9日　星期六

晴。上午,写书目。校《鲒埼亭集外编》。涤新来。子峰来。午饭后,同涤新、子峰走湿香庵一带看公地。至图书馆。致北平、故宫、山东三图书馆信。志轩来。夜,写账。

1月10日　星期日

晴。上午,写书目。钻坚来。校《鲒埼亭集外编》。下午,杂务。至图书馆、济婴局。理书。夜,理账。复星五信。

1月11日　星期一

晴。上午，理书，写书目。校《鲒埼亭集外编》。下午，钻坚来。伯才来。理信件。君宾自沪回来。望舅来。夜饭后君宾去。复菊人，致遂翔信。

1月12日　星期二

晴。上午，君宾乘轮往沪，转至奉贤钱家桥，任盐务秤放局局长。端甫来，旋同望舅至淀山徐家。校《鲒埼亭集外编》。下午，至图书馆、济婴局、槐荫阁。翻阅新安汪启淑之《切荠集古印存》。夜，补填书籍阙字。

1月13日　星期三

晴。上午，理经管之米捐账。下午，至济婴局。韫辉、子峰先后来。夜，致花儿及中孚，复宗人、昌荣信。

1月14日　星期四

晴。上午，杂务。下午，至图书馆、区公所、济婴局。写书目。夜，望舅来，以余明日往沪，谈典业银行事。

1月15日　星期五

阴。上午八点三刻乘轮船往上海，下午三点半钟到关桥上岸。即至贝勒路梅兰坊闵瑞师处，开典业银行董事、监察人会议。时舅、思齐、陶遗、履仁、君藩均在。傍晚散会。时舅以宴葛词蔚于新利查，邀往作陪。同席尚有思齐、陶遗及忆初、君藩。散席后，又至振华旅馆履仁寓处少坐，而至鸿远里寓所。今日恒甥同船到沪。在船观《燕京学报》及《江山万里楼诗词钞》。花儿以校中寒假，亦于今日出来。君定在沪寓。

1月16日　星期六

晴。上午，至梅兰坊瑞师处，坐谈良久。出，至白尔路怀本坊时舅处，适乃乾亦在。过午后，同时舅至中国书店。三下钟又至瑞师处，续议典业银行事，夜饭后返寓。李新民来。

1月17日　星期日

晴。上午，补写日记。至中国书店、富晋书社。乃至一枝香，应葛词蔚招饮。同席为时舅、思齐及屈百刚。席终，同时舅出，至博古斋、来青阁。旋时舅别去，余又至蟫隐庐、朵云轩、商务印书馆、利利公司文艺部、汉文渊、受古书店、锦文堂、同文书店。傍晚，至新利查西菜馆，与时舅合宴赵万里、郑振铎、朴安、朴存、乃乾，惟朴安以事不到，由惠生来，君定亦来。九下钟散席后，与君定又一至汉文渊书肆而返。

1月18日　星期一

晴。上午，花儿先行乘轮回来。朴存来。翻阅所购蒋氏密韵楼藏本明人别集。抄存张文虎等手稿诗词。下午，至四行储蓄会、先施、永安二公司、蟫隐庐（晤子经）、商务印书馆、冠生园支店（吃点心）、世界书局（晤沈思期）、中国书店而返。忆初来。

1月19日　星期二

雨。上午，至庆福里，候贞壮，不值。至恒庆里，晤亚子，坐谈数刻返。下午，至白尔部路晤乃乾。信昌当晤及黄仰周，丰昌当晤及叶仲簏。又至城隍庙古香室，晤阮俊卿。返已晚。

1月20日　星期三

阴。上午，大妹乘轮回张。校余有丁集。同君定至威凤里，候徐积老，不值。子素来，午饭后去。至冠生园、先施、永安公司等处购物，又来青阁、中国书店而返。至棋盘街冠生园支店夜馔后，至霞飞路仙宫沐浴。八下钟返。

1月21日　星期四

晴,下午阴,夜微雨。上午,至瑞师处。出,至文古书店,晤李爱椿。出,至乃乾处,少坐,返。下午,至荣宝斋、蟫隐庐、兴业银行、冠生园、永安、先施等处。君定昨夜被窃大衣,兹探捕来勘,适君定出外,因为至静安寺捕房一回。夜,迪前来。

1月22日　星期五

阴。上午七点钟往盆汤弄桥,乘沪张班轮船归,七点三刻钟开行,下午三点钟抵家。在船观《江山万里楼诗词钞》。夜,观《国闻周报》。

1月23日　星期六

阴。上午,杂务。下午,至图书馆、区公所、济婴局。纪麟来。夜,理账。

1月24日　星期日

阴。上午,至河西园地,督石工叠假山。杂务。下午,冲之来。至图书馆。端甫来,即同其至河西园地相地。伯才来。端甫夜饭后去。理账。

1月25日　星期一

阴。上午,中孚来。杂务。下午,至槐荫阁及河西石作铺。写书目。季眉来。忆初来,治高铦甥疾,即去乡。夜,理账。

1月26日　星期二

阴。上午,至河西园地。忆初自高宅回来,午饭后去沪。至图书馆、济婴局。出,至区公所,开乡镇长会议。出,至继述堂,晤仲莲。傍晚返。夜,观《国闻周报》。

1月27日　星期三

晴。上午,乘轿往亭林,吊顾怡生老表兄之丧。在顾宅午饭后。出,至周家,晤中妹及参观亭林图书馆乃返,抵家尚早。在轿观《江山万里楼诗词钞》。望舅、君宾今日上午来,傍晚去。夜,校王鏊集。

1月28日　星期四

晴。上午,杂务。下午,子峰来。至图书馆。出,至区公所,开保卫委员会,傍晚返。夜,作信,复哲夫及北平图书馆。

1月29日　星期五

晴。上午,杂务。下午,至区公所、济婴局、图书馆。时舅来坐,谈颇久,同返。君宾回来,旋同时舅去。夜馔设筵款馆师,邀端甫来陪。写账。

1月30日　星期六

晴。上午,伯才来。馆师徐尹卿先生放假回去。杂务。下午,至图书馆。至河西园地种树。继麟来。夜,复君藩信。

1月31日　星期日

阴,下午有雨。上午,至河西园地,种树。沈伯康来。下午,钻坚来。伯才来。至图书馆、济婴局。涤新来,夜饭后去。理账。

2月

2月1日　星期一

阴。上午,杂务。缪瑞清来。伯才来。下午,时舅自松江回来。巩宇来。至济婴局、区公所。端甫来。夜,范振云来。翻阅《樵李、海昌名人遗著》。

2月2日　星期二

阴。上午,课仆人灌溉花木。下午,叔纯来。理发。子峰来。

夜，观《江山万里楼诗词钞》。

2月3日　星期三

阴。上午，宋仁斋来。年节祀神。下午，年节祭先。夜，君定同恒甥及吴源泰表侄自沪回来。

2月4日　星期四

雨。杂务。上午，君平自南京绕道回来，午饭后同君定等去。中孚来。子峰来。君宾回来，即去。

2月5日　星期五

阴。杂务。下午，至济婴局。中孚来。

2月6日　星期六

阴，有晴光。今日任申岁首。上午，拈天香祀祖先。陈士聿、胡龙官及河西三官来。下午，至志轩处。写书画目录。夜，翻阅《采风录》。

2月7日　星期日

雪，雨。上午，望、时二舅，君定、君宾、君实来，大妹携恒、珍、鼎、安、嵩五甥亦归，傍晚均去，惟鼎甥留，花儿亦去高宅。夜，写账。写存《〈槜李、海昌名人遗著〉目录》。观《江山万里楼诗词钞》。

2月8日　星期一

雨。校理碑帖。夜，理《槜李、海昌名人遗著》。观《江山万里楼诗词钞》。

2月9日　星期二

阴。上午，复君平信。韫辉、旭如、钻坚先后来。下午，至子贞处。出，至仲田处，不值。乃至张宅，候宋仁斋。出，至济婴局，傍晚返。子凡来。夜，理《槜李、海昌名人遗著》。今日志轩曾来。

2月10日　星期三

晴。上午，至济婴局。出，至宪人处，坐谈良久，返。下午，至恒大庄（在钱古训堂内），候巩宇、伯康，不值。理书。巩宇来。纪麟来。冲之来。至恒大庄，应其招饮，八下钟返。写书目。今日上午伯承曾来。

2月11日　星期四

晴。上午，携益、明、念祖及鼎甥，至高老宅望舅处。

2月12日　星期五

阴。上午，携花、益、念三儿，至新宅时舅处，下午仍返老宅。傍晚，携三儿归家。夜，叔明来。

2月13日　星期六

雨，下午有雪。上午，粲君携花明、纪祖往松江王宅。理书。夜，写书目。

2月14日　星期日

晴。上午，志轩来，移交宗祠及米捐账。下午，至图书馆。出，至济婴局，晤端甫。出，至槐荫阁乃返。夜，理账。

2月15日　星期一

晴。上午八点半钟乘快船往松江，下午一点半钟到。即至王宅午馔，后至阔街君藩处。瑞师、时舅亦在，开典业银行董事、监察常会。傍晚出，至艺古斋（装池）、云间古书处而返王宅。

2月16日　星期二

晴。上午，至君藩处。旋出，至北门，晤沈联璧，由其同至余族景贤堂观遗书。在联璧处午馔，后至典业银行。君定亦来松。至承大庄一回。在典业夜馔后，返王宅。

2月17日　星期三

晴。上午,至石士处。出,至颐园,晤君藩、君定。同出,至雷君彦处。出,至大有农场。出,至韩宅。出,至典业银行,午馔后仍同君藩、君定往候于仲篪,不值。乃登云间第一楼,又往候吴伯扬,亦不值,遂返典业。旋至君藩处。再出,至张敬垣处,观其新屋及所藏金石书画。仍返君藩处,伯扬来谈文字,夜馔后,八下钟返王宅。

2月18日　星期四

晴。偕粲君携花明、纪祖归。上午九点钟开船,下午三点钟抵家。在船翻阅松江府《董志》残本,系向吴伯扬处借来。望舅同孙颂和丈来,傍晚去。夜,补写连日日记。

2月19日　星期五

晴。上午,翻阅《松江府志》。理书。下午,至图书馆、济婴局。君定自松江回来,君平亦来,傍晚均去。纪麟来。夜,写账。致子经信。

2月20日　星期六

晴。上午,俞盘新来。仲田先生来。下午,至伯埙处。出,至图书馆及区公所。纪麟来。夜,复杰士、栋材、遂翔信。

2月21日　星期日

阴。上午,幼卿来。至河西园地,种树。下午,写书目。作信,致乃乾、君藩、沈联璧。志轩来。夜,杂务。今日馆师徐尹卿先生来,开学。

2月22日　星期一

阴晴。上午,志清来。校《鲒埼亭集外编》。下午,至区公所。写书目。至济婴局。夜,写书籍题记。致亚子信。

2月23日　星期二

晴。上午,理书。作信,复学南、圣一。下午,宋仁斋来。中妹携菊、梅、瑞、壁四甥归。至图书馆、济婴局。夜,写书籍题记。

2月24日　星期三

阴。上午,履仁、巩宇来。理书。下午,至济婴局,晤端甫。出,至图书馆。至河西园地,种树。致杰士信。夜,写书籍题记。

2月25日　星期四

晴。上午,陈一之来,即去。作信,致朴存、贞壮。午刻,设筵宴望舅、时舅、张巩宇、张统初、李寄舫、君定、君宾,尚招朱复仁、张飞槎未到。散席后,巩宇、统初、寄舫先去。伯才来,少坐去。君介自松隐回来,傍晚与望舅等均去。夜,写所得景贤堂内碑帖目录。写书籍题记。

2月26日　星期五

晴。上午,冲之来,少坐去。理书。君藩自松江回来。下午,伯才来,少坐去。君藩亦去乡。至图书馆、区公所、济婴局、槐荫阁。夜,复公度、端志信。

2月27日　星期六

晴。今日家中延羽士禳星。上午,迪前来。圆妹携青、铦、锌三甥归。大妹携恒、珍、鼎、安、嵩五甥归,傍晚仍回乡,惟鼎甥留。今午,君藩来,即去朱泾。

2月28日　星期日

晴。上午,杂务。钻坚来。下午,至图书馆、济婴局。冲之来。夜,与迪前等斗牌。

2月29日　星期一

晴。上午,君宾回来。汪镜波来,即去。望舅、君定、君实来。

时舅来。下午二点钟同时舅、君定乘机器快船往松江，五点钟到。即至阔街君藩处。在船观《江山万里楼诗钞》。夜，与瑞师等谈。

3月

3月1日　星期二

晴。上午，至典业银行，望舅、君宾亦自张来松。下午，开股东常会，并改选董事、监察人。余被举连任监察。散会后出，至城内倪宅，候王培孙，则已往湖州。又至图书馆候雷君彦，亦不值。仍返典业，傍晚回高宅。

3月2日　星期三

晴。上午，九点钟同时舅乘机器快船归，午刻抵家。下午，时舅同君宾去乡。钻坚、韫辉先后来。夜，补写连日日记。迪前已于昨日去，中妹以周家小房有事，今日下午亦携瑞、壁二甥去亭，鼎甥亦于昨日去松江。以日寇将用飞机进犯，炸坏铁路，因之居民大起恐慌。今日下午，王氏、李鲁、石士两内嫂携儿辈及杭生内侄与眷属，均来避居于此。

3月3日　星期四

晴。上午，写存历来倩人所拟应酬之作为《代言集》。望舅、君定、君实自松江回来。下午，至图书馆、济婴局、槐荫阁。君宾来。望舅等去。夜，写账。

3月4日　星期五

晴。上午，杂务。涤新来。下午，写存《代言集》。至图书馆、区公所。复杰士，致端源庄信。夜，写书籍题记。君宾今晨去钱家桥。

3月5日　星期六

晴。上午，抄《小岘山人文集》目录。下午，至图书馆、济婴局。大妹携嵩甥归。夜，致北平图书馆信。今晚设筵宴二内嫂。

3月6日　星期日

阴。上午，抄《小岘山人文集》目录。下午，时舅来，同至城隍庙，开储蓄会总干事临时会议。出，至图书馆，少坐返。时舅去。志清来。夜，复季鲁信。大妹携嵩甥今日下午去乡。

3月7日　星期一

晴。上午，校《小岘山人文集》。下午，至区公所、公安局、济婴局。写存《代言集》。夜，作信，复乃乾、耀卿，致中国图书馆协会、中国书店。

3月8日　星期二

晴。上午，理文件。致时舅信。下午，至图书馆、区公所。写存《代言集》及《杂记》。夜，与季鲁嫂等斗牌。

3月9日　星期三

雨。上午，理函件。志清来。下午，镜波来。写存《代言集》。夜，写《怀旧楼丛录》。石士嫂及杭生等今日回松。

3月10日　星期四

晴。上午，理文件。下午，至图书馆。出，至济婴局，晤端甫。出，至区公所。编朱二坨文。奚元晖来。夜，写《怀旧楼丛录》。

3月11日　星期五

阴，夜雨。上午，校《鲒埼亭集外编》。下午，水巡队巡长沈祖根来。至区公所、济婴局、图书馆。编朱二坨文。夜，杂务。季鲁嫂等今日回松。

3月12日　星期六

阴。上午,校《鲒埼亭集外编》。下午,至区公所、济婴局、槐荫阁。夜,校所抄明末野史《北都复没》一种。

3月13日　星期日

阴,下午雪甚大。上午,胡大钧来。校《鲒埼亭集外编》。下午,至图书馆、济婴局。君介来,少坐去。复杰士,致圣玛利亚女校信。夜,校所抄《北都复没》。

3月14日　星期一

阴晴,微雪。上午,校《鲒埼亭集外编》至下午。校所抄潘恩《玄览堂诗钞》。夜,与粲君、念祖着围棋。

3月15日　星期二

晴。上午,校《鲒埼亭集外编》。草《北都复没》跋。时舅来。下午,同时舅至储蓄会,举行第一百六十一期掣签,改选职员。会毕即返,时舅别去,余又至济婴局及图书馆一回。返后时舅亦回。志轩来,少坐去。时舅亦去。君藩自松江回来,夜饭后黄景伊来,少坐去,君藩亦去乡。着棋。

3月16日　星期三

晴。上午,杂务。子峰来。景伊来。复瑞源庄信。校《鲒埼亭集外编》。下午,仲莲、涤新先后来。伯才来。至图书馆。校所抄《玄览堂诗钞》。致杰士信。夜,复乃乾,致沈桂昌信。着棋。

3月17日　星期四

晴。上午,端甫同林寿松来。校《鲒埼亭集外编》。下午,至图书馆、济婴局。郭瑞商来。子峰来。校所抄《玄览堂诗钞》。夜,校所抄《北都复没》。

3月18日　星期五

晴。上午，杂务。种月季花。校《鲒埼亭集外编》。致君实、迪前信。下午，至济婴局、图书馆、区公所。校所抄《玄览堂诗钞》。夜，着棋。

3月19日　星期六

晴。同志轩往朱泾。上午八点钟乘快船行，午刻到。即至大华旅馆。饭后，至县政府，先与监所协进会委员视察监所。旋在县政府开保卫委员会议，省令改组等事。散后，又与君藩等往晤赵承审员，乃返寓。夜，应迪光招饮于顺源馆。在船观《江山万里楼诗词钞》完。

3月20日　星期日

晴。晨起后，同志轩、君藩、焕然、瑞商等至草棚啜茗。旋同志轩、焕然、瑞商乘快船回张。八点钟开行，午刻抵家。在船观《章实斋年谱》。下午，至图书馆、济婴局、槐荫阁。杏林来。夜，复纪麟、培元，致君定信。

3月21日　星期一

晴。上午，杂务。君宾自钱家桥回来。下午，理发。伯才来。校所抄《玄览堂诗钞》。夜，理账。

3月22日　星期二

阴，晨有雨。上午，君宾同圆妹去乡。校所抄《玄览堂诗钞》。大妹归。下午，至图书馆。出，至区公所，本拟开保卫委员会，以人数不多未果。出，至济婴局，晤端甫，少坐返。大妹去高宅。圆妹归。夜，抄《张啸山遗文》。着棋。

3月23日　星期三

阴，下午晴。上午，盘新来。校《鲒埼亭集外编》。下午，至图书馆、区公所、济婴局。校《小岘山人文集》。涤新来。夜,写账。着棋。

3月24日　星期四

晴。上午,影抄莫如忠撰《茅鹿门像赞》。下午,至济婴局。君宾来。履仁、公愈来,少坐,去。望舅、君宾来,少坐,去。夜,复昧蠠信。

3月25日　星期五

晴。上午,杂务。校《鲒埼亭集外编》。下午,至图书馆。出,至区公所,开乡镇长会议。出,至济婴局。出,又至区公所,乃返。抄曹勋文。夜,抄《张啸山文》。写书籍题记。君宾于今日下午去乡。

3月26日　星期六

晴。上午,杂务。昆亮、希曾等来。下午,志轩来。至济婴局。出,至宪人处。夜,马姓等为局婴来。

3月27日　星期日

阴,晨微雨。同花明往上海。上午八点钟乘汽油船(以张堰今日无轮船),至泖港转乘平湖班轮船,下午三点钟到关桥上岸。即至鸿远里寓所。在船续观《章实斋年谱》及《说文稽古篇》完。君定在沪。乃乾来。夜,翻阅明人集。近寓中楼下借居吴东迈,系仓石之子。

3月28日　星期一

晴。上午,著录明代松江人之集。同君定至威海卫路威凤里,候徐积余先生,坐谈数刻,返。下午,著录明代松江人之集。至中国书店、朵云轩、艺苑真赏社、有正书局、荣宝斋及冠生园吃点心。乃乾来,即去。夜,著录郡人集部。圣玛利亚女校前以战事影响未开,近定明日开课,花儿本拟今日进校,以身体不适未去。

3月29日　星期二

晴。上午,至白尔部路乃乾处。午刻,乃乾邀餐于霞飞路东华俄菜馆。同座尚有王伯翔、朴安、惠生、君定。餐后返寓。君湘来。翻阅明人集。同花儿至圣玛利亚女校后,出,至富晋书社、来青阁、博古斋、汉文渊、受古书店。傍晚,至大雅楼与君定合宴积余先生及朴存、朴安、东迈、云伯、乃乾,尚有培孙、贞壮、通百、惠生邀而未到,九下钟返。

3月30日　星期三

阴,晨有雨。上午,写日记。至庆福里,问贞壮病,晤其友人朱炎午。出,至乃乾处。出,至贝勒路瑞华坊培华女学校,晤培孙,少坐。出,至文古书店、永安公司等处,乃至上海、兴业、东莱三银行。时已过午,馔于冠生园。馔后,至石路永安旅馆,候季鲁嫂、杭生等。出,至汉文渊、锦文堂、蟫隐庐、西泠印社。傍晚返。夜,至温泉沐浴。

3月31日　星期四

晴。上午,朴存携所绘之山水册页来,坐谈数刻,去。至中国书店。出,至新新、先施、永安三公司。午餐于东亚酒楼。餐后,至来青阁、同文书店、蟫隐庐,乃至成记理发,又至朵云轩、中华书局、曹素功笔墨庄、开明书店等处而返。至梅兰坊,候瑞师,不值,晤及纪方,即返。夜,写账。

4月

4月1日　星期五

晴。上午,复花儿信。同君定至乃乾处。出,至瑞师处,即午饭。饭后,返寓,又出,至蝉隐庐、利利公司文艺部、神州国光社,用点于冠生园。点后,至永安、先施而返。夜,著录明代郡人集部。

4月2日　星期六

晴,夜雨有雷。上午,七点钟至盆汤弄桥,乘申张班轮船回张,下午三点钟抵家。在船观《剪灯新话》等。圆妹携青、铦、锌三甥于昨日去高宅。

4月3日　星期日

阴晴。上午,端甫来。钻坚来。清明节祭先。下午,至东小桥扫墓。至济婴局。望舅、君实来。

4月4日　星期一

晴。上午,望舅、君实乘汽油班船赴松江,转至杭州。同承粲至夏人村,并至金家桥扫墓,下午五点钟返抵家。在船观《藏园群书题记》等。夜,作信致县府瞿云锄秘书。补写日记。

4月5日　星期二

晴。上午,至龙沙禅院处,扫墓。下午,至假山桥,扫墓。至济婴局,晤端甫。出,至图书馆。夜,致迪前、星五信。

4月6日　星期三

晴,夜雨。上午,同粲君携益、念二儿游秦山。今日为阴历三月朔,山上有市集也。时舅及大妹等亦来。返已午后矣。至图书馆、区公所。又候宋仁斋至其寓处、张宅及公安局、保卫团,均不值,至浦南医院始晤焉,少坐。出,又至济婴局,晤端甫而返。夜,致北平图书馆、中华图书馆协会、学海堂书庄信。

4月7日　星期四

阴。上午,杂务。下午,理书,写书目。叔纯、继麟先后来。

夜,复乃乾,致君定信。今日綮君携念祖、纪祖往高宅,晚归。

4月8日　星期五

阴晴。上午,至河西园地。校《钤山堂集》。景伊来。下午,至区公所、图书馆、济婴局。时舅来,傍晚去。夜,复花儿信。

4月9日　星期六

阴。上午,至东宅,送济川侄出殡,登船后即返。校《钤山堂集》。下午,至图书馆。出,至济婴局,晤端甫,坐谈数刻,返。校《钤山堂集》。夜,写账。

4月10日　星期日

阴,晚雨。上午,写书籍题记。校《钤山堂集》。下午,至济婴局、图书馆、区公所。至河西园地。夜,致乃乾,复通学斋信。

4月11日　星期一

雨。上午,杂务。校《钤山堂集》。下午,涤新来。纪麟来。作信,致季鲁、忆初及瞿云锄。夜,写账。

4月12日　星期二

阴晴。上午,理书。校《钤山堂集》。下午,至图书馆、区公所、济婴局、槐荫阁。夜,复国光印书局信。

4月13日　星期三

阴晴。上午,杂务。校《钤山堂集》。下午,至济婴局、区公所。理书。夜,写书籍题记。

4月14日　星期四

晴。上午,理书。校《钤山堂集》。下午,至图书馆、济婴局(晤端甫)。伯才来。至河西园地。校所抄沈恺文。夜,复亚子,致乃乾。

4月15日　星期五

晴。上午,校《钤山堂集》。下午,至储蓄会,举行第一百六十二期掣签,即返。伯才来。校《钤山堂集》。夜,写账。

4月16日　星期六

晴。上午,理书。校《钤山堂集》。下午,至济婴局、图书馆。韫辉来。种花。夜,复君定信。

4月17日　星期日

阴,晚有雨。上午,至河西园地。校《钤山堂集》。下午,至济婴局,晤端甫。出,至图书馆、区公所、槐荫阁。端甫来——为宪人让田事,夜饭后去。复花儿及蟫隐庐信。

4月18日　星期一

晴。上午,宪人来。杂务。下午,写书目。校《钤山堂集》。种花。夜,写书籍题记。

4月19日　星期二

晴。上午,写书目。校《钤山堂集》。时舅自松江回来,午饭后去。至图书馆、济婴局。复圣一信。夜,志轩来。复花儿及沈桂昌信。

4月20日　星期三

晴。上午,校所抄《归震川别集》。下午,至区公所、图书馆、济婴局(晤端甫)。写书目。夜,写账。

4月21日　星期四

晴。今日阴历三月十六,为济婴局斋堂之期,上午即至局中,近午返。下午,校《小岘山人集》。伯才来。草《钱、汪二先生行述合跋》。至济婴局,闻望舅、君定自沪回来,乃返。望舅等即去乡,又至局中,宴会后,八点半钟返。

4月22日　星期五

雨，晚晴。上午，校所抄《归震川别集》，直至下午。复乃乾信。纪麟来。夜，写账。

4月23日　星期六

阴。上午，复时舅信。端甫来。抄文一首。下午，至济婴局（晤端甫）、图书馆、槐荫阁。校所抄《归震川别集》。夜，理账。

4月24日　星期日

阴，下午有雨。上午，校所抄《归震川别集》。王熙昌等来。下午，至济婴局、图书馆、区公所。校《震川别集》。夜，复迪前信。

4月25日　星期一

晴。上午，志轩、涤新先后来。至河西园地。下午，至宗祠、济婴局、区公所。校所抄冯淮《江皋集》。夜，杂务。

4月26日　星期二

阴，晚雨。晨，至宗祠。上午举行春祭礼。今年由余家司年，到者共三十余人，余为鸣赞。下午二点钟，出，至济婴局一回而返。大妹于上午归，君定同来。纪麟来。君定、大妹去。夜，复花儿信。

4月27日　星期三

阴雨，有日光。上午，校所抄《江皋集》。下午，种花。至图书馆。出，至济婴局，晤端甫，闲坐良久，返。夜，复慎旃信。

4月28日　星期四

阴晴。上午，同端甫至扶黄埭王宅，吊杰士尊翁闾甫先生之丧（五七之期）。君定、君介、巩宇、履仁、伯才亦到。在王宅午馔后，出，至扶黄埭镇上及海滨而返。傍晚抵家。

4月29日　星期五

上午阴,下午雨。綮君以花儿月假,上午乘轮往沪。校所抄《江皋集》终日。下午,伯才、纪麟先后来。夜,理账。

4月30日　星期六

晴。昨夜,陆军独立第三十六旅第一团开到镇上。今日上午,余应区公所之招,即往军旅队分驻公共场所及民房。初,图书馆及济婴局亦欲进驻,以交涉得免。旅长为戴岳,亦过境,晤及。余今日惟午饭回家一次,终日在区公所、图书馆、济婴局三处,直至傍晚而返。夜,复綮君信。

5月

5月1日　星期日

晴。上午,即出外,仍在区公所、图书馆、济婴局三处。午刻,区公所与商会设筵宴各军官,为陪。下午,至余家宗祠内所驻之第二营营部,晤张营长、黄营附、曾营副。同出,至小剑处,借其眷属住房。五下钟返。种花。校所抄《江皋集》。夜,写日记。

5月2日　星期一

晴。上午,君定以往沪乘船不及来。至区公所、图书馆、济婴局,并同松年、其祥至第二营营部,午刻返。下午,君定乘船往松。至区公所、图书馆、济婴局,并同志轩、子清至公安局,四下钟返。时舅来,初在图书馆,少坐去。志轩、涤新来。夜,子清来。复乃乾,致瞿秘书信。

5月3日　星期二

阴晴,下午有微雨。上午,伯才来,公安局舒生来。至区公所、图书馆、济婴局。下午，子清来。校所抄《江皋集》。至区公所，晤团长、鲁渭平（初来到镇）。出，至济婴局而返。夜，理账。写日记。

5月4日　星期三

晴，上午有雨。上午，校所抄《江皋集》。至团部（借在大街施姓市房），候鲁团长。至区公所。午刻，区公所与商会设筵宴团长，为陪。席散后，至图书馆、济婴局，四下钟返。粲君归。校所抄《振秀集》内《钤山堂集》外诗。

5月5日　星期四

上午雷雨，下午阴晴。上午，理书。君宾自松回来，下午去乡。志清、志轩来。涤新来。至区公所、图书馆、济婴局。至智川处。夜，杂务。

5月6日　星期五

晴。上午，大妹归。涤新、中孚来，预备明日余与彼二人及智川宴请驻镇各军官。至区公所、图书馆。下午，至小剑处。出，至图书馆、济婴局。乃至区公所，应团部之属，开筹备组织国难共济会会议。散后，同中孚返家，补发请柬，又与中孚至第二营营部一回。大妹于余归时已去乡。今日立夏，称人，得九十五斤。

5月7日　星期六

晴，早晚有雨。上午，至区公所、图书馆、济婴局。午刻，与中孚、涤新、智川在图书馆设筵三席，宴请团长、营长等。二点钟入席，四点钟散席。出，又至区公所及济婴局，少坐而返。夜，以面上有一风块，疑系疔毒，邀晋康来一看。今日外祖母俞太夫人八秩冥庆，由承粲携念祖、益明及菊、梅二甥往高宅，晚返。

5月8日　星期日

阴,有雨。上午,杂务。下午,粲君乘汽油班船往松江王宅。驻镇第二营营附黄镇塈、训练员梁厦成来。志清来。至区公所、图书馆、小剑处,又至济婴局。五下钟返。纪麟来。

5月9日　星期一

阴晴。上午八点钟乘快船往松江,下午一点钟到。即至王宅。今日,先外舅除灵入祠,余于午饭后恭送入祠。出,至阔街,望君藩病,坐谈良久。又至典业银行,晤石愚。傍晚返王宅。

5月10日　星期二

晴。上午,七下钟偕粲君乘汽油班船归,十一点钟抵家。下午,至区公所、图书馆,又至济婴局,晤端甫,乃返。夜,理账。

5月11日　星期三

早晚雨,午间晴。上午,杂务。校所抄松江《陈志》著述类。下午,望舅来。至图书馆,为望舅约晤小剑,出。至济婴局一回而返。望舅去。小剑来,拟晤望舅,即去。夜,复花儿,致沈桂昌信。

5月12日　星期四

晴。上午,校所抄松江《陈志》著述类。伯才来。下午,至区公所、图书馆、济婴局,五下钟返。纪麟来。夜,复迪前信。

5月13日　星期五

阴晴,晚雨,夜雨甚大。上午,杂务。至区公所。出,至图书馆。午刻,志轩、子清、幼卿、杏林、镜波、一之借馆中设席,宴各军官,招陪。散席后,至济婴局,晤端甫。四下钟返。夜,致乃乾,复子经信。

5月14日　星期六

阴,上午有雨。上午,理书。理发。下午,至图书馆、济婴局、区公所。写书籍题记。夜,复抱经堂书局,致北平图书馆信。

5月15日　星期日

阴。上午,往吊汪大晋及干颂平之丧。校所抄松江陈《志》著述类。下午,至储蓄会,举行第一百六十三期掣签。出,至槐荫阁。出,由济婴局至图书馆,少坐而返。君介来,傍晚去。夜,校抄件。

5月16日　星期一

雨,下午阴。上午,校所抄松江《陈志》著述类。下午,杂务。复履仁、石钧信。纪麟来。夜,复花儿及星五、耀卿信。

5月17日　星期二

阴,夜雷雨。上午,校所抄松江《陈志》著述类。下午,志清来。至区公所、济婴局、图书馆。宋仁斋来。夜,复圣一信。

5月18日　星期三

晴,夜雨。上午,校所抄松江《陈志》著述类。杰士来。下午,仁斋、志清、志轩、熊飞、涤新来,为本镇公安局长孙侠调动事。至图书馆、济婴局。夜,孙望之来,晤杰士,少坐,去。

5月19日　星期四

晴,连日湿热。上午,志清、志轩来。钱两峰来。志清、志轩去。下午,公安总局科长郑俭之来,即去,两峰亦去。杰士去。至图书馆,四下钟返。伯埙、仁斋、志轩来,少坐去。夜,复乃乾信。

5月20日　星期五

晴,夜雨。上午,作信,致广慈苦儿院长庄式如,复时舅。校抄件。下午,伯才来。至图书馆。出,至区公所。出,至济婴局,闻鲁团长来馆,又至馆中。团长去后,再至局内。四下钟出,至槐荫阁一回而返。纪麟来。至河西园地。君定自沪回来,夜饭后去乡。

5月21日　星期六

晴。上午,校所抄松江《陈志》诗品类。下午,乐天先生来,坐谈多刻,去。至图书馆,旋同志轩、涤新、中孚等至板桥西李宅鲁渭平团长寓所,应其招饮。五点多钟返。望舅来。君介来。闻新任县长涂九衢(开舆)来区公所,因与望舅往晤,时舅亦来。望舅先回,余与时舅陪夜宴后返。时舅即与君介去乡,望舅留。涂县长来,志轩、伯埙、孙局长亦来,坐谈数刻,均去。

5月22日　星期日

阴。上午,志轩来。下午,君宾自沪回来。望舅去,君宾亦去。今日以望舅在伴座谈话,不事事,亦未外出。仁斋来,少坐去。夜,写日记。

5月23日　星期一

晴。上午,校所抄松江《陈志》诗品类。涤新、志清来。下午,至济婴局,晤端甫,四下钟出。至区公所而返。整理花木。夜,复花儿,致忆初信。

5月24日　星期二

上午阴,下午有雨,夜甚盛。上午,至闲闲山庄时舅处,下午君定亦来,傍晚返。在船观《钝安遗集》。纪麟来,夜饭而去。夜,与粲君围棋二局。

5月25日　星期三

晴。上午,校所抄松江《陈志》诗品类。志清来,端甫来,午饭后去。下午,至图书馆、区公所、济婴局。种花。夜,杂务。

5月26日　星期四

上午晴,下午阴,夜雨。上午,校所抄松江《陈志》画苑类。下午,杰士自松江回来,即去。至区公所、图书馆、济婴局、槐荫阁,四下钟返。君定来,傍晚去。夜,订《小岘山人文集》。

5月27日　星期五

雨。上午,君定以趁船往沪,不及来。新任镇上公安局长郑德之来,少坐,去。下午,君定趁船至佘来庙,往沪。志轩来,少坐去。校所抄松江《陈志》书评类。至区公所。出,至济婴局,四点多钟返。纪麟以抄件来,少坐,去。夜,校抄件。

5月28日　星期六

阴,有晴光。上午,翻阅明崇祯间董其昌、陈继儒所修之《松江府志》。下午,至第二营部,晤张营长、曹营附。出,至区公所、图书馆。出,至公安局,答候新任郑局长。出,至济婴局,晤端甫。出,又至区公所、图书馆而返。种花。志清、志轩来。夜,写存《代言集》。理账。

5月29日　星期日

晴。上午,翻阅《(崇祯)松江府志》。下午,钱两峰来,即去。至图书馆、区公所、济婴局。纪麟来。夜,理宗祠账。

5月30日　星期一

阴雨。上午,校《鲒埼亭集外编》。杰士来。下午,至区公所。出,至济婴局。与杰士杂谈。夜,志轩来。

5月31日　星期二

阴晴,有雨。上午,杰士去松。抄存邑人遗诗。钻坚来。下午,致时舅信。至图书馆,与白蕉晤谈良久。出,至济婴局,近五句钟返。夜,复冯子贞信。镇上所驻第三十六旅第一团军队今日尽行开去。

6月

6月1日　星期三

阴晴,夜雨。上午,校抄件。迪前来,午饭后去。至区公所、图书馆、济婴局,四点钟返。夜,杂务。

6月2日　星期四

雨。上午,杂务。大妹携嵩甥,圆妹携青、铦、锌三甥归,君宾亦来。下午,致张破浪信。至图书馆、济婴局。望舅来。

6月3日　星期五

晴。上午,同望舅乘轮船至松隐,七吊陈振飞之丧。陈宅开吊,宾客颇众,晤及熟人甚多。下午,仍乘船归家。君介同回,旋与望舅去。今日承絮亦乘轮赴沪。君宾去钱家桥。

6月4日　星期六

晴,夜雨。同大妹、嵩甥往上海。上午八点三刻乘轮船开行,下午三点钟到关桥登岸。即至鸿远里寓所。在船观《钝安遗集》。寓中吴东迈已迁去,近吴忆初移来同住。

6月5日　星期日

阴。上午,至白尔部路,候乃乾,不值。至白尔路,晤时舅,少坐,返。白蕉来。下午,至中国书店、先施公司、西泠印社、冠生园、朵云轩、蟫隐庐、中华书局、受古书店等处。乃至时报馆,晤季鲁,旋同至其迎春坊寓所,絮君与花儿亦在。季鲁伉俪又邀至四川菜馆夜馔而返。源岷来。

6月6日　星期一

晴。上午,至西成里朴存处,晤谈良久。下午,至四行储蓄西区分会。出,至先施公司,与粲君、花儿相会,同往参观慕尔堂乃返。花儿进校。同粲君至周锦文医生处治目疾。出,至先施、永安公司。夜馔于一枝香而返。

6月7日　星期二

晴。上午,粲君乘轮回张。至霞飞路新华理发。出,至仁和里,候蒙庵,不值。出,至五凤里公度处。出,至乃乾处。出,至时舅处,即午饭。饭后,至梅兰坊,候瑞师,不值,晤纪方。出,至中国书店。出,至中华照相馆摄影。出,至来青阁、富晋书社、同文书店、二酉书店、博古斋、汉文渊、利利公司文艺部而返。君定连日在苏州,今回。夜,写账。

6月8日　星期三

晴。上午,致花儿信。至丰昌当、城隍庙、古香室装池、陆永茂花铺。下午,至新闸路,候朴安,不值,晤及惠生,少坐。出,至西泠印社、先施公司、中华照相馆、中国书店、来青阁、三友实业社、富华公司而返。子素来。夜,至温泉沐浴。

6月9日　星期四

晴。上午,君定回去。至人文图书馆,晤白蕉,并参观馆中设备。出,至辣斐德路四百廿四号,晤亚子。出,至蒲柏坊,候胡石予,不值。出,至乃乾处,坐谈至近午而返。下午,阮俊卿来。至亨达利、浙江兴业银行、东莱银行、冠生园、南洋袜厂、先施公司、来青阁。至霞飞路东华俄菜馆夜馔。出,至仙宫按摩。路晤震生、公度、端志,方自余寓出来,立谈片刻,别去。

6月10日　星期五

晴。上午,至先施公司、利利公司文艺部等处。下午,至蒲石路庆安里,吊诸贞壮之丧,晤其友人朱炎午,坐谈数刻后。出,至时舅及瑞师处。中、圆两妹携梅、瑞、青、铦四甥来沪。夜，至一枝香，时舅宴客，招陪。

6月11日　星期六
阴，夜雨。上午，七点三刻在盆汤弄桥乘沪张轮船归，下午三点半钟抵家。夜，致伯埙信。

6月12日　星期日
阴晴。晨，为锌甥乳仆卧病，致圆妹信。上午，杂务。下午，至图书馆、济婴局。

6月13日　星期一
阴，夜雨。上午七点钟乘快船往朱泾，十一点钟到。即至大华旅馆，与杰士、肃斋、伯才相会，并晤中孚。午饭后，同杰士、肃斋至县政府开粮食管理委员会。会毕后。出，至藏书阁，开款产管理处会议，夜九句钟返寓。

6月14日　星期二
上午阴，下午晴。上午，七点钟乘快船归，十一点钟抵家。下午，宋仁斋来。至图书馆、区公所、济婴局、槐荫阁。至河西园地。夜，理账。圆妹携青、铦二甥昨已自沪归。

6月15日　星期三
阴晴，夜雨。上午，杂务。伯承来。子峰来。杰士自朱回来，午饭后去。至图书馆。出，至济婴局，晤端甫。出，至区公所，开保卫委员会，五下钟返。中妹携梅、瑞二甥自沪归。延龙沙禅院僧众来，于今晚起道场，作佛事三天。夜，校抄件。

6月16日　星期四
阴晴，有雨。上午，杂务。下午，志清来，少坐去。君介来，少坐去。纪麟来，即去。

6月17日　星期五

雨，晚晴。上午，望舅、君宾来。下午，子峰、志轩先后来，少坐去。复阳铁生信。时舅自沪回来，即去。夜饭后，望舅、君实去。志清来，即去。

6月18日　星期六

晴。今日为先母十周忌辰，以阴历计也。上午，迪前来。道弘来，即去。下午，李肖渔来，即去。佛事于今夜告竣。

6月19日　星期日

雨。上午，杂务。校抄件。下午，与迪前等手谈至夜分。

6月20日　星期一

上午阴，下午晴。上午，写书目。杰士来，午饭后去松。伯才来。叔明来。至图书馆、济婴局、区公所。与迪前等手谈。致乃乾信。夜，复花儿信。补写日记。

6月21日　星期二

晴。上午，校抄件。夏至节祭先。下午，迪前去。至图书馆、区公所、济婴局、槐荫阁。种石菖蒲。夜，复星五、耀卿、文圃信。

6月22日　星期三

晴。上午，修剪树木。校《鲒埼亭集外编》。下午，子峰同汪品相来。至图书馆、济婴局。复望舅信。校抄件。夜，致朱遂翔及蟬隐庐信。

6月23日　星期四

晴雨。上午，致望舅信。校《鲒埼亭集外编》。下午，致时舅信。至图书馆、济婴局（晤端甫，坐谈良久）。校抄件。夜，作信致涂县长。

6月24日　星期五

晴。端甫来,坐谈数刻去。上午,校《鲒埼亭集外编》。下午,至图书馆。望舅来,傍晚去。夜,写账。

6月25日　星期六

阴,夜雨。上午七点半钟乘汽油船往松江,十一点钟到。即至典业银行。下午,开董事、监察连席会议,瑞师、思老、履仁均到,四下钟散会。出,至松江图书馆,晤君彦。傍晚出,至君藩处。

6月26日　星期日

雨。上午,七点半钟乘汽油船归,十点半钟抵家。在船观邵位西之《明季国初进士履历跋后》。下午,杂务。作信致朱培元。钻坚来。

6月27日　星期一

阴晴,有雨。上午,校《鲒埼亭集外编》。下午,至济婴局,晤端甫。出,至图书馆,适宪人亦来,谈数刻。出,至区公所而返。中孚来。作信,复学南、白蕉。夜,复花儿信。

6月28日　星期二

晴。上午,校《鲒埼亭集外编》。杰士自松江回来,午饭后去。时舅来。至济婴局。出,至图书馆,适时舅亦来,同返。旋又同时舅至区公所,应公安局郑局长招饮,客尚未集,时舅一到即回去。余又出,至济婴局,同端甫再至区公所入席,望舅亦来,散席后,同望舅返。

6月29日　星期三

晴。上午,钻坚来,午饭后去。涤新来。至图书馆。伯才来。君介来,即去。望舅去。纪麟来。夜,致中国书店信。

6月30日　星期四

阴晴。上午，致小剑信。校《鲒埼亭集外编》。致朴存信。君宾自钱家桥回来。端甫来。下午，至图书馆、济婴局，四下钟返。复公度、圣一信。夜，小剑来。

7月

7月1日　星期五

晴，下午有盛雨。上午，杂务。校《鲒埼亭集外编》。陆斐然、王雨苍来。下午，至济婴局、图书馆。君定自沪回来，即去乡。纪麟来。夜，涤新来。复兰畦信。

7月2日　星期六

晴，上午阴。上午，君宾乘轮去钱家桥。至轮船上，寄松隐信。校《鲒埼亭集外编》。志清来。下午，校旧抄《复堂诗稿》。志轩来。至商会、槐荫阁、图书馆。乃至济婴局，晤端甫，坐谈良久，返。修剪树木。周巡长来。夜，致乃乾信。补写日记。

7月3日　星期日

晴。上午，杂务。校《鲒埼亭集外编》。下午，作信致朱炎午。至图书馆、区公所。校抄件。瞿云锄秘书现改任保卫团办公厅主任，今同省委邱铭九来镇视察保卫团、公安局、警察队，因往公共体育场晤焉，即观会操。出，又同至公安局、区公所而返。夜，志轩同邱、瞿二君来，坐谈良久，去。

7月4日　星期一

上午阴，下午晴。上午，杂务。子峰来。校《鲒埼亭集外编》。下午，拟致褚礼堂信。至宋仁斋处。出，至区公所。出，至济婴局,近五句钟而返。灌溉花木。夜,补写日记。致智川信。

7月5日　星期二

晴,下午有雷雨。上午,校《鲒埼亭集外编》。下午,写致褚礼堂信。至图书馆。大妹携嵩甥自沪归。致迪前、顾少莲、阮俊卿,复北平图书馆信。望舅、君实来。涤新同墨庄来。

7月6日　星期三

晴,下午有雷雨。上午,君实乘轮去沪。杂务。白蕉来。整容。下午,君定来。子峰来。至区公所、济婴局、图书馆。纪麟来。君定去。夜,复花儿,致迪光信。

7月7日　星期四

阴晴,有雨。上午,源岷来。涤新来。校《鲒埼亭集外编》。墨庄来。下午,至济婴局、区公所、图书馆。

7月8日　星期五

阴雨,下午晴。上午,杂务。校《鲒埼亭集外编》。下午,至图书馆、济婴局、槐荫阁。夜,作信,致闵纪方,复北平图书馆。

7月9日　星期六

晴。上午,唤木作俞照海来,与之谈建筑事宜。校《鲒埼亭集外编》。端甫来。志洽来,治锌甥恙,午饭后去。与端甫相度宅后建筑藏书楼,端甫又坐谈数刻,去。校《鲒埼亭集外编》。与望舅至河西园地。夜,复花儿,乃乾信。

7月10日　星期日

晴。上午,理字画。志轩来。下午,至图书馆、济婴局、槐荫阁。夜,杨伯云来。

7月11日　星期一

晴。上午,理字画。作信,至履仁、君藩,复石钧。下午,亚雄来。作信,复端志、佩卿、迪光、俊卿、星五,致时舅及蟫隐庐。

7月12日　星期二
晴,上午有雨。上午,端甫来,即去。君定来。下午,至图书馆、济婴局、槐荫阁。君定去。

7月13日　星期三
晴,晨微雨。上午,校《鲒埼亭集外编》。下午,写书籍题记。至图书馆。出,至济婴局,晤端甫。出,至槐荫阁。复朴存信。沐浴。纪麟来。

7月14日　星期四
晴,连日甚热。晨,复花儿信。上午,校《鲒埼亭集外编》。端甫来,午饭后去。辑王沄文。伯埙来。

7月15日　星期五
晴。上午,至河西园地。校《鲒埼亭集外编》。下午,至图书馆。出,至区公所,开筹设施医挂号处会议,傍晚返。

7月16日　星期六
晴。上午,校《鲒埼亭集外编》。下午,复陶遗信。至图书馆。出,至济婴局,晤端甫。出,至槐荫阁。致寿祺、富晋信。君介来,晚饭后去。

7月17日　星期日
晴。上午,圆妹携青、铥、锌三甥去乡。冲之来。理发。下午,杂务。花儿校中暑假归,恒初同回来。至图书馆、济婴局。夜,致君定信。

7月18日　星期一
晴。上午,望舅、恒甥去。志轩、端甫、子峰先后来。校《鲒埼亭集外编》毕。下午,作信致涂县长。至区公所,晤县委喻寄芸,谈省厅催解房租事，少坐，返。夜，志轩同喻寄芸来。

7月19日　星期二

晴。上午，钻坚来。与木作俞照海、水作徐小申谈翻造中坎事宜。下午，作信，致培元，复学南。至图书馆、区公所、济婴局（晤端甫），五下钟返。纪麟来，晚饭后去。

7月20日　星期三

晴。上午，杂务。下午，作信致陶遗。伯承来。沐浴。同粲君及诸儿至河西园地。晚，时舅来，夜去。

7月21日　星期四

晴。上午，杂务。拟致县政府快邮，代电稿。下午，伯才来。至宪人处、图书馆、区公所、济婴局（晤端甫）。出，又至槐荫阁、邮政局而返。致苏州图书馆信。夜，复北平图书馆信。

7月22日　星期五

晴。上午，杂务。校印就之《钱汪二先生行述》。下午，端甫来，即去。至图书馆，观钱修筠携来砚辉所藏之钱叔美为汪小韫女史绘《白环花阁读书图》册页，有石韫玉等题辞。出，至济婴局。夜，观《快雪堂日记》。

7月23日　星期六

晴。上午，汪若望同冯子贞及新任镇上中心校长黄韫辉来，少坐，去。校《稽中散集》。下午，拟复哲夫信。至图书馆、区公所、济婴局，五下钟返。纪麟来，夜饭后去。写书籍题记。

7月24日　星期日

晴。上午，纪麟来。槐卿携金瘦仙旧藏祝枝山草书、马江香花蝶两手卷来观。钻坚来。复哲夫信。下午，杂务。至济婴局、槐荫阁。志轩来。夜，观《快雪堂日记》。

7月25日　星期一

晴。上午，至中心小学，答候韫辉，不值，晤及冯子贞，少坐，返。校《嵇中散集》。下午，复杨静远信。至区公所、济婴局。写书目。致大公报馆、丙寅医学社信。夜，观《快雪堂日记》。

7月26日　星期二

晴。上午，理书。作信，致陶遗，复乃乾。墨庄来。下午，与木匠谈建筑。至图书馆、济婴局（晤端甫），五下钟出，又至槐荫阁而返。

7月27日　星期三

晴。上午，杂务。与石作徐小才定阶沿、礤果、礤皮。理书。下午，涤新来。伯才来，近款产经理处满任改组，余主计亦卸职，定后日移交。伯才明日到朱，即托其代表列席，并复杰士一信，交其带去。志轩来。复朴安信。夜，观《快雪堂日记》。

7月28日　星期四

晴。上午，志清来。写书籍题记。大妹携恒、珍、嵩三甥归。下午，写书籍题记。至图书馆。恒、嵩二甥去。夜，观《快雪堂日记》。

7月29日　星期五

晴。上午，与匠人谈建筑。莫叔建来。写书籍题记。君宾自钱家桥回来。下午，时舅、君介来。冲之来。至图书馆、济婴局（晤端甫）。出，至槐荫阁。晚饭后，时舅等均去。复培元、俊卿、爱椿，致君定、君宾信。

7月30日　星期六

晴。上午，写书籍目录及题记。下午，邀宪人来，治大妹胃病。伯才来。作信，致亚子，复新民。夜，观《国闻周报》。

7月31日　星期日

晴,早晚有雨。上午,杂务。校《稽中散集》。下午,大妹去乡,珍甥于昨日往沪。至区公所,开区务会议。出,至图书馆。出,至济婴局,晤端甫,五下钟返。纪麟来,晚饭后去。写账。

8月

8月1日　星期一

晴,有雨。上午,拟草《云间两何君集》跋。下午,至区公所,开保卫委员会。出,至济婴局。五下钟返。夜,复乃乾信。

8月2日　星期二

晴,有雨。上午,杂务。伯承来。下午,抄昨日所草之跋。至图书馆。君实自沪回,同其同学聂光坡、周念先来,少坐,去乡。

8月3日　星期三

晴。上午,草《〈金山卫志〉跋》。公安局郑局长来。下午,至图书馆。出,至济婴局,晤端甫,五下钟返。

8月4日　星期四

晴。上午,与匠人丈量后面沿街起造房屋地址。抄文一首。恭寿、星垣二甥来。下午,复时舅、北平图书馆,致陶遗信。校所抄《宁古塔记》。沐浴。夜,观《快雪堂日记》。

8月5日　星期五

晴。上午,理发。中孚同沈三宜来,旋杰士适亦来,均午饭后去。至宪人处,出。至图书馆、济婴局(晤端甫),四下钟后返。理书。夜,观《快雪堂日记》。

8月6日　星期六

晴。上午,骆晨钟来。子峰来。校《宁古塔记》。下午,致积余先生信。至图书馆,并一至济婴局。复俊卿、菊人信。今日为阴历七月初五,先君十一周忌辰。

8月7日　星期日

晴。上午,至高老宅,今日为望舅母二周忌辰正,作佛事。傍晚,至新宅,仍回老宅。

8月8日　星期一

晴。上午,至新宅,履仁来。傍晚君藩自松江回,涂九衢县长亦来。今日,花、益、念三儿,恭、星、菊三甥,先至新宅,旋亦到老宅,梅甥昨亦来老宅。傍晚惟花儿住,益儿、恭甥等均回张。

8月9日　星期二

晴。上午,同涂县长至老宅,旋返新宅。午刻,两舅设宴县长。下午,县长去,余又至老宅。大妹近有肝胃气痛病,连日痛甚剧。今日承粲、中妹来望。下午,至新宅,余至老宅后又返新宅。傍晚,同承粲、中妹及花儿归。

8月10日　星期三

晴。上午,盘新来谈区务。补写日记。下午,至区公所、图书馆、济婴局、槐荫阁。夜,志清来。

8月11日　星期四

晴,夜雷,微雨。上午,杂务。校《宁古塔记》。下午,志轩来。复陶遗信。沐浴。

8月12日　星期五

晴,夜雷,微雨。上午,恭寿、星垣二甥去。杂务。子光来。写书籍题记。下午,校《宁古塔记》。至图书馆、济婴局,四下钟返。夜,写账。

8月13日　星期六

晴。上午,校所抄《宁古塔记》。写书籍题记。下午,涤新来。至图书馆。出,至仲田先生处。出,至济婴局,晤端甫。

8月14日　星期日

晴。上午,中元节祭先。亚雄来,午饭后去。志清来。写笔记。志轩同宋仁斋来。平庵自沪回来,即去乡。夜,端甫来。复圣一信。

8月15日　星期一

晴。上午,端甫来。作信,致君定、君彦。钻坚来,午饭后去。至储蓄会,举行第一百六十六期掣签。出,至济婴局,五句钟返。夜,写书籍题记。

8月16日　星期二

阴,有微雨。上午,写书籍题记。下午,至宗祠,观坯司修理。出,至图书馆。出,至济婴局,晤端甫,四下钟返。写书目。夜,翻阅书店新出之目录。致菊人信。

8月17日　星期三

晴。上午,乘汽油船至松隐。到后,先至德昌当,晤景伊,候君藩自松江来后,乃同至陶遗处。涂县长亦来,并晤兰畦,谈保存查山事。下午二下钟乘轮船回张,君藩仍回松。夜,作信致道非先生。

8月18日　星期四

晴,夜雷雨。上午,补写日记。中孚、志清先后来。复亚子,致时舅信。下午,至图书馆。出,至济婴局,晤端甫。出,至槐荫阁而返。沐浴。

8月19日　星期五

晴,夜雷雨。上午,杂务。下午,至图书馆,并一至济婴局。傍晚,张谷士、刘雨苍招饮于钱宅留溪草堂,八下钟返。

8月20日　星期六

晴。上午,理《国学丛选》存本。叔纯、亚雄来,叔纯近午去,亚雄午饭后去。又上午子光、志轩先后来。下午,至图书馆、济婴局、槐荫阁。夜,致寿祺,复北平图书馆信。

8月21日　星期日

晴。上午,邀端甫来,同至焦家桥北首俞照海木作处,观其所办之承造余家中埭材料。近午返,端甫午饭后去。侯叔敏表叔同其子梦生来。草行政会议提案二件。至图书馆。出,至济婴局。五下钟返。时舅来,晚饭后去。

8月22日　星期一

晴。应县政府第六次行政会议之招,上午八下钟先至中心小学,一晤子贞,乃乘申张轮船至氽来庙,改乘平沪轮船至朱泾。时舅同行。午刻到,即往县政府。今日为行政会议第一日,上午已行开幕式,下午乃开大会。四下钟散会后,又与陶遗等谈话。在县府晚饭后出,时舅往住林家,余先至款产管理处(近借在吴家),旋至大华旅馆,与志轩、杰士等同寓。

8月23日　星期二

晴雨。上午八下钟至县政府,开行政会议审查会。下午接开大会。傍晚散会,返寓。

8月24日　星期三

晴雨。上午八下钟至县政府,开行政会议大会,直至夜间九点三刻钟散会,返寓。

8月25日　星期四

晴雨。上午，八下钟至县政府，开行政会议审查会。下午，接开大会，至夜间九点钟会毕。出，至丁宅瞿云锄寓处，少坐，返寓。亚雄来。

8月26日　星期五

晴，有微雨。晨起，同志轩、斐然出外啜茗、吃面。八句钟同乘快船归张。乃以逆风甚大，直至下午二句多钟抵家。时舅、亚雄同船归。时舅于沈泾桥头上岸。杂务。沐浴。夜，志清来。

8月27日　星期六

晴。上午，中妹携瑞、壁二甥去亭林。往吊曹云山先生之丧。昨夜得涂县长电话，为查山事，建设厅派有委员，嘱今日再至朱泾。乃于八点三刻乘沪张轮船至尒来庙，改乘平沪轮船，近午刻到。先至大华旅馆午馔，后至县政府，晤省委储琢轩等，傍晚出。约明日由县府召集地方人士，再开会议。迪光、景棋邀至顺源馆夜馔，并招兰畦。馔后，同至大华，涂县长及康东皋来，坐谈良久。后又同至第一区公所内，与陶遗通电话，十点半钟返寓。

8月28日　星期日

晴。上午，补写日记。复乃乾信。徐析烦来，即去。时舅、伯埙、尹卿、志清均为会议查山事来。同时舅等至顺源馆午馔。馔后，至县政府会议查山事。省厅以筑沪杭公路，其海月庵至柘林一段，必须就近于查山取石。地方人士已力争数起，迄未变更，且已兴工，今决议路政与保存古迹双方兼顾，划出一部分开采，其余永为保存。定明日再往山踏勘，划定界限。四下钟散会，返寓。傍晚，钱两峰招饮于顺源馆。出，至迪光及憩南处，又至县政府，以时舅今日忽患恙卧在府中也。十句钟返寓。

8月29日　星期一

晴。上午,至县政府,时舅恙已愈,直接回去。余同涂县长、建设厅委员储琢轩、沪杭路工程处主任钱豫格及尹卿、伯埙、志清、倪若水等乘汽船往查山。午刻至张堰,县长等至区公所午馔,余回家午馔。馔后亦至区公所,再同乘汽船到山北脚。已动工,今即从此划出一部分开采,约占全山十分之二三,其余永久封禁伐石。傍晚返张,县长等径回朱泾。

8月30日　星期二

晴,晚有阵云。上午,昆豪来。郭瑞商来。杂务。下午,至图书馆。出,至区公所,会议乡镇组织义务保卫团事。出,至济婴局,晤瑞甫,傍晚返。夜,理账。

8月31日　星期三

雨。理存各书店书目。下午,君宾自钱家桥回来,即去乡。夜,观《国闻周报》。

9月

9月1日　星期四

雨。上午,志轩、子光先后来。理书。下午,理发。检先母饰物。汪镜波来。发书店信。夜,观《北京大学国学季刊》。

9月2日　星期五

雨。上午,安排书橱。下午,至图书馆。出,至区公所,开保卫委员会,傍晚返。夜,杂务。

9月3日　星期六

晴,下午有雨。上午,端甫来。理书。下午,至图书馆。出,至济婴局,晤端甫,三下钟返。理书。夜,观《国闻周报》。

9月4日　星期日

晴。上午,杂务。下午,至图书馆。出,至济婴局,晤及端甫。出,至区公所而返。理书。

9月5日　星期一

晴。上午,杂务。端甫来,同至河西园地,相度添建房屋及驳滩渡。返后,端甫即去。下午,君介来,坐谈良久,去。后,余至济婴局。出,至张宅候宋仁斋,不值,至区公所,晤焉,五下钟返。夜,复慎旃信。

9月6日　星期二

晴,下午有雨。上午,杂务。检藏物。涤新来。下午,至图书馆、区公所而济婴局。四下钟出,又至槐荫阁乃返。写书目。夜,补写日记。

9月7日　星期三

阴晴,有雨。上午,理书。拟复道非先生信。下午,至图书馆、区公所、济婴局、槐荫阁。夜,写复道非先生信。又致君定、中国书店、来青阁信。

9月8日　星期四

阴晴。上午,承縈携花儿乘轮往上海,花儿圣玛利亚开学进校。理书。下午,至图书馆。出,至济婴局,晤端甫。四下钟返。整理花草。夜,复北平图书馆,致阮俊卿信。

9月9日　星期五

晴。上午,理书,写书目。子峰来。下午,作信,复积余先生,致乃乾、子素。时舅来,傍晚去。夜,观报纸。

9月10日　星期六

晴。上午，杂务。涤新来。下午，至图书馆。出，至济婴局，晤端甫，四下钟返。亚雄来。夜，观《国闻周报》。

9月11日　星期日

雨，下午阴。上午，端甫来。写书目。下午，志清、涤新先后来。郑公安局长来。志轩来。望舅来，少坐去。夜，观《国风》半月刊。志清来。宅后汪家弄转角建造平屋二间，今日柱帖。

9月12日　星期一

晴。上午，作信，致望舅、时舅、迪前，复绳夫。下午，至济婴局，晤端甫。四点半钟返。夜，志清来。

9月13日　星期二

晴。上午，冯子贞来。校所抄《姚氏张堰支谱》。下午，至图书馆。承粢自沪归。复骆晨钟信。夜，复花儿及俊卿信。

9月14日　星期三

阴，有微雨。上午，时舅来，即乘轮去松。校所抄《姚氏世谱》乐隐公支。下午，至济婴局，四句钟出。至槐荫阁而返。傍晚，汪镜波以开店招饮于区公所，八下钟返。

9月15日　星期四

阴，夜有月。上午，杂务。叔纯来，少坐去。时舅自松回来，午饭后去。至河西园地。至图书馆。出，至济婴局，近四句钟返。作信，复君彦、朴安。夜，翻阅受古书店新出旧书目录。

9月16日　星期五

阴，下午有微雨，夜雨。上午，杂务。伯承来。下午，校所抄《姚氏世谱》乐隐公支。作信，复哲夫、石钧，致少莲、富晋及受古书店。

9月17日　星期六

雨。上午,理屏联等件。校所抄《姚氏世谱》乐隐公支。志轩来,即去。下午,杂务。伯才来,少坐去。夜,观《国闻周报》等。复文奎堂片。

9月18日　星期日

晴。上午,粲君携益、念两儿往高宅。理书。辑《金山艺文志》。下午,端甫来。至济婴局。出,至图书馆。出,至区公所,开筹备开浚旧港会议,被推为委员之一。四下钟返。至河西园地。夜,观雷葆廉之《诗窠笔记》。

9月19日　星期一

晴。上午,杂务。辑《金山艺文志》。下午,作信复菊生。粲君携益、念两儿归。君定、君实自沪回来,即去乡。夜,校抄件。

9月20日　星期二

晴。上午,校书。郭瑞商来,午饭后去。至河西园地。至图书馆。出,至济婴局,近四句钟出,至槐荫阁而返。复时舅、迪光,致黄遂生信。夜,复乃乾、菊人信。

9月21日　星期三

阴,上午有雨,夜甚雨。上午,乘轮船至籴来庙,吊范志诚夫人之丧。下午,仍乘轮船返。

9月22日　星期四

阴,有微雨。上午,杂务。至河西园地。郭福臣来。志清来。下午,校张叔未诗。伯承来。至图书馆,出。至济婴局,晤端甫,四下钟返。君宾、君湘自沪回来,即去乡。夜,复效莲、石钧信。

9月23日　星期五

晴。上午,往实枚山庄,今日高氏祭祠。下午,至时舅处,傍晚返。夜，致书店信。

9月24日　星期六

晴。上午，志轩来。杂务。下午，君藩、君湘来，即乘船去松。至图书馆。出，至区公所，开区务会议。出，至济婴局，四点多钟返。亚雄来，夜饭后去。观《国闻周报》。抄件。

9月25日　星期日

晴。上午，杂务。校张叔未诗。杰士来，午饭后去。至济婴局、槐荫阁。整理花木。亚雄来，夜饭后去。复花儿信。

9月26日　星期一

阴，有雨。上午，写杂记。下午，至区公所，开开浚旧港委员第一次会议。散会后，同端甫至济婴局。五下钟返。夜，复吴仲珺信。

9月27日　星期二

阴，有雨。上午，杂务。写杂记。端甫来，午饭后即去。子峰来，即去。焕然来，即去。至图书馆、济婴局（适时舅来，乃同返）。朱砚英来，旋去闲闲山庄，时舅亦去。夜，致山东图书馆等处信。

9月28日　星期三

晴。上午，杂务。校所抄《〈崇兰馆帖〉跋语》。剑寒来。下午，至槐荫阁、图书馆（晤道弘）、济婴局，近五句钟返。夜，复公度及富晋书社信。

9月29日　星期四

晴。上午，至河西园地中，临大河原造平屋三间，近添造一间一叶，今日柱帖。校《嵇中散集》。下午，杂务。君定来，商酌刊刻天梅遗集事。又至河西园地。君定去。夜，翻阅莫氏《崇兰馆帖》，系向君定处借来。

9月30日　星期五

晴。上午，瑞商来。校《嵇中散集》。下午，致中孚信。至民众教育馆，观农业宣传化装演讲。出，至济婴局，晤端甫。出，至图书馆，四下钟返。至河西园地。夜，复中国书店信。

10月

10月1日　星期六

晴。上午，裱工吴槐卿来，与之理书画。杂务。下午，履仁来，少坐去。至图书馆。至河西园地。夜，复花儿，致圣玛利亚女校校长及培孙信。

10月2日　星期日

晴。上午，杂务。志轩来。下午，至济婴局，四句钟返。君介同顾仲堪、顾景贤来，少坐去。至河西园地。夜，观《国闻周报》等。

10月3日　星期一

晴。上午，君宾来，即乘轮去闵。至河西园地。复哲夫信。下午，至槐荫阁。出，至济婴局，晤端甫。近四点钟返。伯才同叔良来，即去。时舅自沪来，即去乡。夜，复文奎堂信。

10月4日　星期二

晴。上午，往吊吴熊飞之丧。出，乘沪张轮船，下午一点钟至闵行登岸，改乘长途汽车，二点钟到上海。先至古香宝装池。出，至浙江兴业银行、华东银行、典业银行、中国书店、富晋书社、来青阁、二西书店、博古斋。晚馔于一枝香。馔后，至鸿远里寓所，时正八点钟也。

10月5日　星期三

晴。上午，复花儿，致季鲁信。至霞飞路新华理发。出，至公度处。出，至乃乾处，坐谈多刻。近午出，至东华俄菜馆午馔。馔后，至荣宝斋、利利公司文艺部、商务印书馆、蝉隐庐、开明书店、现代书店、受古书店、汉文渊、来青阁、忠厚书庄、中国书店，新新、先施两公司。傍晚返。夜，至温泉沐浴。

10月6日　星期四

晴。上午，至成都路文宝印刷局。出，至先施、永安两公司购物。出，至冠生园午点。出，至朵云轩、蝉隐庐、中国银行、北火车站，乃至北京大戏院观电影映《啼笑因缘》。五下钟出，至西泠印社、中华书局。夜馔于蛾眉川菜馆。馔后，又至来青阁而返。君定今日出来。

10月7日　星期五

晴。上午，七点半钟至盆汤弄桥，乘轮船归，下午四点半钟抵家。在船观梁启超《历史研究法补编》。李新民同船回张，偕有高冠吾，初次相识也。圆妹携青、铦、锌三甥于前三日归。家中于前二夜被窃，余书房中贼亦到，然共只窃去三十余元。

10月8日　星期六

晴。上午，杂务。新民、雪艇同高冠吾来。端甫来。下午，郑俭之（公安分局长）来。至图书馆。出，至张宅，候宋队长，不值。出，至睫园李又茹寓处候冠吾，并晤新民等。观冠吾挥毫，冠吾赠余一联。出，至济婴局。返已傍晚。至林晋康处，贺其嫁女之喜，八下钟返。

10月9日　星期日

晴。上午，至北河沿汽车油船埠，送高冠吾去松江。张善述来。花儿昨日校中放假至松,今日乘汽油船归。下午,伯承来。至图书馆。出,至济婴局。出,至槐荫阁,四句钟返。至河西园地,今日驳一滩渡。志轩同宋队长来。往贺子望族兄娶媳之喜,九下钟返。

10月10日　星期一

晴。上午,由济婴局至民众教育馆。杂务。下午,至民众教育馆,观开幕礼。出,至宪人处,晤白蕉。出,至济婴局,四下钟返。子峰来。丁迪光同施鹏程(公安总局长)来,夜馔后,志清亦来,八下钟均去。

10月11日　星期二

晴。上午七点半钟乘汽油船往松江,十一点钟到。即至典业银行。旋至阔街君藩处,瑞师亦在,陶遗、思齐、履仁并来。下午,开典业董事、监察连席会议。毕后,同履仁、君藩至醉白池晤杰士及飞槎等。为折田升漕事,松、金、青三邑人士在此开会。傍晚散会,出,至西门街购物而返高宅。

10月12日　星期三

晴,夜雨。上午七点半钟乘汽油船归,十一点钟抵家。杂务。下午,至图书馆、区公所、济婴局(晤端甫),四下钟返。理账。花儿今晨乘轮至沪进校。

10月13日　星期四

晴。上午,理书。子光、志轩先后来。端甫来。下午,至河西园地。回,至图书馆。出,至东宅,晤祝祺嫂。出,至济婴局,晤端甫。出,至槐荫阁,四点多钟返。夜,汇订《国学丛编》。

10月14日　星期五

晴。上午,白蕉来。时舅来,又朱履仁、缪瑞清、冯子冶来,午饭后，又邀中孚来，谈筹备开浚山塘事。志侠来，治锌甥恙。同履仁、瑞清、中孚至图书馆，旋时舅、子冶亦来。余一至济婴局后乃返。中孚别去。时舅等均去。子峰来。夜，补写连日日记。

10月15日　星期六

晴。今日为阴历九月十六，济婴局斋堂之期，上午到局中，近午返。下午，理字画。伯才同张叔良来。至济婴局宴会，八点钟返。

10月16日　星期日

晴。上午，词臣来。端甫来。为前山泾学校借款事，作信致钻坚。致乃乾信。下午，至图书馆。出，至济婴局，四下钟返。至河西石铺。夜，复亚子信。

10月17日　星期一

上午晴，下午阴，夜雨。上午，理保管之米捐账。下午，至河西园地。回，至济婴局。出，至槐荫阁。子峰来。理字画、卷轴。夜，复花儿，致学南信。

10月18日　星期二

阴，晚雨。上午，移置书橱。复绳夫信。忆初来，治锌甥疾。下午，伯承来。忆初去闲闲山庄。至图书馆，出。至济婴局，晤端甫。君宾自钱家桥回来。忆初仍来。夜，复江苏省战区救济委员会信，又致季鲁信、时舅信。

10月19日　星期三

阴雨。上午，忆初去沪。翻阅批点本《敬业堂集》。校《嵇中散集》。下午，作信，复石钧、哲夫，致乃乾。写书籍题记。理字画。夜，又复乃乾信，致君定信。

10月20日　星期四

雨。上午，叔明来。理字画。下午，理金石拓本。校《嵇中散集》。夜，理宗祠账。今日阴历九月廿一为怀祖殇去二周年，在龙沙禅院内诵经一天。

10月21日　星期五

晴。上午，志轩、子光来。校《嵇中散集》。下午，至图书馆。出，至济婴局，晤端甫。出，至槐荫阁，四下钟返。夜，复花儿信。

10月22日　星期六

晴。上午，君宾去钱家桥。粲君携念、纪两儿乘轮往沪。查府县志。校《嵇中散集》。下午，宋仁斋来，坐谈良久，去。至图书馆。出，至区公所，开保卫委员会。傍晚散会，至济婴局一转而返。夜，复乃乾信。

10月23日　星期日

晴。晨，至宗祠。上午举行秋祭礼，余司鸣赞。下午二下钟出，至图书馆、区公所及济婴局，晤及端甫，傍晚返。夜，涤新来。观《国闻周报》。

10月24日　星期一

晴。上午，七点半钟乘汽油船往朱泾，同行为志轩、中孚、时舅。十点半钟到。先至大华旅馆，旋至县政府。下午，开山塘河工会议。三下钟散会。出，游商民乐园，晤朱友鹿，傍晚返寓。骆晨钟、张慰民来，邀至逸楼夜馔，馔后即返。恁南来，坐谈良久，去。履仁今日亦到会，同寓大华。

10月25日　星期二

晴。上午，七点钟同时舅、志轩、履仁、中孚至草棚啜茗，八点钟乘汽油船归。至五龙庙，以方演剧，船停开，乃改乘水巡船至沈泾桥,余与志轩、履仁、中孚上岸步行。下午一点钟抵张。时舅坐船径回山庄,履仁抵张后,即往南塘。至区公所,开区务会议。出,至图书馆。出,至济婴局,晤端甫,傍晚返。夜,致粲君及中国书店信。中妹携苹、瑞、壁三甥于今日下午归。

10月26日　星期三

晴。上午,至商会。下元节祭先。端甫来,午饭后去。剑寒来。志轩来。至区公所、图书馆。夜,观《人文》杂志。

10月27日　星期四

阴。上午,校《稽中散集》。中孚来。下午,至图书馆。出,至济婴局,四下钟返。至志轩处。夜,复直隶书局信。

10月28日　星期五

阴。上午,冯子贞来。校《稽中散集》。志轩来。下午,至志轩、亚雄处。至图书馆、区公所、济婴局、槐荫阁。君宾来。夜,复石钧及周匋庐信。

10月29日　星期六

阴,有微雨。今日延羽士礼忏一天,为怀祖撤几升主位于家堂。上午,平湖保卫团团总干凯军同郭君以带队搜索乡匪过境来此。午饭后,同其至区公所,余即返。写书目。望舅、君实、安甥自沪回来,即去。夜,亚雄来。凯军又来。复培孙信。

10月30日　星期日

晴。上午,钻坚来。吴鹏飞来。志轩来。写书目。杰士来,午饭后去。至区公所。出,至图书馆,又至济婴局一回。时舅与朱砚英来馆,同返。君定自沪回来,旋去。时舅、砚英亦去。夜,观张若采之《梅屋诗钞》。君宾于今晨往钱家桥。

10月31日　星期一

晴。上午，钻坚来。理发。写书目。下午，至济婴局，出。至槐荫阁而返。粲君携念、纪两儿自沪归。智川以喜事招饮，夜八点钟返。

11月

11月1日　星期二

晴。上午，飞槎来。至河西园地。伯才、杰士来，午饭后去。至图书馆、济婴局、宪人处。傍晚，至智川处，赴其喜筵，夜八点钟返。复寿祺信。

11月2日　星期三

晴。上午，至智川处，贺其嫁女之喜。出，至图书馆而返。下午，至河西园地。至继述堂，贺仲琦从弟结婚，中间回家一次，又往夜宴。观婚礼后，九下钟返。

11月3日　星期四

晴。上午，往吊干钻坚尊翁之丧，即返。杂务。下午，至图书馆、区公所、济婴局（晤端甫）、槐荫阁而返。观《梅屋诗钞》。夜，君宾自钱家桥来。复花儿信。

11月4日　星期五

晴。上午，至图书馆。出，至济婴局。出，至子贞处，渠明日嫁女。下午出，至济婴局及宪人处，而回家一次，又至子贞处。夜宴后，九句钟返。

11月5日　星期六

阴，夜雨。上午，君宾去钱家桥。至宪人处，贺其幼女公子正清出嫁。出，至图书馆。出，至济婴局，晤端甫，贺其哲嗣志高完娶。出，至区公所，观志高与正清行婚礼。午刻，张、何二家即在区公所宴客，散席后出。至子贞处，贺其季女出嫁。出，至陈家，贺士聿续娶，即娶子贞女也。应其喜筵后，九句钟返。

11月6日　星期日

阴，上午有微雨。上午，建设局科长王阶平来，并邀中孚来，同谈山塘河工事宜，旋均去。下午，伯才来。君定同大妹携嵩甥去。夜，观《国风》杂志等。致中国书店信。

11月7日　星期一

晴。上午，理书。至河西园地。宪人以新女婿来招饮，往。下午三下钟出，至济婴局。四下钟出，至槐荫阁而返。夜，复乃乾、颂和信。观《梅屋诗钞》。

11月8日　星期二

晴。上午，词臣来。仁斋来。校《稽中散集》。下午，伯才来。志轩来。至图书馆。出，至济婴局。夜，观《梅屋诗钞》。大妹携嵩甥于今日下午归。

11月9日　星期三

阴。上午，校《稽中散集》。子光来。保卫团排长李振发来。下午，至河西园地。盘新来。伯才、叔良来。至图书馆。出，至济婴局，晤端甫。四点多钟出，至槐荫阁而返。夜，观《梅屋诗钞》。

11月10日　星期四

雨。上午，志轩来。致君定信。履仁、慎旃来。下午，飞槎来，少坐去。履仁亦去。至河西志轩、子峰处谈其家事，傍晚返。夜，志轩同吴来鸿来，少坐去。

11月11日　星期五

上午雨,下午阴。上午八点钟同慎旂乘汽油船往松江,时舅亦自乡出来同去。近午刻到。偕至典业银行,午饭后,慎旂别去。行中开董事、监察人连席会议,出席者余与时舅外,思齐、陶遗二人,瑞师、履仁以事未到。散会后,同时舅等至安徽会馆看菊花,晤吴荫之,花皆其手植也。出,余又至顾少莲刻字铺、俞文林笔店及松江图书馆(晤君彦)。傍晚返典业。夜,复石钧信,旋至君藩处宿。船上观《燕京大学文学年报》。

11月12日　星期六

上午晴,下午阴。上午,八点钟同时舅乘汽油船回张,近午抵家。下午,时舅去。至河西园地。君定来,傍晚去。夜,复星五等信。船上观《学衡》杂志。

11月13日　星期日

晴。上午,杂务。至河西园地。志轩来。下午,写书目。至图书馆、区公所、济婴局(晤端甫),四点半钟返。子峰来。夜,观《梅屋诗钞》。

11月14日　星期一

晴。上午,粲君乘汽油船往松江王宅。至河西园地。理发。下午,写书目。至济婴局。出,候伯埙,不值,并至槐荫阁。后又至局中,端甫邀持螯小酌,晚返。夜,钱选青、觉民来,少坐去。

11月15日　星期二

阴。上午,偕涤新先坐孔家阙放来水巡船至闲闲山庄,再同时舅至钱家圩。到后即往崇义学校。今日以阴历计算,为顾尚之先生逝世后七十周年。余与时舅曾建议文献委员会发起,邀集地方各界举行谒墓典礼,到者甚众。午刻,至墓所(距钱圩镇里许,在横塘之滨)行礼,余为司仪,由涂县长主祭。礼毕,仍返崇义用馔。馔后,全体摄影乃散。余登君藩等回松之汽船归张,抵家已点灯时候矣。夜,至卢氏祠堂(钱姓借作账房),候选青、觉民(一字戛鸣),少坐,返。致乃乾信。

11月16日　星期三

晴。上午,杂务。艺花。粲君自松归。下午,至河西园地。至宪人处,不值。出,至区公所。出,至图书馆。出,至济婴局,晤端甫。出,至新新照相馆乃返。至钱古训堂,赴砚辉嫁女喜筵,夜八下钟返。复北平图书馆信。

11月17日　星期四

晴。上午,杂务。词臣来。校《嵇中散集》。下午,作信,复学南、哲夫。夜,复花儿信。

11月18日　星期五

晴。上午,封赠《云间两何集》。张雁宾来。下午,至河西园地。至图书馆。出,至济婴局,晤端甫。出,至槐荫阁而返。夜,观《梅屋诗钞》。复石钧,致季鲁信。

11月19日　星期六

阴雨。上午,新任镇上公安局长项再人(珊)来。校《嵇中散集》。伯才来。下午,搬移物件。夜,观《梅屋诗钞》。复中国书店、致蝉隐庐信。

11月20日　星期日

晴。上午,拟复李菊生,致柳翼谋信。杂务。伯才来。项再人来。下午,志轩来。同粲君等至河西园地。时舅来,伯承来。至图书馆。出,至济婴局,晤及端甫。出,至槐荫阁。出,至康泰旅馆,候项再人(尚未接事)而返。时舅去。夜词臣来。伯承来。

11月21日　星期一

晴。上午,写复李菊生、致柳翼谋信。下午,钱两峰来。大妹携嵩甥去高宅。至公安局,候新任局长项再人,少坐。出,至济婴局,晤端甫,傍晚返。夜,词臣来。观《梅屋诗钞》。复文奎堂信。

11月22日　星期二

晴。上午,至俞照海木作场,观所做之料。下午,致中孚信。至图书馆、区公所。复亚子信。夜,观《浙江图书馆月刊·丁松生纪念号》。

11月23日　星期三

阴晴,夜雨。上午,作信致白蕉。下午,至区公所。涂县长来此开保卫团宣传会,时舅亦到会。后至图书馆,时舅旋去,余又回,涂县长至民众教育馆后乃返。君宾自钱家桥来。

11月24日　星期四

阴,夜雨。上午,君宾去钱家桥。写书目。宪人来,坐谈良久,去。作信复干凯军。下午,至图书馆。出,至济婴局,晤端甫。傍晚出,至槐荫阁而返。夜,观《梅屋诗钞》。

11月25日　星期五

阴,上午雨。上午,作信,复季鲁,致钱夏鸣。下午,杂务。至新新照相馆、槐荫阁而济婴局,晤及端甫,四下钟返。子峰来。夜,至君定信。

11月26日　星期六

阴。上午,李杏林、张忍百、庄景桓来。志轩来。端甫来。陶书明来。下午,至图书馆,约保卫团李振发排长来晤。出,至济婴局,四点多钟返。夜,复黄芳墅信。

11月27日　星期日

阴晴。上午,杏林来。搬器具至河西新屋。时舅来,少坐去。至河西园地。下午,写书目。项再人来。复绳夫、乃乾信。夜,观《梅屋诗钞》。复花儿信。

11月28日　星期一

晴。上午,至河西园地修树。校《稽中散集》。保卫团支排长来。庄景桓来。下午,杂务。至济婴局,晤端甫,四下钟回家一次。后又至局中,同端甫至王卓如处,应其为侄完渊喜筵(明日正日),八下钟返。

11月29日　星期二

晴。上午,往五区头,祝何姨母八秩寿。下午返,抵家已七句钟矣。在舟观《梅屋诗钞》等。

11月30日　星期三

晴。上午,作信复麟祥、志儒。下午,至图书馆、区公所、济婴局。四下钟出,至槐荫阁、新新照相馆而返。仁斋来。夜,复学南、致星五信。

12月

12月1日　星期四

晴。上午,杂务。致君藩,复味蘦信。项再人来。下午,至图书馆。出,至济婴局,旋望舅来,即在局中少坐后同出。余先返,望舅向益泰转后来。又伯才适亦来,同至河西新屋一回,乃均去。夜,写杂记。观《梅屋诗钞》。

12月2日　星期五

上午阴,下午雨。上午,杂务。复亚子、白蕉信。下午,杂务。复圣一、栋材信。夜,观《梅屋诗钞》。致中国书店信。

12月3日　星期六

阴有雨。上午,杂务。写书籍题记。下午,复庄景桓信。瑞商来,即去。至宪人处,不值。乃至图书馆、区公所而济婴局,晤端甫,四点多钟返。夜,观《梅屋诗钞》。复松岑信。

12月4日　星期日

阴。上午,写书目。写书籍题记。志清来。至河西园地。下午,至宪人处,请其改膏方。出,至图书馆。出,至东宅,明日祝祺从兄及济川从侄安葬,今去一拜。出,至济婴局,四下钟返。至河西园地。又至东宅,宴地师,端甫为陪。夜七下钟返。复花儿信。

12月5日　星期一

雨。上午,端甫来。至钱世德堂,吊培山夫人之丧。伯承来。搬移橱箱,直至下午。至济婴局一回。夜,杂务。

12月6日　星期二

晴。上午,杂务。至河西园地。子峰来。至潘顺兴菜馆,应仇子中招饮。至图书馆。出,至济婴局,四点多钟返。君宾来。夜,致遂翔信。

12月7日　星期三

晴。上午,君宾去钱家桥。杂务。子光来。观《梅屋赋钞》。下午,校抄件。至图书馆。出,至区公所,开保卫委员会,四点多钟返。夜,复哲夫、味蘁信。

12月8日　星期四

晴。上午,端甫来,辑王沄事略。校《稽中散集》。张学源来。

下午,涤新来,为承粲改膏方。伯才来。至区公所,开公安局纳捐人会议。出,至济婴局,四点多钟返。夜,观《读书月刊》。

12月9日　星期五

晴。上午,理书,写书目。致君介信。校《稽中散集》。下午,至图书馆。出,至济婴局,四点多钟返。夜,观《小说月报》内《周越然书谈》。复花儿及沈志儒、陆丹林信。

12月10日　星期六

晴。保卫团新任第一排排长杜如春来。上午,理书,写书目。伯才来。子峰来,午饭后去。写书籍题记。至图书馆,即返。朱砚英来,夜馔后去闲闲山庄。翻阅《顾亭林诗》。

12月11日　星期日

阴,上午有雨。上午,抄亭林佚诗。涤新来。复学源信。下午,伯才来。至济婴局,晤及端甫,出。至槐荫阁而返。夜,杂务。

12月12日　星期一

晴。上午,至河西新屋。抄亭林佚诗。伯才来。下午,杂务。大妹携嵩甥归。复绳夫信。夜,致迪前信。

12月13日　星期二

晴。上午,大妹携嵩甥去沪。中妹携菊、梅、瑞、壁四甥去亭林。往吊方达章之丧。至河西园地。伯承来。瑞商来,午饭后去。买花、树。至图书馆。出,至区公所,开区务会议。出,至济婴局,晤端甫,傍晚返。夜,检阅《金山艺文志》稿。

12月14日　星期三

晴。上午,理书。至河西园地。杂务。下午,庄景桓来。至干紫卿处,贺其为孙祖望完姻。喜筵后返,已近夜矣。复仲稽信。

12月15日　星期四

晴。上午,顾震涛来。至河西园地。至河泾湾,为协顺米行,请冬至酒。伯才招饮,履仁亦到,下午二点钟返。至储蓄会,举行第一百七十其掣签,并总干事会议。出,至济婴局,晤及端甫,少坐返。望舅自沪归,来夜馔后去。杂务。

12月16日　星期五

晴。上午,杂务。复翼谋及学源信。君宾自钱家桥来。下午,项再人来。至图书馆及济婴局,晤端甫。至河西园地。伯承来。钻坚来。冬至节祭先。志轩来,端甫来,均留夜馔后去。

12月17日　星期六

晴。上午八点三刻钟乘轮船,午刻至闵行登岸,改乘一点钟公共汽车,二点钟到上海。先至城内古香室一转,后乃至鸿远里寓所。君定、大妹在沪。花儿以修牙出来,即回校。应金松岑之招,赴苏州。乘六点十五分钟火车往,十点零四分钟到。即至城内观前大陆饭店寓焉,与时舅、君介相会。

12月30日　星期五

阴,有日光。上午,至轮船埠头,晤宋仁斋,即返。理书。下午,圆妹携青、钴、锌三甥去乡。伯承来。至图书馆,与旭如、砚辉、钻坚整理馆中预备举行金石书画展览会之金石书画,四下钟返。林兼之来。夜,复菊生,致蝉隐庐,又复李爱椿信。

12月31日　星期六

阴。上午,致公安局项局长信。杂务。下午,作信致李续川。端甫同顾叔云来。至图书馆。出,至济婴局,晤及端甫,近五句钟返。夜,致圣玛利亚女校校长信。

1933 年

1月

1月1日　星期日

晴。花儿肄业沪上圣玛利亚女校。前以校放假回家,今晨乘轮至沪,明晨进校。上午,王栋材来,志轩来。伯才来,托其轧米,留午饭后去。望舅来,傍晚去。下午,哲华来,与之商酌改建中埭房屋山向日期。至宪人处,观刘姓携来金瘦仙氏旧藏李待问、马扶羲等书画,四下钟返,望舅已去。至河西园地,种玉兰两株。

1月2日　星期一

晴。上午,杂务。作信,复圣一,致学南。君介自沪回来,午饭后去。至河西园内新屋,观木匠装修。至济婴局,晤端甫,坐谈良久。四点多钟出,至槐荫阁装池而返。夜,白蕉来谈刘姓欲以书画抵款事,少坐,去。

1月3日　星期二

阴,夜雨。上午,杂务。郭瑞商来。下午,作信致蒋吟秋。至河西园地。作信致范烟桥。志轩来。夜,理账。

1月4日　星期三

雨。上午，君定来，午饭后乘船去松。校所抄张世美《倭变论》，寄柳翼谋。至宪人处，不值。出，至图书馆。出，至济婴局，晤端甫，四下钟返。夜，理账。复书贾朱遂翔信。

1月5日　星期四

阴。上午，写书目。宪人来。学源来。下午，伯承来。至图书馆。出，至济婴局，晤及端甫，四下钟返。夜，理账。

1月6日　星期五

阴。偕粲君携益明、念祖、纪祖往上海。上午八点三刻钟乘轮船开，下午四点钟到。在盆汤弄桥埠头登岸，即至鸿远里寓所。在船观《国学图书馆》第五年刊、《青鹤》杂志、《辅仁大学》杂志。君定在沪，君平亦今日自京回来。夜，至三马路办喜幛及至荣宝斋、利利公司文艺部、蟫隐庐、博古斋、来青阁等处。

1月7日　星期六

晴。上午，至霞飞路新华理发。出，至白尔部路，晤乃乾，坐谈数刻。出，至中国书店。出，至先施酒楼，与粲君携益、念、纪三儿相会，即进午点。点后，同至先施公司购物。三点钟至卡德大戏院，观电影演《啼笑因缘》。五点钟出，粲君携三儿先回寓，余又至中国书店、富晋书社、来青阁、博古斋。夜馔于一枝香。馔后，至惠中旅馆（观南京书贾之书）及蟫隐庐，八下钟返。

1月8日　星期日

晴。上午，至辣斐德路文古书店（晤李爱椿）及西门陆永茂内买花。偕粲君携益、念、纪三儿至大东酒楼午馔。馔后，至永安公司购物。旋粲君别去，余携三儿向新新公司一转后先返。复时舅，致伯华信。至鸿运楼，仲稽明日为子完姻，今晚招饮，夜九下钟返。

1月9日　星期一

晴,夜午后雨。上午,偕粲君携益、念、纪三儿至鸿运楼,贺仲稽哲嗣松生与张女士结婚。下午,行婚礼,余为证婚。夜宴后,粲君携三儿先返,余同君定、君藩至温泉沐浴。返已近夜午矣!

1月10日　星期二

阴。上午,至卡德路四行储蓄会。下午,至中国书店、永安公司、大公报馆代办部、蟫隐庐、利利公司文艺部、荣宝斋。至辣斐德路益余坊仲稽寓处,松生新房亦在此。又应其招饮,粲君携三儿已先到。夜,与客人手谈。返亦十一点多矣!

1月11日　星期三

上午阴,下午雨,夜雪。上午,至中国通艺馆,观金石书画,以八十金购一改七芗梅花直幅,该店今日开幕也。午刻,至冠生园与粲君相会,购物并午馔。馔后,至百货永安、先施、新新各公司,傍晚返。

1月12日　星期四

阴,晨有雪。携益明、念祖先归,上午七点三刻钟在盆汤弄桥堍乘轮开行,下午三点一刻钟抵家。夜,写账。

1月13日　星期五

上午阴,下午雪。上午,搬移书橱。钻坚、伯承先后来。下午,杂务。望舅来住。粲君携纪祖自沪归。

1月14日　星期六

阴有雪。上午,陆幼卿来。镇上公安局长项再人来。下午,望舅去。至图书馆。出,至区公所,晤涤新及瑞商。出,至济婴局,晤及端甫,傍晚返。花儿校中寒假,前日出校以修牙稽留,今归。夜,理账。

1月15日　星期日

阴,上午有晴光。上午,保卫团支排长来。志轩来,莫伯筹来,子峰来。下午,至储蓄会,举行第一百七十一期掣签。出,至槐荫阁。出,至济婴局,晤及端甫。出,至图书馆,四下钟返。伯才来,即去。君懿来,少坐,去镇上高宅。夜,作信,至朱培元、马君达、陈乃乾、国闻周报社,复罗子经、中国书店。

1月16日　星期一

雨。上午,宪人来。前保卫团排长李振发来。下午,搬移器物。子峰来。季眉来。夜,写账。

1月17日　星期二

阴。上午,钻坚来。杂务。作信,复时舅及黄遂生。下午,至济婴局,少坐。出,至图书馆、区公所而返。傍晚设筵宴馆师徐尹卿先生,邀端甫、宪人、叔纯、志轩为陪。又恒甥自上海回来,旋中孚以事来晤,均邀入座。八下钟均去,恒甥住。

1月18日　星期三

上午阴,下午雪甚大。上午,志轩同伯衎来。伯才来。钱两峰来。下午,恒甥去。答寄各友来贺年柬。校张叔未诗。夜,范振云来。

1月19日　星期四

阴。上午,馆师徐尹卿先生年假回去。杂务。奚斗储来。下午,词臣来,志轩来,子峰来。君定同珍甥自沪回来,即去乡。夜,写账。致经训堂信。

1月20日　星期五

阴有雨。上午,理经管之米捐账。杰士来,午饭后去。至图书馆。出,至济婴局,晤端甫。出,至区公所而返。君藩自松回来,傍晚去乡。夜,致文圃,复子经信。理今岁经管之宗祠账。

1月21日　星期六

阴有雨。上午,理账。致迪前信。下午,写书目。夜,君宾自钱家桥回来,即去乡。观《崇德老人自订年谱》及《青鹤》杂志。

1月22日　星期日

阴,下午有晴光。今日年节祭祀,上午祀神,下午祭先。上午,中孚来,张雁冰来。时舅、君藩、君宾来,君藩、君宾午饭后即去松。项再人来,中孚又来。时舅去。夜,补写日记。

1月23日　星期一

阴,有晴光。上午,伯才来。至河西园内种树。下午,至图书馆,馆中近寒假停止开放,今日适钻坚在馆。少坐后,至济婴局,晤及端甫。局中正年节祭祀,因留夜馔后返。

1月24日　星期二

阴。杂务。上午,中孚来。下午,君宾回来,即去乡。白蕉来。

1月25日　星期三

晴。杂务。上午,志清来,端甫来,伯才来。下午,杏林来,子峰来,同子培来。

1月26日　星期四

晴。今日,癸酉岁首,上午拈天香祀祖先。上午,河西三官来。下午,巩宇来。检书画。

1月27日　星期五

晴。上午,至志轩及词臣处。伯承来。望舅、君平、君定、君宾来,大妹携恒、珍、鼎、安、嵩五甥亦归。下午,韫辉同陈士韦来。

至宗祠。出,至济婴局,少坐,返。望舅等去,惟君宾、恒、珍、鼎三甥留。夜,观《青鹤》杂志。

1月28日　星期六

晴。中埭房屋将动工翻造,今日午刻延羽士来破土。上午,白蕉来。志轩、昆亮来。下午,同粲君,花、益、念三儿、鼎甥至河西新屋。至子贞处。出,至仲田处,各谈数刻。出,至张宅,候宋仁斋,不值,乃返。君宾、恒珍、鼎三甥去。夜,理账。

1月29日　星期日

晴。上午,理书。钻坚来。下午,至宪人处,坐谈良久。出,至济婴局,四下钟返。夜,理账。

1月30日　星期一

晴。上午,伯才来。仲田来。时舅来,下午去。至河西新屋。夜,理账。观《青鹤》杂志。

1月31日　星期二

晴。上午,偕粲君携花、益、念、纪四儿至高家老宅。下午至新宅,夜饭后返,益儿留。

2月

2月1日　星期三

阴,下午放晴。上午,冲之来。宪人来。往庄宅,候巩宇,不值。至河西园地。午刻,粲君携花儿乘汽油船往松江王宅。下午,白蕉来。至图书馆。出,至济婴局。出,至张宅,晤宋仁斋,傍晚返。益儿自高宅归。夜,复书贾朱菊人信。

2月2日　星期四

晴。上午，君宾来，即乘轮船去钱家桥。杂务。君藩来，午饭后乘汽船去松江。志轩来。伯才来。至图书馆。出，至济婴局，四下钟返。夜，收来青阁、中国书店信。补写日记。

2月3日　星期五

晴。谈麟祥昨到闲闲山庄，今午时舅设宴招陪，乃于上午往，与之初次见面也。下午返。花儿自松归。

2月4日　星期六

晴。上午，视察匠人移卸老屋装修。蔡叔明来。端甫来。钻坚来。至河西新屋。綮君自松归，杭生同来。下午，至恒大庄，候叔明，又至伯埙处，均不值。乃至济婴局，晤端甫。近四句钟出，至图书馆一转而返。

2月5日　星期日

阴雨。上午，花儿乘轮往沪，进圣玛利亚女校。督同工匠拆卸老屋装修及搬移物件。

2月6日　星期一

晴。上午，督同工匠拆卸老屋装修及搬移物件。端甫来。子光来。圆妹携青、铦二甥归。下午，杭生去。至济婴局，四下钟出，至槐荫阁一转而返。圆妹携二甥去乡。

2月7日　星期二

阴，夜雨。上午，督同工匠拆卸老屋装修及搬移物件。陆斐然来。下午，君介来。至图书馆。出，至济婴局一转而返。君介夜饭后去。

2月8日　星期三

阴，上午有雨，夜雪。上午，范志诚来。志轩来。冯子贞来。

迁移账房至二垾次间。尹卿先生来,午饭后去。搬移物件。至济婴局。出,至图书馆一转而返。今日开始卸去老屋屋面。

2月9日　星期四

阴。今日延羽士禳星。上午,志轩来。时舅来,旋陈陶遗来,谈典业银行事。午饭后,陶遗即去,时舅亦去。

2月10日　星期五

上午阴,下午雪。杂务。傍晚设筵宴范志诚、项再人,并招伯埙、伯承、中孚、涤新、盘新、志轩。尚邀宋仁斋及杏林、志清,以出门未到。八下钟散席。

2月11日　星期六

阴晴。上午,杂务。下午,庄景桓来。至图书馆。出,至济婴局,晤端甫,四点多钟返。夜,复松岑、北平图书馆及花儿信。

2月12日　星期日

晴。上午,项再人来。杂务。下午,李振发来。同粲君携念、纪二儿至河西新屋。

2月13日　星期一

晴。上午八点钟乘汽油船往松江,时舅亦来,过松隐,陶遗又来,到已过午。同至典业银行,晤闵瑞师、沈思老、履仁。用馔后,同至阔街高宅,开银行董事、监察人会议,君藩及石愚亦列席。至傍晚散会,即住高宅。夜,与陶遗等杂谈。

2月14日　星期二

晴。上午,八点钟乘汽油船归,午刻抵家。下午,看工匠做工。翻种牡丹花。馆师徐尹卿先生来。夜,复君定信。

2月15日　星期三

上午阴有雨,下午雨。今日馆师徐尹卿先生开课,纪祖亦上学。上午,写书目、理书。下午,伯才来。至图书馆,并至济婴局一转。出,至宪人处,以前日在松骨哽请其一治,少坐,返。夜,复花儿,致陈东原、来青阁、中国书店信。

2月16日　星期四

雨。上午,钻坚来。杂务。下午,至河西新屋,今日延羽士在彼安龙。君定来住。

2月17日　星期五

晴。君定乘轮去沪。上午,理发。悬挂新移账房内字画。下午,韫辉来。宪人来,坐谈良久。夜,作信,复乃乾、松岑、白蕉、味斋,致圣一、经训堂书店、典业银行。

2月18日　星期六

阴。上午,中孚来。至河西新屋。下午,至济婴局,四下钟返。夜,复哲夫、绳夫,致菊生、小剑信。

2月19日　星期日

阴,下午雨。上午,整理花草。下午,翻阅新购之批本《韩昌黎集》。同絮君携益、念、纪三儿至河西新屋布置一切。以家中造屋局促,絮君将携儿辈移居于此,书房亦设彼也。傍晚返。韫辉来,晤于新屋。夜,作信,复破浪、菊人,致君藩、君彦、于仲篪。老屋墙壁、梁柱于今日卸通。

2月20日　星期一

晴。上午,志轩来。至河西新屋。下午,至济婴局,晤端甫,坐谈数刻。出,至区公所一转而返。至河西新屋。夜,观《浙江图书馆月刊》。致星五信。

2月21日　星期二

晴。上午,至河西新屋。下午,端甫来,格正起建,中埭方向。

至河西新屋,今日书房移入。綮君携益、念、纪三儿去住,余仍住老宅。傍晚返。

2月22日　星期三

晴。上午,至河西新屋。下午,至图书馆。出,至济婴局,四点钟返。端甫来,夜饭后去。作信,复志儒,致佩忍。

2月23日　星期四

阴,晚雨。上午,至河西种树。哲华来,又邀端甫来,嘱其共同复格造屋方向。午饭后,坐谈数刻,均去。至河西,督仆人收拾园地,傍晚返。夜,复花儿,致君定、富晋书社信。校选抄之《梅屋诗钞》。

2月24日　星期五

阴。上午,以老新楼靠东一间与新建之屋有碍,昨亦卸去一架,乃整理其翻出之书籍。时舅来。杰士来,午饭后去,旋时舅亦去。至河西新屋,伯才来晤。新民来。夜,校选抄之《梅屋诗钞》。

2月25日　星期六

晴。上午,至河西新屋,在园地种树,午饭后返。至宪人处,不值。出,至区公所。出,至图书馆。出,至济婴局,晤端甫,又韫辉来晤。四下钟返。子峰来。夜,复绳甫、学南,致培孙信。

2月26日　星期日

上午阴,下午雨。上午,写书目。下午,理宗祠账。理书。范振云来。夜,拟写致李印泉信。致君藩信。

2月27日　星期一

雨。上午,中孚来。校《稽中散集》。望舅来。下午,叔明来,晤望舅,少坐,去。旋望舅亦去。子峰来。夜,复东原,致国闻周报社信。观《国闻周报》。

2月28日　星期二

阴雨,夜雨。上午,往吊蒋云生之丧。至河西新屋,午饭后返。至图书馆。中妹携瑞、璧二甥归。夜,理账。复味斋信。

3月

3月1日　星期三

晴。上午,至河西新屋,午饭后返。至图书馆。出,至济婴局,晤端甫。四下钟出,至槐荫阁一转而返。夜,翻阅来青阁新出书目。

3月2日　星期四

阴晴,夜雨。上午,写致李印泉信。中孚来。圆妹携青、铦二甥归。振云来。下午,至河西新屋,圆妹等亦去。中妹等昨日起已移住于彼。至图书馆。出,至子贞处,移交宗祠司年账目。出,至济婴局,晤及端甫。四下钟返。圆妹携二甥去乡。夜,作信,复培孙、乃乾,致寿祺,又复花儿。

3月3日　星期五

晴。上午,作信,致兰畦。录存信稿。下午,志轩来。理书画。夜,复君藩,致中国书店信。

3月4日　星期六

阴,晚雨。上午,至河西新屋。理书。下午,移植墙上雨过天晴月季花。理书画。夜,复慎旃、志儒信。

3月5日　星期日

阴,夜有雪珠。上午,理书。至河西新屋,午饭后返。至图书馆。出,至济婴局,晤端甫,种杉木一株于庭中。四下钟出,至槐荫阁而返。插月季花头。夜,复君定,致中国书店信。观《国风》杂志。

3月6日　星期一

阴。上午,理书画。钻坚来。校《嵇中散集》。夜,理搜集之尺牍。

3月7日　星期二

上午阴,下午雪。上午,理书。子峰、韫辉先后来。复时舅信。下午,中妹携瑞、璧二甥至高宅圆妹处。志轩来。至图书馆及区公所。校《嵇中散集》。夜,复君藩信。

3月8日　星期三

阴,有日光。上午,写书目。至河西新屋,午饭后返。至图书馆。出,至济婴局,晤端甫,四下钟返。夜,观《青鹤》杂志。复寿祺信。

3月9日　星期四

阴,下午有微雨,夜雨。上午,作信,复康修其及绳夫。至河西新屋。下午,督工铺园中石路,傍晚返。夜,致文宝印刷公司信。

3月10日　星期五

雨雪。上午,校所抄沈思齐所选陆放翁、范石湖田间〔园〕诗目录。致时舅信。下午,理书。校《嵇中散集》。夜,观《国闻周报》。

3月11日　星期六

晴。上午,校所抄《崇兰馆帖》跋。下午,写书目。韫辉来。新民来。夜,观《国闻周报》。

3月12日　星期日

晴。上午,至河西新屋。校《嵇中散集》。下午,至河西新屋。

至图书馆。出,至济婴局,近四句钟返。晋康来。至河西新屋。夜,观《中国营造学社汇刊》。

3月13日　星期一

晴。上午,校《嵇中散集》。至河西新屋,午饭后返。望舅来,三下钟去。至济婴局,近五句钟返。子峰来。夜,复花儿,致忆初信。

3月14日　星期二

晴。上午,校《嵇中散集》毕。至河西新屋,午饭后返。盘新来。子峰来。至图书馆。出,至济婴局。四下钟出,至槐荫阁一转而返。大妹携嵩甥,又君实、君宾自沪乘轮回来,傍晚均去。夜,杂务。

3月15日　星期三

阴,晨微雨,有日光。上午,时舅来,本拟同至松江,乃以汽船损坏不果行,时舅则改乘轮船往沪。至河西新屋,即返。校所抄《萧敬孚佚稿》。下午,至储蓄会,举行第一百七十三期掣签,并开常年大会,以到者不多,改为谈话会。出,至济婴局,晤端甫,出。至图书馆,四下钟返。子峰来。夜,复白蕉信。

3月16日　星期四

晴。上午,校所抄《萧敬孚佚稿》。至河西新屋,午饭后返。涤新来。至图书馆。出,至济婴局。出,至子贞处,今晚渠宴馆师曹中孚,招陪。中孚即为余所介绍。夜八句钟返。

3月17日　星期五

晴。上午八点钟乘汽油船往松江,十一下钟到。先至典业银行,旋至北门闵宅,七吊瑞之师母之丧。时舅、君定亦自沪来,下午同出。余至松江图书馆,候君彦,不值。又至承大庄,乃返典业,杰士亦来。时舅、君定傍晚返沪。余于夜馔后,同君藩至阔街。杰士亦于晚间来。至松江大戏院,观京剧,十下钟返阔街。杰士同住。

3月18日　星期六

晴,夜有雷声。上午八点钟乘汽油船归,十一点钟抵张。先至河西新屋,旋志清、晋康以事来晤,乃同至老宅。渠等少坐,去。下午,至图书馆。出,至济婴局,近五句钟返。子峰来。

3月19日　星期日

晴。上午,至河西新屋。下午,校所抄《萧敬孚佚稿》。端甫来。新民来。夜,致君藩及中国书店信。

3月20日　星期一

晴。观造屋做工。

3月21日　星期二

阴。上午,至河西新屋。下午,钻坚来。至图书馆。出,至济婴局,晤端甫。出,至区公所。

3月22日　星期三

晨间阴,旋雨,近午止,有日光,下午阴。翻造中埭,今日辰时立柱,午时上梁。上午,中妹携瑞甥归。下午,君定自沪乘轮归,来即去乡。中妹仍往高宅。端甫来。夜,复志儒信。

3月23日　星期四

晨阴旋雷雨。上午,杂务。下午,校所抄《萧敬孚佚稿》。夜,理账。今晚待水、木两作匠人及石匠酒筵,共计十桌。

3月24日　星期五

雨。上午,不事事。下午,至区公所。出,至济婴局,晤端甫。又志清来晤,四点多钟返。夜,复新民信。今晚待造屋小工酒筵,计四桌。

3月25日　星期六

上午阴,下午晴。上午,理书。至河西新屋,午饭后返。修剪菖蒲。至图书馆。出,至济婴局,晤及端甫,近五句钟返。夜,写书籍题记。

3月26日　星期日

雨。上午,校所抄《萧敬孚佚稿》。下午,伯才来。理书。夜饭后,至河西新屋,住焉。观《青鹤》杂志。

3月27日　星期一

阴晴。上午,在新宅园内,督工人搬置石凳等,并有卖花仆来,为买梅树、海棠、玫瑰、月季之属。近午返老宅。时舅自松回来,午饭后去。至区公所,开区务会议,近四句钟返。至花船边看花。至河西新屋,仍返,夜饭后,又去宿。观《营造学社汇刊》。

3月28日　星期二

晴。上午,至老宅。瑞商来,午饭后去。下午,至图书馆。出,至济婴局,晤端甫,四下钟返。夜,至河西新屋。校所抄《萧敬孚佚稿》。

3月29日　星期三

晴。上午,至老宅,观匠人建筑,近午仍至河西新屋,饭后再至老宅。至子贞处,视其病。出,至公共体育场,观义务保卫团操演。出,至济婴局,晤及端甫,四下钟返。夜,至河西新屋。

3月30日　星期四

晴。上午,至老宅。与匠人谈新屋装修。朱乐天来,午饭后去。至济婴局,三下钟出,至槐荫阁一转而返。至河西园内,种树。今夜与粲君即宿老宅。

3月31日　星期五

晴。上午，校所抄《萧敬孚佚稿》。钻坚来。清明节祭先。端甫来，午馔后去。新民来。伯才来。至金家桥扫墓。翻种建兰。

4月

4月1日　星期六

晴。上午，圆妹携铦甥归，中妹携壁甥亦自高宅归。校所抄《萧敬孚佚稿》。涂县长及项再人公安分局长来，少坐，去。君定来。下午，至图书馆。出，至区公所，晤涂县长。出，至东市梢操场，县长来检阅第六、第八两区义务保卫团。四点多钟余先行至济婴局，晤端甫。出，至区公所，又晤涂县长。傍晚返。圆妹已去乡，中妹亦仍往高宅，君定亦去。今日粲君两妹携儿辈亦去看操。

4月2日　星期日

阴，下午有雨。上午，理发。下午，至龙沙禅院处扫墓。校所抄《萧敬孚佚稿》。夜，复马君达信。今日扫墓，坐船去，在船观《中国画学浅说》。

4月3日　星期一

阴，上午有雨。上午，冲之来。同承粲至夏人村先父先母墓上祭扫，下午返。在船观《邵二云先生年谱》。季眉来。夜，致培孙信。

4月4日　星期二

晴。上午，至五区头何宅，吊姨母之丧，下午返。在舟观李印泉《镇扬游记》。夜，复乃乾信。

4月5日　星期三

晴。上午,至假山桥扫墓,又至裕源衣庄看市房。校所抄《萧敬孚佚稿》。珍、鼎、安三甥来。下午,至图书馆。出,至东小桥扫墓。回,至济婴局。三下钟出,至槐荫阁而返。君定来,初与望舅在张宅,旋携珍甥去。夜,致花儿,复圣一信。

4月6日　星期四

晴。上午,理书画。至河西园地。下午,端甫来。李雪艇来。至图书馆。出,至济婴局,晤端甫,五下钟返。夜,复马君达信。

4月7日　星期五

晴,夜有雨。上午,校所抄《萧敬孚佚稿》。下午,作信复李印泉。钱亚农以卢氏所藏吴秋农《梅花仕女》来售。夜,致中国书店等处信。

4月8日　星期六

雨,晨阴。上午,校所抄《萧敬孚佚稿》。下午,翻阅沈大成批点《杜诗》。伯才来。至图书馆。出,至济婴局,晤端甫。近五句钟返。鼎、安二甥去。夜,观《青鹤》杂志。

4月9日　星期日

阴,下午有雨。上午,理书。下午,白蕉来。至河西新屋。至图书馆。出,至济婴局,晤端甫,四下钟返。今日承粲携益、念两儿游秦山,并至高宅,傍晚返。

4月10日　星期一

阴。今日阴历三月十六,济婴局斋堂,上午至局中,午刻返。即至河西新宅。连日以馆师节假,承粲携三儿住在老宅,今馆师已来,又移居河西。余在新宅午饭后,二下钟返老宅。旋又至济婴局,在局为移送局婴至松江育婴堂事,写致杰士一信,渠任职松堂文牍也。夜宴后，八下钟返。

4月11日　星期二

晴。上午，校所抄《萧敬孚佚稿毕》。新民来。至河西新屋，午饭后返。至图书馆。出，至济婴局，晤端甫，即返。伯才来。李春隆来。夜，复志儒信。新屋今日开始钉椽。前以两傍墙未砌高，未能即盖屋面，故未钉也。

4月12日　星期三

晴。上午，至轮船上，晤君定。至姜久昌石灰行，晤伯承。至焦家桥，观石工翻造。乃至闲闲山庄，晤时舅。午饭后，至高老宅，晤望舅。三下钟返山庄，即归。往返皆步行也。

4月13日　星期四

阴，有日光。上午，观槐卿携来出售之书画。致时舅信。至河西新屋，午饭后返。至图书馆。出，至济婴局一转而返。项再人来。校《一树梅花老屋诗》刻本写样。夜，复花儿信。

4月14日　星期五

阴，有日光，雨。上午，校《一树梅花老屋诗》刻本写样。端甫来。至河西新屋，午饭后，又略理书籍，乃返。写书目。夜，致花儿信。

4月15日　星期六

上午有雨，下午阴。上午，君宾来，即乘轮去。校《一树梅花老屋诗》刻本写样。下午，至储蓄会，举行第一百七十四期掣签。至图书馆，省督学周伊耕来。出，至济婴局，晤及端甫，五句钟返。徐胥钦来，为周督学索《武陵山人遗书》。夜，补写日记。

4月16日　星期日

雨。上午，理书。校《一树梅花老屋诗》刻本写样。至河西新屋,午饭后,略理书籍而返。杂务。夜,复陈东原、陆履仁信。

4月17日　星期一

阴,有日光。上午,作信,致时舅及葛荫梧。辑《金山艺文志》。至河西新屋,午饭后返。至区公所。出,至济婴局,晤端甫,四下钟返。花儿校中春假归。端甫来。夜,复君彦信。

4月18日　星期二

雨。上午,理书。下午,杂务。作信致顾鼎梅。伯才来。夜,写账。

4月19日　星期三

雨。上午,作信致刘翰怡。下午,复仲稽、季鲁信。观《章氏遗书》。夜,致学南信。

4月20日　星期四

阴。上午,杂务。下午,至河西新屋。至图书馆。出,至济婴局,晤端甫。出,至区公所,李幸三来晤,少坐,返。至河西园中,安置石凳。夜,复绳夫信。

4月21日　星期五

晴。上午,至宗祠,行春祭礼。余司鸣赞。又至图书馆,在祠饮福后,下午出,至济婴局、槐荫阁而返。大妹携嵩甥归,中妹携瑞、壁二甥亦自高宅归,大妹即仍去乡。伯才来。夜,翻阅《兰因园丛帖》。

4月22日　星期六

晴。理书,杂务。上午,中妹携瑞、壁二甥去亭林。下午,莫伯筹来。夜,观《国闻周报》。

4月23日　星期日

晴。上午,花儿乘轮往沪进校。杂务。理书。下午,至湿香庵。以河西仲箎嫂为仲箎兄今年七十冥庆,在庵中作佛事,因往一拜。至济婴局,晤及端甫。出,至图书馆。时舅来,少坐,去。学源来,少坐,去。夜,观《国风》杂志。

4月24日　星期一

阴晴,下午有雨。上午,作信,致君藩,复石钧、鼎梅。下午,作信,复圣一。观《章氏遗书》。夜,观《国风》杂志。

4月25日　星期二

雨。上午,至河西新屋,即返。下午,观《青鹤》杂志等。宪人来。夜,校焦南浦《经说汇编》。

4月26日　星期三

晴。上午,整理花木。朗臣来。至河西新屋,午饭后返。写出前日吟成之《题陈乃乾小楼共读图诗》。至图书馆,四点钟返。夜,校焦南浦稿。

4月27日　星期四

晴。上午,辑《金山艺文志》。下午,至图书馆。出,至济婴局,晤端甫,少坐,返。钻坚来。观《章氏遗书》。夜,观《中国庭园概观》。

4月28日　星期五

晴。上午,顾震涛来,同至安民桥,观卢姓出售之地基。校所抄之《柚堂文存》。顾品璋来。下午,至济婴局,晤端甫。出,至图书馆。出,至睫园,与新民、中孚等开国术馆筹备会。出,至区公所,五句钟时返。震涛同张瑞秋来。夜,观傅沅叔《劳〔崂〕山游记》。

4月29日　星期六

晴,上午有雨。上午,写题《陈乃乾小楼共读图诗》册页。校所抄《柚堂文存》。至河西新屋,午饭后返。至槐荫阁,而济婴局,晤端甫。出,至图书馆,三下钟返。校《柚堂文存》。夜,复乃乾信。

4月30日　星期日

晴。上午,杂务。校所抄《柚堂文存》。至河西新屋,午饭后返。至济婴局,晤端甫。出,至图书馆,又至济婴局,傍晚而返。夜,端甫来。复慎旃信。

5月

5月1日　星期一

晴,傍晚雨。上午,持牡丹花至宪人处,不值,即返。校所抄《柚堂文存》。至河西新屋,午饭后返。校《柚堂文存》。时舅来,傍晚去。夜,复少莲信。

5月2日　星期二

阴,有微雨。上午,辑《金山艺文志》。顾品璋来。下午,至图书馆。出,至济婴局,晤端甫,四点多钟返。夜,观《国闻周报》。

5月3日　星期三

晴。上午,至河西,督工铺石路。新民来。下午,至图书馆。同钻坚至槐荫阁候画家朱泾汤启贤,并晤砚辉,又同至馆中。出,余又一转济婴局而返。子峰来。夜,复学南、志儒信。

5月4日　星期四

阴。上午,校补抄之《此木轩经说汇编》。至河西新屋,午饭后返。至图书馆,晤及宪人,杂谈。又同至其家观花木,四点多钟返。种兰花。

5月5日　星期五

晴。上午,以焦家桥重修,至桥堍一看。李振发来。至河西新屋,午饭后返。时舅在潘顺兴菜馆招饮。同席为汤启贤、顾茋臣及钻坚、君介。散席后,同至余家,旋望舅亦来,傍晚先后均去。夜,复富晋书社信。花儿以校中放假,今日午后乘轮归。

5月6日　星期六

晴。上午,志诚来。同粲君至五区头,七吊何姨母之丧。下午返,傍晚抵家。在舟观《青鹤》杂志等。今日立夏称人,得九十八斤。

5月7日　星期日

晴。上午,杂务。下午,至图书馆。出,至区公所,开区务会议。出,至济婴局,晤瑞甫,四点多钟返。夜,观《国闻周报》。

5月8日　星期一

晴。上午,花儿乘轮往沪,进校。辑《金山艺文志》。瑞甫来。干祖望来。紫卿为其孙祖望习医悬壶设筵,招饮,因往。在入席前,又同宪人、幼卿走金家桥一回。四下钟散席。至区公所一转。出,至济婴局,晤及端甫,傍晚返。

5月9日　星期二

晴。上午,理书。至庄宅,候公愈,并晤飞槎。冯子贞来。至河西新屋,项再人来晤。下午,公愈、飞槎、履仁来。至区公所。出,至图书馆。出,由济婴局而至公安局,晤项局长。出,至槐荫阁,晤汤启贤。校所抄《金山文征》。夜,致忆初信。

5月10日　星期三

晴。上午,至中心小学,晤子贞,少坐,返。顾震涛来。辑《金山艺文志》。圆妹携青、铦二甥归。至河西新屋,午饭后返。辑

《艺文志》。子峰来。圆妹携二甥去乡。种花。夜,翻阅书店目录。

5月11日　星期四

晴。上午,理发。子峰来。下午,至图书馆。出,至区公所,开保卫委员会。出,至济婴局,晤端甫,少坐,返。至河西新屋,即返。夜,复君彦信。

5月12日　星期五

晴。上午,杂务。时舅来,同至河西新屋。时舅即去,余午饭后返。至区公所。出,至图书馆。出,至济婴局,晤及端甫,五点多钟返。夜,复石钧信。

5月13日　星期六

晴。上午,至河西,督工铺路。草行政会议提案。至河西新屋,午饭后返。至图书馆。出,至济婴局,晤端甫,四点多钟返。夜,观《国闻周报》。

5月14日　星期日

晴,傍晚有雨。上午,重为乃乾写题图诗。大妹携鼎、安、嵩三甥归。复乃乾信。下午,至图书馆。出,至济婴局,近四句钟返。大妹携三甥去乡。至河西新屋。

5月15日　星期一

晴。上午八点钟乘汽油船往朱泾,时舅、志轩同行,十一点钟到。先向大华旅馆一转,后即至县政府,应涂县长之约,出席第七次行政会议。午前举行开会仪式,下午接开大会,并摄影。傍晚散出。至憩南处,时舅已先在,余于夜馔后返大华,时舅即住于彼焉。

5月16日　星期二

晴,夜雷雨。上午,至憩南处,并晤幹臣先生。涂县长来晤。同时舅、憩南至曹赞华及吕同人处看花。同时舅往吊何琴南夫人之丧。同时舅至县政府,开审查会。下午,开大会。傍晚,涂县长招饮县政府僚属。以县长莅任已及一年,开同乐会,有游艺,亦列席参观,至十点多钟返寓。今日,杰士亦到会,同住大华。

5月17日　星期三

晴,夜有雨。上午,至公共体育场,应公安局施局长邀,观巡士会操,并长警补习班行毕业礼,合摄一影。十下钟,至县政府,开审查会。下午,开大会,至傍晚会毕。散出,参观平民习艺所后,返寓。同志轩、肃斋、瑞清、国华至顺源馆夜馔,晤及保卫团办公厅主任赵赞臣,由其会账。返寓后,又同肃斋、国华至公共演讲厅观剧,演《空谷兰》。返寓已夜午矣。

5月18日　星期四

晴,傍晚雷雨。晨,范志诚来,邀往面馆早馔。同座为志轩、肃斋、国华、铁军、卓然、析烦。馔后,同志轩等乘汽油船回张,十点半钟抵家。下午,至河西新屋。至图书馆及济婴局。

5月19日　星期五

阴,傍晚有雨,夜雷雨。上午,杂务。写账。写书目。至河西新屋,午饭后返。至图书馆。出,至济婴局,晤端甫,五句钟返。夜,致迪光信。

5月20日　星期六

阴有雨。上午,校所抄之《调运斋集》。至河西新屋,午饭后返。整理花草。写书目。夜,观《国闻周报》。

5月21日　星期日

阴。上午，校所抄之《调运斋集》。理书。下午，同粲君携念、纪二儿至民众教育馆观剧，演《空谷兰》，五点多钟返。夜，复书店信。

5月22日　星期一

晴。上午，校所抄《调运斋集》。韫辉来，少坐，去。杰士来，午饭后去。仁斋来，坐谈数刻，去。至河西新屋，即返。至济婴局，四点多钟返。整理花木。夜，补写日记。

5月23日　星期二

晴。上午，复钮荫谷信。涤新来，同至河西新屋，为粲君开调理方。涤新即去，余于午饭后返。至宪人处，并晤旭如。出，至图书馆，三下钟返。校所抄《调运斋集》。夜，复花儿信。

5月24日　星期三

晴。上午，校所抄《调运斋集》。复刘翰怡信。至河西新屋，午饭后返。复董伯骏信。至图书馆。出，至济婴局，晤及端甫，五句钟返。夜，杂务。

5月25日　星期四

晴，上午阴有雨。上午，扦植月季。校所抄《调运斋集》。至典当场前，买花。至河西新屋。下午，致大妹信。新民来晤，二下钟返。至图书馆，四句钟返。理书。夜，复圆妹信。

5月26日　星期五

晴。上午，校所抄《调运斋集》。时舅来，午饭后去。至明伯处。出，至槐荫阁，晤汤启贤。出，至济婴局，五句钟返。夜，补写日记。

5月27日　星期六

阴,晚雨。上午,校所抄《调运斋集》。下午,至图书馆、济婴局、区公所。杂务。夜,复中国书店信。

5月28日　星期日

上午阴雨,下午晴。上午,作信,至李洞庭及云南图书馆。下午,至图书馆。出,至济婴局,五句钟返。夜,校抄件。

5月29日　星期一

晴。上午,杂务。下午,至志轩处,不值,晤守梅。出,至河西新屋。出,至济婴局,四句钟返。

5月30日　星期二

晴。往上海。上午八点三刻钟乘轮船开行,至闵行转乘汽车,下午二点钟到。先至城隍庙及古香室装池,乃至升平街鸿远里寓庐。君定在沪。夜,同君定至白尔部路乃乾处,十下钟返。

5月31日　星期三

晴。上午,至花儿信。至中国书店。出,至摩登照相馆,摄影。出,至永安、先施两公司,在东亚酒楼午馔。馔后,至西泠印社。出,至中国通艺馆,晤马君达。出,至来青阁、富晋书社、博古斋、汉文渊等旧书肆浏览,又至开明书店、朵云轩。傍晚返。夜,至温泉沐浴,十一点钟返。

6月

6月1日　星期四

晴。上午,写日记及账。阮俊卿来。至信昌当,新迁在金神父路打浦桥,少坐,返寓一次。后出,至王家沙花园中华文物馆,观书画古玩。出,至上海银行界路分行、俭德储蓄、浙江兴业银行。出已过午,至青年会,进点。点后,至典业沪行、东莱银行、来青阁、富晋书社、商务印书馆、利利公司文艺部等处而返。粲君及大妹携嵩甥来沪。

6月2日　星期五

晴。上午,同粲君至马立斯新村陆露沙医生处诊治。至福煦路明德里,候丁辅之,不值。仲稽、季鲁来,午饭后去。同粲君至先施及永安公司,余又至中国书店、富晋书社,后再至永安,偕粲君至功德林夜馔而返。

6月3日　星期六

晴。上午,至萨波赛路上海市通志馆,晤胡寄尘。出,至辣斐德路,晤亚子。各少坐,返。花儿校中月假出来。下午,至荣宝斋、曹素功笔墨庄、利利公司文艺部、有正书局、蟫隐庐、艺苑真赏社、大功报代办部、冠生园、南阳袜厂、三友实业社、永安公司等处。傍晚返寓。夜,同君定至乃乾处,观傅氏双鉴楼出让之宋元板书,返已十二点钟矣。

6月4日　星期日

雨。上午,至华新理发。下午,白蕉来。至富晋书社、来青阁,晤及徐积老。又至中国通艺馆,新新、先施两公司,三友实业社,六峰阁观书画展览会。又至冠生园、商务印书馆、民智书局。乃至味雅酒楼,粲君、花儿及大妹、君定、恒、珍、嵩三甥亦到,共夜馔后,九点钟返。

6月5日　星期一

雨。上午,花儿进校。下午,同粲君至丽华公司、冠生园、永安公司、先施公司等处。乃至东亚酒楼,应君定、大妹约,共夜馔,九下钟返。

6月6日　星期二

晨雨旋阴晴。上午七点三刻钟在盆汤弄桥乘轮船归,下午二点钟抵家。杂务。项再人来。

6月7日　星期三

晴。上午,观建筑。端甫来。志轩来。至河西新屋,午饭后返。至图书馆。出,至济婴局,晤端甫,四下钟返。子峰来。志诚来。夜,补写日记。今日阴历五月十五,为先母十一周忌辰。

6月8日　星期四

晴。上午,杂务。新民来。至河西新屋,午饭后返。至图书馆。出,至区公所,开保卫委员会,四句钟返。粲君自沪归,大妹、君定亦回来,即去乡。夜,写账。

6月9日　星期五

上午阴,下午雨。上午,周念伯来。写书目。至河西新屋,午饭后返。复丹林、静远信。校所抄《调运斋集》。子峰同何菊祥来。夜,写账。

6月10日　星期六

雨。上午,校所抄《调运斋集》。下午,写书目、理碑帖。夜,观《国闻周报》。

6月11日　星期日

晴。上午,校所抄《调运斋集》。顾震涛来。杨静远来。下午,至图书馆,晤宪人,闲谈良久。出,至济婴局,晤端甫。出,至槐荫阁。出,至伯埙处,乃返。理书。夜,观《学衡》杂志。

6月12日　星期一

晴,上午有微雨。上午,志轩来。作信,复鼎梅、杰士,致君藩。下午,至济婴局,晤及端甫,四句钟返。整理花卉。子峰来。夜,观《学衡》杂志。

6月13日　星期二

上午阴有雨,下午雷雨,晚晴。上午,校所抄《调运斋集》。作信,致圆妹,复徐力行、沈星庚。至河西新屋,下午返。杂务。夜,写账。致马君达信。

6月14日　星期三

晴。上午,作信,复迪前,致培孙。校所抄《调运斋集》。至河西新屋。午饭后,至志轩处,与陈季梅、何姑母调解志轩与亚雄房地争执事,傍晚返。

6月15日　星期四

晴。上午,理书。校《调运斋集》抄本。复钱两峰信。下午,至志轩处,为志轩、亚雄写调换房地据草稿各一纸。至储蓄会,举行第一百七十六期掣签,并商议一切,时舅亦到会。同出,至槐荫阁而返。钻坚来,旋同时舅去。夜,观《图书馆学季刊》。

6月16日　星期五

晴。上午,写书目。作信,复洞庭、学南、冲之、君藩及何古愚信。下午,至志轩、亚雄处,重行调解其家事。旋与陈季梅返,亚雄亦来,夜均去。

6月17日　星期六

晴,晨有雨。上午,至志轩处,又谈其家事,近午返。下午,志轩来,即去。至图书馆。出,至济婴局,晤端甫,四下钟返。路晤宪人,邀同至家闲谈数刻,去。夜,亚雄来,谈其家事,少坐,去。今日,中埭前起造石库门及铺阶沿石。

6月18日　星期日

上午晴,下午阴旋雨。上午,修剪月季花。校所抄《调运斋集》。子峰来。至河西新屋,下午返。志轩来。理碑帖。夜,观《国闻周报》。致书店信。

6月19日　星期一

雨。上午,复学南信。夏至节祭先。下午,校所抄《调运斋集》。复鼎梅信。夜,观《青鹤》杂志。

6月20日　星期二

阴,有雨。上午,理书。观张伯桢所述《南海康先生传》。至河西新屋,下午返。至图书馆。出,至济婴局,晤端甫,近五句钟返。夜,补写日记。

6月21日　星期三

阴,有雨。上午,观徐澄宇《天风阁诗》。校所抄《调运斋集》。作信,复培孙,致迪前。至河西新屋,下午返。写存所藏少见之清人词卷目录。

6月22日　星期四

阴,有雨。上午,写存所藏词卷目录。至河西新屋。观《天风阁诗》。下午,返。至图书馆,即出,至济婴局,四点多钟返。杂务。夜,抄《清词卷》目录。

6月23日　星期五

晴。上午,整理花卉。写存所藏词卷目录。至河西新屋。观《天风阁诗》。下午,返。至图书馆,出。至济婴局,五下钟返。夜,致君藩信。抄《清词卷》目录。

6月24日　星期六

晴。上午,至高老宅。午饭后,至新宅,四下钟返。端甫来。

季梅来。夜饭后,至河西亚雄、志轩处,又调处其家事,九下钟返。

6月25日　星期日

晴。上午,与匠人谈新屋装修。陆灿然来。沈祖根来。邀涤新来,为粲君开调理方,又亚雄适亦来,均午饭后去。至图书馆。出,至济婴局,晤及端甫。出,至槐荫阁,晤汤启贤,即返。杂务。

6月26日　星期一

晴。上午,校所抄《调运斋集》。整容。下午,写书目。作信,致倪若水,复圆妹。至河西新屋,傍晚返。

6月27日　星期二

晴,有阵云微雨。上午,拟致叶誉虎信。时舅来,少坐,即去。至河西新屋,午饭后返。至图书馆。出,至济婴局,晤端甫。出,至新新照相馆,取越昨儿辈所摄之影而返。杂务。

6月28日　星期三

晴。上午,杂务。致乃乾信。君定来。下午,至图书馆,少坐,返。修剪园中树木。君定去。

6月29日　星期四

晴,下午阵雨。上午八点钟乘汽油船往朱泾,时舅、志轩同行,十点半钟到。即至大华旅馆。午馔后,至县政府,开征工浚河委员会。四下钟散会,出,同时舅至尊古阁装池内候汤启贤,少坐。出,时舅至林家,余至教育局,候倪若水,不值,乃返寓。夜,保卫团办公厅主任赵赞臣来,闲谈数刻,去。

6月30日　星期五

阴,下午雨。上午,出,至面馆。早点后,乘汽油船归。八点钟开行,十点多钟抵家。君懿、子冶来。下午,君定来,以君懿、子冶约,晤也,傍晚均去。花儿校中暑假,归。

7 月

7月1日　星期六
阴晴,上午有雨。上午,吴槐卿来,售书画。杂务。下午,钻坚来,子峰来,伯才来。至图书馆。出,至济婴局,晤端甫,五下钟返。

7月2日　星期日
晴。上午,督工浇槐树杀虫药水。写书目。下午,至图书馆,四句钟返。至中心小学,晤黄蕴辉,少坐,返。亚雄来,夜饭后去。

7月3日　星期一
晴。上午,至轮船埠,晤道弘,即返。昆亮同张希曾来,少坐,去。子峰来,少坐,去。复通学斋、孙耀卿信。至河西新屋,下午返。新民来,即去。至济婴局,晤端甫及宪人,四句钟返。杂务。夜,复圣一信。

7月4日　星期二
晴。上午,至东市梢空地,与昆亮、希曾等量计设备体育场。复校《一树梅花老屋诗》刻样。至河西新屋,午饭后返。至区公所。出,至图书馆。出,至济婴局,晤端甫,五句钟返。夜,理账。新屋今日排置阴沟。

7月5日　星期三
晴。上午,写致叶誉虎信。至河西新屋,下午返。学源来,坐谈数刻,去。与匠人讲房屋装修。

7月6日　星期四
晴。上午,志诚来,坐谈数刻去。续写致叶誉虎信。至河西新屋,午饭后返。至图书馆,仲田先生来晤。出,至济婴局,晤端甫,近五句钟返。夜,抄存信稿。

7月7日　星期五

晴。上午,杂务。作信,复学南,致哲夫。下午,至土山后李雪艇新置宅内,与新民等商议国术馆事。湖南友人田星六来,同来者尚有徐志强,傍晚去闲闲山庄。夜,致迪前信。

7月8日　星期六

晴。上午,至闲闲山庄,晤星六、志强。午刻,时舅设筵宴星六,为陪。下午,合摄一影,傍晚归家。

7月9日　星期日

晴。偕粲君往上海。上午八点三刻钟乘轮船开行,下午三点二刻钟到。在盆汤弄桥堍登岸,即至鸿远里寓所。田星六、徐志强同船至沪。君定、君实在沪。夜,至温泉沐浴,返已近十二点钟矣。

7月10日　星期一

晴,下午有雷雨。上午,至圣玛利亚女校。出,至卡德路四行储蓄会分会。出,至北京路湖社,观海昌许氏天泉阁所藏书画展览会,晤及刘季平。又至宁波旅沪同乡会,观书画展览会,午刻返。下午,至来青阁、中国通艺馆、富晋书社、中国书店,及新新、永安、先施三公司。在先施与粲君相会,同至一枝香夜馔,并招仲稽、季鲁,又晤及君藩、沈思老等,九点多钟返。

7月11日　星期二

晴。上午,阮俊卿来。至外日晖桥南洋中学,晤培孙。出,至辣斐德路,候亚子,不值。出,至贝禘鏖路贝禘坊徐宅,晤星六。出,至恺自尔路候盥孚,不遇。乃至霞飞路,晤公度而返。下午,同粲君至福禄寿吃点心。出，至永安公司。余别去，至汉文渊、受古书店后，至一枝香宴星六及志强，并邀朴安、辅之、丹林、乃乾、陶遗、君定为陪。尚招亚子、盥孚、莼农未到。近十时散席。又同乃乾、君定至中国通艺馆，返已十一下钟矣。

7月12日　星期三

晴。上午，至霞飞路新华理发。出，至怀本坊，晤圆妹——近为辛甥治腹疾寓沪。出，至商务印书馆、中华书局、蝉隐庐、朵云轩、典业沪行、大公报分馆、大陆商场（内观徐季龙、沈葊玉书画展览会）。乃至冠生园午点。出，至先施公司、湖社及宁波旅沪同乡会（观书画展览会）、中国书店、来青阁而返。同粲君至丽华公司，夜馔于功德林。馔后，至大光明观电影，返近十二时矣。

7月13日　星期四

晴。上午，同粲君至马立斯新村陆露沙处诊治，连日渠自去也。出，余又至白尔部路，晤乃乾，近午返。下午，至大陆商场徐、沈书画展览会取扇面。出，至有正书局、受古书店、中国通艺馆、来青阁。乃至先施公司，与粲君相会饮冰、购物而返。

7月14日　星期五

晴。偕粲君归。上午七点三刻钟在盆汤弄桥乘轮船开行，下午三点半钟抵家。君实、恒初同归，即去乡。君介来，即去。迪前已携星垣去。

7月15日　星期六

晴。上午，时舅来，少坐，去。端甫来，少坐，去。致金山民众报社信。下午，至河西新屋，即返。至储蓄会，举行第一百七十七期掣签，三点钟返。至图书馆。出，至济婴局，晤端甫，五下钟返。

7月16日　星期日

晴。上午七点半钟乘汽油船往松江,十点半钟到。即至典业银行,晤君藩。旋同至阔街。午饭后与瑞师、沈思齐、陈陶遗两先生开典业银行董事、监察连席会议,君藩、石愚亦列席。散会后,又同瑞师、陶遗、君藩及兰畦、伯扬至松汇小筑啜茗,并约杰士亦来。傍晚返阔街,与兰畦同住。

7月17日　星期一

晴。上午七点半钟乘汽油船归,十点半钟抵家。兰畦同船,至松隐上岸。子峰来,少坐,去。下午,端甫来,少坐,去。杂务。

7月18日　星期二

晴。上午,端甫来。昆亮同张希曾、曹菊生、凌景行来。仲田先生来。下午,致狄君武信。至图书馆。出,至济婴局。出,至宪人处,晤白蕉,五下钟返。陶书明来。夜,致叶楚伧信。

7月19日　星期三

晴。上午,至区公所,开保卫委员会,午刻返。下午,白蕉、中孚先后来,各坐谈良久,去。至河西园地,即返。夜,补写日记。

7月20日　星期四

晴。上午,冲之来。至区公所,续开保卫委员会,并至图书馆一回。出,至白蕉处,近午返。下午,理字画。至济婴局,五下钟出,至槐荫阁、新新照相馆而返。陆斐然同孙望之等来。夜,志轩来。

7月21日　星期五

晴。上午,理书。下午,至图书馆。出,至济婴局,晤端甫,四下钟返。夜,志轩来。

7月22日　星期六

晴。上午,杂务。至宋石愚信。下午,宋仁斋来,坐谈良久,去。至区公所,开保卫团纳捐人大会,又一至图书馆,五下钟返。夜,黄景伊来,少坐,去。

7月23日　星期日

晴,上午有盛雨。上午,校所抄《调运斋集》。下午,至河西新屋,即返。作信,复石钧,致乃乾。

7月24日　星期一

晴,夜有雨。上午,同中孚、志轩乘平湖班快船往廊下,七点钟开,九点钟到。先至第七区公所,晤缪瑞清。旋同至朱履仁处,时舅、子冶亦来,又君藩、杰士适亦来。午馔后,同至区公所,开山塘河工会议。会毕后,参观民众图书馆、救火联合会等,再至朱宅。五点钟,同中孚乘时舅船归。在孔家阙登岸,步行抵家,已夜矣。志轩则往五区何宅。恭寿连日在高宅,昨日出来,今日回亭林。

7月25日　星期二

晴。上午,君实、恒初、希曾来。君藩、杰士自廊下来。钻坚来,少坐,去。下午,君介来。同君藩、杰士至源来,晤计志清、天佑,晤蒋永根。乃至图书馆,君介亦来,并与中孚、宪人、砚辉开金石书画展览会筹备会。余又一至济婴局。四下钟,同君介、君藩、杰士返,旋均去乡,君实等已先去。沐浴。夜,理账。

7月26日　星期三

晴。上午,杂务。下午,致书店信。至图书馆。出,至济婴局,晤端甫,五下钟返。君藩、杰士来。夜,志轩来,即去。同君藩、杰士至河西新宅宿。

7月27日　星期四

晴。上午,同君藩、杰士至老宅后,渠等即乘汽船回松江。端甫来。又至新宅,督工人刈草,十下钟返。子峰来。下午,致培孙信。至图书馆。出,至济婴局,晤端甫,五下钟返。夜,亚雄来。

7月28日　星期五

晴。上午,杂务。钻坚来。校所抄《调运斋集》。下午,涤新来。理书。复迪光信。邀苏月波〔坡〕来,为粲君诊治。夜,理账。

7月29日　星期六

晴。上午,杂务。复时舅、学源信。下午,复白蕉信。至图书馆。出,至张宅,候宋仁斋,知在智川处,因往戚宅,坐谈数刻。出,至济婴局,晤及端甫,五下钟返。夜,理账。

7月30日　星期日

晴。上午,杂务。下午,理书。大妹携嵩甥自沪归。

7月31日　星期一

晴。上午,端甫来。理发。大妹携嵩甥去乡。沈瘦狂来。至河西新屋,即返。下午,复君藩信。至邮局、槐荫阁而济婴局,晤及端甫,五下钟返。夜,景伊来。

8月

8月1日　星期二

晴,晨有雨。上午,俞盘新来。杂务。下午,复叶玉甫信。至图书馆,四下钟返。校《刘端临遗书》。夜,致乃乾信。

8月2日　星期三

晴。上午,道弘来。写书目。校所抄《调运斋集》。下午,至河西新屋。至图书馆。出,至济婴局,晤端甫,五句钟返。景伊来。夜,观杂志等。补写账及日记。

8月3日　星期四

晴,时有雨。上午,作信复方朣仙。下午,至河西新屋。写《刘端临遗书》目录。沐浴。

8月4日　星期五

晴。上午,观《国闻周报》。校所抄《调运斋集》。下午,写书籍题记。复校《一树梅花老屋诗》刻样。夜,理账。

8月5日　星期六

晴。上午,校《一树梅花老屋诗》刻样。孙望之来。校所抄《调运斋集》。下午,至图书馆。出,至区公所,开区食粮管理委员会。出,至济婴局,晤端甫,五下钟返。夜,观《南海康先生传》。

8月6日　星期日

晴,下午有雨,甚热。上午,宪人来,坐谈数刻,去。子光来,即去。杂务。下午,校所抄《调运斋集》。夜,至河西新屋,晤尹卿先生,约书塾明日起迁回老屋。

8月7日　星期一

晴,下午有雨。上午,端甫来,少坐,去。校所抄《调运斋集》。下午,君介来。写书籍题记。君介去。夜,观《国闻周报》及《青鹤》杂志。

8月8日　星期二

晴,下午有微雨。上午,至河西园地。至协和当,晤景伊。观《青鹤》杂志。下午,写书目。至图书馆。出,至济婴局,晤端甫。出,至区公所而返。夜,复马君达,致郭石麒信。

8月9日　星期三

晴。上午,钻坚来。复培孙信。范景郊来。下午,至济婴局,晤端甫,即出,至图书馆而返。校所抄《调运斋集》。修树。君平自沪回来,即去乡。夜,复文奎堂信。

8月10日　星期四

晴,上午有微雨。上午,校所抄《调运斋集》。复君藩,致丁铁军信。下午,至区公所,投保卫委员会选举票。出,至图书馆,并至济婴局一转。又至区公所,四点多钟返。夜,理账。

8月11日　星期五

晴,晚雷雨。上午,杂务。子光来。校所抄《调运斋集》。下午,至河西新屋。至区公所。出,至图书馆。出,至济婴局,晤端甫,四下钟返。种昌蒲。

8月12日　星期六

晴,有雨,夜雨。上午,志轩、涤新先后来。校所抄《调运斋集》。下午,景郊来。作信,致履仁,复乃乾。沐浴。

8月13日　星期日

晴,上午有雨。上午,校所抄《调运斋集》。子光来。下午,至图书馆。出,至济婴局,晤端甫。出,至仲田先生处。出,至区公所而返。校《调运斋集》。夜,理账。

8月14日　星期一

晴。上午,端甫同其族子鹿鸣来。理发。杰士来,午饭后去。校所抄《调运斋集》。至区公所。出,至济婴局,晤端甫,五句钟返。夜,至迪前信。

8月15日　星期二

晴,晚雷雨。上午,校所抄《调运斋集》。下午,至储蓄会,举行第一百七十八期掣签。出,至槐荫阁。出,至济婴局。出,至图书馆,四下钟返。夜,观《国闻周报》。

8月16日　星期三

　　晴,下午有盛雨。上午,至高老宅望舅处,观起造之书楼。下午,时舅来,旋同至新宅,傍晚归家。在舟观《巢经巢逸诗》。

8月17日　星期四

　　晴。上午,杂务。校《调运斋集》。陶书明来。下午,景郊来。伯才来。至图书馆。君定自沪回来,即去乡。袁景峰来。

8月18日　星期五

　　晴。上午,杂务。校所抄《调运斋集》。伯才来。下午,至宪人处。出,至济婴局,晤端甫。出,至图书馆,四点钟返。至河西园地。季眉来。夜,复学南、君藩信。

8月19日　星期六

　　晴,上午有雨。上午,校抄《调运斋集》。顾品璋来。致君平信。下午,景峰来。子峰来。校《调运斋集》。夜,观《国闻周报》。复中国书店及书贾沈桂昌信。

8月20日　星期日

　　晴。上午,君藩自乡来,即去松。校所抄《调运斋集》毕。下午,至图书馆,并至济婴局一转。又至宪人处,四下钟返。复乃乾信。

8月21日　星期一

　　晴,夜雷雨。上午,渡临张若采等批校《韩昌黎诗集》。复君平信。瑞商来,午饭后去。临校《昌黎诗》。

8月22日　星期二

　　晴,下午有阵雨。上午,杰士来。新民来,少坐,去。复君藩信。下午,杰士去。孙仲甘来,即去。白蕉来,少坐,去。至济婴局,晤端甫,同至宪人处,应其招小饮,看兰花,席上尚有仲田先生,八点钟返。

8月23日　星期三

　　晴。上午,杂务。临校《昌黎诗》。下午,至图书馆。出,至睫园,拟候新民,不值,晤及公迈,少坐。出,至济婴局,四下钟返。临校《昌黎诗》。

8月24日　星期四

　　晴。上午,临校《昌黎诗》。复迪光,致君藩信。下午,复望舅,致君定信。至图书馆。出,至济婴局。出,至区公所,五句钟返。云岩来,少坐,去。夜,观《青鹤》杂志。

8月25日　星期五

　　晴,傍晚雷雨。上午,渡临张若采等批校《韩昌黎诗集》毕。下午,杂务。至南市梢,观市房装修,又至河西园地。今日阴历七月初五,为先君十二周忌辰。

8月26日　星期六

　　晴。上午,作信,复马君达,致俭德总会、文宝印刷公司。侯叔敏表叔同其子梦生来。下午,至图书馆。出,至区公所,开区调解委员会成立会,余亦被推为委员之一。以到者不足法定人数,改为谈话会。出,至济婴局,晤端甫,五句钟返。中孚来。

8月27日　星期日

　　晴。上午,冯子贞来,少坐,去。致云岩信。校书。时舅来,下午同至储蓄会,为会期将满,开总干事会议,三下钟返。舅氏于傍晚去。夜,观《青鹤》杂志。

8月28日　星期一

　　晴,上午雷,微雨。上午,理书。校书。下午,至区公所。出,至子贞处。出,至济婴局而返。倪若水、黄蕴辉来,少坐,去。君介来,少坐,去。傍晚,在南后门失足一跌,撑痛右手。

8月29日　星期二

晴。上午,仲田先生来。中孚来。右手颇觉酸痛,写字不便,邀赵应如来一治。

8月30日　星期三

晴。上午,钻坚来。校书。下午,至中心学校。以县督学何焕章曾来,拟答候之,不值。出,至图书馆。出,至济婴局,晤端甫,并及宪人,四下钟返。

8月31日　星期四

晴。上午,至槐荫阁,观贾客携来之书画。大妹携恒、嵩两甥归,君定同来。志轩同许墨君来,少坐,去。下午,槐卿来,嘱其收拾书画。作信致白蕉。子峰来。志轩、昆亮来。晚饭后,大妹等去乡。复君彦信。

9月

9月1日　星期五

晴,下午有雨。上午,中元节祭先。下午,复叶玉甫信。季眉等来。

9月2日　星期六

阴雨,有时晴,风潮,夜甚大。上午,理行箧。下午,端甫来。志诚来。夜,观《国闻周报》。

9月3日　星期日

阴雨,有时晴,风。携花明、益明两儿往上海。上午八点三刻钟乘轮船开行,下午三点半钟到。在盆汤弄桥轮局登岸,即至鸿远里寓所。船中观《图书馆学季刊》。

9月4日　星期一

晴。上午,至中国书店、富晋书社、来青阁、有正书局、商务印书馆,午刻返。下午,至白尔部路,晤乃乾,少坐。出,至华新理发店。与花、益两儿相会,携往游文庙公园、城隍庙,傍晚返。夜,至怀本坊,拟晤时舅,不在,晤及君介。出,至梅兰坊,晤瑞师,并及时舅,十下钟返。

9月5日　星期二

晴。上午,阮俊卿来。至上海银行、典业沪行、朵云轩、利利文艺公司、荣宝斋、亚东图书馆,午馔于冠生园。馔后,至汉文渊、受古书店、博古斋、中国通艺馆。又至墨林古玩铺晤及陈蒙庵,来青阁晤及王巨川,四下钟返。粲君携念祖、纪祖来,河西大宝宝亦来。圆妹以辛甥就医在此,今日亦自钱家桥来。

9月6日　星期三

晴。上午,至华新理发。出,至金神父路花园坊,晤李续川。出,至环龙路上海坊,候马君达,不值。乃至辣斐德路,晤亚子,近午返。

9月8日　星期五

上午,同粲君至金问淇处,拟请其诊治,不值,即返。午刻,同粲君携花、益、念、纪四儿及大宝宝,珍甥至东亚酒楼午馔。馔后,在先施公司购物。二点半钟,至北京大戏院,观电影演《母性之光》。五点钟出,念祖等先至新新公司,余同粲君至金问淇处诊治。诊后,至新新购物后,在新新酒楼夜馔,适晤君介,邀其同座,九下钟返。闲中观胡适《四十自述》。

9月11日　星期一

晴。上午，致续川信。至张筱谦牙医处，拟修补牙齿，先属一看。出，至中国书店。出，至先施公司，与桼君、圆妹及儿辈相会，同至利查西菜馆午馔，馔后返。花明进圣玛利亚女校。至梅兰坊瑞师处。出，至富晋书社、来青阁、蟫隐庐等处。

9月12日　星期二

晴。上午七点半钟在盆汤弄桥堍乘沪张班轮船归，下午四点半钟抵家。益、念两儿亦随归。夜，志轩来。

9月13日　星期三

晴，上午有盛雨。上午，端甫来，子光来。杨。项再人来。下午，至图书馆，晤及宪人、砚辉。出，至济婴局，晤端甫，五下钟返。志轩来。夜，子峰来。

9月14日　星期四

晴，上午有雨。上午，杂务。钻坚来。子峰来。下午，至舒志诚处、邮政局、槐荫阁、陈俭麟处。而济婴局，晤端甫，图书馆，晤砚辉，观其携来族中出让之旧书，四下钟返。桼君携纪祖及大宝宝归。夜，复君藩信。

9月15日　星期五

晴。上午，邀槐卿来，整理书画。志轩来。伯才来。下午，叔明来。至储蓄会，举行第一百七十九期掣签，即返。至河西园地。杂务。亚雄来。夜，复迪光信。

9月16日　星期六

晴。上午，理书画。志轩来。子峰同马士良来。下午，至图书馆。出，至区公所，开调解委员会，四下钟返。杂务。夜，理账。

9月17日　星期日

　　晴,下午阴,有微雨。上午,种花。子峰来。志轩来。下午,至济婴局,晤及端甫。出,至图书馆。出,至区公所,开保卫委员会。

9月18日　星期一

　　雨,风潮。上午,金专员、李、朱二科员、涂县长及项局长、宋队长、志轩来,少坐,去。端甫来,少坐,去。望舅亦去。至图书馆。

9月19日　星期二

　　阴,上午有雨。上午,杂务。端甫来,午饭后去。志轩来。至图书馆。出,至济婴局,四点多钟返。夜,观《国闻周报》。

9月20日　星期三

　　晴。伤风,甚剧。上午,以风潮后,督工整理园庭花木。干四民来,今日起请其每日下午教授益明、念祖英文、算学、常识各一小时。下午,至河西园地。复学南,致大公报馆信。韫辉来。伯才来。夜,致典业沪行信。

9月21日　星期四

　　晴,夜有雨。上午,杂务。子峰来。下午,致圣玛利亚女校长信。志轩来。夜,致杰士信。

9月22日　星期五

　　阴有雨。上午,理书画。杂务。下午,至济婴局,晤端甫。出,至图书馆,四下钟返。子峰来。季眉来。

9月29日　星期五

　　晴。今日起仍晏。上午,马君达来。下午,至阮俊卿,复辽吉黑热义勇军后援会金山分会信。至华新,理发。出,至乃乾处,坐谈数刻乃返。夜,致粲君信。

9月30日　星期六

晴,夜有微雨。上午,阮俊卿来。至新新、先施、永安三公司,午饭于冠生园。饭后,至二酉书店、来青阁、伊文思书店、商务印书馆等处而返。君藩来。至一枝香,应乃乾招饮,得识袁守和、张芹伯,并晤授经、鼎梅、积余、朴存、朴安。出,至温泉沐浴,返已十二时矣。

10月

10月1日　星期日

阴,夜雨。上午,褚士超同王君携书画来售。至天天土产公司、先施公司、冠生园购物,即在冠生园午饭。饭后至五马路民康号候君懿,渠病已愈矣,少坐。出,至利利公司文艺部,晤及瑞师,同至其梅兰坊寓处,坐谈数刻,近五句钟返。夜,君达来。

10月2日　星期一

晴,上午阴。上午七点半钟至盆汤弄桥堍乘沪张班轮船归,下午三点钟抵家。在船观《蜕翁诗集》及翻阅《故宫周刊》汇订本等。时舅来,少坐,去。项再人来,少坐,去。

10月3日　星期二

晴,夜雨。上午,志轩来。钻坚来。子光来。杂务。下午,至图书馆。出,至区公所,拟开保卫委员会,以人数不足改开谈话会。出,至济婴局,晤端甫,四下钟返。夜,观《国闻周报》。复星五信。

10月4日　星期三

阴雨。理书，写书目。夜，致君达、耀卿信。

10月5日　星期四

阴雨。上午，杂务。下午，志轩来。理书，写书目。何菊祥来。夜，观《蜕翁诗集》。

10月6日　星期五

阴雨，有晴光。上午，致时舅信。伯承来。宪人来。下午，杂务。致辽吉黑热义勇军后援会金山分会信，缴销捐册。修书。季眉等来，为卢姓售房屋事。夜，观《蜕翁诗集》。

10月7日　星期六

阴雨。上午，理书。杰士来，午饭后去。杂务。夜，理账。

10月8日　星期日

阴雨，有晴光。上午，作信，复金葆光行政督察专员。下午，至图书馆。出，至济婴局，三下钟返。理字画。夜，理账。

10月9日　星期一

阴晴。上午，杂务。复哲夫信。下午，至宪人处。出，至济婴局。四下钟出，至槐荫阁而返。至河西园地。夜，致乃乾，复君达信。

10月10日　星期二

晴。上午，冯子贞来。复学源信。下午，至河西园地。朱景贤来。圆妹携青、铦二甥自沪归。端甫同邱益生来，端甫夜饭后去，益生宿。志轩来。

10月11日　星期三

晴。上午，杂务。复学南、石钧信。下午，圆妹携青、铦二甥去高宅。至图书馆。出，至济婴局，晤端甫。出，至公安局、槐荫阁,四下钟返。子峰来。夜,理账。

10月12日　星期四

晴。上午,洒扫房室。安姑母自河西来。下午,志轩来。理字画。君定携鼎甥自沪回来,即去乡。子峰来。夜,观蜕翁诗集。改益、念两儿文课。

10月13日　星期五

晴。上午,杂务。复方臞仙信。下午,白蕉来,携示书画多种,坐谈良久,去。复志儒信。圆妹携青、铦二甥归。夜,翻阅书店目录。

10月14日　星期六

晴。上午,种花。白蕉来,坐谈数刻去。望舅来。下午,至图书馆。出,至济婴局,晤及端甫,四下钟返。望舅去。夜,杂翻书籍。写账。

10月15日　星期日

晴。上午,凌松年来,坐谈数刻,去。景伊来,少坐,去。下午,至储蓄会,举行第一百八十期掣签。此期为满会矣。出,至图书馆。出,至宪人处,晤白蕉,四下钟返。松年又来,即去。夜,致君藩,复俊卿、少莲、星五信。圆妹今晨携铦甥乘轮至沪,青甥在此读书。

10月16日　星期一

晴。上午,杂务。下午,项再人来。至图书馆,一晤钻坚,即出。至济婴局,晤端甫,近四句钟返。夜,修理《古诗类苑》。理账。

10月17日　星期二

晴。上午,志轩来。复田星六信。下午,伯才来。至图书馆,晤及顾铁君,近四句钟返。督工修树。夜,学源来。

10月18日　星期三

晴。上午,至高老宅,为今日举行庆舅母贞节旌闾之典。端甫、志轩同去,涂县长等亦到。傍晚向新宅一转后返。

10月19日　星期四

晴。上午,志清来。赵松铨来。下午,端甫来。乘汽油船往朱泾,时舅来同行,近四点钟到。即至县政府,为金巨山等约来会商宝山办理救济事业、省中指拨本县应募之抵借券事。旋巨山与赵厚生、施文冉、潘光旦亦自沪到,会商及杂谈良久。傍晚,县长设筵宴之。散席后,同出,余与时舅至憩南处住。憩南今日亦来县政府也。

10月20日　星期五

晴。上午,同时舅、憩南至大华旅馆,候巨山等,已外出,至保卫委员会,晤焉,涂县长亦在。又同至县立初中学校,两处皆请潘光旦与赵厚生演讲。讲毕后,至商民乐团,应朱又禄邀面点。点后,巨山等乘轮回沪,余与时舅又同憩南至平民习艺所,参观及游东林寺。乃乘汽油船归张,近四点钟抵家。时舅于沈泾桥头上岸回去。

10月21日　星期六

晴。上午,杂务。下午,至图书馆。出,至济婴局,晤端甫,近四点钟返。夜,致中华俭德会信。

10月22日　星期日

晴。上午,志轩来。复培孙,致辅仁、金陵大学图书馆信。下午,至图书馆,即出。至施医局(设在民众教育馆),今日闭幕,招饮并摄影,出已四点钟。至济婴局,少坐而返。夜,复学南,致东原信。

10月23日　星期一

晴。上午,种花。大妹携嵩甥归。下午,杂务。至河西园地。大妹携嵩甥去乡。夜,复君达信。

10月24日　星期二

晴。上午,钻坚来。复亚子,致中孚信。下午,至济婴局,晤端甫。出,至图书馆而返。伯才来。夜,致宪人、涤新一信。

10月25日　星期三

晴。上午七点钟乘汽油船往松江,十点多钟到。先至典业银行。旋至宋石愚处,为其母丧五七设奠作吊,晤及君藩及君彦、吴伯扬、于仲迟等。即在宋宅午饭后,同君藩仍至典业,并晤履仁,坐谈数刻。出,至新浦潮社,候学源,不值。乃乘三点钟班长途汽车往上海,四点多钟到,即至鸿远里寓所。君定、君实在沪,望舅与大妹等亦于今日到沪。夜,致粲君信。今日,船上观《青鹤》杂志及《蒋观云遗诗》。

10月26日　星期四

晴。上午,至中国书店、富晋书社、来青阁等处,午馔于冠生园。馔后至利利公司文艺部,朵云轩、蟫隐庐、大公报分社等处。又至时报馆候仲稽,大陆商场候君湘,均不值。乃至新雅菜馆定菜而返。至白尔部路,候乃乾,不值。携安甥至静安寺路,观海京伯马戏。

10月27日　星期五

晴,夜有雨。上午,至宁波旅沪同乡会,观书画展览会。出,至永安公司,购物而返。观《蒋观云遗诗》。下午,张叔扬持沈思齐信来。至民国路窑器店,旋至安乐宫按摩。出,至乃乾处,坐谈数刻,返。夜,君湘同陶遗来。

10月28日　星期六

晴。上午，至萨坡赛路朴存处，坐谈良久，返已逾午。花儿自校中出来。下午，至来青阁、墨林书画古玩铺、中国通艺馆、博古斋、受古书店、汉文渊书肆、商务印书馆、蟫隐庐等处。夜馔于青年会食堂而返。

10月29日　星期日

阴雨。上午，至华新理发。至新雅菜馆，设筵宴金巨山、侯城、沈信卿、赵厚生、施文冉、潘光旦及瑞师、陶遗、君湘、白蕉，午后二下钟散席。出，至中国书店、来青阁而返。至乃乾处，坐谈数刻。出，至九星戏院，观电影及跳舞而返。今日，宴客尚邀黄任之，以事未到。

10月30日　星期一

晴。上午，阮俊卿携装裱之件来。补写日记。君达来。下午，至先施、永安二公司及新同昌五金号购物后，乃至振华旅馆。高宅将办喜事，以此为招待宾客之处，晤及熟人甚多。又出，至来青阁、中国通艺馆一回。傍晚，至会宾楼，高宅宴客，九句钟时散席，再向振华一转而返。

10月31日　星期二

阴，傍晚有雨。今日，君实表弟与朱美瀛女士在爱麦虞限路中华学艺社结婚。

11月

11月1日　星期三

晴。上午七点半钟，携花明在盆汤弄桥堍乘沪张班轮船归，望舅、恒初、希曾同行，下午三句钟抵家。望舅来，少坐后，即去乡。志轩幼子守中昨与顾女士结婚，粲君携益、念、纪三儿，昨已往贺，今余携花儿等又去。恒初、希曾亦去。晚间与来宾公贺暖房。夜九下钟返。恒初、希曾亦来。中妹携菊、梅、瑞、壁四甥于前五日归家。

11月2日　星期四

晴。上午，端甫来，希曾去。恒初去。杂务。下午，至图书馆。出，至济婴局，晤端甫而返。大妹携珍、嵩二甥及君平伉俪自沪回来，少坐后，均去乡。伯才来。夜，理账。

11月3日　星期五

阴，上午晴，下午有雨。上午，至济婴局。今日为阴历九月十六，斋堂之期。午刻返。下午，粲君携益、念、纪三儿，中妹携诸甥，至高宅，为君宾新夫妇归，往贺也。理书。伯才来。至济婴局，宴会，夜七下钟返。致来青阁、蟫隐庐、中华俭德会信。

11月4日　星期六

晴。上午，同希曾、宪人、端甫等至高宅。君宾新夫妇于昨日自沪归，今日开贺。下午，同宪人、端甫等至新宅一次。旋渠等回张，余仍返老宅。粲君携三儿于傍晚归家。

11月5日　星期日

雨。上午，与中妹及诸甥归家。下午，至图书馆，与白蕉等布置金石书画展览会，并至济婴局一回，四下钟返。夜，观《国闻周报》。花儿于今晨乘轮至沪，进校。

11月6日　星期一

阴。图书馆为增筹基金，拟举行金石书画展览会，预备已久，今日开幕，预计会期十天。上午，至馆，近午返。下午，略理书籍后,又至馆中,并至济婴局少坐,四下钟返。夜,杂务。

11月7日　星期二

晴。上午,至图书馆,午刻返。下午,志轩来。至图书馆,君介与顾仲堪来馆,四点钟出。至济婴局少坐而返。夜,理账。

11月8日　星期三

晴。上午,同中妹携益儿、菊、瑞、壁三甥至五区头冯宅君懿处,贺喜。

11月9日　星期四

晴。今日,君懿长女碧仙出阁。上午,履仁、君藩亦来,晤谈数刻。下午,同中妹等归。大妹携嵩甥昨亦来冯宅,同归。抵家已晚,即至东宅,贺子贞堂兄长孙文尧完姻,即娶于冯也。君宾携青甥亦在东宅,念祖、纪祖今日并去,九句钟时同返。

11月10日　星期五

晴。上午,君宾乘轮去沪。至图书馆,午刻返。下午,顾问宾、铁军来,少坐,去。在东宅也(其夫人等亦来)。陆斐然来,募桥捐。至东宅,与来宾公贺暖房。旋望舅、君定亦自南桥回来。望舅宴后回乡,余与君定九下钟返。今日,菊、梅二甥回亭。

11月11日　星期六

晴。上午,志轩来。同君定至图书馆,午刻返。下午,伯才来。君定同大妹携嵩甥去。夜,补写日记。

11月12日　星期日

晴。上午,杂务。至图书馆,杰士来,即同在馆中午饭。饭后,杰士去。念祖、纪祖等亦来馆观书画。余旋出,至济婴局,少坐后,至储蓄会开总干事会议,四下钟返。至河西园地。夜,复蝉隐庐信。理账。

11月13日　星期一

晴。上午,下元节祭先。下午,至图书馆,程丽寰等来馆。三下钟出,至区公所一转。而至济婴局,少坐后,至智川处,晤迪光,傍晚返。夜,复君藩信。观《国闻周报》。

11月14日　星期二

晴。上午,至南塘张宅。伯凤、仲麟明日安葬,今日其设奠,因往一拜。下午返,抵家已晚。守梅同去,回时又叔明、端甫、志高同船。设筵宴迪光、叔明,并邀宪人、智川、道弘、松年、端甫、志轩。尚邀仲田、若望,未到。近八句钟散。

11月15日　星期三

晴。上午,至宗祠,举行秋祭礼,余司鸣赞。午刻,饮福后,至图书馆(又上午亦曾至馆中及济婴局)。金石书画展览会今日满期,下午在馆当众掣签,至傍晚毕事而返。望、时二舅亦到馆,并来余家后去。夜,致经训堂信。

11月16日　星期四

晴。上午,至图书馆,并至济婴局,少坐。下午,又至图书馆,以开金石书画展览会后,收拾一切也。出,至济婴局一转而返。夜,复学南信。

11月17日　星期五

晴。上午,至图书馆,朱履仁、翼才、吴导江来馆,即留午饭。饭后,履仁等去,余至济婴局,少坐而返。杂务。夜,复君藩信。

11月18日　星期六

晴。上午,叔纯来,坐谈数刻,去。杂务。下午,时舅来,少坐,去。志轩来,少坐,去。至济婴局,少坐。出,至槐荫阁而返。写书目。夜,复圣一信。

11月19日　星期日

晴。上午,端甫来,即去。学源来,少坐,去。君宾同新夫人来,午刻设筵宴之,午后去。大妹携鼎、嵩二甥亦归,留。

11月20日　星期一

晴。上午,子峰来。写书目。下午,志轩来。理书。夜,理账。

11月21日　星期二

晴。上午,至河西园地。理信件。下午,至图书馆。出,至济婴局而返。大妹携鼎、嵩二甥去乡。夜,复石钧信。

11月22日　星期三

晴。上午九点钟乘汽船往朱泾,午刻到。即至大华旅馆,与志轩等相会。用午馔后,至保卫委员会开会,并以训练班将卒业合摄一影。余近被推为该会委员,而副委员长也。散后,至县政府,取税契及缴抵借券款,乃返寓。傍晚,至顺源馆。以志轩为喜事后,在此宴朱地诸人,作陪。八下钟散席,返。今晚时舅以将开山塘河工会议亦到,宿于舟上。

11月23日　星期四

晴。上午,同时舅、志轩、斐然、国华至商民乐园看菊花。出,至县政府,开山塘河工会议。毕,即在县府午馔。馔后,出至茶肆,略啜茗后,同志轩等乘汽船归,四下钟抵张。

11月24日　星期五

阴。上午,俞盘新来。拟复李菊生信。下午,公愈来。至济婴局,晤端甫。出,至区公所。出,至图书馆,近四句钟返。伯才来。写复菊生信,至夜毕。

11月25日　星期六

晴。上午，作信，复迪前，致俞剑华、金志守。下午，履仁、公愈来，少坐，去。至图书馆，三下钟返。至河西园地，适宋仁斋来晤，因在新屋坐谈数刻而返。夜，致白蕉信。

11月26日　星期日

晴。上午，作信，复狄君武。至子贞处，其次孙定亲宴，冰人招陪。散席后，又少坐。出，至图书馆及济婴局，晤端甫，近四点钟而返。圆妹携铦、辛〔锌〕两甥自沪归，君宾同来。夜，复花儿及亚子、乃乾、中孚信。

11月27日　星期一

晴。上午，蒋惕卿来。涤新来。项再人来。下午，杨子香来。杂务。钻坚来。亚雄来。夜，复宾虹信。理账。

11月28日　星期二

晴。上午，作信，复君藩，致钱卓然、黄蕴辉。子峰来，午饭后去。志轩来。复望舅信。至图书馆。出，至济婴局，晤及端甫，四下钟返。端甫来，夜饭后去。复学源信。君宾今晨乘轮去钱家桥。

11月29日　星期三

晴。上午，杂务。复慎旃信。下午，至河西园地。至图书馆。出，至济婴局，晤端甫。出，至伯埙处，四点多钟返。李啸月来。夜，复学南信。

11月30日　星期四

晴。上午，杂务。钻坚来，少坐，去。致顾仲堪信。下午，致时舅信。至图书馆，四下钟返。宋仁斋同宋守明来，即去。夜，复哲夫信。

12月

12月1日　星期五

晴。上午，杂务。拟致袁守和信，至下午写清之。至图书馆，少坐，返。夜，补写日记。

12月2日　星期六

晴。上午，杂务。下午，子峰、涤新来。至图书馆。出，至济婴局，晤端甫，四句钟返。夜，作信，致君定，复王汝昌。

12月3日　星期日

晴。上午，斐然来，即去。杂务。下午，时舅来，少坐，去。浇灌花草。夜，子峰、涤新来，写杨姓售房屋地基契。

12月4日　星期一

晴。偕粲君携纪祖往上海。上午八点三刻钟乘轮船开行，下午四点钟到。在盆汤弄桥塊埠头登岸，即至鸿远里寓所。此行为粲君将分娩也。在船观《浙江图书馆馆刊》。君定同至沪。

12月5日　星期二

晴。上午，至华新理发。出，至贝禘鏖路霞飞巷二号，晤邹百耐，观松江韩氏读有用书斋出售之书籍，近午返。下午，携纪祖至商务印书馆、蟫隐庐、冠生园等处。回后，余又出，至白尔部路，晤乃乾，傍晚返。夜，观《古欢夕简》。

12月6日　星期三

阴，傍晚微雨。上午，观《古欢夕简》。致花儿信。下午，至中国书店、富晋书社、来青阁、同文书店、中国通艺馆、二酉书店、《青鹤》杂志社、中华书局、商务印书馆，傍晚返。夜，白蕉来。今日，上午陆青芝来诊綮君。

12月7日　星期四

阴，有雨。上午，同君定至小木桥张宅，为莲汀、颂蓬之尊人安葬，往吊，午饭后返。仲稽来。马君达来。理寓中存留之书籍。夜，观《古欢夕简》。

12月8日　星期五

阴，有雨。上午，至萨坡赛路，晤黄宾虹，坐谈至午刻，返。下午，至国学书社、忠厚书庄、来青阁、墨林古玩铺、二酉书店，五句钟返。君达来。傍晚，至愚园路八十八弄八号金宅，应巨山、侯臣及赵厚生、施文冉招饮，并晤沈信卿、孙益堪等，九下钟返。

12月9日　星期六

阴，傍晚有雨。上午，至城内古香室取裱件，咸瓜街阜昌号购参、燕，十一下钟返。花儿校中月假，出来。下午，观《古欢夕简》。偕綮君携纪祖，至白克路张筱谦处，为纪祖拔废牙。又至金恂侯处，綮君诊察，即返。至中国通艺馆，观其书画展览。出，至二酉书店而返。夜，补写日记。

12月10日　星期日

阴，有微雨。上午，希曾、昆亮来。下午，至天津路同吉里典业银行沪行，与瑞师、思老、陶遗、履仁、培元、君藩、石愚开董事、监察人联席会议。五下钟出，至蝉隐庐、世界书局而返。至辣斐德路益余坊仲稽处，应其招饮，八下钟返。

12月11日　星期一

阴晴。上午，花儿进校。翻阅《现代中国文学史》。下午，至中华俭德会、浙江兴业银行、中华书局、商务印书馆、利利公司文艺部、汉文渊书店、受古书店、中国通艺馆、来青阁，又至福禄寿吃点心而返。履仁来,在吴宅夜馔后去。

12月12日　星期二

晴。上午,复石钧,致菊人信。下午,携纪祖游大千世界。至中国书店,新新、先施、永安三公司,商务印书馆。

12月13日　星期三

晴。上午,写《图书馆金石书画展览会报告》,付印。同君定至霞飞巷,看韩氏出售之书。观《古欢夕简》。下午,理书。携纪祖至新新、先施、永安三公司。

12月14日　星期四

阴。上午,以瑞师等新设民孚银行于天津路,今日开幕,同君定往贺。出,至蟫隐庐、来青阁,晤及张菊生,余先出。午饭于冠生园,饭后至中华书局及民国路窑器店而返。

12月15日　星期五

雨,下午阴。携纪祖归。上午七点半钟,在盆汤弄桥南堍乘沪张轮船开行,下午二点半钟抵家。在船观《古欢夕简》完。夜,观连日报纸。致綮君,复耀卿信。中妹携壁甥于越昨去亭。君宾于越昨来。

姚光日记 下

上海市金山区档案局（馆）编

复旦大学出版社

1934年

1月

1月5日 星期五

微晴。上午,写亲友姓字住址。补写日记。下午,时舅来。观《缘督庐日记抄》。今日将我妇放大之照片两张配就镜架,见者均谓酷肖,惟面庞觉胖。盖此两照皆前七八年所摄,年来处理家事、抚育子女,心力交瘁,身体实觉瘦削耳。

1月6日 星期六

微晴。上午,补写账略。下午,君藩来。黄宾虹来,慰唁,并携来余前所购存之姚公绶山水手卷及索渠所画之《蜀中纪游》册。旋马君达来,亦携有清仪阁题诗之册页两种。余素好书画,今于愁苦之中百凡消极,惟对此胸中似觉暂宽耳而已。账友陈伯华自家中出来。夜,以近得亲友慰唁信十许通,乃先于印就之《行略》上,略写数行寄答之。

1月7日 星期日

阴,夜雨雪。今晨似我妇入梦,一恸而醒。与伯华及儿辈封写讣闻。下午,君达来。夜,致少莲信。

1月8日　星期一

阴。昨夜梦我妇，似平时在家，言家务也。封发讣闻。

1月9日　星期二

雨。今日起延澄真道院羽士来寓，为我妇诵经、礼忏，作法事三天。

1月10日　星期三

阴雨。今日为我妇三七之期，上午携四儿同大妹至殡馆。王家大宝宝来。迪前自亭林来。下午，仲稽、季鲁、黄伯惠来。钱伯埙来吊。今日阴历十一月二十五，为昭明亡故十四周年。呜呼！我家自昭明殇后，而情形大变也！

1月11日　星期四

晴。法事于今夜告竣。傍晚君定自乡出来。

1月12日　星期五

晴。上午七点半钟至盆汤弄桥堍乘轮船回张，下午三点钟抵家。

1月13日　星期六

晴。家中重建中埭落成，延羽士安龙。先大母暨我父、我母之遗影原供后埭正间，上午敬升正间楼上，预备粲君灵柩回里后，楼下为安设灵座之所。志轩、端甫先后来。钻坚来，午饭后去。宪人、韫辉先后来，端甫又来。子峰来，夜饭后去。

1月14日　星期日

阴，夜雪。羽士安龙于午刻告竣。上午，钻坚来。子峰来，午饭后去。至河西新屋，预备粲君灵柩回里时安殡之所。亚雄来，夜饭后去。

1月15日　星期一

雪，雨。上午八点半钟乘轮船往上海，下午四点多钟到南市关桥。以潮小船一时不能进苏州河埠头，乃即登岸唤汽车至鸿远里寓所。在船观《缘督庐日记抄》。迪前已去，君宾曾来。

1月16日　星期二

晴。昨夜梦我妇两次，一似平时在家，一知故世。补写日记。

1月17日　星期三

阴。今日为我妇四七之期，延尼姑四位来寓诵经一天。上午，携四儿及惠侄女至殡馆。回，知仲稽、季鲁来过，以事即去。君介来吊，午饭后去。复慎斿、少莲信。夜，致圆妹信。乃乾来。

1月18日　星期四

雨雪。昨夜似我妇入梦。晨起写题照一则，录后。上午，张学源来。下午，观《缘督庐日记抄》。此乙丑年余与我妇承粲携花儿、益儿、念儿在沪合摄之影也。时纪儿未生，今纪儿亦七岁矣！一家六人颇足融融之乐，乃我妇溘然长逝，虽再欲合摄一影而不可得。爰以春间所摄纪儿之小影剪贴于内，是影亦我妇所见也。呜呼！我妇十四产，而存者仅四儿，此四儿我妇之遗体也！余与四儿将相依为命，凡我四儿长大成人，其念母氏之劬劳而永慕无忘！又各如手如足，互相爱护，修身立名以慰亲心也哉！癸酉季冬初四晨起识，距妇亡儿匝月矣。

1月19日　星期五

晴。呜呼！以阴历计之，我妇之逝今日已匝月矣！此一月中，如醉如梦，常谓我妇之仍在也，然每一回忆，则悲感交集，填胸欲绝矣！上午，同君定至殡仪馆，账房与之言，灵柩回籍登船时排场等事，余并一展殡所。下午，以纪儿废牙横出，由大妹与花儿携往张筱谦处拔去。致圆妹及钻坚信。君湘来。

1月20日　星期六

晴。上午,补写日记。下午,观《缘督庐日记抄》。

1月21日　星期日

晴。呜呼,以阳历计之,我妇之逝今日亦匝月矣。上午,君藩来。下午,观《缘督庐日记抄》。夜,致圆妹信。

1月22日　星期一

晴。上午,徐积余先生来。下午,观《缘督庐日记抄》。

1月23日　星期二

晴阴,下午有雪。今日起延护国寺僧众来寓,为我妇诵经、礼忏,作佛事三天。今夜忆初伉俪备菜来奠,仲稽亦送祭筵来。夜,复圆妹信。

1月24日　星期三

晴。今日为我妇五七之期。昨夜余与诸儿一点钟时睡,今晨五点钟起设奠。上午,携四儿及惠侄女至殡馆。仲稽、季鲁、石士三伉俪及杭生夫人诸内侄来,顾子木来,祝慎旃同其弟良若、女匡正来,君介来,均午馔后去。又下午君湘、君宾来。匡正本言欲寄名于余,今以寄女礼奠我妇也。今日苦念我妇,时觉恸绝。

1月25日　星期四

晴。上午,子峰来,下午去。夜,君宾来。

1月26日　星期五

晴。大妹归乡。

1月27日　星期六

晴。上午,起灵,至殡馆。下午,扶柩登船。送者:君定、君介、君藩、君湘、君宾、仲稽、孚鲁、石士、积老、纪方、耀甫、子素、忆初、子峰等。

1月28日　星期日

晴。扶柩抵家。夜,端甫来,志轩来。

1月29日　星期一

晴。君宾去。至河西。上午,钻坚、词臣、龙官来,下午去。志轩同迪光来。

1月30日　星期二

阴。上午,钻坚来。下午,新民来。戚一清、顾震涛来。

1月31日　星期三

晴。今日为我妇六七之期。上午,张忍百来吊。时舅亦来,均午馔后去。大妹携珍、嵩二甥于午前归。下午,同大妹携四儿及惠侄女至河西新屋内粲君殡所,焚化纸轿一乘。法事于今夜告竣。

2月

2月7日　星期三

今日为我妇终七之期。

2月10日　星期六

晴。下午,理发。

2月11日　星期日

晴。下午,至河西新屋内粲君殡所。

2月12日　星期一

晴。汪若望之嗣母前日故世,明日为其五七之期,方作佛事,上午往彼一吊。下午,君懿来,少坐,去。

2月13日　星期二

阴，有微雨。今日为癸酉岁除，傍晚谨悬祖先神影，夜馔斋供，夜间祀灶及家堂。下午，至河西粲君殡所。夜，亚雄、志轩先后来。上午，至东市张宅吊希曾祖母之丧，即返。鼎甥去。

2月14日　星期三

晴。今日为甲戌岁朝，拈天香、拜祖先神影。下午，志轩、守梅、守中来，又志轩之三子、妇等携小儿亦来。其守中之妇系新人也。昨夜梦我妇，似与湖山同游。

2月15日　星期四

晴。上午，冯子贞来。下午，韫辉同士韦来。

2月16日　星期五

晴。上午，宪人来。词臣来。时舅、君宾携青甥来，下午去。韫辉夫人同其子妇来，亦新人也。延龙沙禅院僧众来，为我妇作佛事三天，今晚起道场。

2月17日　星期六

阴，夜雨。上午，圆妹携铦、锌二甥归，傍晚仍去。菊甥来。下午，大妹携恒、鼎、安、嵩四甥归。白蕉来。端甫来。

2月18日　星期日

晴。我妇之逝今已六十日矣。

2月19日　星期一

阴，夜有雨。上午，菊甥去。杰士来，午饭后去。君定于上午来，下午去。君介来，即去。佛事于今夜告竣。

2月20日　星期二

阴。起已晏，不能事事，盖觉百无聊赖也。

2月21日　星期三

阴有雨。今日年节已过,下午谨收祖先神影,吾家向例如是也。上午,伯才来。下午,伯承来。顾震涛来。邀宪人来治花儿喉痛,夜饭后去。致仲稽信。

2月22日　星期四

晴。上午,端甫来。下午,略理书籍。夜,复宋星五、孙耀卿及文奎堂信,均汇款,还去年书账也。

2月23日　星期五

阴,上午有日光,下午有雨。略理书籍及走视园庭。夜,致君藩、富晋、遂翔、颂清,复沈桂昌信。

2月24日　星期六

阴,有雨,夜有雪珠。上午,致君定信。下午,致寿祺信。大妹携鼎、安、嵩三甥去乡。夜,理信件。

2月25日　星期日

阴。督仆工整理物件。夜,致子经信。

2月26日　星期一

晴。上午,志轩来。下午,收拾书房。夜,复陈绳夫、李千里信。

2月27日　星期二

晴。下午,圆妹自沪归,即去乡。夜,理账。

2月28日　星期三

晴。上午,复时舅信。下午,至河西新屋内粲君殡所,焚化朱书《金刚经》一卷,又督仆工整理园中树木。

3月

3月1日　星期四
　　晴。上午，志轩来。下午，馆师徐尹卿先生来。夜，复君藩及步惠廉信。

3月2日　星期五
　　晴。理书。上午，干四民来，仍请其按日下午教授益、念二儿英文、算学。下午，韫辉同王绥丞来。王君今岁设账于东宅也。夜，叔明来，少坐，去。

3月3日　星期六
　　晴。上午，理书。下午，复少莲，致企云信。夜，复君达信。

3月4日　星期日
　　晴。上午，略理书室。下午，复文奎堂等信。校对属屠继麟抄存之挽幛。夜，复叶玉甫信。

3月5日　星期一
　　晴。下午，顾吕璋来。端甫来。至河西新屋内粲君殡所，并在园内督仆工整理树木。夜，复学南信。

3月6日　星期二
　　晴。上午，钻坚来。下午，复李洞庭信。仲稽来。

3月7日　星期三
　　晴。上午，舒葆珊、汤仁美来，志诚同来——昨与仲稽同自松江到镇也。伯承来。下午，以头痛、骨酸又腹泻似痢，邀宪人来诊治。花儿前喉痛后伤风未愈，亦请一诊。

3月8日　星期四

晴。上午,仲稽乘轮去沪。理书。下午,写书目。今日头痛、骨酸渐愈,而成痢疾,惟饮食尚可。

3月9日　星期五

晴。下午,复君达信。夜,复星六信。

3月10日　星期六

阴,有雨。上午,本县保卫团办公厅主任赵赞成来吊。宋仁斋、林兼之、高贵先同来,留午馔。馔后,项再人亦来,又少坐,均去。复学源信。夜,复龙丁,致君藩信。昨夜梦见粲君。

3月11日　星期日

雨。上午,顾亚贞来吊。下午,志轩来。昨夜亦梦见粲君。

3月12日　星期一

阴。下午,志光来。复亚子信。学源来,夜馔后去。

3月13日　星期二

晴。上午,志轩来。下午,吴导江来吊,何伯康同来。复君彦信。夜,致乃乾信。

3月14日　星期三

晴。上午,花儿同纪祖往沪拔废牙。理经管之河工米捐账。下午,叔纯来。至河西新屋内粲君殡所,又在园内督仆工整理树木。

3月15日　星期四

晴。近请龙沙禅院僧众即在院内为粲君虔诵《血盆经》,上午因往拈香。又至祖墓上种树,即于院中午饭后返。端甫来。君定自上海回来,即去乡。

3月16日　星期五

晴。下午,作信,致陶遗,复涂县长。公迈来。君平自上海回来,即去乡。夜,复君藩信。

3月17日　星期六

晴。上午,至河西新屋内粲君殡所,并在园内督工,造一茅亭。下午,志轩来。理书。抄存亲友所惠吊唁诗词。花儿同纪祖自沪归。君定自张家来,少坐,仍去。夜,复中国书店信。

3月18日　星期日

晴。上午,为张希曾祖母治丧,往彼一吊。出,经图书馆,少坐而返。余不至馆中三月余矣!风景不殊,恍如隔世。下午,时舅自张宅来,少坐,去。中妹携瑞、壁二甥归。大妹归,旋望舅、君平亦来,均在张宅。傍晚,大妹去乡,望舅等仍至张宅。夜,抄存亲友所惠吊唁诗词。

3月19日　星期一

晴。略理书籍,写书目。夜,复学南,致君藩信。

3月20日　星期二

阴,下午雨。上午,复亚子信。下午,邀宪人来治瑞甥身热。志诚同画家沈锦笙来。写书目。夜,致乃乾信。

3月21日　星期三

晴。上午,理书。下午,志轩来。项再人来。理账。

3月22日　星期四

晴。上午,钻坚来。下午,大妹携嵩甥归,君定同来,君定旋去张宅。夜,理账。

3月23日　星期五

阴,夜雨。上午,拟复悔晦信,下午写成之。志轩来,坐谈多刻,去。子望来,即去。君定自张家来,傍晚仍去。夜,复杰士、君藩信。

3月24日　星期六

阴,下午晴。上午,理信件。复学源信。下午,复静远信。种花。夜,写账。

3月25日　星期日

阴,有雨。整理悬挂之挽联、挽幛。傍晚,亚雄来,夜饭后去。君定自张家来,仍去。

3月26日　星期一

阴,夜有雨,有雷。上午,圆妹携青、铦、锌三甥归。下午,复亚子、乃乾信。今晚延本镇广福寺僧众来起道场,为綮君作佛事五天。

3月27日　星期二

阴,有微雨。上午,晋康同松江孤儿院职员〔来〕。望舅、君定自张家来,即去。施其源来。下午,子峰来。志轩来。

3月28日　星期三

雨,夜有雪。上午,略理书籍。下午,汤廷章同画家朱文侯来,将借图书馆开展览会也。邀宪人来,治花儿腹痛。夜,至君藩信。

3月29日　星期四

晴。上午,钻坚来。下午,君定来,住。

3月30日　星期五

晴。我妇之逝今百日矣！上午,鼎、安二甥来。下午,携四儿及惠侄女至河西新屋綮君殡所。钻坚来。君定去。夜,复迪前信。

3月31日　星期六

晴。上午,中妹携瑞、壁二甥去亭。钻坚来。俞君直来吊。佛事于今夜告竣。

4月

4月1日　星期日

晴。上午,杰士来,午饭后去。俞肃斋来。近调任本区区长,今日接事也。复时舅信。理发。

4月2日　星期一

阴,夜有雨。上午,往吊汪叔纯夫人之丧。致君藩信。清明节祭先。下午,伯才来。下午,至河西新屋内粲君殡所。花、益、念三儿随去,纪儿以腹痛未去。大妹携珍、嵩二甥去乡。

4月3日　星期二

晴。上午,同圆妹至夏人村及金家桥扫墓,返已傍晚。今日鼎、安两甥去。

4月4日　星期三

阴,有雨,夜雨。上午,子峰来。钻坚、道弘来。下午,志轩来。至龙沙禅院处扫墓,回后至河西新屋内粲君殡所,焚化冥囤。皆用船去,顺便摆渡至南市,一观市房装修。亚雄来,夜饭后去。

4月5日　星期四

阴,有雨。上午,至金山卫城隍庙拈香,下午返。君宾来。夜,子凯同志光来。

4月6日　星期五

晴。上午,仲田先生来。下午,至东小桥扫墓,回至图书馆,少坐。费龙丁来,旋张公愈、飞槎来——龙丁先在张宅也,公愈、飞槎夜馔后去。

4月7日　星期六

晴。上午,端甫来。至假山桥处扫墓。午刻,龙丁至灵前作吊。下午,君实来,少坐,去。下午,伯承来。夜,复乃乾信。今日君宾去乡。

4月8日　星期日

晴。上午,理书画。下午,钻坚来。伯衎来。至河西新屋内粲君殡所,并在园中督仆人收拾一切。夜,李啸月来,候龙丁。今日圆妹去乡。

4月9日　星期一

晴。上午,理书。圆妹归,君宾同来。下午,伯才来。复徐慎侯信。

4月10日　星期二

雨。上午,君宾乘轮去沪。理书。下午,中孚来。顾回澜来,候龙丁。

4月11日　星期三

雨。上午,理书。下午,作信,复陶遗、学南,致白蕉、徐新六。

4月12日　星期四

阴,有雨。上午,理书。端甫来,午饭后去。子峰来。夜,致君定信。

4月13日　星期五

晴。上午,理书。下午,致北平图书馆采访部信。

4月14日　星期六

晴。上午,至河西新屋内粲君殡所,亲视匠人髹漆灵柩。回来,午饭后,又往。四下钟工毕,返。公愈、飞槎来,候龙丁,即去。

4月15日　星期日

晴。上午,子峰来。下午,钻坚来。本镇邮政局长沈颐培同新任颜小鲁来。侯叔敏表叔来。智川来,候龙丁,傍晚去。

4月16日　星期一

晴。上午,子峰来。种花。下午,龙丁去松,约即来也。震涛来。至区公所,拟候肃斋,不值。乃至济婴局,少坐,返。至南后门外一观新购之杨姓房屋。夜,复迪前及文锦堂信。

4月17日　星期二

晴。上午,端甫来。下午,至河西新屋内槃君殡所。夜,致时轮金刚法会办事处信,请其专立超荐,先祖考妣、先考妣、先室、昭明、怀祖位共八座。

4月18日　星期三

晴。上午,理书。下午,复君藩信。金兰畦来,旋张学源适亦来,均住。

4月19日　星期四

晴,夜雨。上午,肃斋来。下午,至区公所,开保卫委员会,五下钟返。夜,肃斋来,候兰畦。学源于上午去。

4月20日　星期五

晴。上午,理书。下午,叔明来。志轩来,坐谈良久去。

4月21日　星期六

晴,夜雨。上午,理书。下午,复乃乾信。

4月22日　星期日

阴,有雨。上午,公愈来,即去,兰畦亦去。下午,伯才来。复瑞师、中孚信。龙丁同桑伯尹来。

4月23日　星期一

雨。上午，往钱世德堂，吊盘山母丧，即返。至宗祠举行春祭礼，余司鸣赞，礼毕返。下午，作信，复吴悔晦。邀宪人来，治辛〔锌〕甥疾。

4月24日　星期二

阴。上午，理书。下午，端甫来。复臞仙、白蕉信。松江杨平庵自世德堂来候，龙丁夜饭后去。白蕉来，少坐，去。

4月25日　星期三

晴。上午，写书目。宪人来，诊辛甥。下午，龙丁、伯尹往后冈吴导江处。至图书馆。出，至济婴局。

4月26日　星期四

阴雨，下午有雷。理书。上午，致白蕉信。下午，韫辉来。夜，校所抄之《臧镛堂文稿目录》。

4月27日　星期五

阴。上午，校臧镛堂文目。下午，时舅来，少坐，去。龙丁、伯尹、兰畦来。夜，白蕉、肃斋及盛焕文来，候龙丁等。

4月28日　星期六

阴，有雨，夜霖雨。前请龙沙禅院僧众为縈君在院诵《血盆经》一藏，近已诵毕。今日请僧众来，即在河西新屋縈君殡所再礼忏一天焚化。余上午即往，下午四小儿及惠侄女、青甥亦来，傍晚功德圆满后同返。今日龙丁、兰畦、伯尹往秦山而高宅。

4月29日　星期日

阴，下午放晴。杂务。傍晚龙丁、兰畦、伯尹来。

4月30日　星期一

晴。上午，理发。钻坚来。下午，震涛来。至济婴局，四下钟返。昨日斋堂未去也。公愈、飞槎来，候龙丁，观书画，夜去。

5月

5月1日　星期二

晴。上午，钻坚同贩古董客蒋龙标来。下午，致北平图书馆等信。君介同顾蓋臣来，公愈亦来，傍晚均去。

5月2日　星期三

晴。上午，公愈来，即去。蒋贾来。项局长来。下午，兰畦去，志轩来。宋队长同其新委之副队长尹宋眉来。姚凤贵来，卖笔。学源来，夜饭后去。今晚延本镇广福寺僧众来，起道场，为先君作佛事三天。

5月3日　星期四

雨。上午，子凯来。保卫团新任之特务文书黄、曹两君来。中妹携瑞、壁二甥归，迪前同来。夜，复乃乾信。

5月4日　星期五

阴，上午有雨。上午，大妹携鼎、安、嵩三甥归，望舅亦来。下午，君介来。子峰来。望舅、君介去。夜，复涂县长信。

5月5日　星期六

阴，上午有雨，下午放晴。今日阴历三月廿二，先君八秩冥庆。上午，盘新来，少坐，去。仲田先生来，少坐，去。顾仲堪来，下午去高宅，鼎、安二甥亦去。仲堪为鼎甥等塾师也。上午，志轩、守梅来，君懿来，飞槎来。下午，韫辉来。均为先君冥庆。志轩等均留午馔，君懿住。佛事于今夜告竣。

5月6日　星期日

晴。上午,同君懿、志轩、端甫至楼屋,送陈端志之祖蓉江先生葬。下午返,君懿回去。今日立夏,称人得一百斤。

5月7日　星期一

晴。上午,志轩同伯衍来。下午,迪前去。至河西新屋粲君殡所。

5月8日　星期二

阴,夜雨。上午,圆妹携铦、辛〔锌〕二甥乘轮往沪。钻坚来。理书。下午,君介同仲堪来。夜,观《图书评论》。

5月9日　星期三

阴,日间有微雨。上午,理书。下午,赵赞臣、施鹏程来。近日以通令提倡新生活运动,镇上有提灯之举。夜,伴儿辈在门前一观。

5月10日　星期四

晴。上午,理书。下午,大妹携嵩甥去乡。盛焕文来。

5月11日　星期五

晴。上午,理书。肃斋同冯、严二君为杨静远借款事来。项再人来。下午,至图书馆。出,至济婴局,晤端甫,四点多钟返。夜,校《清仪阁金石题跋》。

5月12日　星期六

晴。上午,邀宪人来治瑞辰身热,少坐,去。下午,伯尹去。君定自沪乘轮回来,傍晚去乡。夜,复学南信。

5月13日　星期日

晴。上午,理书。下午,涤新来,因请其一诊瑞辰身热。张孝本来。至河西新屋粲君殡所。种花。

5月14日　星期一

晴。上午,宪人来,治瑞辰。致书店信。下午,至区公所,开经济审核委员会,四点多钟返。蒋龙标来。君介来,夜饭后去。

5月15日　星期二

晴。上午,蒋贾来,即去。缪瑞清来,少坐,去。瑞辰身热不退,症似湿温,邀宪人及涤新来诊治,合开一方。又邀谢子春来诊治,午饭后去。君定来,傍晚去。端甫来,夜饭后去。作信,致俞区长,辞本区调解委员。

5月16日　星期三

晴。上午,理书。迪前来。宪人、涤新来,治瑞辰,午饭后去。张瑞秋来。苏月波〔坡〕来,治瑞辰。志轩来。至济婴局,四点多钟返。夜,复卓然信。

5月17日　星期四

上午雨,下午阴。上午,续写复卓然信。瑞辰症系湿温,昨日又电邀志侠来诊治,今到,君懿适同来。下午,宪人、涤新亦来,合开一方而去。旋志侠、君懿亦去。理书。夜,复杰士信。

5月18日　星期五

晴。上午,宪人来,治瑞辰。景伊来。大妹归。下午,至区公所,开保卫委员会,五下钟返。大妹去乡。

5月19日　星期六

晴,夜雷雨。上午,理书。宪人、涤新来,治瑞辰。下午,写书目。至河西新屋綮君殡所。

5月20日　星期日

晴。上午,理书。宪人、涤新来,治瑞辰。下午,至图书馆。出,至济婴局,四点多钟返。

5月21日　星期一

晴。上午,复新民信,未完。宪人来,治瑞辰,午饭后去。冯子贞同蒋惕卿来,少坐,去。钱卓然来,住。盘新来,即去。望舅、君定来,傍晚去。

5月22日　星期二

晴。上午,续写复新民信毕。桑仲明来。下午,迪前去。复张元生及学南信。携四儿及惠侄女、青、壁二甥至河西新屋粲君殡所。公愈、飞槎来,夜去。致慎旃信。

5月23日　星期三

阴,下午有雨。上午,卓然去。理书。宪人来治瑞辰。下午,龙丁、仲明去。复荣条甫信。夜,观《北平图书馆馆刊》。

5月24日　星期四

晴。上午,至河西新屋粲君殡所。宪人、涤新来,治瑞辰。震涛来。下午,至图书馆。出,至区公所,开区务会议。即出,至济婴局,四句钟返。

5月25日　星期五

晴。上午,督工人修剪后园树木。伯才来。宪人来,治瑞辰。下午,校所抄徐闇公遗扇上诗。惕卿、孟恢等同赵水梅为储蓄会事来。肃斋、寄舫来。写镇上保卫团津贴费。理书画。夜,观《青鹤》杂志。

5月26日　星期六

晴。上午,至河西新屋粲君殡所。迪前来。理书画。下午,至图书馆,出至济婴局,四下钟返。君介来,傍晚去。今日下午宪人曾来治瑞辰。

5月27日　星期日

晴。上午,钅占坚来。大妹携鼎、安、嵩、斐四甥归,君定同来,顾仲堪亦来。下午,至储蓄会,开总干事会议。伯才来,肃斋来。君定同大妹等去。

5月28日　星期一

晴。上午,复学南、君达信。下午,宪人来,治瑞辰。士韦来。圆妹携铦、辛〔锌〕两甥自钱家桥归,君宾同来。作信,致倪若水。

5月29日　星期二

晴。上午,瑞甫同胡鉴相来。宪人来,治瑞辰。下午,君宾去乡。理发。

5月30日　星期三

晴。上午,辑《云间诗征》。下午,宪人来,治瑞辰。至图书馆。出,至济婴局,晤端甫,近五句钟返。君介来,少坐,去。君宾来。

5月31日　星期四

晴。上午,君宾去钱家桥。下午,迪前去。顾震涛、张芝年来,立卢姓让房屋地基契。夜,写账。

6月

6月1日　星期五

晴。上午,写书目。宋仁斋来,坐谈良久,去。下午,宪人来治瑞辰。余近三日来身体不适,亦请其开药数味服之。涤新来,少坐,去。子峰来,少坐,去。

6月2日　星期六

晴,夜雨。上午,校抄存之挽联。下午,写《怀旧楼丛录》。

6月3日　星期日

晴。上午,复破浪、仲田信。下午,理行箧。

6月4日　星期一

晴。往上海。上午八点钟乘轮船开,下午三下钟到。即至鸿远里寓所。君定适同船由松江转沪也。至沈树宝处治病,出,至功德林夜馔后返。

6月5日　星期二

晴,夜雨。上午,至沈医处治病。下午,君定来沪。致花儿、账房及李爱椿信。又至沈医处治病。

6月6日　星期三

晴。上午,至沈医处治病。下午,致宋石愚、阮俊卿信。

6月7日　星期四

晴。上午,至沈医处治病。李爱椿来。下午,补写日记,略理行箧。

6月8日　星期五

晴,夜雨。上午,至沈医处治病。下午,花儿同纪儿来沪。致益儿信。

6月9日　星期六

晴。上午,至沈医处治病。花儿同纪儿至张筱谦处拔牙。下午,致叶仲篪信。夜,君平自南京来。

6月10日　星期日

晴。上午,阮俊卿来。下午,致陆耀甫、志大庄信。

6月11日　星期一

阴,下午有雨,夜雨。上午,至沈医处治病。下午,仲稽、季鲁来。乃乾来。

6月12日　星期二

晴。上午,至沈医处治病。出,至中国书店及来青阁,近午返。涂县长来,坐谈良久,去。下午,项再人来。致账友信。

6月13日　星期三

晴。晨,花儿同纪儿乘轮回张。上午,至沈医处治病。出,至中国书店而返。下午,翻阅梁氏《饮冰室藏书目录》。又至沈医处治病。

6月14日　星期四

晴。上午,至沈医处治病,出至西泠印社、中华书局、商务印书馆、利利公司文艺部而返。下午,翻阅《故宫周刊》。望舅来沪。又至沈医处治病。

6月15日　星期五

晴。上午,至沈医处治病。出,至富晋书社、来青阁而返。下午,复培孙,致文圃信。又至沈医处治病。

6月16日　星期六

晴。上午,至沈医处治病。出,至二酉书店而返。下午,观《秦妇吟笺注》。又至沈医处治病。夜,复花儿及账友信。

6月17日　星期日

晴。上午,以祝慎旂为其先人在茄勒路法藏寺治丧,同君定往吊,少坐,即返。下午,观《国闻周报》。复书贾蒋鸿寿(即龙标)、孙耀卿等信。至蝉隐庐。出,至成记理发而返。

6月18日　星期一

晴,夜雨。上午,至沈医处治病。略理寓中书籍。下午,补写日记及账目。至来青阁、忠厚书庄等处浏览,先施公司饮牛乳,乃又至沈医处治病。

6月19日　星期二

雨。上午,至沈医处治病。出,至中国书店而返。下午,伯埙来,候望舅,坐谈良久,去。又至沈医处治病。出,至博古斋、受古书店而返。今日家中夏至节祭先。

6月20日　星期三

晴。上午,李爱椿来。至沈医处治病。出,至蟬隐庐、朵云轩、有正书局、汉文渊书店、受古书店而返。观《荛圃藏书题识续录》。下午,复陶遗信。又至沈医处治病。出,至有正书局、商务印书馆、民智书局而返。夜,致花儿等信。

6月21日　星期四

晴。晨,望舅回去。上午,观《词学季刊》。至沈医处治病。下午,观《荛圃藏书题识续录》。又至沈医处治病。出,至先施公司吃点心而返。陶遗来。君湘来。

6月22日　星期五

晴。上午,至界路上海银行、俭德储蓄会、俭德银行、浙江兴业银行、东莱银行,乃至沈医处治病而返。下午,马君达来。拟致涂县长信。又至沈医处治病。夜,复儿辈,致账友及俞肃斋信。

6月23日　星期六

晴,夜雨。上午,至卡德路四行储蓄会及浙江兴业银行,乃至沈医处治病而返。下午,写致涂县长信。大妹携嵩甥来沪。又至沈医处治病。夜,写日记。

6月24日　星期日

晴。上午，写账。下午，至富晋书社、来青阁、岫云庐（属铅笔画綮君遗影）、大东书局、开明书店、商务印书馆、胡开文笔墨庄、冠生园（吃点心）而返。白蕉来。观《国风》杂志。

6月25日　星期一

晴。上午，复郭瑞商、胡寄尘信。至沈医处治病。葛荫梧来。下午，观《尧圃藏书题识续录》完。宋仁斋来，坐谈良久，去。又至沈医处治病。出，至先施公司（饮冰）、永安公司、汉文渊书店、大公报馆而返。

6月26日　星期二

晴。上午，至沈医处治病。下午，拟草王圻氏《〈续文献通考〉书后》。又至沈医处治病。出，至冠生园饮冰而返。夜，复花儿及龙丁，致账友信。今日以阴历计之，先母弃养十二周年矣！

6月27日　星期三

晴。上午，祝匡正来。致君藩、石愚信。至沈医处治病。复菊生信。下午，马君达来。观《青鹤》杂志。又至沈医处治病。出，至冠生园（饮冰）、中国通艺馆、来青阁而返。夜，白蕉、乃乾先后来，各坐谈良久，去。

6月28日　星期四

晴。上午，至卡德路四行储蓄会。出，至沈医处治病。出，至中国书店而返。下午，复伯华信。至方天时处谈命。出，至中国通艺馆。出，至先施公司（饮冰），晤及祝匡明。出，又至沈医处治病而返。夜，复儿辈信。

6月29日　星期五

晴。晨，君定以望舅忽患咯血回去。上午，观《桂之华轩诗集》。至沈医处治病。下午,迪前同恭寿来住。又至沈医处治病。出,至来青阁、中国通艺馆而返。

6月30日　星期六

晴。上午,迪前同恭寿去。观《桂之华轩诗集》。至沈医处治病。下午,观《菡丽园诗》。又至沈医处治病。出,至冠生园饮冰而返。复志轩、君宾信。夜,复花儿,致伯华信。

7月

7月1日　星期日

晴(一星期来天气突然大热,迄未少凉)。上午,观《国闻周报》。至沈医处治病。观《菡丽园诗》。下午,写账。至亚东图书馆、利利公司文艺部、冠生园(饮冰)、商务印书馆、岫云庐,携所画粲君遗影而返。陆耀甫来。夜,复君懿信。君平、君实自南京回来。

7月2日　星期一

晴。晨,君平、君实以望舅病回去,大妹携嵩甥等亦去。上午,李爱椿来。至中国通艺馆、来青阁、富晋书社,乃至沈医处治病而返。下午,观《菡丽园诗》。又至沈医处治病。复钻坚信。夜,复花儿及肃斋信。

7月3日　星期二

晴。上午,沈医处治病。观《国闻周报》及《人文》杂志。下午,观《桂之华轩诗集》。又至沈医处治病。出,至冠生园(饮冰)、来青阁、富晋书社而返。

7月4日　星期三

晴。上午,复破浪信。至沈医处治病。致君藩信。下午,观《须静斋云烟过眼录》。复仁斋信。又至沈医处治病。出,至宁波旅沪同乡会,观书画展会,购蒲作英梅兰竹菊屏条四幅而返。复花儿信。

7月5日　星期四

晴。上午,至静安寺路口上海银行、北京路浙江兴业银行等处,乃至沈医处治病而返。下午,君藩来。又至沈医处治病。出,至宁波旅沪同乡会观书画展览会、先施公司吃点心、购食物及新新公司而返。

7月6日　星期五

晴。上午,至中国书店、汉文渊书店、蟫隐庐,乃至沈医处治病而返。下午,写罪言。翻阅《苌楚斋随笔》及书目。又至沈医处治病。出,至新雅饮冰而返。夜,致花儿信。

7月7日　星期六

晴。上午,写罪言。至沈医处治病。复端甫信,又致钻坚信。下午,复瘦狂信。观日记上所印之格言一遍。又至沈医处治病。夜,致君定信。

7月8日　星期日

晴。上午,写账。致阮俊卿信。下午,理行箧中文件。至汉文渊书店、受古书店及冠生园(饮冰)而返。夜,复花儿信,又致钻坚信。

7月9日　星期一

晴。上午,复志儒信。至受古书店一转,后至沈医处治病。下午,阮俊卿来。复圣一信。至先施公司。出,又至沈医处治病。

夜,致益、念两儿信。

7月10日　星期二

晴。上午,至沈医处治病。拟复哲夫信,下午写成之。杭州书贾朱惠潄来,向买钱竹汀批《困学纪闻》、张叔未批《曝书亭诗注》二部。复绳甫信。又至沈医处治病。夜,致花儿信。

7月11日　星期三

晴。上午,复培孙信。至沈医处治病。下午,翻阅张叔未批《曝书亭诗注》。又至沈医处治病。出,至中国书店而返。

7月12日　星期四

晴。上午,拟致曹理斋信。至沈医处治病。下午,拟致金篯孙信。观《史记释例》。又至沈医处治病。夜,复儿辈及伯华信。

7月13日　星期五

晴。上午,观《国闻周报》。至沈医处治病。下午,观《青鹤》杂志。又至沈医处治病。出,至中国书店、先施公司。

7月14日　星期六

晴。上午,致杰士信。至沈医处治病。下午,收拾行箧。至商务印书馆、大公报分馆、冠生园、先施公司,乃又至沈医处治病。出,至南京理发所理发而返。

7月15日　星期日

晴。上午七点半钟在盆汤弄桥堍乘张班轮船归,下午四点钟抵家。冲之同船。中妹携瑞、壁二甥已往亭林。君宾,在前日青甥患湿温甚剧,今渐愈矣!夜,小剑来。

7月16日　星期一

晴。上午,至高宅视望舅病,咯血已止矣。下午返,先至河西新屋粲君殡所后抵家。夜,冯子贞、端甫、志轩先后来。

7月17日　星期二

晴,夜有雨。上午,仲田先生来,少坐,去。志轩同侯义方来。君定来。钻坚来,午饭后去。韫辉来,少坐,去。杰士来。今晚以镇上保卫团队长宋仁斋省令改组后卸职,与君定、君宾、小剑、新民、卓如等设筵饯之,并邀再人、月波、中孚、志清、智川等为陪。下午即络续客到,先摄一影,夜八下钟散席(共设两席)。君定仍去乡,杰士住。

7月18日　星期三

晴,夜有雨。君宾去钱家桥。上午,宪人来,少坐,去。时舅来,旋同至图书馆。出,至区公所。涂所长来开防旱会议。盖今岁霉雨不下,气候亢热,形成亢旱,金山卫一带地势又高,受灾尤重也。决议多购戽水机以灌进黄浦潮水,惟恐临渴掘井耳!午刻散会,即在区公所用馔。馔后,又与地方人士向涂县长谈保卫团枪械事。旋出,至图书馆而返。杰士去。涂县长及再人、迪光来,少坐,去。时舅去。

7月19日　星期四

晴,有雨。乘申张班轮船往上海。上午八点半开行,下午三点半到盆汤弄桥堍埠头登岸。先至白克路沈医处治病。出,至晋隆西菜馆用馔。馔后,至鸿远里寓所。

7月20日　星期五

晴,上午有雨。上午,朱惠渌来。至沈医处治病。下午,作信,致悔晦、龙丁、乃乾,复耀卿及北平图书馆采访部。又至沈医处治病。出,至先施、新新两公司而返。夜,致花儿信。

7月21日　星期六

雨。上午,补写日记。至沈医处治病。下午,马君达来。又至沈医处治病。夜,观清仪老人墨迹,今日君达所携来也。

7月22日　星期日

上午雨,下午晴。上午,写书籍题记。至沈医处治病。下午,君达来。写账。

7月23日　星期一

阴晴,有微雨。上午,致李千里信。至沈医处治病。下午,复寄尘,致陶遗、君藩信。又至沈医处治病。出,至来青阁、富晋书社。钻坚同四民来,夜饭后去住旅馆。致龙丁,复力行信。

7月24日　星期二

阴晴,有微雨。上午,致谈麟祥信。至沈医处治病。君宾来,午饭后去。致时舅及盘新信。马君达来。至千顷堂、蟫隐庐、冠生园,乃又至沈医处治病。复伯华信。夜,复花儿信。钻坚、四民来住。

7月25日　星期三

晴。上午,观《国闻周报》。至沈医处治病。下午,观《樵隐昔寱》。又至沈医处治病。复经训堂信。

7月26日　星期四

晴。上午,致瘦狂,复志轩信。至沈医处治病。下午,与钻坚闲谈。又至沈医处治病。致念祖及伯华信。夜,乃乾来。

7月27日　星期五

晴。上午,钻坚、四民去。翻阅张秋水(鉴)《蝇须馆丛话》手稿本,系向乃乾处借来,似摘抄之。至沈医处治病。出,至大陆商场君湘律师事务所,晤君藩、杰士。同出,至乐乡饭店午餐而返。翻阅《蝇须馆丛话》。又至沈医处治病,出至国光印书局。

7月28日　星期六

晴。上午，抄《石经阁集外文》，系向乃乾处借来。至中西药房、作者书店、同协祥参号，乃至沈医处治病而返。周福申自松江持沈瘦狂信来，即复之。下午，抄文。又至沈医处治病。复寄尘信。夜，复儿辈信。

7月29日　星期日

晴，下午有阵雨颇大。上午，抄《石经阁集外文》。至乐乡饭店午馔，晤及谢光甫。出，至福煕路中德医院，候黄伯惠，值其入睡，即返。抄文。复王栋材信。君介来，夜饭后又长谈而去。

7月30日　星期一

晴。上午，写日记。至沈医处治病。出，至杭州商店购物而返。下午，作信，复时舅，致钻坚。至中德医院，晤伯惠，并晤闵瑞师。出，又至沈医处治病。出，至功德林，夜馔后返。

7月31日　星期二

晴。上午，理书。至沈医处治病。复儿辈信。下午，复紫卿及君定信。至中德医院与伯惠杂谈舆地之学。出，又至沈医处治病而返。

8月

8月1日　星期三

晴。上午，至卡德路四行储蓄会。出，至沈医处治病。下午，至中德医院伯惠房内取昨日所遗之扇。即出，至来青阁、富晋书社，而又至沈医处治病，晤及君介，亦在彼就诊。

8月2日　星期四

晴。上午，至中国书店、蟫隐庐、开明书店、利利公司食物部，而至沈医处治病。出，又至卡德路四行储蓄会以返。下午，写账。陈雪良来。观周止庵集。又至沈医处治病。出，至先施公司。出，至乐乡饭店，夜馔后返。

8月3日　星期五

晴。上午，复伯华及志轩信。至沈医处治病。下午，观周止庵集。又至沈医处治病。夜，至白尔部路陈乃乾处，少坐，返。

8月4日　星期六

晴。上午，致倪若水、冯子贞信。至沈医处治病。下午，观周止庵集。又至沈医处治病。昨夜腹痛甚剧，有欲呕之势，大解两次而不多，一次似痢。今日起手足酸软，胸腹不舒，头顶作痛，意谓必成痢疾。乃由沈医诊治后，谓决不成痢，系满腹气分，饮食不化所致，服药即愈。至晚腹果不泻，泄气甚多，而一切渐愈矣！

8月5日　星期日

晴。上午，至沈医处治病。复冲之信。下午，复紫卿、钻坚信。至利利公司文艺部、商务印书馆、中华书局、有正书局、冠生园。复花儿信，至夜写毕。

8月6日　星期一

晴。上午，补写日记。至有正书局，而至沈医处治病。下午，观《周止庵集》。冲之来。又至沈医处治病。夜，白蕉来。

8月7日　星期二

晴。上午，写笔记。至大陆商场、国货公司，而至沈医处治病。下午，观《周止庵集》完。又至沈医处治病。夜，观《国闻周报》。

8月8日　星期三

雨。上午,复李千里、孙耀卿信。至沈医处治病。复君彦信。下午,复花儿及伯华信。观《国学会刊》之《国学论衡》。又至沈医处治病。夜,君介来。

8月9日　星期四

晴。上午,复龙丁信。至大陆商场、国货公司,而至沈医处治病。下午,致志轩及守中侄信。至霞飞路华新理发、大东饮冰,而又至沈医处治病。夜,四民来。

8月10日　星期五

晴。上午,四民来。至来青阁、永安公司,而至沈医处治病。下午,观《青鹤》杂志。朱惠渌来。又至沈医处治病。夜,四民来。

8月11日　星期六

晴。上午,至四马路润华旅馆,晤书贾朱惠渌,观其所携之书籍、字画,无甚佳品,购其中《传信录》及曹慈山花卉。出,至先施公司。出,至沈医处治病。出,至卡德路四行储蓄会而返。下午,观《国风》杂志。致花儿,复钻坚信。又至沈医处治病。复君介信。夜,至乃乾处,少坐后,被其邀往曹家渡圣爱娜园纳凉,返近午矣!

8月12日　星期日

晴。上午,杂务。下午,至中国书店、先施公司、南洋袜厂、冠生园、大陆商场、国货公司、商务印书馆。至西门蓬莱市场内传经堂书店。至来喜饭店夜馔。至温泉沐浴。

8月13日　星期一

晴,下午盛雨即止。上午,至中国书店、新新、先施两公司,而至沈医处治病以返。下午,收拾行装。又至沈医处治病。

8月14日　星期二

晴。乘轮船归,上午七点半钟在盆汤弄桥塂开行,下午四点半钟抵家。中妹前携恭、星、梅、壁四甥归,中妹与梅、壁两甥即去,恭、星两甥尚留。大妹归。夜,肃斋来。今日以阴历计之,先君弃养十三周年矣!

8月15日　星期三

晴。上午,恒、珍、嵩三甥来,即随大妹住沪。盘新来。希曾、守中来。理行箧携归之件。下午,邀宪人来诊治。志轩来。端甫来。

8月16日　星期四

晴。上午,收拾一切。钻坚来。下午,恭、星两甥去。涤新来,旋震涛亦来,同至安民桥西塂观新驳石岸基址。汪烈文来。侯义方来。至河西新屋,粲君殡所。夜,写日记。

8月17日　星期五

晴。归家后,身体仍未健,不甚事事。下午,伯承来。

8月18日　星期六

晴。上午,仲田先生来。时舅来。下午,君平、君定来。端甫、伯才、肃斋、震涛先后来。时舅、君平、君定去。

8月19日　星期日

晴。上午,邀晋康来,治念祖足上湿气。徐伯贤来。县保安队副总队长赵赞臣来,旋俞肃斋、项再人同县府秘书张元生来,元生等少坐,去,赞臣午饭后去。理书。邀宪人来诊治。

8月20日　星期一

晴。上午,理书。下午,至济婴局。

8月21日　星期二

晴。上午,冯子贞来,志轩来。中元节祭先。下午,复耀卿信。携花、益、纪三儿(念祖以足上患湿气未去),至河西新屋粲君殡所。宪人、道弘来。

8月22日　星期三

晴。上午,理书。中孚来。钻坚来。下午,至钦明女校,晤其校长凌松年,为益明报名入校肄业。益儿与花儿亦同去参观。余出,又至图书馆而返。夜,复俊卿信。

8月23日　星期四

晴。上午,理书。志轩来。下午,钻坚来。复洞庭、迪前信。君宾自钱家桥回来。

8月24日　星期五

晴。上午,同益明至钦明女校,开始上课。余出,又至图书馆及区公所,晤肃斋。项再人来。下午,理信件。复君懿及张宗顾信。纪祖昨夜倾跌后觉头眩,今请苏月波〔坡〕来诊察,言内部无损,稍缓可愈。今日系阴历中元节,遣花、明往金山卫城隍庙拈香,圆妹亦去。

8月25日　星期六

晴。上午,君宾去钱家桥。书贾蒋龙标来。邀宪人来诊治,并一诊纪祖。志清来。下午,翻阅书籍。补写日记。端甫来。

8月26日　星期日

晴。上午,复时舅及杨伯雄信。对账。下午,至图书馆及济婴局。

8月27日　星期一

晴,晨有微雨。上午,写致曹理斋信。下午,理账。

8月28日　星期二

晴。上午，致迪光信。下午，邀晋康来治念祖足上湿气，并坐谈良久而去。杂务。

8月29日　星期三

阴晴。上午，端甫来。乘轮船往上海，八点半钟开行，下午四点半钟到。在盆汤弄桥堍登岸，先至白克路沈树宝医生处诊治后，乃至鸿远里寓所。大妹以治皮肤病亦携嵩甥在沪。

8月30日　星期四

阴，夜雨甚大。上午，写账。至沈医处治病。下午，君定来沪。至北京路沪张轮船局，晤计志清，同至虹口宋仁斋处及孙助良处，各坐谈数刻。出，余又至沈医处治病而返。夜，致花儿信。

8月31日　星期五

阴，夜深有雨。上午，致爱椿、俊卿信。至沈医处治病。下午，校《杨秋室集》。迪前携恭寿来。又至沈医处治病。夜，迪前去住旅馆，明日回亭，恭甥住此。

9月

9月1日　星期六

晴。上午，校《杨秋室集》。李爱椿来。至沈医处治病。出，至中国书店。下午，摘抄《蝇须馆丛话》。又至沈医处治病。出，至富晋书社、来青阁。

9月2日　星期日

晴。上午，阮俊卿来。至沈医处治病。下午，至亚东图书馆、商务印书馆、作者书店、开明书店、冠生园、来青阁等处。花明、念祖、纪祖来沪。夜，复紫卿及子经信。

9月3日　星期一

晴。上午，至沈医处治病。下午，观《国闻周报》。至汉文渊、受古书店，而又至沈医处治病。出，至金城大戏院，与花、念、纪三儿相会，观电影演《渔光曲》。七下钟同返，恭甥亦去也。亚雄来沪，夜去住旅馆。

9月4日　星期二

阴，下午有雷雨。上午，写账。至沈医处治病。下午，恭甥进民立中学。复耀卿，致千里信。至浙江兴业银行。出，至成记理发。出，至中华书局。出，又至沈医处治病而返。

9月5日　星期三

阴。上午，积余先生来。携花、念、纪三儿至功德林，为外姑唐太夫人八秩冥庆，仲稽内兄等在彼设祭。夜返。中间余曾出，至沈医处治病二次及浙江兴业银行。

9月6日　星期四

晴。上午，同君定至威海路威凤里积余先生处，少坐。出，余至沈医处治病。回，后又携纪祖去治热疖。下午，携花、念、纪三儿至冠生园饮冰、吃点心。出，余又一至沈医处治病。昆友侄来沪，住此。

9月7日　星期五

雨，下午阴。上午，花、念、纪三儿乘轮回家。写账。下午，阮俊卿来。至沈医处治病。出，至富晋书社、同文书店、来青阁、中国通艺馆、二酉书店。亚雄昨日回去，今又来沪，亦住此。

9月8日　星期六

晴。上午，至静安寺路上海银行、四行储蓄会，乃至白克路、成都路口俞永康医生处治病。写账。下午,至同文书店、二酉书店,而至沈医处治病。致紫卿,复钻坚信。夜,至乃乾处,十句钟返。致花儿信。今日亚雄同昆友投考大公职业学校。

9月9日　星期日

晴。上午,君定回去。至俞医处治病,十一下钟返。坐汽车邀乃乾同至南洋中学,晤王培孙先生,下午三下钟返。书贾朱惠渌来,与之购书三种。又至俞医处治病。出,至同文、二酉两书店。

9月10日　星期一

阴晴。上午,至三马路惠中旅舍,候沈道非先生,坐谈数刻。出,至俞医处治病。出,至爱多亚路陶乐春,应道非先生招饮。同席为亚子、佩宜、少屏、乃乾、马君武、唐雄伯、虞某。下午两下钟散席,返。复时舅,致端甫信。又至俞医处治病。出,至四马路一枝香,应乃乾招饮。同席为道非先生、朴安、白蕉、潘公弼、陈□□。返近十句钟矣。今日昆友进大公职业学校。

9月11日　星期二

阴,晚雨。上午,观《国闻周报》。至俞医处治病。下午,致尹卿先生,复念祖信。至四储蓄会。出,至沈树宝处。出,至中国书店。出,又至俞医处治病以返。复益儿信。

9月12日　星期三

雨。上午,亚雄回去。至俞医处治病。下午,杂翻书籍。又至俞医处治病。

9月13日　星期四

雨,下午阴。上午,写账。至俞医处治病。出,至二酉书店、永安公司。下午,复培孙信。盘新来,嘱致毕静谦介绍信,即写与之。马君达来。又至俞医处治病。

9月14日　星期五

雨,下午阴。上午,至俞医处治病。复沈锦笙信。下午,马君达来。又至俞医处治病。出,至富晋书社、来青阁、二酉书店而返。夜,复念祖信。

9月15日　星期六

雨,下午阴,旋淋雨。上午,至俞医处治病。下午,阮俊卿来。观《青鹤》杂志。至商务印书馆及冠生园吃点心,乃又至俞医处治病而返。夜,理账。

9月16日　星期日

阴晴,夜雨。上午,至俞医处治病。出,至冠生园等处购物,并进午点,点后返。伯华自张出来,少坐后去住旅馆。至永安公司。出,又至俞医处治病而返。夜,收拾行箧。

9月17日　星期一

上午雨,下午阴。今日本拟回去,以晨间天雨甚大而罢。上午,观《国闻周报》。至俞医处治病。下午,观《青鹤》杂志。又至俞医处治病。夜,至温泉沐浴。

9月18日　星期二

晴。上午,至俞医处治病。出,至汪裕泰号、功德林而返。下午,至蓬莱市场及城隍庙内浏览旧书肆。出,至霞飞路仁和里口大东饮冰。出,又至俞医处治病而返。

9月19日　星期三

上午阴晴,下午雨。乘沪张班轮船归。上午七点半钟在盆汤弄桥埠开行,下午三点半钟抵家。在船观《园治》。

9月20日　星期四

晴。上午,杏林来。收拾一切。下午,至钦明女校、图书馆(公愈来晤)、济婴局(晤端甫),四下钟返。肃斋、杏林同沈子祥来,少坐,去。夜,复抱经堂信。

9月21日　星期五

晴。上午,君定携鼎、安二甥来。午刻,设筵宴子祥,并邀杏林、肃斋、伯才、涤新、志轩、君定亦同席,二点钟客散去。圆妹携青、铦、锌三甥去乡。君定去,鼎、安二甥留。

9月22日　星期六

晴。上午,钻坚来。洒扫书室。下午,与石匠算工账。志轩同伯衍来。冯子贞来。致涂县长信。大妹携嵩甥自沪归,即去乡。

9月23日　星期日

晴。上午,子峰来。杰士来,午饭后去。至图书馆。鼎、安二甥去。志轩来。

9月24日　星期一

晴。今日起每日请干钻坚、曾耀两君间日来教授念祖英文、算术等科,按日二小时。上午,理书。子峰来。下午,邀陆梦熊来,治念祖足上湿气,前已治一次。写书目。伯才来。夜,复培孙,致龙丁信。

9月25日　星期二

阴晴,下午有雨。上午,写书目。下午,至河西新屋内㮣君殡所,并督工略收拾园中,又至南市观市房。夜,校抄件。

9月26日　星期三

晴。上午,理书。祝慎旃来。下午,至图书馆及济婴局(晤端甫)。

9月27日　星期四

阴,有雨。理书,写书目。下午,祝匡正来。季眉来。夜,复抱经堂信。

9月28日　星期五

晴。上午,理书。履仁来,午饭后去。至济婴局(晤端甫)。出,至图书馆。君宾自沪回来,夜饭后去乡。

9月29日　星期六

晴。上午,汪烈文来。理书,写书目。下午,志轩来。伯才来。夜,志轩又来候慎旃。书贾蒋龙标来。

9月30日　星期日

晴。上午,蒋贾来。下午,慎旃、匡正去廊下。写书目。夜,补写日记。

10月

10月1日　星期一

阴,下午有雨,夜雨。上午,至高老宅望舅处。下午,至新宅时舅处。傍晚返。在船观《国闻周报》等。夜,复迪前,至陈德林信。

10月2日　星期二

阴雨。上午,君懿来。下午,时舅来。傍晚先后去。夜,校抄件。

10月3日　星期三

雨。理书并安置书橱。夜,复叔纯信。

10月4日　星期四

阴。上午,项再人来。写书目。下午,至图书馆。出,至济婴局,晤端甫,端甫旬日来卧病也。

10月5日　星期五

阴。上午,理书。下午,理账。

10月6日　星期六

晴。上午,邀晋康来治纪祖唇肿。写账。下午,志轩来。至叔纯处。

10月7日　星期日

晴。上午,理书。下午,理账。

10月8日　星期一

晴。上午,复萃文书局,致北平图书馆信。下午,复麟祥信。宪人来。夜,复积余先生信。今日圆妹携三甥归,晚仍去乡。

10月9日　星期二

晴。上午,至楼屋,吊陈季梅之丧,下午返。夜,致大妹,复蒋鸿寿信。

10月10日　星期三

晴。上午,理账。下午,志轩来。至济婴局,晤端甫。夜,校抄件。

10月11日　星期四

晴。上午,杂务。下午,至图书馆。出,至伯埙处,望其病,并以其借款抵件还之。写账。夜,写书目。

10月12日　星期五

晴。上午,陆幼卿来。至西市干宅,七吊紫卿夫人之丧,少坐,返。写账。下午,至河西新屋内粲君殡所,并理书籍,又督仆工收拾园中。叔纯来,游谈良久去。余傍晚返。夜,复白蕉及北平图书馆信。

10月13日　星期六

晴。上午,理书。下午,至区公所(晤肃斋)、济婴局(晤端甫)。夜,校抄件。

10月14日　星期日

晴。上午,督仆工收拾后园。下午,叔纯来,坐谈良久去。

10月15日　星期一

阴雨。上午,理书。下午,校抄存之挽联。夜,复星六信。

10月16日　星期二

阴,有雨。上午,杂务。复兰畦信。下午,至济婴局,晤端甫。出,至图书馆。夜,致中妹信。

10月17日　星期三

晴。上午八点三刻开船,下午四点半到。先至俞医处忆初诊所,乃至鸿远里。在船观《日省编》(观《桐阴日省编》)。夜,君湘来。

10月18日　星期四

晴。上午,至俞处、成记、蝉隐、大公。下午,至四行、中国、富晋、来青、时报馆、怀本坊。夜,蒋贾来,至乃乾处。

10月19日　星期五

晴。上午,至俞医处治病。出,至新新、先施、永安三公司、裘天宝银楼而返。下午,至五马路、西泠印社、商务印书馆、中华书局、科学仪器馆、受古书店等处。又至先施公司吃点心,沈树宝处请其开治手酸针药方以返。

10月20日　星期六

晴。上午，至俞医处、中国书店、集成药房等。下午，至来青阁、二酉书店、永安公司、冠生园。夜，至乐乡。

10月21日　星期日

晴。乘沪张班轮船归。上午七点半钟在盆汤弄桥船埠开行，下午三点钟抵家。今日鼎、安二甥来傍晚仍去。夜，理账。

10月22日　星期一

晴。上午，至词臣处，拜同生伯九十冥庆，少坐，返。君宾来。下午，至济婴局，晤端甫。出，至宪人处，少坐，返。君宾去。夜，复书贾朱惠渌信。今日起邀苏月波〔坡〕来打沈树宝所开补气血之针，间日一次，午后来也。

10月23日　星期二

晴。上午，至宗祠举行秋祭礼。余司鸣赞，午刻饮福后返。中间以济婴局今日斋堂，曾往彼数次。中妹携壁甥归。傍晚，又至济婴局宴会，夜返。季眉来，少坐，去。

10月24日　星期三

晴。上午，项再人来。圆妹携铦、锌二甥归。下午，书贾蒋龙标来。宋仁斋来，坐谈良久。苏月波〔坡〕来，打针。夜，理账。

10月25日　星期四

晴。上午，蒋贾来。理书。下午，志轩来。圆妹携锌甥去乡。尹奎升来。至图书馆。夜，复悔晦信。

10月26日　星期五

晴。上午，君宾来，即乘轮去沪。陆幼卿同其介绍之新外账胡秋林来。理书。下午，杰士来，少坐，去。中妹携壁甥去亭林。铦甥去。至图书馆，计志清同颜小鲁、陆永生为留溪票房事来晤。

出,至济婴局,晤端甫而返。邀苏月波〔坡〕来打针。夜,复北平各书店信。

10月27日　星期六

晴。上午,项再人来。复时舅信。下午,复刘雪耘、爨颂生,致唐文圃信。

10月28日　星期日

晴。昨夜觉冷甚,今日发热、头痛、肢酸,起床后仍卧榻上竟日。下午,苏月波〔坡〕本来打补剂之针,以寒热暂停,改打百病注射药一针,另服药水、药片。白蕉来。

10月29日　星期一

晴。今日寒热已止,而身体仍疲倦,间有腹痛,似下痢。

10月30日　星期二

阴,夜有雨。今日精神胃口渐佳,而仍间有腹痛下痢。下午,望、时两舅、君定来,傍晚去。彼等今日到镇,系吊钱伯埙之丧,余以身体不适未及往耳。为镇上保卫团枪械事,与时舅合致涂县长信,余拟稿而时舅写之。

10月31日　星期三

阴。上午,略理书籍。至白蕉、钻坚信。下午,涤新来,即请其开一方服之。彼言余非痢疾,乃肠炎也。夜,写书目。补写日记。复大妹信。

11月

11月1日　星期四

阴。上午,杂务。下午,校抄件。

11月2日　星期五

阴晴。上午,徐伯贤来。白蕉来。下午,写书目。白蕉又携钱氏出让之书来。圆妹携青、铦、锌三甥归。夜,奚家太太来,谈何伯康事。

11月3日　星期六

晴。上午,理书。白蕉来。下午,校抄件。君介来。肃斋、伯才先后来。

11月4日　星期日

晴。上午,宪人来。下元节祭先。下午,携四儿至河西新屋内祭君殡所。涤新来,即请其开一治腹疾方。君宾自钱家桥回来。夜,致乃乾信。

11月5日　星期一

雨。上午,君宾去。作信,致朱时隽,复昆亮侄。下午,录存旧信稿。作信,致张咏霓。夜,作信复李续川。

11月6日　星期二

阴。上午,杂务。下午,宪人来,治青、铦二甥感冒。志轩来。至济婴局,晤端甫,四下钟返。夜,复哲夫信。

11月7日　星期三

晴。上午,花儿乘轮往沪。至东市李宅,吊寄舫母丧。出,至图书馆,近午返。下午,写书目。君介来,傍晚去。夜,观《国闻周报》《大夏学报》。

11月8日　星期四

晴。上午,杂务。苏月波〔坡〕来,打针。复圣一信。下午,圆妹携三甥去乡。致道非先生信。至图书馆。夜,写账。

11月9日　星期五

阴晴。上午，往吊陈兰馨之丧。杂务。下午，至区公所、图书馆、济婴局。伯才来。夜，复杨静远信。

11月10日　星期六

晴。上午，复范烟桥、罗子经信。下午，苏月波〔坡〕来，打针。至济婴局。出，至图书馆。出，至宪人处，不值，返。鼎、安二甥自上海回来，即去乡。庄正衡来，夜饭后去。夜，陆斐然、莫孟恢先后来，各少坐，去。

11月11日　星期日

阴。上午，斐然来，即去。理书。吴导江、金兰畦来住。下午，宪人来，晤导江。导江此来为宪人侄伯康与奚姓交涉，拟出调停也。

11月12日　星期一

阴雨。上午，伯康、宪人来，晤导江。下午，周厚田来，晤导江。伯才、晋康来。苏月波〔坡〕来，打针。昆亮来。傍晚，至宪人处，为其宴导江、兰畦，为陪，夜八下钟同两君返。

11月13日　星期二

阴。上午，伯康、厚田先后来，晤导江。补写日记、账目。下午，志轩来。写书目。宪人来，晤导江，夜饭后又坐谈良久，去。

11月14日　星期三

晴。上午，宪人来，晤导江。下午，导江、兰畦去。杂务。苏月波〔坡〕来，打针。花儿自沪归。

11月15日　星期四

晴。上午，复陶遗信。下午，至图书馆。出，至济婴局，晤端甫，四时返。夜，复浦东同乡会，致乃乾及书肆信。

11月16日　星期五

晴。上午,肃斋来。尹奎升来。至钱宅,七吊伯熏先生之丧。朱时隽来,渠新任本县教育局局长也。下午,杂务。至图书馆,即邀月波〔坡〕来馆打针。夜,复白蕉信,又致孙颂和信。

11月17日　星期六

上午雨,下午阴。上午,写书目。下午,杂务。夜,复新民及徐少青信。

11月18日　星期日

阴。上午,子峰来。复徐时觉信。龙丁来。苏月波〔坡〕来,打针。至济婴局,晤端甫。出,至宪人处,应其约持螯赏菊,夜近八时返。

11月19日　星期一

晴。上午,整容。

11月20日　星期二

晴。

11月21日　星期三

阴晴。

11月22日　星期四

阴晴。同花儿乘汽油班船归。上午八点钟开,十二点钟抵家。下午,志轩来。杂务。夜,校《岩居稿》。

11月23日　星期五

阴晴。上午,种花、树。下午,肃斋来。苏月波〔坡〕来,打针。至济婴局,晤端甫,四下钟返。夜,写账。

11月24日　星期六

阴晴。上午,志清、杏林来。校《岩居稿》。下午,子峰来。宪人来。至图书馆。夜,复时觉信。

11月25日　星期日

阴晴。上午,杂务。黄景伊来。杰士来。时舅来。下午,杰士去。至商会,开储蓄会总干事会议。时舅去。景伊住。

11月26日　星期一

雨。上午,景伊去。写书目。苏月波〔坡〕来打针。下午,草《〈重印闺范〉跋》。

11月27日　星期二

阴晴。上午,复黄芳墅,致时舅信。斐然来。苏月波〔坡〕来,打针。下午,至济婴局,晤端甫。出,至图书馆,四下钟返。夜,复慎旃,致大妹信。

11月28日　星期三

晴。上午,徐少青来。苏月波〔坡〕来,打针。下午,晋康来,同至安民桥西首看市房。伯才来。夜,复寄尘信。

11月29日　星期四

阴。上午,中妹携瑞、壁两甥归。下午,龙丁去。涤新来,坐谈良久去。夜,复积余信。

11月30日　星期五

阴晴。上午,复学源信。杂务。苏月波〔坡〕来打针。下午,至济婴局,晤端甫。望舅来,傍晚去。伯才来。志轩来。夜,校张岱《琅嬛文集》。

12月

12月1日　星期六

晴。上午,往吊刘叔生夫人之丧。出,乘轮船往上海。八点半开,下午四点钟到。在盆汤弄桥船埠登岸,即至鸿远里寓所。大妹在沪,君定亦在沪,惟近往南桥。至白尔部路乃乾处,坐谈良久。出,至温泉沐浴,返已十二下钟矣。

12月2日　星期日

晴。上午,至文古书店、陆永茂花圃。下午,至中国书店、富晋书社、来青阁、大公报分馆、《青鹤》杂志社、商务印书馆等处,并至冠生园吃点心。夜,至乃乾处,应其招饮。同席为葛荫梧、商笙伯、白蕉。十一点钟返。

12月3日　星期一

晴。上午,至国光印书局。出,至跑马厅四行储蓄会新址。出,至新新、先施、永安三公司。出,至新同昌五金号。出,至浙江兴业银行。出,午点于冠生园。出,至中国书店乃返。君定回沪。傍晚,乃乾来,同至武定路葛荫梧寓处,应其招饮,并观藏书。又晤其二子宗超、逊言,返近十点钟矣。

12月4日　星期二

晴。上午七点半钟,在盆汤弄桥堍乘轮船开行归,下午近三点钟即抵家——潮水顺也。在船观《青鹤》杂志。项再人来。

12月5日　星期三

晴。杂务。下午,至济婴局,晤端甫。出,至图书馆,四下钟返。

12月6日　星期四

晴。杂务。下午,至图书馆及济婴局,近四句钟返。

12月7日　星期五

晴。今日起延平湖报本寺僧众来为粲君作佛事七天,礼《梁皇宝忏》。晨,君宾自柘林来,早饭后即去乡。下午,涤新来。复寄尘、君懿信。

12月8日　星期六

晴。下午,志诚、志清先后来。苏月波〔坡〕来,打针。

12月9日　星期日

晴。上午,致时舅信。鼎、安、斐三甥来,其业师顾仲堪同来。圆妹携青、铦、锌三甥归,君宾同来。苏月波〔坡〕来打针。下午,复培孙信。志轩来,少坐,去。鼎甥等去。至河西新屋内粲君殡所。

12月10日　星期一

晴。君宾去柘林。上午,苏月波〔坡〕来,打针。杭生来。望舅来。下午,复君懿信。傍晚,望舅去。

12月11日　星期二

晴。今日以阴历计之,粲君故世已一周年矣！此一年中余盖昏昏如在梦中也。上午,君介来。下午,携四儿至河西新屋内粲君殡所,惠侄女、瑞辰甥、杭生内侄同去。君介去。大妹携嵩甥自沪归,君定同来。季鲁来,其友吴丙章同来。

12月12日　星期三

阴晴。上午,同季鲁、杭生至河西新屋粲君殡所。君定去乡。苏月波〔坡〕来,打针。下午,季鲁、杭生及丙章去松。夜,复君彦,致耀卿信。

12月13日　星期四

晴。上午,苏月波〔坡〕来打针。下午,伯才来。佛事于今夜功德圆满。

12月14日　星期五

晴。上午,杂务。苏月波〔坡〕来,打针。下午,宪人来。理发。大妹携嵩甥去乡。夜,致乃乾信。

12月16日　星期日

晴。上午,至葛仓,晤咏义,即同其至高家,宪人亦去。先至老宅,旋至新宅,时舅设宴。下午,宪人先返。傍晚,又至老宅,望舅设宴。夜九句多钟,与咏义同返,抵家已十一时矣。

12月17日　星期一

阴,夜雨。上午,至葛仓,晤咏义,并观其所带之善本书籍,近十句钟返。渠亦回平湖矣。理书。志清来。下午,苏月波〔坡〕来打针。至济婴局,晤端甫,近四句钟返。夜,复书店信。写账。

12月18日　星期二

阴,有雨。上午,复芳墅,致迪光信。书贾蒋龙标来。下午,复昆亮,致时隽信。理书。

12月19日　星期三

阴。上午,督石工搬置后园假山石。又至图书馆一回。亦叠假山也。苏月波〔坡〕来,打针。下午,复龙丁,致荫亚信,又复迪前信。冬至节祭先。夜,复书店信。

12月20日　星期四

阴。上午,中妹携瑞、壁二甥去亭林。涤新来。杂务。下午,至河西新屋内粲君殡所致祭——昨日晚未去也。花、念、纪三儿随去,益儿以在校未去。至图书馆及济婴局,晤端甫。夜,复慎旃信。

12月21日　星期五

阴晴。以阳历计算,今日粲君故世亦一周年矣! 上午,杂务。苏月波〔坡〕来,打针。下午,志轩来。至图书馆,又同宪人至其东市稍竹园内。夜,复君平,致时舅、君定、宪人信。

12 月 22 日　星期六

阴。种花、理书终日。上午,蒋贾来。傍晚,伯才来。夜,复季鲁信。

12 月 23 日　星期日

阴雨。上午,苏月波〔坡〕来,打针。杂务。下午,凌其祥来。复君彦信。夜,观《国闻周报》。致李千里信。

12 月 24 日　星期一

阴。上午,理书。致爨颂生信。下午,时舅来,即乘船去松江。至图书馆。出,至济婴局,晤端甫,又涤新来晤。出,又至区公所一转。望舅、君定、君介来,渠等在河泾湾协顺米行吃冬至酒也,少坐,去。夜,观盛伯羲之母《芸香馆诗》。

12 月 25 日　星期二

阴,下午有雨。上午,至河西新购之卢姓市房基地。王剑冰来。苏月波〔坡〕来,打针。作信,复迪光、沈载之、卢梦生。下午,伯才来。至图书馆。理书。夜,复耀卿信。

12 月 26 日　星期三

雨。上午,杂务。午刻,至潘顺兴馆,应涤新会筵,散席返已三句钟矣。写书目。夜,复哲夫、剑华,致文圃信。

12 月 27 日　星期四

雨,上午阴。上午,杂务。苏月波〔坡〕来,打针。下午,读古文。作信,复葛咏莪。子峰来。夜,复端志,致若水、君介信。

12 月 28 日　星期五

雨,上午阴晴。上午,写致顾荩臣〔丞〕关约。杰士来,午饭后去。拟复曹理斋信。夜,复新民信。

12月29日　星期六

阴。上午,续拟复曹理斋信。苏月波〔坡〕来打针。项再人来。大妹归,君定、恒初同来。下午,至钱氏义庄一观,布置伯埛先生追悼会。回,后知李云岩来过,渠新自日本归。乃即至睫园内候之,坐谈数刻,返。时舅自沪回来,君宾亦自柘林回,时舅即去。君定等去。夜,伯才来,即去。

12月30日　星期日

阴雨。上午,朱邦屏来。下午,同君宾、邦屏至钱氏义庄,开钱伯埛先生追悼会。余司读祭文。三下钟返。时舅、君介来,即去。连日花儿之同学庄敏在此,今其父翼斋来同。

1935年

1月

1月1日　星期二

阴，有日光。上午，理书。下午，至济婴局，晤端甫，四下钟返。修种后园树木。君宾同圆妹携青、铦、锌三甥明日往柘林，以路远、河小解缆须早，今夜去宿船上。

1月2日　星期三

阴，下午有雨。上午，收拾房室。仲田先生来。苏月波〔坡〕来，注射补血针。下午，涤新来。君藩自松江来，即去乡。伯才来。君懿来，即去。夜，写账。

1月3日　星期四

阴。上午，李云岩同其弟世清在法国习化学，近学成而归也，坐谈数刻去。震涛来。理书。下午，钱伯埛之媳来，谈其家事。理书。志轩来。钻坚来。傍晚，设筵宴云岩、世清兄弟，并邀焕文、松年、涤新、其祥及守梅侄为陪，八下钟散。

1月4日　星期五

阴。上午，理书。复积余先生信。苏月波〔坡〕来，打针。下午,至图书馆。出,至济婴局,晤端甫。夜,复陶遗信。

1月5日　星期六

阴,晚雨。上午,杂务。下午,至宪人处。出,至图书馆。夜,写账。

1月6日　星期日

阴。上午,理书。苏月波〔坡〕来,打针。下午,至图书馆,念、纪两儿亦去。夜,复圣一信。

1月7日　星期一

阴。上午,省保安队本县大队附赵赞臣及本镇队长尹奎升来。子峰来。理书。下午,寄舫来。补写日记。夜,观《国闻周报》。

1月8日　星期二

雨。上午,杂务。苏月波〔坡〕来,打针。观《青鹤》杂志。下午,复时舅、时隽信。写书目。君介来,少坐,去。

1月9日　星期三

阴晴。上午,杂务。下午,至济婴局,晤端甫。适志洽来诊端甫,宪人亦来,坐谈数刻后,渠等先去,余于四下钟返。

1月10日　星期四

晨雾,阴晴。乘轮船往上海。上午八点半钟开,下午三点钟到。在南市关桥登岸,先至城内方浜路古香室。出,至霞飞路华新理发,乃至慕尔鸣路升平街鸿远里寓所。君定、大妹亦在沪寓。夜,至白尔部路乃乾处,坐谈良久,十下钟返。

1月11日　星期五

阴,下午有雨。上午,至威凤里,候积余先生,少坐,返。下午,至蝉隐庐、中国通艺馆、来青阁、富晋书社、中国书店、二西书店、受古书店、汉文渊等处。傍晚,至大观楼,何伯康以事在此宴律师瞿钺(即绍伊)、沈镛及夏秉如,招陪。同席尚有君湘、道弘、白蕉。散席后出,至温泉沐浴,返已十一下钟矣。

1月12日　星期六

雨。上午,写日记、账目。下午,至浙江兴业银行、西泠印社、清秘阁、荣宝斋、利利公司文艺部、商务印书馆、中华书局、蟫隐庐、来青阁。又至时报馆,晤仲稽、季鲁,晚返。

1月13日　星期日

阴,夜雨。上午,观《蹇安五记》。下午,至俞永康处,诊治右臂酸痛、转运不便。出,至中国书店、新新、先施、永安三公司、蟫隐庐、千顷堂、来青阁。夜馔于一枝香而返。

1月14日　星期一

雨。上午,至俞医处诊治。下午,觉身体不适而卧至夜,渐愈。

1月15日　星期二

晴。上午,乘九点钟火车往松江,陶遗同行。到后先至阔街瑞师处,旋至典业银行。午饭后,开董事、监察人连席会议,沈思老、谭静渊、履仁并到。散后,杰士来谈,又至新松江社。六点钟乘火车回上海。

1月16日　星期三

晴。上午,至环球中国学生会,晤少屏,坐谈良久。出,至俞永康处诊治。出,至四行储蓄会。出,至冠生园午馔并购物。出,至国货公司、蟫隐庐、先施公司、来青阁、富晋书社(晤及乃乾),傍晚返。

1月17日　星期四

晴。乘沪张轮船归。上午七点半钟自盆汤弄桥船埠开行,下午三点钟抵家。在舟观《明清之际党社运动考》。褚士超来,看后门市房,即去。苏月波〔坡〕来打针。

1月18日　星期五

晴。上午,志清、守中、晋康先后来。杂务。下午,至图书馆,苏月波〔坡〕来打针。出,至济婴局,晤端甫,傍晚返。

1月19日　星期六

晴。杂务。上午,伯才来。下午,宋仁斋及子峰、涤新先后来。

1月20日　星期日

晴。上午,理书。下午,宪人、伯才、志轩先后来。携念、纪两儿至河西新屋内粲君殡所。夜,补写日记及账目。今日花儿同益儿乘轮往沪配眼镜。

1月21日　星期一

晴。上午,理账。子峰来。下午,杰士来,即去。至济婴局,晤端甫,少坐,返。夜,致乃乾信。

1月22日　星期二

晴。上午,松江人徐联辉携书画来售,展览达半日,选购王氏册页等件。中孚来。下午,莫质誉自湖州来,并向粲君灵前致吊,旋去高宅。复咏莪信。义方、伯才先后来。至济婴局,晤端甫,又涤新来晤。傍晚返。朱时隽来。夜,中孚来,晤时隽,少坐,去,时隽住。

1月23日　星期三

晴。上午,时隽去。复杜诗庭信。项再人、顾震涛来。午刻,设筵宴塾师徐尹卿及干钴坚、干曾耀,并招徐伯贤(其子震生附读)、中孚、松年为陪,账友紫卿、伯华亦邀入席。近三句钟散。质誉自高宅出来。花、益两儿自沪归，珍甥同来。

1月24日　星期四

晴。上午，子凯来。仲田先生来。冲之来。下午，志轩来。同质誉至图书馆，余又一至区公所、济婴局而返。宪人来。

1月25日　星期五

晴。上午，质誉去。杂务。下午，义方来。志清来。至图书馆。出，至济婴局，晤端甫，傍晚返。夜，观《国闻周报》。

1月26日　星期六

晴。上午，理书。鼎、安二甥来。义方、守中来。子光来。下午，复君宾，致履仁信。时舅来。携益、念、纪三儿与尹卿先生在中庭合摄一影，以明岁塾师将易人也。公遂来，少坐，去。时舅去。珍安二甥去，鼎甥留。夜，复陶遗信。

1月27日　星期日

晴。上午，杂务。赵松铨来，少坐，去。君懿来。下午，志洽来，旋同君懿去。复曹理斋信。夜，复徐少青信。

1月28日　星期一

晴。上午，塾师徐尹卿先生解馆回去。伯才来。下午，至济婴局，晤端甫，少坐，返。鼎甥去。道弘宴其友于潘顺兴菜馆，招陪，夜八时返。其友为鄂人江鸿起。

1月29日　星期二

晴。连日伤风，今又头眩、作反，时卧榻上，至晚稍愈。下午，道弘与乐天先生来，以病未〔愈〕，卧晤。中孚来。夜，仲田先生来。作信，复迪前、沈瘦狂、陈学儒及书肆。

1月30日　星期三

晴。今日过年节，上午祀神，下午祭先。上午，幼卿、义方先后来。下午，伯康、伯才先后来。夜，复文禄堂书肆信。

1月31日　星期四

晴。上午，复学源信。中孚同鹏飞来。钻坚来。理发。下午，涤新来。项再人来。至济婴局，晤端甫。至宪人处，不值而返。伯才来。夜，理账。

2月

2月1日　星期五

阴，夜雨。上午，杂务。瑞商来。下午，携四儿至河西新屋内粲君殡所斋奠，惠侄女亦去。夜，复咏义、履仁信。

2月2日　星期六

阴雨。上午，理书。钻坚来。下午，复哲夫信。仲田先生来。夜，复子经信。为仆工分给力钱等。

2月3日　星期日

晴。杂务。上午，伯承来。下午，涤新、镜波来。白蕉来。谨悬祖先神影。

2月4日　星期一

晴。今日乙亥岁首，早起拈天香、祀祖先。上午，昆友侄来。钤书籍印章。下午，守梅、守中、韫辉三侄及亚雄、士韦先后来。写书目。夜，理账。

2月5日　星期二

晴。上午，仲田先生、宪人、项再人先后来。颜小鲁、俞肃斋、张春荣来。下午，黄剑童来。至志轩处。出，至肃斋寓处，不值，乃返。至宪人处，不值，晤伯康、海筹，少坐。出，至济婴局，晤端甫,傍晚返。夜,理图章。

2月6日　星期三

上午阴雨,下午雪。上午,拈普陀香。钻坚来。白蕉来。中妹携星、梅、瑞、壁四甥归。理字画。夜,写账。

2月7日　星期四

阴。上午,小剑、盛焕文来。下午,志轩来,即同其至仲田先生及子贞处,四下钟返。昆友侄来。夜,写账。

2月8日　星期五

阴,傍晚雨。上午,祝匡正自廊下来。下午,中妹携星、梅、瑞、壁四甥去亭。至图书馆,又至区公所(晤肃斋、春荣)、钦明女校(晤松年)、济婴局(望端甫病)。傍晚返,匡正已去。守中侄冯澄、张希曾、曹菊生来,少坐,去。夜,写账。

2月9日　星期六

雨。上午,复白蕉信。项再人来。下午,往晤宪人、白蕉,与谈良久返。大妹与君定携嵩甥自沪归,即去乡。夜,致积余先生信。

2月10日　星期日

雨。上午,至高老宅望舅处。下午,至新宅时舅处。傍晚返老宅。

2月11日　星期一

阴。上午,归家。在舟观江庸之《趋庭随笔》。下午,谨收祖先神影。叔明来,少坐,去。夜,理所得之钱氏《古松楼友朋诗札》。

2月12日　星期二

晴。上午,理书。至恒大庄,候叔明,不值。至邮局,候颜小鲁,少坐,返。下午,守中、希曾来。至图书馆。出,至公安局,候项再人,不值。出,至济婴局,傍晚返。夜,写账。

2月13日　星期三

晴。上午,望舅、时舅、君定、君宾来,大妹携恒、鼎、安、斐、嵩五甥亦归。下午,君宾携青甥自柘林归,来住。傍晚,望舅等去,惟鼎、安、嵩三甥留。

2月14日　星期四

晴。上午,君宾携青甥去乡。胡世龙甥来,少坐,去。下午,理书。鼎、安、嵩三甥去。夜,写账。

2月15日　星期五

晴。上午,整理树木。钻坚、子凯、季眉先后来,各少坐,去。下午,君宾携青甥来。景伊来。

2月16日　星期六

阴。上午,景伊去。君宾携青甥乘轮去柘林。复星五信。下午,理书。至图书馆。出,至济婴局,望端甫病,傍晚返。夜,复文绿堂书店信。

2月17日　星期日

晴。上午,理书。下午,至智川处,不值。至图书馆,晤宪人,同至济婴局,望端甫病,极沉重,坐久返。夜,复君达、玉岑、志儒信。

2月18日　星期一

晴。上午,理书。下午,至智川处,坐谈良久。出,至济婴局一转而返。夜,致时舅、君定、学南、乃乾信。

2月19日　星期二

晴,夜雨。上午,闻张端甫于昨夜作古,乃至济婴局。出,至图书馆，与宪人谈局务，良久返。下午，伯才来，少坐，去。志轩、智川先后来，皆谈济婴局务甚久。夜，复麟祥信。

2月20日　星期三

阴雨。上午，志光、志清、伯衍先后来。理书。大妹携鼎甥归。下午，至宪人处。出，至济婴局。出，至图书馆。伯才来。夜，复君藩、石钧信。

2月21日　星期四

雨。上午，至旧港张宅吊端甫先生之丧，志轩、伯华同去。下午三下钟返。望舅来，亦在张宅。君平自沪回来，旋同去。徐尹卿于午后来。

2月22日　星期五

晴。上午，至济婴局、图书馆、宪人处。项再人来，即去。今岁延朱泾顾莨丞先生教授念祖、纪祖，兹到馆开学。君定来。下午，尹卿去。傍晚，设筵宴顾先生，并邀庄无章、钴坚、曾耀、肃斋、松年、志轩及君定为陪。曾耀今岁亦仍来教授念祖算学也。散席后钴坚住。

2月23日　星期六

阴晴，傍晚有雨。上午，志清来，即去。何公竞来，渠新自法国回，留学已十年矣。午饭后去。君定同大妹携鼎甥去。至图书馆。出，至济婴局，晤志轩，今约渠督维局务也。傍晚返。夜，致书贾孙耀卿信。

2月24日　星期日

晴。上午，写账，下午，时舅来，同至宪人处及图书馆。至河西新屋内粲君殡所。志轩、宪人来，旋同两君与时舅至肃斋寓处，应其招饮。八下钟返，时舅回去。

2月25日　星期一

雨。上午，复陆次洙信。下午，杂务。夜，复志儒、冰之、君达、学南信。

2月26日　星期二

阴。上午，理书。下午，陆斐然来，与谈济婴局务良久，去。至宪人处，不值。出，至图书馆，智川来晤。出，至济婴局，晤志轩，四点多钟返。夜，观《青鹤》杂志、《国闻周报》。

2月27日　星期三

晴。上午，理发。下午，韫辉来，即去。时舅来，旋外出。至济婴局，晤志轩，傍晚出。至区公所，与镇上同人公饯公安局局长项再人，时舅亦到，近八句钟返。时舅同来，少坐后回去。

2月28日　星期四

晴。上午，张奇峰来，即去。韫辉来，即去。下午一点钟乘汽油船往松江，四点钟到。即至典业银行。傍晚，君藩邀至新松江社夜馔。同席为杰士及吴伯扬，又晤沈联璧、朱叔建。馔后，更闲谈数刻。出，至君藩处，杰士来同住。

3月

3月1日　星期五

晴。上午，至西门街购物，乃至典业银行。旋杰士来，同至张曙晖处（继斋之子），与之谈济婴局务，少坐，返银行。下午，行中开董事、监察人连席会议，继开股东常会，并改选董事、监察人，余仍被选为监察人。傍晚，返君藩处，时舅、履仁今日亦到松同住。

3月2日　星期六

晴。上午八下钟乘汽油船归，乃以潮落水浅未能即开，至下午一下钟抵家。船上晤及卓然。在船观《趋庭随笔》。宪人、伯才先后来，伯才先行，宪人坐谈良久后去。

3月3日　星期日

晴。上午，冯少亭来，即去。写账。下午，至储蓄会，开总干事会议，四下钟返。尹卿先生于午前来，亦到会住此。圆妹携青、铦两甥于廿八自柘林归，一宿后去乡，今又归。大妹携嵩甥亦归。韫辉来，即去。夜，作信致朱乐天。

3月4日　星期一

晴。上午，整理花草。下午，尹卿去松。同圆妹携青、铦两甥至钦明女校参观，两甥将肄业于该校也。出，余至区公所及济婴局，近五点钟返。至睫园应张学源招饮，并晤兰畦，七点多钟返。致君湘信。

3月5日　星期二

晴。上午，至区公所，同肃斋、宪人等至岳庙后，勘公地界址，并东市后市河形。又至东市梢余家所畸之空地上，相度结篱，返已逾午。杂务。志轩来，坐谈数刻，去。

3月6日　星期三

晴。上午，望舅来，傍晚去。大妹携嵩甥亦去。

3月7日　星期四

晴。上午，往东市刘宅，七吊叔生先生之丧。出，至图书馆。出，至济婴局，午刻返。尹卿自松回来，午饭后去。宪人来，坐谈数刻，去。整理花木。复咏莪信。夜，复乃乾、质誉信。

3月8日　星期五

晴。上午,写书画目录。下午,写账。至图书馆。出,至济婴局,晤志轩,五句钟返。朱乐天先生来,前去函约也。夜,复君达信。今日圆妹去柘林,青、铦两甥住此,走读钦明校中。

3月9日　星期六

晴。上午,同乐天先生至夏人村先父母墓上相度形势,为粲君祔葬,下午返。今日起伤风,身体疲倦,船上偃卧。

3月10日　星期日

晴。身体大疲,薄有寒热,起而偃卧榻上。下午,乐天先生去。

3月23日　星期六

阴晴。上午,宪人来诊治。下午,复颂生信。

3月24日　星期日

晴。上午,观《国风》杂志。下午,修面、沐发。复君达、通百信。

3月25日　星期一

晴。上午,钴坚来。出至外室。下午,至后园,不窥者适半月已,春色满眼。复哲夫信。夜,复时舅信。

3月26日　星期二

晴,晨雨,夜雷雨。上午,修改道弘及仲田先生所撰之《公祭张端甫先生缘起》。宪人来诊治。下午,至书室收拾。复君彦信。夜,复陈学儒,致朱菊生信。

3月27日　星期三

阴,下午雨。上午,至后楼理书。下午,至书室。观《青鹤》杂志。夜,校所抄《石经阁集外文》。

3月28日　星期四

阴雨。上午,理字画。下午,志轩、斐然来。邀苏月波〔坡〕来,治花儿身热。作信,复绳甫、玉岑、乐天。夜,复圆妹及乃乾信。

3月29日　星期五

晴。上午,致时舅信。杰士来,午饭后去。苏月波〔坡〕来,治花儿。伯才来,少坐,去。杂务。夜,致陈东原,复培孙信。

3月30日　星期六

阴。上午,大妹归。下午,邀宪人来诊治,并一诊花儿。君介来,少坐,去。大妹去乡。苏月波〔坡〕来治花儿,以身热未退兼有红疹。夜,观《国闻周报》。余自幼所观之日报亦多积存,今将《时报》自己酉以来至戊辰二十年理出、装箱,捐入上海人文图书馆。

3月31日　星期日

晴。上午,杂务。下午,钻坚来。守梅来。苏月波〔坡〕来,治花儿。志轩来。夜,复志儒信。

4月

4月1日　星期一

晴。上午,守中来。钻坚、中孚来。清明节祭先。邀冯志侠来治花儿,余亦请其一诊,午饭后去。苏月波〔坡〕来治花儿。携念、纪二儿至河西新屋粲君殡所。复咏义信。钱选青、戛鸣来。

4月2日　星期二

晴,夜雨。上午,杂务。君宾自柘林回来,午饭后去乡。菊甥来。宪人来,少坐,去。苏月波〔坡〕来,治花儿。坐船往东小桥扫墓。伯才来,即去。夜,观《正风》杂志。

4月3日　星期三

雨。上午,复书肆信。下午,白蕉来。苏月波〔坡〕来,治花儿,连日身热,今起渐退。校所抄之粲君挽联。

4月4日　星期四

阴。上午,携念祖、益明至夏人村先父母墓上祭扫,并至金家桥处扫墓,下午返。在舟观《正风》杂志。夜,略写账目。今日邀冯志侠及苏月波〔坡〕来治花儿。

4月5日　星期五

晴,夜雨。上午,仲田先生来。至河西新屋粲君殡所。今日延龙沙禅院僧四众在此诵经一天。午后益明、念祖、纪祖亦来。傍晚功德圆满,返。涤新、志轩于下午先后来河西晤谈。菊甥于午饭后去亭。

4月6日　星期六

晴。上午,杂务。下午,钻坚来。携念祖至龙沙禅院处扫墓。圆妹自柘林归。苏月波〔坡〕来,治花儿。夜,复白蕉及积余先生信。

4月7日　星期日

阴,下午雨。上午,杂务。下午,至假山桥处扫墓。路过石灰窑,晤伯承,一观其所植之花、树。夜,复乃乾信。

4月8日　星期一

雨。杂务。下午,守中来。伯才来。夜,复陈学儒信。

4月9日　星期二

雨。上午,翻阅《四明丛书》。下午,子峰来。复君藩、石钧及黄礼坎信。夜,写账。

4月10日 星期三

阴,夜雨。上午,冯少亭来。写账。下午,子峰来。至图书馆。出,至济婴局,四下钟返。夜,复坊肆信。

4月11日 星期四

阴晴。上午,杂务。宪人来,花儿即请其一诊。下午,辑《金山艺文志》。复时舅,致颂生信。夜,写账。

4月12日 星期五

晴。上午,杂务。下午,至宪人处,不值。出,至图书馆。出,至济婴局,晤志轩,四下多钟返。乐天先生来。

4月13日 星期六

晴,夜雷雨。上午,整理花木。下午,宪人来治铦甥身热,花儿亦请其改方。祝慎旂来。子光来,即去。复学源信。

4月14日 星期日

阴雨。上午,杂务。下午,乐天先生去。致肃斋信。君定自上海回来,即去乡。封定来。

4月15日 星期一

晴。晨,至宗祠。上午行春祭礼,今年由余家司年,余为鸣赞。午刻饮福后出,至区公所,晤肃斋、涤新。出,至济婴局,晤志轩。出,至公安局(今改分驻所),候新任凌巡官(即原称局长),不值。仍至济婴局,慎旂亦在局中,又少坐后同返。君介来,先在宗祠参观,少坐,去。

4月16日 星期二

阴,晚雨。上午,中妹携壁甥归,迪前同来。凌巡官来(名松盛)。下午,至图书馆。出,至济婴局,晤志轩。夜,季眉来。

4月17日　星期三

阴,夜有雨。上午,子光来。下午,宪人来候慎旃,并诊铦甥。同迪前至花园浜陈宅,候其馆师沈载之。出,至图书馆及济婴局,迪前先返,余又与志轩、宪人一谈明日斋堂事务后,慎旃亦在局中,同返。夜,复书肆信及写账。

4月18日　星期四

阴晴,夜雨。今日阴历三月十六,为济婴局斋堂之期。上午至局,午刻返。沈载之来,少坐,去。傍晚,又至济婴局,宴集,夜返。

4月19日　星期五

阴晴。上午,徐尹卿来住。盛焕文来,少坐,去。下午,迪前去。至济婴局,晤志轩。出,至图书馆而返。夜,致县公安局长施鹏程信。

4月20日　星期六

晴。上午,复咏裴信。子峰来。下午,尹卿去。至河西新屋内粲君殡所。至图书馆、济婴局,预备明日安祭张端甫先生,五下钟返。夜,复哲夫信。翻阅卢元昌之《半林诗文集》。

4月21日　星期日

晴。上午,至图书馆及济婴局。今日此两机关发起公祭张端甫先生。下午二时行礼,推高吹万先生主祭,余司读祝,与祭者约二十余人。五下钟返。仲田先生来,少坐,去。

4月22日　星期一

晴。上午,钻坚来。凌巡官来。下午,写书目。至济婴局,晤及志轩,五下钟返。

4月23日　星期二

阴晴。上午,理契据。下午,慎旃去廊下。宪人来治铦官及青官身热。至图书馆。出,至济婴局,晤志轩。夜,复君懿信。补写日记。

4月24日　星期三

晴。上午,杂务。复学源信。下午,子峰来。至济婴局,晤志轩,五下钟返。

4月25日　星期四

晴,夜雨。上午八点半乘轮船开行,午刻抵闵行,登岸乘公共汽车,下午二点钟达上海。先往古香室晤阮俊卿,怀本坊候马君达(不值),文古书店晤李爱椿,华新理发,乃至鸿远里寓所。傍晚,至霞飞路俄国菜馆夜馔。馔后,至仁和里乃乾新迁寓所,坐谈,近十句钟而返。致花儿信。

4月26日　星期五

晴。上午,李爱椿来。至俞永康处,医治右臂酸痛,用电摩。出,至中国书店。出,至新亚酒楼午点。出,至黄浦滩中国银行旧址,观参加伦敦中国艺术国际展览会预展,浏览约二小时。余出,至来青阁、富晋书社等处而返。复耀卿信。子凯自乡来,坐谈数刻,去。至俞医处注射风湿针,即返。夜,复花儿信。

4月27日　星期六

晴。昨夜发一寒热,据医生所告,注射后应有之象也。上午,阮俊卿来。白蕉来。补写日记、账略。恒甥自校中来,午饭后去。至俞医处电摩。出,至医学、西泠、商务、中华、民智等书店,冠生园吃点心,《时报》馆晤季鲁而返。夜,至温泉沐浴。

4月28日　星期日

阴。上午,至俞医处电摩。出,至威海卫路中社晤盛焕文,少坐,返。下午,复颂生,致爱椿信。至中国书店、张有德照相馆、永安公司、蟫隐庐、朵云轩、华亭书店、冠生园(吃点心),又至俞医处注射后返。夜,复花儿及伯华信。

4月29日　星期一

晴。上午,至俞医处电摩。出,至界路上海银行、福生路俭德储蓄会,返已逾午。下午,马君达来,少坐,去。身体疲倦,盖注射后之反应,假寐数刻。至霞飞路西段鸿英图书馆,晤白蕉,并晤沈信卿先生。出,至仁和里乃乾处,即留夜馔,谈至十句钟许而返。

4月30日　星期二

晴。上午,书贾蒋龙标来。至俞医处电摩。补写日记、账略。下午,至老北门丰昌当。出,至民国路购花盆,雷允上买痧药。又至商务印书馆、中华书局、世界书局(晤沈思期)、汉文渊、受古书店、二酉书店、来青阁而返。夜,至仙宫按摩。

5月

5月1日　星期三

晴。上午,至俞医处电摩。又至沈树宝处诊治,亦用电摩。下午,往威凤里候徐积余先生,坐谈数刻,返。补写日记。珍甥自乡来,即去校。至张有德照相馆、新新公司、同文书店、来青阁。夜饭于小川菜馆。饭后,至博古斋、汉文渊、中西药房而返。

5月2日　星期四

晴。上午,至俞医处电摩。出,至打浦桥信昌当,晤及子素。

出,至老西门陆永茂花圃而返。下午,复时舅、君藩、君宾信。至沈医处电摩。出,至先施公司、朵云轩、大公报分馆,又至俞医处注射以返。

5月3日　星期五

晴。上午,俊卿、爱椿先后来。至俞医处电摩。下午,致念祖信。至荣宝斋、西泠印社、商务印书馆,并至沈医处电摩。花儿来沪。今日君定自杭来沪。

5月4日　星期六

晴。上午,致账房信。至俞医处电摩并注射。出,至中国书店、有德照相馆。下午,叔明、君达先后来。至沈医处电摩。出,至世界书局,晤世期。出,至开明书店。出,至觉林,应乃乾招饮。同席为积余、朴庵、陈质庵、蒙庵、商笙伯、白蕉等。九下钟返。

5月5日　星期日

晴。上午,至俞医处电摩。出,至三马路观平泉书屋书画展览会而返。匡正来,午饭后去。至商务印书馆、开明书店、新同昌五金号、利利公司文艺部,傍晚返。今日望舅、君平自杭来沪,君平即去宁。

5月6日　星期一

阴。上午,至俞医处电摩及注射。出,至东莱银行、浙江兴业银行,开保管箱。下午,君藩、履仁来。至一枝香定宴客房间。出,至先施公司、中国书店及沈医处电摩。同花儿至国际饭店夜馔,并临窗观跑马厅内英侨庆祝其皇登极廿五周放电炬、兵操,返已夜午矣。

5月7日　星期二

晴。上午,至俞医处电摩。午刻,至来喜德国饭店,应积余先生招饮。同席尚有其同乡陈海慧。下午,同花儿至新新、先施、永安、丽华公司、冠生园等处。傍晚,至一枝香西菜馆,邀季鲁夫妇、兆基内侄女及李世清、白蕉叙餐,近十句钟返。

5月8日　星期三

晴。上午,至商务印书馆、来青阁、中国书店等处,并至沈医处电摩。下午,复咏莪信。傍晚,恒初、渊明来,夜饭后同花儿往震旦学院内观学生演剧,渊明仍伴花儿来住。至温泉沐浴。望舅、君定今晨回乡。

5月9日　星期四

晴。上午,至沈医处电摩。下午,同花儿至冠生园、先施公司等处。

5月10日　星期五

阴晴,下午有雨。携花儿归。上午七点半钟在盆汤弄桥堍乘轮船开行,下午四下钟抵家。在船观《林琴南评传》。时舅来,少坐,去。中妹携壁甥已去亭。

5月11日　星期六

晴。上午,杂务。下午,至图书馆。出,至济婴局,晤志轩。伯才来。夜,观连日《时报》。

5月12日　星期日

晴。上午,理书。志诚来。下午,至河西新屋内粲君殡所。至图书馆。出,至济婴局,晤志轩。夜,理账。

5月13日　星期一

晴,夜有雷雨。上午,杂务。伯承来,少坐,去。大妹归,君定同来。下午,宪人来,少坐,去。傍晚,君定同大妹去。

5月14日　星期二

晴。上午,至五区头何宅。为高姨母明日安葬,今往祭奠,下午返。在舟观《国闻周报》等。夜,复颂生信。

5月15日　星期三

晴。上午,公迈同颜小鲁来。志清来。复学源信。下午,理书。至区公所,候肃斋,不值。出,至图书馆,肃斋来晤。出,至济婴局,晤志轩,五下钟返。夜,理书札。

5月16日　星期四

晴。上午,理书。庄元章为顾荩〔丞〕家事来,午饭后去。杂务。圆妹去乡。复石钧、培孙信。至安民桥西,观市房。夜,补写日记。

5月17日　星期五

雨,上午阴。上午,至高宅吊吟槐舅母之丧,傍晚返。中妹携壁甥同归。昨日自亭往也。

5月18日　星期六

晴。上午,圆妹归。君藩自乡来,即去松。杂务。写《书林偶记》。下午,伯才来,少坐,去。复咏莪信。君宾自柘林来。夜,复乃乾信。

5月19日　星期日

晴。上午,希曾来。理书。伯才来,与其同致施云章一信(县公安局长),为送游民至习艺所事。下午,中妹携壁甥去亭。至图书馆,同肃斋、希曾等至东市大操场,观新结之竹篱,并相度起造屋舍。回,仍至图书馆。出,至济婴局,晤志轩,即返。

5月20日　星期一

晴。君宾携青甥去柘。上午,以坊友寄来张叔未诗写定本,上有作诗月、日,录于《顺安诗草》。下午,草《虎穴生还记》跋。子峰来,即去。至济婴局,晤志轩,五句钟返。夜,校《顺安诗草》。

5月21日　星期二

晴。上午,校《顺安诗草》。复沈载之信。苏月波〔坡〕来,治圆妹胃病。下午,子峰来,即去。至图书馆,在馆致白蕉一信,又同宪人出。至舒万和,晤志诚,少坐,返。葛咏莪来,并邀白蕉来同夜馔。馔后咏莪去住其租栈。

5月22日　星期三

晴。上午,咏莪来。君定来,大妹携嵩甥亦归。下午,白蕉来。君介来。至河西新屋取书。傍晚,白蕉宴咏莪于潘顺兴馆,与君定、君介、苰丞为陪。八下钟散席,咏莪回栈,君定、君介与大妹、嵩甥亦去乡。

5月23日　星期四

晴。上午,至宪人处,拜其尊公朗甫先生百岁冥庆。少坐后,咏莪亦来,同返。同咏莪、苰丞携念、纪两儿至高宅。下午,至新宅,时舅出游不在,五下钟返。咏莪夜馔后去。

5月24日　星期五

晴。上午,至志轩处拜方伯母九十冥庆,与何姑母坐谈数刻,返。盘新同杨寿天来,少坐,去。咏莪来,少坐,去,即回平湖。至汪叔纯先生处,与同人预祝其七十寿,面馔后返。整理连日翻出与咏莪所阅之书。何姑母来,夜饭后仍去河西。补写日记。

5月25日　星期六

晴。上午,写账。下午,写书籍题记。至图书馆。出,至济婴局,四点多钟返。夜,复乃乾信。

5月26日　星期日

晴,早夜雨。上午,理买书账。君平自松江回来。钻坚来,即去。下午,君平去乡。昆亮来,即去。宪人来,治圆妹胃病,即去。县长向大廷及秘书曹泉来,少坐,去。(县长字默庵)至区公所答候县长,不值,即返。君介来,傍晚去。夜,致书肆信。

5月27日　星期一

上午雨,下午晴。上午,写书籍题记。下午,理书。至济婴局,晤志轩,少坐,返。夜,致坊肆信。

5月28日　星期二

阴晴,下午有雨。上午,修剪后园树木。新民来,近自日本归,坐谈数刻,去。写书籍题记。下午,辑《金山艺文志》。夜,写账。

5月29日　星期三

雨。上午,写书目。下午,写书籍题记。君宾来。

5月30日　星期四

晴。君宾去。上午,写书籍题记至午后。至图书馆。出,至济婴局,五句钟返。

5月31日　星期五

晴。上午,县督学何焕章、省督学易作霖来候,少坐,去。草《虎穴生还记》跋。复迪前,致白蕉信。下午,寄舫来,少坐,去。修改跋语。伯才来,少坐,去。君宾来。

6月

6月1日　星期六

晴。上午,君宾同圆妹携青甥去柘林。抄文。复张忍百,致钱卓然信。下午,伯才来,即去。至图书馆。出,至济婴局,四下钟返。张宗麟来,少坐,去。作信,致大妹。

6月2日　星期日

雨。上午乘七点钟汽油班船往松江,李寄舫同行,十点半钟到。即至典业银行,旋至阔街闵瑞师处。下午,开典行董事、监察人连席会议,时舅、思老、陶遗、履仁、静渊均到。夜饭后至君藩处,与时舅、履仁同住。

6月3日　星期一

晴。上午,至典业银行,旋同君藩至雷君彦处,少坐,即至仲稽处。午饭后,乘一点钟汽油班船归,四点钟抵家。

6月4日　星期二

晴。上午,校《怀旧楼丛录》旧稿。下午,校《金山艺文志》稿。至图书馆。出,至济婴局,四点多钟返。

6月5日　星期三

晴。上午,补写日记及账目。下午,校《金山艺文志》稿。复星六、哲夫信。

6月6日　星期四

晴。上午,校《金山艺文志》稿。沈伯康来。下午,在后园游息,旋至图书馆。携念、纪二儿至河西新屋内粲君殡所。

6月7日　星期五

晴。上午,校书。下午,校书。至图书馆。出,至济婴局,晤志轩,五句钟返。大妹自沪归,即去乡。李啸月来。

6月8日　星期六

晴。上午,督仆人挂新屋帘子。写书籍题记。下午,校书。理发。大妹归。

6月9日　星期日

晴。上午,大妹与花儿往沪。写书籍题记。下午,至图书馆。出,至济婴局,晤志轩,五下钟返。伯才同张谦君来。

6月10日　星期一

晴,下午有雷声。上午,晋康来。校《金山艺文志》稿。子峰来。下午,在后园游息。种花。

6月11日　星期二

阴晴。上午,收拾园庭。校《顾亭林集》。下午,至图书馆。出,至济婴局,晤志轩,四点多钟返。

6月12日　星期三

晴。上午,理书。致乃乾信。张仲康来。补写日记。下午,胡鉴清来。至图书馆,四句钟返。夜,观《青鹤》杂志。致汉文正楷印书局王企岐信。

6月13日　星期四

晴。上午,收拾居室。抄文一首。致时舅信。下午,辑《云间诗征》姓氏录。理书。夜,观黄晦闻之《蒹葭楼诗》。

6月14日　星期五

晴。上午,校所抄之綮君挽件,编为《哀弦集》以付印。下午,至图书馆。出,至济婴局,晤志轩,四点多钟返。夜,复花儿信。

6月15日　星期六

晴。上午,晋康、志诚来。理书。补写日记。下午,新任县公安局长张仲家来(名中堂)。校《哀弦集》。夜,复君藩信。今日以阴历计之为先母十三周忌辰。

6月16日　星期日

上午晴,下午盛雨有雷。上午,理书。下午,校《哀弦集》。

夜,复花儿信。

6月17日　星期一

晴。上午,至高老宅七吊吟槐舅母。下午,至闲闲山庄。傍晚返。在舟观《国闻周报》。夜,致书店信。

6月18日　星期二

晴。上午,君宾与公渡自乡来,即乘轮去。夏至节祭先。顾叔云来。下午,益儿往朱泾会考。校《哀弦集》。携念祖、纪祖至河西新屋粲君殡所,惠侄女及铦甥亦去。钻坚来。夜,观《正风》杂志。

6月19日　星期三

阴,傍晚雨。下午,校《哀弦集》。钻坚来。下午,在后园游息。

6月20日　星期四

上午雨,下午阴晴。上午,校《文选》批本。校《哀弦集》。致时舅信。下午,至图书馆。出,至济婴局,涤新来晤,旋同出。益儿会考归。补写日记。夜,复乃乾信。

6月21日　星期五

上午阴,下午雨。上午,写藏书记。下午,复花儿,致子素、仲篪、学南信。舒志诚、张宗麟来。

6月22日　星期六

雨。上午,志轩、斐然来。写书目。下午,拟复李沧萍(即菊生)信。涤新来。夜,复时舅信。

6月23日　星期日

雨。上午,理书。写复沧萍信。下午,姚肇之、俞修志来。作信致向县长。伯才来。张宗麟来。夜,致君定信。

6月24日　星期一

晴。上午,杂务。下午,至济婴局,晤志轩,四下钟返。

6月25日　星期二

阴晴,夜雨。上午,写《藏书记》。致国学会信。下午,至图书馆,三下钟返。至南市看市房装修。复志儒信。

6月26日　星期三

阴晴,有雨。上午,理书。写《藏书记》直至下午。复寄尘信。

6月27日　星期四

雨,有时晴。上午,理书。复君藩,致戴志骞信。下午,观《青鹤》杂志。永耕、志诚来。花儿自沪归。

6月28日　星期五

晴,上午有雨。上午,昆友来。作信,致松岑、莼农。下午,在后园游息。守中同张希曾、曹菊生来。智川来,坐谈良久去。

6月29日　星期六

阴晴,晚雨。上午,安姑母归来。钻坚来,即去。校《李义山诗集》批本。下午,君介来。凌巡官同县府科长周启来,少坐,去。季芳来,少坐,去。安姑母去。夜,君介去。

6月30日　星期日

雨。上午,校《李义山诗集》批本。下午,写《藏书记》。夜,观《蒹葭楼诗》。

7月

7月1日　星期一

雨。上午,复咏莪、哲夫信。下午,志轩来。守中、菊生来。

复秋心信。夜,观《蒹葭楼诗》。

7月2日　星期二

晴。上午,复时舅信。铦坚来。写《藏书记》。下午,至图书馆。出,至济婴局,晤志轩,四点多钟返。夜,致藻玉堂信。

7月3日　星期三

晴。上午,守中来。写《藏书记》。下午,复十眉去年来信。至图书馆。出,至济婴局,晤志轩,四点多钟返。学源来,少坐,去。

7月4日　星期四

晴。上午,铦甥去柘林。守中来。补写日记及账目。写书目。下午,至图书馆。出,至道弘处。出,至济婴局,晤志轩,五句钟返。夜,观《蒹葭楼诗》。复君宾信。

7月5日　星期五

阴。上午七点钟同志轩往扶黄棣王宅,七吊杰士太夫人之丧。下午,向扶黄埭镇上一游后返。抵家近六点钟。君介、肃斋、卓然同船至张。邀卓然、君介、肃斋、志轩及中孚至潘顺兴菜馆夜馔。馔后,君介亦回乡。

7月6日　星期六

阴晴,夜有微雨。上午恒、安二甥来。至图书馆,即出,至民众教育馆,为晨光体育会开三周年纪念会。十一下钟返。下午,至宪人处,坐谈数刻后,同至区公所开会,商议本镇建设等事宜。近五句钟返。倪道衍来。至潘顺兴菜馆,为肃斋等有星期聚餐会招饮。七句钟出,至东操场,观晨光体育会游艺会,四小儿亦去。十下钟返。

7月7日　星期日

阴晴。上午,杂务。下午倪道衍去。至济婴局。出,至图书馆,三下钟返。写《藏书记》。恒、安二甥去。

7月8日　星期一

晴。上午,杂务。冲之及仲田先生先后来,少坐,去。写《藏书记》。下午,在后园游息。理书。写《藏书记》。

7月9日　星期二

晴。上午,补写日记。复时舅及岭南图书社信。至留溪票房,为其组织消防队开成立会,近午返。下午,理发。君定同大妹携珍、鼎、嵩三甥自沪归来,傍晚均去乡。

7月10日　星期三

晴。上午,校《水经注》批本。复迪光信。中妹携菊、梅、瑞、壁四甥归。下午,杂务。至图书馆。出,至济婴局,晤志轩,四点多钟返。致续川信。

7月11日　星期四

晴。上午,补写日记、账目。子峰来。下午,云岩来。校《水经注》批本。

7月12日　星期五

晴。上午,写藏书记。下午,校《哀弦集》样张。观《国闻备乘》。夜,观《国闻周报》。复君达信。连三日大热。

7月13日　星期六

晴。上午,写《怀旧楼丛录》。下午,观《国闻周报》。至图书馆。出,至济婴局,晤志轩,近五句钟返。君介来,夜饭后去。

7月14日　星期日

晴,夜有雨。上午,复钱两峰信。理书。下午,校《哀弦集》样张。伯才来。沐浴。

7月15日　星期一

晴,夜有雷雨不大。上午,杂务。下午,理书。至济婴局,晤志轩,五句钟返。

7月16日　星期二

晴,夜有雷雨不大。上午,杂务。白蕉来,坐谈至午,去。下午,理书。至图书馆。出,候仲田先生,不值,即返。复咏莪信。

7月17日　星期三

晴。上午,写《怀旧楼丛录》。下午,至图书馆。出,至济婴局,五下钟返。圆妹携青、辛两甥自柘林归。连日仍甚热。

7月18日　星期四

晴。上午,补写日记、账目。与张姓漆匠算账。钻坚来,午饭后去。馆师顾荩丞先生暑假回去。公迈来,少坐,去。校《文选》批本。夜,观《正风》杂志。

7月19日　星期五

晴,下午有雷雨。上午,校《文选》批本。下午,理书。在后园游息。时舅来,晚馔后去。

7月20日　星期六

晴,下午微有雷雨。上午,大妹携珍、嵩二甥归,君定同来。下午,君定去。涤新来,少坐,去。

7月21日　星期日

晴,下午有雷雨。携益明往松江投考省立女子中学。上午七下钟乘汽船,十下钟到。即至新松江社寓焉。钻坚携其女全华亦来投考,同住(自朱泾到松)。仲稽来,即同午馔。下午,益明往王宅。至典业银行,晤君藩、石愚、思齐、陶遗、静渊。本定开董事、监察人联席会议，以不足法定人数改开谈话会。毕后，同思齐、陶遗至君藩处。傍晚，返新松江社，君藩来，同夜馔，晤殷石笙等。益明返。在社沐浴。

7月22日　星期一

晴，上午有雨。上午七下钟同钻坚送益明、全华至省立女子中学考试。出，至图书馆，候君彦，不值，乃返。至阔街，候闵瑞师，坐谈至午刻，返。复石钧信。下午，至典业银行。出，至赫桥叶宅，候龙丁，坐谈数刻。出，经西门街购物而返。益明、全华傍晚考毕返。在社晤沈瘦狂等。夜，君藩来。王卓如同其女亦投考，在松，来。

7月23日　星期二

晴，时有微雨。上午，七下钟同钻坚送益明、全华至女子中学考试。出，至图书馆，候君彦，不值。又至圣庙游览而返。午刻，益明、全华考毕，返。即用馔，馔后同乘汽船归，四下钟抵家。

7月24日　星期三

晴。杂务。下午，圆妹携青、锌二甥去乡。夜，宪人来，诊治中妹喉痛、梅甥身热。

7月25日　星期四

晴。上午，校《哀弦集》样张。下午，在后园游息。沐浴。

7月26日　星期五

晴。上午，校《哀弦集》样张直至下午。至图书馆。出，至济婴局，晤志轩，五句钟返。君宾携铦甥归来，已去乡。夜，宪人来诊治中妹、梅甥。

7月27日　星期六

晴。上午，杂务。下午，至济婴局，与志轩、宪人、智川商酌局中预算等事,五句钟返。夜,复咏莪信。

7月28日　星期日

晴。上午,君定同恒、鼎、安、斐四甥来,下午多去,惟恒甥留。夜,致书店信。

7月29日　星期一

晴。上午,君宾来,即乘轮去柘。补写日记。恭寿,星、垣二甥来。下午,钻坚来,少坐,去。宪人来诊治中妹等。复乃乾、仲恩信。

7月30日　星期二

晴,下午有雨,夜雨。上午,君定来。观《蒹葭楼诗》。冯志洽及苏月坡来,治恒、初身热,午饭后去。写《怀旧楼丛录》。至图书馆。出,至济婴局,晤志轩,五点多钟返。夜观《国闻备乘》。

7月31日　星期三

晴。杂务。上午,凌松年来,谈钦明校务,少坐,去。下午,馆师顾荩丞先生暑假后来。君定去。

8月

8月1日　星期四

晴,上午有雨。上午,写《怀旧楼丛录》。祝慎旂同匡正自廊下来。尹卿来,午饭后去。同慎旂至图书馆、张仲田处、济婴局(晤志轩),五下钟返。

8月2日　星期五

晴。上午,补写日记。仲田先生来候慎旂,午饭后去。在后园游息。伯才来,少坐,去。

8月3日　星期六

雨。上午,杂务。下午,复咏荛信。今日以阴历计之为先君十四周忌辰。

8月4日　星期日

晴,有时雨。上午,宪人来候慎斿,少坐,去。杂务。下午,致君彦,复迪光信。至图书馆。出,至济婴局,晤志轩,五下钟返。

8月5日　星期一

晴。上午,杂务。君定来。杰士来,午饭后去。君介来。至河西新屋内粲君殡所。夜,君介、君定均去。今日以阴历计之为粲君生辰。

8月6日　星期二

晴,有时雨。上午,写书目。宪人来治瑞辰风块,即去。下午,慎斿、匡正去廊下。至图书馆。出,至济婴局,晤志轩,五句钟返。夜,致汉文正楷印书局信。观《国闻周报》。

8月7日　星期三

晴,有时雨。上午,致时隽、君定信。写书籍题记。下午,恭寿、菊畦两甥去。恒初甥去。至图书馆,四句钟返。冯少亭持葛咏荛信来,少坐,去。君宾自柘林回来,即去乡。

8月8日　星期四

雨。上午,大妹携珍、嵩二甥去乡。复咏荛信。下午,颜小鲁来。致干凯军信。观《蒹葭楼诗》。

8月9日　星期五

雨,有时晴。上午,复理斋信。下午,复君彦信。至图书馆。出,至济婴局,五句钟返。夜,补写日记。

8月10日　星期六

晴，晨雨。上午，将新屋内器具略为整理。中元节祭先。下午，道弘、冲之来。肃斋来。携四儿至河西新屋内粲君殡所。傍晚，邀仲田、宪人、肃斋、道弘、冲之、中孚、智川、涤新、松年、志轩聚餐，藉谈钦明校务及开浚旧港事宜。九下钟散席。

8月11日　星期日

晴，夜有雨。上午，仲田先生来。大妹归。至道弘处，渠以造屋今午宴堪舆、朱乐天，招陪。三下钟出，至图书馆、济婴局（晤志轩）而返。大妹已去乡。夜，道弘同乐天先生来，道弘即去。

8月12日　星期一

晴，有盛雨。上午，杂务。观《蒹葭楼诗》。下午，乐天先生去。至区公所，为镇上秋季施医局今日开幕。其局所借民众教育馆及济婴局前埭，在此宴会，向县长亦到。三下钟散会，出，至济婴局，四点多钟返。沐浴。

8月13日　星期二

阴晴，时有盛雨。上午，观《国学论衡》及《国闻周报》。下午，至河西新屋内粲君殡所。至图书馆，四下钟返。夜，校《哀弘集》样张。

8月14日　星期三

上午雨，下午晴。上午，杂务。履仁、伯才、杰士、飞槎先后来。刘明德来，即去。下午，时舅、君介来。同时舅、履仁等至图书馆，协赞会开常年大会，改选理事，并即接开理事会，改选职员。余仍连任馆长。四下钟返。时舅等均去，杰士留。夜，复仲恩信。

8月15日　星期四

晴。上午，理发。下午，杰士去。在后园游息。至济婴局，晤志轩,五句钟返。恭寿甥来。夜,致中孚信。

8月16日　星期五

晴。上午,补写日记。下午,至宪人处。出,至图书馆。出,至济婴局,适学源亦来,晤志轩,闲谈数刻。志轩偕学源先行,余五句钟返。夜,致仲稽、冲之、孟恢信。

8月17日　星期六

阴晴,上午有雨。上午,至志轩处。出,至河西新屋内槃君殡所。理书。致仲田先生信。下午,写书目。致杰士信。松年来,即去。今日中妹与花、益两儿、瑞、壁两甥至高宅圆妹处,傍晚归。

8月18日　星期日

晴。游戚家墩查山。

8月19日　星期一

晴。上午,至宪人处,为时隽请其往吕巷,治时隽尊人之病。钻坚来。刘明德来。杂务。下午,志轩来。至图书馆,与钻坚、松年、增耀谈钦明校事。出,至济婴局,晤志轩,五下钟返。夜,词臣来。

8月20日　星期二

晴,夜雷雨。上午,中妹携恭、星、梅、瑞、壁五甥去亭林。观《蒹葭楼诗》。下午,整理新屋器具。夜,观《国闻周报》。

8月21日　星期三

晴,有雨。上午,志轩来。尹奎升来。校《水经注》批本。下午,钻坚、宪人先后来。至图书馆。出,至济婴局,晤志轩,五句钟返。夜,复时舅信。

8月22日　星期四

晴。上午,吕巷沈康白来,渠近迁张行医也。至保卫团团部

（在三神庙），候队长尹奎升。钻坚来。下午，至钦明女校。出，至图书馆。出，至石皮街内康白医院，候沈康白。作信，复十眉、哲夫。

8月23日　星期五

晴。上午，杂务。至宪人信。尹卿、志轩为储蓄会事来，又杰士自松江回来，均午饭后去。致乃乾信。至康白处，应其招饮，夜七下钟返。

8月24日　星期六

晴。上午，写账。子光来。复志儒信。观《青鹤》杂志等。下午，盘新来。至图书馆。出，至济婴局，五句钟返。夜，复圣一信。

8月25日　星期日

晴。上午，杂务。至河西新屋内粲君殡所，督工整理园庭草木。下午，至图书馆，三下钟返。子光来。夜，致向县长信。

8月26日　星期一

晴，下午有雨。上午，写账。下午，同花明送益明至松江省立女子中学校肄业。一点钟乘汽船开行，四下钟到松。即进校，晤校长江学珠及教师沈式寰。傍晚，与花儿出，寓新松江社。夜，沐浴。

8月27日　星期二

晴，下午有雨。上午，同花儿至女中校望益儿，晤教师张蕴心。出，至西门街购物而返。仲稽、君藩、杰士来，即同午馔。馔后，与花儿乘汽船归，四句钟抵家。廊下族叔鹤亭来。伯才来。

8月28日　星期三

晴，下午有雨。上午，书贾蒋龙标来。君藩、杰士来，下午同至宪人处及图书馆，近四句钟返。旋两君去乡。夜，观《青鹤》

杂志。

8月29日　星期四

晴。上午，花儿同惠侄女乘轮往沪，纪儿亦去。杂务。下午，观《蒹葭楼诗》完。至图书馆。出，至济婴局，五句钟返。夜，观《青鹤》杂志。

8月30日　星期五

晴，下午有微雨。上午，复望舅信。杂务。君藩、杰士来，近午仍去乡。下午，在后园游息。至河西新屋内粲君殡所。夜，作信，致益儿，复书店。

8月31日　星期六

晴。上午，时舅来。钻坚、沈伯康、沈鸿卿先后来，各少坐，去。时舅去。下午，沈康白来，即去。至区公所。出，至图书馆。出，至济婴局，晤志轩，又宪人来晤，五句钟返。夜，复徐亚杰，致君达、俊卿、爱椿信。

9月

9月1日　星期日

阴晴，时有雨。上午，杂务。下午，校《哀弦集》样张。夜，复时舅信。

9月2日　星期一

上午雨，下午阴，夜有盛雨。携念祖乘轮船往上海。上午八点半钟开，下午三点半钟到。在盆汤弄桥堍登岸，即至鸿远里。在船观《正风》杂志等。中妹与迪前携壁甥亦于今日来沪，住此。夜，至仁和里乃乾处，坐谈良久，旋以雨阻，返已十二时矣。

9月3日　星期二

阴晴，夜雨。上午，阮俊卿来。同花儿伴念祖至张筱谦处修牙及周景文处配眼镜。下午，至大公报分馆、蟫隐庐、汉文正楷印书局、中华书局、商务印书馆、来青阁、富晋书社。李爱椿来。

9月4日　星期三

阴晴，夜雨。上午，补写日记。同念祖至张筱谦处修牙。下午，至浙江兴业银行、世界书局、中国书店等处。

9月5日　星期四

晴，上午有雨。上午，迪前去。俊卿来。至霞飞路华新理发。出，至五凤里，候公度，不值，即返。下午，马君达来。携念祖、纪祖至商务印书馆、中华书局、世界书局等处，旋至冠生园摄影、吃点心而返。傍晚，至来青阁，晤及陆云伯。出，至一枝香，应乃乾招饮。同席为谢刚主（名国桢）、商笙伯、王伯翔、瞿凤起、白蕉、君定，谢、瞿两君系新识也。返近十句钟矣。

9月6日　星期五

阴雨，有时晴。上午，至汉文正楷印书局、中华俭德会、浙江兴业银行。后乃至《时报》馆，晤季鲁。同出，至一枝香、中西药房、朵云轩、荣宝斋等处而返。同念祖至周景文处取所配之眼镜，又至冠生园及永安公司。

9月7日　星期六

阴晴。上午，惠侄女回去，渠此来为办嫁事杂物也。校《哀弦集》样张。至四行储蓄会、中国书店、富晋书社等处。而至张筱谦处，念祖与中妹在修牙齿，同返。下午，与中妹同花儿至毛全泰及周永兴看妆奁木器。傍晚，与中妹携花、念、纪三儿、壁甥至新新、先施两公司，即在先施酒楼用馔后返。

9月8日　星期日

晴。上午九下钟携念祖乘长途汽车往松江。到后即至省立女子中学校望益明。同出，至新松江社午馔，君藩、仲稽来晤。馔后，念祖由仲稽伴之在社，余送益明进校。旋至于仲迟处，应其招饮。同席为君藩、龙丁、王芝林、杜诗庭、张敬垣、陆惟钊、毛志彬、顾向宾，陆、毛两君系新识，亦女中教师也。三下钟散席。出，至新松江社，五点多钟携念祖乘火车回上海。站上晤王栋材，又伯惠同车。

9月9日　星期一

晴。上午，复伯才信。至威凤里，候徐积余先生，不值。出，至太平桥三让坊，晤马君达。出，至文古书店。下午，大妹携嵩甥来，君定本在沪也。携念祖、纪祖至兆丰公园，花儿先送珍甥至圣玛利亚女校，旋亦来，傍晚同返。夜，乃乾来，少坐，去。至温泉沐浴，十一下钟返。

9月10日　星期二

晴。上午，至太平桥三让坊马君达处。出，至辣斐德路受古书店，晤李爱椿。下午，携花、念、纪三儿至新新、先施、永安三公司。夜，至大西洋西菜馆，应端志招饮。同席为公度、君定、君湘。九下钟返。

9月11日　星期三

晴。携花明、念祖、纪祖乘轮船归。上午七点半钟在盆汤弄桥堍开行，下午三点钟抵家。伯才来。

9月12日　星期四

上午晴，下午雨。上午，君宾自柘林回来，即去乡。下午，杂务。

9月13日　星期五

上午阴，下午阴。上午，肃斋、永耕先后来。下午，蒋志义来，渠新任本镇县立民众教育馆馆长。在后园游息。尹奎升同保安队大队附马炳炎、县政府科员陈济民来。夜，观《国闻周报》。

9月14日　星期六

晴。上午，至康泰旅馆，候马大队附。已回朱泾，即返。杂务。杰士来，午饭后去松江。至图书馆。出，至济婴局，四下钟返。理书。夜，理信件及补写日记。

9月15日　星期日

阴晴。上午，至高新宅视圆妹。患疟疾。午饭后，至老宅望舅处一回，四句钟返。慎旃于上午自廊下来。夜，涤新来，坐谈数刻去。

9月16日　星期一

雨。上午，理书。下午，宪人来，少坐，去。子峰来。时舅来，傍晚去。近日连接恐吓信，今夜派人守候在后门外，获得一匪，系本镇流氓，即送公安局。余亲往晤凌巡官，十一点钟返。

9月17日　星期二

晴。上午，至志轩处望其患疟疾，今已止矣。出，至河西新屋内粲君殡所，亚雄同涤新来晤，即去，余少留后返。理书。下午，慎旃去。康白来，即去。至区公所。出，至图书馆。出，至济婴局。出，至民众教育馆候新任馆长蒋志义。出，至槐荫山庄候画家张寿臣。均不值，乃返。公安局袁巡长、魏书记来。夜，复马小进信。

9月18日　星期三

晴。上午，吴槐卿同张寿臣来。理书画。凌巡官来。下午，至区公所开会,筹议偿还往年办保卫团购枪借款事。出,至济婴局,邀凌巡官来晤,五句钟返。夜,作信,致向县长、爨颂生及书店。

9月19日　星期四
晴。上午,理书画。子光来。君宾携青甥来,青甥下学期仍住此,走读于钦明校也。下午,子峰来。复咏荄信。君宾去。谭梅生、陆少泉来。夜,复绳夫信。

9月20日　星期五
晴。上午,钻坚来。抄写。下午,至图书馆,四下钟返。夜,盘新来。致乃乾信。观《正风》杂志。

9月21日　星期六
晴。上午,督工修剪树木。拟复理斋信。下午,写复理斋信,又复龙丁信。学源来。钻坚来。夜,观《国闻周报》。

9月22日　星期日
晴。上午,至夏人村先人墓上,近遣工扫屋、修树也。下午返。在船观《国闻周报》等。君定自沪回来。伯才来,少坐,去。君定去。夜,补写日记。

9月23日　星期一
晴。上午,杂务。写账。下午,至子贞兄处,渠今年七秩,赠以礼物,坐谈良久。出,至济婴局,四下钟返。沈鸿卿来,请其临绘先代神像。近患目赤,邀苏月坡来施治。夜,写书籍题记。

9月24日　星期二
晴。上午,君宾自柘林回来,即去乡。志轩同陆斐然来,少坐,去。匡正来。君藩、君湘偕杰士、高铁庵(洪恩)、赵赞臣自松江坐汽船来。到镇后,余与肃斋即乘之同往实枚山庄。今日高氏宗祠举行祭祀,并晤乐天先生、履仁、缪瑞清。下午返。沈孟起(思齐之子)以事持龙丁信来,夜饭后去,住旅馆。复岭南图书馆社信。

9月25日　星期三

阴晴。上午,杂务。拟复柳翼谋信。下午,在后园游息。至槐荫阁候张寿臣,民众教育馆候蒋志义。出,至济婴局,晤志轩,近五句钟返。乐天先生自高宅来。以匡正适在此,又昆惠侄女将出嫁,傍晚设筵款之。

9月26日　星期四

晴。上午,匡正去。乐天先生去。理书画。子佩来。下午,至图书馆,晤叔纯先生。渠欲为余书记,今日起嘱其常到馆中也。又伯才来晤,出。至济婴局,近四点钟返。永耕来。志义来。

9月27日　星期五

晴。上午,郭瑞商来。写复翼谋信。下午,中妹携壁甥归。瑞商同何民魂来,坐谈良久,即留夜馔,近九句钟去,住旅馆。昆惠侄女由粲君邀致襄助家务,连年在此,今将出嫁,回去。

9月28日　星期六

晴。晨,至汽油船埠,送民魂去松。上午,整容。杂务。下午,至济婴局、图书馆、区公所。至亚雄处,为昆惠侄女后日(阴历九月初四)于归干巷倪氏,今排妆,晚间宴冰人也。少坐后出,至河西新屋内粲君殡所。傍晚,又至亚雄处,夜宴后返。

9月29日　星期日

晴。乘轮船往上海,君定、君介同行。上午八点半钟开,十二点钟抵闵行。登岸,在聚珍楼午馔后,乘一点钟长途汽车,到站后即至鸿远里。大妹在沪。至汉文正楷印书局、杂志公司、受古书店、永安公司等处。
9月30日　星期一
　　晴。上午，至霞飞路华新理发。至槟榔路玉佛寺。今日为高氏外叔祖秦麓公百秩冥诞，时舅在寺作佛事。下午三下钟出，至陈滋眼科医院，治目赤，中国书店、富晋书社、来青阁、二酉书店、汉文渊书肆浏览，又至汉文正楷印书局。傍晚返。夜，至仁和里乃乾处，十下钟返。

10月

10月1日　星期二
　　阴，夜深雨。上午，至浙江兴业银行、先施公司、新同昌五金号、中国书店。下午，至文古书店、古香室。傍晚，至来青阁，出，至一枝香西菜馆，邀端志、世期、公度、冲之、道弘、君介、君湘、君宾、君定、白蕉聚餐。近九句钟散席，又同君介至会乐里伍觉初处谈命，十下钟返。

10月2日　星期三
　　阴，上午有雨。上午，补写日记。至受古书店、商务印书馆、中华书局、大公报分社、马敦和帽庄等处。午点于冠生园，点后，至永安、先施、泰康诸公司而返。夜，至温泉沐浴，十一点钟返。

10月3日　星期四
　　晴。上午，至文庙公园及蓬莱市场。下午，至大陆商场六楼，晤君湘，坐谈数刻，返。中妹携壁甥来沪。夜，校《哀弦集》样张。

10月4日　星期五
　　晴。上午，至中国书店、来青阁、汉文正楷印书局，北京路购木器,先施公司购食物。下午,理寓中书籍。复培孙信。
10月5日　星期六
晴。上午七点半钟在盆汤弄桥堍乘轮船归,下午四点半钟抵家。
10月6日　星期日
阴,上午有雨。上午,杂务。下午,至图书馆。出,至济婴局,晤志轩,四下钟返。夜,观《词学季刊》等。
10月7日　星期一
晴。上午,收拾花卉。理书。下午,邀沈康白来,治目赤。至济婴局一回。
10月8日　星期二
阴晴,早晚有雨。上午,徐伯贤来。圆妹携铦、锌两甥归,君宾同来。下午,宪人来长谈,余以目赤,并倩其开一服药方。
10月9日　星期三
阴雨。上午,钻坚来。志轩来。河西昆惠侄女今日归宁,下午同其婿倪康亭(名道衎)来,茶点后去。志义来。夜,复乃乾信。
10月10日　星期四
晴,夜雨。上午,至民众教育馆,参与其三周成立纪念典礼,并应其宴会。至下午二下钟出,至济婴局一转而返。
10月11日　星期五
晴。晨,至宗祠,上午行秋祭礼,余司鸣赞。下午出,至图书馆、济婴局而返。种花。夜,观《正风》杂志。今日君宾去柘林。
10月12日　星期六
晴。上午,书贾蒋龙标来。杂务。下午,在后园游息。夜,录存信稿。

10月13日　星期日

晴。上午,沈鸿卿来。至济婴局,今日斋堂,午刻返。下午,理书。杂务。至济婴局宴集,夜八句钟返。

10月14日　星期一

晴,夜雷雨。上午,至高老宅,晤望舅,又拜尹卿母舅八秩冥庆,下午返。在舟观《国闻周报》。夜,写书目。

10月15日　星期二

阴。上午,理书。下午,理《哀弦集》稿。至图书馆。出,至济婴局,晤志轩,四下钟返。夜,复培孙、乃乾信。

10月16日　星期三

晴。上午,至五区头冯宅,望君懿疾,下午返。在舟观《云海楼诗存》《梦蕉亭杂记》《厩叟撼笔》等。夜,致咏莪,复绳甫信。

10月17日　星期四

晴。上午,鸿卿来。子光来。杂务。下午,理书。至图书馆。复向县长信。邀沈康白来,复治目赤。夜,理《哀弦集》稿。致卓然信。

10月18日　星期五

阴,夜有雨。上午,昆惠侄女偕倪道衍来,少坐,去。今日回干巷也。理书。杰士来,留午饭后去。余则至潘顺兴菜馆,应李世清喜筵,下午二句钟返。至济婴局,晤志轩,四下钟返。夜,复益儿信。

10月19日　星期六

上午阴,下午晴。上午,杂务。理书。下午,张寿臣来。复理斋信。至图书馆。出,至济婴局,晤志轩,五句钟返。夜,拟复积余信。

10月20日　星期日

晴。上午，杂务。尹卿来。时舅来。下午，同尹卿、时舅至储蓄会，开总干事会，议支配余利项下公益用途事。四句钟返。傍晚，时舅去，尹卿住。夜，写复积余信，又致世期信。今日花儿乘轮往沪。

10月21日　星期一

晴。上午，钻坚来。写账。尹卿去。下午，钱砚辉、修荣、抱冰、刘雨苍来，索阅书画及参观新屋。肃斋来。夜，写账。今日昆惠侄女来。

10月22日　星期二

晴，夜雨。上午，写账。下午，至图书馆。出，至济婴局，晤志轩，四下钟返。夜，复何民魂信，又致郭瑞商信。

10月23日　星期三

阴，夜雨。上午，理书。下元节祭先。杰士来，午饭后去松。携念祖、纪祖至河西新屋内粲君殡所，惠侄女亦去。夜，写书目。

10月24日　星期四

雨。上午，志诚来。钻坚来。理书。下午，收拾房室。邀裕源族叔来，治目疾。大妹自乡归，前日自沪回，亦来一转也。夜，复乃乾信。

10月25日　星期五

阴晴。上午，大妹乘轮去沪。陆斐然来。陆君原约其为济婴局常驻办事员，今将视事。少坐后，同至局中。旋志轩亦来，余于午饭后返。写书目。君宾自柘林回来。

10月26日　星期六

阴。上午，理书。斐然、志轩来。下午，理《哀弦集》稿。复时舅信。乐天先生来。君宾今日乘轮去沪。

10月27日　星期日

晴。上午,同乐天先生至夏人村墓上,为后面修浚河道,南边筑一堰基,今日破土,规定形势也。返已傍晚。

10月28日　星期一

晴。上午,与乐天先生谈。下午,乐天先生去。复道非先生信。族人仿樵来。邀族叔裕源来,治目疾。君宾自沪回来。季眉来。

10月29日　星期二

晴。上午,干祖望来。理发。君定自张家来,少坐,去。志轩来。下午,杂务。至图书馆。出,至济婴局,晤志轩。望舅自张家来,少坐,去。至张希曾处,为其明日结婚,今晚招饮,夜返。鼎、安、斐三甥今日亦在张家,来宿此间。

10月30日　星期三

晴。上午,君宾、圆妹携铦、锌两甥去沪。理书。账房中干紫卿已年高,今年添聘张佩萸,今到。张寿臣来。下午,至宗祠候张寿臣。渠近借住、安砚于此也。出,至图书馆。出,至张希曾处,贺其结婚。傍晚喜筵后,至区公所观行婚礼后返。

10月31日　星期四

晴。上午,复花儿及乃乾信。下午,邀裕源族叔来,治目疾。子峰来。时舅来,少坐,去。至张希曾处,公贺暖房,夜八下钟返。汪季眉同杨振先来,即去。

11月

11月1日　星期五

　　晴。晨间，闻子峰因事被公安传去，往保之。上午，写账。子峰来。凌巡官来。下午，至民众教育馆参观土布展览会。出，至图书馆。出，至济婴局，晤志轩，三下钟返。理书画。子峰来。安、斐二甥去。夜，观《正风》杂志。补写日记。

11月2日　星期六

　　阴晴，上午有雨。上午八点半钟偕肃斋乘机器快船往朱泾。到后，至款产处（在积谷仓）与君藩相会（亦今日自松到朱），同往县政府晤向县长，谈请拨还张堰枪款项等事。出，至酒家午馔。馔后，仍乘原船回张，抵家正四点钟也。在舟观《正风》杂志。鼎甥去。夜，校所抄《柯竹岩集补遗》。

11月3日　星期日

　　雨。上午，写账。倪道衍来。下午，理书画。邀裕源族叔来，治目疾。夜，道衍去住河西，昆惠则患疟疾也。写书目。

11月4日　星期一

　　阴晴。上午，写书目。杰士、钻坚、宪人先后来，杰士午饭后去。道衍来。子峰来，即去。在后园游息。夜，道衍、昆惠去河西。沈康白来，即去。复迪前信。

11月5日　星期二

　　阴晴，夜有雨。上午，杂务。郭瑞商来。康白来，即去。瑞商午饭后去。朱时隽来，少坐后，同至宪人处，宪人不值，晤白蕉，又同至图书馆。旋时隽别去，余至济婴局，晤志轩。出，至尚公小学、康泰旅馆、张堰小学,候时隽。均不值,乃返。君介来,夜饭后去。时隽来,坐谈数刻,去,住旅馆。

11月6日　星期三

晴。上午,凌巡官来。陈士恢来。陈君系夏人村坟头乡长。至万恒酱园候沈鸿卿。渠借住、设砚于彼。下午,至图书馆。出,至济婴局,与志轩、智川、献人议收租成邑,近四句钟返。中妹携壁甥自沪归。花儿自沪归。启明留学法国习建筑学已及五年,今学成而归,于前日抵沪,与花儿同回来。傍晚去乡。夜,观《青鹤》杂志。

11月7日　星期四

阴。杂务。下午,伯承来。邀裕源族叔来治目疾。夜,复颂生、石钧信。

11月8日　星期五

晴。今午,设筵为启明洗尘。上午到,并邀君定、君介同来,又邀白蕉、道衍为陪。下午,白蕉、道衍先去,启明、君定、君介傍晚去。下午,在庄元章同其校中教员彭、杨两君来。夜,观《国闻周报》。

11月9日　星期六

晴。乘轮船往上海。上午八点半开,下午一点多钟至闵行,转乘长途汽车。到后,先至古香室、文古书店、永裕里(晤圆妹)、华新理发,乃至鸿远里寓所。夜,至仁和里乃乾处。

11月10日　星期日

晴。上午,李爱椿来。至眼科医院(诊察)、中国书店、新新公司、天禄鞋店、蝉隐庐、汉文正楷印书局、杂志公司而返。下午,乘二点一刻钟长途汽车往松江。到后,至省立女子中学视益儿。

出,至新松江社。张飞槎在此治喜事,晤熟人甚多,傍晚应其招宴。后与杰士、宪人、白蕉至君藩处住焉。

11月11日　星期一

晴,夜有雨。上午,至新松江社,贺张飞槎续娶。旋同杰士、憩南至醉白池观菊花,仍返松社午馔。馔后,同宪人、白蕉乘一点四十分钟火车往上海。在梵王渡下车,径至致美楼,贺张仲田先生之哲嗣已文结婚。中间一出,至来青阁。夜喜筵后,八下钟返鸿远里。

11月12日　星期二

晴。上午,爱椿来,即去。补写账略。至吕班路花园村,晤何民魂,坐谈数刻。出,至民国路紫来街周永兴木器店一转而返。君定自松来沪。夜,至乃乾处,谈至十下钟返。

11月13日　星期三

阴晴,夜雨。上午,民魂来,少坐,去。圆妹来,即去。致民魂信,辞其再来送行。下午,至荣宝斋、商务印书馆、享〔亨〕达利、国货公司、永安、先施、新新三公司、来青阁等处。夜,至中国书店。出,至温泉沐浴,十一下钟返。

11月14日　星期四

阴雨。上午,至俞永康处治目疾。出,至马敦和帽庄、汉文正楷印书局、世界书局等处。下午,致乃乾信。至高澹园处谈命。出,至新亚酒楼吃点心及永安、先施等公司购物而返。

11月15日　星期五

雨。上午七点半钟在盆汤弄桥堍乘申张班轮船归,下午四点半钟抵家。在舟观《拍案惊奇》。

11月16日　星期六

阴雨。上午，杂务。下午，至济婴局，晤斐然。渠于前数日来驻局矣。出，至图书馆、区公所而返。夜，理新购之《四部丛刊》三编。

11月17日　星期日

晴。上午，理书。冯丽水来，午饭后去。致君藩信。致益儿信。君介来，同至东街湾顾荩丞寓所。出，又同蒋志义至民众教育馆，少坐而返。君介去。

11月18日　星期一

晴。上午，杂务。凌巡官来。下午，在后园游息。伯才、涤新先后来。夜，观《浙江图书馆馆刊》。夜午时，河西志轩宅旁有小火警，因起出外，已告平熄。

11月19日　星期二

晴。上午，至河西新屋内粲君殡所。肃斋、永耕来。下午，王韵生、范启瑞为储蓄会事来。至图书馆。出，至公安局，答候新任巡官张实秋。出，至济婴局，晤斐然、志轩，四下钟返。伯才来。夜，发书店件。

11月20日　星期三

晴。上午，写账。午刻，与时舅、伯才设筵饯凌松臣巡官，并邀尹奎升队长、沈伯康、宪人、涤新、永耕、志轩为陪。下午先后去。叔纯来。夜，复文禄堂，致来青阁信。

11月21日　星期四

晴。上午，校所印《哀弦集》样张。下午，至图书馆。出，至济婴局，晤斐然、志轩，四下钟返。夜，复培孙信。补写账目。

11月22日　星期五

晴。上午，理书。下午，公愈来。校《哀弦集》样张。夜，作信，致大妹及平襟亚。

11月23日　星期六

阴。上午，督工修树。理书。下午，杂务。至济婴局、图书馆。夜，作信，复子帆、景椹，致乃乾。

11月24日　星期日

晴。上午，写账。子光来，即去。尹卿来。瑞商来，午饭后去。时舅、君介来。同时舅、尹卿至储蓄会与地方人士开联席会议——拟将公中公益费，组织一浦南益社。四下钟返。同时舅、尹卿至宪人处，应其招饮，七下钟返。时舅、君介去。

11月25日　星期一

晴。上午，伯承来。白蕉来。下午，尹卿去。至济婴局，晤斐然，坐谈数刻，返。学源来。伯才来。肃斋来。夜，致省立女中训育处信，为益明请假。

11月26日　星期二

晴。上午，写账。作信致张咏霓。下午，志轩来。复咏莪信。至图书馆，即返。致白蕉信。夜，观杂志。

11月27日　星期三

阴晴，晚雨。上午，杂务。下午，在后园游息。夜，致寿祺，复慎旃信，拟复理斋信。

11月28日　星期四

雨。上午，杂务。闻迪光在镇，至区公所晤焉，斐然亦在，少坐后，同出。至济婴局，旋至戚宅。智川宴迪光，原招为陪。散席后，又至济婴局一转而返。收拾房室。大妹携嵩甥自沪归，即去乡。邀龙沙禅院僧众来,今晚起道场,为粲君作佛事三天。夜,复乃乾,致君藩、石钧信。

11月29日　星期五

阴,夜雨。上午,整理《哀弦集》稿。惠侄女归来。下午,大妹携嵩甥归。益儿自校中归。伯才来,少坐,去。

11月30日　星期六

雨。今日以阴历计之为粲君弃世二周年。上午,启明及鼎、安二甥来。下午,携花、益、念、纪四儿至河西新屋内粲君殡所祭奠。

12月

12月1日　星期日

阴晴。上午,子飙来谈其家事。下午,益儿往松进校。启明、鼎、安二甥去。佛事于今夜告竣。

12月2日　星期一

晴。上午,校《哀弦集》样张。下午,子飙、子佩先后来。至宗祠,为子飙、沁泉叔侄邀,与族人为其析产,傍晚返。夜,校《哀弦集》。

12月3日　星期二

晴。上午,大妹去高宅。书贾蒋龙标来。子飙、沁泉、子峰、子佩、子凯、子瑜来续谈其家事,午饭后去。至图书馆。出,至济婴局,晤志轩、斐然,四句钟返。大妹归,启明同来。夜,伯才来。写账。

12月4日　星期三

有雪珠,上午阴,下午雨。上午,花儿与启明由松至杭州。杂务。下午,作信,复松仙太叔祖及龙丁。伯才来。蒋贾来。夜,拟复傅沅叔信。

12月5日　星期四

晴。上午,至高新宅,晤时舅。下午返,四点钟抵家。在舟观《青鹤》杂志。伯才来。夜,作信致乐天。

12月6日　星期五

晴。上午,写复傅沅叔信。下午,张巡官来。写复理斋信。君定自沪回来,夜饭后去乡。

12月7日　星期六

晴。上午,理书。蒋龙标来。下午,惠侄女去干巷。至图书馆及济婴局,四句钟返。夜,观《制言》。

12月8日　星期日

阴,晚雨。上午,杂务。写账。下午,张巡官来。岑叔平来。在后园游息。子光来。夜,写书目。致乃乾信。

12月9日　星期一

阴。上午,理书。下午,作信,复叶玉甫、陆丹林。伯才来。夜,校《哀弦集》样张。

12月10日　星期二

晴。上午,望舅来,即去南桥。理书。张念慈来。下午,至河西新屋内粲君殡所。至图书馆。出,至济婴局,晤斐然,四下钟返。夜,观《国风》杂志。致道非先生信。

12月11日　星期三

阴。上午,杂务。君定来。下午,君宾自柘林回来。

12月12日　星期四

阴。上午,君宾去乡。下午,蒋志义来,即去。伯才来,少坐,去。君宾来。君定去。肃斋来,即去。夜,致花儿信。

12月13日　星期五

阴。上午,君宾乘轮去柘。与大妹谈。下午,大妹携嵩甥去乡。涤新、钻坚先后来。至河西房前沿河种树。花儿自杭归。夜,观《国闻周报》。

12月14日　星期六

晴。上午,杂务。复王欣夫信。下午,至图书馆,涤新来晤。出,至济婴局,晤斐然、志轩,四点多钟返。望舅自南桥回来,即去乡。夜,致乐天,复耀卿信。

12月15日　星期日

晴。上午,草《〈哀弦集〉跋》。下午,君定、君介来,应苌丞之邀,同至其寓所吃点心。出,又同往南市一带看市房。傍晚返,二君去。夜,写账。

12月16日　星期一

雨。上午,杂务。下午,沈鸿卿来。朱景贤来。校冯登府《种芸仙馆词》刻本。夜,复君藩,致叶仲簌信。

12月17日　星期二

阴晴。上午,理近年来信。下午,沈鸿卿来——属其临摹之先世神影合幅告竣。至图书馆。出,至区公所。出,至济婴局,晤斐然,四下钟返。夜,观杂志。

12月18日　星期三

晴。上午,杂务。下午,在后园游息。出,到宪人处,请其开膏滋药方,四下钟返。圆妹自柘林归。

12月19日　星期四

晴。上午，杂务。下午，时舅来，旋涤新亦来，少坐，均去。冬至节祭先。

12月20日　星期五

雨。上午，涤新来。钻坚来。杂务。致仲稽、俊卿、爱椿，复寿祺信。下午，携花、念、纪三儿至河西新屋内粲君殡所，冬至祭奠。以昨日为时晏而未往也。夜，理行箧。今日为昭明亡故十六周年。

12月21日　星期六

阴。乘轮船往上海。上午八点半钟开行，以潮水不对，抵埠已下午五点钟。即至鸿远里寓所。在舟观《正风》杂志、《青鹤》杂志。时舅同行至沪。君实夫妇在鸿远里。夜，至华新理发。

12月22日　星期日

晴。上午，时舅来，并同君实，至大通路平江公所，为葛稚威姻丈开吊，往奠。晤及金籛孙、张菊生二先生，屈伯刚、徐眉轩等。午馔后出。余返寓一次，后旋出，至中国书店、富晋书社、来青阁、二酉书店、受古书店等处，又在棋盘街、冠生园分店吃点心。傍晚返。致花儿信。夜，至仁和里乃乾处，坐谈，近十一点钟返。

1936 年

1 月

1月1日　星期三

雨。上午,复益儿信。校《哀弦集》样张。下午,同花儿等至卡尔登观电影。出,至锦江川菜馆夜馔而返。君定来沪。匡正来。圆妹于上月二十八日已至柘林。

1月2日　星期四

阴晴。上午,补写日记。下午,至环球中国学生会,晤少屏,少坐。出,至庆云银楼,与大妹、花儿相会,又同至先施公司。余旋先行,至乃乾处而返。观《国闻周报》。

1月3日　星期五

晴。

1月4日　星期六

晴。上午,整理沪上购归之木器等。宪人来。子光来。下午,杂务。顾震涛来。夜,理账。

1月5日　星期日

上午阴,下午有雨。上午,杂务。下午,至图书馆。出,至济婴局,晤斐然,四下钟返。松江人徐联辉来,卖书画,为购改七芗墨梅、王显曾山水、颜朗如花卉三轴,斥赀〔资〕百金,取其乡先哲制作改画上,又有族祖铁梅公题诗也。徐君留夜饭后去,住旅馆。复君懿,致叶仲篪信。

1月6日　星期一

阴,有微雨。上午,杂务。驻县省保安队中队长姚春霖(字允中)来,自朱泾移至镇上也。下午,志轩来。至公安局,答候新任巡官张克濬(字巨川),少坐后出。至济婴局,晤斐然,四点多钟返。伯才来,昨亦来过。君宾自柘林回来。夜,致君藩信。

1月7日　星期二

阴雨。君宾携青甥乘轮去柘。上午,作信,致钴坚、时隽、仲稽,复亚子、乃乾。近日,昆惠侄女在此,道衍亦连日在张。夜间宿在河西,日间与昆友侄常来,今午饭后回干巷。作信,复子飘、理斋。子峰来。夜,杂务。今日煎膏滋补剂。

1月8日　星期三

阴晴。上午,陆幼卿来。校所印《哀弦集》样张。下午,晋康来。至保安队部,答候姚中队长,不值,即返。宪人、志轩、新民先后来。夜,复益儿及盛焕文信。

1月9日　星期四

阴晴。上午,杂务。望舅自张家来,下午去。复迪前信。时舅自上海回来,即去。夜,理账。

1月16日　星期四

晴。上午,杂务。益儿自松江省女中校放寒假归。杰士自松江回来,午饭后去。志轩来。伯才来。至济婴局,晤斐然,四下钟返。子峰来。夜,写账。

1月17日　星期五

晴。上午，杂务。子峰来。午刻，设筵宴馆师顾荩丞先生及干曾耀先生，并邀斐然、宪人、伯贤、钻坚、志轩为陪。散已三点多钟矣。公迈来。夜，作信，复君藩，致典业银行董监联席会议。

1月18日　星期六

晴。上午，理书。陈士恢、莫雪樵来，托其介绍夏人村坟旁筑堰与坟邻接洽事，午饭后去。郭瑞商持何民魂信来，少坐，去。徐联辉来卖书画，傍晚去。夜，瑞商又来，即去。致书肆信。

1月19日　星期日

晴。上午，杂务。下午，在后园游息。宪人来。涤新来。子峰来。夜，观《国闻周报》。馆师今日起放寒假。

1月20日　星期一

晴。上午，年节祀神。下午，伯承来。年节祭先。夜，子峰来。理账。

1月21日　星期二

晴。上午，杂务。下午，理书。至济婴局，晤斐然，四下钟返。子峰来。守中侄来。夜，理账。复学南信。

1月22日　星期三

晴。上午，理书。下午，携益、念、纪三儿至河西新屋内粲君殡所，年节祭奠。花儿以家中乏人照望未去。夜，分派仆人力钱等。

1月23日　星期四

雨雪。杂务。上午，子光、子峰先后来。下午，亚雄来。夜，伯才来，移交米捐，即去。

1月24日　星期五

雨雪。今日,丙子岁首,上午拈天香、拜祖先神影。肃斋来。下午,河西正少奶奶、东宅大少奶奶携小儿来。夜,写账。

1月25日　星期六

阴。上午,顾荩丞、白蕉先后来。至志轩处。出,至子峰处,以俊峰庶伯于昨日故世也。下午,士聿来。韫辉及志轩、守梅、守中先后来。至宪人处。出,至宗祠,拈香。出,至济婴局,傍晚返。夜,写账。复亚子信。

1月26日　星期日

晴。上午,至俞肃斋处,少坐,返。大妹携恒、珍、鼎、安、嵩五甥归,君定同来。钻坚来。仲田先生来,少坐,去。时舅来。下午,钻坚去。时舅去。君定同大妹、恒、安、嵩三甥去,珍、鼎二甥留。傍晚,至宪人处,应其招饮。散席后,出,至子峰处,以俊峰庶伯母今夜小殓也,九下钟返。

1月27日　星期一

晴。上午,至河西送俊峰庶伯母大殓。下午回家一次,又往,花、益两儿亦去也。傍晚返。夜,复学南,致书店信。

1月28日　星期二

上午阴,下午晴。上午,宪人来。沈伯才、张志高来,为高宅关说花儿吉期。颜小鲁、张巡官来。下午,至图书馆,以闻家中客来,即返。望舅、君平、君实、启明及君介等来。计志清来。尹队长来。望舅等去。夜,作信,复星六,致乐天。

1月29日　星期三

晴。上午,宪人、钻坚来,谈钦明校事,少坐,去。携花、益、念、纪四儿至高老宅望舅处,珍、鼎二甥亦回去。下午,余至新宅时舅处,傍晚返。花儿等留老宅。夜,复绳夫信。
1月30日　星期四
阴晴。上午,至图书馆,即出,至仲田先生处及子贞兄处,近午返。下午,词臣来,少坐,去。在后园游息。花、益、念、纪四儿自高宅归。夜,校《哀弦集》样张。
1月31日　星期五
阴晴,夜雨。上午,至高新宅时舅处。旋至老宅望舅处,应其招饮,晤朱时隽、侯诚孚,下午三下钟返。倪道衍与惠侄女来,即去河西。谨收年节悬挂之祖先神影。至志轩处,应其招饮,夜八下钟返。

2月

2月1日　星期六
阴晴。上午,整理后楼。中孚来。昆友侄来。杰士来,午饭后去松。中妹携恭、星、苹、瑞、璧五甥归。顾震涛来。志轩来。至济婴局,五句钟返。君宾携铦甥自柘林来。
2月2日　星期日
晴。上午,君宾携铦甥去乡。肃斋来。志轩来。宪人来。叔明来。彭天龙、曹庚白来,午馔后去。写账。祝匡正来。夜,作信,复乃乾、龙丁,致书店。
2月3日　星期一
晴。上午,修树、灌花。望舅、君平、启明来,君平、启明午馔后即乘汽船赴松往杭。志轩来。望舅去。邀苏月波〔坡〕来,治花儿喉痛。夜,复仲稽,致书店信。今晨,君宾携铦甥来,君宾即去柘。

2月4日　星期二

晴。上午,益儿往松江女中校,开学。匡正去松。理书。大妹携嵩甥归。下午,作信致时舅。大妹携嵩甥去乡。夜,复绳夫信。

2月5日　星期三

上午阴,下午雨。上午,理书。下午,韫辉来。乐天先生来。邀苏月波〔坡〕来治花儿寒热。夜,复白蕉信。

2月6日　星期四

晴。上午,同乐天先生至夏人村墓地,视察将兴工筑堰等事宜,邀斐然亦去,下午三下钟返。在舟观乐天先生所著《地理心传》一册。斐然夜馔后去。复子经信。今日曾邀宪人来,治花儿寒热。

2月7日　星期五

阴,夜雪。上午,中妹携恭、星、苹、瑞、璧五甥去亭。邀苏月波〔坡〕来,诊治花儿。时舅来。下午,乐天先生去。圆妹携青甥自柘林归。时舅去。夜,整理所印《哀弦集》样张。

2月8日　星期六

阴。上午,安排房屋器具。邀宪人来诊治花儿。下午,至区公所,晤肃斋。出,至图书馆。出,至顾茇丞处。出,至公安局,候张巡官。出,至济婴局,晤斐然,四点多钟返。夜,致汉文正楷印书局信。

2月9日　星期日

阴晴。上午,宪人来。写宗祠账目。倪道衍来。下午,在后园游息。至南后门外种树。夜,致蒋惕卿信。

2月10日　星期一

晴。上午,馆师顾苌丞先生来,开学。韫辉送其季子鼎官来,附学。理书。邀宪人来治花儿,发寒热,已退矣。下午,往候姜伯承,不值。至保安队,候尹队长,亦不值。至邮政局,候颜小鲁,少坐,返。写账。道衍去河西,惠侄女连日在此,今亦去。夜,作信致杰士。

2月11日　星期二

晴。上午,圆妹携铦甥去柘林。杂务。下午,伯承来。志轩来。理书。夜,写账。

2月12日　星期三

晴。上午,杂务。宪人来,治花儿,午馔而去。至保安队,候尹队长,不值,即返。写宗祠账目。尹队长来,少坐,去。夜,致中妹信。

2月13日　星期四

晴。上午,写宗祠账目。顾任远来,午馔后去。至河西新屋内粲君殡所,理书籍,并督工收拾园庭,四下钟返。夜,致圆妹信。

2月14日　星期五

晴。上午,晋康来。邀宪人来诊治花儿。至志轩处,移交宗祠年账项,昨日曾去,未晤也。子峰来。下午理书。至图书馆。出,至济婴局,晤斐然,以闻向县长来家,即返。县长坐谈数刻,去。中妹携壁甥归。至区公所,答候县长,少坐,返。夜,写账。致乃乾信。

2月15日　星期六

晴,夜有雨。上午,杂务。守中来。大妹归。下午,作信,致时舅、乐天,复少屏。伯才来。大妹去乡。夜,分派新岁客,给仆人零散钱。

2月16日　星期日

晴。上午,邀宪人来,诊治花儿。钻坚来,即去。晋康来,午饭后去。韫辉来,少坐,去。理行箧。夜,致杰士、学源信。

2月17日　星期一

阴,晨雾。乘轮船往上海。上午八点半开行,下午三点半钟到董家渡。即登岸,先至古香室晤阮俊卿,文古书店晤李爱椿,华新理发。乃至鸿远里。在船观《青鹤》杂志等。夜,至仁和里,候乃乾。知在中央饭店,转往晤焉,坐谈,近十句钟返。

2月18日　星期二

阴,下午有微雪,夜雨。

2月19日　星期三

雨。上午,理寓中书籍。至环球中国学生会,晤少屏,近午返。下午,至辣斐德路亚子处,坐谈数刻。出,至国泰大戏院,观电影。出,至商务印书馆、汉文正楷印书局、汉文渊书肆、受古书店,而一枝香夜馔。馔后,至中央饭店,晤乃乾,返已十下钟矣。

2月20日　星期四

阴。上午,至霞飞路大陆银行及新北门怡泰祥象牙店等处。下午,至来青阁,晤及王欣夫。出,至中国书店。出,至大新、新新、先施、永安四公司,乐源昌铜锡号、国货公司、汉文正楷印书局,傍晚返。金礼和以书画来阅,少坐,去。夜,写账。

2月21日　星期五

阴,夜雨。上午,至乐源昌铜锡号、国货公司、毛全泰木器号、沪张轮船局、胡庆余药号、先施公司。下午,马君达来。至四行储蓄会西区分会、汉文正楷印书局等处。时报馆候季鲁,不值。新雅酒楼，吃点心。中央旅社，晤乃乾，并识钱冲甫，傍晚返。夜，写日记。

2月22日　星期六

雨。乘沪张轮船归。上午七点半钟在盆汤弄桥西首船埠弄开行，下午三点钟抵家。在船观《制言》杂志。花儿前患伤风，寒热尚未健全，又邀宪人来诊治。

2月23日　星期日

阴。杂务。上午，晋康来。下午，至济婴局，晤斐然。

2月24日　星期一

阴。上午，至夏人村墓地，督工于河中下桩、筑堰，下午返。在船观《国闻周报》及《学术世界》。夜，写账。复杰士信。今日曾邀宪人来，诊治花儿。

2月25日　星期二

雨雪。上午，杂务。下午，钻坚、晋康先后来。理《百衲本二十四史》。校《七录斋集》。夜，复石钧信。

2月26日　星期三

阴晴。上午，杂务。下午，至图书馆。伯才来。夜，复亚子信。

2月27日　星期四

阴。上午，以今日为俊峰庶伯母五七之期，往河西一拜，少坐，返。杂务。大妹携嵩甥归。下午，在后园游息。绿筠自河西来，仍去。君介来，傍晚去。季庵来，即去。

2月28日　星期五

阴。上午，拟定綮君营葬时墓志及告窆。下午，宪人来，诊治花儿。杂务。季眉来。夜，作信致白蕉。

2月29日　星期六

阴晴。上午，至继述堂，吊虞卿伯母之丧，少坐，返。至夏人村墓地，视察筑堰工程，下午返。在船观《国闻周报》及《青鹤》杂志。

3月

3月1日　星期日

阴晴。上午八点钟乘汽船往松江。以中途机件损坏，停顿修理，到埠已午刻矣。即至典业银行。出，至君藩处，渠适宴客，邀与共席，晤及金巨山、施文冉、张敬垣、潘鲁严、谭静渊、闵瑞师、君湘、君宾诸人。散席后，至典业银行，开股东常会，改选监察人，余仍连任。余不待会毕，先出，至省立女中校，望益儿。以其面上患风块，携出至李望平处诊治，仍送至校。乃回典业，同君藩、杰士再至望平处，应其招饮。出，至君藩处，宿，杰士同住。

3月2日　星期一

阴。上午，同君藩、杰士至大有农场。出，余至仲稽处，仲稽在沪，晤杭生、松生。旋至石士处，少坐后，仍至仲稽处午馔。馔后，至承大庄，晤叔明。出，至典业银行。出，至叶宅，晤龙丁，坐谈数刻。出，至省立女中校，望益儿。出，又至典业银行，再同君藩、杰士往候闵瑞师、沈瘦狂，均不值。乃至新松江社沐浴、夜馔，九下钟返高宅。

3月3日　星期二

阴晴。上午八点钟乘汽船归，十一点多钟抵家。下午，水巡队巡长沈祖根同驻扎镇上之王阶平来（名恒泰）。伯才来。涤新来。时舅来，傍晚去。邀宪人来，诊治花儿。
3月4日　星期三
阴晴。杂务。下午，三下钟后至图书馆。出，至济婴局，晤斐然，五句钟返。尹队长来，旋俞肃斋亦来，谈镇上保安队调去训练后治安事宜，夜馔后去。致汉文正楷印书局信。补写连日日记。
3月5日　星期四
阴晴。上午，花儿随大妹往沪。同涤新至闲闲山庄，时舅宴向县长，招陪。君藩亦归，杰士同来。下午四句钟偕县长、肃斋、涤新、杰士走回镇上。到后，余同杰士至家。徐尹卿先生于日间来。邀斐然来，与杰士闲谈，夜饭后去。
3月6日　星期五
阴晴。上午，杰士、尹卿去。杂务。下午，至河西新屋内粲君殡所，督仆工整理园中树木。夜，致顾少莲信，属其刻粲君墓志。今日为昭明冥配高君藩表弟之长女瑛官，致文定礼帖，由王杰士执柯。以阴历计之，今日为昭明生辰也。
3月7日　星期六
阴晴。上午，至河西园内一回后，即往夏人村墓地，视察筑堰工程，已将告竣，下午返。在舟观《国闻周报》等，及《石遗室诗话续编》。夜，复白蕉信。
3月8日　星期日
晴。上午，学源来，坐谈良久，去。晋康来。下午，士韦来。其祥来。志轩来。至图书馆，约晤叔纯。出，至济婴局，晤斐然。五句钟返。子峰来。夜，复学南及书店信。
3月9日　星期一
晴。杂务。下午，朱时隽来，坐谈数刻，去。乐天先生来。宪人来,谈钦明校事,即留其夜馔,馔后去。旋与时隽又来,少坐,均去。

3月10日　星期二

晴。上午,钴坚来。同乐天先生至夏人村墓地,视察筑堰及浚河事宜,下午返。中途乐天先生登岸,往高宅。在船观《越风》杂志。屠继麟来。夜,干祖望来,即去。致汉文正楷印书局信。

3月11日　星期三

雨。上午,作信,致时舅。写书目。下午,理书。伯才来。子峰来。致公度信。夜,写积账。

3月12日　星期四

雨。上午,杂务。复花儿,致陆次洙信。下午,伯承来。整理横楼。夜,写账。

3月13日　星期五

阴晴。上午,杂务。至宪人处,并同宪人至图书馆。乐天先生自高宅来。下午,在后园游息。伯才来。至仲田先生处,晤宪人。同出,至睫园徐伯贤寓处,为其嫁女归宁,设筵招饮,夜返。

3月14日　星期六

晴。上午,乐天先生去。至河西新屋内粲君殡所,属工髹漆灵柩。下午,又至粲君殡所。至济婴局,晤斐然,少坐,返。傍晚,又至粲君殡所,髹漆完工。夜,复杰士信。

3月15日　星期日

晴。乘轮船往上海。上午八点半钟开行,午刻过闵行登岸,转乘下午一点钟汽车。到站后,往文古书店一转,即至鸿远里。圆妹及启明亦在沪。至中国书店、汉文正楷印书局、朵云轩、杂志公司、世界书局、大公报馆代办部,傍晚返。

3月16日　星期一

阴晴,晚雨。上午,至商务印书馆、朵云轩、汉文正楷印书局,晤及郭步陶。出,至中央书店等处。下午,至四行储蓄西区分会、中国书店、永安公司、来青阁、汉文正楷印书局、北新书局等处。君藩来,少坐,去。

3月17日　星期二

阴,有微雨。上午,至四行储蓄西区分会、天禄鞋庄、毛全泰木器店、西泠印社、胡开文、曹素功笔墨店,而冠生园午馔。馔后,至朵云轩。而至庆云银楼,与大妹、圆妹、花儿相会,取所定之银器。余先返,至仁和里,晤乃乾,坐谈数刻,返。至汉文正楷印书局,即返。

3月18日　星期三

阴,上午有雨。上午,至华新理发。出,至古香室。下午,作信,致少屏、端志、乃乾。至毛全泰木器店、乾发源皮货店、朵云轩、汉文正楷印书局、来青阁、中国书店、大新、新新、先施、永安四公司等处。

3月19日　星期四

阴。乘轮船归。上午七点半钟在盆汤弄桥塊埠头开行,下午三点钟抵家。船上晤及吴省三(自北平回里)。

3月20日　星期五

阴。上午,至夏人村墓地,视察筑堰及浚河,工程已告竣,下午返。蒋惕卿来,少坐,去。

3月21日　星期六

阴晴。上午,杂务。孙味蘦来,少坐,去。下午,在后园游息。理书。夜,理账。

3月22日　星期日

晴。上午，钻坚来。闵行苦儿院职员丁子馨来。杂务。下午，汪培新来。至图书馆。出，至济婴局，晤斐然，四点多钟返。夜，伯才来。

3月23日　星期一

晴。上午，封发《哀弦集》。下午，时舅来，少坐，去。作信，致杰士。花儿随大妹自沪归，君定亦来，即去乡。夜，复乃乾信。

3月24日　星期二

晴。上午，杂务。下午，中妹携壁甥去亭。志轩来。封发《哀弦集》。夜，伯才来，近以土地登记，托其至乡绘田亩图也，用馔后去。

3月25日　星期三

晴。上午，封发《哀弦集》。涤新等来，即去。杰士自松江回来，午饭后去。大妹去乡。莫叔建来，即去。至图书馆。出，至济婴局，晤斐然，四下钟返。杂务。

3月26日　星期四

晴。上午，清明节祭先。下午，携花、念、纪三儿至河西新屋内粲君殡所祭奠。圆妹携锌甥自柘林归。夜，复迪光信。

3月27日　星期五

晴，晨有雨。上午，白蕉来。杂务。下午，钻坚来。至龙沙禅院处，扫墓。至济婴局，晤斐然，五句钟返。子峰来。

3月28日　星期六

阴晴。上午，至夏人村先父母墓上，祭扫，下午返。望舅、君定在，旋去。姜梦花来，少坐，去。夜，封发《哀弦集》。

3月29日　星期日

晴。上午，杂务。杰士来，午饭后去松。在后园游息。道衍来，少坐，去河西。

3月30日　星期一

晴。上午，杂务。肃斋、涤新来。下午，公迈来。至何伯康处，贺其哲嗣完姻。出，至东小桥处，扫墓。回，过区公所，少坐。何宅借此为礼堂也。傍晚，又至何宅喜筵，夜返。

3月31日　星期二

晴。上午，封发《哀弦集》。陆幼卿来。下午，至金家桥及假山桥处扫墓。子峰来。伯才来。

4月

4月1日　星期三

雨。上午，封发《哀弦集》。益明自校中春假归。下午，大妹归。近将为粲君营葬于先人主茔之穆位，今日兴工，因至夏人村墓地，夜宿船上。

4月2日　星期四

阴，下午有日光。粲君葬时，并为昭明冥配高氏合葬于先人主茔之次，昭位原祔于穆位。今日辰时，启攒卸旧矿。十下钟归家。下午，子峰、志轩先后来。杂务。夜，复杰士信。

4月3日　星期五

晴。上午，封发《哀弦集》。钻坚来。下午，中妹携菊、梅、瑞、壁四甥归。请汪叔纯来，写粲君神主。望舅来，傍晚去。

4月4日　星期六

晴。上午，至夏人村墓地，下午返。携益明至河西新屋内粲君殡所。君宾携铦甥自柘林回来。

4月15日　星期三

晴。上午，宪人来，旋同乐天先生外出。至志轩处。出，至河西新屋。王巡长来。下午，乐天先生去。至商会、四区救火会、特区救火会、区公所、钦明学校、图书馆、济婴局，踵谢其前日粲君安葬时公祭或路祭也。

4月16日　星期四

晴。上午，杂务。略理账目。下午，在后园游息。子峰来。李啸月来。夜，致省立松江女中训育处信。

4月17日　星期五

上午阴，下午雨。携念祖、纪祖乘轮船往上海。上午八点三刻钟开行，下午四点钟到。在盆汤衖桥西船埠登岸，即至鸿远里。中妹、迪前携梅、壁二甥亦于昨日来沪。至上海杂志公司、商务印书馆、朵云轩、中国书店。

4月18日　星期六

阴雨。上午，至新同昌五金店、浙江兴业银行，而至毛全泰木器店。花儿来，启明亦来，同至其虹口作场，观制就之妆奁器具。出，与花儿至冠生园，午馔，并定喜事内用糖果，约中妹携梅、壁二甥、念、纪二儿亦来。出，同至大陆商场、国货公司后，余先行至冠新帽庄、同协祥参号、朵云轩、商务印书馆而返。至同德产科医院，望大妹疾，少坐。出，至霞飞路华新，理发。出，至仁和里乃乾处，坐谈至晚而返。

4月19日　星期日

晴。上午，阮俊卿、李爱椿先后来。迪前、中妹携梅、壁二甥去亭。至陆永茂花圃及城隍庙内，购松柏。下午，至中国书店、天禄鞋庄、朵云轩、商务印书馆、受古书店等处。而至时报馆，晤季鲁，少坐。出，至来青阁、新凤祥银楼，永安、先施两公司后返。

4月20日　星期一

晴。上午八点五十分在西站乘火车，往松江，君定同行。到后，先至宋石愚处，送其母葬。旋至闵宅，送瑞师母及纪方葬。少坐后，同时舅出。至典业银行，晤履仁、杰士、陶遗等，即在行中午馔。下午，与时舅、君藩代表银行，向闵、宋两家路祭。三点多钟，同时舅、君藩至省立松江女子中学，晤徐声越、毛志彬，并望益儿。五点二十分，仍乘火车返上海。

4月21日　星期二

晴，晨间微有雷雨。携念祖、纪祖归。上午七点三刻钟在盆汤衖桥船埠乘轮船开行，下午三点钟抵家。在船观《艺文》杂志。夜，致文艺书店信。

4月22日　星期三

上午雨，下午阴。上午，理喜事请柬。下午，王巡长来。在后园游息。花儿自沪归。夜，复白蕉信。

4月23日　星期四

晴，夜雨。排花儿妆奁。上午，伯才来。钻坚来。往吊李又茹之丧，即返。叔纯来，邀其写喜事内文件也。下午，沈鸿卿来。时舅来，少坐，去。中妹携瑞、壁二甥归。晋康来。应李啸月嫁女喜筵，夜八句钟返。致君藩信。

4月24日　星期五

阴,晚雨。今日,花儿行盘。午刻,宴媒人沈伯才、张志高,又志轩、子峰、韫辉亦来,并邀叔纯、钻坚、永耕为陪。上午,往贺李啸月嫁女,少坐,返。夜,复仲稽信。

4月25日　星期六

晴。预备喜事。下午,携儿辈,往观开浚旧港。

4月26日　星期日

晴。上午,同钻坚至沈伯才处,贺其令媛于归,下午返。夜,致君藩信。

4月27日　星期一

阴,夜雨。今日,花儿妆奁中衣箱、铺陈等以船运至杭州,其木器则前日由沪直接运杭,竹器、桶器、瓷器则于行盘日运至老宅也。钻坚来,午饭而去。致仲稽信。至济婴局,晤斐然,五下钟返。至钱氏义庄,应觉民招饮。首席为黄谱蘅,黄君近专究形家言。夜八下钟返。

4月28日　星期二

雨。上午,杂务。下午,往视志轩病。子峰来。君宾自柘林回来。夜,复益儿信,并致省立女中训育处信。今晚以花儿将出嫁祭先。

4月29日　星期三

雨。上午,花儿乘轮往沪,以须理发。将由沪赴杭,纪祖同去。理行李。下午,君宾同圆妹携青、铦、锌三甥乘汽船至松,明日到杭。顾仲堪先生来。季眉来,少坐,去。

5月

5月9日　星期六

阴晴。上午,宪人、幼卿、学源先后来。时舅自松回来,午饭后去。在后园游息。

5月10日　星期日

阴,下午有雨。上午,杂务。下午,以先人遗像原供后埭正间楼下,自粲君设灵时,升供楼上,今仍供楼下,粲君及昭明夫妇之像则安供两旁。圆妹携铦、锌二甥自松归。晋康来,少坐,去。

5月11日　星期一

雨。上午,杂务。下午,宪人来,治铦、锌二甥。大妹携嵩甥自沪归,即去乡。夜,致阮俊卿信。

5月12日　星期二

雨,下午阴晴。上午,杂务。下午,至图书馆,近四时返。伯才来,少坐,去。君定自沪回来,即去乡。尹卿先生来。夜,观《国闻周报》。

5月13日　星期三

晴。上午,中、圆两妹等往高宅。杂务。杰士自松回来,午饭后去。斐然来,少坐,去。君潘自松回来,即去乡。学源来,少坐,去。至河西园地。夜,致毕静谦信。

5月14日　星期四

阴。上午,杂务。志轩来。下午,尹卿去。至图书馆。出,至济婴局。出,至槐荫阁,候画家朱舜康。子峰来。花儿于越昨回秦山高氏老宅。今日,念、纪二儿往高宅,傍晚归。

5月15日　星期五

阴。上午，杂务。下午，君潘来，即去松。本邑农民银行主任高明强自朱泾来，少坐，去。子峰来，坐谈数刻去。中、圆两妹今日下午归。

5月16日　星期六

阴晴。上午，理书画。晋康来，与之分派喜事时仆人喜钱。下午，致卓然信。悬棣华香馆匾额。夜，致德友堂书肆信。

5月17日　星期日

晴。上午，杂务。下午，子光来，即去。写书籍、字画目录。至济婴局，晤斐然，五句钟返。夜，复乃乾，致杰士信。

5月18日　星期一

雨。上午，复时舅信。杰士来，午饭后去松。杂务。致乃乾信。至潘顺兴菜馆，应陈景贤娶媳喜筵，夜八句钟返。观《新民》《青鹤》两杂志。

5月19日　星期二

晴。上午，督工洒扫后楼。张巡官来。下午，理发。伯才来。致书肆信。夜，偶翻旧日记，感慨万端。

5月20日　星期三

晴。上午，至河西园地。斐然来。下午，悬挂字画。志轩来，坐谈良久，去。至济婴局，五句钟返。

5月21日　星期四

晴。上午，杂务。下午，涤新来，少坐，去。宪人来，治青甥寒热，坐谈数刻，去。夜，观《国闻周报》。

5月22日　星期五

上午雨，下午晴。花儿明日偕新婿回家，今日预备一切。下午,至图书馆一回。杭生来。叔纯、盘山、子峰先后来,均留夜馔后去。

5月26日　星期二

阴,有雨。上午,中妹携苹、壁二甥去亭。下午,叔敏叔去。鼎甥去。子凯来,即去。今日,念祖伴启明至东宅子贞处及河西志轩处。

5月27日　星期三

晴。杂务。上午,钻坚来。下午,伯才来。

5月28日　星期四

晴。杂务。夜,翻阅书肆目录。

5月29日　星期五

上午晴,下午阴,夜雨。上午,杂务。下午,至商会内镇公所开会,议关于土地登记事宜。出,至邮政局,晤颜小鲁。出,至济婴局,五下钟返。

5月30日　星期六

晴。上午,宪人人。剑寒来。下午,至民众教育馆内土地登记处观地图。出,至济婴局、图书馆。至河西园地。鼎、安、斐三甥来。

5月31日　星期日

晴。上午,杂务。下午,至土地登记处,登记市房。出,至济婴局(晤斐然)及图书馆。

6月

6月1日　星期一

晴。上午,拟致三妹信,复麟祥信。下午,在后园游息。

种花。

6月2日　星期二

　　雨,上午阴。上午,写致三妹信。下午,时舅来,少坐,去,上午亦来过也。大妹携嵩甥归。宪人来,少坐,去。林晋康为子定亲,招饮,夜八下钟返。

6月3日　星期三

　　阴。上午,与大、圆两妹谈。

6月4日　星期四

　　阴晴,有雨。圆妹携铦、锌两甥乘轮去柘。上午,菊祥、晋康先后来。作信,复培孙、君定。下午,至图书馆、土地登记处、济婴局,四下钟返。整理花草。

6月5日　星期五

　　晴。上午,抄致三妹信稿。至高宅,与时舅谈。午饭后,至老宅,晤望舅,少坐后,仍返新宅,四下钟归。启明于越昨回去,今同来。李啸月来,即去。夜,复益儿信。

6月6日　星期六

　　晴。上午,与昆惠侄女谈。复石钧信。钻坚同画家丁鉴波来,少坐,去。下午,至图书馆,子峰来晤谈,四下钟返。

6月7日　星期日

　　阴,夜雨。上午,理置产簿,预备土地登记。子光来。下午,携念祖于新新照相馆摄半身照相,预备向学校报名。出,余至图书馆,五句钟返。

6月8日　星期一

　　雨。上午,理置产簿。下午,伯才来。新民来。

6月9日　星期二

阴雨。上午,俞修之来。宪人来,治大妹恙。下午,启明、花儿乘汽船往松赴杭。丁鉴波来。俞纫庵来。智川来。

6月10日　星期三

晴。上午,作信,复时觉、培孙、心侠。冯子贞来,少坐,去。下午,在后园游息。姜白鸥来。

6月11日　星期四

晴。上午,复乃乾信。志轩来。下午,驻镇土地局登记处主任庞玉臣来。至图书馆,与钻坚谈,四下钟返。夜,复云间旅省同乡会信。

6月12日　星期五

晴。上午,杂务。下午,至图书馆、土地登记处、济婴局,四点多钟返。宪人来谈,傍晚去(近身体疲倦,胃纳甚呆,因请一诊)。夜,致花儿信。

6月13日　星期六

晴。上午,补写账目。下午,至图书馆,四句钟返。复绳甫信。

6月14日　星期日

晴。上午,作信,复学源、质誉,致亚子。下午,钱荣甲来。作信,复志儒。白鸥来。

6月15日　星期一

晴。上午,复花儿及石予信。夏至节祭先。下午,复菊舫、剑寒信。

6月16日　星期二

晴,有雨。上午,复哲夫信。下午,写账。伯才来。

6月17日　星期三

晴，夜雨。上午，拟复沧萍信。白蕉来，少坐，去。杰士来，旋外出。下午，杰士同君介来，杰士即去，君介三下钟后去。圆妹自柘林归。

6月18日　星期四

阴晴，上午有盛雨。上午，复乃乾信。理置产簿。下午，在后园游息。

6月19日　星期五

晴。上午，至俞肃斋寓处望其疾，少坐，返。志轩来。下午，理置产簿。钱模远来。伯才来。

6月20日　星期六

阴晴，有雨。写复沧萍信。下午，理发。

6月21日　星期日

阴晴。上午，理友朋投来诗稿。望舅、君实来。下午，宪人、小剑来，晤望舅。傍晚，望舅、君实去。今日圆妹乘轮往柘。

6月22日　星期一

晴。上午，督工修剪树木。张巡官来。下午，至济婴局，晤斐然，五句钟返。

6月23日　星期二

晴。上午，杂务。钻坚来。下午，至图书馆。出，至济婴局，晤斐然，四点多钟返。

6月24日　星期三

晴。上午，廊下族叔鹤亭同其子公达来，少坐，去。张奇峰来，少坐，去。杰士来，即去。下午，至河西园地。致宪人信。写账。

6月25日　星期四

晴,夜雨。上午,复寄尘、雪耘信。下午,复理斋信。

6月26日　星期五

晴,夜雨。上午,志轩来。张志高来。下午,复学南,致白鸥信。

6月27日　星期六

晴。上午,理书。致咏莪信。下午,肃斋同沈德仁、吕敦、徐□□来坐谈数刻,去。至图书馆,四下钟返。惠侄女自干巷来。

6月28日　星期日

晴,夜有雨。上午,大妹携嵩甥与惠侄女乘轮往沪。杂务。涤新来。下午,在后园游息。

6月29日　星期一

晴,下午有雷雨。上午,往吊子望族嫂之丧。下午,乘一点钟班汽船往松江,四下钟到。即至新松江社。至省立女子中学校,望益儿,少坐,返社。在社晤仲稽、君藩、杰士,杰士留住。夜,沐浴。

6月30日　星期二

晴,下午有雷雨。晨起,与杰士至君藩处,早饭后,少坐。出,至典业银行。出,至茸报馆候沈瘦狂,不值。出,至醉白池,晤王文甫、蔡谱哲,午刻返。下午,与杰士至县立图书馆候君彦,不值。出,至俞文林堂买笔及典业银行一转而返。益儿校中暑假,出来。仲稽来,晤谈,夜,时舅来,旋均去。杰士亦去。

7月

7月1日　星期三

晴。晨,君藩来。七点钟,携益儿乘汽船归,午刻抵家。

7月2日　星期四

晴。上午,昆亮侄来。汪品相作古,昨日大殓,今往一吊。致大妹信。下午,肃斋来。志轩来。写账。夜,观汪悔翁《乙丙日记》。

7月3日　星期五

阴,有雨。上午,仲田先生来。志轩来。复鞠舫,致学源信。下午,子峰来。惠侄女自沪归。夜,致大妹信。今日以阴历计之,为先母弃养十四周忌辰。

7月4日　星期六

雨。上午,复亚子、寄尘信。录存友朋通讯地址。下午,志轩、词臣来。补写日记及账目。子峰、词臣来。

7月5日　星期日

上午阴雨,下午晴。上午,辑《诗文征》材料。复志儒信。中妹携菊、壁二甥归。下午,倪道衎来。至图书馆。出,至济婴局,四点多钟返。昆友侄来。大妹携嵩甥自沪归。夜,昆友同道衎去。

7月6日　星期一

阴晴。上午,奇峰来。致书店信。下午,大妹去乡。至道弘处,慰其丧明之戚。出,至济婴局,少坐而返。

7月7日　星期二

晴。上午,钻坚来,即去。君定来。下午,中妹携菊、壁二甥去亭。庄立甫来，少坐后，去闲闲山庄。君定携嵩甥去。

7月8日　星期三

晴。与馆师顾荩丞携益明、念祖乘轮船往上海。上午八点半开，下午三点多钟到。即至鸿远里寓所。同出，至中社饮冰，余与念祖又理发。夜，至仁和里乃乾处，十一句钟返。

7月9日　星期四

晴。上午，与荩丞先生，携益明、念祖，至大西路光华大学参观，两儿预备投考其附属中学也。下午，与荩丞至香山路复兴村候端志，不值。回，至中华书局、商务印书馆，余又至开明书店、冠生园、中国书店而返。

7月10日　星期五

晴。上午，至环球中国学生会，晤少屏。出，至浙江兴业银行、四行储蓄会。下午，至富晋书社、来青阁、国闻周报馆、杂志公司、中西药房、西泠印社。傍晚，与荩丞至陶乐村菜馆，应端志招饮。同席为陶遗、乃乾、思期、若水、公度、白蕉。十下钟返。

7月11日　星期六

晴。上午七下钟与荩丞送益明、念祖至光华大学，应附属中学入学考试，余先返。商渊明亦来沪，同往投考。下午，观北京大学《国学季刊》。四点钟，益明等归。至中国书店、富晋书社、来青阁。夜，至温泉沐浴。

7月12日　星期日

晴。上午，荩丞伴益明、念祖往光华考试。至一枝香菜馆，定宴客房间。出，至中央书店、朵云轩。益明等近午考毕，归。下午，至方天时命课馆。出，至大新公司四楼，观刘海粟绘画展览会。出，至裘天宝、南洋袜厂、老九纶、永安公司而返。

7月13日　星期一

阴晴。上午，携念祖至商务印书馆。下午，至布衣时命课馆、永安公司、先施公司。傍晚，至一枝香设筵，邀陶遗、苋丞、若水、端志、思期、惕卿、端白、乃乾、公度、君湘、白蕉，十时返。

7月14日　星期二

上午晴，下午雷雨。上午，至商务印书馆、世界书局、家庭工业社、冠生园等处。下午，观《制言》杂志。同苋丞携念祖，至永安、先施两公司。而东亚酒楼，应君湘招饮。同席尚有思期、惕卿、乃乾、公度、白蕉、忆初、徐某。九下钟返。

7月15日　星期三

上午阴雨，下午晴。同苋丞携益明、念祖乘轮船归。上午七点半钟开行，下午二点半钟抵家。圆妹携铦、锌二甥于九日自柘归。

7月16日　星期四

阴晴，下午有盛雨。上午，杂务。叶云曙来，午饭后去。子佩来。昆亮来。至图书馆一回。夜，写账。

7月17日　星期五

阴晴，午后有盛雨。上午，奇峰、冲之、子峰先后来。下午，理书。

7月18日　星期六

阴晴，傍晚有微雨。上午，圆妹携青、铦、锌三甥去乡。昆亮来。钻坚来。子峰来。下午，在后园游息。

7月19日　星期日

晴，下午有雷雨。上午，往吊汪镜波之丧。返，至图书馆及区公所，晤肃斋。张巡官来。钻坚来。昆友侄来，午饭后去。理书。

夜,补写日记。
7月20日　星期一
晴,晨有雨。上午,理书,直至下午。谭梅生来。至济婴局,五句钟返。
7月21日　星期二
晴。上午,昆亮来。钻坚来。杂务。下午,子峰、志轩先后来。君定来,五句钟时去。至河西园地,傍晚返。
7月22日　星期三
晴。上午,伯承来。复端志信。下午,复菊舫信。至图书馆。出,至济婴局,五下钟返。
7月23日　星期四
晴。上午,昆亮同凌景行等来,为晨光体育会募捐,少坐,去。君定来。时舅、君藩、履仁来。中孚来,午饭后去。傍晚,同君藩、履仁往南市观市房,时舅等及君定均去。蒋志义来,谈拟接办钦明事,少坐,去。夜,观《青鹤》杂志。
7月24日　星期五
晴。上午,补写账目。下午,复培孙信。花儿自杭州归。夜,观《思适斋集外书跋》。
7月25日　星期六
晴。上午,晋康来。奚斗储来。理书。下午,至图书馆、济婴局。夜,写书目。
7月26日　星期日
晴。上午,钻坚来。致杰士及书肆信。下午,写书目。写账。至河西园地。夜,写金石书画目录。今日花儿至高老宅,念祖亦去,傍晚均返。

7月27日　星期一

晴。上午,水巡队王巡长来。至区公所,晤肃斋。杰士来。彭天龙来。下午,杰士去朱。天龙去闲闲山庄。在后园游息。

7月28日　星期二

晴。上午,理书画。大妹携嵩甥归。中孚同龚奈粟、贾景人来谈组织《砺报》事,余婉谢之,坐久,去。下午,宪人来。子峰来。大妹携嵩甥去乡。

7月29日　星期三

晴,下午有雷雨,即止。上午,松江徐联辉来卖书画,为留一砚台及金石杂拓二册。下午,至图书馆一回。

7月30日　星期四

晴。上午,时舅来,少坐,去。昆亮侄、志轩先后来。下午,理书画。沐浴。

7月31日　星期五

晴,晚雷雨。上午,复端志,致乃乾信。恭寿来。写账。下午,伯才来,坐谈良久,去。祝慎旃与匡正来。

8月

8月4日　星期二

上午阴雨,下午晴,夜有雨。上午,杂务。写书目。下午,至宪人处(晤白蕉)、图书馆、济婴局。

8月5日　星期三

上午阴雨,下午晴。上午,往杨宅吊道弘次子仲安(名又)之丧。出,至图书馆一转而返。云曙(又字晓帆)来,午饭后去。

复丁简庵、彭天龙信。辑《金山艺文志》。

8月6日　星期四

晴,黎明盛晴。上午,钻坚、张巡官、宪人先后来。下午,志义来。在后园游息。子峰来。

8月7日　星期五

晴。上午,理书画。珍甥来。郭瑞商来,午饭后去。邀宪人来,治花儿薄有寒热,即去。至图书馆,与镇上同人谈钦明高级事。五下钟散,余又往晤白蕉而返。志义来,少坐,去。

8月8日　星期六

晴。上午,理书画。理发。下午,杂务。复质誉信。

8月9日　星期日

晴。上午,理书画。下午,宪人来,复诊花儿,少坐,去。子光来,少坐,去。复慎旃及时舅信。君介携其二子来,傍晚去。

8月10日　星期一

晴。上午,钻坚来。复哲夫信。下午,复王欣夫信。至济婴局,晤斐然,五句钟返。

8月11日　星期二

晴。上午,至保安队队部(三神庙)候尹奎,升队长,坐谈数刻,返。张润溪持何民魂信来,当致郭瑞商一信,交其带去。下午,复黄萍荪及致书店信。至河西园地。

8月12日　星期三

晴。上午,守梅来。邀苏月波〔坡〕来治昆玉侄女。写账。下午,杂务。至济婴局,五下钟返。夜,守梅来,即去。

8月13日　星期四

晴。上午,至高新宅,旋至老宅,适晤张、徐二神父。下午,仍至新宅,傍晚归。

8月14日　星期五

晴。上午,晋康来,少坐,去。志轩、守梅及张学源先后来,均午饭后去。张念慈来,募桥捐,即去。杂务。至图书馆,四下钟返。

8月15日　星期六

晴,下午有雷雨,即止。下学期念祖、益明进光华大学附属中学后,馆师顾苰丞亦往光华。掌教家中,则请定曹中孚教授纪祖。今日午刻设筵宴顾、曹二先生,并邀干钻坚、干增耀、张仲田、俞肃斋、钱模远、何宪人、钱砚辉、钱智千、凌松年、黄涤新、戚知川、蒋志义、高君宾、徐伯贤、志轩、韫辉。下午三下钟后渐散。又杨道弘、方冲之、汪若望、高君介邀而未到。大妹携嵩甥及青甥归。

8月16日　星期日

晴。

8月17日　星期一

晴。上午,大妹携珍、嵩二甥及青甥去乡。杂务。下午,恭寿去。至济婴局,晤斐然,四下钟返。至河西园地。夜,复君懿信。

8月18日　星期二

晴,傍晚有雷雨。上午,晋康来。致君藩、君彦信。下午,在后园游息。杂务。夜,复乃乾信。

8月19日　星期三

晴。上午,昆轼侄、志轩、张巡官、昆友侄先后来。下午,至图书馆。出,至济婴局,四下钟返。教育委员殷百贤来,又邀宪人、志义来,谈钦明校事,均夜馔后去。干祖望来。昆豪侄来。

8月20日　星期四

晴。上午，昆亮侄来（即守中）。复张润溪信。校《富山懒稿》。下午，公迈来。至图书馆，出。至济婴局，晤斐然，五句钟返。叶家瑞、缪瑞清来。夜，昆豪侄来（即守梅）。

8月21日　星期五

晴，下午有雷雨。上午，至河西新屋内督工修树及整理书籍，午刻返。下午，观《越风》杂志。至区公所，开市政会议，四下钟返。尹队长来。涤新来。今日以阴历计之为先君十五周忌辰。

8月22日　星期六

晴。上午，理《四部丛刊》。复陆维钊信。下午，写账。至钦明学校，候殷伯贤。近为该校校长也。出，至图书馆及济婴局，五句钟返。涤新来。

8月23日　星期日

晴。上午，至河西新屋内，理书。圆妹携青、田、辛〔锌〕三甥归。下午，杂务。

8月24日　星期一

阴晴。上午，俞仁善来。钻坚来。理书。下午，杂务。至济婴局，五句钟返。君宾自柘林归，来。夜，昆友侄来。俞肃斋、褚士超来。

8月25日　星期二

晴。上午，君宾乘轮去柘。仁善来。至河西新屋。理书。下午，杂务。至图书馆，四下钟返。圆妹携田、辛〔锌〕二甥去乡，青甥仍留此，走读钦明也。

8月26日　星期三

阴晴，晨有雨。上午，理书。作信，复迪光、少屏。下午，林晋康、张念慈先后来。同匠人往看市房。至仲田先生处,坐谈数刻,返。

8月27日　星期四

上午阴雨,下午晴。上午,理书。写账。下午,在后园游息。夜,写书目。

8月28日　星期五

晴。上午,致时舅信。中元节祭先。下午,王巡长同山阳宣巡长来。复大妹信。至河西新屋。

8月29日　星期六

晴。上午,写账。下午,至图书馆。出,至济婴局,五下钟返。夜,观《青鹤》杂志。

8月30日　星期日

晴。上午,至河西家世睦堂大厅,以本镇施医局借设于此,今日开期,余亦委员之一。少坐,返。时舅来,午饭后,又同至施医局。出,至河西园内而返。张巡官来。时舅去。复天龙信。

8月31日　星期一

晴,黎明有雨,夜有雨。杂务。上午,馆师顾莐丞先生邀曹中孚先生来,谈纪祖下学期教科,午饭后去。

9月

9月1日　星期二

阴晴,有雨。上午,往吊汪季眉先人之丧。理书。写日记、账目。下午,肃斋同县公安局张中堂来。大妹归。至图书馆。出,至济婴局，晤斐然，又伯才来晤，少坐，同出而返。

9月2日　星期三

晴，上午有雨。上午，花儿乘轮往沪。复时舅，致君藩信。下午，致仲稽，复程云岑信。观《国闻周报》。

9月3日　星期四

阴晴，有阵雨。杂务。上午，道衍来，下午去。复石钧信。

9月4日　星期五

晴。携益明、念祖、纪祖，同大妹、珍甥乘轮船往上海，顾莨丞先生及亚雄亦去，下午三点钟到。在南市董家渡登岸，余等即至鸿远里，莨丞、亚雄往住旅馆。至华新理发。出，至仁和里乃乾处。莨丞、亚雄来，饭后去。君定本在上海。夜，启明自南京来。

9月5日　星期六

晴。上午，阮俊卿来。乘九点钟时火车往松江，陶遗同行。到后，至君藩处，瑞师、时舅、思老、静渊亦到，开典业银行董监联席会议。下午五点半钟，仍与陶遗同车返沪。启明、花明邀余及益、念、纪三儿至大马路外滩水上饭店夜馔。恒初今日自乡来。

9月6日　星期日

晴。上午，莨丞来，旋与之携益明、念祖往光华大学附属中学注册、缴学费，并参观一周。纪祖及珍甥同去，近午返。下午，同大妹至同德医院。至中国书店、富晋书社、来青阁、受古书店、杂志公司、商务印书馆等处。同莨丞至锦江菜馆，应君定招饮。同席为野鹤、朴安、乃乾、端志。九下钟返。

9月7日　星期一

晴。上午，补写日记。同念祖至四行储蓄会，大新、新新、先施三公司。下午，携花、益、念、纪四儿，同启明及亚雄等乘市轮渡船,往游高桥海滨浴场,傍晚返。至康脑脱路安居胡朴安处,应其招饮。

9月8日　星期二

晴。上午,同念祖至商务印书馆、中华书局、有正书局等处。午刻,至青年会。为寄女祝匡正与曹明道订婚,邀余与白蕉为介绍人,今日在此宴客为礼。花儿与启明亦到。至高澹园命馆、富晋书社、大酉书店、二酉书店、蟫隐庐等处。夜,至温泉沐浴。荩丞明日进校,亚雄明日回去。

9月9日　星期三

雨。上午,携益明、念祖至光华大学附属中学,将行李带去,布置卧室,近午返。下午,马君达来。携益、念、纪三儿至巴黎戏院观电影,演《万里寻亲》。夜,同大妹、恒甥,携益、念、纪三儿至大光明戏院观电影,演《小千金》。

9月10日　星期四

阴。上午,至国货公司、丽华公司、永安公司等处。下午,送念祖、益明进光华大学附属中学肄业,纪祖、花明同去,高渊明并入该校,启明亦去,五下钟返。夜,至仁和里乃乾处,坐谈至十一时许,返。纪祖由花明、启明同往卡尔登观话剧。

9月11日　星期五

晴。上午,大妹回去。携纪祖至四行储蓄会、大新公司、新新公司、先施公司,而冠生园午馔,花儿亦来。馔后,又携纪祖至大新游乐场,四时许返。至来青阁、二酉书店、受古书店、神州国光社、开明书店等处,傍晚返。

9月12日　星期六

阴。上午,携纪祖至四行储蓄会。出,至大东茶室啜茗。出,至永安公司、冠生园购物而返。下午,携纪祖、花儿至光华大学附属中学,望念祖、益儿,五时许返。

9月13日　星期日

晴。携纪祖乘轮船归,上午七点半钟开行,下午二点半钟抵家。夜,殷伯贤来,谈钦明、尚公二校合并,添设高级、筹建校舍事。

9月14日　星期一

晴。今日,馆师曹中孚先生来,开学教授纪祖。又请干钻坚先生于星期二、四、六来授英文二小时,今日亦来,午饭后去。上午,韫辉送其子积润来附学,附学者除铦甥外,尚有徐震生及公遂之子昆德。殷伯贤来。至施医局。下午,杂务。施其源、徐少青来。至济婴局,五下钟返。圆妹携铦、锌二甥归。夜,命纪祖致念、益明信。

9月15日　星期二

阴晴,晚雨。上午,杂务。理账目。下午,宪人来。在后园游息。花儿与启明自沪归。夜,观《国闻周报》。

9月16日　星期三

晴。上午,理书。下午,至尚公学校。启明与花儿至高宅。夜,命纪祖致念祖、益明信。

9月17日　星期四

晴。上午,至河西新屋。何绿筠来,即去。下午,子峰来,少坐,去。时舅来,四下钟去。夜,复君藩信。

9月18日　星期五

晴。上午,理书。下午,志轩来。至图书馆。永耕、伯才来。子峰来。郭石麒自上海来,为中国书店欠典业银行债务事,夜馔后去，住旅馆。作信，致君藩，复简庵。

9月19日　星期六

晴。偕志轩乘申张班轮船往上海。上午八点半钟开行，下午三点钟到。在南市董家渡登岸，志轩先至孟渊旅馆，余直往光华大学附属中学，望念祖、益明，并晤荩丞。适君介伉俪亦在，望其二子，六下钟出。至孟渊住焉，何姑母为效莲表妹出嫁在此也。夜，君宾来。至受古书店、汉文渊书肆。

9月20日　星期日

晴。上午，至来青阁、中国书店等处。午刻，至致美楼用馔，何宅喜事礼堂借设于此。下午，君藩来。至商务印书馆、开明书店、有正书局、上海杂志公司、裘天宝银楼、冠生园等处。傍晚，至致美楼，贺效莲表妹于归杨氏。夜，君藩、静渊、石骐先后来。

9月21日　星期一

晴。上午，同君湘、陶遗、静渊坐汽车至松江闵瑞师处，沈思老、君藩亦到，开典业银行董事、监察联席会议。近午会毕，即返上海。下午，同志轩至大东茶室啜茗、午点，永安公司购物，又同至光华附中望益明、念祖，六下钟返。夜，至四马路购物。

9月22日　星期二

晴。同志轩归。上午七点半钟乘轮船开行，下午四点半钟抵家。

9月23日　星期三

晴。上午，至干巷倪宅，七吊若水太夫人之丧。午馔后出，至干巷小学，一视鼎、安两甥。乃往夏人村墓上，展谒而返，四点半钟抵家。夜，命纪祖致念祖、益明信。

9月24日　星期四

晴。上午,致君藩信。写书目。下午,写书画目录。复慎旊信。夜,复简庵信。

9月25日　星期五

晴,上午阴。上午,写书目。查考《疑年录》。下午,在后园游息。编臧拜经文目次。夜,复乃乾信。

9月26日　星期六

晴。杂务。下午,至图书馆。出,至济婴局,五下钟返。

10月

10月2日　星期五

晴。晨起,同杰士至草棚啜茗,旋乘汽船归,十点半钟抵家。徐尹卿先生来。下午,至图书馆。夜,致益、念两儿信,又致省立女中校长信,索益明转学证书。

10月3日　星期六

晴。上午,殷百贤来。杂务。下午,尹卿去。伯才来。至济婴局,五下钟返。夜,致书肆信。

10月4日　星期日

晴。上午,至施医局及河西园地。写账。下午,奚斗储来。杂务。

10月5日　星期一

阴晴,上午有雨。上午,写账。大妹归。金兰畦来。下午,至河西园地。大妹去乡。傍晚,至潘顺兴菜馆,智川招兰畦会饮于此,同席共九人。散后,余先返,旋兰畦亦来住。

10月6日　星期二

阴晴。上午,兰畦去。又,乐天先生以干宅葬事,昨夜亦来,宿于此,今同去。理书。写账。下午,在后园游息。花儿归。凌其祥来。

10月7日　星期三

晴。上午,理书。杂务。下午,君定来。至区公所,集议组织镇上救火会事,四下钟返。傍晚,君定去。

10月8日　星期四

晴。上午,杂务。下午,至宪人处,望其病。出,至图书馆。出,至济婴局,晤斐然,近五句钟返。伯才来。圆妹携锌甥自柘林归。夜,复迪光信。

10月9日　星期五

晴。携纪祖乘轮船往上海。上午八点半钟开行,大妹携嵩甥亦去,下午三下钟至董家渡。同登岸,径至光华大学附属中学,携益明、念祖返鸿远里。以校中明日为国庆放假也。

10月10日　星期六

晴。上午,至蒲石路七十四号时舅新寓,坐谈数刻,返。下午,携益、念、纪三儿及珍甥,至宁波旅沪同乡会,观余威丹女士国画展览会。出,至大新游乐场、大光明戏院(观电影)、大东茶室(夜馔),九下钟返。

10月11日　星期日

晴。上午,至北四川路新亚旅馆候蔡哲夫,已往南京。出,至中国书店。出,至冠生园,与大妹携珍、嵩二甥,益、念、纪三儿相会,即午馔。购物后,余先返。傍晚,送益明、念祖进校后返。匡正来,夜馔后去。至仁和里,候乃乾,不值,即返。

10月12日　星期一

晴。上午,时舅来,少坐,去。至四行储蓄会、先施公司、世界书局。返寓一行后,又至孟渊旅馆,贺舒志澄令妹梅蠋于归顾氏,少坐。出,至杂志公司、有正书局、开明书店、中华书局、商务印书馆、来青阁、富晋书社,乃至大东茶室午点之后,至北四川路新亚中学,晤昆亮侄及褚士超。回,至朵云轩。又至宁波旅沪同乡会,观余威丹女士画展,并晤女士及老友楼辛壶。盖女士之画师也,五下钟返。傍晚,至孟渊旅馆,赴舒宅喜筵,九句钟返。

10月13日　星期二

晴。上午,阮俊卿来。伯华昨来沪,今来,少坐,去。理书。补写日记。下午,携纪祖及嵩甥至城隍庙、文庙公园、动物园游览,傍晚返。夜,至仁和里乃乾处,坐谈,至九下钟返。

10月14日　星期三

晴。上午,至蒲石路,候时舅,不值。出,至辣斐德路文石书店。出,至天主堂街晓明女校,索阅章程。出,至古玩商场、裘天宝银楼、来青阁、中国书店等处而返。下午,携纪祖至光华附中,望益明、念祖。旋余至大夏大学与昆亮侄相会,参观大夏新村,纪祖则留观足球比赛。余于五时许仍返光华,同纪祖回寓。白蕉来,同至乃乾处夜馔,九下钟返。

10月15日　星期四

晴。上午,李爱椿来。至蒲石路时舅处,少坐后,同出。至中国书店,借打电话,与陶遗商宴客事。出,至宁波旅沪同乡会,观藏家联合古书、古画展览会,近午返。下午,与大妹谈。至商务印书馆、艺苑真赏社、大公报代办部,及大新公司四楼,观岭南熊氏三姊妹出国考察美术预展画会,并张弦遗画展览会,傍晚返。

10月16日　星期五

晴。上午，补写日记。复哲夫信。下午，至宁波旅沪同乡会，再观古书、古画展览会。出，至永安公司、朵云轩、冠生园等处而返。傍晚，至小有天，与时舅、陶遗设席合宴蒋志范、朱恺俦，并邀金巨山、沈信卿、施文冉、胡朴安、赵厚生（潘孟翘以病未到），十句钟许返。

10月17日　星期六

晴。携纪祖乘轮船归。上午七点半钟在盆汤弄桥堍船埠开行，下午三点半钟抵家。在船翻阅《越缦堂日记》等。启明于越昨日自杭回来，昨同花明去乡。

10月18日　星期日

晴。上午，书贾蒋龙标来。杂务。下午，俞肃斋同何治均来，募存养校舍建筑捐，少坐，去。李寄舫来，少坐，去。至图书馆，四下钟返。中妹归。夜，翻阅连日报纸。

10月19日　星期一

晴。上午，理账。下午，在后园游息。夜，观《国闻周报》。

10月20日　星期二

晴。上午，画家薛芸芳来，少坐，去。理发。子贞兄将娶次孙媳，今午宴介绍人，招陪，因往。午后三下钟出，至图书馆、济婴局，并答候薛芸芳，于其所寓特区救火会楼上而返。夜，复石钧信。

10月21日　星期三

晴。上午，至汪宅，吊叔纯先生之丧，近午返。下午，又至汪宅，送其出殡。旋又至钦明女校，开建舍委员会，四下钟散会。后至济婴局，少坐而返。夜，复咏莪信。

10月22日　星期四

晴。上午,圆妹携锌甥往上海。至适庐市房后,相度基地。出,至保安队部,答候新任中队长李正扬,不值,即返。词臣来。下午,志佩来。复花儿,致时舅信。理书。夜,复星六、哲夫信。

10月23日　星期五

晴。上午,复迪前信。写《寿黄芳墅六秩》诗,倩祝慎旃代作也。理书。下午,中妹去亭。至龙沙禅院墓地,一观前日工人修树。夜,写书目。

10月24日　星期六

晴。上午,至曹中孚处,慰吊其丧子,少坐,返。保安队尹队长同中队长李正扬来,少坐,去。余在沪时来过也。下午,理书。作信,复黄芳墅。郭石骐以与典业债务未了又来,当为写致君藩一信。夜饭后,去住旅馆。作信,致周子美。

10月25日　星期日

晴。上午,薛芸芳来,少坐,去。花儿同启明归。鼎甥亦来。子峰来,少坐,去。下午,子光来,少坐,去。傍晚,启明、花儿与鼎甥去乡。夜,观《学术世界》。

10月26日　星期一

晴。上午,杂务。下午,时舅来,旋同至商会内,开储蓄会总干事会议,四下钟返。时舅去。至子贞兄处,其明日娶次孙媳,今晚有筵席,夜八下钟返。理账。

10月27日　星期二

晴。上午,杂务。下午,携纪祖及铦甥至东宅,贺子贞兄次孙文墓完姻,娶朱泾吴氏也。中间余又出,至槐荫阁及济婴局一回,夜近十句钟返。

10月28日　星期三

晴。上午,作信,致朱恺俦、金巨山。下午,在后园游息。四下钟,至东宅,与来宾公贺暖房。夜八下钟,与志澄、肃斋同出,过开明商店,少坐而返。

10月29日　星期四

晴。上午,至林宅,七吊寿松之丧,少坐,返。作信,致潘孟翘。下午,作信,致余威丹。至济婴局,四下钟返。夜,复书肆信。

10月30日　星期五

晴。上午,薛芸芳来,少坐,去。至济婴局,今日斋堂,近午返。下午,杂务。至槐荫山庄,晤画家朱舜康。出,至济婴局,宴会,七下钟返。复,益儿信。

10月31日　星期六

晴,夜雨。上午七点钟乘汽船往松江,十点多钟到。即至育婴堂,出席旧松属七县慈善董事会。先至东堂,观其秋季斋堂。午馔后,至西堂,即醉白池,在雪海堂开常年大会,四下钟散会。出,至典业银行。旋至君藩处,望其病,杰士亦来。夜馔后,与杰士至新松江社,同住焉。

11月

11月1日　星期日

阴,下午有雨。晨起与杰士至醉白池早馔,并看菊花。旋至君藩处,少顷仲稽亦来,坐谈至十一时许。出,至新松江社,社中适有聚餐会,余亦加入,惟不及终席。乘下午一点钟班汽船归,四点钟抵家。夜,督纪祖作文。

11月2日　星期一

晴。上午,杂务。下午,写账。伯才来,少坐,去。夜,复哲夫信。

11月3日　星期二

阴雨。上午,写书目。下午,杂务。志轩来,坐谈数刻,去。夜,复圆妹,致君宾信。

11月4日　星期三

阴。上午,至高老宅,为南溟表兄明日安葬,今日其家设奠,因往一拜。下午,在望舅处,傍晚归。夜,复大妹信。

11月5日　星期四

晴。上午,至宗祠举行秋祭礼,余司鸣赞。下午,返,曾一至图书馆及济婴局。夜,复慎旃信。

11月6日　星期五

阴雨。上午,理书。下午,至图书馆。出,往子贞兄处,望其病,少坐后,仍至图书馆,四下钟返。夜,作信致陆规亮。

11月7日　星期六

晴。上午,致花儿信。杂务。下午,在后园游息。闻子贞兄作古,即往东宅,傍晚返。夜,复君彦信。

11月8日　星期日

晴。上午,斐然来,即去。下元节祭先。杰士来,午饭后去。至图书馆及济婴局。出,至东宅,送子贞兄小殓,中间回家一次,夜八下钟返。

11月9日　星期一

晴。上午,至东宅,送子贞兄大殓,下午四时许返。君宾、启明自上海回来,即去乡。夜,抄书籍、题记。

11月10日　星期二

晴。上午，徐伯贤同保安队宋队长来，少坐，去。至河西新屋内。尹卿先生来，即去。理衣服箱。下午，种兰花。至图书馆。出，至济婴局，四下钟返。陈士韦来，即去。夜，复迪光信。写致三妹信稿，系近日随时所起也。今日昆惠侄女来。

11月11日　星期三

晴。携铦甥往上海。上午八点半钟乘轮船开行，君宾同行至叶榭，余等过闵行登岸。乘下午二点钟汽车到上海后，先往光华大学附中携益明、念祖同出，而至鸿远里寓所。铦甥乃至蒲石路圆妹寓处。晚，至小花园菜馆，应君藩、君湘招饮。同席为杰士、端志、公度、季鲁。九下钟返。

11月12日　星期四

晴。上午，与念祖至大都会理发。下午，同益明、念明及恒甥至大新公司四楼，观摄影展览会。出，至光华眼镜公司、国货公司、爱皮西内衣公司购物而返。送益明、念祖进校。至成都川菜馆应沈思期招饮，同席为杰士、端志、士超、公度等，九时许返。

11月13日　星期五

晴。上午，至文古书店，又至祈斋路霖生医院，望朱履仁病。下午，至四行储蓄会、中国书店、中华书局、商务印书馆、先施公司、来青阁。傍晚，至一枝香夜馔，邀君定来谈，八时许返。致纪祖信。

11月14日　星期六

晴。上午，阮俊卿来。至光华大学附中，同益明、念祖出。至漕河泾冠生园农场游览，观菊花、金鱼，与两儿合摄一影，并进午点，下午三下钟返寓。君宾、圆妹来。夜，至仁和里乃乾处，坐谈，至十一句钟返。

11月15日　星期日

晴。上午，同益明、念祖至光华眼镜公司、国货公司、永安公司。午馔于小花园菜馆。余又一至中国书店、上海杂志公司、荣宝斋，下午二下钟返。送益明、念祖进校。

11月16日　星期一

晴。上午乘八点五十分火车，往松江。到后，即至新松江社，贺石士内兄次女公子于归之喜。下午，至典业银行，旋乘四点钟火车往杭州。夜，略走新市场。

11月17日　星期二

晴。晨起，进早点后，即至大学路浙江图书馆，观浙江文献展览会。自八点半钟观至下午一点多钟而竟。会场内晤及于右任。出，往城站，适一点五十五分火钟车将开行，即乘之回上海。车中晤及郁少华伉俪。七点钟抵寓。夜，至仁和里候乃乾，不值，乃至五凤里公度处，少坐而返。

11月18日　星期三

雨。上午，补写日记。至四行储蓄会、庆余堂药号、浙江兴业银行、东莱银行、永安公司。下午，观华学澜之《辛丑日记》。傍晚，至来喜饭店，邀宴吴忆初及君定、君宾，八下钟返。

11月19日　星期四

晴。上午，至新新公司、先施公司购物。下午，至蒲石路高寓，晤君宾、圆妹。出，至西门路，候宾虹，不值，留赠以巴予藉之《梅花高士图》，补祝其七秩寿。出，至蓬莱路，晤余威丹女士。出，至丰昌当、商务印书馆、受古书店、二酉书店、富晋书社而返。

11月20日　星期五

晴。上午,至仁和里乃乾处。出,至赫德路择邻处陶遗处,即午馔。馔后出,至新亚学校,晤昆亮侄。出,至朵云轩、天禄鞋庄、国货公司、冠生园、三友实业社、永安公司等处。回寓一次后,又至中国书店、大新公司、晋隆(夜馔)、来青阁(温泉沐浴),十一下钟而返。今日,大妹携嵩甥回乡。

11月21日　星期六

晴。上午,至爱多亚路、福煦路,成都路口东首浦东同乡会,观行新会所落成典礼,晤及君藩、君湘及黄任之、张伯初等。出,至大东茶室午点,并冠生园购物而返。至光华大学附中望益明、念祖,并晤苌丞先生。旋君定亦来,同出,至白利南路相地后,余至霞飞路兴沪菜馆夜馔而返。

11月22日　星期日

晴。乘沪张轮船归。上午七点半钟开行,下午三点半钟抵家。在船观《学术世界》等。庄君达之太夫人来,商其家事,少坐,去。

11月23日　星期一

晴。杂务。下午,花儿归。君定自沪回来,夜饭后去乡。命纪祖致念祖、益明信。

11月24日　星期二

晴。上午,杂务。下午,在后园游息。夜,校《庄中白词》。

11月25日　星期三

晴,下午阴,夜雨。上午,调挂书画。薛芸芳来。下午,至图书馆。出,至济婴局,晤斐然,四点多钟返。圆妹携铎甥自沪归,铦甥越昨先回。启明来。夜,复君藩信。今日,昆惠侄女去干巷。

11月26日　星期四

晴,晨雾,夜风。上午,启明与花儿乘轮往上海,转赴杭州。理书籍、字画。致袁景峰信。下午,时舅来,旋去。至济婴局,晤斐然,四点多钟返。夜,作信致乃乾、君彦。

11月27日　星期五

晴。杂务。写书目。夜,复宾虹、哲夫信。

11月28日　星期六

晴。上午,复时舅信。下午,理书。夜,观《青鹤》杂志。

11月29日　星期日

晴。上午,杂务。下午,君定携鼎、嵩两甥来,邀宪人及苏月坡到此诊治,傍晚去。夜,写书籍题记。

11月30日　星期一

晴。上午,白蕉来,少坐,去。作信,致蒋志范、蒋韶九。下午,往晤薛芸芳、朱舜康,后至济婴局,四下钟返。夜,命纪祖复益明、念祖信。抄存信稿。拟致瞿良士、庞甸才信。

12月

12月1日　星期二

晴,夜雨。上午,理书。邀裱工来糊窗心画幅。写致瞿良士信。大妹携嵩甥归。下午,志轩来。张志高、徐伯贤、林兼之来。大妹携嵩甥去乡。至河西园地。夜,伯才来,坐谈数刻,去。复花儿,致郭瑞商信。

12月2日　星期三

晴,上午阴。上午,写致庞甸才信。拟致李拔可信。下午,在后园游息。赴张奇峰嫁女喜筵,夜七下钟返。复顾少莲信。

12月3日　星期四

晴。上午,杂务。写致李拔可信。徐尹卿来,午饭后去。下午,至图书馆,闻平庵、君定来而即返。同平庵、君定至宪人处,并游其园地。君定尚携嵩甥,就其诊治也。傍晚,平庵等去。夜,伯才来,即去。写书籍题记。

12月4日　星期五

晴。上午,伯承来,少坐,去。杂务。下午,大妹归,就医治疗疮。君定携嵩甥同来,傍晚均去。夜,写书籍题记。

12月5日　星期六

阴。上午,至高宅。下午,至新宅。傍晚归。祝慎旃自廊下来。夜,复亚子信。

12月6日　星期日

阴。杂务。下午,至图书馆。出,至济婴局,晤斐然,四点多钟返。中妹归。夜,指示纪祖作文。复麟祥信。

12月7日　星期一

阴雨,有雪珠。上午,飞槎来,候慎旃,少坐,去。至河西新屋内,理书。下午,顾震涛来,即去。宪人来候慎旃,与余谈其家事良久而去。夜,观《国闻周报》。

12月8日　星期二

阴晴。上午,理书。下午,大妹携嵩甥归。理账。伯才来,即去。

12月9日　星期三

阴雨。上午,作信,合致忆初、君宾。下午,往观适庐所租后面起造市房。今日立柱也。大妹携嵩甥去乡。伯才来,少坐,去。

舒旭东来募捐,即去。

12月10日　星期四

阴晴。上午,复蒋吟秋及石钧信。下午,中妹去亭。在后园游息。夜,写书目。

12月11日　星期五

阴,夜雨。上午,吴槐卿同画家张子明来,少坐,去。林晋康、张仲康来谈救火会事,少坐,去。至东宅,今日为子贞兄五七之期,下午返。时舅、君定来,初亦在东宅也,傍晚去。夜,致君藩及念祖信。

12月12日　星期六

阴,有雨。上午,写书目。下午,理书。至图书馆。出,至济婴局,晤斐然,四下钟返。夜,写账。

12月13日　星期日

阴晴。上午,杰士来。镇上新任邮政局长孟庆笙来,少坐,去。下午,杰士去松。纪祖前二日头眩,今已愈,余近亦患伤风,交拟预备服膏滋药,故邀宪人来,均一诊治。理书。夜,写账。

12月14日　星期一

雨。理书。下午,至邮政局,答候局长孟庆笙,少坐,返。傍晚,至潘顺兴菜馆,应孟庆笙招饮,夜近八时返。夜,翻阅书店目录。

12月15日　星期二

阴晴。上午,理书。学源、瑞商先后来,午饭后,学源即去,瑞商又坐谈数时,去。慎旂于下午去廊下。至图书馆。出,至济婴局,晤斐然,五时许返。夜,致念祖信。

12月16日　星期三

阴。上午,乘轿至新街张忍百处,贺其文孙康书续娶,下午返。傍晚,至潘顺〔兴〕菜馆,与中孚、公迈诸人合宴孟庆笙,夜八时许返。今日,昆惠侄女来。

12月17日　星期四

阴雨。上午,理书。薛芸芳来,即去。大妹携嵩甥归,君定同来。下午,宪人来,治嵩甥。延龙沙禅院僧众来家,今夜起道场,为粲君作佛事三天。

12月18日　星期五

阴雨。今日以阴历计为吾妇粲君弃世后三周年。下午,君介来。君定去,君介亦去。

12月19日　星期六

阴雨。连日患伤风,今起床后更觉头痛不适,即卧于榻,旋发寒热。苏月坡来,邀其诊治。

1937 年

1 月

1月1日　星期五

阴。前为念祖、益明校中将放年假,于上月二十九日到上海,今日携两儿归。上午七时二刻,乘沪张轮船开行,下午五时许抵家。君实同回,夜饭后去乡。大妹本携珍、嵩两甥在家,昨日已去。昆惠侄女在此。

1月2日　星期六

晴。上午,杂务。下午,至济婴局晤斐然。伯才来,夜饭后去。

1月3日　星期日

晴。上午,晋康来。张希曾来。下午,志轩来。在后园游息。志清来。夜,复麟祥信,致君懿信。

1月4日　星期一

晴。携念祖、益明往上海。上午八点半钟,乘轮船开行,过闵行登岸,转乘长途汽车,下午三点钟到。先至蒲石路圆妹处,少坐后,与圆妹携益儿至霞飞路做大衣。旋送两儿进光华校后,即返鸿远里寓所。珍甥今来，同行进校。至四明村金子才处应国学会聚餐，晤松岑、朴安、乃乾、天笑、续川、巨川、吴省斋诸人。未及终席，同乃乾出，至觉林，应咏莪招饮。同席为蒙庵、马静庵等。九下钟返。大妹携嵩甥就医，于昨日到沪。

1月5日　星期二

阴雨。上午，至浙江兴业银行、朵云轩、荣宝斋。下午，理账。致德友堂书店信。君宾、圆妹携青、锌二甥来，傍晚去。夜，并订书籍。

1月6日　星期三

阴。上午，至信昌当。作信致哲夫及施韵秋。下午，至中国书店、来青阁，先施、新新、大新三公司。傍晚，与君定至锦江菜馆，应顾苌丞、倪若水招饮。同席为同乡旅沪诸子暨光华教授诸君，达、桂、升、超等。散已近十句钟矣。致纪祖信。

1月7日　星期四

阴，傍晚雨雪。上午，至文古书店、丰昌当。下午，作信复周子美。至商务印书馆、蟫隐庐及冠真摄影、冠生园购物，傍晚返。夜，至五凤里晤乃乾及公度，坐谈至十一时，返。

1月8日　星期五

雨雪。上午，李爱椿来。理账。下午，写日记。葛咏莪来，少坐，去。至乃乾、公度处。旋咏莪亦来，即由余唤酒肴，夜馔坐谈，近十一点钟而返。

1月9日　星期六

晴。上午，至陆永茂花圃蒲石路圆妹处，并晤时舅，少坐，返。下午，至蟫隐庐、中国书店及国货公司、冠生园、三友实业公司、永安公司等处购物。夜，至温泉沐浴。

1月10日　星期日

晴。上午,复花儿信。至光华大学附中望念祖、益明,并晤荩丞。午刻出,至霞飞路东华菜馆用馔。后至蒲石路晤时舅,旋同至市中心区参观博物馆。今日开幕。君介携其二子并同,念祖亦来。晤馆长胡肇椿及历史部主任徐蔚南,又端志、志刚亦任职馆中。傍晚返。夜,至武定路鸿庆里,应咏莪招饮。同席为时舅、乃乾、公度。十下钟返。

1月11日　星期一

晴。上午七点半钟乘沪张轮船归,下午三点半钟抵家。在船观《制言》《青鹤》《越风》等杂志。夜,写账及日记。

1月12日　星期二

晴。上午,种水仙花。杂务。晋康来。汪培心来。下午,涤新、肃斋先后来。至钦明学校晤殷伯贤。出,至图书馆。出,至济婴局晤斐然,五句钟返。夜,致中妹信。

1月13日　星期三

晴,下午阴。上午,杂务。下午,在后园游息。子峰来。蒋志义来。夜,作信复花儿,致孙耀卿。昆惠侄女今日去干巷。

1月14日　星期四

阴。上午,子峰来,午饭后去。下午,杂务。志清来。夜,复乃乾信。

1月15日　星期五

阴。上午,杂务。下午,至图书馆。出,至济婴局晤斐然,四点多钟返。夜,复施韵秋信。

1月16日　星期六

阴雨。杂务。上午,子峰来。昆友侄来,午饭后去。子清来。

伯才来。夜,致大妹,复蒋吟秋信。

1月17日　星期日

阴,夜雨。上午七点半钟乘汽船往松江,到后即至新松江社,寓焉。致仲稽信,赠以六秩寿礼。君藩来。下午,往吊黄景。伊前日丧妇。出,至承大庄典业银行,君藩亦在。夜饭后,返新松江社。

1月18日　星期一

阴。上午乘九点半钟火车往杭州,十二点半钟到。女婿启明来站相迎,即同至教仁街(即花市路)二十三号高宅,晤君平伉俪及花明。花明怀孕,新春将产,身体安好。余自其出嫁后,未至杭州高氏新宅,此来特一视耳。傍晚,君平等设筵相宴,并招朱履仁来陪。

1月19日　星期二

阴,夜雨。下午,同君平至开元路履仁处,少坐后。出,至运司河下孔子庙前游览。忆己酉之岁,与粲君结缡时,外舅斗槎先生知于潜县事,妇家寓于杭垣,在运司河下,称云间王公馆。今则运司河已填筑大道,真沧海桑田,不堪回首也!旋至湖滨新市场,宝石孤山之麓,荡舟而返。

1月20日　星期三

阴,下午雨。下午,至城站经训堂、文艺书店及清和坊匀碧斋笺纸店。

1月21日　星期四

阴。下午,乘一点五十分钟火车往上海(车上晤及前县长涂九衢)。六点廿二分钟,在西站下车,即至鸿远里寓所。夜,至蒲石路高寓,晤时舅、君宾、圆妹,十下钟返。

1月22日　星期五

晴。上午,至四行储蓄会、浙江兴业银行、蟫隐庐、冠真照相部、中国书店。下午,至光华大学附属中学,先与荩丞、若水晤谈。五下钟,携念祖、益明寒假出校,返鸿远里。傍晚,携念祖至蒲石路高寓,时舅等邀至浦东同乡会西餐部夜馔。馔后,念祖仍至蒲石路,余至乃乾处。十下钟,出,至蒲石路,同念祖返。

1月23日　星期六

晴。上午,补写连日日记。下午,同念祖至新新、先施两公司及光华眼镜公司。旋念祖先回,余又至来青阁、开明书店、商务印书馆、国货公司、冠生园而返。夜,至乃乾处,少坐后,出,至温泉沐浴,十二时返。

1月24日　星期日

雨。上午,李爱椿来。作信复花儿。下午,至大新公司,观书画展览会及购物。携念祖、益明,及恒、珍、嵩三甥至新光戏院观电影,演《化身姑娘》。有关伦理,情节甚佳。演毕,在院中晤及君宾,圆妹携青、锌二甥亦在。同邀其至新新酒楼,夜馔后返。

1月25日　星期一

阴。携念祖、益明,乘沪张轮船归。上午七点半钟开行,以潮水风色皆顺,下午二点半钟即抵家。珍甥同行,傍晚去乡。理上海带回之物件。子峰来。

1月26日　星期二

阴,有日光。上午,晋康来。往看市房。下午,仰霄来。俞区长、张巡官、汪培心、戚智川、吴鹏飞为组织消防会事来。韫辉来。夜,致书肆信。

1月27日　星期三

阴,夜雨。上午,作信致君藩,复张德一。下午,写书目。志清、子峰、伯才先后来。夜,理信件。观《青鹤》杂志。

1月28日　星期四

阴。上午,写书目。蒋永根、张谦君来。本镇公安分驻所巡官张巨川来辞行。下午,宪人来。至商会,集议成立组织消防会事,四下钟返。圆妹携锌甥自沪归。晋康来。夜,理账。

1月29日　星期五

晴。上午,斐然来,少坐,去。伯承来,少坐,去。写书目。下午,至轩来,少坐,去。昆友侄来,少坐,去。至图书馆。出,至公安分驻所,答候新任巡官郑君武。昨来未见也。出,至济婴局。出,至区公所,与地方人士合宴新旧两巡官。夜八下钟返。

1月30日　星期六

晴,夜雨。上午,写书目。下午,至图书馆。夜,伯才来,即去。作信复花儿,致乃乾、端志。

1月31日　星期日

雨。上午,写书目。书贾蒋龙标来。下午,写账。晋康来。子光来。子峰来。夜,写账。

2月

2月1日　星期一

阴。今日家塾放假。午刻,设筵宴曹中孚、干钻坚两先生,并邀徐伯贤、俞肃斋、张尧年、公迈、韬辉、亚雄为陪。夜,写账。复沈瘦狂、王栋材信。观《国闻周报》。

2月2日　星期二

晴。上午,写账。下午,悬复庐及环翠匾额。夜,写账。

2月3日　星期三

晴。中妹前患冬温等症,近已渐愈。今日乘轿往亭林探望。下午返。夜,季眉来。子峰来。时舅、君介以闻君芬妹患急病,将往上海来,少坐后,由松江放到汽船接去。

2月4日　星期四

晴。上午,圆妹携辛甥乘轮往沪。至河西园地。下午,子峰来。至图书馆。出,至济婴局晤斐然,四点多钟返。汪善如来。夜,复吟秋信。

2月5日　星期五

晴。上午,伯才来,即去。写书目。复咏莪信。下午,善儒来,即去。至图书馆,四句钟返。整理花草。夜,复花儿信。观《国闻周报》《青鹤》杂志。

2月6日　星期六

阴。上午,年节祀神。下午,祭先。夜,伯才来,写契据。

2月7日　星期日

阴。上午,昆惠侄女去干巷。晋康来。斐然来。钻坚来。下午,杰士来,坐谈数刻去。理书。夜,写账。

2月8日　星期一

晴。上午,本镇公安分驻所郑巡官来。保安队队长尹奎升来。郑巡官同县公安局局长陈嘉猷来候。下午,至区公所答候陈局长。董神骏来。大妹携恒、嵩二甥自沪归,即去乡。伯才来。夜,祝匡正自廊下来。复仲稽、涤新信。

2月9日　星期二

阴晴。上午，匡正去松。伯才来。理发。至钱宅七吊盘三先生之丧。出，至黄涤新家，少坐，返。下午，至济婴局，四下钟返。夜，写账。复苊丞信。

2月10日　星期三

雨。上午，杂务。郑巡官来。下午，子峰来。傍晚，谨悬祖先神影。

2月11日　星期四

阴，有微雨。今日丁丑岁首，上午，拈天香拜祖先神影。下午，至志轩及亚雄处。河西及东宅女眷来。夜，观《青鹤》杂志等。

2月12日　星期五

雨雪。上午，大妹携恒、珍、鼎、安、斐、嵩六甥归。下午，仍去乡。君湘自松来，午饭后去乡。

2月13日　星期六

阴晴。上午，携益明、念祖、纪祖往高老宅堂舅处。下午，携念祖至新宅时舅处，舅氏新遭韵芬表妹之丧，因往慰问之。并在君介处，少坐，仍返老宅。

2月14日　星期日

晴。下午，携益、念、纪三儿归家。夜，复花儿信。

2月15日　星期一

晴。上午，宪人志轩、钻坚先后来。王巡长来。伯承来。下午，君介携二官、三官来，傍晚去。夜，复咏莪、志儒信。

2月16日　星期二

晴。上午，至邮政局答候局长孟庆笙（前曾来不值）。出，至宪人处，坐谈数刻，返。周氏菊畦、梅坨两甥来。下午，俞肃斋来。

孟庆笙来。东宅韫辉夫人同其媳妇文基新夫人来。至济婴局,近五句钟返。至河西园地。夜,复慎旃信。

2月17日　星期三

晴。今日,延羽士解星辰。上午,至区公所晤肃斋。出,至图书馆而返。昆惠侄女归来。

2月18日　星期四

晴。上午,钻坚来。中孚来。君宾携青甥自松回来,午饭后,去乡。至图书馆。出,至张希曾处,应其招饮。出,至韫辉处,四下钟返。道衍来住。子峰来。谨收祖先神影。夜,理行箧。致花儿信。

2月19日　星期五

晴。携念祖、益明往上海。上午八点半钟,乘轮船开行。下午三点半钟,抵董家渡,登岸,先至浦东大厦,近君宾移寓。于此晤圆妹,少坐。至鸿远里寓所,傍晚。出,至霞飞路冠乐,夜馔后返。至忆初处一回。

2月20日　星期六

雨。上午,同念祖、益明至光华大学附属中学注册,返已过午。饭后,携念祖、益明至大新公司购物。出,至光华戏院观电影,演《广陵潮》。出,至浦东大厦圆妹寓处。夜,饭后返。复花儿信。

2月21日　星期日

雨,下午阴。上午,至西站,原拟乘八点四十三分钟火车往松江。乃抵站,车适开行,遂待至九点三十三分钟。到后即至阔街闵瑞师处,思老、陶遗、静润、履仁、君湘(为时舅代表),均在开典业银行董事监察人联席会议。近行中失窃巨款也。下午,与陶遗同乘五点廿一分钟火车返上海,仍在西站下车。时舅母同行,因送至浦东大厦。君宾今日亦携铦甥自张乘轮来沪。余夜饭后出,至五凤里候乃乾,不值,晤公度,少坐,返。今日下午,念祖、益明进校。

2月22日　星期一

阴。上午,至大新公司、中国书店、商务印书馆等处。下午,忆初来谈。写日记及账目。君定在沪,住白利南路,今来坐谈,数刻去。至浦东大厦君宾寓处并晤君介,傍晚返。夜,至五凤里乃乾处,坐谈良久,返近十二时矣。

2月23日　星期二

雨,上午阴。上午,李爱椿来。祝匡正来。至四马路《时报》馆楼上吊黄伯惠太夫人之丧。太夫人顾氏,余之内表姑母也。少坐,出,至受古书店、《国闻周报》社而返。下午,至光华附中望念祖、益明,并晤苀丞、若水,傍晚返。钻坚来,前日面约也。夜,同钻坚至浦东大厦君宾处,少坐。出,至五凤里公度、乃乾处,十一下钟返。

2月24日　星期三

雨。上午,以高氏韵芬表妹前日在沪逝世,今为三七之期,在玉佛寺作佛事,因往一拜。午馔后返寓,同钻坚至北站,余又至上海银行界路分行一回。四点钟,同乘火车往苏州,到后寓观前街大陆饭店。至护龙街、来青阁候杨寿祺,不值,乃至酒肆,夜馔而返。作信致葛咏莪,渠亦在苏也。

2月25日　星期四

晴。上午,至承德里候徐积余先生,钻坚同去,少坐。出,至大井巷候赵学南,不值。乃至沧浪亭,苏州图书馆观吴中文献展览。会晤馆长蒋吟秋及职员王佩诤、陈子清、陈子彝,又识邓孝先,积余先生亦来会,并晤咏莪。蒋君留在馆内午馔。观至三下钟而毕,乃出返寓。学南来至田业银行候潘博山。傍晚,博山与陈子清、彭恭甫招引于其家中。偕积余先生往席上,晤李拔可,并识梁众异、沈昆山及博山之弟景郑。

2月26日　星期五

晴,夜雨。上午,至濂溪坊候金松岑,少坐。后至西花桥巷候王欣夫,不值而返。同钻坚至观芳阁啜茗,晤学南。出,至玄妙观一带而返。午刻,至徐宅应积余先生招引,钻坚同去。散席后与钻坚乘马车至虎丘展老友陈佩忍之墓,登冷香阁看梅花,归途游西园及留园。抵寓,尚未晚也。潘景郑来,又日间博山亦来过。傍晚,学南、松岑、欣夫招饮于青年会会食堂,钻坚亦去。

2月27日　星期六

晴。上午,同钻坚乘九点十六分钟火车回上海,松岑同行。到后即至鸿远里。同钻坚至霞飞路冠乐午馔。至惠中旅舍候松岑。至浦东同乡会大厦君宾处。傍晚,在晋隆西菜馆宴朴安、宾虹、陶遗、乃乾、公度、钻坚、君宾尚约,松岑以事未到。

2月28日　星期日

晴。上午,钻坚乘轮回去。君湘来,同往白利南路相地。午刻,在晋隆西菜馆宴松岑,应邀王巨川、胡省斋、李续川、君定。至光华附中视念祖、益明。至浦东大厦君宾处。傍晚,至同兴楼国学会聚餐。

3月

3月1日　星期一

阴雨。上午，铦甥来，携之往西站，乘八点四十分钟火车往松江。陶遗同行，车上并晤及静渊。到后，先至君藩处，旋至瑞师处开典业银行董事、监察人联席会议。即在闵宅午馔。后至典业银行开股东常会，应改选监察人，余仍连任。傍晚，至君藩处，仲稽来晤。夜馔后，与君藩、杰士均至新松江社住焉，铦甥留高宅。

3月2日　星期二

阴，下午雨。上午近八点钟，乘汽船归，铦甥仍同行。午刻，抵家。下午，昆惠侄女去干巷。涤新来，少坐，去。理信件等。夜，观《国闻周报》。

3月3日　星期三

阴。上午，杂务。下午，钻坚来。在后园游息。夜，观《青鹤》杂志。

3月4日　星期四

晴。上午，杂务。白蕉来。下午，写账。至河西园地。君定自沪回来，即去乡。夜，复花儿信。今日纪祖寒假开学，仍请曹中孚先生，并请干钻坚先生间日来授英文。

3月5日　星期五

晴，傍晚雨。上午，往观适庐所租之市房，并啜茗，小坐而返。伯才来。杰士来，午饭后去。至图书馆，四下钟返。理书。蒋志义来。至慎饭庄应其招饮，八下钟返。

3月6日　星期六

阴晴,夜雨。上午,往吊蒋永耕太夫人之丧。整理花木。下午,写账。至济婴局,四下钟返。纪祖近患咳嗽,昨夜起有寒热,今请苏月坡来诊治。夜,复花儿及林憩南信。

3月7日　星期日

阴。上午,致望舅信。瑞商来。志清来即去。下午,瑞商去。在后园游息。昆惠侄女归。杏林来即去。纪祖寒热,今凉,晚间又发,请苏医生复诊。夜,作信复中妹,致花儿及叶雪安。

3月8日　星期一

晴。上午,沈伯康来。苏月坡来诊治记祖。致时舅信。下午,替工于后园,并至河西种树。子峰同曹景贤来。夜,复公竞、韵秋信。

3月9日　星期二

阴晴,夜雨。上午,以仲莲堂兄前日作故,今为三七之期,因往继述堂一吊,少坐,返。大妹归。下午,志轩来,少坐,去。写书目。大妹去乡。夜,写账。

3月10日　星期三

阴雨,夜雨。上午,昆惠侄女由松往杭,至花儿处。以花儿将分娩也。作信复吟秋、绳夫。下午,志清来。伯才来。观《墨缘小录》。夜,观《越风》。

3月11日　星期四

阴晴。上午,晋康来。杂务。下午,理发。写账。韫辉来。夜,致益儿信。

3月12日　星期五

晴。上午,致君定信。至河西园地种树。下午,拟复潘景郑信。至宪人处。出,至图书馆,四下钟返。夜,写复景郑信。复启明信。花明于越昨已产男胎,之后平安,惟小儿落地不育耳。

3月13日　星期六

晴。上午,至高宅望舅处。下午,归,抵家已晚。在舟观《卫星》杂志。夜,作信致中妹,复圆妹及致钱卓然。

3月14日　星期日

晴。上午,杂务。子峰来,午饭后去。东宅祝祺嫂来,谈其家事。韫辉来。至河西新宅内理书。夜,观《青鹤》杂志。

3月15日　星期一

晴。上午,驻在镇上之省保安队中队长李正扬来候,少坐,去。至南后门外,新装修之屋内替工收拾。下午,杂务。至济婴局。出,至槐荫阁而返。理书。夜,致念祖,复乃乾信。

3月16日　星期二

晴。上午,写账。下午,复学南信。至图书馆。出,至济婴局晤斐然,五下钟,返。至黄涤新处应其招饮,晤刁谦伯,八下钟,返。

3月17日　星期三

阴晴。上午,至南市看地基。写书目。下午,致大妹、君定信。杂务。

3月18日　星期四

阴,下午雨。上午,至河西新屋内理书。杂务。下午,文尧来。作信致松岑。大妹携嵩甥归。

3月19日　星期五

雨。上午七点钟,乘汽船往松江。到后至典业银行,君藩在沪,晤及履仁。下午二点五十分钟,乘火车往杭州。六点三十二分钟到站,即至教仁街高宅。花儿产后身体安好。君平亦于今日夜车自乡来杭。

3月20日　星期六

雨。在高宅。

3月21日　星期日

雨。上午,至湖滨散步,及城站、文艺书店、抱经堂书局浏览,旋至清和坊购物而返。下午,同君平、启明乘汽车先至孤山之阴,展曼殊上人之墓,乃走苏堤而至理安寺。在九溪茶场啜茗,回至静慈寺,舍车荡舟以返。君华邀至大华饭店夜馔。

3月22日　星期一

阴晴。上午八点钟,乘火车回松江,到后即至典业银行。君藩又赴沪未晤,当留一笺。午饭后,乘船归,四点多钟抵家。至俞肃斋处,与肃斋、智川、中孚诸人合宴保安队中队长李正扬及分队长尹奎升。以李系新来驻扎镇上,尹将调往南汇也。八下钟,散席返。

3月23日　星期二

阴晴,上午雨,夜雷雨。上午,君定来。下午,君宝自沪回来。君定同大妹携嵩甥去,君宝亦去。夜,以饭时有鲠,邀干祖望来一治,即愈。

3月24日　星期三

雨。上午,伯承来。至河西子峰处,以俊峰庶伯母今日八秩冥庆,因往一拜。出,至园地而返。下午,绿筠来,旋去。理账。夜,至花儿,复益儿信。

3月25日　星期四

阴晴。上午,杂务。下午,补写日记。昆惠侄女自杭归。致时舅信。夜,观《国风》及《逸经》。

3月26日　星期五

晴,夜雨。上午,理书。昆惠侄女昨住河西,今一来,后去干巷。复憩南信。下午,致中妹信。至图书馆。出,至济婴局晤斐然,五时许返。圆妹携锌甥自沪归。夜,复时舅信。

3月27日　星期六

阴雨。上午,赴景郑信。奚斗储来,午饭后去。悬大母及母亲遗影于起坐间。子峰来,坐谈,数刻去。蒋志义同彭天龙来,少坐,去。至潘顺兴菜馆,志义宴,天龙邀陪。八下钟返。

3月28日　星期日

晴。上午,天龙、志义来,即去。复吟秋信。子峰来,少坐,去。下午,时舅来,即乘汽船往松。在后园游息。尹奎叶来。傍晚,至潘顺兴菜馆宴天龙,邀志义、中孚、白蕉、彩石、抱冰、雨苍、效文、修荣为陪。散席,后因中孚已醉,又同至适庐啜茗。返近十句钟矣。

3月29日　星期一

晴。昨夜饮酒过多,今日觉宿醉不舒。上午,大妹归。下午,志轩、肃斋先后来,各少坐,去。大妹去乡。伯才来,坐谈良久,去。

3月30日　星期二

阴晴,夜雨。上午,子峰来,少坐,去。清明节祭先。下午,在后园游息。夜,致仲稽信。

3月31日　星期三

晴。携纪祖往上海。上午八点半钟,乘沪张轮船开,下午四点钟到。即至鸿远里寓所。圆妹携青、田、锌三甥同行。近君宾亦迁居在鸿远里廿二号也。傍晚,至君宾、圆妹处。夜,饭后返。

4月

4月1日　星期四

阴晴,傍晚雨。上午,至白玫瑰理发,纪祖亦去。至俞医处及朵云轩。午刻至万利酒楼,应时舅招饮,下午两下钟返。至九凤里候乃乾,不值,晤公度,少坐,返。携纪祖至金城大戏院观电影,演《慈母曲》,七点半钟返。至君宾处,夜,饭后返。

4月2日　星期五

阴。上午,作信合致忆初、君宾。携纪祖至光华大学附属中学,同念祖、益明春假出校,返已过午。念祖等随圆妹往观电影。至中国书店、来青阁、商务印书馆等处,及俞医处。至茄勒路法藏寺,时舅在寺为韵芬表妹作佛事。旋君平亦来,夜馔后同返。

4月3日　星期六

阴。上午,携益明至枫林桥上海殡仪馆,为高氏韵芬表妹在此开吊。表妹原受聘吴兴刘氏,今日应迎柩归籍。下午送至苏州河船埠而返。傍晚,携三儿同君实、启明、渊明、恒珍、田三甥至大东茶室夜馔,之后余即返。三儿由启明等伴观电影。与君宾谈。

4月4日　星期日

晴。携念祖、纪祖归。上午七点半钟乘轮船来行,下午五点钟抵家。益明则嘱其与高渊明往杭州一望花明。

4月5日　星期一

晴。上午,携念祖、纪祖至夏人村扫墓,并至金家桥扫墓,归已傍晚。

4月6日　星期二

　　晴。上午，携念祖、纪祖至龙沙禅院处扫墓。下午，至图书馆。出，至东小桥扫墓。回，至仲田先生处及济婴局，各少坐而返。至河西新屋内理书。

4月7日　星期三

　　阴，夜有雨。上午，至假山桥扫墓，路过石灰窑，晤伯承，观其所植花木。下午，替工收拾园庭并种荷花。至河西新屋内安放书籍。益明至杭州归。

4月8日　星期四

　　晴。上午，乘汽船至石湖泾钱卓然处，为其太夫人安葬设奠，晤及封衡甫先生。午馔后，至浏港乘申张班轮船归，抵家三点半钟。中孚同行。君实自沪回来，即去。与三儿谈。夜，复君彦信。

4月9日　星期五

　　晴。上午，种植花草。下午，在后园游息。夜，写账。

4月10日　星期六

　　晴。上午，至河西园地。子峰来，午饭后去。作信复王佩诤。至图书馆，俞心臧来晤。出，至济婴局晤斐然，近五时许返。青、田二甥自沪回来。

4月11日　星期日

　　阴晴。携念祖、益明往上海。上午八点半车，乘申张班轮船开行，至闵行登岸，改乘下午一点钟长途汽车。到后先至霞飞路冠乐午馔，乃至鸿远里寓所。携两儿至国货公司购物。夜馔后，两儿进校。在船观叶浦荪之《灵觌轩文钞》一卷。大妹携嵩甥在沪。

4月12日　星期一

晴。上午,至华亭书店、大新公司、富晋书社、来青阁、树仁书店、汉文渊书肆、商务印书馆、五洲药房。午点于大东茶室。出,又至新凤祥银楼等处而返。至温泉沐浴。出,至五凤里候乃乾,不值,晤公度,少坐。后至兴沪菜馆,夜馔而返。觉身体懒困,早卧。

4月13日　星期二

阴晴,夜雨。上午,至大新公司购物,并观摄影展览会。又至冠生园、国货公司、朵云轩。下午,至光华大学附属中学望念祖、益明,并晤顾苰丞。傍晚返。

4月14日　星期三

晴。上午八点钟,至《时报》馆楼上,以黄伯惠为其太夫人营葬设奠,往吊。旋出,至西门,乘沪闵南柘长途汽车至闵行,待申张班轮船开来,乘之以归。下午四点半钟抵家。在船观《制言》杂志。至河西子峰处,以俊峰庶伯母明日安葬,往拜,夜馔后返。

4月15日　星期四

晴。晨,往送俊峰庶伯母灵柩发引,即返。终日替佣收拾园庭,种植花木。傍晚,并至河西园内。夜,作信致君宾,复君藩。

4月16日　星期五

阴。上午,杂务。下午,宪人来,坐谈数刻,去。伯才来,少坐,去。词臣来,即去。夜,写书目。

4月17日　星期六

阴。上午,杂务。下午,至图书馆。出,至韫辉处。出,至济婴局,四点多钟,返。至河西新屋。夜,观《国闻周报》《青鹤》杂志。

4月18日　星期日

雨。上午,本镇学校童子军来募飞机捐。杂务。下午,作信复潘景郑,致积余先生及花儿。夜,拟复吴悔晦信。

4月19日　星期一

阴。上午,写复悔晦信。志义来。下午,在后园游息。子峰来。夜,复中妹信。

4月20日　星期二

晴。上午,至东宅。因子贞从兄明日安葬,今日设奠也。少留后,以纪祖昨夜起患身热即返。邀涤新来诊治纪祖及昆玉侄女寒热,余近患头眩等恙,亦请其一诊。午饭后,去。宪人来诊治纪祖与余及昆玉侄女,先往邀请也。又至东宅,傍晚返。夜,写书目。

4月21日　星期三

雨。上午,至东宅送子贞从兄灵柩发引至牛桥头,登舟后返。至图书馆一转。理书。下午,复潘梅亭信。至济婴局晤斐然。出,至东宅,送子贞从兄栗主入祠后返。大妹携嵩甥自沪归,即去乡。夜,复念祖、益明,致昆惠侄女信。

4月22日　星期四

雨。亭林有堪舆家顾家隽人,昨在东宅正向,今邀来,同往夏人村墓地,请其一堪。下午归,顾君夜饭后去住东宅。李啸月来,即去。

4月23日　星期五

阴晴。上午,作信复李续川。志轩来,少坐,去。昆惠侄女自干回来。邀宪人来复诊昆玉侄女,余亦请其改方,旋去。涤新来,午饭后去。杂务。夜,致咏莪、君藩信。

4月24日　星期六

雨。上午,杂务。理书。下午,在后园游息。写书目。夜,复花儿及时舅信。

4月25日　星期日

阴晴。上午,往候李新民,新自日本回国。理书。下午,至图书馆、济婴局。圆妹携辛〔锌〕甥自沪归。种植花草。夜,写账。

4月26日　星期一

阴,夜雨。上午,至济婴局。今日为阴历三月十六,斋堂之期。近午返。下午,君定自张宅来,即去。宪人来复诊昆玉侄女。大妹携嵩甥归。至济婴局。出,至张希曾处,以其将营葬,今夜请知宾招饮。散席后,又至济婴局而返。望舅自张宅来。

4月27日　星期二

阴,夜有雨。上午,至张宅,希曾葬其祖母及尊人仲傅先生。今日开吊,一拜后返。望舅及大妹携嵩甥均往张宅,旋去乡。下午,至高老宅,为吟槐舅母安葬,今日开吊也。同君藩、憩南、履仁等至新宅,仍返老宅。

4月28日　星期三

(自此以下四日系补记)阴。上午,回家。至宗祠举行春祭。午刻,饮福后返。中间一至图书馆及济婴局。至河西园地。平庵同乐天先生来,又君藩等来过。中妹归。

4月29日　星期四

雨,上午阴。上午,同肃斋由泖港而至朱泾。下午,至松江。

4月30日　星期五

阴。上午,至育婴堂。下午,开旧松属慈善款产董事会。傍晚,至上海寓惠中旅舍。夜,至安东旅社。思诚堂内小小姐明日将在沪出嫁,吴氏祝祺嫂氏及志轩等同来住此也。出,至来青阁书肆。

5月

5月1日　星期六

雨。上午,理发。至安东旅社及大新公司等处。下午,又至安东旅社及冠生园、来青阁、陈乃乾处。夜,至温泉沐浴。

5月2日　星期日

晴。上午,至鸿远里廿二号晤君宾,少坐。出,至华亭书店、中国书店而返。下午,志轩来。至光华附中视益、念两儿,四下钟返。身体疲倦,即偃卧。君宾来。夜,志轩又来。薄有身热,腹泻似痢。

5月3日　星期一

晴。上午七点半钟乘沪张班轮船归,下午五点钟抵家。头痛身热,在船偃卧而不泻,抵家后即请宪人来诊治。入夜,又下痢,至翌晨,为数甚频。花儿于前日自杭州回秦山,上月三十归家。

5月4日　星期二

晴。今日仍有身热,痢下稍稀。上午,志轩来。迪前携璧甥来。下午,宪人来复诊。韫辉来。志轩又来,代志光恳致程县长推荐信,乃拟稿嘱伯华书之。

5月5日　星期三

晴。今日身热已退,痢下亦稀。上午,大妹携嵩甥归。下午,涤新来。卧榻观《逸经》《青鹤》等杂志。

5月6日　星期四

晴,夜雨。今日,痢未全愈,身体尚觉软弱。上午,志轩来。下午,宪人来复诊。韫辉来。理沪归行箧。立夏,秤人得九十五斤。

5月7日　星期五

晴。上午,君定来。下午,迪前去。至河西园外观起造桥基。君定去。夜,复君藩信。

5月8日　星期六

晴。上午,替匠装刷南面新屋。下午,东宅新婿吴槐荫来拜,客李雪艇同来,少坐,去。至宪人处,拟请其改方,不值,乃至济婴局晤斐然后返。夜,作信致封衡甫先生。

5月9日　星期日

晴。上午,作信复君宾。下午,至图书馆。出,至东宅思诚堂答候吴槐荫。回,又至馆中,邀宪人来改方而返。永耕、智川来谈本镇电灯厂事,傍晚去。夜,复石钧信。

5月10日　星期一

晴。上午,理账。志义来。下午,至济婴局晤斐然,并邀宪人、志轩、智川来商局务。四下钟出,至槐荫阁而返。至河西新屋内。夜,补写日记。

5月11日　星期二

晴。上午,写书目。至宪人处请其改方,少坐,返。尹卿来,午饭后去。子峰来,即去。复星六信。啸月来,即去。夜,致端志信。

5月12日　星期三

阴晴,晨有雨。上午,作信复景郑,致咏莪。下午,中妹携壁甥去亭。在后园游息。圆妹携青、铦、锌三甥去乡。夜，复念祖信。补写日记。

5月13日　星期四

上午盛雨，下午阴晴。上午七点半钟乘汽船往朱泾，十点半钟到。即至林憩南处吊其夫人高氏杏表姊之丧（今为五七之期）。下午出，至典业银行办事处，丁迪光处晤履仁、杰士。旋履仁回去，余同杰士至公款公产管理处、县政府，晤县长、程厚之。警案局候局长陈嘉猷，不值。地政局晤局长李范。农民银行候主任顾慰祖，不值。又往晤黄芳墅，候黄伯惠，不值。乃返典业办事处，迪光来晤。夜馔，至林宅与杰士同宿办事处。

5月14日　星期五

晴，上午阴。晨起，复守中侄信。七点半钟乘汽船归，十下钟抵家。子峰来，午饭后去。致沧萍信。至图书馆，智川、永耕来晤谈电灯厂事。去后，余至济婴局晤斐然，五时许返。鼎、安两甥自干巷校中来。至河西新屋内理书，傍晚返。夜，复端志信。

5月15日　星期六

晴。上午，道衍来。携纪祖等至公共体育场观学校联合运动会。近午出，至图书馆而返。君宾自沪由松回来，午饭后去乡。道衍与昆惠侄女去。致星六、续川信。夜，写账。

5月16日　星期日

晴，上午有雨。上午七点半钟乘汽船往松江，十点多钟到。即至醉白池，代履仁出席松筠女校校董会。下午，开旧松属慈善董事会预算审查会。四下钟，散会。陈端志为上海文献展览会事曾涵约，今日自沪来松面谈，已于午间到此把晤。会毕后，余出至大有农场晤君藩、杰士，同端志亦来，又邀君彦。旋端志、君彦先后去。余同君藩、杰士至王宅,仲稽他出,晤杭生、松生。夜馔后,至君藩处,与杰士同宿焉。

5月17日　星期一

晴。上午七点多钟乘汽船归,十点半钟,抵家。下午,杏林、肃斋同沈子祥来,携有书画见视,坐谈数刻,去。子峰、仰霄来,谈汪姓售房地事,少坐,去。至肃斋处答候子祥,不值。回至河西新屋一次。夜,复益儿,致花儿及顾莳丞信。鼎、安两甥今晨已去校。

5月18日　星期二

晴。上午,写账。致时舅,复履仁信。钱卓然、黄正言、唐华星来谈组织金山红十字分会事,午饭后去。至区公所,钱君等在此开红十字会,征求会员谈话。会散后,同钱君等至图书馆及济婴局,各少坐。旋钱君等别去,余又至宪人处,请其改方而返。志义来,少坐,去。夜,补写日记。

5月19日　星期三

晴。上午,张仲康来。子光、新民来。录存信稿。下午,圆妹携锌甥归,青、铦二甥先已来也。替工修剪庭园树木。宪人来。至河西园地。今日,昆玉侄女以病去河西。

5月20日　星期四

阴晴,下午有雨。上午,致咏莪,复绳甫信。下午,大妹携嵩甥去乡。至图书馆及济婴局。观《制言》杂志。夜,复君宾及志儒信。

5月21日　星期五

晴。上午,蒋志义、殷百贤来,谈公明校舍建筑事,数刻去。杂务。下午,在后园游息。夜,写账。

5月22日　星期六

晴。上午,圆妹携锌甥乘轮往沪。至东市徐伯贤寓处,吊其太夫人之丧。出,至东市梢园地及图书馆而返。下午一点钟,乘汽船往朱泾,白蕉、飞槎同船。到后即同至典业办事处。旋至款产处晤杰士、履仁、迪光,并同出游新辟之风景区。而至陈干丞先生处,明日为干丞先生重游泮水之期,少坐,返典业。傍晚,应陈宅邀,至商民乐园夜馔。之后,至平安旅馆葛咏裘处寓处。仍返典业,与杰士同宿。于此,今日晤熟人甚多也。

5月23日　星期日

(次日系补记)阴雨。今日,陈干丞先生重游泮水。上午,至圣庙观礼。午刻,在商民乐园宴会。

5月24日　星期一

阴晴。上午,至平安旅馆,晤咏裘、白蕉,后即往轮埠候平湖班船。九时许开行,乘之往上海,下午近二时到。先至鸿远里廿二号君宾、圆妹处,旋至青年会开上海文献展览会各县征集主任谈话会。由叶誉虎主席备有茶点,晤陈端志、胡肇椿、沈勤庐、雷君彦、徐幼楚、蒋吟秋、陈子彝。

5月25日　星期二

阴雨,夜深有盛雨。上午,伯华在沪来,即去。至浙江兴业银行、三友实业社,永安、先施、大新三公司。午饭于君宾处。下午,至忆初夫妇处。至光华大学附属中校,望益明、念祖,并晤倪若水先生,在其房内少坐。顾荩丞先生不在。出,至来青阁。夜,饭仍在君宾处。守中侄来,少坐,去。

5月26日　星期三

阴,有微雨。上午,李爱椿来,交其修订书籍。至典当街长沙商栈候田星六,略观其所带碑帖、瓷器。出,至荣宝斋、商务印书馆、朵云轩而返。下午,至大新、新新、先施、永安、国货诸公司及冠生园购物。午夜,饭均在君宾处。

5月27日　星期四

阴晴。上午七点半钟乘沪张轮船归,下午四点钟抵家。在船观《吕留良年谱》。志清来即去。夜,理书报、信札。昆惠侄女于廿二日,归来。

5月28日　星期五

阴雨。上午,替工安置后楝西次间后扶梯。下午,以闻何姑母在河西,往省并望志轩病。出,至园地而返。至图书馆,宪人来晤。出,至济婴局晤斐然,四点多钟返。伯才来,少坐,去。夜,观《国闻周报》。

5月29日　星期六

晴。上午,道衎来。杂务。下午,道衎同昆惠侄女去。在后园游息。智川、永耕来。

5月30日　星期日

晴。上午,杂务。白蕉邀午馔,同座为履仁、飞槎。馔后,同至其留云小舍及图书馆而返。整理花木。昆惠侄女归来。夜,复花儿、念祖及绳甫信。

5月31日　星期一

晴。杂务。下午,中妹归。志义来。夜,延龙沙禅院僧众来起道场,为先人作佛事三天。

6月

6月1日　星期二

晴。上午,大妹携斐、嵩两甥归。时舅来。下午,宣子宜来,即去。宪人来,少坐,去。时舅去。圆妹携锌甥归。

6月2日　星期三

晴,夜有雨。今日为冯氏先母八秩冥庆。上午,守梅来,白蕉来。子望来,午饭后去。子凯来。子冶、君懿先后来。子峰来,午饭后去。下午,文尧来。子冶、君懿去。何姑母今日自河西来。

6月3日　星期四

阴晴,夜有雨。杂务。佛事于今夜告竣。

6月4日　星期五

晴。上午,圆妹携锌甥往沪。理书籍、字画,预备送陈上海文献展览会。宪人来,即去。何姑母去河西。下午,昆惠侄女去干巷。至图书馆及济婴局。至河西望志轩病。出,至园地而返。夜,复端志信。

6月5日　星期六

晴。上午,斐然来。写日记及账目。下午,至图书馆。在馆致小剑信,索其上海文献展览会出品。夜,致端志信。

6月6日　星期日

晴。晨,至河西望志轩病。上午,大中两妹携嵩甥往沪。至五区头何宅吊望东表兄之丧(五七之期),下午返。闻志轩病危殆,即往河西。回来晚饭后,又往,志轩竟于七点十分钟弃世也。余近十时许返。昆惠侄女今日归来。

6月7日　星期一

晴，晚起雷雨，入夜甚盛。今日，四至河西，为志轩理丧事。夜送行衣后返。上午，道衍来。下午，沈志浩、计志清先后来。夜，复花儿、念祖信。

6月8日　星期二

上午雨，下午阴晴。上午，至河西送志轩从兄大殓。下午四点许，返。绿筠在河西，夜饭后来，少坐，去。补写日记。

6月9日　星期三

晴。往上海。上午八点半钟乘轮船开行。下午一点钟，过闵行，登岸，晤及君藩，在上海县立初级中学内坐谈片刻。二点钟，乘长途汽车到。后至一品香寓焉。至陶乐春定筵席房间，大都会理发后，至鸿远里晤三妹。花儿亦于昨日自镇来沪。夜，十下钟，返寓。

6月10日　星期四

晴。今日，与平湖徐颖生女士订婚，由吴忆初、高君宾介绍，徐氏系忆初之戚。即在鸿远里举行。余家在二十二号君宾处，徐氏在十八号忆初处也。余上午即至鸿远里，下午一下钟返寓。携所举陈列上海文献展览会之书籍、字画，至市中心区博物馆晤顾志刚及金道一、沈勤庐等。五下钟，返寓。至来青阁、蟫隐录一转后，至陶乐春设筵宴忆初夫妇、君宾（以病未到）及圆妹、大妹、君定、君藩、君湘（先来）、君实（未到）、迪前（未来沪）、中妹。九点钟散席，至鸿远里。十点钟返寓。

6月11日　星期五

上午阴，下午雨。上午，至北京路购木器及商务印书馆、朵云轩、冠生园等处。返寓后，至鸿远里。旋至光华大学附属中校望念祖、益明，出，已过午。至福禄寿吃点心，并至大新公司四楼观书画展览会，三友实业社购物而返。至鸿远里，夜十时许，返。

6月12日　星期六

雨。晨起，至盆汤衖桥堍乘沪张轮船归。七点半钟开行，下午四点多钟抵张。到埠后，以电灯厂债权团改组为股东会，曾推余为董事长。今日待余开会，爰即至厂。夜馔后，八下钟返家。君藩亦到会来住。今日望舅、君实同船归，即去乡。在船观《吕留良年谱》，完。

6月13日　星期日

雨。上午志诚、忠良先后来，谈电灯厂事。君藩去乡，志诚等亦去。至守梅处，应其商酌讣闻式样。出，至河西园地而返。下午，杂务。至图书馆，四下钟返。夜，属纪祖，致念祖信。

6月14日　星期一

晴。上午，杂务。智川、永耕来，少坐，去。子峰来，午饭后去。君藩来，即去松。公愈来，少坐去。至宪人处，不晤，晤白蕉、海筹。以略有喉颈肿胀，由海筹一诊。出，至济婴局，晤焕然。五下钟返。夜，复君彦，致端志信。

6月15日　星期二

阴晴。上午，杂物。宪人来。至河西园内。尹卿先生来，即去。下午，读理书籍，预备送陈上海文献展览会。伯才来。子峰来。肃斋同县警察局局长陈嘉献来候，少坐去。夜，致大妹信。

6月16日　星期三

晴。上午，陈设南面新屋。下午，智川来。志清来。至图书馆，即返。中妹自沪归。夜，复益儿信。

6月17日　星期四

晴。上午,夏至节祭先。干源岷来,午饭后去。渠任职汉口盐务稽核所已五年,近请假回家也。写账。郑巡官来。今日,昆惠侄女去干。

6月18日　星期五

阴。上午,杂务。下午,至守梅处,志轩明日二七,正作佛事也。子峰来。王巡长来。作信致鹓雏及花儿。夜,复端志信。

6月19日　星期六

晴。上午,乘松江班汽船至佘来庙。在区公所少坐,晤钱卓然、黄正言。待上海平湖班轮船来开,乘之而至朱泾。到后往典业办事处,履仁亦来。下午,迪光来。旋同履仁、迪光至地政局开调处委员会。四下钟散会,同履仁至典业。少坐后,出,至文庙内教育局晤朱时隽,留夜馔后,返典业住焉。时隽送来,即去。

6月20日　星期日

晴。上午七点钟乘汽船归,十点钟抵家。余自悼七后,原有纳妾之主张,曾择定朱氏女静芳,今将辟南后门外新屋居之。兹于下午命其来新居晤谈,四时许,回去。宣子宜来,少坐,去。至河西园内。汪天一来,募桥捐,少坐,去。夜,写日记。

6月21日　星期一

阴晴。上午八点半钟,乘轮船开行往上海。下午四点钟,到盆汤衖桥船埠。即至市中心区上海市博物馆,将所携征集之上海文献展览会出品九十一件交付,晤端志、志刚、道一、勤庐及陈子清、刘东海。六下钟出,至鸿远里寓所。夜,至五凤里乃乾处,坐谈至十下钟,返。

6月22日　星期二

阴,有日光微雨。上午,至四行储蓄会,大新公司四楼观书画展览会,新新、先施两公司,北京路购木器。下午,至光华大学附属中校望念祖、益明,并晤苌丞先生。出,至来青阁、中国书店、永安公司、冠生园、商务印书馆而返。

6月23日　星期三

阴晴。乘申张班轮船归。上午七点半钟在盆汤衖桥船埠开行,下午四点钟抵家。在船观《明清之际党社运动考》完。至河西,为志轩从兄回阳之期,因往一拜。傍晚返。今日以阴历计之为先母弃养十五周忌辰。

6月24日　星期四

雨。上午,至图书馆及济婴局。下午,志义来。作信复时舅、履仁、兰畦。夜,复花儿,致大妹信。

6月25日　星期五

雨。上午,至守梅处,因志轩从兄明日三七开吊也。近午返。下午,杂务。至守梅处,夜馔后返(中间又至河西园内)。作信复君宾及金山旅沪同乡会。昆惠侄女今日自干回来。

6月26日　星期六

阴晴。今日,志轩从兄三七之期开吊。上午八时许,至河西,回来一次。下午,同迪前、振先、君懿来。旋迪前等去,中妹亦去亭。余仍至河西,并往园内一次而返。傍晚,又至河西。夜馔后返。

6月27日　星期日

晴。替工整理房舍园庭。上午,仰霄来。夜,致端志信。

6月28日　星期一

阴晴,有雨。上午,写账。下午,至商会开消防委员会。四下钟,返。

6月29日　星期二

阴晴,晨雨。上午,替工洒扫南后门外新宅。下午,杂务。念祖、益明校中暑假归家,珍甥亦回来。夜,复君定,致少屏信。

6月30日　星期三

晴。上午,至高宅望舅处。下午,至时舅处,三下钟,返。志义来。至河西园地。夜,作信致君宾、君定。

7月

7月1日　星期四

晴。上午,仲田先生来,少坐,去。君藩来,旋同至白蕉处,晤君实、履仁、邦屏、飞槎,并同往东市睫园。近同人有新生聚餐会之结,今由李新民作主,借此举行第一次会。到者除同去诸人外,尚有中孚。三下钟散席,同出,至白蕉园内及余河西园内,而至余家略望后,均去。至区公所晤肃斋,即返。夜,观《国闻周报》。

7月2日　星期五

晴。上午,郑巡官、尹队长先后来。作信致朱又绿、宣子宜。下午,君藩来,即去松。在南后门外新屋内约晤朱静芳。望舅来。顾震涛来,即去。肃斋来。黄伯惠、陈天石来,少坐,去。肃斋去,望舅去,珍甥随去。夜,复君定信。写账。

7月3日　星期六

晴。上午,志义来。盘新来。下午,至图书馆。出,至济婴局、区公所。至河西园地。

7月4日　星期日

晴。上午，邀顾震涛来，与谈良久，去。在南首新屋内悬挂字画。下午，郑巡官来，即去。写济婴局概况。与三儿谈。

7月5日　星期一

晴。上午，钻坚来。请其在暑期内补授益、念两儿英文，约定于阴历六月初一日起（间日上午授课二小时）。作信致杰士。下午，至公明小学西部（尚公旧址），开合并钦明、尚公扩充校舍筹备委员会。四下钟返。肃斋来。

7月6日　星期二

晴。上午，布置南首新屋。下午，观《国闻周报》。伯才来。钱抱冰来。夜，作信复望舅及杨伯雄。

7月7日　星期三

晴。往上海。上午八点半钟乘轮船开行。过闵行登岸，乘及下午一点钟班长途汽车到。后至一品香旅社寓焉。至扬子理发室理发后。出，至上海市博物馆。该馆举行上海文献展览会，今日开幕。余参观一周后，晤端志，坐谈片刻。六下钟，返寓。至鸿远里，晤君定、大妹及君宾。圆妹则于今日携锌甥回张。在大妹处夜饭后，十点钟许，返寓。

7月8日　星期四

晴。上午，李爱椿来。写日记账目。至新新公司、冠生园、商务印书馆等处。至鸿远里。下午四点钟，返寓。后即往市中心区博物馆，参观文献展览会。七下钟，与端志同出而返。夜，君藩、君宾来。作信致圆妹、念祖。

7月9日　星期五

晴。上午,至光华大学附属中学晤顾荩丞。渠任暑期补习学校教授也。少坐,返。纳朱氏女静芳为妾。今日由女仆自其张堰南乡星渡桥伯父家中,乘汽船至泖港,转乘平湖班轮船送来沪。余往关桥船埠接之。下午一点半钟到,携之至寓,名之曰静婉。携静姬至新雅酒楼午点,新新公司购物。君宾来,即去。携静姬至大东茶室夜馔,出,至扬子理发室理发。

7月10日　星期六

晴。上午,致端志信。携静姬至华新烫发。出,至觉林午馔而返。傍晚,携静姬至兆丰公园游览一周后,回,至福禄寿夜馔,乃返寓。

7月11日　星期日

晴。下午九下钟,陶遗、君湘坐汽车来,乘之同往松江。到后,先至瑞师处,旋至君藩处。思老、静渊、履仁咸在,开典业银行董事监察人联席会议。下午,又至瑞师处,少坐后,四下钟,仍乘原车回沪。在陶遗处少坐后,乃返寓。君实昨至松,今同回。大妹于上午曾携嵩甥来。携静姬至晋隆夜馔之后,至金城大戏院观电影。家塾今日暑假。

7月12日　星期一

晴,午间有微雨。上午,至四行储蓄会西区分会。携静姬至小花园、画锦里及国货公司、三友实业社、新新公司等处购物。午馔于冠生园。晚间,则至新新酒楼夜馔。之后至新新花园游观,十二时许返。

7月13日　星期二

阴,夜雨。上午,携静姬至霞飞路一如照相馆摄影。出,至先施公司购物、午点而返。至福煦路慈惠南里候徐积余先生,静安寺卢斜桥候葛禄义,各坐谈数刻而返。携静姬至大新公司购物。晚,携静姬至大舞台观剧。返,逾夜午矣。复念祖信。明晨饬女仆先行回张也。

7月14日　星期三

阴。上午,写日记账目。携静姬至大东茶室午馔,之后至永安公司购物,卡尔登观话剧,一如照相馆看照样。夜,携静姬至福禄寿用馔,爵禄观跳舞。

7月15日　星期四

晴。携朱姬静婉归。上午七点半钟乘申张班轮船开行,下午五点钟抵家。朱姬至家叩拜先父母及先室遗像,后居于南及门外新屋。今日夜馔,亦来老宅。

7月16日　星期五

晴,晨雨。杂务。上午,郭瑞商来,坐谈良久,去。下午,汪季眉来,少坐,去。志义来,少坐,去。道衍于昨日来,今午后去。

7月17日　星期六

晴。上午,杂物。下午,静姬来老宅。圆妹携青、铦、锌三甥去乡。冲之来,少坐去。至河西园地。道衍于越昨来,今日午后去。

7月18日　星期日

晴。今日,祝匡正曾自南塘来,下午仍去。上午七点半钟,乘汽船往朱泾。履仁自南塘来,同行,十点半钟到。后先至救济院,少坐,并晤县立医院院长朱元晖。出,至典业银行办事处。迪光来,旋同至黄芳墅处。黄君今午设筵宴陈县长,招陪。同席尚有唐东皋、林憩南、张思九、丁玉甫。席间,与县长谈本县地政局公估地价不合事。下午三下钟出。履仁至其戚家,余至典业少坐。后至教育局晤朱时隽,少坐,返。履仁来,夜饭后,迪光亦来,同至商民乐园啜茗。近十下钟出。余住典业,履仁住其戚家。

7月19日　星期一
晴。晨起,至草棚啜茗。与履仁相会,仍同乘汽船回张。七点半钟开行,十点半钟到。履仁亦至余家,并邀白蕉来。午饭后,均去。沐浴。夜,十洲来。致端志信。今日起,请曹中孚来在暑期内为念祖、益明补授国文,间日上午授课两小时。

7月20日　星期二
晴。上午,复迪前信。子峰来。下午,邀宪人来治益明足上湿气。震涛来。永耕来。伯才来。静姬今日午饭后,来老宅。夜饭后,返新宅。

7月21日　星期三
晴。上午,至高老宅望舅处晤大妹,并视斐甥病。下午,至新宅时舅处晤圆妹。四下钟,归。

7月22日　星期四
晴。上午,至白蕉处、图书馆、济婴局,公和酱园晤其经理戴君,邀其同观余家新购与公和毗连之市房。近午返。道衍来,午饭后,同昆惠侄女去。杂务。子峰来。静姬今日午后来老宅,夜返新宅。

7月23日　星期五
晴。上午,志义来。至警察局候郑巡官,不值。出,至济婴局、图书馆,各少坐而返。下午,子峰来。杂务。沐浴。

7月24日　星期六
晴。上午,写账。下午,子峰、十洲来。杂务。至河西园地。

夜,致君宾,复端志信。静姬连日上午来老宅,夜返新宅。

7月25日　星期日

晴。上午,至图书馆。出,候郑巡官、仲田、智川,均不值而返。智川来,坐谈良久,去。下午,叔明来,坐谈数刻,去。写账。大、圆两妹携珍、鼎、安、嵩、青、铦、锌七甥归。静姬,今日下午来老宅。

7月26日　星期一

晴。夜,邀苏医生来治纪祖背上热疖。今日为新生会集会之期,由君藩作主,自松坐汽船来,邀作戚家墩之游。上午九点半钟,偕张炳扬到,即开行。余携念、纪两儿,大、圆二妹携诸甥偕往。同行者,尚有白蕉、中孚、智川。至近午刻,潮已满塘,不及入海,即在海滨浴场内聚餐。新生会友之集者,尚有履仁、邦屏、飞槎、新民及新加入之沈三宜、智川,炳扬亦新会友也。又仲稽与松江友人亦自松坐汽车直接来。下午四点钟许返,抵张已傍晚矣。君藩即回乡,郑巡官来。夜,饭后,圆妹携青、铦、锌三甥去乡。

7月27日　星期二

晴。上午,大妹携鼎、安、嵩三甥去乡。下午,杂务。苏医生来,治纪祖热疖。

7月28日　星期三

晴。上午,理字画。补写日记。下午,杂务。静姬连日上午来老宅,夜返新宅。

7月29日　星期四

阴晴,傍晚有雨。上午,拟复景郑信。下午,至区公所晤程县长。县长此来召集乡镇长及旅外中等以上学生谈话,故念祖亦去。余又至图书馆一回,三下钟返。君定自沪回来,傍晚去。夜,写复景郑信。静姬今日上午来老宅,下午返新宅。

7月30日　星期五

晴。上午,写书目。新民来,坐谈数刻,去。下午三时许,至区公所开镇上消防委员会防护团联席会议,散已晚矣。夜,沐浴。静姬今日上午来老宅,夜返新宅。

7月31日　星期六

晴。上午,理字画。菊、梅两甥来。至电灯厂,君藩、君宾偕一工程师俞君自松来视察。下午,开临时股东会,傍晚而返。君藩仍回松,君宾去乡。夜,志义来,少坐,去。

8月

8月1日　星期日

晴。上午,理字画。智川、志澄来。君宾来,午饭后去松。作信复慎旉、天龙及杰士。夜复韩凤九信。静姬今日下午来老宅。

8月2日　星期一

晴雨,有风。上午志义来。观《制言》杂志。写账。下午,复花儿信。至公明小学西部(尚公原址),为蒋兴筑校舍(昨日已行破土)。校长蒋志义约建舍委员会,同人实地一视察也。夜,读复花儿信。

8月3日　星期二

雨,大风。上午,补写账目。下午,观《青鹤》杂志。夜,致花儿信,昨信未写完也。

8月4日　星期三

阴雨,有日光,风仍大。上午,以志轩从兄六十日之期,携念祖往河西一拜，少坐，返。下午，至图书馆。出，至济婴局晤斐然，四下钟返。督工收拾园庭中为大风损坏之树木枝叶。夜，补写日记。

8月5日　星期四

阴晴。上午，杂物。复徐少青信。下午，智川来。泖港俞阁小学校长吴慎旃来募捐。夜，复端志信。致程县长信，为被委为本县地方协济会委员。明日开会，托曹中孚代表出席事。静姬今日下午来老宅。

8月6日　星期五

晴。上午，益、念、纪三儿同菊、梅两甥往高宅，珍甥亦回去。至河西园地。下午，君定来，四下钟去。益、念、纪三儿同菊、梅二甥归。静姬今日上午来老宅，夜返新宅。

8月7日　星期六

到沪后事补记。乘申张班轮船往上海。上午八点半钟开行，下午三下钟抵董家渡埠头。即登岸，至鸿远里寓所。傍晚，祝匡正招饮。

8月8日　星期日

下午之事补记。上午，至君宾处，与之杂谈，即午饭。之后又同至民智学校候龚仲恩，不值而返。下午，至四川路新亚旅馆，贺祝匡正与曹明道结婚。匡正系慎旃先生女公子，寄名于余，其婚事乃白蕉介绍，属余亦加入也。

8月9日　星期一

（下午，失记）上午，至静安大楼吴忆初诊所，与之谈话。出，至冠生园，应乃乾招饮，同席尚有公度。

8月10日　星期二

　　晴。上午七点半钟,乘轮船归。下午四点半钟,抵家。在船观《制言》杂志。夜,沐浴。今日以阴历计之为先君弃养十六周忌辰。

8月11日　星期三

　　晴。上午,焕然来。大妹归。下午,复君懿信。宪人来诊大妹,即去。汪善儒来,即去。大妹去乡。夜,理账。

8月12日　星期四

　　晴。上午,杂物。下午,珍甥来。君平、恒甥自沪回来,即去乡。肃斋来,少坐去。夜,复迪前信。沐浴。

8月13日　星期五

　　晴。上午,抗达侄来。理上海文献展览会内收回之件。下午,菊、梅两甥回亭,珍甥、益儿同去。至图书馆、公明小学晤志义及献人处。夜,至民众教育馆。以时局紧迫,开地方协济会。九时许返。傍晚,得悉吾国军队今日在上海正式开始向日本抗战。

8月14日　星期六

　　阴雨,有时晴。上午,观《国闻周报》《卫星》杂志。下午,理字画。夜,中孚来,即去。复端志信。

8月15日　星期日

　　阴雨,有风。上午,写字画、书目。下午,至图书馆及济婴局晤斐然。顾荩丞自沪转松来。与荩丞谈沪上战事情形。夜,补写日记。静姬今日午后来老宅,夜返新宅。

8月16日　星期一

　　晴,夜有雨。上午,至河西新屋一为布置。以荩丞为沪上兹因战事迁来此间,今其如夫人自朱亦到,余邀其住于河西。荩丞则日间来此为念、纪两儿补课也。飞槎来。智川、永耕来。下午，君平来，傍晚去。静姬今日上午来老宅，下午返新宅。

8月17日　星期二

晴，上午阴有雨。上午，大妹携恒、嵩二甥归。中元节祭先。下午，写书目。志义来。智川、永耕、伯康、晋康来谈电灯厂事。大妹等去乡。静姬今晨即来老宅，夜返新宅。

8月18日　星期三

晴，有雨。上午，志义来。肃斋、白蕉来。益儿、珍甥自亭回来。复迪前信。下午，写书目。致花儿及君宾信。珍甥去。智川、永耕、伯康、晋康来，为电灯厂临时收股据、盖章事。静姬今日上午来老宅，下午返新宅。今日，家中装无线电话。

8月19日　星期四

晴。杂务。上午，假寐片时。圆妹携青、铦、锌三甥归。夜，沐浴。

8月20日　星期五

晴。上午，肃斋来。理字、画、册、页。下午，至图书馆。观《青鹤》杂志。

8月21日　星期六

晴。上午，子光来。理书。下午，至区公所民众组织委员会，开全体委员会。傍晚，散会而返。君介来，夜晚后去。观《越风》杂志。

8月22日　星期日

晴。上午，至冲至处、仲田先生处、图书馆、区公所。下午，伯才来。杂务。夜，写书目。

8月23日　星期一

晴。上午,陈一之来。季庵来。写书目。下午,十洲来。至区公所。杂务。夜,沐浴。

8月24日　星期二

晴。上午,仲田先生来。至河西园地。下午,写书目。陆永生来。至图书馆、济婴局晤斐然。夜,辑《金山艺文志》。静姬今日上下午均来老宅。

8月25日　星期三

晴。上午,杂务。奚斗储来。午刻,至潘顺兴菜馆应白蕉招引,在座为倪若水及肃斋。馔后,余回家一转。后即至区公所民众组织委员会,开全体委员会。五时许,返。静姬今日上午来老宅。

8月26日　星期四

晴。上午,季庵、伯奎先后来。大妹携恒、嵩两甥归。任道远、钮长震来,为办张堰义务补习学校事。下午,翻阅家藏书目。观《越风》杂志。大妹等去乡。夜,复君宾信。

8月27日　星期五

晴。上午,至高老宅望舅处。下午,至新宅时舅处,四下钟返。在船观《制言》杂志。夜,写书目。

8月28日　星期六

晴。上午,尹卿来。季庵来。褚士超来。写账。下午,至图书馆、区公所。夜,翻阅家藏书目。

8月29日　星期日

晴。上午,补习日记。邀宪人来治益明头痛等恙。下午,观曹庭栋之《永宇溪庄识略》。夜,写书目。沐浴。

8月30日　星期一

晴。上午,涤新来,少坐,去。至区公所。下午,理书。君宾来,傍晚去。

8月31日　星期二

晴。上午,至图书馆、区公所。下午,杂务。写书目。

9月

9月1日　星期三

晴。近因战事,松沪学校皆延期开学。镇上任道远等有义务补习中学,学岁起,借设在卢氏宗祠内。今日开学,念祖、益明亦拟往读英文、算学二课。上午,同之一去。下午,至区公所开民众组织委员会全体委员会,傍晚散会而返。君实来,初亦在会中,即去。夜,沐浴。

9月2日　星期四

晴。上午,至商会开消防委员会,近午返。下午,校所抄《查山杂记》。至区公所、图书馆、济婴局。夜,君藩、君平、君实来,君平、君实即去。

9月3日　星期五

晴。上午,圆妹携青、铦、锌三甥与君藩乘汽船往松,到沪。致大妹信。至区公所、图书馆。下午,镇上新任巡官倪大伦来。大妹携珍甥归。

9月4日　星期六

晴。近日上海战事激行外扩,光华学校有定期开学之信。又高宅诸人有本在沪,有将往沪,花儿亦在沪。而此间毗连海滨,非安全之地。故今念祖、益明及珍甥,由顾荛丞先生伴之往沪,君实夫妇等同行。上午七点钟,乘汽船至松江,再同圆妹、君藩等唤汽船,由泗泾以往,即晚可到达也。至河西亚雄处,唁昆女侄女之丧。宪人来诊大妹,大妹同纪祖去乡。杰士来,午饭后去朱。假寐数刻。沐浴。

9月5日　星期日

晴。上午,至区公所、图书馆、济婴局。下午,写日记。

9月6日　星期一

晴。上午,至警察局答候新任巡官倪大伦。出,至济婴局、区公所而返。下午,校所抄《查山杂记》。沐浴。

9月7日　星期二

晴,下午阴雷,有微雨,夜雨。上午,祀灶。致念祖信。下午,因纪祖在高宅,昨与嵩甥等为捉迷藏之戏,彼此一跌。嵩甥跌伤目部,而纪祖又震动头部,患头眩等恙。已请苏月坡往诊,今知未愈,拟于午饭后邀宪人同往。宪人已来,旋知稍愈。余乃独去,至则苏医亦在复诊。四下钟返。君定、启明与荛丞自沪归,路上相晤,曾至余家也。

9月8日　星期三

阴晴,有微雨。上午,至区公所、图书馆。下午,理发。傍晚,启明同鼎安两甥来。今日,曾请宪人往高宅治纪祖。

9月9日　星期四

晴。上午,启明同鼎安两甥乘汽船往松到沪。收拾物件。下午,倪巡官及卫城周巡官来。中妹携壁甥归。伯才来。至区公所。傍晚,朱履仁、丁迪光、黄正言来,谈后方救济事。夜,白蕉、中孚、智川来,九下钟去,履仁等住。

9月10日　星期五

晴。上午，履仁、迪光、正言，回至朱泾。因彼等待船，送至乐园茶楼，啜茗小坐。中妹携壁甥往高宅。至区公所及白蕉处。下午，至商会开消防委员会，四下钟返。夜，作信致大妹及念祖。

9月11日　星期六

晴，下午有微雨。上午，写账。下午，中妹携壁甥及纪祖自高宅归。至区公所。赵松铨来。夜，邀苏医生来复治纪祖，前日头部跌伤，半个头顶发软。

9月12日　星期日

晴。上午，钻坚来。时舅来。下午，中妹携壁甥去亭。邀宪人来复治纪祖。时舅去。

9月13日　星期一

晴，晚雨。上午，以志轩从兄百日之期，往河西一拜。致益儿信。下午飞槎、伯才来，商议河泾湾协顺米行事。决行由余与履仁、飞槎、伯才、季行（伯才从弟）所合设，由伯才经理。今营业失败，决行停止也。至区公所、济婴局。

9月14日　星期二

阴晴，有雨。上午，邀苏医生来，复治纪祖。下午，理书。夜，复花儿信。

9月15日　星期三

阴雨。上午，复徐少青信。下午，韫辉来。至图书馆、区公所。夜，致时舅，复仲稽信。

9月16日　星期四

上午阴，下午雨。上午，往吊蒋永耕之丧。伯才来。下午，写书目。观《学术世界》。夜，观《国闻周报》。

9月17日　星期五

上午阴雨,下午雨,入晚尤盛。上午,写书日。下午,邀宪人来复治纪祖。至区公所内,开民众组织委员会,傍晚返。

9月18日　星期六

阴,晚晴。上午,理书。下午,至图书馆、区公所。复益明、念祖信。夜,复君宾信。

9月19日　星期日

晴。上午,邀苏医生来治纪祖,将头部跌肿处抽出淤血。复昆惠侄女信。君宾自沪归来。中孚来。下午,君宾去乡。邀宪人来治纪祖,兼有身热。夜,复圆妹及花儿信。

9月20日　星期一

晴。上午,晋康来。至区公所民众组织委员会,开征募股会议,午刻返。下午,替同静姬理花、益两儿所要衣服,寄沪。君宾来。昆惠侄女自干回来。

9月21日　星期二

雨。上午,君宾乘汽船往松至沪。整理房宝。邀涤新来治纪祖,午饭后去。收拾物件。邀苏医生治纪祖,身热似疟疾。夜,补写日记。

9月22日　星期三

阴。上午,邀苏医生来治纪祖。理书。下午,至图书馆、区公所。

9月23日　星期四

雨。上午,邀涤新来治纪祖。君藩自松回来,即去实枚山庄,余与荩丞同往。今日高氏祭祠。下午,至闲闲山庄。傍晚,同返,张君藩仍回松。夜,致大妹及益、念两儿信。

9月24日　星期五

雨。上午,写账。整理房屋。下午,邀苏医生来治纪祖。观《学术世界》。

9月25日　星期六

晴,湿热。上午,邀涤新来治纪祖。理书。下午,至区公所、图书馆。沐浴。

9月26日　星期日

上午晴,下午阴,晚雨。上午,至宪人处、区公所、图书馆。作信复花儿,致益、念两儿。下午,邀苏医生来治纪祖。韫辉来。理物件。

9月27日　星期一

阴晴。上午,伯承来。邀涤新来治纪祖。下午,至区公所。复学源信。杂务。夜,复圆妹信。

9月28日　星期二

阴晴。上午,邀苏医生来治纪祖。涤新来,即为纪祖改方。理小说书。朱舜康来,少坐,去。下午,至区公所、图书馆。理衣服。

9月29日　星期三

阴晴。上午,仲田先生来,坐谈良久,去。下午,至区公所、图书馆、济婴局,晤斐然。收拾物件。

9月30日　星期四

阴晴,晚雨。上午,致中妹信。邀涤新来治纪祖。祝慎旃自廊下来,下午去。伯才来,少坐,去。杂务。夜,作信复大、圆两妹,致君藩。

10月

10月1日　星期五

晴。上午邀宪人来,治纪祖。至区公所,午刻返。下午,杂务。傍晚,至复兴馆应义务补习中学招饮。八下钟返。

10月2日　星期六

晴。上午,收拾物件。仲田先生来,少坐去。往晤舒志诚,即返。下午,邀苏医生来治纪祖。至区公所开民众组织委员会,并至图书馆一回,傍晚返(民众组织委员会内,余原兼任征募股股长,今政任救济股股长)。夜,补写日记。

10月3日　星期日

晴。上午,邀涤新来治纪祖。杂务。下午,致壮丁队队长施治平信。伯才来。至图书馆。种花。夜,作信致大、圆两妹及君藩。

10月4日　星期一

阴晴。上午,施治平来。纪祖按日寒热,上午凉清,下午渐高,近虽稍轻,然讫未能止。昨约志恰来治,今到,午馔后去。谓系疟疾兼肠胃病也。宪人来。夜,观《沁水贾氏茔庙石刻文稿》完。

10月5日　星期二

阴。上午,新聘账友翁启贤来,系蔡叔明、何宪人所介绍。作信致时舅。下午,邀苏医生来治纪祖,寒热已止,而有腹泻,并治静姬感冒。

10月6日　星期三

阴雨。上午，邀涤新来治纪祖，并治静姬，午饭后去。至区公所、图书馆、济婴局晤斐然。道衍来，即去河西。夜，复大、圆两妹信。

10月7日　星期四

雨。杂务。夜，观《南社湘集》第八期。

10月8日　星期五

雨。上午，至区公所、图书馆、宪人处。道衍来。纪祖寒热，连日已住，今复发。邀涤新来治，并治静姬，午饭后去。又杰士来，午饭后去。理发。傍晚，苏医生来。夜，涤新又来。均诊纪祖，当仍系疟疾也。

10月9日　星期六

雨。上午，作信致中孚，复中妹。纪祖身热，今日不凉。上午，邀苏医生来治。下午，邀涤新来治。夜，苏医生又来。

10月10日　星期日

雨。杂务。下午，邀苏医生及涤新来治纪祖，仍身热，未能轻退。涤新并治静姬。

10月11日　星期一

晴，夜有雨。余本将至沪，携纪祖同往。其寒热未住，并欲藉为诊治。自战事发生以来，沪张轮船即行停驶。若至松趁汽车或大车，亦多危险，且纪祖病中不便。今日乃专唤一汽船，携纪祖以行，苏月坡同船。近午，过松江小泊，君藩偕往。下午四时许，至徐家汇，启明相候，即登岸雇乘汽车，径达鸿远里寓所。纪祖于途中尚舒适也。光华借愚园路亿定盘路西岐山村为临时校舍。十月一日上课，学生皆不住宿，每日授课半日，中学生在上半日。益明、念祖皆已入学矣。
10月12日　星期二
晴。上午,君藩来。下午,邀朱泾高医生来为纪祖验血。同君宾至中社看所定之礼堂。
10月13日　星期三
晴。上午,至朵云轩、永安公司等处。下午,至亚尔培路浙江兴业银行临时办事处。夜,致昆惠及伯华、钴坚信。
10月14日　星期四
晴。上午,至北京路浙江兴业银行及亚尔培路读行临时办事处。下午,观《复斋先生遗集》(海宁费寅著)。至五凤里晤乃乾、公度,傍晚返。
10月15日　星期五
晴。上午,写账。君藩来。下午,至商务印书馆、开明书店、朵云轩、来青阁、中国书店。
10月16日　星期六
晴。上午,至朵云轩、大公报馆。复昆惠,致伯华信。下午,至辣斐德路、文古书店、伟达坊、新亚临时校舍,晤端志、士超。观《聊斋词》完。
10月17日　星期日
晴。上午,同君宾至中社。复君彦信。下午,同启明至同孚路慕尔鸣路口康乐村渠等新借寓所。至一品香看房间,大雅楼定筵席,朵云轩取印件。而至五凤里晤乃乾、公度,少坐,返。公度同来诊治纪祖,傍晚去。
10月18日　星期一
晴。上午,补写日记。至康乐村晤望舅,于昨晚到沪也。下午,写《结婚启事稿》发登各报。至五凤里,晤公度、乃乾。夜,观《复斋先生遗集》。

10月19日　星期二

晴。上午,至五马路民康号候冲之,不值。出,至永安公司等处。下午,作信复钻坚,致白蕉。至中华书局、冠生园等处。

10月20日　星期三

晴。上午,至荣宝斋、三友实业社等处。致昆惠信。下午,至中社。复伯华信。至荣宝斋及五凤里晤公度、乃乾。夜,至温泉沐浴,十一点钟返。

10月21日　星期四

晴。上午,至康乐村视望舅患恙。至白玫瑰理发。下午,致静姬信。傍晚,至荣宝斋取所写之《结婚证书》。出,至大雅楼设筵宴。忆初伉俪、君宾、圆妹及旅沪之诸同乡等共列四席。八下钟散席。出,至一品香,定房间而返。

10月22日　星期五

自此以下六日系补记。

10月25日　星期一

晴。上午,至中社、浦东同乡会、鸿远里。下午,至中社,傍晚返寓。

10月26日　星期二

晴。上午,至中社,而鸿远里,再至中社。下午,再至鸿远里,仍回中社。夜,返寓。花明来。

10月28日　星期四

晴。上午,庄通百来。至鸿远里,近午返。下午,至鸿远里。马君达来。作信复紫卿、伯华及昆惠。傍晚,返中社。益、念两儿及鼎、安、青、铦、锌五甥来。

10月29日　星期五

晴,夜雨。上午,至鸿远里,近午返。下午,花儿、启明来。至鸿远里。致钻坚信。傍晚,返中社。

10月30日　星期六

阴晴。上午,至鸿远里,并至忆初、君宾处及康乐村晤望舅,近午返。下午,偕新妇至鸿远里寓所及大妹、圆妹、忆初处,五下钟返。侯义方来鸿远里。

10月31日　星期日

上午雨,下午阴晴。上午,至有德照相馆、新新公司。下午,至鸿远里,五下钟返。观《白岳庵诗话》完。

11月

11月1日　星期一

阴。上午,观《复斋先生遗集》完。作信致俞肃斋及紫卿、伯华。下午,至鸿远里,闻陶遗来中社,遂返。旋同其至霞飞坊晤钱选青,谈筹募本邑救国公债派额事。出,余又至康乐村晤望舅及鸿远里,傍晚返。

11月2日　星期二

雨,上午阴。上午,圆妹来。作信复杰士,致君藩。下午,至鸿远里。致顾彬彬、陈端志信。五下钟,返中社。

11月3日　星期三

阴雨。上午,致中妹信。至鸿远里,近午返。下午,偕颖生至国货公司、新新公司、有德照相馆。回,后余至康乐村晤望舅。

出,至鸿远里而返。夜,观《明代妇人散曲集》完。

11月4日　星期四

阴晴。上午,观《复驾说斋文初编》。至鸿远里,近午返。下午,至鸿远里,旋返。偕新妇至康乐村望舅处,并晤君藩、君湘。新妇先返,余又至五凤里晤乃乾及鸿远里。傍晚,返中社。

11月5日　星期五

阴,晚雨。上午,至鸿远里。作信复紫卿及昆惠。近午,返中社。下午,至祥生汽车公司、新新公司、来青阁、新旅社内松江红十字会办事处,而至鸿远里。出,至康乐村,仍至鸿远里。傍晚,返中社。夜,观江南苹女史写印,印陈师曾遗诗。

11月6日　星期六

阴,晚雨。上午,至鸿远里。沪张轮船局王绍卿来。作信致紫卿、昆惠。近午,返中社。下午,偕颖生至鸿远里。镇上米商周金海、陈润清来。傍晚,偕颖生返中社。徐积余先生曾来社中。

11月7日　星期日

雨。上午,徐炳青来。下午,至鸿远里。出,至民智学校,开金山旅沪同乡会,当组织临时救济会以谋救济本县被困及逃沪诸人,即设通讯处于民智,并定自明日起,每夜聚会于校中以通消息,商议一切。

11月8日　星期一

晴。上午,至鸿远里及康乐村晤望舅。下午,至鸿远里。夜,至民智同乡会。

11月9日　星期二

晴。上午,至四行储蓄会。出,至鸿远里及康乐村晤望舅。下午,至鸿远里。同君定、启明出,至吕班坊葛寓晤君平,并往看招租房屋。仍转鸿远里、康乐村而返中社。夜,至民智同乡会。

11月10日　星期三

晴。上午,至鸿远里。王巨川来。下午,两至鸿远里。积余先生来。夜,至民智同乡会。

11月11日　星期四

晴。上午,至鸿远里及康乐村晤望舅。下午,至鸿远里。夜,至民智同乡会。

11月12日　星期五

上午阴,下午雨。上午,益、念两儿来中社。芳墅、思期、君湘来,同出,至青年会内国际救济会晤李规庸,与谋救济本邑难民事宜。出,至麦根路世德里思期寓居,应其招饮。三下钟,返中社。至鸿远里一回。夜,至民智同乡会。

11月13日　星期六

阴,晨雨。上午,理发。下午,至鸿远里。夜,至民智同乡会。

11月14日　星期日

阴晴。上午,至鸿远里。出,至浦东同乡会晤陶遗及君湘、思期、芳墅、冲之、惕卿,旋同冲之返鸿远里。午饭后,闻君藩新泛杭甬间道逃沪,乃往三三村君湘处晤焉。少坐后,又同君实、启明至人文社晤白蕉,亦逃出后路遇君藩,同行来沪也。出,向鸿远里一转,后返中社。乃乾来。夜,至民智同乡会。

11月15日　星期一

阴。上午,至鸿远里。下午,朱亚杰来。携颖生至鸿远里。积余先生来。傍晚,返中社。夜,至民智同乡会。

11月16日　星期二

雨。上午,白蕉来。亚杰来,同至浦东同乡会晤陶遗,并适晤及钱选青、朱久望、何震生、倪一鸣,午刻返。夜,至民智同乡会。

11月17日　星期三

雨。上午,至鸿远里。沪张轮船账房张宗霖来。渠适往镇江,今日间道回沪。在鸿远里午饭,下午晤及李拔可。三下钟,返中社。在社晤及沈勤庐。夜,至民智同乡会。

11月18日　星期四

阴,夜雨。上午,至鸿远里,近午返。下午,至鸿远里。出,至康乐村晤望舅,仍转鸿远里,而返中社。夜,至民智同乡会。

11月19日　星期五

阴。上午,周宗武来。周君系本镇房客,永成泰号之主人,原住于沪也。下午,至鸿远里。补习日记。四下钟,返中社。夜,蒋惕卿来,同至民智同乡会。

11月20日　星期六

雨。上午,至鸿远里。下午,徐子素来。庄通百来。四下钟,返中社。徐炳青来。夜,至民智同乡会。

11月21日　星期日

雨。上午,观《今古奇观》。下午,偕颖生至冠生园,新新、大新两公司,有德照相馆合摄一影。徐炳青来。至鸿远里。出,至五凤里晤乃乾、公度。傍晚,返中社。夜,至民智同乡会。

11月22日　星期一

晴。上午,在社晤识朱象甫。至鸿远里,近午返。下午,至民智学校,约同道弘、切庵等,至上海殡仪馆吊陈端志夫人之丧。三下钟出,至鸿远里而返中社。夜,惕卿来,同至民智同乡会。

11月23日　星期二

阴。上午,至鸿远里。补习日记。下午,干七民来。三下钟,返中社。至天津路中央储蓄会。徐性存来,夜饭后去。惕卿来,同至民智同乡会。

11月24日　星期三

晴。上午,李爱椿来。在社贺杜诗庭为子孟容完姻之喜。观《陈师曾遗诗》完。下午,至鸿远里。三下钟,返中社。傍晚,赴杜氏喜筵。夜,忆初伉俪来。

11月25日　星期四

晴。上午,周宗武来。至浦东同乡会晤陶遗,并识沙武曾,午刻返。下午,至鸿远里。出,至巨籁达路张顺兴号看木器,仍转鸿远里而返中社。徐炳青来。观《怀谢轩遗咏》,明遗民沈泓作也。夜,惕卿来,同至民智同乡会。

11月26日　星期五

晴。上午,至浙江兴业银行、新闻报馆、有德照相馆。下午,至鸿远里一回。夜,惕卿来,同至民智同乡会。

11月27日　星期六

阴,晚雨。上午,观《怀谢轩遗咏》完。下午,至鸿远里。出,至大公报馆、冠生园、永安公司等处,而返中社。徐炳青来。念祖、鼎安二甥来中社,沐浴。夜,惕卿来,同至民智同乡会。

11月28日　星期日

晴。上午,至鸿远里。近添租里中十四号厢房楼一间为寓所,二房东唐姓。下午,往彼陈设器具。三下钟,返中社。观《萤窗异草》。夜,惕卿来,同至民智同乡会。

11月29日　星期一

晴。上午,偕颖生迁寓鸿远里十四号,念祖等则仍居里中十八号也。下午,大、圆两妹,君宾来。夜,至民智同乡会。

11月30日　星期二

晴。上午,在十八号内晤白蕉。下午,至民智学校晤龚仲恩,沪张轮船局晤乔念椿,时报馆晤季鲁,及国货公司。夜,至民智同乡会。

12月

12月1日　星期三

晴。上午课纪祖温书。补写日记。下午,君实伉俪来。观《萤窗异草》。至五凤里晤乃乾。夜,至民智同乡会。

12月2日　星期四

晴。上午,课纪祖温书。补写日记。下午,至康乐村,同君平至上海殡仪馆吊张翰伯之丧,少坐,返。至商务印书馆、朵云轩、国货公司、永安公司。夜,至民智同乡会。

12月3日　星期五

晴。上午,课纪祖温书。补写账略。下午,补写日记。观《萤窗异草》。夜,至民智同乡会。

12月4日　星期六

晴。上午,课纪祖温书。理账。下午,望舅、君平等来。至南京路购物。至康乐村望舅处,白蕉、君藩等均在,坐谈数刻,返。乃乾来。夜,至民智同乡会。

12月5日　星期日

晴。上午,观《萤窗异草》。补写日记。下午,至康乐村望舅处,坐谈数刻,返。课纪祖温书。夜,至民智同乡会。

12月6日　星期一

晴。上午,课纪祖温书。侄婿倪道衍自其干巷家里结伴绕道来沪,步行四日,于昨晚抵埠,住爱多亚顺兴当中。今来言及日军金山卫登陆张堰。危急之际,静姬与昆惠侄女于阴历十月初三日之下午,即避至干巷倪家,转至太平寺杨家,近又返倪家。张堰大街市房焚去大半,吾家难称未毁,而日军驻扎,室中书籍、物件荡然矣。干巷等军队留顿亦未遭焚烧,尚有市集。金山各镇以干巷最为完好安靖矣。傍晚,道衍去。夜,至民智同乡会。

12月7日　星期二

晴。上午,课纪祖温书。下午,观《萤窗异草》。道衍来。夜,至民智同乡会。镇人汪培心、钱向荣等今日自乡抵沪。

12月8日　星期三

晴。上午,课纪祖温书。培心、君藩、君湘来。下午,至康乐村望舅处。夜,至民智同乡会。

12月9日　星期四

晴。上午,课纪祖温书。至辣斐德路三三村君湘处,在座均同乡人。午馔后,偕陶遗出,至亚子处,坐谈数刻而返。道衍来,并至十四号中。夜,至民智同乡会。

12月10日　星期五

阴晴。上午,课纪祖温书。下午,观《萤窗异草》。夜,至民智同乡会。道衍今晨仍走浦东回干巷。

12月11日　星期六

晴。上午,课纪祖温书。下午,补写日记。夜,观《萤窗异草》。同乡会今起改为每逢星期一、三、五夜集会,有要事,则再临时召集之。

12月12日 星期日

晴。观《萤窗异草》。

12月13日 星期一

晴。上午,课纪祖温书。下午,至康乐村,同望舅、君实至爱文义路联珠里候庄仲咸先生,通百则出外未晤。少坐返。观《萤窗异草》完。书为清代中叶人氏所作,《聊斋志异》之流也。夜,至民智同乡会。

12月14日 星期二

晴。上午,课纪祖温书。下午,补写日记。至大公报馆。夜,至君宾处。

12月15日 星期三

晴。上午,至新旅社候何杏姑母,他出,适值君湘回至鹤鸣宾馆,晤焉。姑母昨方自亭林乡间避至沪上也。并探悉中妹阖家近在泰日桥。少坐,返。下午,偕颖生至四行储蓄会、浙江兴业银行、国货公司、永安公司、可可茶室。夜,至民智同乡会。

12月16日 星期四

晴。上午,课纪祖温书。理账。下午,至西藏路东方饭店晤苏月坡。渠自张堰失陷后,即逃出,由杭州转香港,昨始抵沪也。出,行至四行储蓄会、汪裕泰茶号、大新公司而返。

12月17日 星期五

晴。上午,至嵩山路国恩寺。夜,至民智同乡会。

12月18日 星期六

阴。上午,至福煦路白玫瑰理发。下午,至国恩寺。观《澹庵志异》。

12月19日　星期日

晴。上午,望舅来,少坐后,并同君宾、君藩、白蕉至世德里思期处,与陶遗、端志、道弘谈本邑善后事宜。思期留午撰后散,即返。

12月20日　星期一

阴。上午,携念祖至国恩寺举行冬至节祭先。其下元节之祭祀,本拟归家,乃竟不及,遂未举行也。下午,授纪祖国文。静婉与昆惠侄女同避难在干巷,前日道衎回干,欲同昆惠来沪。余嘱其□昆惠来者,静婉同来。今闻道衎夫妇已偕静婉抵沪,寓四马路苏基旅馆。当即往晤,询知路上乘船共行二日,由庄家行转安然等恙。同行者尚有顾剑鸣及其家眷,又倪道彰、道骏之家眷。余嘱静姬仍与昆惠侄女同住。夜饭后出,至民智而返。

12月21日　星期二

晴。上午,昆惠、道衎来,昆惠并至十四号,均午饭后去。下午,迪前、中妹全家来沪,即寓局十八号内厢房楼下。静姬与昆惠侄女等已迁孟渊旅馆,往彼一晤。携静姬出,至可可茶室,仍同回孟渊而返。中妹等来十四号。至世德里沈思期处,即在沈寓与思期、陶遗、震生、一声、超群等设筵,公贺黄芳墅续弦之喜。九下钟返。

12月22日　星期三

晴。上午,至三三村,与君湘、君藩、君宾、陶遗、白蕉、剑鸣谈本邑善后事宜。午饭后,出至冠生园、顺兴当而返。至爱多亚路龙门路信平里三号静姬新借寓所,与昆惠、道衎及道新夫妇等同住。下午,已迁来此。余于傍晚返。乃乾来。同乡会今起改为每逢星期一、四夜集会。

12月23日　星期四

雨。上午，至三三村晤时舅。昨与舅母自乡间抵沪也，坐谈数刻，返。下午，至信平里，出至永安公司而返。同颖生至十八号内中妹处。至康乐村。今日君平五秩生辰，赠以松树一盆。夜，同迪前至民智同乡会。

12月24日　星期五

上午雨，下午阴。上午，写账。下午，观《澹庵志异》。至信平里。

12月25日　星期六

晴。上午，观《澹庵志异》完。下午，携颖生至三三村时舅、舅母处，大、圆两妹同去。颖生等先返，余遍观时舅自金山失陷以来之日记后而返。至信平里。夜，观《复驾说斋文初编》完。

12月26日　星期日

晴。上午，补写日记。昆惠、道衍及道新、剑鸣来焉。同至就近看出租房屋，不得。道新、剑鸣少坐，去。昆惠、道衍在十八号，午饭后，又来十四号而去。携念祖至康乐村望舅处，舅氏后日七秩寿诞，赠以礼物，少坐，返。携念祖至成都路一观光华附中新迁之校舍（该校近以迁移停课），乃至国货公司、邵美生、五芳斋、商务印书馆，并至信平里而返。

12月27日　星期一

晴。上午，在十八号内，望舅、子素来晤谈。授纪祖国文。下午，苏月坡来。至信平里。夜，至民智同乡会。

12月28日　星期二

雨。上午，偕颖生携益、念、纪三儿往康乐村祝望舅七秩寿，午刻面点后，返。在彼晤及朱时隽、朱贡三等。杏表姑母来。

12月29日　星期三

　　雨。上午,至康乐村晤伯才,昨日自乡来沪。下午,至信平里。出,至惠中旅舍晤仲稽及其眷属。渠等初避杭州,继至徽州,近自徽转宁波来沪。

12月30日　星期四

　　晴。上午,在十八号晤伯才、叔贤,望、时两舅,君藩。下午,伯才、时舅来十四号。偕颖生携纪祖至大马路购物,并至冠生园吃点心。夜,至民智同乡会。

12月31日　星期五

　　雨。上午,伯才来。下午,望舅、君实来。张飞槎来,近亦自乡来沪。至信平里。

1938 年

1月

1月1日 星期六
晴。避难在上海,寓居公共租界慕尔鸣路鸿远里十四号,儿辈则宿十八号。上午,补写日记。韫辉来,先至十八号,午饭后,至十四号而去。至龙门路信平里朱姬静婉寓处。携静姬至南京路、冠生园、新新公司、伟大调海局。

1月2日 星期日
晴。上午,至康乐村晤望舅。下午,在十八号内晤朱履仁、邦屏,新自廊下来沪也。韫辉夫妇来十四号。至康乐村望舅处,晤伯才。昆惠来。

1月3日 星期一
阴晴。上午,在十八号内晤望舅。至信平里。出,至四马路一家春菜馆,与诸同乡聚餐,藉商本邑善后事宜。下午二下钟散。出,至麦家圈惠中旅馆晤韫辉。渠携全家暂寓于此,少坐后,出,又至信平里,傍晚返。蒋惕卿、张兆赢来,渠等已行夜馔。余乃点馔,后同往民智学校内金山旅沪同乡会。在十八号内晤君介,昨自乡间抵沪也。

1月4日　星期二

晴。上午,仆人顾金虎自张堰家中来。下午,韫辉来焉,同往永青里租定寓所,即在鸿远里旁也。至四马路致美楼贺倪道骏续弦之喜,并为证婚。中间出,至时报馆晤季鲁。傍晚喜筵后,八下钟返。今日静姬亦去。望舅来十八号内晤谈。

1月5日　星期三

晴。上午,至白尔部路渔阳里顾伯贤处。其夫人何氏为余表姑母,在亭林避难赴水以死,今为亡后六十日之期。爰往作吊,少坐,返。下午,至康乐村晤望舅。至信平里,同静姬及昆惠出,就近购物。夜,作信致账房,交仆人明晨带回。

1月6日　星期四

阴晴。上午,望舅来十八号内晤谈。写账。下午,至八仙桥青年会内上海国际救济会,韫辉捐款。出,至信平里。出,至苏州河北天潼路慎余里陈乃乾处,坐谈数刻,返。夜,至民智校内同乡会。

1月7日　星期五

晴。上午,授纪祖国文。下午,至信平里,携静姬出。至大新、新新、先施、国货诸公司及冠生园,仍同回信平里后而返。

1月8日　星期六

阴晴。上午,课纪祖温书。下午,补写日记。至信平里。

1月9日　星期日

晴。上午,补写日记。观《明延平王台湾海国记》。下午,王卓为来,前与韫辉等同来沪也。至麦高包禄路新首安里静姬寓处,今日与昆惠侄女等新迁于此。余少坐后,出,至中国书店,携李日华《恬致堂集》以返，此为却后所购书籍第一种也。
1月10日　星期一
晴。上午，至康乐村晤望舅。下午，至永青里四十二号韫辉寓所。携颖柔至四行储蓄会、新新、先施、永安诸公司及精美茶室。亚雄自家中来，即嘱其住十八号内。夜，同亚雄至民智校内同乡会。
1月11日　星期二
阴晴。上午，与亚雄谈本乡情形。下午，至四马路时报馆楼上吊黄伯惠仲长太夫人之丧。出，至中西药房、汪裕泰茶号，而至新首安里。近四时许返。卓如来。时舅近住中社，夜，往晤焉。九下钟返。
1月12日　星期三
晴。上午，补写日记。下午，至新首安里，少坐后。出，至萨坡赛路东南医院吊顾志刚之丧，三下钟返。
1月13日　星期四
阴晴。上午，翻阅《恬致堂集》。下午，同亚雄至康乐村晤望舅。至新首安里。出，至大新公司而返。夜，同亚雄、迪前至民智校内同乡会。
1月14日　星期五
阴晴。上午，观《明延平王台湾海国记》。下午，亚雄及文璧、文基来十四号。韫辉夫人同其两媳、两女来。侯寿人、义方昆仲同东宅中小姐来。至古拔路古柏公寓内张友会处候仲田先生，前日自张堰乡间来沪也，坐谈数刻而返。
1月15日　星期六
阴晴。上午，观《明延平王台湾海国记》。下午，至大新公司，旋至新首安里，四时许返。

1月16日　星期日

晴。上午，观《明延平王台湾海国记》。徐积余先生来十八号。下午，至新首安里。携静姬至新新、先施、永安诸公司及可可茶室，仍同回新首安里，五下钟返。夜，至中社晤时舅，九下钟返。

1月17日　星期一

阴，夜雨。上午，苏月坡来。观《明延平王台湾海国记》完。下午，至戈登路中央殡仪馆吊乔念椿之丧，即返。偕颖柔至新新、先施二公司购物。夜，至民智校内同乡会。

1月18日　星期二

阴。上午，补写日记。君藩来，同至贝勒路范紫云处，坐谈至午刻，返。下午，偕颖柔至大新、新新、先施、永安诸公司购物及大东茶室啜茗，傍晚返。

1月19日　星期三

雨。上午，君藩、履仁来，即同至赫德路择邻处晤陈陶遗，近午返。下午，补写日记。文尧来。观清代吴人叶廷琯之《鸥陂渔话》。

1月20日　星期四

雨。上午，干以文来。渠自张堰失陷后，即往西而逃，昨始由宁波抵沪也。下午，观《鸥陂渔话》。夜，至民智校内同乡会。

1月21日　星期五

阴。上午，干七民来。下午，至新首安里。出，至商务印书馆、先施公司、新新公司等处。

1月22日　星期六

晴。上午，至中社时舅处晤白蕉、履仁、邦屏、君藩。下午，至福煦路福明村君藩寓处。出，至新首安里，携静姬至永安、先施、新新、大新诸公司。在大新,静姬与昆惠等相会,余先返。夜,至康乐村望舅处,旋至中社时舅处。又与陶遗、端志、白蕉、君藩、君宾晤谈,近十时许返。

1月23日　星期日

晴。上午,至康乐村望舅处。出,至君宾处,晤沈伯康及飞槎、履仁、邦屏,又在十八号内晤蔡晟明。午刻,偕望舅至福煦路慈惠南里,应徐积余先生招饮。同席为时舅、陈子言、程演生等。下午三时许返。白蕉来。至时报馆晤季鲁,即返。

1月24日　星期一

阴晴,夜有微雨。上午,至茄勒路法藏寺。为高氏韵芬表妹周忌,时舅在此作佛事也。少坐,返。下午,至新首安里,近四时许返。作信致账房及宪人、钻坚、新民,托亚雄明日带归。陆醒梦来,据称是亡友简敬之从弟。昔日曾有一面,实非素识,今来欲借贷耳。夜,同亚雄至民智校内同乡会。

1月25日　星期二

阴。上午,亚雄由浦东回张。补写日记。下午,至韫辉处。至新首安里。出,至汪裕泰茶号而返。

1月26日　星期三

晴。上午,携念祖、纪祖、益明,偕颖柔至国恩寺举行年节祭先。下午,偕颖柔至丽华公司、国货公司、冠生园、永安公司及可可茶室。夜,卓如来。

1月27日　星期四

晴。上午,写账。观《鸥陂渔话》。望舅来十四号。下午,仲田先生及惕卿、兆嬴、云岩来。徐炳青来十四号。文尧来。至新首安里夜馔后。出,至民智校内同乡会,近九时许返。

1月28日　星期五

阴,夜雨雪。上午,至民智校内晤龚仲恩。仲恩系该校校长,余旧生也。至白玫瑰理发。下午,至新首安里,携静姬至浙江兴业银行、五芳斋、冠生园、汪裕泰茶号。仍同回新首安里,五时许返。夜,至中社候时舅,不值,即返。

1月29日　星期六

雨。上午,至中社时舅处。今日系舅氏六秩诞辰,近午返。下午,补写日记。观《鸥陂渔话》。光华学校今日寒假。

1月30日　星期日

阴。上午,观《鸥陂渔话》。下午,至新首安里。

1月31日　星期一

阴。今日为戊寅岁首,余生四十有八年。在外度岁,此为第一遭也。上午,偕颖柔携益明、念祖、纪祖至康乐村望舅、君平处,回,至十八号内迪前、中妹处。君定、大妹携珍、鼎、安、嵩四甥来(恒甥留学法国,斐甥抱恙未来)。君宾携青、铦二甥来(圆妹以锌甥抱恙未来)。下午,启明、花明来,周太亲母及迪前携恭、菊、星、梅、苹、瑞六甥来(中妹以璧甥抱恙在医院,未来)。君平、润明来。偕颖柔携益明、念祖、纪祖至十八号内君定、大妹处及吴忆初处。又至永青里韫辉处。偕颖柔携益明至同里廿二号内君宾、圆妹处。忆初伉俪来。

2月

2月1日　星期二

晴。上午,偕颖柔携益明、念祖至中社时舅处及百花巷君实处。观《鸥陂渔话》。下午,顾铁君、高五妹携六小儿来。韫辉等人携文尧、文基、文璧及一女、一侄来。君实伉俪来。周振先、顾向宾来。徐炳青来。何公度来。偕颖柔至福煦路福明村君藩处,不值。出,至同德医院望壁甥喉症。君藩、履仁来。

2月2日　星期三

阴晴。上午,文尧、文基来,嘱焉,同至中社时舅处。偕颖柔至劳而东路颐德坊何杏表姑母处。下午,冯剑吟来。望舅、君实来。时舅与舅母来。至新首安里。

2月3日　星期四

上午阴,下午雨。上午,昆惠、道衍来。携花、益、念、纪四儿同启明至法大马路巨成昶号楼上仲稽处。下午,携四儿同启明至辣斐德路颖村季鲁处。白蕉来。君藩来,同至金神父路群贤别墅端志处,应其招饮。同席为范紫云、周长凯及若水、绍兰、白蕉等。八下钟返。

2月4日　星期五

雨。上午,补写日记。下午,复俞盘新信,寄淮阴。中妹、圆妹来。至新首安里,少坐后。出,至东亚酒楼,为陆丹林将往香港,与白蕉设筵饯之。并邀时舅、简琴斋、顾青瑶、马公愚、邓粪翁、陈灵犀、陈乃乾。近十时许返。

2月5日　星期六

上午雪,下午阴。上午,在十八号内晤张希曾,渠于前日自张抵沪也。补写日记。观《鸥陂渔话》完。下午,至民智学校晤仲恩,为纪祖将肄业该校也。观《吴又陵诗》一卷,写一题记。至公度处。道衍来,夜饭后,同至康乐村晤望舅。

2月6日　星期日

晴。上午，道衍来。携花、益、念、纪四儿同启明至南阳路介福里石士处。下午，携纪祖至民智学校取课本。昆惠来。观马相伯之《一日一谈》。至新首安里。

2月7日　星期一

晴。上午，至马斯南路息庐朱履仁处。下午，观《一日一谈》。至福煦路慈惠南里候顾向宾，不值。至新首安里，携静姬至大新公司，仍同回新首安里后而返。白蕉来，夜饭后，君藩亦来，同出。余与白蕉至民智校内同乡会。今日，纪祖进民智学校小学四年级。

2月8日　星期二

晴。上午，仲稽、季鲁、石士、杭生来。观《一日一谈》完。写一题记。下午，至新首安里。出，至中国书店、大新公司、来青阁、树仁书店，惠中旅舍候黄正言，不值，受古书店，仍回新首安里。傍晚返。

2月9日　星期三

晴。上午，履仁、君平先后来。下午，至上海殡仪馆吊钱景遂之丧。至康乐村晤望舅。君藩伉俪来。至新首安里。出，至时报馆晤季鲁。出，至味雅酒楼与思期、君湘、端志、惕卿、士超聚餐，藉商同乡会之务。近十时许返。

2月10日　星期四

阴。上午，仆人顾金虎自张堰家中来。舒志诚来。渠于前日自张抵沪。君藩来，同出至中社，拟晤时舅，不值。余又至惠中旅舍晤黄正言，南京路蒲海银行驻沪办事处候沈伯康，不值而返。下午，写账。夜，至民智校内同乡会。

2月11日　星期五

晴。上午,至韫辉处。至君宾处。伯康来。下午,至康乐村,与望舅、履仁晤谈良久。出,至新首安里而返。

2月12日　星期六

晴。上午,至华龙路锦江茶室晤君藩、履仁,旋同君藩至中社时舅处。下午,至新首安里,携静姬至新新、先施两公司,仍同回新首安里而返。徐炳青来。傍晚,至中社应望舅、时舅招饮,同席为庄仲咸、程伯阶、冒鹤亭、夏剑丞、李拔可诸先生及朱贡三、金巨川、张敬垣、庄通百、严载如、陆云伯、李望平等。冒、夏二先生新识也。夜,九时许返。

2月13日　星期日

雨。上午,补写日记。伯来、升贤来。下午,至新首安里。作信复紫卿、伯华,致中孚、继麟、亚雄,交仆人带回。

2月14日　星期一

阴晴。上午,偕颖柔至王季鲁处,备筵祭拜外舅外姑神像。仲稽、石士、杭生暨眷属均到,旋花、益、念、纪四儿及启明亦来。仲稽等设席相宴。下午三时许,同返。至新首安里。夜,至民智校内同乡会。念祖、益明仍进光华中学,今日春季始业,上午仍上上午半日。念祖以足上生有疮疖,行走未便,将请假一星期。

2月15日　星期二

雨。上午,白蕉来。写账。下午,观叶廷琯之《吹网录》。君实来。夜,君宾来。

2月16日　星期三

阴晴。上午,至中社时舅处。下午,至康乐村晤望舅及时舅。出,至新首安里,五下钟返。夜,观《吹网录》。

2月17日　星期四

晴。上午，至西摩路安凯第商场、鲁殿书社。下午，观《吹网录》。夜，至民智校内同乡会。

2月18日　星期五

晴。上午，君宾来。观《吹网录》。下午，同迪前至劳而东路颐德坊周振先处，并晤及孙型伯。出，至新首安里。出，至有正书局等处而返。夜，至冠乐由，余与君宾、履仁作主，邀集正言、白蕉、君藩、端志、思期、飞槎、铭新聚餐，藉谈南乡治安情形。九时许返。

2月19日　星期六

晴。上午，朱亚杰来。观《吹网录》。下午，至君宾处，时舅及君藩、履仁等亦先后来。至新首安里。

2月20日　星期日

晴。上午，至威海卫路慈惠里蒋惕卿处。下午，凌松年、干七民来。至康乐村晤望舅。观《吹网录》。至新首安里。出，至四马路南园酒家。由思期邀叙，藉谈本邑善后事宜。同席为紫云、芳墅、静谦、正言、君藩、端志、白蕉、履仁、铭新、一声。散后，余又同白蕉、君藩、履仁、正言、端志至八仙桥候冯子冶、黄文治。两君今日自张抵沪，寓居于此。十时许返。

2月21日　星期一

晴。上午，与君宾至北京路通易大楼晤君藩、履仁。近午返。昆惠、道衍来，午饭后去。复紫卿信。至静安别墅候舒志诚，不值。至新首安里。出，至群贤别墅端志处，应其招饮，藉商南乡治安事宜。同席为子冶、文治、履仁、君藩、白蕉、正言等。十时许返。君宾来。

2月22日　星期二

晴。上午往候志诚,不值。至群贤别墅端志处,与子冶、文治、履仁、君宾等晤谈。下午三下钟散。余至打浦桥信昌当候徐子素,不值。至新首安里,五时许返。至君宾处晤君藩。夜,观《吹网录》,完。

2月23日　星期三

晴。上午,在十八号内,君藩、端志来晤。至中社,沈德仁同彭健行来晤。下午,至韫辉处。至新首安里。出,至青年会。出,至成都川菜馆,与君宾、履仁设筵宴何于宽、范紫云,并邀子冶、文治、端志、白蕉、若水、思期。九时后散。

2月24日　星期四

晴。上午九下钟,至青年会子冶、文治处,与君藩、白蕉、履仁、端志续谈南乡治安事宜。下午五下钟,出,至新首安里而返。夜,至民智校内同乡会。

2月25日　星期五

晴。上午,至青年会子冶、文治处,午刻返。下午,至韫辉处。至新首安里,出。至青年会,夜十时许返。

2月26日　星期六

晴。上午,至白玫瑰理发。韫辉来。下午,钱抱冰来。至青年会子冶、文治处。出,至新首安里,携静姬同昆惠等至浦东银行大楼看租房。湘姚补习学校亦设在该楼,于校内晤及端志。少坐后,仍同回新首安里,乃再至青年会。六时返。夜,至康乐村晤望舅。

2月27日　星期日

晴。上午,至账房信。至青年会子冶、文治处,即返。君藩、君宾来。下午,至新首安里,携静姬出至爵禄饭店。四点半钟,仍同回新首安里。后余至青年会,与子冶、文治、君藩、履仁、白蕉、端志、飞槎续谈南乡治安事宜。中间余又同君藩至贵州路中国饭店,晤徐朴诚。九下钟返。

2月28日　星期一

晴。上午,写账。下午,伯才来。至青年会九楼,贺何飞雄与张女士结婚。中间出,至新首安里一次。傍晚喜筵后,至文治房中,少坐。十时许返。

3月

3月1日　星期二

晴。上午,君藩来。同出,至青年会,并同子冶、文治至中国饭店晤徐朴诚等。旋又同至银行俱乐部,由君藩邀同午餐。餐后散,余至新首安里而返。傍晚,又至青年会一晤。子冶、文治两君定明日回乡。

3月2日　星期三

阴晴,上午有雨。上午,走近□马路,拟看租房。下午,至天潼路慎余里乃乾处,并晤及谢刚主。同出,至开明书店,晤王伯翔、夏丏尊、章锡琛。又同至茅长兴内酒叙,同席尚邀郑振铎。夜,八时许返。

3月3日　星期四

阴,夜有雨。上午,俞志坚来。下午,至新首安里。至八仙桥青年会候谢刚主,并识范成和尚。和尚先去,乃乾、伯翔、丏尊、锡琛、振铎亦来,同出至陶乐春酒叙。夜,八下钟返。致账房信。

3月4日　星期五

阴。上午,君宾来。观清代虞山王应奎之《柳南随笔》。下午,至康乐村晤望舅。至新首安里,出,至功德林,与乃乾邀范成和尚、刚主、振铎、伯翔、锡琛素餐。丐尊以事未到。夜,九下钟散。

3月5日　星期六

阴。上午,补写日记。下午,观《柳南随笔》。至新首安里,出至华格臬路苏月坡寓所而返。夜,君宾来。

3月6日　星期日

雨。上午,至民智学校应志坚邀谈地方治安事宜,近午返。下午,补写日记。至中社晤时舅。徐炳青来。

3月7日　星期一

雨雪。上午,朱亚杰来。下午,观《柳南随笔》。夜,至民智校内同乡会。

3月8日　星期二

上午雪,下午阴。上午,补写日记。下午,观《柳南随笔》完。计六卷,读四卷,大抵谈诗词之作也。至新首安里。傍晚,至成都川菜馆同乡会。以丁迪光新自朱泾抵沪,约集思期、芳墅、静谦、一声、若水、端志、君藩等聚餐,藉谈本邑状况。十时许返。

3月9日　星期三

雪,终日不止。上午,至锦江茶室晤君藩、白蕉、履仁、邦屏。王仰笑来。午刻,至青年会应履仁招,同迪光、君藩、端志、白蕉聚餐商谈。出,至新首安里,四时许返。

3月10日　星期四

阴晴。上午,亚雄同账友胡秋林及僮仆沈长生自张来。下午,至新首安里。夜,至民智校内同乡会。

3月11日　星期五

上午阴晴,下午雨雪。上午,至中社晤时舅。旋同至新闸路迪光寓处,坐谈数刻,出,又与舅氏至中社旁五福菜馆,午点而返。与亚雄杂谈。朱时隽来。

3月12日　星期六

阴。上午,昆惠来。至中社,同时舅至海格路七二五号李宅,应拔可及夏剑丞、冒鹤亭招饮。同席为黎觉人、庄仲咸、沈信卿、汤定之、叶揆初诸先生。下午二下钟返。偕颖柔携纪祖至同孚路购物。至康乐村望舅处。夜,伯才来。

3月13日　星期日

阴晴。上午,补写日记。昆惠来,午饭后去。至新首安里,携静姬出。至新雅茶室及新新、大新两公司,仍同回新首安里后而返。乃乾来。

3月14日　星期一

晴。下午,至新首安里,出,至中国书店。夜,亚雄、秋林去住旅馆。明晨乘米船回张。

3月15日　星期二

晴。上午,补写日记。至君宾处。下午,至上海银行、中华书局而新首安里。夜,观明无名氏撰《词谑》。

3月16日　星期三

晴。上午,写账。至同孚路中国银行。下午,观《词谑》。至新首安里,出,至中国书店。昆惠来。夜,观长洲章钰《四当斋集》。

3月17日　星期四

晴。上午,补写日记。观《四当斋集》。下午,道衍、昆惠来。

观《四当斋集》。至新首安里。静姬原与昆惠等寓该里美康药房楼上,今同迁里中四十三号内。夜,至民智校内同乡会。

3月18日　星期五

晴。上午,至君宾处。写清明节囤签寄回家中。观《词谑》。下午,韫辉来。至新首安里,携静姬至新光戏院观电影。出,至可可茶室,仍同回新首安里。傍晚返。夜,观《四当斋集》。

3月19日　星期六

阴晴。上午,写账。写清明囤签。下午,观《四当斋集》。戚智川及陈润青来。丁晓初来。

3月20日　星期日

雨。上午,观《四当斋集》。君藩、君宾及伯才先后来。下午,至新旅社候智川,不值。出,至新首安里而返。观《四当斋集》。志诚同林晋康来。

3月21日　星期一

阴晴。上午,至新旅社晤智川,并及志诚、伯康,坐谈良久。同出,至大东茶室啜茗,午馔后返。观《四当斋集》。至康乐村望舅处。夜,至民智校内同乡会。

3月22日　星期二

阴雨。上午,写清明囤签。复守中侄信。下午,观《四当斋集》。至韫辉处,以其顾氏外甥病危也。韫辉来。至广西路蜀腴川菜馆,应沈德仁、吴则中招饮。同席为黄芳墅、毕静谦、沈思期、陈端白、吕仁粹等。九下钟返。

3月23日　星期三

阴晴。上午,至韫辉处,民智学校,中社内晤时舅。复紫卿信。下午,致伯华信。至新首安里。观《四当斋集》。

3月24日　星期四

阴晴,下午有阵雨。患伤风感冒,昨夜午后起□寒热,今日卧不能兴。上午,昆惠来。

3月25日　星期五

晴。今日,身热已退。下午,起床。上午,智川、履仁、飞槎来。君湘来。下午,迪前来。君定来。

3月26日　星期六

阴,夜雨。上午,以旧松属慈善董事会今日假浦东大厦开会,余身体未健,不去,作一信致之。昆惠来。下午,补写日记。观《词谑》完。观《四当斋集》。

3月27日　星期日

晴。上午,携纪祖及梅、鼎、安、嵩四甥至法租界顾家宅公园。午刻返。屠继麟昨自张抵沪,今来午饭,后仍去旅馆。下午,观《四当斋集》。夜,伯才来。

3月28日　星期一

晴。上午,作信致账友及张叔良,复杨伯雄。下午,君宾来。至新首安里,携静姬至冠生园、新新公司,仍同回新首安里后返。至白玫瑰理发。徐氏外姑奚太君今日自平抵沪,在十八号内忆初处。夜,偕颖柔往谒之。继麟来,少坐,去。明日回张。

3月29日　星期二

晴。上午,至十八号内忆初处。下午,徐氏外姑来,即邀往十四号内。此行以平湖遭兵燹后,不能安居避至沪上也。智川、履仁、飞槎来,坐谈数刻,后同至康乐村望舅处。

3月30日　星期三

晴。上午,君藩来。写账及补日记。下午,至新首安里。出,至北京路通易大楼应君藩之约,履仁亦在,谈典业银行事。出,至四马路世界书局晤思期。出,至五马路悦来旅馆候智川,不值,晤及徐忠良,少坐,返。夜,伯才来。

3月31日　星期四

晴。上午,至中社时舅处,原拟在此开典业银行董监临时联席会议,以到者不多,未果。遂同时舅、君藩出,至大东茶室午馔。馔后,同时舅至树仁书店、来青阁浏览。旋时舅别去,余至新首安里而返。在十八号内,与君定杂谈。观《四当斋集》。

4月

4月1日　星期五

晴。上午,补写日记。至国恩寺。下午,昆惠来。至新首安里。出,至中国书店而返。观《四当斋集》。至安凯第商场内鲁殿书社。

4月2日　星期六

阴。上午,刘明德来。干七民来。观《四当斋集》完。观明遗民江都蒋易著《石闾集》一卷完。下午,偕颖柔携念祖、益明至国恩寺,举行清明节祭先。花明亦去,纪祖以连日患头眩,小寒热初愈未去。至四马路大雅楼,与芳墅、静谦、思期、仁粹设筵答宴吴则中、沈德仁,并邀丁子慎、俞肃斋、陈端白。散席后,又同至神洲旅馆,少坐。九下钟返。

4月3日　星期日

阴雨。上午,七民来。惠震川来。观明唐昌世撰《随笔漫记》一卷完。下午,观清遵义黎兆祺之《息影山房诗钞》。至新闻报馆及蟫隐庐。韫辉来。炳青来。至民智学校,该校教员刘明德与邱瑞芳结婚,邀为证婚。傍晚,喜筵后,夜九下钟返。

4月4日　星期一

晴。上午,至韫辉处。观《息影山房诗钞》。下午,至韫辉处,其幼子鼎香病故。至新首安里,携静姬出游法租界顾家宅公园,并至冠江茶室吃点心。昆惠亦去,仍同回新首安里后而返。夜,至民智校内同乡会。

4月5日　星期二

晴。上午,至韫辉处,即出。至上海殡仪馆送鼎香侄孙成殓。下午返。观《息影山房诗钞》。

4月6日　星期三

晴。上午,偕颖柔同中妹携念、纪两儿及梅、端、壁、鼎、安、嵩、铦七甥往游兆丰公园。返已过午。下午,至中社时舅处,晤沈思老及君藩、履仁谈典业银行事。至朵云轩,来青阁晤及乃乾,中国书店。夜,伯才来。

4月7日　星期四

晴。上午,至君宾处,晤君藩、履仁。观《息影山房诗钞》完。下午,至新首安里,携静姬出。至冠生园啜茗,并至朵云轩、中国书店,仍同回新首安里后返。作信复紫卿、献人,致子峰、守中、钻坚。

4月8日　星期五

雨,晨晴。观《丁丑丛编》所印明季嘉定刘尚友之《定思小记》、苏瀜之《惕斋见闻录》、长洲郑敷教之《桐庵笔记补逸》。

4月9日　星期六

阴晴。上午,写账。观明上海陈曼《咏归堂集》(《丁丑丛编印本)。下午,至韫辉处。炳青及内妹惠清来。观《劳氏碎金》(《丁丑丛编》印本)。夜,君宾来。

4月10日　星期日

晴。上午,至中社时舅处,并晤闵瑞师,履仁、君藩亦在。即开典业银行董事、监察人联席会议,邀律师张祉杰、会计师潘鲁岩同列席,直至傍晚而散。夜,观明唐文恪公家书及致其甥黄孟威太守书,墨迹系估客所携来,未购也。

4月11日　星期一

晴。上午,伯才、韫辉先后来。下午,至新首安里,携静姬出,至大中华饭店。五时许,仍同回新首安里而返。夜,至民智校内同乡会。

4月12日　星期二

晴。上午,干祖望来。庄通百来。昆惠来。下午,至世界书局沈思期处,与黄芳墅、毕静谦、蒋惕卿、吕仁粹、范紫云、顾剑鸣、俞肃斋、吴一声、陆济民商谈调查本县兵燹农事损害情形。出,至抛球场、古今字画商场浏览,晤及乃乾暨金颂清、马君达、郭石骐等。观《劳氏碎金》完。夜,伯才来。

4月13日　星期三

晴,夜雨。上午,补写日记。观清长洲王嘉禄《桐月修箫谱》(《丁丑丛编》印本)。下午,至中社,同时舅至爱文义路候瞿良士。出,观其家藏铁琴铜剑及先代画像《虹月归舟图卷》。出,至天潼路晤乃乾。出,余至新首安里,静姬同昆惠等在大新公司购物,即往一晤而返。夜,君藩、君宾来。

4月14日　星期四

晴。上午,观吉林奭良所著《野棠轩摭言》。至韫辉处。下午,至信昌当候徐子素,不值,晤及陆耀甫。出,至新首安里,携静姬至里口冠生园支店啜茗,小坐后返。至康乐村望舅处。

4月15日　星期五

晴。上午,理账。翻阅《野棠轩诗文词集》。下午,伯才来。君平伉俪、启明、渊明来。偕颖柔至丽华、国货、大新等公司及陶园啜茗。傍晚返。夜,至中社时舅处。

4月16日　星期六

晴。上午,至晋隆饭店定宴客房间及朵云轩古书字画商场。张石钧来。下午,观《桐月修箫谱》完。至康乐村望舅处。至新闸路传福里候赵学南,渠新自苏来沪。昨承见访,少坐。出,至新首安里而返。至中社时舅处。

4月17日　星期日

晴。上午,俞□新来。至茄勒路法藏寺,为老友费龙丁去冬在松殉难,今其家属于该寺作佛事设奠,因往作吊。下午,偕颖柔至康乐村见冯家景舅母,新自乡来沪,住在陈寓。并至望舅、君平处。出,至威海卫路修德里君宾、圆妹新迁寓所,少坐,返。昆惠来。至中社时舅处。

4月18日　星期一

晴。上午,至中社。旋同时舅至晋隆饭店,并与望舅设筵宴黎觉人、庄仲咸、冒鹤亭、夏剑丞、沈信卿、李拔可、叶揆初、金钱孙、陈鹤柴、赵学南、闵瑞之诸先生及王欣夫、庄通百。尚邀徐积余、瞿良士二先生,以事未到。下午三时许散。至新首安里,携静姬至里口冠生园支店啜茗。夜,至民智校内同乡会。

4月19日　星期二

阴晴。上午,君藩来。下午,观清武进庄绥甲著《释书名》

(《丁丑丛编》印本)。至新首安里,携静姬至福煕路念吾新村余云岫医生处诊治,昆惠同去。夜,伯才来。

4月20日　星期三

　　晴。上午,道衍来。至韫辉处。下午,至四行储蓄会。出,至商务印书馆,晤及王杰士,方于昨日自乡抵沪。即同至世界书局思期处,原定在此约集芳墅、惕卿、紫云、一声、肃斋、端志、君湘等谈同乡会事也。散后返。作信复紫卿,致亚雄。夜,启明、花明来。

4月21日　星期四

　　阴,夜有雨。上午,至韫辉处。昆惠来。涤新、晋康、志诚来,涤新于昨日自乡抵沪。下午,伯才来。偕颖柔至东莱银行、浙江兴业银行、丽华公司、五洲药房、商务印书馆。夜,至中社晤时舅及民智校内同乡会。

4月22日　星期五

　　阴雨。上午,石钧来。至四马路万利酒楼,以李新民近自乡抵沪,与端志、君藩、履仁设筵宴之,并邀紫云、文治、子冶、正言、白蕉来鸿。下午三时许散。出,至新首安里,携静姬至余云岫处诊治,昆惠同去。夜,复伯华,致子峰信。

4月23日　星期六

　　阴。上午,至四行储蓄会修德里君宾处。致紫卿、伯华及亚雄信。下午,至鸿英图书馆白蕉处晤宪人,近日自张抵沪,坐谈良久。出,至新首安里而返。至康乐村及中社时舅处。夜,守梅侄来。渠今日携春自张抵沪,暂住旅馆。少坐,去。君宾来。

4月24日　星期日

　　阴雨。上午,杰士来。至中社,偕时舅至海格路李宅,应拔可及黎觉人、庄仲咸、沈信卿招饮。同席尚有冒鹤亭、夏剑丞、叶揆初,王、费二公。下午三下钟返。昆惠来。至中国饭店晤守梅等,并其同来之黄文杰、蒋志义。旋同守梅至四明村二号,韫辉新迁寓所。并同出,为守梅看租房而返。夜,致亚雄信。

4月25日　星期一

晴。上午,补写日记。至福明村君藩处。午刻,至青年会,与刘季怀、周瞻岐、飞槎、新民、君藩、文治、履仁共馔,藉谈浦南治安事宜。馔后,余同君藩至西法华镇王宅闵瑞师住处,回。余至新首安里及启新旅馆晤公迈,永安旅馆晤守梅而返。守中侄夫妇携其一儿自乡来,即嘱其暂住十八号内。夜,至民智校内同乡会及颐德坊庆里晋康处。

4月26日　星期二

阴,晚雨。上午,至福明村君藩处,并晤履仁。至启新旅馆晤公迈、孟恢,少坐,后即邀至大东茶室午馔。馔后,余至来青阁及新首安里以返。昆惠同守梅少奶奶及儿女三人来(景舅母亲过)。至修德里圆妹处。夜,至福明村君藩处,并晤谭梅生及子冶。十下钟返。

4月27日　星期三

晴。上午,至启新旅馆公迈处,并晤孟恢、智川,坐谈数刻,后同至会宾楼午馔。馔后,余又至启新旅馆晤子望,前日自张抵沪,昨来未值。出,至永安旅馆晤守梅。出,至新首安里,静姬于昨夜起稍患身热腹泻。四点多钟返。昆惠先来。

4月28日　星期四

晴。上午,子望父女来。至白玫瑰理发。至德庆里晋康处。

下午,至新首安里。出,至永安旅馆守梅处。出,至青年会晤新民及文治。五下钟返。夜,守梅来,并同守中至民智校内同乡会。

4月29日　星期五

晴。上午,至永安旅馆晤守梅,并与文杰、志义同往八里桥街看租房。下午,至中社时舅处。出,至新首安里。出,至四行储蓄会、大新公司、新新公司、冠生园、古书字画商场,再至新首安里而返。致干元民信。夜,张希曾来。致伯华信。

4月30日　星期六

晴,夜深雷雨。上午,以舒葆珊前日作古,今其家属在贝禘鏖路莲花寺设奠,因往一吊。下午,至新首安里。出,至永安旅馆守梅处及来青阁。炳青来。至爱多亚路一四零五衖三号候杰士,不值。至福明村晤君藩,修德里晤君宾而返。夜,又至永安旅馆。

5月

5月1日　星期日

晴,夜雨。上午,守梅来,同往附近看租房。补写日记及账目。韫辉来。下午,履仁、飞槎来。伯才来。偕颖柔携益明至杏花楼,以季鲁为其长女订婚,张氏在此设筵宴客招饮也。花明与启明亦去。夜,九点多钟返。致账友信。

5月2日　星期一

阴晴。上午,守中等去,与守梅等同借住所。祖望来。下午,至威海卫路三十一号内守梅、昆仲寓处。出,至新首安里,携静姬至大华啜茗,仍同回新首安里后返。作信复朱亚杰。夜,赈友胡秋林来。

5月3日　星期二

晴。上午,理家中带出之劫余书画、物件。子飙来。下午,至守梅处。出,转新首安里,至中国书店而返。祝匡明来。作信复紫卿、继麟、钻坚,交秋林明晨带回。夜,守梅夫妇来。

5月4日　星期三

晴。上午,理书画、物件。下午,至新首安里,携静姬出游兆丰公园。傍晚,仍同回新首安里后返。夜,至温泉沐浴。

5月5日　星期四

晴。上午,子峰来,渠于昨日自张到沪。午饭后去。又卓叔、抱冰来,丰昌当友赵书生来,昆惠、道衍来,均即去。下午,偕颖柔携益、念、纪三儿至大光明戏院观电影,演《貂蝉》。出,至大新公司购物,陶园吃点心而返。至守梅处及新首安里。夜,至民智校内同乡会。

5月6日　星期五

阴晴,下午有阵雨。上午,再看租房,而至新首安里。出,至三马路吴锡旅馆晤子峰,同至大东茶室啜茗、午馔,道衍、昆惠亦来。下午,二下钟返。致亚雄、继麟信。

5月7日　星期六

上午阴,下午雨。上午,至五马路宝和旅馆候张学源,不值。出,至新首安里,同静姬在冠生园支店午点后返。何绿筠来。赈友干紫卿来。渠于昨日抵沪,住其文孙祖望寓所。少坐,去。襟弟奚博泉伉俪及炳青来。亚雄自张来。夜,理家中带出之劫余石章。伯才来。

5月8日　星期日

晴。上午，学源来。徐伯贤、俞荣生来。至中社，贺张敬垣哲嗣完姻之喜。出，至一家春菜馆同乡会聚餐。出，至爱多亚路中汇大楼候冯君懿，不值，晤见六舅母。渠等前日来沪寓此也。出，至新首安里而返。至中社赴张氏喜筵，夜八下钟返。

5月9日　星期一

阴晴。上午，与亚雄杂谈。至新首安里。至青年会，与文治、新民、瞻岐、飞槎、履仁共馔，藉谈浦南治安事宜。下午，二下钟返。偕颖柔至威海卫路三十一号守梅、守中处。出，至大新公司同茂号等处购物而返。夜，端志来。

5月10日　星期二

晴。上午，理发。君藩来。下午，理家中带出之劫余衣服、书画。至成都路成都坊十六号，今日静姬迁寓于此，仍与倪家眷属同住。夜，花明、启明来。由颖柔为余集儿辈注防疫针。

5月11日　星期三

晴。上午，致绿筠信。杰士及雷君彦来。昆友侄自张乘米船来沪，中途船搁浅沉没。托其带出之置产簿、租簿尽遭水湿，幸得捞起，字迹损矣。下午，至成都坊。昆惠、道衍来，旋同昆友去住成都坊。夜，以注防疫针后反应不适，早卧。

5月12日　星期四

晴。上午，莫叔达夫人来。紫卿来，午饭后去。顾荛丞来，近方自乡抵沪，坐谈良久，去。至成都坊。昆惠来。夜，至民智校内同乡会。

5月13日　星期五

晴。上午，祖望来。韫辉来。王仰霄来。徐惠人来，系内从兄也，少坐，去。下午，致账友信。至成都坊，携静姬出，至三友实业社、国货公司，并至冠生园饮水。后同回成都坊而返。致继麟信。夜，与亚雄杂谈，渠明晨回张。

5月14日　星期六

阴，夜雨。上午，至康乐村望舅处。下午，复七民信。至民智学校晤仲恩、思期、端志、君湘、惕卿谈明日同乡会开全体大会事。偕颖柔携纪祖至国货公司购物。出，至冠生园吃点心而返。至大加利饭店应国学会聚餐，主席为张中楹、陈乃文，晤及乃乾、朴安、王巨川、徐子為、包天笑、卫聚贤、金子琴等。近十句钟返。

5月15日　星期日

阴。上午，黄文治来。午刻，至青年会应文治、新民招饮，同席为干凯军、王畏三、谭梅生及端志、君藩、履仁、邦屏。出，至民智学校内，开金山旅沪同乡会常年大会改选职员，余仍被选为监事。出，至成都坊而返。

5月16日　星期一

晴。上午，至福明村君藩处。旋同履仁、新民、文治至择麟处晤陶遗，坐谈至午刻返。下午，至成都坊。出，至古书字画商城、中国书店、守梅处。仍回成都坊，少坐后，返。昆惠来。夜，昆友来。

5月17日　星期二

阴雨。上午，写账及补日记。下午，复账友翁启贤及玉林信，又致亚雄、继麟信。白蕉来。至中社时舅处，坐谈良久，返。夜，君宾来。致中孚信。观《释书名》完。

5月18日　星期三

阴。上午，理家中带出之账册。写账及补日记。下午，李新民、云岩、世清来。至成都坊。出，至守梅处、来青阁。夜，理账册。

5月19日　星期四

晴。上午，写账籍补日记。至同里候吴东迈，赠以所印《云间两何君集》。渠曾以其景印之明代先集，见惠也。理劫余书画。下午，至同孚路长丰里君介处，并晤及顾仲堪。出，至成都坊。炳青来。至安凯第商场。夜，花明同启明来。忆初来。昆友、道衍来。第二次注防疫针。

5月20日　星期五

晴。上午，补写日记。至四行储蓄会、中国书店、来青阁，而至一家春菜馆。同乡会开新任理监事联席会议，并举行聚餐。下午三时许散。出，至成都坊，少坐，返。昨注防疫针，今日身体仍感不适。

5月21日　星期六

晴，夜雨。上午，韫辉来。七民来。紫卿来，明日回张。下午，云岩来。复伯华、钻坚信。至成都坊。

5月22日　星期日

阴。上午，致干四民信。下午，七民来。思期来，少坐。后同至康乐村晤望舅，坐谈良久，返。携念、纪两儿及鼎甥至大上海戏院观电影，演《隐身术》。

5月23日　星期一

晴。上午，文尧来。至福明村候君藩，不值。补写日记。下午，守梅少奶奶来。至成都坊。理文件，系去岁来沪前偶装二箱放置家中，及日军金山卫海塘登陆由静姬饬仆并先代神影箱往寄闲闲山庄内，今以运沪。惜当日不多装入也。夜，至民智校内同乡会。

5月24日　星期二

晴。上午,至成都坊,携静姬至新首安里一视昆惠侄女患恙。恙已愈,适出外,不值。少坐后,同回成都坊而返。君懿来,午饭后去。抄存所辑《云间诗征·姓氏录》。傍晚,君定、大妹、君宾、圆妹设筵宴颖柔于蜀腴菜馆,携纪祖偕往。同席尚有吴忆初伉俪。夜,九时许返。

5月25日　星期三

晴。上午,石钧来。至世界书局候沈思期,不值。出,至朵云轩、古书字画商场、中国书店而返。下午,偕颖柔至福煦路崇福里奚博泉、蕙清处,座谈良久,返。至成都坊。傍晚出,至悦宾楼应冯志伊、志健、至洽招饮。夜,九下钟返。

5月26日　星期四

晴,夜雨。上午,至大陆商场高君湘律师事务所,拟候君藩,不值。出,至蝉隐庐、听涛山房、古玩字画商场而返。至白玫瑰理发。云岩来。下午,携颖柔同大、中两妹至中汇大楼见六舅母,少坐,返。至成都坊。夜,至民智校内同乡会。

5月27日　星期五

上午雨,下午阴。上午,君藩来。写存杂稿。下午,志诚来。至中社,与思期约聚同乡开茶话会。商议集□台购食米存储。俟秋间米价高涨时,仍以原价粜与同乡,到者共仅十四人。旋以办理不易作罢。五时许,散会而返。星墅侄来。杰士来。

5月28日　星期六

晴,夜雨。上午,君懿来。至中南旅馆晤星墅及伯逵,少坐。后同往会宾楼午撰。出,余至成都坊而返。下午,至中社晤时舅、思老、陶遗、履仁、君藩等。原拟开典业银行董事监察人联席会议,后因瑞师以病来到,不果。四下钟返。徐心存、炳青、蕙清来。典业店友唐益之等来。星墅来。夜,第三次注防疫针。

5月29日　星期日

　　晴。上午,以注防疫针后,身体仍感不适。君宾来。下午,观《陶渊明集》。至青年会,应李云岩之请召开茶谈会,谈上海化工社事。近五时许返。傍晚,至蒲石路平安里应金巨川招饮。同席为思老、陶遗、时舅、沈信卿、刘翰怡、施文冉、潘孟翘。翰怡前曾通信,初次把晤也。夜,九时许返。

5月30日　星期一

　　晴。上午,理家中带出之书籍。下午,至成都坊。夜,复启明、继麟、钴坚,致亚雄信。昆惠来。

5月31日　星期二

　　晴。上午,至海格路一九五衖一七七号时舅新迁寓所,坐谈近午刻,返。下午,至成都坊。君宾来。夜,翻阅书目,亦系先装入箱内寄在闲闲山庄也。

6月

6月1日　星期三

　　晴。上午,君藩同李子寒冷来。至茄勒路法藏寺晤应通和尚,向其定在寺念经日期。出,至成都坊而返。下午,韫辉、抱冰先后来。同君藩至愚园路渔光村雷君彦处,坐谈良久。出,至西法华镇王宅晤瑞师,傍晚返。

6月2日　星期四

晴。上午,至福明村君藩处。守梅、道衍先后来。昆惠来。云岩来。下午,理书籍。至成都坊,携静姬出,至璇宫啜茗。夜,守中、昆友先后来。

6月3日　星期五

晴。上午,唤汽车同君藩、履仁、时舅、陶遗至西法华镇闵瑞师寓处,开典业银行董事、监察人联席会议,午刻返。下午,致亚雄信。理书籍。至成都坊。

6月4日　星期六

晴,夜有雷雨。上午,伯康来。至三马路四行储蓄会总会晤张己文。出,至浙江兴业银行而返。下午,君藩来。偕颖柔携益、念、纪三儿至大上海戏院观电影,演《白雪公主》。出,至大新公司购物,福禄寿吃点心。

6月5日　星期日

阴晴。上午,至法藏寺。道衍来。理家中带出之劫余物件。下午,韫辉来。苏月坡来。至成都坊。夜,复继麟信。

6月6日　星期一

晴,夜雨。上午,君藩、杰士、履仁来。至康乐村望舅处。下午,复启贤信。理劫余书画。蕙清来。至成都坊。君介来十八号内闲谈。

6月7日　星期二

阴,晚雨。上午,伯才来。复源岷、绿筠信。昆惠来。下午,至成都坊,携静姬出,至远东饭店及雪怀照相馆摄影,仍同回成都坊而返。夜,花明、启明来。复钻坚信。

6月8日　星期三

阴雨。上午,补写日记及账目。理劫余书画。下午,叶心安来。理书画。君宾、圆妹来。

6月9日　星期四

上午雨,下午阴。上午,补写日记。写存杂稿。下午,观《陶渊明集》。至四行储蓄会、中国书店、来青阁而成都坊。

6月10日　星期五

晴。上午,奚博泉来。至亚尔培路中央银行。下午,偕颖柔至国货公司、冠生园、庆云银楼。

6月11日　星期六

晴。上午,蔡叔明来。郭瑞商来。下午,至成都坊。出,至守梅处、中国书店、国货公司、冠生园,仍回成都坊而返。

6月12日　星期日

雨。上午,理账。下午,子峰来,系昨日到沪,座谈良久,去。至四明村韫辉处。今日以阴历计之为:先母弃养十六周年。

6月13日　星期一

雨。上午,写存杂稿。致公迈信。下午,至成都坊。出,至宝和旅馆候子峰,不值。乃至商务印书馆、蟫隐庐、先施公司等处,仍回成都坊而返。夜,至民智校内同乡会。

6月14日　星期二

雨。上午,杂务。守中来,商其夫人将产送医院事,午饭后去。至法藏寺。出,至宝和旅馆候子峰,不值。出,至成都坊而返。

6月15日　星期三

阴,晚雨。今日阴历五月十八,为先祖母何太淑人百岁诞辰。

就法藏寺作佛事。余晨餐后，即偕颖柔携纪祖至寺中，念祖与益明至校上出二课后而来。旋三妹伉俪携甥辈、花明夫妇、望舅、时舅、何家表姑、周家太亲母等均到。男女宾集者络绎，共四十余人。午、晚设素筵款之。夜，放焰口后，十二时许返。

6月16日　星期四

上午雨，下午阴。上午，杂务。下午，至守梅处。出，至成都坊。

6月17日　星期五

雨。上午，杂务。下午，在十八号内，君宾来晤谈。纪祖稍有不适，发热。夜，复继麟信。

6月18日　星期六

晴。上午，至法藏寺拈香。下午，至中汇大楼望君懿病。出，至成都坊。亚雄自张来。至青年会国学会聚餐，由卫聚贤徐子为主席。夜，九下钟返。

6月19日　星期日

阴，夜雨。上午，韫辉来。仰霄来。昆惠来。绿筠同其婿夏维民携两儿来，午饭后去。复紫卿信。君介伉俪携诸儿来。至中汇大楼望君彦病，则已弥留，旋即逝世。遂与子冶及何孟龙、寿屏、陈端志办理其后事。夜，九时许返。

6月20日　星期一

雨，下午阴。上午，至福明村晤君藩。出，至新闸路平江公所，约同端志、孟龙、君懿购寿器。出，至海防路中华殡仪馆，又为办理其后事。出，至四马路大鸿运菜馆应何震生招饮。渠前日嫁女，今补治喜筵也。散席后，至四行储蓄会而成都坊。四下钟返。作信致俞适庵、李新民。

6月21日　星期二

雨。上午，至中华殡仪馆送君懿大殓。下午，出，至中汇大楼，冯寓与孟龙、寿屏料理其后事而返。伯才来。夜，复伯华，致继麟信，交亚雄明晨带回。

6月22日　星期三

雨。上午，守梅来。智川同曹中孚来，中孚系前日自张抵沪。少坐后，邀至福煦路曾满记酒家午馔，应邀迪前同往。馔后中孚、智川别去。补写日记。至成都坊。夜，致伯华、继麟信。君宾来，坐谈良久，去。

6月23日　星期四

雨。上午，至东方饭店晤中孚，文治亦在。旋应君藩之约，同至冠生园午馔。馔后，余至守梅处，及成都坊而返。至康乐村望舅处。傍晚，又至东方饭店中孚处，时舅、君介、君宾并在。由时舅邀，同至高长兴酒店夜馔，同席尚有文治及俞天石、倪静尘。散近十时矣。

6月24日　星期五

上午雨，下午阴。上午，杂务。下午，至白玫瑰理发。守梅少奶奶来，言守中少奶奶在医院产后变病甚重。守梅则适于今晨回张，嘱为作信寄之。至康乐村。夜，至东方饭店晤中孚等。

6月25日　星期六

阴晴。上午，张仲景来。至马斯南路履仁处。下午，苌丞来。至守梅处。出，至成都坊。出，至东方饭店晤中孚，由文治邀，同至爱多亚路大三元支店夜馔。馔后，仍回东方饭店，少坐而返。守梅少奶奶来。

6月26日　星期日

晴。上午,至海格路时舅处。下午,至红十字会医院,以守中少奶奶在院病笃也。颖柔于上午亦去过,少留,返。闻守中少奶奶病逝,乃约同晋康、端志至新闸路平江公所为其购买寿器。出,余至海防路中华殡仪馆晤守中,襄办丧事。夜,同守梅少奶奶等回寓所后返。

6月27日　星期一

晴。上午,至守中寓所而中华殡仪馆,送守中少奶奶成殓。下午,事毕。出,至守中寓所,乃返(颖柔携益明亦往)。炳青来。君实来。至成都坊。夜,致账友及继麟信。

6月28日　星期二

晴。上午,至四行储蓄会。下午,君实来。至康乐村望舅处。出,至天潼路慎余里晤乃乾,少坐后,同出,至陶园啜茗。旋余至世界书局晤世期及来青阁、中国书店。傍晚返。夜,君宾来。

6月29日　星期三

晴。上午,仰霄来。至海格路时舅处。下午,至成都坊,携静姬出,至霞飞路百乐摄影。旋至国货公司、先施公司购物及陶园啜茗。仍同回成都坊后返。

6月30日　星期四

雨。上午,济川少奶奶来,于前日自张抵沪,住宪人处。今由白蕉同来,少坐,去。赵松铨来。下午,假寐片时。翻阅家中带出之批校本《文选》。炳青来。昆惠来。账友秋林自家来。夜,辑《怀旧楼藏书记》。

7月

7月1日　星期五

阴晴。上午，顾荩丞先生来。今日起，每日上午请其来为念祖、纪祖、益明于暑假中补授国文及温习经书。博泉来。复继麟信。下午，至成都坊。炳青来。与秋林杂谈。夜，复紫卿，致子峰信，交秋林明晨带回。

7月2日　星期六

晴，夜雨。上午，守梅来。何孟龙来。仰霄同戚宪章来。李幸三来。下午，至浦东同乡会观书画展览会及难学学艺成绩展览会。出，至成都坊而返。至康乐村望舅处，座谈良久，返。伯才来。

7月3日　星期日

阴晴。上午，至中国书店。出，至一家春菜馆同乡会聚餐。出，至中汇大楼冯丽水处。出，至成都坊，少坐，返。花明同启明来。

7月4日　星期一

阴。上午，至大陆商场典业银行临时通讯处拟候君藩，不值，少坐，返。下午，偕颖柔携念祖至国货公司、丽华公司购物，念祖先返。余与颖柔又至浙江兴业银行及绿杨村吃点心而返。至修德里圆妹处。夜，复元民、七民信。

7月5日　星期二

晴。上午，至海格路时舅处。下午，至成都坊。至康乐村望舅处。夜，君宾来。

7月6日　星期三

晴，夜雷雨。上午，至德庆里晋康处。出，至中国书店。出，至白克路汲古阁装池晤曹友庆，交其重裱明姚云东《风雨归舟图》卷。下午，偕颖柔至同孚路中国银行分行及长丰里君介处。至成都坊。

7月7日　星期四

阴晴，有微雨。上午，至大陆商场典业银行通讯处晤君藩，同至浙江兴业银行内开典行所租之保管箱。仍回大陆商场。午馔后出，至成都坊，少坐，返。四时后，又至成都坊，携静姬至沈树宝处治热疖。仍同回成都坊而返。

7月8日　星期五

晴。上午，陈锡兰女士持闵瑞之先生信来，属为介绍民智学校教务。补写日记。下午，至民智学校晤仲恩。出，至大陆商场典业银行通讯处。出，至成都坊。炳青前同秋林至张回平湖，在余家一宿。今出来，仍从张转。以近来沪平交通，绕道张堰为妥便也。亚雄同来。

7月9日　星期六

晴，夜雨。上午，博泉、炳青来。至法藏寺为君懿三七之期，冯宅在寺作佛事，因往一拜。下午，腹痛，□有身热。惠人来。蕙清来。

7月10日　星期日

阴雨。上午，志诚来。下午，复钻坚、继麟信。昆惠来。炳青来。夜，与亚雄杂谈，渠明晨回张。

7月11日　星期一

阴晴。上午，补写日记。复四民信。下午，至康乐村望舅处，坐谈数刻，出。至成都坊，傍晚返。观黎选《古文辞类纂》。

7月12日　星期二

晴。上午，咏雪侄女来，午饭后去。致亚雄账友，复钻坚、继麟信。至成都坊。夜，君宾来。

7月13日　星期三

晴。上午，至棋盘街一带购笔砚。下午，守梅来。观黎选《古文辞类纂》。至成都坊。夜，博泉伉俪来。

7月14日　星期四

晴。上午，公迈来。写账。下午，至大陆商场典业银行通讯处晤君藩，适杰士亦来。至二马路端志新设之湘姚中学，少坐。出，至世界书局晤思期，芳墅亦在，坐谈数刻。出，至文瑞楼购《五种遗规》一部。出，至成都坊。陈诗聿来。

7月15日　星期五

晴。上午，云岩来。至恺自尔路张葆棠律师事务所，询彼承办之租地造屋分租情形。下午，守梅少奶奶来。至成都坊。出，至修德里圆妹处。夜，偕颖柔至兆丰公园前纳凉，十时许返。

7月16日　星期六

晴。上午，守梅来。至民智学校晤仲恩。守中为其少奶奶三七之期，在爱多亚路清虚观作法事，因携念祖往彼一奠。少坐，返。连日天气甚热，下午，假寐数刻。至成都坊。出，至功德林国学会聚餐，由余与乃乾主席，得识吴湖帆。近十下钟返。

7月17日　星期日

晴，下午有雷雨。上午，张涤尘来。至康乐村望君平喉症。下午，戚一夔来。出门初拟先至徐家汇路化工社，应其开股东会之招。以天有大雨之象，遂至成都坊。携纪祖至丁香理发馆，同理发。夜,守梅、君宾、希曾先后来。

7月18日　星期一

晴。上午,补写日记。至近段看租房及康乐村望君平疾。下午,观黎选《古文辞类纂》。至成都坊,咏雪来。出,至南京路购物而返。夜,至民智校内同乡会。

7月19日　星期二

晴。上午,偕颖柔至成都路同益新村看租房,而至四行储蓄会及守梅处。下午,公迈携其子昆智来。连日稍有喉痛,今觉身热而卧,入夜热度甚高。邀忆初诊治。

7月20日　星期三

晴。仍有热度,喉痛则微。再邀忆初诊治。守梅来。大妹来。圆妹来。花明来。君定来。

7月21日　星期四

晴。热度已退,惟身体仍困惫。邀冯志洽诊治。周太亲母、迪前来。韫辉来。忆初来。昆惠来。守梅少奶奶来。大妹来。圆妹来。花明、启明来。夜,嘱念祖,致账友信。守梅来。伯才来。

7月22日　星期五

晴。上午,道衍、昆惠及景小姐来。中妹来。下午,君定、君宾先后来。大妹来。花明来。夜,亚雄自张来,为余运出书籍二橱。

7月23日　星期六

晴,上午有雷雨。上午,与亚雄杂谈。下午,大妹来。复朱太忙信。补写日记。炳青来。夜,花明、启明来。忆初来。

7月24日　星期日

晴。上午,写账。补写日记。君宾来。下午,作信复王欣夫及仲田先生。炳青来。邀志洽来复诊,因身体尚未爽健也。

7月25日　星期一

晴。上午,补写日记。昆惠来。大妹、中妹来。文尧来。下午,作信复紫卿及张涤尘,致沈思期。蕙清来。君定、伯才来。圆妹来。夜,花明、启明来。

7月26日　星期二

晴,下午微有雷雨。上午,白蕉来。复伯华信。下午,昆惠来。复继麟信。夜,启明来。

7月27日　星期三

晴,有微雨。上午,补写日记。理家中带出之物件。下午,理家中带出之书籍。复七民信。炳青来。至法藏寺。

7月28日　星期四

阴晴,午有阵雨。亚雄于今晨回张,昨日以乘船不及也。上午,理书籍。下午,至成都坊。夜,辑《怀旧楼藏书记》。

7月29日　星期五

阴晴,晚雨。上午,理书籍。下午,叶心源来。至康乐村。君宾来。

7月30日　星期六

晴。上午,至息庐候履仁,不值即返。理书籍。下午,假寐片时。炳青来。至成都坊。出,至四行储蓄会及国货公司、冠生园等处购物,仍回成都坊。傍晚返。夜,伯才来。

7月31日　星期日

晴,午有雨。上午,仲田、献人、白蕉来,坐谈数刻。后邀至福煦路香港酒家午馔。馔后，仲田等去，余返。履仁来，少坐后，同至民智学校内开同乡茶话会。以去年干巷小学学生由校长俞心葴率领往西避难，今绕道抵沪也。四下钟，散会。出，至成都坊而返。今日以阴历计之为先君弃养十七周年。

8月

8月1日　星期一

晴。上午，理书籍。徐伯贤来。下午，炳青来。李啸月来。至成都坊。

8月2日　星期二

（补记）晴。今日为阴历七月初七日，系吾元配粲君五秩生辰。就法藏寺作佛事一天，夜间并放焰口一堂。余偕颖柔携念祖、纪祖、益明早餐后即往，花明、三妹及仲稽等均到。午刻共设素筵四席。

8月3日　星期三

晴。上午，杂务。下午，复陈锡兰信。炳青来。至成都坊。出，至悦宾楼应伯才招饮，渠为子订婚宴媒人也。

8月4日　星期四

晴。上午，至大陆商场典业通讯处晤君藩。下午，至世界书局晤思期及芳墅、静谦、杰士、君藩谈典业内本邑民众组织会存疑事。出，至成都坊。

8月5日　星期五

晴。上午，至丁香理发馆理发。蕙清来，午刻面点后去。今日颖柔三十一岁初度，偕至兆芳照相馆合摄一影，颖柔又自摄一影。旋至丽都游观。夜，十时许返。

8月6日　星期六

晴。上午，至四行储蓄会。出，至成都坊午饭后，三时许返。炳青来。偕颖柔同炳青至大新公司。夜，吴咸臻（忆初之女公子）来，方自重庆复旦大学毕业回也。君宾来。

8月7日　星期日

晴。杰士来。上午，至同里晤吴东迈。至莲花寺。以吴伯扬母丧，在寺设奠，因往一拜。偕颖柔至兆芳照相馆，颖柔即回。余至中国书店。出，至大西洋西菜馆同乡会聚餐。下午三时许，散席后返。昆惠来。至成都坊，傍晚返。

8月8日　星期一

晴。上午。下午，至静安寺路派克路四行储蓄会西区分会及三马路四川路口四行储蓄会总会晤张己文。又至商务印书馆等处，而至成都坊。

8月9日　星期二

雨，夜风潮。上午，理账。下午，观王氏《续古文辞类纂》。吴东迈来。

8月10日　星期三

晴。上午，至静安寺路浙江兴业银行西区支行。出，至□□。君宾来。下午，观王氏《续古文辞类纂》。至成都坊。

8月11日　星期四

晴。上午，至中汇大楼冯丽水处，晤六舅母。出，在爱多亚路购皮箱。下午，偕颖柔至修德里君宾、圆妹处望锌甥恙。出，至兆芳照相馆，大新、新新两公司，及味雅饮冰而返。

8月12日　星期五

晴。上午。下午,致履仁信。至安凯第商场,而至成都坊。

8月13日　星期六

晴。上午,理家中带出之衣服、布匹,均劫余凌乱之件也。下午,理书籍。至民智学校晤仲恩。出,至守梅寓处。出,至中国书店等处,而至成都坊。夜,翻阅《明文快编》《清文快编》。系旧抄本,不署编者姓氏,今日向中国书店借来也。

8月14日　星期日

晴。上午,守中来。花儿来。下午,邀忆初来治颖柔胃痛。炳青来。观《艺甄》杂志。观《陶渊明集》。夜,致伯华信。

8月15日　星期一

晴,有微雨。上午,至海格路时舅处。下午,致继麟及北平书友宋星五、孙耀卿信。至成都坊。毕新斋来。夜,博泉来。至民智校内同乡会。致守梅信。

8月16日　星期二

晴,有微雨。上午,至四行储蓄会,出至。下午,冯丽水来谢吊。复涤尘、白蕉信。移置房中器具。炳青来。观历代名人家书。夜,守中、君宾先后来。

8月17日　星期三

晴。上午,金兰畦来。至康乐村望舅处。下午,至成都坊。出,至天潼路慎余里晤乃乾,坐谈数刻。出,至冠生园等处,仍回成都坊,傍晚返。花明来。夜,观袁寒云《丙寅日记》印本。

8月18日　星期四

晴,晚有阵雨。上午。下午,假寐数刻。观历代名人家书。理家中带出之劫余照片。夜,观袁寒云《丁卯日记》印本。

8月19日　星期五

晴。上午,至巨籁达路候朱太忙。出,至霞飞路交通银行。出,至打浦桥上海化工社晤李云岩、世清。午刻返。下午,七民来。至成都坊。出,至来青阁晤及王欣夫,又至富晋书社而返。屠继麟自张来。夜,复徐心存信。

8月20日　星期六

晴。上午,履仁来。至民智学校晤仲恩。又路晤庄通百,立谈片刻。下午,至成都坊,携静姬出,至扬子饭店,仍同回成都坊。绿雪来晤,傍晚返。夜,伯才来。

8月21日　星期日

晴。上午,云岩来。至俞永康处。出,至四马路大西洋西菜馆国学会聚餐,由包天笑、吴湖帆、范烟桥主席得识钱智泉。下午二点多钟散席,出,至成都坊。校嘱念祖摘抄之《明清文快编》中文。夜,复紫卿信。

8月22日　星期一

晴。上午,至守梅处。渠前回张多日,昨始出来,余为介绍担任民智教务。出,至□□□。下午,与继麟杂谈。炳青来。偕颖柔至兆芳照相馆、大新公司及可可茶室吃点心。至成都坊,中妹携菊甥等来。夜,复伯华信。纪祖仍肄业民智小学,今日暑假开学,升五年级。

8月23日　星期二

晴。上午,通百来。至霞飞路交通银行。复仲田先生及钻坚信。下午,昆惠来。至俞永康处,出,至成都坊。

8月24日　星期三

晴。上午,至俞永康处。出,至大陆商场内典业银行通讯处及天津路中央储蓄会。下午,观历代名人家书。至成都坊。夜,与继麟杂谈。渠明晨回张。

8月25日　星期四

晴。上午,杂务。下午,观《历代名人家书》。至四川路迦陵大楼内茂莱泰洋行,问租地造房事。出,至永安公司中法药房,而至成都坊。少坐后,又至菜市路祥顺里晤星墅、咏雪。傍晚返。夜,致伯华信。

8月26日　星期五

晴,下午雷雨。上午,王仰霄来。至丁香理发馆理发。通百来。下午,邀俞天石来治长生寒热。观《历代名人家书》。

8月27日　星期六

晴,下午有雷雨。上午,君藩来。昆友侄来,系前晚抵沪,住在成都坊。下午,至静安别墅德兴村经租处,问租地造房事。出,至成都坊。理书籍。

8月28日　星期日

雨。上午,理书籍。下午,邀俞天石来复诊长生。致伯华、继麟信。写寄赠中孚诗。渠前来沪时所口占也。至康乐村望舅处。观《历代名人家书》。夜,君宾来。

8月29日　星期一

晴。上午。下午,至忆定盘路月村冯子冶、昆仲寓处,并见景舅母,少坐。出,至四行储蓄会及中国书店浏览。旋至成都坊而返。夜,至民智校内同乡会。

8月30日　星期二

晴。上午,至福煦路慈惠南里望徐积余先生病。系偏中也。就其榻前,坐谈数刻而返。至成都坊,携静姬邀同寓之倪道彩伉俪、道衍、昆惠及昆友,至大东茶室午馔。馔后,又至天韵楼游览。傍晚返,静姬与昆惠等回成都坊。夜,理书画册页。

8月31日　星期三

晴。上午,理书籍。昆惠来。下午,至四行储蓄会,而至成都坊。理书画。花明来。

9月

9月1日　星期四

晴。上午。下午,理书画。至霞飞路中国银行,而至成都坊。夜,君宾来,坐谈良久,去。

9月2日　星期五

晴,夜雷雨。上午,至海格路时舅处,午馔后返。致紫卿、继麟信。至成都坊。夜,写存民国十三年甲子岁以来文稿目次。

9月3日　星期六

阴晴。上午,张仲康来。至俞永康处。出,至浙江路悦宾楼定宴客房间而返。下午,博泉、蕙清来。伯才来。炳青来。辑存《大雅集》。理书籍。

9月4日　星期日

晴。上午,至成都坊路晤韫辉,立谈片刻。出,至一家春西菜馆同乡会聚餐。下午三下钟散席。出,至守梅处,又至成都坊以返。傍晚,携益、念、纪三儿至悦宾楼设筵宴顾莨丞、倪若水,并邀杰士、君定、迪前、君宾、启明(尚邀君介未到)。夜,近十点钟返。

9月5日　星期一

晴。上午,昆惠来。偕颖柔至霞飞路金神父路看租房。下午,至成都坊。出,至天潼路乃乾处,坐谈数刻后。出,至来青阁等处,旋又至成都坊而返。心存来过。上午,蕙清亦来。夜,观《历代名人家书》。

9月6日　星期二

晴。上午,君藩、景伊来。下午,心存、炳青、蕙清先后来。复干源岷,致沈伯康信。理书籍。至成都坊。夜,至麦根璐世德里沈思期处晤徐仰高,谈至十下钟,返。

9月7日　星期三

晴。上午,至成都路光华附中晤倪若水。出,至统原银行问租地造房事及浙江兴业银行。下午,作信致光华附中主任。心存来。为心存致俞锦云信。致伯才信。携念祖至祁齐路观光华新校舍。亚雄自张来。夜,君平来。

9月8日　星期四

晴。上午,宝古斋装池谢辅卿来。至亚尔培路中央银行。理书籍。下午,与亚雄杂谈。至世界书局晤沈思期,坐谈数刻。出,至受古书店、国粹书店浏览。旋至成都坊,傍晚而返。夜,俞枕梅来。

9月9日　星期五

阴晴,傍晚雨。上午,伯康、韫辉先后来。至霞飞路春江菜馆,应徐仰高招饮,同席为李新民、张天遂、倪静尘、沈思期,藉谈一切。下午三时许返。至成都坊。夜,君宾来。

9月10日　星期六

晴。上午,理书籍。姚墨谦来。子峰来,系昨晚抵沪,杂谈至下午三时许,去住旅馆。白蕉来。至守梅处。出,至中国书店。出,至世界书局晤思期。傍晚返。夜,复伯华信,交亚雄明晨带回。
9月11日　星期日
晴。上午,守梅来。子峰来。履仁来,同至世德里思期处,应其招饮,藉谈本邑地方事宜。同席为仰高、新民、天遂、静尘、毕静谦、李拜言。下午四时,出,至成都坊而返。夜,理书籍。
9月12日　星期一
晴。上午,新民、履仁来,同至赫德路择邻处晤陈陶遗,谈至午刻,出,邀同至静安寺路来喜饭店午馔。馔后,两君别去,余返。徐伯贤来。沈式寰来。至成都坊。
9月13日　星期二
阴晴,傍晚有雨。上午,至晋隆西菜馆定宴客房间。出,至中国书店即返。下午,至成都坊。致伯华信。偕颖柔至大新公司。旋至晋隆西菜馆邀宴博泉、蕙清伉俪。夜,近九时许返。
9月14日　星期三
晴。上午,将前《钧璜堂存稿》校语写于书上。下午,至成都坊,携静姬出,至新光戏院观电影。傍晚,仍同回成都坊后返。夜,伯才来。观清华亭许瓒〔缵〕曾之《东还纪程》。
9月15日　星期四
晴。上午。下午,复蔡哲夫信,哲夫尚流落南京。至四行储蓄会。出,至劳合路二十号晤姚楫君。楫君,一署抱元,浦东人,蔡哲夫友也。夜,观《历代名人家书》。
9月16日　星期五
晴。上午,写账。至世界书局晤思期,同至八仙桥青年会江浙同乡聚餐。下午二时许,出,至成都坊。朱亚杰来,新自香港回沪。钱文达来。至康乐村望舅处。韫辉来。夜,伯才、芝丞先后来。

9月17日　星期六

阴,夜有雨。上午。至霞飞路春江菜馆,应新民招饮。同席为仰高、静谦、思期、端志、履仁、智川、飞槎、陈心叔。下午二下钟散,出,至巨泼来斯路宪人处,晤谈良久而返。理书籍。写《钓璜堂存稿》校语。

9月18日　星期日

雨。上午,守梅来。写《钓璜堂存稿》校语。下午,致伯华信。复姚养怡信。新民来。

9月19日　星期一

阴。上午,至择邻处晤陶遗及蔡剑夫。下午,至霞飞路五凤里东昌旅馆晤新民。出,至成都坊。出,至四行储蓄会、存仁堂、朵云轩等处。夜,观《历代名人家书》。

9月20日　星期二

阴,有雨。上午。沈伯康来。下午,写收支总册账。至成都坊。夜,君宾来。

9月21日　星期三

上午雨,下午阴。上午,至东昌旅馆晤新民,即同至青年会蔡剑夫寓处。陶遗亦在,坐谈数刻,返。下午,致晋康信。翻阅往年日记,近自家中取出,幸未遭毁失也。至四行储蓄会而成都坊。夜,伯才来。翻阅往年日记。

9月22日　星期四

阴。上午,至俞永康处。出,至汲古阁装池。下午,翻阅往年日记。至成都坊。夜,复源岷信。

9月23日　星期五

晴。上午，七民来。写《钓璜堂存稿》校语。下午，至环龙路福寿坊仲稽处，仲稽外出，晤及内嫂，少坐。出，至东昌旅馆候新民，不值。世界书局晤思期，又至听涛山房、树仁书店、来青阁而至成都坊。夜，翻阅往年日记。

9月24日　星期六

晴。上午，韫辉来。至孟德兰路护国寺，今日外家高氏在此举行秋祭，午馔后返。晋康来。携益、念、纪三儿至大新、新新两公司、光华眼镜公司购物及精美吃点心。又至汉口路四二二号光华大学暨附属中学新迁之校舍参观而返。夜，昆友来，系昨晚抵沪。

9月25日　星期日

晴。上午，写账。写《钓璜堂存稿》校语。下午，至修德里圆妹处。出，至成都坊。出，至上海殡仪馆，以何氏表姑母昨夜作古，今其遗体已送在馆中，预备明日入殓。因先往一拜，并慰唁。顾铁君表弟少留而返。心存来。夜，复钻坚信。

9月26日　星期一

晴。上午，至上海殡仪馆吊何氏表姑母之丧。姑母系先大母至侄女，归于亭林顾氏，余幼所寄名也。颖柔亦往。下午三时许返。写账。

9月27日　星期二

阴晴。上午。下午，至康乐村望舅处。出，至成都坊。出，至王大吉药号购缪制丰夏而返。

9月28日　星期三

阴晴。上午，致继麟信。下午，致账友信。君宾来。景小姐同汝官来。渠等明日将回张。至成都坊。夜,观《历代名人家书》。

9月29日　星期四

阴雨。上午,写《钓璜堂存稿》校语。下午,观《陶渊明集》。至成都坊。夜,观《徐闇公先生年谱》。

9月30日　星期五

阴雨。上午,写账。观《徐闇公先生年谱》。下午。至中国书店而成都坊。亚雄自张来。夜,君宾来。

10月

10月1日　星期六

阴雨,夜盛雨。上午,益、念、纪三儿昨夜起均患腹痛呕泻,大概饮食不慎所致,幸即平复。观《徐闇公先生年谱》。下午,七民来。至丁香理发馆理发。夜,君宾来。

10月2日　星期日

晴。上午,写账。至成都坊。出,至一家春西菜馆同乡会聚餐。出,同陈幹丞先生等至世界书局思期处,少坐。出,至中国书店,而又至成都坊。夜,时舅、君宾来。复继麟,致钻坚信。

10月3日　星期一

阴雨。上午,复伯华信。韫辉来。下午,与亚雄杂谈。复紫卿、启贤、涤新信。夜,君宾来。致伯承信,均交亚雄明晨带回。

10月4日　星期二

晴。上午,查阅账房寄来之账目。至霞飞路交通银行。出,至息庐晤履仁,少坐。后应其招,至绿野新村午馔,同座为朱湘渔等,馔后返。至成都坊。夜,伯才来。

10月5日　星期三

晴。上午,张石钧来。理书箱。下午。至先施、新新诸公司而成都坊。夜,写存《怀旧楼禁录稿》。

10月6日　星期四

晴。上午,至修德里晤俞天石。至大新公司采芝斋等处购物。下午,至成都坊。出,至天潼路晤乃乾,坐谈数刻后。出,至四马路、三马路各旧书肆略行浏览,仍至成都坊。傍晚返。

10月7日　星期五

阴。上午,钻坚来。系昨晚抵沪,住在旅馆。座谈良久,至下午三时许,七民来,同去。又上午晋康亦来过。复伯华,致中孚信。邀俞天石来诊治颖柔。至四马路常熟山景园,应君湘招饮。同席为思期、惕卿、端志、仲恩、芳墅、憩南、邦屏、君宾。渠等近有轮流作主聚餐之举也。九时许返。

10月8日　星期六

阴晴。上午,钻坚、七民、伯才、君宾先后来,旋同钻坚、君宾至海格路时舅处午饭。后钻坚别去,余返。作信复启贤,致莫孟恢。乃乾来。至成都坊。出,至五马路宝和旅馆晤钻坚、七民,而伯才亦来,少坐。后由其邀同至会宾楼夜馔。八下钟返。钻坚明日回张。

10月9日　星期日

晴。上午,补写日记。写账。下午,韫辉来。至成都坊。出,至商务印书馆、中华书局购物,傍晚返。

10月10日　星期一

晴。上午,写账。致启贤信。下午,观《左文襄公家书》。心存来。启明、花明来。思期来,同至康乐村望舅处。至悦宾楼,应林晋康为子完姻喜筵。

10月11日　星期二

阴晴。上午,至四行储蓄会。出,至成都坊。博泉来。渠前携春由张回平,曾至余家,今又来沪也。下午,观《左文襄公家书》。邀天石来复诊颖柔。至成都坊。出,至致美楼,应杨道弘招饮,其哲嗣伯敬订婚设宴也。

10月12日　星期三

晴。上午。至白克路汲古阁装池。补写日记。下午,至康乐村望舅处。观《左文襄公家书》,直至夜间。

10月13日　星期四

阴晴。上午,写《倚剑吹箫楼诗话》。七民来。下午,至成都坊。夜,观《左文襄公家书》。

10月14日　星期五

晴。上午,博泉、君宾、韫辉先后来。写《倚剑吹箫楼诗话》。下午,至成都坊。出,至中国饭店、富晋书社、来青阁、大新公司,仍回成都坊以返。夜,忆初来。观《左文襄公家书》。

10月15日　星期六

阴。上午,偕颖柔至茄勒路法藏寺。为杏表姑母三七之期,顾家在寺中作佛事也。下午返。炳青来。

10月16日　星期日

晴。上午。下午,君藩、君宾来。炳青来。理书。至成都坊。夜,观《章氏四当斋藏书目》。

10月17日　星期一

晴。上午。盛焕文来。下午,致伯华信。至典业银行通讯处、先施公司、富晋书社而成都坊以返。心存来。致亚雄信。

10月18日　星期二

晴。上午。至四行储蓄会。下午,至国际药房。至成都坊。夜,复启贤、继麟信。

10月19日　星期三

晴。上午。至国际药房。下午,至康乐村望舅处,晤及平湖张佩仁。

10月20日　星期四

晴。上午,博泉来。下午,致蔡叔明信。偕颖柔至中美钟表公司、国货公司、冠生园。至成都坊。夜,伯才来。

10月21日　星期五

晴。上午。理书。下午,重致启贤信,前复之信乏便未寄出也。理物件。云岩来。亚雄自张来。君宾来。夜,写存《怀旧楼禁录稿》。

10月22日　星期六

晴。上午,至世界殡仪馆吊闵瑞师箧室之丧。前申张轮船上账友查君来。下午,至中国书店而成都坊。致昆友侄信。

10月23日　星期日

晴。上午,伯才来。言张堰于越昨遭日机轰炸,共投弹七枚,以版桥西一段被害最烈。谭梅生来。致伯华、子峰信。下午,昆惠来。至成都坊。心存来。啸月来。

10月24日　星期一

亚雄于今晨回张。上午,至四行储蓄会、典业银行通讯处、国货公司、中华书局、王大吉药号。下午,偕颖柔至大新、新新、先施三公司,并至东亚茶室啜茗,晤及仲稽。夜,至民智校内同乡会。每星期一夜在该校开例会,从未间断,惟近余不常到耳。

10月25日　星期二

晴。上午，至修德里君宾、圆妹处。同出，至戈登路看新造出租房屋。下午，至成都坊。出，至谭梅生处。理书。夜，伯才来。

10月26日　星期三

上午雨，下午阴，夜雨。上午，君宾来。下午，重写致叔明信，以□其寓所迁移前信未达也。至俞永康处。出，至大新公司、中国书店而返。伯才来。夜，誊存诗稿。

10月27日　星期四

阴。上午，至修德里圆妹处。出，至采芝斋购糖食而返。下午，写存《怀旧楼禁录稿》。至康乐村望舅处。至成都坊。出，至霞飞路觉林蔬食处，应朱履仁招饮。履仁宴戴君，为陪也。夜，九时许返。誊存诗稿。

10月28日　星期五

上午阴，下午雨。上午，至修德里晤俞天石，并至君宾处。誊存诗稿。下午，辑《张叔未先生年谱》。补写日记。

10月29日　星期六

阴晴。上午。写书目。下午，辑《金山艺文志》。至富晋书社、来青阁、朵云轩而成都坊。傍晚，至威海卫路五福食品公司，应亲戚一夔为子完姻喜筵。夜，八下钟返。

10月30日　星期日

阴雨。上午。下午，至康乐村望舅处。辑《金山艺文志》，直至夜分。昆惠来。

10月31日　星期一

晴。上午，至成都坊。出，至富晋书社、积学书社。下午，龚仲恩来。辑《金山艺文志》。偕颖柔至海格路丁香花园原址，游西湖博览会,傍晚返。夜,写存《怀旧楼藏书记稿》。

11月

11月1日　星期二

晴。上午,七民来。至丁香理发馆理发。下午,辑《金山艺文志》。至成都坊。偕颖柔至雪园,应仲恩及其夫婿徐忍寒招饮。同席尚有亚希、君湘、端志、思期、芳墅、惕卿。夜,九时许返。

11月2日　星期三

上午阴,下午雨。上午,写账。至慈淑大楼(原大陆商场)内典业银行通讯处晤君藩,同至餐英茶室啜茗。午刻返。下午,至天潼路乃乾处,坐谈数刻,返。致账友信。辑《金山艺文志》至夜分。致沈伯康信。

11月3日　星期四

阴晴。上午。下午,花明、启明来。至成都坊。辑《金山艺文志》至夜。

11月4日　星期五

晴。上午,至法藏寺。外叔祖母李太君今日十周忌辰,时舅在寺作佛事,因往一拜。午馔后返。辑《金山艺文志》。至成都坊。夜,观《四当斋藏书目》。

11月5日　星期六

晴。午刻,至青年会江浙同乡会聚餐。二时许,同乃乾出,至姚主教路大同坊晤王培孙,坐谈颇久,返已晚矣。夜,辑《金山艺文志》。

11月6日　星期日

阴晴,下午有雨。上午,仲田先生来。蔡叔明来。至中国书店、富晋书社、来青阁,而至一家春西菜馆同乡会聚餐。餐后,至俞永康处。出,至成都坊。辑《金山艺文志》至夜。

11月7日　星期一

晴。上午,至俞永康处。出,至西摩路新开之秀州书社晤及金颂清,即系其所设也。浏览后,选购瞿中溶之《古泉山馆诗集》一种。下午,偕颖柔至顾家宅公园游览,晤及思期。出,至锦江茶室啜茗,傍晚返。夜,忆初、君宾先后来。辑《金山艺文志》。

11月8日　星期二

晴。上午,至康乐村望舅处。辑《金山艺文志》。下午,至成都坊。出,至世界书局晤思期及商务印书馆、朵云轩、福禄寿食品公司,再至成都坊后返。夜,伯才来。

11月9日　星期三

晴。上午,沈伯康来。下午,至中国书店。出,至来青阁购得明邑人沈恺《环溪集》,其中《南汀姚公墓表》等为吾族先代作也。此书北平图书馆亦有之,然已残阙,书品亦不及此本之佳耳。出,至成都坊。辑《金山艺文志》。致账友信。夜,伯才来。

11月10日　星期四

晴。上午,至海格路时舅处。下午,偕颖柔至永安公司、国货公司购物,福禄寿吃点心,有德合摄一影。夜,辑《金山艺文志》。

11月11日　星期五

阴晴,有雨。上午,至俞永康处。出,至四行储蓄会。冯丽水来。下午,至有德照相馆、中国书店、来青阁、世界书局晤思期,商务印书馆而成都坊。夜,辑《金山艺文志》。

11月12日　星期六

晴。上午，理衣箱。下午，至有德照相馆。出，至天潼路乃乾处。出，至先施公司等处，而成都坊。夜，君宾来。复伯华信。

11月13日　星期日

晴。上午，龚子宣来。复钻坚信。理衣箱。下午，至一家春菜馆，贺何飞雄侄女问柔与钱模敬结婚。观礼，用茶点后，出，至旧书肆浏览，而至康乐村望舅处。傍晚返。亚雄、秋林自张来。

11月14日　星期一

晴。上午，与秋林杂谈。至四马路泰丰楼应金钱孙招饮，下午二下钟散席。出，至俞永康处。出，至成都坊。夜，与秋林杂谈。

11月15日　星期二

晴。上午。复继麟信。下午，至上海银行、浙江兴业银行、朵云轩、世界书局晤思期，来青阁、中国书店等处，并至福禄寿吃点心。夜，与秋林杂谈。

11月16日　星期三

晴。亚雄、秋林今晨回张。上午，至海格路时舅处，同至辣斐德路桃源村候于仲迟，并晤王芝林，坐谈至午刻，仍回海格路。馔后，又与时舅至愚园路渔光村，拟候雷君曜、君彦，均不值。晤及君遂，并见其太夫人，少坐。出，同至康乐村望舅处。旋余先行，至成都坊而返。辑《金山艺文志》。夜，君介来。

11月17日　星期四

晴。上午。下午，至国恩寺。出，至成都坊。出，至秀州书社。辑《金山艺文志》。夜，观家坚香先生（前机）之《井眉居杂著》。

11月18日　星期五

晴。上午，韫辉、君藩先后来。观《井眉居杂著》。下午，至俞永康处。出，至成都坊。出，至有德照相馆。博泉来。继麟自张来。

11月19日　星期六

晴。上午，子峰来，系昨晚抵沪，寓在旅馆。杂谈家乡事务，午馔后去。偕颖柔携念祖、纪祖至国恩寺举行下元节祭。先出，在霞飞路为纪祖定制学生装，而往锦江茶室吃点心以返。观《井眉居杂著》。夜，辑《金山艺文志》。

11月20日　星期日

晴。上午，博泉来。至俞永康处。子峰来，午饭后去，均明日回张。至中国书店、来青阁、树仁书店、世界书局晤思期，朵云轩等处，而成都坊。夜，君宾来。

11月21日　星期一

晴。上午，至静安寺路润康村候潘景郑，前已承其来访二次，未晤也。坐谈数刻，辞出。闻葛咏裳近始抵沪，住在同村，乃亦往候，不值而返。君宾、履仁来。下午，至胡庆余堂药号、商务印书馆及四马路旧书肆浏览。回后，又携纪祖至霞飞路西装店试着衣样。夜，补写日记。

11月22日　星期二

晴。上午，博泉来。近午，至青年会应履仁招饮。同席为谢雨楼及陶遗、新民、端志、子冶、君藩、君宾。下午二下钟，出，至树仁书店、来青阁、富晋书社、中国书店而成都坊。适大妹、中妹携菊、壁二甥亦来，傍晚返。夜，致账友钻坚二信，交继麟明晨带回。观清桐城张英著《聪训斋语》。

11月23日　星期三

晴。上午，写账。理书。下午，至俞永康处。出，至成都坊。观《聱训斋语》及《恒产琐言》《饭有十二合说》，直至夜分。

11月24日　星期四

晴。上午，辑《金山艺文志》。葛咏莪来。下午，至浦东同乡会开枫松属慈善董事会临时会。出，至成都坊。夜，辑《金山艺文志》。

11月25日　星期五

晴。上午，杂务。下午，至成都坊。出，至中国书店、世界书局晤思某、商务印书馆等处，又至成都坊以返。夜，辑《金山艺文志》。

11月26日　星期六

晴。上午，晋康来。至法藏寺。为顾伯贤夫人何氏表姑母周年开吊往奠。午馔后返。至俞永康处。出，至成都坊。

11月27日　星期日

晴。近午，至后路知味观菜馆应庄通百主持之星期聚餐，会晤沙武齐、屈伯刚、王欣夫、潘圣一、乃乾等。二下钟，出，至富晋书社、中国书店而返。至康乐村望舅处。夜，理书。

11月28日　星期一

晴。上午，至俞永康处。出，至四马路大西洋西菜馆，以陈端志为校本宴张莲汀，招陪。同席尚有陶遗、履仁、君藩、君宾等。出，至权二书店、中国书店，而至成都坊。致望舅信。傍晚，至润康村葛咏莪处，应其招饮。座中尚有乃乾及北平书贾乔景熙。夜，十时许返。

11月29日　星期二

晴。上午，致时舅、君介、君宾、伯才信，邀其今晚便酌。志义、七民、端志先后来。下午,辑《金山艺文志》。傍晚,至四马路大雅楼邀宴葛咏裳及北平书贾乔景熙、孙实君、王殿馨,并邀时舅、乃乾、公度、伯才、君定、君介、君藩、君宾。夜,十时许返。

11月30日　星期三

晴。上午,花明来,请颖柔打针。补写日记。辑《金山艺文志》。下午,至成都坊,携静姬出外一次。圈清桐城张廷玉著《澄怀园语》。夜,君宾来。

12月

12月1日　星期四

阴。上午,至丁香理发馆理发。近午,至福煦路汾阳坊九号孙宅,应孙邦瑞、程丽寰招饮,并观书画,亦系聚餐办□。余新加入,同座为于仲迟、王芝林、杜诗庭、朱孔阳、李文来、孙煜峰等。下午二下钟,出,至俞永康处。出,至成都坊。夜,观清人骆寿朋之《味外轩诗》及王日藻之《耆年谦集诗》。

12月2日　星期五

晴。上午,至世界书局晤思期。出,至冠生园等处购物而返。下午,辑《金山艺文志》。博泉来。至成都坊。出,至中国书店、富晋书社、来青阁,而至大雅楼应乔景熙、孙实君招饮。同席为陶兰泉、宗礼白及时舅、乃乾、咏裳等。近十时许返。

12月3日　星期六

晴。上午,花明、启明来。君藩来。下午,偕颖柔至南京路国货公司、三益公司、庆云银楼购物,精美食品公司吃点心。傍晚返。夜,辑《金山艺文志》。

12月4日　星期日

晴。上午，思期来，同至海格路时舅处。出，至一家春西菜馆同乡会聚餐。下午二下钟出，至成都坊。辑《金山艺文志》至夜分。

12月5日　星期一

晴。上午，伯才来。下午，博泉来。写账。至成都坊。出，至润康村，同咏莪至海格路应时舅招饮。近十时许返。

12月6日　星期二

晴。上午，至姚主教路大同坊朱孔阳处，观其所收金石书画。时舅、君藩亦到，并晤仲迟、芝林、煜峰。旋与时舅、君藩至同坊候王培孙。近午返。下午，致石钧信。伯才来。致账友信。至成都坊。出，至国货公司、冠生园购物，仍回成都坊而返。夜，忆初来。观《耆年谦集诗》。

12月7日　星期三

晴。上午，写账及日记。辑《金山艺文志》。下午，至天潼路乃乾处。出，至来青阁、富晋书社、中国书店以返。夜，君宾来。圈《澄怀园语》。

12月8日　星期四

晴。上午，写账。下午，至康乐村望舅处。出，至成都坊。出，至俞永康处而返。夜，伯才来。观《四当斋藏书目》。

12月9日　星期五

雨。上午，杰士来。徐蕙人来。辑《金山艺文志》。下午，翻阅《干溪曹氏家集》。君宾来。志义来。至修德里，同君宾、圆妹及君介至张家花园内基安坊看租房。夜，亚雄自张来。

12月10日　星期六

阴。上午,同亚雄至法藏寺。陈端志为其夫人周忌在寺开吊。往奠,午筵后出,至成都坊。复钻坚、昆友信。夜,伯才来。博泉来。纪祖于昨日起患身热胫肿,今夜由忆初诊治后打针。

12月11日　星期日

阴。上午,至福履理路李新民处,晤谈数刻,返。下午,致账友信。至成都坊。花明来,夜饭后,启明亦来。与亚雄杂谈,渠明晨回张。今日纪祖身热已凉,胫肿亦退。

12月12日　星期一

雨。上午,至修德里君宾处。下午,补写日记。至俞永康处,即返。夜,观《四当斋藏书目》。

12月13日　星期二

雨。上午。下午,偕迪前至戈登路中央殡仪馆,吊周复初姻丈(豹臣表妹婿之尊翁)之丧,少坐,返。辑《金山艺文志》。至成都坊。出,至浙江路万华楼应时舅招饮。同席为蔡剑夫、谢雨楼、干凯军、王畏三、陶遗、新民、履仁、君藩、君宾。夜,九时许返。

12月14日　星期三

阴晴。上午,至修德里君宾、圆妹处。出,至江西路中央储蓄会而返。下午,偕颖柔、大妹、中妹至修德里,并同君宾、圆妹至基安坊看租房。辑《金山艺文志》。夜,观《四当斋藏书目》。

12月15日　星期四

阴晴。上午,至修德里,同君宾至青年会晤谢雨楼。出,余至浙江兴业银行而返。下午,君宾、圆妹来。辑《金山艺文志》。至成都坊。出,至中国书店、富晋书社,而至大雅楼应乃乾招饮。同席为时舅、朴安、咏莪、袁树珊、孙实君等。夜,十时许返。

12月16日　星期五

阴雨。上午,伯才来。至马斯南路履仁处。下午,辑《金山艺文志》。至静安寺处荣康茶室,与陶遗相约叙谈。履仁、子冶亦来,并适晤及夏剑丞、冒鹤亭、杨无恙。五时许返。至成都川菜馆,应何子宽代廊下沈某招饮。同席为蔡剑夫、履仁、子冶等。近九时许返。

12月17日　星期六

阴晴。上午,至国恩寺。出,至金神父路花园坊候沈思齐先生,坐谈数刻,返。下午,纪祖又有身热,胫复肿,再请忆初医治打针。至修德里圆妹处。出,至大新公司、中国书店、富晋书社、来青阁、朵云轩,而至成都坊。夜,辑《金山艺文志》。

12月18日　星期日

阴雨。上午,写账及日记。守梅来。下午,昆惠来。携念祖至国恩寺举行冬至节祭先。辑《金山艺文志》。偕颖柔至成都川菜馆赴陈端志订婚喜筵,夜九下钟返。

1939 年

1月

1月1日　星期日

阴。余于前年双十节后一日以续娶至上海,乃故乡遽告沦陷,遂稽留至今,屈指盖已十五月矣。余偕妇徐颖柔住福煦路鸿远里十四号,念祖、纪祖、益明住十八号,姬人朱静婉与侄女昆惠住成都路成都坊十六号,大妹、中妹均住鸿远里十八号,圆妹住威海卫路修德里,花明住福煦路康乐村,皆在就近耳。上午,林晋康来。观清张宗泰《交游记》一卷。下午,偕颖柔携念祖、纪祖、益明至杏花楼,贺内兄王季鲁长女兆基与张述文结婚之喜。夜九下钟返。

1月4日　星期三

阴。上午,至成都坊。出,至青年会,江浙同乡聚餐并摄影。下午三时许返。翻阅书目。致陈伯华信。夜,复屠继麟,致沈伯才信。

1月5日　星期四

阴晴。上午。下午,至康乐村望舅处。出,至成都坊。出,至悦采芳糖果店。致沈伯康信。夜,观《章氏四当斋藏书目》。

1月6日　星期五

晴,夜雪。上午,顾震涛来。下午,至天潼路慎余里陈乃乾处,坐谈良久。出,至大新公司楼上,观徐氏素石山房书画展览会。夜,复郑逸梅信。

1月7日　星期六

晴。上午,理书。致蔡叔明信。下午,君藩来。至四行储蓄会、中国书店而成都坊。夜,君介来十八号内,坐谈良久。

1月8日　星期日

晴。上午,写账。复君宾信。下午,守中来。至成都坊。复紫卿信。夜,致伯华信。

1月9日　星期一

阴。上午,至慈淑大楼内典业银行通讯处。出,至湘姚学校候陈端志,不值。出,至国粹书店而返。下午,复家子佩、顾仲堪、王仰霄信。辑《金山艺文志》。出外一回。夜,观清秀水万光泰之《柘坡居士诗集》。

1月10日　星期二

晴。上午,写日记。辑《金山艺文志》。复通学斋书店信。下午,至成都坊。出,至中国书店、来青阁、国货公司、朵云轩,并至餐英吃点心,仍回成都坊后返。夜,辑《金山艺文志》。

1月11日　星期三

晴。上午,蔡叔明来。至打浦桥信昌当晤陆耀甫,并拟候徐子素,不值,留条而返。下午,偕颖柔至四公司及庆云银楼购物,并至福禄寿吃点心。中途晤及大妹。

1月12日　星期四

晴。上午,圆妹来十四号内。震涛来。至成都坊午饭,后偕静婉及昆惠等出外购物。写日记。复伯华信。偕颖柔至季鲁处,应兆基内侄女与其新婿张述文招饮。夜九时许返。亚雄自张来。

1月13日　星期五

晴。上午,杂务。下午,君藩来。偕颖柔至大新公司、永安公司、小花园、庆云银楼购物及大三元吃点心。

1月14日　星期六

晴。上午,复伯华信。大妹、中妹来十四号内。下午,至成都坊,即在彼写复继麟信。出,至中社。君宾、圆妹近以寓居楼上,有天花,携诸甥移寓于此。故往一视也。夜,君宾、圆妹携诸甥来十八号内,属颖柔种牛痘,纪祖亦种也。辑《金山艺文志》。

1月15日　星期日

晴。上午,携益、念、纪三儿至康乐村花儿处,并在望舅处,坐谈数刻。昆惠来,午饭后去。至成都坊。出,至古物商场啜茗,晤子仲迟、王支林等,仍回成都坊后返。夜,补写日记。

1月16日　星期一

雨。上午,沈伯康来。至成都坊。出,至护国寺,为成都坊之二房东杨立校母丧开吊,因往一拜,即返。下午,干以文来。至俞永康处。出,至庆云银楼。复公迈信。夜,观《四当斋藏书目》。

1月17日　星期二

阴。上午,杂务。下午,偕颖柔至新新公司等处购物,可可食品公司吃点心。余并至来青阁一回。

1月18日　星期三

阴。上午,至近段马路购物。大妹、中妹、君定艾拉十四号内。下午,至成都坊。夜,与亚雄杂谈。渠明晨回张。民智小学今日放寒假。

1月19日　星期四

晴。上午,王仰霄来。至中华殡仪馆吊王嘉廷之丧。出,同沈思期至青年会,江浙同乡聚餐。出,同陈乃乾、葛咏裳至中央旅社。少坐,余乃别至成都坊。夜,辑《金山艺文志》。

1月20日　星期五

晴。上午,干祖望来。至海格路时舅处,午馔后,同时舅、君藩及于仲迟至福开森路候金钱孙先生。出,又同至古物商场,四下钟返。夜,辑《金山艺文志》。

1月21日　星期六

晴,夜雨。上午,至浙江兴业银行。子峰来。系昨日抵沪,寓在旅馆。坐谈至下午四时许,去。郑逸梅来。徐子素来。至成都坊。夜,沈伯才来。补写日记。

1月22日　星期日

阴。上午,复伯华、继麟、陆斐然信。下午,至听涛山房等处及南京路一带购杂物,而至成都坊。夜,写账。

1月23日　星期一

晴。上午,杨道弘来。李新民同陈兆骥来。子峰来,午饭后去。至新新公司、来青阁、中国书店而成都坊。夜,作信致曹中孚、俞盘新,复仆人海松。

1月24日　星期二

晴,夜雨。上午,舒志澄来。复伯华、启贤信。子峰来,午饭后去,约明日回张。张义文来。偕颖柔至新新、永安两公司。伯才来。夜,复干钻坚信。君宾来。

1月25日　星期三

阴。上午,至静安寺路浙江兴业银行支行。复叶心安、孙筹成,致沈伯康、顾荩丞信。下午,至成都坊,携静姬至新光戏院观电影。仍同回成都坊,后返。夜,复干源岷信。

1月26日　星期四

晴。上午,陈士聿来。伯才、伯康来。至中国书店、富晋书社,而至大西洋西菜馆应时舅招饮。出,至世界书局晤思期,中华书局购书后,至成都坊以返。至麦赛而蒂罗路洁而精菜馆应朱履仁招饮,系新生会聚餐,散席已十时许矣。

1月27日　星期五

阴。上午,课纪祖温书。逸梅来。下午,思期来,同至海格路时舅处。至成都坊。夜,辑《金山艺文志》。

1月28日　星期六

晴。上午。下午,携念、纪两儿,梅、瑞、璧、嵩四甥至金城戏院观电影,大三元吃点心。夜,复星墅侄信。辑《金山艺文志》。

1月29日　星期日

雨。上午,冯丽水来。顾荩丞来。下午,辑《金山艺文志》。徐炳青来。至南阳路治中女子中学内国学会聚餐。系由时舅、胡朴安、蒋竹庄主席,晤金松岑、王佩诤、赵眠云、范烟桥、丁仲祜、卫聚贤、郑逸梅、胡省斋、王巨川、咏莪、乃乾、君介等,并观王燦芝女士舞剑。

1月30日　星期一

阴雨。上午,至成都坊。下午,至徐家汇路上海殡仪馆吊钱选青世丈之丧,少坐返。至同协祥、新新公司购物。至贾尔业爱路高君湘处,应其招饮。同席为潘鲁岩、葛辅唐、蔡仁抱等。十下钟返。

1月31日　星期二

阴。上午,至四行储蓄会、中国书店、富晋书社、悦采芳糖果店。下午,杂务。花明来。葛咏荄来,少坐后,同至静安寺路绿舫啜茗、夜馔,并邀乃乾、君介、君宾。馔后,又同咏荄至修德里君宾处,近十句钟返。账友胡秋林来。

2月

2月1日　星期三

阴,下午雨。上午,星墅来。书贾蒋龙标来。君藩、君宾来,同至福煦路香港菜社啜茗、午点,藉谈典业银行、瑞昌当事务。午后一下钟返。与秋林杂谈。林晋康、潘绥蓀来。至成都坊。夜,写日记。纪祖仍进民智小学,今日开学。

2月2日　星期四

雨。上午,至浙江兴业银行支行。下午,致亚雄、计墨与陈兆騠信。姚昌煌来。至绿舫与君介、君宾、乃乾、咏荄啜茗。夜,君介同哲华来。致子峰信。

2月3日　星期五

晴。颖柔昨夜腹痛而泻,今日卧病。上午,君宾来。复紫卿信。下午,邀忆初来治颖柔。曹中孚来。系昨日自张抵沪。坐谈良久,去。马善鸣来。复伯华信。夜,与秋林杂谈。渠明晨回张。光华附属中学今日放寒假。

2月4日　星期六

晴。上午,张仲田先生来。至丁香理发馆理发。至青年会应履仁招饮,同席为范紫云、谢雨楼、蒋丕文等。出,至来青阁。出,至上海中学晤道弘。出,至成都坊。至修德里俞天石处,应其招饮,十下钟返。

2月5日　星期日

晴。上午,至法藏寺。为陆耀甫母丧,在寺作佛事,因往一拜。出,至宝和旅馆晤中孚,同至二马路乐乡饭店同乡会聚餐。出,至世界书局而返。傍晚,至蜀蓉川菜馆,应蒋丕文、姚友林招饮。九下钟返。

2月6日　星期一

晴。上午,至亨利路阮雨苍处,望冯家六舅母。下午,顾苾丞来。渠今日起以校中寒假有暇,将日常来此为余渡校《汉书》兼督念祖温书也。至悦采芳而成都坊。至康乐村望舅处,以林憩南在彼招共夜馔,八下钟返。

2月7日　星期二

晴。上午,账友翁启贤来。系昨日抵沪,住在旅馆。少坐去。至海格路时舅处。出,至福明村孙煜峰处。今日阴历十二月十九为苏东坡生辰。在孙宅行寿苏会,由余与时舅、煜峰作主,到者有夏剑丞、冒鹤亭、汤定之、张叔通、金巨川、张敬垣等。又书画聚餐会亦同时举行,此次系于仲迟、王芝林主席合摄一影。酒后茗谈,至下午四时许散。至成都坊。出,至绿杨村,与君介等茶叙。出,至成都川菜馆,与思期、静谦、迪光设筵,答宴友林、丕文,并邀紫云、神骏、新民、中孚、履仁。九下钟返。

2月8日　星期三

晴。上午,至浦东大厦贺张颂蓬嫁女。启贤来。下午,林晋康来。复伯华信。与启贤杂谈,旋去,约明日回张。至悦采芳、中国书店、富晋书社、新新公司、陶园。至香港菜社邀顾苊丞、曹中孚、李新民、俞天石、葛咏莪、陈乃乾、王杰士、周迪前、高君定、君介、君藩酒叙。十下钟返。账友陈伯华今晚到沪,来菜社一晤,后去住旅馆。

2月9日　星期四

阴晴。上午,至忆定盘路月村冯子冶、志洽处,并望景舅母。伯华来,午饭后同至慕尔鸣路候俞肃斋,不值而返,伯华去。至成都坊,侄女巧官昨自张来此。出,至来青阁等处。夜,写账。

2月10日　星期五

雨。上午,伯华来。俞肃斋来。林晋康来。致钱卓然信。下午,与伯华杂谈,旋去,约明日回张。理账。吴忆初来。夜,写日记。

2月11日　星期六

阴。上午。下午,携念祖、纪祖至巴黎戏院观电影,演《大地》,近五时许返。昆惠与巧官来过。

2月12日　星期日

阴雨。上午,为逸梅写手册,即录旧作《咏梅》一首。中孚来。下午,逸梅来。至康乐村望舅处。出,至成都坊。夜,君宾来。翻阅叶凤毛《说学斋晬录》。

2月13日　星期一

阴雨。上午,至国恩寺。出,至秀州书社。下午,洒扫寓所。至蒲石路平安里金巨山处,应其招饮。同席为时舅、闵瑞师、陈陶遗、汤定之、戴伯英、孙煜峰、潘孟翘。返已十点多钟矣。

2月14日　星期二

晴。上午,至上海银行。下午,君藩、君宾来。至世界书局晤思期。出,至艺苑真赏社、大新公司、中国书店而成都坊。

2月15日　星期三

晴。上午,至书锦里当湖旅馆晤北平通学斋书友孙耀卿。出,至冠生园购糖果。下午,三妹均来十四号内,襄做年节圆□。致君宾信。至成都坊。出,至绿舫,与乃乾、咏莪茶叙,晚返。

2月16日　星期四

晴。上午,写账。新民来。下午,偕颖柔携念祖、益明至国恩寺举行年节祭先(纪祖以在上课,未往)。夜,伯才来。

2月17日　星期五

阴雨。上午,写账。理书。下午,延金向淇来诊治颖柔孕体。至悦采芳购糖果而成都坊。至绿舫,与乃乾、咏莪茶叙。夜,君宾来。

2月18日　星期六

晴。上午,出外购梅花、水仙。理书。下午,至世界书局晤思期。出,至荣宝斋购校书用之颜色锭,而至成都坊。炳青来。

2月21日　星期二

晴。上午,携念祖至海格路时舅处,福煦路四明村韫辉处。下午,中孚来。携念祖、益明至环龙路福寿坊王仲稽处。至成都坊。至晋隆饭店定宴客房间,及富晋书社一转而返。

2月23日　星期四

阴。上午,携念祖、益明至南阳路介福里王石士处。出,至西摩路万福坊王杭生处。下午,携念祖、益明至辣斐德路颖村王季鲁处。出,余至福履理路新民处。出,至成都坊。出,至静安寺路润康村候葛咏莪,不值。而至张家花园修德里俞天石处、震兴里伯才处。偕颖柔至蜀腴川菜馆,应君平伉俪招饮。夜九时许返。

今日，朱履仁、张仲田、何公度来过。念祖、益明仍进光华附属中学，今日开学。

2月24日　星期五

阴晴，晚雨。上午，伯才来。徐伯贤来。文尧来。徐内侄祥官、羊官来。携益、念、纪三儿至晋隆西菜馆，赴君平为文孙开汤饼之宴。下午二下钟，散席，三儿随中妹先返，余至来青阁书肆而成都坊。王内侄娴官、德官来。至康乐村望舅处。夜，写账。

2月25日　星期六

阴。上午，季鲁来。至青年会贺陈端志续娶，午馔后返。三时后，携念祖又往青年会观婚礼，并赴喜筵。夜，九时许返。

2月26日　星期日

上午阴，下午雨，有雪。上午，孙耀卿来。魏志良来（张堰房客魏森泰店主之子）。曹明道、祝匡正伉俪来。至中国书店，旋至大雅楼应仲稽、石士招饮。下午二点半钟，散席。出，至成都坊。写账。夜，写日记。

2月27日　星期一

晴。上午，至四行储蓄会。君藩来。理书。下午，至康乐村望舅处。舅氏近来精神欠佳，邀谈其家事。昨夜，适血症又发，因坐良久，傍晚而返。夜，君宾来。

2月28日　星期二

阴晴。上午。下午，致张堰公和万恒两酱园信，为介绍松江杜晋泰酱园向其批货事。伯才来。至静安别墅候杜诗庭。出，至秀州书社。出，至慈惠南里候徐积余先生。出，至康乐村望舅处。出，至成都坊。至晋隆西菜馆，设筵宴王氏内侄婿张述文、张步九、瞿宗修，及杭生、松生、兆塘、兆墀、德官诸内侄，并邀启明、花明。夜,九下钟返。益明、纪祖同去。

3月

3月1日　星期三

晴。上午,至四行储蓄会及富晋书社。下午,携念祖至霞飞路一千九百六十六号高君实处(君定、大妹、迪前、中妹等同去)。出,至南洋模范中学候张仲田先生(君定亦去)。出,至大同坊候王培孙。出,至世界书局晤沈思期,冠生园吃点心,并中华书局等处。夜,伯才来。今日,张莲汀、徐子素来过。

3月2日　星期四

阴晴,夜雨。颖柔怀孕,身体发肿。上午,同至金向淇处诊治,又至朱仰高处验血。下午,复启贤,致伯华信。写账。傍晚,即在寓中设筵宴徐氏外姑,邀吴忆初表嫂陆震环、内表侄女,及三妹、花儿为陪。

3月3日　星期五

阴。上午,倪道衍来。干七民来。韫辉来。下午,伯才来。至康乐村望舅处。出,至静安寺路上海银行分行而成都坊。今日,杜诗庭来过。光华附属中学今日开始上课。

3月4日　星期六

阴,微雨夜雨。上午,杨铝章来(张堰源来店友)。下午,至仁仁堂药号、四行储蓄会、来青阁、商务印书馆等处。炳青来。

3月5日　星期日

阴雨。午刻,至一家春西菜馆同乡会聚餐。餐后,出,至成都坊。夜,复石士信。

3月6日　星期一

阴,微雨。上午,至辣斐德路新亚中学晤曹中孚。写《王孟公诗稿》卷首题记。下午,偕颖柔至金向淇处复诊。出,余至富晋书社、来青阁、商务印书馆而成都坊。至康乐村望舅处。亚雄自张来。夜,君宾、伯才来。

3月7日　星期二

阴,晚雨。上午,至康乐村应望舅招谈。旋君平又邀至环龙饭店午餐,藉谈其家事。出,余至汇中银号、富晋书社等处,而成都坊。中孚来。今日起约其每逢星期二、四、六四时后,来为纪祖补课。夜,复北平书肆信。

3月8日　星期三

阴,有雨。上午,君平、君藩先后来。下午,复启贤、钻坚,致伯华信。今日身体不适,傍晚,发寒热。

3月9日　星期四

上午阴,下午雨。上午,作信复王培孙、屠继麟,致叶心安。下午,观《章氏四当斋藏书目》。

3月10日　星期五

雨。上午,写账。理书。下午,花明、启明来。作信复黄瘦梅、陆连钧。写劫后所得书目。夜,君宾来。

3月11日　星期六

阴。上午,杂务。下午,至商务印书馆而成都坊。至康乐村望舅处。至丽都花园饭店,与同人公宴陈端志、严庆喜新夫妇。夜,九下钟返。

3月12日　星期日

晴。上午,至丁香理发馆理发。下午,至康乐村望舅处。出,至朵云轩、来青阁而成都坊。夜,观《章氏四当斋藏书目》,完。

3月13日　星期一

晴。上午,至中国书店、来青阁、商务印书馆等处。下午,至康乐村望舅处。出,至成都坊。观张元济之《校史随笔》。今晨,亚雄回张。

3月14日　星期二

晴。上午,至拉都路和乐坊候蔡叔明,不值,即返。下午,偕颖柔至金向淇处复诊,及同孚路口中国银行。余又至中国书店、商务印书馆等处。

3月15日　星期三

晴。上午,蔡叔明来。下午,至康乐村望舅处。出,至成都坊。出,至俞永康处、悦采芳。伯才来。夜,观周济之《味隽斋史义》。

3月16日　星期四

晴。上午,至上海殡仪馆吊潘孟翘太夫人之丧。出,至姚主教路大同坊王培孙处,应其招午餐。同席为乃乾。下午三下钟返。何公度来。致伯华、继麟信。君宾来。夜,君介来。

3月17日　星期五

晴。上午,张堰商人顾锡林、俞庚生、黄福生来。至上海殡仪馆吊沈聊璧之丧,即返。下午,至成都坊,携静姬出,至扬子饭店及南京路购物。傍晚,仍同回成都坊后返。

3月18日　星期六

晴。上午,至中国书店等处。复叶揆初信。下午,至浙江兴业银行。出,至国华大楼观古砚斋书画古砚展览会,晤及李钟杰、于仲迟。出,至群贤别墅陈端志处。渠今日寄名小儿钱行友人,治面设筵,因招前往。余应其面席,后先出,至成都坊而返。至大雅楼,君宾宴中孚等招陪,九下钟返。

3月19日　星期日

晴。上午,携念祖、纪祖至沪光戏院观电影,演《木兰从军》。下午,至康乐村望舅处。写清明囤签。君宾来,同至姚主教路观新造出租房屋。至成都川菜馆,任道远为褚士荃将赴昆明设席饯行,招陪。十下钟返。

3月20日　星期一

晴。上午,写日记。写清明囤签。下午,至成都坊。出,至修德里君宾、圆妹处。

3月21日　星期二

雨。上午,陆梦熊来。写清明囤签。下午,至世界书局晤思期。复张石君信。夜,邀俞天石来治益明腮肿。

3月22日　星期三

晴。上午,写日记。写清明囤签。下午,至成都坊。出,至天潼路陈乃乾处。出,至中国书店。出,又至成都坊以返。夜,致顾荩丞、俞訒庵信。

3月23日　星期四

晴。上午,至金神父路候沈思齐,马斯南路候朱履仁,圣母院路候徐伯贤,均不值。下午,陆梦熊来。姚昌煌来。邀俞天石来复诊益明,并治颖柔伤风。至四马路同兴楼贺顾伯贤嫁女。出,至世界书局晤思期。出,至来青阁后返。复钻坚,致账友信。至福熙路香港菜社应君平、君定、君实招饮,同席为徐伯贤、沈伯才、张叔良等。夜,九时返。

3月24日　星期五

阴,夜深雨。上午,冯丽水来。写日记。下午,张石君来。观

《味隽斋史义》。至成都坊。出,至绿舫,约乃乾、莨丞、咏莪啜茗。出,余至大雅楼,为俞天石五秩寿,与同人设筵公宴之。夜,九下钟返。

3月25日　星期六

晴。上午,至修德里,同圆妹至巨籁达路观新造出租房屋。复培孙信。下午,君宾、圆妹来。又同至巨籁达路观房屋,中妹亦去。回,余至康乐村望舅处。

3月26日　星期日

晴,夜雨。上午,至海格路时舅处。旋同君藩、君宾至福煦路严宅候载如,少坐返。至福煦路福明村孙煜峰处,与同人公宴其四秩寿。下午三下钟,出,至成都坊。今日,曾请俞天石来复诊益明。

3月27日　星期一

阴,傍晚有雨。上午,写账。君宾来。下午,至修德里,同君宾出,至民孚银行、上海银行,而至泰利公司定租新造之巨籁达路景华坊房屋。出,余至朵云轩、来青阁、富晋书社、中国书店而成都坊。夜,复北平通学斋书肆信。

3月28日　星期二

晴。上午,君宾来。至民智学校晤龚仲恩。出,至秀州书社。下午,圆妹来。至福明村晤孙煜峰。出,至成都坊。乃乾来,即同出,至福煦路八百三十七号候徐幼楚。出,至怡静茶室,夜馔后返。致奚博泉信。

3月29日　星期三

阴。上午,至亨利路阮寓望冯家六舅母。出,至马斯南路息庐晤朱履仁。严载如来。下午,翻阅《平湖经籍志》。至成都坊。

出,至来青阁。出,至四马路,王宝和与中孚、新民、雪艇、履仁、飞槎酒叙。夜,九时许返。

3月30日　星期四

阴,下午雷,有雨。上午,至青年会晤谢雨楼,履仁亦来,并晤及周星北。写账。下午,观《味隽斋史义》,完。伤风,薄有寒热。

3月31日　星期五

阴。上午,至国恩寺。出,至海格路时舅处。下午,至同孚路长丰里君介处。出,至成都坊。朱邦屏来。

4月

4月1日　星期六

雨。颖柔怀孕,于今晨三时起腹痛,有胞水。九时,同至福煦路中德医院,请金向淇接生。下午五时一刻,产一女,大小安好。乃于七时许,突发厥,仍由金医诊治,谓为子痫,系产前体肿所致。毕即平复,而神识不醒。至九时许,又发一次。今日,大妹、中妹,花、益二儿、忆初、吴咸臻、徐炳青均来院。下午,复启贤、继麟,致伯华信。

4月2日　星期日

雨。颖柔子痫,今上午三时、五时、七时、十时半叠发,自后不发,连昨共发六次。傍晚起,神识渐觉清醒。今日,三妹四儿、忆初伉俪、冯剑吟、启明、君定均来。下午,携念、纪二儿至国恩寺举行清明祭先。

4月3日　星期一

晴。颖柔今日起安好,惟有时觉头痛。三妹,花、益二儿,昆惠、昆亮、启明,君宾、君平嫂、秀红妹、剑吟妹、忆初伉俪均来院。
4月4日　星期二
晴。上午,回鸿远里一次。下午,观《校史随笔》。今日,三妹,花、益、念三儿,君介、君藩、忆初伉俪来院。
4月5日　星期三
晴。上午,观《校史随笔》。下午,至成都坊。回鸿远里一次。今日,三妹、四儿、忆初伉俪来院。
4月6日　星期四
晴。上午,写账。观《校史随笔》。下午,回鸿远里一次。四时许,至宁波旅沪同乡会,参预公祝马相伯先生百岁大寿之会。夜八时许,返医院。今日,花、益二儿,启明、炳青、忆初伉俪来院。
4月7日　星期五
晴。上午,至成都坊。下午,回鸿远里二次。至国华大楼内丹阳旅沪同乡会,取所赠马相伯先生百岁寿碗,并观书画展览会。出,至朵云轩、新新公司、中国书店而返医院。今日,三妹、昆惠、韫辉伉俪、炳青、忆初、咸臻来院。
4月8日　星期六
晴。上午,写账及日记。致直隶书局,复紫卿、继麟信。下午,回鸿远里一次。至朵云轩、商务印书馆、求益书社等处。观胡适《藏晖室札记》。夜,观《校史随笔》完。今日,花儿,忆初伉俪来院。纪祖今患腮胀,延俞天石诊治。
4月9日　星期日
晴。上午,至丁香理发馆理发,而回鸿远里一次。奚博泉伉俪来。圆妹来。季鲁来。下午,至成都坊。出,至富晋书社、来青阁、朵云轩。中妹、忆初来过。观《藏晖室札记》。至成都川菜馆,倪若水为子订婚设筵招饮。夜,九下钟返。

4月10日　星期一

上午阴雨,下午晴。上午,大妹来。回鸿远里。出,至法藏寺。为陈干臣〔幹丞〕先生逝世后,今其家属在寺作佛事,同乡会举行公祭,因往参预。祭后,出,仍回鸿远里。下午,邀俞天石来复诊纪祖。四时后,至医院。益儿曾至院,忆初嫂来过。炳青、忆初先后来。观《藏晖室札记》。

4月11日　星期二

阴,夜雨。上午,复昆智信。回鸿远里而成都坊。出,至大鸿运楼贺杨道弘长子伯敬结婚,即返医院。圆妹来过。下午,秀红妹来。观《藏辉室札记》。回鸿远里一次。花明来。至鸿运楼观杨宅婚礼,并赴喜筵。夜,九时许返。

4月12日　星期三

阴。上午,观《藏晖室札记》。回鸿远里,午饭后至医院。中妹来。至西门子床厂购床,而至大新公司楼上观历代书画展览会。出,至中国书店。夜,至温泉沐浴。近十时许返。

4月13日　星期四

阴晴,夜有雨。上午,回鸿远里。出,至修德里君宾处,并晤履仁。出,至四行储蓄会而返医院。徐心存来过。忆初嫂来。回鸿远里,午饭后,君藩、君宾来。四时许,至医院。炳青来过。至成都坊。出,至来喜饭店应君藩招饮。同席为朱又禄、沈思期、林憩南、丁迪光。九下钟返。复伯华信。

4月14日　星期五

雨。上午,回鸿远里一次。中妹来。偕颖柔携新儿回鸿远里十四号。三妹与花儿先后来视(平时常来,不尽记)。下午,杨伯雄来。傍晚,至浦东同乡会应蔡剑夫招饮。蔡君以目疾未到,由梅诵清代表。九时许返。

4月15日　星期六

雨。上午,写日记。下午,致伯华信。炳青来。夜,花明与启明来。

4月16日　星期日

阴。上午,理账。蕙清来。下午,守梅来。至成都坊。至来青阁而大三星酒楼,与肃斋、道弘、端志、若水、天石、履仁、君介、君宾公宴沈思期。夜,十下钟返。

4月17日　星期一

阴。上午,韫辉来。至五凤里何公度处,因悉安姑母于去腊十二月廿二日病故于湖南湘潭旅次。盖自前年避难往也。下午,至成都坊。出,至天潼路乃乾处,坐谈良久而返。

4月18日　星期二

阴。上午,写账。下午,博泉来。至成都坊。祝匡正来。夜,君宾来。

4月19日　星期三

阴。上午,写账。致君藩信。下午,至成都坊。出,至大新公司观历代书画展览会。出,至中国书店。高五妹来。观《藏晖室札记》。至洁而精菜馆应履仁招饮。同席为朱又禄等。夜,八下钟返。屠继麟自张来。

4月20日　星期四

阴,夜雨。上午,与继麟杂谈。致培孙信。下午,至成都坊。静姬言昆惠俤女于今晨丑时在山海关路同德医院产一女。观陈幹丞先生遗著一册,系其嗣君天石所抄集。

4月21日　星期五

　　阴。上午，冯丽水来。写日记及账。下午，至成都坊。出，至世界书局晤思期。复王欣夫信。季庵自张来，夜饭后去住旅馆。

4月22日　星期六

　　晴。上午，蕙清来。观《藏晖室札记》。下午，至成都坊，携静姬出，至顾家宅公园游览，锦江茶室啜茗，仍同回成都坊后返。至洁而精菜馆应吴导江招饮。系新生会聚餐。夜，十时许返。

4月23日　星期日

　　晴。上午，干七民来。至成都坊。出，至福明村孙煜峰处，应其招饮。下午三时许返。至海格路时舅处。

4月24日　星期一

　　阴晴，夜雨。上午，伯才来。观《藏晖室札记》。下午，君宾来。至成都坊，携静姬至山海关路同德医院视昆惠侄女。出，至新新公司购物，福禄寿吃点心，仍同回成都坊后返。

4月25日　星期二

　　阴。上午，履仁同姚墨谦来。张石君来。君宾来。观《藏晖室札记》。下午，李钟杰来。辑《金山艺文志》。至静安寺后，荣康茶室君介约叙啜茗，集者君定、荅丞、天石、伯才、启明。傍晚返。

4月26日　星期三

　　晴。上午，至青年会与履仁约晤谢雨楼。出，至俞永康处而返。观《藏晖室札记》。下午，蒋志义来，少坐后，同至康乐村望舅处。志义先行，余坐谈数刻后，出，至成都坊。傍晚，至润康村葛咏裳处，应其招饮。同席为君定、君介、陆清澄等。返已十句多钟矣。

4月27日　星期四

晴。上午,写账。君宾来。何姨母家属在法藏寺作佛事,因往一拜,午馔后返。观《藏晖室札记》。至成都坊。

4月28日　星期五

晴。上午,复石君信。辑《金山艺文志》。下午,至成都坊,携静姬出,游兆丰公园,仍同回,后返。

4月29日　星期六

阴,夜雨。上午,至四行储蓄会。出,至同兴楼贺林晋康续娶之喜。出,至世界书局晤思期而返。下午,陆清澄来。至蒲石路震旦女子文理学院,应其柬邀观行校舍落成礼。出,至同兴楼观林宅婚礼,并赴喜筵。夜,八下钟返。

4月30日　星期日

晴。上午,至附近马路购物。君宾来。作信复赵松铨。下午,花明、启明携新外孙来,傍晚去。

5月

5月1日　星期一

晴。上午,至成都坊。复紫卿、伯华、钴坚信。下午,以新儿今日弥月,治面。夜,伯才来。

5月2日　星期二

晴。上午,石君来。至永安公司等处购物。下午,假寐数刻。观《藏晖室札记》。辑《金山艺文志》。颖柔产后未健,邀金向淇来诊治。

5月3日　星期三

晴。上午,石君来。即同至海格路时舅处,适前本县之长钱吟珂亦来,坐谈至午刻而返。下午,至成都坊,大妹、中妹亦来。出,至大新公司观书画展览会、中国书店、富晋书社、来青阁。

5月4日　星期四

晴。上午,观《藏晖室札记》。下午,至四行储蓄会,天潼路乃乾处,世界书局晤思期,而成都坊。夜,君宾来。

5月5日　星期五

晴。上午,张堰南森泰店友张君来。致伯华信。复赵松铨信。下午,偕大妹携念、纪二儿至大马路一带购物。何向柔来。至大西洋西菜馆应时舅招饮,同席为钱吟珂、金松岑、唐耕余、崔云潜、钱小山、庄通百等。夜,九时许返。

5月6日　星期六

晴。上午,至法藏寺。为钱选青先生逝世百日,今其家属在寺作佛事,同乡会举行公祭,因往参预。祭后,同时舅、陶遗至乐园殡仪馆吊蔡叔明夫人之丧,乃返。下午,至成都坊。傍晚,至大三星菜馆同乡会聚餐。夜,十时许返。

5月7日　星期日

阴晴。上午,至爱多亚路大三元,应白蕉约茶叙,尚有中孚、启明亦来。十时许返。至约翰大学之怀施堂应王欣夫招饮,为饯春之会。集者为时舅、金松岑、李佩秋、夏膻禅、杨无恙、陈蒙厂、潘伯年、周子美、王巨川。散席后,又同游约翰校园及兆丰公园。返已下午四时矣。观《制言》杂志。夜,新民同杨守中来。

5月8日　星期一

晴。上午,子峰来。系昨夜自张抵沪,杂谈至午饭,后去住旅馆。至马斯南路候履仁,不值。至霞飞路一千八百四十七号曹明道、祝匡正处,晤祝慎旃,少坐,出,至巨籁达路观所租之兴建房屋,而至成都坊。

5月9日　星期二

晴。上午,履仁、新民来。子峰来,午饭后去。喉痛身热而卧。夜,邀忆初来诊治。

5月10日　星期三

晴,夜雨。今日,身热已退,喉痛亦渐愈。上午,观《藏晖室札记》。下午,致亚雄信。

5月11日　星期四

雨。辑《金山艺文志》。

5月12日　星期五

晴。上午,辑《金山艺文志》。子峰来,午饭后去,约明日回张,当托带致伯华一信。履仁来。至成都坊。君藩来。至辣斐德路中法联谊会,与履仁、新民假座设筵宴蔡剑夫、何上治、王艮仲、杨守中等,并邀中孚、端志、飞槎。出,又至马斯南路履仁处,少坐,十时许返。

5月13日　星期六

晴。上午,至丁香理发馆理发。辑《金山艺文志》。下午,至乐园殡仪馆吊王晋玉祖母之丧。出,至康乐村望舅处。炳青来。至成都坊。

5月14日　星期日

晴。上午,至修德里君宾处,并候杨守中,亦住在是里也。复培孙信。下午,观《制言》杂志。至马斯南路履仁处,并约剑夫、新民,坐谈良久。出,至成都坊。夜,辑《金山艺文志》。

5月15日　星期一

晴。上午,至四行储蓄会。下午,至成都坊。观《藏晖室札记》。

5月16日　星期二

晴。上午,张仲康来。复赵松铨及养怡、继麟信。下午,至二马路汇中银号证券大楼内典业银行新迁通讯处晤君藩、来青阁、中国书店,而至成都坊。至群贤别墅陈端志处应其招饮。同席为美国教士步惠廉及陆规亮、陶遗、芳墅、静谦、思期、君藩、新民、履仁、白蕉。近十时许返。

5月17日　星期三

阴晴,夜雨。上午,同君平、君定、君宾、启明至大众殡仪馆吊朱贡三之丧。下午,补写日记。干七民来。至成都坊。

5月18日　星期四

雨,下午阴。上午,作信复胡世豪,致直隶书局。下午,至俞永康处。出,至朵云轩、商务印书馆等处。至大三星菜馆应国学会聚餐,由金松岑、杨践形、丁趾祥主席。夜,九时许返。

5月19日　星期五

阴晴。上午,子凤来。理书。致严载如信。下午,至金向淇处酬其接生费。至沈树宝处,以近日身体不适,请其诊治。至润康村葛咏裁处,坐谈数刻。出,至先施公司、朵云轩而返。

5月20日　星期六

晴。上午,至法藏寺。为何姑母逝世后百日,公度表弟在寺讽经家奠,因往拜祭。下午,念祖亦嘱其一到,余于三时许出,至成都坊而返。

5月21日　星期日

晴。上午,至来青阁晤店主杨寿祺,观其新收之旧籍。又至富晋书社而返。致伯华信。下午,观《藏晖室札记》。至民智学校内旅沪同乡会,开常年大会,改选职员,余仍被举为监事。四下钟返。傍晚,至蒲石路平安里金巨川处应其招饮。系送寿仪后答宴也。近十句钟返。

5月22日　星期一

晴。上午,写日记。观《藏晖室札记》。下午,至成都坊,携静姬出,至永安公司等处购物。又至沈树宝处,余请复诊。仍同回成都坊,后返。

5月23日　星期二

雨。上午,孙耀卿来。致君藩信。下午,观《藏晖室札记》完。观马叙伦之《读书续记》。连日午后薄觉身热,邀俞天石来诊治,又益明患头眩,亦请其一诊。致账房信。夜,君宾来。

5月24日　星期三

阴晴。上午,赵松铨来。写账。下午,观《读书续记》。至成都坊。出,至中国书店、来青阁、世界书局晤思期而返。

5月25日　星期四

晴。上午,赵松铨来。下午,观《读书续记》。启明、花明来。邀俞天石来复诊,余与益明又颖柔请其开产后调理方。

5月26日　星期五

晴。上午,君定来十四号。复俞讱庵信。下午,至霞飞路交通银行。出,至来青阁、中国书店而成都坊。

5月27日　星期六

阴雨。上午,姚墨谦来。写账。复王仰霄信。下午,辑《金山艺文志》。伯华自张来,坐谈数刻,后去住旅馆。

5月28日　星期日

阴。上午，君藩来。至棋盘街美乐餐室，与书画同人聚餐，并祝程丽寰六秩寿。下午二下钟，出，至成都坊。辑《金山艺文志》。夜，俞天石来。余与颖柔请其改方。系日间往邀也。

5月29日　星期一

雨。辑《金山艺文志》。

5月30日　星期二

阴。上午，辑《金山艺文志》。下午，邀俞天石来。余请其复诊，并治益明连日稍有身热症，似小湿温。夜，亚雄自张来。

5月31日　星期三

晴。上午，至亚尔培路中央银行。写账。昆惠携其新小儿来，午后去。下午，至四行储蓄会、中国书店而成都坊。出，至沈树宝处诊治静姬，随去。

6月

6月1日　星期四

阴晴。上午，伯华来。杂谈至近午，去。约明日回张。致钻坚信。下午，偕颖柔至永安公司、先施公司、天福南货号购物。

6月2日　星期五

晴。上午，至海格路时舅处。下午，新小儿种牛痘。辑《金山艺文志》。邀俞天石来复诊余与益明。至成都坊。夜，君宾来。

6月3日　星期六

晴。上午，至四行储蓄会。出，至大新公司观吴昌硕先生遗作展览会。出，至中国书店。下午，林晋康来。四时许，至绿舫，约乃乾、咏莪、君介、君宾茶叙。傍晚返。夜,理物件。

6月4日　星期日

晴。上午,至成都坊。出,至中国书店、来青阁,而一家春西菜馆同乡会聚餐。下午三下钟返。邀冯志恰来诊治益明。夜,与继麟杂谈。渠自到沪后,曾往红十字会医院戒烟,今定明日回张。

6月5日　星期一

晴。上午,同颖柔至朱仰高医生处及三友实业购物。下午,蒋志义来。至康乐村望舅处。出,至成都坊。出,至沈树宝处诊治。出,至富晋书社、来青阁,而至万利酒楼应王杰士招饮。系新生聚餐也。夜,十时许返。

6月6日　星期二

雨。上午,至宁波同乡会观古今柬帖展览会。出,至大新公司等处购物而返。下午,子峰来。系昨日到沪,坐谈数刻,后去住旅馆。至绿舫,乃乾约茶叙,少坐返。傍晚,在十八号内设筵宴徐氏外姑、陆内姑母、周太亲母,并邀吴表嫂、三妹、花儿为陪,补治新小儿汤饼也。

6月7日　星期三

晴。上午,致伯华、继麟信。君藩来。下午,子峰来,少坐,去。约明日回张。志洽来复诊益明,来时,余外出未晤。至沈树宝处,近请其注射补血针也。出,至成都坊。至荣康菜社应陆清澄、沈叔英招饮。同席为徐眉轩、葛咏莪、胡宛春等。夜十时许返。亚雄去住成都坊。约明晨同昆惠携其新小儿回张。

6月8日　星期四

晴。上午,至蒲石路高福里闵瑞师处,坐谈良久,返。孙耀卿来。下午,至成都坊。翻阅吾族世谱。

6月9日　星期五

晴。上午，至修德里君宾处。复伯华信。下午，观《一澄研斋笔记》。偕颖柔至李善畯处诊治。至沈树宝处注射补血针。出，至成都坊。出，至润康村葛咏裁处，应其招饮。同席为思期、履仁等。酒后，又同至悦采芳饮汽水。返已十下钟矣。

6月10日　星期六

晴。上午，至朵云轩、浙江兴业银行、中西药房、艺苑真赏社等处。下午，复培孙信。偕颖柔至丁香理发馆，同理发。至成都坊。出，至山景园，朱履仁、邦屏、昆仲安、徐眉轩招陪。夜十时许返。

6月11日　星期日

晴。上午，偕颖柔携益、念、纪三儿至福州路大三星菜馆，以新小儿产后亲友多有馈赠，爰设筵相宴，共列五席。下午三时许返。至康乐村望舅处。夜，君介来。

6月12日　星期一

晴。上午，韫辉来。下午，至四行储蓄会、中国书店、来青阁，而至成都坊。出，至沈树宝处注射补血针。夜，伯才来。

6月13日　星期二

晴。上午，林晋康同南昌米行店主周金海来。徐伯贤来。下午，至康乐村望舅处。旋同君平、君介、君实及徐子素至徐家汇俭德村谒钱复初先生，又至中兴村顾惕君处。返已近六时矣。致亚雄、继麟信。

6月14日　星期三

晴。上午，至成都坊。出，至巨籁达路观所租之新建房屋。下午，观《一澄研斋笔记》。至成都坊，携静姬出，至南京路购物，可可茶室吃点心。仍同回成都坊,后返。君平伉俪来过。

6月15日　星期四

阴,夜雨。上午,至沈树宝处注射补血针。复启贤信。下午,假寐数刻。徐蕙人来。至康乐村望舅处。夜,理账。

6月16日　星期五

雨,下午阴。上午,写日记及账目。下午,至国恩寺。出,至成都坊。至中国书店、富晋书社、来青阁,而至大三星菜馆设筵宴徐眉轩、陆清澄、胡宛春、葛咏裴,并邀思期、荩丞、中孚、新民、履仁。尚有沈叔英以事未到。夜,十时许返。

6月17日　星期六

晴。上午,徐伯贤来。至霞飞路交通银行。下午,观《潜励斋初稿》。系崔云潜所寄赠。徐炳青来。至成都坊。夜,君宾来。

6月18日　星期日

晴。上午,至沈树宝处注射补血针。下午,偕颖柔携念祖、纪祖至国恩寺夏至节祭。出,至巨籁达路观所租之景华新村房屋。夜,伯才来。

6月19日　星期一

晴。上午,孙耀卿来。偕颖柔至修德里圆妹处。余又至俞天石处,请其改方,应酬以今岁迭次诊金。致启贤信。下午,致成都坊。出,至中国书店、来青阁。秋林自张来。夜,复徐心存,致通学斋信。

6月20日　星期二

上午阴,下午雨。上午,至修德里,同君宾及钱海如至江西路泰利公司接洽租赁巨籁达路新建房屋事宜。下午,复崔云潜信。翻阅新购王澹渊批点之书籍。

6月21日　星期三

上午阴雨，下午晴。上午，写账。干七民来。君宾来。下午，至成都坊。翻阅《北京人文科学研究所藏书目录》。

6月22日　星期四

晴。上午，至霞飞路中国银行，打浦桥信昌当，晤子素。下午，复培孙信。至四行储蓄会、雷允上药号而成都坊。至洁而精茶室，与陶遗、君藩、履仁茶叙晤谈。出，至五凤里晤公度。复伯华、继麟信。夜，与秋林杂谈。渠明晨回张。

6月23日　星期五

晴。上午，至修德里君宾处。出，至中国书店、来青阁，而世界书局候思期，不值以返。下午，至福明村晤孙煜峰。出，至成都坊。

6月24日　星期六

晴。上午，张季民来。至成都坊。盛焕文来。下午，偕颖柔至紫来街周永兴号观木器。

6月25日　星期日

雨。上午，顾荩丞来。下午，颖柔为余及儿辈注射防疫针。观《一澄研斋笔记》。盛焕文来。

6月26日　星期一

雨。观《一澄研斋笔记》。下午，偕颖柔并邀同忆初伉俪至周永兴号选购木器。

6月27日　星期二

阴雨。上午，至上海银行、中国书店。下午，至成都坊（先至蒲石路福寿坊候顾荩丞，不值）。夜，复培孙，致通学斋信。

6月28日　星期三

晴。上午,携念祖、纪祖至汉口路证券大楼上光华大学暨附属中学。念祖本属初中毕业,今日行毕业典礼,因往参观。礼成后,念祖尚须摄影,余同纪祖先出,至西泠印社、商务印书馆而返。下午,偕颖柔至张家花园内基安坊君介新迁之处。出,至小花园一带购鞋,及精美公司吃点心,庆云银楼而返。咏莪来。心存来。

6月29日　星期四

晴。上午,至修德里君宾处。出,至沈树宝处。下午,至成都坊。复伯华、继麟、钻坚信。夜,至带钩桥华东旅馆内万利转运公司候中孚。闻其明晨回张,今夜住宿于此,欲托其带信。乃不值,因即将信留交公司而返。

6月30日　星期五

晴。上午,写日记。至大鸿运酒楼贺何孟龙嫁女之喜。出,至来青阁一转而返。下午,偕颖柔携益明至鸿运楼何宅喜筵,并观婚礼。因男女家眷在一处也。夜,九时许返。

7月

7月1日　星期六

晴。上午,顾芨丞来。今日起,请其每日上午来此为儿辈补习国文及温书也。孙煜峰来。至成都坊。下午,观《一澄研斋笔记》。至康乐村望舅处,视花明及其小儿曾患寒热。出,至成都坊。

7月2日　星期日

雨。上午,观《一澄研斋笔记》。近午,至北京路大加利菜馆。

书画同人聚餐，系余与李文来主席。下午二下钟，出，至一家春菜馆。今日同乡会亦聚餐，未散，往晤思期，少坐，返。第二次注射防疫针。夜，亚雄自张来。

7月3日　星期一

雨。上午，收拾寓中物件，预备迁居。致欣夫及子峰、启贤、继麟信。下午，观《一澄研斋笔记》。至成都坊。

7月4日　星期二

晴。上午，至修德里君宾处。出，至民智学校晤龚仲恩。下午，至四行储蓄会、中国书店，而慎余里晤乃乾，坐谈数刻，返。观《一澄研斋笔记》。

7月5日　星期三

晴。上午，至成都坊。出，至浙江兴业银行、中国书店而返。下午，观《一澄研斋笔记》。至成都坊而康乐村望舅处。复培孙，致李云岩信。夜，复杨聘之，致直隶书局信。

7月6日　星期四

晴。上午，至巨籁达路观所租之景华新村新屋。致伯华、启贤、继麟信。观《一澄研斋笔记》。下午，至来青阁，并至大马路购物而成都坊。

7月7日　星期五

晴。上午，至丁香理发馆理发。出，至成都坊。下午，观《一澄研斋笔记》。偕颖柔至大马路购物。

7月8日　星期六

晴。上午，至中国书店忠厚书庄、来青阁。下午，至景华新村新屋内观装电灯。炳青来。至成都坊。夜，观《一澄研斋笔记》完。复通学斋信。

7月9日　星期日

晴。上午，至大马路购铜器。下午，至福煦路香港茶室。君藩邀同闵瑞师、沈思老、陈陶遗、潘鲁岩、张子杰、履仁等谈典业银行事。五时许返。偕颖柔至周顺兴木器店。夜，君宾来。第三次注射防疫针。

7月10日　星期一

晴。上午，至成都坊。出，至景华新村。下午，至大三元茶室，新民邀同履仁等谈组织万利运输公司事。出，至中国书店。

7月11日　星期二

晴。上午，至修德里君宾处。下午，至景华新村移往物件。至成都坊。夜，仆人阿八、阿生自张来。君介来。

7月12日　星期三

雨，风潮。收拾物件。下午，郁荫丞来。复伯华、继麟信。

7月13日　星期四

阴晴，晨微雨。上午，至爱多亚路西门子床厂而成都坊静婉处。下午，偕颖柔携念祖、纪祖、益明、新儿慧明迁居法租界巨籁达路古拔路口西首八百二十衖景华新村内四十号。傍晚，以布置尚未完备，仍回鸿远里宿焉。君宾、圆妹迁居在东邻四十一号。

7月14日　星期五

阴晴，上午微雨。上午，偕家人至景华新村，即住焉。徐氏外姑曾在鸿远里十四号，今亦同来。下午，花明、启明来。至鸿远里一次。忆初来。夜，君介来。

7月15日　星期六

阴晴。上午，安顿物件。下午，钱海如伉俪来。钱君即住西邻三十九号，高天梅之女婿也。偕颖柔至钱海如处。至鸿远里。

傍晚,至五凤里公度处应其招饮,饯行顾彬之等也。十时许返。

7月16日　星期日

阴晴。上午,安顿物件。午刻,钱海如宴客招陪。忆初嫂来。炳青来。至鸿远里。出,至成都坊。

7月17日　星期一

晴。顾莨丞暑期内来为儿辈补习。连日以迁居暂辍,今日上午始来新居复课。昆亮来。下午,至鸿远里。出,至康乐村望舅处。

7月18日　星期二

晴。上午,安顿物件。补写日记。下午,大妹、中妹、迪前、周太亲母携甥辈来。至世界书局晤思期。出,至中华书局等处而成都坊。夜,君介同左盛勋来。左君,泾县人,住在同里,欲令其子暑期内来附读也。

7月19日　星期三

雨。上午,左盛勋同其子来附读。思期来。观夏剑丞之《忍古楼诗》。下午,至鸿远里十八号内理书。该处仍为大妹、中妹与吴忆初所住,余留一小间安放一部分书籍物件也。

7月20日　星期四

雨,下午微雨。上午,观《忍古楼诗》。下午,至四行储蓄会、中国书店、来青阁而成都坊。时舅来过。傍晚,至白利南路兆丰别墅五十一号叶揆初处,应其招饮。同席为顾起潜、潘博山、潘景郑、王佩诤、王欣夫、陈陶遗、陈仲恕、陈叔通。八下钟返。今晚,以沈思期公郎道南将往西南,与天石、君宾等相约在蜀腴菜馆饯行,嘱念祖前去。

7月21日　星期五

晴。上午，至鸿远里。出，至成都坊。午饭后，至悦采芳购糖食而返。韫辉来。傍晚，沈思期、黄芳墅、蒋俶卿、毕静谦、杨道弘、龚冰若、方冲之、陈端志、王杰士、俞肃斋、倪若水、俞天石、李新民、陈乃乾、顾莼丞、吴忆初、钱海如、何孟龙、高君定、高君介、高君湘（未到）、高小剑送筵两席，来贺余前日颖柔产女及今迁居之喜。十时许散。花明、启明来。

7月22日　星期六

晴。寓处三楼前后两间及盥洗室一间拟出租。今日上午，有杭州人施子介来租定。下午，安顿物件。

7月23日　星期日

晴，晚有雨。上午，仲田先生来。至海格路时舅处。下午，复钻坚信。至鸿远里成都坊。夜，观《忍古楼诗》。致沈伯康信。

7月24日　星期一

晴，下午有阵雨。上午，至鸿远里成都坊。出，至浙江兴业银行、同协祥参燕号，而冠生园午馔后返。理书。计墨兴、倪杏生来。复紫卿、伯华信，交仆人明晨带回。傍晚，君宾宴客招饮。

7月25日　星期二

晴，有雨。上午，理书。下午，至成都坊。出，至华东旅社内万利转运公司，晤新民等，及余天成药号而返。夜，君平、启明来。

7月26日　星期三

晴。上午，至霞飞路六百八十二号朱履仁新租之处。闻其祖母病，少坐返。下午，偕颖柔至三友实业社、永安公司购物，福禄寿吃点心。余又一转来青阁。花儿来，夜饭后去。

7月27日　星期四

晴,下午有雨。上午,复源岷信。下午,至中国书店而成都坊。

7月28日　星期五

晴。上午,分租之三楼房客施子介来住。至同里廿六号候左盛勋及君宾处三楼候钱吟珂。下午,观《忍古楼诗》。至鸿远里。夜,复培孙、欣夫信。

7月29日　星期六

晴。上午,复杨秋心信。中妹携瑞、璧两甥来（夜饭后去）。下午,至成都坊。出,至爱文义路公和煤油号,晤其经理张水初,对所出施子介租房系单。

7月30日　星期日

晴。上午,安顿物件。下午,复紫卿、继麟信。夜,复伯华信。

7月31日　星期一

晴。上午,至棋盘街处西泠印社、曹素功笔墨庄而至成都坊。午饭后返。偕颖柔至周永兴木器店。

8月

8月1日　星期二

晴。上午,致守梅信。至丁香理发馆理发。下午,补写日记。至慎余里候乃乾,不值。乃至润康村晤咏莪,坐谈数刻后,至成都坊。

8月2日　星期三

晴,上午有微雨。上午,至霞飞路五凤里晤杰士。出,至奥礼和路湘姚中学晤昆亮，视其病。出，至来青阁、中国书店而晋隆饭店，应王欣夫招饮。同席为时舅，冒鹤亭，瞿良士，吕□，张芹伯，潘博山、景郑，顾起潜，施韵秋等。下午三点多钟散。出，至民智学校晤龚冰若。出，至鸿远里，颖柔亦来。旋余先行，至康乐村望舅处。傍晚返。

8月3日　星期四

晴，有微雨。上午，作信复道弘、钻坚。下午，作信复伯华、守梅。至成都坊。

8月4日　星期五

晴，有雨，雷。上午，沈伯康来。左盛勋来，邀余与君宾至荣康啜茗，并游静安寺。下午，至四行储蓄会、国货公司、中国书店。翻阅清桐城姚柬之之《伯山诗文集》。

8月5日　星期六

晴，傍晚雨。上午，至延平路安居候胡朴安。朴安近患偏中，尚不甚剧，坐谈数刻，返。下午，大妹、中妹携菊、梅、壁三甥来。致伯华信。炳青来。至成都坊，夜饭后返。观清宝山毛大瀛之《戏鸥居词话》(《戊寅丛编》本)。

8月6日　星期日

晴。上午，花明携外孙曾同来。至一家春西菜馆同乡会聚餐，下午近三时许散，出。至冠生园购糖食而返。启明来，傍晚同花明、曾同去。夜，观清平湖卢生甫之《东湖乘》(《戊寅丛编》本)。

8月7日　星期一

晴，有雨。上午，七民来。翻阅戊寅丛编。下午，观清长洲顾予咸之《雅园居士自叙》(《戊寅丛编》本)。至成都坊。出，至华东旅社内万利公司同协祥号而返。夜，观《忍古楼诗》。

8月8日　星期二

晴。上午，作信致李云岩，前日曾来，不值。至国货公司、冠生园购物。下午，仲稽来。至慎余里晤乃乾，坐谈数刻后，出，至成都坊。

8月9日　星期三

晴，下午有雨。上午，至海格路时舅处。下午，至鸿远里理书，念、纪二儿随去。致子峰、伯华信。

8月10日　星期四

晴，上午有雨。上午，携念、纪二儿至商务印书馆、光华银镜公司等处。下午，至成都坊。出，至鸿远里。夜，观《忍古楼诗》。

8月11日　星期五

晴，上午有雨。上午，俞天石来。写账。下午，偕颖柔至静安别墅苏州国医女科王慎轩处诊治。以产后肾病未愈，尚戒咸食，身体未复原也。出，至邵万生等处购物，福禄寿吃点心而返。君定来。

8月12日　星期六

晴。上午，钱吟珂来。至孟德兰路护国寺。为吴湖帆夫人潘静淑女士开吊，往奠。又至忆定盘路万安殡仪馆，吊曹景贤之丧。下午，中妹携星、瑞、壁三甥来（夜饭后去）。炳青来。复紫卿、伯华，致守梅信。观《忍古楼诗》。

8月13日　星期日

晴。上午，偕颖柔至王慎轩处复诊。写账。下午，至秀州书社而成都坊。冯剑吟来。复继麟信。

8月14日　星期一

晴。上午，家中又装出书橱二幢。郁荫亚来。写祭祀疏纸。

下午,邀志洽来诊治益明头眩。姚墨谦来。李云岩来。忆初来。理书。

8月15日　星期二

晴。上午,君定来,午饭后去。偕颖柔至王慎轩处复诊。至成都坊。夜,理书。

8月16日　星期三

晴。上午,理书。至青年会江浙同乡聚餐,晤及姜可生、刘筱墅,皆属二十年前老友,久不见矣。出,至商务印书馆、来青阁、中国书店等处,而至成都坊及鸿远里。黄墨庄来。

8月17日　星期四

晴。上午,理书。下午,至康乐村望舅处,坐谈良久,返。夜,白蕉来,携其《拟上张仲仁黄任之论政治书》相商。致伯华信。

8月18日　星期五

晴。上午,理书。偕颖柔至王慎轩处复诊。下午,至同孚路购磁〔瓷〕器,而至鸿远里。出,至来青阁,旋至成都坊。夜,复钻坚信。亚雄明日回张,今夜往宿鸿远里。以晨间至浦滩趁船路较近也。

8月19日　星期六

晴。上午,理书。观《制言杂志》。下午,至中法药房而成都坊。花明来(夜饭后去)。今日为阴历七月初五日,系先君十八周年忌辰。傍晚设祭,自避难以来因寓所局促,致祖先生忌之祭阙如,负疚殊深。今新租之处较为宽畅,始克举行。夜,复伯华信。亚雄今日趁船不及,今将于明晨成行。此信并昨致伯华、复钻坚信,均交其带回也。

8月20日　星期日

晴。上午,理书。偕颖柔携念祖、纪祖、益明至大陆游泳池观览并午馔。下午三时许,偕颖柔先返,念祖等至鸿远里。复星墅信。夜,君平伉俪、启明、花明来。

8月21日　星期一

晴。上午,理书。七民来。至亚尔培路撷华菜社,书画同人聚餐,于仲迟、孙邦瑞主席。下午二时许,出,至棋盘街一带购文具而至成都坊。作信致蔡哲夫。花明、启明来(夜饭后去)。今日阴历七月七日,为綮君生辰,傍晚设祭。夜,乃乾、公度来,坐谈良久。颖柔并请公度诊治,十时许去。

8月22日　星期二

晴。上午,蔡叔明来君宾处,往晤谈。理书。下午,大妹、中妹携壁甥来,傍晚去。观《忍古楼诗》。纪祖仍进民智小学,今日开学。

8月23日　星期三

晴。上午,守梅携竞官来。系越昨到沪,仍任民智教务,住在成都坊楼下。花明携曾同来(傍晚去)。中元节在寓祭先。以前四时之祭以寓所局促,皆就国恩寺举行。下午,履仁来。致伯华信。至成都坊。

8月24日　星期四

晴。上午,致孙味蕰信。观《制言》杂志。下午,中孚来。渠暑假内回张,近方到沪。邀志洽来诊治颖柔。夜,君藩来。

8月25日　星期五

晴,下午有雨。上午,致鸿远里。出,至民智学校,携纪祖返,今日午后罢课也。下午,至康乐村望舅处。出,至成都坊。出,至中国书店而返。夜,翻《王奉常集》。

8月26日　星期六

晴。上午,钻坚携其女全华来。系昨晚抵沪,欲送其女入学也。午馔后去。同颖柔至周永兴木器店。至颖村王宅,以闻季鲁今晨被刺,特往探视。晤其家人,知伤势尚不甚重,已送住医院矣。益明与花明先往,少坐,同返。

8月27日　星期日

晴。上午,至江苏旅社晤钻坚。出,至成都坊午馔,后至鸿远里而返。邀志洽来复诊颖柔。补写日记。夜,乃乾来。

8月28日　星期一

阴晴,有雨。上午,至江苏旅馆候钻坚,不值。出,途晤伯才,在源来衣庄,少坐,并晤陈景贤。出,至来青阁、中国书店而返。下午,复继麟信。伯才来。至江苏旅馆,钻坚宴其友张仲明于会宾楼邀陪。九下钟返。

8月29日　星期二

雨,风潮。上午,致启贤信。下午,翻《王奉常集》。至成都坊。出,至江苏旅馆,邀钻坚、七民、中孚、苉丞、伯才、白蕉至万利酒楼小酌。又乃乾本欲晤谈,亦约之来。九时半返。

8月30日　星期三

雨。上午,钻坚来。至法藏寺。时舅、郑逸梅、范烟桥、赵眠云发起在寺为先友胡君石予诵经公祭,因往祭奠。胡君去秋避难,殁于安徽铜陵也。下午三时许,出,至湘姚总校候昆亮,不值而返。

8月31日　星期四

晴。上午,写日记及账目。下午,偕颖柔至四行储蓄会。出,至民智学校候纪祖放学,颖柔同之先回。余至丁香理发馆理发。出,至成都坊。出,至江苏旅馆晤钻坚。出,至宝和旅馆内张申转运公司晤及晋康。夜,理书。

9月

9月1日　星期五

晴。上午,至大同坊晤培孙。下午,至民智学校晤仲恩、肃斋。出,至鸿远里、四行储蓄会、中国书店、来青阁、江苏旅社晤钻坚及世界书局等处购物而返。夜,忆初嫂来。

9月2日　星期六

晴。上午,至霞飞路一千三百十四号水电公司写字间缴水电费。致味蘐信。下午,观《忍古楼诗》。炳青来。邀志洽来复诊颖柔。至成都坊。出,至鸿远里,念祖、纪祖先在,同返。复星墅信。顾荩丞先生暑假内每日上午来为儿辈补习国学,今日以学校将开课,结束。

9月3日　星期日

上午晴,下午阵雨。上午,徐伯贤来。携念祖、纪祖至金门戏院观电影。午刻出,两儿回去,余至一家春西菜馆同乡会聚餐。出,至世界书局。出,至成都坊。花明来(夜饭后去)。傍晚,至润康村葛咏裴处应其招饮。同坐为姜胎石、可生、昆仲及君介。十时许返。

9月4日　星期一

晴。上午,孙味蘐来。复张堰房客魏森泰店主之子志良信。下午,伯才来。周永兴木器店之主来。至康乐村鸿远里而成都坊。夜,复紫卿、伯华信。

9月5日　星期二

晴。上午,同念祖至静安寺处新华银行交光华学费。下午,至华东旅社内万利运输公司。出,至国货公司、先施公司、中国书店等处而成都坊。出,至康乐村望舅处。夜,伯才来。

9月6日　星期三

晴。上午,至息庐履仁处,并晤及祝慎旃。下午,至成都坊,携静姬出,至扬子饭店。

9月7日　星期四

阴晴,晚雨。上午,至海格路时舅处。韫辉来。下午,复秋林信。写账。观《国光艺刊》。邀志洽来复诊颖柔。夜,理书。

9月8日　星期五

上午阴雨,下午阴晴。上午,至静安寺处荣康菜社定菜一席。拟复哲夫信。下午,至成都坊。出,至来青阁、永安公司,大新公司观沈尹默、吴湖帆、汪亚尘书画展览会。

9月9日　星期六

晴。上午,写复哲夫信。花明携曾同来(傍晚去)。下午,致亚雄信。至鸿远里,念祖、纪祖先在,同返。祝慎旃来,近住在朱履仁处(夜馔后去)。忆初来。顾起潜来。新生聚餐会此次由余轮值,今晚即在寓约叙。集者杰士、中孚、导江、飞槎、新民、智川、履仁、邦屏、君藩、君实。十时许散。

9月10日　星期日

晴。上午,正少奶奶巧官来。正少奶奶以竞官病,于前晚抵沪,住在成都坊也(午饭后去)。葛咏裁来。下午,至青年会九楼化工社开股东会。出,至成都坊。

9月11日　星期一

晴。上午,至辣斐德路六百十四号候顾起潜。是处叶揆初等将设合众图书馆,顾君为之筹备也。少坐,略事浏览,出。至辣斐坊六十一号候闻野鹤,新自昆明回,不值而返。下午,至鸿远里理书。出,至中国书店、富晋书社、永安公司、朵云轩等处,而至成都坊。

9月12日　星期二

晴。上午,大妹、中妹携壁甥来(午饭后去)。心存来(午饭后去)。下午,忆初嫂来。花明来。邀志洽来复诊颖柔。忆初来。闻野鹤来。复伯华信。

9月13日　星期三

晴。上午,苋丞来。七民来。杨铝章来。拟复李菊生信(即沧萍)。下午,校王培孙送阅之所抄彭宾《偶存草》。至成都坊。

9月14日　星期四

晴。上午,致秋林信。复培孙信。下午,至法藏寺。为何氏杏表姑母周年忌辰,顾惕君在寺作佛事也。出,至四马路购物而至成都坊。夜,观《忍古楼诗》。

9月15日　星期五

晴。上午,至恺自尔路戚智川路。韫辉来。下午,至南京路亨得利钟表店等处而至成都坊。出,至鸿远里。

9月16日　星期六

阴,晚雨。上午,韫辉同陆幼卿、沈季香来。写账。下午,续拟复菊生信。至康乐村望舅处,坐谈良久。出,至鸿远里。

9月17日　星期日

雨。上午,录存信稿。复伯华信。下午,张仲康之子盘铭来。

作信复哲夫,致乃乾。观《忍古楼诗》。纪祖、益明曾请书手册,今各为题句如下:纪祖。傲不可长,气不可负;益明。慎其交游,慎其言语。毋骛闲事,毋骛虚名。

9月18日　星期一

雨。上午,录存信稿。下午,复伯华信。观《忍古楼诗》。君定来。

9月19日　星期二

阴雨。上午,至成都坊。下午,写账。写复李沧萍信。今日起,请顾麟书每逢星期二、四、六四时许来为纪祖温习学校功课二小时。

9月20日　星期三

晴。上午,复紫卿、秋林,致伯华、亚雄信。续写复沧萍信。下午,偕颖柔至王慎轩处诊治。出,至民智学校候纪祖放学,即同之至国货公司等处购物。傍晚返。

9月21日　星期四

晴。上午,写账。林晋康来。君湘来。忆初来。下午,续写复沧萍信,完。观清钱塘汪璐之《藏书题识》(《戊寅丛编》印本)。至成都坊。

9月22日　星期五

晴。上午,至成都坊。午饭后,至鸿远里。出,至中国书店、来青阁。

9月23日　星期六

晴。上午,写账。复源岷信。下午,中妹携菊、梅、瑞三甥来。七民来。至康乐村望舅处,坐谈至傍晚而返。

9月24日　星期日

晴。上午,致秋林,复继麟信。王欣夫、瞿凤起来。下午,至成都坊。出,至康乐村望舅处。

9月25日　星期一

晴。上午,同颖柔至王慎轩处复诊。出,余至护国寺。今日外家高氏在此举行秋祭。午馔后,出,至成都坊,昆惠携其小儿于昨晚自乡来。

9月26日　星期二

晴。上午,至浙江兴业银行及商务印书馆。昆惠携小儿来(傍晚去)。下午,至来青阁、中国书店等处而成都坊。出,至康乐村望舅处。中妹来过。今日,接账友来信,悉老友何宪人于二十三日(阴历十一)在里病故。

9月27日　星期三

雨,傍晚雨止,夜有月色。上午,写日记及账。下午,复通学斋信。写书籍题记。翻阅孙耀卿之《贩书偶记》。今日阴历八月十五,为先祖考春渔公忌辰。傍晚,设祭。闻绪先祖妣言,先祖考洪杨时避难在外,殁于杜家行也。夜,君介来,坐谈良久,去。

9月28日　星期四

晴。上午,孙味蘉来。写征访书目。下午,至慎余里乃乾处,坐谈数刻。出,至有正书局等处而至成都坊。复伯华信。

9月29日　星期五

晴。上午,补写日记。写征访书目。下午,致时舅信。偕颖柔至四明村韫辉处,出,游兆丰公园,傍晚而返。

9月30日　星期六

晴。上午,至霞飞路水电公司写字间缴水电费。观《忍古楼诗》。下午,至中国书店、亨得利钟表店而成都坊。出,至康乐村望舅处。益明亦在花明处,同返。大妹、中妹来过。

10月

10月1日　星期日
晴。上午,至丁香理发馆理发。出,至福明村孙煜峰处,书画同人聚餐,下午三时许散。同王支林、于仲迟、朱孔阳至古玩书画商场。出,至成都坊。夜,致伯才信。

10月2日　星期一
晴。上午,伯才来。复秋林,致子峰信。观《忍古楼诗》。下午,智川来。至极司非而路候沈思老,爱文义路候高小剑,均不值,而至来青阁。夜,致孙煜峰信。

10月3日　星期二
晴。上午,至极司非而路九十九号沈思老处,近得其尊公(名福祉,字兰槎)手写有《竹庄日记随笔》(同治八年己巳)三册,即以赠之。思老见后感激涕零,至于下拜,真古之人也。陈陶遗来过。下午,景小姐来。系前日抵沪(傍晚去)。思老来,旋约时舅亦来,少坐后,同至静安寺处乐村啜茗。出,余至成都坊。花明来过。

10月4日　星期三
晴。上午,写账。至霞飞路交通银行及亚尔培路中央银行。下午,观《忍古楼诗》。邀志洽来诊治慧儿腹泻。至中国书店等处而成都坊。夜,观《藏书题识》完。

10月5日　星期四
晴。上午,写账。偕颖柔至王慎轩处复诊。李云岩来。下午,仲稽来。小剑来谈其家事。至康乐村望舅处,傍晚返。仲稽在君宾处手谈。夜馈后,又偕君藩来,少坐。

10月6日　星期五

晴。上午,蔡叔明来。迪前来,又君平、君定、君湘来谈其族事。君湘近午去,余均午饭后去。蒋志义来。观《忍古楼诗》。邀志洽来复诊慧儿。夜,七民来。俞肃斋、仁荣叔侄同陆连钧来(连钧系本乡孔家阙陆梦熊之子。前年变起时,肄业县立中学。避难西奔,转辗而至粤西。适仁荣之父訒庵任职桂林邮局,为之收留,兹托使返沪。今暂住此间,再行觅使同归。梦熊亦曾来沪,托余探询消息也)。

10月7日　星期六

阴晴,夜有雨。上午,至中国书店。出,至广西路天天饭店应钱吟珂招饮。同席为时舅、陶遗、君宾、钱名山、汤定之、张伯岸、孙祖基等。下午二时许散。后至来青阁,一转而至成都坊。昆惠携小儿于今晨回乡。出,至鸿远里。夜,翻阅《北京人文科学研究所藏书目录》。

10月8日　星期日

晴。上午,补写日记。干全华来(傍晚去)。至一家春西菜馆同乡会聚餐。出,在四马路一带旧书肆浏览而至成都坊。夜,白蕉来,出示其所撰《先人行述》,属为修订。

10月9日　星期一

晴。上午,修订白蕉之《先人行述》。下午,白蕉来。携念祖、纪祖至金门大戏院观电影。出,纪祖至鸿远里,颖柔先在是处也。余同念祖走霞飞路,拟定制衣裤而返。

10月10日　星期二

阴晴。上午,写冯柳东著述目录。致钻坚信。迪前来。花明携曾同来(下午,启明亦来,傍晚均去)。下午,观《忍古楼诗》。邀志洽来复诊慧明,腹泻已渐愈。至成都坊。出,至绿舫茶室,与小剑约谈。守中来过。

10月11日　星期三

阴晴。上午,陈陶遗来。君定来,午饭后去。白蕉来。复秋林信。至成都坊。出,至天香楼,与仲稽等公宴君藩,祝其四秩寿。夜九时许返。陆连钧去宿民智学校中,明晨随便人回乡。

10月12日　星期四

阴晴。上午,陶遗来,少坐后,同至钱吟珂处。新民、履仁来。写《题宪人遗众》,系倩君定代拟也。下午,至康乐村望舅处,应其招谈族事。傍晚而返。

10月13日　星期五

阴。上午,写《书籍题记》。下午,至成都坊。出,至福禄寿茶室,与小剑约谈。出,至来青阁而返。大、中两妹来过。

10月14日　星期六

晨盛雨,旋放晴。写书籍题记。下午,三楼所租房客施子介迁去。致子峰、秋林信。炳青来。夜,观《蒋莘田集》中《家训》。

10月15日　星期日

晴。上午,写账。下午,沈思老来。至鸿远里。出,至成都坊。出,至康乐村望舅处。夜,致时舅信。

10月16日　星期一

雨,上午阴。上午,偕颖柔至王慎轩处复诊。下午,写冯柳东著述目录。夜,观《忍古楼诗》。

10月17日　星期二

晴。上午,写《冯柳东著述目录》。下午,至康乐村望舅处。出,至成都坊。出,至中国书店。曾请志洽复诊慧明,已来过。寓处三楼近租与宁波人钱起彭,今日来住。

10月18日　星期三

晴,夜雨。上午,新民来。致乃乾信。下午,至成都坊,携静姬出,至沪光戏院观电影,仍同回成都坊。乃至康乐村望舅处,后返。夜,观《续古文辞类纂》。

10月19日　星期四

阴。上午,致伯华信。近观清初曹家驹之《说梦》,今完。下午,小剑来。云岩来。至世界书局,思期约与履仁、静谦、迪光谈本县事宜。出,至国货公司等处而返。

10月20日　星期五

阴。上午,至四行储蓄会、大新公司、雷允上药号、民智学校、秀州书社。下午,至成都坊。出,至棋盘街旧书店。夜,亚雄自张来。

10月21日　星期六

阴晴。上午,复明伯信。下午,致星墅、子峰、秋林信。观《忍古楼诗》。

10月22日　星期日

阴晴。上午,至海格路时舅处。下午,姚昌煌来。韫辉同其家人来。花明、启明来。至成都坊。

10月23日　星期一

雨。上午,抄张文虎文一首,拟辑《舒艺室集》外文也。下午,新民来。作信复紫卿,致伯华、君藩。观《忍古楼诗》。

10月24日　星期二

晴,晨有雨。上午,写账。致君平信。抄汪璐《藏书题识》中全谢山文一首。下午,至爱多亚路纱布交易所。出,至世界书局晤思期。出,至成都坊。陶遗来。夜,君介来。

10月25日　星期三

晴。上午,伯华、秋林来。系昨晚抵沪,住在旅馆。写账。抄汪璐《藏书题识》中归熙甫文一首。君湘来。下午,至鸿远里。出,至成都坊。君平来过。夜,观《清初三大疑案考实》。

10月26日　星期四

晴。上午,写账。新民来。飞槎来。中妹携菊甥来(下午去)。下午,至爱多亚路西门子床厂购棕榈。出,至来青阁、富晋书社、中国书店而返。

10月27日　星期五

晴。致君实信。上午,至宝和旅馆晤伯华、秋林,杂谈逾午。出,至可可食品公司面点而至成都坊。至息庐朱履仁处,晤祝慎旃。夜,翻阅《图书季刊》(世界文化合作中国协会发行)。

10月28日　星期六

晴。上午,至霞飞路农民银行。下午,写书籍题记。观《图书季刊》。傍晚,至洁而精茶菜室,中孚主席,举行新生聚餐。夜九时许返。

10月29日　星期日

阴晴,晚雨。上午,复钻坚、继麟信。花明、启明携曾同来(下午,启明先去,花明携曾同傍晚去)。至成都坊。观《图书季刊》。

10月30日　星期一

阴晴。上午伯华、秋林来,杂谈至午,饭后去。约明日回张。

晋康来。偕颖柔至王慎轩处复诊。出,至丁香理发馆,同理发。出,颖柔先回,余至康乐村望舅处。夜,亚雄去住旅馆。明晨回张。韫辉来。

10月31日　星期二

晴。上午,理发。至霞飞路水电公司写字间缴水电费。下午,偕颖柔至南京路中国照相馆合摄一影。出,至新都饭店啜茗。出,至国货公司等处购物,傍晚而返。

11 月

11月1日　星期三

晴。上午,理发。偕颖柔至孟德兰路护国寺。今日望舅母七秩冥庆。高宅在寺作佛事,因往拜祭。下午四时许出,至中国照相馆看照样后返。

11月2日　星期四

晴。上午,写账。启明来。系昨日抵沪,住在旅馆。午饭后,去约,即回张。致继麟信。至成都坊。携静姬至金城大戏院观电影,仍同回成都坊后而返。观《忍古楼诗》。

11月3日　星期五

阴雨。上午,写书籍题记。下午,至福晋书社、来青阁、蟫隐庐、一大药行。夜,观《制言》杂志。

11月4日　星期六

晴。上午,杂抄。复通学斋书店信。下午,新民来,即同至康乐村望舅处。新民先行,余旋至成都坊。

11月5日　星期日

阴雨。上午,中妹携壁甥来(傍晚去)。下元节祭先。下午,杂抄。炳青来。至康乐村望舅处。夜,观《忍古楼诗》。

11月6日　星期一

阴晴。上午,周永兴店内送复漆之木器来。致子峰信。下午,至成都坊。出,至康乐村望舅处。夜,观《忍古楼诗》。

11月7日　星期二

阴雨。上午,作信致紫卿、伯华、子峰。下午,至中国书店、富晋书社、来青阁、汉文渊书肆等处。

11月8日　星期三

雨。上午,写账。作信复黄涤新,致继麟。下午,致启贤信。观郑振铎《跋脉望馆钞校本古今杂剧》(山程印本)。夜,观《忍古楼诗》,完。君介来。

11月9日　星期四

阴。上午,至法藏寺。与时舅、陶遗、云岑、仲迟、兰畦、履仁、飞槎发起为先友费龙丁诵经,并举行公祭,集者约八十人。下午四时许,出,至成都坊而返。夜,观《清道人集》。

11月10日　星期五

阴晴。上午,补写日记。至白尔路晏心寺,高小剑在寺为其嗣祖母诵经,因往拜奠,午馔后。出,至商务印书馆而至成都坊。

11月11日　星期六

晴。上午,作信致紫卿。观杨鸿烈之《历史研究法》。下午,大妹、中妹携鼎、安、松、恭、菊、梅六甥来。杂抄。炳青来。忆初伉俪来。伯才来。夜,君介来。

11月12日　星期日

阴晴。上午,至静安寺路新市场内购物。观《清道人集》。下午,至成都坊。出,至大新公司四楼观语文展览会。夜,至康乐村,望舅招重议收租成色。

11月13日　星期一

阴晴。上午,写账。观《清道人集》。下午,至康乐村望舅处。出,至鸿远里。出,至成都坊。出,又至康乐村,并晤伯才。出,至秀州书社而返。时舅来。夜,小剑、君介先后来。

11月14日　星期二

阴晴。上午,杂抄。复启贤信。下午,偕颖柔至画锦里等处购物,冠生园吃点心,而至黄钟处诊治。因颖柔近来形体瘦弱而又日有热度也。夜,观《清道人集》。

11月15日　星期三

晴。上午,致秋林,复继麟信。葛咏莪、陆清澄来。至中国照相馆。下午,至中国书店、富晋书社而至成都坊。出,至鸿远里,纪祖放学后在彼,同返。今日为阴历十月初五,系本生祖考秋领公生辰。傍晚设祭。夜,昆友同余家佃户吴阿云来彼等,今晚抵沪。先至成都坊,巧官亦来,旋与昆友去。阿云则住于此。

11月16日　星期四

阴晴。上午,昆友来。作信致紫卿。下午,昆友同阿云去。观《清道人集》。至中国书店而至成都坊。出,至康乐村望舅处。夜,观《清道人集》。

11月17日　星期五

阴晴。上午,写账。君定来。拟致金钱孙信。下午,至中国照相馆、朵云轩、中西药房,而至成都坊。白蕉来。今日为阴历十月初七,系本生祖考秋领公忌辰、先妣冯太淑人忌辰。傍晚设祭。

11月18日　星期六

晴。上午,写致金钱孙信。花明携曾同来(傍晚去)。下午,至海格路时舅处。出,至成都坊。拟致曹君儒信。夜,观《清道人集》。

11月19日　星期日

阴晴。上午,守中来。本约其与守梅来谈族中事及其家事,乃守梅待久不来,守中遂去。去后而守梅携竞官适来,午饭后去。至白尔部路渔阳里乃乾新迁寓所,坐谈数刻。出,至来青阁等处而返。夜,观《清道人集》。

11月20日　星期一

阴晴,晨有雨,夜雨。上午,瞿凤起来。写致曹君儒。君儒,理斋之叔也。韫辉来。致欣夫信。下午,至静安寺路浙江兴业银行西区支行。出,至鸿远里。出,至成都坊。夜,复通学斋书肆信。

11月21日　星期二

阴雨。上午,写账。致启贤、子峰信。下午,至亚尔培路中央银行。观杨鸿烈之《历史研究法》。夜,观《清道人集》。

11月22日　星期三

雨。上午,写账。观《历史研究法》。下午,至浦东同乡会六楼,开旧松属慈善董事会临时会议。四时许,出,至成都坊。夜,观《清道人集》。

11月23日　星期四

雨。上午,写账。观《历史研究法》。下午,写笔记。复伯华信。观《历史研究法》。

11月24日　星期五
　　阴晴，夜雨。上午，写账。偕颖柔至王慎轩处复诊。观《历史研究法》。下午，大妹、中妹来。至成都坊。夜，君介来。

11月25日　星期六
　　晴。上午，至荣康茶室啜茗，候陆清澄，并晤胡宛春、葛书征、丁辅之、沈叔英、金诵清。写账。君藩来。下午，复启贤、继麟信。炳青来。至成都坊。出，至湘姚学校，与同人假此公宴陈端志伉俪弄瓦之喜。夜九下钟返。

11月26日　星期日
　　晴。上午，志澄、晋康、智川来谈张堰电灯厂厂基事。至静安寺。王巨川之尊翁申甫先生开吊，往奠，并与国学会同人举行公祭。午馔后返。下午，张堰房客金海来。写账。录存信稿。夜，观《清道人集》。

11月27日　星期一
　　晴。上午，至辣斐德路六百十四号晤顾起潜。下午，至鸿远里理书。出，至成都坊。出，至中国书店、来青阁等处。

11月28日　星期二
　　晴。上午，写账。守中来。至巨淩来斯路美华里候胡宛春，不值。下午，韫辉来。偕颖柔出外。余至丁香理发馆理发，后至鸿远里，颖柔先往。乃同至黄钟医生处复诊。夜，观《清道人集》。

11月29日　星期三
　　晴。上午，写账。陆清澄、胡宛春来。致蔡叔明信。下午，至大东酒楼贺刘翰怡娶媳。出，至来青阁、树仁书店、富晋书社、中国书店而至成都坊。今日为阴历十月十九，系先兄龙深君生辰。傍晚设祭。夜，观《古学丛刊》（北京古学院出版）。

11月30日　星期四

晴。上午，偕颖柔至鸿远里，约同大妹、中妹至大新公司、大昌祥、永安公司、新新公司购物。午馔于冠生园，返已下午六时许矣。夜，合复伯华、启贤信。观《清道人集》完。

12月

12月1日　星期五

晴。上午，写账。至鸿远里。出，至浙江兴业银行西区支行。出，至秀州书社而返。下午，至成都坊。出，至康乐村望舅处。夜，致伯华信。今日起，颖柔为余注补剂针。

12月2日　星期六

晴。上午，写账。迪前来。君藩同于仲迟来。邀忆初来诊治慧明伤风。下午，至中国书店、受古书店、商务印书馆等处，而至成都坊。中妹来过。夜，观金坛冯煦之《蒿庵随笔》。

12月3日　星期日

晴。上午，写账。致沈伯康信。至一家春西菜馆同乡会聚餐。出，至悦来号、大昌祥等处，而至成都坊。仲稽来过。观《蒿庵随笔》完。夜，复钻坚，致徐子素信。

12月4日　星期一

晴。上午，写账。观金坛冯煦之《蒿叟随笔》。下午，偕颖柔至同孚路购物，并在香港菜社吃点心。颖柔先回，余又至鸿远里而返。夜，复王一士信。

12月5日　星期二

晴。上午，沈思期来，同至大同坊王培孙处。下午，至鸿远里而成都坊。观《蒿叟随笔》。

12月6日　星期三

晴。上午,至环龙路广泰米号内晤张羲文。下午,观《蒿叟随笔》。志洽在君宾处,邀其来治慧儿伤风,未愈。余则请其开膏方,即将去冬之方一改也。夜,道衍来。系今晚抵沪。少坐,去住成都坊。

12月7日　星期四

晴。上午,至成都坊。写账。下午,合复启贤、继麟、秋林信。偕颖柔至小花园等处购物,并在可可食品公司吃点心。夜,启贤自张来。坐谈数刻后,去住旅馆。

12月8日　星期五

晴。上午,至河南路永宁里祥盛钱庄。出,至商务印书馆一转而返。子峰来。系昨晚抵沪,住在旅馆。旋启贤亦来。午饭后,均去。至四行储蓄会。出,至中国书店、来青阁等处,而至成都坊及鸿远里。君实伉俪来过。复继麟信。夜,启贤来,坐谈数刻后,去。约明晨回张。

12月9日　星期六

晴。上午,干全华来。写账。大妹来。子峰来,午饭后,去。周永兴木器号店主周鹤松来结账。查敏行来划疑当,作一条致伯华,交其带去。炳青来。致君藩信。夜,观《蒿叟随笔》。

12月10日　星期日

晴。上午,至康乐村晤花明。出,至鸿远里。出,至成都坊。出,至爱多亚路,陶乐春、君实主席举行新生聚餐。下午二下钟,散。又至成都坊,适中妹携壁甥亦来。四下钟,出,至四马路苏台旅馆晤子峰,并晤夏君等,即邀同至大西洋西菜馆夜馔。近八句钟,返。

12月11日　星期一

　　晴。上午,写账。致伯华信。子峰来,午饭后去,约明日回张。至国货公司等处购物,大昌祥内取定制之大衣。夜,观《蒿叟随笔》。

12月12日　星期二

　　阴,夜有雨。上午,韫辉来。君平来。下午,至秀州书社。出,至康乐村望舅处。今日阴历十一月初二,曾同期岁。出,至成都坊。夜,观《蒿叟随笔》。

12月13日　星期三

　　晴。上午,至海格路时舅处。至护国寺。葛耀飞之尊翁开吊,往奠。少坐,返。下午,中妹携端甥来。至静安寺路同孚路口上海银行。何向湘表姊来邀吃喜酒。夜,观《邻苏老人手书题跋》。此书两册,时在成都坊观之,今毕。今日为阴历十一月初三,系先兄龙深君忌辰。傍晚,设祭。

12月14日　星期四

　　晴。上午,偕颖柔至南京路老九伦号购衣料。而至王慎轩处,颖柔复诊。致伯华,复昆轼侄信。下午,至法藏寺拈香。出,至国恩寺拈香,并请经卷,预备明日粲君忌辰焚化。出,至成都坊。出,至康乐村望舅处。邀志恰来治念祖。昨日起,伤风寒热。

12月15日　星期五

　　晴。上午,至星加坡路中华殡仪馆吊张飞槎太夫人之丧。少坐,返。下午,校《鸥陂渔话》。观《国光艺刊》。花明来(夜饭后,去)。今日为阴历十一月初五,系粲君六周年忌辰。傍晚,设祭。至大加利菜馆,贺汪若望娶媳。夜九时许,返。

12月16日　星期六

晴。上午，张义文及君定、君湘来谈丰昌当事。致伯华信。下午，至四行储蓄会、中国书店、朵云轩等处，而至成都坊。夜，观《蒿叟随笔》完。

12月17日　星期日

晴。蕙清来（下午，去）。上午，蔡叔明来。至知味观国学会聚餐。出，至商务印书馆等处而成都坊。出，至康乐村望舅处。继麟自张来。

12月18日　星期一

晴。上午，韫辉来。写祭祀焚化冥锭用之疏纸。下午，复伯华信。冬至节祭先。

12月19日　星期二

晴。上午，至鸿远里。下午，至成都坊。出，至浙江兴业银行、东莱银行、蔡同德药号、达仁堂药号、四川商店、冠生园，又至成都坊。夜，理账。

12月20日　星期三

晴。上午，至浙江兴业银行西区支行。下午，至听涛山房、胡庆余堂等处，而至成都坊。

12月21日　星期四

晴。上午，至沧州饭店，贺郁少华、何向湘伉俪娶媳，朱履仁、邦屏、昆仲嫁妹。两姓系联姻也。午餐后，返。写账。四时许，又至沧州饭店观婚礼。喜筵后，夜九时许，返。

12月22日　星期五

阴。上午，复钻坚，致沈叔贤信。下午，至世界书局晤思期。出，至来青阁、富晋书社、中国书店等处，而至成都坊。今日煎膏滋药。

12月23日　星期六

晴。上午,渡录杨秋室氏批校全谢山《鲒埼亭集》。君平来。下午,至成都坊。夜,观《历史研究法》。

12月24日　星期日

晴。上午,思期来,谈张堰储蓄会之债务事。下午,复中孚,致伯康信。至渔阳里晤乃乾,坐谈数刻。后又同至五凤里公度处,闲话至傍晚而返。秋林自张来。

12月25日　星期一

晴。上午,渡录杨校全集。君湘来。下午,迪前、中妹来。渡录杨校《全集》。夜,观《历史研究法》。

12月26日　星期二

晴。上午,沈伯康来。渡录杨校《全集》。杨铝章来。下午,至康乐村望舅处。旋思期亦来,先相约也。出,至成都坊。作信复星墅、昆轼二侄及顾品璋。

1940 年

1月

1月1日 星期一

晴。国难以来,避居上海已及三新年矣。今寓法租界巨籁达路景华新村四十号。上午,渡录杨秋室氏批校全谢山《鲒埼亭集》。曹中孚来。复账友翁启贤信。下午,至静安寺路购食物。观梁启超之《中国历史研究法补编》。傍晚,设筵宴高君平伉俪,兹邀君定、大妹、君宾、圆妹、中妹、启明、花明。夜,九时许散。

1月2日 星期二

晴。上午,携念祖至开封路南洋女子中学。校内本邑旅沪同乡会举行团拜礼,并公宴七十岁以上之我邑耆老,更摄影聚餐以识纪念而资联欢。下午三时许散。出,念祖先回,余至中国书店,旋至成都路成都坊静姬处。夜,写账。

1月3日 星期三

晴。上午,渡录杨校《全集》。至静安寺路润康村葛咏莪处,少坐。出,至敏体尼荫路青年会九楼上,江浙同乡聚餐。下午二下钟,出,至成都坊静姬处。邀冯志恰来诊治徐氏外姑。傍晚,携念祖至福州路大鸿运酒楼应林憩南招饮,渠为娶媳补治喜筵也。夜九下钟,返。

1月4日　星期四

晴。上午,至慕尔鸣路震兴里沈伯才处,坐谈数刻。出,至鸿远里大妹、中妹处。下午,王杰士来,坐谈良久,去。作信致账友陈伯华及屠继麟。今日为阴历十一月廿五,系昭明亡故二十周年。傍晚,命念祖、纪祖设祭。

1月5日　星期五

晴。上午,补写日记。下午,至中国书店、树仁书店、来青阁书庄、庆余堂药号而成都坊。夜,观《历史研究法补编》。

1月6日　星期六

晴。上午,至祥盛钱庄、四行储蓄会。沈伯康来。下午,至鸿远里。出,至成都坊。出,至宝和旅馆。以苏月坡将有昆明之行,今寓在此,往候,不值。闻或在大东茶室,乃又前往,则亦不在。晤及曹中孚、李新民、潘绥荪、徐恩涛等,遂共啜茗。傍晚而返。夜,复伯华信。观《历史研究法补编》。

1月7日　星期日

晴。上午,携纪祖至金门大戏院观电影。下午,偕颖柔至静安别墅内王慎轩中医处复诊。至成都坊。出,至成都菜馆。昆亮侄续娶顾爱莲女士,今晚在此设筵行订婚礼,为之主婚。夜,九下钟返。

1月8日　星期一

晴。上午,写日记及账。渡录杨校《全集》。下午,偕颖柔至白克路怀德里黄钟西医处复诊。出,至福禄寿吃点心。夜,理书箱。

1月9日　星期二

阴。上午,至四行储蓄会。下午,王石士内兄来。至成都坊。夜,结账。沐浴。

1月10日　星期三

阴晴。上午,至世界书局候沈思期,不值,而至商务印书馆等处。下午,至世界书局晤思期。王家德官、娴官来。夜,伯才来。

1月11日　星期四

晴。上午,至海格路时舅处。下午,至成都坊,偕静姬出。至许美丰糖果店、悦来南货号、国货公司购物。仍同回成都坊后而返。夜,观《历史研究法补编》。

1月12日　星期五

阴晴,夜雨。上午,为孙道始(祖基)书手册。作信复曹君瑞,致干钻坚。下午,致渔阳里陈乃乾处,坐谈数刻。出,至商务印书馆等处而返。邀冯志恰来复诊徐氏外姑。夜,观陶兰泉(湘)之《涉园七十年记略》。

1月13日　星期六

阴。上午,查敏行来。至静安商场内抱经堂书店。下午,致伯华信。张善述来。纪祖请顾麟书先生课后补习。今日寒假,傍晚设筵宴之,并邀顾苌丞、曹中孚及君定、迪前、君宾。夜十时许,散。

1月14日　星期日

阴晴。上午,白蕉来。至霞飞路一九八零衖一号候张公愈。渠新遭母丧,自江西回沪也。少坐,返。下午,至宝和旅馆晤查敏行。出,至朵云轩、新新公司,而成都坊。出,至鸿远里。花明、启明来过。夜,观《涉园七十年记略》毕。

1月15日　星期一

上午阴,下午雨。上午,至打浦桥信昌当晤徐子素、陆耀甫。下午,作信复蔡哲夫及继麟,致乃乾。夜,观《历史研究法补编》。倪道衍来。系今晚抵沪。少坐,去住成都坊。

1月16日　星期二

阴雨。上午,伯才来。北平书贾孙耀卿来。下午,渡录杨校《全集》。至成都坊。出,至中国书店。出,至大鸿运酒楼。伯才将娶媳,今晚在此宴介绍人,为陪。夜十时许,返。

1月17日　星期三

阴。上午,至中华殡仪馆吊瞿良士之丧。出,至法藏寺。张公愈、飞槎为母夫人在寺开吊,往奠。午馔后,返。至成都坊。出,至大三星菜馆,应丁铁君招饮。夜九时许,返。

1月18日　星期四

阴。上午,至大鸿运酒楼,贺沈伯才哲嗣、明璋结婚。午馔后,出,至来青阁、中国书店而返。四时许,携纪祖又至鸿运楼观婚礼、赴喜筵。夜九时后,返。

1月19日　星期五

阴。上午,干全华来。偕颖柔至法藏寺。吴姨母今日七十冥庆,忆初在寺作佛事,因往祭奠。午馔后,返。至成都坊。出,至雪园,与黄芳墅、蒋惕卿、沈思期、丁迪光、王杰士、倪若水、李新民、朱履仁合宴丁铁君,并邀陈端志为陪。夜九时许,返。

1月20日　星期六

上午阴,下午雪。上午,家中账友陈伯华来。系昨晚抵沪,住在旅馆。杂谈至午饭后,去。吴忆初来。复花明信。理账。理书。今日阴历十二月十二,为先祖妣何太淑人忌辰,傍晚设祭。

1月21日　星期日

上午雪,下午阴。上午,写日记及账。下午,至海格路时舅处,沈思期亦在。闲谈良久,返。

1月22日　星期一

阴,微雪。上午,至成都坊。出,至祥盛钱庄及四行储蓄会等处。下午,时舅同孙味蘧来。偕颖柔至抛球场南京路一带购年货。

1月23日　星期二

晴。上午,伯华来。坐谈良久,去,约明晨回张。伯才来。下午,至霞飞路四行储蓄会晤张友会。出,至中国书店、树仁书店、来青阁,而至成都坊。

1月24日　星期三

晴。上午,携念祖、纪祖至浙江兴业银行西区支行,为纪祖交学费。出,至静安寺路上海新市场等处。恭、寿甥来,同去。下午,至祥盛钱庄、浙江兴业银行总行等处,而至鸿远里。出,至康乐村望舅处,旋时舅适亦来。夜馈后,返。致账友信。

1月25日　星期四

晴。上午,至四明银行总行。出,至朵云轩、四川商店。下午,致账友信。姚墨谦来。至亨利路冯家六舅母处。出,在路上购梅花而回,至霞飞路五凤里何公度处。出,至成都坊。傍晚,东宅济川少奶奶携仙官自张来。

1月26日　星期五

晴。上午,至忆定盘路月村冯志恰处,并望景舅母。下午,至成都坊。出,至奥礼和路湘姚中学晤昆亮。出,至浙江兴业银行西区支行及秀州书社。

1月27日　星期六

晴。上午,巧官来。张仲田先生来。白蕉来。偕颖柔携益明至法藏寺。高君平为前夫人五十冥庆在寺作佛事,因往祭奠。午馔后,返。昆亮来。白蕉又来。黄涤新来。系前日到沪,寓在旅馆。少坐,去。

1月28日　星期日

上午阴,下午雨。上午,至渔阳里陈乃乾处。旋王培孙、沈思期、陈端志亦来,乃乾邀同至里口瘦西湖菜馆。午馔后,返。至会宾楼,贺何志恒续娶、戚一夔嫁女。两家即乾坤宅也。傍晚,喜筵,近八时许,返。

1月29日　星期一

阴雨。上午,白蕉来。至成都坊。出,至四明银行总行。下午,作信致账友陆斐然及通学斋书店。写账。

1月30日　星期二

雨雪。上午,作信复徐少青。下午,至淡水路圣仙禅院。今日阴历十二月廿二,何氏姑母周忌。公度在院作佛事,因往一拜。作信复账友干紫卿。夜,作信复伯华及昆友、昆义两侄。

1月31日　星期三

阴。上午,步惠产、陆规亮来。至海格路时舅处。下午,至法藏寺。故友刘季平(三)开吊,往奠。出,至世界书局晤思期。出,至来青阁、中国书店,而至成都坊。出,至康乐村望舅处。

2月

2月1日　星期四

雨。上午,写账。观《制言》杂志。下午,至丁香理发馆理发。

复账友信。草读书札记,直至夜分。

2月2日　星期五

上午雪,下午阴,雪自昨夜起,降甚大。上午,渡录杨校《全集》。下午,至南京路购物,而至成都坊。夜,白蕉来。谈其仲姊即济川少奶奶家事。

2月3日　星期六

晴。上午,至浙江兴业银行西区支行。下午,至来青阁、中国书店、大新公司,而至成都坊。出,至康乐村望舅处。

2月4日　星期日

阴晴。上午,林晋康来。至海格路,偕同时舅、君湘至麦根璐世德里沈思期处,应其招饮。同席商有吴公之、宣子宜、黄芳墅、毕静谦、金兰畦、吴若安。午后三时许,返。偕颖柔至王慎轩处复诊。出,至冠生园、庆云银楼等处购物。

2月5日　星期一

雨。上午,写账。复伯华、启贤及子佩、钻坚信。下午,至南京路购物而至成都坊。夜,观清仁和王晫之《霞举堂集》。

2月6日　星期二

阴。上午,理书。写账。下午,偕颖柔携纪祖至南京路及小花园购物。守梅来,旋白蕉亦来,共谈济川少奶奶家事。守梅夜饭后,去。

2月7日　星期三

晴。上午,至成都坊静姬处。出,至鸿远里大妹、中妹处。下午,写账。观《中国历史研究法补编》。年节祭先。

2月8日　星期四

晴。今日为庚辰岁元旦,晨起拈天香拜祖先神像。自避难以来，以寓居局促，盖已两年不举行矣。上午，时舅、君藩来，君宾、圆妹携青、田、辛〔锌〕三甥来。偕颖柔携益、念、慧三儿（纪祖在课，未去）至君宾、圆妹处。吴忆初伉俪来。周太亲母、迪前、中妹携恭、菊、星、梅、苹、瑞、壁七甥来。君定、大妹携珍、鼎、安、斐、嵩五甥（恒初自法回，在昆明）及君实携其女来。下午，君平伉俪、启明、花明携曾同来。王杭生、松生、兆塘、兆墀、丙官及张述文来。君介伉俪携其五子来。徐炳青来。夜，观《图书季刊》。

2月9日　星期五

晴。上午，张仲田先生来。王石士携其子德官来。韫辉携其子文尧、文台来。祝匡正携其子来。下午，方冲之来。偕颖柔携益、念、纪、慧四儿至康乐村望舅、君平处。出，至鸿远里君定、大妹、迪前、中妹处及忆初处。出，至张家花园基安坊君介处（慧明未去）。傍晚，同返。君湘来。济川少奶奶与仙官连日在此，今往住白蕉处。

2月10日　星期六

晴。徐氏外姑在此，去冬患哮喘，医治间效。近发渐频，昨夜起甚剧，今晨更形危殆。上午，邀炳青、忆初伉俪及陆氏内姑母来，由忆初针治后，渐见平复。韫辉少奶奶同其媳及孙来。至上海殡仪馆吊朱氏姨母之丧。下午，事毕。出，至蒲石路福寿坊候顾荩丞，不值，乃至成都坊。复秋林信。徐氏外姑傍晚起又不舒，至八点一刻逝世。盖高年真如风中之烛也。外姑姓奚，年七十五岁，当与内人颖柔及炳青、忆初伉俪恭送遗体至悼信路乐园殡仪馆。邀君宾相助其后事，同去。十一点多钟，返。致奚博泉襟弟信，先正作，复未完也。

2月11日　星期日

阴,晨雨。上午十时许,偕颖柔至乐园殡仪馆办理徐氏外姑后事。夜,近九时许,返。今日,济川少奶奶曾来,仍往白蕉处。将送仙官入校,后即回。张守梅携竞官及巧官亦来过。

2月12日　星期一

阴。上午,偕颖柔携益明、念祖至乐园殡仪馆送徐氏外姑。大殓其灵柩,即寄殡馆中。下午三点半钟,事毕,返。致赙友信。干全华来。夏历年节向例,于除夕斋供先曾祖以下并悬挂神影。年初五则设肴菜祭祀,至年初八而送神。今在寓庐,亦有除夕起悬挂遗像,惟以地址湫隘,本日晚间祭祀后即送神焉。

2月13日　星期二

阴。上午,翻阅《燕京学报》。偕颖柔至乐园殡仪馆为徐氏外姑二期致祭。下午,携念祖至海格路时舅处。出,至四明村韫辉处,余又至成都坊。纪祖仍请顾麟书先生于星期二、四、六下午来为其课余补习。今日开学。

2月14日　星期三

晴。上午,沈伯才来。携念祖、益明至南阳路介福里石士处。出,余至静安寺路飞达饭店,应君平招饮。渠近为女订婚,今宴介绍人也。下午近二时许,出,至福煦路中南银行分行,为念祖、益明缴学费而返。又携念祖、益明至环龙路福寿坊仲稽处,贝勒路福熙村杭生处,辣斐德路颖村季鲁处。

2月15日　星期四

晴。上午,至姚主教路大同坊王培孙处。出,至南洋模范中学晤张仲田先生。下午,俞盘新来。炳青来。至打浦桥信昌当晤徐子素、陆耀甫。出,至西爱咸斯路候林晋康,不值,乃至成都坊出,至康乐村望舅处。

2月16日　星期五

阴晴,晨雨。上午,赈友翁启贤来。系昨日到沪,住在旅馆。坐谈数刻后,去。偕颖柔至乐园殡仪馆为徐氏外姑首七致祭。下午,至法藏寺定佛事。出,至息庐朱履仁、邦屏处。出,至五凤里公度处,并候杰士,不值。出,至渔阳里乃乾处而返。夜,补写日记。

2月17日　星期六

晴。上午,至霞飞别墅内君实处。出,至贾尔业爱路八号候君湘,不值而返。昆友侄来。系昨晚抵沪,寓在成都坊。午饭后,去。蔡叔明来。偕颖柔至国货公司等处购物而至黄钟处复诊。翻阅王丹揆先生寄赠所著之《农隐庐文钞》。夜,观梁启超之《中国历史研究法补编》完。

2月18日　星期日

阴晴,夜雨。上午,炳青来。至静安寺路上海中学晤杨道弘。出,至润康村候葛咏莪,不值而返。内妹蕙清来。系与内弟心存昨晚自平到沪,寓在旅馆也。文尧来。下午,观张尔田之《孱守斋日记》(燕京大学《史学年报》本)。至成都坊。出,至华东旅社心存、蕙清寓处。颖柔顷与彼等往乐园殡仪馆,刻亦在此。傍晚,同返。

2月19日　星期一

阴,有微雨。上午,炳青来。复伯华、秋林信。下午,复继麟、涤新信。观《孱守斋日记》。

2月20日　星期二

阴,晨雨。上午,渡录杨秋室氏批校全谢山《鲒埼亭集》。下午,至康乐村望舅处。出,至鸿远里。出,至成都坊。校补抄之《张堰姚氏支谱》。

2月21日　星期三

晴。上午,至中国书店而至大陆饭店贺陈士聿嫁女及张国铨娶媳。两家系联姻也。少坐,返。下午,校补抄之《张堰姚氏族谱》。至成都坊。出,至来青阁、树仁书店、富晋书社,乃至大陆饭店赴陈家喜筵。夜,八时许返。

2月22日　星期四

晴。上午,至延平路延平村沈伯才处及陆云伯处。下午,渡录杨校《全集》。至康乐村望舅处。出,至成都坊。徐氏外姑今日回阳。傍晚,炳青来,延羽士作法事。夜,八下钟去。伯才来。斋土地利事。观清桐城方宗诚之《柏堂师友言行记》。

2月23日　星期五

晴。上午,渡录杨校《全集》。偕颖柔至乐园殡仪馆为徐氏外姑二七致祭。下午,至成都坊。出,至四行储蓄会。校家乘刻样。

2月24日　星期六

晴,夜雨。上午,至群贤别墅候陈端志,不值。乃至花园坊晤陆规亮,坐谈数刻,返。写杂记。下午,伯才来。至康乐村,同花明、启明及伯才至八仙桥宝大祥号购布匹。出,余至成都坊。夜,致博泉信。

2月25日　星期日

晴。上午,致钻坚信。花明、启明来。下午,至麦根路世德里晤沈思期。出,至劳勃生路泰兴村候方冲之,不值。晤及其戚张望良,少坐,返。校家乘刻样。致伯华信。

2月26日　星期一

晴。上午，迪前来，以所撰中妹诗稿序授读。补写日记及账。下午，草舅氏所撰《先母事略跋》。至成都坊。出，至秀州书社。邀志恰来治益明感冒寒热。夜，复时舅信。

2月27日　星期二

阴，晚雨。上午，至五凤里候王杰士，不值。晤及其夫人、公子，因留少坐。出，于途中遇之，立谈片刻。写补抄之《张堰姚氏支谱题记》。下午，陆云伯来。大、中两妹来。写《倚剑吹箫楼诗话》。夜，观张尔田之《遯堪书题》（燕京大学《史学年报》印本）。

2月28日　星期三

阴，有微雨雪。上午，伯才来。写《倚剑吹箫楼诗话》。下午，至鸿远里理书。出，至成都坊。出，至康乐村。夜，观《柏堂师友言行记》。

2月29日　星期四

雨雪，下午雪甚大。上午，写《倚剑吹箫楼诗话》。下午，渡录杨校《全集》。复曹君儒信。偶成《砚铭》一首。夜，观《柏堂师友言行记》。

3月

3月1日　星期五

阴晴。上午，写《倚剑吹箫楼诗话》。偕颖柔至乐园殡仪馆为徐氏外姑三七致祭。下午，至鸿远里。出，至丁香理发馆理发。出，至成都坊，静婉于昨日起每日往博仁学校补习。出，至世界书局晤思期。出，至荣宝斋等处而返。夜，致培孙信。

3月2日　星期六

阴,晚雨。上午,至爱多亚路龙兴寺。陈博三开吊,往奠。观丰子恺《避难记》(文学集林印本)。下午,炳青来。至中国书店、来青阁、朵云轩、荣宝斋而成都坊。出,至鸿远里。

3月3日　星期日

雨。上午,观《文学集林》。明伯携其孙女碧官来。系近日自张来沪,留其午饭后,去。余近午则至贾尔业爱路君湘处,以今岁君湘年四秩、君藩四秩,晋一、思期等约同设筵宴之。下午近四时许,返。

3月4日　星期一

阴雨。上午,致杭州刻书铺谢渭泉信。致时舅、冲之及郑振铎信。下午,至成都坊。出,至鸿远里而康乐村望舅处。夜,复伯华信。

3月5日　星期二

阴。上午,致紫卿、继麟,复欣夫信。下午,至成都坊。出,至西泠印社、商务印书馆、朵云轩等处。

3月6日　星期三

阴,晨雨。上午,写账。写《倚剑吹箫楼诗话》。下午,至鸿远里理书,五时许返。

3月7日　星期四

晴。上午,至福煦路慈惠南里候徐积余先生。复干源岷信。下午,至成都坊。出,至中国书店、来青阁而世界书局晤思期后返。夜,观《史学年报》。

3月8日　星期五

晴。上午,作信致干四民、奚博泉。偕颖柔至乐园殡仪馆为徐氏外姑四七致祭。下午,致培孙信。至成都坊。出,至鸿远里理书。出,至康乐村望舅处,傍晚而返。

3月9日　星期六

晴。上午,至五凤里晤杰士,少坐后,同游顾家宅公园。近午返。下午,昆亮来。至有德照相馆、来青阁、中国书店而成都坊。夜,观《玉华堂日记》稿本(明上海潘允端)。

3月10日　星期日

阴。上午,观《玉华堂日记》稿本。至八仙桥青年会江浙同乡聚餐。出,至成都坊,三时许返。忆初伉俪来过,送慧儿期岁物也。花儿来。草《玉华堂日记跋》至檠下,完。

3月11日　星期一

晴。上午,至亚尔培路中央银行及海格路时舅处。下午,至成都坊。出,至鸿远里。夜,翻阅燕京大学出版之史学、文学各年报。

3月12日　星期二

晴。上午,张堰房客熙春店主来。复蔡哲夫信。下午,曹中孚、李新民来。中妹携瑞、壁二甥来(傍晚去)。致伯华信。观《祁忠敏公日记》(明山阴祁彪佳)。夜,理书。

3月13日　星期三

晴。上午,至中央银行。出,至法藏寺。下午,至成都坊。出,至有德照相馆、中国书店、富晋书社、来青阁。夜,复伯华信。

3月14日　星期四

晴。上午,账友胡秋林同仆人石阿生来。系昨晚自张抵沪,以时晏暂住旅馆。偕颖柔至法藏寺,为徐氏外姑作佛事一天。夜间,并放焰口一堂。今日,念祖、益明放课后,近午到寺。纪祖放课后,下午三时许到寺。傍晚,均先回。余与颖柔于道场圆满后夜十二时返。又炳青亦到寺,同来翌晨去校。

3月15日　星期五

晴。上午,杨铝章来。陆梦熊来。偕颖柔至乐园殡仪馆,为徐氏外姑五七致祭。下午,七民来。理账。至成都坊。

3月16日　星期六

晴。上午,致子峰、亚雄、继麟信,又致紫卿信(此因五日之信失去而重写)。下午,至成都坊。出,至鸿远里。中妹携梅甥来。

3月17日　星期日

晴。上午,复钻坚信。与秋林杂谈。下午,秋林与阿生去住旅馆。以明日回张乘船早也。偕颖柔至静安别墅王慎轩处复诊。出,颖柔先回,余至康乐村望舅处及秀州书社。写书目。夜,观《燕京学报》。

3月18日　星期一

晴。上午,文尧来。抄《〈玉华堂日记〉跋》。下午,致时舅信。至中国书店而成都坊。夜,观《燕京学报》。

3月19日　星期二

雨。上午,理书。至海格路时舅处。下午,渡录杨校《全集》。至世界书局晤思期。出,至千顷堂书局等处而返。

3月20日　星期三

晴。今日阴历二月十二日为慧明期岁。上午,渡录杨校全集。大妹、中妹来(下午四时后,去)。下午,杰士来,坐谈良久,去。观《祁忠敏公日记》。

3月21日　星期四

晴。上午,林晋康来。至海格路时舅处晤杭州刻书人谢渭泉,近属其刻家乘也。下午,至成都坊。出,至来青阁等处,再至成都坊。今日为阴历二月十三,系昭明生辰。傍晚,命念祖等设祭。夜,观《燕京学报》。

3月22日　星期五

晴。上午,誊《〈玉华堂日记〉跋》。偕颖柔至乐园殡仪馆为徐氏外姑六七设祭。祭后,炳青同来(下午去)。下午,陈开濂来。系博三之子,亦吾族外甥也。至鸿远里。出,至来青阁而成都坊。夜,亚雄自张来。

3月23日　星期六

阴晴。上午,续誊《〈玉华堂日记〉跋》。复涤新信。下午,至法藏寺。出,至湘姚中学。出,至成都坊。夜,作信致账友。

3月24日　星期日

阴雨。今日阴历二月十六日为先母高太淑人七秩生辰,在法藏寺作佛事一天。夜间,并放焰口一堂。上午,偕颖柔携念、纪、益、慧四儿至寺,旋三妹、花明伉俪等来。亲友集者约四十余人。午间设素筵四席。疑之,余与颖柔于佛事告竣后,返已夜过十二时矣。儿辈先归。

3月25日　星期一

晴。上午,理账。下午,至白宫殡仪馆吊沈思斋先生之丧。送大殓后,三时许返。伯才来。

3月26日　星期二

晴。上午,复伯华信。下午,至成都坊。出,至鸿远里及康乐村望舅处。夜,翻阅马叙伦之《读书小记》。

3月27日　星期三

晴。上午,至中央银行。出,至辣斐德路六百十四号晤顾起潜,坐谈数刻,返。下午,至吕班路吕班坊候葛耀飞,不值而至白尔部路渔阳里晤乃乾。出,至中国书店、树仁书店、来青阁、抱经堂乃至成都坊。夜,写清明节囤签。

3月28日　星期四

晴。上午,写清明节囤签。至海格路时舅处。下午,至北京路通易信托公司及新新公司、大新公司而至成都坊。夜,继述堂内仲莲嫂嫂来谈其家事,少坐,去。

3月29日　星期五

阴雨。上午,与亚雄杂谈。偕颖柔至乐园殡仪馆,为徐氏外姑终七致祭。下午,至善钟路新中国理发店理发。至新新酒楼贺林憩南嫁女,夜喜筵后,九时许返。

3月30日　星期六

阴晴。上午,作信复哲夫及北平文禄堂书店。下午,炳青来。至成都坊。出,至成都川菜馆杨道弘宴,林康侯等招陪。夜九点半钟,返。复伯华信。

3月31日　星期日

阴雨。亚雄今晨乘轮回张。上午,顾麟书同吴鹤笺来。因麟书另有所事,将由鹤笺为纪祖补课也。渡录杨校《全集》。下午,至鸿远里。出,至朵云轩、商务印书馆、西泠印社而返。夜,作信致十洲、子峰,复秋林。

4月

4月1日　星期一

阴。上午,致刻书谢渭泉信。清明节祭先。下午,忆初嫂来。

偕颖柔至丽华公司、新凤祥银楼等处购物。

4月2日　星期二

雨。上午，至成都坊。出，至世界书局晤思期。下午，渡录杨校《全集》。观《祁忠敏公日记》。傍晚，陈陶遗、沈思期、蔡叔明、宋石寓、蒋惕卿、倪若水、杨道弘、高君藩、君湘来（陈端志亦在内，以事未到）。思期等以今岁陶遗年六秩、余年五秩就此设筵为贺。夜十时许，散。

4月3日　星期三

晴。上午，渡录杨校《全集》。下午，至成都坊。出，至四行储蓄会、中国书店、来青阁、世界书局晤思期，商务印书馆、朵云轩、大昌祥而再至成都坊。

4月4日　星期四

晴。上午，写日记及账。复伯华信。下午，忆初嫂来，同颖柔往金向淇诊治（并至沈成武处摄肺部照片）。干全华来。至成都坊。出，至康乐村望舅处。夜，观《宇宙风》杂志。

4月5日　星期五

晴。上午，渡录杨校《全集》。偕颖柔至乐园殡仪馆，为徐氏外姑清明节致祭。下午，至成都坊。夜，观《吴钩集》笔记。

4月6日　星期六

晴。上午，昆亮来。至亨利路一百四十七号晤陶遗。花明携曾同来（傍晚去）。作信致陆丹林，复通学斋。下午，济川少奶奶携仙官来。近日到沪，住在白蕉处。少坐，去。炳青来。至世界书局晤思期。出，至万利酒楼。朱履仁、邦屏将为祖母开吊，请知宾酒。夜九下钟，返。

4月7日　星期日

晴。上午,至牯岭路净土庵朱姨母开吊,往奠。下午三时许,出,至中国书店而成都坊。

4月8日　星期一

晴。上午,偕颖柔至朱仰高医生处验血。渡录杨校《全集》。下午,大妹、中妹来。观杂志类。至君宾处,同君藩至世界书局。再同思期至湘姚中学。该校校长陈端志近辞职,由校董会推举思期继任。今晚特开第一次校务会议,并举行宴会。余与君藩亦校董,故前往也。夜九下钟,返。

4月9日　星期二

晴。上午,至冠生园、大新公司购物及朱仰高处、鸿远里。渡录杨校《全集》。下午,至成都坊,携静姬出,至顾家宅公园游览,锦江茶室啜茗。仍同回成都坊,后返。纪祖请吴鹤钱先生继任补课。因在春假,今仍开始,仍逢星期二、四、六,惟时间则放在夜间七时至九时。

4月10日　星期三

晴。上午,渡录杨校《全集》。作信复伯华、昆友及杨伯雄。下午,至渔阳里乃乾处。傍晚,至一家春西菜馆同乡会聚餐。会中聚餐原定每月第一星期举行,从本年起改为每季择佳节举行一次。今日乃阴历上巳节也。夜,九时半返。

4月11日　星期四

晴。上午,作信复袁守和。下午,至成都坊,在彼观《祁忠敏公日记》。

4月12日　星期五

晴。上午,剑寒侄来。中妹来。渡录杨校《全集》。下午,偕颖柔至金向淇处诊治。出，至先施公司等处购物。翻阅《神庙留中奏疏汇要》。屠继麟同仆人石阿生来沪。夜，倪道衍来。系今日自乡到沪。少坐，去，住在成都坊。

4月13日　星期六

晴。上午，至四行储蓄会、中国书店、忠厚书庄、来青阁。渡录杨校《全集》。下午，致秋林信。至康乐村、鸿远里而成都坊。出，至大三星菜馆，君平将嫁女，今晚媒人招陪。近十时许，返。

4月14日　星期日

晴。上午，复文禄堂书店信。下午，至康乐村望舅处。出，至成都坊。傍晚，至世德里思期处，应其招饮。同席为葛咏莪、徐眉轩及君定、君介、君藩、君宾、道弘。十下钟，返。

4月15日　星期一

晴。上午，至沧州饭店贺君平，令媛渊明出嫁。午馔后，返。偕颖柔携益、念、纪、慧四儿，再往观婚礼。赴喜筵后，夜十下钟，返。

4月16日　星期二

晴。上午，致秋林及复徐瑞兰信。观清仁和赵坦之《保甓斋文录》。下午，至大新公司、中国书店、来青阁、西泠印社等处，而至成都坊，适圆妹亦来。夜，朱孔阳来。

4月17日　星期三

阴晴，晚有微雨。上午，至海格路时舅处。理账。下午，校《小岘山文集》。至成都坊。

4月18日　星期四

阴。上午，写账。致李沧萍信。下午，复王欣夫信。写《倚剑吹箫楼诗话》。花明来，夜饭后，去。

4月19日　星期五

晴。上午,至成都坊。渡录杨校《全集》。下午,观《保篑斋文录》。七民来。启明、花明同渊明新夫妇来。渊明之婿,名沄,字辅伦。今日阴历三月十二日为先祖春渔公百岁生辰,傍晚设祭。明年此日如时局得定者,当在家作佛事也。

4月20日　星期六

晴。上午,渡录杨校《全集》。下午,至成都坊。在彼观《祁忠敏公日记》,四下钟,携静姬出,至沪光戏院观电影,巧侄女亦往。六下钟出,静姬等回,余至来青阁而成都川菜馆国学会聚餐。散席后,与时舅乘思期汽车同至海格路时舅寓处,坐谈至十下钟,返。

4月21日　星期日

晴。晋康来。上午,携念、纪两儿同圆妹,青、铦、辛三甥往游兆丰公园,返已逾午。下午,复伯华信。渡录杨校《全集》。至成都坊。出,至康乐村望舅处。

4月22日　星期一

晴。上午,渡录杨校《全集》。下午,作信致钱复初先生,复端志。王欣夫来。观《保篑斋文录》完,文甚佳也。

4月23日　星期二

晴。上午,至信昌当晤徐子素。渡录杨校《全集》。下午,至成都坊。出,至四行储蓄会、中国书店等处而再至成都坊。夜,复秋林信,交继麟明晨回张带去。

4月24日　星期三

晴。上午,陆云伯来。渡录杨校《全集》。下午,墨谦来。至成都坊,携静姬出,至新首安里四十三号倪水莲等姊弟处。渠等原同寓成都坊十六号,越昨迁往也。少坐,出,静姬至博仁补习学校,余至鸿远里及康乐村望舅处。夜,观仁和吴昌绶之《松邻遗集》。

4月25日　星期四

晴。上午,作信复哲夫,致于仲迟。下午,至成都坊,在彼观《祁忠敏公日记》。夜,理账。

4月26日　星期五

晴。上午,至丁香理发馆理发。出,至民智学校晤仲恩。下午,作信复苏月坡、郑振铎。至五凤里晤公度、杰士,渔阳里晤乃乾而至成都坊。夜,辑《金山艺文志》。

4月27日　星期六

晴。上午,至颖村候季鲁,不值,晤及嫂氏。少坐,返。渡录杨校《全集》。下午,至成都坊,在彼观《祁忠敏公日记》。夜,翻阅程铭敬所辑《画扇斋丛录》,关于严元照氏之作也。

4月28日　星期日

晴。上午,黄肇豫来。在君宾处晤俞天石。渡录杨校《全集》。偕颖柔至法藏寺。以何表姑安葬后顾铁君表弟在寺作佛事,因往拜。午馔后,二下钟,出,至顾家宅公园游览,晤及大、中两妹。五下钟返。里人杨昌林为市房事来。

4月29日　星期一

晴。上午,至典当街华盛坊恒大事务所,世界书局候思期,不值,来青阁、中国书店。渡录杨校《全集》。下午,至成都坊,在彼观《祁忠敏公日记》。致账房复钻坚信。出,至鸿远里。今日阴历三月二十二日为先君生辰,傍晚设祭。

4月30日　星期二

晴。上午,复伯华,致启贤信。下午,渡录杨校《全集》。中妹来。(夜饭后,去。)观《松邻遗集》。吴鹤篯先生为纪祖补课,时间今改为星期二下午四时至晚及星期日之上午。

5月

5月1日　星期三

晴。上午,至海格路时舅信。渡录杨校《全集》。下午,至成都坊静姬处,在彼观《祁忠敏公日记》。又与守梅侄晤谈。渠近以春假回里,昨始出来也。夜,观《松邻遗集》。

5月2日　星期四

晴。上午,节录归安严修能氏手抄《夷坚志》卷尾琐记。至青年会江浙同乡会聚餐,今日系两周纪念,餐后合摄一影。出,至成都坊,出。至康乐村望舅处,坐谈良久,返。

5月3日　星期五

阴。上午,节录严氏手抄《夷坚志》卷尾琐记。致乃乾信。下午,至成都坊,在彼观《祁忠敏公日记》。夜,观《松邻遗集》。

5月4日　星期六

阴晴。上午,写账。节录《夷坚志》卷尾琐记。下午,渡录杨校《全集》。至成都坊,携静姬至国货公司购物、冠生园啜茗。

5月5日　星期日

晴。上午,渡录杨校《全集》。子峰来。系昨晚抵沪,寓在旅馆(午饭后去)。至海格路,同时舅至蒲石路平安里金巨山处。以冒鹤亭寿,与时舅、巨山及王欣夫就金宅设筵宴之,并邀温丹铭、叶浦荪、夏剑丞、李拔可、沈信卿、沈昆山（尚邀陈陶遗，未到）。下午近三时，散。出，同时舅、欣夫又至巨籁达路四百零六号候丹铭，坐谈数刻，返。时舅亦来，少坐而去。大妹、花儿来。

5月6日　星期一

晴。上午，至成都坊。出，至三茅阁桥、祥盛钱庄、典当街、恒大事务所。下午，至成都坊。出，至五马路五洲旅馆候子峰，不值。而至世界书局候思期。适杰士亦来，坐谈数刻。出，至来青阁而返。花儿来（夜饭后去）。复秋林，致继麟信。

5月7日　星期二

阴。上午，渡录杨校《全集》。子峰来，午饭后去。节录严氏手抄《夷坚志》卷尾琐记。君实来。至成都坊。夜，观《松邻遗集》。

5月8日　星期三

阴。上午，渡录杨校《全集》。下午，至成都坊。出，至石路源来福衣庄晤子峰，即同至大东茶室啜茗，坐谈数刻。出，子峰别去，余至世界书局晤思期，而再至成都坊。夜，致李照亭信。

5月9日　星期四

晴。上午，至上海中学晤杨道弘，慈惠里晤蒋惕卿。渡录杨校《全集》。顾麟书来。下午，偕颖柔至南京路同茂号等处购物。夜，观《松邻遗集》。

5月10日　星期五

雨。上午，致杰士信。启贤来。系昨晚抵沪，住在旅馆。午饭后去。至雪园定菜，而至成都坊，在彼观《祁忠敏公日记》。夜，作信复钻坚，致伯华、继麟。

5月11日　星期六

晴。上午，理本年来信。渡录杨校《全集》。子峰来，午饭后，去。约明日回张。节录《夷坚志》卷尾琐记。炳青来。观《松邻遗集》。傍晚，设筵答宴石愚、惕卿、思期、道弘、君藩、君湘（叔明、若水、端志以事未到），并邀盖丞、杰士、君定、君宾。十时许，散。

5月12日　星期日

阴晴。上午，往购马戏券，而至成都坊。下午，渡录杨校《全集》。偕颖柔携念、纪两儿至静安寺路成都路口观演马戏，五点多钟，返。夜，观《松邻遗集》完。

5月13日　星期一

晴。上午，晋康来。渡录杨校《全集》。下午，至成都坊，在彼观《祁忠敏公日记》。夜，观清海昌查人渶之《知畏斋文稿》。

5月14日　星期二

雨。上午，大妹来。渡录杨校《全集》。下午，翻阅《己卯丛编》。节录《夷坚志》卷尾琐记。观《知畏斋文稿》完。夜，观清吴县王汝玉之《梵麓山房笔记》（《己卯丛编》印本）。

5月15日　星期三

阴晴，夜雨。上午，渡录杨校《全集》。祝慎旃来，其哲嗣匡明同来。匡明少坐去，慎旃午馔后去。至成都坊，昆惠俋女携其小儿于越昨傍晚抵沪，住此。出，至沈树宝处诊治，近日身体不健。出，至鸿远里。作信致秋林及赵学南。夜，观《梵麓山房笔记》。

5月16日　星期四

晴。上午，至上海殡仪馆吊于仲迟太夫人之丧。渡录杨校全集，直至下午。花明携曾同来（傍晚，启明来，同去）。至成都坊而中国书店。

5月17日　星期五

阴晴。今日阴历四月十一日，为余五秩初度。余有笔记一则，写在是册之首。亲友见顾者：上午，君宾、圆妹、君藩、昆惠携小儿、祝匡正携小儿；下午，守梅、君定、大妹携鼎甥、迪前、中妹携恭、星、梅、瑞、璧五甥、启明、花明携曾同、吴忆初伉俪、严绣红表妹、俞天石。均治素面。

5月18日　星期六

晴。上午，渡录杨校《全集》。下午，至成都坊，在彼观《祁忠敏公日记》。君介来。

5月19日　星期日

晴。上午，至海格路时舅处。干全华来。炳青来，即与颖柔偕同至乐园殡仪馆为徐氏外姑百日致祭。炳青仍来，午饭后，去。济川少奶奶来。渡录杨校《全集》。偕颖柔携念、纪、益、慧，并约同启明、花明携曾同至霞飞路何氏照相馆合摄一影。出，至冠乐啜茗而返。夜，亚雄自张来。作信致时舅。

5月20日　星期一

晴。上午，陶遗来，坐谈良久，去。智川、晋康来。下午，至成都坊。出，至沈树宝处诊治。出，至康乐村望舅处，旋同君平、君实至震旦学院。该院图书馆新收合肥李氏捐入《望云草堂》藏书，今日开始展览，傍晚返。夜，启贤来。系今日抵沪。坐谈数刻，去住旅馆。

5月21日　星期二

晴。上午，至静安寺沈思斋先生开吊，往拜，并与同人举行公祭。午筵后，出，至中国书店、来青阁、抱经堂、朵云轩、商务印书馆，而至成都坊。出，至鸿远里及康乐村望舅处。

5月22日　星期三

晴。上午,理账。伯才来。下午,偕亚雄至霞飞路万氏照相馆,与之合摄一影。渠今年亦五十岁也。旋同游顾家宅公园,出,亚雄别去,余至渔阳里晤乃乾。

5月23日　星期四

晴。上午,作信复紫卿、伯华。道衍来。系越昨抵沪,亦住在成都坊。下午,至朵云轩、听涛山房及商务印书馆内候李拔可,不值。而至成都坊,在彼观《祁忠敏公日记》。出,又至万氏照相馆看照样。翻阅李拔可新印所著《硕果亭诗》,近由其见赠也。

5月24日　星期五

晴。上午,杰士来。渡录杨校《全集》。下午,至鸿远里理书。

5月25日　星期六

阴。上午,节录《夷坚志》卷尾琐记。复继麟,致秋林信。下午,至成都坊。中间曾至朵云轩、国货公司、永安公司等处。出,至丁香理发馆理发。花儿、昆惠、韫辉来过。

5月26日　星期日

晴。上午,节录《夷坚志》卷尾琐记。至成都坊。出,至华格臬路大华酒楼,应冒鹤亭招饮。同席为时舅、金巨山、王欣夫、金松岑、王巨川、黄龙光等。下午二下钟,返。偕颖柔携念、纪、益、慧四儿至顾家宅公园,并约君定、大妹、迪前、中妹、君宾、圆妹、启明、花明携诸儿均到游览。后再园外龙翔照相馆合摄一影。四家除高甥恒初近在昆明外,计三十人也。夜,亚雄去住成都坊。明晨同昆惠回张。观《丛编山房笔记》。

5月27日　星期一

阴。上午,至巨泼来斯路二零一号盐务总局办事处晤郁少华。节录《夷坚志》卷尾琐记。下午，至朱仰高医生处、四行储蓄会、中国书店而至成都坊，在彼观《祁忠敏公日记》，出。至龙翔照相馆看照样。夜，观《梵麓山房笔记》。

5月28日　星期二

晴。上午，渡录杨校《全集》。下午，致时舅，复培孙信。炳青来。至鸿远里。出，至成都坊。夜，君介来，坐谈良久，去。

5月29日　星期三

晴。上午，写账。复源岷、伯华信。下午，偕颖柔至金问淇处诊治。出，至国货公司、永安公司购物，冠生园吃点心。顾起潜来。夜，白蕉来。

5月30日　星期四

晴。上午，渡录杨校《全集》。祝匡正来。下午，至鸿远里。出，至成都坊。出，至中国书店、来青阁、抱经堂等处。今日阴历四月廿四为冯氏先母生辰，傍晚设祭。

5月31日　星期五

晴。上午，至四明村韫辉处。渡录杨校《全集》。下午，至成都坊，在彼观《祁忠敏公日记》。出，至白克路怀德里黄钟医生处诊治。夜，守中来。

6月

6月1日　星期六

阴晴。上午，至世界书局晤思期。出，至浙江兴业银行。下午,渡录杨校《全集》。至静安寺路购食物集花卉。君定、大妹、迪前、中妹、君宾、圆妹来,携酒馔相饷。夜十时许,去。手足团聚固自可喜,然为余五秩则觉不安之至。

6月2日　星期日
晴。昨夜饮酒似醉,今日身体不适,偃卧。

6月3日　星期一
晴。今日精神渐振。上午,子凤来。下午,至成都坊及鸿远里。以其余闲,观江阴夏孙桐之《观所尚斋文存》。夜,济川少奶奶来。午后,花明来过。

6月4日　星期二
晴,夜有雨。上午,叔明来。至海格路时舅处。补写日记。下午,复子清信。至马斯南路邮局而成都坊。至时舅处,偕往海格路二四六号候叶浦荪。夜,乃乾来翻阅余自家运出之清人集部,去已十一时矣。

6月5日　星期三
阴晴。上午,作信复伯华、继麟,致启贤。下午,至成都坊,中间出,至南京路购物,冠生园吃点心。静姬随去。

6月6日　星期四
晴。上午,渡录杨校《全集》。复雷君彦信。下午,至四行储蓄会、来青阁、富晋书社、中国书店而至成都坊。出,至鸿远里、康乐村、秀州书社。夜,复张石钧信。午后,叶浦荪来过。

6月7日　星期五
阴晴。上午,节钞吴县程铭敬所辑《画扇斋丛录》。孙耀卿来。下午,理账。至龙翔照相馆取照片而至成都坊,在彼观《祁忠敏公日记》。

6月8日　星期六

晴。上午,至鸿远里。出,至成都坊。下午,节录《画扇斋丛录》。炳青来。至成都坊,在彼观《祁忠敏公日记》。夜,观《梵麓山房笔记》。

6月9日　星期日

晴。上午,孙耀卿来。至法藏寺,时舅在寺建延寿水陆道场。午馔后,返至成都坊。出,至一家春西菜馆同乡会开常年大会及聚餐。改选职员中,余仍被举为监事,又被推为会刊编辑员。夜,九下钟返。

6月10日　星期一

晴。上午,节抄《画扇斋丛录》。至乐园殡仪馆吊张敬垣之丧,少坐,返。下午,节抄《丛录》。至成都坊。偕颖柔携纪、慧两儿至霞飞路拍照及购物。

6月11日　星期二

晴。上午,至中德医院晤赵品莲女医,约其为颖柔接生。出,至国际药房。出,至成都坊。下午,节抄《画扇斋丛录》。至渔阳里乃乾处。携念祖至法藏寺观高氏水陆道场,五放焰口。在寺由时舅母与圆妹扶乩,先母及承粲降乩。十点多钟返。

6月12日　星期三

晴。上午,节抄《画扇斋丛录》。下午,至带钩桥华东旅社。出,至鸿远里。出,至法藏寺,观高氏水陆道场送圣。傍晚返。

6月13日　星期四

晴。上午,节抄《画扇斋丛录》。下午,至成都坊。理书。致乃乾信。观《观所尚斋文存》。夜,偕圆妹携念、纪、益三儿至海格路时舅处。由时舅母与圆妹扶乩,先母及承粲降乩。十一下钟返。

6月14日　星期五

阴雨。上午,李续川来。节抄《画扇斋丛录》。下午,至鸿远里。出,至世界书局、开明书店等处而至成都坊。观丰子恺《避难记》(《文学集林》印本)。

6月15日　星期六

阴。上午,节抄《画扇斋丛录》。欣夫来。复培孙及北平文禄堂书店信。下午,至成都坊,携静姬出,至沪光戏院观电影,巧侄女同去。出,余至黄钟处复诊。秋林自张来。夜,由颖柔注射防疫针,儿辈则已先注矣。

6月16日　星期日

上午雨,下午阴。上午,节抄《画扇斋丛录》。下午,至海格路时舅处,并晤及谈麟祥之子益蕃。子峰来。系昨晚抵沪,住在旅馆。坐谈至夜,饭后去。

6月17日　星期一

晴。上午,校所抄《画扇斋丛录》及严修能氏手抄《夷坚志》卷尾琐记。韫辉来。渡录杨校《全集》。下午,至中国书店。出,至大东茶室,与子峰相会,坐谈数刻。出,至国货公司购物而至成都坊。出,至鸿远里望大妹病。颖柔先亦去过也。傍晚返。夜,乃乾来。

6月18日　星期二

晴。上午,中妹来(下午去)。夏至节祭先。下午,至成都坊。出,至康乐村望舅处。夜,时舅来。作信致伯华及杨昌麟,交秋林明晨带回。沐浴。

6月19日　星期三

晴。上午，至四行储蓄会。理账。下午，携慧明至龙翔复拍照相。出，慧儿由佣人先行领回，余至渔阳里乃乾处。适葛咏莪亦来，坐谈良久。出，至成都坊。出，至鸿远里。夜，致乃乾信。

6月20日　星期四

晴。上午至息庐履仁处。出，至典当街恒大事务所。下午，至丁香理发馆理发。出，至民智学校晤仲恩。中妹、花儿来。今日阴历五月十五日为先母高太淑人十八周年忌辰，傍晚设祭。夜，时舅母来。启明来，旋同花儿去中妹住。请时舅母、圆妹扶乩。先母与承粲降乩近三次扶乩，吾母及粲君指示甚多，切实感动。另纸录存。

6月21日　星期五

晴。上午，渡录杨校《全集》。炳青来，同其至乐园殡仪馆为徐氏外姑夏至节致祭。颖柔以身体欠适，不往。下午，至浙江兴业银行西区分行、鸿远里而至成都坊。出，至息庐履仁处，应其约与陈廉斋等小酌。夜，九时许返。

6月22日　星期六

晴。上午，顾苾丞来。渡录杨校《全集》。下午，草《〈画扇斋丛录〉跋》。黄涤新来。花明来。雷君彦来。至威海卫路桐柏宫道院，与思期、忆初、履仁、邦屏设素筵宴时舅父母及君介、昆仲。以前达延寿水陆道场时送礼未受也。散席后，又同至海格路而返。第二次注射防疫针。

6月23日　星期日

阴。上午，渡录杨校《全集》。复泰利公司信。下午，至民智学校同乡会开理监事会议。出，至成都坊，观《观所尚斋文存》。

今日阴历五月十八日为先祖妣何太淑人生辰,傍晚设祭。

6月24日　星期一

阴雨,下午有盛雨。上午,渡录杨校《全集》。白蕉来。下午,复杨秋心,致伯华信。至四行储蓄会。观《观所尚斋文存》。

6月25日　星期二

雨。上午,渡录杨校《全集》。下午,至大新公司、中国书店而至成都坊。出,至中德医院晤赵医生及鸿远里。观《观所尚斋文存》。

6月26日　星期三

阴。上午,渡录杨校《全集》。下午,至五凤里晤公度。出,至成都坊,在彼观《祁忠敏公日记》。出,至康乐村望舅处。夜,昆亮来。

6月27日　星期四

阴,有微雨。上午,渡录杨校《全集》。干全华来。(午饭后,去。)作信致钻坚,复伯华。下午,至中国书店。出,至慈淑大楼六零一号候祝慎旃,坐谈数刻。出,至商务印书馆等处而返。观《观所尚斋文存》完。

6月28日　星期五

忽晴忽雨。上午,至成都路北再太平寺谈麟祥开吊,往奠即返。炳青来,午饭后,同往世界书局晤思期,托其汇款至内地。因炳青将至重庆求学也。旋炳青别去,余少坐后,至成都坊,在彼观《祁忠敏公日记》。花明携曾同来。夜,沐浴。

6月29日　星期六

阴晴。上午,炳青来。谈益蓄来,以其父麟祥成主请为襄题,前亦来,未晤也。至太平寺谈麟祥成主,由时舅题主,余与朱静侯为襄题。下午返,时舅同来,少坐,去。至成都坊。出,至鸿远里。夜,观《梵麓山房笔记》完。第三次注射防疫针。

6月30日　星期日

晴。上午,渡录杨校《全集》。复杨秋心信。下午,谈益蕃来,谢吊及题主。至渔阳里乃乾处,观苏斋旧藏宋刻《施顾合注苏诗》残本二十册,名人题跋甚多,剧迹也。出,至成都坊,并晤守梅。渠以校中暑假将于明日回张,下学期家居,不来任职矣。出,至康乐村望舅处。出,至秀州书社。夜,观《靖康稗史》(《己卯丛编》印本)。纪祖在民智小学,今日行毕业礼。

7月

7月1日　星期一

晴。上午,复通学斋书店信。顾苌丞先生来,念祖、纪祖、益明暑假期内仍请顾先生补习国文。今日开始,每日午前十时至十二时。补写日记。下午,携念祖、纪祖至大新公司画厅观白蕉书画金石展览会。出,至中国书店。出,至冠生园吃冷食。出,念祖、纪祖先回,余至康乐村望舅处。

7月2日　星期二

晴。上午,渡录杨校《全集》。至海格路时舅处,并晤君藩。下午,中妹来。陈开濂来。至证券大楼典业银行通讯处。出,至来青阁等处而至上海中学晤杨道弘。出,至成都坊。夜,观《靖康稗史》。

7月3日　星期三

晴,日晕。上午,渡录杨校《全集》。至静安寺新华银行分行。

下午,观《靖康稗史》。至成都坊。出,至青年会贺钱吟珂为子完姻。夜九时许返。

7月4日　星期四

晴。孙味藜来。上午,渡录杨校《全集》。复伯华信。下午,至鸿远里。出,至成都坊。夜,观《靖康稗史》。

7月5日　星期五

晴。上午,至浙江兴业银行、先施公司。下午,至海格路时舅处,君平、君定亦来谈乡间事。出,至成都坊,在彼观《祁忠敏公日记》。夜,忆初伉俪来。

7月6日　星期六

晴。上午,检点书册。君藩来,同其至福煦路松江女子中学候孟达人,不值,晤及沈士寰。少坐,返。孟达人来,拟暑假内请其为念祖、益明补习英文。作信复紫卿,致伯华、子峰。下午,至世界书局晤思期。出,至康乐村望舅处。夜,代颖柔作信致其表兄奚寿伯。

7月7日　星期日

晴,有雨。上午,渡录杨校《全集》。补写日记及账略。下午,至大新公司画厅再观白蕉书画金石展览会。出,至成都坊,在彼观《祁忠敏公日记》。花明来,夜饭后去。观《靖康稗史》完。

7月8日　星期一

晴,有雨。上午,渡录杨校《全集》。下午,大妹、中妹来。观明吉州杨文骢之《洵美堂诗集》,系贵阳陈氏重刊本,近由庸庵老人见赠也。作信复胡朴安。

7月9日　星期二

晴。上午,孟达人先生来,暑假内为念祖、益明补习英文。今日开始,每逢星期二、四、六午前八时至九时半。至成都坊。出,至中德医院晤赵医生。渡录杨校《全集》。下午,观《洵美堂诗集》。至润康村候潘景郑,不值。而至中国书店、来青阁,乃至成都坊,在彼观《制言》杂志。夜,沐浴。

7月10日　星期三

晴。上午,渡录杨校《全集》。蔡叔明来。下午,录存信稿。观《洵美堂诗集》。至鸿远里及康乐村。

7月11日　星期四

晴。上午,渡录杨校《全集》。致伯华信。写账。下午,姚墨谦来。至成都坊,在彼观《祁忠敏公日记》。夜,致中国书店郭石麒信。

7月12日　星期五

晴。颖柔于今晨三时许起腹痛,五时四十分产一男,由赵品莲女医接生,大小平安。上午,花明来。中妹来。作信致平湖徐。下午,大妹来。复伯华信。忆初来。

7月13日　星期六

晴。上午,复子峰信。下午,渡录杨校《全集》。金篯孙先生来。

7月14日　星期日

阴晴,晨盛雨。上午,渡录杨校《全集》。履仁来。启明、花明来(下午去)。为新生小儿祭先。下午,大妹、中妹携诸甥来(傍晚去)。观《洵美堂诗集》。

7月15日　星期一

晴。上午,渡录杨校《全集》。下午,至四行储蓄会、中国书店而至成都坊。出,至绿舫、咏义、乃乾约茶叙。

7月16日　星期二

晴。上午,至四行储蓄会、冠生园、朵云轩。下午,观《洵美堂诗集》。渡录杨校《全集》。花明来。夜,君介来。

7月17日　星期三

阴晴,上午有雨。上午,大妹为望圆妹病来(下午去)。渡录杨校《全集》。下午,君定来。至成都坊,在彼观《祁忠敏公日记》。

7月18日　星期四

晴。上午,中妹为望圆妹病来(夜馔后,去)。渡录杨校《全集》。致伯华,复张孝治信。下午,至成都坊。复伯华,致公迈信。

7月19日　星期五

晴。上午,中妹为圆妹病来(住夜)。渡录杨校《全集》。下午,写账。纪祖于午间患头痛、喉痛、发热,邀忆初来诊治。观《洵美堂诗集》完。花明来。夜,观清钱塘罗以智《恬养斋文钞》。

7月20日　星期六

晴。上午,至丁香理发馆理发。出,至四行储蓄会。写《倚剑吹箫楼诗话》。下午,观江阴缪荃孙之《艺风堂诗存》。周太亲母来。

7月21日　星期日

晴。上午,至菜市路底上海美术专科学校观朱天梵书画展览会。观《艺风堂诗存》。下午,忆初嫂来。至来青阁、中国书店而成都坊。

7月22日　星期一

阴,下午有雨。上午,渡录杨校《全集》。致欣夫信。下午,至世界书局晤思期。出,至一大药材行等处,返。叶浦荪来,坐谈数刻,去。

7月23日　星期二

阴。上午,渡录杨校《全集》。下午,大妹、中妹及秀红妹来。观《艺风堂诗存》完。至成都坊。夜,花明来。复伯华信。

7月24日　星期三

晴。上午,杂务。下午,韫辉少奶奶娟小姐来。观江阴缪荃孙之《碧香词》完。观湘潭王闿运之《夜雪集》。续草《〈画扇斋丛录〉跋》。邀志恰来治慧明身热,益明昨亦患寒热未愈,并请一诊。夜,沐浴。

7月25日　星期四

晴。上午,渡录杨校《全集》。剑吟表妹来。复紫卿、伯华及公迈信。下午,中妹来(夜馔后,去)。至成都坊。

7月26日　星期五

晴。上午,渡录杨校《全集》。下午,花明来。翻阅《清儒学案》。邀志恰来复诊慧明,身热未退。复钻坚,致继麟信。

7月27日　星期六

晴。上午,渡录杨校《全集》。邀忆初来治纪祖,昨夜起又身热、头痛,并治慧明。下午,至成都坊,在彼观《祁忠敏公日记》。观《夜雪集》。

7月28日　星期日

晴。上午,渡录杨校《全集》。至海格路时舅处。下午,至民智学校内同乡会开理监事常会。出,至成都坊。出,至康乐村望舅处。

7月29日　星期一

晴。上午,至朵云轩、同协祥、四行储蓄会。下午,至成都坊。

7月30日　星期二

晴。上午,渡录杨校《全集》。白蕉来。复俞盘新,致乃乾信。下午,中妹来。伤风发热,偃卧。又上午邀忆初来复诊慧明。

7月31日　星期三

阴。今日身热退凉。观《夜雪集》完。观天虚我生之《湖上家书》。作信致平湖徐。下午,花明来。

8月

8月1日　星期四

阴晴,有雨。下午,作信复伯华,致干祖望。陆永官来。今日身体疲惫,下午又发热。

8月2日　星期五

晴。今日身热退凉。上午,查敏行来。观《湖上家书》完。下午,观天虚我生之《难中竹报》。韫辉来。邀志恰来诊治,并治慧明。

8月3日　星期六

晴。上午,道衍来。蒋志义来。下午,至成都坊。观《难中竹报》。

8月4日　星期日

晴。上午,渡录杨校《全集》。下午,作信复伯华及陆斐然。大妹来。

8月5日　星期一

晴。上午,志义来。杨铝章来。观湘潭王闿运之《杜若集》。下午,至成都坊,在彼观《祁忠敏公日记》。夜,沐浴。

8月6日　星期二

晴,傍晚雷雨。上午,至辣斐德路六百十四号晤顾起潜。下午,复培孙信。中妹来(住夜)。至鸿远里。出,至成都坊。

8月7日　星期三

雨,上午晴。复哲夫信。上午,至霞飞路一千八百八十六号晤金钱孙先生。下午,观《杜若集》。杂务。

8月8日　星期四

晴,傍晚盛雨,雷。上午,渡录杨校《全集》。下午,杭生来。至成都坊,在彼观《祁忠敏公日记》。今日为阴历七月初五,系先君十九周年忌辰,傍晚设祭。夜,观《杜若集》完。观王闿运之《圆明园词》。

8月9日　星期五

阴晴。上午,复房客钱起彭信。携念祖、纪祖、益明至玉佛寺为望舅母十周忌辰,高宅在寺作佛事,因往拜祭。下午,三下钟返。渡录杨校《全集》。观王闿运之《独行谣》。

8月10日　星期六

晴。上午,渡录杨校《全集》。下午,复伯华信。至成都坊,在彼观《祁忠敏公日记》。致计墨兴信。花明来(夜饭后,去)。今日阴历七月七日为粲君生辰,傍晚设祭。

8月11日　星期日

晴,下午阴,微雨,夜雷雨。新儿名以昆衍,小名绳祖。今日阴历七月初八日弥月,治面。上午,渡录杨校《全集》。林晋康来。中妹来(傍晚去)。徐子素来。下午,观《祁忠敏公日记》。观《恬养斋文钞》。

8月12日　星期一

晴,傍晚雷,微雨。上午,渡录杨校《全集》。下午,至中国书店、来青阁等处而至成都坊。

8月13日　星期二

晴。上午,渡录杨校《全集》。下午,致振铎信。录存信稿。观台山黄拜言寄来之《恬园诗草》。花明来。

8月14日　星期三

晴。上午,杰士来。叔明来。草诗五首(《题恬园诗草》二首、《寄胡朴安》《题廖天风雨阁》《题一邱园志》,以上皆七绝)。下午,至成都坊。出,至丁香理发馆理发。夜,沐浴。

8月15日　星期四

晴。上午,誊昨日所草之诗。致时舅信。下午,至成都坊,在彼观《恬园诗草》。出,至鸿远里。

8月16日　星期五

晴。上午,草诗四首(书慨)。中妹来(傍晚去)。中元节祭先。至环龙路中实俱乐部与君定、君湘、履仁借此设筵宴张莲汀、颂邍、徐子素等为莲汀五秩寿也。下午三下钟,出,至渔阳里晤乃乾,少坐,返。夜,观《恬园诗草》。

8月17日　星期六

晴。上午,将昨草之七绝四首增改为《古风》一首。至静安寺,方忆慈开吊,往奠。李新民来。下午,至成都坊。出,至大新公司、中国书店等处。作信复伯华、钻坚、斐然。又上午,邀忆初来诊治新儿身热、腹泻。

8月18日　星期日

晴。上午,观《恬园诗草》完。致时舅信。草《赠王杰士》,五律一首。下午,偕颖柔至乐园殡仪馆为徐氏外姑中元节致祭。杨伯雄之子民一来。至康乐村望舅处。出,至鸿远里,念祖、纪祖亦在,同返。

8月19日　星期一

晴。上午,草《题陈幹丞书兰册》,七绝二首。誊诗。下午,至亨得利修钟表及中国书店而成都坊。亚雄、秋林自张来。夜,邀忆初来复诊新儿。

8月20日　星期二

晴。上午,为朴安写书签,并写诗寄之。复朴安信。花明携曾同来(傍晚去)。下午,复伯雄,致石麒信。夜,与秋林杂谈。渠定明晨回张。

8月21日　星期三

晴。上午,渡录杨校《全集》。邀忆初来复诊新儿及慧明。下午,至民智学校晤仲恩,世界书局晤思期及开明书店、商务印书馆而成都坊,在彼草《题饯春图》,五绝二首,为王欣夫作。昆友自张来。

8月22日　星期四

晴,上午有雨。上午,誊写诗。昆友侄来(下午去)。致杰士信。下午,至成都坊,携静姬及昆屏侄女出,至南京路购物,怡红酒家吃点心。

8月23日　星期五

晴。上午,草诗(《国难》五律二首,《自题诗卷》五古一首)。伯才来。邀忆初来复诊两小儿。下午,中妹、迪前来,傍晚去。观《难中竹报》。

8月24日 星期六

晴，傍晚有雨。上午，写诗。复沧萍信。邀朱仰高来诊察两小，小儿身热多日不退。下午，至鸿远里。出，至成都坊，在彼观《祁忠敏公日记》。

8月25日 星期日

晴。上午，昆友侄来（午饭后去）。写诗。复欣夫信。邀忆初来诊治二小小儿。下午，至鸿远里晤君定，以近作之诗与之商阅。出，至成都坊。

8月26日 星期一

晴。上午，誊诗。至海格路时舅处。致乃乾信。下午，至四行储蓄会、中国书店而成都坊。张堰房客计志清夫人来。

8月27日 星期二

阴。上午，伯才来。复培孙，致沧萍、振铎信。中妹来（下午去）。下午，至康乐村望舅处。观《难中竹报》。夜，韫辉来。昆友来，少坐，去。约明晨回张。致秋林信。

8月28日 星期三

阴，有微雨。上午，亚雄乘轮回张。写《倚剑吹箫楼诗话》。下午，至成都坊，在彼观《祁忠敏公日记》。致钻坚信。

8月29日 星期四

阴晴，傍晚有雨。上午，写诗。计墨兴、杨铝章及陆君来。致君平信。下午，曹中孚来。李续川来。谈益蕃来。复伯华信。至鸿远里。夜，携念祖至大西路一号德国大厦内观映德国战事影片。十时许，返。暑假内请孟达人先生来为念祖、益明补习英文，今日结束。

8月30日　星期五

阴晴，下午有雨。上午，纪祖往光华大学附属中学应初中一年级入学试验，念祖、益明送去，益明先返。写诗。写《倚剑吹箫楼诗话》。下午，至成都坊。出，至来青阁、大新公司而至汉口路证券大楼内光华附中，候纪祖应试，念祖及鼎甥亦在试。毕后，同至冠生园吃点心而返。

8月31日　星期六

阴，下午有雨。上午，致奚博泉信。韫辉来。渡录杨校《全集》。下午，至悦来旅社晤徐自觉。出，至国货公司、南洋袜厂、亨得利钟表店而至成都坊。

9月

9月1日　星期日

雨，夜有盛雨，似风潮。上午，渡录杨校《全集》。翻阅《北平图书馆书目》。下午，至民智学校内同乡会开理监事常会。会毕后，同杰士至康乐村望舅处。

9月2日　星期一

上午阴，下午雨。上午，钻坚同全华来。系昨晚抵沪。坐谈数刻，去。中妹来（夜饭后去）。复家子佩、李续川，致沈桐华信。下午，至成都坊。出，至黄钟医生处诊治，近似胃气痛。

9月3日　星期二

晴。上午，钻坚同全华来，少坐，去。复伯华信。下午，大妹来，旋君定亦来，五时许，去。至福煦路中德助产学校为全华今肄业，该校作保证人。出，至成都坊。出，至五马路江苏旅馆晤钻坚、全华,适伯才亦在,少坐后,邀同至浙江路松月楼夜馔。九时许返。钻坚约明日回张。

9月4日　星期三

晴。上午,至亨利路晤陈陶遗,坐谈数刻,返。下午,携念祖、纪祖、益明至福煦路中南银行交学费。出,念祖等至鸿远里,余至成都坊。旋同静姬、巧官至南京路购物,冠生园啜茗。静姬等先回,余又至中国书店而返。夜,昆友来。系同碧官到沪读书,亦住成都坊。暑假内请顾荩丞先生来为念祖、纪祖、益明补习国文、温理经书,今日结束。

9月5日　星期四

晴。上午,周学文同杨孝达来。孝达系故友杨公之子也。补写日记。下午,邀志恰来治益明胃痛,又慧明身热久不退净亦再一诊。王欣夫来。张仲田先生来。至成都坊。出,至丁香理发馆理发。夜,观明汉阳王国梓所撰之《一梦缘》。

9月6日　星期五

晴。上午,念祖同纪祖往光华附中注册。写账。渡录杨校《全集》。下午,李续川来。携念祖及鼎甥至成都坊,并同静姬、巧官至大三星菜馆贺倪德身结婚。德身系若水之侄,其姊弟前亦寓在成都坊十六号内也。夜,九时许返,静姬与巧官回成都坊。

9月7日　星期六

阴晴,有雨。上午,白蕉来。张飞槎来。渡录杨校《全集》。下午,至成都坊。出,至鸿远里。

9月8日　星期日

晴。上午,写诗。花明来。至青年会江浙同乡聚餐,思期、杰士亦到,并识王莲友。出,至白尔部路太和里候叔明,不值。至渔阳里晤乃乾，少坐，而成都坊。昆友侄约明晨回张。启明来，夜饭后，同花明去。中妹来，亦夜饭后去。

9月9日　星期一

晴。上午，念祖、益明往光华附中注册。同颖柔携纪祖出外。颖柔至中德医院晤赵医生，余与纪祖至商务印书馆，念祖及鼎甥、来会在棋盘街一带购教科书。下午，至成都坊，中妹携菊、梅二甥适来。出，至黄钟医生处复诊。出，至大新公司。计墨兴同陆君来。夜，昆亮来。

9月10日　星期二

晴。上午，至大西路慎德里候周学文，不值。而至海格路时舅处，少坐，返。偕颖柔携念、纪两儿至新都饭店午餐。餐后，两儿往鸿远里，余与颖柔在新新公司等处购物而返。观《难中竹报》完。观燕京大学之《史学年报》。邀志恰夜来为复诊益明、慧明及治仆人长生。启贤来。系今晚抵沪。略谈，去住旅馆。此行渠自有事也。

9月11日　星期三

阴晴。上午，至亨利路冯家望六舅母跌痛，古拔新村候李续川。下午，至世界书局晤思期，大东、开明、龙门诸书局购教科书，而成都坊。

9月12日　星期四

晴。上午，渡录杨校《全集》。至静安寺路浙江兴业银行分行。出，至秀州书社。君定来。下午，道衍来。系今日到沪。至成都坊，在彼观《祁忠敏公日记》。夜，秋林自张来。光华附中今日上课。

9月13日　星期五

阴晴,夜有雨。上午,蔡叔明来。中妹来(下午去)。至朱仰高医生处付其前日化验费。下午,至黄钟处复诊。出,至成都坊。邀志恰来复诊慧明等,夜饭后,去。复伯华信,交秋林明晨带回。

9月14日　星期六

晴。上午,以近口占《题温丹铭读无用书斋图》五古二首。今草成,誊清之。至海格路时舅处。出,至静安寺张敬垣开吊,因往一拜。下午,王家大川官来。至四明村韫辉处,康乐村望舅处及鸿远里、成都坊。

9月15日　星期日

阴晴。上午,文尧来。侯秉桢来。至基安坊君介处一转,后至四马路大雅楼同乡会聚餐。余并邀荩丞、麟书、鹤荃亦来一叙。出,至抱经堂、来青阁等处而至成都坊。

9月16日　星期一

晴。上午,写账。观清新化欧阳辂之《涧东诗钞》。下午,观汇集之《申报·欧战丛谈》。

9月17日　星期二

阴雨。上午,作信致哲夫及通学斋书店。下午,观苍雪和尚《南来堂诗集》(云南刻本)。邀志恰来复诊慧明,又新儿腹泻未愈亦请一诊。

9月18日　星期三

晴。上午,渡录杨校《全集》。观《南来堂诗集》至下午,毕。观燕京大学之《史学年报》。连日伤风身体疲倦,不出门。光华校课只有上半日,纪祖请吴鹤荃先生每日下午来此,二时许,为温理校课及《四书》又授《礼记》及国文。今日开始。

9月19日　星期四

阴。上午,至浙江兴业银行及东叶银行。中妹来(下午去)。下午,至成都坊,中间出。至中国书店、大新公司。

9月20日　星期五

阴雨。上午,复伯华信。拟致恒初信。下午,花儿来。写书籍题记。写致恒初信。续川来。观《涧东诗钞》。

9月21日　星期六

晴。上午,渡录杨校《全集》。下午,至海格路时舅处。出,至鸿远里。出,至中国书店、商务印书馆而成都坊,在彼观《祁忠敏公日记》。

9月22日　星期日

阴雨,夜雨。上午,晋康来。续川来,同至海格路时舅处。下午,观《涧东诗钞》。观《恬养斋文钞》。邀志恰来复诊慧、新两儿,夜饭后去。

9月23日　星期一

雨。上午,渡录杨校《全集》。观《涧东诗钞》。至四摩路底杭州玉皇山分院福星观内。外家高氏在此举行秋祭,因往一拜。下午三时许,出,至四行储蓄会、中国书店而至成都坊。

9月24日　星期二

阴晴。上午,至姚主教路南洋模范中学晤仲田先生,大同坊晤王培孙。复哲夫信。下午,韫辉来。至鸿远里理书。出,至秀州书社。夜,君藩来。

9月25日　星期三

雨。上午,观《宇宙风》杂志。下午,偕颖柔携益明、念祖、纪祖至华格臬路大华饭店贺韫辉长女娟小姐于归王氏。夜,九时许返。

9月26日　星期四

阴,有雨。上午,渡录杨校《全集》。翻阅明岭南张萱所辑《西园闻见录》,燕京大学新印本也。下午,至成都坊,在彼观《祁忠敏公日记》。又巧官患寒热,邀俞天石来诊治。夜,致书店信。

9月27日　星期五

晴。上午,写日记。复伯华、昆友、继麟、斐然信。下午,至成都坊,在彼观《祁忠敏公日记》完。出,至康乐村望舅处。志恰来过,复诊慧、新两儿。

9月28日　星期六

晴。上午,写《题读无用书斋图诗》,寄温丹铭。复养怡信。观周黎庵之《清明集》。下午,至成都坊,在彼观《涧东诗钞》。又邀俞天石来复诊巧官。

9月29日　星期日

阴晴。上午,渡录杨校《全集》,直至下午。花明携曾同来(下午去)。下午,大妹、中妹来。启明来。夜,观《恬养斋文钞》。

9月30日　星期一

阴,傍晚雨。上午,至四行储蓄会而成都坊。下午,复杨道弘信。至忠厚庄等处,冠生园吃点心及同协祥参号。

10月

10月1日　星期二

雨。上午,渡录杨校《全集》。下午,作信致伯华、子峰及计墨兴。观《宇宙风》杂志。理账。

10月2日　星期三

阴雨。上午,渡录杨校《全集》。下午,观《欧战丛谈》。观《怡养斋文钞》。昨日霖雨。今日里门外马路水深及膝,闻他处亦多成泽国。

10月3日　星期四

晴。上午,渡录杨校《全集》。下午,理书。观《恬养斋文钞》。

10月4日　星期五

晴。上午,干全华来(下午去)。渡录杨校《全集》。理书。下午,至成都坊,在彼观《涧东诗钞》。出,至朵云轩、世界书局晤思期,商务印书馆、西泠印社。夜,伯华自张来,即住于此。

10月5日　星期六

晴。上午,与伯华理契据。中妹来(下午去)。下午,伯华去住旅馆。至成都坊,在彼观《涧东诗钞》。

10月6日　星期日

晴。上午,至康乐村。同君平至福煦路八百十六号。严载如之尊公味莲先生开吊,往奠,即返。下午,计墨兴来。今日星期,儿辈至璇宫观话剧。观《怡养斋文钞》。偕颖柔至古拔路三花食品公司吃点心。伯华来,少坐,去。约明晨回张。

10月7日　星期一

晴。上午,复养怡信。至静安寺路浙江兴业银行分行。出,至鸿远里,在大妹处午馔,后至成都坊。出,至黄钟处复诊。观《怡养斋文钞》。夜,偕颖柔至浦东同乡会大厦内璇宫剧院观演《李香君》话剧。十下钟返。杨肃、杨哲来过。

10月8日　星期二

晴。上午,文尧来。杨铝章来。下午,偕颖柔至南京路信大祥等处购衣料。观《怡养斋文钞》完。

10月9日　星期三

晴。上午,复哲夫信。至亨利路晤陶遗。下午,韫辉女娟小姐偕新婿王光烈来,韫辉少奶奶、文尧同来。观日本小泽文四郎所编《仪征刘孟瞻先生(文淇)年谱》。至成都坊。

10月10日　星期四

晴。上午,渡录杨校《全集》。君定来。下午,中妹来。观新会陈垣之《明季滇黔佛教考》。至成都坊,静婉于昨晚起发身热。出,至马斯南路朱宅,邦屏与戚智川主席举行新生聚餐,近九时许返。志恰来过诊治慧儿热度缠绵及耳疾。

10月11日　星期五

晴。上午,渡录杨校《全集》。拟草苍雪大师《〈南来堂诗集〉序》。下午,至成都坊,在彼观《涧东诗钞》。静婉热度仍高,邀何公度来诊治。

10月12日　星期六

雨,上午阴。上午,渡录杨校《全集》。同学文同、杨孝达来。迪前来。花明携曾同来,旋启明亦来(下午去)。至法藏寺。钱公绪之母夫人开吊,往奠。出,至成都坊,午饭后返。观《刘孟瞻年谱》。偕颖柔携慧明至静安寺路西摩路口李冈医生处,为治耳疾。

10月13日　星期日

晴。上午,渡录杨校《全集》。观《刘孟瞻年谱》。下午,至成都坊,在彼观《涧东诗钞》完。静婉热度未退,体中不舒,邀公度来复诊。

10月14日　星期一

晴。上午,至成都坊。出,至四行储蓄会。下午,大妹、中妹来。至成都坊,静婉热度甚高,体极不舒,又邀公度来诊治。夜,作信致账房及杨昌麟,交仆人石阿生明晨带回。

10月15日　星期二

阴晴,夜雨。上午,君定来。观《刘孟瞻年谱》。下午,至成都坊。静婉热度已退,惟体仍疲极,症系近时流行之所谓顿革热也。出,至中国书店、来青阁等处,又回成都坊。出,至慕尔鸣路震兴里十七号守中新借寓所。志轩嫂嫂及守梅昨亦自张来沪。守中将续娶也。少坐,返。

10月16日　星期三

阴。上午,叔明来。至善钟路新中国理发店理发。出,至海格路时舅处。观清遵义郑珍之《巢经巢诗集》。下午,守梅来。至成都坊。出,至四行储蓄会,仍回成都坊。静婉热度退清,邀公度来复诊。出,至鸿远里。昆友自张来,即住于此。

10月17日　星期四

晴。上午,伯才来。至中社守中侄(昆亮)续娶顾爱莲女士,今日在此结婚。出,至成都坊,即返中社。午馔后,回,同颖柔携念、纪、益、慧四儿至中社。又出,至亨利路为守中邀陈陶遗来证婚。五时许,守中行婚礼,余为主婚。夜近十时许返。

10月18日　星期五

阴,晚有雨。上午,至成都坊。出,至四行储蓄会集南京路一带购物。下午,偕颖柔至震兴里守中新房。出,至鸿远里。大、中两妹亦在震兴里也,圆妹并同行。亚雄自张来。

10月19日　星期六

阴。上午,至成都坊。出,至世界书局晤思期。傍晚,高君定、君介、君藩、君湘(未到)、君宾、启明、冯志伊、志恰、丽水、何公度、孟龙、吴忆初、朱履仁、邦屏、沈伯才、龚冰若、王杰士、俞肃斋、顾荩丞、沈思期、俞天石（其子振楣来）、蒋倜卿、陈乃乾、朱孔阳来，并送筵两席，为贺余今岁添丁之喜。诸君言之已久，盖余屡却之也。夜十时许，客散。

10月20日　星期日

阴，下午雨。上午，杂务。下午，志轩嫂嫂同守中新夫妇来。至成都坊，静婉今日身热虽退而气力倦乏，胃纳不开，再邀公度诊治。夜，致伯华信。

10月21日　星期一

阴，有雨。晨，昆友回张。上午，翻阅胡朴安所赠其新近编印之《朴学斋丛书》。中妹、迪前来，下午去。至成都坊。

10月22日　星期二

阴。上午，偕颖柔至贵州路新开国光药房购常备药。下午，至康乐村望舅处。出，至成都坊。出，至鸿远里。夜，复继麟信。

10月23日　星期三

雨。上午，偕颖柔至环龙路福寿坊王仲稽处。今日为外舅斗槎先生九秩冥庆，因往拜奠。念祖于午间放课后来，花明、启明亦到。益明患身热，纪祖患热疖，均未去。下午三时返。邀公度来诊治益明，亦近日流行之登革热也。作信复伯华，致子峰，至夜写完。

10月24日　星期四

阴。上午，理账。续草《〈南来堂诗集〉序》。伯才来。下午，至成都坊，中间出，至大昌祥号晤子凤及中国书店，又邀公度来诊治静婉。夜，致伯华信，托亚雄明晨带回。

10月25日　星期五

晴。晨，亚雄回张。上午，写日记。续草《〈南来堂诗集〉序》。

下午,至鸿远里理书。出,至成都坊。夜,观《刘孟瞻年谱》。

10月26日　星期六

晴。上午,至霞飞路一千八百八十六号候金箴孙先生(近来过,不值),适值外出,因晤通尹,少坐,返。翻阅《朴学斋丛书》。下午,中妹来(夜饭后去)。至康乐村望舅处。出,至成都坊。花明来,夜饭后去。

10月27日　星期日

晴。上午,至海格路时舅处。下元节祭先。下午,作信致伯华,复斐然及昆轼侄。至鸿远里取书籍。

10月28日　星期一

阴,夜雨。上午,渡录杨校《全集》。韫辉来。下午,至康乐村望舅处,谈收租事。出,至成都坊。夜,复伯华信。

10月29日　星期二

阴,有雨。上午,续草《〈南来堂诗集〉序》成,为王培孙校辑本作也。至世界书局为新民约,同候思期,均不值。下午,渡录杨校《全集》。偕颖柔至南京路同茂布号、先施公司购物,沈大成店吃点心,而至黄钟医生处,各请其诊治。

10月30日　星期三

晴。上午,晋康来。新民来。渡录杨校《全集》。下午,至康乐村望舅处。出,至鸿远里。出,至成都坊。

10月31日　星期四

晴。上午,白蕉来。渡录杨校《全集》。下午,大妹、中妹来(傍晚去)。誊《〈南来堂诗集〉序》。

11月

11月1日　星期五

晴。上午,续誊《南来堂诗集序》完。作信复伯华及文禄堂书店。下午,观《清儒学案》。邀志恰来治益明,又发寒热。至成都坊,在彼观《巢经巢诗集》。继麟自张来。

11月2日　星期六

晴。上午,至静安寺路浙江兴业银行分行。花明来(午饭后去)。渡录杨校《全集》。下午,至成都坊,在彼观《中和》杂志。静婉体未全愈,又邀公度来诊治。邀忆初来治益明寒热不舒。

11月3日　星期日

晴。上午,作信复伯华,致哲夫及通学斋书店。下午,思期来,坐谈数刻后,同至姚主教路大同坊晤王培孙及吕班路万宜坊候顾仲堪先生,而余至成都坊。夜,观《刘孟瞻年谱》。志恰于下午来过,诊治益明。

11月4日　星期一

晴,夜雨。上午,星墅侄来,坐谈数刻,去。作信致温丹铭、顾起潜。下午,至鸿远里。出,至成都坊。今日阴历十月初五为本生祖考秋岭公生生辰,傍晚设祭。夜,至康乐村望舅招谈租务,九时许返。下午,昆亮侄来过。

11月5日　星期二

阴晴,上午有雨。上午,渡录杨校《全集》。至亨利路陶遗处,适闵瑞师及履仁、新民亦先后来。坐谈数刻,返。下午,至朵云轩、来青阁、忠厚书庄、中国书店而至成都坊。花明来,夜饭后去。

复伯华信。

11月6日　星期三

阴雨。上午,渡录杨校《全集》。下午,计墨兴来。邀志恰来治益明寒热未止兼发胃病。顾起潜来。今日阴历十月初七,为本生祖考秋岭公忌辰,先妣冯太淑人忌辰。傍晚设祭。夜,观《刘孟瞻年谱》。

11月7日　星期四

晴。上午,渡录杨秋室氏批校全谢山《鲒埼亭集》完。下午,至静安寺路浙江兴业银行分行。出,至鸿远里。出,至成都坊。夜,复伯华信。

11月8日　星期五

晴。上午,至天津路中央储蓄会。花明携曾同来(下午去)。下午,邀朱仰高医生来为益明验血,其寒热是否疟疾或伤寒。迪前来。复校渡录之杨秋室批校全谢山《鲒埼亭集》。偕颖柔携新儿至李冈医生处治耳疾,慧儿亦携去,复一检视,则已愈矣。丁继安来。夜,观《刘孟瞻年谱》。

11月9日　星期六

晴。上午,复校渡录之杨校《全集》。慧明额上跌破,邀蔡文琦来医治。下午,中妹来(夜饭后去)。丁继安来。迪前来。邀志恰来诊治益明,症似湿温。至成都坊。夜,查敏行来。复涤新信。

11月10日　星期日

晴。上午,白蕉来。陶遗来。复校渡录之杨校《全集》。下午,花儿来。至康乐村视望舅病。出,至民智学校同乡会开理监事常会。出,至成都坊,静婉邀公度诊治。出,又至康乐村。夜,复伯华信。

11月11日　星期一

晴。上午,至四行储蓄会及来青阁。下午,复校渡录之杨校《全集》。邀志恰来诊治益明。君湘来。

11月12日　星期二

阴。上午,复校渡录之杨校《全集》。至福寿坊王宅应仲稽招,谈起家事。石士午馔后亦到。出,至大新公司四楼观女子书画展览会,又至中国书店而至成都坊。出,至康乐村望舅处。校书至夜。继麟于今晨回张。

11月13日　星期三

晴。上午,至爱多亚路三茅阁桥浦东银行。出,至世界书局晤思期。下午,道衍来。墨谦来。复伯华及昆友信。查敏行来。偕颖柔至永安公司购物而至黄钟处诊治。今日阴历十月十四为徐氏外姑生辰,傍晚设祭。夜,观《刘孟瞻年谱》。

11月14日　星期四

晴。上午,张堰房客吴姓泰店主来,张佩芳同来,当作致账房一信,交其带去。复校渡录之杨校《全集》。下午,至康乐村望舅处。出,至成都坊。出,至渔阳里候乃乾,不值而返。大妹于午后来,傍晚去。曾邀志恰诊治益明,已来。夜,观《刘孟瞻年谱》。

11月15日　星期五

晴。上午,至四行储蓄会、中央储蓄会、浙江兴业银行。复白蕉信。下午,迪前来。偕颖柔至南京路立兴祥绸缎局、庆云银楼等处购物。夜,观《刘孟瞻年谱》。

11月16日　星期六

阴。上午,复校渡录之杨校《全集》。至冠生园,与念祖、纪祖放课后来会,即午馔。馔后,同至世界书局为纪祖购墨水、笔。

出，念祖、纪祖回去。余至成都坊，在彼观《巢经巢诗集》。出，至渔阳里晤乃乾。夜，观《刘孟瞻年谱》完。

11月17日　星期日

阴晴。上午，复校渡录之杨校《全集》至下午。邀志恰来诊治益明。校所抄之朱二坨文。

11月18日　星期一

阴。上午，复校渡录之杨校《全集》。作信致伯华、钻坚，复伯才。迪前来，午饭后去。观《图书季刊》。至成都坊，出。至康乐村望舅处。今日为阴历十月十九日，系先兄龙深君生辰。傍晚设祭。夜，观《清儒学案》。

11月19日　星期二

雨，上午阴。上午，复校渡录之杨校《全集》。迪前来，午饭后去。理账。校书。夜，观清鄞县万斯同之《石园文集》。

11月20日　星期三

阴。上午，复校渡录之杨校《全集》。下午，至成都坊，携静姬出，至大新、永安两公司购物，可可食品公司吃点心。仍同回成都坊，后返。夜，观《石园文集》。

11月21日　星期四

阴。上午，复校渡录之杨秋室批校全谢山《鲒埼亭集》完。渡录方望溪批点《柳河东集》。致哲夫信。下午，杨铝章来。花明来。至辣斐德路六百十四号晤顾起潜。出，至鸿远里。出，至成都坊。出，至福煦路四明村四十二号观迪前新顶之房屋（未迁居）。邀志恰来诊治益明。夜，复伯华信。

11月22日　星期五

阴。上午，至宝善街宝和旅馆晤杨铝章，同其至金隆街合记花厂等处后，余至成都坊。续复伯华信。下午，续斐然信。偕颖柔至国货公司等处购物。

11月23日　星期六

阴，夜雨。上午，渡录方望溪批校《柳河东集》。迪前来。复伯华信。下午，至康乐村望舅处。出，至四明村韫辉处。复徐少青信。

11月24日　星期日

阴。上午，思期来。同至海格路时舅处，并同时舅至爱麦虞限路雪村闵瑞师处。旋瑞师邀同至霞飞路绿野新村午馔。同席尚有孙沧叟、戴伯英、戴禹修。馔后，余至成都坊。作信致王企元。

11月25日　星期一

阴。上午，至静安寺路同孚路口上海银行分行。渡录方批《柳集》。下午，至成都坊。出，至世界书局晤思期，来青阁、中国书店，而至黄钟处诊治。观《巢经巢诗集》。

11月26日　星期二

晴。上午，渡录方批《柳集》。伯才来。为颖柔拟信稿。下午，花明来。守梅伉俪携其幼女来。系近日抵沪。至上海银行分行而至成都坊，在彼观《巢经巢诗集》。夜，观《石园文集》。

11月27日　星期三

晴。上午，誊写。复启贤、伯华，致继麟信。下午，至鸿远里。出，至中国书店而成都坊。出，至康乐村望舅处。

11月28日　星期四

晴，夜有雨。上午，渡录方批《柳集》。观《中和》杂志。下午，偕颖柔至国货、永安、大新三公司购物，大三元吃点心。夜，观《石园文集》。

11月29日　星期五

阴晴。上午，渡录方批《柳集》。晋康来。下午，偕颖柔携念祖至四明村四十二号，迪前、中妹今日迁居于此。观《中和》杂志。

11月30日　星期六

晴。上午，渡录方批《柳集》。白蕉来。下午，至成都坊。出，至中国书店集大新画厂观张善子大千画展。

12 月

12月1日　星期日

晴。上午，渡录方批《柳集》。昆亮来。沈叔贤来。下午，至成都坊，携静姬及巧、碧二侄女至新都茶室啜茗，及三阳盛等处购物。今日为阴历十一月初三日，系先兄龙深君忌辰。傍晚设祭。

12月2日　星期一

晴。上午，至浙江兴业银行分行。渡录方批《柳集》。下午，至阜昌参号、商务印书馆、来青阁、中国书店而至成都坊。中妹来。复伯华信，交仆人阿生明晨带回。

12月3日　星期二

晴。上午，渡录方批《柳集》。下午，至浙江兴业银行分行。大妹、花儿先后来（均夜饭后去）。今日阴历十一月初五为粲君七周忌辰，傍晚设祭。夜，校所抄之朱二坨文。

12月4日　星期三

阴晴。上午，至朱仰高医生处，付其前为益明验费及大新公司。渡录方批《柳集》。下午，至盆汤衖桥南堍张申转运公司。

出，至冠生园而成都坊。夜，校所抄之朱二坨文。
12月5日　星期四
　　晴。上午，至霞飞路姚主教路口公兴伙食公司楼上祝匡正寓处，望祝慎旃病。渡录方批《柳集》。下午，至宁波同乡会四楼观六莹堂古今书画展览会。出，至中国书店而成都坊。今邀志恰诊治慧明，昨日起身热已来。复徐少青信。夜，校所抄之朱之坨文。
12月6日　星期五
　　阴。上午，渡录方望溪批点《柳河东集》完。下午，至成都坊。出，至阜昌参号及丁香理发馆理发。理账。夜，观清萧山王绍兰著《许郑学庐存稿》。
12月7日　星期六
　　阴晴。上午，舒旭东来。张公愈来，近自香港回。至海格路时舅处。下午至宁波同乡会，再观六莹堂书画展览会及大新画厅观朱其石金石书画展览会，中国书店，而至成都坊。出，至鸿远里。夜，复伯华信。
12月8日　星期日
　　晴。上午，杰士来。荩丞来。花明携曾同来（下午去）。至海格路，同时舅至爱多亚路厚德福菜馆国学会聚餐。出，至成都坊。出，至民智学校内同乡会开理监事常会。出，至康乐村望舅处。夜，观《许郑学庐存稿》。
12月9日　星期一
　　晴。上午，抄方望溪批点《柳河东集》后各家识语。下午，致钱吟珂信。至四明村中妹处，念、纪、益、慧四儿亦去。余出，至成都坊晤道衔，于前日来此。出，至中实俱乐部，与蔡叔明、费润泉、诸尘奇、金兰畦、吴导江、钱公绪、张公愈、飞槎、朱履仁、邦屏假此设筵，合宴黄谱衡，祝其六秩寿也。夜十时许返。亚雄自张来。

12月10日　星期二

阴，傍晚微雨。上午，至成都坊。抄方批《柳集》识语。下午，偕颖柔携念祖至大新、永安公司等处购物。张堰房客倪杏生来。

12月11日　星期三

晴。上午，抄方批《柳集》识语。查敏行来，即同至康乐村晤君平。出，余至成都坊午饭后，至马浪路民天米号定购饭米，中国书店，宁波同乡会三观六莹堂书画展览会，黄钟医生处诊治。致潘景郑信。夜，在君宾处，钱吟珂来晤谈。

12月12日　星期四

晴。上午，至亚尔培路鸿安坊候张公愈。下午，至北京路国华银行、世界书局晤思期。

12月13日　星期五

晴。上午，抄方批《柳集》识语。在君宾处晤陆维钊。下午，至霞飞路新华银行、中汇大楼义盛花号及听涛山房、蝉隐庐而成都坊。

12月14日　星期六

阴。上午，至福煦路中南银行分行。抄方批《柳集》识语。下午，作信复伯华、昆友、斐然。观《中和》杂志。

12月15日　星期日

阴。上午，抄方批《柳集》识语。至法藏寺。钱海如之尊翁开吊，往奠。午馔后，出，至四马路书肆而成都坊。夜，观《许郑学庐存稿》。亚雄今晨回张。

12月16日　星期一

阴。上午，抄方望溪批点《柳河东集》后各家识语。至海格路同时舅至静安寺处候叶浦荪，不值。中妹来（傍晚去）。下午，志恰来。系邀其改膏方，并为颖柔、益明开调理方。至成都坊。出，至来青阁、抱经堂而大利酒楼，应沈梦莲家开吊请知宾酒。夜九时许返。

12月17日　星期二

晴。上午，至中南银行分行、成都坊而至浦东同乡会。沈梦莲开吊，往奠。午馔后，出，又至成都坊而鸿远里康乐村。夜，君平来。

12月18日　星期三

晴。上午，至浙江兴业银行、国货公司、中国书店、阜昌参号。下午，杨铝章来。至环龙路观勤慎堂金石文玩书画展览会，而至渔阳里晤乃乾。

12月19日　星期四

晴。上午，抄杨秋室批校全谢山《鲒埼亭集》后各家识语。潘绥生来。下午，志恰来。至成都坊，在彼观《巢经巢诗集》。夜，复伯华，致计墨馨信。

12月20日　星期五

阴。上午，至静安寺路浙江兴业银行分行。下午，大妹来（夜饭后去）。复伯华信。冬至节祭先。

12月21日　星期六

阴，夜雨。上午，迪前来。杂务。下午，至康乐村、鸿远里、四行储蓄会、中国书店而成都坊，昆惠侄女今日自乡来此。观《艺风藏书再续记》。

12月22日　星期日

阴晴，夜雨。上午，抄杨校《全集》识语。中妹来（傍晚去）。

下午,偕颖柔至乐园殡仪馆为徐氏外姑冬至节致祭。复王桂明,致中孚信。夜,君藩来。

12月23日　星期一

阴雨。上午,抄杨校《全集》识语。至成都坊。出,至白克路瑞康当,应张莲汀招饮。出,至中国书店集爱多亚路余天成药号,而又至成都坊校所抄之朱二坨文。今日为阴历十一月廿五,系昭明亡故二十一周年。傍晚命念祖、纪祖设祭。夜,观《艺风藏书再续记》。

12月24日　星期二

阴,上午有雨。上午,抄杨校《全集》识语。下午,携念祖、纪祖、益明至金城大戏院观电影,演《孔夫子》。出,又至大新公司吃点心后返。中妹携恭、壁二甥来(住夜,平时诸甥常来,不住者不记)。观《中和》杂志。

12月25日　星期三

阴。上午,启贤来。系昨晚抵沪,住在旅馆。花明携曾同来(下午去)。下午,偕颖柔至乐园殡仪馆,送徐岳母灵柩至义袋甬工部局运柩所,托其运回平湖。至成都坊。校所抄之朱二坨文。闻老友祝慎旃于今日子时故世。

12月26日　星期四

阴晴。上午,至达仁堂药号、商务印书馆、中汇大楼等处。至海格路大陆殡仪馆吊祝慎旃之丧。下午送其大殓后,返。夜,启贤来,少坐,去。约明晨回张,当复伯华一信付之。今日,煎膏滋药。

12月27日　星期五

晴。上午,至四行储蓄会、中国书店、来青阁、余天成药号等处。下午,至古拔新村晤李续川。出,至成都坊。出,至四明村中妹处。

12月28日　星期六

晴。上午,复徐少青信,交其来人带去。校所抄之朱二坨文。致伯华信。下午,偕颖柔至国货公司、永安公司等处购物,大三元吃点心。

12月29日　星期日

晴。上午,中孚来坐谈至午饭后,去。至鸿远里。出,至成都坊。

12月30日　星期一

晴。上午,至古拔新村候续川,不值。致伯华,复钻坚信。下午,续川来。至康乐村望舅处。出,至鸿远里。近大妹患寒热。旋颖柔亦来,傍晚同返。校所抄之朱二坨文。夜,观《艺风藏书再续记》。

12月31日　星期二

晴。上午,至成都坊晤道衍,于前日来此。又昆友于昨日来,顷适出,至景华新村,相左未晤。出,至四行储蓄会、中国书店。下午,至成都坊。出,至大陆饭店贺沈韵生令媛于归之喜。傍晚喜筵后,夜八下钟返。

1941年

1月

1月1日　星期三

阴,傍晚微雨。国难以来,避地上海已四年度。贷庑法租界巨籁达路景华新村四十号。圆妹即寓四十一号,大妹寓慕尔鸣路鸿远里,中妹寓福煦路四明村,花明家在福煦路康乐村。姬人静婉贷居成都路成都坊——昆屏、昆碧两侄女以在沪读书,同住。上午,昆友侄来。系前日到沪,暂住成都坊。至海格路时舅处,抄杨凤苞校《鲒埼亭集》后识语。下午,花明来。偕颖柔携慧明至永安公司天韵楼。屠继麟自张来。夜,观《艺风藏书再续记》。

1月2日　星期四

阴晴。上午,拟致君定信。携念祖至开封路南洋女子中学。校内本邑旅沪同乡会举行新年团拜礼,公宴乡老,并摄影聚餐。下午三时许散。出,念祖至鸿远里而回,余至中国书店。出,至成都坊静姬寓处。夜,致明伯信。

1月3日　星期五

阴,下午雨。上午,杂务。偕颖柔携益明、念祖、纪祖至福煦路绿宝饭店午餐。出，至金都戏院观电影，演《西厢记》，五时许返。韫辉同白蕉来，言求仁总租内购田事。夜，致账友陈伯华信，交继麟明晨带回。

1月4日　星期六

阴。上午，至威海卫路修德里候俞天石，不值。出，至民智学校晤俞肃斋，又便道至秀州书社。下午，至鸿远里大妹处。出，至成都坊。韫辉来。作信致白蕉及守梅。为总租内购田事，与韫辉共同具名。余又为另事，致白蕉一信。

1月5日　星期日

阴。上午，账友翁启贤来。系为其亲戚办物，昨日到沪，住在旅馆。少坐，去。校所抄之朱二坨文。昆友来，午饭后去。当复伯华一信，交其明日带回。至白尔部路渔阳里晤陈乃乾。出，至成都坊，在彼致黄涤新信，亦托昆友带去。出，至康乐村望舅处。夜，续观清萧山王绍兰之《许郑学庐存稿》。

1月6日　星期一

雨。上午，理账。下午，复校录之杨秋室批校全谢山《鲒埼亭集》。观《中和》杂志。夜，启贤来。即致伯华一信，交其明日带回。

1月7日　星期二

阴。上午，至威海卫路沈树宝医生处，诊治近来手臂酸痛。出，至中国书店。下午，中妹来（夜饭后去）。至施韵秋信。至成都坊。出，至鸿远里及康乐村。夜，复伯华信，托俞照司务明日带回。

1月8日　星期三

晴，夜有雨。上午，至静安寺路浙江兴业银行分行而四行储蓄会,乃至南京路冠生园。旋颖柔来,即午馔。馔后,同至永安、先施、新新、大新四公司及信大祥号购物。五时许返。夜,作信复伯华,又为储蓄会事复赵悟白信,附伯华函中寄去。

1月9日　星期四

阴。上午,李杏林来。沈伯才来。张叔良、朱瑞芝来(高宅账友)。花明携曾同来(下午去)。下午,至成都坊,携静姬至金都戏院观《西厢记》电影。仍同回成都坊,后返。今日为阴历十二月十二日,系先祖妣何太淑人忌辰。傍晚设祭。夜,致亚雄信。

1月10日　星期五

晴。上午,至四行储蓄会、中国书店、来青阁、申报馆。下午,复明伯信。至康乐村望舅处。出,至成都坊一转而至霞飞路绿野新村菜馆,贺朱瑞芝侄与沈伯才侄结婚。夜近九时返。

1月11日　星期六

晴。上午,理账。韫辉来。舒旭东、潘绥生来。至海格路时舅处。下午,观《群雅》杂志。至中国书店、世界书局晤沈思期而至成都坊。夜,复伯华,致启贤、继麟信。

1月12日　星期日

晴。上午,复杨昌麟信。韫辉来。曹中孚来。至四摩路底杭州玉皇山分院福星观内,朱姨母故世将周年,履仁、邦屏在作法事,往拜。午馔后,出,至中国书店、童涵春药号、成都坊一转而至鸿远里大妹处。夜,补写日记。

1月13日　星期一

晴。上午,昆惠侄女来。系昨日自干抵沪,住在成都坊。至姚主教路大同坊朱孔阳处,观其所收书画古玩,购其端砚旧墨以返。下午,至康乐村望舅处。出,至成都坊。观《大风》杂志。

1月14日　星期二

晴。上午，干七民来。至亨利路陈陶遗处，坐谈数刻，返。下午，观《宇宙风》杂志。至成都坊。出，至中国书店、富晋书社，而至华东旅馆，晤黄涤新，坐谈至傍晚。邀其同至南京路冠生园夜馔，九时许返。

1月15日　星期三

晴。上午，至四行储蓄会、中国书店。下午，君定来。复王仰霄信。亚雄自张来。至成都坊。出，至华格臬路成都川菜馆，应李辛民招饮。近九时许返。伯华同仆人石阿生自张来。

1月16日　星期四

晴。上午，理账。文尧来。与伯华杂谈。下午，至华东旅馆晤涤新。出，至成都坊。夜，杨昌麟来。念祖、纪祖在光华附中，今日学期考试完毕，明日起放寒假。益明本学期以病辍读。

1月17日　星期五

晴。上午，理账。致子峰信。花明携曾同来（下午去）。顾荩丞来。与伯华谈家中杂务。下午彼去住旅馆，明晨回张。至大东茶室，约涤新、亚雄来啜茗，坐谈至傍晚返。

1月18日　星期六

阴晴，夜有雨。上午，至巨泼来斯路候白蕉，不值。留条而出，至海格路时舅处。下午，白蕉来。张载文来。至商务印书馆等处而成都坊。纪祖请吴鹤荃先生课后补习，今日课毕，放寒假。

1月19日　星期日

阴晴。上午，至民智学校晤俞肃斋。出，至鸿远里大妹处。王杰士来。孙耀卿来（北平书友）。下午，至打浦桥信昌当晤陆耀甫。出，至先施公司等处而至成都坊。夜，作信致伯华、继麟，复昆友、陆斐然。

1月20日　星期一

阴。上午,文尧来。李续川来。下午,王欣夫来。至国华银行、张申公司、中国书店。夜,致涤新信。启贤来。系今日抵沪。坐谈数刻,去住旅馆。约明晨回张。

1月21日　星期二

阴,夜雨。上午,至善钟路新中国理发馆理发。下午,至成都坊。出,至霞飞路五凤里何公度处,白尔部路渔阳里陈乃乾处,又至中国书店。而至大三星菜馆,贺吴导江嫁妹。八下钟返。亚雄于今晨回张。

1月22日　星期三

晴。上午,张义方来。至世界书局晤思期。下午,花明携曾同来(夜饭后去)。作信复陆斐然、黄涤新,致伯华。年节祭先。夜,至海格路时舅处晤毕静谦、姜可生。

1月23日　星期四

阴,下午有雨。上午,至四明村韫辉处,四行储蓄会、中国书店、来青阁。下午,至康乐村、鸿远里、国货公司而成都坊。夜,理账。

1月24日　星期五

阴。上午,杂务。中妹来(下午去)。下午,偕颖柔至国货公司、冠生园、采芝斋等处购献岁糖果。

1月25日　星期六

晴。上午,杂务。观《中和》杂志。下午,至鸿远里。出,至大新公司等处而至成都坊。

1月26日　星期日

阴，晚雨。上午，沈伯才来。下午，携念祖至永安、大新两公司等处购物。傍晚，以年节悬挂祖先遗像，设祭。

1月27日　星期一

晴。今日为辛巳岁元旦。晨起，拈天香拜祖先神像。上午，周太亲母、迪前、中妹携恭、星、瑞、璧、菊、梅、苹七甥来，君宾、圆妹携青、铦、锌三甥来。偕颖柔携益、念、纪、慧、绳五儿至君宾、圆妹处。下午，偕颖柔携五儿至康乐村望舅处。出，至鸿远里君定、大妹处。王家仲稽嫂、石士伉俪、杭生伉俪、松生、兆塘、兆埠、娴官、德官、丙官及张述文来。偕颖柔携益、念、纪三儿至海格路时舅处。今日韫辉同文尧、文台来过。

1月28日　星期二

阴，下午有雨。上午，顾莨丞来，韫辉来，王杰士携其子运熙来。下午，守中伉俪来，大妹携鼎、安、嵩、珍、斐五甥来，启明、花明携曾同来，高君平伉俪来，高君实来。王辅伦、高渊明来，方冲之来。偕颖柔携益、念、纪三儿至四明村迪前、中妹处。出，至韫辉处。恭、梅两甥来住。今日高君湘来过。

1月29日　星期三

晴。上午，吴忆初伉俪来，张仲田先生来，李辛民来。下午，君定来。偕颖柔携益、念、纪、慧四儿至环龙路福寿坊王仲稽处。出，至贝勒路福熙村杭生处。出，至辣斐德路颖村季鲁处。出，至鸿远里吴忆初处。高君介伉俪携其五子及君藩伉俪携子女四人来。鼎、珍两甥来住。今日何公度、曹明道来过。韫辉少奶奶等来过。徐氏外姑去岁故世于此，今日阴历正月初三周忌。傍晚设祭。

1月30日　星期四

晴。上午,林晋康来。钱海如来。偕颖柔携益、念、纪、慧四儿至南阳路介福里王石士处。下午,携念祖至蒲石路福寿坊候顾荩丞,不值。念祖至鸿远里,余至成都坊静姬处。出,至霞飞路五凤里候何公度,不值,而至王杰士处。夜,理账。今日姚墨谦来过。益、念、纪三儿今夜往住鸿远里大妹处。

1月31日　星期五

晴。上午,偕君宾至麦根路世德里沈思期处。下午,偕颖柔至同里钱海如处。冯志伊来。徐子素来。偕颖柔携绳儿至静安寺路李冈医生处,治其耳疾。偕颖柔至鸿远里,携益、念、纪三儿,并同大妹、中妹等至福煦路六四五衖高君藩处。傍晚,于祖先神像前设祭送神。夜,合复伯华、启贤信。星、安两甥来住。今日沈伯才来过。

2月

2月1日　星期六

晴。上午,偕颖柔携念祖至忆定盘路月村冯家景舅母处,亨利路三十四衖冯家六舅母处。下午,王家季鲁嫂携二女来。偕颖柔携益、念、纪三儿至张家花园内基安坊高君介处。出,至慕尔鸣路震兴里守中处。出,颖柔等先回,余至四马路一家春西菜馆定明午宴客房间。而至成都坊静姬处。大妹、中妹携壁甥昨曾来此。曹中孚来。

2月2日　星期日

晴。上午,时舅来。冯丽水来。中孚同周君来,为余以法术治手臂酸痛。偕颖柔携益、念、纪、慧四儿至一家春菜馆,邀君定、大妹,迪前、中妹,君宾、圆妹,启明、花明同诸甥聚餐(君定以事未到)。出,妹等别去,余与颖柔携慧儿一游永安公司而返。至马斯南路息庐朱宅,履仁、邦屏均不在,少坐。出,至渔阳里候陈乃乾及五凤里候公度,亦均不值。夜,草复蔡哲夫夫人谈月色信。近闻哲夫于去年逝世,今日得其夫人来书也。嵩甥来住。今日沈叔贤来过。

2月3日　星期一

晴。上午,写账及日记。陆云伯来。周学文同杨孝达来。子峰同张四来,渠等昨日自松到沪。先至景华村而寻至一家春曾晤谈也。午饭后去。王仲稽来。韫辉少奶奶携小儿来。至成都坊静姬处,圆妹携青甥来。

2月4日　星期二

晴。上午,至金神父路信昌当晤徐子素,群贤别墅李云岩寓处晤张仲田先生,辣斐德路六一四号合众图书馆晤顾起潜,并晤及潘景郑。下午,偕颖柔携益、念、纪三儿至上海大戏院观电影,演《西施》(余先至四行储蓄会,旋颖柔等来同往)。今日李云岩来过。

2月5日　星期三

晴。上午,时舅母来。写复蔡哲夫夫人谈月色信。至介福里王石士处,应其招饮。下午二下钟,出,至浙江兴业银行西区分行而至成都坊。中孚来。夜,翁启贤自张来,坐谈数刻,去住旅馆。约明晨即回。

2月6日　星期四

阴晴。上午,至福寿坊候顾苳丞,亨利路候陈陶遗,古拔新村候李续川,均不值。复黄涤新信。下午,至上海殡仪馆吊俞志坚之丧。出,至姚主教路大同坊晤王培孙,适郑逸梅亦来。出,至霞飞路霞飞别墅内高君实处及一千八百四十七号曹明道、祝匡正处,又至一千八百八十六号候金钱孙,不值。

2月7日　星期五

阴,下午有微雨。上午,至延平路延平村晤陆云伯,又候沈伯才,不值,晤其子明璋。出,至安居晤胡朴安。下午,至贾尔业爱路候高君湘,不值,晤其夫人。又姚墨谦在彼任事,亦晤及。出,至西爱咸斯路候林晋康,不值,晤其子景琦。出,至渔阳里晤陈乃乾而至成都坊。理书。

2月8日　星期六

阴晴。上午,顾苍丞来。至亨利路七百四十七号公寓晤陈陶遗,坐谈至午,返。下午,至白尔部路太和里候吴鹤荃,不值。乃至中国书店、来青阁、朵云轩、商务印书馆等处。

2月9日　星期日

阴。上午,干全华来。仙官同白蕉之女来。中孚同周君来,复为余以法术治手臂酸痛(午饭后,去)。沈思期来。吴鹤荃来。下午,至合众图书馆顾起潜处,晤洪煨莲(名业,燕京大学教授)及李拔可。起潜先曾招饮,以中孚等在,未赴也。出,至爱麦虞限路雪村闵瑞师处,坐谈数刻,而至成都坊。出,又至福寿坊候苍丞,不值。夜,校所抄之《姚氏登科入学记》。理书。

2月10日　星期一

阴。上午,校所抄之《姚氏登科入学记》。至大西路口慎德里候周学文,不值。下午,偕颖柔至新世界内皇后剧院,观演申曲。账友胡秋林自张来。

2月11日　星期二

阴，傍晚雨。上午，至古拔新村候李续川，不值。君藩来。花明来（下午去）。下午，至静安寺路上海银行分行。出，至成都坊。夜，校所抄之《姚氏乐隐公支世谱》。启贤自张来，坐谈数刻，去住旅馆。约明晨即回。

2月12日　星期三

雨，下午有雪。上午，至福煦路中南银行分行。校所抄之《姚氏乐隐公支世谱》。下午，携益、念、纪三儿及鼎甥（昨夜住宿于此）至金门戏院观电影，演《泰山得子》。秋林去住旅馆。约明晨回张。夜，拟致柳亚子信。亚雄自张来。

2月13日　星期四

阴。上午，写账。写致柳亚子信。偕君宾至新新酒楼，君藩宴客招陪。下午三时许，出，至中国书店而至成都坊。张堰房客熙春店主来。系昨同亚雄到沪，住在旅馆。光华附中今日春季上课。益明转在高三上文科，念祖在高二下理科，纪祖在初一下甲组。

2月14日　星期五

晴。上午，写诗。复陆丹林信。下午，公迈来。至四明村韫辉处。出，至成都坊。出，至神州旅馆公迈寓处，同其至丽都花园应胡君招饮。夜，九下钟返。

2月15日　星期六

晴。上午，写诗。晋康来。下午，邀冯志恰来诊治益明胃痛。至成都坊。出，至大三星菜馆贺俞认庵哲嗣仁荣结婚。夜八点半钟，返。

2月16日　星期日

　　雨。上午,昆友来。系越昨同巧官来沪,住在成都坊。前夜即来,过今午饭后去。朱履仁、邦屏来,少坐后,同至杏花楼,与履仁、君藩及黄伯惠答宴胡君等。下午三下钟,出,至来青阁而返。夜,观《中和》杂志。

2月17日　星期一

　　阴。上午,理账。昆友来,下午去。花明来。复伯华,致守梅信。邀志恰来复诊益明胃病。至福寿坊晤苈丞。夜,复干钻坚、黄涤新信。

2月18日　星期二

　　雨。上午,理账。下午,致谈月色信。观《中和》杂志。亚雄于今晨回张。

2月19日　星期三

　　雨。上午,写诗。下午,拟复李沧萍信。邀志恰来复诊益明。观《中和》杂志。

2月20日　星期四

　　晴。上午,理书。大妹来(下午去)。至四行储蓄会、中国书店。下午,中妹携菊甥来(夜去)。邀西医姜振勋来治益明胃病。花明携曾同来(傍晚去)。至世界书局晤思期。出,至成都坊。君实来。夜,观《中和》杂志。

2月21日　星期五

　　阴晴。上午,写诗。写复李沧萍信。下午,至北京路浙江兴业银行及四明银行,又至商务印书馆而成都坊。昆惠侄女自干来。出,至福寿坊晤苈丞。夜,观《中和》杂志。

2月22日　星期六

晴。上午,致李续川,复杨道弘信。晋康来。至海格路时舅处。邀姜振勋来复诊益明。下午,至福煦路松江女子中学候孟达人,不值。威海卫路慈惠里晤蒋偶卿,康乐村望舅处,鸿远里而成都坊。夜,复伯华信。

2月23日　星期日

阴,下午雨。上午,复陆规亮信。为温丹铭写《题读无用书斋图》诗。下午,蒋偶卿同庄仲轩来,偶卿介庄君为纪祖补习教师也。致燕京大学图书馆及通学斋书店信。观《中和》杂志。

2月24日　星期一

阴晴。上午,至松江女子中学晤孟达人。益明原欲请其补习英文,今以病缓之。出,至中南银行分行。出,至中国书店、来青阁,而至大利酒楼贺徐眉孙嫁女之喜。少坐,返。朱孔阳来。下午,祝匡正来。为朱履仁写《题廖天风雨图》诗。携念祖至成都坊。出,至大利酒楼赴徐宅喜筵,夜九时许返。请庄仲轩先生来为纪祖课后补习。今日起每逢星期一、二、四、五下午二时至四时。

2月25日　星期二

阴,夜雨。上午,理账。复伯华、钻坚信。邀姜振勋来复诊益明(午饭后来)。下午,至四明村候韫辉,不值而至鸿远里、成都坊。出,至渔阳里晤乃乾。夜,观《中和》杂志。

2月26日　星期三

阴。上午,至静安寺路浙江兴业银行分行。下午,韫辉来。复谈月色信。观《中和》杂志。蒋偶卿来。夜,君藩来。

2月27日　星期四

阴雨,夜雨。上午,理账。沈伯才来。下午,至世界书局晤思期。出,至中华书局而成都坊。观《中和》杂志。

2月28日　星期五

阴晴。上午,拆订书籍。作信复张芝年及守梅,致莫孟恢及子峰、伯华。下午,至同孚路丁香理发馆理发。出,至成都坊。冯剑吟来。傍晚,偕颖柔至静安寺路凯司令西菜馆,应高君平伉俪招饮。夜八下钟返。

3月

3月1日　星期六

阴晴。上午,至威海卫路沈树宝处诊治。出,至成都坊。李辛民来。下午,偕颖柔至国货公司等处购物,大三元吃点心。亚雄自张来。祝匡明来。夜,观《中和》杂志。

3月2日　星期日

晴。上午,沈叔贤、王杰士、张仲田先生、沈伯才先后来。至古拔新村晤李续川。花明携曾同来。中妹携瑞、壁二甥来(均下午去)。何绿筠来(下午去)。下午,至民智学校同乡会开理监事常会。出,至成都坊。夜,陈乃乾来。今日下午,邀志恰来复诊益明。

3月3日　星期一

阴晴。上午,至福煦路中南银行分行、满庭芳、悦来旅社。下午,偕颖柔至月村冯家景舅母处。以舅母今岁七秩,奉赠礼物并晤子冶、志勋、志洽三表弟。坐谈数刻,返。观《中和》杂志。夜,观《许郑学庐存稿》。

3月4日　星期二

晴。上午,晋康来。至中南银行分行、悦来旅社,而八仙桥、恒茂里,同益名药社晤秦拜言,霞飞路四行储蓄会晤张己文。下午,张盘铭来。至中国书店、来青阁、商务印书馆等处而至成都坊。夜,复干紫卿及伯华信。

3月5日　星期三

晴,夜雨。上午,理账。下午,至四明村中妹处。出,至成都坊。出,至康乐村望舅处。亚雄于今晨回张。

3月6日　星期四

阴晴。上午,至亨利路晤陶遗。下午,致伯华、钻坚及莫孟恢信(前信未发,重写)。大妹、中妹先后来。至中南银行分行而成都坊。观《许郑学庐存稿》。夜,冯剑吟来。

3月7日　星期五

晴。上午,致白蕉信。下午,至鸿远里理发。出,至中国书店。邀吴忆初来诊治益明胃病,未愈。观《群雅》杂志。

3月8日　星期六

阴晴。上午,复陆丹林信。誊写。下午,白蕉来。至成都坊。出,至同益名药社、来青阁、富晋书社,而泰丰酒楼,与蒋倜卿、俞肃斋、孙己初、金兰畦、丁迪光、张子华、朱履仁、邦屏、王晋玉合宴沈思期。以近同乡会购米偏劳之也。八点多钟返。

3月9日　星期日

阴晴。上午,复柳亚子信。誊写。花明携曾同来(下午去)。下午,复屠继麟信。邀忆初来复诊益明。观《中和》杂志。至大利酒楼,应高小剑代人招饮,夜九时许返。

3月10日　星期一

晴，夜有雨，雷电。上午，誊写。草《祝慎旂先生传略》。观《中和》杂志。张霭然来。下午，至成都坊。倪道彰夫妇来，以前曾与同住也。观汇集之《社会日报》中所载柳亚子《图南集》。今日阴历二月十三为昭明生辰。傍晚，命念祖等设祭。

3月11日　星期二

阴，上午有雨、雪珠，下午有日光。上午，至中南银行分行而至青年会候步惠廉、陆规亮，不值。规亮先生昨日午后来过，未晤也。旋至成都坊，邀倪道彰夫妇来午馔。道衍近亦在沪。下午四时许，返景华村。誊写。夜，理书。

3月12日　星期三

晴。上午，写日记及账。誊写。复伯华，致守梅信。下午，中妹携梅、瑞、壁三甥来（夜饭后去）。颖柔同中、圆二妹至宝大祥购物。理书。观《中和》杂志。至童涵春购丸药。

3月13日　星期四

阴雨，夜有月。上午，理文件。邀忆初来斟酌益明治疗。下午，观《中和》杂志。张盘铭来。邀曾耀仲西医来诊治益明胃病及腹痛。今日阴历二月十六为先母高太淑人生辰。傍晚设祭。

3月14日　星期五

晴。上午，至茄勒路法藏寺定念经。出，至海格路时舅处。中妹、花明来（下午去）。致伯华信。下午，盘铭来。至四川路邮政总局，北京路通易信托公司及中国书店而成都坊。

3月15日　星期六

晴。上午，致李续川及《中和》月刊社信。下午，观《中和》杂志。至康乐村望舅处。

3月16日　星期日

阴晴,夜有雨。上午,至海格路时舅处,沈思期亦来。下午,至鸿远里理书。出,至成都坊,在彼观《中和》杂志。夜,观《南林丛刊》续集。今日午后,张堰房客干洽源店主曾来晤。

3月17日　星期一

上午阴,下午晴。上午,写《呈木道人疏》。下午,至康悌路叩来苏社木道人灵乩。出,至花园坊晤陆规亮先生。夜,启贤来。系昨日到沪,住在旅馆。坐谈数刻。当复伯华一信,交其带去。约明晨回张。

3月18日　星期二

晴。上午,陈陶遗、张叔通来。下午,至中南银行分行、四行储蓄会而成都坊。启明来。夜,观《中和》杂志。

3月19日　星期三

晴。上午,顾荩丞来。杨孝达来。下午,至爱多亚路温泉沐浴。出,至成都坊。翻阅邓之诚编印之《旧闻零拾》。

3月20日　星期四

晴。上午,续草《祝慎旃先生传略》。子峰来。系越昨抵沪。下午,韫辉亦来,均坐谈多刻,去。大妹来。中妹携菊、瑞、壁三甥来(夜饭后去)。至二马路华洋药房内姜振勋诊所,送其前日诊金。出,至来青阁。夜,观《许郑学庐存稿》。

3月21日　星期五

晴。上午,续草《祝慎旃先生传略》成。下午,至成都坊,携静姬出,游顾家宅公园,昆碧侄女亦同往。

3月22日　星期六

阴,夜雷雨。上午,誊《祝慎旃先生传略》。书贾蒋龙标来。

下午,至海格路时舅处,以所撰《祝慎旃传略》就正之。傍晚,至静安寺路凯司令西菜馆宴庄仲轩,并邀蒋佩卿。庄君以事将辞教务也。念祖、纪祖亦随去。夜八下钟返。守中来。

3月23日　星期日

雨。上午,至马斯南路息庐朱履仁处。下午,作信复继麟、谈月色、燕京大学图书馆。至康乐村望舅处,顾仲堪先生、沈思期亦来,坐谈至傍晚返。

3月24日　星期一

晴。上午,朱孔阳来。作信复伯华,致大隆房客。下午,至俞医生处。出,至成都坊。夜,观《许郑学庐存稿》。

3月25日　星期二

晴。上午,作信复伯华及卢汭钟夫人、赵悟白,致十洲。下午,至成都坊。

3月26日　星期三

晴。上午,写清明囤签。下午,至成都坊。致伯华信,交仆人韩海松明日带回(海松于前日来)。夜,观《许郑学庐存稿》。

3月27日　星期四

晴。上午,写清明囤签。中妹来(下午去)。下午,李新民来。观燕京大学出版之《文学年报》。偕颖柔至海格路,并同时舅至康梯路来苏社叩木道人灵乩。

3月28日　星期五

雨。上午,至世界书局晤思期。出,至成都坊。出,至法藏寺。今日与朱履仁在寺为故友祝慎旃先生诵经一天。下午三时许,佛事告竣。出,至俞医生处而又至成都坊。

3月29日　星期六

阴,上午雨。上午,写清明囤签。下午,作信复钻坚、亚子、起潜。偕颖柔携纪祖至升平街俞霖医生处,治其臀上小疖。出,至鸿远里大妹处。

3月30日　星期日

晴。上午,花明携曾同来(下午去,启明亦来过)。至中国书店、来青阁而至一家春西菜馆同乡会聚餐,并开理监事常会。出,至鸿远里。颖柔携纪祖来,同至新大沽路中医林墨园处,纪祖就治臀部所患。谓系痔漏,林医本专攻此症,言易治也。理账。

3月31日　星期一

晴。上午,干全华来(下午去)。至中南银行分行。复伯华信。下午,偕颖柔携纪祖至林墨园处,为治痔漏,施以刀刲,无甚痛楚,谓易痊愈。出,至鸿远里。益明来,颖柔同其至曾耀仲处就治胃病后调理,余至成都坊。中妹携甥辈来(夜饭后去)。黄涤新来,少坐,去。

4月

4月1日　星期二

晴。上午,顾荩丞来。至四行储蓄会、中国书店。下午,偕颖柔至先施、永安、同安等处购物,冠生园吃点心。旋颖柔至林墨园处约纪祖来复治。余至华东旅馆晤涤新。

4月2日　星期三

晴。上午,写账。至新中国理发馆理发。下午,至成都坊。

4月3日　星期四

晴。上午,至中南银行分行。中妹携甥辈来(下午去)。陶遗来。清明节祭先。下午,观《图书季刊》。复伯华、钻坚,致子峰信。偕颖柔携纪祖至林墨园处复治。出,余至五凤里何公度处。出,至大利酒楼,高小剑将为其嗣祖母开吊而请知宾酒。夜九时许返。

4月4日　星期五

晴,夜深雷雨。上午,中妹来。偕颖柔及中妹至白尔路晏心寺。高家庆舅母(即小剑之嗣祖母)开吊,往奠。下午,观其题主。四时许返。至成都坊。夜,昆友同雷方从弟来。系今日到沪。少坐,去(住成都坊)。翻阅东莞莫氏《五十万卷楼藏书目录》。

4月5日　星期六

雨,下午阴。上午,观《图书季刊》。写笔记。下午,作信致伯华、紫卿,复汪若望。观《许郑学庐存稿》。傍晚,至大三星菜馆。张仲田先生将为子完姻宴证婚人、介绍人,招陪。夜九下钟返。

4月6日　星期日

晴。上午,顾荛丞同程静淇来。纪祖将请顾、程两先生课后下午补习,约定顾先生逢星期一、五授国文,程先生星期二、三、六授英文、算术。至海格路时舅处,思期亦来,坐谈至午,返。下午,至成都坊。致钻坚、继麟信。

4月7日　星期一

晴。顾荛丞先生为纪祖补习今日起。上午,草《辛巳上巳旅沪同乡诸子修禊奉和吹万舅氏韵》五律一首。至海格路时舅处。下午,翻阅《五十万卷楼藏书目录》。拟致黄宾虹信。携念祖至四马路杏花楼贺凌鉴明子景沅(即韫辉妹八小姐之嗣子)完姻、陈中一妹出嫁，两家系男女家也。出，至四川路青年会贺张仲田先生子载文结婚。观礼后，念祖仍留青年会赴喜筵，余又至杏花楼赴凌、陈两家喜筵。夜九时许返。

4月8日 星期二

雨，晨阴。今日阴历三月十二为先祖考春渔公诞辰。去岁先祖考百龄冥庆，未作佛事，颇冀今岁时局或定，在家举行，乃尚未得归去。今日爰就法藏寺诵经一天，夜间并放焰口一堂。余与颖柔、益明早馔后即至寺中，念祖于午刻校中放课后来（纪祖亦痔疮未愈，不来）。三妹伉俪携甥辈启明（花明以怀孕，不来）及时舅、君平、君实、忆初与族中韫辉、昆亮、昆友、雷芳均来。午刻，设筵三席。余与颖柔、念祖、益明于夜间佛事圆满后十一时许返。

4月9日 星期三

晴，夜有雨。上午，朱孔阳来。杂务。下午，至中南银行分行而至成都坊。夜，启贤自张来。系下午到沪。少坐，去住旅馆。约明晨即回。程静淇先生为纪祖补习今日起。

4月10日 星期四

晴。上午，写账。至亨利路晤陶遗，坐谈至午，返。下午，偕颖柔携纪祖至林墨园处复治。出，纪祖先回，余与颖柔至基安坊君介处望秀红表妹疾。出，余至中国书店而鸿远里，颖柔已先往。出，余至康乐村望舅处。

4月11日 星期五

晴。上午，沈伯才来。王欣夫来。至四明村晤韫辉。下午，中妹来。至康乐村望舅处。出，至成都坊。写诗。益明近以病又停课多时，病后亦未全健，兹拟辍学一期。请孟达人先生补授英文，每逢星期二、四、五之下午，从今日起。

4月12日　星期六

阴晴,傍晚雨。上午,欣夫来。复伯华,致昆惠信。下午,观常熟庞树阶之《束柴病叟诗》。至成都坊。

4月13日　星期日

晴。上午,写致君定信。致君平信。下午,偕颖柔携慧明、绳祖至福煦路蒋氏照相馆摄影。出,颖柔携两儿先返,余至鸿远里成都坊而荣宝斋、朵云轩、天禄鞋庄等处。

4月14日　星期一

晴。上午,伯才来。为王欣夫、陈开濂写题诗。下午,写致黄宾虹信。偕颖柔至大新茶室啜茗、吃点心。出,至梅白格路曾耀仲医生处,颖柔请其诊治近日伤风咳嗽。

4月15日　星期二

晴。上午,伯才来。至海格路,同时舅至徐家汇路清真别墅。金颂清开吊,往奠。下午,中妹同周太亲母来。至中汇大楼义盛花号而成都坊。

4月16日　星期三

晴。上午,致陈开濂信。钱海如家释服诵经,与君宾往彼一拜。至清凉寺,俞志成开吊,往奠。下午,至中南银行分行、荣宝斋、世界书局晤思期,来青阁而成都坊。出,至中德医院。花明今日巳刻在院产一男,颖柔于上午去过。夜,致启贤信。

4月17日　星期四

晴。上午,晋康来。偕颖柔至祈斋路上海医院,请曾耀仲医生皆为爱克丝光检查。以近两人皆消瘦也。查得肺部皆属无恙。复钻坚、继麟信。下午,偕颖柔携纪祖至林墨园处复治。出,纪祖先返,余偕颖柔至国货公司购物,冠生园啜茗、吃点心。出,颖柔至中德医院,余至中国书店而渔阳里晤乃乾。

4月18日　星期五

晴。上午,陶遗来。写账。下午,复谈月色信。至成都坊。出,至鸿远里。今日阴历三月廿二为先君生辰。傍晚设祭。

4月19日　星期六

晴。上午,杂务。下午,至成都坊。亚雄自张来。伯华携其子及仆人石阿生自张来。

4月20日　星期日

晴,上午有雷雨。上午,朱孔阳来。仲田先生来。下午,中妹来。至荣宝斋等处而成都坊。出,至中德医院内望花明,康乐村望舅处。

4月21日　星期一

阴晴。上午,至北京路浙江兴业银行开保管箱。下午,杂务。观《许郑学庐存稿》。夜,晋康来晤伯华。

4月22日　星期二

晴。上午,至海格路时舅处。下午,偕颖柔至曾耀仲处复诊。出,至立兴祥号购衣料,新都茶室啜茗。

4月23日　星期三

晴。上午,誊写。至世界书局晤思期。下午,中妹携壁甥来(住宿)。至成都坊,昆惠于昨日携其女自张来此。伯华于今晨携其子回张。

4月24日　星期四

晴。上午,复伯逵及干源岷信。下午,大妹来。观《庚辰丛编》。至成都坊。出,至泰丰酒楼贺沈韵笙子鸿儒结婚。喜筵后,夜八时返。启贤来,坐谈数刻,去住旅馆。

4月25日　星期五

阴,上午雨。上午,理账。伯才来。草书《姚氏登科入学记后》。下午,至四明村晤迪前,世界书局晤思期及蝉隐庐、西泠印社、荣宝斋等处而成都坊。出,至康乐村望舅处。启贤来,夜饭后与亚雄去住旅馆,约明晨同行回张。君介来。

4月26日　星期六

晴。上午,写日记及账。至亨利路候陶遗,不值。下午,偕颖柔往游兆丰公园,傍晚返。夜,草《呈木道人诗》七古一章。

4月27日　星期日

晴。上午,复苏月坡信。至海格路时舅处。下午,观《同声月刊》中《海日楼诗》。偕颖柔携慧明至蒋氏摄影室重拍照相。出,余至成都坊、鸿远里。君宾同刘大年来。夜,致奚博泉信。

4月28日　星期一

阴晴。上午,陶遗来。昆惠携其女荃官来(午饭后去)。草《世父贞甫先生行略》。下午,至成都坊。夜,理账。

4月29日　星期二

晴。上午,复伯华、守梅、子光信。下午,复王欣夫,致高小剑信。偕颖柔至康乐村,望花明产后新出医院也。出,颖柔先回,余至荣宝斋、朵云轩、来青阁等处。夜,李辛民来。观《海日楼诗》。

4月30日　星期三

晴。上午,作信致伯华、继麟、钻坚、胡鉴相,复伯逵、陆燦然。燦然系斐然之弟,近来信告余以斐然故世也。下午,至康乐村。出,至成都坊。出,至静安大楼四维建筑事务所内晤启明。出,至中国书店,大新公司画厅内观百衲展览会,又在下层茶室内吃点心,晤及金励生。出,至西泠印社而再至成都坊。夜,乃乾来。

5 月

5月1日　星期四

晴。上午,理账。近口占《遣怀用前韵》五律一首,《游兆丰公园》七绝二首,兹写出之。下午,韫辉来。至海格路时舅处,思期亦来,坐谈良久。出,至成都坊。秋林、继麟自张来。

5月2日　星期五

上午晴,下午阴,有雨。上午,誊近作诗。下午,至海格路大陆殡仪馆,吊徐积余先生德配马夫人之丧。誊书《姚氏登科入学记后》。

5月3日　星期六

阴晴。上午,理账。致时舅信。下午,至成都坊。中妹来(夜饭后去)。

5月4日　星期日

晴。上午,陶遗来。校阅账友所誊之《置产簿》。下午,至民智学校同乡会开理监事常会。出,至鸿远里。颖柔与念祖均在,旋偕颖柔携纪祖至林墨园处。纪祖之漏疮已愈,今请其再一诊察而送以医金也。夜,观《庚辰丛编》。秋林于今晨回张。

5月5日　星期一

阴晴,傍晚雨。上午,作信复启贤,致施益君。下午,邀吴忆初来诊治慧、绳两儿咳嗽。偕颖柔至大新公司及又一村吃点心,而至曾耀仲处复诊。

5月6日　星期二

阴雨。上午,校阅《置产簿》。下午,至成都坊。出,至世界书局晤思期及履仁、子冶、陆云谷。今日立夏节称人,得一百二十磅。

5月7日　星期三

阴晴。上午,复校所抄之朱二坨文。录存信稿。下午,迪前来,坐谈良久,去。至成都坊。夜,观《庚辰丛编》。

5月8日　星期四

晴,夜雷雨。上午,至新中国理发室理发。观《中和》杂志。下午,同继麟至鸿远里,嘱其理书后。出,至大东茶室,约晤高小剑,茗坐多时。出,至成都坊。中妹携壁甥来,夜饭后去。

5月9日　星期五

雨。上午,复伯华、启贤信。下午,观《庚辰丛编》。傍晚,至大利酒楼。陈天石为其尊人干臣〔幹丞〕先生开吊请知宾酒。夜九时许返。

5月10日　星期六

雨。上午,复伯华信。至玉佛寺。陈干臣〔幹丞〕先生开吊,往奠。下午三时许返。复涤新信。观《庚辰丛编》。夜,致雷君彦信。

5月11日　星期日

晴。上午,至晏心寺。张翰伯开吊,往奠,少坐返。下午,至成都坊,中间出,至中国书店、来青阁等处。夜,观《庚辰丛编》。

5月12日　星期一

雨。上午,杂务。下午,继麟去住其亲戚处,约明晨回张。复胡朴安信。观《庚辰丛编》。观《许郑学庐存稿》。

5月13日　星期二

晴。上午,至中南银行分行、四行储蓄会、世界书局晤思期并晤及毕静谦。出,至开明书店、西泠印社。下午,致韬辉、君介信。偕颖柔至国货公司、大新公司等处购物,五味斋吃点心。

5月14日　星期三

晴。上午,张盘铭来。俞盘新来。复欣夫信。下午,至鸿远里大妹处。出,至成都坊。中妹携壁甥来,夜饭后去。启贤自张来住,约明晨即回。

5月15日　星期四

晴,夜雨。上午,写账。复杨伯雄及伯逵、昆友信。至青年会江浙同乡会聚餐,并三周纪念摄影。下午二时许返。致秋林、白蕉信。至四明村候韬辉,不值。而至康乐村望舅处,坐谈良久,返。夜,盘铭来,即去。

5月16日　星期五

晴。上午,至海格路时舅处。杂抄。下午,大妹来。翻阅周广业之《蓬庐文钞》。至成都坊。

5月17日　星期六

阴晴。上午,至中南银行分行。韬辉来。下午,中妹来(夜饭后去)。子峰来。系昨日到沪。坐谈数刻,去。宣子宜来,少坐,去。至青年会,贺陈端白结婚喜筵后。出,同君介、思期至基安坊君介处,闲谈至九下钟,返。

5月18日　星期日

晴。上午,写账。杂抄。下午,偕颖柔携慧明、绳祖至鸿远里大妹处。两儿兹请忆初诊治咳嗽,未愈(余先出,至成都坊)。

5月19日　星期一

晴。上午,誊诗。下午,至成都坊。出,至中国书店、来青阁。今日阴历四月廿四,维先妣冯太淑人生辰。傍晚设祭。

5月20日　星期二

晴。上午，誊诗。瞿凤起来。潘绥孙、陈润清来。下午，启贤同朱则愚自张来，坐谈良久，去。干全华来。至智仁勇女学校晤蒋倜卿，少坐，返。倜卿又同来。夜，中妹携壁甥来。观《中和》杂志。夜，君藩来。

5月21日　星期三

阴晴，下午有雷雨。上午，誊诗。至中南银行分行。观《中和》杂志。下午，至成都坊，中间出，至西泠印社及世界书局晤思期。夜，观《巢经巢诗集》。亚雄自张来。

5月22日　星期四

晴。上午，杂务。凤起来。子峰来，午饭后去。偕颖柔至曾耀仲处，颖柔请其复诊，余亦请其诊治近患肠胃病。

5月23日　星期五

晴，夜雷雨。上午，写成近草之《自题劫后藏书目录》七古一首。下午，校钱湘灵之《调运斋集》。邀忆初来复治慧、绳两儿咳嗽。

5月24日　星期六

晴。上午，至中南银行分行。复伯华、继麟信。增改《自题劫后藏书目录诗》。子峰来，午饭后去。至成都坊。出，至中国书店、来青阁。夜，复子佩信。

5月25日　星期日

晴。上午，写账。花明携曾同来(傍晚去)。下午，写清诗稿。偕颖柔至来苏社，拟《叩木道人灵乩》。乃道人今日不降坛。适时舅亦来，少坐，返。杂抄。夜，中妹携甥辈来。亚雄于今晨回张。

5月26日　星期一

阴,晨雨。上午,理账。下午,至成都坊。出,至聚兴诚银行。出,至国货公司,与颖柔相会购物,并至冠生园吃点心。后至曾耀仲处,余请其复诊。

5月27日　星期二

晴。上午,至海格路时舅处。复伯华信。下午,复钻坚及俞盘新信。偕颖柔至来苏社。今日道人降坛而事甚忙,余等未及叩问前呈之诗,则昨日已承批示备蒙奖。借捧读之下,不胜惶悚。出,游顾家宅公园,傍晚返。

5月28日　星期三

晴。上午,至海格路时舅处。中妹来(下午去)。录存信稿。下午,至成都坊,中间至大新公司画厅观陈小翠、谢月眉、冯文凤、顾默飞四家书画展览会。又至中国书店。出,至康乐村望舅处。夜,启贤自张来住。

5月29日　星期四

晴。上午,至中南银行分行。启贤去。至姚主教路大同坊晤王培孙,坐谈至午,返。下午,至四明村迪前处及韫辉处。出,至鸿远里。出,至成都坊。夜,携益、念、纪三儿至兰心大戏院观光实中学募捐演剧《名人之初》。十一时许返。

5月30日　星期五

晴。今日精神不佳,杂拉不事事。午后,假寐数刻。

5月31日　星期六

晴。上午,至海格路时舅处。复昆友信。下午,至成都坊。出,至来苏社。出,至渔阳里候乃乾,不值而返。复伯华信。

6月

6月1日　星期日
　　晴。上午,杂务。舒旭东来。至一家春西菜馆同乡会聚餐。出,至来青阁。出,至成都坊。出,至康乐村望舅处。中妹携甥辈来,夜饭后去。

6月2日　星期一
　　晴。上午,写账。录存《木道人乩语》。下午,草《原人诗》七古一章。花明携曾同来。观曾国藩《十八家诗钞》中杜甫诗。观《中和》杂志。观《甲乙史》,明季野乘也。

6月3日　星期二
　　晴。上午,录存木道人乩语。下午,至鸿远里。出,至成都坊,昆惠携其女于前晚来此。出,至来青阁、树仁书店。中妹携壁甥来,夜饭后去。观杜甫诗。

6月4日　星期三
　　晴。上午,注《自题劫后藏书目录》诗。下午,偕颖柔至曾耀仲处,余请其复诊。出,至大新公司等处购物,冠生园饮冰。观《中和》杂志。

6月5日　星期四
　　晴,下午有雷雨。上午,誊诗。致时舅信。下午,观《中和》杂志。至中南银行分行。出,至成都坊,在彼观《巢经巢诗集》。

6月6日　星期五
　　晴。上午,至辣斐德路颖村王宅拟候季鲁,不值,晤及嫂氏。季鲁今年六秩,赠以衣料。出,至西爱咸斯路林晋康处。下午,至世界书局晤思期,坐谈良久,返。王企寿同房客德记店主自张来。夜,观杜甫诗。

6月7日　星期六
晴。上午,誊诗。下午,至成都坊。出,至俞永康处。中妹携瑞、壁二甥来,夜饭后去。观杜甫诗。

6月8日　星期日
晴。上午,抄诗。致三楼房客钱起彭信。下午,王杰士来,坐谈数刻,去。至康乐村望舅处。出,至成都坊。出,至渔阳里晤乃乾。

6月9日　星期一
阴晴。上午,至海格路时舅处。下午,誊诗。大妹来(傍晚去)。启贤自张来(住夜)。复伯华及涤新信。今日阴历五月十五,系先母十九周忌辰。傍晚设祭。

6月10日　星期二
阴,夜雨。上午,启贤去。花明来(午饭后去)。誊诗。下午,至成都坊,在彼观《中和》杂志。

6月11日　星期三
晴,晨雨,傍晚雨。上午,写账。誊诗。下午,偕颖柔至来苏社,未及叩问,徘徊数刻,返。中妹携恭、壁二甥来,夜饭后去。

6月12日　星期四
晴。上午,写账。君藩来。致时舅信。下午,至中南银行分行、西泠印社、听涛山房等处而至成都坊。复钱起彭信。今日阴历五月十八,系先祖妣何太淑人生辰。傍晚设祭。

6月13日　星期五
阴。上午,姚墨谦来。至海格路时舅处。草文。下午,偕颖柔至曾耀仲处,余请其复诊。出,至五洲大药房、国货公司等处购物,冠生园吃点心。夜,观杜甫诗。

6月14日　星期六

阴。上午,复朴安信。偕颖柔携益、慧两儿至静安寺路曾满记菜馆,念、纪两儿自校中放课亦来,即同午餐。餐后,至大新公司。出,颖柔等先回,余至中国书店、来青阁、抱经堂而至成都坊。

6月15日　星期日

晴。上午,至四明村迪前处。复钴坚信。下午,偕颖柔至沪光大戏院观电影,演《美人计》。出,至霞飞路、冠生园吃点心。观明戚继光《止止堂集》。

6月16日　星期一

阴。上午,复伯华,致伯才、欣夫信。下午,观《止止堂集》。至成都坊。出,至基安坊君介处。索观其近作之诗,被留夜馔。九下钟返。

6月17日　星期二

忽雨忽晴。上午,写账。草文。下午,中妹携恭、壁二甥来(夜饭后去)。观《止止堂集》。复丹林信。

6月18日　星期三

晴。上午,至新中国理发室理发。出,至海格路时舅处,观杜甫诗。下午,至四行储蓄会而渔阳里晤乃乾。出,至成都坊,在彼观《巢经巢诗集》。出,至康乐村望舅处,适君介亦来,坐谈至傍晚返。夜,伯才来。

6月19日　星期四

晴。上午,至静安寺庙衖候郑振铎,海格路二百四十六号候叶浦荪,均不值。草文。下午,至成都坊,携静姬出外,并至绿杨村吃点心。仍同回成都坊,后返。夜,观杜甫诗。

6月20日　星期五

晴。上午,写诗。时舅来。大妹、中妹来(午饭后去)。草《老话序》成,为雷君曜作。夏至节祭先。下午,至庙衖四十四号候郑振铎,不值,晤及施韵秋。出,至中国书店。出,至成都坊。叶浦荪来。夜,观杜甫诗。

6月21日　星期六

阴晴,有雨。上午,修改昨日所草之文。至亨利路陶遗处,坐谈近午返。下午,草文。致时舅信。观《中和》杂志。启贤来(住夜)。夜,迪前、中妹携甥辈来。

6月22日　星期日

阴,有雨。上午,草文。观《中和》杂志。下午,至海格路时舅处。出,至民智学校开同乡会常年大会。出,至康乐村望舅处。

6月23日　星期一

晴。上午,复秋林信,并附复其父鉴清信。下午,启贤乘长途汽车至亭林回张。至成都坊,携静姬出,至大新公司等处购物及冠生园吃点心。仍同回成都坊,后返。

6月24日　星期二

阴,有微雨。上午,理账。君藩同刘大年、周永芳来,午饭后去。至四行储蓄会而成都坊。夜,在君宾处晤君介。

6月25日　星期三

雨。昨黄昏后,患腹痛渐剧,夜、午吐泻各一次。今日微有身热,偃卧终日。

6月26日　星期四

阴雨。上午,理账。下午,作信致雷君曜,以所草《老话序》寄之。致培孙信。傍晚馔后,偕颖柔携益、念、纪三儿至辣斐剧场,观演《正气歌》。十一时许返。

6月27日　星期五

阴,有雨。上午,杂务。下午,观胡朴安所著《从诗经上考见中国之家庭》。观《止止堂集》。连日夜以霉雨里外近段马路,皆积水成渠。今日始退。

6月28日　星期六

阴晴。上午,杂务。下午,翻阅《舒艺室全集》。迪前来。观《止止堂集》。夜,昆友来。系今日到沪。颖柔于昨日起,薄有寒热不适。

6月29日　星期日

晴。上午,写存笔记。下午,观《止止堂集》。邀忆初来诊治颖柔。

6月30日　星期一

晴,下午有阵雨。上午,理书。伯才来。花明携曾同来(下午去)。下午,至中南银行分行而成都坊。出,至世界书局晤思期及西泠印社,再至成都坊。出,又至蒲石路福寿坊晤苾丞。

7月

7月1日　星期二

晴。上午,杂务。下午,至中国书店、冠生园而成都坊。出,至康乐村望舅处。

7月2日　星期三

晴。今日阴历六月初八日,绳祖期岁治面。上午,大妹、中妹携诸甥,花明携曾同来。圆妹原住在壁邻,亦即来,傍晚去。又启明午后亦来。下午,王欣夫来。闲中观杜甫诗。夜,君介来。

7月3日　星期四

阴晴,有雨。上午,合复伯华、秋林信。下午,至成都坊。前日,昆友来沪住此,昨晨同昆屏校中放假回去,昆碧不去。观《巢经巢诗集》。

7月4日　星期五

阴晴。上午,顾荩丞先生来。今日起请其于暑假内每日午前为念祖、纪祖、益明补习国文,温理经书。观《巢经巢诗集》。下午,偕颖柔至曾耀仲处,同请其复诊。出,至福煦路国际药房购药,同孚路沙利文分店饮冰而返。观《止止堂集》完。

7月5日　星期六

晴。上午,至海格路时舅处,适晤及金通尹。致雷君彦信。下午,修改旧作《论清代编辑四库全书》。至静安寺后荣康茶室,与时舅、葛荫义、陈乃乾约会啜茗。出,至成都坊。傍晚至中国书店,而功德林蔬食处,应金祖同招饮。夜九时许返(祖同系诵清之子)。

7月6日　星期日

晴。上午,写账。白蕉来。至亨利路晤陶遗。下午,至民智学校同乡会开理监事联席会议专议贷学金规程。出,至康乐村望舅处。

7月7日　星期一

晴,夜有雷雨。上午,张盘铭来。至北京路浙江兴业银行总行及朵云轩、西泠印社等处。下午,草文。至成都坊。夜,观杜甫诗。

7月8日 星期二

晴。上午,至静安寺路浙江兴业银行分行。草《〈舒艺室两种〉序》(未完)。下午,至南京路购物而至成都坊。夜,观杜甫诗。沐浴。

7月9日 星期三

晴,夜有雨。上午,至大新公司画厅观陈子清、彭恭甫书画展览。复伯华信。下午,复钻坚,致公迈信(公迈前来过,不值)。蒋惕卿同赵介人来。介人系水梅之子,为欲向张堰储蓄会赎田事。至鸿远里大妹处。

7月10日 星期四

晴。上午,写账。至海格路时舅处。草文。下午,至大新公司画厅,再观陈子清、彭恭甫书画展览而至成都坊。夜,白蕉来。

7月11日 星期五

阴,上午有微雨,下午有雨。上午,至马白路中央殡仪馆吊雷君彦之丧。翻阅《舒艺室全集》。下午,续草《〈舒艺室两种〉序》。至大新公司而成都坊。

7月12日 星期六

雨。翻阅《舒艺室全集》。草《张啸山先生行年纪略》(未完)。上午,致李寄舫信(前日曾来,不值)。下午,中妹携壁甥来(住夜)。傍晚,至文林路文林村朱履仁、邦屏新贷之处,与思期、兰畦、志伊、君介、孟龙等移樽贺其乔迁。夜九下钟返。

7月13日 星期日

阴雨。上午,续草《张啸山先生行年纪略》。下午,大妹携嵩甥来。仲田先生来。翻阅《舒艺室日记》稿本。

7月14日　星期一

阴晴。上午，花明携曾同来（下午去）。至海格路时舅处。修改《〈舒艺室两种〉序》及《张啸山先生行年纪略》至下午脱稿。至成都坊，在彼观清遵义郑知同之《屈庐诗稿》，巢经巢子也。夜，黄墨庄来。翻阅《舒艺室全集》。

7月15日　星期二

晴。上午，复伯华信。启贤来，系昨日到沪（下午去后，傍晚又来，夜饭后去）。墨庄来。下午，草《〈武陵山人制艺〉跋》。邀志恰来，余与颖柔皆请其诊治。观《许郑学庐存稿》。复继麟信。

7月16日　星期三

晴，夜雨。上午，为履仁书笺、思期书题画诗。至海格路时舅处。下午，至中国书店、浙江兴业银行总行、世界书局晤思期，西泠印社而成都坊。静姬今日薄患身热。夜，观杜甫诗。

7月17日　星期四

阴，有雨。上午，复谈月色信。录存信稿。下午，至成都坊，在彼观《屈庐诗稿》。出，至康乐村望舅处。夜，观《中和》杂志。

7月18日　星期五

阴晴，傍晚雨。上午，伯才来。致大风社、《中和》月刊社信。誊文。下午，观《中和》月刊。至成都坊。亚雄携其幼女静官来。夜饭后，静官去住成都坊，亚雄宿此。观杜甫诗。

7月19日　星期六

阴雨。上午，誊文。复伯华，致孟恢及培孙信。下午，观《中和》月刊。今邀志恰夜来，余与颖柔请其复诊。

7月20日　星期日

晴。上午，至上海殡仪馆吊黄谱蘅太夫人之丧。誊文。至海格路时舅处,思期亦来。同出,思期邀至霞飞路绿杨新村午餐,并邀兰畦餐后同时舅、思期至西爱咸斯路淡井庙谒秦公裕伯墓,并观古银杏。出,至康乐村望舅处。出,余至成都坊。

7月21日　星期一

晴。上午,伯才来。誊文。下午,花明携曾同来。至四行储蓄会而成都坊晤道衍。昨日来沪,曾到景华村。近其于成都坊十六号另借一间,其妹蔚然住此也。夜,韫辉来。

7月22日　星期二

晴。上午,观《中和》杂志。君藩来。下午,杂抄。至世界书局晤思期。出,至一大药行等处购物。夜,中妹来。俞盘新来。亚雄于今晨回张。

7月23日　星期三

阴晴,傍晚有雨。上午,杂抄。下午,侯义方来。至民智学校晤龚冰若。出,至鸿远里而成都坊。

7月24日　星期四

雨,晨雷电交作。上午,理账。杂抄。下午,义方来。理书。观《许郑学庐存稿》。

7月25日　星期五

阴晴,有雨。上午,复欣夫、培孙及继麟、中孚信。下午,观《许郑学庐存稿》完。夜,君介来。昨日盛雨潮涨,里门外又成泽国,今尚未退。

7月26日　星期六

阴,傍晚雨。上午,写账。誊文。下午,观元和孙德谦之《四益宧骈文稿》。至南京路购物而至成都坊。

7月27日　星期日

阴晴。上午,誊文。下午,观《四益宧骈文稿》。至亨利路陶遗处,旋时舅、君湘亦来,少坐后,同至民智学校同乡会开理监事联席会议。出,至成都坊。花明携曾同来(夜饭后去)。夜,复钻坚信。启贤来。系今日到沪。坐谈数刻,去住旅馆。约明晨即回。

7月28日　星期一

阴雨。上午,誊文。义方来。下午,观《四益宧骈文稿》完。邀志恰来,余与颖柔请其复诊。复伯华信。启贤今晨未及回,又来夜饭后去。翻阅吴县曹允源之《复庵类稿》。

7月29日　星期二

晴。上午,校点所誊之文。补写日记。下午,中妹携甥辈来。马君达来。至北京路四明银行、浙江兴业银行而朵云轩、开明书店、来青阁、中国书店,大新公司画厅观孙雪泥等画展。翻阅《复庵类稿》。

7月30日　星期三

晴。上午,至新中国理发室理发。出,至海格路时舅处,校补抄之《张苍水集》。系丁丑被寇残损也。下午,公迈来。至成都坊,在彼观《屈庐诗稿》。出,至霞飞路道德书局。昆亮来。

7月31日　星期四

晴,午刻有雷雨。上午,致毕静谦信。至远东饭店晤公迈,同其至证券大楼晤君藩,即共往冠生园午点,坐谈数刻返。大妹携斐、嵩两甥来(夜饭后去)。翻阅《复庵类稿》。夜,观《张苍水集》。

8月

8月1日　星期五

晴。上午,写账。义方来。君定、大妹携甥辈在悦宾楼午餐,招往晤谈,当于饭后而去。少坐后,即至四明村晤迪前、中妹。出,至成都坊。

8月2日　星期六

晴。上午,至四行储蓄会及西摩路邮政局。复谈月色信。下午,致继麟信。周才良来。观《张苍水集》。夜,中妹携菊、梅两甥来。今邀志恰夜来,余与颖柔请其复诊。

8月3日　星期日

晴。观《张苍水集》。上午,义方来。启明、花明携曾同与新外孙曾祺来,渊明携其儿亦来,均傍晚去。下午,大妹携嵩甥来,夜饭后去。

8月4日　星期一

晴。上午,补写日记。君定来,杂谈诗文,午馔后去。至成都坊。出,至渔阳里晤乃乾。

8月5日　星期二

晴。上午,写账。偕君宾至爱多亚路葆大号购参。下午,至成都坊。出,至康乐村望舅处。花明来,夜饭后去。观《张苍水集》。

8月6日　星期三

晴。上午,至海格路时舅处。复伯华及十洲信。下午,复张堰房客姜渭卿信。偕颖柔携慧明往游顾家宅公园。中妹来,夜饭后去。

8月7日　星期四

晴。上午，致王欣夫，复施韵秋、徐子素信。下午，偕颖柔至中德医院望季鲁，以患疮住院也。出，在福煦路购物、饮冰，后颖柔别去。余至来青阁、中国书店而至成都坊。

8月8日　星期五

雨，风潮。上午，写账及补日记。下午，观《张苍水集》。草《读〈纵囚论〉书后》，至夜脱稿。

8月9日　星期六

阴雨。上午，修改昨日所草之文。复继麟信。下午，昆友来。系昨日抵沪，住成都坊。邀忆初来，治绳祖发热。义方来。致账房信。至成都坊。

8月10日　星期日

晴。上午，写账。草文。致杰士信。下午，至恺自尔路二百七十三号候戚智川，不值，而至成都坊。昆友今晨已回张。在彼观《屈庐诗稿》。出，至康乐村望舅处。夜，观《张苍水集》。

8月11日　星期一

晴。上午，至四行储蓄会、中国书店、来青阁、抱经堂。下午，草《重辑朱二坨先生文存跋》（未完）。何绿筠来，夜饭后去。

8月12日　星期二

晴，午刻阵雨。上午，至静安寺。雷君曜开吊，往奠。书贾蒋龙标来。昨曾邀志洽，今来，余请其复诊绳祖，亦请其诊治。下午，至中华殡仪馆吊庄仲咸先生之丧，中央殡仪馆吊方冲之夫人之丧。回，至成都坊。夜，中妹携瑞、壁二甥来。

8月13日　星期三

晴。上午，写账。何绿筠来，午饭后去。续草《朱二坨文存跋》（未完）。夜，观《张苍水集》。

8月14日　星期四

晴。上午，戚智川来，与谈济婴局事。陶遗来。下午，至愚园路庙衕晤郑振铎。出，至爱文义路候瞿凤起，不值。而至中国书店、来青阁后至成都坊。在彼观辽阳杨钟义之《圣遗诗集》。夜，观《张苍水集》。

8月15日　星期五

晴。上午，至姚主教路大同坊候王培孙，知在汶林路南洋中学分校，乃往晤。同回大同坊，坐谈数刻，返。下午，至四行储蓄会，中国书店内约晤瞿凤起，庆云银楼、冠生园，世界书局晤思期。今邀志洽复诊绳祖，已来过。

8月16日　星期六

晴。上午，至成都坊而浙江兴业银行西区分行。下午，偕颖柔至庆云银楼、国货公司等处购物，冠生园吃点心，同孚路邱宅内观书画展览会。

8月17日　星期日

晴，傍晚雷雨。上午，作信复子素、欣夫、韵秋。观《中和》杂志。下午，至成都坊，亚雄自张来。傍晚，偕颖柔至新都饭店。季鲁为次女订婚宴客。夜九下钟返。今晚盛雨，数段马路水深及膝，归途专乘汽车，真陆地行舟也。亚雄来住。

8月18日　星期一

阴雨，下午雷。上午，写账。续草《朱二坨文存跋》，脱稿。下午，观《张苍水集》。

8月19日　星期二

雨，有雷。上午，复伯华信。下午，中妹携菊、星、梅、壁四甥来（因雨均住夜）。黄墨庄来。观《张苍水集》。邀志洽来，余与绳祖皆请其复诊（午饭后即来）。

8月20日　星期三

阴雨，夜有震雷。上午，复胡鉴清信。观《中和》杂志。下午，至康乐村望舅处。出，至成都坊。夜，观《张苍水集》。

8月21日　星期四

阴雨。上午，补写日记。下午，写《怀旧楼丛录》。观《张苍水集》。

8月22日　星期五

阴晴。上午，中妹携诸甥来。补写日记。下午，至成都坊。出，至中国书店、来青阁而黄钟医生处诊治。复子清信。夜，致伯华信。

8月23日　星期六

晴。上午，修改《朱二坨文存跋》。下午，至鸿远里理书。出，至康乐村望舅处。

8月24日　星期日

晴。上午，至亨利路晤陶遗，适与君藩同往。下午至民智学校内同乡会开理监事常会及贷学全委员会。出，至成都坊。昆屏侄女前以校中暑假回张，昨日来沪。夜，启贤来。系今日到沪。坐谈数刻，去住旅馆。约明晨即回。复十洲、钻坚信。亚雄于今晨回张。

8月25日　星期一

晴。上午，至海格路时舅处。下午，观《巢经巢文集》。邀志洽来复诊，绳祖饮食精神无恙而每日仍有热度，余请其改方。复思期信。夜，观《张苍水集》。

8月26日　星期二

晴。上午,张堰房客毛省余来。瞿凤起来。复伯华及杨伯雄、黄涤新信。下午,偕颖柔至信大祥布号、庆云银楼、新雅茶室吃点心,余又至中国书店。复昆友信。

8月27日　星期三

阴晴,有微雨。绳祖昨晚热度不退,至夜且甚高而水泻大作。当与忆初、志洽电商,志洽属先以儿宝敷于脉息,为外治之法。今日上午,忆初来诊治,谓"恐系副伤寒,幸水泻渐止,热度今亦不高"。康馥江持张叔良致其父奎伯之信来。观《张苍水集》。下午,大妹、中妹来(夜饭后去)。复继麟、伯才,致昆友信。今日为阴历七月初五,系先君二十周年忌辰。傍晚设祭。夜,君介来。

8月28日　星期四

阴雨。上午,补写日记。写杂记。校誊清之诗文。下午,至浙江兴业银行西区分行而成都坊,在彼观《圣遗诗集》。

8月29日　星期五

雨。上午,草书《辨奸论后》(未完)。校誊清之文。复伯华信。下午,观《巢经巢文集》。今日阴历七月七日为粲君生辰,傍晚设祭。夜,观《张苍水集》完。

8月30日　星期六

雨。上午,重翻《张苍水集》。致丹林信。下午,观《四明丛书》第二集序跋。

8月31日　星期日

晴。上午,写账。杨民一来。花明来(傍晚去)。中元节祭先。邀忆初来复诊绳祖。下午,大妹来。昆友来。系今日自张抵沪。少坐,去住成都坊。至成都坊。出,至图书店。

9月

9月1日　星期一

晴。上午，王汝珏来（立佛之侄）。周学文同杨孝达来。王庙街候郑振铎，不值。复谈月色及亚雄信。下午，至四明村迪前处望其疾。出，至鸿远里。出，至浦东银行而至成都坊。至海格路时舅处。昆友来，夜饭后去，约明晨回张。

9月2日　星期二

晴。上午，草《哭何君宪纯文》。绳祖热度仍不止，昨日起且又甚高，邀黄钟来诊治，余亦请其复诊。干曾耀同其子一平、侄女全华来，午饭后去。至浙江兴业银行西区分行。出，至民智学校晤俞肃斋，约其介绍俞心臧任济婴局常驻办事员。出，至成都坊。花明来，夜饭后去。

9月3日　星期三

阴晴，傍晚雨。上午，续草《哭何君宪纯文》完。王启寿来。下午，至世界书局晤思期。出，至商务印书馆而至康乐村望舅处。

9月4日　星期四

阴晴，上午有雨。上午，誊文。复伯华及伯才信。下午，至成都坊，在彼观《圣遗诗集》。张公愈来。

9月5日　星期五

晴。上午，写账。复张堰房客王士馨信。下午，至辣斐德路六百十四号候顾起潜，渔阳里候陈乃乾，均不值。五凤里候何公度，晤焉，坐谈数刻返。中妹携甥辈来，夜饭后去。今日上午，又邀忆初来复诊绳祖。

9月6日　星期六

晴,夜有雨。上午,曹中孚来。系前晚自张抵沪。旋约白蕉,亦来坐谈多刻。余又请中孚诊治,午刻邀中孚、白蕉、苰丞(本来补课),并携念祖。同出,至威海卫路梅龙镇菜馆午馔。馔后,散。余至朵云轩、商务印书馆等处,而至成都坊及康乐村望舅处。今日,济川少奶奶携仙、兴两官于上午来,午饭后去。系前日到沪,送其两女入学,住在白蕉处也。

9月7日　星期日

阴晴,上午有雨。上午,王杰士来。中孚来。下午,至余天成药号、葆大参号而至成都坊,在彼观《圣遗诗集》。

9月8日　星期一

阴晴。上午,写账。奚博泉襟弟蕙清内妹来。系昨晚自平抵沪,住在旅馆,午馔后去。此行同徐外姑来,外姑则昨夜住在鸿远里吴宅。花明来(傍晚去)。偕颖柔至鸿远里忆初处,见徐氏庶外姑。夜,启贤来,少坐,去。系昨晚抵沪,约明晨回张。今日下午,曾邀忆初来复诊绳祖。

9月9日　星期二

上午雨,下午阴。上午,林晋康、舒旭东、潘绥生来。徐外姑及蕙清来。下午,博泉亦来,傍晚设筵宴之。夜九时许,外姑等去住旅馆。

9月10日　星期三

阴晴。上午,至成都坊。出,至浙江兴业银行西区分行。复杨民一信。下午,偕颖柔至南京路购物。后乃至带钩桥华东旅馆晤外姑及博泉、蕙清,坐谈至傍晚。出,颖柔先回,余至世界书局晤思期,应其邀至碧壶轩饮酒。同席为秦伯未及君定、君介。夜十时许返。

9月11日　星期四

阴雨。上午,补写日记。观今人冼玉清《广东女子艺文考》。下午,子峰来。系昨日抵沪。坐谈数刻,去。启贤自张来,少坐,去。中妹来(夜饭后去)。复伯华,致秋林信。沈明璋来(伯才之子)。

9月12日　星期五

阴晴,上午有雨。上午,作信致孙道始。启贤来,午饭后去。约明晨回张。至亨利路晤陶遗。出,至鸿远里而成都坊。出,至西摩路经香楼书肆。夜,昆亮来。致伯才信。

9月13日　星期六

阴。上午,作信致伯华、昆友,复子清及杨伯雄。观《广东女子艺文考》完。下午,至新中国理发室理发而至中国书店、来青阁及四明村韫辉处、迪前处。翻阅顷向中国书店购得之何义门批点《杜诗论文》。夜,观明人《薛谐孟笔记》。顾荩丞先生暑假中为儿辈补习国文,今日结束。

9月14日　星期日

晴。上午,写账。舒旭东来。子峰来,午饭后去。至民智学校同乡会开贷学金审查会。出,至成都坊。

9月15日　星期一

阴晴,下午有雨。上午,至辣斐德路桃源村周振先寓处候程静淇,不值。韫辉来。中妹、迪前来(迪前午饭后去,中妹夜饭后去)。下午,至四行储蓄会,大新公司四楼借设之岭南中学内候程静淇,又不值,中国书店,世界书局晤思期,康乐村望舅处。益明下学期仍请孟达人先生来为课余补习英文,约逢星期一、三、六之下午每日二小时许，今日开始。又暑假内孟先生于上午亦来为益明及纪祖补习。

9月16日　星期二

晴。上午，作信复伯才、钻坚。偕颖柔携益、慧两儿先至大新公司，余至四楼岭南中学内晤程静淇。候乃至悦宾楼菜馆，旋念祖同纪祖往光华附中补考英文，后来花明携曾同亦来，同行午馔。馔后，花明等约别去。余同颖柔至世界书局一晤思期，而至画锦里购物，冠生园啜茗及庆云银楼。颖柔先回，余至成都坊。出，至蒲石路福寿坊晤顾苰丞。

9月17日　星期三

晴。上午，至海格路时舅处。续写复钻坚信。下午，观《中和》月刊。至康乐村望舅处。出，至成都坊。出，至中国书店、来青阁，而至碧壶轩，约秦伯未及思期、兰畦、乃乾、君介（君定以病未到）酒叙。夜九时许返。

9月18日　星期四

晴。上午，至浙江兴业银行西区分行。复伯华、伯才，致继麟信。下午，至花园饭店候顾震涛等（前曾来过），不值，世界书局晤思期，中华书局等处为儿辈购课本，乃至成都坊。

9月19日　星期五

晴。上午，写账。下午，翻阅《中和》月刊、《同声》月刊。观《薛谐孟笔记》。今日腹泻，身体疲倦。

9月20日　星期六

阴晴。上午，至静安寺路买花。作信复朴安。下午，写诗寄朴安。钱吟珂、孙道始来。至成都坊。出，在万籁鸣照相馆摄影。

9月21日　星期日

阴晴。上午，录存信稿。陆云伯来，少坐。后同至里中四十七号候潘季孺，初次识面。潘老，苏州人，年逾七秩，亦避难在沪也。下午，白蕉来。至福寿坊晤荩丞。出，至成都坊。出，至康乐村望舅处。中妹携甥辈来，夜饭后去。

9月22日　星期一

晴。上午，写账。观《薛谐孟笔记》。下午，偕颖柔至桐柏宫道院。为何氏杏表姑母三周忌辰，顾铁君表弟在作法事，因往拜奠。出，至恒茂绸布号、庆云银楼及大三元吃点心，余又一至中国书店。

9月23日　星期二

雨。上午，杂务。至鸿远里而康乐村。今日高氏在寓举行秋祭招饮。出，至君藩处闲谈，兹观书画，返已傍晚。夜，观《薛谐孟笔记》完。

9月24日　星期三

晴。上午，复伯华信。张堰石作、徐瑞兰来。顾震涛、舒旭东来。下午，昆友来。系前晚到沪，昨午后曾来，未晤。少坐，去。与其店友住在旅馆也。至爱文义路候瞿凤起，不值。乃至四行储蓄会等处，而成都坊，在彼观《圣遗诗集》。

9月25日　星期四

晴。上午，作信致俞心葴，复胡鉴清。为张堰济婴局常驻办事员陆斐然今春故世，兹请俞君继任，鉴清则本局中察婴兼催租也。下午，干全华来。至恺自尔路候智川，不值。而至渔阳里乃乾处，获雕菰楼师友手简。出，至成都坊。光华附中今日秋季上课。

9月26日　星期五

晴。上午,至恺自尔路晤智川而至民智学校晤肃斋,托其转致心葳信。致子素信。下午,观《图书季刊》。邀志洽来诊治。夜,翻明《陆俨山全集》。

9月27日　星期六

雨。上午,续草《伯父贞甫公家传》(未完,前称《世父行略》)。下午,观《巢经巢文集》。

9月28日　星期日

上午雨,下午阴晴。上午,续草《伯父贞甫公家传》。侯义方来。下午,至成都坊,在彼观《圣遗诗集》。中妹携甥辈来(夜饭后去)。至绿野新村应君介招饮。同席为时舅、秦伯未、吴松龄、思期、兰畦、乃乾、公度、君定。夜十时许返。

9月29日　星期一

晴。上午,写账。续草《伯父贞甫公家传》。下午,书贾蒋龙标来。至成都坊。出,至康乐村望舅处。夜,致伯华,复鉴清信。启贤来。系今日到沪。坐谈数刻,去住旅馆,约明晨即回。

9月30日　星期二

晴。上午,至海格路时舅处。下午,观《圣遗诗集》完。观《巢经巢文集》。草前《十七日碧壶轩酒叙限韵诗》七截两首。傍晚,偕颖柔至鸿远里吴宅,忆初为其哲嗣源泰订婚宴媒人,招陪。夜十下钟返。纪祖下学期仍请程静淇先生来为课余补习英文、算学,约逢星期二、五、六之下午,每日二小时许,今日开始。

10月

10月1日　星期三

晴。上午,至四行储蓄会。下午,翻阅某氏渡录之《纪批苏诗》。至成都坊。出,至渔阳里乃乾处。

10月2日　星期四

晴。上午,致欣夫信。续草《伯父贞甫家传》。下午,偕颖柔携念祖至霞飞路为购西装,旋念祖先回,余与颖柔又至四川路、南京路购物。纪祖下学期仍请顾荩丞先生来为课余补习国文,约逢星期一、四之下午,每日二小时许,今日开始。

10月3日　星期五

晴。上午,至北京路浙江兴业银行总行及龙门书局、余天成药号。花明携曾同来(傍晚去)。复子素信。下午,至成都坊。出,至鸿远里。大妹来,又中妹同周太亲母来(均傍晚去)。

10月4日　星期六

晴。上午,复伯华、伯才信。下午,至成都坊。

10月5日　星期日

晴。上午,苏月坡、查敏行来,月坡新自昆明回也。至一家春西菜馆同乡会聚餐并开理监事常会。出,同思期、时舅等又至世界书局,少坐而至成都坊。今日阴历八月十五日为先祖春渔公忌辰,傍晚设祭。夜,中妹来。

10月6日　星期一

晴。上午,写账。观《同声》月刊。下午,偕颖柔携慧明至鸿远里吴宅。为忆初今日五秩寿辰。夜,伯才来。昆友来,坐谈数刻后,去住成都坊。系今晚抵沪也。

10月7日　星期二

晴。上午,至浦东同乡会六楼贺闵瑞之先生续娶,午刻喜筵后,出,至成都坊,旋返景华村。傍晚,至鸿远里吴宅,与君平、君定、君介、君藩、君湘、君宾、君实、履仁等设筵公祝忆初五秩寿。夜十下钟返。

10月8日　星期三

晴。上午,至蒲石路古拔路口合众图书馆晤顾起潜、潘景郑。该馆自建房屋新近落成迁入,爱以《武陵山人遗书》《舒艺室全集》赠之。复继麟,致秋林信。下午,偕颖柔至四行储蓄会而南京路购物。余又至岭南中学晤静淇,乃至黄钟处同请其诊治。

10月9日　星期四

晴。上午,昆惠来。系昨日到沪,住在成都坊。少坐,去。作信致朴安及伯华,复十洲。下午,至余天成药号而成都坊。出,至鸿远里大妹处。

10月10日　星期五

晴。上午,杰士来,坐谈良久,去。中妹来。下午,偕颖柔携益、念、纪三儿至新光戏院观电影,演《家》。出,至可可食品公司吃点心,余又至来青阁、中国书店。大妹来,傍晚同中妹去。夜,复欣夫信。

10月11日　星期六

晴,夜雷雨。上午,校《纪批苏诗》渡录本与刻本。下午,至成都坊,在彼观《同声》月刊。录存信稿。

10月12日　星期日

阴。上午,乡人朱晋臣来。校《纪批苏诗》。下午,至海格路时舅处,不值。出,至康乐村望舅处。花明来。韫辉来。夜,校《纪批苏诗》。今日草成《中秋日同乡会聚餐和吹万舅氏韵》五律一首。

10月13日　星期一

晴。上午,校《纪批苏诗》。至海格路时舅处,晤及董伯逵〔骙〕。下午,校《纪批苏诗》。至威海卫路永吉里,北平书贾陈济川所设之来薰阁而至成都坊。出,至知味观菜馆,应君定招饮。同席为思期、伯来、吴导江、兰畦、子冶、荩丞、白蕉。夜十时许返。

10月14日　星期二

晴。上午,至法藏寺。为朱贡三告窆开吊,往奠。复欣夫信。下午,至北四川路邮政总局购纪念邮票而至来青阁、富晋书社,乃至成都坊。

10月15日　星期三

晴。上午,至江西路新华银行总行。作信复俞心臧、徐子素。下午,至成都坊,在彼观《同声》月刊。校《纪批苏诗》。今日李辛民来过。

10月16日　星期四

晴。上午,复秋林、继麟信。花明携曾同、曾祺来(傍晚去)。写账。下午,张堰房客王桂明来。校《纪批苏诗》。仲田先生来。致乃乾信。夜,观《中和》月刊。

10月17日　星期五

晴。上午,作信复中孚、伯华,致子峰、启贤。下午,中妹来(夜饭后去)。至中国书店、来青阁等处而至成都坊。出,至张筱谦牙医处,约颖柔携纪祖来治牙痛,同返。夜,启贤来。系今日自张抵沪。少坐,去住旅馆,约明晨即回。

10月18日　星期六

晴。上午,写诗寄君介。作信致干紫卿。下午,至四明村韫辉处。出,至成都坊。出,至康乐村望舅处。夜,昆友来。系今日到沪。少坐,去住成都坊。约明日即回。继麟自张来。

10月19日　星期日

晴。上午,拟致金兰畦信。偕颖柔至静安寺路凯司令西菜馆,应吴忆初伉俪招饮。出,至四川路等处购物。旋颖柔先回,余又至渔阳里乃乾处。

10月20日　星期一

晴。上午,写书籍题记。至海格路时舅处。下午,迪前来。至中国书店、来青阁而至成都坊。夜,昆亮来。

10月21日　星期二

晴。上午,杂务。致秋林信。校《纪批苏诗》。下午,偕颖柔至黄钟处,皆请其复诊。出,至四川路、南京路购物。

10月22日　星期三

晴。上午,作信致郑逸梅、谈益蕃、徐子素。校《纪批苏诗》。下午,至浙江兴业银行西区分行、成都坊、五凤里公度处、渔阳里乃乾处。

10月23日　星期四

阴,下午雨。上午,校《纪批苏诗》。昆友来。系昨日自张抵沪。韫辉送来所托代买之菊花,与昆友均午饭后去校。嘱继麟所誊之文稿。傍晚,至延平村沈伯才处。伯才宴其亲家庄文谷,招陪,夜近九时许返。

10月24日　星期五

阴晴,下午有雨。上午,至四行储蓄会、大新公司。作信致王巨川。下午,至南京路冠生园约与顾震涛啜茗,并晤张兆嬴。出,至成都坊。夜,校《纪批苏诗》。

10月25日　星期六

阴晴。上午,复伯华、心臧信。查敏行来。杨铝章来。下午,校所誊文稿。写书籍题记。至绿野新村菜馆贺沈叔贤哲嗣完姻,傍晚喜筵后,八下钟返。

10月26日　星期日

晴。上午,伯才来。至五凤里公度处,送其嫁女礼。复钻坚信。下午,大妹、中妹来(傍晚去)。至成都坊。出,至世界书局,思期约同乡人士集议收租成色。出,至戈登路美琪戏院,约纪祖来同观电影,演西剧《美月琪花》。昨日念祖、益明随颖柔已往观也。夜,致伯华,复秋林信。启贤自张来,少坐,去住旅馆,约明日即回。

10月27日　星期一

晴。上午,伯才来。至四行储蓄会。写账。下午,写书籍题记。至成都坊。出,至中国书店、来青阁,而至麦家圈马上侯酒家应秦伯未招饮。同席为时舅、思期、兰畦、君定、君介等。夜九时许返。继麟于今晨乘轮回张。

10月28日　星期二

晴。上午,至格洛克路宁福里候苏月坡,坐谈数刻,返。下午,谈益蕃来。偕颖柔携慧明往游兆丰公园。校《纪批苏诗》。夜,昆友来。系昨日到沪。

10月29日　星期三

晴。上午,至合众图书馆晤顾起潜。写账。复欣夫信。下午,至渔阳里晤乃乾。出,至成都坊,昆惠自干来,在彼翻阅阳湖赵惠甫(烈文)之《能静居日记》。

10月30日　星期四

晴。上午,至海格路时舅处。复十洲及王仰霄信。下午,致伯华信。偕颖柔至大新公司等处购物,黄钟医生处问药,又一村内吃点心。启贤自张来,夜饭后,去住旅馆。

10月31日　星期五

晴。上午,偕颖柔至君宾处。今日系其四秩初度。旋君定、大妹、迪前、中妹兹携甥辈,启明、花明携曾同、曾祺及君平、君介、履仁先后来。夜,君介、君定、迪前又来闲谈。盖均在君宾处也。

11月

11月1日　星期六

晴。上午,杂务。写致兰畦信。下午,至成都坊。写书籍题记。

11月2日　星期日

阴。上午,至海格路时舅处。复蒋志义信。下午,至康乐村望舅处,谈今冬收租成色。出,至成都坊,携静姬出,至福煦路万籁鸣照相馆摄影,同孚路冠生园啜茗,仍同回成都坊。写诗寄志义。

11月3日　星期一

阴,有微雨。上午,致欣夫信。至四行储蓄会。查敏行来。下午,结账。观王欣夫所辑《荛圃藏书题识再续录》一册,新近刻成见赠也。

11月4日　星期二

晴。上午，写《怀旧楼丛录》。时舅同董伯骙来。下午，至成都坊。出，至渔阳里晤乃乾。中妹来（夜饭后去）。夜，张叔良来。系高宅账友。少坐，去康乐村。伯华自张来（即住于此）。昆友来。系今日到沪。少坐，去住成都坊。约明日即回。伯华来，言干君紫卿于昨日故世。干君自先祖母时任职余家账席至今，几四十年，今岁例膺重游泮水，享寿八十有四。

11月5日　星期三

晴。上午，至源源旅社内平湖公大绸庄通信处。出，又至浦东大楼等处。下午，杂务。翻阅《能静居日记》。夜，与伯华杂谈。

11月6日　星期四

晴，夜雨。上午，晋康来晤伯华。作信合复启贤、秋林，又致子峰，复心臧。下午，蒋志义来。至成都坊，在彼观《同声》月刊。花明携曾同来，夜饭后去。观《巢经巢文集》。

11月7日　星期五

阴。上午，杂务。下午，韫辉来。至新中国理发室理发。出，至成都坊。出，至同德医院望君藩子丙官病。夜，复钻坚信。

11月8日　星期六

阴，晨有雨。上午，伯华乘大车至松回张。翻阅《能静居日记》，并抄出其词。下午，至静安大楼忆初诊所，与之谈话。出，至成都坊。出，至康乐村望舅处。夜，昆亮同景小姐来。

11月9日　星期日

晴。上午，抄出《能静居日记》中词。至玉佛寺。为朱志贤姨表兄六秩冥庆，其嗣邦屏在寺作佛事，因往一拜。午馔后出，至大新画厅观女子书画展览会及中国书店，来青阁晤及欣夫。夜，昆友自张来。旋昆豪亦于今日到沪,同昆亮并邀韫辉来谈昆豪与昆友家口甬事。因为劝断两方,幸皆消释,十句钟散。

11月10日　星期一

晴。上午,合复公迈、汪若望信,又致伯华信。下午,昆友来。至五马路怡丰袜厂,而至世界书局晤思期。出,至成都坊。夜,昆友来,坐谈数刻,去住成都坊。约明日回张。

11月11日　星期二

阴,夜雨。上午,至海格路时舅处。舒旭东来。李近仁来(一谔之子昨亦来过)。下午,守梅来。至渔阳里乃乾处。出,至成都坊。出,至葆大参号、中国书店、一大药材行、朵云轩。

11月12日　星期三

阴。上午,写账。偕颖柔携益、念、纪、慧四儿至霞飞路华府饭店午馔。馔后,益儿等先回,余同颖柔又至霞飞路及福煦路上购物而返。至康乐村望舅处,四明村迪前处又韫辉处。

11月13日　星期四

阴晴。上午,写账。顾震涛来,少坐后,偕出,至证券大楼典业银行通讯处,约同君藩至南京路沙利文午馔藉以谈话。馔后,余至四行储蓄会、成都坊。中妹来(夜饭后去)。为震涛致毕君信,旋震涛来携去(张兆赢同来)。夜,翻阅《能静居日记》。

11月14日　星期五

晴。上午,至亨利路晤陶遗。复伯华、启贤信。下午,至中南银行分行、鸿远里大妹处、成都坊、大新公司签礼券。

11月15日　星期六

晴。上午,王钟宪来(韵笙之子,为储蓄会事)。韫辉来。至合众图书馆晤起潜,并拟答候叶揆初,闻其抱恙,未往(叶君住在相近,曾与起潜来过)。下午,至渔阳里乃乾处而至成都坊。出,至国际药房购针药。写书籍题记。致金祖同信。

11月16日　星期日

晴。上午,王钟宪来。翻阅《能静居日记》。下元节祭先。下午,携念祖至贵州路湖社,贺钱公绪之弟凯之结婚。夜九句多钟返。

11月17日　星期一

晴,夜震雷盛雨。上午,至紫来街四川路等处收乡间划出款项。下午,至上海银行、世界书局晤思期,成都坊。夜,复伯华信。

11月18日　星期二

晴。上午,至中南银行分行。理账。下午,景小姐来。中妹来(夜饭后去)。至中国书店、来青阁、世界书局晤思期,冠生园吃点心。写书籍题记。夜,翻阅《能静居日记》。

11月19日　星期三

阴晴,夜雨。上午,理账。下午,北平书贾孙耀卿来。王仲稽来。大妹来(傍晚去)。至中汇大楼内义盛花号。翻阅《能静居日记》。昆友自张来,夜饭后去。君介来。

11月20日　星期四

阴雨,夜雨。上午,至静安寺路浙江兴业银行西区分行,又在西摩路上浏览旧书肆。理账。下午,至成都坊。出,至康乐村望舅处。花明来(夜饭后去)。亚雄自张来。启贤自张来。复钻坚信。

11月21日　星期五

阴,微雨。上午,至紫来街河南路收乡间划出疑项,及源源旅馆晤平湖来人沈菊叔,大新公司四楼岭南中学内晤程静淇。下午,至四行储蓄会、富晋书社、成都坊。昆亮来。夜,昆友来,少坐,去。约明日回张。君介来。复伯华信。

11月22日　星期六

晴。上午,启贤乘火车至松返张。至海格路时舅处。下午,翻阅《能静居日记》。至鸿远里大妹处。出,至成都坊。至老东方旅馆晤毕静谦,少坐后,应其邀至新丰斋菜馆饮馔。九下钟返。

11月23日　星期日

阴。上午,理账。偕颖柔至女科医生陈盘根(筱宝之子)处诊治(即在巨籁达路)。下午,偕颖柔至南京路一带购物。今日阴历十月初五为本生先祖考秋岭公生日,傍晚设祭。夜,翻阅《能静居日记》。

11月24日　星期一

雨。抄出《能静居日记》中词。夜,观《中和》月刊。

11月25日　星期二

晴。上午,至美伦大厦等处收乡间划出之项。下午,偕颖柔至陈盘根处复诊。至成都坊。出,至世界书局晤思期。今日阴历十月初七,为本生先祖考秋岭公忌辰,先妣冯太淑人忌辰,傍晚设祭。夜,致秋林信。

11月26日　星期三

阴晴,下午有雨。上午,至海格路时舅处。中妹来(夜饭后去)。下午,至静安寺路浙江兴业银行及上海银行而至成都坊。理契据。夜,致伯华信。

11月27日　星期四

雨。上午,亚雄乘火车至松返张。理账。君藩来请,有王石士令媛之庚帖,为念祖作寨修。下午,校书。偕颖柔至陈盘根处复诊。至四明村韫辉处。出,至三马路天乐园设筵宴苏月坡,并邀思期、公度、志洽、君定、君介、君藩、君宾、白蕉(尚邀查敏行及子冶未到)。九下钟返。

11月28日　星期五

晴。上午,至四行储蓄会。下午,偕颖柔至曾耀仲处诊治。出,至大新公司、庆云银楼及精美食品公司吃点心。

11月29日　星期六

晴。上午,至石路汇中银号而成都坊。出,至国际药房。下午,至祥盛号、商务印书馆、中华书局,世界书局晤思期,来青阁而成都坊。夜,观《中和》月刊。

11月30日　星期日

雨。上午,至海格路时舅处。下午,至民智学校内同乡会开理监事常会。傍晚,君宾在寓宴郑千若、苏月坡、俞善夫、沈思期等,招陪。客散已近十时矣。

12月

12月1日　星期一

雨。上午,时舅来。下午,偕颖柔至陈盘根处复诊。出,余至霞飞路新华银行分行。抄出《能静居日记》中词。

12月2日　星期二

阴。上午,抄出《能静居日记》中词。观《曾文正公文集》。下午,至四行储蓄会,而至成都坊,昆惠自干来沪,始至,先圆妹亦来过。出,至鸿远里大妹处。中妹来(夜饭后去)。今日阴历十月十四,为徐外姑生辰。傍晚致祭。

12月3日　星期三

阴。上午，干全华来。抄出《能静居日记》中词。合复伯华、秋林信。下午，至静安寺路浙江兴业银行分行而胡庆余药号，乃至成都坊。昆友自张来。出，至康乐村望舅处。

12月4日　星期四

阴。上午，致秋林，复继麟信。抄出《能静居日记》中词。花明携曾同来（傍晚去）。下午，写书籍题记。昆友来，夜饭后去。

12月5日　星期五

晴。上午，杰士同其侄慰民来取乡间带出信件。写账。至静安寺路浙江兴业银行分行。写书籍题记。下午，偕颖柔至静安大楼晤忆初于其诊所。出，至沈成武医师处，颖柔摄肺部爱克丝光照片。出，至张筱谦牙医处。出，至绿杨村吃点心而返。中妹来，夜饭后去。大妹先亦来过。昆友来，少坐，去。约明日回张。

12月6日　星期六

晴。上午，曹中孚来。系越昨自张抵沪。坐谈数刻，去住旅馆。韫辉来。偕颖柔至陈盘根处复诊。下午，至成都坊。出，至康乐村望舅处。

12月7日　星期日

晴。上午，至亨利路晤陶遗。花明携曾同、曾祺来（傍晚去）。抄出《能静居日记》中词。下午，至华东旅社候中孚，不值。出，至开明书店、商务印书馆等处而至成都坊。观《文学集林》中郑振铎《劫中得书续记》。今日阴历十月十九，为先兄龙深君生日。傍晚设祭。

12月8日　星期一

阴雨。上午，抄出《能静居日记》中词。下午，写账。夜，白蕉来。

12月9日　星期二

阴雨。上午,杂务。下午,迪前来。至成都坊。出,至鸿远里大妹处,益、念、纪三儿已先在,少坐后,同益儿至康乐村。观《说文月刊》。

12月10日　星期三

晴。上午,写账。偕颖柔至陈盘根处复诊。至海格路时舅处。下午,张莲汀、雷凤蔚来。至华东旅社候中孚,世界书局候思期,均不值。传薪书局浏览旧书,冠生园吃点心而至成都坊。中孚来。夜,君介来。

12月11日　星期四

晴。上午,至玉佛寺,应酬丁母冥庆。中孚来。下午,邀志洽来开膏方。至亨和路晤陶遗。中妹来。理账。夜,昆友自张来,同有店友少坐后,去住旅馆。

12月12日　星期五

阴。上午,至北京路国华银行及浙江兴业银行。中孚来,午馔后去。韫辉来。写账及补日记。王杰士、凌云来。昆友来(夜馔后去)。沈明璋来。作信合复伯华、秋林。夜,韫辉又来。在君宾处,与君藩晤谈。

12月13日　星期六

阴。上午,至四行储蓄会而成都坊。下午,昆友来。偕颖柔至曾耀仲处诊治。出,至又一村吃点心。

12月14日　星期日

阴雨。上午,偕颖柔至陈盘根处复诊。下午,至亨利路晤陶遗。出,至康乐村望舅处,鸿远里大妹处。致亚雄,复继麟信。

夜,启贤自张来,少坐,去住旅馆。

12月15日　星期一

阴。上午,王钟宪来,为储蓄会事。至海格路时舅处,旋同至霞飞路一二九八号候徐一帆(前来过,未晤),不值而返。致伯华信。中妹来(傍晚去)。下午,迪前来,少坐,去。至成都坊。出,至世界书局晤思期,胡庆余药号、永安公司。夜,复伯华信。启贤、昆友先后来,各少坐,去。约明晨回张。

12月16日　星期二

晴。上午,张少山来,取昆友托付疑项。侯寿仁来。偕颖柔至亨利路冯寓望六舅母病。出,至福熙路中南银行分行。下午,至大沽路永庆坊居寓候王钟宪,不值,而至成都坊。出,至基安坊晤君介。夜,理账。

12月17日　星期三

晴。上午,沈明璋来。至福熙路中南银行分行、霞飞路新华银行分行。下午,偕颖柔至新光戏院观电影。出,至先施公司等处购物,精美内吃点心。

12月18日　星期四

晴。上午,至中南银行分行。理账。下午,至康乐村花儿处。出,至成都坊。出,至余天成药号。夜,观《中和》月刊。

12月19日　星期五

晴。上午,至海格路时舅处。复伯华信。下午,启贤自张来(住夜)。花明、启明携曾同来(夜饭后去)。冬至节祭先。

12月20日　星期六

阴。上午,启贤乘火车至松回张。王钟宪来。至浙江兴业银行分行。下午,中妹来(夜饭后去)。至成都坊。出,至南京路购药物。今日阴历十一月初三为先兄龙深君忌辰,傍晚设祭。

12月21日　星期日

阴。上午,写账及补日记。偕颖柔至陈盘根处复诊。下午,花明来(傍晚去)。整理印石,拟请黄肇豫等刻治。欣夫来。致时舅及子素信。今日煎膏滋药。

12月22日　星期一

晴。上午,至中南银行分行而至海格路时舅处。舅氏不在,程云岑适来,与之稍坐而返。花明携曾同来(傍晚去,在此煎膏滋药)。下午,至永庆坊居寓候王钟宪,不值而至成都坊。观吴县曹元忠之《笺经室遗集》。今日阴历十一月初五,为先室王粲君逝世八周年。傍晚设祭。

12月23日　星期二

晴。上午,中孚来。系昨日到沪。坐谈良久,去。君藩来。至中南银行分行。下午,至民智学校晤肃斋。出,至康乐村望舅处而成都坊。昆友来。系今日到沪。少坐,去。夜,韫辉来。君介来。

12月24日　星期三

阴。上午,至静安寺路上海银行分行。复伯华、继麟信(交启贤带回)。下午,偕颖柔至新光戏院观电影,并先至恒茂布号、先施公司购物。启贤来。系昨日到沪。夜饭后,去住旅馆。君介来。今日上午潘季孺、叶揆初来过。

12月25日　星期四

阴。上午,启贤来。至新中国理发室理发而至海格路时舅处。下午,观《笺经室遗集》。又至海格路时舅处晤俞寿田,新识也,并晤欣夫。

12月26日　星期五

阴,傍晚雨。上午,启贤来,即往乘火车至松回张。君藩来。何修彧来(孟龙之子)。至爱多亚路高登大楼鸿源号。下午,昆友来,少坐,去。约明日回张,写致伯华一信托其带交。大妹、中妹先后来(傍晚去)。至成都坊。夜,选抄《能静居日记》。

12月27日　星期六

上午雨,下午雪。上午,杰士、慰民来。至浙江兴业银行及东莱银行,开保管箱。下午,何修彧〔械〕来。选抄《能静居日记》。

12月28日　星期日

晴。上午,校所抄《能静居日记》。写账。下午,花明携曾同来,中妹携甥辈来(均傍晚去)。至富晋书社、来青阁而成都坊。夜,观《笺经室遗集》。

12月29日　星期一

晴。上午,偕颖柔至陈盘根处复诊。下午,偕颖柔至庆云银楼等处及冠生园吃点心。

12月30日　星期二

阴晴。上午,白蕉来。至中南银行分行。复秋林信,又致伯华信。下午,中妹、迪前来(中妹系上午来)。至庆云银楼而成都坊。观《笺经室遗集》。

12月31日　星期三

晴。上午,沈伯才来。时舅来。写账。下午,蒋志义来。至新新公司等处而成都坊。夜,观《笺经室遗集》。

1942 年

1 月

1月1日　星期四

晴。自遭国难，羁迟上海行及五年。赁虎巨籁达路景华新村四十号，君宾、圆妹即寓四十一号。上午，整理《怀旧楼丛录稿》。观《中和》杂志。李新民来，少坐后，同至亨利路晤陈陶遗。下午，至成都坊姬人静婉寓处，昆屏、昆碧二侄女以读书同住于此。出，至鸿远里君定、大妹寓处。出，至康乐村望舅处，君平率启明、花明伉俪随侍同住。作信致昆友侄。

1月2日　星期五

晴。上午，理稿件。君平来。至福州路一家春西菜馆同乡会聚餐并开理监事常会。下午三时许，出，至来青阁、中国书店而成都坊。写账。

1月3日　星期六

阴。上午，沈伯才、朱履仁来谈前所股开之协顺米行事，午饭后去。至中国书店等处而成都坊。读观吴县曹元忠之《笺经室遗集》。

1月4日　星期日

晴。上午，王杰士来。伯才来。君定来。偕颖柔携益、念、纪、慧四儿至九江路正兴馆午馔。铦、锌两甥同去，并约花儿亦来。馔后，儿辈先回，余与颖柔至国货公司、天福南货号等处购物。君实来，夜饭后去。

1月5日　星期一

晴。上午，至霞飞路垦业银行分行、新华银行分行、福煦路中南银行分行。下午，至同孚路大中里何叔嘉师母寓处。叔嘉先师系余开蒙受业，今岁（辛巳）师母寿臻七秩，奉以礼物，坐谈数刻。出，至成都坊。

1月6日　星期二

阴，晨雨。上午，理账。查敏行、朱平均、钱菊初来。观《笺经室遗集》。下午，时舅来。至康乐村望舅处。亚雄自张来（住）。

1月7日　星期三

晴。上午，作信复账友陈伯华及致子峰。至同村四十七号答候潘季孺先生。中妹来（下午去）。查敏行来。下午，干全华来。至白尔部路渔阳里晤陈乃乾。出，至成都坊。出，至中国书店，新新、先施两公司。

1月8日　星期四

晴。上午，杰士来。账友翁启贤来。系前日自张抵沪。少坐，去。偕亚雄至晏心寺，陈子雨开吊，往奠。午馔后出，至八仙桥处，为亚雄购物而至成都坊及鸿远里。夜，观《笺经室遗集》。

1月9日　星期五

晴。上午，至海格路时舅处，约晤董伯骒，坐谈至午。即在舅氏处同午馔。馔后，伯骒别去，余至成都坊。夜，合复伯华、秋林信,又复王韵笙信。上午,叶揆初来过。

1月10日　星期六

阴,傍晚雨。上午,至合众图书馆晤顾起潜,并拟答候叶揆初先生,以闻出外未往,在馆少坐,返。偕颖柔至四行储蓄会西区分会。出,至九江路老正兴馆面点,点后至南京路一带购物。

1月11日　星期日

上午雪,下午阴。上午,作信复昆友侄、仲琦从弟及屠继麟。下午,观《笺经室遗集》。至成都坊。今日阴历十一月廿五日,系昭明亡故二十二周年。傍晚命念祖、纪祖设祭。

1月12日　星期一

晴。上午,至合众图书馆,同起潜往候叶揆初先生。图书馆系揆初先生所创立,其住在即与馆壁邻也。坐谈数刻,返。复俞心臧信。下午,至民智学校晤俞肃斋。出,至康乐村望舅处。出,至成都坊。夜,亚雄去住成都坊,约明晨同碧官回张。

1月13日　星期二

晴。上午,至霞飞路五凤里晤何公度。出,至垦业银行分行。下午,观《笺经室遗集》。补写日记。韫辉来。昆友自张来,夜饭后,去住成都坊。迪前、中妹携恭、寿等来。

1月14日　星期三

晴。上午,整理《怀旧楼丛录》稿。观《笺经室遗集》。下午,至鸿远里。出,至成都坊。余久欲作《书〈辨奸论〉后》,蓄意已在十年之前,去年八月下旬具草数行,其后时一涉笔,今夜始得完稿。

1月15日　星期四

晴。上午,写账及日记。花明携曾同、曾祺来(傍晚去)。昆友来（下午去）。下午，复伯华信（托昆友带去）。温读《大学》《中庸》《礼运》。夜，草《书〈礼运〉后》。此篇亦蓄意已久，时有涉笔，今始组织成之。

1月16日　星期五

晴。上午，至成都坊。昨夜知静婉有不适，今已稍愈。中妹来。下午，迪前来，旋同中妹去。至成都坊。

1月17日　星期六

晴。上午，姚墨谦来。至福煦路六百四十五衖高君藩处。出，至中南银行分行。下午，訚文、白蕉来。钱行严来。至中德助产学校而至成都坊。出，至东亚茶室约晤顾震涛并晤张兆嬴。出，至中国书店。夜，作信复伯华、干钻坚，致曹中孚。

1月18日　星期日

晴。上午，理账。君定、大妹来（下午去）。下午，俞仁善来。同大妹、圆妹至四明村迪前、中妹寓处。夏秋之间，曾口占《沪寓消夏》七绝一首、《辛巳七夕先室粲君生日》七绝一首、《读书》五绝一首，今夜始吟定写出之。作信致时舅。

1月19日　星期一

晴。上午，至霞飞路凌云阁茶室约晤朱履仁，谈协顺米行事。出，至成都坊。下午，偕颖柔至新凤祥银楼、永安公司、大新公司，宁波同乡会观书画展览会，冠生园啜茗、吃点心。

1月20日　星期二

阴。上午，叶揆初先生来。至海格路时舅处（昨曾来过）。出，至新凤祥银楼。而至静安寺路海军俱乐部内贺李啸月嫁女之喜，少坐，返。花明来（下午去）。下午，偕颖柔携益明至新都饭店，贺王剑冰嫁女之喜，夜八时许返。今日念祖亦往新新酒楼贺其同学结婚。

1月21日 星期三

阴。上午,张叔良同孙某来(孙系张堰房客)。草记《能静居日记》。下午,至成都坊。观《笺经室遗集》。

1月22日 星期四

晴。上午,履仁来。作信致词臣侄,复守梅侄及王韵笙。下午,偕颖柔至爱多亚路璇宫剧院内观演《梅花梦》,彭玉麟与梅仙本事也。夜,致伯华、启贤信。

1月23日 星期五

晴。上午,至姚主教路南洋模范中学候张仲田,不值。而至大同坊朱孔阳处,观其贩卖之金石书画,选购蒋石鹤梅花手卷,又郭友松《岁朝图》四帧,吾家衡堂公遗物也。出,至霞飞路四行储蓄会晤张友会。出,至成都坊静姬处,即午馔。近昆友侄又来沪,住此。约明日回张,昨致伯华等信即交其带去。至霞飞路五凤里候王杰士,不值,白尔部路渔阳里晤陈乃乾。韫辉来。

1月24日 星期六

上午雨,下午阴。上午,写账。至福煦路六四五衖候君藩,不值,晤嫂氏,少坐,观其留置之书画而返。观《笺经室遗集》。下午,至金神父路群贤别墅晤张仲田,花园坊晤陆规亮。沈叔贤来。夜,昆亮来。屠继麟自张来。

1月25日 星期日

晴。上午,至海格路时舅处。编《倚剑吹箫楼诗话稿》。下午,偕颖柔至鸿远里吴忆初处,余在大妹处,少坐。出,至威海卫路来薰阁书肆而至成都坊。出,至康乐村望舅处。致时舅信。夜,高君介来。

1月26日　星期一

阴，晨雨。上午，沈子安来（叔贤哲嗣）。观清张佩纶之《涧于日记》（石印本）。陈端志来，坐谈至午，去。至广西路蜀腴川菜馆，时舅宴金松岑、蒋竹庄（金、蒋两君明岁皆年七秩，金君将回苏州），招陪。同席尚有徐眉轩、王巨川、沈思期、履仁、君介。出，至来青阁、朵云轩、商务印书馆、西泠印社而成都坊。中妹来（夜饭后去）。叔贤同张蔼然来。

1月27日　星期二

晴。上午，白蕉来。致守梅信（托白蕉带张）。迪前来。至群贤别墅答候陈端志。下午，偕颖柔至大上海戏院观电影。出，至大新公司购物。夜，陈乃乾来。

1月28日　星期三

晴。上午，复伯华信。沈伯才来。李新民来。下午，至成都坊，在彼观明上海张所望之《阅耕余录》。出，至康乐村望舅处。今日阴历十二月十二日，为先祖母何太淑人忌辰。傍晚设祭。夜，致启贤信。今日下午花明携曾同来过。

1月29日　星期四

晴。上午，至海格路时舅处。理书。下午，李以可来（新民之女，为其父送信）。至渔阳里陈乃乾处。出，至成都坊。出，至福州路大鸿运酒楼贺吴超群娶媳，喜筵后，夜八时许返。写《礼记》篇目。继麟今晨乘轮回张。

1月30日　星期五

阴雨。上午，写账。观《中和》月刊。下午，偕颖柔携益明、念祖、纪祖至国际饭店十四楼，周迪前妹倩长男恭寿甥与陆云伯女公子订婚，在此设茶点宴客。夜，观《涧于日记》。

1月31日　星期六

上午雨，下午阴。上午，乡人朱文照父子来。观《涧于日记》。潘季孺先生来。下午，至成都坊。出，至康乐村望舅处。傍晚，至四明村周宅迪前为恭寿订婚宴媒人，伯才、君宾招陪，夜九时许返。伯华自张来（住此）。

2月

2月1日　星期日

阴。上午，杰士来。林晋康来晤伯华。伯才来。下午，至白尔部路太和里晤黄肇豫，近倩其刻治六印，甚佳。出，至成都坊，昆友昨同伯华到沪，住此。伯才来。夜，与伯华杂谈。

2月2日　星期一

上午雨，下午阴。上午，与伯华理账、杂谈。下午，至茄勒路法藏寺，蔡叔明为其太夫人百岁冥庆，在寺作佛事，因往一拜。出，至成都坊。中妹来（夜饭后去）。夜，昆友来。复子佩信。

2月3日　星期二

阴，傍晚雪。上午，理账件。下午，至王友实业社、商务印书馆等处而成都坊。亚雄自张来。伯华今晨乘火车至松回张。

2月4日　星期三

上午阴，下午雨。上午，至亨利路冯六舅母处。出，至陈陶遗处。下午，复俞心臧信。时舅来。至成都坊。致伯华信。观《同声》月刊。

2月5日　星期四

雨。上午，至北京路国华银行。下午，至中德医院内助产学校为干全华缴学费。出,至成都坊。作信致伯华,复干钻坚。时舅来。

2月6日　星期五

阴。上午,翁启贤来。渠自丁丑秋间任余家账职,今欲告辞,余亦本嫌其外务太忙也。至中南银行分行、康乐村,而江苏旅馆晤黄涤新。少坐后,邀其至冠生园午馔,并邀查敏行、徐恩涛。馔后,涤新等别去,余约颖柔来,至国货公司、三友事业社、永安公司等处购物而返。

2月7日　星期六

阴雨,夜雪。上午,蒋志义来。致伯华信二通(一交祥盛庄,一交涤新)。下午,至大新画厅观展览会。出,至来青阁。出,至成都坊,昆友寓此,发寒热,亚雄邀涤新来为诊治。余越昨亦为邀苏月坡西医。出,至康乐村望舅处。

2月8日　星期日

阴晴。上午,白蕉来。沈明璋来。沈叔贤同张良汝、张蔼然来。良汝有田欲售余,叔贤等作中在此立契。午饭后去。致伯华信。孟达人来。至民智学校内同乡会开理监事联席会议。出,至西摩路旧书肆浏览。夜,作信致伯华及顾震涛。

2月9日　星期一

阴。上午,写账。至新中国理发室理发。出,至海格路时舅处。下午,至南京路购物而成都坊、鸿远里。亚雄今晨乘火车至松回张。

2月10日　星期二

阴,下午有雪。上午,白蕉来。迪前来。至北京路四明银行、浙江兴业银行。下午,偕颖柔至丽华公司、国货公司等处购物。

夜,翻阅《晏庐印集》。今日下午花明携曾同来过。

2月11日　星期三

晴。上午,作信复伯华,致继麟。下午,何修械来。至太和里候黄肇豫,渔阳里候陈乃乾,均不值,至成都坊。出,至东新桥南来顺菜馆应君介招,吃涮羊肉,夜九时许返。

2月12日　星期四

阴。上午,至成都坊。出,至北京路四明银行及朵云轩,世界书局晤沈思期。乃至冠生园约颖柔来午馔。馔后,同至国货公司、永安公司、大新公司等处购物而返。腹泻,身体困顿。夜,君介来。

2月13日　星期五

阴晴,有雪。上午,杂务。复钻坚信。下午,伯才来。中妹与菊、星、瑞、壁四甥来(夜饭后去)。年节祭先。

2月14日　星期六

雪。上午,沈子安来。复伯华信。下午,至成都坊。傍晚,以年节,敬悬祖先神像,设祭。

2月15日　星期日

晴。今日为壬午岁首。晨起,拈天香,拜祖先神像。上午,钱海如伉俪携小儿来,君宾、圆妹携青、铦、锌三甥来,韫辉、文尧、文台来。偕颖柔携益明、念祖、纪祖、慧明、绳祖至君宾、圆妹处。下午,周太亲母、迪前、中妹携恭、菊、星、梅、苹、瑞、壁七甥来,昆亮来,君藩伉俪携四小儿来,祝匡正来,王家仲稽、季鲁、石士三嫂及大川官、娴官、德官、丙官来,君介伉俪携四小儿来。偕颖柔携五儿至海格路时舅处。沈叔贤来过。

2月16日　星期一

晴。上午，偕颖柔携五儿至鸿远里君定、大妹处及吴忆初处。出，至康乐村望舅处。下午，大妹携鼎、安、斐、嵩四甥来，启明、花明携曾同、曾祺来，君平伉俪、渊明来，君实伉俪携二小儿来，忆初伉俪来，陆云伯来。偕颖柔携五儿至四明村迪前、中妹处。出，至韫辉处。王季鲁、石士、杭生及沈伯才来过。恭、梅、鼎三甥来住。

2月17日　星期二

阴，下午有雨。上午，顾苊丞来，姚墨谦携其子来。张仲田先生来。偕颖柔至忆庭盘路万安殡仪馆，吊冯六舅母之丧，下午四下钟送大殓后，返。时舅来。至福煦路邻圣坊仇叔贤处，应君藩招饮。同席为徐眉轩、陈廉斋、沈俊生等。夜八下钟返。君定来过。中妹来住。

2月18日　星期三

阴，下午有雨。上午，苏月坡来。白蕉来。至成都坊静婉处。韫辉伉俪携其幼女来。下午，偕颖柔携益明、念祖、纪祖至环龙路福寿坊王仲稽处。花明携曾同相约，亦来。出，同至贝勒路福熙村杭生处。旋以天雨，不再往别处而返。观舅氏新刻之《吹万楼文集》，近数日暇时即观之，为校出其讹字。

2月19日　星期四

晴。上午，写账。偕颖柔携益、念、纪三儿至南阳路介福里王石士处，福煦路六四五衖高君藩处。下午，又同至辣斐德路颖村王季鲁处，西爱咸斯路四一八衖路高君实处，同孚路基安坊高君介处。颖柔与益明又一至震兴里昆亮处。观《吹万楼文集》。傍晚，于祖先遗像前设祭送神。

2月20日　星期五

晴。上午，沈伯才来。同至汶林路汶林村朱履仁、邦屏处，被留午馔。馔后，并同君藩至霞飞路中南新村君湘处，少坐。出，余至世界书局晤沈思期，而至成都坊，大妹携安、嵩、斐三甥于越昨曾来。出，至蒲石路福寿坊顾苰丞处。中妹来（住夜）。君定及王欣夫、李新民来过。

2月21日　星期六

晴。上午，至延平路延平村沈伯才及陆云伯处。出，同伯才至小沙渡路健村葛咏裁处。下午，偕颖柔至忆庭盘路月村冯景舅母处。出，至霞飞路福开森路口公兴伙食公司楼上候祝匡正，不值。颖柔先回，余至姚主教路大同坊王培孙处。出，至巨泼来斯路万华祥布号楼上候白蕉，不值（又下午先偕颖柔至同村钱海如处）。观《吹万楼文集》。君湘及何公度伉俪、徐子素、张莲汀来过。

2月22日　星期日

阴雨。上午，偕君宾至打浦桥信昌当答候徐子素，不值，晤及陆耀甫。出，至爱麦虞限路惠安坊闵瑞师处，被留午馔。馔后，余至格洛克路宁福里答候苏月坡，不值，而至成都坊。出，至鸿远里。观《吹万楼文集》。念祖、纪祖越昨至鸿远里大妹处住夜，今返。

2月23日　星期一

阴雨，夜雷电。上午，乡人唐晋甫来。朱履仁来。曹中孚同其子惟约来，午饭后去（系昨日抵沪）。冯子冶同沈俊生来。至成都坊。出，至爱多亚路红棉酒家，应沈俊生招饮。同席为毕静谦等。夜八下钟返。念祖等原肄业光华大学附属中学，今该校以环境关系改名为壬午补习社，内容则一切照旧。今日开学，念祖在高三下理科，益明在高三下文科，纪祖在初二下。

2月24日　星期二

阴。上午，至南京路女子银行楼上清心学校内晤孟达人，及来青阁、忠厚书庄、中国书店等处。下午，至霞飞路新华银行而成都坊，适中妹、圆妹携壁甥来。出，至巨籁达路圣母院路口瑞昌当答候张莲汀，不值。傍晚，设筵宴毕静谦，并邀时舅、君藩、君宾、沈思期、黄芳墅、朱履仁、冯子冶、曹中孚。

2月25日　星期三

阴雨，有雪珠。上午，写账。张堰房客叶水根来。下午，观《中和》杂志。观《吹万楼文集》。复秋林信。益明本学期仍请孟达成先生于课后补习英文，每逢星期一、三、五下午约授二小时，今日起。

2月26日　星期四

阴。上午，王杰士来。复伯华及干钻坚信。下午，至静安寺路浙江兴业银行分行而至成都坊。中妹来（夜饭后去）。中孚来，夜饭后去（约明日回张）。

2月27日　星期五

晴。上午，写账。至惠安坊闵瑞师处，赠以《南来堂集》。花明携曾同来（傍晚去）。下午，偕颖柔至福开森路口祝匡正处。出，至姚主教路参观南洋模范学校附属幼稚园，余又一至校中候张仲田先生。出，至霞飞路五凤里何公度处。出，至瘦西湖吃点心而返。

2月28日　星期六

晴。上午，钱菊初来。结账。致伯华及黄涤新信。下午，伯才来。至鸿远里。夜,观《吹万楼文集》。

3月

3月1日　星期日

雨。上午,张鸿翔来(干七民之友,近自香港回,七民任职商船。上年十二月八日,战事发后,稽留在港也)。理账。至麦根路世德里沈思期处,应其招饮。同席为丁迪光、张绎铭及时舅等。下午四时许。出,至成都坊。

3月2日　星期一

雨。上午,理账。下午,作信致王欣夫。誊诗稿。夜,观《吹万楼文集》。

3月3日　星期二

晴。上午,至薛华立路一零三衖李新民处。出,至萨坡赛路四百号萨坡赛小学晤沈叔贤。下午,至霞飞路四行储蓄会晤张己文(即友会)。出,至宁福里候苏月坡,又不值,晤及其夫人,少坐。至渔阳里陈乃乾处,而至成都坊。夜,花明来。

3月4日　星期三

雨。上午,钱菊初为租借房屋事自张遣黄仰莲持信来,当即复黄涤新一信,又致伯华一信,交其带去。观《吹万楼文集》。下午,至亨利路陈陶遗处。出,至康乐村望舅处,并晤启明。

3月5日　星期四

阴雨。上午,至牯岭路净土庵仇叔贤之父开吊,往奠。出,至四行储蓄会。致沈叔贤信。下午,至海格路时舅处。夜,观潘氏《须静斋云烟过眼录》。

3月6日　星期五

阴,有雨。上午,沈正华来(李行之子,为协顺米行事)。写账。致伯华信。下午,至西泠印社、世界书局晤沈思期而成都坊。翁启贤来。夜,屠继麟自张来。致顾荩丞信。大妹来过。

3月7日　星期六

晴。上午,复伯华信。下午,伯才、正华并邀君藩来谈协顺米行事,迄傍晚而散。

3月8日　星期日

晴。午刻,设筵宴王仲稽、季鲁、石士、杭生伉俪(惟石士嫂及杭生夫人以身体不适,未到)、高君藩伉俪及君定、大妹、迪前、中妹、君宾、圆妹、□启明、花明、仲稽等又手谈。夜馔后去。傍晚,伯才来。夜,昆友自张来,少坐后,去住成都坊。继麟于今晨回张。

3月9日　星期一

阴,晨有雨。上午,理账。下午,校所誊《倚剑吹箫楼诗话》。至福煦路中南银行分行而成都坊。出,至世界书局约同思期、君宾(代时舅)、履仁至金门大酒店,应李企蒙招饮。同席又闵瑞师、杨守忠等。夜八时半返。

3月10日　星期二

阴,晨有雨。上午,理账。至海格路时舅处。昆友来,午饭后去。偕颖柔至先施、新新两公司购物。后余至来青阁、抱经堂,而至蜀腴川菜馆,与时舅、思期、履仁设筵答宴李企蒙,并邀闵瑞师、杨守忠、张功成、李云岩、李新民、冯子冶。夜九时半返。

3月11日　星期三

晴,潮湿。上午,写账。观《越缦堂詹詹录》,乃李慈铭日记,其侄文紃辑录而名之也。下午,至成都坊。夜,昆友来。作信合致陈士聿、胡世农。

3月12日　星期四

阴。上午,写账及日记。下午,观《詹詹录》。至成都坊,昆惠于昨晚来此。出,至邻圣坊仇宅,君藩假此与谭梅生合宴徐朴诚,招陪。夜九下钟返。

3月13日　星期五

阴。上午,何修彧〔械〕来。杂务。作信复后英(八棣),致伯华。下午,观《詹詹录》。中妹来(傍晚去)。至成都坊。出,至四马路鸿运来菜馆,贺钱燦若续娶及何志浩嫁女。两家即乾坤宅也。喜筵后,七时许返。昆友来,少坐,去。约明晨与昆惠回张。

3月14日　星期六

阴。上午,写出兴张良汝之田租放赎据。下午,观《詹詹录》。至成都坊。出,至世界书局,而蜀腴川菜馆,与沈思期、林憩南、丁迪光、吴一声、金兰畦、陈天石等设筵合宴吴松龄纳宠。夜九时许返。

3月15日　星期日

晴。上午,至霞飞路凌云阁茶室,与沈叔贤约晤。君平及陆云伯亦在座,又适晤及吴东迈。下午,偕颖柔携慧明、绳祖往游霞飞路劳而东路口新辟之小公园。至亨得利钟表行、抱经堂、来青阁、中国书店。夜,观《詹詹录》。

3月16日　星期一

晴。上午,至霞飞路四行储蓄会晤张己文,打浦桥信昌当候陆耀甫,不值。下午,至外滩中央信托公司晤李云岩。出,至成都坊。出,至康乐村望舅处。中妹来,夜饭后,迪前亦来,同去。

3月17日　星期二

晴,晨有雨。上午,写账。干全华来。致继麟信。观《詹詹录》。下午,至中央信托公司晤李云岩。出,至世界书局晤思期及朵云轩、中华书局等处而至成都坊。

3月18日　星期三

晴。上午,至霞飞路垦业银行,海格路时舅处。下午,至成都坊,在彼观《詹詹录》。

3月19日　星期四

晴。上午,徐松涛来(信泰号友,为昆友送款)。至福煦路中南银行分行。授慧明方字。复干钻坚,致曹中孚信。下午,陆规亮来。偕颖柔至大新、新新、永安诸公司,在晋隆西菜馆夜馔后返。

3月20日　星期五

晴。上午,信昌当友来。迪前来。至新中国理发室理发。写账。下午,至荣宝斋、朵云轩等处,世界书局晤思期,而至成都坊。出,至鸿远里大妹处。夜,复昆友信。

3月21日　星期六

阴晴。上午,景小姐来。沈明璋来。复伯华信。偕颖柔至茄勒路法藏寺,冯家六舅母五七之期在寺作佛事,往奠。下午出,至皮少耐路何亚希表姊寓处,大、圆两妹亦去。又至八仙桥购物而返。傍晚,至霞飞路觉林蔬食处,姜子贤、薛觉民宴德森法师招陪。同席尚有陈陶遗、沈思期、时舅、君介等。夜八下钟返。君藩来。

3月22日　星期日

晴,夜雨。上午,沈子安来。复沈叔贤信,即交子安带去。干全华、一平来。作信复伯华,致钱菊初、黄涤新。下午,至民智学校内同乡会开理监事联席会议。出,至成都坊。夜,翁启贤来。韫辉、守中来。君介来。

3月23日　星期一
雨。上午,韫辉来。写账。下午,至中央信托公司晤李云岩,回后,又出,至庆云银楼。夜,启贤来。

3月24日　星期二
晴。上午,至中南银行分行。写账。作信复伯华及中孚,致钻坚。下午,邀冯志洽来诊治益明胃病。花明携曾同、曾祺来(傍晚去)。至成都坊。夜,观《詹詹录》完。

3月25日　星期三
晴。上午,至清心学校内晤孟达人,宁波同乡会内观六莹堂书画展览会。张鸿翔来。下午,文尧同陆永生来。至白尔部路太和里晤蔡叔明,霞飞路五凤里候王杰士,不值,晤其嫂氏,少坐。出,至成都坊。顾起潜来。

3月26日　星期四
晴。上午,至汶林路二百二十衖十号朱履仁新迁寓所。写账。花明携曾同来(傍晚去)。下午,至亨得利钟表行、来青阁、商务印书馆而世界书局晤思期。夜,观《同声》月刊。

3月27日　星期五
晴,夜雷雨。上午,翁启贤来。倪道衍来。钱菊初来。至中南银行分行。下午,昆友自张来。偕颖柔携慧明、绳祖往游顾家宅公园。出,在霞飞路万氏照相馆摄影。

3月28日　星期六
阴晴,早晚有雨。上午,至北京路浙江兴业银行总行而至成都坊。偕静婉约同道衎、蔚然（道衎之妹）、昆友（昆屏以校中有课，不去）至南京路冠生园午馔。馔后，同返成都坊。中妹来（傍晚去）。启明、花明携曾同来（傍晚去）。复伯才信。夜，观《古今》月刊。

3月29日　星期日

晴，晨阴雨。上午，曹维约来（中孚之子）。午刻，设筵宴蔡叔明、张绎铭、丁迪光、林憩南、张公愈、吴导江、金兰畦、沈思期、王杰士、朱履仁（尚邀吴松龄，未到）。以今岁叔明年七十，绎铭、迪光皆年六十，乘此新春□邀诸友一叙也。酒后，叔明、绎铭、迪光、思期更唱歌曲。旋叔明、兰畦先去，余又同思期等八人至海格路时舅处。今日阴历二月十三为昭明生辰。傍晚，命念祖等致祭。

3月30日　星期一

晴。上午，写清明节囧签。观戏曲"吴霜厓三周年祭特辑"。下午，龚序秋来。至成都坊。出，至鸿远里。夜，复伯华信。

3月31日　星期二

晴。上午，至中南银行分行及海格路时舅处。写账。下午，至福州路大利酒楼贺刁也白续娶。出，至抱经堂书肆而晤思期，少坐，后又同至大利赴喜筵。夜八时许返。

4月

4月1日　星期三

晴。上午，王慰民来。迪前来。理账。写清明节囧签。清明节祭先。今日阴历二月十六，亦适先妣高太淑人生辰也。花明携曾同、曾祺来（傍晚去）。下午，至五凤里晤公度。出，至抱经堂而成都坊。夜,韫辉、昆亮来。

4月2日　星期四

晴。上午,写日记。至中央信托公司晤李云岩。下午,偕颖柔携慧明、绳祖往游兆丰公园。中妹来,夜饭后去。复伯华信,交长生明晨回张带去。

4月3日　星期五

晴。上午,韫辉来。理账。下午,至成都坊,在彼观《中和》杂志。出,至康乐村望舅处。夜,昆友来。渠连日在周浦也。

4月4日　星期六

晴,下午阴雨。上午,理账。致屠继麟信。下午,至蒲柏路庄严寺。祝匡正在寺为其先人慎斿先生作佛事,因往一拜。出,至成都坊。昆友来,夜饭后去。作信复黄涤新,致伯华,托昆友明晨带回。

4月5日　星期日

阴,上午有雨。上午,至劳勃生路泰兴村候方冲之,不值,晤其戚张望良,少坐。出,至养和村候郑逸梅,不值,留一笺启而返。下午,复黄烈文信。至巨泼来斯路候白蕉,不值,白尔部路渔阳里晤陈乃乾,霞飞路葆仁里晤金兰畦。君藩来。

4月6日　星期一

晴。上午,白蕉来。理账。下午,至成都坊,在彼观《阅耕余录》。夜,观《涧于日记》。下午,大妹、花明来过。

4月7日　星期二

晴。上午,徐健中来(时觉之子)。至霞飞路西段候金篯孙先生,并晤通尹,坐谈数刻返。观《同声》杂志。下午,至成都坊。出,至世界书局晤思期及抱经堂、来青阁、中国书店。夜,为慧明写方字。

4月8日　星期三

晴。上午，写账。至亨利路陈陶遗处望其病，适入睡，即出。至合众图书馆晤顾起潜及潘景郑。观《同声》杂志。下午，至沧州饭店候彭建行，少坐。出，至成都坊、鸿远里、康乐村。

4月9日　星期四

阴晴，晨雨。上午，作信致钱菊初。顾震涛来。下午，复伯华，致中孚信。至西摩路邮政局及浏览旧书肆。观《同声》杂志。

4月10日　星期五

阴晴，上午有雨。上午，写账。复俞心葳信。下午，致中孚信。至成都坊。出，至坊内二十号候王师子。出，至金山饭店晤顾震涛。中妹来，夜饭后去。

4月11日　星期六

晴。上午，理张堰储蓄会账。至海格路时舅处。下午，郑逸梅来。至成都坊，在彼观《阅耕余录》。出，至福寿坊晤顾荩丞。

4月12日　星期日

晴。上午，至泰兴村晤方冲之及张望良，坐谈良久，返（冲之曾来）。君定来（午饭后去）。花明携曾同来（傍晚去）。下午，至成都坊。出，至五凤里晤王杰士（上午曾来）。复昆友信。夜，复干钻坚信。

4月13日　星期一

晴。上午，至静安寺路浙江兴业银行分行。复干源岷信。下午，干全华来。偕颖柔携慧明、绳祖至国货公司、三友实业社、大新公司等处及又一村吃点心。夜，观《十八家诗钞》。

4月14日　星期二

雨。上午，复干七民信。下午，复继麟，致钻坚信。至愚园路邮政局寄信。结账。观《十八家诗钞》。夜，观《涧于日记》。

4月15日　星期三

雨。上午，理账。下午，中妹来（傍晚去）。金通尹来。至八仙桥叶树德药号而至成都坊。

4月16日　星期四

阴晴，上午有雨。上午，至威海卫路修德里候俞天石，坐谈数刻。出，至民智学校晤俞肃斋。复中孚、秋林，致昆友信。下午，郑逸梅来。大妹来（傍晚去）。君藩来。翻阅《逸梅丛谈》。夜，观《涧于日记》。

4月17日　星期五

晴。上午，作信复谈月色。观《巢经巢文集》。下午，至成都坊。观《涧于日记》。

4月18日　星期六

阴晴。上午，姚墨谦来。至福煦路中南银行分行及四明村韫辉处。拟复胡朴安信（未完）。下午，至成都坊。出，至鸿远里大妹处，康乐村望舅处。夜，观《涧于日记》。

4月19日　星期日

阴，上午有雨。上午，理账。至朵云轩而一家春西餐馆同乡会举行春季聚餐。餐后，同思期、时舅等至世界书局，少坐。出，至成都坊。出，至五凤里晤公度。中孚来。系前晚自张抵沪。夜馈后去。在成都坊，又往晤王师子。

4月20日　星期一

晴。上午，胡宛春来。韫辉来。至牯岭路净土庵。池月乔开吊，往奠。出，至华东旅社候中孚，不值。出，至成都坊，即午馔。道衍自乡来，大妹、中妹、菊甥来。至愚园路六零八衖陆清澄处。以陈廉斋、徐眉轩今年年皆六秩，与清澄、宛春、君藩、陆惟钊、沈叔英等在此设筵合宴。夜九时许返。与君藩、惟钊同行，适逢戒严路阻，遂在咖啡馆啜茗相候，稍有耽搁，近十一时抵寓。

4月21日　星期二

晴。上午，写日记及账。复中孚及张蔼然信。下午，至海格路时舅处。出，至成都坊。中妹来，夜饭后去。

4月22日　星期三

晴。上午，至太和里候蔡叔明，不值，留条而返。复伯华，致启贤信。下午，至浦东同乡会贺何彦英表姊（张翰伯之夫人）嫁女。出，至成都坊，又至浦东同乡会赴张宅喜筵，夜八下钟返。

4月23日　星期四

晴。上午，至忆庭盘路万安殡仪馆吊冯志健表弟之丧，下午返。今日阴历三月初九为昭明冥配高氏二十生辰，爰命念祖等致祭。君藩率其三小儿亦来，夜馔后去。花明携曾同来（傍晚去）。

4月24日　星期五

晴。上午，写账。林晋康、徐忠良来谈张堰电灯厂事。伯才来。下午，偕颖柔至大新画厅观白蕉书画展览会，大新公司、立兴号等处购物，冠生园吃点心。顾品璋来。夜，昆友自张来，少坐后，去住成都坊。

4月25日　星期六

阴，傍晚有雨。上午，写账。观《古今》月刊。韫辉来。下午，至成都坊。傍晚，至汶林路朱履仁处。沈思期、林憩南、吴导江、王晋玉借此设筵宴蔡叔明、丁迪光，招陪。夜九时许返。翁启贤来（住夜）。
4月26日　星期日
阴雨，傍晚有阵雨。上午，林晋康来。张叔良、姚季平来。至蒲石路平安里金巨山处。与巨翁、时舅、王欣夫、王巨川等，以冒鹤亭、戴伯英两先生年皆七秩，在此设筵合宴。下午三时许返。中妹来（夜饭后去）。公迈来。至慕尔鸣路震兴里昆亮处，不值，而至成都坊。今日阴历三月十二，为先祖春渔公生辰。傍晚，设祭。

4月27日　星期一
晴。上午，杨民一来。伯才来。林晋康、戚智川来谈张堰电灯厂事。昆友来（午饭后去）。君定来（午饭后去）。下午，至中南银行分行而成都坊。出，至鸿远里大妹处。夜，复继麟信。

4月28日　星期二
阴晴。上午，作信合复伯华、秋林，致子峰。昆友来，午饭后去。至成都坊静婉寓处。原在十六号，近以房东将房屋顶去，乃即改赁坊内四十五号楼面半间，今日迁住。道衍亦仍同租一亭子间。昆惠于昨晚来此。

4月29日　星期三
晴。上午，伯才来，坐谈良久去。观《学林杂志》。下午，在君宾处，与冯子治晤谈。至成都坊。傍晚，至霞飞路七百七十四号俄菜馆，应冒鹤亭先生招饮。夜九时许返。

4月30日　星期四
晴。上午，杰士来。观《学林杂志》。下午，迪前来。启贤来（住）。至成都坊。出，至鸿远里大妹处。致顾震涛信。伯才来。夜，复伯华信。君介来。

5月

5月1日　星期五

晴,夜雨。上午,君平来。至四明村迪前处。出,至康乐村,午刻望舅宴毕静谦招陪。同席为思期、子冶、履仁、邦屏、时舅、君平、君定。藉谈本邑地方事。下午四时许,出,至成都坊。今日午后,大妹、花明携曾同,昆惠携荃官均来,余回,未去也。今晨,启贤回张。老仆韩海松之孙阿义去冬来此为佣,今亦随去。

5月2日　星期六

阴,上午有雨。上午,在君宾处晤朱邦屏及君藩。续拟复胡朴安信(完)。下午,至成都坊。

5月3日　星期日

阴,上午有雨。上午,苏月坡来。钱起彭来。钱君原住此间三楼,今已退租,于上月廿六日迁去,房屋则未移交也。写账及日记。至成都坊,偕静婉约同昆惠、昆友、昆屏、昆碧及倪蔚然至石路知味观午馔。馔后,又至永安公司。仍返成都坊。

5月4日　星期一

晴。上午,蔡叔明来。韫辉来。作信复张蔼然,致伯华。下午,至四明村迪前处。出,至成都坊,昆惠于今晨回去。出,至世界书局晤思期,并约晤履仁。旋同至八里桥金陵酒家,由余与履仁作主邀宴徐乐同。徐君近自乡来沪也。夜九时许返。

5月5日　星期二

晴,夜有雨。上午,同君宾至爱麦虞限路闵瑞师处谈瑞昌当事。出,至海格路时舅处。花明携曾同、曾祺来(傍晚去)。下午,中妹来（夜饭后去）。至成都坊。出，至震兴里昆亮处。

5月6日　星期三

阴。上午，至静安寺路浙江兴业银行分行。戚智川来。下午，偕颖柔至国货公司、信大祥号购物，冠生园吃点心。夜，昆豪、昆亮来。今日阴历三月廿二，为先君生辰。傍晚，设祭。

5月7日　星期四

阴晴。上午，周学文同杨孝达来。白蕉、顾震涛来。下午，至福煦路维也纳理发店理发。出，至成都坊。

5月8日　星期五

晴。上午，偕颖柔携念祖、纪祖、绳祖、益明、慧明至福州路泰丰酒楼（益明、念祖先赴校中，近午放课后而来）。为景小姐子归陆氏。午刻行礼，昆豪兄弟请余主婚，男女家在一处。礼成后，开喜筵。下午，益明等先回，余偕颖柔与念祖又至大西洋西菜馆贺何孟龙哲嗣修械结婚。夜九时许返。

5月9日　星期六

晴。上午，至霞飞路新华银行分行。写账。下午，至成都坊。出，至震兴里晤昆豪、昆亮及景小姐并其新婿陆树人。

5月10日　星期日

晴。上午，写账。至世界书局，今日星期，局中休假。无人乐同以子寄名思期，在此招饮。同席尚有时舅、履仁、子冶、吴一声。下午二时许返。戚智川、林晋康、沈伯康来谈张堰电灯厂事。曹维约来。今日慧明、绳祖由颖柔种牛痘。花明携曾同、曾祺于上午来，亦种牛痘。傍晚去。

5月11日　星期一

阴晴，晨有阵雨。上午，写账。徐忠良、查敏行、林晋康来谈电灯厂事。下午,至中南银行分行、鸿远里大妹处、成都坊、康乐村望舅处。下午,先迪前来。

5月12日　星期二
晴。上午,智川来。至海格路候时舅,不值。复伯华信(未完)。下午,至四明村望中妹小恙。出,至成都坊。出,至八仙桥青年会贺冯望仙哲嗣超杰结婚。出,至五福楼贺黄祖贻嫁女,仍至青年会赴冯宅喜筵。夜八时后返。

5月13日　星期三
晴。上午,至海格路时舅处。续复伯华信,完。复昆友、中孚信。下午,至四行储蓄会及来青阁等处,而成都坊。夜,韫辉来。

5月14日　星期四
晴。上午,写复胡朴安信。中妹来(夜饭后去)。下午,至成都坊,在彼观《武功诗》(《全唐诗》本)。出,至康乐村望舅处。

5月15日　星期五
晴。上午,写账及日记。下午,至桐柏宫道院。朱邦屏为其祖母释服之期,在院作法事,因往拜奠。出,至成都坊。夜,钱起彭来,移交所租之房。

5月16日　星期六
晴。上午,偕颖柔至武定路杭州玉皇山分院福星观。为外祖母俞太夫人九秩冥庆,高宅在院作法事,因往拜祭。念祖于午刻校中放课后亦来,下午四时许返。张康澄夫妇来。张君系宁波人,此间三楼前正间,近由其夫人来租定。今日起租,约明日迁住。夜,沐浴。

5月17日　星期日
阴雨。上午,作信复秋林及干曾耀。迪前来。下午,至成都坊。出,至世界书局,同思期及时舅至巨福路永康新村张公愈、飞槎处,两张君与金兰畦宴蔡叔明,招陪。夜八时许返。文尧来。

5月18日　星期一

阴雨。上午,理账。君实来。沈世民来(伯才之子)。下午,偕颖柔、念祖至南京路国货公司、立兴祥号等处购物。理书。

5月19日　星期二

上午阴雨,下午放晴。上午,作信复子光、张蔼然,致守梅、伯华。下午,至北京路浙江兴业银行总行、中国书店而成都坊。夜,观《涧于日记》。

5月20日　星期三

阴晴。上午,写账。陈陶遗来。至福煦路模范村候冒鹤亭先生,坐谈数刻,返。致郑逸梅信。下午,至成都坊。出,至康乐村望舅处。夜,启贤来,昨亦来过,今住。复子光信。

5月21日　星期四

晴。上午,致伯华信,交启贤带去。写立三楼张姓处收租折。迪前来。观《武功诗》。下午,中妹来(夜饭后去)。至成都坊,携静姬出,游顾家宅公园,并在锦江茶室吃点心。

5月22日　星期五

阴晴。上午,陈端志来。复伯华信。下午,王凌云来。干全华来。至成都坊,在彼观《武功诗》。夜,观《涧于日记》。

5月23日　星期六

雨。上午,至四行储蓄会。写账。观《中和》杂志等。下午,王慰民来。郑逸梅来。观《武功诗》。夜,观《涧于日记》。

5月24日　星期日

阴晴。上午,观《巢经巢文集》。下午,至康乐村望舅处,鸿远里大妹处,而成都坊。昆友于昨日来此。出,至来青阁书肆一转后,至南京路新雅酒楼应袁英杰招饮。同席为徐眉轩、黄畏三、干凯军及履仁、子冶、君宾、新民等。夜九时许返。

5月25日　星期一

阴晴,下午有雨。上午,致伯华信(未寄)。至法藏寺。冯氏志健表弟五七作佛事,往奠。午馔后返。花明携曾同、曾祺于上午来(傍晚去)。作信致中孚(未寄)。至蜀腴川菜馆,与履仁、君宾、徐眉轩、黄畏三、干凯军、高晓兰设筵答宴袁英杰,并邀汪颂贤、沈俊生及新民、子冶。夜九时许返。

5月26日　星期二

阴,夜雷雨。上午,郭瑞商来。伯才来。复中孚信(与昨信同寄)。复徐尹卿信(寄家中转去)。下午,至北京路国华银行,九江路中央信托公司晤李云岩,而成都坊,与昆友晤谈。夜,填写法租界保甲户口表。

5月27日　星期三

雨。上午,杂务。下午,至四行储蓄会、世界书局晤思期。致伯华信(未寄)。

5月28日　星期四

阴。上午,王慰民来。偕颖柔至北京路国华银行、浙江兴业银行,而冠生园午馔。馔后,至同茂布号、庆云银楼等处购物。夜,复伯华信(与昨信及廿五日信、廿六日复徐尹卿信,均交昆友)。昆友来,前来数次相左未晤,少坐,去。约明晨回张。启贤来,少坐,去。

5月29日　星期五

晴。上午,理账。下午,至四行储蓄会、世界书局晤思期而成都坊。

5月30日　星期六

晴。上午,至静安寺路垦业银行分行。花明携曾同来(下午去)。下午,至康乐村望舅处。迪前、中妹来,夜饭后去。

5月31日　星期日

上午雨,下午阴。上午,伯才同罗才德来募张堰平杂捐。复子光信。连日患伤风,近午胸闷不舒,偃卧,傍晚而起。下午,大妹来,夜饭后去。致伯华信。下午,启贤来(夜住)。

6月

6月1日　星期一

晴。上午,杂务。下午,至成都坊,道衍于越昨来。

6月2日　星期二

晴。上午,苏月坡来。至海格路时舅处。下午,中妹来。至成都坊一转而至中国书店、庆云银楼、冠生园,再至成都坊。夜,君藩来。

6月3日　星期三

雨。上午,至霞飞路垦业银行分行。下午,出外,途晤迪前,同至四明村,少坐后,至鸿远里。大妹外出,乃至康乐村望舅处,并晤君定。坐谈良久,返。

6月4日　星期四

阴。上午,干全华来。复星墅信。下午,至四行储蓄会等处而成都坊。

6月5日　星期五

晴。上午,林晋康来。作信复钻坚、中孚。下午,偕颖柔至兆丰公园。余又由园后门而至约翰大学晤王欣夫。今日念祖投考是校也。与欣夫坐谈数刻,仍回园中。傍晚返。沈正华来。

6月6日　星期六

雨。上午,观《俞曲园先生日记》残稿。复伯华、继麟信。下午,至成都坊。亚雄自张来,旋来景华村住。身体不舒,早睡。

6月7日　星期日

阴晴,下午有雨。昨夜身体发热、头痛、鼻塞、胸闷,今日热度渐退而仍不舒。下午,请冯志恰来诊治。上午,顾苰丞、曹维约来,均不晤。下午,中妹来,夜饭后去。今日阴历四月廿四,为先妣冯太淑人生辰。傍晚,设祭。

6月8日　星期一

晴。今日热度已退而头胸等部仍不舒,鼻患热疮,卧床未起。下午,蒋惕卿等来,不晤。花明携曾同来。

6月9日　星期二

晴。今日,起坐,未下楼。观《杨大瓢先生杂文残稿》。下午,请志恰复诊。君定、大妹来。花明携曾同来,旋启明亦来。中妹携甥辈来。夜,迪前、恭甥来。

6月10日　星期三

晴。下楼。下午,与念祖谈。顾苰丞来。今日下午,邀冯志恰来治益明胃病。

6月11日　星期四

晴。上午,至福煕路维也纳理发店理发。下午,偕颖柔携念祖、纪祖、慧明、绳祖至杏花楼,贺王季鲁内兄次女公子于归之喜

（益明以病未去）。夜九时许返。

6月12日　星期五

阴晴。上午，作信复明伯。蒋惕卿、赵界城来，为张堰储蓄会事。中妹来（下午去）。下午，周太亲母来。至成都坊。花明携曾同、曾祺来。惕卿、界城同王钟宪来。李肖屿来。

6月13日　星期六

阴晴。上午，致王欣夫信。陈端志来。下午，理账。观《中和》杂志。王钟宪、蒋惕卿同赵界城来，向张堰储蓄会购田。

6月14日　星期日

阴晴，下午有雨。上午，作信复伯华、守梅。下午，复继麟信。理账。观《杨大瓢先生杂文残稿》。连日身体仍未爽健。

6月15日　星期一

晴。上午，写账。韫辉来。下午，至中央信托公司晤云岩，世界书局晤思期，来青阁书庄，而成都坊。今晨，亚雄回张，启贤来过。

6月16日　星期二

阴晴，夜雨。上午，校书。观《古今》杂志。下午，至四行储蓄会、中国书店、来青阁、庆云银楼而成都坊。出，至康乐村望舅处。

6月17日　星期三

阴晴，下午有雨，夜雨。上午，补写日记。校书。下午，偕颖柔至新凤祥银楼及冠生园吃点心。傍晚，至金神父路群贤别墅陈端志处，应其招饮。同席为金游六及君湘、君宾等。夜九下钟返。

6月18日　星期四

阴，有雨。上午，理账。观《古今》杂志。下午，中妹来。至福煦路明德里晤蔡文琦女医生，而至成都坊。出，至鸿远里大妹处。

念祖、益明肄业壬午补习社（即光华附中），今日暑假考试完竣。念祖高中理科毕业，益明高中文科毕业。念祖初进学校，即入光华初中，至今六周年。读毕中学，未有作辍及留级也。

6月19日　星期五

雨。上午，伯才来。中孚、智川来。中孚系昨日自张抵沪。午饭后去。作信复伯华、继麟，致张堰商会。观韩国钧之《永忆录》。

6月20日　星期六

晴。上午，作信复明伯，致亚雄。夏至节祭先。下午，大妹、中妹来（傍晚去）。至成都坊。复钻坚信。中孚来，坐谈数刻，去。

6月21日　星期日

晴。上午，写账。至海格路时舅处。花明携曾同来（傍晚去）。下午，伯才来。观《永忆录》。观清元和蒋凤藻之《心矩斋尺牍》。

6月22日　星期一

晴。上午，写账。下午，至康乐村望舅处，圣母院路培元小学候杨道弘，不值，而至成都坊。出，至福寿坊晤顾苣丞，坐谈数刻，返。夜，观《永忆录》。

6月23日　星期二

晴。上午，写账。下午，至成都坊。出，至世界书局晤思期，及商务印书馆等处。花明来，夜饭后去。观《永忆录》。

6月24日　星期三

晴，下午有微雨。上午，写账。复杨道弘信。下午，至四行储蓄会而成都坊。出，至五凤里晤公度，少坐，返。观《石隐山人自订年谱》（朱骏声）。夜，昆亮来。时舅来。

6月25日　星期四

阴。上午，写账。伯才来。韫辉来。下午，至成都坊。出，至渔阳里乃乾处。花明携曾同来，夜饭后去。

6月26日　星期五

阴，夜雨。上午，张友清来（蔼然之子）。复张蔼然信。写账。作信复郭瑞商，致昆友。中妹来（傍晚去）。下午，致伯华、星墅信。至成都坊。出，至鸿远里及康乐村望舅处。今夜，由颖柔注防疫针。

6月27日　星期六

阴晴。上午，写账。拟复明伯信（嘱念祖写寄）。拟复徐尹卿信（嘱念祖誊写，明日寄出）。下午，至姚主教路南洋模范中学答候张仲田先生（昨日来过），坐谈数刻，返。观《王巢松自撰年谱》（清太仓王扞）。夜，观韩国钧自订《止叟年谱》。

6月28日　星期日

阴雨。上午，姚墨谦来。杨谋来（道弘之子）。顾荩丞同蒋启埙来。暑假中为儿辈拟仍请顾先生授经书、古文，并请蒋先生补习英文。坐谈数刻，去。大妹来（夜饭后去）。复昆友信。下午，中妹来（夜饭后去）。至民智学校同乡会开常年大会，余不待会毕而返。花明来（傍晚去）。致伯华信。今日阴历五月十五，为先妣高太淑人二十周年忌辰。傍晚，设祭。

6月29日　星期一

雨。上午，结账。观《中和》杂志。下午，观上海潘绅《补拙随笔》。观《止叟年谱》。夜，观《赐余堂年谱》（谱主明嘉善钱士升，其门人吴郡许重熙辑）。

6月30日　星期二

阴,有微雨,夜雨。上午,至大中华饭店候毕静谦,少坐。出,至富晋书社、福寿坊候茞丞,不值而返。理书。下午,至霞飞路善钟路口巡捕房领取计口授粮之买米证。后至福煦路信谊制药厂总公司领取股息,乃至成都坊。花明来,夜饭后去。纪祖肄业壬午补习社(即光华附中)。今日暑假放课,修毕初中二年级。

7月

7月1日　星期三

阴雨。上午,拟复谈月色信。顾茞丞来。今日起,每逢星期一、三、五上午(约十时至十二时)为念祖、益明授《诗经》古文,星期二、四、六为纪祖授《礼记》《国文》并温书。午饭后去。下午,复王培孙,致北平书贾孙耀卿信。理书。观《中和》杂志。今日阴历五月十八,为先祖妣何太淑人生辰。傍晚,设祭。

7月2日　星期四

晴。上午,蒋启埙来。今日起,每逢星期二、四、六上午(约八时至十时)为念祖、益明补习英文。写复谈月色信。至海格路时舅处。下午,校书。至成都坊。出,至康乐村望舅处。夜,启贤来(住宿)。

7月3日　星期五

晴。上午,复叔刚、继麟,致伯华信。写笔记。下午,花明携曾同来(夜饭后去)。至来青阁、世界书局晤思期,商务印书馆而成都坊。道衍、昆惠自干来。夜,启贤又来(翌晨回张)。今夜,由颖柔注第二次防疫针。

7月4日　星期六

晴。上午，写账。观《赐余堂年谱》。复欣夫信。下午，观《巢经巢文集》。观《涧于日记》。今日以注防疫针后精神困惫，前日第一次注后亦有反应也。

7月5日　星期日

晴。上午，应思期约晤至康乐村望舅处，兰畦亦来谈本邑修志事，近午返。下午，中妹来（夜饭后去）。至成都坊。出，至青年会贺金伯英令孙澹如与王西神女公子结婚，并晤西神，十余年不见矣。夜八时许返。沐浴。

7月6日　星期一

阴晴。上午，复伯华信。下午，君实来。翻阅《查注苏诗》。翻阅民国七年间县邑中修志局人物采访稿。系昨日望舅所交来也。

7月7日　星期二

晴。上午，至海格路时舅处。读《古文雅正》。下午，至成都坊，出。至模范村晤冒鹤亭先生。

7月8日　星期三

晴，黎明雷雨。上午，杂务。复明伯信。下午，至霞飞路垦业银行康福里（原名仁和里）晤陈蒙庵，坐谈数刻，出。至成都坊。

7月9日　星期四

晴。上午，观《古今杂志》。下午，至鸿远里大妹处，视其患身热不适。夜，在君宾处晤君藩闲谈。连日天气甚热，不耐事事。

7月10日　星期五

晴。上午，作信复昆友、伯华。下午，至成都坊，出。至康乐村望舅处。夜，中妹来。观《涧于日记》。今夜，由颖柔注第三次防疫针。

7月11日　星期六

　　晴。上午,理账。韫辉同罗才德来。读《古文雅正》。下午,草文。观《涧于日记》。中妹来,夜饭后去。韫辉、昆亮来。昨注防疫针后,今仍觉反应不适。

7月12日　星期日

　　阴晴。上午,复星墅信。草文。观《涧于日记》。下午,至成都坊。出,至民智学校同乡会开理监事联席会议。前大会改选时,余仍被举为监事也。散会后,思期发起至梅龙镇酒家聚餐。同去为时舅、君平、子冶、履仁、金兰畦、吴松龄、倪若水、吴一声、孙似初,共十一人。旋黄伯惠适亦来。夜八下钟返。

7月13日　星期一

　　阴晴。上午,理发。下午,至成都坊,在彼观《中和》杂志。

7月14日　星期二

　　晴。颖柔于今日上午三时许(老钟)腹痛,五时二十分(外时)产一女,由同德医院内女医生蔡文琦、沈联珠来接生,大小平安。上午,作信致徐外姑。观《涧于日记》。下午,复仲琦、叔刚,致昆友信。白蕉来。花明携曾同来(夜饭后去)。中妹来(夜饭后去)。

7月15日　星期三

　　晴。上午,理发。写日记。下午,复伯华信。观《涧于日记》。

7月16日　星期四

　　晴。上午,中妹来(傍晚去)。为新生小儿祭先。下午,杂务。继麟自张来。夜,在君宾处晤时舅。沐浴。

7月17日　星期五

　　晴。上午,蒋惕卿、赵界城来,取前日寄存之方单。至新中国理发室理发。下午,至成都坊。出,至鸿远里视大妹,患恙未愈。

7月18日　星期六

晴。上午,杂务。致钱吟珂信。下午,复谈月色信。观《双照楼诗词稿》。花明携曾同来,夜饭后去。君藩来。

7月19日　星期日

晴。上午,杂务。复王韵笙信。下午,至成都坊。出,至康乐村望舅处,时舅、思期、兰畦亦来,先有约也。杂谈至傍晚,返。

7月20日　星期一

晴。上午,杂务。下午,复明伯信。观《双照楼诗词稿》。亚雄自张同乳佣来。夜,复秋林信,交继麟明晨带回。

7月21日　星期二

晴。上午,至海格路时舅处。君定来,午饭后去。中妹来(傍晚去)。至成都坊。出,至渔阳里候乃乾,不值。五凤里晤公度,少坐返。夜,沐浴。

7月22日　星期三

晴,下午有雨。上午,至外滩中央信托公司。下午,至成都坊。翻阅《纪批苏诗》。

7月23日　星期四

阴晴,昨夜起风潮,上午有雨。上午,理发。下午,迪前来。作信致伯华及翁启贤。观《双照楼诗词稿》。

7月24日　星期五

晴。上午,至戈登路一千二百十六衖内晤雷君彦,坐谈良久。下午,邀冯志洽来诊治益明胃痛。花明携曾同来(傍晚去)。至成都坊。观《双照楼诗词稿》。

7月25日　星期六

　　晴。上午,方冲之来,坐谈数刻,去。复昆友,致中孚信。下午,至成都坊。致伯华信。

7月26日　星期日

　　晴。上午,在君宾处,与君藩晤谈。理账。下午,花明来。旋启明携曾同亦来,傍晚去。邀志洽来复诊益明。观《经史百家杂钞》。观《涧于日记》。

7月27日　星期一

　　晴。上午,至霞飞路新华银行。在君宾处晤履仁。下午,观《涧于日记》。中妹来,夜饭后去。至成都坊。夜,沐浴。

7月28日　星期二

　　晴。上午,至海格路时舅处。大妹来(傍晚去)。下午,作信复俞心臧、干钴坚。观《涧于日记》。

7月29日　星期三

　　晴。上午,观《同声》月刊。下午,至成都坊。傍晚,携念祖、纪祖至顾家宅公园。大妹、君宾、圆妹携诸甥亦来,各带食物,即在园中聚餐,待月出而返。

7月30日　星期四

　　晴。上午,至昌平路大众殡仪馆吊钱海如太夫人之丧,即返。观《同声》月刊。下午,迪前来。至成都坊。出,至康乐村望舅处。黄伯惠来。

7月31日　星期五

　　晴。上午,写账。草《记〈逋居士集〉后》。下午,至申报馆、一大药行、翁隆盛茶号、冠生园。夜,启贤来,坐谈数刻,去。

8月

8月1日　星期六

晴。上午,写账。昆亮来。花明携曾同、曾祺来(夜饭后去)。下午,观《涧于日记》。至成都坊。

8月2日　星期日

晴。上午,侯寿人来。韫辉少奶奶携其幼女来。君定来,午饭后去。安置书橱、理书。中妹来,夜饭后去。

8月3日　星期一

晴。上午,至北京路浙江兴业银行,四明村迪前处。下午,至成都坊。

8月4日　星期二

晴。上午,苏月坡来。昆亮伉俪来。下午,理书。至五凤里公度处,并晤杰士。夜,沐浴。

8月5日　星期三

晴。天气炎热已及多日,不耐事事。上午,略理书籍。下午,翻阅《韩昌黎集》,思有所述作。复秋林信。

8月6日　星期四

晴。连日天气皆及百度以上。上午,作信致秋林,复公迈及魏志良(张堰房客)。下午,至成都坊。

8月7日　星期五

晴,未刻有雨。上午,观《古今》杂志。下午,至鸿远里望大妹,身体不适。夜,时舅母来。

8月8日　星期六

晴。侯寿人来。上午,至霞飞路新华银行。昆亮来。下午,致奚博泉信。至成都坊。出,至康乐村望舅处。

8月9日　星期日

晴。上午,写账。翻阅《太炎文录续编》。下午,至世界书局,同乡会借此开本县《人物志》采访员第一次会议。此举系望舅所发起,上次理监事会时确定并推出采访员也。返已傍晚。

8月10日　星期一

晴,酉初有雨点。上午,写账。复杨伯雄信。下午,至成都坊。中妹来,夜饭后迪前亦来。

8月11日　星期二

晴,上午有雨。上午,致秋林、昆友信。曹中孚、钱智千及公迈来。系昨日自张抵沪。商谈地方事,近午去。下午,至静安寺路浙江兴业银行而成都坊。夜,白蕉来。

8月12日　星期三

晴。上午,至西新桥大三元晤中孚、智千、公迈及顾震涛、钱汝南。旋同往大中华旅馆彼等寓所,即在馆中午馔,坐谈良久。下午四时许,又同中孚、智千、震涛、公迈出。至海格路候时舅,不值,少坐,返。中孚等别去。李啸月来。观《涧于日记》。

8月13日　星期四

晴。上午,至大中华旅馆晤中孚、智千、汝南、震涛、公迈,坐谈数刻后,邀诸人至新都饭店午馔。馔后,余至成都坊,四时许返景华村。今日新小儿弥月,治面,周太亲母、大妹、中妹(上午来)携诸甥,花明携曾同、曾祺来,傍晚均去。君藩来。夜,君介来。

8月14日　星期五

晴,夜雨。上午,至大中华旅馆,君藩亦来。近午,君藩邀同中孚、公迈、震涛至王宝和酒叙。散后,余至世界书局晤思期,而至成都坊。王德官来。

8月15日　星期六

阴晴,夜雨。上午,写账。偕颖柔至陈盘根处诊治产后调理。公迈来,午饭后去。君定来。理书。中孚来,即去。

8月16日　星期日

阴晴,上午有雨。上午,在君宾处晤履仁。理账。下午,至成都坊。今日阴历七月初五,为先君二十一周忌辰。傍晚,设祭。启贤来(住夜)。

8月17日　星期一

阴晴,有微雨。上午,复伯华,致秋林信。下午,至成都坊。

8月18日　星期二

晴。上午,至海格路时舅处。下午,致明伯、伯华,复继麟信。花明携曾同来(夜饭后去)。今日阴历七月初七为粲君生辰,傍晚设祭。

8月19日　星期三

晴,下午雷雨,雨甚大。上午,偕颖柔至陈盘根处复诊。理书。下午,至鸿远里晤及君定,康乐村望舅处。夜,启贤来,少坐去。

8月20日　星期四

晴。上午,誊文。君藩来。下午,至成都坊。

8月21日　星期五

晴。上午,杂务。致时舅信。昨日起觉身体疲倦,今日下午有热度。观《涧于日记》。

8月22日　星期六

晴。上午,周学文来。杂务。下午,至成都坊。观《涧于日记》。邀冯志洽来诊治,并诊颖柔。夜,时舅来。

8月23日　星期日

晴。上午,复钻坚,致秋林、继麟信。中元节祭先。下午,马君达来。前日,同乡会开本县《人物志》采访员会议时,议定各区再另行开一小组会议,其第四区推余召集。爰约今日下午二时在寓举行。到者张仲田、倪若水、俞肃斋、钱公绪、君平、君介、白蕉、韫辉,傍晚散。

8月24日　星期一

晴,夜有雨。上午,至合众图书馆晤顾起潜、潘景郑。下午,观丁福保著《我的健康生活》。至成都坊。出,至福寿坊望顾苍丞病。

8月25日　星期二

晴,夜有雨。上午,写账。杨铝章来。复伯华信。下午,致徐尹卿信。观《我的健康生活》。连日头痛,仍觉身热,邀志洽来复诊。

8月26日　星期三

阴晴。上午,写账。改旧作《何先生述》。合复伯华、秋林信。下午,至成都坊,昆惠于前日来此。中妹来(夜饭后去)。观《涧于日记》。

8月27日　星期四

阴晴。上午,林晋康来。写账。复公迈、星墅信。下午,至迈尔西爱路三百零九号公寓内晤陈陶遗。出,至康乐村望舅处。花明来，夜饭后去。

8月28日　星期五

晴。上午，沈伯才来。少坐后，同至海格路时舅处。下午，至成都坊。出，至福寿坊望荩丞病。昆友自张来，夜饭后去住成都坊。

8月29日　星期六

晴。上午，至格洛克路宁福里晤苏月坡。出，至来青阁、抱经堂、来薰阁各旧书肆。下午，读《古文雅正》。中妹来（夜饭后去）。邀志洽来，余与颖柔皆请其复诊。

8月30日　星期日

晴。上午，杨道弘来。陈秋实来。下午，偕颖柔至徐家汇路西门妇孺医院。大妹住此治子宫病，因往望视。花明携曾同来（夜饭后去）。君藩来。

8月31日　星期一

晴。上午，至福煦路中南银行分行。校阅星墅所录副之《支谱》。下午，至成都坊。出，至福寿坊望荩丞病。出，至渔阳里晤乃乾。夜，在君宾处晤君藩、闲谈。

9月

9月1日　星期二

晴。上午，方冲之来。校阅《支谱》。下午，杂务。至成都坊。出，至杏花楼，与履仁设筵宴陈秋实，并邀李云岩、新民、顾麟书、沈思期、黄伯惠、君藩、君宾。夜九时许返。

9月2日　星期三

晴。上午，至辣斐德路桃源村晤王支林、于仲迟。王先生近在松江得余劫失之朱文"姚王粲君"一印，寄赠也。昆友来，午饭后去。至中南银行分行、鸿远里望大妹，商务印书馆等处，而成都坊。中妹来，夜饭后去。

9月3日　星期四

阴晴，下午有微雨。上午，伯才来。复伯华、继麟、中孚信（仆人阿生前随昆友来沪，今定明晨回张，信即交其带去）。下午，至证券大楼八楼失学儿童救济会内晤朱时隽。出，至冠生园等处而成都坊。

9月4日　星期五

阴晴，下午有微雨。上午，写账。校阅《支谱》。下午，翁启贤自张来（住夜）。至成都坊。

9月5日　星期六

晴，下午有雨。上午，至西摩路经香楼旧书肆浏览，而维也纳理发室理发。观《古今》杂志。下午，至鸿远里大妹处，中妹适亦来。出，至成都坊。出，至福寿坊晤苌丞，病已愈矣。

9月6日　星期日

阴晴，上午有雨。上午，写账。伯才来。下午，至民智学校内，同乡会开理监事联席会议及贷学金委员会议。散后，同时舅、履仁、杰士至康乐村望舅处。

9月7日　星期一

阴，下午有雨。上午，白蕉来。写账。偕颖柔携益、念、纪、慧、绳五儿至新都饭店西餐部午馔。馔后，至新新公司、永安公司。朱履仁来，少坐后，同至劳而东路一号耿宅，应君藩与彭健行宴客招陪。同席多同乡。酒后,又谈本邑地方事务。返已夜十一时矣。

9月8日　星期二

阴晴,上午有微雨。上午,白蕉来。写账。下午,校阅誊清之文稿。马君达来。至成都坊。出,至来青阁、中国书店,而大东酒楼应昆友招饮。夜十时许返。

9月9日　星期三

晴。上午,写账。校阅文稿。下午,迪前来。致伯华信(未寄)。观《中和》杂志。邀冯志洽来,余与颖柔皆请其复诊。夜,觉身体疲倦,胸腹不舒,早卧。念祖本学期入沪江书院大学文科政治系一年级,今日上课。

9月10日　星期四

晴。身热、头痛、胃痛、腹泻。下午,请冯志洽及苏月坡来诊治,服西药、打针。花明来。

9月11日　星期五

晴。身热已退,腹泻成痢,头、胃痛仍剧。上午,请苏月坡来复诊。下午,请吴忆初来诊治。上午,大妹来。下午,中妹来(住)。花明、启明来。君定来。昆友来。

9月12日　星期六

雨。痢下渐稀而胸部仍闷塞。下午,请吴忆初来复诊。上午,昆亮来。下午,时舅来。花明来。属念祖附条封寄九日致伯华之信。

9月13日　星期日

晴。痢下仅早间一次,诸恙稍愈。上午,花明来(下午去)。昆友来。下午,大妹来。忆初来。请冯志洽来诊治,服中药。沈思期来。

9月14日　星期一

阴，下午有雨。痢下已止，惟身体惫甚，有时头痛不能起坐。上午，昆友来，午饭后去。口授念祖复公迈信。中妹连日住此，今去。夜，君藩来。略观《古今》杂志。益明本学期入震旦女子文理学院大学文科英文系一年级，今日上课。

9月15日　星期二

阴晴，有微雨。上午，君平来。顾苌丞来。下午，韫辉来。周太亲母、迪前来。观《中和》《古今》二杂志。连日不食，只饮汤水，今日始啜粥一碗。

9月16日　星期三

晴。上午，中妹来（夜饭后去）。邀志洽来复诊。观《古文雅正》及《涧于日记》。

9月17日　星期四

雨。下午，昆友来。俞天石来。观《涧于日记》。纪祖仍肆业壬午补习社，升初中三年级上，今日上课。

9月18日　星期五

阴晴，有微雨。上午，朱履仁来。倚枕复中孚信。观《涧于日记》。

9月19日　星期六

晴。上午，冯子冶来。起坐略理账款。下午，邀志洽来复诊。大妹来。观《涧于日记》。

9月20日　星期日

晴。上午，白蕉来。花明携曾同、曾祺来。下午，启明亦来，中妹来。观《涧于日记》。

9月21日　星期一

晴。日中下楼数小时。上午，昆友来，午饭后去。下午，张仲田来，以卧未见。观《涧于日记》。今日起，请顾荩丞先生每逢星期一、五下午来为纪祖授《礼记》《国文》二小时。纪祖肄业光华，仍祇上午有课也。

9月22日　星期二

晴。上午，理账。干全华来。复公迈信。下午，邀志洽来复诊。复伯华、继麟信。观《涧于日记》。傍晚，昆友来，夜饭后，去。约明日回张，今日所作各信即托其带去。

9月23日　星期三

晴。上午，校阅文稿。病中日记曾嘱纪祖约略记。出，今以补写册上。下午，观《涧于日记》。全华来。

9月24日　星期四

阴晴。上午，校阅文稿。祝匡正来。下午，复钴坚，致伯华信。观《涧于日记》。全华来。今日阴历八月十五，为先祖春渔公忌辰。傍晚，设祭。

9月25日　星期五

阴。上午，校阅文稿。雷君彦来。补写日记。下午，观《涧于日记》。

9月26日　星期六

阴，下午有雨。上午，校阅文稿。冯丽水来。下午，理账。邀志洽来复诊。观《涧于日记》。

9月27日　星期日

阴，有雨。上午，校阅文稿。在君宾处晤君藩。下午，复王欣夫，致钱吟珂信。中妹来。观《涧于日记》。君定来。夜，迪前来。

翁启贤来(住)。

9月28日　星期一

阴雨,晚晴。上午,校阅文稿。王杰士来。君平来。花明携曾同、曾祺来(傍晚去)。下午,致词臣、子佩、继麟信。观《涧于日记》。理账。

9月29日　星期二

阴,有晴光,夜有雨。上午,君彦来,旋君定亦来。渠两人约晤于此也。致伯华,复伯才信。下午,观《涧于日记》。至成都坊静姬处,病后兼旬不出户矣。

9月30日　星期三

阴,有微雨。上午,至海格路时舅处。下午,观张文襄公《轶事》一册(羊城杨公道编,铅印本)。观《涧于日记》。邀志洽来复诊。

10月

10月1日　星期四

阴,有微雨,晚晴。上午,观吕美荪之《葂丽园随笔》。君平来,旋君彦亦来。渠两人约晤也。下午,迪前来。苏月坡来。观《涧于日记》。理账。

10月2日　星期五

晴。上午,观《葂丽园随笔》。写账。拟复账友胡秋林信。下午,至成都坊,在彼观《古今》杂志。

10月3日　星期六

上午雨,下午阴晴,间有雨。上午,写复秋林信,又复伯华,致昆友信。下午,观《菡丽园随笔》完。偕颖柔携慧、绳两儿至四明村中妹处。

10月4日 星期日

阴晴,有雨。上午,林晋康来。蒋启埙来。时舅来。校阅文稿。花明携曾同、曾祺来(傍晚去)。下午,中妹来。至康乐村望舅处。出,至福煦路六四五衖君藩处,西摩路经香楼书肆。

10月5日 星期一

阴晴。上午,校阅文稿。下午,蒋倜卿来。至成都坊。出,至鸿远里十八号,大妹适外出,晤吴忆初,少坐。出,至西摩路浏览旧书肆而返。

10月6日 星期二

阴晴。上午,写账。辑《金山艺文志》。下午,至成都坊。出,至商务印书馆,而世界书局晤思期,坐谈数刻,返。大妹、中妹于午后来,余返未去。花明携曾同来过,又韫辉来过。

10月7日 星期三

阴晴。上午,干全华来。写账。下午,观《涧于日记》。至三马路来青阁、忠厚书社,而四马路大西洋西菜馆应黄畏三宴徐震华招陪。七下钟(新钟)散。出,市上已遭灯火管制,与时舅在暗中安步走回。

10月8日 星期四

阴晴,夜有雨。上午,雷君彦来。写账。下午,至福煦路中南银行分行而成都坊。夜,观《涧于日记》。

10月9日 星期五

上午阴雨,下午晴。上午,理经管之公账。复伯华,致子峰信。下午,至康乐村望舅处。出,至成都坊。

10月10日　星期六

晴。上午,至姚主教路南洋模范中学候张仲田,不值,大同坊晤王培孙,台司脱郎路四维村晤费润泉。下午,至修德里候俞天石,不值,而鸿远里大妹处及成都坊。

10月11日　星期日

晴,夜有雨。上午,结账。俞天石来。杨金华来。下午,至世界书局,同乡会借此开理监事及贷学金委员、《人物志》采访员三会议。散已傍晚。出,购纸笔即返。君介来。花明携曾同来过。

10月12日　星期一

阴。上午,至北京路浙江兴业银行总行。下午,至成都坊。出,至渔阳里候陈乃乾,不值。今日起,请蒋启塤先生每逢星期一下午来为纪祖补习英文二小时,顾先生之补习则改为星期三、五也。

10月13日　星期二

晴。上午,沈伯才来。至赫德路北段择邻处候陈陶遗,不值。复谈月色信。下午,迪前来,旋中妹亦来。迪前闲谈良久,去,中妹于夜饭后去。观《涧于日记》。夜,韫辉同陆幼卿来。

10月14日　星期三

晴。上午,复伯华、中孚信。下午,至成都坊,中间出,至忠厚书社、来青阁、抱经堂、来薰阁等处。大妹于午后来,余返将去,晤诸途。

10月15日　星期四

阴雨。上午,校阅同乡会所取之《人物志》采访稿。俞天石来。下午,复黄涤新信。邀冯志洽来复诊颖柔,亦请其改方。观《涧于日记》。夜,继麟自张来。

10月16日　星期五

阴雨。上午,理文件。至海格路时舅处。顾震涛、张兆赢来。下午,至成都坊。

10月17日　星期六

晴。上午,至格洛克路晤苏月坡。出,至阜昌购参。下午,中妹来(夜饭后去)。至南洋模范中学晤张仲田,坐谈数刻,返。理文件。夜,迪前来,在君宾处杂谈。

10月18日　星期日

晴。上午,理文件。费润泉来。下午,花明携曾同来。至成都坊。出,至世界书局晤思期,同至黄伯惠处(原时报馆址)同乡会举行重九节聚餐。同席尚有时舅、君平、君介、君宾、履仁、憩南、吴松龄、毕静谦等。夜九时许返。

10月19日　星期一

晴。上午,写账及日记。姚墨谦来。下午,偕颖柔携慧明、绳祖往游兆丰公园。

10月20日　星期二

晴。上午,徐伯贤、李寄舫先后来。宣时德来。下午,观《涧于日记》。至成都坊。夜,沈伯才来。

10月21日　星期三

晴。上午,至海格路候时舅,不值。中妹来。雷君彦来。复伯华,致公迈信。下午,复中孚信。至福煕路中南银行分行。花明携曾同来。大妹来。在君宾处晤子冶、履仁。夜,伯才来。时舅来。君介来。

10月22日　星期四

阴晴。上午,沈伯才、正华、朱履仁、张公愈来解决协顺洽米行沈季行（正华尊人）退股事。写账。下午，至法藏寺。为祝慎旃七秩冥庆，匡正在作佛事，因往一拜。出，至成都坊。继麟于今晨回张。

10月23日　星期五

晴。上午，至择邻处候陶遗，以卧病未晤。出，至康脑脱路安居候胡朴安，坐谈数刻，返。昆友来。系昨晚抵沪。午饭后去。至梅白格路曾耀仲处诊治。出，至康乐村望舅处。中妹来，夜饭后去。

10月24日　星期六

晴。上午，至愚园路连生里晤白蕉。复张仲田、俞心臧信。昆友来，午饭后去。至成都坊。

10月25日　星期日

晴。上午，中妹来，即去。致伯华，复志刚、继麟信。下午，至世界书局，同乡会借此开本年度征租会议。出，至来青阁、抱经堂等书肆而返。

10月26日　星期一

阴晴。上午，李杏林来。迪前来。下午，偕颖柔至南京大戏院观电影，演《美人鱼》。出，至大三元啜茗，宝大祥等处购物。

10月27日　星期二

阴晴。上午，至海格路时舅处。理账。下午，至成都坊。出，至五凤里公度处，并晤履仁、子冶。夜，昆友来。

10月28日　星期三

晴。上午，写账。下午，偕颖柔携慧明、绳祖往游顾家宅公园。夜，翁启贤来（住）。

10月29日　星期四

晴。上午,写账。复陈乃乾信。下午,至曾耀仲处复诊而至成都坊。出,至康乐村望舅处谈收租成色。夜,杨哲来(道弘令嗣)。昆友来。复伯华信,托启贤明日带去。

10月30日　星期五

晴。上午,作信复词臣、朴安、金眉生。李新民来。下午,至康乐村望舅处,昆友亦来,并晤及方冲之。旋同昆友至成都坊。在彼致伯华一信,与上午所作之词臣、眉生两信交其明日带回。夜,观《涧于日记》。

10月31日　星期六

晴。上午,至中央信托公司及世界书局晤思期,而冠生园约颖柔亦来。午馔后,同至南京路一带购物。中妹来,夜饭后去。在君宾处,与君藩晤谈。

11 月

11月1日　星期日

晴。上午,写账。下午,至鸿远里大妹处。出,至成都坊,在彼观《古今》杂志。夜,观《涧于日记》完。

11月2日　星期一

晴。上午,林晋康来。公迈同金眉生来。系昨日自张抵沪。少坐后,同至海格路时舅处,康乐村望舅处,乃邀至福煦路绿宝饭店午馔而返。至成都坊。出,至来青阁、忠厚书庄等处,而至大利酒楼应金眉生招饮。同席为时舅、君平、君藩、思期等。夜九时许返。

11月3日　星期二

阴晴，夜有雨。上午，在君宾处晤履仁。写账。下午，君藩来，同至中央信托公司晤李云岩。出，至成都坊。出，至康乐村望舅处。

11月4日　星期三

阴，夜有雨。上午，伯才来。晋康来。写账。下午，大妹、中妹来。花明携曾同、曾祺来（均夜馔后去）。下元节祭先。韫辉来。

11月5日　星期四

雨。上午，杂务。下午，复伯华信。观《古今》杂志。

11月6日　星期五

阴，晨有雨。上午，写账。理书。下午，至维也纳理发室理发。出，至成都坊。夜，昆友来。系今晚抵沪。伯才来。

11月7日　星期六

阴晴。上午，至中央信托公司。出，至宁波同乡会内观夏映庵书画展览会，晤及映庵先生，当购其《临垄半千山水》一副。下午，至成都坊。出，至霞飞路五凤里一号晤北平书友孙实君。近彼即借公度寓处设修文堂书肆也。

11月8日　星期日

晴。上午，白蕉来。作信复十洲，致乃乾。祝匡正来，午饭后去。至忠厚书庄、来青阁、西泠印社等处。傍晚，君宾饯其同居钱吟珂，招陪。

11月9日　星期一

晴。上午，至北京路浙江兴业银行总行。下午，至福煦路信谊制药厂总公司。出，至成都坊。

11月10日　星期二

晴。上午，结账。午刻，偕颖柔至绿宝饭店饯钱吟珂伉俪，并邀君宾、圆妹为陪。钱君，名家骧，常州人。事变前，曾任本邑县长，年来与君宾同寓，今将奉母回籍后转赴内地也。出，与颖柔、圆妹至鸿远里大妹处，傍晚返。

11月11日　星期三

晴。上午，至静安寺路九九六号大厦内观摄影展览。复乃乾信。下午，至成都坊。偕静婉至大新公司及可可食品公司吃点心。夜，观《中和》杂志。

11月12日　星期四

晴。上午，昆亮来。韫辉来。至康乐村望舅处，思期有约亦来。旋望舅命君定邀同至福煦路文绿酒家午馔。馔后，至前民智校址内同乡会开理监事联席会议及《人物志》采访员会议。散后，又同时舅、思期、偁卿、迪光至西摩路慈惠里望黄芳墅病。傍晚返。昆宏来（公迈之子）。今日阴历十月初五，为本生先祖秋岭公生辰。傍晚，设祭。

11月13日　星期五

雨。上午，写账。下午，乃乾来。翻阅《涧于日记》，写出其目。

11月14日　星期六

阴晴。上午，写账。干全华来。昆友来，连日在苏州卖货也。（午饭后去。）复伯华，致中孚信（交昆友明日带回）。下午，中妹来（夜饭后去）。至成都坊。今日阴历十月初七，为本生先祖秋岭公忌辰及先妣冯太淑人忌辰。傍晚，设祭。夜，偕颖柔至钱吟珂处，送其伉俪明日侍母回乡。

11月15日　星期日

阴晴。上午,张仲田来。蔡叔明来。写账。下午,至五凤里何公度处。出,至成都坊。夜,复伯华信。

11月16日　星期一

阴晴。上午,至海格路时局处晤及履仁。在君宾处晤君藩。下午,至鸿远里,大妹适外出,乃即至成都坊。观《古今》杂志。夜,乃乾来。

11月17日　星期二

晴。上午,理书画。祝匡正来。下午,至北京路通易信托公司及冠生园、来青阁等处而成都坊。出,至康乐村望舅处。

11月18日　星期三

晴。上午,出外买花。乃乾来。下午,花明携曾同、曾祺来(夜去)。致伯华,复继麟、钻坚信。匡正来,彼将赴内地其夫婿曹明道处,傍晚设筵饯之。

11月19日　星期四

阴雨。上午,至通易信托公司。中妹来(傍晚去)。下午,复公迈信。迪前来,即去。大妹来。观《古今》杂志。

11月20日　星期五

阴,下午有雨。上午,至安居晤胡朴安。迪前来。偕颖柔至四十一号内八小姐寓处。彼于昨日偕其嗣子凌景元迁居君宾处之三楼也。下午,至成都坊。

11月21日　星期六

晴。上午,杨孝达来。至爱麦虞限路惠安坊晤闵瑞师,即午馔。馔后,至霞飞路康福里晤陈蒙庵,并识况又韩。出,至阜昌参号而成都坊,适雷方从弟自张来,坐谈数刻,雷方去。后余至康乐村望舅处。

11月22日　星期日

晴。上午,写账。韫辉来。花明携曾同、曾祺来(傍晚去)。下午,鼎甥等同严匡一来(夜饭后去)。至鸿远里晤君定。出,至成都坊。夜,复伯华信。

11月23日　星期一

晴。上午,写账。致子峰,复昆友信。下午,至成都坊,中间出,至西泠印社等处。

11月24日　星期二

晴。上午,至惠安坊晤瑞师,坐谈良久,即同午馔。下午,至成都坊。出,至富晋书社、积学斋、来青阁诸肆及大新公司。

11月25日　星期三

晴。上午,写账。下午,至江苏旅馆候雷方,不值,而西泠印社、传新书局、大东书局等处,乃至成都坊。

11月26日　星期四

晴。上午,至静安寺路上海银行分行及西摩路大华书店、经香楼浏览。杨铝章来。雷方来。下午,作信复欣夫,致乃乾。致中孚信。今日阴历十月十九为先兄龙深君生辰,傍晚设祭。夜,志洽在君宾处诊治,余亦邀来开膏方。复伯华信。

11月27日　星期五

晴。上午,至八仙桥青年会赴信谊药厂临时股东会。出,至成都坊。出,至江苏旅馆晤雷方及朱平均,邀同至冠生园午馔。念祖、纪祖校中放课亦来。馔后,余至中央信托公司等处,世界书局晤思期,而又成都坊。夜,启贤来,坐谈数刻,去。

11月28日　星期六

晴。上午,至海格路时舅处。写账。下午,中妹来(夜饭后去)。大妹来(傍晚去)。至浦东大厦贺于仲迟娶媳、王支林嫁女,两家系联姻也。喜筵后,夜八时许返。

11月29日　星期日

阴晴,夜雨。上午,姜润章来。复郑逸梅信。翻阅《文禄堂访书记》。下午,昆友来。系昨日抵沪,已来过。至鸿远里大妹处。出,至成都坊。出,至康乐村望舅处。

11月30日　星期一

阴。上午,王杰士来。至浙江实业银行(换钞票)、同协祥等处。复伯华、继麟信。下午,至润德学校(即民智原址)内晤俞肃斋。出,至鸿远里晤君定。出,至成都坊。

12月

12月1日　星期二

晴。上午,至霞飞路四行储蓄会晤张友会。理书。复十洲信。下午,偕颖柔至大马路一带购物,在冠生园吃点心,傍晚返。花明携曾同来过。夜,在君宾处晤迪前。

12月2日　星期三

阴。上午,苏月坡来。作信复胡朴安,近为余撰《〈复庐文稿〉序》也。下午,至霞飞路四行储蓄会晤张友会,而至成都坊,在彼观《古今》杂志。夜,观《心史丛刊》。

12月3日　星期四

阴雨。上午,迪前来。至静安寺路浙江兴业银行分行。下午,偕颖柔至庆云银楼等处,及可可食品公司吃点心。

12月4日　星期五

晴。上午,君藩来。理书。君定来,午饭后去。迪前来。王欣夫来。至成都坊。夜,昆亮来。复中孚信。

12月5日　星期六

晴。上午,林晋康来。写账。下午,至鸿远里大妹处。出,至成都坊。出,至康乐村望舅处。

12月6日　星期日

晴。上午,至择邻处晤陈陶遗。下午,至阜昌购参而至成都坊,昆惠与倪蔚然昨晚来此。花明来过。中妹来(夜饭后去)。在君宾处晤刘大年。夜,君介来。

12月7日　星期一

晴。上午,写账。下午,至成都坊。复伯华信。刘大年来,邀同君宾至静安寺处荣康夜馔。八下钟返。

12月8日　星期二

晴。上午,结账。下午,至维尔蒙路大昌药行配膏滋药,而至忠厚书庄、来青阁、来薰阁及达仁堂药铺,乃至成都坊。

12月9日　星期三

晴。上午,至海格路时舅处晤及严载如。作信复伯华及金眉生。下午,至四明村中妹处,鸿远里大妹处而成都坊。夜,观《中和》杂志。

12月10日　星期四

晴。上午,写账。李新民来。翁启贤来(午饭后去,夜又来,即去)。下午,至中汇大楼道德书局等处而成都坊。致伯华、公迈、昆友,复伯才信。今日阴历十一月初三,为先兄龙深君忌辰。

傍晚，设祭。

12月11日　星期五

晴。上午，至福煦路中南银行分行。致君介信。写账。下午，至康乐村望舅处。出，至成都坊。夜，昆友来，连日在苏州也。

12月12日　星期六

晴。上午，昆亮来。朱邦屏来。复志刚、李寄舫、沈志豪、陈乃乾信。下午，文台及凌景元来为青年会募寒衣捐。花明携曾同、曾祺来（夜饭后去）。观《中和》杂志。今日阴历十一月初五，为粲君九周忌辰。傍晚，设祭。夜，致伯华信。昆友来，少坐，去。约明晨回张。

12月13日　星期日

晴。上午，写日记及理账。下午，至前民智校舍内同乡会开理监事联席会议及《人物志》采访员会议。出，至成都坊。出，至万国药房购滋补药品。夜，王慰民来。

12月14日　星期一

阴雨。上午，至惠安坊晤闵瑞师。复伯才信。下午，大妹来（傍晚去）。观《心史丛刊》。沈世民来。今日，余与颖柔均煎膏滋药。

12月15日　星期二

晴。上午，至海格路时舅处。下午，至静安寺路上海银行分行而成都坊。

12月16日　星期三

晴。上午，林晋康来。作信复信昌当，致伯华。下午，至中汇大楼等处收乡间划出之款，世界书局晤思期，而成都坊。

12月17日　星期四

阴晴。上午,至亚尔培路古今出版社。写账。下午,中妹来(住夜)。冬至节祭先。夜,观《古今》杂志。

12月18日　星期五

阴晴。上午,至紫来街收乡间划出之款,而至商务印书馆晤及郑振铎、徐声越。下午,花明来(傍晚去)。至福煦路中南银行分行及科学图书公司,而成都坊。

12月19日　星期六

阴晴。上午,杂务。近午,出,至忠厚书庄、来青阁、大东书局浏览,世界书局晤思期,而至一家春西菜社、兴中内地地产公司开创立会。茶点后,出,至成都坊。夜,观《心史丛刊》。

12月20日　星期日

阴雨。上午,作信复伯华。下午,昆亮来。至康福里晤陈蒙庵。夜,观《心史丛刊》。

12月21日　星期一

阴。上午,作信复俞心臧。张堰钱姓房客来。下午,至成都坊。出,至五凤里孙实君处,并晤陈乃乾,坐谈数刻,返。夜,观《霜猨集校订补注》。

12月22日　星期二

阴。上午,作信复黄涤新及王培孙。杨铝章来。下午,至格洛克路苏月坡处,爱多亚路泰吾士报馆大厦内永昌庄,而成都坊。夜,观《霜猨集校订补注》。

12月23日　星期三

阴晴。上午,晋康来。作信致中孚。下午,至福煦路中南银行分行、福州路仁兴隆烟纸号,及来薰阁、来青阁。而至康乐村望舅处，适晤及君湘、志洽。

12月24日　星期四

晴。上午，至安居晤胡朴安。中妹来（夜饭后去）。复伯华，致公迈信。下午，迪前来。至成都坊。出，至鸿远里。

12月25日　星期五

阴晴。上午，至惠安坊晤闵瑞师。花明携曾同、曾祺来（傍晚去）。下午，至南京路而成都坊。夜，启贤来，坐谈数刻，去。

12月26日　星期六

阴。上午，至连生里晤白蕉，海格路时舅处。下午，作信复伯华，致继麟。至成都坊。出，至文缘酒家应沈思期招饮。同席为陈端志伉俪及时舅、君定、君介。夜八时许返。

12月27日　星期日

晴。上午，写账。观《中和》杂志。下午，至震兴里晤昆亮而成都坊。出，至五凤里晤王杰士及孙实君。夜，观《心史丛刊》。

12月28日　星期一

晴。上午，至福煦路中南银行分行。杂务。下午，至青年会贺顾伯贤子宗武结婚。茶点后，返。夜，昆亮来。

12月29日　星期二

阴。上午，至静安寺路浙江兴业银行分行、福州路三乐实业公司、北京路浙江兴业银行总行，而至南京路冠生园午点。点后，至宁波同乡会观古今书画展览，晤及王莲友。出，至成都坊。

12月30日　星期三

晴。上午，雷君彦来。致伯华、中孚，复星墅、继麟信。下午，至经香楼书肆，震兴里候昆亮，不值。康乐村望舅处晤及伯才。夜，陈乃乾来。

12月31日　星期四

晴。上午,迪前来。徐子素来。复中孚信。下午,至鸿远里晤君定,又昆友于昨日到沪,适亦在。出,至成都坊。夜,观《古今》杂志。念祖肄业沪江书院。今日大学大一学期修业完毕,放假。

1943 年

1月

1月1日　星期五

晴。自遭国难后寓居上海,今及六年。住巨籁达路八百二十衖景华新村四十号,君宾、圆妹即在四十一号,姬人静婉住成都路成都坊四十五号。上午,舒雅仙来(旭东之女)。沈伯才来。理账。昆友来,午饭后去。中妹来(住夜)。至康乐村望舅处。出,至成都坊。今日阴历十一月廿五,系昭明亡故二十三周年。傍晚,命念祖、纪祖等设祭。夜,启明来。观《古今》杂志。

1月2日　星期六

晴。上午,写账。君平来。下午,复干钻坚信。至成都坊。夜,致陈乃乾信。

1月3日　星期日

阴。上午,写账。至一家春西菜馆应蔡叔明、张绎铭、丁迪光招饮。阴历今岁蔡君年七十,张、丁两君年皆六十,余于春间曾设筵合宴,今彼等答席也。出,同沈思期等至世界书局少坐,而至抱经堂、来青阁等处。傍晚乃至大利酒楼,沈伯才为协顺米厂冬至节招饮，念祖亦来。夜八时许返。今日下午，花明携曾同、曾祺来过。

1月4日　星期一

晴。上午，冯丽水来。理抵、借据等。下午，至成都坊。出，至八仙桥三和楼菜馆贺李新民侄近醇结婚，并为证婚。喜筵后，夜七时许返。

1月5日　星期二

晴。上午，蔡叔明来。丽水来。写账。下午，至世界书局晤思期及商务印书馆、百新书店等处而至成都坊。夜，在君宾处晤君藩。观《古今》杂志。

1月6日　星期三

晴。上午，至海格路时舅处。下午，伯才来。昆友来。与君湘相约至爱麦虞限路惠安坊闵瑞师处，谈丰昌当改组宏仁当事。出，至成都坊一转后而至康乐村望舅处。夜，昆亮来。复陈伯华信。

1月7日　星期四

晴。上午，陈定来（廉斋之女）。杂务。下午，至拉都路敦和里诸尘奇处，与蔡叔明、沈伯康、张公愈、飞槎谈恒大庄结束事。出，至成都坊。出，至霞飞路五凤里晤何公度、王杰士、孙实君及陈乃乾，返已晚。中妹于午后来，夜饭后去。

1月8日　星期五

晴。上午，至惠安坊晤闵瑞师。结账。下午，至福煦路中南银行分行而康乐村望舅处。出，至成都坊，适中妹携菊、梅两甥亦在。倪蔚然于今日来此。夜，翁启贤来。

1月9日　星期六

晴。上午，伯才来。至霞飞路四行储蓄会而至成都坊，即午饭，在彼观《中和》杂志。下午，出，至阜昌参号及康乐村望舅处。夜，致伯华信。启贤来。今日王季鲁来，不值。

1月10日　星期日

阴。上午，叔明来。写账。下午，复伯华信。观《古今》杂志。夜，观《中和》杂志。

1月11日　星期一

晴。上午，理账。观《中和》杂志。下午，至成都坊，昆惠于前日来此。夜，观《心史丛刊》。

1月12日　星期二

晴。上午，观《同声》月刊。下午，至慕尔鸣路升平街鸿远里大妹处。出，至成都坊一转后而至康乐村望舅处。今日花明来过。

1月13日　星期三

晴。上午，作信复干钻坚，致胡秋林。下午，迪前来。至静安寺路东段四行储蓄会及来青阁，而至成都坊。昆惠于今晨回去。夜，君藩来。

1月14日　星期四

阴晴。上午，写账。写笔札。下午，偕颖柔至南京路购物。中妹于午后来，夜饭后去。

1月15日　星期五

阴，上午有微雨。上午，为慧儿、绳儿写方子。伯才来。复屠继麟信。下午，至康乐村望舅处。出，至成都坊。

1月16日　星期六

晴。上午，复十洲信。至福煦路维也纳理发室理发。下午，至金门大酒店九楼观古物展览会。出，至来青阁、世界书局晤思期，荣宝斋，而至成都坊。夜，观《古今》杂志。益明肄业震旦女子文理学院大学一年级上。今日寒假。

1月17日　星期日

晴。上午，至西摩路安乐殡仪馆吊陈子言先生之丧。写账。下午，至康乐村望舅处。出，至成都坊。花明携曾同、曾祺于午后来（夜饭后去）。中妹于午后来（傍晚去）。今日阴历十二月十二，为先祖妣何太淑人忌辰。傍晚，设祭。夜，观《古今》杂志。

1月18日　星期一

阴。上午，杂务。君定来，午饭后去。偕颖柔至庆云银楼，女子银行大厦内观时贤画展，冠生园啜茗。夜，致乃乾信。念祖肄业沪江书院。今日大学第二学期开始上课。

1月19日　星期二

晴。上午，张盘铭来（仲康之子）。至庆云银楼。下午，至成都坊。

1月20日　星期三

晴。上午，复伯华信。叶水根来。至杏花楼，季鲁邀午馔、叙谈，同座尚有仲稽。馔后，余至商务印书馆而成都坊。续复伯华信。

1月21日　星期四

晴，夜有雨。上午，叶水根来。理济婴局账。复俞心臧信。昆亮来。下午，至成都坊，中间出，至南京路一回，旋至鸿远里。纪祖肄业壬午补习社（即光华附中）初中三年级上。今日寒假。

1月22日　星期五

阴,有微雨。上午,蔡叔明来。至海格路时舅处。写账。下午,大妹来(傍晚去)。致伯华、钻坚信。君定来。夜,迪前来。

1月23日　星期六

晴。上午,写账。杂务。昆友来。系昨晚抵沪。午饭后去。中妹来(夜饭后去)。至成都坊,在彼观陈简斋(与义)诗(夏敬观选注)。花明来。夜饭后,同益明、念祖、纪祖应王兆塘、兆墀招,往兰心戏院观演兆墀所编之《春闺风月》。复仲琦信。

1月24日　星期日

雨。上午,张仲田来。写账。下午,凌景沅来。观《中和》月刊。

1月25日　星期一

阴雨。上午,沈世民来。写账。致伯华,复继麟信。下午,至成都坊。出,至五凤里晤孙实君。迪前来,中妹亦来过。夜,昆友来。

1月26日　星期二

阴,有雨。上午,杨孝达来。林碧岑来。君定来。下午,观《同声》月刊。陈蒙庵来。戚智川来,昨曾往候,不值。邀冯志洽来诊治绳祖面部湿瘵。夜,陈乃乾来。

1月27日　星期三

阴,下午雪。上午,王杰士来。理书。下午,韫辉来。至成都坊,昆友近每抵沪,住在陈宅,顷亦来。约明日回张,当作致伯华一信,交其带去。夜,观《同声》月刊。

1月28日　星期四

阴,晨尚下雪,昨夜来,未止也。上午,写账。致昆友、伯华信。下午,至康乐村望舅处。出,至来青阁等处而至成都坊。夜,在君宾处晤君藩。致乃乾信。

1月29日　星期五

阴晴。上午,顾震涛、苏月坡、蔡叔明先后来。下午,至辣斐德路瑞华坊张义方处,丰昌当,召开股东会议结束发还股本。夜,迪前来。

1月30日　星期六

晴。上午,郭石骐来。至霞飞路新华银行分行。下午,至康乐村望舅处。出,至成都坊。出,至来薰阁书肆。中妹于午后来,夜饭后去。致黄涤新信。

1月31日　星期日

阴晴。上午,作信复伯华、子佩、仲琦,致曹中孚。下午,偕颖柔至先施公司、永安公司、冠生园、大新公司购物,又一村吃点心。夜,昆亮同曹菊生来。

2月

2月1日　星期一

雨。上午,杂务。下午,至福煦路中南银行分行等处,而鸿远里大妹处及吴忆初处(其公郎源泰新自西南回沪)。观《古今》杂志。

2月2日　星期二

雨。上午,信昌当马君来。沈伯才来。姚墨谦来。观《古今》杂志。下午,年节祭先。白蕉来。启明、花明携曾同来,夜馔后去。翁启贤来。

2月3日　星期三

阴。上午,写账。杂务。下午,至霞飞路四行储蓄会而成都坊。夜,乃乾来。

2月4日　星期四

晴。上午,写年节应供祖先疏纸。伯才来。顾震涛来。下午,至成都坊。

2月6日　星期六

上午雨,有雪,下午阴。上午,至三楼房客张康澄处。顾苌丞来。沈伯才来。下午,高君平伉俪来。偕颖柔携益明、念祖、纪祖、慧明、花明,至福煦路四明村迪前、中妹处及韫辉处,鸿远里君定、大妹处及吴忆初处,康乐村望舅、君平处,六四五衖高君藩处。

2月7日　星期日

晴。今日新正初三,晨起,拈天香三副,循成例也。上午,姚墨谦携其子来,王杰士来,方冲之来,钱海如子女来,苏月坡来,蒋启埙携其女来,张仲田来。偕颖柔携益、念、纪三儿至南阳路介福里王石士处,回来午饭后,又同至环龙路福寿坊王仲稽处,贝勒路福熙村王杭生处,辣斐德路颖村王季鲁处。返已傍晚。徐氏外姑往年作客,寿终于此,今以阴历计之为三周忌辰,设祭。

2月8日　星期一

晴。上午,黄烈文来。王季鲁来(嫂氏下午亦来)。张公愈、飞槎来。偕颖柔至西邻钱海如处。下午,至成都坊朱姬静婉处。出,至康乐村视望舅疾。阅《古文雅正》。葛咏荄来,沈思期来,吴忆初嫂来。今日徐子素、李云岩来,不值。念祖校中新正放假二日。昨日星期,今日上课。

2月9日　星期二

晴。上午，朱履仁来。至延平路延平村沈伯才处。下午，偕颖柔至西爱咸斯路四一八衖高君实处，同孚路基安坊高君介处，慕尔鸣路震兴里昆亮处。余又至西摩路慈惠里蒋倜卿处，视其疾。出，至大华旧书店浏览而返。时舅来。中妹来（夜馔后去）。傍晚于祖先遗像前设祭、送神。夜，翻阅《刘申叔先生遗书》。下午，黄蕴辉来，不值。

2月10日　星期三

晴。上午，白蕉来。至汝林路二百二十衖朱履仁处，旋伯才亦来，同出，至巨福路七十七号张公愈、飞槎处及霞飞路中南新村高君湘处（不值）。下午，偕颖柔至忆庭盘路月村冯景舅母处。出，至愚园路六六八衖静园路看近与君平、君定合购之基地。回，余至康乐村望舅处。舅氏年高，卧床已二年余，近日更形衰弱，有时气分不舒。绳祖面部湿瘰未愈，今日下午发热，曾邀吴忆初来诊治。下午，王欣夫来，不值。

2月11日　星期四

晴。上午，至姚主教路南洋模范中学候张仲田先生，不值，晤其两孙。出，至大同坊王培孙处。下午，李雪艇同东宅大小姐来。朱邦屏来。王养中来。至四明村迪前处，康乐村望舅处而成都坊。出，至蒲石路福寿坊顾芪丞处。绳祖昨发身热，已愈。今日下午，曾邀冯志洽诊治。

2月12日　星期五

晴。上午，写日记。迪前来。王养中来。高君湘来。昆友来。系昨晚抵沪。午饭后去。至爱麦虞限路惠安坊闵瑞师处。偕颖柔携绳祖至静安大楼就陈端白医治湿瘰。

2月13日　星期六

晴。上午，至麦根路世德里候沈思期，不值。回，经王家库间浏览旧书摊而返。至四明村周宅，迪前为恭寿甥与倪浣然订婚宴，介绍人君定、昆友，招陪。下午三时许，出，至康乐村视望舅疾而至成都坊。近倪浣然住此（其兄道衎此另借一间），道衎与昆惠亦来沪也。出，至霞飞路五凤里何公度处（上午曾来过）及王杰士处。

2月14日　星期日

雨。上午，写账。至福州路杏花楼同乡会举行春季聚餐。下午三时许散席后，出，至白尔路大康坊蒋启塽处而返。翻阅《刘申叔先生遗书》，直至夜分。今日昆惠来过，午饭而去。

2月15日　星期一

阴晴。上午，至静安寺路上海银行分行。昆友、伯才先后来，昆友午饭后去。约明日回张。至康乐村望舅处而成都坊，中间出，至成都路北首修德新村葛咏裳处，坐谈数刻。又至来薰阁、来青阁等书肆浏览。中妹来（住夜）。纪祖仍肄业壬午补习社。今日春季开课，升初中三年级下。

2月16日　星期二

晴。上午，至合众图书馆晤顾起潜、潘景郑。观《中和》月刊。下午，至劳勃生路泰兴村方冲之处及养和村郑逸梅处，戈登路一二一六衖雷君彦处，各坐谈数刻。回，又至西摩路经香楼书肆浏览。夜，迪前来。翁启贤来。今日下午，曾邀冯志洽复诊绳祖。

2月17日　星期三

阴，傍晚有雨。上午，至海格路时舅处。下午，郭石骐来。至福煦路中南银行分行、康乐村望舅处而成都坊。中妹来。观《古今》杂志。夜,伯才来。

2月18日　星期四

阴雨,夜有雪珠。上午,作信合致伯华、秋林。下午,至荣宝斋、商务印书馆、世界书局晤沈思期而成都坊。观侯官林亮奇遗著《寒碧轩诗》一卷。夜,迪前来。

2月19日　星期五

阴,傍晚有雪。上午,至姚主教路怡村晤朱叔建,大同坊晤王培孙,汝林路汝林村候朱邦屏不值,而至二百二十衖晤履仁。出,至惠安坊晤闵瑞师。郭石骐来。下午,至金神父路打浦桥信昌当候徐子素,群贤别墅候陈端志,不值,晤其嫂夫人,少坐。出,至花园坊晤陆规亮,而至成都坊。出,至康乐村望舅处。

2月20日　星期六

晴。上午,至北京路四明银行,回至海格路时舅处。近观清祥符周星誉之《鸥堂日记》,今毕。下午,至愚园路愚园村候李云岩,不值。而穿兆丰公园至约翰大学晤王欣夫,坐谈数刻,回。又至愚园路庆云里内候白蕉,不值。

2月21日　星期日

晴。今日天未发晓,得康乐村电告惊悉望舅于丑时逝世。当即披衣而起,与君宾急往,终日在彼劬襄丧事。夜返。今日,颖柔与念祖、益明亦至康乐村。

2月22日　星期一

晴。上午,至康乐村。傍晚,恭送望舅行衣。旋舅氏遗体在宅小殓,后移至世界殡仪馆大厅。亦即送往,夜返。今日,颖柔与念祖、益明亦至康乐村,颖柔并至殡仪馆。

2月23日　星期二

晴。上午,至世界殡仪馆(在康脑脱路一二五〇号)。下午,恭送望舅大殓,灵柩即安停于馆内。事毕,回至康乐村,向所设舅氏灵座前又一行礼而返。今日,颖柔与念祖、纪祖、益明亦至殡仪馆。

2月24日　星期三

晴。连日伤感忙碌,今觉困疲。上午,昆友来。系昨日抵沪。午饭后去。至康乐村望舅灵前。出,至成都坊。今日,陆规亮来,不值。

2月25日　星期四

晴。上午,理账。致王养中信。下午,至四明村迪前处。出,至康乐村。出,至鸿远里大妹处。出,至成都坊。出,至霞飞路康福里候陈蒙庵,恺自尔路二七三号候戚智川,均不值。拟草《祭望舅文》。

2月26日　星期五

晴。上午,写账。吴源泰来。下午,至南京路亨得利钟表行、北京路浙江兴业银行,及来薰阁、抱经堂、来青阁浏览,晤及陈乃乾,因徘徊良久而返。夜,黄烈文来。

2月27日　星期六

晴。上午,写账。至康乐村望舅灵前。今日为舅氏首七之期。午饭后出,至格洛克路宁福里候苏月坡,不值,喇格纳小学晤沈叔贤,康福里晤陈蒙庵,而成都坊。中妹来,夜饭后去。观仁和吴昌绶《梅祖庵杂诗》一卷,丹徒吴定刻本也。

2月28日　星期日

晴,傍晚有雨。上午,至世德里晤沈思期,坐谈至午而返。下午,复黄涤新信。蔡叔明来。昆友来。至西摩路经香楼大华书店浏览,而至成都坊。

3月

3月1日　星期一
阴晴。上午,至海格路时舅处,不值。少坐后,出,至福煦路中南银行分行。账友胡秋林与俞照司务来。系昨夜抵沪,住在旅馆。下午,复曹中孚信。冯子冶、丽水来。时舅来。写存所编之《〈涧于日记〉目录》。中妹来,夜饭后去。

3月2日　星期二
阴,下午有雨。上午,写账。朱叔建来。至海格路时舅处,午饭后返。至鸿远里大妹处。出,至成都坊。

3月3日　星期三
阴,下午有微雨。上午,蔡叔明来。信昌当马飚生来。作信致恒初甥,复张良汝。下午,至四明村迪前处。出,至商务印书馆、朵云轩、来薰阁、清秘阁等处,而至成都坊。夜,君藩来。

3月4日　星期四
夜深雨。上午,作信复干钻坚、俞心臧、屠继麟。下午,至合众图书馆晤叶揆初、顾起潜。出,至四明村韫辉处。出,至成都坊。出,至康乐村望舅灵前。夜十一下钟返。明日丑时为舅氏回阳之期,因往拜也。

3月5日　星期五
雨。上午,与秋林杂谈。下午,迪前来。观《古今》杂志。

3月6日　星期六

上午阴,下午雨。上午,至武定路安乐殡仪馆吊徐积余先生之丧。出,至玉皇山道院。今日为望舅二七之期,高宅在此作法事。下午四下钟返。理账。秋林今晨乘火车至松回张。

3月7日　星期日

晴。上午,至庆云里内候白蕉,不值,而至海格路时舅处。夏剑丞先生来。下午,至成都坊。在彼观《古今》杂志,中间出,至江苏旅馆晤黄涤新。写笔札。

3月8日　星期一

晴。上午,中妹来(下午去)。至江苏旅馆晤黄烈文、涤新及马善鸣、夏昌顺。又张某(烈文之戚)邀同至杏花楼酒叙,意以宴烈文也。散席后,余至商务印书馆、朵云轩、来薰阁、抱经堂等处,而至成都坊。昆友来,约明日回张。出,至鸿远里望大妹,近患伤风,傍晚返。夜,韫辉来。下午,王欣夫来,不值。

3月9日　星期二

阴晴。上午,至江苏旅馆晤马善鸣,并适晤及顾震涛,又姜长林约晤于此。下午,至海格路时舅处,适徐一帆亦来,因坐谈良久。出,至宁福里晤苏月坡,康福里候陈蒙庵,不值而返。观《同声月刊》。上午,雷君彦来,不值。

3月10日　星期三

晴。上午,至维也纳理发室理发。出,至朵云轩。舒旭东来。下午,至本区联保办事处种牛痘而至惠安坊晤闵瑞师,坐谈数刻。出,至成都坊。夜,观《古今》杂志。

3月11日　星期四

晴。上午,至月村冯宅晤子冶、志洽。以六舅母及君懿、志勋之柩皆将运回安葬，致送佛敬，并晤景舅母。近午返。下午，中妹来（夜饭后去）。至成都坊。出，至来青阁而大利酒楼，彭健行为妇丧开吊，请知宾酒。夜九时许返。

3月12日　星期五

晴。上午，复王养中信。至法藏寺，彭健行为妇丧在寺开吊，因往奠。午馔后出，至成都坊一转而至鸿远里大妹处。出，至经香楼浏览后，至四明村韫辉处。补写日记。

3月13日　星期六

晴。上午，至康乐村望舅灵前，今日为舅氏三七之期。出，至上海殡仪馆吊高卓庵表兄之丧。下午送大殓后出，至法藏寺。君平等在此作佛事，颖柔与益明亦来。夜，观《放蒙山》。九时许返。

3月14日　星期日

阴晴。上午，王杰士来。至海格路时舅处。下午，迪前来。至民智校舍内，同乡会开理监事例会。会后，思期邀与时舅同至其世德里寓所，观其新得之批校本书籍多种，并留夜馔。九下钟返。

3月15日　星期一

晴。上午，至法藏寺。陈端志为其亡故次子在寺作佛事，因往一唁。出，经辣斐德路浏览旧书摊，而至霞飞路新华银行分行。下午，至来青阁、来薰阁，而至成都坊，在彼观《古今》杂志。下午，黄烈文来，不值。

3月16日　星期二

晴。上午，至赫德路择邻处晤陈陶遗。合复伯华、秋林信。下午，杨铝章来。至成都坊，在彼观《同声》月刊。

3月17日　星期三

晴。上午,至霞飞路一四一二衖内静村答候剑丞先生。出,在善钟路新设之蕴华阁旧书肆浏览。下午,干全华来。复昆友、仲琦、叔刚信。至成都坊,在彼观陈简斋诗。出,至康乐村。

3月18日　星期四

上午雨,下午晴。上午,杂务。昆友来。系昨晚抵沪。午饭后去。写账。至成都坊。出,至鸿远里大妹处。今日阴历二月十三,为昭明生辰。傍晚,命念祖等设祭。

3月19日　星期五

阴,有微雨。上午,写账。沈伯康来。至东亚旅馆彭健行寓处,君藩约晤曹慎修。旋邀同至南国酒家,与君藩、履仁设筵宴曹君。同席为健行、陈端志、陈端白等,时舅亦到。散席后,同时舅至来青阁、来薰阁,世界书局晤思期。余又至朵云轩、商务印书馆而返。

3月20日　星期六

上午阴,下午雨。上午,至康脑脱路安居晤胡朴安。出,至世界殡仪馆望舅殡宫。今日为舅氏四七之期,君平等在致祭也。少留,返。迪前来。下午,复公迈信。中妹来(住夜)。至康乐村望舅灵前。夜,昆亮来。理账。

3月21日　星期日

阴,有雨。上午,至姚主教路怡村候朱叔建,不值。而至大同坊晤王培孙,回经蕴华阁,浏览书籍。下午,至世德里思期处。同乡会诸子在此集商公祭望舅事宜。刘大年来。今日阴历二月十六,为先妣高太淑人生辰。傍晚,设祭。夜,君藩来。

3月22日　星期一

阴,夜雷雨。上午,至海格路时舅处。下午,韫辉来。至成都坊,中间出,至朵云轩。

3月23日　星期二

阴,有雨。上午,复伯华并秋林信。昆友来,午饭后去。至合众图书馆晤潘景郑、顾起潜。出,至四明村迪前处。出,至康乐村。

3月24日　星期三

晴。上午,至法藏寺。王杰士为其尊翁阆甫先生七十冥庆在寺作佛事,因往拜。午馔后,同时舅出,走辣斐德路浏览旧书摊,晤及陈廉斋。遂又同至嵩山路冯超然处,坐谈数刻,余先出,至成都坊。夜,复继麟信。昆友来,少坐去,约明日回张。

3月25日　星期四

晴。上午,至庆云里内候白蕉,不值,出,至百乐商场购盆景而返。又至霞飞路新华银行分行,回经蕴华阁书肆浏览。下午,偕颖柔至朵云轩、大纶绸缎局、国货公司,及可可食品公司吃点心。

3月26日　星期五

雨,上午阴。上午,写清明节囷签。下午,至朵云轩而世界书局晤思期。出,至成都坊,傍晚至康乐村望舅灵前。明日为舅氏五七之期,今夜延僧上树灯也。十一时许返。

3月27日　星期六

阴,有微雨。上午,徐南陔来。作信复伯华,致徐忠良。偕颖柔至玉佛寺。今日为望舅五七之期,高宅在此作佛事。午馔后返。偕颖柔至青年会贺何修伦(叔嘉先师之孙,旭东表弟之子)结婚。夜八下钟返。

3月28日　星期日

晴。上午，至庆云里内候白蕉，不值。而至海格路时舅处，适方冲之亦来，旋同至余处，先已到过也。少坐，去。下午，至成都坊，适圆妹携青甥亦来。出，至四明村迪前处。

3月29日　星期一

阴雨。上午，理清明节囤签。中妹携瑞、壁二甥来（傍晚去）。昆宏、昆铬来。杨铝章来。清明节祭先。下午，作信复心臧及子光、仲琦，致伯华，又合致韫辉、守中。

3月30日　星期二

晴。上午，昆亮来。至康乐村望舅灵前，今日高宅清明节祭祀也。出，至泰丰楼，贺徐伯贤哲嗣南陔结婚。午席宴证婚人，招陪。下午观礼后出，至成都坊，念祖、纪祖亦往，留彼赴喜筵后返耳。

3月31日　星期三

晴。上午，杨铝章来。誊《祭望舅文》。下午，至成都坊，在彼观《中和》杂志。夜，昆友来。系今日抵沪。少坐，去。

4月

4月1日　星期四

晴。上午，奉望舅遗命谨书《大学》一章。至康乐村望舅灵前。复秋林、钻坚信。下午，郭石骐来。至民智校舍内，同乡会开理监事例会。公议上望舅私谥，余提孝靖二字，一致通过。散会后，至成都坊。夜，君藩来。

4月2日　星期五

晴,夜有雨。上午,至善钟路巡捕房领户口购米证(近仆人沈长生暂行回去)。下午,至成都坊,在彼观《古今》杂志。中妹来(夜饭后去)。

4月3日　星期六

阴,傍晚雨。上午,偕颖柔至康乐村望舅灵前。旋念祖、纪祖、益明自校中放课,亦到。今日为舅氏六七之期,余持香烛祭筵,写经祭文、联幛冥锭致祭。下午,颖柔等先行,余出时一转经香楼书肆而返。致伯华信(交君介转寄)。

4月4日　星期日

晴。上午,至怡村候朱叔建,不值,惠安坊晤闵瑞师。下午,偕颖柔携纪祖、慧明、绳祖往游兆丰公园,旋念祖亦来。夜,迪前来。

4月5日　星期一

阴晴,夜雨。上午,雷君彦来。观《中和》杂志。下午,至成都坊。出,至世界书局晤思期。

4月6日　星期二

阴。上午,至怡村候朱邦建,不值。迪前来。陆幼卿来。下午,致子峰,复词臣及账房信。至四明村迪前处。出,至康乐村。出,至迈而西爱路余庆里,晤倪若水。夜,致陈乃乾信。

4月7日　星期三

雨。上午,昆亮来。致朱叔建信。至海格路时舅处,路晤蒋志义。下午,复伯华,致继麟信。观《中和》杂志。至四明村迪前处。温读《论语》。

4月8日　星期四

晴。上午,至宁波路和泰钱庄,北京路浙江兴业银行等处。观《中和》杂志。下午,李寄舫来。至康乐村。出,至鸿远里大妹处。出,至成都坊。写笔札。夜,迪前来。

4月9日　星期五

晴。上午,至怡村晤朱邦建,回经蕴华阁浏览。理书。下午,昆友来。系前日抵沪,住在旅馆。至福煦路中南银行分行而来青阁、抱经堂、来薰阁。回,至福煦路习文书社晤冯初光,购青田印石两方,而至成都坊。出,至康乐村。亚雄来。系今日抵沪(住)。夜,启贤来,坐谈数刻去。

4月10日　星期六

阴晴。上午,启贤同金书麟来。书麟坐谈数刻,去。余同启贤、亚雄至康乐村望舅灵前。今日为舅氏终七之期。下午,至玉佛寺,明日高宅在寺开吊,为之悬挂联幛,布置一切。傍晚,至杏花楼,高宅请知宾酒。散席后,又至玉佛寺。夜十一时许返。

4月11日　星期日

晴。上午七时许,至玉佛寺。今日为望舅在寺开吊,金山旅沪同乡会并举行公祭、上私谥。颖柔与念祖、纪祖、益明亦到。夜八时许返。启贤来。

4月12日　星期一

晴。上午,杂务。昆友来。下午,至康乐村。出,至成都坊。出,至四明村迪前处。

4月13日　星期二

晴。上午,杂务。补写日记。理账。下午,至四明村迪前处。出,至成都坊,适大妹亦来,又昆惠等自乡来。

4月14日　星期三

晴。上午，偕颖柔携益明、慧明、绳祖、花明至大东酒楼。念祖、纪祖自校中课毕后径去，贺昆友与陈定夷女士结婚。下午，行婚礼。夜九时许返。今日静婉亦来。今日下午，余又一至大利酒楼贺李寄舫哲嗣结婚。

4月15日　星期四

晴。上午，迪前来。至怡村候朱邦建，不值。花明携曾祺来（傍晚去）。下午，观《章炳麟自定年谱》。昆友偕新妇来谒，昆惠同来。至成都坊。出，至来青阁而大东酒楼。昆友在此宴其新舅并补请证婚人及账房诸人。念祖亦往，夜十时许返。

4月16日　星期五

晴。上午，至怡村晤朱邦建，霞飞路新华银行分行。下午，至四明村迪前处。出，至鸿远里吴宅及大妹处。出，至成都坊。今日阴历三月十二，为先祖春渔公生辰。傍晚，设祭。

4月17日　星期六

阴，夜雨。上午，至海格路时舅处。下午，至鸿远里吴宅及大妹处。出，至成都坊，昆友新夫妇来。夜，复伯华信。亚雄往宿旅馆，明晨回张。

4月18日　星期日

阴雨。上午，杰士来。理账。下午，迪前来。至民智校舍内，同乡会开理监事例会。公议上陈干丞先生私谥，决定清敏二字，于其二十冥寿时举行。出，至成都坊。花明携曾同来，夜饭后去。

4月19日　星期一

晴。上午，迪前来。理账。下午，昆友来。约明日偕新妇回张。至大新画厅观白蕉书画展览，世界书局晤思期，而成都坊。

中妹、圆妹来过。夜，迪前、中妹来。

4月20日　星期二

晴，夜雨。迪前来。上午，至怡村候朱邦建，不值。回，至霞飞路新华银行分行。下午，至蕴华阁书肆而成都坊（昆惠等今日回去）。夜，致伯华信。在君宾处晤迪前、中妹。

4月21日　星期三

阴晴。上午，补写日记。至康乐村望舅灵前，今日为舅氏六十日之期。出，同君藩至西摩路经香楼书肆。下午，杂务。至世界书局思期处，应黄芳墅约晤，并与履仁谈旧松属善款产事。旋时舅适亦来。出，同思期、时舅至来青阁、抱经堂。夜，观《古今》杂志。

4月22日　星期四

晴，夜雨。上午，至择邻处晤陈陶遗。复中孚，致账房信。下午，中妹来（夜饭后去）。花明来（傍晚去）。至成都坊。

4月23日　星期五

阴雨。上午，杂务。作信致顾起潜。下午，至福煦路中南银行分行，维也纳理发室理发，经香楼书肆。观《古今》杂志。

4月24日　星期六

阴。上午，至霞飞路新华银行分行。理账。下午，至成都坊。在彼致伯华一信，交道衔带去。出，至忠厚书庄而南国酒家应彭健行招饮，请订婚酒也。夜近十时许，偕时舅返。今日下午，大妹来过，余出时晤诸途。

4月25日　星期日

晴。上午，至怡村晤朱邦建，回经蕴华阁浏览。理账。下午，迪前来。中妹来。至鸿远里大妹处。出，至成都坊。夜，致伯华信。

4月26日　星期一

阴，傍晚雨。上午，理账。观《古今》杂志，直至下午。观《章炳麟自定年谱》。今日阴历三月廿二，为先君生辰。傍晚，设祭。至霞飞路觉林蔬食处。高临川为父丧家奠，请知宾酒。散席后，又至蒲柏路庄严寺。高宅明日即在此设奠也。略为布置，十时许返。

4月27日　星期二

阴，傍晚有雨。上午，写笔札。至庄严寺，高卓庵表兄家奠，往拜，并为招待。下午四时许。出，至成都坊，大妹、中妹适来。

4月28日　星期三

阴雨。上午，迪前来。理账。观清合肥郭乐山（怀仁）《学使遗诗》（《同声》月刊本）。下午，花明来。至成都坊。夜，草《顾仲开丈〈四书成语集联〉跋》。下午，顾起潜来过。

4月29日　星期四

晴。上午，倪道衎来。系昨日抵沪，住在成都坊。写账。下午，观《宋绍定井阑拓片题记册》。系顾起潜送来属题也。偕颖柔携益明、念祖、纪祖至国际饭店，贺冯剑吟表妹结婚。出，偕时舅、君藩至东亚旅馆晤彭健行，为朱履仁事。旋邦屏亦来，同至新都饭店夜馔。十下钟返。

4月30日　星期五

晴。上午，迪前来。至惠安坊闵瑞师处。出，至霞飞路新华银行。下午，偕颖柔至大新公司等处购物，冠生园吃点心。夜，观郭乐山《学使遗诗》。

5月

5月1日　星期六

晴。上午，朱积诚来。杂务。下午，至四明村迪前处，康乐村晤君平、君实，而至成都坊。昆友来。系昨日抵沪，住在陈寓。偕颖柔至霞飞路华府饭店，冯志伊、志洽宴其妹婿顾子余，招陪。夜九时许返。

5月2日　星期日

晴，夜雨。上午，迪前来。致账友信。下午，观《古文雅正》。至经香楼书肆而成都坊，在彼观《古今》杂志。携静姬出，至瘦西湖吃点心。夜，迪前来。

5月3日　星期一

晴。上午，至海格路时舅处。作信复伯华，致黄莲芳及房客邬伯希。下午，复中孚信。花明来。携慧明、绳祖、花明往游杜美公园。颖柔先与圆妹至高君实处，视其嫂氏产后，旋亦来也。夜，迪前来。

5月4日　星期二

晴。上午，写账。写笔札。昆友来，午饭后去。约明日回张。至霞飞路新华银行分行而成都坊。出，至《时报》馆旧址，观沪东公社主办之好癖展览会，汉文渊书肆，世界书局晤思期。旋邦屏亦来，同至东亚旅馆彭健行处，谈履仁事。傍晚返。

5月5日　星期三

晴。上午，在君宾处晤朱积诚。迪前来。写账。至康乐村。君实以新生儿弥月祭先，招共午馔。馔后，少坐。同君实至鸿远里大妹处,坐谈良久。出,至成都坊。夜,昆亮来。君藩来。

5月6日　星期四

　　晴。上午,薛志祥为在张租房事持黄莲芳信来,坐谈良久,去。观顾竹庵先生遗墨手卷。先生,系起潜之尊人也。下午,迪前来。至汶林路二一八衖候朱履仁。渠近遭无妄之灾,昨始脱险也。出,至惠安坊候闵瑞师,不值,信昌当候徐子素,亦不值,晤马醚生,少坐,返。中妹来(夜饭后去)。夜,观清满洲宝竹坡著《庭闻忆略》。

5月7日　星期五

　　晴。上午,拟草《复泉山馆后记》。复伯华及黄莲芳信。下午,至成都坊。在彼观《杨诚斋诗》(夏敬观选注)。夜,时舅来。

5月8日　星期六

　　晴。上午,至法藏寺。陈干丞先生今日八秩冥庆,其哲嗣天石在寺作佛事,同乡会因献私谥曰清敏先生,举行公祭。午馔后,同瑞师、时舅、君平、君定、君介、君实出,至霞飞路荣业里,来苏社叩谒木道人。出,至成都坊。夜,迪前来。

5月9日　星期日

　　晴。上午,写账。续草《复泉山馆后记》成,为顾起潜作。下午,至鸿远里大妹处。出,至成都坊,大妹适亦来。

5月10日　星期一

　　阴晴。上午,写账。誊文。下午,时舅母来。偕颖柔至梅白格路曾耀仲医生处,皆请其诊治。出,至南京路购物。今日下午,高君平、君定、君实来谢吊,未晤。

5月11日　星期二

　　晴。上午,写账。刘大年来。誊文。下午,花明来。至成都坊。夜,观《钱牧斋尺牍》。

5月12日　星期三

雨。上午,杂务。下午,至福煦路中南银行分行、四明村迪前处。观《庭闻忆略》完。观明华亭徐祯稷著《余斋耻言》。

5月13日　星期四

晴。上午,李杏林来。复伯华信。下午,至成都坊。出,至朵云轩、来青阁等处。观《余斋耻言》。亚雄自张来。

5月14日　星期五

阴晴,夜有雨。上午,观《钱牧斋尺牍》。至静安大楼晤吴忆初于其诊所。下午,复伯华信,又致黄莲芳信。誊文。大妹来(夜饭后去)。前拟《〈复庐文稿〉自序》,今草成之。

5月15日　星期六

阴雨。上午,至庆云里内晤白蕉。誊文。下午,观《钱牧斋尺牍》。花明来。至四明村迪前处。出,至成都坊晤昆友,方自张来。又昆惠携荃官于越昨来,则住此也。

5月16日　星期日

阴。上午,誊文。下午,至成都坊,中妹、圆妹亦来。夜,观《钱牧斋尺牍》。

5月17日　星期一

阴晴。上午,至霞飞路新华银行分行而至成都坊。花明来(傍晚去)。杨铝章来。下午,韫辉来。静婉来见颖柔,昆惠同来。誊文。在君宾处,与君藩闲谈。夜,伯才来。

5月18日　星期二

阴晴。上午,至四明村迪前处,鸿远里大妹处,而成都坊。出,至大西洋西菜社。迪前为恭寿完姻在此宴证婚人时舅及介绍人君定（以服中，由鼎官代）、昆友，招陪。出，偕时舅至汉文渊书肆、世界书局晤思期，而再至成都坊、四明村。夜，作信致伯华及林晋康。今晚，倪道衍昆仲为妹浣然出嫁（即周家之坤宅），在大利酒楼亦宴介绍人，招陪。令念祖、纪祖同往。

5月19日　星期三

晴。上午，至成都坊、福煦路中南银行分行。下午，偕颖柔携念祖、纪祖、绳祖、慧明、花明至八仙桥青年会，贺周甥恭寿与倪浣然结婚。益明以为傧相先往，静婉亦来。傍晚喜筵后，余又出，至南国酒家应君藩、履仁宴客招陪。夜十下钟返。

5月20日　星期四

晴。上午，至霞飞路四行信托部，而至成都坊。下午，昆友夫妇来。偕颖柔携诸儿至四明村恭寿新房。

5月21日　星期五

晴。上午，姚墨谦来。写账。下午，恭寿新夫妇来，菊畦同来。观《古今》杂志。至合众图书馆晤顾起潜及潘景郑。夜，昆惠来，约明日回午。

5月22日　星期六

阴晴，下午有微雨，夜雨。上午，写账。复伯华、继麟信。观《钱牧斋尺牍》。下午，至成都坊，恭寿新夫妇来过。出，至鸿远里大妹处。夜，在君宾处闲谈。

5月23日　星期日

上午雨，下午阴。上午，杂务。至来薰阁书肆而大利酒楼。邑中金柏荫先生今年寿臻八秩，又值重游泮水之期，同乡会内爱在此设筵公贺。散席后，又同至容新照相馆合摄一影。出，至四明村恭寿新房，静婉亦约来，与昆屏已先到矣。观《中和》杂志。

5月24日　星期一

阴晴,夜雨。上午,杨铝章来。迪前来。写日记。下午,偕颖柔至南京路杨庆和银楼、大纶绸缎局、三友实业社等处购物,又一村吃点心。中妹来,夜饭后去。

5月25日　星期二

上午雨,下午阴晴。上午,写日记。草文。下午,昆友来。前曾回张,昨又至沪也。杨铝章来。观《中和》杂志。观《钱牧斋尺牍》。今日身体疲倦。

5月26日　星期三

上午阴,下午雨。上午,至紫来街公泰花行、霞飞路四行信托部、善钟路蕴华阁书肆。下午,观清桂林陈宏谋著《培远堂偶存稿》。陈氏之公牍书札亦名《偶存稿》,此则文集也。至鸿远里大妹处(先经福煦路中南银行一转)。理书。今日上午,亚雄乘火车至松回张,君宾亦同归一行。

5月27日　星期四

雨,下午阴。上午,杂务。观《培远堂偶存稿》。下午,偕颖柔携益明、念祖、纪祖、慧明、绳祖至大西洋西菜社,贺王石士内兄令媛韵娴于归庄氏。茶点后返。今日阴历四月廿四,为先妣冯太淑人生辰。傍晚,设祭。

5月28日　星期五

晴。上午,校所誊本支先世事略。至南阳路介福里王寓,石士令媛归宁,应其招饮。散席后,出,至成都坊,惟以戒严封锁,在路途等候多时。

5月29日　星期六

晴。上午,蔡叔明来,坐谈数刻,去。校所誊本支先世事略。

下午,至成都坊,在彼观《杨诚斋诗》。夜,昆亮来。迪前来。

5月30日　星期日

阴。上午,校抄件。至海格路时舅处。下午,至朵云轩汉学斋(郭石骐等新设)、来青阁、忠厚书庄、富晋书社。旋以戒严封锁,在金城咖啡馆啜茗少待。出,至成都坊。观《钱牧斋尺牍》。夜,君宾方自乡出来,与之杂谈。

5月31日　星期一

晴。上午,复黄涤新信。偕颖柔至武定路玉皇山道院。今日为望舅百日之期,高宅在此作法事。下午返。复伯华信。夜,中妹、迪前来。翁启贤来(住宿)。

6月

6月1日　星期二

阴,下午雨。上午,写账及日记。观《钱牧斋尺牍》。下午,至浦东同乡会公祝沈信卿先生八秩寿诞。出,至成都坊。

6月2日　星期三

阴,上午有雷雨。上午,录存信稿。写账。至康乐村,徐子素来致祭望舅,君平招为陪(至时子素已去,其公郎念如留)。午馔后,又少坐,出,至成都坊。出,至五凤里晤何公度及孙实君。观《古今》杂志。夜,观《钱牧斋尺牍》完。

6月3日　星期四

雨。上午,杂务。观清长兴王豫著《孔堂集》,共五卷,至下午完。至霞飞路新华银行分行。观《古今》杂志。

6月4日　星期五

阴晴。上午,至海格路时舅处。出,至蕴华阁书肆。翻阅李遇孙批点《日知录》,系向沈思期借来。下午,至成都坊,中间出,至商务印书馆、世界书局晤思期。

6月5日　星期六

阴晴,上午雨。上午,翻阅李遇孙批点《日知录》。静婉来(傍晚去)。下午,观《同声》月刊。观古闽王寿昌《晓斋遗稿》。至静安寺路凯司令西菜社。吴忆初为其哲嗣完姻,在此宴证婚人、介绍人,招陪。夜,九下钟返。

6月6日　星期日

阴晴。上午,至静安寺奠李芑香先生夫人开吊,淡井庙奠顾厚田丈夫人开吊。复继麟信。下午,偕颖柔携益明、念祖、纪祖、慧明、绳祖、华明至青年会,贺吴忆初哲嗣源泰结婚。茶点后返。观明宜兴陈贞慧之《秋园杂佩》及《山阳录》。

6月7日　星期一

阴。上午,作信致伯华,复黄莲芳、林晋康。下午,迪前来。偕颖柔携慧、绳、华三儿至鸿远里吴源泰新房(益明等昨晚已去),并至大妹处。作信致陈乃乾,复王培孙。夜,观陈贞慧《书事七则》。

6月8日　星期二

阴雨。上午,理账。花明来,午饭后去。写账。观《左文襄公诗文别集》。夜,时舅来。

6月9日　星期三

阴晴。上午,至维也纳理发室理发。校抄件。下午,至成都坊,在彼复昆友一信。理文件。亚雄自张来。

6月10日　星期四

晴。上午，至拉都路大方新村晤金兰畦，坐谈数刻。出，至爱多亚路阜昌参号。下午，至福煦路信谊药厂而成都坊。大妹来（傍晚去）。观钱基博著《韩愈志》。薛志祥来。君实来。夜，复伯华信。

6月11日　星期五

阴晴，有微雨。上午，写账。观《左文襄公诗文别集》。致继麟信。下午，迪前来。吴源泰同新夫人来。至成都坊。

6月12日　星期六

雨。上午，理账。下午，花明来（傍晚去）。观《左文襄公诗文别集》完。

6月13日　星期日

上午雨，下午阴。上午，伯才来。写账。下午，观《韩愈志》。中妹来（夜饭后去）。方冲之来。至四明村候韫辉，不值即返。夜，复秋林信。致君介信。

6月14日　星期一

晴。上午，至模范村候冒鹤亭先生，坐谈数刻。并适于坐上晤及沈飚民，初识也。下午，至成都坊，在彼观《杨诚斋诗》。出，至瘦西湖吃点心，静婉与昆屏同去。今日上午，亚雄回张。夜，恭寿伉俪来。翻阅清同治重修江西省《广信府志》，以有先世宦迹在也。

6月15日　星期二

晴。上午，写账。褚士超来，新近自闽抵沪。翻阅清光绪重修安徽省《宿州志》，以有先世宦迹在也。此志与《广信府志》均向王培孙借来。下午，至成都坊，携静姬出，至南京路。夜，启贤来。

纪祖肄业壬午补习社（即光华附中）。今日暑假考试完竣,初中毕业。

6月16日　星期三

晴。上午,迪前来。理账。观《杨诚斋诗》。下午,至北京路民生中学晤姜长林,宁波路济生会候王莲友,不值。又至来薰阁及汉学斋书肆浏览,而至成都坊。夜,在君宾处与君藩杂谈。

6月17日　星期四

雨。上午,结账。观《韩愈志》。下午,复秋林及词臣信。翻阅常熟赵古泥之《诗草》及印谱。今日阴历五月十五,为先妣高太淑人二十一周忌辰。傍晚,设祭。今日得账友胡秋林信悉,陈伯华于阴历五月十二故世。

6月18日　星期五

阴晴。上午,至武定路玉皇山道院。今日为卓庵表兄百日之期,高宅在此作法事。少坐,返。下午,致秋林信。韫辉来。至成都坊。出,至杏花楼为毕静谦今年六秩,与时舅、君平、履仁设筵宴之。君藩、君定、邦屏亦到,并约思期、君宾。夜九时许返。

6月19日　星期六

阴,下午有雨。上午,迪前来。同至怡村晤朱邦建,回经蕴华阁书肆浏览。下午,观《培远堂偶存稿》。至成都坊,顷花明携曾同来过。

6月20日　星期日

晴。上午,曹中孚来。系前日抵沪,住在旅馆。君实来。花明、启明携曾同、曾祺来（下午去）。夏至节祭先（今日阴历五月十八亦适先祖妣生辰）。下午,亚雄自张来。君藩来。至成都坊一转后,而至世德里沈思期处应其招饮,藉观其所藏书籍、字画。同座为君平、君定、陈陶遗、褚士超、俞肃斋等。夜十时许返。

6月21日　星期一

晴。上午,杂务。观《培远堂偶存稿》。下午,至鸿远里大妹处。出,至成都坊,适花明携曾同与益明亦来。出,至华东旅社候中孚,不值,而至世界书局晤思期。旋同至高长兴酒店,由余约中孚、士超、肃斋、智川酒叙。夜九时许返。

6月22日　星期二

晴。上午,至海格路时舅处。下午,复秋林信。至四明村望中妹小恙。出,至成都坊。出,至华东旅社晤中孚及戚智川。旋智川邀同至会宾楼夜馔,尚邀士超、新民。九时许返。

6月23日　星期三

阴晴。上午,作信致林晋康。至薛华立路一零三衖李新民处应其招饮。同席为中孚、士超、智川。散,出,余至五凤里孙实君处而成都坊。中妹来,夜饭后去。

6月24日　星期四

雨。上午,写笔札。下午,观《韩愈志》。观《培远堂偶存稿》。夜,顾起潜来。今日上午,亚雄回张,鼎甥同归一行。

6月25日　星期五

雨。上午,结账。观《韩愈志》。下午,至成都坊,中间出,至爱多亚路广新银业公司晤刘宣阁及汉口路汉学书店。

6月26日　星期六

阴。上午,致秋林、公迈,复启贤信。观《韩愈志》。下午,至大同坊晤王培孙。观《培远堂偶存稿》。顾起潜来。

6月27日　星期日

阴。上午,致昆友,复钻坚信。观《韩愈志》完。君实来。下午,观《培远堂偶存稿》。冯剑吟同其新婿顾子余来。子峰自张来(住)。夜,沈伯才来。今日下午,同乡会在民智校址开常年大会,以客来未赴。

6月28日　星期一

阴晴。上午,至海格路时舅处。出,至蕴华阁书肆。下午,时舅来,即同至合众图书馆晤顾起潜、潘景郑。出,余至成都坊。屠继麟自张来(住)。

6月29日　星期二

雨,下午阴。上午,观《培远堂偶存稿》。下午,至霞飞路新华银行分行而成都坊。

6月30日　星期三

阴晴。上午,至霞飞路四行信托部。朱邦屏来。下午,至威海卫路桐柏宫。何震生在渝病故,今属百日,其家在此作法事,因往奠。旅沪同乡会并举行公祭。出,至成都坊。静婉于今晨偕昆屏乘火车至松回张一次,倪浣然与恭寿回干同行。余往一看门户,后至鸿远里,大妹出外,即至经香楼书肆而返。夜,韫辉来候子峰。

7月

7月1日　星期四

雨。上午,偕颖柔携念祖、益明至蒲柏路庄严寺。为外叔祖母李太夫人百岁冥庆,时舅在寺作佛事。下午五时许返。观《培远堂偶存稿》完。夜,复秋林信。

7月2日　星期五

阴。上午,子峰回张。改正《培远堂偶存稿》中误印之字。补写日记。下午,至成都坊一转后至亨得利钟表总行,济生会晤王莲友,大东茶室吃冰其淋,来薰阁、汉学书店、来青阁。暑期内,仍请顾荩丞先生为念祖、纪祖补习国文、温理经书,每逢星期一、三、五上午来,今日开始。

7月3日　星期六

晴。今日阴历六月初二,花明周岁,治面。上午,花明携曾同、曾祺来(傍晚去)。下午,大妹、中妹来(傍晚去)。作信复林晋康,近拟请其任账职也。夜,白蕉来。

7月4日　星期日

晴。上午,作信复钻坚、心臧。下午,偕颖柔至环龙路上海别墅答候顾子余、冯剑吟伉俪。出,在霞飞路散步,冠乐吃点心后返。致静婉信。观《古今》杂志。

7月5日　星期一

阴。上午,至法藏寺。杨守忠开吊,往奠。少坐,返。下午,至福煦路中南银行分行,而六四五衖晤君藩。渠近患痢疾已愈,坐谈数刻。出,至鸿远里大妹处。鼎甥昨自张回。出,至五凤里孙实君书肆中浏览。

7月6日　星期二

阴晴。上午,至福煦路中南银行分行、海格路时舅处。下午,偕颖柔至曾耀仲处,余请其诊治。出,至凯司令饮冰、吃点心。

7月7日　星期三

阴晴。今晨,继麟回张。上午,道衍来。系前日伴鼎甥抵沪。作信复词臣,致继麟。下午,至赫德路愚园路口起士林吃冰其林后,乘电车至朵云轩、商务印书馆。身体觉有不适。观《华北编译馆馆刊》。

7月8日　星期四

阴,有微雨。上午,录存信稿。至福煦路中南银行分行。下午,观《华北编译馆馆刊》。何公度来。校对嘱继麟所誊之沪寓用账。

7月9日　星期五

阴晴。上午,校对所誊之沪寓用账。复张良汝,致华北编译馆信。下午,启明、花明携曾同来。邀冯志洽来诊治,并治绳祖足肿、患水泡。观《华北编译馆馆刊》。夜,迪前来。

7月10日　星期六

晴。上午,校对所誊之沪寓用账。至孟德兰路护国禅寺。潘博山开吊,往奠。晤及顾起潜、王欣夫、瞿凤起、王佩诤诸人。午馔后,返。复林晋康信。夜,中妹来。

7月11日　星期日

晴。上午,至静安寺旁荣康茶室啜茗,约晤瞿凤起、葛咏裳,并晤及王欣夫、徐眉轩、胡宛春、陆清澄、徐一帆等。下午,作信致秋林,复干祖望。至民智校址,同乡会开三十二年度第一次理监事联席例会。前大会改选职员时,余仍被举为监事也。散会后,出,至凯司令饮冰而返。

7月12日　星期一

晴。上午,昆亮来。杂务。下午,姜长林来。观《华北编译馆馆刊》。

7月13日　星期二

晴,下午雷雨。上午,校对所誊之沪寓用账。复秋林信。下午,至静安寺路东首四行储蓄会、南京路亨得利钟表行。观《华北编译馆馆刊》。秋林与俞照海来。

7月14日　星期三

上午阴,下午有盛雨。上午,与秋林杂谈。复俞心臧信。下午,观《华北编译馆馆刊》。至维也纳理发室理发。

7月15日　星期四

阴晴。今晨,秋林与照司务回张。上午,写账。观《华北编译馆馆刊》。下午,邀志洽来,余与绳祖请其复诊。至康乐村君平处,四明村韫辉处及经香楼书肆。夜,翁启贤来(住夜)。

7月16日　星期五

阴,下午有雨。上午,作信复昆友、继麟,致子光、晋康、秋林。下午,观《杨无恙诗续稿》。至海格路时舅处。观清武进杨椿著《孟邻堂文钞》。夜,迪前来。

7月17日　星期六

阴晴。上午,至北京路国华银行。下午,复子峰信。王欣夫、王巨川来。至劳勃生路泰兴村晤方冲之,坐谈数刻,返。夜,君介来。

7月18日　星期日

阴晴。上午,作信复姜可生。下午,至来薰阁、汉学书店浏览而至世界书局晤思期。

7月19日　星期一

晴。上午,作信复谈月色,致陈柱尊。下午,至福煦路中南银行分行,威海卫路清秘阁装池,而成都坊内一转。出,至来青阁、汉学书店浏览,金城菜社饮冰。花明来。

7月20日　星期二

晴。上午,至霞飞路四行信托部,回经蕴华阁阅书。下午,至鸿远里大妹处。翻阅《中华月报》。

7月21日　星期三

晴。上午，写账。录存信稿。昆友来。系昨日至沪，住在陈寓。午饭后去。观《中和》杂志。邀冯志洽来，余与绳祖请其复诊。

7月22日　星期四

晴。上午，至霞飞路四行信托部、爱多亚路阜昌参号。下午，致晋康、伯才信。迪前、中妹先后来。迪前坐谈数刻去，中妹夜饭后去。观《中华月报》。复静婉信。夜，昆友来，少坐，去。约明日回张。

7月23日　星期五

晴。上午，写账。致秋林信。下午，至四明村四十二号，适迪前、中妹均不在，即出。至鸿远里大妹处，并晤中妹。出，至慕尔鸣路震兴里俞肃斋处、康乐村君平处。

7月24日　星期六

晴，大暑。上午，至紫来街同德里、震泰号、香港路铁业银行。下午，观《中和》杂志。至鸿远里晤君定、大妹。夜，恭寿伉俪来，近自干回沪。沐浴。

7月25日　星期日

阴晴。上午，至荣康茶室啜茗，晤瞿凤起、王欣夫、严载如、葛咏裁等，并识庞次淮。写笔札。复秋林信。下午，迪前来。大妹来（夜饭后去）。至成都坊一转后而至南京路亨得利钟表行、舒莲记扇庄等处。在君宾处晤履仁、邦屏及时舅，即在君宾处夜馔。

7月26日　星期一

晴。上午，至霞飞路新华银行分行。陈宝鸿来（白蕉之友）。观《中和》杂志。下午，花明携曾同来（傍晚去）。观《古今》杂志。

7月27日　星期二

阴晴。林景琦来（晋康之子）。上午，至海格路时舅处，晤及蔡叔明，曾先至景华村，余已外出也。写《呈木道人疏》。致姜可生信。下午，观《中和》杂志。至合众图书馆晤顾起潜，并晤叶揆初。夜，复晋康信。

7月28日　星期三

晴。上午，至海格路。与时舅至霞飞路荣业里、来苏社，拟叩木道人乩坛。乃以扶手外出，遂将疏纸留呈而返。下午，复中孚信。中妹来（夜饭后去）。观《中和》杂志。邀志洽来诊治绳祖热疠。

7月29日　星期四

晴。上午，至来苏社、蕴华阁、时舅处。复陈志宏信（黄烈文之友）。下午，至鸿远里大妹处。出，至来青阁、汉学书店、来薰阁、世界书局晤思期，南京路购物而返。夜，观江宁邓邦述《群碧楼诗钞》。

7月30日　星期五

晴。上午，写账。致昆友信。下午，观《同声》月刊。偕颖柔至国货公司等处购物，冠生园饮冰。夜，观《群碧楼诗钞》。

7月31日　星期六

晴。上午，至上海殡仪馆吊程云岑之丧。出，至霞飞路四行信托部，来苏社领木道人乩示。下午，写笔札。中妹来（夜饭后去）。翻阅清新阳汪之昌著《青学斋集》。夜，翁启贤来，少坐，去。

8月

8月1日　星期日

晴。上午,至海格路时舅处。适杰士亦来,少坐后,同至余处。下午,至鸿远里大妹处。出,至南京路。夜,致晋康信。启贤来,少坐,去。上午,沈飒民来,不值。

8月2日　星期一

晴。上午,理账。誊写。下午,观《同声》月刊。夜,观《群碧楼诗钞》完。

8月3日　星期二

晴。上午,至江西路兴业大楼上有恒信托公司,晤汪朗若。出,至外滩中央信托公司。作信复汪孟舒,致周子美。下午,毕静谦来。至亨得利钟表行,而汉学书店晤及陈乃乾,邀同至金城菜社茶点。

8月4日　星期三

晴。张叔良来。上午,至四明村候沈飒民,坐谈数刻,返。林景琦来,午饭后去。复秋林,致昆友、中孚信。翻阅《青学斋集》。偕颖柔至大光明戏院观电影,演《万紫千红》。八时许返。

8月5日　星期四

晴。上午,至成都坊。静婉在张,于昨晚回沪,昆惠伉俪同来。午饭后返。复晋康信。张宪文来。白蕉来。今日阴历七月初五,为先君二十二周忌辰。傍晚,设祭。

8月6日　星期五

晴,上午有雨。上午,致昆友信。翻阅《青学斋集》。下午,至霞飞路四行信托部而成都坊,适圆妹亦来。

8月7日　星期六

晴。上午,伯才来,坐谈数刻,去。合复守梅、守中信。下午,至成都坊。花明携曾同来(夜饭后去)。中妹来(夜饭后去)。今日阴历七月初七,为粲君生辰。傍晚,设祭。

8月8日　星期日

晴。上午,写账。观《中和》杂志。下午,翻阅《青学斋集》。慧明颔下跌破,邀医生来缝治。至成都坊一转后而来青阁、汉学书店。

8月9日　星期一

晴。上午,至福煦路中南银行分行。郭瑞商、张润溪来。致晋康信。下午,静婉来,昆惠亦来。观《中和》杂志。至四明村晤韫辉。夜,伯才来。

8月10日　星期二

晴。上午,至白尔路大华里朱宅,答候郭瑞商及张润溪,坐谈半时许,返。花明携曾同、曾祺来(夜饭后去)。公迈来,商立加抵借据,午饭后去。黄伯惠来。至愚园路六零八衖候姜可生,并晤毕静谦。坐谈数刻,返。夜,伯才来。

8月11日　星期三

雨,风潮。上午,写账。下午,观《中和》杂志。公迈来。翻阅《青学斋集》。夜,观《孟邻堂文钞》。

8月12日　星期四

阴,有雨,夜雨。上午,理账。林景琦来。下午,至成都坊。夜,观《孟邻堂文钞》。昨日大风雨,晨间始渐息。今此间近段马路迤东以至迈尔西爱路许,皆积水成渠。

8月13日　星期五

晴。上午，林景琦来。中元节祭先。下午，翻阅《韩愈志》。复晋康信。

8月14日　星期六

晴。上午，致秋林信。至法藏寺，君平等以中元节在寺为望舅作佛事。午馔后，出，经辣斐德路浏览书摊而走至成都坊。中妹来（住夜）。

8月15日　星期日

晴。上午，林景琦来。至荣康茶室啜茗，晤及葛咏莪、徐眉轩、沈叔英、丁辅之等。写账。下午，至西摩路经香楼，大华书店浏览，而至民智校舍同乡会开理监事联席会议及贷学金委员会议。出，至成都坊，大妹、中妹适在，花明、益明来过。

8月16日　星期一

晴。上午，至福州路源昌钱庄、新闸路民谊药厂。下午，偕颖柔至南京路新源祥绸布号等处购物，冠生园饮冰、吃点心。

8月17日　星期二

晴。上午，至爱文义路一二九零号晤瞿旭初、凤起、昆仲。沈飚民来。复秋林、钻坚信。下午，偕颖柔至南京路购布料，又一村面点。

8月18日　星期三

晴。上午，至四明村望中妹，患痢疾。复晋康，致心臧信。下午，至鸿远里大妹处。出，至成都坊。

8月19日　星期四

晴。上午，姚墨谦来。复徐心存信。至四明村望中妹疾。写账。复华北编译馆信。下午，至霞飞路四行信托部，爱多亚路高登大楼广新银业公司晤刘宣阁,商务印书馆、开明书店编译所晤陈乃乾,世界书局晤思期,而至成都坊。夜,翁启贤来(住夜)。

8月20日　星期五

阴晴。上午,复晋康,致秋林信,并酌定各房客应赠租金表,寄之。花明携曾同、曾祺来(夜饭后去)。下午,至四明村望中妹,痢疾已渐愈。出,至成都坊。

8月21日　星期六

晴。上午,至海格路时舅处。下午,观《古今》杂志。至成都坊。出,至蒲石路福寿坊望顾荩丞,患恙。夜,昆亮来。

8月22日　星期日

晴,下午有阵雨。上午,至维也纳理发室理发。出,至四明村中妹处及韫辉处。复晋康信,至午饭后写毕。薛志祥来。至世界书局开股东常会。出,以天雨即返。致秋林及沈震华信。

8月23日　星期一

晴。上午,至海格路新华银行分行。理文件。下午,至福煦路中南银行分行、鸿远里大妹处而成都坊。夜,沐浴。

8月24日　星期二

晴,有雨。上午,写账。致晋康信。下午,至成都坊,适花明与珍甥亦来。大妹来过。

8月25日　星期三

晴。上午,至成都坊。昆惠于今晨回干。出,至四明村。致晋康信。下午,至来薰阁、汉学书店、来青阁,金城菜社饮冰,而成都坊。花明携曾祺与益明来,菊甥今来宿此。夜,观《孟邻堂文钞》。

8月26日　星期四

晴。上午,杨孝达来。张堰元大米行行友徐、沈两君来。致秋林、钴坚信。下午,偕颖柔携念祖、纪祖、慧明、绳祖至张园游泳池。念祖、纪祖入浴,余等参观时许,先出,至绿杨村吃点心而返。白蕉来。

8月27日　星期五

晴。上午,至成都坊。出,至世界书局晤思期,商务印书馆,仍返成都坊午馔。馔后,至南京路中妹钟表行,与颖柔相会。同至石路大利布号及新源祥国货公司购布料,冠生园饮冰、吃点心。

8月28日　星期六

晴,夜雷雨。上午,至海格路时舅处。复秋林及周小弟信。下午,携念祖、纪祖至福寿坊望顾苍丞先生,病乃已愈而外出,不值。余遂至成都坊。出,至鸿远里大妹处,四明村中妹处。

8月29日　星期日

阴晴,有微雨。上午,写账。复晋康、昆友信。下午,至上海殡仪馆吊金兰畦夫人之丧。出,至福寿坊晤顾苍丞,回经蕴华阁书肆浏览。翁启贤来,夜饭后去。

8月30日　星期一

晴。上午,写账。整理读《韩文札记》稿。下午,至福煦路中南银行分行、西摩路经香楼书肆,威海卫路清秘阁装池,而成都坊,在彼复晋康信。昆屏、昆静于前夜来此,昆静将寄宿校中也。出,至四明村中妹处。顾苍丞先生暑假内为儿辈补习,今日结束。下午,花明来过。

8月31日　星期二

晴。上午,至合众图书馆晤顾起潜及潘景郑。下午,至来青阁、汉学书店而成都坊。出,至康乐村晤君平。复晋康信。夜,翻阅《辛巳丛编》。

9 月

9月1日　星期三

晴。上午,干望山来,坐谈良久,去。下午,至四明村晤迪前。出,至成都坊,中间出,至汉学书店等处。夜,翻阅清山阴平步青之《群书斠识》。

9月2日　星期四

雨。上午,结账。下午,观闽县陈宝璐叔毅之《艺兰室文存》一卷完,凡五十三篇。夜,在君宾处与君藩晤谈。

9月3日　星期五

阴,有雨。上午,写账。叶水根来。干望山同徐晋夫来。下午,昆友来。系前日抵沪。少坐,去。至福煦路信谊药厂而成都坊。

9月4日　星期六

晴。上午,至惠安坊闵瑞师处。师今年七秩,持赠嘉庆本《松江府志》为寿,侍谈良久。出,至蒲石路中央储备银行。中妹来(夜饭后去)。下午,至汉学书店,翻阅其新搜之嘉兴沈氏藏书而至成都坊。

9月5日　星期日

晴。上午,至海格路时舅处。出,至荣康茶室啜茗,晤及咏莪、眉轩、凤起等。继述堂内碧官来。碧官自幼寄名于花明,今随其母作客来沪(傍晚去)。下午,花明来(傍晚去)。观黄秋岳之《花随人圣庵摭忆》。

9月6日　星期一

阴晴。上午,写账。复晋康,致昆友信。下午,偕颖柔至棋盘街及南京路购物,冠生园啜茗。中妹来,夜饭后去。韫辉来。

9月7日　星期二

阴晴,下午有雨。上午,致晋康,复秋林信。下午,至鸿远里晤君定、大妹。出,至成都坊,花明、益明来。出,至太和里候蔡叔明,不值。夜,迪前来。

9月8日　星期三

雨。上午,写账。复俞心臧,致张石钧信。下午,复谈月色信。观《花随人圣庵摭忆》。

9月9日　星期四

晴。上午,至本联保办事处。至海格路时舅处。复晋康信。下午,至成都坊。出,至清秘阁装池。大妹来,夜饭后去。君藩来。启贤来,住宿。

9月10日　星期五

晴。上午,写账。至合众图书馆晤顾起潜并候潘景郑,不值。下午,至成都坊,携静婉出,至南京大戏院观电影,演《渔家女》。回,经瘦西湖,吃点心。夜,观闽县《陈文忠公(宝琛)奏议》。纪祖仍肄业壬午补习社,今日暑假后开始上课,升高中一年级,入理科。

9月11日　星期六

晴。上午,写账。至海格路时舅处。拟信稿。下午,至开明书店编译所晤乃乾,世界书局晤思期并适晤及宣子宜,汉学书店而成都坊。夜,观《陈文忠公奏议》。下午,花明携曾同、曾祺来过。

9月12日　星期日

晴。上午，王小弟同施省三来，为镇上市房事。作信致沈伯康，为其介绍陆莲洲来任账职事，又合致晋康、秋林信。偕颖柔携益、念、纪、慧、绳五儿至霞飞路大同酒家午餐，并约花明携曾同亦来。餐后，益明等别去，余与颖柔又携慧、绳二儿往游杜美公园而返。夜，观《陈文忠公奏议》。

9月14日　星期二

晴。上午，至巨泼来斯路一百衖内候刁也白，少坐，回经蕴华阁一为浏览。下午，写账。至成都坊。出，至世界书局晤思期及时舅、君定、林憩南同至时报馆旧址黄伯惠处，应其招饮。同席尚有黄烈文、陈陶遗、陈秋实、毕静谦、周学文。散后，返已九时许。今日阴历八月十五，为先祖春渔公忌辰。傍晚，设祭。

9月15日　星期三

晴。上午，至四明村中妹处。复秋林信。下午，复晋康信。周太亲母来。至八仙桥青年会，信谊药厂开临时股东会。观《花随人圣庵摭忆》。夜，观《陈文忠公奏议》。

9月16日　星期四

阴晴。上午，写账。整理信稿。下午，至天津路浙江建业银行，世界书局晤思期，而至成都坊。出，至四明村中妹处及八十九号内晤陆惟钊。夜，观《陈文忠公奏议》完。纪祖下学期课余仍请顾莃丞先生补习。从今日起，每逢星期四、六下午约二小时授《礼记》及《古文观止》两书。

9月17日　星期五

阴晴，夜有雨。上午，至海格路六百衖内凌宅晤黄烈文。录存信稿。下午，至亨得利钟表行、汉学书店、来青阁而成都坊。

9月18日　星期六

　　阴晴。上午，杨铝章来。至海格路时舅处。复晋康，致子光信。下午，至合众图书馆晤起潜、景郑，霞飞路九百十八衖内晤陆幼卿，鸿远里晤君定、大妹。

9月19日　星期日

　　晴。上午，蒋启埙来。刘大年来。叶水根同徐照根来。录存信稿。下午，至民智校址，同乡会开理监事例会及贷学金委员会议。出，至成都坊。复黄涤新信。夜，观闽县陈宝琛之《沧趣楼诗集》。

9月20日　星期一

　　晴。上午，叶水根、徐照根来。伯才来。迪前来。录存信稿。下午，至棋盘街购纸笔，开明书店编译所晤乃乾并候夏丏尊，坐谈数刻。出，至汉学书店而成都坊。出，至润德学校（即民智）晤俞肃斋。水根、照根又来，为其在镇租房事，有所托也。

9月21日　星期二

　　晴。上午，至海格路时舅处，不值即返。录存信稿。复周子美信。下午，至成都坊。在彼观《古今》杂志，复晋康、秋林信。夜，又致晋康条。观《沧趣楼诗集》。

9月22日　星期三

　　晴。上午，干祖望来。至择邻处候陈陶遗，不值，安居晤胡朴安，坐谈数刻，返。下午，至成都坊，携静姬出，至棋盘街。君藩同彭健行来。

9月23日　星期四

　　晴。上午，至惠安坊候闵瑞师，不值，回至海格路时舅处，晤及孙沧叟。理账。下午，偕颖柔至济华医院。以怀孕请徐济华女医生诊察,拟即由其接生也。花明携曾祺来(傍晚去)。拟信稿。观《花随人圣庵摭忆》。益明今肄业约翰大学。先读预科,今日上课。

9月24日　星期五

晴。上午,复张石钧信。至鸿远里,今日高氏在此祭祠堂,君平招共饮福。下午三时许,出,至成都坊,傍晚至新都饭店应王毅斋(张堰同昌南货号店东,洞庭山人)招饮。同席为时舅、君平、君藩、邦屏、彭健行、周才良(毅斋表弟)及其二子芳街、叔堤。夜十时许返。

9月25日　星期六

阴。上午,复谈月色信。写账。观《花随人圣庵摭忆》。下午,至汉学书店,开明书店编译所晤乃乾,而成都坊。出,至维也纳理发室理发。中妹来(夜饭后去)。夜,迪前来。启贤来(住夜)。

9月26日　星期日

晴,夜雨。上午,至荣康茶室晤欣夫,凤起、咏莪及诸仲芳。下午,花明来(傍晚去)。至鸿远里取书。观《花随人圣庵摭忆》。夜,观《沧趣楼诗集》。

9月27日　星期一

阴,下午有微雨,夜雨。上午,至择邻处晤陈陶遗。录存信稿。下午,大妹来(傍晚去)。至合众图书馆一晤起潜,而即至成都坊。观《花随人圣庵摭忆》。夜,伯才来。观《沧趣楼诗集》。

9月28日　星期二

阴晴。上午,至雷米路文安坊晤李寄舫。写账。致晋康信。下午,至爱文义路晋福里候王毅斋,少坐。出,至成都路中国画苑观览,而至成都坊。夜,观《沧趣楼诗集》。

9月29日　星期三

阴。上午,至福煕路中南银行分行及四明村迪前处。结账。下午,至成都坊,圆妹适亦来。夜,白蕉来。黄烈文来。启贤来(住夜)。

9月30日　星期四

阴。上午,至惠安坊晤闵瑞师。下午,至经香楼书肆浏览而至康乐村君平处,并晤花明。出,至成都坊。夜,复晋康、中孚信。

10月

10月1日　星期五

阴晴。上午,写账。杂务。下午,中妹来(夜饭后去)。至霞飞路四行信托部,福煕路信谊药厂而至成都坊。在彼观清李慈铭之《萝庵游赏小志》。夜,观《沧趣楼诗集》。

10月2日　星期六

阴晴,上午有雨。上午,昆友来。系昨日抵沪。写账。观《花随人圣庵摭忆》。下午,花明携曾同、曾祺来(傍晚去)。至汉学书店浏览,世界书局晤思期。夜,观《沧趣楼诗集》。

10月3日　星期日

晴。上午,至四明村十五号候王巨川,不值,而至迪前处。出,至经香楼书肆。观《古今》杂志。下午,至鸿远里大妹处。出,至成都坊。

10月4日　星期一

晴。上午,至海格路时舅处。下午,观《花随人圣庵摭忆》。

至成都坊。出,至华格臬路大华酒楼,贺潘绥荪弟杏垣结婚。夜八下钟返。启贤来,即去。观《沧趣楼诗集》。

10月5日　星期二

晴。上午,杂务。观《花随人圣庵摭忆》。下午,至汉学书店而成都坊。昆友伉俪来。夜,观《沧趣楼诗集》。

10月6日　星期三

晴。上午,复王培孙信。李寄舫来。复晋康、子光及吴史炳(子光侄婿)信。下午,至戈登路一二一六衖候雷君彦,坐谈数刻。出,经静安寺路凯司令,饮冰,而至成都坊。夜,观《沧趣楼诗集》。

10月7日　星期四

晴。上午,至四明村晤迪前,模范村晤冒鹤老(前日来过,不值)。复张石钧、徐心存信。下午,携绳祖、慧明、华明往游顾家宅公园。中妹来(夜饭后去)。夜,观《沧趣楼诗集》。

10月8日　星期五

晴。上午,至海格路中国殡仪馆吊沈韵笙之丧。复晋康信(未写完)。下午,瞿凤起来。至霞飞路新华银行分行而成都坊。夜,写完日间复晋康之信。启贤来(住夜)。

10月9日　星期六

晴。上午,至海格路时舅处。观《花随人圣庵摭忆》。下午,安排书橱。至汉学书店、来青阁。

10月10日　星期日

晴。颖柔于今晨五时许腹痛,六时二刻(老钟卯时)产下一女。由蔡文琦女医接生,大小平安。观《辛巳丛编》。复傅雷信。上午,昆惠来。系昨晚抵沪,住在成都坊(下午去)。下午,曹中孚同其子维约来。系昨到沪,送维约入校也。少坐,去。大妹、中妹来,甥辈来者亦多(中妹住夜)。夜,君介来。

10月11日　星期一

晴。上午,李新民来。至静安寺路华国酒家应黄烈文招午馔。同席为曹中孚、黄伯惠、戚智川、白蕉等。馔后,即返。花明携曾同、曾祺来。作信复杨伯雄。

10月12日　星期二

晴。上午,李寄舫来。中妹来(傍晚去)。为新生小儿祭先。下午,静婉来。昆友少奶奶来。吴忆初嫂来。大妹来。韫辉少奶奶、八小姐、娟小姐来。傅雷来。

10月13日　星期三

晴。上午,复晋康信。下午,至霞飞路新华银行分行而成都坊。出,至润德学校晤肃斋,经香楼书肆浏览。复沈伯康信。夜,俞照司务来。系今日抵沪。少坐,去住鸿远里。

10月14日　星期四

傍晚有微雨,夜雨。上午,杂务。复叶水根信。下午,致晋康条,与昨信均托照司务带回。观《辛巳丛编》。夜,中孚来,少坐,去。约明日回张。

10月15日　星期五

阴雨,晚雨。上午,昆豪来。近日抵沪,住在昆亮处。理书。下午,至成都坊。夜,观《沧趣楼诗集》。

10月16日　星期六

雨。上午,理书。下午,至成都坊。

10月17日　星期日

晴。上午,理书。复俞心葳信。下午,花明来。复钻坚信。至海格路时舅处并晤裘柱常,观黄宾虹先生画件。黄先生今年八秩,同人将为开一画展,由傅、裘两君筹备,邀共列名发起也。夜,观《沧趣楼诗集》。下午,昆亮伉俪来过。

10月18日　星期一

晴。上午,至西摩路经香楼书肆,福煦路中南银行。下午,至王星记扇庄,汉学书店晤及郑振铎,开明书店编译所晤乃乾,商务印书馆等处而成都坊。出,至福寿坊顾荩丞处。

10月19日　星期二

晴,夜雨。上午,至海格路时舅处。写账。俞吟秋来。下午,至震兴里昆亮处候昆豪,均不值,而至鸿远里大妹处。出,至成都坊。

10月20日　星期三

阴,夜雨。上午,复晋康信。中妹来。下午,启贤来,少坐,去。至商务印书馆,世界书局晤思期,汉学书店。

10月21日　星期四

阴晴。上午,理账。下午,昆友来。系今日抵沪。坐谈数刻,去。花明来。至明德里蔡文琦女医生处,送其接生费,而至成都坊。出,至震兴里候昆豪、昆亮,均不值,晤昆亮少奶奶。少坐,返。夜,伯才、启贤先后来,闲谈良久,去。

10月22日　星期五

晴。上午,昆豪来。杂务。复张良汝信。下午,至四明村韫辉处,康乐村君平处并晤君定。出,至成都坊。

10月23日　星期六

阴雨,夜雨。上午,王杰士来。复傅怒庵信。花明来(傍晚去)。邀昆豪、韫辉来午馔。馔后,原约偕游兆丰公园,以天险雨作罢,遂坐谈至傍晚而去。中妹来(住夜)。观《沧趣楼诗集》。

10月24日　星期日

阴,上午有雨。上午,写账。观《古今》杂志。下午,花明携曾同、曾祺来(夜饭后去)。写书签。下元节祭先。夜,观《沧趣楼诗集》附《听水斋词》完。

10月25日　星期一

阴晴。上午,杂务。观《花随人圣庵摭忆》。复周才良信。下午,至成都坊,在彼观《同声》月刊。君定来过,不值。

10月26日　星期二

阴晴。上午,至海格路时舅处。复晋康,致昆友信。下午,理书。秀红表妹来。观《古今》杂志。

10月27日　星期三

阴,下午有微雨。上午,写账。下午,至成都坊,在彼观《同声》月刊。傍晚,至蒲石路华懋饭店应顾子余、冯剑吟招饮。同席为君平、陈端志等。夜八时许返。

10月28日　星期四

晴。上午,致晋康、中孚,复李瑞泰号信。致陈蒙庵信。下午,至宁波同乡会观宝翰堂书画展览会,汉学书店浏览,而至成都坊。夜,启贤来(住夜)。

10月29日　星期五

晴。上午,写书签。携慧明、绳祖至康乐村,君平等以下元节在寓为望舅作佛事。午馔于鸿远里,馔后。出,至成都坊。傍晚又至康乐村,携两儿返。夜,观李拔可之《果亭诗续》。

10月30日　星期六

晴。上午,为顾起潜写《复泉山馆后记》册叶。下午,至成都坊,携静姬出,至麦尼尼路黄园观菊花,重阳早过,尚多含苞将放也。中妹来,夜饭后去。

10月31日　星期日

晴。上午,徐修基来。续写《复泉山馆后记》册叶。下午,周太亲母来。至霞飞路康福里候陈蒙庵,坐谈数刻。出,至成都坊。

11月

11月1日　星期一

阴。上午,续写《复泉山馆后记》册叶。下午,黄烈文来。复晋康,致秋林信。傍晚,至海格路时舅处,同至新新酒楼,朱邦屏宴王毅斋、戴霭庐,招陪。九下钟返。

11月2日　星期二

阴晴。上午,续写《复泉山馆后记》册叶毕。下午,至合众图书馆晤顾起潜,坐谈数刻。出,至成都坊。适雷方、文明两从弟自张来,欲与余商其家事。今日阴历十月初五,为本生祖秋岭公生辰。傍晚,设祭。夜,在君宾处与张叔良杂谈,高宅账友,今日自张出来也。

11月3日　星期三

晴。上午,至法藏寺。下午,至成都坊。雷方、文明又来晤,当复其两兄仲琦、叔刚一书(原书昨由其带来),交其带去。夜,复姚养怡信。

11月4日　星期四

晴。上午,至四明村迪前处及韫辉处。下午,至鸿远里晤君定。出,至成都坊。今日阴历十月初七,为本生祖秋岭公忌辰及先妣冯太淑人忌辰。傍晚,设祭。

11月5日　星期五

晴。上午,至霞飞路新华银行分行,回经蕴华阁,浏览。下午,蒋志义来。携念祖、纪祖至黄园看菊花,晤及园主黄岳渊。念祖为余在花间摄两影。出,至霞飞路野味香吃点心而返。中妹来。花明携曾同、曾祺来(均夜饭后去)。

11月6日　星期六

阴,傍晚有雨。上午,杂务。下午,至康福里陈蒙庵处,同其至福履理路懿园十四号候叶遐庵,坐谈数刻。出,至成都坊。

11月7日　星期日

雨。上午,观《孟邻堂文钞》。结账。下午,至民智校址同乡会开收租会议。出,同君平至康乐村,少坐而返。夜,作信致晋康,复张良汝。

11月8日　星期一

雨。上午,至海格路时舅处,晤及君平。下午,韫辉来。致晋康信。观《孟邻堂文钞》。

11月9日　星期二

阴,上午雨。上午,复养怡信。新生女名以昆璇,小名全明,今日弥月,治面。下午,大妹、中妹携诸甥多来,迪前来,花明、启明携曾同、曾祺来。观叶遐庵所述之《过庭百录》,前日见赠也。

11月10日　星期三

晴。上午,至成都坊。下午,携纪祖至梅白格路祥康里曾耀仲西医处,诊治头痛等恙。出,余至来青阁、汉学书店浏览,开明书店编译所晤乃乾。

11月11日　星期四

晴。上午,复晋康,致心臧信。曹惟约来(中孚之子)。下午,观《花随人圣庵摭忆》。戚智川来。

11月12日　星期五

晴。上午,方冲之来,坐谈数刻,去。致晋康、继麟,复中孚信。下午,至成都坊,在彼观《同声》月刊。花明、益明来。

11月13日　星期六

晴。上午,理账。观《中和》杂志。下午,至开明编译所晤乃乾,世界书局晤思期,而至成都坊。

11月14日　星期日

雨。上午,写账。观《花随人圣庵摭忆》直至下午。杨铝章来。中妹来,夜饭后去。观《中和》杂志。

11月15日　星期一

阴雨。上午,写账。观《花随人圣庵摭忆》。致中孚、伯才信。下午,至西摩路经香楼等处,而至成都坊。在彼观《同声》月刊。夜,复晋康信。

11月16日　星期二

晴。上午,至海格路时舅处,晤及傅怒庵。观《花随人圣庵摭忆》。下午,至西摩路大华书店、鸿远里大妹处而成都坊。在彼观《古今》杂志。今日阴历十月十九日,为先兄龙深君生辰。傍晚,设祭。

11月17日　星期三

阴,傍晚雨。上午,至巴黎新村候傅怒庵,不值。当留交其黄宾虹画册,借给展览会陈列用也。乃至成都坊,即午馔下午出,至朵云轩、新新公司、富晋书社、汉学书店、来薰阁。

11月18日　星期四

晴。上午,复郭瑞商信。昆友、启贤、金书麟来。下午,观《花随人圣庵摭忆》。至蒲石路华懋公寓十一楼贺彭健行结婚。喜筵后,夜七时许返。启贤来,坐谈数刻,去。

11月19日　星期五

阴晴。上午,至福煦路中南银行分行,而宁波旅沪同乡会观黄宾虹书画展览会。下午,观《花随人圣庵摭忆》。复晋康信。至康乐村晤君平,同至静安寺路飞达饭店,并与君宾合宴金书麟,又邀刘大年、钱戛鸣、公绪、倪若水、戚智川及启贤、昆友。夜十时许返。启贤来(住)。

11月20日　星期六

晴。颖柔以母病归宁,于清晨往乘火车至嘉兴转赴平湖,吴忆初之女同行。余并嘱翁启贤送去。上午,观《花随人圣庵摭忆》。下午,至成都坊。花明携曾同来,夜饭后去。

11月21日　星期日

晴。上午,补写日记。舒旭东来。中妹来(傍晚去)。下午,至成都坊,大妹与珍甥来。夜,观《花随人圣庵摭忆》。

11月22日　星期一

晴。上午,至四马路源昌钱庄、三马路来薰阁、汉学书店、来青阁、富晋书社。下午,毕静谦来。颖柔自平湖归。杨铝章来。夜,昆亮来。

11月23日　星期二

晴。上午,孙文耀来(高迎晖堂账友)。至维也纳理发室理发。出,至四明村迪前处。下午,至宁波旅沪同乡会内,再观黄宾虹书画展览会,而成都坊。

11月24日　星期三

晴。上午,至天主堂街约克大楼内恒润号、霞飞路四行信托部。下午,徐修基、道生来。复晋康信。偕颖柔携慧明、绳祖至静安寺路凯司令吃点心。出,至静安大楼陈端白西医处,绳祖诊治皮肤病。

11月25日　星期四

晴。上午,至海格路时舅处。复钻坚、心臧信。下午,至霞飞路新华银行分行而成都坊。出,至鸿远里大妹处,康乐村君平处。

11月26日　星期五

晴。上午,出外,途遇封锁,立待数刻,尚未开放而返。理账。下午,至成都坊。出,至世界书局晤思期,同至知味观应陈端志招饮。同席尚有秦伯未、黄芳墅、毕静谦、时舅、君定、君湘及端志之弟、君实。返已十时许矣。

11月27日　星期六

晴。上午,至福煦路中南银行分行。复晋康信。下午,至成都坊。出,至法藏寺,静婉与昆屏随去。

11月28日　星期日

阴雨。上午,至四明村候陆惟钊,不值。结账。中妹来(夜饭后去)。下午,黄烈文来。至四明村晤陆惟钊,坐谈数刻。出,至成都坊。偕颖柔至凯司令西菜社设筵宴顾子余、冯剑吟伉俪,并邀徐咏义(其夫人冯紫莲邀而以恙未到)、冯志洽伉俪(尚邀子冶伉俪,以回乡未到)。夜八下钟返。

11月29日　星期一

晴。上午,至成都坊。出,至女子银行大楼高君湘律师事务所晤君湘,君定亦来。约晤阮介蕃,由君湘邀同至新新酒楼午馔。馔后,余至来薰阁、汉学书店,世界书局候思期不值,开明书店编译所晤乃乾而返。静婉于午饭后来(夜饭后去)。花明来(夜饭后去）。今日阴历十一月初三日，为先兄龙深君忌辰。傍晚，设祭。

11月30日　星期二

晴。上午，姚墨谦来。至成都坊一转后而至霞飞路四行信托部。静婉来（夜饭后去）。下午，复晋康信。至海格路时舅处。

12月

12月1日　星期三

晴。今日阴历十一月初五日，为元配王粲君夫人十周忌辰。爰就法藏寺延僧念佛一天，夜间并放蒙山一堂。

12月2日　星期四

阴，有微雨。上午，杂务。下午，至成都坊，在彼观《古今》杂志。

12月3日　星期五

阴。上午，理账。观《古今》杂志。下午，至福煦路中南银行分行、西摩路经香楼书肆而成都坊。出，至鸿远里大妹处。

12月4日　星期六

晴。上午，至安居晤胡朴安，坐谈数刻，返。下午，至汉学书店等处而成都坊。夜，写书签。

12月5日　星期日

晴。上午，写账。午刻，至古拔路古柏公寓秦曼青处。傅怒庵假此代黄宾虹先生（宾虹久寓在北平）设素筵宴此次襄助展览会同人。同席尚有时舅、陈叔通、王秋湄、马公愚、吴仲坰、裘柱常、黄树滋。餐后，并商酌宾老著作付印事宜。下午四时许返。时舅同来，少坐，去。

12月6日　星期一

晴。上午，至霞飞路四行信托部而成都坊。出，至经香楼书肆。下午，偕颖柔出外，至霞飞路遇封锁而返。至鸿远里晤大妹。

12月7日　星期二

晴。上午，至蕴华阁书肆而成都坊。下午，偕颖柔至棋盘街及南京路购物，五芳斋吃点心。夜，昆亮来。

12月8日　星期三

晴。上午，至福煦路中南银行分行及善钟路蕴华阁书肆。复晋康信。下午，至成都坊，携静姬至国货公司。夜，君平来。启贤来（住）。

12月9日　星期四

晴。上午，至合众图书馆晤顾起潜、潘景郑。至海格路时舅处。下午，至润德学校晤俞肃斋，世界书局晤沈思期，而至成都坊一转后，至鸿远里晤君定、大妹。傍晚返。中妹于午后来（夜饭后去）。

12月10日　星期五

晴。上午，作信复晋康、中孚、公迈。下午，至成都坊。

12月11日　星期六

晴。上午，昆亮来。至霞飞路新华银行分行。下午，至成都坊，圆妹适亦来。

12月12日　星期日

晴。上午，至成都坊。出，至福煦路文缘酒家，君定邀午馔，藉与端志、思期叙谈。馔后，即返。偕颖柔至外滩华懋饭店九楼贺王季鲁内兄长男兆塘订婚。茶点后返。朱姬静婉原寓在成都坊，今迁来同居（昆屏今与昆静同住）。

12月13日　星期一

晴。上午,写账。观《天地》杂志。下午,杨铝章来。至成都路中国画苑观鸿英图书馆主办之二酉书画展览会。出,至成都坊,晤昆屏并一晤房东丁君。出,至同孚路沙利文吃点心。出,至鸿远里晤君定、大妹。夜,复晋康、继麟信。

12月14日　星期二

阴雨。上午,至霞飞路新华银行分行。理账。下午,至福煦路六四五徛望君藩病。出,至康乐村君平处。

12月15日　星期三

阴。上午,至辛家花园内民谊药厂股份公司。出,至鸿远里晤大妹。下午,张公愈来。至霞飞路新华银行分行,康乐村晤君平。中妹来(夜饭后去)。

12月16日　星期四

晴。上午,复晋康条。理账。下午,花明来。至江西路金城银行候吴仲坰。出,至开明编译所晤乃乾。出,至汉学书店。

12月17日　星期五

晴。上午,至霞飞路新华银行分行。下午,至四明村晤沈飚民,坐谈良久,返。复晋康,致昆友信。夜,观《古今》杂志。

12月18日　星期六

晴,上午大雾。上午,至择邻处晤陈陶遗,坐谈数刻,返。下午,至康福里候陈蒙庵不值,五凤里晤孙实君,鸿远里晤大妹,四明村晤迪前及陆维钊。

12月19日　星期日

晴。上午,昆亮来。徐修基来。至福州路福新绸庄晤沈君,为平湖徐宅划款。出,至汉文渊书肆、作者书社。下午,花明携曾祺来（傍晚去）。吴仲坰来。方冲之来。冬至节祭先。

12月20日　星期一

晴。颖柔以母病笃，清晨往乘火车转道回平，由徐宅差来仆人随去。上午，至巡捕房领各物配给证，等候费去半日工夫。下午，至霞飞路新华银行分行，而至福新绸庄晤沈君，汉学书店浏览，润德学校晤俞肃斋。中妹来（夜饭后去）。

12月21日　星期二

晴。上午，至海格路时舅处。蒋倜卿、张兆嬴来。复晋康信。中妹来（夜饭后去）。下午，复伯才信。至震兴里昆亮处，不值，成都坊望昆屏。今日阴历十一月廿五，系昭明亡故二十四周年。傍晚命念祖、纪祖等设祭。夜，复昆友信。

12月22日　星期三

晴。上午，补写日记。下午，至开明编译所晤乃乾，世界书局晤思期，凯司令吃点心。

12月23日　星期四

阴。上午，至鸿远里晤大妹，康乐村晤君平。鼎甥前日失踪，由余与君宾具名登报招回，乃于十四日回至余处。时君定往杭州，遂嘱其暂住此间。今日下午，送至康乐村，交其父母。此子年轻罢知，荒唐殊甚，应严管束。余连日已为取譬百端，今又与君平共同开导，深冀其悔悟耳。傍晚返。黄烈文委其友严君持信款来。

12月24日　星期五

晴。上午，至福煦路中南银行分行，四明村晤中妹。观清闽县郑方坤撰《国朝名家诗钞小传》。下午，携念祖、纪祖、益明至鸿远里晤君定、大妹。今日（阴历十一月二十八日）大妹五秩诞辰也。傍晚返。

12月25日　星期六

晴。上午，至愚园路连生里晤白蕉。下午，至康福里候陈蒙庵，不值，成都坊视昆屏，亦适出外，未晤。乃在福煦路台尔蒙吃点心而返。颖柔自平湖归，外姑浦太夫人则于十八日故世矣。至霞飞路觉林应君藩招饮，为宴何民魂。同席尚有时舅、彭健行等。夜九时许返。

12月26日　星期日

晴。上午，拟复谈月色信。午刻，至派克路卡尔登公寓黄烈文处，应其招饮。同席为张叔通、周学文、施霖、陈秋实。散后，至来青阁、汉学书店及成都坊，视昆屏，并晤房东丁君而返。夜，在君宾处与张叔良晤谈。

12月27日　星期一

晴。上午，写复谈月色信。下午，至康福里晤陈蒙庵，坐谈数刻，返。中妹来，夜饭后去。

12月28日　星期二

阴晴。上午，李云岩来。至蕴华阁书肆而海格路时舅处。复晋康信。下午，王欣夫来，坐谈数刻，去。作信致胡鉴清。花明来。观《花随人圣庵摭忆》。启贤来，夜饭后，又坐谈良久，去住旅馆。余又复晋康一信，托其带回。

12月29日　星期三

阴晴。上午，至霞飞路四行信托部。理信件。下午，大妹来。秀红妹来。韬辉来。姚养怡来。至世界书局晤思期，与其合邀陈端志至麦家圈人和馆夜馔（尚约君定及秦伯未，并端志之弟，君实以事未到）。九时许返，途遇封锁，又稍耽搁也。

12月30日　星期四

阴。上午,理账。君定来。下午,沈飚民来。旋偕往同村五十号,候杨谱笙。拟定本年家中账房及仆人薪俸、工资。

12月31日　星期五

阴。上午,沈飚民来。下午,昆友来。系前日抵沪。郑逸梅来。至南京路中央大药房、中美钟表公司及汉学书店浏览,金城菜社茶点。

1944 年

1月

1月1日　星期六

阴雨。自遭国难后,避地上海已及七年。今合家寓居巨籁达路(今称巨鹿路)八百二十衖景华新村四十号。作信致林晋康、屠继麟、干钻坚,复曹中孚、俞心葴。于晋康函中并多账房内附件。至夜写毕。

1月2日　星期日

阴雨。连日肠胃不适,昨夜尤剧。卧后醒来,呕吐大作,始觉稍舒。续观《花随人圣庵摭忆》。下午,花明携曾同来。

1月3日　星期一

阴,晚雨。上午,昆亮来。补写日记。下午,复晋康,致子峰信。邀冯志洽来诊治,开调理方及膏方。观《花随人圣庵摭忆》。

1月4日　星期二

阴雨。上午,君定来。翻阅《海宁州志稿》。下午,至福新绸庄晤沈祖绳,金山饭店晤昆友,汉学书店,维也纳理发室理发。观《古今》杂志。

1月5日　星期三

晴。上午,干祖望来。至青年会贺钱叔时娶媳,何修润嫁妹。午刻喜筵后返。郑逸梅来。至合众图书馆晤顾起潜、潘景郑。出,至青年会贺吴松檽娶媳。夜喜筵后,八时许返。翁启贤来。

1月6日　星期四

晴。

1月7日　星期五

晴。

1月8日　星期六

阴。上午,偕颖柔由心存内弟祥官、亥官两内侄,同往西门外花蚕堰,谒外舅峻范徐公暨外姑奚太夫人之墓。外姑浦太夫人亦已渴葬。午刻返。下午,偕颖柔及蕙清内妹走城内东西门大街,余并至北寺孙透云香号内候颂和姻丈。

1月9日　星期日

晴。

1月10日　星期一

阴。上午,杂务。君定来。下午,花明来。复晋康信。张友会来。夜,昆亮、伯才、迪前、君藩、昆友先后来。

1月11日　星期二

晴。上午,至康乐村晤君平。出,至霞飞路新华银行分行及四行信托部。下午,复黄涤新信。迪前来。夜,昆友伉俪来。

1月12日　星期三

阴,夜雨。

1月13日　星期四

阴雨。晨起,往晤彭健行、张文孚。又一至县政府候县长曹慎修,不值,遂偕昆亮(昆友回张)乘公共汽车至米市渡。渡浦后,以松江接班车不来,乃走至松江。在马路桥塊面点后,乘火车回上海西站,下车抵寓已夜八下钟矣。君藩自朱下午至松,亦同返沪也。益明肄业约翰大学。今日寒假考毕,放假。

1月14日　星期五

晴。上午,杂务。下午,王欣夫来。至康乐村晤君平。出,至鸿远里,大妹适外出,不值,晤及张叔良(近自张出来)。出,至成都坊(静婉已先住)。昆惠越昨自张出来(昨日来过)。将同昆屏、昆静寒假放学回去而所租之房屋一间将退还,尚有一间专归道衍承租也。花明携曾同、曾祺来,夜饭后去。

1月15日　星期六

阴晴。上午,至海格路时舅处。下午,复晋康,致昆友信。大妹来。纪祖肄业壬午补习社。今日寒假考毕,放课。

1月16日　星期日

阴,晚雨。上午,杂务。下午,至慕尔鸣路震兴里候昆亮不值,晤其夫人。出,至来青阁、汉学书店浏览。观《花随人圣庵摭忆》。

1月17日　星期一

阴。上午,至福煦路万籁鸣照相馆拍派司用照及中南银行分行。下午,王杰士来。至汉文渊书肆晤林君,世界书局晤沈思期,开明书店编译所候陈乃乾,不值。中妹来(夜饭后去)。复涤新信。夜,迪前来。致晋康信。

1月18日　星期二

阴。上午,至康乐村晤君平。下午,至南京路中妹钟表公司等处,冠生园吃点心,开明编译所晤乃乾。校所誊之蔡哲夫撰《印林闲话》。夜,观《古今》杂志。

1月19日　星期三

上午阴,下午雨。上午,至成都路陶园等处购物。下午,至北京路通易信托公司,静安寺路绿杨村啜茗、吃点心,同孚路冠生园购物。君定来。夜,观《古今》杂志。念祖肄业沪江书院。今日寒假考毕,放课。

1月20日　星期四

阴。上午,复晋康信。下午,至福煦路中南银行分行,康乐村晤君平,西摩路经香楼书肆浏览。观《古今》杂志。夜,观《花随人圣庵摭忆》。

2月

2月2日　星期三

雨。上午,至三马路和丰礼品局。下午,校所誊之《章太炎自定年谱》。夜,观清初上海姚廷遴《记事编》(上海胡祖德《杂钞》印本)。

2月3日　星期四

雨。上午,观学术界杂志及《同声》月刊。下午,携益明至大利酒楼贺杨道弘郎君叔明结婚。喜筵后,夜八下钟返。中妹携壁甥先来(住夜)。

2月4日　星期五

雨。上午,曹中孚来,午饭后去(中孚近为道弘处喜事到沪,昨曾晤及)。观《同声》月刊。观清南海桂文燦撰《经学博采录》(《辛巳丛编》印本)。

2月5日　星期六

晴，立春。上午，至巨福路七十七号候张公愈，不值，留刺而返。下午，迪前来。致陈端志信（在午前）。至圣母院路圣达里晤杨道弘，并候曹中孚，不值，打浦桥信昌当晤徐子素，惠安坊晤闵瑞师，并适晤及蒋偶卿。偕颖柔携益明、念祖至蒲石路华懋公寓十一楼，设筵宴吴源泰表阮伉俪、周甥恭寿伉俪，并邀昆亮伉俪惟陪。夜九句钟许返。

2月6日　星期日

晴。上午，至海格路同时舅至麦根路世德里沈思期处，即应其招午餐。同席尚有道弘、中孚、黄烈文、林憩南、朱履仁。餐后，同时舅、憩南、履仁、思期至民智校址同乡会开理监事联席例会及贷学金委员例会。五下钟返。观姚廷遴《记事编》完。系记清初上海事也。

2月7日　星期一

晴。上午，至愚园路连生里候白蕉，不值，晤其姊即东宅济川少奶奶（近自张来），因少坐，出，至海格路时舅处而返。下午，偕颖柔至忆定盘路月村冯景舅母处及西爱咸斯路四一八衖高君实处。

2月8日　星期二

晴。上午，至西摩路慈惠里晤蒋偶卿。出，经大华书店、经香楼书肆浏览而返。下午，至四明村内陆维昭处、沈飚民处及迪前处、韫辉处，各少坐。又候王巨川，不值。观《古今》杂志。

2月9日　星期三

晴。上午，至劳勃生路泰兴村晤方冲之，昨曾来，不值也。下午，至开明书店编译所晤陈乃乾，世界书局晤沈思期，汉文渊书肆、汉学书店浏览,商务印书馆,儿童书局购文具。下午,君实伉俪来过,又济川少奶奶亦来。

2月10日　星期四

晴。上午,沈飚民来。偕颖柔至蒲柏路庄严寺。今日阴历正月十七日为望舅周年忌辰,高宅在寺作佛事,因往拜奠。念祖、纪祖校中放课后亦来。下午,余出,至奥礼和路湘姚学校晤陈君美、王杰士。原拟晤校中学生黄进贤(涤新之子),岂知误记,不在是校矣。仍回寺内,少坐后,同颖柔等出。彼等先回,余又至霞飞路青年中学晤及进贤而返。纪祖仍肄业壬午补习社,今日春季开学上课。

2月11日　星期五

晴。上午,君平来,以望舅所书之楹联及题签之《孔宙碑》见赐。复黄涤新信。下午,复晋康,致中孚信。至康乐村君平处,并叩望舅灵前。

2月12日　星期六

阴雨。上午,理书。时舅来。昆屏来。系昨日到沪,住在陈寓。午饭后,去,将寄宿校中也。花明来(傍晚去)。吴忆初伉俪来。王欣夫、王巨川来。观杂志。

2月13日　星期日

晴。上午,写账。顾苌丞来。下午,至愚园路愚园村李云岩处,坐谈数刻。出,游兆丰公园一角而返。写账。

2月14日　星期一

阴。上午,写账。下午,至康乐村一晤花明,后至成都坊,静婉已先往晤。倪道衍于前日自干出来,该处房屋将由道衍专租一间,余等今将杂物搬回也。益明仍肄业约翰大学。今日春季开学上课。

2月15日　星期二

阴。上午,写账。下午,至姚主教路大同坊晤王培孙,南洋模范中学晤张仲田。

2月16日　星期三

阴晴。上午,至海格路时舅处。作信复仲琦及屠继麟,致晋康。下午,曹维约来。至古柏幼稚园观慧明上课。至联保办事处种牛痘。君定、大妹来。中妹来。花明来。拟复黄宾虹信。

2月17日　星期四

阴。上午,至金神父路群贤别墅晤陈端志。中妹来。下午,至三马路汉学书店、抱经堂、来青阁等处浏览,晤及王欣夫、陈蒙庵。观《古今》杂志。

2月18日　星期五

晴。上午,至成都坊福兴号晤丁鑫。下午,至三马路绸业银行晤君藩。出,至朵云轩等处,及福煦路正行女子中学校晤昆屏。

2月19日　星期六

晴。上午,写复黄宾虹信。下午,至震兴里晤昆亮,世界书局晤思期,开明编译所晤乃乾。拟复谈月色信。

2月20日　星期日

晴,雨水。上午,写复谈月色信。下午,花明来。至劳勃生路养和村候郑逸梅,不值,乃至戈登路一二一六衖晤雷君彦,坐谈数刻而返。

2月21日　星期一

晴。上午,至海格路,同时舅至爱文义路西园寺,为徐积余先生开吊,往奠,晤及熟人甚多。午馔后返。大妹来。张希曾伉俪来。复晋康信。邀冯志洽来诊治慧明身热、发红疹。夜,致昆惠信。纪祖本学期请黄蕴辉先生补习算学,每逢星期一、五下午约二小时,今日开始。

2月22日　星期二

晴。上午,杨孝达来。复雷方信。下午,杜亚贻来。翁启贤来(住夜)。至同孚路丁香理发室理发,福煦路台尔蒙点心店吃点心。徐内妹蕙清自平湖来。纪祖本学期仍请顾苠丞先生补习国文,每逢星期三、六下午约二小时。惟明日以先生适无暇,故从今日开始。

2月23日　星期三

阴,晚雨。上午,朱寒梅来。至霞飞路垦业银行分行,及成都坊,向前二房东福兴号内丁君取静婉之户口移动证。下午,录存信稿。写账。邀冯志洽来复诊慧明。

2月24日　星期四

晴。上午,至星加坡路中华殡仪馆吊冒鹤亭夫人之丧。写账。下午,至静安寺路东首四行储蓄会,来青阁、汉学书店浏览,开明编译所晤乃乾,五芳斋吃点心。中妹来。

2月25日　星期五

晴。上午,理账。下午,至鸿远里大妹处。复黄涤新信。

2月26日　星期六

晴。上午,王杰士来。至福煦路中南银行分行。下午,致晋康、昆友,复继麟信。观清苑郭氏所印《曾文正公联语选录》。邀冯志洽来复诊慧明,并治华明伤风。

2月27日　星期日

阴,有雨,晚晴。上午,杂务。下午,理账。中妹来(夜饭后去)。傍晚,同颖柔邀蕙清至蒲石路华懋饭店,并邀徐修基、道生叔侄餐叙。夜九句钟许返。

2月28日　星期一

晴。上午,理账。下午,至北京路国华银行及汉学书店。

2月29日　星期二

晴。上午,至常熟路(原称善钟路)巡捕房领各物配给证。乃久候,尚未轮值,遂回来。午饭后,又往,至三时许始领到。出,至庄严寺。高卓庵表兄周忌,其家在寺作佛事,因往一拜即返。傍晚,至新都饭店应黄烈文招饮。同席为时舅、陈秋实、施霖等。夜近十时许返。

3月

3月1日　星期三

晴。上午,迪前来。至巡捕房,为申请静婉之居住证。下午,至福煦路中南银行分行。韫辉来。邀冯志洽来诊治绳祖,华明亦发痧及纪祖身热,并复诊慧明。

3月2日　星期四

晴。上午,至巡捕房,以昨居住证申请书尚未投去也。复晋康信。下午,观兴化李详之《愧生丛录》。大妹来。邀冯志洽来复诊纪祖、绳祖、华明。

3月3日　星期五

阴雨。上午,杂务。下午,观《愧生丛录》(至夜,完)。邀吴忆初来诊治纪祖、绳祖、华明。白蕉来。

3月4日　星期六

晴。上午，杂务。纪祖身热，昨夜亦发，出红痧极多。绳祖、华明则似痧症而不见透发。全明连日无恙而昨夜亦觉身热后，红痧即满布。下午，邀吴忆初、冯志洽来，均为诊治。

3月5日　星期日

晴。晨起，偕蕙清至扬子饭店晤张文孚。以蕙清连日欲至朱泾而回平湖路上无熟人，今适有张君回朱之便，遂即约与同行也。徐心存来（傍晚去）。下午，至白宫殡仪馆吊李啸月之丧。王杭生来。君定、大妹来。中妹来（住宿）。昆亮来。

3月6日　星期一

晴。上午，复钻坚、晋康信。时舅母来。下午，徐心存、祥官父子来，少坐，去。续观《国朝名家诗钞小传》。邀冯志洽来复诊纪祖、绳祖、华明。

3月7日　星期二

晴。上午，填房屋转租报告单。观《国朝名家诗钞小传》。下午，至福新绸庄晤沈祖绳，汉学书店浏览。何公度来。今日阴历二月十三，为昭明生辰。傍晚，命念祖等设祭。

3月8日　星期三

晴。上午，至福州路源昌钱庄、福煦路中南银行分行。下午，至法藏寺。为吴养甫姨丈八秩冥庆，其家在作佛事，因往一拜。出，至瘦西湖啜茗、吃点心及青年中学望黄进贤。德源提庄内朱、盛两君同公迈之子昆宏来。沈伯才来。黄烈文来。夜，致公迈信。

3月9日　星期四

晴。上午，至海格路时舅处。下午，至福煦路中南银行分行，四明村迪前处。邀冯志洽来复诊纪祖、绳祖、华明。复晋康信。夜,福安《国朝名家诗钞小传》。

3月10日　星期五

上午阴,有微雨、微雪,下午晴。上午,补写日记。观《国朝名家诗钞小传》完。下午,翻阅无锡徐彦宽辑录之《念劬庐丛刻》。至善钟路购食物。今日阴历二月十六,为先妣高太淑人生辰。傍晚,设祭。至东亚旅馆晤君藩及彭健行,以斋藤贞夫来沪,即在东亚酒楼设筵酬宴之,并邀李云岩、朱邦屏等。夜九下钟返。

3月11日　星期六

晴。上午,杂务。姜菊生来。下午,沈飚民来,坐谈良久,去。观闽海邱炜萲之《啸虹生诗钞》。

3月12日　星期日

阴晴。上午,沈伯才来。致沈伯康信。观《经学博采录》。下午,至福煦路四明村晤韫辉,六四五衖候君藩,不值,康乐村君平处望花明两小儿,亦发红痧,已愈矣。而至民智校址,同乡会开理监事联席例会及贷学金委员会议。出,至同孚路冠生园购食物、吃点心以返。邀冯志洽复诊纪祖、绳祖、华明。夜,观《晋书·陶侃传》。

3月13日　星期一

阴晴。上午,携经管之浦南益社(即张堰储蓄会)账目。观《啸虹生诗钞》。下午,至霞飞路九一八衖候陆幼卿,不值,白尔部路太和里候黄肇豫,亦不值。又至同里晤蔡叔明,坐谈数刻。出,至鸿远里望大妹,外出不晤,遂返。观杂志。君藩来。夜,写《读〈陶侃传〉笔记》一则,存《杂记》中。

3月14日　星期二

晴。上午,往候陆幼卿,不值。君实来。中妹来,午饭后去。至荣宝斋、朵云轩等处,开明编译所晤乃乾,世界书局晤思期,福新绸庄晤沈祖绳,汉学书店浏览。

3月15日　星期三

阴晴,上午有雨。上午,往晤陆幼卿,坐谈数刻,返(昨日下午,彼来过,亦不值)。致郑逸梅信。下午,温《论语》一遍,录出其言忠之说。花明来。韫辉来。至古今出版社及经香楼书肆。顾莨丞来问纪祖病,坐谈数刻,去。

3月16日　星期四

晴。上午,至海格路时舅处。下午,石士嫂希垚来。至鸿远里晤君定、大妹。邀冯志洽来复诊纪祖、绳祖、华明。观《啸虹生诗钞》。

3月17日　星期五

阴晴,夜雨。上午,至赫德路择邻处,晤陈陶遗。观《古今》杂志。下午,作信致俞心臧,复晋康。至蕴华阁书肆。夜,复王欣夫信。

3月18日　星期六

上午阴,下午晴。上午,复谈月色信。下午,复中孚,致涤新信。周太亲母、中妹来。君定、大妹来。观《啸虹生诗钞》。夜,观《惜抱轩尺牍补编》完。

3月19日　星期日

晴。上午,誊写。蒋倜卿来。下午,至蒲柏路庄严禅寺定礼忏。出,至正行女校望昆屏,太和里晤黄肇豫。观《啸虹生诗钞》完。

3月20日　星期一

晴。上午，至海格路时舅处。写账。下午，至开明编译所候乃乾，不值，福新绸庄晤沈祖绳，汉文渊书肆及汉学书店浏览。夜，观《复堂日记补录》。系清仁和谭献稿、无锡徐彦宽辑，《念劬庐丛刻》印本也。

3月21日　星期二

晴。上午，结账。致晋康，复秋林信。下午，复钻坚信。观《经学博采录》。邀冯志洽来复诊纪祖、绳祖、华明。

3月22日　星期三

晴。上午，偕静婉至巡捕房领取居住证。雷君彦来。下午，誊写。观《复堂日记补录》。临睡，温《论语》一遍。

3月23日　星期四

晴。上午，理浦南益社账。观《同声》月刊。下午，至鸿远里晤大妹，中妹、圆妹适亦在。出，至开明编译所晤乃乾，来薰阁书肆浏览。

3月24日　星期五

晴。上午，至福煦路中南银行分行及童涵春药号、阜昌参号。观《天地》杂志。下午，至康脑脱路安居晤胡朴安，坐谈数刻，返。

3月25日　星期六

上午阴，下午雨。上午，至福煦路中南银行分行。君定来。理账。下午，复晋康信。写清明节囤签。观《同声》月刊。

3月26日　星期日

雨。上午，昆亮来。携清明节囤签。下午，携念祖至新都饭店贺顾子木娶孙媳观礼，茶点后返。观《经学博采录》。

3月27日　星期一

雨。上午，苠丞来。携清明节囤签。下午，观《经学博采录》完。观吴县曹元弼《复礼堂述学诗序例》。夜，观清武进杨椿著《孟邻堂文钞》，去年开卷，尚未毕也。

3月28日　星期二

晴。上午，整理清明囤签，即作信致晋康。作信致子峰，属其举行宗祠春祭。下午，至汉学书店等处，福新绸庄晤沈祖绳，正行女校望昆屏，成都坊望道衍，震兴里望昆亮，均不值。归途以让车一跌，幸祇左手手背皮肤稍有所破，余无所伤。中妹来。

3月29日　星期三

晴。上午，至霞飞路四行信托部。在电车中以遇路上戒严封锁，观所携清桑调元、沈廷芳合纂之《切近编》一册完，乃朱子等语录也。下午，至成都路中国画苑观江亚尘书画展览会，而至鸿远里大妹处。适中妹亦在，闲谈良久。出，又至四明村韫辉处。夜，观《孟邻堂文钞》。

3月30日　星期四

晴。上午，至海格路时舅处。写账。下午，同时舅至约翰大学王欣夫住处，坐谈良久。经兆丰公园，又事游览。

3月31日　星期五

晴。上午，至善钟路新中国理发室理发，霞飞路四行信托部。下午，至北京路通易信托公司而福煦路信谊药厂股份公司，晤及启明，同出，至康乐村。夜，启贤来（住宿）。

4 月

4月1日　星期六

阴晴,有雨。上午,中妹来。花明携曾同、曾祺来(约傍晚去)。清明节祭先。下午,观《复堂日记补录》完。

4月2日　星期日

晴。上午,携念祖至玉佛寺。沈思期为其先人蕙荪先生(蕙荪先生娶于吾族,于吾为祖姑丈行)百龄纪念,在寺诵经追荐,因往拜奠。同乡会并举行公祭,下午四时许返。傍晚,至巨福路张公愈处应其招饮。同席为沈步瀛、费润泉、黄谱蘅及时舅、君宾等。夜九时许返。

4月3日　星期一

晴。上午,沈飚民来。杂务。下午,复晋康信。观《古今》杂志。夜,君藩同刘大年来。

4月4日　星期二

晴。上午,观《古今》杂志。下午,至海格路时舅处。杂务。观《永安月刊》。纪祖前发红痧后,尚未健全,近又头痛、胸闷。今延冯志洽再来一诊。今日阴历三月十二为,先祖春渔公生辰。傍晚,设祭。夜,观《复堂日记续录》。

4月5日　星期三

阴雨。晨起饭后,觉胸闷不舒、头痛甚剧,薄有身热,即卧。夜,启贤同僮仆陈森林自张出来。

4月6日　星期四

上午晴,下午阴,雷雨。身热已退。上午,道衎来。下午,秀红妹来。迪前、中妹来,中妹住。邀冯志洽来诊治。

4月7日　星期五

阴晴。上午,文台来。大姝、花明来。

4月8日　星期六

阴晴。起坐。下午,邀冯志洽来复诊。观《复堂日记续录》完。上午,杰士来,未晤。

4月9日　星期日

阴晴。上午,花明来。下楼。下午,复晋康信。观清亳梁巘著《评书帖》一卷完(《念劬庐丛刻》印本)。启明来。今日念祖、益明与启明、花明等往游虹口叶家花园也。

4月10日　星期一

晴。上午,理账。鼎甥来,午饭后去,将往南京,肄业于青年工读团也。昆亮来。观《天地》杂志。

4月11日　星期二

阴晴。上午,复秋林信。下午,偕颖柔至霞飞路四行信托部、蒲柏路庄严寺,及瘦西湖吃点心。

4月12日　星期三

上午阴,下午雨。上午,复账友陆礼周信。下午,复继麟信。迪前来。冯志洽来为圆妹诊治身热,因亦邀其一诊。启贤来,少坐,去。

4月13日　星期四

阴,有微雨。上午,公迈来。下午,偕颖柔至庄严寺。出,经霞飞路绿野新村吃点心。

4月14日　星期五

晴。今日阴历三月廿二,为先君九秩诞辰。就蒲柏路庄严禅寺,延僧十六众礼佛一天,傍晚,并放焰口一堂。余晨起啜粥后,即至寺中,颖柔、静婉同念祖(校中请假)纪祖、绳祖、慧明、华明、全明随来。益明校中上午课毕后,亦即来。旋亲友络续至者为大妹、君定、中妹、迪前、圆妹、君宾、花明、启明并同诸甥,及时舅、舅母、君平伉俪、君介伉俪、君藩、君湘、君实、忆初伉俪、公度、孟龙、铁君伉俪、邦屏、严匡一、凌景沅、韫辉、昆亮伉俪、昆友少奶奶、昆屏,又沈思期、张康澄(沪寓三楼房客)、王杰士等(余不欲扰动亲友,故事前不多通知)。午间,设素筵四席、饭菜一席。夜间,饭菜二席。余等于夜八时许,佛事圆满后返(因市上灯火管制,故多提早)。

4月15日　星期六

晴。上午,继述堂三房归周氏妹来。雷君彦来。下午,杂务。观《孟邻堂文钞》。

4月16日　星期日

阴,夜雨。上午,至海格路时舅处。下午,王石士使其子希垚持信来,即复之。至白尔部路太和里蔡叔明处,会谈恒大庄结束事宜。到者尚有张公愈、诸尘奇。夜,致账房信,交仆人沈长生,明日回乡之便带去。

4月17日　星期一

雨,下午阴。上午,理账。下午,至霞飞路四行信托部、西摩路经香楼书肆、亚尔培路古今出版社。翻阅慈溪冯开《回风堂诗文集》。观《古今》杂志。

4月18日　星期二

晴。上午,君藩来。至迈尔西爱路四百八十五号领户口配给证。下午,复钻坚、仲琦信。又至迈尔西爱路领增加配给证申请书。出,至四明村候沈飚民,不值。至迪前处,少坐,返。顾起潜来。

4月19日　星期三

晴。上午,沈飚民来,即同至海格路时舅处。复心臧信。下午,君平来。至霞飞路垦业银行分行。至汶林路朱邦屏处应其招饮。同席为黄烈文、彭健行、程丽寰、钱忧鸣、钱公绪及时舅、陶遗、思期、君藩、履仁。返十句钟矣。

4月20日　星期四

晴,谷雨。上午,至蕴华阁书肆浏览。下午,至四明村韫辉处、迪前处而康乐村君平处,晤及君定、君实。又启明前日回张,今方出来。出,至鸿远里大妹处。夜,复礼周信。

4月21日　星期五

阴晴,有微雨。上午,至康脑脱路安居晤胡朴安。致谈月色信。下午,至开明编译所晤乃乾及夏丏尊。出,至汉学书店浏览,适晤潘景郑。夜,观清元和邹福保辑《文钥》。

4月22日　星期六

晴。上午,补写日记。下午,启明、花明携曾同、曾祺来。校所抄春木先生《洒雪词》。夜,观《文钥》。

4月23日　星期日

阴雨,夜雨。上午,理账。校所抄《洒雪词》。下午,为郑逸梅写册叶。复逸梅信。夜,观《文钥》。

4月24日　星期一

阴晴。上午,作信复许晚成、姚养怡。校所抄《洒雪词》。李寄舫来。下午,至霞飞路四行信托部而三马路来青阁、汉学书店等处浏览。夜,观《文钥》,完。

4月25日　星期二

晴。上午,为君实写手册。下午,为领增加配给证事,至常熟区巡捕房及桂林路(原名迈尔西爱路)四百八十五号。旋至鸿远里晤君定、大妹,闲谈良久而返。昆亮来。校所抄《洒雪词》。

4月26日　星期三

晴。上午,至上海殡仪馆吊林复仁(憩南次子)之丧。增修丁巳年所作《说讳》一篇。下午,至桂林路配给处及成都坊晤前二房东丁君,并适晤及道衎。

4月27日　星期四

阴晴。上午,校所抄《洒雪词》三卷完。原抄本系借自叶遐庵处也。下午,写杂记。至康乐村晤君平,成都坊福兴号晤丁鑫,四明村晤陆维钊。读《论语》一遍。

4月28日　星期五

晴。上午,写账。至福兴号晤丁君。下午,写杂记。邀冯志洽来诊治益明胃痛。又至福兴号,连次之往皆为增加静婉之配给证申请书,并须由前住之二房东向成都区配给证亦盖印证明该区已迁出也。读《孟子》。

4月29日　星期六

晴。上午,至霞飞路四行信托部、桂林路配给处,乃今日皆停止办公,遂即返。下午,大妹、中妹来(大妹傍晚去,中妹夜饭后去)。写杂记。观《天地》杂志。夜,读《孟子》。

4月30日　星期日

晴,夜雨。上午,写杂记。复晋康信。下午,偕颖柔携慧明、绳祖初拟至兆丰公园,乃乘车拥挤,遂改游顾家宅公园。傍晚返。夜,读《孟子》。

5 月

5月1日　星期一

阴晴。上午，至海格路时舅处。复继麟信，附致晋康信。下午，韫辉来，即同至黄园观牡丹。君宾一星期前回张，顷方出来，与之杂谈家乡情形。夜，致星墅信。纪祖前患红痧，自二月二十九日辍课向校中请假以来，至今日始健全后到校上课。

5月2日　星期二

晴。上午，伯才来。苏月坡来。至福煦路中南银行分行。拟致晋康信。下午，至汉学书店徘徊良久，回经秀州书社，见迪前在内，又同一浏览。夜，迪前来。

5月3日　星期三

阴。上午，读《孝经》《弟子职》《孟子》。下午，君定、大妹、中妹来，傍晚去。

5月4日　星期四

晴。上午，迪前来，同至合众图书馆晤顾起潜、潘景郑，参观一周，坐谈数刻而返。下午，偕颖柔至南京路购物，冠生园吃点心。写杂记。

5月5日　星期五

晴，立夏。上午，伯才来。至桂林路配给处。方冲之来。花明携曾同、曾祺来（傍晚去）。下午，君定来。观《古今》杂志。

5月6日　星期六

晴。上午，至霞飞路四行信托部而秀州书社及四明村晤迪前，借查《青浦县志》而返。下午，写杂记。偕颖柔至介福里王石士处,以石士今年六秩赠以袍料,坐谈数刻,返。夜,启贤来,即去。

5月7日　星期日

晴。上午,写账。致晋康,复干曾耀信。下午,写杂记。观《中和》杂志。启贤来,夜饭后去。致继麟信。伯才来。

5月8日　星期一

晴。上午,姚墨谦来。至常熟区巡捕房为灯火管制漏光事。出,至桂林路配给处,近午返。午饭后,又往,三下钟返。应补之配给证一份方始领得。

5月9日　星期二

阴晴,有雨,夜雨。上午,至福煦路中南银行分行、霞飞路四行信托部及新华银行分行。回,经新中国理发室,理发。下午,观《中和》杂志。草《韩文札记》(去秋已有起稿)。夜,续观《古文雅正》。

5月10日　星期三

雨。上午,拟致昆惠信。下午,复晋康信。写致昆惠信(此信后改写)。夜,在君宾处晤君藩,闲谈。

5月11日　星期四

晴。上午,伯才来。复晋康信。下午,至通易信托公司,开明编译所晤乃乾,汉学书店浏览,南京路购物。中妹来,夜饭后去。

5月12日　星期五

晴。上午,至霞飞路四行信托部,回至海格路时舅处。下午,观《古文雅正》。至鸿远里晤君定、大妹,坐谈数刻。出,至四明村周宅。静婉携慧明、绳祖、华明先往,同返。杰士来。伯才来。

5月13日　星期六

晴。上午,为潘景郑写扇叶。下午,换挂壁间书画。至合众图书馆晤起潜。观《古文雅正》。

5月14日　星期日

晴。上午,姚墨谦来。沈飐民来。至海格路时舅处。写账。下午,理账件。至青年会贺孙筹成哲嗣云翔结婚,观礼,茶点后返。夜,观《古文雅正》。

5月15日　星期一

阴晴,夜雨。上午,徐伯贤来。拟复黄宾虹信,下午写寄之。观《中和》杂志。观《古文雅正》达夜分。

5月16日　星期二

雨。上午,写账。下午,观《中和》杂志。草《韩文札记》。今日阴历四月廿四,为先妣冯太淑人生辰。傍晚,设祭。夜,观《古文雅正》。

5月17日　星期三

阴晴。上午,写账。草《韩文札记》。下午,至浙江兴业银行及东莱银行开保管箱,而朵云轩、汉学书店、鸿远里大妹处、乐村君平处以返。中妹来,夜饭后去。

5月18日　星期四

晴。上午,至吕班路巴黎新村晤傅怒庵。出,至霞飞路四行信托部。草《韩文札记》。下午,至愚园路庆云里内候白蕉,极司非而路九十三号候黄烈文,均不值。在马路浏览旧书肆而返。观《古今》杂志。

5月19日　星期五

阴晴。上午,至海格路时舅处。写账。整理草稿。下午,至汉学书店及世界书店晤思期。

5月20日　星期六

阴，有雨。上午，写账。复中孚信。下午，大妹、中妹来（傍晚去）。观《古文雅正》。

5月21日　星期日

晴，小满。上午，至浦东同乡会沈信卿先生开吊，往拜，少留即返。下午，迪前来。至经香楼书肆而民智校址，同乡会开理监事联席例会。出，至鸿远里大妹处，适昆亮亦来，闲谈数刻，返。

5月22日　星期一

晴。上午，作信复晋康、公迈，致仲琦、曾耀。下午，花明携曾同、曾祺来（傍晚去）。观《旧唐书》《新唐书》中韩愈、柳宗元传。

5月23日　星期二

晴。上午，至合众图书馆晤顾起潜、潘景郑。草《韩文札记》。下午，至福煦路中南银行分行，中国画苑观溥心畬书画展览会，汉学书店、中美钟表公司等处。又世界书局候思期，不值。夜，观《古文雅正》。

5月24日　星期三

阴，下午有雨。上午，结账。重观钱基博之《韩愈志》。下午，理书。观《韩愈志》。夜，观《古文雅正》。

5月25日　星期四

阴，有雨。上午，写账。理信件。观《韩愈志》。下午，至青年会内青年画厅观溥松窗画展，吕宋路新城隍庙游览，正行女中望昆屏，鸿远里大妹处。

5月26日　星期五

晴。上午，写账。至海格路时舅处。观《韩愈志》。下午，至兆丰公园，而约翰大学候王欣夫，不值，在园稍事徘徊以返。君定来。夜,观《古文雅正》。

5月27日　星期六

阴,有雨。上午,写账。观《韩愈志》。中妹来(傍晚去)。下午,至海格路时舅处,即同至康乐酒楼贺王毅斋子叔堤结婚。茶点后,同君平与时舅出,又至中国画苑观览而返。夜,观清武进张成孙著《端虚勉一居文集》。

5月28日　星期日

阴晴。上午,伯才来,魏志良、鹤年来(张堰房客,魏照生之子)。王欣夫来。王蘧常、张公愈、朱邦屏来,均在君宾处也。午刻,君宾招饮。同席为蘧常、公愈、伯才、邦屏、周才良、黄畏三及时舅、君藩。夜,启贤来(住宿)。

5月29日　星期一

雨。观《韩愈志》。夜,观《古文雅正》。

5月30日　星期二

晴。上午,至霞飞路四行信托部等处。下午,观《古文雅正》完。观《端虚勉一居文集》完。夜,观清宜兴吴德旋《初月楼论书随笔》一卷完。

5月31日　星期三

晴。上午,至霞飞路四行信托部,回,至海格路时舅处。下午,至中国画苑观朱梦华画展而至鸿远里大妹处,康乐村望花明患喉恙,四明村迪前处。冒鹤亭先生来。

6月

6月1日　星期四

晴。上午,作信致君实。下午,至宁波同乡会观朱其石书画刻印展览会,而至来青阁、汉学书店、来薰阁、一大药行、西泠印社等处。

6月2日　星期五

晴。上午,写慧明、绳祖读之方字。伯才来。写书目。下午,至霞飞路四行信托部及阜昌参号。观《古今》杂志。夜,观《孟邻堂文钞》。

6月3日　星期六

晴,夜雨。上午,誊写。下午,观《古今》杂志。观《韩愈志》。

6月4日　星期日

雨。上午,誊写。下午,观景印焦里堂手写《家训》二卷合一册完。写接语一则。夜,观《孟邻堂文钞》。

6月5日　星期一

晴。上午,誊写。致昆友信,并拟致昆惠信。下午,至霞飞路四行信托部,五凤里晤何公度,天主堂街永安米店为干畏言划款。乃至鸿远里大妹处,益明、静婉与慧明、绳祖、华明先往,少坐。同出,余又一转四明村迪前处而返。夜,观《孟邻堂文钞》。

6月6日　星期二

晴。上午,写致昆惠信。花明来,下午去。复晋康信。观《天地》杂志。

6月7日　星期三

上午阴雨,下午晴。上午,致晋康,复礼周信。下午,复继麟信。拟复谈月色信。观《孟邻堂文钞》。

6月8日　星期四

晴。上午,至海格路时舅处。写复谈月色信。下午,至福煦路中南银行分行,开明编译所晤乃乾,汉学书店。夜,迪前来。

6月9日　星期五

晴。上午,誊写。下午,偕颖柔至四明村迪前、中妹处,恭寿甥于三日前得一女也。出,余至韫辉处。昆亮来。

6月10日　星期六

晴。上午,至牯岭路净土庵。桑伯尹为母丧开吊,因往奠。晤及吴导江、杨萍庵,少坐,返。写账。下午,至康乐村君平处。俞肃斋来。夜,观《孟邻堂文钞》。

6月11日　星期日

晴。上午,君实来。致秋林、继麟信。下午,复晋康、曾耀信。整理《韩文札记》稿。

6月12日　星期一

晴。上午,至福煦路汾阳坊九号孙邦瑞处,观其所藏书画。君藩、邦屏亦来,先相约也。出,至霞飞路四行信托部及润德学校(即民智改名)晤俞肃斋。下午,至康乐酒楼贺朱积诚哲嗣砚孙结婚,观礼,茶点后,返。傍晚,又往四明村廿九号朱宅,应其招饮喜筵。夜九时许返。

6月13日　星期二

阴晴,午间有雨。上午,杂务。复干畏言信(曾耀之子)。下午,整理《韩文札记》稿。

6月14日　星期三

晴。上午,整理《韩文札记》稿。下午,至福煦路中南银行分行,而丁香理发室理发。出,至鸿远里大妹处。夜,在君宾处,与君藩闲谈。

6月15日　星期四

晴。上午,至霞飞路四行信托部,回,至海格路时舅处。下午,复心葴,致中孚信。杜亚贻来。整理《韩文札记》稿。至福煦路六四五衖晤君藩。夜,启贤来(住宿)。

6月16日　星期五

阴雨。上午,至牛庄路清凉寺,周瞻岐开吊。午馔后返。整理《韩文札记》稿。夜,观《孟邻堂文钞》。

6月17日　星期六

晴。上午,写账。整理《韩文札记》稿。复继麟信。下午,至汉学书店浏览。致礼周信。

6月18日　星期日

晴。上午,昆惠来。系昨晚自张抵沪。夏至节祭先。下午,整理《韩文札记》稿。至鸿远里检取所放书籍。夜,观《孟邻堂文钞》。

6月19日　星期一

晴。上午,同益明至打浦桥信昌当内郑公硕分诊所,就其医治胃病。旬日前,由君宾同往诊过也。出,余至福煦路中南银行分行。下午,至环龙路福寿坊六号晤杜亚贻,观其所辑《松江碑传录》,并以书籍借供取材。花明携曾同、曾祺来。整理《韩文札记》稿。夜,观《孟邻堂文钞》。

6月20日　星期二

晴。上午,写账。观《古今》杂志。下午,至中国画苑观陈列之爱居阁助学义卖清代名人书画。出,至商务印书馆,及世界书局晤思期。

6月21日　星期三

晴,夏至。上午,复谈月色,致沈思期信。下午,至霞飞路青年中学望黄进贤,不值,而至成都坊晤昆惠、昆屏,少坐,返。复礼周及黄涤新信。

6月22日　星期四

晴。上午,迪前来。整理《韩文札记》稿。下午,至霞飞路四行信托部,而至成都坊晤道衍,昆惠、昆屏、静婉直接亦到。旋花明、益明亦来。余先行至鸿远里大妹处,四明村晤迪前而返。中妹来(夜饭后去)。夜,在君宾处晤时舅。

6月23日　星期五

上午阴,下午雨。上午,昆友来,坐谈数刻,去。整理韩文札记稿。下午,张希曾来。至成都坊晤及昆屏。观《孟邻堂文钞》。

6月24日　星期六

阴晴。上午,写账。昆惠来,午馔后去。至鸿远里晤君定。观《学术界》。

6月25日　星期日

上午雨,下午阴。上午,写账。整理《韩文札记》稿。下午,温《桐城吴氏古文读本》中韩、柳文。大妹、中妹、花明携曾祺来。

6月26日　星期一

晴。上午,杨孝达来。誊札记。复晋康、中孚信。下午,观《桐城吴氏古文读本》。观清长洲沈德潜著《说诗晬语》完。

6月27日　星期二

晴,傍晚盛雨。上午,至桂林路四八五号领棉布配给证。下午,誊札记。观《孟邻堂文钞》。

6月28日　星期三

晴。上午,杨孝达来。至海格路时舅处。誊札记。下午,文台同罗才德来。观《孟邻堂文钞》完。观《贞松老人(罗振玉)遗稿·甲集》。顾品璋来。夜,中妹来。

6月29日　星期四

晴。上午,写账。誊札记。下午,观《贞松老人遗稿:甲集》。夜,由颖柔注射防疫针。

6月30日　星期五

傍晚雷雨。上午,写账。迪前来。誊札记。下午,至霞飞路四行信托部。观《贞松老人遗稿·甲集》。

7月

7月1日　星期六

阴,下午有盛雨。上午,杂务。观《桐城吴氏古文读本》。下午,至海格路时舅处。舅氏昨患咯血,今已止,侍坐良久,返。观《贞松老人遗稿甲集》。冯志洽来。夜,韫辉来。

7月2日　星期日

阴。上午,写账。誊札记。观《桐城吴氏古文读本》。下午,至前民智校舍内,本邑旅沪同乡会开本年度常年大会。散会后,同君平、君定至康乐村,并适晤及君实,翻阅望舅日记,坐谈数刻而返。

7月3日　星期一

晴,下午有阵雨。上午,王杭生来。至海格路时舅处。下午,至汉学书店而鸿远里大妹处。回经四明村,适天将下阵雨,遂至迪前处,待雨过后返。

7月4日　星期二

阴晴,有微雨。上午,写账。誊札记。下午,观《古今》杂志。观《桐城吴氏古文读本》。

7月5日　星期三

阴晴。上午,读《桐城吴氏古文读本》。下午,复晋康信。沐浴。中妹来。今日阴历五月十五,为先妣高太淑人二十二周忌辰。傍晚,设祭。

7月6日　星期四

晴。上午,杂务。整理《韩文札记》稿。下午,至世界书局晤思期。夜,由颖柔注射防疫针(第二次)。韫辉来。

7月7日　星期五

晴,小暑。上午,至海格路时舅处。观南宫李刚己评选《古文辞约编》。下午,观《贞松老人遗稿:甲集》。

7月8日　星期六

晴,下午有雨即止。上午,至霞飞路垦业银行分行,信昌当望徐子素病,并晤郑公硕,广慈医院望陈陶遗病。下午,观清无锡薛湘《涤非斋制艺》,仅存一卷,曾国藩评点本。今日阴历五月十八,为先祖妣何太淑人生辰。傍晚,设祭。至新雅酒楼应吕效招饮。同席为何民魂、黄芳墅、沈思期等。夜九时许返。

7月9日　星期日

晴。上午,王杰士来。观《古文辞类纂》。下午,观明歙县黄白山(生)评贺黄公《载酒园诗话》完。

7月10日　星期一

晴。上午,观《古文辞类纂》。下午,观《同声》月刊。观明王世贞《艺苑卮言》。昨起腹痛而泻,身体疲倦。

7月11日　星期二

晴。上午,理经管之账。观《古文辞类纂》。下午,读《史记精华录》。观《艺苑卮言》。

7月12日　星期三

晴。上午,至福煦路中南银行分行,海格路时舅处,适晤及伯才。下午,至霞飞路四行信托部、紫来街同德申庄、商务印书馆,开明编译所晤乃乾,世界书局晤思期,而鸿远里大妹处。中妹来,夜饭后去。

7月13日　星期四

晴,夜午有雨。上午,杂务。公度来,近彼在君宾处为锌甥暑假补课也。观《古文辞类纂》。下午,写笔札。观《艺苑卮言》。夜,由颖柔注射防疫针(第三次)。

7月14日　星期五

晴,上午有阵雨。上午,复晋康信。下午,大妹来(傍晚去)。观《艺苑卮言》。夜,在君宾处晤时舅。

7月15日　星期六

晴。上午,写账。唤理发匠来理发。誊札记。下午,携念祖、纪祖至上海殡仪馆吊顾仲开先生之丧,送大殓后返。夜,启贤来(住宿)。

7月16日　星期日

晴。上午,伯才来。拟复晋康、秋林,致中孚信。下午,至民智校址,同乡会开本年度第一次理监事联席例会。前日大会中,余仍被举为监事也。出,同君平、君定至康乐村。

7月17日　星期一

晴。上午,昆友来。写复晋康、秋林,致中孚信。下午,观《中和》杂志。至鸿远里大妹处及吴忆初处。今日忆初夫人五十生日,颖柔携慧明、绳祖先往,同返。夜,伯才来。

7月18日　星期二

晴。上午,至霞飞路四行信托部。下午,观《古今》杂志。昆友来。夜,黄烈文伉俪携稚子来。

7月19日　星期三

晴。上午,至海格路时舅处。誊札记。下午,观《古文辞类纂》。夜,昆友来。周才良来。

7月20日　星期四

晴,日蚀。上午,至福煦路中南银行分行,四明村迪前处。下午,写账。观《古文辞类纂》。沐浴。观《艺苑卮言》完。

7月21日　星期五

晴。上午,姚墨谦来。结账。写杂记。下午,文尧来。观《古文辞类纂》。大妹、中妹来(夜饭后去)。君定来。

7月22日　星期六

晴。上午,写账。草《韩文札记》。观《古文辞类纂》,直至下午。观《中和》杂志。

7月23日　星期日

晴。上午,理账。观《古文辞类纂》。下午,写藏书题记。至康乐村望花明伤风。

7月24日　星期一

晴。上午,至福煦路中南银行分行。观《中和》杂志。下午,翻阅王仲瞿之《烟霞万古楼诗》。至新雅酒楼应何民魂招饮。同席为黄芳墅、吕效、彭健行、君藩等。夜九时许返。

7月25日　星期二

晴。上午,至海格路时舅处。写账。下午,写藏书题记。观罗振玉之《大云书库藏书题识》。

7月26日　星期三

晴,下午震雷阵雨。上午,至福煦路中南银行分行。观《古文辞类纂》。下午,翻阅《烟霞万古楼诗》。观《大云书库藏书题识》。

7月27日　星期四

晴。上午,沈飚民来。写账。写藏书题记。下午,翻阅《烟霞万古楼诗》。大妹、中妹来(傍晚去)。观《大云书库藏书题识》。

7月28日　星期五

晴。上午,观《古文辞类纂》。下午,复晋康信。观《大云书库藏书题识》。

7月29日　星期六

晴。上午,至麦根璐世德里沈思期处,望其患肝胃气痛,病已愈矣。闲谈良久,被留午馔后返。观番禺汪兆镛之《棕窗杂记》。观《大云书库藏书题识》完。

7月30日　星期日

晴。上午,写账。昆亮来。下午,至基安坊望君介病。出,至鸿远里大妹处。中妹来,夜饭后去。

7月31日　星期一

晴。上午,至霞飞路四行信托部。观《古文辞类纂》。下午,观清香山李翰芬之《鄂轺载笔》。沐浴。

8月

8月1日　星期二

晴。上午,至福煦路信谊化学制药厂股份有限公司。出,至鸿远里大妹处。复钻坚信。下午,复礼周信。君定来。观《鄂韬载笔》完。

8月2日　星期三

晴。上午,理账件。增修戊申年所作《论盐政之罪恶》一篇。下午,迪前来。观《棕窗杂记》。

8月3日　星期四

晴,下午有雷。上午,至极司非而路九十三号候黄烈文,不值,晤其夫人,少坐。出,晤诸途,立谈片刻。校抄件。下午,至福煦路中南银行分行、古今出版社。观《古今》杂志。观《棕窗杂记》。

8月4日　星期五

晴。上午,至阜昌参号、海格路时舅处。下午,观《古文辞类纂》。观《棕窗杂记》完。中妹来,夜饭后去。

8月5日　星期六

晴。上午,郭瑞商、张润溪来。复谈月色信。下午,昆亮来。填阁寓换领居住证之申请书。观《古今》杂志。

8月6日　星期日

晴。上午,填居住证之申请书。至庄严寺。陈端志为其继母之丧在寺作佛事,因往奠。午馔后,同时舅、君定、思期出,至广慈医院望陶遗病,少坐,返。杜雅言来。

8月7日　星期一

晴。上午,至常熟路警察局为补报户口(仆人)移动事。出,至海格路时舅处,不值。写账。下午,至福煦路中南银行分行。观《古今》杂志。中妹来,夜饭后去。

8月8日　星期二

晴。上午,观《古文辞类纂》。下午,至商务印书馆,开明编译所晤乃乾,世界书局晤思期,汉学书店、来青阁。

8月9日　星期三

晴,夜有雨。上午,至海格路时舅处,不值。观《古文辞类纂》。下午,观《同声》月刊及《永安月刊》。

8月10日　星期四

晴,夜雷雨。上午,至合众图书馆晤顾起潜、潘景郑。翻阅《经史百家杂钞》。下午,至霞飞路四行信托部、劳利育路十衖B字十四号候戚智川,不值,晤其夫人,少坐。出,至鸿远里晤君定、大妹。

8月11日　星期五

阴晴。上午,至海格路时舅处。致三楼房客张康澄,为增加租金事。下午,复礼周、中孚信。翻阅《古文观止》。

8月12日　星期六

晴雨,有雷。上午,草《韩文札记》。写账。下午,草《韩文札记》。花明来。观《学海》杂志。

8月13日　星期日

阴晴,下午有雨。上午,整理居住证之申请书。复谈月色信。翻阅《野航先生诗、文稿》及《楼居杂著》(明长洲朱存理性甫撰,《阁楼丛书》本,近人新刊)。下午,至鸿远里、康乐村、四明村。大妹来,夜饭后去。观清初钱唐诸匡鼎选《今文短篇》。

8月14日　星期一

晴,下午时有阵雨。上午,偕颖柔、静婉携益明、念祖、纪祖并率仆人至常熟路警察局盖应领之居住证手印(十二岁以下小儿无须领之)。下午,观《学术界》。戚智川来。昆友来。系昨日抵沪。坐谈良久,去。中妹于上午早来为看守门户,傍晚而去。

8月15日　星期二

晴。上午,至海格路时舅处,并适晤及黄伯惠。出,至常熟路(善钟路之改名)新设之萃古斋书店。复晋康信。下午,致中孚信。至合众图书馆晤起潜、景郑,并晤及叶揆初先生。校所抄之清吴县惠周惕《研溪文集》。顾荩丞先生暑假中为念祖、纪祖补习,彼以事于今日提前结束。

8月16日　星期三

晴。上午,君平来。伯才来。昆屏来。系同昆友抵沪。在学校商科高中毕业,将至绸业银行为练习生(午饭后去)。校所抄之《研溪文集》。下午,往合众图书馆一转后,即至康乐村君平处,并晤君定、君实、张叔良。旋君实、伯才、蒋志义、钱忧鸣、次球、公绪、荣万亦来,共商应付本乡事宜。傍晚而返。夜,昆亮来。

8月17日　星期四

晴。上午,至静安寺近段购物。杂务。下午,蒋志义来。翻阅长洲吴梅之《霜厓诗词录》。沐浴。

8月18日　星期五

晴。上午,至玉佛寺。刘大年(即国桢)开吊,往奠。少坐,返。下午,致礼周、中孚信。观《古今》杂志。伯才来,同至康乐村,并同君平至静安寺路大来饭店。与君平、君宾合宴顾振山,邀伯才、叔良为陪。夜九时许返。

8月19日　星期六

晴,傍晚有阵雨。上午,复晋康信。校所抄之《研溪文集》。下午,写账。智川来。林晋康自松江来,即住宿于此。

8月20日　星期日

晴。上午,与晋康杂谈家中事务。杰士来。智川来,晤晋康,午饭后去。晋康亦往,宿于外。至民智校址,同乡会开理监事联席例会,出。同时舅至康乐村。

8月21日　星期一

晴,夜雷雨。上午,晋康来,坐谈数刻,去。约明晨仍乘汽车回松返张。昆友来,午饭后去(昨来未晤)。观《古今》杂志。校所抄之《研溪文集》。夜,昆屏来(今夜住宿于此)。观《今文短篇》。

8月22日　星期二

阴晴,傍晚雨。上午,校所抄之《研溪文集》毕。伯才来。下午,结账。观《古今》杂志。中妹来。至华府饭店,与君宾、君藩、智川、邦屏合宴黄烈文。渠将有事于青浦也。同席尚有黄伯惠及胡某(君宾之友)。夜九时后返。

8月23日　星期三

晴,下午有微雨,处暑。上午,君平来。校抄件。下午,至福煦路中南银行分行,霞飞路四行信托部。回后,又出,至萃古斋、蕴华阁书肆浏览。今日阴历七月初五,为先君二十三周忌辰。傍晚,设祭。

8月24日　星期四

晴,下午有雨。上午,伯才来。复礼周信。下午,至大新公司、来青阁、汉学书店。观《中和》杂志。慧明仍肄业古柏幼稚园,绳祖亦往。今日秋季开学,明日上课。

8月25日　星期五

晴。上午,至上海殡仪馆吊费润泉夫人之丧。出,至法藏寺。陈蒙庵母夫人五七开吊,往奠。少坐,返。花明携曾同、曾祺来。下午,录存信稿。中妹来。启明来(夜饭后,同花明等去)。今日阴历七月初七,为粲君生辰。傍晚,设祭。

8月26日　星期六

晴。上午,至海格路时舅处。录存信稿。下午,至合众图书馆晤起潜,并适晤及谢刚主,新自北平来沪也。至四明村韫辉处,鸿远里大妹处。观《今文短篇》。

8月27日　星期日

晴。上午,至海格路时舅处。同其出,至霞飞路华府饭店,即与时舅、芳墅、思期合宴何民魂并其友汪君(尚有严君未到)及吕效(以事一到,即去)。馔后,坐谈良久;下午三时许散。复礼周、心臧,致秋林信。

8月28日　星期一

晴。上午,唤理发匠来理发。录存信稿。下午,写账。观《今文短篇》。

8月29日　星期二

晴,下午有雷。上午,洗砚。理账。下午,文尧来。复晋康信。观《今文短篇》。夜,韫辉来。

8月30日　星期三

晴。上午,至大同坊晤王培孙。下午,观杂志中所载《南社影事》。全篇署名为劲草,实朱凤蔚作也。观《今文短篇》。

8月31日　星期四

晴。上午,中妹来(夜饭后去)。写账。中元节祭先。下午,杂务。观《今文短篇》。

9月

9月1日　星期五

上午晴,下午雷雨。上午,写账。复中孚信。下午,致礼周及郭瑞商信。观《今文短篇》。君平来。今岁伏中天气已热,近数日酷热尤甚。今日大雨后,始渐觉凉爽。

9月2日　星期六

阴晴。上午,伯才来,同至海格路时舅处。复昆友信。下午,至鸿远里大妹处。出,至康乐村君平处。旋君定及伯才亦来,共谈本乡情形,傍晚而返。增修庚申年所作《兰臭园序》一篇。

9月3日　星期日

阴,下午有盛雨。上午,写账。复晋康信。下午,观《古今》杂志。夜,伯才来。

9月4日　星期一

阴,上午有盛雨,夜雨。上午,中孚同其子惟约来,谈本乡纷扰情形良久,午饭后去(中孚系昨日到沪)。至康乐村晤君平、君定。旋同至海格路时舅处,亦商应付本乡事宜,傍晚而返。夜,在君宾处晤顾振山。

9月5日　星期二

阴,时有阵雨。上午,君平、君定来。伯才来。中孚同金书麟来。即留诸人午馔,并邀君宾。馔后,又坐谈数刻,络续散。沐浴。夜,昆亮来。

9月6日　星期三

阴,有雨。上午,至四明村韫辉处。出,至康乐村,午刻,君平、君定设筵宴书麟、中孚。同座尚有伯才、君宾等。散席后,同至鸿远里,假此书麟欲约集旅沪张地人士商议应付本乡事宜。到者尚有钱氏忧鸣、公绪、荣万及君湘。傍晚而散。

9月7日　星期四

阴晴,下午有微雨。上午,韫辉来。偕颖柔携益明、念祖、纪祖至福熙村王杭生处。为伯扬内兄(杭生之嗣父)七秩冥庆,因往拜奠,花明亦到。午筵后,三时许返。中孚同其子惟约来,少坐,去。中孚约明日回张,惟约则肄业大同大学,寄宿于戚智川处也。

9月8日　星期五

阴,有微雨。上午,写账。伯才来。君定来。下午,补写日记。校抄件。黄蕴辉来。观《今文短篇》。

9月9日　星期六

阴。上午,结账。下午,复晋康及陶金奎信。至海格路时舅处。顾起潜来。

9月10日　星期日

阴晴,有微雨。上午,观蔡尚思著《中国历史新研究法》。下午,花明携曾同、曾祺来(夜饭后去)。至民智校址,同乡会开理监事联席例会及贷学金委员会议。五下钟返。

9月11日　星期一

阴晴,时有雨。上午,雷君彦来,坐谈良久,午饭后去。观《历史新研究法》。钱忧鸣、次镠、公绪来。启贤来(住夜)。念祖仍肄业沪江书院,纪祖仍肄业壬午补习社,惟转文科,均于今日秋季开学上课。

9月12日　星期二

晴。上午,复晋康信。观《今文短篇》。下午,至西泠印社、商务印书馆、曹素功笔墨庄、汉学书店、来薰阁。顾品璋、查锦华来。夜,周才良来。

9月13日　星期三

阴雨。上午,写账。伯才来。观曾国藩文。下午,至福煦路中南银行分行,四明村望中妹患恙。出,即返。观《今文短篇》。

9月14日　星期四

晴。上午,偕颖柔携益明、念祖、纪祖至霞飞路觉林。为王外姑唐太夫人九秩冥庆,仲稽内兄等在此设祭,因往拜奠,花明、启明亦到(念祖、纪祖自校放课后来)。午筵后,三时许返。翻阅《烟霞万古楼诗》。观《今文短篇》。

9月15日　星期五

晴。上午,至萃古斋书店浏览。校《烟霞万古楼诗》。下午,至福煦路中南银行分行及浦东银行,而鸿远里、四明村。观《今文短篇》。

9月16日　星期六

晴。上午,至静安寺路浙江兴业银行分行、新闸路民谊药厂股份公司。下午,校《烟霞万古楼诗》。杂务。

9月17日　星期日

朔。晴。上午,伯才来。校《烟霞万古楼诗》。昆友来。下午,君定来。至震兴里晤昆亮,少坐。出,至成都坊谢宅望昆屏,不值即返。

9月18日　星期一

晴。上午，至常熟路警察局领换发之居住证，未有，而至蕴华阁、萃古斋书肆浏览。校《烟霞万古楼诗》，直至下午。观《古今》杂志。夜，复晋康信。迪前来。益明仍肄业约翰大学。今日秋季开学上课。

9月19日　星期二

晴。上午，罗才德来。至海格路时舅处。下午，观《古今》杂志。至康乐村晤君平、君定。观《烟霞万古楼诗》。

9月20日　星期三

晴。上午，写账。复钻坚信。下午，至四明村、鸿远里。观《今文短篇》。顾荩丞来（夜饭后去）。文尧来。夜，昆亮来。昆友来。

9月21日　星期四

晴。上午，写账及补写日记。翻阅横云山人《明史稿》稿本。系借自雷君彦处，原松江图书馆所藏也。下午，至朵云轩、中华书局、商务印书馆、开明编译所晤乃乾。

9月22日　星期五

晴，晨有雨。上午，至联保办事处，又走村后周家花园游览。翻阅《明史稿》稿本。下午，观侯仁之《王鸿绪〈明史列传〉残稿》一文。方亚文来。系昔年钦明女校学生也。复晋康，致心葴信。夜，致中孚信。纪祖仍请顾荩丞先生课余补授《礼记》与《古文观止》，每逢星期一、五下午约二小时许，今日开始。

9月23日　星期六

阴晴，秋分。上午，至鸿远里。今日秋分节，外家高氏在此举行祭祠堂，因往一拜。午筵后，又与诸表兄弟坐谈许久而返。观

《今文短篇》。天气又大热,今节交秋分而反似夏至也。

9月24日　星期日

晴。上午,杂务。下午,携念祖至世界书局开股东常会。出,并同君宾至复兴恒颜料行。出,余至成都坊望昆屏,不值而返。花明携曾祺来,夜饭后去。

9月25日　星期一

晴。上午,至海格路时舅处。下午,观《古今》《天地》两杂志。观林子青编《弘一大师年谱》。沐浴。观《今文短篇》。夜,在君宾处晤君藩。

9月26日　星期二

阴晴。上午,至萃古斋书店浏览。写存杂记。观《弘一大师年谱》。下午,至绸业银行晤昆屏,汉学书店浏览。大妹来。

9月27日　星期三

晴。上午,道衎来。草《王鸿绪〈明史稿〉考》,将以补《金山艺文志稿》中,直至下午。观《弘一大师年谱》。花明来。文尧来。

9月28日　星期四

阴晴。上午,草《王鸿绪〈明史稿〉考》。下午,观《弘一大师年谱》。观《今文短篇》。

9月29日　星期五

有雨。上午,观《学海》杂志。下午,草《王鸿绪〈明史稿〉考》。至古柏公寓晤张友会。出,至福煦路维也纳理发室理发。观《今文短篇》。

9月30日　星期六

阴晴。上午,至极司非而路(今名梵王渡路)九十三号候黄烈文,不值,回,沿路浏览旧书摊而返。下午,草《王鸿绪〈明史稿〉

考》。至萃古斋书店,并在路上购瓶花。傍晚,至杏花楼,王季鲁将为其哲嗣完姻宴介绍人,招陪。夜九时许返。

10月

10月1日　星期日

阴。今日阴历八月十五为先祖春渔公忌辰,上午设祭。下午,偕颖柔携益明、念祖、纪祖、慧明、绳祖至杏花楼,贺王季鲁哲嗣兆塘与吴女士结婚。夜九时许返。

10月2日　星期一

阴。上午,往极司非而路候黄烈文,又不值,即返。观《弘一大师年谱》。下午,偕颖柔携益明至颖村王宅兆塘新房,花明亦来。

10月3日　星期二

阴。上午,冯子冶来。观《弘一大师年谱》。下午,携益明至武定路玉皇山道院。君平等为望舅造室周氏三七诵经,因往一揖。出,经新闸路浏览旧书摊而返。中妹来,夜饭后去。

10月4日　星期三

晴。上午,迪前来。观《古今》杂志。下午,至福煦路中南银行分行,康乐村君平处晤花明,四明村韫辉处并至经香楼书肆。徐修基来。夜,昆友来。系今日自张抵沪。

10月5日　星期四

晴。上午,至海格路时舅处。观《古今》杂志。下午,至三马路来薰阁、汉学书店、来青阁、抱经堂各旧书肆浏览,晤及郑振铎,又至商务印书馆而返。花明来(夜饭后去)。顾起潜来。

10月6日　星期五

晴。上午，杂务。观《古今》杂志。下午，观《弘一大师年谱》。复晋康，致继麟信。观《今文短篇》。

10月7日　星期六

晴。上午，沈明璋来。杨孝达来。迪前来。复徐炳青信。观《弘一大师年谱》。下午，至来薰阁为沈思期购石印《守山阁丛书》。出，至世界书局晤思期而返。白蕉来。

10月8日　星期日

晴，寒露。上午，杰士来。迪前来。整理《王鸿绪〈明史稿〉考》。下午，至模范村候冒鹤亭先生，坐谈数刻。出，至康乐村鸿远里而至南洋医院望周甥梅垞，在打空气针。

10月9日　星期一

阴。上午，至联保办事处而时舅处及萃古斋书店。下午，至福煦路中南银行分行、四明村迪前处、康乐村晤花明，鸿远里检取《白孔六帖》。因冒鹤亭欲借，即持往冒宅，不值，留书而返。傍晚，至文缘酒家，君定约端志小叙，招陪。同坐尚有思期、君宾。夜近九时许返。

10月10日　星期二

阴，晨夜有雨。上午，杂务。观《弘一大师年谱》。方冲之来。花明携曾同、曾祺来，傍晚去。至民智校址，同乡会开理监事联席例会及贷学金委员会。傍晚，至极司非而路九十三号黄烈文处，应其招饮。晤黄涤新，昨自张抵沪。同席有时舅、舅母及君宾、思期、智川、邦屏、白蕉等。夜九点多钟返。

10月11日　星期三

阴，夜有雨。上午，杂务。观《弘一大师年谱》。下午，与益明、花明往金门戏院,观演《红楼梦》电影。整理《王鸿绪〈明史稿〉考》。

10月12日　星期四

阴。上午,至合众图书馆晤顾起潜,并适晤及潘季孺。出,转萃古斋书店而至海格路时舅处,晤及费润泉。下午,写账。韫辉来。观《弘一大师年谱》。傍晚,至福州路聚昌馆,与思期合宴端志、涤新,并邀时舅、君定、君宾、冲之。夜九时许返。

10月13日　星期五

晴。上午,杂务。金书麟来。下午,昆友来。迪前来。大妹来(傍晚去)。至康乐村君平处。中妹来(夜饭后去)。观《今文短篇》至夜完。

10月14日　星期六

阴晴。上午,写账。文尧来。观《弘一大师年谱》。下午,至模范村晤冒鹤老。出,至海格路时舅处,观番禺江兆镛之《微尚斋杂文》。傍晚,至黄山路(原系金神父路)群贤别墅陈端志处,应其招饮。同席为顾子余、黄芳墅、俞肃斋、思期、君定、君湘、君宾等。夜十时许返。

10月15日　星期日

阴,下午有雨。上午,写日记。复心葳信。下午,金书麟来,并与君宾共谈数刻后去。至劳勃生路泰兴村晤方冲之,并晤及其戚张望良。出,至戈登路一千二百十六衖晤雷君彦,坐谈良久,返。夜,致晋康信。

10月16日　星期一

阴,下午有微雨。上午,苏月坡来。迪前来。至福煦路中南银行分行,海格路时舅处。观《弘一大师年谱》。下午,至汉学书店、世界书局晤思期,开明编译所晤乃乾。

10月17日　星期二

雨。上午,结账。观《弘一大师年谱》至下午,完。昆友来。观《微尚斋杂文》至夜。

10月18日　星期三

阴,傍晚雨。上午,杂务。至庄严寺。顾怡生表兄九秩冥庆,其文孙问滨在寺作佛事,因往拜奠。午筵后,出。至鸿远里晤君定、大妹,闲谈良久而返。花明来。夜,观《微尚斋杂文》。

10月19日　星期四

阴。上午,理账。观《中国历史新研究法》。下午,偕颖柔至霞飞路购物,野味香吃点心。观《微尚斋杂文》。中妹来,夜饭后去。

10月20日　星期五

雨。上午,誊写。下午,至四明村迪前处,赠太亲母七秩礼物。观《中国历史新研究法》。

10月21日　星期六

晴。上午,作信复晋康、心臧及引娟(子望族兄之女)。花明为念祖请季鲁内兄之季女兆均庚帖来。下午,至萃古斋、蕴华阁书肆浏览。大妹来(傍晚与花明去)。观《微尚斋杂文》至夜。

10月22日　星期日

阴晴。华明于昨夜午后发痢,身热腹泻,今上午痢尚未止。邀吴忆初来诊治(共发三次而住)。上午,倪道衍来。写账。张仲田、王欣夫先后来。下午,花明携曾同来(傍晚去)。昆屏、昆友少奶奶来。王兆墀、兆均来,花明、益明、念祖、纪祖先与之约同游周家花园也(即在村后)。观《微尚斋杂文》完。观《历史新研究法》

至夜。

10月23日　星期一

晴,霜降。上午,伯才来。系昨日自张抵沪。谈本乡扰攘情形,坐久而去。拟复蔡仲□信(哲夫之侄)。下午,偕颖柔携益明、念祖、纪祖、慧明、绳祖至四明村迪前处祝太亲母七秩寿。颖柔等吃面后,先归,余夜筵后,八下钟返。

10月24日　星期二

上午阴,下午雨。上午,姚墨谦来。至海格路时舅处,伯才亦在。下午,昆友来。至福煦路中南银行分行、康乐村君平处并晤张叔良,亦近自张出来也。观《古今》杂志。

10月25日　星期三

阴,有雨。上午,写复蔡仲□信。观《古今》杂志。下午,至霞飞路四行信托部、善钟路萃古斋书店。途遇诸仲芳,欲来见访,赠吾所印《南田墨妙》,乃立谈片刻而别。复晋康信。

10月26日　星期四

阴雨。上午,道衎来。作信复中孚及翟某。伯才来。下午,观《古今》杂志。君平、君定、君寔及张叔良来商议应付本乡事宜及收租情形。文尧来。

10月27日　星期五

阴雨。上午,伯才来。写账。昆友来。下午,整理《王鸿绪〈明史稿〉考》。邀冯志洽来诊治华明。观罗振玉选《清文雅正》。

10月28日　星期六

晴,夜雨。今日阴历九月十二,全明期岁治面。上午,洗砚,换挂楹帖,出外购花。中妹来。下午,大妹来。华明携曾祺来。

10月29日　星期日

阴,有微雨。上午,至康乐村君平处,并晤时舅、君湘、君宾、君定,近午返。下午,至鸿远里。今日君定五秩生辰,赠以曹元弼之《礼堂述学诗》一部及食品。出,至民智校址,同乡会开征租会议。散会后,再至鸿远里吃面,颖柔与念祖、纪祖、益明亦来。余于傍晚返。

10月30日　星期一

阴。上午,韫辉来。致晋康、中孚信。至康乐村君平处,并晤时舅、君宾、君寔、叔良,与时舅、君平合致沈三宜、曹中孚信。午饭后,又少坐。出,至经香楼、古今出版社而返。再致晋康信。

10月31日　星期二

晴。上午,至海格路时舅处及萃古斋、蕴华阁。写账。下午,走卡德路浏览旧书摊。观《一士类稿》。俞肃斋来。

11月

11月1日　星期三

上午阴,下午雨。上午,王石士来。复钴坚、沈叔平、周才良信。下午,杂务。观《中国历史新研究法》完。

11月2日　星期四

阴,晚晴。上午,写账。至庄严寺。黄烈文为其尊人剑童六周忌辰作佛事,因往拜奠。午筵后,出,至汉学书店浏览良久而返。中妹来(夜饭后去)。昆屏来。

11月3日　星期五

阴,上午有雨。上午,理书。启贤来(夜饭后去)。写账。下午,观周作人著《书房一角》笔记。周太亲母来。韫辉来。君平来商酌收租办法,坐谈良久,并同至海格路时舅处一回。复晋康信。

11月4日　星期六

阴雨。上午,西邻钱海如为其太夫人释服撤幛,因往一拜。白蕉来。写账。下午,观《书房一角》。花明来。君定来。

11月5日　星期日

阴,有雨。上午,写账。整理《王鸿绪〈明史稿〉考》。下午,观《书房一角》。韫辉来。至鸿远里闻君定、大妹在昆亮处,因亦往震兴里。少坐后,同返鸿远里,并晤中妹。出,又至四明村一转。

11月6日　星期一

阴雨。上午,理账。下午,致晋康信。至萃古斋书店。观《书房一角》。观《清文雅正》。

11月7日　星期二

雨,立冬。上午,写账。整理《王鸿绪〈明史稿〉考》。下午,冯丽水来。观《书房一角》。复晋康条。观《清文雅正》。

11月8日　星期三

上午雨,下午阴雨,有晴光。上午,理书。复晋康信。下午,至亨利路阮雨苍处,应冯丽水之招,在此与子冶、顾问宾、铁君、王杰士商其家事。观《清文雅正》。

11月9日　星期四

晴。上午,致晋康,复秋林,致干曾耀信。昆屏来,午饭后去。至安乐殡仪馆吊姜证禅(可生之兄)之丧。出,经西摩路浏览旧书摊,而至鸿远里晤君定、大妹。适圆妹、君宾及君介、君平亦来,遂坐谈良久而返。

11月10日　星期五

晴。上午，致晋康，复中孚、陶金奎信。观《书房一角》，笔记。下午，至福煦路中南银行分行及来青阁、汉学书店等处。花明来过。

11月11日　星期六

晴。上午，杂务。下午，携纪祖至静安寺百乐门饭店贺陈天石嫁女，茶点后，返。上海近来时有空袭，今日上午历时甚久，为以前诸次所未有。

11月12日　星期日

晴。上午，致晋康条。张公愈来。写账。观《书房一角》，笔记，直至下午。杨孝达来。中妹来，夜饭后去。

11月13日　星期一

晴。上午，沈叔平来。至海格路时舅处。出，至蕴华阁、萃古斋。下午，复晋康信。昆惠来。花明来。观《书房一角》完，多属书籍题记也。

11月14日　星期二

阴雨。上午，观《中和》杂志。中妹来（夜饭后去）。下午，观《清文雅正》。下元节祭先。君寔来。

11月15日　星期三

雨。上午，写账。观《中和》杂志。下午，观《一士类稿》。俞心臧来。系昨日自张抵沪。谈济婴局务，良久而去。

11月16日　星期四

晴。上午，复晋康信。下午，至福煦路中南银行分行、信谊药厂股份公司、鸿远里大妹处，润德学校晤俞肃斋并候心臧，坐谈数刻而返。

11月17日　星期五

阴晴。上午,理账。复钻坚信。荩丞来。下午,至卡德路旧书摊选购书菀,震兴里候昆亮,不值,润德学校晤肃斋,并适晤及该校中学部主任蔡行素,鸿远里晤君定、大妹并请忆初为华明改方。出,经康悌药房购药而返。夜,昆亮来。

11月18日　星期六

晴。上午,至海格路时舅处。出,至萃古斋书店。观《一士类稿》。下午,又至卡德路书摊选购书菀而至康乐村君平处。

11月19日　星期日

阴晴。上午,昆亮来。杂务。下午,观《一士类稿》。花明来。夜,昆友来。系今日抵沪。适闻空袭警报,遂坐谈良久而去。

11月20日　星期一

晴。上午,理账。观《一士类稿》。整理《王鸿绪〈明史稿〉考》。下午,至来青阁、汉学书店等处。致晋康信。今日阴历十月初五,为本生祖秋岭公生辰。傍晚,设祭。

11月21日　星期二

晴。上午,观《一士类稿》。下午,整理《王鸿绪〈明史稿〉考》。观《清文雅正》。今日晨起即有空袭,过午而止。闻电线遭有损坏,故电车、电话、电灯皆停息。

11月22日　星期三

晴,小雪。上午,至海格路时舅处。复晋康,致心臧信。下午,复中孚信。昆友来。启贤自张来,少坐,去。今日阴历十月初七,为本生祖秋岭公忌辰及先妣冯太淑人忌辰。傍晚,设祭。今日上午,电话恢复,电车仍停,电灯至夜始来。

11月23日　星期四

晴。上午,杨孝达来。至海格路时舅处,同至大同路(原名爱文义路)西园分寺。今日阴历十月初八,为木道人二百岁诞辰。来苏社同人在此公祝,特往参拜。吃面后,同君平出返。下午,花明来。复晋康信。昆友来。君寔来。今日起,电车惟早晚各开数小时,电灯只夜黑后来一小时。

11月24日　星期五

阴。上午,杂务。下午,大妹来。观《一士类稿》。夜,观《清文雅正》完。

11月25日　星期六

晴,晨雾。上午,至海格路时舅处。出,至萃古斋书店。观《学海》杂志。下午,至震兴里候肃斋,不值,卡德路浏览旧书摊,康乐村君平处。

11月26日　星期日

雨。上午,至法藏寺。为杨了公先生八秩冥诞,周学文等约共发起在寺作佛事,因往拜奠。午馔后,出,至民智校址,同乡会开理监事联席例会。四时许返。花明于下午携曾同、曾祺来,傍晚去。

11月27日　星期一

阴。上午,写账。复黄涤新信。下午,观《一士类稿》完。中妹来(夜饭后去)。俞照海自张来。夜,复晋康信。

11月28日　星期二

雨。上午,复昆德侄信。写账。下午,观汉王充《论衡》。观《学海》杂志。忆初来。

11月29日　星期三

阴雨。上午,写账。观《学海》杂志。下午,至福煦路维也纳理发室理发。出,至鸿远里晤君定、大妹,适君平、君寔亦来,遂闲谈良久而返。

11月30日　星期四

阴,上午有雨。上午,写账。偕颖柔至西爱咸斯路(今名永嘉路)淡井庙。为归严氏姑母七秩冥庆,令孙匡一与秀红表妹在此合作佛事,因往拜奠。午筵后返。观《学海》杂志。忆初来。中妹来(住夜)。

12 月

12月1日　星期五

阴,冷甚。上午,复晋康、心臧信。下午,理账。花明来。观《学海》杂志。

12月2日　星期六

阴晴,冷甚。上午,查账。下午,至四明村迪前处。观《学海》杂志。

12月3日　星期日

晴,冷甚。上午,至海格路时舅处。出,至萃古斋书店、蕴华阁稍事浏览。复钻坚,致晋康信。下午,观《中和》杂志。杨铝章来。沈飚民来。今日上午,费润泉来过,不值。

12月4日　星期一

晴。上午,复晋康信。下午,偕颖柔及中妹、圆妹至忆定盘路万安殡仪馆吊冯志洽表嫂之丧,送大殓后返。舒志诚、旭东、昆仲来。今日阴历十月十九,为先兄龙深君生辰。傍晚,设祭。

12月5日　星期二

阴晴。上午,写日记及账。至淡水路圣仙禅院,范叔寒为其双亲百岁纪念作佛事,因往一拜。午筵后,出,至来青阁、汉学书店等处,世界书局候思期,不值,开明编译所晤乃乾,又至商务印书馆及霞飞路道德书局、五凤里孙实君书肆而返。往返皆步行也。花明来,夜饭后去。

12月6日　星期三

阴晴。上午,至萃古斋、蕴华阁两书肆。观君平、君定、君寔合述之舅氏《孝靖先生年谱》初稿一遍,拟有所订补。下午,至润德学校晤俞肃斋,鸿远里大妹处,康乐村候君平,不值。出,至经香楼书肆,略事浏览而返。观《文史》半月刊创刊号,系继《古今》杂志停刊后而作也。

12月7日　星期四

晴。上午,观《学海》杂志。下午,君定来。致昆友信。花明来,同念祖、纪祖、益明至颖村王宅。观《文史》半月刊。文尧来。伯才来。夜,在君宾处晤君藩。

12月8日　星期五

晴。上午,舒旭东来。理益社账目。下午,复晋康信。至蕴华阁书肆购影印傅氏藏园所藏宋监本《周易正义》及武进董康刻《苍梧词》,共费储钞四千元。

12月9日　星期六

晴。上午,至海格路时舅处。伯才来。下午,写账。观《学海》杂志。

12月10日　星期日

晴。上午,写账。观《中和》杂志。徐德政来(曹中孚之戚)。花明携曾同、曾祺来(傍晚去)。下午,至金门饭店九楼贺陈天石嫁妹,茶点后返。

12月11日　星期一

雨。上午,复中孚信。下午,观《学海》杂志。

12月12日　星期二

雨。上午,理账。观《中和》杂志。下午,观《学海》杂志。观清乌程汪曰桢辑《莲漪文钞》。

12月13日　星期三

阴。上午,复晋康信。下午,观《莲漪文钞》。

12月14日　星期四

阴,下午雨。上午,观《学海》杂志。下午,观《莲漪文钞》。连日患左偏头痛、眼腔痛、身上凛寒。今夜饭后即睡。

12月15日　星期五

朔。阴。上午,至萃古斋书店及霞飞路新华银行。致晋康信。下午,忆初来。启明来。观《莲漪文钞》。

12月16日　星期六

晴。上午,昆亮来。致张义方信。杂务。下午,观《学海》杂志。邀冯志洽来诊治并改膏方。

12月17日　星期日

晴。上午,杂务。下午,观《中和》杂志。理账。今日阴历十一月初三,为先兄龙深君忌辰。傍晚,设祭。

12月18日　星期一

晴。上午,至霞飞路新华银行。昆友来。系昨日抵沪。午饭后去。观《中和》杂志。君定来。观《莲漪文钞》。

12月19日　星期二

晴。上午,观《学术界》。下午,观《莲漪文钞》。今日阴历十一月初五,为粲君十一周忌辰。傍晚,设祭。

12月20日　星期三

晴。上午,观《学术界》。下午,至康乐村及鸿远里。

12月21日　星期四

晴。上午,观足本《亭林诗稿》。下午,中妹来(夜饭后去)。观《莲漪文钞》。冬至节祭先。

12月22日　星期五

晴。上午,至海格路时舅处。出,至萃古斋、蕴华阁两书肆浏览。下午,至霞飞路新华银行,维尔蒙路大昌药材行配膏方。观《莲漪文钞》。启贤来(住夜)。

12月23日　星期六

晴。上午,结账。观《亭林诗稿》。下午,观《莲漪文钞》。昆亮来,应其邀同至惠安坊闵瑞师处,并晤张义方、徐子素,谈其接替当房事。

12月24日　星期日

晴。上午,昆豪来。系前日抵沪。少坐,去。至蒲石路福寿坊候顾荅丞,不值。花明携曾同、曾祺来。下午,迪前来。观《莲漪文钞》完。

12月25日　星期一

晴。上午,杨孝达来。复晋康信,至下午写毕。至鸿远里晤君定、大妹。出,至震兴里候昆豪、昆亮,不值。

12月26日　星期二

晴。上午,白蕉来。写账。下午,至四明村、康乐村、萃古斋书店。翻阅《郑孝胥传》。至罗曼饭店,高小剑为子完姻宴证婚人、介绍人,招陪。夜十时许返。今日,与颖柔均煎膏滋药。

12月27日　星期三

晴。上午,金书麟来。至蕴华阁书肆、霞飞路新华银行。迪前来。下午,偕颖柔携益明、念祖至霞飞路罗曼饭店,贺高小剑哲嗣结婚。夜九时许返。

12月28日　星期四

晴。上午,启贤、昆友、书麟、迪前、君平、君定先后来。启贤、迪前、君定,午饭后去。复晋康信。至同孚路同德医院,颖柔先往治病,同返。韫辉来。启贤又来(住夜)。

12月29日　星期五

晴。上午,至四明村、霞飞路新华银行、萃古斋书店。下午,至来薰阁、汉学书店、商务印书馆、曹素功笔墨庄等处。

12月30日　星期六

阴。上午,至常德路(即赫德路)佛教净业社,陈柱尊开吊,往奠。出,至同德医院,颖柔先往,至则已返。下午,至合众图书馆晤顾起潜、潘景郑。高小剑哲嗣鸿声偕新妇来拜客。夜,理信札。

12月31日　星期日

晴。上午,杂务。至庄严寺。高吟槐母舅今岁九秩冥庆,其孙小剑、临川在寺补行佛事,因往拜奠。午筵后,出,至环龙路福寿坊晤杜亚讱,而至鸿远里康乐村。中妹来(夜饭后去)。夜,君平来,启明同来。

1945 年

1 月

1月1日　星期一

晴。上午,复晋康信。昆友来,午饭后去。至经香楼书肆而康乐村,晤君平、君定、君寔,谈本乡情形。续写复晋康信。

1月2日　星期二

晴。上午,沈叔贤来。少坐后,适余欲至海格路时舅处,遂同往。出,余至蕴华阁、萃古斋两书肆浏览。黄涤新携子正言来,即去。下午,理书籍。迪前来。翻阅《南浔镇志》,系清咸丰年间乌程汪曰桢辑本。

1月3日　星期三

阴,晨雨。上午,理账房来信。观《同声》月刊。下午,携念祖、纪祖至金门饭店八楼贺顾苳丞嫁妹之喜。茶点后,同沈思期出,至基安坊君介处,少坐,返。

1月4日　星期四

晴。上午,至国泰殡仪馆吊刁也白之丧。出,至经香楼书肆而康乐村晤君平、君定及冯子冶,即午饭。饭后,同子冶至择邻处晤陈陶遗,与商高宅账房事,坐谈数刻,返。至蕴华阁,萃古斋晤及郑振铎。

1月5日　星期五

晴。上午,翻阅《南浔镇志》。下午,至福煦路中南银行、鸿远里,大妹适外出,卡德路浏览书摊,康乐村晤君平、君定、君寔,四明村望中妹,前患痢疾,今已愈矣。

1月6日　星期六

晴。小寒节。上午,理书籍。复沈伯才信。下午,偕颖柔至庄严寺。冯志洽为其夫人五七作佛事,往奠。出,至瘦西湖吃点心而返。

1月7日　星期日

阴,下午有雪。上午,至合众图书馆晤顾起潜。致晋康,复子佩信。下午,辑《莲漪文钞》中作者小传,即书于其眉。观《辅仁学志》。冯丽水来。

1月8日　星期一

雪。上午,伯才来。系昨日自张抵沪。坐谈数刻,去。写《莲漪文钞》上作者小传。草《关于读〈论语〉之笔札》二则,存《杂记》中。今日阴历十一月廿五,系昭明亡故二十五周年。傍晚,命念祖、纪祖等设祭。夜,温《论语》。

1月9日　星期二

上午阴,下午放晴。上午,修改昨日所草之笔记。写账。下午,至福煦路中南银行而康乐村,晤君平、君定、君寔及张叔良、冯子冶、沈伯才。观《辅仁学志》。夜,温《孟子》。

1月10日　星期三

晴。上午,伯才来。写账。下午,至鸿远里晤大妹。出,在路上购些杂物而返。夜,昆亮来。

1月11日　星期四

晴。上午,理书籍。写账。下午,走近段静安寺一带,浏书摊、购杂物。观《辅仁学志》。

1月12日　星期五

阴晴。上午,理书籍。伯才、君定来,君定午饭后去。大妹来(傍晚去)。中妹来(夜饭后去)。观《汉学杂志》(北平中法汉学研究所辑印)。顾品璋来。陈如舟等来(江北贩柴客人)。

1月13日　星期六

晴。上午,君定、君平先后来。复晋康信。翁启贤来(下午去)。叔良来,晤启贤。下午,花明来(傍晚去)。至百乐商场等处。观《汉学杂志》,直至夜分。

1月14日　星期日

晴。上午,伯才来。杂务。下午,写笔札。至来青阁、汉学书店、来薰阁等书肆而至大利酒楼。伯才为张堰协顺米厂约各股东餐叙。到者伯才、世民、乔梓(伯才兼经理)、张公愈、朱履仁、邦屏昆仲,念祖亦来。外邀客沈思期、葛耀飞及君平、君定、君宾。夜九时许返。

1月15日　星期一

晴。上午,至海格路时舅处。中妹来(午饭后去)。下午,梦炎侄来(子凯之子)。至合众图书馆晤起潜。理账。

1月16日　星期二

晴。上午,至择邻处晤陈陶遗。下午,至百乐门大厂贺刘翰怡娶媳,晤及时舅、张菊老、冒鹤老、严载如、王欣夫、葛咏裳等。观礼,茶点后,返。君平、君定来,商其账房中事。即留晚饭,夜深始去。为致曹中孚一信。又夜间,昆友、伯才适亦来。

1月17日　星期三

晴。上午,君平、君定来。续致中孚信。伯才来。俞吟秋来。下午,支配账房中薪水及仆人工给。迪前来。梦炎同陈金鑫来。时舅来。孙少山来(张堰江北贩柴客人)。夜,致晋康信。

1月18日　星期四

晴。上午,致俞心臧信。君平、君定、子冶、叔良来。为高宅账房事,又致中孚信。下午,启贤来(住夜)。复晋康信。观《辅仁学志》。夜,续复晋康信。

1月19日　星期五

阴晴。上午,写账。梦炎来。方冲之来。刁慈心来。下午,至福州路福新绸庄晤沈祖绳,世界书局晤沈思期,开明编译所候乃乾,不值,又至商务印书馆。观《辅仁学志》,直至夜分。

1月20日　星期六

晴。大寒节。上午,至四明村迪前处及韫辉处。下午,迪前来。至海格路时舅处。出,至萃古斋、蕴华阁。温《孟子》,直至夜分。

1月21日　星期日

阴晴。上午,沈飐民来。写《挽刁也白诗》。诗请迪前代作也。昆友来,午饭后去。至民智校址,同乡会开理监事联席例会及贷学金委员会议。出,至鸿远里大妹处。

1月22日　星期一

晴。上午,伯才来。君平来。写笔札。下午,昆友来。至爱多亚路浏览旧货摊。花明携曾祺来。

1月23日　星期二

雪,晨间先雨,傍晚雪止。上午,至圣仙禅院。刁也白开吊,往奠。午馔后返。抄写。至罗曼饭店,昆友设筵宴陈秋实,为陪。同席尚有孙宗堃、凌大珽、黄文卿、谢礼文、□馨生、君藩、君宾。夜九下钟返。

1月24日　星期三

阴。上午,钟贵来来(张堰贩糠商)。李新民来。下午,复晋康信。抄写。

1月25日　星期四

晴。上午,至合众图书馆晤顾起潜、潘景郑。复徐德政、屠继麟信。下午,至海格路时舅处,康乐村晤君平、君寔。出,至静安商场而返。今日阴历十二月十二,为先祖妣何太淑人忌辰。傍晚,设祭。

1月26日　星期五

晴。上午,俞吟秋来。复叔刚、公迈,致子峰信。下午,至鸿远里晤君定、大妹。旋同君定至康乐村,子冶自张堰出来,坐谈良久,返。复俞心臧信。夜,昆亮来。

1月27日　星期六

晴。上午,至福煦路维也纳理发室理发。下午,王兆堚、兆均来(兆均夜饭后去)。花明来(夜饭后去)。复中孚、钻坚,致晋康信。

1月28日　星期日

晴。上午,王杰士来。王欣夫来。下午,写账。杂务。昆友来。夜,启贤来,少坐,去。

1月29日　星期一

上午阴,下午雨。杂务。傍晚,至康乐村。旋君平、君定约同君宾、子冶至兴安路(原名麦赛而蒂罗路)洁而精菜馆。邀夏仲方来夜馔,藉谈商高宅账房事。馔后,又同至鸿安坊仲方处,并晤何长治。返已十一时许矣。

1月30日　星期二

阴。上午,俞吟秋来。写账。下午,至康乐村。又同君宾至夏仲方处,并晤何长治,仍回康乐村。夜馔后返。昆友来,少坐,去。约明日回张。

1月31日　星期三

阴。上午,杂务。钟贵来来。复晋康信。花明携曾同、曾祺来(傍晚去)。下午,至爱多亚路红棉书厅观况又韩、陈蒙安书画展览,并晤又韩、蒙安及蔡正华(先曾至霞飞路四行信托部)。续写复晋康信。

2月

2月1日　星期四

阴雨。上午,杂务。下午,复心臧,致中孚信。观《钱遵王诗稿》(《同声》月刊印本)。夜,在君宾处晤君藩。

2月2日　星期五

阴晴。上午,至合众图书馆晤起潜。出,至拉都路三五二衖候张叔通,坐谈数刻。出,候同衖周学文,不值,而至巨福路永康新村候张飞槎,不值,晤及王晋玉。少坐,返。下午,携纪祖至梅白格路祥康里曾耀仲医生处,诊治头昏等恙。出,经药房购药而返。

2月3日　星期六

雪。上午,理账。下午,黄正言来。写杂记。程静淇来。观《同声》月刊。

2月4日　星期日

晴。立春节。上午,沈明璋来。结账。杂务。下午,君平来。大妹来(傍晚去)。至红棉画厅,再观况、陈二君书画展览,并携所购之画两幅而返。君定来。夜,致晋康信。

2月5日　星期一

上午晴,下午阴,夜雪。上午,至福煦路中南银行。出,走爱多亚路浏览旧货书摊。致心臧信(附在一日函内)。下午,姚墨谦来。至永康新村晤张飞槎。观《学海》杂志。

2月6日　星期二

阴雨,夜雪。上午,杂务。启贤来,即去。当毋致晋康一条,并前写成之阴历十八廿二之信及国历一日致中孚、心臧两函托其带回。下午,复晋康信。观《同声》月刊。夜,侯义方来。君藩来。

2月7日　星期三

阴晴。上午,杂务。下午,至海格路时舅处。复中孚信。

2月8日　星期四

晴。上午,张公愈来。时舅来。复晋康及杨伯雄信。下午,至汉学书店而冠生园三楼通易信托公司,借此开股东会。散会后,出,至世界书局候沈思期,不值而返。

2月9日　星期五

晴。上午,至合众图书馆晤起潜、景郑。下午,杂务。至海格路时舅处。出,至萃古斋书店。夜,启贤来(住宿)。复晋康信。

2月10日　星期六

阴。上午,杨孝达来。君平来。下午,至汉学书店,开明编译所晤陈乃乾,坐谈数刻。出,又购杂物而返。

2月11日　星期日

上午飘雪,下午阴晴。上午,杂务。伯才来。下午,至静安寺处购花果。中妹携瑞、壁两甥来(夜饭后去。圆妹、锌甥亦共夜饭)。花明、启明来(夜饭后去)。年节祭先。

2月12日　星期一

阴晴,夜雨雪。杂务。傍晚,年节祀先。

2月13日　星期二

阴晴。今日为己酉岁元旦。晨起,拈天香,拜祖先神像。今日自朝至晚,来贺年者顺次记之:杨孝达、周学文、钱海如伉俪(携二子)、张康澄伉俪,君宾、圆妹、青、铦、锌三甥,周太亲母、迪前、中妹、恭甥伉俪(携小儿),菊、星、梅、苹、瑞、壁六甥,君藩伉俪(携子女三),凌家八小姐、景沅伉俪(及其妹与女),昆亮伉俪、韫辉伉俪、王石士伉俪(携子希垚),杭生、松生伉俪、兆塘伉俪、兆墀、张述文(携子),启明、花明携曾同、曾祺,大妹、珍、鼎、安、斐、嵩五甥,君介伉俪(携子三)。携颖柔至三楼张康澄及西邻钱海如处。又并携益、念、纪三儿至凌家八小姐处(即住四十一号三楼)。偕颖柔、静婉,携七儿至君宾、圆妹处。

2月14日　星期三

阴晴,下午微有雨雪。上午,偕颖柔携念、纪二儿至海格路时舅处。君平伉俪来。下午,沈叔贤来。李云岩来。偕颖柔、静婉携七儿至鸿远里君定、大妹处,康乐村君平处,四明村迪前、中妹处。又偕颖柔携益、念、纪三儿至吴忆初处(即在鸿远里),基安坊君介处，震兴里昆亮处，福煦路六四五衖君藩处，韫辉处（即在四明村。以上二处，益明亦来去）。下午，方冲之、黄烈文夫人来过。

2月15日　星期四

阴晴。晨起拈天香三炷。上午，王杰士乔梓来，姚墨谦乔梓来。文尧、文台来，顾麟书来，沈伯才来。偕颖柔携益、念、纪三儿至南阳路王石士处。下午，吴忆初伉俪、陆震钧来。偕颖柔携益、念、纪三儿至颖村王季鲁处及福寿坊仲稽处，又携念祖至福熙村杭生处。今日阴历正月初三，为徐外姑忌辰。傍晚，设祭。以往年作故于此也。上午张公愈、下午时舅来过。

2月16日　星期五

晴。上午，黄蕴辉携其郎君来。王季鲁来。至五凤里王杰士处及何公度处。下午，徐子素、马愍生来。顾莐丞来。偕颖柔至月村冯宅望景舅母并晤子冶，坐谈数刻，返。时舅、沈思期来。

2月17日　星期六

晴。上午，至延平村候沈伯才，不值，晤其哲嗣明璋、世民，坐谈数刻，返。下午，干全华来。至康乐村，晤君平、君定及子冶、沈祖根。出，至蒲石路福寿坊候顾莐丞，不值，而至功德林蔬食处，应闻兰亭、周学文、张铁弓、叶鹏招饮，时舅亦同席。夜八时许散后，同走返沪寓。年节于除夕斋供祖先神像至初五而止，今晚祭祀后送神。下午，君定、黄涤新来过。

2月18日　星期日

晴，夜有雨。上午，至淡井庙。顾厚田先生开吊，往奠。旋同子冶出，至罗曼饭店。君平、君定为账房事约顾惕君在此午馔，欲有所托，邀共商谈，君宾亦来。馔后，出，同君平至信昌当候徐子素、马愍生，子素不值。又至惠安坊晤闵瑞师，坐谈数刻，返。翻阅《古文辞类纂》。下午,君寔来过。

2月19日　星期一

阴,有微雨,雨水节。上午,至龙兴禅寺。陆幼卿先生开吊,往奠。午馔后,又与陈景贤等坐谈数刻,返。复晋康信。

2月20日　星期二

上午阴,下午晴。上午,至汶林路候朱履仁及邦屏,均不值。回,经萃古斋书店稍事浏览。下午,由兆丰公园而至约翰大学候王欣夫,不值,在园徘徊。欣夫适回,遂坐谈数刻。出,至愚园村候李云岩,不值,晤其夫人张意珠,少坐,返。杨馨远同杨照云夫人来商贷(馨远系道弘之女)。

2月21日　星期三

晴。上午,杂务。下午,偕颖柔至西爱咸斯路高君寔处。至合众图书馆,晤顾起潜并适晤及王佩诤。中妹来(夜饭后去)。金兰畦、张飞槎来过。

2月22日　星期四

晴。上午,朱履仁来。伯才来。复中孚、晋康信。下午,时舅母来。大妹、中妹来。曹惟约来。复黄涤新信。翻阅清会稽鲁曾煜《秋塍文钞》。

2月23日　星期五

晴,夜雨。上午,至拉都路三五二衖张叔通处,及周学文处、大方新村金兰畦处,各少坐。下午,复屠继麟信。至康乐村晤花明及君平、君定,适伯才亦来。翁启贤来(住夜)。夜,合复晋康、中孚及唐根生信。君平来,晤启贤。

2月24日　星期六

雨。上午,杂务。下午,观《学海》杂志。

2月25日　星期日

阴。上午,杂务。下午,花明来(傍晚去)。观《学术界》。

2月26日　星期一

晴。上午,至海格路时舅处。出,至萃古斋书店。下午,至蕴华阁书肆而永康新村张公愈、飞槎处,并适晤及程丽寰先生、金兰畦、吴导江、公愈。出,观所藏明贤尺牍墨迹,遂勾留良久后返。胡秋林自张来。系同高宅账友家属到沪也。

2月27日　星期二

晴。上午,伯才来。复钻坚、心臧,致晋康、中孚信。下午,致金书麟信。昨日来过,不值也。至合众图书馆晤起潜。出,至经香楼书肆浏览,待电车开行(近车开停有定时),乘之以至劳勃生路泰兴村方冲之处,坐谈数刻,走返。

2月28日　星期三

晴。上午,冯子冶来。旋同至江苏旅馆候丁子元,昨日来过,不值也。至则他往,遂出,至开明编译所晤陈乃乾,坐谈数刻。再至旅馆晤子元并晤刘某,邀同至杏花楼午馔。馔后,又偕回旅馆,少坐而返。中妹来(夜饭后去)。观《学术界》。夜,启贤来,少坐,去。

3月

3月1日　星期四

阴,下午雷雨。上午,伯才来。致子峰信。至康乐村。今日阴历为望舅二周忌辰,因往一拜。午馔后,又少坐,返。复晋康、钻坚,致中孚信。诸仲芳来。夜,启贤来。秋林连日在此,今偕去住旅馆，明日同行回张也。

3月2日　星期五

阴雨。上午，杂务。下午，复黄烈文信。观《学术界》。观《郑孝胥传》中其所作之诗文。

3月3日　星期六

阴雨。上午，补写日记。伯才来。致晋康条，即托伯才带回。复姜可生信。下午，至萃古斋购影印《宋拓淳华〔化〕阁帖贾刻本》一部。此吾邑金瘦仙氏旧藏，不知何时流落东瀛，近见印出也。观《学术界》。

3月4日　星期日

阴晴。上午，展阅影印本《宋拓淳华〔化〕阁帖贾刻本》。写日记及账。花明携曾同、曾祺来（傍晚去）。下午，至麦根路世德里沈思期处，坐谈数刻。出，沿路书摊而返。时舅来。夜，顾品章来，即去。在君宾处，晤君平。

3月5日　星期一

雨。上午，写账。致黄涤新信。下午，至康乐村晤君平、君定而君宾、子冶亦来。观《郑孝胥传》中之诗。

3月6日　星期二

阴。惊蛰节。上午，君平来。韫辉来。补写日记。下午，观《学术界》。近皆观其所载陈乃乾辑之《阳湖赵惠甫先生年谱》也。观湘阴郭振墉纂《韩文公〈论佛骨表〉纠谬》。

3月7日　星期三

晴。上午，写账。下午，偕颖柔至极司非而路候黄烈文伉俪，不值。回，经百乐商场等处，阅肆吃点心而返。观《韩文公〈论佛骨表〉纠谬》，完。夜，在君宾处晤君平及顾惕君。

3月8日 星期四

晴。上午,君平、君定来。旋同君定、君宾至鸿安坊晤夏仲方。出,至瘦西湖午馔。馔后,余至万宜坊候顾麟书,丰裕里候黄蕴辉,均不值。而至鸿远里晤大妹,康乐村又晤君平、君定、君寔及子冶、叔良,坐谈数刻,返。夜,在君宾处晤惕君。

3月9日 星期五

晴。上午,偕君宾至月村候子冶,不值。写账。下午,至五凤里何公度处晤子冶,君宾已先往,共谈数刻。出,余经吕班路地摊购《书菀》五册,四明村周宅,迪前、中妹均外出,遂返。至康乐村晤君平、子冶、叔良,坐谈迄晚馔。复同至景华村,君定亦来,在君宾处共商高宅账房事。散已夜深矣。

3月10日 星期六

晴。上午,写账。致晋康、秋林信。下午,杜亚贻来。中妹来(夜饭后去)。至西摩路邮政局寄挂号信,经香楼等书肆浏览,维也纳理发室理发。观《学术界》。纪祖本学期仍请顾苌丞先生来课余补授国文,每逢星期二、六下午约二小时许,今日开始。

3月11日 星期日

晴。上午,写账。观《学术界》。下午,翻阅潘景郑辑印之《陟冈楼丛刊》。丁子元及昆辂来。至民智校址,同乡会开理监事联席例会。

3月12日 星期一

晴。上午,昆亮来,属盖履通典股据印章。写账。复晋康信。下午,观周作人之《秉烛谈》。

3月13日 星期二

阴晴。上午,写账。下午,观《秉烛谈》完。

3月14日　星期三

阴晴,夜雨。上午,结账。黄涤新来。下午,王杭生来。观周作人之《秉烛后谈》。君定来。

3月15日　星期四

晴。上午,结账。观《秉烛后谈》。下午,偕颖柔至极司非而路候黄烈文伉俪,又不值。回经百乐商场,徘徊而返。至海格路,同时舅至世界书局晤思期,并至京华酒家应烈文招饮。同席为徐朗西、钱芥尘、陈秋实、李云岩、彭健行、君藩、邦屏等。夜九时许返。

3月16日　星期五

上午雪,下午阴。上午,草《伯父贞甫公家传》。此文涉笔已久,今始完成之。下午,杂务。白蕉来。观《秉烛后谈》。杨铝章来。

3月17日　星期六

晴。上午,翻阅安定《胡氏族谱》。系有人求售,以价贵未能购也。写账。下午,至康乐村晤君平、君寔,鸿远里晤君定、大妹,四明村周宅,迪前回亭,中妹外出。又适晤韫辉于途,立谈片刻。摘录《胡氏族谱》。昆惠来(住夜)。

3月18日　星期日

晴。上午,摘录《胡氏族谱》。至愚园路东南中学应顾荩丞招饮。渠去岁年五秩,又始得子也。席间,识光华教授潘子端、郭晴湖。下午三时许返。花明携曾同、曾祺来,夜饭后去。

3月19日　星期一

阴,晨有雨。上午,复秋林,致礼周信。下午,至五凤里何公度处晤君宾、惕君、子冶。旋同君宾至鸿安坊晤夏仲方及何长治,有所商谈。仍回五凤里,偕惕君出,至瘦西湖吃点心而返。夜,复昆友信。

3月20日　星期二

阴,有微雨。上午,杂务。下午,大妹来(傍晚去)。观《秉烛后谈》。陈端志来。

3月21日　星期三

雨。春分节。上午,理账。观《秉烛后谈》完。下午,观《学海》杂志。

3月22日　星期四

雨。上午,草《高孝靖先生私谥记》。此文前年即属稿,今增修成之。复礼周信。下午,复秋林及中孚信。

3月23日　星期五

晴。上午,沈飚民来。至海格路时舅处。下午,在君宾处晤君平、君定。至康乐村晤君平、君定及子冶、叔良。观江安傅增湘编辑《宋代蜀文辑存》之凡例、序言。

3月24日　星期六

晴。上午,至福煦路新华银行、中南银行及蕴华阁书肆。下午,至来青阁、汉学书店、来薰阁、商务印书馆、三友实业社,又世界书局晤思期,开明编译所候乃乾,不值。

3月25日　星期日

晴。上午,子冶来。杰士来。张仲田来。下午,至金神父路群贤别墅候陈端志,薛华立路一零三衖候李新民,均不值。中妹来(傍晚去)。观赵正平著《仁斋文选》。启贤来(住夜)。

3月26日　星期一

晴。上午,与启贤杂谈。偕颖柔至霞飞路觉林。以君平等为望舅二周忌后及清明节假此作佛事,因往一拜。午馔后,三时许返。复礼周信。干祖望来。夜,又复礼周信,复徐伯贤信。今日阴历二月十三日,为昭明生辰。傍晚,命念祖等设祭。

3月27日　星期二

晴。上午,杂务。金书麟来。下午,至来青阁、汉学书店而世界书局晤思期,适端志亦在,遂坐谈数刻。出,至开明编译所晤乃乾后返。李新民来。

3月28日　星期三

晴。上午,至海格路时舅处。下午,理念祖所写之清明节囤签,备寄回家中。复秋林信。致子峰信,属其择吉举行宗祠春祭。至四明村晤韫辉。出,至康乐村,同君平至霞飞路荣业里来苏社,闵瑞师假此召集宏仁典等股东会议。夜馔后,九时许返。

3月29日　星期四

晴。上午,杂务。沈明璋来。下午,至福煦路中南银行分行,卡德路一点浏览旧书摊,而至成都路修德新村葛咏莪处,坐谈数刻,返。今日阴历二月十六,为先妣高太淑人生辰。傍晚,设祭。

3月30日　星期五

晴。上午,至海格路时舅处。杂务。下午,至康乐村晤君平,鸿远里晤大妹。观瞿兑之辑《人物风俗制度丛谈》。中妹来,夜饭后去。

3月31日　星期六

晴。上午,时舅来。黄烈文伉俪来。旋并同时舅至择邻处候陈陶遗,不值。适张叔通在座,因少坐,返。下午,花明来(傍晚去)。葛咏莪来。复叔刚信。

4 月

4月1日　星期日

晴。上午，君定、时舅先后来。同至汶林村朱邦屏处，并与履仁、君平、公愈、徐眉孙、王晋玉即在此设筵宴沈思期，祝其今年五秩也（黄芳墅先生今年七秩，陈端志亦五秩，初亦同邀，乃皆客气坚辞）。散席后，同时舅、思期至高恩路候林憩南。出，又同思期步行至蕴华阁书肆浏览而返。傍晚，至喜临门，应李新民、汪仲贤代左南麟（平湖新县长）招饮。同席为邦屏、公愈、黄畏三、马其彬。

4月2日　星期一

晴。上午，中妹来（傍晚去）。清明节祭先。至霞飞路提提司西菜馆，与朱邦屏、张公愈、黄畏三、马其彬设筵答宴左南麟、汪仲贤、李新民。观《人物风俗制度丛谈》。夜，温《论语》。

4月3日　星期二

阴晴。上午，启明、花明携曾同、曾祺来，与念祖等往游村后周家花园。致礼周、铝章、中孚信。下午，致秋林，复继麟信。观《人物风俗制度丛谈》。温《论语》。

4月4日　星期三

阴，有微雨。上午，理账。下午，李新民来。观《人物风俗制度丛谈》。温《论语》。

4月5日　星期四

阴。清明节。上午，复礼周信（未完）。至蜀腴川菜馆，应段希鸿（金山新县长）招饮。同席有李志远（县府秘书）及时舅、黄芳老、君藩、邦屏、黄伯惠、陈秋实、彭健行。散席后,同时舅、芳老、伯惠至世界书局晤思期。出,至康乐村一转而返。昆亮来,前曾回张,昨日出来也。

4月6日　星期五

阴,夜有雨。上午,致子峰信(未完)。至青梅居,与时舅、伯惠、邦屏设筵答宴段希鸿及李志远,并邀陈秋实、彭健行、黄烈文、君藩。散席后,出,至康乐村晤君平而返。大妹、中妹来。携念祖、纪祖同君宾、圆妹、青、铦、锌三甥至福煦路某处,观《俄国对德战争》电影。

4月7日　星期六

阴。上午,续复礼周,致子峰信。下午,复中孚、昆友信。温《论语》。至康乐酒楼,陈秋实宴段希鸿、李志远招陪。同席尚有时舅、思期、君藩、邦屏、毕静谦、黄伯惠、彭健行。

4月8日　星期日

阴,下午有雨。上午,杂务。至杏花楼,陈端志招饮,为其创办之湘姚中小学成立改组第五届校董会。同席为陆高谊、吴桓如、吴冠杰、顾子余、沈思期、唐圃腴、君定、君湘及端志夫人,又其介弟君实。散席后,同思期至汉学书店,浏览良久乃返。

4月9日　星期一

阴,上午有雨。上午,补写连日日记。下午,杂务。傍晚,至京华酒家,应黄烈文招饮。同席为时舅、君湘、君宾、邦屏、思期、俞肃斋、李云岩、黄伯惠、毕静谦、吴来鸿等(共设二席,余多青浦人)。夜九时许返。

4月10日　星期二

阴晴。上午,理账。下午,草《韩文札记》。观《人物风俗制度丛谈》。李新民来。

4月11日　星期三

晴。上午,至海格路时舅处。出,至萃古斋书店。下午,至鸿远里晤大妹。出,至康乐村,君平不在,晤及君定、启明。出,至四明村晤迪前、中妹。出,候韫辉,不值而返。观《庸言问答》一卷。署趣园鹅氅所著,系近人而不详其姓名。有裨世道人心之作,何讳之邪?

4月12日　星期四

晴。上午,范烟桥来。复礼周,致中孚信。下午,至汉学书店、世界书局,候思期不值,开明编译所晤乃乾。观其常熟有人求售之张曜孙《谨言慎好之居日记》,一册完全,道光辛丑一年,首有自叙小言。盖先有日记八年,旋遭讳辍笔者,又八年至此始重写也。其格纸中缝刻"宛邻书屋"。

4月13日　星期五

晴。上午,结账。草《韩文札记》。下午,至中社理发室理发,而至五马路大庆馆酒楼,贺罗才德为其父孙志明完姻。喜筵后,返,尚未夜也。中妹先来,夜饭后去。

4月14日　星期六

晴。上午,伯才来。前曾回张,昨日抵沪。结账。下午,观《人物风俗制度丛谈》。复钱卓然,致毕静谦信。姚墨谦来。

4月15日　星期日

晴,夜有雨。上午,方冲之来,谈拟在本乡办学事。顾起潜来。下午,复白蕉信。花明携曾同、曾祺来,夜饭后去。复礼周,致中孚信。观《人物风俗制度丛谈》。

4月16日　星期一

阴晴,上午有雨。上午,杂务。下午,君平来。至世界书局,浏览其廉价部,而至开明编译所晤乃乾。

4月17日　星期二

阴晴。上午,至蒲石路合大里顾惕君处,坐谈数刻。出,至海格路候时舅,不值而返。下午,复礼周,致中孚信。李寄舫来。至汶林村朱邦屏处,观朱孔阳携在彼处出售之画件。

4月18日　星期三

雨。上午,杂务。下午,观《人物风俗制度丛谈》。

4月19日　星期四

晴。上午,伯才来。复谈月色信。下午,花明来(傍晚去)。至四明村候沈飑民。出,至戈登路一二一六衖候雷君彦,坐谈数刻,返。

4月20日　星期五

晴。谷雨节。上午,至福煕路中南银行、合众图书馆晤起潜。写账。下午,至大同坊晤王培孙,南洋模范中学晤张仲田,各坐谈数刻。又至四维村候费润泉,不值。大妹来,傍晚去。

4月21日　星期六

晴。上午,至择邻处晤陈陶遗,旋同至安居晤胡朴安,近午返。下午,观《人物风俗制度丛谈》。至康乐村晤君平、君寔,适伯才亦来。中妹来(夜饭后去)。昆惠、昆屏、昆友少奶奶均自张出来。干祖望来。

4月22日　星期日

阴,下午有雨。上午,复秋林、继麟信。启明、花明携曾同、曾祺来(启明午饭后去,花明等傍晚去)。昆友少奶奶、昆惠、昆屏来,午饭后去。至民智校址,同乡会开理监事联席例会,五下钟返。大妹来,傍晚去。又午饭后,曹惟约来。

4月23日　星期一

阴。上午,陆文超来(永生之子)。复礼周、中孚信。下午,至福煦路中南银行。观《人物风俗制度丛谈》完。今日阴历三月十二,为先祖春渔公生辰。傍晚,设祭。

4月24日　星期二

阴雨。上午,至霞飞路四行信托部、新华银行,而牯岭路净土庵。钱景蓬将安葬沪西虹桥永安公墓,其家在此设奠,因往一拜。午筵后,出,至来薰阁、汉学书店,而世界书局晤思期,开明编译所晤乃乾,商务印书馆浏览其廉价部而返。观梁堃著《桐城文派论》一册完。

4月25日　星期三

雨。上午,理账。复钻坚、心葴信。下午,观姜书阁著《桐城文派评述》一册,完。杂抄。

4月26日　星期四

上午阴,下午晴。上午,至海格路时舅处。下午,至福煦路中南银行,信谊药厂公司,成都坊候昆惠不值,晤及道衔,大沽路林墨园医生处候顾宏声(在彼就医),鸿远里晤大妹。花明携曾祺来(傍晚去)。观李崇元著《清代古文述传》。杂抄。夜,昆惠同恭寿少奶奶来,少坐,去。昆惠约明日回张。

4月27日　星期五

晴。上午,写账。下午,曹惟约来。偕颖柔至霞飞路新华银行,四行信托部,绸缎铺购料,野味香吃点心。君宸来。

4月28日　星期六

晴。上午,写账。拟信稿。下午,观《清代古文述传》完。杂抄。中妹来,夜饭后去。

4月29日　星期日

晴。上午,致顾惕君信。杂务。下午,翻阅徐积余先生所辑《南陵先哲遗书》。

4月30日　星期一

阴雨。上午,与念祖谈。下午,写书籍题记。顾宗武来。

5月

5月1日　星期二

晴。上午,致何志仁信。下午,至五凤里何公度处,君宾先出,约晤于此。出,至海格路候时舅,少坐,返。理书。

5月2日　星期三

晴。上午,复礼周信。下午,致中孚,复林景琦信。翻阅《巢经巢集》附录。雷君彦、俞肃斋先后来。

5月3日　星期四

晴。上午,誊《韩文札记》。写账。下午,至世界书局,与君宾相会,同至北京路浙江兴业银行。出,余至东莱银行、朵云轩、开明编译所晤乃乾,商务印书馆廉价部而返。今日阴历三月廿二,为先君生辰。傍晚,设祭。

5月4日　星期五

上午晴,下午阴,有雨。上午,至海格路时舅处。写账。下午,至康乐村晤君平,并与花明谈。杂抄。

5月5日　星期六

晴。上午,写账。杂抄。沈飚民来。下午,昆友来。系昨日抵沪。坐谈数刻,去。至鸿远里晤君定、大妹,久坐而返。

5月6日　星期日

晴。立夏节。上午,写账。致礼周信。文台、昆亮先后来。范烟桥来。至鸿远里,君定设筵宴姚启钧、倪若水、顾荩丞,藉商其儿辈升学问题,招陪。馔后,又杂谈良久,五时许返。观《学海》杂志。

5月7日　星期一

晴。上午,至合大里晤顾惕君。写账。下午,至福煦路中南银行,四明村候迪前,不值,晤中妹。出,至成都坊谢宅,昆友夫妇寓此。昆友患身热,邀姜振勋来诊治。因久坐而返。观《学海》杂志。

图书在版编目(CIP)数据

姚光日记:全三册/上海市金山区档案局(馆)编;陈颖等整理.—上海:复旦大学出版社,2023.12
ISBN 978-7-309-17021-4

Ⅰ.①姚… Ⅱ.①上…②陈… Ⅲ.①日记-作品集-中国-近代 Ⅳ.①I265

中国国家版本馆 CIP 数据核字(2023)第 185893 号

姚光日记(全三册)
上海市金山区档案局(馆)　编
陈颖　等　整理
责任编辑/顾　雷

复旦大学出版社有限公司出版发行
上海市国权路 579 号　邮编:200433
网址:fupnet@fudanpress.com　http://www.fudanpress.com
门市零售:86-21-65102580　　团体订购:86-21-65104505
出版部电话:86-21-65642845
上海盛通时代印刷有限公司

开本 890 毫米×1240 毫米　1/32　印张 60.875　字数 1 315 千字
2023 年 12 月第 1 版
2023 年 12 月第 1 版第 1 次印刷

ISBN 978-7-309-17021-4/I·1370
定价:289.00 元

如有印装质量问题,请向复旦大学出版社有限公司出版部调换。
版权所有　侵权必究